Friederike Föcking
Fürsorge im Wirtschaftsboom

Studien zur Zeitgeschichte

Herausgegeben vom Institut für Zeitgeschichte

Band 73

R. Oldenbourg Verlag München 2007

Friederike Föcking

Fürsorge im Wirtschaftsboom

Die Entstehung des Bundessozialhilfegesetzes von 1961

R. Oldenbourg Verlag München 2007

Bibliografische Information Der Deutschen Nationalbibliothek

Die Deutsche Nationalbibliothek verzeichnet diese Publikation in der Deutschen Nationalbibliografie; detaillierte bibliografische Daten sind im Internet über <http://dnb.d-nb.de> abrufbar.

© 2007 Oldenbourg Wissenschaftsverlag GmbH, München
Rosenheimer Straße 145, D-81671 München
Internet: oldenbourg.de

Das Werk einschließlich aller Abbildungen ist urheberrechtlich geschützt. Jede Verwertung außerhalb der Grenzen des Urheberrechtsgesetzes ist ohne Zustimmung des Verlages unzulässig und strafbar. Dies gilt insbesondere für die Vervielfältigungen, Übersetzungen, Mikroverfilmungen und die Einspeicherung und Bearbeitung in elektronischen Systemen.

Umschlaggestaltung: Dieter Vollendorf
Umschlagabbildung: Denkmalschutzamt Hamburg/Bildarchiv. Krankenpflege in Hamburg 1963. Fotograf: Herbert Eisenhauer

Gedruckt auf säurefreiem, alterungsbeständigem Papier (chlorfrei gebleicht).
Druck: Memminger MedienCentrum, Memmingen
Bindung: Buchbinderei Klotz, Jettingen-Scheppach

ISBN-13: 978-3-486-58132-4
ISBN-10: 3-486-58132-5

Inhalt

Vorwort IX

Einleitung 1

Erster Teil
Fürsorgepolitische Weichenstellungen in der Nachkriegszeit und in der
frühen Bundesrepublik 11

I. Die Fundamente: Fürsorge in der Weimarer Republik und im
    Nationalsozialismus 13

II. Zeit der Bewährung: Fürsorge in der Massennot (1945–1949) 19

   1. „Lückenbüßer" Fürsorge: zur Situation des Fürsorgewesens
      in der Nachkriegszeit 19
      Prekäre kommunale Allzuständigkeit (19) – Empfänger und Finanz-
      aufwand der öffentlichen Fürsorge (24) – Zur Situation der Fürsorge-
      verwaltung (31) – Die freie Wohlfahrtspflege (33)

   2. Fürsorgepolitik im Zeichen des Wiederaufbaus 37
      Instanzen und Organisationen der Fürsorgepolitik (38) – Wer zahlt
      für wen? Die Umverteilung der Fürsorgelasten in den Nachkriegs-
      jahren (45) – Für die (Wieder-)Vereinheitlichung des Fürsorgerechts (57)

III. Fürsorge und Sozialreform (1949–1955) 71

   1. Fürsorge im Wirtschaftsboom 71
      Exkurs: Kommunen in der Defensive – zur verfassungsmäßigen
      und finanziellen Stellung der Städte und Kreise in der frühen Bundes-
      republik (90)

   2. Fürsorge in der Defensive: Fürsorge und Sozialreform bis 1955 .. 95
      Rentenprinzip versus Fürsorgeprinzip: Konzepte für Stellung und
      Aufgabe einer modernen Fürsorge (98) – Sozialpolitischer Terrainverlust
      und finanzpolitische Instrumentalisierung: die öffentliche Fürsorge in
      der Bundespolitik (111) – Überlegungen zu einer Reform der Fürsorge
      und ihrer Rechtsgrundlagen im Forum des DV bis Ende 1955 (122)

3. Erste Schritte zur modernisierten Fürsorge: Teilreformen und
   Sondergesetze im Vorfeld umfassender Reform 137
   Die Einschränkung der Rückerstattungspflicht 1951 (137) – Sicherungs-
   systematische „Flurbereinigung" durch das Mehrbedarfs-Modell:
   das Fürsorgeänderungsgesetz von 1953 (143) – Der Rechtsanspruch auf
   Fürsorge: das Urteil des Bundesverwaltungsgerichts von 1954 (157) –
   Die Einführung des Warenkorb-Modells: die Verwaltungsvorschriften
   über den Aufbau der Richtsätze von 1955 (161)

Zweiter Teil
Die Reform des Fürsorgerechts: der Weg zum Bundessozialhilfegesetz
von 1961 171

I. Auf der Suche nach der „evolutionären Lösung": Arbeit an der
   Fürsorgerechtsreform bis zum zweiten Referentenentwurf vom
   März 1959 173

II. Reform der Grundlagen 203

   1. Von der Fürsorge zur Sozialhilfe: Aufgaben und Ziel einer
      modernisierten Fürsorge 203

   2. Vom „Fürsorge-Untertanen" zum „Fürsorge-Bürger":
      die Rechtsstellung des Hilfeempfängers 215

   3. Die Hilfe zum Lebensunterhalt 235
      Laufende Unterstützungen (235) – Hilfe zur Arbeit und
      Arbeitspflicht (246)

III. Reform der Hilfemöglichkeiten 255

   1. Die Hilfe in besonderen Lebenslagen: der „Vorstoß in den
      Kreis der ‚Minderbemittelten'" 255

   2. Hilfen für Kinder und Jugendliche 269

   3. Gesundheitliche Hilfen 283
      Vorbeugende Gesundheitsfürsorge, Krankenhilfe, Hilfe für Schwangere
      und Wöchnerinnen (284) – Tuberkulosehilfe (292)

   4. Hilfe zur Pflege und zur Weiterführung des Haushalts 298

   5. Hilfen für Behinderte 308
      Exkurs: Hilfe für Blinde (323)

	6. Altenhilfe	331
	7. Hilfe für „Gefährdete"	337
IV.	Reform der Strukturen	377
	1. Organisation und Finanzierung der Sozialhilfe: Fürsorge im Spannungsfeld von Bund, Ländern und Gemeinden	377
	2. Die Stellung der freien Wohlfahrtspflege: der Streit um das Subsidiaritätsprinzip	393
V.	Vom Entwurf zum Gesetz	427
	1. Die kabinettsreife Reform	427
	2. Der Regierungsentwurf im Bundesrat und im Bundestagsausschuß für Kommunalpolitik und öffentliche Fürsorge	450
	3. Streit trotz prinzipieller Übereinstimmung: der Regierungsentwurf im Bundestagsplenum	486
VI.	Nachspiel: Rechtliche Konkretisierung und verfassungsgerichtliche Überprüfung des BSHG 1962–1967	499

Schluß 507

Abkürzungen 519

Quellen und Literatur 523

Personenregister 553

Vorwort

Dieses Buch ist die etwas gekürzte und aktualisierte Fassung meiner Dissertation, die im Wintersemester 2002/03 von der Philosophischen Fakultät der Ludwig-Maximilians-Universität München angenommen wurde.

Für die Begleitung dieser Arbeit bin ich vielen Personen und Institutionen zu Dank verpflichtet: Zuerst meinem Doktorvater Herrn Professor Dr. Dr. h.c. mult. Gerhard A. Ritter für seinen fachlichen Rat, seine Geduld und seine stete Ermutigung, die Arbeit trotz beruflich und familiär bedingter Unterbrechungen zu einem guten Ende zu bringen. Dann meinem Zweitgutachter Herrn Prof. Dr. Hans Günter Hockerts, vor allem dafür, daß er mir gangbare Wege zur Bewältigung der umfangreichen Thematik gewiesen hat.

Daneben gilt mein Dank den zuständigen Mitarbeiterinnen und Mitarbeitern des Bundesarchivs Koblenz, des Archivs und der Bibliothek des Diakonischen Werks in Berlin, des Landesarchivs Berlin, des Parlamentsarchivs des Deutschen Bundestages, des Archivs für Christlich-Demokratische Politik in St. Augustin, des Archivs der sozialen Demokratie in Bonn, des Landesarchivs Schleswig-Holstein in Schleswig, der Senatsbibliothek in Berlin und des Deutschen Zentralinstituts für Soziale Fragen in Berlin. Danken möchte ich ferner Herrn Dr. Hans-Günther Frey, der im Sommer 2002 bereit war, mir im persönlichen Gespräch über seine Tätigkeit im Katholischen Büro in Bonn Ende der fünfziger Jahre zu berichten.

Danken möchte ich außerdem dem Cusanuswerk e.V., das die Entstehung der Doktorarbeit mit einem Graduiertenstipendium gefördert hat, und hier insbesondere Herrn Prof. Dr. Rainer Bucher, seinerzeit dort Referent für die Graduiertenförderung.

Dem Institut für Zeitgeschichte danke ich für die Aufnahme der Arbeit in die Reihe „Studien zur Zeitgeschichte". Besonders verpflichtet bin ich dort Frau Dr. Petra Weber, die das Lektorat der Arbeit übernommen und mir wertvolle Hilfe bei deren Drucklegung gegeben hat.

Schließlich gilt mein Dank meinem Mann und meinen beiden Töchtern, die viele Jahre lang die Arbeit an „der Diss." ertragen und unterstützt haben.

Hamburg, im Juni 2006   Friederike Föcking

Einleitung

Das Bundessozialhilfegesetz (BSHG) galt mehr als vierzig Jahre. Forderungen nach seiner Reform tauchten regelmäßig vor allem dann auf, wenn es um die Finanzprobleme der öffentlichen Hand ging, doch berührten diese nur selten seine Grundprinzipien, und 1991 wurde das Gesetz auch in den neuen Ländern eingeführt. Mit der unter dem Schlagwort „Hartz IV" bekannt gewordenen Reform wurde dann ab 2005 die Hilfe zum Lebensunterhalt für Arbeitsfähige und ihre Angehörigen mit der Arbeitslosenhilfe zusammengelegt und damit ein substantieller Teil der Sozialhilfe zumindest formal in eine neue Rechtsform überführt.[1] Der übrige Teil der Sozialhilfe wurde gleichzeitig als Zwölftes Buch in das Sozialgesetzbuch eingeordnet und damit das BSHG formal aufgehoben. Dessen wesentliche Grundsätze gelten jedoch weiter. Nach wie vor gilt das BSHG daher als eines der bedeutendsten sozialpolitischen Reformwerke der Ära Adenauer und wird sein innovatorischer Gehalt im Sinne sozialpolitischer Modernisierung gewürdigt.[2] Die sozial- und die rechtswissenschaftliche, nicht zuletzt die praxisbezogene Literatur, die sich mit den mannigfaltigen Wirkungen dieses Gesetzes, seinen Potentialen und Mängeln befaßt, ist umfangreich und wächst mit jeder neuen Sozialhilfestatistik.[3]

Die Entstehung des Gesetzes selbst hingegen bedarf noch der genauen Untersuchung. Die seit Anfang der achtziger Jahre in der alten Bundesrepublik aufblühende historische Erforschung der deutschen Sozialpolitik widmete sich, sofern sie die Zeit nach 1945 behandelte, zunächst vor allem den Bereichen der Sozialversicherung und den – teilweise neuartigen – Versorgungssystemen zur Bewältigung der Kriegsfolgen.[4] Allein die quantitative Bedeutung dieser zentralen Bereiche sozialer Sicherung rechtfertigte zunächst diese Präferenz, die aber mit den Überblicksdarstellungen im 3. Band des „Handbuchs der Geschichte der Sozialpolitik in Deutschland" von Johannes Frerich und Martin Frey[5] und jetzt endgültig mit der umfassenden, auf elf Bände angelegten „Geschichte der Sozialpolitik in Deutschland seit 1945" endgültig aufgehoben wurde.[6] Auch die vergleichende So-

---

[1] Vgl. Viertes Gesetz für moderne Dienstleistungen am Arbeitsmarkt vom 24. Dezember 2003, BGBl. I S. 2954, sowie Gesetz zur Einordnung des Sozialhilferechts in das Sozialgesetzbuch vom 27. Dezember 2003, BGBl. I S. 3022. Aus Gründen der Übersichtlichkeit wird im Folgenden das BSHG in seiner bis zum 31. Dezember 2004 gültigen Form zitiert und nur im Einzelfall auf die neue Paragraphenfolge in SGB XII Bezug genommen.
[2] Vgl. etwa Zacher, Grundlagen, S. 514; Manfred G. Schmidt, Sozialpolitik, S. 86.
[3] Dazu vgl. die laufende Bibliographie in der vom Deutschen Zentralinstitut für soziale Fragen, Berlin, herausgegebenen Fachzeitschrift „Soziale Arbeit".
[4] Vgl. etwa die Liste der legislatorischen Einzelfallstudien in Schindler, Datenhandbuch, Bd. II, S. 2513.
[5] Vgl. Frerich/Frey, Handbuch, Bd. 3.
[6] Vgl. Geschichte der Sozialpolitik in Deutschland. Dieses Grundlagenwerk wurde vom Bundesministerium für Arbeit und Sozialordnung (jetzt vom Bundesministerium für Gesundheit) und dem Bundesarchiv herausgegeben und zählt zu seinen Autoren Vertre-

zialpolitikanalyse mit historischer Tiefendimension konzentrierte sich im Falle der Bundesrepublik vornehmlich auf die versicherungs- und versorgungsförmigen Bereiche, während die Sozialhilfe (bis 1961 „Fürsorge") meist als statistisch und politisch zu vernachlässigende Größe gilt und eher selten ein Blick in „die Winkel dieses sozialstaatlichen Untergeschosses"[7] geworfen wird.[8] Insofern schließt die vorliegende Arbeit eine empirische „Lücke" und korreliert durchaus mit der in den fünfziger Jahren gängigen Auffassung der Fürsorge als „Lückenbüßer" für anderweitig im Sozialsystem nicht abgedeckte individuelle Notlagen.[9]

Positiv gewendet bedeutete dies, daß das seinerzeit geplante neue Fürsorgegesetz, sollte es tatsächlich eine „allgemeine Auffangstellung in den Wechselfällen des Lebens"[10] bieten, seinen Regelungsradius weit abstecken mußte. Schon die Komplexität des von dem BSHG erfaßten Feldes der Sozialpolitik, das Eingliederungshilfe für Behinderte ebenso erfaßte wie Müttererholung oder Nichtseßhaftenhilfe, laufende Unterhaltszahlung ebenso wie Beratung, bedingen den Reiz (und die Schwierigkeit) einer Beschäftigung mit seiner Entstehung. Hinzu kommt, daß u.a. mit dem Rechtsanspruch im BSHG auch auf dem Gebiet der sich dem sozialstaatlichen Trend zur Verrechtlichung eigentlich nachhaltig widersetzenden Fürsorge genau dieser Trend nachvollzogen und über ein neuartiges Verständnis von Hilfsbedürftigkeit auch die säkulare Inklusion immer weiterer Bevölkerungsgruppen in die wohlfahrtsstaatliche Sicherung[11] vorangetrieben wurde.

Neben den hier nur angedeuteten inhaltlichen Besonderheiten des BSHG sind es die weitreichenden Überschneidungen mit anderen Politikfeldern, die die Entstehung des BSHG zu einem auch politikgeschichtlich reizvollen Gegenstand

---

ter verschiedener Fachdisziplinen. Bisher erschienen sind u.a. der Einleitungsband „Grundlagen der Sozialpolitik" sowie der von Udo Wengst verantwortete Band 2 (Teil 1 und 2) über die Zeit von 1945 bis 1949, in dem auch die öffentliche Fürsorge sowie benachbarte Bereiche für alle vier Besatzungszonen behandelt werden; vgl. Willing, Vorgeschichte; Boldorf, Sozialfürsorge in der SBZ/DDR.

[7] Rudloff, Fürsorge, S. 191.

[8] Vgl. grundlegend Flora/Heidenheimer (eds.), Development; Köhler/Zacher (Hg.), Jahrhundert; Alber, Armenhaus. Ausführlich die Sozialhilfe einbeziehend allerdings Alber, Sozialstaat. Zur jüngeren Entwicklung vgl. den Forschungsbericht von Conrad, Wohlfahrtsstaaten.

[9] „Fürsorge" bezeichnet im Folgenden den in der klassischen Einteilung von versicherungs- und versorgungsförmigen Systemen zu unterscheidenden Bereich sozialer Sicherung, und zwar im wesentlichen beschränkt auf die „öffentliche Fürsorge" im engeren Sinne, d.h. das primär von den Kommunen getragene und finanzierte, bedarfsorientierte und von einer Bedürftigkeitsprüfung abhängige Sicherungssystem, wie es bis 1961 rechtlich in der RFV und den RGr. geregelt war. Davon abzusetzen wären die teilweise anders organisierten und finanzierten, auf anderen Rechtsgrundlagen, aber ebenfalls auf dem fürsorgerischen Prinzip individueller Bedarfsorientierung beruhenden Bereiche, wie die Jugend-, die Kriegsopfer- oder die Arbeitslosenfürsorge, die Sachße/Tennstedt, Geschichte, Bd. 2, S. 11, mit dem Begriff der „Wohlfahrtspflege" für das „seit dem Ersten Weltkrieg über die klassischen Armutspopulationen hinaus ausgeweitete System von Fürsorgeleistungen für breite Bevölkerungsteile mit starker Betonung sozialer Dienstleistungen" erfassen.

[10] So der damalige Leiter der BMI-Sozialabteilung Gerhard Scheffler, Neuordnung, S. 23.

[11] Vgl. Luhmann, Politische Theorie, S. 25ff.

machen: Da die öffentliche Fürsorge in Deutschland traditionell eine Aufgabe der Kommunen[12] und gleichzeitig der Regelungskompetenz der Länder zugänglich ist, steht ihre bundesgesetzliche Bearbeitung in engem Zusammenhang mit der Position der Kommunen im föderalen Verfassungsgefüge und insbesondere seiner finanzpolitischen Gestaltung. Hinzu kommt in den fünfziger Jahren eine für den Bereich sozialer Sicherung untypische konfessions- bzw. kirchenpolitische Relevanz der Reform, die sich der wichtigen Rolle der freien Wohlfahrtspflege in diesem Bereich verdankte und vor allem die letzte Phase der Gesetzesgenese entscheidend prägte. Auf diese Weise steht die Fürsorge in einem spezifischen Interessengeflecht unterschiedlichster und in anderen Sozialpolitikbereichen nicht unbedingt anzutreffender Akteure, das auch infolge des Fehlens einer unmittelbar einflußreichen Lobby der Klientel eine weitere wesentliche Besonderheit aufweist.[13]

Ziel der Arbeit ist es, die Ausgestaltung des Bundessozialhilfegesetzes in der Schnittmenge dieser verschiedenen Politikbereiche und der aus ihnen erwachsenden Interessen zu untersuchen. Dabei geht auch diese Studie prinzipiell von der Prämisse aus, „daß Sozialpolitik zur relativen Autonomie des politischen Handelns hin offen ist"[14], mithin also die Bearbeitung der vom BSHG erfaßten Sozialbereiche Resultat politischer Entscheidung ist. Oder anders akzentuiert: Soziale Probleme werden nicht gleichsam automatisch und aufgrund objektiv zu bemessender Gegebenheiten zum Thema der Politik; sie müssen vielmehr durch politische Akteure als relevantes Problem wahrgenommen, „aus dem Stadium der Latenz herausgeführt und manifest gemacht werden".[15] Gerade im Fürsorgebereich, das sei bereits an dieser Stelle vermerkt, sind es allerdings nicht nur und oft auch nicht primär im klassischen Sinne „Politiker", die diese Entscheidungen fällen, sondern es waren Ministerialbeamte der mittleren Ebene, Verbandsfunktionäre und Fürsorgefachleute, die hier wesentliche Weichen stellten.

Diese Prämisse bedeutet jedoch nicht, daß Fürsorgepolitik in den fünfziger Jahren sozusagen strukturell voraussetzungslos hätte betrieben werden können. Im Gegenteil, ihre Ziele und angestrebten Lösungsmodelle waren nachhaltig geprägt durch die sozioökonomische Entwicklung der jungen Bundesrepublik wie durch die rechtlichen und institutionellen Gegebenheiten, die den Fürsorgebereich bislang geformt hatten. Ob und wie diese Gegebenheiten, die zunehmend als der sozialen und wirtschaftlichen Lage, nicht zuletzt auch als moderner Rechts- und Sozialstaatlichkeit inadäquat empfunden wurden, den neuen Entwicklungen anzupassen waren, war eine politisch zu entscheidende und entschiedene Frage.[16]

---

[12] Im Folgenden wird des einfacheren Verständnisses wegen der Begriff „Kommunen" ebenso wie „Gemeinden" in einem kolloquialen Sinn zur Sammelbezeichnung für die kreisfreien Städte und die Landkreise gebraucht, obwohl auch die kreisangehörigen Gemeinden (Stadt, Markt, Dorf) zu den Kommunen zählen und umgekehrt die Landkreise strenggenommen Kommunal*verbände* sind.
[13] Zur Bedeutung von „Betroffenen" als Akteursgruppe bei der Definition und gesellschaftlichen bzw. wohlfahrtsstaatlichen Bearbeitung sozialer Probleme vgl. aus soziologischer Perspektive Schetsche, Karriere, S. 39ff.
[14] Hockerts, Entscheidungen, S. 18.
[15] Rudloff, Schatten, S. 462.
[16] Vgl. in Hinblick auf die Ausprägung sehr unterschiedlicher lokaler „Wohlfahrtskulturen" in Kaiserreich und Weimarer Republik Rudloff, Souterrain, S. 487ff.

Infolge der Konzentration auf den ohnehin komplexen Gesetzgebungsprozeß erhebt die Arbeit nicht den Anspruch, eine Geschichte „der" Fürsorge in der jungen Bundesrepublik zu sein. Zwar werden deren Entwicklungen im Folgenden eher überblicksartig zu skizzieren sein; doch eine vertiefte Untersuchung der Arbeitsfelder und Funktionsweisen der Fürsorge und Wohlfahrtspflege und ihrer Wirkungen in den fünfziger Jahren, die etwa auch den in der bisherigen Geschichtsschreibung zur Fürsorge zentralen Begriff der „Sozialdisziplinierung"[17] in den Blick zu nehmen hätte, steht auch weiterhin aus.

Die vorliegende Arbeit besteht aus zwei Teilen: Der erste Teil behandelt die fürsorgepolitischen Weichen, die nach 1945 bis etwa Mitte der fünfziger Jahre gestellt wurden und damit den späteren Weg der Fürsorgereform entscheidend bestimmten. Diese Reform mit dem Endpunkt des Bundessozialhilfegesetzes ist Gegenstand des zweiten Teils. Die rechtlichen Rahmenbedingungen wie auch die daraus resultierenden Vollzugsstrukturen der öffentlichen Fürsorge in der frühen Bundesrepublik allerdings stammten aus den zwanziger Jahren und hatten bis zur Verabschiedung des Bundessozialhilfegesetzes 1961 im wesentlichen Bestand. Ein kurzes Einführungskapitel zu Beginn des ersten Teils beschreibt daher die Grundzüge des Fürsorgerechts in der Weimarer Republik und während des Nationalsozialismus. Hier wie an anderer Stelle profitiert die Arbeit dabei von der Tatsache, daß die Geschichte der Armenpflege bzw. Fürsorge in Deutschland bis zum Ende des Zweiten Weltkriegs bereits gut erforscht ist, ja seit den neunziger Jahren geradezu von einer „Konjunktur" der Fürsorgegeschichte bis 1945 in der Geschichtswissenschaft gesprochen werden kann[18]: Neben den maßgeblichen Gesamtdarstellungen von Florian Tennstedt und Christoph Sachße (1988 und 1992), den breit angelegten Arbeiten von Detlev J. Peukert (1986), Eckhard Hansen (1991), Young-Sun Hong (1998) oder David F. Crew (1998) und den vielfältigen Untersuchungen zum zentralen Komplex des richtsatzmäßigen Unterhalts von Stephan Leibfried und seinen Bremer Mitarbeitern (s.u.) liegt mittlerweile eine Vielzahl von lokalen und regionalen Fallstudien sowie von Arbeiten über einzelne Fürsorgebereiche und der auf diesem Gebiet Tätigen vor.[19]

---

[17] Das ursprünglich auf Max Weber zurückgehende und vor allem von Gerhard Oestreicher für die Geschichtswissenschaft nutzbar gemachte sozialwissenschaftliche Konzept der „Sozialdisziplinierung" beschreibt in der Variante Michel Foucaults innerhalb der ‚Disziplinargesellschaft' ein umfassendes Kontrollnetz und System verfeinerter und humanisierter Herrschaftsformen und zielt damit insbesondere auf eine Analyse neuer, „sozialstaatlicher" Herrschaftsformen wie das Verhältnis von staatlicher Subsistenzsicherung und Verpflichtung zu privater Reproduktion. Gerade die zwischen den Polen der Disziplinierung und Integration, von Kontrolle und Hilfe situierte Fürsorge bietet hier ein weites Forschungsfeld; vgl. insbesondere die Beiträge in: Sachße/Tennstedt (Hg.), Soziale Sicherheit; Rudloff, Souterrain, S. 474ff.; für die weitere Forschung zentral Peukert, Grenzen; in Auseinandersetzung mit ihm Hong, Welfare; exemplarisch für die sozialkritische Bewertung der Sozialhilfe in den siebziger Jahren Barabas/Sachße, Bundessozialhilfegesetz, die insbesondere die repressiven Elemente des Individualprinzips betonten und der Hilfe zum Lebensunterhalt den „zwieschlächtige[n] Charakter der Armenpolizei" (S. 375) attestierten.
[18] Vgl. Rudloff, Souterrain, S. 474.
[19] Vgl. jetzt ausführlich Rudloff, Schatten; ferner Andreas Wollasch, Tendenzen; Willing, Vorgeschichte, S. 596f.

Das zweite Kapitel behandelt in einem Überblick die Entwicklung der Fürsorge in den drei Westzonen vom Kriegsende bis zur Gründung der Bundesrepublik.[20] Diese an politischen Grenzmarken orientierte Periodisierung rechtfertigt sich insofern, als die von den Kommunen getragene öffentliche Fürsorge mit dem Ende des Reiches und dem weitgehenden Ausfall der Versicherungs- und Versorgungssysteme für eine Übergangszeit wieder zum dominanten öffentlichen Hilfsinstitut wurde und nach einer Phase der improvisierten Maßnahmen zur Bewältigung der Massennotlagen allmählich eine Konsolidierung dieses Sicherungssystems einsetzte, die 1949/50 ihren ersten Abschluß fand. Soweit es im Rahmen dieser Arbeit zu bewältigen und auf der problematischen statistischen Grundlage möglich ist, sollen dabei zunächst die quantitative Bedeutung der kommunalen Fürsorgetätigkeit und ihr qualitativer Gehalt skizziert werden. Dies erscheint um so wichtiger, als es neben der Weltwirtschaftskrise gerade die Nachkriegsjahre waren, die den Erfahrungshorizont und damit die fürsorgepolitische Orientierung vieler Fachleute geprägt haben. Anschließend wird die Restauration des Systems Fürsorge unter drei Aspekten behandelt: dem Aspekt der institutionellen Konsolidierung mit seinen weitreichenden Konsequenzen für die fürsorgespezifische Ausgestaltung der politischen Entscheidungsfindung und Interessenvermittlung; dem Aspekt des finanziellen Lastenausgleichs, der bereits zu noch heute gültigen Lösungen führte; dem Aspekt der rechtlichen Angleichung des infolge von Länder- und Zonenaufteilung auseinander driftenden Fürsorgerechts.

Im Mittelpunkt des dritten Kapitels steht die Verortung der Fürsorge in der Sozialpolitik der fünfziger Jahre. Diese wird zunächst bedingt durch ihren realen Ort im sich wandelnden sozialen Leistungssystem, denn der Ausbau der versicherungs- und versorgungsförmigen Systeme bewirkte zusammen mit dem einsetzenden Wirtschaftsaufschwung eine relativ zügige Marginalisierung der Fürsorge. Um die Auswirkungen dieses quantitativen Bedeutungsverlusts für die Träger der Fürsorge, die Kommunen, besser einordnen zu können, wird in einem knappen Exkurs deren verfassungsrechtliche und finanzielle Situation im Gesamtstaat näher beleuchtet. Die Stellung der Fürsorge in den sozialpolitischen Diskussionen der Zeit behandelt der zweite Abschnitt dieses Kapitels: Dabei werden zunächst solche Konzepte vorgestellt, die im Rahmen einer umfassend angelegten „Sozialreform" der Fürsorge und/oder dem Fürsorge*prinzip* selbst, also einem am individuellen Bedarf ausgerichteten, wenig verrechtlichten Hilfekonzept, einen neuen Platz zuweisen wollten und dabei zu sehr unterschiedlichen Vorschlägen kamen. Anschließend geht es um die Bedeutung, die dieses Prinzip in den sozialpolitischen Debatten und tatsächlichen Entscheidungen auf Bundesebene einnahm, bis Ende 1955 mit der „Zielverengung"[21] auf die Rentenreform auch das Ende der breit angelegten „Sozialreform"-Überlegungen eingeläutet wurde.

Parallel zu den Konzepten für eine neue Situierung der Fürsorge im Gesamtsystem gab es seit Ende der vierziger Jahre vor allem innerhalb des Forums des Deutschen Vereins für öffentliche und private Fürsorge Überlegungen zu einer systemimmanenten grundlegenden Reform der Fürsorge selbst. Wesentlicher An-

---

20 Dazu auch Willing, Vorgeschichte.
21 Hockerts, Entscheidungen, S. 434.

trieb war die Hoffnung auf einen daraus resultierenden Kompetenzgewinn der Kommunen im Sinne des kommunalen Selbstverwaltungsprinzips, nicht minder aber im Interesse einer besseren Positionierung in den Auseinandersetzungen um die Finanzverfassung. Gleichzeitig wurde das Fürsorgerecht bereits in der ersten Hälfte der fünfziger Jahre in wichtigen Teilaspekten modernisiert bzw. verbindlich modern interpretiert. Diese Modernisierungsschritte im Sinne zunehmender Verrechtlichung und Standardisierung sind Thema des dritten Abschnitts dieses Kapitels.[22]

Die ersten vier Kapitel des zweiten Teils der Arbeit bilden deren Kern, denn hier geht es um die konkreten Vorarbeiten für das BSHG, die im Spätherbst 1955 im Bundesinnenministerium begannen und mit der Verabschiedung des Regierungsentwurfs im Bundeskabinett im Februar 1960 ihren ersten Abschluß fanden. Ein erstes Kapitel behandelt primär die *Form* und die *Akteure* der Reformarbeit, in deren Zentrum die federführende Sozialabteilung des Innenministeriums stand, die bis zum Juli 1958 einen ersten offiziellen Referentenentwurf erstellte. Dieser wurde zahlreichen beteiligten Stellen zur Begutachtung übersandt und daraufhin bis zum März 1959 ein zweiter offizieller Referentenentwurf erarbeitet.

Um den innovativen Gehalt dieser Reformarbeit selbst, um die daran geknüpften Interessen und den Einfluß der involvierten Interessenten, um also die politischen Weichensteller, deren Motivation und Erfolg im vorparlamentarischen Kräftespiel eruieren und bewerten zu können, wird in den darauffolgenden Kapiteln in einer umfangreichen Feinanalyse der *Inhalt* der Fürsorgereform untersucht: Dabei geht es ebenso um mögliche Reformziele und reformerische Alternativen, wie um die Gründe für den dann beschrittenen Weg, sei es hinsichtlich der generellen Aufgaben und Methoden, der avisierten Zielgruppen und Hilfearten, der rechtlichen Absicherung und Vereinheitlichung der Leistungen, sei es hinsichtlich der Regelung der Trägerschaft, der Aufgabendurchführung und – nicht zuletzt – von deren Finanzierung. Um den Blick für die Zusammenhänge nicht zu verlieren, ist dabei einerseits bis in die zwanziger Jahre zurück-, häufig aber auch bis zur Verabschiedung des BSHG 1961 und darüber hinaus vorzugreifen.

Zu Beginn des fünften Kapitels folgt eine knappe Bewertung der bisherigen Reformarbeit und deren weitere Genese bis zum Regierungsentwurf, die vor allem durch die Auseinandersetzungen um die Stellung der freien Wohlfahrtspflege geprägt war und die Fürsorgereform endgültig mit der gleichzeitig geplanten Reform der Jugendhilfe verkoppelte. Anschließend führt dieses Kapitel in den demokratischen Entscheidungsprozeß und schließlich auf die parlamentarische Ebene: Zunächst zum Bundesrat und damit auch offiziell auf den Prüfstand der Länder, die

---

[22] „Modernisierung" steht hier nicht für einen naiven Glauben an bundesrepublikanische Erfolgsgeschichte, sondern meint den Anschluß an einen säkularen internationalen Trend der Sozialstaatsentwicklung, der u.a. durch eine zunehmende rechtsstaatliche Sicherung der Autonomie des Sozialleistungsempfängers durch Rechtsansprüche und garantierte Leistungen gekennzeichnet ist; vgl. Ritter, Sozialstaat, passim. Zum Modernisierungs-Paradigma als Basis für den internationalen Wohlfahrtsstaatsvergleich siehe Kaufmann, Sozialstaat, S. 821ff. Zur Problematik des „Modernisierungs"-Begriffs als Paradigma der Zeitgeschichtsschreibung vgl. allgemein Michael Prinz, Stabilisierung.

auf dem Gebiet der Fürsorge ihrerseits Gesetzgebungskompetenz besaßen, erhebliche verwaltungsmäßige und finanzielle Verantwortung trugen und somit ein großes Interesse an dem künftigen Gesetz haben mußten; schließlich in den Bundestag und den zuständigen Ausschuß für Kommunalpolitik und öffentliche Fürsorge, der den BSHG-Entwurf fast ein Jahr lang beriet. Die spezielle Frage der Stellung der freien Wohlfahrtspflege bestimmte dann nicht nur die parlamentarische Debatte und die Verabschiedung des Gesetzes im Mai 1961, sondern führte auch zu einem verfassungsrechtlichen Nachspiel, das erst mit dem einschlägigen Urteil des Bundesverfassungsgerichts von 1967 endete und im letzten, sechsten Kapitel ebenso wie die zur Durchführung des BSHG zentralen Verordnungen und Ländergesetze kursorisch dargestellt werden soll.

Maßgebliche Quellengrundlage dieser Arbeit bilden die Vielzahl der einschlägigen Akten aus dem im Bundesarchiv Koblenz verwahrten Bestand des Bundesinnenministeriums, bei dem die öffentliche Fürsorge und zunächst auch die Sozialhilfe ressortierte. Hinzu kommen die ebenfalls dort deponierten Akten des Deutschen Landkreistages, der als kommunaler Spitzenverband einen wichtigen Teil der Fürsorgeträger vertrat und die Fürsorgereform nachhaltig zu beeinflussen suchte. Von großem Wert waren ferner die umfangreichen Bestände des anderen hauptbeteiligten kommunalen Spitzenverbands, des Deutschen Städtetages, im Landesarchiv Berlin; ferner die ebenfalls reichhaltigen Materialien der Hauptgeschäftsstelle von Innerer Mission und Evangelischem Hilfswerk im Archiv des Diakonischen Werks der Evangelischen Kirche in Deutschland, Berlin. Dieser evangelische Spitzenverband der freien Wohlfahrtspflege war in die Reformarbeit vielfältig involviert und hatte mit dem Leiter der Sozialabteilung der Hauptgeschäftsstelle, Paul Collmer, einen in zahlreichen Expertengremien, insbesondere im Deutschen Verein aktiven Vertreter, so daß viele sonst nicht mehr auffindbaren oder andernorts nicht zugänglichen Materialien hier zur Verfügung stehen.

Zur Ermittlung der Länderposition wurden die Sitzungsprotokolle der Länderfürsorgereferenten im Bestand „Sozialministerium" des Landesarchivs Schleswig-Holstein in Schleswig herangezogen. Die Darstellung der Arbeit des Bundestagsausschusses für Kommunalpolitik und öffentliche Fürsorge schließlich basiert auf den Ausschußprotokollen im Bestand „Bundessozialhilfegesetz/Gesetzesmaterialien" im Parlamentsarchiv des Deutschen Bundestages. Hinzugezogen wurden schließlich die – leider nur sehr lückenhaften – jeweiligen Materialien zur Fürsorgereform in den Beständen der einschlägigen Fraktions- bzw. Parteigremien von CDU/CSU und SPD und einzelnen Nachlässen im Archiv für Christlich-Demokratische Politik in St. Augustin und im Archiv der sozialen Demokratie in Bonn. Schließlich stand mit dem damals für das BSHG zuständigen Referenten des Katholischen Büros Bonn, Herrn Dr. Hans-Günther Frey, im Juli 2002 ein wichtiger beteiligter Zeitzeuge zum Gespräch zur Verfügung.

Neben den unveröffentlichten Quellen und den einschlägigen veröffentlichten Berichten und Drucksachen des Bundesrates und des Bundestages sowie den mittlerweile edierten Quellensammlungen für die Regierungs- und Parteiebene ist es vor allem die zeitgenössische Fachliteratur, angefangen von den Berichten über die Deutschen Fürsorgetage, über unzählige Artikel in zahlreichen Fachzeitschriften und monographische Studien über Reformkonzepte bis hin zu zeitgenössischen Rechtskommentaren und statistischen Veröffentlichungen, die den schier unübersehbaren Quellenfundus ausmachen, aus dem diese Arbeit schöpft.

Hinsichtlich der bereits geleisteten Forschung profitiert die vorliegende Arbeit nicht nur von den bereits erwähnten Darstellungen zur Fürsorge für die Zeit vor 1945, sondern auch von Untersuchungen zu einzelnen hier interessierenden Themenfeldern oder Überblicksdarstellungen für die Entwicklung der Fürsorge in der Bundesrepublik seitdem: Dies gilt zunächst für die Arbeit von Michael Heisig, der dem Themenschwerpunkt des seinerzeitigen Bremer Projekts entsprechend, sein Hauptaugenmerk auf den zentralen Bereich der richtsatzmäßigen Unterstützung und die hier relevante Etablierung des Warenkorb-Modells richtet. Diese Arbeit, die auch immer wieder auf die Genese des Sozialhilfegesetzes insgesamt rekurriert, stützte sich infolge der seinerzeit noch geltenden Sperrfrist für die Akten des Bundesinnenministeriums vor allem auf die genannten Bestände des Städtetages und des Landkreistages.[23] Zu nennen ist weiter ein instruktiver Aufsatz von Wilfried Rudloff (1998), der anhand des Vergleichs der Fürsorgeentwicklung unter den Bedingungen des NS-Staates, der DDR und der Bundesrepublik den Stellenwert der Fürsorge im jeweiligen Sicherungssystem bemißt und Kontinuitäten wie Brüche gegenüber der Weimarer Ausgangslage herausarbeitet.[24] Ferner ein weiterer Aufsatz desselben Autors, in dem er am Beispiel Bayerns methodisch überzeugend die Wahrnehmung und politische Bearbeitung sozialer Probleme und ihrer Rahmenbedingungen anhand des Phänomens der „Randgruppen" analysiert und dabei wichtige Klientelgruppen der Fürsorge/Sozialhilfe untersucht.[25] Für die Darstellung der Situation der öffentlichen Fürsorge in den drei westlichen Besatzungszonen hilfreich ist schließlich der Beitrag von Willing im 2. Band der erwähnten „Geschichte der Sozialpolitik".

Daneben sind es vor allem Erträge der sozial- und der politikwissenschaftlichen Forschung, auf die im Folgenden zurückgegriffen wird: Das sind zunächst die von Stephan Leibfried in diversen Forschungsprojekten an der Universität Bremen vorangetriebenen Untersuchungen über die deutsche Armutspolitik seit dem Ersten Weltkrieg sowie über die Fürsorge- und Sozialhilfeentwicklung bis in die nahe Gegenwart, die zum Teil Aufschlüsse über bereits in den fünfziger Jahren wirksame Trends geben[26]; das sind meist an der Geschichte der eigenen Profession interessierte Darstellungen zur Entwicklung der praktischen Sozialarbeit seit

---

[23] Die ursprüngliche Dissertation (Heisig, Armenpolitik, 1990) enthielt einen umfangreichen biographischen Anhang zu Persönlichkeiten der deutschen Fürsorgegeschichte, der in einer zweiten, bis auf einige Kürzungen unveränderten, im Eigenverlag des DV publizierten Version (Heisig, Armenpolitik, 1995) dann fehlt.
[24] Zur frühen Entwicklung in der DDR vgl. ausführlich Boldorf, Sozialfürsorge in der SBZ/DDR; ferner ders., Sozialfürsorge in der SBZ; Frerich/Frey, Handbuch, Bd. 2, S. 364ff.; Hoffmann, Neuordnung, S. 158-165.
[25] Vgl. Rudloff, Schatten.
[26] Vgl. neben Heisig, Armenpolitik, 1995, die Literaturangaben zu Leibfried, Hansen, Hofmann, Buhr u.a.; ferner allgemein Forschungsschwerpunkt. Zu erwähnen wären auch der ältere Aufsatz von Barabas/Sachße, Bundessozialhilfegesetz, sowie die Arbeit von Schulz, Armut, S. 82-84.

1945[27]; das sind schließlich auch Studien über Stellung und Einfluß der im Fürsorge- bzw. Sozialhilfebereich relevanten Akteure – der Kommunen sowie der freien Wohlfahrtsverbände. Neben einschlägigen älteren Arbeiten über die Einflußmöglichkeiten der Kommunen und ihrer Spitzenverbände auf die Bundes- und Landespolitik wird in letzter Zeit insbesondere auch deren Bedeutung für die Sozialpolitik thematisiert.[28] Schon länger im Fokus der Verbändeforschung sind die Spitzenverbände der freien Wohlfahrtspflege und deren Rolle im modernen Wohlfahrtsstaat, die sich am „Neokorporatismus"-Konzept orientiert und ihnen ein erhebliches Einflußpotential zuweist. Solche Studien ebenso wie jüngste Untersuchungen zur Durchsetzbarkeit von Klientelinteressen in der Sozialpolitik[29] oder zur Bedeutung des Staat-Kirche-Verhältnisses für die Stellung der freien Verbände im Wohlfahrtssystem[30] beziehen sich zwar in der Regel auf die Gegenwart und, sofern sie die Sozialhilfe behandeln, auf deren Ausgestaltung *infolge* des BSHG, doch liefern sie wegweisende Anhaltspunkte, wenn es darum geht, Rolle und Einfluß der am fürsorgepolitischen Entscheidungsprozeß, an der Entstehung des Bundessozialhilfegesetzes Beteiligten zu bemessen. Denn wenn die immer wieder formulierte Annahme stimmt, „Bettler lassen sich noch organisieren, Arme nicht"[31], daß also die klassischen Adressaten der Fürsorgepolitik über keine eigene unmittelbar wirksame Lobby verfügten und zumal in den fünfziger Jahren deren Wählerpotential anders als bei der berühmten Rentenreform zahlenmäßig eher gering und in seiner Zusammensetzung diffus war, dann erhebt sich die Frage, warum trotz dieses unmittelbar fehlenden politischen Drucks eine Gesetzesreform in Angriff genommen wurde, die erhebliche Leistungsverbesserungen für diese Menschen zum Ziel hatte.

---

[27] Vgl. Hering/Münchmeier, Geschichte; C. Wolfgang Müller, Helfen; André, SozialAmt; Kühn, Jugendamt; Dyckerhoff, Fürsorge; Nootbaar, Sozialarbeit.
[28] Grundlegend ist hier nach wie vor die Arbeit von Bertram, Staatspolitik, von der auch Voigt, Partizipation, nachhaltig profitierte; vgl. ferner aus verfassungsrechtlicher Perspektive die aus dem Jahre 1961 stammende und 1980 veröffentlichte Habilitationsschrift von Zacher, Sozialpolitik, S. 219ff. Den Einfluß der Kommunen und ihrer Spitzenverbände auf Formulierung und Implementation von Sozialpolitik im Bundesstaat seit Mitte der siebziger Jahre behandeln Jaedicke u. a., Politik, sowie Münch, Sozialpolitik.
[29] Vgl. Winter, Interessen, der die Transformation sozialpolitischer Interessen für die Bereiche der Sicherung im Alter, gegen Arbeitslosigkeit und gegen Armut vom Ende der siebziger bis in die frühen neunziger Jahre untersucht und vergleicht, dabei aber die kommunalen Spitzenverbände ausklammert.
[30] Vgl. Schmid, Wohlfahrtsverbände.
[31] Zacher, Sozialpolitik, S. 382; ähnlich ders., Grundlagen, S. 514; vgl. bereits Müller-Caroli, Einordnung, S. 39; ferner Winter, Interessen, S. 91ff., 102ff., 312.

Erster Teil

Fürsorgepolitische Weichenstellungen in der Nachkriegszeit und in der frühen Bundesrepublik

I. Die Fundamente: Fürsorge in der Weimarer Republik und im Nationalsozialismus

Bis zur Verabschiedung des BSHG basierte das Fürsorgesystem in den Westzonen bzw. in der Bundesrepublik auf Fundamenten, die bereits in der Weimarer Republik gelegt worden waren. Die „Verordnung über die Fürsorgepflicht" (RFV) vom 13. Februar 1924, die „Reichsgrundsätze über Voraussetzung, Art und Maß der öffentlichen Fürsorge" (RGr.) vom 4. Dezember 1924 sowie das „Reichsgesetz für Jugendwohlfahrt" (RJWG) vom 9. Juli 1922[1] hatten die Grundlagen für eine moderne Wohlfahrtspflege gelegt. Sie spiegeln die Entwicklung von der traditionellen Armenfürsorge hin zu einem ausdifferenzierten System öffentlicher Wohlfahrtspflege wider, die im Kaiserreich begonnen hatte, durch den Ersten Weltkrieg forciert und durch die Weltwirtschaftskrise vorläufig beendet wurde.[2] Die RFV, die das formelle Fürsorgerecht regelte, schrieb eine öffentliche Fürsorgepflicht fest, faßte die bisherige zersplitterte Spezialgesetzgebung weitgehend zusammen, gab der öffentlichen Fürsorge eine einheitliche organisatorische und finanzielle Basis und ermöglichte eine stärkere Normierung der Unterstützungsgrundsätze.[3] Beibehalten wurde die für die Stellung der Fürsorge im gesamten Sicherungssystem charakteristische prinzipielle Verpflichtung des Hilfsbedürftigen, die erhaltene Unterstützung später zurückzuerstatten.

Zu den Aufgaben der kommunalen Fürsorge gehörte neben der traditionellen Armenfürsorge nun auch die Fürsorge für Kriegsopfer, für Sozial- und Kleinrentner, für Schwerbeschädigte und Schwererwerbsbeschränkte sowie für Schwangere und Wöchnerinnen. Statt der oft leistungsschwachen (Orts-)Armenverbände hatten die Länder jetzt leistungsfähige Bezirks-, außerdem Landesfürsorgeverbände (BFV und LFV) als Träger zu bestimmen; zu Bezirksfürsorgeverbänden machten die Länder von da an meist nur noch Stadt- und Landkreise, während die überörtliche Trägerschaft in Preußen von den Provinzial- oder entsprechenden höheren Kommunalverbänden, sonst meist von den Ländern übernommen wurde.[4] Die Zuständigkeit wurde durch die RFV erheblich vereinfacht: Nicht mehr der „Unterstützungswohnsitz", der oft aufwendige Ermittlungen der jeweiligen Äm-

---

[1] RFV: RGBl. 1924 I, S. 100; RGr.: RGBl. 1924 I, S. 765; RJWG: RGBl. 1922 I, S. 633, 647.
[2] Zur Geschichte der Wohlfahrtspflege in der Weimarer Republik und ihrer Pervertierung während des Nationalsozialismus vgl. grundlegend Sachße/Tennstedt, Geschichte, Bd. 2 und Bd. 3; für Weimar außerdem (mit erstaunlich geringer Bezugnahme zu Sachße/Tennstedt) Hong, Welfare, sowie Crew, Germans. Einen Forschungsüberblick für den Untersuchungszeitraum 1890–1945 geben Rudloff, Souterrain, und Andreas Wollasch, Tendenzen; weitere Literaturhinweise auch bei Willing, Vorgeschichte, S. 589ff.
[3] Vgl. ausführlich Sachße/Tennstedt, Geschichte, Bd. 2, S. 142ff., 173ff.
[4] In Hessen, Baden, Sachsen, Thüringen und den Stadtstaaten fungierten die Länder als Landesfürsorgeverbände, in Bayern hingegen für die meisten Aufgaben die Kreise; Württemberg und Anhalt bildeten gesonderte Landesfürsorgeverbände aus den Bezirksfürsorgeverbänden; vgl. Memelsdorff, Träger, S. 684ff.; NDV 30 (1950), S. 266f.

ter erfordert hatte, sondern der „gewöhnliche Aufenthalt" des Hilfsbedürftigen entschied jetzt, welcher Fürsorgeverband am Ende die Unterstützung zu zahlen hatte.

Ein Kernstück der Reformgesetzgebung betraf die Finanzierung der Fürsorge: Nachdem bisher das Reich den Hauptteil der kriegs- und inflationsbedingten Sonderfürsorgen finanziert hatte, wälzte es diese Lasten jetzt auf Länder und Kommunen ab, ohne allerdings längerfristig den Kommunen entsprechende Einnahmequellen zur Verfügung zu stellen.[5] Für die weitere Entwicklung sehr bedeutsam war schließlich die Aufwertung der freien Wohlfahrtspflege: § 5 RFV sah nicht nur die Möglichkeit vor, öffentliche Fürsorgeaufgaben an freie Träger zu delegieren, sondern enthielt auch die bekannte Bestandsgarantie, wonach keine Einrichtungen der öffentlichen Fürsorge geschaffen werden sollten, soweit geeignete Einrichtungen der freien Wohlfahrtspflege ausreichend vorhanden waren.

In den RGr. wurde die konkrete materielle Ausgestaltung der Fürsorge erstmals reichseinheitlich näher geregelt und damit gravierend in eine gemeindliche Prärogative eingegriffen. Die Hilfe hatte sich grundsätzlich auch weiterhin an der individuellen Notlage des Hilfsbedürftigen zu orientieren und sollte vor allem Hilfe zur Selbsthilfe im Sinne wirtschaftlicher Selbständigkeit sein. Entsprechend einem gewandelten Armutsverständnis war als Lebensbedarf nun nicht mehr nur das unbedingt Lebensnotwendige zu gewähren, sondern darüber hinaus auch das, was zur Erhaltung und (Wieder-)Herstellung von Gesundheit und Arbeitsfähigkeit nötig war.[6] Dafür konnte die Hilfe auch vorbeugend gewährt werden. Daneben behielt die Weimarer Fürsorgegesetzgebung allerdings einen privilegierten Bereich in Form der sogenannten gehobenen Fürsorge für die kriegs- und inflationsbedingten Notlagen der Kriegsbeschädigten, Sozialrentner etc. mit günstigeren finanziellen Regelungen sowie besonderen Integrationshilfen für die Kriegsopfer („soziale Fürsorge") bei.[7] Indirekt wurde dadurch eine weitere „,soziale Ausgestaltung' der Fürsorge"[8] gefördert, indem in diesen Bereichen verwirklichte Unterstützungsgrundsätze und Methoden vor allem nach dem Zweiten Weltkrieg auf die gesamte Fürsorge ausstrahlten.

Der mit RFV und RGr. begonnene Trend hin zu einer stärkeren Vereinheitlichung der Fürsorgeleistungen wurde gegen den Widerstand der Kommunen 1925/26 fortgeführt, indem die Fürsorgeverbände dazu verpflichtet wurden, die

---

[5] Vgl. Sachße/Tennstedt, Geschichte, Bd. 2, S. 175 ff. Vor allem in den Haushalten der größeren Städte entwickelte sich infolge neuer wohlfahrtspflegerischer Standards das Wohlfahrtswesen zum größten Ausgabenposten und betrug kurz vor der Weltwirtschaftskrise durchschnittlich ein Drittel des reinen Finanzbedarfs; vgl. Leibfried/Hansen/Heisig, Politik, S. 153 ff.

[6] Vgl. ausführlich die amtliche Erläuterung zu § 6 RGr., abgedruckt in: Muthesius, Grundlagen, S. 84.

[7] Gleichsam ein Gegenstück zur „gehobenen Fürsorge" war die in § 13 RGr. vorgesehene Möglichkeit, bei „Arbeitsscheu oder offenbar unwirtschaftlichem Verhalten [...] Art und Maß der Fürsorge auf das zur Fristung des Lebens Unerläßliche zu beschränken"; auf diese Weise wurden „die ‚Asozialen' als lumpenproletarische Unterstockgruppe innerhalb der Armenfürsorge neu eingeführt, und die Regelfürsorge war dadurch zugleich aufgewertet"; Sachße/Tennstedt, Geschichte, Bd. 2, S. 174.

[8] Ebenda, S. 149.

I. Die Fundamente

Höhe der Unterstützung auf der Basis von Richtsätzen zu bemessen.[9] Wenn auch weder Berechnungsgrundlagen noch die tatsächliche Höhe der Richtsätze vorgeschrieben und vereinheitlicht waren, lief diese Politik „im Grunde auf die reichseinheitliche Garantie eines gewissen Mindesteinkommens für Hilfsbedürftige"[10] hinaus.

Wie RFV und RGr. sollte auch das im Juni 1922 verabschiedete RJWG unterschiedliche organisatorisch-administrative und materielle Entwicklungen reichsweit vereinheitlichen.[11] In seiner ursprünglichen Fassung sah das Gesetz eine erhebliche Ausweitung der kommunalen Aufgaben vor und schuf Grundstrukturen, die bis heute das Recht der Jugendhilfe bestimmen. Das RJWG statuierte einen Rechtsanspruch des Kindes auf Erziehung und erklärte neben der Jugendfürsorge erstmals auch die Jugendpflege zur Aufgabe der kommunalen Jugendhilfe, die durch selbständige Jugendämter in enger Fühlungnahme mit den freien Trägern durchzuführen sei.[12] Doch noch vor seinem für 1924 geplanten Inkrafttreten wurde das Innovationspotential des RJWG empfindlich reduziert. Die Kommunen fürchteten vor allem die finanziellen Mehrbelastungen und verhinderten mit massiven Protesten, daß sie zur Errichtung eigener Jugendämter und zur Durchführung jugendpflegerischer Aufgaben verpflichtet wurden; die wirtschaftliche Minderjährigenfürsorge wurde durch die RFV der allgemeinen Fürsorge zugeschlagen.[13] Nichtsdestoweniger führte auch das derartig reduzierte RJWG, das am 1. April 1924 in Kraft trat, zu einer erheblichen Ausdehnung öffentlicher Erziehungskompetenzen, zu einem weiteren freiwilligen Ausbau der Jugendämter und zu verstärkten Aktivitäten der Kommunen in der Jugendpflege.[14]

Für die Entwicklung der Wohlfahrtspflege in der Weimarer Republik bis zur Weltwirtschaftskrise insgesamt machen Christoph Sachße und Florian Tennstedt neben dem Trend zur Zentralisierung, Bürokratisierung und Professionalisierung folgende zentrale Spannungsmomente aus[15], deren Folgen zum Teil bis in die Fürsorge der jungen Bundesrepublik hineinwirkten: 1. Die Öffnung der Wohlfahrts-

---

[9] Vgl. „Verordnung zur Änderung der Reichsgrundsätze über Voraussetzung, Art und Maß der öffentlichen Fürsorge" vom 7.9.1925, RGBl. 1925 I, S. 332, sowie „Gesetz über Abänderung der Reichsverordnung über die Fürsorgepflicht" vom 8.6.1926, RGBl. 1926 I, S. 255. Zur Entwicklung der Richtsätze als zentraler Größe in der Fürsorgepolitik und über diese hinaus (Richtsätze als Maßstab für Armut wie auch für die kommunalen Fürsorgeausgaben) vgl. Leibfried, Existenzminimum; ferner Leibfried/Hansen/Heisig, Geteilte Erde; Sachße/Tennstedt, Geschichte, Bd. 2, S. 179ff.

[10] Sachße/Tennstedt, Geschichte, Bd. 2, S. 149.

[11] Zu Entstehung und Entwicklung des RJWG vgl. ausführlich ebenda, S. 99ff., sowie Hasenclever, Jugendhilfe, S. 48ff., 73ff.; Andreas Wollasch, Fürsorgeverein, S. 122ff. Zur Geschichte der deutschen Jugendfürsorge bis 1932 und speziell zur problematischen Praxis bei der Zwangserziehung vgl. Peukert, Grenzen, sowie die bei Rudloff, Souterrain, S. 499ff., besprochenen jüngeren Arbeiten.

[12] Außerdem regelte das Gesetz das elterliche Erziehungsrecht, den Schutz der Pflegekinder, vormundschaftliche Aufgaben des Jugendamts sowie Schutzaufsicht und Fürsorgeerziehung.

[13] Vgl. Verordnung über das Inkrafttreten des Reichsgesetzes für Jugendwohlfahrt, RGBl. 1924 I, S. 110.

[14] Vgl. Sachße/Tennstedt, Geschichte, Bd. 2, S. 105f., 109ff.

[15] Vgl. ebenda, S. 213ff.

pflege hin zum Mittelstand im Zuge von Weltkrieg und Inflation, die eine erhebliche Heterogenität der „Armutsklientel", damit auch der Fürsorgepraxis bedingte und den Widerspruch zwischen Standardisierung und Individualisierung der Fürsorgeleistungen verschärfte. 2. Den grundlegenden Konflikt zwischen Reich und Kommunen, in dem sich wohlfahrts- und finanzpolitische Motive eng verschränkten. Während das Reich immer mehr Steuerungskompetenzen für sich beanspruchte und fürsorgerische Standards reichsweit vorgab, sahen die Gemeinden und Gemeindeverbände ihre Autonomie auf einem ihrer ureigenen Betätigungsfelder schwinden. Dazu parallel verlief der Prozeß eines finanziellen Autonomieverlusts der Gemeinden im Zuge der Erzbergerschen Finanzreform, die sie zu „Kostgängern" des Reiches machte, das ihnen mit der neuen Fürsorgegesetzgebung gleichzeitig neue Lasten auferlegte. Aus kommunaler Sicht sind seitdem Fürsorge- und Finanzpolitik die beiden Kehrseiten ein und derselben Medaille geblieben.[16]
3. Die Bildung der „dualen" Struktur der Wohlfahrtspflege, in der sich die freien Verbände parallel zu „Verreichlichung" und Bürokratisierung des öffentlichen Fürsorgesektors zu professionellen Großverbänden entwickelten und mit der öffentlichen Wohlfahrtspflege einen „wohlfahrtsindustriellen Komplex" bildeten.
4. Ein weiterhin paternalistisches Selbstverständnis der Wohlfahrtspflege, das den Prinzipien eines demokratisch legitimierten Wohlfahrtsstaates im Grunde widersprach. 5. Die kontinuierliche Orientierung der Wohlfahrtspflege am Arbeitsmarkt; zentrales Ziel der Fürsorgearbeit blieb in all ihren Bereichen die (Wieder-) Eingliederung in das Erwerbsleben, was in Zeiten hoher, zunehmend auch struktureller Arbeitslosigkeit das Wohlfahrtssystem in die Krise führen mußte.

Tatsächlich gingen dann zahlreiche der zukunftsweisenden Ansätze in den Massennotlagen der Weltwirtschaftskrise seit Ende 1929 unter: Millionen Wohlfahrtserwerbslose, für deren Unterstützung immer mehr die Kommunen aufzukommen hatten, konterkarierten die Bemühungen um eine individualisierende und rehabilitative Fürsorge. An ihre Stelle trat eine zunehmend repressive, standardisierte Minimalsicherung, die Städte und Gemeinden trotz rigider Sparmaßnahmen an den Rand des finanziellen Ruins brachte, so daß die Abhängigkeit der Kommunen vom Reich schon vor 1933 weit fortgeschritten war.[17]

Während der Zeit des Nationalsozialismus blieben die rechtlichen Grundlagen der Fürsorge im wesentlichen unangetastet, de facto erlebte die Wohlfahrtspflege jedoch einen tiefen Umbruch im Zeichen der Förderung der „Wertvollen" einerseits, der Aussonderung der „Minderwertigen" bis hin zu deren Ermordung andererseits. Bezugspunkt einer „erbbiologischen" und „bevölkerungspolitischen" Grundsätzen verpflichteten nationalsozialistischen Fürsorge war nicht mehr die Hilfe für das schwache Individuum, sondern die Pflege des „gesunden Volkskörpers".[18] Das bedingte grundsätzlich eine Aufwertung der Wohlfahrtspflege zur

---

[16] Sinnfällig wird diese Verknüpfung schon in der Tatsache, daß die RFV zum Vollzug der Dritten Steuernotverordnung verkündet wurde. Zu diesem Komplex vgl. insgesamt auch Münch, Sozialpolitik, S. 66ff.
[17] Vgl. Sachße/Tennstedt, Geschichte, Bd. 3, S. 64ff., 84ff.
[18] Für die Entwicklung der Wohlfahrtspflege im NS-Staat vgl. ebenda, S. 51ff., 83ff.; Hansen, Wohlfahrtspolitik. Zu den diversen Modifizierungen des Fürsorgerechts siehe Oestreicher, Entwicklung, S. 65f.

I. Die Fundamente

„Volkspflege" und damit verbunden einen Umbau innerhalb des fürsorgerischen Apparates. So gewann die Gesundheitsfürsorge erheblich an Gewicht. Auf der anderen Seite bildete sich als gesondertes Tätigkeitsgebiet die „Asozialen-Fürsorge" heraus, die zunächst auf Erfassung und Aussonderung der „Minderwertigen", schließlich deren „Vernichtung" zielte und immer mehr in die Hände der Polizei und SS überging.

Die Fürsorge für die „produktiven" und „wertvollen Volksgenossen" übernahm zunehmend die neu gegründete „Nationalsozialistische Volkswohlfahrt" (NSV), die als zentralistischer Großverband der Partei immer mehr Kompetenzen an sich ziehen konnte, so daß der kommunalen Fürsorge in erster Linie die Aufgabe wirtschaftlicher Mindestsicherung der Empfänger traditioneller Armen- und gehobener Fürsorge verblieb, die infolge sinkender offener Arbeitslosigkeit und immer selektiverer Fürsorgegewährung ohnehin an Bedeutung verlor.[19]

Entsprechend der allgemeinen Entmachtung der Gemeinden während der NS-Zeit manifestierte sich der zunehmende Bedeutungsverlust der kommunalen Wohlfahrtspflege bereits 1934, als die Gesundheitsfürsorge als zentrales Betätigungsfeld der NS-Rassenideologie weitgehend verstaatlicht wurde.[20] Diesem bald erheblich ausgebauten öffentlichen Gesundheitsdienst oblag neben der Pflege und gesundheitshygienischen Erziehung der „Erbgesunden" auch als pervertiertes Komplement die Kontrolle und Hilfe bei der Durchführung der „Maßnahmen zur Verhütung erbkranken Nachwuchses".

Naturgemäß betraf die Expansion der NSV, die sich selbst als freier Wohlfahrtsverband definierte, schon ganz früh und unmittelbar die bisherigen Spitzenverbände der freien Wohlfahrtspflege, gegenüber denen die NSV die Führungsrolle beanspruchte: Während die Arbeiterwohlfahrt (AWO) bereits 1933 verboten wurde und ihr Vermögen später an die NSV überging, konnten die beiden christlichen Verbände unter erschwerten Bedingungen weiterarbeiten; wenn sie später auch erhebliche Einbußen bei der Jugendhilfe (Kindergärten etc.) hinnehmen mußten, konnten sie zumindest ihre klassische Domäne der Anstaltsfürsorge behaupten.[21]

---

[19] Vgl. Hansen, Wohlfahrtspolitik, S. 118ff., 325ff.; Sachße/Tennstedt, Geschichte, Bd. 3, S. 91ff.; Hammerschmidt, Wohlfahrtsverbände im NS-Staat, S. 366ff.
[20] „Gesetz über die Vereinheitlichung des Gesundheitswesens" (GVG) vom 3. Juli 1934, RGBl. 1934 I, S. 531; vgl. ausführlich Labisch/Tennstedt, Weg, S. 197ff.
[21] Vgl. dazu insgesamt Hammerschmidt, Wohlfahrtsverbände im NS-Staat, S. 135ff. Der Zentralwohlfahrtsstelle der deutschen Juden wurde zunächst der Status als freier Spitzenverband aberkannt; 1939 wurde sie aufgelöst und als Abteilung „Fürsorge" in die „Reichsvereinigung der Juden in Deutschland" überführt und stellte schließlich 1943 ihre Arbeit ein. Der Deutsche Paritätische Wohlfahrtsverband (DPW) wurde Ende 1933 aufgelöst, seine Mitgliedsorganisationen wurden der NSV unterstellt. Nachdem 1937 die Rotkreuz-Einzelorganisationen zum Deutschen Roten Kreuz (DRK) zusammengefaßt worden waren, ging der Sanitätsdienst des DRK im Zweiten Weltkrieg an die Wehrmacht über, und das DRK wurde neben allgemeinen krankenpflegerischen Aufgaben zuständig für die Betreuung von Kriegsgefangenen sowie für Hilfsmaßnahmen für die Zivilbevölkerung in den besetzten Gebieten; vgl. ebenda, S. 157ff.; Buck, Entwicklung, S. 144, 162, 165.

Während des Zweiten Weltkrieges wurde neben einigen Vereinfachungsverordnungen auf Druck der NSV und gegen den Widerstand der Kommunen 1941 eine Bestimmung erlassen, die grundsätzliche Bedeutung für die weitere Entwicklung der Fürsorge gewann: Der Runderlaß über „Öffentliche Fürsorge, insbesondere Aufbau der Richtsätze" vom 31. Oktober 1941[22] schrieb erstmalig rechtlich zwingend in ihren Komponenten vereinheitlichte, regional einander angeglichene und am tatsächlichen Bedarf orientierte Richtsätze vor, beschnitt dadurch den „vorherrschenden kommunalen Unterstützungswildwuchs"[23] und bildete eine „entscheidende Stufe der Durchsetzung des [...] standardisierten nationalen Existenzminimums"[24]. Darüber hinaus erweiterte der Erlaß den Kreis der Bezieher gehobener Fürsorge auf die Gruppe der „Erbtüchtigen" und machte damit die gehobene Fürsorge de facto zum „Regelfall" einer nun ebenfalls den Prinzipien der „Rassenpflege" verpflichteten öffentlichen Fürsorge.[25]

In der fürsorgerischen Praxis konnte die NSV während des Krieges auch durch die Übernahme neuer Aufgaben hinter der Front und bei der Katastrophenhilfe auf Kosten der Kommunen weiter expandieren.[26] Immerhin gewannen die Kommunen, die jetzt auch für die kriegsbedingten Notaufgaben wie die Versorgung ihrer Einwohner mit Nahrung, Kleidung und Heizmaterial, Unterbringung und Evakuierung von Ausgebombten und ersten Flüchtlingen zuständig waren, zumindest gegenüber den staatlichen Instanzen einen Teil ihrer administrativen Selbständigkeit zurück[27] und waren nach dem Zusammenbruch der Reichs- wie der Parteiinstitutionen in der Lage, die nun ihnen zunächst allein überlassenen fürsorgerischen Aufgaben im Rahmen des Möglichen tatsächlich zu übernehmen.

---

[22] RMBliV. 1941, S. 1951.
[23] Rudloff, Fürsorge, S. 195.
[24] Leibfried/Hansen/Heisig, Geteilte Erde, S. 169; vgl. Sachße/Tennstedt, Geschichte, Bd. 3, S. 246ff.
[25] Vgl. Sachße/Tennstedt, Geschichte, Bd. 3, S. 250; ferner Rudloff, Fürsorge, S. 195.
[26] Vgl. Hansen, Wohlfahrtspolitik, S. 197f., 325ff.
[27] Vgl. Mutius, Kommunalverwaltung, 1985, S. 1079ff.

II. Zeit der Bewährung:
Fürsorge in der Massennot (1945–1949)

1. „Lückenbüßer" Fürsorge: zur Situation des Fürsorgewesens in der Nachkriegszeit

Prekäre kommunale Allzuständigkeit

„Notzeiten sondergleichen herrschen in aller Welt. Überall sind Kräfte am Werk, um Wunden zu heilen und Not zu lindern. [...] Der Fürsorge jeder Art werden Aufgaben von einer Größe und Schwere gestellt, wie nie in der Menschheitsgeschichte. Wird sie der Not Herr werden können? Wird man nicht entgegenhalten, daß zur Überwindung dieser Massennot stärkere Mächte heranzuziehen sind, die dieser Not begegnen?"[1]

Als Wilhelm Polligkeit, einer der führenden deutschen Fürsorgefachleute, dies Ende Oktober 1946 schrieb, schien die Ausgangslage für die Fürsorge tatsächlich noch prekärer als 1918: Deutschland war keine souveräne politische und verwaltungsmäßige Einheit mehr, sondern in vier vorerst auch im Westen voneinander abgeschottete Besatzungszonen aufgeteilt, seine Länder und Provinzen waren aufgelöst, und die Alliierten hatten die oberste staatliche Gewalt übernommen.[2] Das Reich, das ein Viertel seiner Vorkriegsfläche verloren hatte, war selbst Kriegsschauplatz gewesen und hatte große Verluste auch unter der Zivilbevölkerung und schwere Kriegszerstörungen erlitten. Ein Viertel des Wohnungsbestandes der Vorkriegszeit war zerstört oder stark beschädigt, in vielen Großstädten war es mehr als die Hälfte; das Verkehrssystem war durch Bombenangriffe und deutsche Sprengungen weitgehend lahmgelegt, was den wirtschaftlichen Wiederaufbau und die Versorgung der Bevölkerung mit Nahrungsmitteln und Energie entscheidend behinderte.

Hinzu kam das neuartige Problem eines tiefgreifenden demographischen Umbruchs, bedingt durch die Ströme von bis Anfang April 1947 allein in den drei Westzonen (ohne Berlin) mehr als sechs Millionen Vertriebenen aus den ehemaligen deutschen Ostgebieten und dem östlichen Ausland[3], durch bereits im Krieg erfolgte Evakuierungen aus den bombengeschädigten Städten in ländliche Gebiete[4], durch die sogenannten Displaced Persons (DPs), ausländische oder staatenlose Verschleppte oder politische Flüchtlinge, die zum größeren Teil bis 1947

---
[1] Wilhelm Polligkeit, Vorwort, 31.10.1946, in: Aufgaben der Fürsorge, S. 7.
[2] Zum Folgenden vgl. ausführlich: Kleßmann, Staatsgründung, S. 39ff.; Eschenburg, Jahre, S. 61ff.; Wengst, Rahmenbedingungen, S. 49ff., mit zahlreichen weiterführenden Literaturangaben; ferner aus zeitgenössischer Sicht: Polligkeit, Lage.
[3] Berechnet nach Angaben bei Kleßmann, Staatsgründung, S. 355.
[4] Anfang April 1947 gab es in den drei Westzonen ohne Berlin noch immer fast 2,4 Millionen Evakuierte, das entsprach einem Anteil an der Gesamtbevölkerung von gut 5%; berechnet nach Krause, Flucht, S. 186.

repatriiert wurden[5], durch Kriegsheimkehrer und durch die bald nach Kriegsende einsetzende Flucht aus der sowjetischen Besatzungszone (SBZ). Diese Wanderungsbewegungen führten zu einer erheblichen regionalen Umverteilung der Bevölkerung, da auch die Flüchtlinge vorwiegend in ländlichen Regionen, in denen es kaum Arbeitsplätze gab, untergebracht wurden. Trotz der hohen Kriegsverluste wuchs so die Bevölkerungszahl in den drei Westzonen und West-Berlin bis Herbst 1946 auf 45,3 Millionen, gut drei Millionen mehr als unmittelbar vor dem Zweiten Weltkrieg.[6] Zum Problem der Überbevölkerung in strukturschwachen Gebieten gesellte sich das der durch die Kriegsverluste bedingten stark veränderten Bevölkerungsstruktur mit einem erheblichen Frauenüberschuß und bei den Männern einem starken Überhang von ganz Alten sowie Jugendlichen, während die mittleren und leistungsfähigsten Jahrgänge (25–40 Jahre) empfindlich geschrumpft waren.

Die Versorgung der Bevölkerung mit Nahrung, Kleidung, Wohnung und Heizmaterial verschlechterte sich seit den letzten Kriegsmonaten vor allem in den Städten dramatisch. Der Schwarzmarkt bestimmte den Alltag bis zur Währungsreform und benachteiligte diejenigen, die über keine oder nur geringe Tauschmittel verfügten. Hunger und bedrängte Wohnverhältnisse begünstigten die Ausbreitung ansteckender Krankheiten. Das alles vor dem Hintergrund einer desolaten Wirtschaftslage, die bald zu einem Anwachsen der Arbeitslosigkeit führte und in der aufgrund zunehmender Geldentwertung Arbeit bei eingefrorenen Löhnen immer weniger einbrachte.

In dieser Zeit waren es auf deutscher Seite zunächst vor allem die Städte und Landkreise mit ihren Gemeinden, die als kurzzeitig größte deutsche Verwaltungseinheiten – von den freien Wohlfahrtsverbänden unterstützt – in einer Art Allzuständigkeit den materiellen Notlagen entgegenzutreten versuchten.[7] Bis kurz vor Kriegsende hatten die deutschen Verwaltungsbehörden zwar noch funktioniert, aber im Zuge der Besetzung ihre Arbeit weitgehend eingestellt; zahlreiche Bürgermeister und höhere Verwaltungsbeamte waren als NSDAP-Mitglieder vor den Alliierten geflohen oder von diesen abgesetzt worden.[8] Die Aufrechterhaltung der öffentlichen Ordnung und die drängenden Versorgungsprobleme machten einen schnellen organisatorischen Wiederaufbau erforderlich. Nach einer ersten Phase der Improvisation ließen Amerikaner und vor allem Briten in ihren Zonen häufig vorerst deutsche Verwaltungsfachleute in untergeordneter Stellung weiterarbeiten, beriefen in leitende Positionen jedoch politisch unbelastete Personen, zumeist erfahrene Kommunalbeamte eher bürgerlicher Provenienz, die den Alliierten gegenüber weisungsgebunden und alleinverantwortlich waren. Auf diese Weise ergab sich längerfristig ein beträchtliches Maß an bürokratischer Kontinuität, das auch

---

5   Bei Kriegsende waren etwa noch acht bis zehn Millionen DPs in Deutschland; vgl. Kleßmann, Staatsgründung, S. 43.
6   Vgl. die Tabelle ebenda, S. 352.
7   Zur Situation der Fürsorge in den drei Westzonen in der Nachkriegszeit siehe auch Willing, Vorgeschichte, S. 598ff.
8   Vgl. auch zum Folgenden Kleßmann, Staatsgründung, S. 66ff.; Eschenburg, Jahre, S. 71ff.; ferner Herbert Maier, Entwicklung; Unruh, Lage.

durch die später einsetzenden Entnazifizierungsbemühungen nicht grundlegend durchbrochen wurde. Denn es zeigte sich bald, daß die Besatzungsmächte auf qualifizierte deutsche Mitarbeiter angewiesen waren, was das Eigengewicht der deutschen Verwaltungen zwar nur allmählich und in den Zonen unterschiedlich, aber doch nachhaltig erhöhte.

Kehrseite des vorübergehenden kommunalen Kompetenzgewinns war der zunächst erhebliche Zuwachs kommunaler Belastungen, der über die allgemeinen unmittelbaren Kriegsfolgen hinaus durch den zunächst weitgehenden Ausfall der übrigen sozialen Sicherungssysteme einschließlich der Landesfürsorgeverbände bedingt war. Mit dem Deutschen Reich war auch ein Großteil der meist zentral auf Reichsebene oder regional organisierten Institutionen dieses Systems zusammengebrochen oder von den Alliierten stillgelegt worden. Aufgrund der Blockade zumindest aller überregionalen finanziellen Transaktionen durch die Besatzungsmächte, wegen nicht mehr realisierbarer eigener Kapitalien und Kriegsschäden und eingeschränkter Post- und Verkehrswege waren auch auf Länderebene die verschiedenen Träger der Sozialversicherung zunächst zahlungsunfähig oder konnten allenfalls stark reduzierte und lokal sehr unterschiedliche Leistungen zahlen, die bei zunehmender Inflation ohnehin an Wert verloren.[9] Die Arbeitsverwaltungen kümmerten sich nur um die Arbeitslenkung und konnten in der amerikanischen Zone bis zum Winter 1946/47 keine Unterstützungen an Versicherte zahlen, da die Militärregierung die Mittel des „Reichsstocks für den Arbeitseinsatz" blockierte.[10] In der britischen Zone hingegen bekamen seit Oktober 1945 *alle* Arbeitslosen, jedoch nur im Falle der Bedürftigkeit, Arbeitslosenunterstützung.[11] Erst im Herbst 1947 wurde in beiden Zonen das Weimarer Recht der Arbeitslosenversicherung im Grundsatz wiederhergestellt, so daß jetzt zumindest versicherte arbeitsfähige Arbeitslose Leistungen erhielten; darüber hinaus wurde ab Anfang 1948 in der britischen Zone auch die Arbeitslosenfürsorge zoneneinheitlich geregelt, und Arbeitslose mit gar keinen oder nur geringen Versicherungsansprüchen erhielten Fürsorgeunterstützung aus Mitteln des Zonenhaushalts.[12]

Ebenso wie die verschiedenen Sonderleistungen des Reiches an von Kriegsschäden betroffene Zivilisten (Räumungsfamilienunterhalt an Evakuierte u.a.m.) kam auch das weitgehend vom Reich getragene System zur Versorgung von Kriegsopfern mit seinen teilweise erheblichen Leistungen zum Erliegen und erlebte danach in den einzelnen Ländern und Zonen eine uneinheitliche Ent-

---

9 In der Krankenversicherung allerdings konnten zumindest die Ortskrankenkassen schon bald wieder Leistungen finanzieren. Zur Situation der sozialen Sicherungssysteme bei Kriegsende und zu ersten sozialpolitischen Maßnahmen in den Westzonen siehe zusammenfassend: Frerich/Frey, Sozialpolitik, Bd. 3, S. 3–12; ausführlicher und speziell für die französische Zone Hudemann, Sozialpolitik, S. 208ff.; zeitgenössisch für die US-Zone Preller, Sozialpolitik.
10 Vgl. Rundschreiben 1947, S. 10f.
11 Vgl. Sozialversicherungsdirektive Nr. 2, abgedruckt in: Arbeitsblatt für die britische Zone 1 (1947), S. 12; ferner NDV 27 (1947), S. 94f.; 36 (1956), S. 173f.
12 Vgl. NDV 27 (1947), S. 142ff.; 28 (1948), S. 13ff.; Brackmann/Drilling, Wohlfahrtspflege, S. 97f.

wicklung[13]: In der amerikanischen und dann auch der britischen Zone wurden (wie in der sowjetischen Zone) die Versorgungsverwaltungen aufgelöst, deren Leistungen z.T. ganz eingestellt und die Betroffenen an die Rentenversicherungsträger mit oft sehr geringen Renten oder an die öffentliche Fürsorge verwiesen; 1947 wurden die Renten für militärische und zivile Kriegsopfer auf niedrigem Niveau der Unfallversicherung angeglichen und von den Ländern finanziert. Die französische Besatzungsmacht hingegen ließ die Versorgungsrenten z.T. kaum eingeschränkt weiterzahlen, so daß das dortige Leistungsniveau insgesamt deutlich höher lag als in den anderen Zonen. Ohne alle Renten- oder Versorgungsansprüche blieben zunächst die Flüchtlinge, da die für sie ursprünglich zuständigen Träger nicht mehr erreichbar oder ihre Ansprüche nicht nachzuweisen waren.

Die öffentliche Fürsorge hingegen arbeitete auf ihren bisherigen Rechtsgrundlagen weiter, mit der allerdings nicht unwesentlichen Einschränkung, daß die traditionelle Gruppenfürsorge auf alliierte Anordnung in der britischen und der amerikanischen Zone abgeschafft worden war. Nachdem die vorgeschalteten Sicherungssysteme ganz oder teilweise weggebrochen waren, wurde die gesetzlich nachrangige öffentliche Fürsorge damit plötzlich zum „soziale[n] Lückenbüßer"[14] für ganz neue Hilfsbedürftigengruppen. Tatsächlich waren im Juni 1946 etwa in Frankfurt am Main von den rund 14 300 Empfängern laufender Fürsorgeunterstützungen oder Sachleistungen fast drei Viertel solche, die zu dieser neuen Klientel gehörten: allein mehr als 7 000 Angehörige noch nicht heimgekehrter Soldaten, ferner Hinterbliebene von gefallenen Soldaten und Bombenopfern, Arbeitslose und Flüchtlinge. Der Kostenanteil dieser sogenannten Kriegsfolgenhilfe belief sich auf gut drei Viertel des gesamten Frankfurter Fürsorgeaufwands.[15] Ein ähnliches Bild ergab sich Ende September 1947 für die gesamte britische Zone, wo von den insgesamt 1,9 Mio. Empfängern laufender Unterstützungen nur ein Sechstel zu den „friedensmäßig Hilfsbedürftigen" zählte.[16] In vielen Landkreisen stellten vor allem die einquartierten Flüchtlinge und Evakuierten gegenüber den ortsansässigen Hilfsbedürftigen den Löwenanteil der öffentlich Unterstützten.[17]

Dementsprechend neuartig waren auch viele Aufgaben der fürsorgerischen Praxis[18], vor allem bei der Bewältigung des Flüchtlingsproblems: die Betreuung von Flüchtlingstransporten, ihre Unterbringung und Versorgung, die Zusammenführung von Familien etc. – Aufgaben, denen die kleinen ländlichen Gemeinden und auch die Kreisverwaltungen der hauptbetroffenen „Flüchtlingsländer" oftmals

---

[13] Vgl. Hudemann, Sozialpolitik, S. 400ff., 440ff., 455ff.; ferner Wilhelm Dobbernack, Die Leistungen an Kriegsbeschädigte und Kriegshinterbliebene in der britischen Zone, in: Arbeitsblatt für die britische Zone 1 (1947), S. 326–330.
[14] Entschließung des Hessischen Gemeindetages vom 1.9.1947, in: Die Selbstverwaltung 1 (1947), S. 45.
[15] Alle Angaben (jeweils einschließlich der Tuberkulosehilfe) berechnet nach der Tabelle in: Rundschreiben 1946, S. 7. Anders als in ländlichen Gebieten spielten in der kriegszerstörten Großstadt Frankfurt Flüchtlinge und Evakuierte bei der kommunalen Fürsorgelast eine untergeordnete Rolle.
[16] Vgl. Tabelle XXII und Kommentar in: Achinger, Wirtschaftskraft, S. 45f.
[17] Vgl. Rundschreiben 1946, S. 4.
[18] Vgl. aus zeitgenössischer Sicht u.a. Polligkeit, Stand, S. 18ff.; ferner den Überblick mit Schwerpunkt auf West-Berlin bei Dyckerhoff, Fürsorge, S. 230ff.

kaum gewachsen waren. Die Flüchtlingsfrage bildete so auch ein zentrales Thema auf den Fürsorgetagen der Nachkriegszeit, wobei sich die Fürsorgeexperten schon früh der Notwendigkeit einer dauerhaften Integration durch Arbeitsfürsorge und Ausbildungsförderung bewußt waren.[19]

Ein ebenfalls in dieser Form der Fürsorge bisher nicht bekanntes Problem bildeten bis in die fünfziger Jahre hinein umherwandernde Kinder und Jugendliche: Flüchtlinge, die auf der Flucht von ihren Familien getrennt worden waren, Halb- oder Vollwaisen, ehemalige Luftwaffenhelfer und Arbeitsdienstverpflichtete, durch das Fehlen von geregeltem Schulunterricht und Lehrstellen oder durch die provisorischen Wohnverhältnisse aus der Bahn Geworfene, die sich nun nicht selten mit Hilfe von Kleinkriminalität oder Prostitution durchs Leben schlugen.[20] Hinzu kamen erwachsene wandernde Flüchtlinge und Kriegsheimkehrer ohne eigene Bleibe und feste Arbeit. Konnten sich viele der Arbeitsfähigen unter ihnen offenbar eine ganze Weile mit Hilfe von Ersparnissen, Gelegenheitsarbeiten und Tauschgeschäften über Wasser halten, so berichteten etwa im Herbst 1947 für die britische Zone die westfälischen Fürsorgeverbände, daß jetzt viele „dieser jugendlichen und erwachsenen Arbeitsscheuen" hilfsbedürftig würden und in größerer Zahl bei den Fürsorgeämtern anfragten.[21] Auf gesundheitsfürsorgerischem Gebiet schließlich bildeten neben der Unterernährung vor allem epidemische Krankheiten wie Tuberkulose, Syphilis und Typhus ein großes Problem, da beengte Wohnverhältnisse, schlechte Ernährung, gestiegene Mobilität und wohl auch verstärkte Promiskuität ihre Ausbreitung begünstigten.[22]

Hinzu kamen unklare Zuständigkeiten: Zumindest in der britischen und der amerikanischen Zone mußten jetzt auch viele Kriegsbeschädigte und ihre Familien von der Fürsorge laufend unterstützt werden[23]; überdies entfielen für sie mit der Versorgungsgesetzgebung die rechtlichen Grundlagen der sozialen Fürsorge gemäß der RGr.[24] Inwieweit trotzdem bereits vor Inkrafttreten der Gesetze zugunsten der nicht arbeitsfähigen und schwerbeschädigten Soldaten und Zivilisten im Laufe des Jahres 1947[25] und darüber hinaus individuelle Hilfen zur Rehabilitation oder zur Erziehung und Ausbildung von seiten der öffentlichen Fürsorge geleistet wurden, ist unklar. Ähnlich diffus war die Situation auch im Falle der arbeitsfähigen Arbeitslosen, die die öffentliche Fürsorge z.T. bis Ende 1948 ebenfalls laufend unterstützen mußte.[26]

---

[19] Vgl. Treibert, Aufgaben; NDV 27 (1947), S.103ff.
[20] Vgl. Bamberger, Kampf, S.49ff.
[21] Vgl. NDV 27 (1947), S.125.
[22] Vgl. Marx, Ernährungshilfe; Martini, Lage, S.28ff.; Rundschreiben 1946, S.12. Ferner ausführlich, insbesondere für Nordrhein-Westfalen, Sons, Gesundheitswesen, S.83ff.
[23] Die Zahl der öffentlich unterstützten Kriegshinterbliebenen war laut Polligkeit, Stand, S.22, im Mai 1946 jedoch noch „außerordentlich gering", was er auf Ersparnisse aus der Zeit des Krieges zurückführte; siehe auch Rundschreiben 1946, S.21.
[24] Vgl. Muthesius, Grundlagen, S.17.
[25] Vgl. Rundschreiben 1946, S.58f.; Hudemann, Sozialpolitik, S.446f.
[26] Anders als in der britischen Zone blieben in den Ländern der amerikanischen Zone auch nach Freigabe des „Reichsstocks" und der Wiedereinführung der Arbeitslosenversicherung arbeitsfähige Arbeitslose ohne klare Anwartschaft (also die große Gruppe der Kriegsheimkehrer und Flüchtlinge oder auch ältere Angestellte) in der Regel auf die

Die hier nur schlaglichtartig beleuchteten und noch der vertieften Erforschung harrenden Probleme fürsorgerischer Praxis der Nachkriegszeit[27] betrafen freilich nicht alle Kommunen gleichermaßen. Die Schwerpunkte lokaler Fürsorgeaktivität hingen vielmehr ab von der geographischen Lage, vom Ausmaß der Kriegszerstörungen, dem Grad der örtlichen demographischen Veränderungen, der jeweiligen Versorgungssituation und nicht zuletzt von der örtlichen fürsorgerischen Infrastruktur. Ferner zeigt schon der Hinweis auf die wechselhafte Entwicklung der Kriegsopferversorgung oder der Arbeitslosenfürsorge in den Westzonen, wie sehr die subsidiäre öffentliche Fürsorge abhängig war von den ganz unterschiedlichen und oftmals wenig koordinierten und kurzfristigen Maßnahmen der Militär- und Länderregierungen wie der zonalen Instanzen in den anderen Bereichen der Sozialpolitik, so daß ein repräsentatives Bild bisher kaum zu zeichnen ist.

Empfänger und Finanzaufwand der öffentlichen Fürsorge

Ähnlich schwierig zu ermitteln sind Angaben über die Zahl der von der öffentlichen Fürsorge insgesamt unterstützten Personen und damit über die quantitativen Dimensionen der fürsorgerischen Arbeit dieser Zeit. Schwierig ist es auch, zu differenzierteren Aussagen über die Struktur des Empfängerkreises zu gelangen. Da für die ersten Nachkriegsjahre eine alle drei Westzonen umfassende Fürsorgestatistik fehlt und zudem die wieder einsetzende Länderstatistik nach verschiedenartigen Kriterien verfuhr, sind wir hier vor allem für 1945 bis 1947 auf nicht immer verallgemeinerbare Einzelergebnisse angewiesen. Erschwerend kommt hinzu, daß oftmals nicht unterschieden wurde zwischen solchen Hilfeempfängern, die laufend unterstützt wurden, und solchen, die nur einmalige Beihilfen, etwa zu Beginn des Winters, erhielten.[28] Doch soviel läßt sich *cum grano salis* sagen: Nach Kriegsende stieg die Zahl der Fürsorgeempfänger insgesamt deutlich an, erreichte ihren Höhepunkt am Ende des Hungerwinters 1946/47, ging bis zur Währungsreform etwas zurück, stieg danach nochmals kurzfristig an, um dann seit Anfang 1949 kontinuierlich zu sinken. Nach einer von einzelnen Länderangaben teilweise abweichenden Aufstellung gab es etwa in der US-Zone (ohne Bremen) im Juli 1945 1,26 Mio. Fürsorgeempfänger (*public relief*); die Zahl erreichte ihren vorläufigen Tiefstand im Januar 1946 mit 0,94 Mio., stieg fast kontinuierlich wieder auf 1,30 Mio. im April 1947, sank bis Juli 1948 erneut auf 0,97 Mio. und stieg bis November 1948 nochmals auf 1,14 Mio.[29] Zu keinem Zeitpunkt aller-

---

öffentliche Fürsorge verwiesen, bis dann einzelne Länder zumindest für Flüchtlinge und Heimkehrer Sonderregelungen trafen; vgl. NDV 27 (1947), S. 143; 28 (1948), S. 87; 29 (1949), S. 26f. In der französischen Zone wurde, mit Ausnahme von Rheinland-Pfalz, ähnlich verfahren; vgl. NDV 36 (1956), S. 174.

[27] Vgl. Willing, Vorgeschichte, S. 597.
[28] Im Folgenden wird nur auf die sog. offene Fürsorge (Fürsorge außerhalb von Anstalten, Heimen oder gleichartigen Einrichtungen) eingegangen, da für die sog. geschlossene Fürsorge bis Ende der vierziger Jahre das Material sehr lückenhaft ist und in der Regel nur den Fürsorgeaufwand, nicht aber die Zahl der Betreuten angibt.
[29] Berechnet nach Tabelle 408, in: Monthly Statistical Bulletin Vol. III No. 12 (December 1948), S. 186.

dings und anders als vielfach prophezeit erreichten Zahl und Kosten der öffentlichen Fürsorge auch nur annähernd die Dimensionen aus der Zeit der Weltwirtschaftskrise.[30] Bis Juni 1948 lag das vor allem an dem immer geringeren Realwert der Geldunterstützungen, nach der Währungsreform u.a. daran, daß viele Kriegsgeschädigte und Flüchtlinge nun von den Soforthilfemaßnahmen erfaßt wurden und nach wie vor niedrige Fürsorgerichtsätze und Vermögensfreigrenzen den Zugang zu Fürsorgehilfen erschwerten.

In Bayern etwa waren 1936 schätzungsweise rund 347 000 Personen in der offenen Fürsorge unterstützt worden (das entsprach 5,1% der bayerischen Bevölkerung); 1945 waren es im Jahresdurchschnitt dann mit 490 000 ein gutes Drittel mehr (6,2% der Bevölkerung), 1946 gut 610 000 (6,9%) und 1947 schließlich 664 000 (7,3%).[31] In Hessen stieg die Zahl der Empfänger in der offenen Fürsorge von gut 210 000 im Januar 1946 (6% der Bevölkerung) auf mehr als 340 000 im April 1947 (8,5% der Bevölkerung).[32] Diese Befunde müssen allerdings in zweierlei Hinsicht differenziert werden: Vor allem Bayern, aber auch die Landkreise Hessens hatten nach dem Krieg überdurchschnittlich viele Flüchtlinge und Ausgewiesene aufgenommen, was den Anteil der auf öffentliche Hilfe Angewiesenen erheblich erhöhte.[33] Ferner verdecken diese Gesamtergebnisse die Tatsache, daß sich die öffentliche Fürsorge in Großstädten und auf dem Land ganz unterschiedlich entwickelte. Vielerorts waren es vor allem die Landkreise, die „auf ihren schwachen Kähnen die unproduktive Fracht der Kriegsopfer im weitesten Sinne" zu tragen hatten.[34] In den bayerischen Stadtkreisen insgesamt etwa wurden in der offenen Fürsorge 1946 kaum mehr Personen unterstützt als 1945 (rund 120 000), während die Zahl der Unterstützten in den Landkreisen in dieser Zeit um ein Drittel zunahm (von 370 000 auf 490 000).[35] Das entsprach einem Bevölkerungsanteil von 7,4% auf dem Land, von 5,2% in der Stadt. Die oft erheblich stärkere Belastung der Landkreise (und auch vieler Kleinstädte) vor allem in den Flüchtlingsländern hielt auch in den nächsten Jahren an und bedeutete eine völlige Umkehrung der Vorkriegsverhältnisse, als der Bevölkerungsanteil der Fürsorgeemp-

---

[30] Am 30.9.1933 wurden von den Bezirksfürsorgeverbänden des Reiches 8,7 Mio. Personen unterstützt, davon ein Großteil Wohlfahrtserwerbslose; die Zahl der laufend unterstützten Parteien betrug Ende 1932 4,6 Mio. und erreichte ihren Höchststand Ende März 1933 mit 4,8 Mio. Die Kosten für laufende Barleistungen beliefen sich 1932 auf reichsweit 1,8 Mio. RM; vgl. Sachße/Tennstedt, Geschichte, Bd. 3, S. 84ff.
[31] Vgl. (auch zum Folgenden) Statistisches Jahrbuch für Bayern (1947), S. 218ff.; ferner: Eduard Schmidt, Armenpflege, S. 33. Erheblich war auch die Zunahme der in der geschlossenen Fürsorge betreuten Personen: 1937 waren es 94 000 Personen, 1946 dann 226 000, wovon fast die Hälfte in Krankenhäusern versorgt wurde.
[32] Vgl. Deutschland-Jahrbuch 1949, S. 306.
[33] Die unterschiedliche relative Belastung der Länder der britischen Zone kurz vor der Währungsreform spiegelt sich wider im Anteil der Unterstützungsempfänger in der offenen Fürsorge an der Gesamtbevölkerung: Er betrug im Juni 1948 in Schleswig-Holstein 10,1%, in Niedersachsen 7%, in Nordrhein-Westfalen knapp 6% und in Hamburg nur 3,5%; vgl. NDV 29 (1949), S. 41.
[34] Treibert, Gebiet, S. 51.
[35] Vgl. Statistisches Jahrbuch für Bayern (1947), S. 218f.

fänger nach Parteien (Haushaltsvorstand plus Angehörige) in den Städten doppelt so hoch wie auf dem Land war.[36]

In vielen Großstädten nahm die Zahl der Fürsorgeempfänger sogar sehr schnell kontinuierlich ab: Ähnlich wie München[37] verzeichnete etwa Frankfurt a.M. unmittelbar nach Kriegsende eine deutliche Zunahme der unterstützten Parteien auf 16 000 (gegenüber knapp 13 000 im April 1939), dann aber bereits im Juni 1946 einen Rückgang auf weniger als die Hälfte (7 000 Parteien)[38]; in den meisten größeren Städten der britischen Zone war die Entwicklung in den ersten beiden Nachkriegsjahren ähnlich und setzte sich in den Großstädten der britischen wie der amerikanischen Zone auch 1947 fort.[39] Das lag zunächst daran, daß vorerst die Flüchtlinge auf kleinere Städte und Landkreise verteilt wurden und die Evakuierten nicht ohne weiteres in ihre Heimatstädte zurückkehren konnten. Darüber hinaus wurde dieser eigentlich überraschende Rückgang, der sich seit Frühling 1947 verallgemeinerte und auch auf die Landkreise übergriff[40], damit erklärt, daß im Krieg angesammelte Ersparnisse die tatsächliche Notlage vieler eigentlich Hilfsbedürftiger verschleierten und die kommunalen Haushalte entlasteten; überdies beantragten bis zur Währungsreform viele Hilfeberechtigte gar keine Unterstützung, da monetäre Leistungen immer geringeren Wert besaßen und im Zweifelsfall der illegale Verkauf von Sachwerten mehr einbrachte, denn der „Schwarzverkauf eines Pfundes Zucker verdoppelte für einen Befürsorgten seine monatliche Unterstützung"[41]. Hinzu kam, daß seit 1947 allmählich wieder Kriegsopferrenten und Leistungen der Arbeitslosenversicherung gezahlt wurden, schließlich noch die Rückkehr von Kriegsgefangenen, die offensichtlich zunächst relativ schnell wieder eine Verdienstmöglichkeit zum Unterhalt ihrer Familien fanden.

---

[36] 1938 entfielen im Deutschen Reich auf 1 000 Einwohner in den Städten 36,5 laufend unterstützte Parteien, auf ländliche Fürsorgeverbände nur 18,1; im April 1949 waren die Verhältnisse genau umgekehrt: Während in Hamburg 34,8 Parteien/1 000 Einwohner laufend unterstützt wurden, waren es in Schleswig-Holstein, dem Land mit den wenigsten städtischen Bezirksfürsorgeverbänden, 88,7; vgl. Treibert, Gebiet, S. 50. Im Rechnungsjahr 1947/48 wurden von allen Hilfsbedürftigen in Schleswig-Holstein und Niedersachsen jeweils vier Fünftel in Landkreisen unterstützt; im industrialisierten Nordrhein-Westfalen hingegen verteilten sich die Hilfsbedürftigen jeweils zur Hälfte auf Stadt- und Landkreise; vgl. NDV 29 (1949), S. 41.

[37] Vgl. NDV 27 (1947), S. 85; 29 (1949), S. 3.

[38] Vgl. Rundschreiben 1946, S. 8; Achinger, Wirtschaftskraft, S. 25. Allerdings gab es in Frankfurt a.M. und München wie in Stuttgart ohnehin eine erstaunlich geringe Zahl von Fürsorgeempfängern; vgl. NDV 28 (1948), S. 19f., ferner Tabelle 1 in: Statistisches Jahrbuch Deutscher Gemeinden (1949), S. 212f.

[39] Vgl. Rundschreiben 1946, S. 21.; Statistisches Jahrbuch Deutscher Gemeinden (1949), S. 212ff.

[40] In den hessischen Landkreisen etwa sank die Zahl der Empfänger offener Fürsorge von Juni 1947 bis Juni 1948 von 264 000 auf 211 000; vgl. Statistisches Handbuch für Hessen (1948), S. 202.

[41] So rückblickend der Münchner Stadtrat Erwin Hamm, Wohlfahrtsleistungen, S. 2. In München gab es im Mai 1948 zwei Drittel weniger Fürsorgeempfänger als 1936; die dortigen Fürsorgebehörden richteten angesichts der wenig wirksamen Geldunterstützungen die „Münchner Nothilfe" ein, die für die Hilfsbedürftigen Gegenstände des täglichen Bedarfs beschaffen sollte; vgl. NDV 29 (1949), S. 3.

Gleichzeitig rechnete man jedoch mit einer starken Zunahme der Antragsteller und des Fürsorgeaufwandes nach einer Währungsreform.[42]

Tatsächlich stieg in der Bizone seit August 1948, als die Kopfbeträge offensichtlich verbraucht waren, die Zahl der Unterstützungsempfänger kurzfristig wieder an, wenn auch nicht so stark wie befürchtet: Sie erreichte mit 2,69 Mio. im September ihren Jahreshöchststand, um dann langsam auf 2,57 Mio. im Februar 1949 zurückzugehen.[43] Diese Entwicklung setzte sich mit Beginn der Kriegsfolgenhilfe-Gesetzgebung und dem Sozialversicherungs-Anpassungsgesetz (SVAG) forciert fort[44] und veranlaßte Hans Achinger im August 1949 zu der Feststellung, dank immer neuer Staatsrentner sei die „gemeindliche Fürsorge [...] trotz einer nie erhörten Notlage des deutschen Volkes geringer belastet [...] als in weitaus besseren Zeiten"[45].

Für die Struktur der Fürsorgeklientel läßt sich zunächst feststellen, daß im Gebiet der amerikanischen und der britischen Zone die neuen Hilfsbedürftigengruppen der kriegsbedingten Fürsorge bis Anfang 1950 das Hauptkontingent stellten.[46] Ihre allmählich abnehmende Bedeutung war dann zunächst weniger auf eine Änderung der sozialen Verhältnisse zurückzuführen als vielmehr auf die allmähliche Überleitung vieler Hilfsbedürftiger in andere oder neue Sicherungssysteme.[47] In der britischen Zone waren im Herbst 1947 von den insgesamt 1,87 Mio. Empfängern laufender Leistungen der offenen Fürsorge 85% (1,59 Mio.) solche, die infolge kriegsbedingter Notlagen unterstützt wurden (einschließlich ehemaliger politischer Gefangener); ein Jahr später betrug der Anteil der Kriegsfolgenhilfe-Gruppe 78% (1,57 Mio. insgesamt, davon 1,23 Mio. Kriegsfolgenhilfe, einschl. Kriegsopfer) mit weiter rückläufiger Tendenz.[48]

---

[42] Vgl. Rundschreiben 1946, S. 8; NDV 28 (1948), S. 20. Für den Rückgang der Empfänger laufender Leistungen in Württemberg-Baden im zweiten Halbjahr 1947 wurde demgegenüber vor allem geltend gemacht, daß Flüchtlinge entweder Arbeit gefunden hatten oder erstmals Renten- und Pensionsvorschüsse erhielten; vgl. Statistische Monatshefte Württemberg-Baden (1948), S. 151.

[43] Vgl. Wirtschaft und Statistik N.F. 1, H. 3 (Juni 1949), S. 88 (ohne Unterscheidung von laufenden und einmaligen Leistungen). Zum zeitlich in den einzelnen Ländern etwas unterschiedlichen Verlauf vgl. NDV 29 (1949), S. 40.

[44] Vgl. NDV 30 (1950), S. 218f. Eindeutig auch die Entwicklung in Niedersachsen, wo die Zahl der laufend unterstützten Personen von März bis Dezember 1949 von 475 000 auf fast die Hälfte (248 000) zurückging; vgl. Tabelle I b, in: Die öffentliche Fürsorge in Niedersachsen, S. 23.

[45] Achinger, Fürsorgepolitik, S. 182.

[46] In der französischen Zone, die ja lange keine Flüchtlinge aufnahm, in der außerdem die Versorgung der Kriegsopfer von Anfang an für die Betroffenen günstiger geregelt wurde, dürften die Verhältnisse möglicherweise etwas anders gelegen haben. Für die statistische Größe der Kriegsfolgenfürsorge ist anzumerken, daß diese Rubrik Personen umfassen konnte, die auch ohne Kriegsfolgen bedürftig gewesen wären, wie etwa evakuierte Kleinrentner.

[47] Vgl. NDV 30 (1950), S. 218f.

[48] Berechnet nach Tabelle 220, in: Monthly Statistical Bulletin, Vol. III No. 1 (January 1948), S. 59; Tabelle 205, in: ebenda, No. 12 (December 1948), S. 165 (jeweils ohne Tbc-Hilfe). Ganz erheblich waren die Verschiebungen bis Frühling 1949 in den kreisfreien Städten der drei Westzonen einschließlich West-Berlins: Seit Frühling 1948 nahm hier die

Unter den kriegsbedingt Hilfsbedürftigen dominierten in Ländern wie Hessen und vor allem Niedersachsen die Flüchtlinge.[49] In 98 kreisfreien Städten der Westzonen hingegen betrug im Rechnungsjahr 1947 erwartungsgemäß der Anteil der Flüchtlinge nur 14%, der der Evakuierten ganze 3%, die größte Gruppe bildeten hier Familien von Kriegsgefangenen mit einem Drittel; die traditionellen Hilfsbedürftigengruppen machten etwa ein weiteres Drittel aus.[50] Unmittelbar nach der Währungsreform sank vor allem die Zahl der unterstützten Familien kriegsgefangener Soldaten; einen zeitweiligen Anstieg verzeichneten die Statistiker hingegen bei den Empfängern der ursprünglichen Fürsorge, zu denen jetzt auch die sogenannten Währungsgeschädigten gehörten.[51] Seit der zweiten Jahreshälfte 1949 nahm dann in den Ländern der ehemaligen Bizone die Zahl aller Fürsorgeempfänger, vor allem ganz erheblich in der Kriegsfolgenhilfe, immer mehr ab.[52]

Soweit festzustellen, entwickelte sich der Aufwand der öffentlichen Fürsorge bis Anfang der fünfziger Jahre in etwa parallel zur Zahl der Empfänger, wenn auch Senkungen oder Erhöhungen von Richtsätzen sowie die zeitweise offenbar unterschiedlich rigide Heranziehung Unterhaltspflichtiger und Kontrolle vorhandenen Vermögens die Fürsorgekosten beeinflußten. Bei den statistischen Angaben über den Fürsorgeaufwand ist allerdings zu beachten, daß es sich in der Regel um nominelle Bruttoangaben handelt, also weder Kostenerstattungen durch Dritte (Länder, andere Sozialleistungsträger, Unterhaltspflichtige, späterer Kostenersatz) noch Geldentwertung und Währungsumstellung berücksichtigt wurden. Insofern geben diese Zahlen bald nicht mehr die reale Belastung der Fürsorgeverbände wieder.

In Bayern stiegen die Kosten allein der offenen Fürsorge von gut 51 Mio. RM (1936) auf 136,5 Mio. RM im Rechnungsjahr 1945 und fast 173 Mio. RM im Rechnungsjahr 1946.[53] Der Aufwand pro Kopf der Bevölkerung (offene Fürsorge) hatte sich mit fast 20 RM 1946 gegenüber 1936 nahezu verdreifacht. Die Steigerung von 1945 bis 1946 ging dabei allein auf Kosten der Landkreise, während der Aufwand in den Stadtkreisen schon wieder leicht abnahm. Im Mai 1947 verwies der DLT auf Landkreise, in denen die Wohlfahrtslasten mehr als die Hälfte aller öffentlichen Ausgaben ausmachten.[54]

Zahl der laufend unterstützten Kriegsfolgenhilfeempfänger um durchschnittlich 24 Prozentpunkte ab, während die der regulären Fürsorgeempfänger um 37 Prozentpunkte stieg; vgl. Statistisches Jahrbuch Deutscher Gemeinden (1950), S. 147f.
[49] In Hessen waren 1946/47 durchschnittlich knapp die Hälfte aller mit Geld unterstützten Hilfsbedürftigen Flüchtlinge (vgl. Deutschland-Jahrbuch 1949, S. 306); in Niedersachsen waren im Sommer 1947 sogar zwei Drittel Heimatvertriebene und Zugewanderte, nicht einmal ein Zehntel gehörte zu den traditionellen Empfängergruppen; vgl. Die öffentliche Fürsorge in Niedersachsen, S. 8ff.
[50] Darunter wurden hier Sozial- und Kleinrentner sowie Sonstige zusammengefaßt; vgl. Statistisches Jahrbuch Deutscher Gemeinden (1949) S. 210.
[51] Vgl. NDV 29 (1949), S. 7f., 40.
[52] Offene Fürsorge 1949/3. Quartal: 2,4 Mio. Personen, 1950/1. Quartal: 1,6 Mio.; vgl. NDV 30 (1950), S. 219.
[53] Der Aufwand für die geschlossene Fürsorge stieg vergleichsweise geringer, von 29 Mio. RM (1937) auf 34 Mio. RM (1946); vgl. Statistisches Jahrbuch für Bayern (1947), S. 218ff.
[54] Vgl. Entschließung des DLT vom 21.5.1947, abgedruckt in: NDV 27 (1947), S. 63f.

1. „Lückenbüßer" Fürsorge

Soweit zu ermitteln, waren in den Ländern der Westzonen die Fürsorgeausgaben insgesamt 1947 am höchsten[55], sanken allmählich bis zur Währungsreform, stiegen danach teilweise kurzfristig wieder an[56] und gingen schließlich bis zu Beginn der fünfziger Jahre zurück, blieben aber insgesamt auf deutlich höherem Niveau als Ende der dreißiger Jahre.[57] Hatten sich die Gesamtausgaben der öffentlichen Fürsorge 1938 auf rund 920 Mio. RM im gesamten Deutschen Reich belaufen, so betrugen sie 1949 allein im Bundesgebiet 1,2 Mrd. DM.[58]

Wie nicht anders zu erwarten, gaben die Fürsorgeverbände am meisten für die Kriegsfolgenhilfe aus, Kosten, die ihnen allerdings allmählich teilweise oder ganz von den Ländern oder über den Zonenhaushalt erstattet wurden. Im Rechnungsjahr 1948 zahlten allein die kreisfreien Städte 55% ihrer Ausgaben der offenen Fürsorge im Rahmen der Kriegsfolgenhilfe.[59] Von Oktober 1948 bis Ende März 1949 (also noch vor Sozialversicherungs-Anpassungs- und Soforthilfegesetz) gaben die Länder der Westzonen insgesamt 507 Mio. DM für die offene Fürsorge aus, drei Viertel davon für die Kriegsfolgenhilfe.[60] Hinzu kam, daß die Pro-Kopf-Belastung mit Fürsorgeausgaben, vor allem bei der Kriegsfolgenhilfe, von Land zu Land erheblich schwankte. Hatte Schleswig-Holstein im Dreivierteljahr nach der Währungsreform fast ein Fünftel seines Steuer- und Zollaufkommens für Leistungen der offenen Fürsorge aufzubringen, Bayern oder Niedersachsen jeweils ein Zehntel, so war es in Württemberg-Baden nur ein knappes Zwanzigstel, in Hamburg ein Fünfzigstel.[61] Angesichts dieser Entwicklungen verwundert es nicht, daß eines der vordringlichsten Ziele der ländlichen Kommunen und der „Flüchtlingsländer" in den ersten Nachkriegsjahren die Regelung der Kriegsfol-

---

[55] Eine vierteljährliche Aufstellung für Hessen zeigt ein allmähliches Sinken der Fürsorgekosten von 36 Mio. RM im 2. Quartal 1947 auf 30 Mio. RM im 2. Quartal 1948; vgl. Statistisches Handbuch für Hessen (1948), S. 203. In der britischen Zone stiegen die Ausgaben in der offenen Fürsorge vom 3. zum 4. Quartal 1947 von 161 auf 169 Mio. RM an und sanken dann deutlich im Laufe des nächsten Jahres auf schließlich 127 Mio. DM im 3. Quartal 1948; vgl. Tabelle 220, in: Monthly Statistical Bulletin Vol. III No. 1 (January 1948), S. 59; Tabelle 223, in: ebenda, No. 3 (March 1948), S. 69; Tabelle 206, in: ebenda, No. 11 (November 1948); S. 157.- In den kreisfreien Städten waren die Kosten bereits 1947 wieder gesunken; vgl. Statistisches Jahrbuch Deutscher Gemeinden (1949), S. 210.
[56] Vgl. für die offene Fürsorge in der Bizone: Wirtschaft und Statistik N.F. 1, H. 3 (Juni 1949), S. 88f.
[57] In Bayern sank der Aufwand der öffentlichen Fürsorge von 235 Mio. RM 1947 über 229 Mio. DM 1949 auf 179 Mio. DM 1950; vgl. Eduard Schmidt, Armenpflege, S. 37. In Niedersachsen sank der Aufwand der offenen Fürsorge von 181 Mio. RM im Rechnungsjahr 1947 auf 158 Mio. RM/DM (Rj. 1948) und schließlich 130 Mio. DM (Rj. 1949); vgl. Tabelle 3, in: Die öffentliche Fürsorge in Niedersachsen, S. 24. Im gesamten Bundesgebiet sanken die Kosten der öffentlichen Fürsorge von 330 Mio. DM für das 1. Quartal 1949 auf 267 Mio. DM für das 1. Quartal 1950; vgl. NDV 30 (1950), S. 219.
[58] Vgl. Bundesministerium des Innern (Hg.), Fürsorge, S. 32f. 1932 beliefen sich die Gesamtausgaben auf 2,4 Mrd. RM.
[59] Vgl. Statistisches Jahrbuch Deutscher Gemeinden (1950), S. 151.
[60] Vgl. NDV 29 (1949), S. 202.
[61] In Nordrhein-Westfalen betrug der Anteil des Fürsorgeaufwands gut 8%. Eine Einbeziehung der geschlossenen Fürsorge hätte diese Zahlen vermutlich bei den Stadtstaaten mit ihren vielen fürsorgerischen Anstalten etwas erhöht; vgl. Wirtschaft und Statistik N.F. 1, H. 3 (Juni 1949), S. 88.

genhilfe im Sinne einer finanziellen Entlastung der Gemeinden durch die Länder wie auch ein länderübergreifender Lastenausgleich war. Gleichzeitig versuchten verschiedene Länder entsprechend der restriktiven Linie der amerikanischen und britischen Militärregierungen, Einsparungen zu erzielen, indem sie unter dem Motto der Vereinheitlichung die Richtsätze landesweit auf niedrigem Niveau festsetzten bzw. schärfere Grenzen bei der Bedürftigkeitsprüfung zogen.[62] Den Anfang machte der hessische Wohlfahrtsminister, der in einem „Richtsatz-Erlaß" vom 5. Februar 1946 für einen Haushaltsvorstand Richtsätze zwischen 27 und 33 RM vorgab, die Mietbeihilfen erheblich kürzte und die sogenannte „Auffanggrenze"[63] herabsetzte.[64] Einsparungen erbringen sollten auch Bemühungen, unterhaltspflichtige Angehörige stärker in die Pflicht zu nehmen.[65] Doch schon ein halbes Jahr später wurden in Hessen auf Druck des Landtags die Richtsätze um 30% erhöht. Obwohl selbst die erhöhten hessischen Sätze für den notwendigen Lebensbedarf kaum ausreichten, folgten die anderen Länder dem hessischen Beispiel vor allem aus lohnpolitischen Gründen nicht.[66]

Wieviel Geld der einzelne Hilfsbedürftige damals von der öffentlichen Fürsorge nun tatsächlich erhielt, ist kaum zu ermitteln: Angaben über die durchschnittliche monatliche oder vierteljährliche Unterstützungshöhe je Partei oder Person unterscheiden nicht nach voll oder nur ergänzend von der Fürsorge Unterstützten, so daß der durchschnittliche Unterstützungsbetrag u.U. zu niedrig ausfällt. Die Richtsätze wiederum, die überdies örtlich und regional unterschiedlich hoch waren, geben nicht die tatsächliche Höhe der Leistung wieder. Immerhin vermitteln sie aber einen Eindruck darüber, wieviel Hilfsbedürftige nach Einschätzung der Fürsorgeverbände und Länderministerien zum Leben im Monat unbedingt

---

[62] Das bedeutete gleichzeitig, daß die zuständigen Länderministerien die zwischenzeitlich an die Bezirksfürsorgeverbände delegierte Festsetzungskompetenz diesen teilweise wieder entzogen; allerdings hatten die amerikanischen und britischen Besatzungsbehörden die Richtsätze zunächst ohnehin auf dem Stand vom 1.10.1945 eingefroren, ehe sie das Verbot einer Erhöhung im Laufe der Jahre 1946/47 wieder aufhoben; vgl. Heisig, Armenpolitik, 1995, S. 28, 33ff.

[63] Die „Auffanggrenze" beschrieb eine Höchstgrenze der individuellen Unterstützung im Verhältnis zu bestimmten (meist ortsüblichen) Vergleichseinkommen von Erwerbstätigen; sie sollte den Hilfeempfänger zur Arbeitsaufnahme motivieren. Welcher Vergleichsmaßstab (Nettoeinkommen eines ungelernten Arbeiters, ursprüngliches Nettoeinkommen des Hilfsbedürftigen etc.) gewählt wurde, war nach dem Krieg regional verschieden und lange unter Fürsorgeexperten umstritten. Problematisch war an der Auffanggrenze vor allem, daß sie u.U. verhinderte, daß der volle richtsatzmäßig definierte notwendige Lebensbedarf auch tatsächlich gewährt wurde.

[64] Vgl. Rundschreiben 1946, S. 4ff. Zu den neuen Unterstützungsgrundsätzen in Nordrhein-Westfalen, Niedersachsen und Schleswig-Holstein aus dem Jahre 1947 vgl. NDV 27 (1947), S. 121ff.

[65] Vgl. NDV 27 (1947), S. 85. Die Rückerstattung von Fürsorgekosten durch die Unterstützten stand offenbar schon damals in keinem Verhältnis zum Verwaltungsaufwand; die Münchner Fürsorgebehörden verzichteten daher 1947 auf Ersatzansprüche gegenüber heimkehrenden Familienvätern sowie Verfolgten der NS-Diktatur, letzteres, „nachdem man mit der Geltendmachung des Ersatzanspruches recht ungünstige Erfahrungen gemacht hat" (ebenda).

[66] Vgl. Willing, Vorgeschichte, S. 607f.; Heisig, Armenpolitik, 1995, S. 36ff.; Deutschland-Jahrbuch 1949, S. 307.

brauchten. Dabei ist zu berücksichtigen, daß die Beihilfen für die Miete nicht in den Richtsatz einbezogen und meist auch nicht statistisch erfaßt wurden. Für das erste Halbjahr 1947 ermittelte die Stadt Mannheim bei einem Vergleich von 225 Städten (ohne französische Zone), daß in den meisten Städten der monatliche Richtsatz für ein Ehepaar mit zwei Kindern zwischen 90 und 95 RM betrug; allerdings gab es große regionale Unterschiede: Am unteren Ende rangierten Halle mit 65 RM und Magdeburg mit 68 RM, gefolgt von Bruchsal (69 RM), Dortmund und Duisburg (78 RM), Kiel (80 RM) und Karlsruhe (81 RM). Deutlich über dem Durchschnitt lagen infolge der Richtsatzerhöhung die hessischen Städte (Frankfurt: 119,60 RM).[67] Dabei hatte das hessische Wohlfahrtsministerium schon vor der Richtsatzerhöhung den monatlichen Mindestbedarf für eine vierköpfige Familie nur für Nahrungsmittel mit 120 RM veranschlagt.[68] 1949 betrug dann der Richtsatz im Bundesdurchschnitt für eine Familie mit zwei Kindern 109,20 DM.[69]

Zur Situation der Fürsorgeverwaltung

Was die regionale Organisation der Fürsorge betraf, blieben die bisherigen Landesfürsorgeverbände teilweise bestehen, teilweise übernahmen infolge der Auflösung Preußens und der Neubildung von Ländern diese nun selbst die überörtliche Trägerschaft[70]. Innerhalb der Kommunen blieb die dreiteilige Struktur der öffentlichen Fürsorge (allgemeine Fürsorge, Jugendfürsorge, Gesundheitsfürsorge) prinzipiell erhalten.[71] Viele Fürsorgeämter (auch „Sozialämter", „Wohlfahrtsämter"), die während der Zeit des Nationalsozialismus erheblich an Bedeutung eingebüßt hatten, errichteten nun im Zuge der vorübergehenden Ausweitung ihrer Zuständigkeiten neue Abteilungen für neue Hilfsbedürftigengruppen und bildeten trotz der Ende der vierziger Jahre einsetzenden Kriegsfolgenhilfe-Gesetzgebung bis in die frühen fünfziger Jahre hinein die zentrale Anlaufstelle für alle Personengruppen ohne gesicherte materielle Existenz. Vor allem die Funktionstüchtigkeit der Gesundheitsämter versuchten die Besatzungsmächte schon frühzeitig wiederherzustellen, um so die Gefahr von Epidemien einzudämmen.[72] Das aus dem Jahre 1934 stammende Vereinheitlichungsgesetz galt weiter (ausschließlich einiger, vorerst aber nicht aller „Rassenpflege"-Bestimmungen), so daß die Sonderposition der Gesundheitsämter als Dienststellen des Reiches bzw. nach 1945 der Länder zunächst erhalten blieb. Die Dienststellen der Jugendfürsorge (teils als selbständige Jugendämter, meist aber als Abteilungen der Wohlfahrts- oder Sozialämter) übernahmen nach dem Ende der NSV wieder ihre alten Auf-

---

[67] Vgl. NDV 28 (1948), S. 20.
[68] Vgl. Deutschland-Jahrbuch (1949), S. 307.
[69] Vgl. Bundesministerium des Innern (Hg.), Fürsorge, S. 16 (mit Abbildung 8).
[70] Vgl. Rundschreiben 1946, S. 49; NDV 30 (1950), S. 158ff., 266ff.; 32 (1952), S. 250ff.; 37 (1957), S. 32.
[71] Zur Entwicklung der kommunalen Wohlfahrtsverwaltung in der Nachkriegszeit und in den fünfziger Jahren vgl. Roth, Institution, S. 169ff.; André, SozialAmt, S. 107ff.; Kühn, Jugendamt, S. 55ff.; Grunow, Infrastruktur.
[72] Vgl. Labisch, Entwicklungslinien, S. 752; Labisch/Tennstedt, Weg, Teil 2, S. 351; Sons, Gesundheitswesen, S. 57.

gaben auf der Grundlage des RJWG, das von den Besatzungsmächten 1945 in seiner ursprünglichen Fassung für anwendbar erklärt worden war. Sie erhielten durch alliierte Anordnung z.T. auch erweiterte Kompetenzen.[73]

Sämtliche Wohlfahrtsämter hatten nach dem Krieg jedoch mit dem Mangel an Fachpersonal zu kämpfen. Bereits während des Krieges waren ungenügend geschulte Kräfte als Ersatz für eingezogene oder an die NSV abgetretene Mitarbeiter und zur Deckung des erhöhten Personalbedarfs infolge der Familienunterhalts-Gesetzgebung eingestellt worden. 1945 hatten dann Kriegsverluste und das im öffentlichen Fürsorgebereich offensichtlich besonders häufige Ausscheiden von Parteimitgliedern die Zahl der Fachleute empfindlich dezimiert, so daß zunächst (allenfalls angelernte) Ersatzkräfte eingestellt werden mußten.[74] Hinzu kamen das bereits im Krieg virulente Problem des Nachwuchsmangels und die Tatsache, daß die vielen neuartigen Notlagen und rechtlichen Bestimmungen eine Nachschulung auch der erfahrenen Sachbearbeiter und Fürsorger(innen) erforderten. Im Interesse der Hilfsbedürftigen wie auch zur verstärkten „Sicherung sparsamer Bewirtschaftung der finanziellen Mittel" plädierte daher ein von Wilhelm Polligkeit und Hilde Eiserhardt verfaßtes Gutachten des Deutschen Vereins für öffentliche und private Fürsorge (DV) 1948 dafür, statt „mit nicht unerheblichen Kosten in zeitraubenden und schwierigen Lehrgängen die Ersatzkräfte notdürftig" nachzuschulen, lieber in erster Linie auf die entlassenen ehemaligen Fachkräfte zurückzugreifen, soweit sie im zu beschleunigenden Spruchkammerverfahren als Entlastete oder Mitläufer eingestuft würden.[75] Inwieweit in den einzelnen Behörden tatsächlich so verfahren wurde, ist hier nicht zu klären; auf Ministerial- wie auch auf Verbandsebene immerhin, so zeigen jüngere Forschungen, gab es im Fürsorgebereich eine bisweilen beklemmende personelle Kontinuität, die von der Weimarer Republik über die Zeit des Nationalsozialismus fast bruchlos in die junge Bundesrepublik hineinreicht.[76] Auf ihren großen Fachtagungen der späten vierziger und der fünfziger Jahre jedenfalls vermieden auch die deutschen Fürsorgefachleute eine öffentliche Auseinandersetzung mit der Vergangenheit einer völkisch-biologischen Vorgaben verpflichteten und an der Verfolgung „Minderwertiger" beteiligten Fürsorge und knüpften wie selbstverständlich an Konzepte und methodische Diskussionen der zwanziger Jahren an.

---

[73] Vgl. die Erziehungsanweisung Nr. 10 sowie die Verordnung Nr. 20 über die Erziehungsaufsicht der Britischen Militärregierung, abgedruckt in: Tillmann, Jugendwohlfahrtsrecht, S. 18ff.; ferner Rundschreiben 1946, S. 14f., 24f.

[74] Vgl. NDV 28 (1948), S. 43ff; die überdurchschnittlich hohen Entlassungen wegen NSDAP-Mitgliedschaft wurden hier verharmlosend damit erklärt, daß fast alle Fürsorgebeamten und -angestellten von der NSV zur ehrenamtlichen Mitarbeit herangezogen und dann im Laufe der Zeit unter Druck gesetzt wurden, in die Partei einzutreten und Ämter in der NSV zu übernehmen (ebenda, S. 47). Vgl. auch C. Wolfgang Müller, Helfen, S. 68ff.; Hasenclever, Jugendhilfe, S. 155; sowie speziell für Nürnberg Roth, Institution, S. 194f.

[75] NDV 28 (1948), S. 48. Zur Verfasserschaft s. Carl Ludwig Krug von Nidda, in: NDV 40 (1960), S. 176.

[76] Vgl. Heisig, Armenpolitik, 1990, biographischer Anhang; Schrapper, Hans Muthesius; Tennstedt, Fürsorgegeschichte, S. 96ff.; Hansen, Wohlfahrtspolitik, S. 89ff.

Die freie Wohlfahrtspflege

Die traditionellen freien Wohlfahrtsverbände übernahmen mit dem Ende des Krieges sehr schnell wieder ihre Rolle der „anderen tragenden Säule"[77] im deutschen System der Wohlfahrtspflege, was von den öffentlichen Trägern angesichts der kaum zu bewältigenden Nachkriegsnot und finanziellen Probleme auch ausdrücklich befürwortet wurde.[78] Die Wohlfahrtsverbände waren bei der Betreuung von Flüchtlingen, DPs, Kriegsgefangenen und Heimkehrern, von Alten und Nichtseßhaften, in der Kinder- und Jugendfürsorge, in Krankenhäusern usw. unverzichtbar, ja, ihre haupt- und ehrenamtlichen Mitarbeiter füllten offensichtlich auch häufig die Lücken, die unklare Zuständigkeiten der öffentlichen Fürsorge zunächst ließen.[79] Entscheidend für den baldigen Einfluß- und Prestigegewinn der Verbände war vor allem, daß zunächst sie allein es waren, die für die Verteilung der so begehrten ausländischen Spenden zuständig waren, zumal sich die US-amerikanischen Organisationszentralen CARE und CRALOG lange einer Beteiligung der öffentlichen Wohlfahrtspflege widersetzten.[80]

Die materiellen Einbußen durch NS-Herrschaft und Krieg waren bei allen Verbänden erheblich. Den Kriegssachschaden allein in der Bundesrepublik bezifferte das Bundesministerium des Innern (BMI) 1956 mit 1 Mrd. Goldmark und schätzte die Verluste infolge der Währungsreform von 1948 (Abwertung der Spendenreserven im Verhältnis 20:1) auf abermals mindestens 500 Mio. Goldmark.[81] Hinzu kam, daß das Spendenaufkommen – vor 1933 eine wichtige Einnahmequelle – nach der Währungsreform drastisch abnahm, so daß die Verbände mehr denn je auf öffentliche Unterstützungen und Kredite angewiesen waren.[82] Zahlreiche Heime und Anstalten waren im Krieg zerstört bzw. beschädigt oder nach Kriegsende für andere Zwecke eingesetzt worden, und selbst intakte Einrichtungen hatten Schwierigkeiten, die notwendige Ausstattung für ihre Pfleglinge oder Material für bauliche Reparaturen zu beschaffen.[83] Von den 1933 im Deutschen Reich bestehenden rund 8 600 Anstalten und Heimen allein der Caritas und der Inneren Mission war ein erheblicher Teil im Jahre 1945 beschädigt, teilweise oder ganz zerstört, beschlagnahmt, zweckentfremdet oder durch Abtrennung der deutschen

---

[77] Polligkeit, Stand, S. 28.
[78] Vgl. entsprechende Hinweise in Hüppe, Gründung, S. 82, und Eifert, Frauenpolitik, S. 193f.
[79] Zur Tätigkeit der bald wieder in Spitzenverbänden organisierten freien Wohlfahrtspflege bis Mitte der fünfziger Jahre vgl. zeitgenössisch Bundesministerium des Innern (Hg.), Wohlfahrtspflege; siehe auch Deutschland-Jahrbuch (1949), S. 334ff.; grundlegend jetzt Hammerschmidt, Wohlfahrtspflege in der Nachkriegszeit, für das Folgende insbesondere S. 18ff.
[80] Vgl. insgesamt Eifert, Frauenpolitik, S. 183ff.
[81] Kriegsschaden ohne Verluste infolge von Restriktionen, Beschlagnahmungen etc. während der Zeit des Nationalsozialismus; vgl. Bundesministerium des Innern (Hg.), Wohlfahrtspflege, S. 10; ferner Deutschland-Jahrbuch (1949), S. 335; NDV 34 (1954), S. 270f.
[82] Vgl. Hammerschmidt, Wohlfahrtspflege in der Nachkriegszeit, S. 35f.
[83] Vgl. Rundschreiben 1946, S. 59f. Ende 1946 waren in Niedersachsen 18%, in Nordrhein-Westfalen 13% der vorhandenen Altersheimplätze zweckentfremdet, d.h. mit Flüchtlingen, Evakuierten etc. belegt; vgl. NDV 27 (1947), S. 119; Achinger, Rolle, S. 339.

Ostgebiete verloren. Nichtsdestoweniger standen den beiden konfessionellen Wohlfahrtsverbänden schon in der frühen Nachkriegszeit erhebliche Kapazitäten an Einrichtungen und Personal zur Verfügung: Allein in der sogenannten geschlossenen Fürsorge umfaßte nur in den Westzonen die Innere Mission 1945 rund 1360 Anstalten (fast 86000 Betten), zwei Jahre später verfügte der Caritasverband über fast 3600 Anstalten mit gut 266000 Betten.[84] Erst allmählich wurden im Rahmen von Vermögensrückerstattung und Wiedergutmachung von der NSV vereinnahmte Einrichtungen und Kapitalien an die freien Wohlfahrtsverbände zurückgegeben bzw. verteilt.

Die Innere Mission war als privatrechtlicher Verein traditionell über Landesverbände in allen Landes- und Provinzialverbänden der evangelischen Kirche eher dezentral organisiert. Geleitet wurde sie vom Central-Ausschuß für Innere Mission, dessen Geschäftsstelle für die drei Westzonen bald von Berlin nach Bethel verlegt und von dem fürsorgepolitisch rührigen Pastor Otto Ohl geleitet wurde. War die Innere Mission einem karitativ-individualistischen Ansatz verpflichtet und vor allem in der Anstaltsfürsorge, Kinderbetreuung und Schwesternausbildung tätig, so wurde noch 1945 als zweite große evangelische Sozialorganisation auf Betreiben Eugen Gerstenmaiers und des Stuttgarter Landesbischofs Theophil Wurm das Hilfswerk der Evangelischen Kirche in Deutschland gegründet, das neben dem kirchlichen Wiederaufbau vor allem kriegsbedingte Notlagen lindern wollte und mittels ausländischer Spenden besonders in der Hilfe für Flüchtlinge, Kriegsgefangene, Heimkehrer, Ausländer und der Jugendhilfe tätig wurde. Das auch gesellschaftspolitisch orientierte Hilfswerk war eng an die Landeskirchen gebunden, zentralistisch organisiert und unterhielt in Stuttgart unter Leitung Gerstenmaiers ein Zentralbüro, dessen Hauptgeschäftsführer Paul Collmer zum wohl einflußreichsten Fürsorgefachmann auf seiten der evangelischen Kirche in den fünfziger Jahre avancierte. Nach mehrjährigen Verhandlungen fusionierten schließlich 1957 Hilfswerk und Innere Mission. Seit 1975 trägt der Wohlfahrtsverband den Namen „Diakonisches Werk der Evangelischen Kirche in Deutschland".[85]

Wie die Innere Mission hatte auch der Deutsche Caritasverband (DCV) nach 1933 weiterarbeiten können und verfügte 1945 über eine mehr oder weniger intakte Infrastruktur mit Sitz der Zentrale des Dachverbandes in Freiburg i.Br. Der DCV ist hinsichtlich der von ihm erfaßten institutionellen und personellen Kapazitäten der größte Spitzenverband der Wohlfahrtspflege in der Bundesrepublik[86];

---

[84] Vgl. Hammerschmidt, Wohlfahrtspflege in der Nachkriegszeit, S. 19ff.
[85] Zur Geschichte von Innerer Mission und Hilfswerk nach 1945 vgl. Degen, Diakonie, S. 101ff.; Wischnath, Kirche; Brenner, Diakonie, S. 29ff.; Hammerschmidt, Wohlfahrtspflege in der Nachkriegszeit, S. 39ff.; sowie die Beiträge zum Kapitel „1945–1990. Brücken" in: Röper/Jüllig (Hg.), Macht, S. 250ff. Speziell zur Entwicklung in der DDR siehe Hübner/Kaiser (Hg.), Diakonie.
[86] Tatsächlich handelt es sich bei den Spitzenverbänden der freien Wohlfahrtspflege jeweils nur um relativ kleine Dachorganisationen ohne eigene Einrichtungen etc.; Angaben über von diesen erfaßte Institutionen und Mitarbeiter betreffen tatsächlich die jeweilige Gesamtheit der Mitgliedsverbände; zu dieser eigentlich notwendigen terminologischen Trennung vgl. Hammerschmidt, Wohlfahrtspflege in der Nachkriegszeit, S. 19f.

er untersteht der Aufsicht der deutschen katholischen Bischöfe und gliedert sich entsprechend der Kirchenorganisation vertikal in Diözesan- und Ortsverbände bis hinunter zur Pfarrcaritas, wobei das eigentliche Gewicht bei den Diözesanverbänden liegt. Gleichzeitig vereinigt der DCV unter seinem Dach die katholischen karitativen Fachverbände, Genossenschaften und Einrichtungen mit teilweise erheblichem Eigengewicht. Auch die Caritas hatte traditionell einen Schwerpunkt in der Anstaltsfürsorge und unterhielt zahlreiche Krankenhäuser, Erziehungs-, Alters- und Erholungsheime, außerdem Kindergärten, ambulante Krankenstationen, Notküchen und soziale Fachschulen. Darüber hinaus wurde der Caritasverband, durch ausländische Mittel unterstützt, nach 1945 in der Hilfe für Flüchtlinge, Kriegsgefangene und Heimkehrer sowie mit einem Suchdienst aktiv.[87]

Anders als die konfessionelle Wohlfahrtspflege mußten sich Arbeiterwohlfahrt, Paritätischer Wohlfahrtsverband und in bescheidenerem Rahmen die Zentralwohlfahrtsstelle der Juden nach dem Zweiten Weltkrieg von Grund auf neu organisieren.[88] Innerhalb der Arbeiterwohlfahrt (AWO) rekurrierte man auf bewährte Weimarer Muster und belebte auf lokaler und regionaler Ebene ehemalige Bezirksausschüsse neu, wobei vor allem in der britischen Zone mit ihren ehemaligen SPD-Hochburgen rasch Fortschritte erzielt wurden, während der Wiederaufbau in den beiden anderen Westzonen schleppender voranging.[89] Anfang 1946 wurde in Hannover, auch Sitz der SPD-Parteizentrale, für die Westzonen der Hauptausschuß für Arbeiterwohlfahrt gegründet, dessen Geschäftsführung bald wieder von der auch vor 1933 dort tätigen Lotte Lemke übernommen wurde. Unter Abkehr von Weimarer Traditionen entwickelte sich die nicht mehr in das klassische sozialdemokratische Milieu eingebettete AWO im Laufe des nächsten Jahrzehnts immer mehr von einer durch ehrenamtliche Tätigkeit geprägten Selbsthilfeorganisation der Arbeiter zu einem modernen Dienstleistungsverband mit Fachpersonal, eigenen Ausbildungseinrichtungen und deutlich mehr Erholungsheimen für Kinder, Jugendliche, Mütter usw., wobei sich die ehemals enge Bindung an die SPD lockerte. Einem sich wandelnden Selbstverständnis entsprechend rückte die „sozialpädagogische" Arbeit, die Erziehung zu sozialer Verantwortung unter dem Leitbegriff der „Humanität" in den Vordergrund und erleichterte die Annäherung an die christlichen Verbände, zumal eine gemeinsame Interessenvertretung in Finanzfragen immer dringlicher wurde.

---

[87] Zur Entwicklung des Spitzenverbandes DCV vgl. ebenda, S. 23ff.; zur Tätigkeit der Caritas in der frühen Nachkriegszeit insgesamt Frie, Amtskirche; ders., Brot; Aschoff, Überlebenshilfe; Eder, Wiederaufbau; ferner Hans-Josef Wollasch, „Stunde Null", S. 370ff. Zur Entwicklung in der SBZ/DDR siehe die Beiträge in Kösters (Hg.), Caritas.

[88] Das Deutsche Rote Kreuz (DRK) fiel zwar zunächst unter das Kontrollratsverbot von NS-Organisationen, aber schon Mitte 1945 wurden in der amerikanischen und der britischen Zone, 1947 auch in der französischen Zone neue Landesverbände zugelassen. 1950 schlossen sie sich dann zum DRK erneut zusammen; vgl. ausführlich Hammerschmidt, Wohlfahrtspflege in der Nachkriegszeit, S. 59ff.

[89] Zur Entwicklung der AWO nach 1945 in den Westzonen vgl. ausführlich Eifert, Frauenpolitik, S. 159ff.

Entgegen der konfessionell bzw. parteipolitisch klaren Zuordnung der anderen Spitzenverbände verstand und versteht sich der Deutsche Paritätische Wohlfahrtsverband (DPW) als ideologisch ungebundene Vereinigung unterschiedlichster, von den anderen Spitzenverbänden nicht erfaßter karitativer Organisationen, Gruppen und Einrichtungen, deren „Zusammenarbeit im Dienste der Nächstenliebe" er fördern und deren Teilhabe an der staatlichen Mittelvergabe er als Spitzenverband der Wohlfahrtspflege sichern wollte.[90] Der Wiederaufbau des DPW ging von der amerikanischen Zone aus, wo sich bis zum Frühling 1948 in allen Ländern wieder Landesverbände konstituiert hatten, die unter dem Druck der Währungsreform einen überzonalen Zusammenschluß forcierten. In Nordrhein-Westfalen allerdings wurde der Verband wohl auch infolge des Widerstands der anderen freien Spitzenverbände erst im August 1949 wieder gegründet, ehe dann im Oktober der DPW für die Bundesrepublik mit Geschäftsstelle in Frankfurt a.M. als Spitzenverband offiziell wieder errichtet wurde. Nach den beiden konfessionellen Verbänden wurde der DPW bald zum drittgrößten Spitzenverband in der Bundesrepublik; allerdings fehlte ihm infolge der Heterogenität seiner Mitglieder[91] die Rückendeckung durch eine Kirche oder Partei, was ihn in den sozialpolitischen Diskussionen eine Mittelposition zwischen den kirchlichen Verbänden einerseits und der AWO andererseits einnehmen ließ. Immerhin besaß der DPW mit Polligkeit zunächst einen der einflußreichsten Fürsorgeexperten der Nachkriegszeit als Ehrenvorsitzenden.[92]

Resümierend ist somit für die Situation des Fürsorgewesens im weiteren Sinne in der ersten Nachkriegszeit festzuhalten, daß für öffentliche Träger wie für die Verbände der freien Wohlfahrtspflege das Wort vom „Lückenbüßer" die Lage recht zutreffend beschreibt. Ohne materiell und personell auch nur annähernd dafür gerüstet zu sein, versuchte die kommunale Fürsorge, von den freien Wohlfahrtsverbänden unterstützt, den Massennotlagen zu begegnen, auch und gerade dort, wo der Wegfall anderer Sicherungssysteme oder völlig neuartige Probleme die „Lücke" der sozialen Sicherung verursacht hatten. Dabei hatte sich die öffent-

---

[90] Zu Geschichte und Selbstverständnis des DPW mit Schwerpunkt auf Nordrhein-Westfalen vgl. Hüppe, Gründung. Zur Wiedergründung des Verbandes, bei der wieder Wilhelm Polligkeit eine wichtige Rolle spielte, siehe Krug von Nidda, Polligkeit, S. 277f. Zitat aus der Verbandssatzung von 1949 ebenda, S. 278.
[91] Dazu zählten neben Krankenhäusern, Heilstätten, Alten-, Jugend- und Behindertenheimen, Ausbildungsstätten, Kindergärten, Werkstätten etc. auch verschiedenste wohltätige Stiftungen oder die örtlichen Studentenwerke und das Deutsche Jugendherbergswerk; vgl. Bundesministerium des Innern (Hg.), Wohlfahrtspflege, S. 106ff.
[92] Als kleinster der Spitzenverbände wurde 1951 schließlich die „Zentralwohlfahrtsstelle der Juden in Deutschland e.V." erneut gegründet; mit Sitz in Frankfurt a.M. umfaßte sie neun Landesverbände, die selbständigen jüdischen Gemeinden in der Bundesrepublik sowie weitere jüdische Fachverbände. Unterstützt von ausländischen Hilfsorganisationen hatte die jüdische Wohlfahrtsarbeit bereits 1945 in bescheidenem Rahmen wieder begonnen; ihre Schwerpunkte lagen neben der allgemeinen fürsorgerischen Hilfe für die wenigen überlebenden, meist älteren Juden in der Bundesrepublik (1953: ca. 22000) in der Betreuung der jüdischen DP-Lager sowie zunehmend in der Beratung in Fragen der Wiedergutmachung; vgl. ebenda, S. 148ff.

liche Fürsorge von dem Ideal der individuell betreuenden Hilfe der RGr. abermals weit entfernt und wirkte vor allem als behördlich-schematische, richtsatzzentrierte Massenhilfe.[93] Diese „Fürsorge mit der Hollerithmaschine"[94] mit ihren als repressiv empfundenen Begleiterscheinungen der rigiden Einkommensüberprüfung und Rückerstattungspflicht war kaum dazu angetan, das ohnehin angeschlagene Image der öffentlichen Fürsorge trotz ihrer unbestreitbaren Erfolge zu verbessern – eine Entwicklung, die seit Ende der vierziger Jahre dieses System zunehmend in die sozialpolitische Defensive drängte.

2. Fürsorgepolitik im Zeichen des Wiederaufbaus

Die Fürsorgepolitik der ersten Nachkriegsjahre in den Westzonen ist gekennzeichnet durch das Bemühen ihrer führenden deutschen Vertreter, das hergebrachte Weimarer System im wesentlichen zu erhalten bzw. wieder zu errichten. Begünstigt wurden diese Bestrebungen schon allein durch die Macht des Faktischen: Mit dem „Dritten Reich" war auch der bedrohliche Konkurrent NSV untergegangen, während mit den Stadt- und Landkreisen die traditionellen Fürsorgeträger und zumindest die konfessionellen Spitzenverbände bestehen geblieben waren und ihre Zuständigkeit von den Alliierten nicht grundsätzlich in Frage gestellt wurde.

Doch die neuen und sehr ungleich verteilten Lasten der Fürsorge, damit verbunden deren ungleiche Leistungen und neue rechtliche Sonderregelungen, nicht zuletzt auch alliierte Reformbestrebungen drohten das auf RFV und RGr. aufgebaute Fürsorgesystem aus den Angeln zu heben. Die Bemühungen um dessen Konsolidierung vollzogen sich daher auf drei Ebenen: In organisatorischer Hinsicht galten sie dem interessenpolitischen „Überbau" der Fürsorgeträger in Form der kommunalen Spitzenverbände und des Deutschen Vereins für öffentliche und private Fürsorge (DV) wie einer wirksamen Vertretung gegenüber den Besatzungsmächten, den neuen Länder- und Zoneninstanzen bzw. dem Bund. Auf der finanzpolitischen Ebene standen die Bemühungen um eine gleichmäßigere und zugleich praktikable Verteilung der Lasten zwischen den Fürsorgeverbänden ebenso wie gegenüber den Ländern und Zonen bzw. dem Bund im Vordergrund. Fürsorgerechtlich schließlich zielten diese Bestrebungen auf eine Abwehr alliierter Reformpläne und zunehmender Rechtszersplitterung durch die weitgehende Beibehaltung der Weimarer Rechtsgrundlagen.

---

[93] Vgl. etwa durchaus selbstkritisch die Kommunalvertreter Rudolf Prestel und Heinrich Treibert auf dem Deutschen Fürsorgetag 1949, in: Fürsorge im Dienst, S. 35f., 48ff.; ferner Peter Paul Nahm vom hessischen Innenministerium auf dem Fürsorgetag 1950, in: NDV 30 (1950), S. 241ff.

[94] So, zustimmend Hans Achinger zitierend, rückblickend der leitende BMI-Beamte Wilhelm Kitz, in: NDV 31 (1951), S. 133.

Instanzen und Organisationen der Fürsorgepolitik

Anders als etwa für das Gebiet des Arbeitswesens bildeten die westlichen Alliierten für den Bereich der Wohlfahrtspflege im Laufe der Nachkriegszeit keine eigenständigen zonalen oder überzonalen Verwaltungs- und Legislativinstanzen, sondern beließen die Zuständigkeit bei den Militärregierungen bzw. den Ländern. In der US-Zone erhielten die Länder bereits bei ihrer Gründung im Herbst 1945 eigene, wenn auch von der Militärregierung kontrollierte, legislative und exekutive Befugnisse; während in Bayern und Württemberg-Baden das Fürsorgewesen bei den Innenministerien ressortierte, unterstand es in Hessen dem Minister für Arbeit und Wohlfahrt.[95] Mit dem „Ausschuß für Wohlfahrtswesen" wurde auf Wunsch der amerikanischen Militärregierung aus Fachbeamten der Länder und Kommunen und Vertretern der freien Wohlfahrtsverbände im Mai 1946 beim Stuttgarter Länderrat ein zonales Gremium geschaffen, das außerdem die Zusammenarbeit mit den betroffenen Stellen der britischen Zone suchen sollte.[96]

Auch in der britischen Zone wurde Anfang 1946 aus Vertretern der Provinzen und Länder, der Fürsorgeverbände, der Spitzenverbände der freien Wohlfahrtspflege und des Roten Kreuzes beim Zonenbeirat ein Wohlfahrtsausschuß gebildet, der unter britischem Vorsitz die Militärregierung in Fürsorgefragen beriet.[97] Nachdem Ende 1946 die Zuständigkeit für Wohlfahrtsaufgaben auf die neu gegründeten Länder übergegangen war[98], diente der Ausschuß – nun unter deutschem Vorsitz – der Beratung der zuständigen deutschen Stellen und entwickelte sich allmählich zu einem informellen Koordinierungsorgan der Länder zur Erarbeitung zoneneinheitlicher Reformvorschläge, seit 1948 dann auch in Koordination mit dem Sozialpolitischen Ausschuß des Zonenbeirats. Wie der Wohlfahrtsausschuß der amerikanischen Zone war auch derjenige der britischen Zone bis zur Bildung der Bundesregierung tätig.[99] Als weiteres länderübergreifendes Gremium fungierte außerdem die Arbeitsgemeinschaft der Fürsorgedezernenten der britischen Zone, doch das Fehlen länderübergreifender Verwaltungsinstitutionen konnten diese Ausschüsse nicht kompensieren, so daß es auf dem Gebiet des Fürsorgerechts zu erheblichen Sonderentwicklungen kam.

Auf seiten der Kommunen als den Trägern der Fürsorge knüpfte die organisatorische Formierung auch jenseits der eigentlichen Aufgabendurchführung durch die Fürsorgeverbände an Weimarer Traditionen an, indem mit den (natürlich nicht primär fürsorgepolitisch orientierten) kommunalen Spitzenverbänden wie mit dem DV traditionelle Akteure der Fürsorgepolitik erneut die Bühne betraten. Nach Verbot und Auflösung der nationalsozialistisch dominierten Einheitsorga-

---

[95] Vgl., auch für das Folgende, Preller, Sozialpolitik, S. 76ff.; Heisig, Armenpolitik, 1995, S. 28f.; Walter Vogel, Westdeutschland, S. 575f.; ferner Härtel, Länderrat, S. 15, 158f.
[96] Vgl. Tagung des Länderrates am 5.3.1946, in: Akten zur Vorgeschichte, Bd. 1, S. 325; Schreiben des Generalsekretärs des Länderrats Rossmann an den württemberg-badischen Bevollmächtigten Gögler, 10.5.1946, Abschrift, ADW, ZB 295.
[97] Vgl. auch Dorendorf, Zonenbeirat, S. 28, 118.
[98] Vgl. Verordnung Nr. 57 vom 1.12.1946, Amtsblatt der Militärregierung Deutschland. Britisches Kontrollgebiet. No. 15, S. 344-346.
[99] Vgl. NDV 28 (1948), S. 174; Härtel, Länderrat, S. 80, 83; Walter Vogel, Westdeutschland, S. 576.

nisation des Deutschen Gemeindetages kamen weitere Pläne für eine neue gemeinsame Spitzenorganisation der Kommunen nicht mehr zum Tragen; vielmehr betrieben zahlreiche Kommunalpolitiker und ehemalige Mitarbeiter der Kommunalabteilung des alten Reichsinnenministeriums von der britischen Zone aus die Neugründung der wichtigsten ehemaligen separaten Spitzenverbände.

Als erster Verband entstand auf Initiative des damaligen Kölner Oberbürgermeisters Konrad Adenauer der Deutsche Städtetag wieder[100]; unter Leitung seines Nachfolgers in Köln, Hermann Pünder, konstituierte sich der Städtetag im Dezember 1945 zunächst in der britischen Zone, seit Anfang 1947 wieder als „Deutscher Städtetag" (DST), der auch die Städte der US-Zone repräsentierte und damit eine der ersten zonenübergreifenden Organisationen nach 1945 überhaupt bildete.[101] Die Landesverbände der französischen Zone konnten sich offiziell erst im Frühling 1949 anschließen. Anders als andere kommunale Spitzenverbände war der DST keine reine Dachorganisation seiner Landesverbände, sondern organisierte neben den kreisfreien und einer Minderheit kreisangehöriger Städte auch die drei Stadtstaaten und damit Bundesratsmitglieder als direkte Mitglieder; das verkürzte die Entscheidungswege und erhöhte die Effektivität und politische Durchschlagkraft der bald gut ausgebauten Kölner Hauptgeschäftsstelle. Der Verband verstand sich – wie auch die anderen kommunalen Spitzenverbände – als überparteilicher Repräsentant allgemeiner kommunaler Bürgerinteressen gegenüber Ländern und Zentralstaat und erstrebte eine Stärkung der kommunalen Selbstverwaltungskompetenzen; er entwickelte sich bald wieder zu einem einflußreichen Interessenorgan städtischer kommunaler Belange, auch und gerade in der Fürsorgepolitik. Freilich war und ist der DST genauso wenig wie die anderen Spitzenverbände ein in sich homogener Interessenblock: Zum einen sind die verschiedenen und nicht selten gegenläufigen Interessen der einzelnen kommunalen Politikbereiche zu koordinieren, die sich auch in der Ressort- und Gremienaufteilung der Geschäftsstellen widerspiegeln. So verfolgte etwa der Finanzausschuß des DST bei der Fürsorgereform durchaus eine andere Linie als der federführende Sozialausschuß und der Beigeordnete für Soziales. Außerdem vereinigt der DST unter seinem Dach nicht nur Mitglieder höchst unterschiedlicher Struktur – von den Großstädten einschließlich der Stadtstaaten bis hin zu kleinen kreisfreien Städten wie Schnackenburg mit einigen hundert Einwohnern –, sondern auch

---

[100] Geschichte und Einfluß der kommunalen Spitzenverbände in den ersten Jahren der Bundesrepublik sind bislang noch nicht umfassend auf breiter empirischer Grundlage aufgearbeitet; abgesehen von einigen älteren politikwissenschaftlichen Arbeiten – vgl. etwa Bertram, Staatspolitik; Voigt, Partizipation – und Untersuchungen zu heutigen Einflußmöglichkeiten – vgl. Jaedicke u.a., Politik – dominieren hier offiziöse Verbandsgeschichten: Zur Wiedergründung und Geschichte des Deutschen Städtetages nach 1945 vgl. ausführlich Ziebill, Geschichte, S. 66ff.; ferner Weinberger, Städtetag, S. 13ff., sowie jüngst Meyer/Meyer-Woeller, 100 Jahre, S. 57ff. Zur Geschichte des Deutschen Landkreistages nach 1945 siehe (in den Datierungen leider oft unzuverlässig) Groeben/Heide, Geschichte, S. 215ff.; zur Frühgeschichte der kommunalen Spitzenverbände sowie zu den persönlichen Verbindungen wichtiger kommunaler Spitzenfunktionäre seit der Zeit des Nationalsozialismus siehe Heisig, Armenpolitik, 1995, S. 28, sowie den biographischen Anhang, in: ders., Armenpolitik, 1990, S. 523ff.
[101] Vgl. Deutschland-Jahrbuch 1949, S. 47.

unterschiedlicher parteipolitischer Orientierung, was ebenfalls auf die Meinungsbildung in den Verbandsgremien durchschlägt. In den fünfziger und sechziger Jahren wurde der DST parteipolitisch von der SPD mit ihrer traditionellen Stärke in den deutschen Großstädten dominiert, wenn auch eine Satzungsbestimmung, wonach in allen Gremien alle Beschlüsse mit einer Dreiviertel-Mehrheit zu fassen waren, für einen gewissen Ausgleich sorgen konnte.[102]

Als zweiter kommunaler Spitzenverband nahm ebenfalls zuerst in der britischen Zone im Juli 1946 der „Deutsche Städtebund" (DSB) in Nachfolge des ehemaligen Reichsstädtebundes seine Arbeit auf. Er organisierte ausschließlich kreisangehörige Städte und größere, stadtähnliche Gemeinden mit Ausnahme von Bayern und Baden.[103] Trotz der engen Zusammenarbeit mit Vertretern des DST bei Gründung und Aufbau des Verbandes konnten sich die beiden Spitzenvertretungen der Städte wie in den zwanziger Jahren auch nach 1945 nicht auf einen Zusammenschluß einigen.[104]

Die Wiedergründung des „Deutschen Landkreistages" (DLT) ging zunächst von Hessen aus, wo der Ziegenhainer Landrat und spätere erste Präsident des DLT, Heinrich Treibert, seit Sommer 1945 die Zusammenarbeit der Landkreise forcierte.[105] Parallel dazu betrieben ehemalige Mitarbeiter des DLT bzw. des aufgelösten Deutschen Gemeindetages die Gründung eines Landkreistages in der britischen Zone im September 1946; im Februar 1947 konstituierte sich der DLT für die gesamte Bizone. Der Verband ist anders als sein städtisches Pendant streng föderal strukturiert, indem er als Dachverband der einzelnen, auf ihr Eigenleben bedachten Landesverbände fungiert und die Landkreise nur indirekt organisiert. Parteipolitisch war der DLT nach Ablösung des Sozialdemokraten Treibert 1949 fest in den Händen der CDU/CSU. Da die Vorsitzenden der acht Landesverbände automatisch das Präsidium bildeten und die SPD in ländlichen Gebieten traditionell schwach repräsentiert war, gelang es ihr viele Jahre nicht, dort überhaupt einen Sitz zu erlangen. Präsident und Hauptgeschäftsführer wurden ohnehin von der Union gestellt.[106]

Mit dem „Deutschen Gemeindeverband" formierte sich unter hessischer Federführung im November 1947 als letzter kommunaler Spitzenverband auch die Organisation der kreisangehörigen Gemeinden zunächst in der Bizone in lockerer Form neu; auch ihm konnten sich die mittlerweile in der französischen Zone gebildeten Landesverbände erst im Laufe des Jahres 1949 anschließen.[107] Seit 1950

---

[102] Der starke Einfluß der SPD hing auch damit zusammen, daß nach dem Kölner Oberbürgermeister Hermann Pünder (CDU) bis 1963 üblicherweise Berlins Regierende Bürgermeister und damit führende SPD-Politiker das Amt des DST-Präsidenten innehatten. Mit Otto Ziebill war ab 1951 ebenfalls ein Mann der SPD Hauptgeschäftsführer des DST, und im DST-Präsidium hatte die SPD bis Mitte der sechziger Jahre ebenfalls ein deutliches Übergewicht. Zu Struktur, Organisation und politischer Ausrichtung der kommunalen Spitzenverbände vgl. insgesamt Jaedicke u.a., Politik, S. 29 ff.; Bertram, Staatspolitik, S. 82 ff.
[103] Vgl. Mombauer, Städte- und Gemeindebund, S. 494.
[104] Vielmehr fusionierte der Deutsche Städtebund 1973 mit dem Deutschen Gemeindetag.
[105] Vgl. auch zum Folgenden Groeben/Heide, Geschichte, S. 226 ff.
[106] Vgl. Jaedicke u.a., Politik, S. 39.
[107] Vgl. Göb, 50 Jahre, S. 34 ff.

in „Deutscher Gemeindetag" (DGT) umbenannt und seit 1951 als fester Verband organisiert, bildete er einen Dachverband der einzelnen Landesverbände der kreisangehörigen Städte, Ämter und Gemeinden. Nach Ausscheiden von Wilhelm Mellies (SPD) 1953 fungierte von 1954 bis 1966 der spätere Bundesminister Paul Lücke (CDU) als Präsident des DGT.

Abgesehen von den unterschiedlichen parteipolitischen Präferenzen besteht zwischen den einzelnen Spitzenverbänden eine teils historisch, teils durch Interessenunterschiede und Prestigeprobleme begründete Konkurrenz, wobei traditionell der DST auch dank strafferer Organisation und finanzieller Möglichkeiten eine beherrschende Stellung innehatte.[108] Doch im „Interesse einer kraftvollen Vertretung der kommunalen Selbstverwaltung"[109] bildeten die vier Spitzenverbände 1947/48 wie in den letzten Jahren der Weimarer Republik zunächst in lockerer Form die „Deutsche Arbeitsgemeinschaft der kommunalen Spitzenverbände", im Mai 1953 dann die kaum fester organisierte „Bundesvereinigung der Kommunalen Spitzenverbände". Unter Federführung des DST fungiert diese vor allem als gemeinsames offizielles Sprachrohr der Kommunen im politischen Entscheidungsprozeß, deren Wirkung im Einzelfall allerdings stark von der Bereitschaft der einzelnen Spitzenverbände zu einmütiger Stellungnahme abhängt.[110] Seit Ende 1947 also verfügten die Kommunen und damit die Träger der öffentlichen Fürsorge zumindest in der Bizone wieder über jeweils eigene Organisationen zur Bündelung und Geltendmachung ihrer Belange gegenüber Länder- und Zonen- bzw. Bundesinstanzen, wobei sie jedoch damals wie heute Wert darauf gelegt haben, nicht als Interessenverband im herkömmlichen Sinne zu gelten, sondern als „öffentliche Einrichtungen" zur Vertretung öffentlicher Interessen.[111]

Auch die Landesfürsorgeverbände der britischen und amerikanischen Zone bildeten Ende August 1947 eine eigene Arbeitsgemeinschaft, die später auf die französische Zone ausgedehnt, oft in enger Kooperation mit DST, DLT und DV sich vor allem in Fragen der fürsorgerischen Lastenverteilung und Organisationsstruktur Gehör zu verschaffen wußte. Schließlich gründeten auch die freien Wohlfahrtsverbände mit der „Arbeitsgemeinschaft der Spitzenverbände der freien Wohlfahrtspflege" im Oktober 1948 einen Zusammenschluß, dem sich anders als bei seinem Weimarer Vorläufer nun auch die AWO anschloß.[112] Die von den konfessionellen Verbänden bereits seit 1947 betriebene Kooperation verdankte sich in erster Linie den wirtschaftlichen Schwierigkeiten, denen sich die Wohlfahrtsverbände vor allem seit der Währungsreform gegenübersahen. Hauptaufgabe der Arbeitsgemeinschaft blieb daher für lange Zeit die Erschließung neuer Finanzmittel. Darüber hinaus wurde sie bereits von der ersten Bundesregierung 1949 anerkannt und zur Gutachterin bei der Beratung von Wohlfahrtsgesetzen bestellt.

---

[108] Vgl. Jaedicke u.a., Politik, S. 39f.; Voigt, Partizipation, S. 21.
[109] Ziebill, Geschichte, S. 282; zum Folgenden vgl. ebenda, S. 282f.; Groeben/Heide, Geschichte, S. 238f.
[110] Vgl. Bertram, Staatspolitik, S. 90ff.; Voigt, Partizipation, S. 20f.
[111] So Groeben/Heide, Geschichte, S. 235; ähnlich Ziebill, Geschichte, S. 322ff.
[112] Vgl. Hammerschmidt, Wohlfahrtsverbände in der Nachkriegszeit, S. 76ff.

Ein ganz entscheidender Schritt der organisatorischen Neuformierung des fürsorgepolitischen Systems war die Wiedererrichtung des DV seit 1946.[113] Treibende Kraft war hier der ehemalige und bald erneut bestätigte DV-Vorsitzende Wilhelm Polligkeit[114], seit den frühen Tagen der Weimarer Republik eine der zentralen Figuren der deutschen Fürsorgepolitik. Zusammen mit der ehemaligen DV-Geschäftsführerin und seiner späteren Frau Hilde Eiserhardt, unterstützt vom Frankfurter Oberbürgermeister Kurt Blaum, organisierte er schon seit Sommer 1945 in Hessen in Fühlungnahme mit dortigen Kommunalvertretern und ausgewiesenen Fürsorgeexperten wie Hans Achinger den Wiederaufbau des Vereins.[115] Auch dank Polligkeits guten persönlichen Kontakten zu den amerikanischen Militärbehörden wurde der DV am 11. April 1946 für Großhessen wieder zugelassen, so daß im Mai ein „Fürsorgetag" in Nachfolge der traditionellen DV-Fürsorgekongresse abgehalten werden konnte. Im Laufe des Jahres folgte, von den zuständigen US-Behörden gefördert, die Zulassung auch für Bayern und Württemberg-Baden, 1947 dann für die Länder der britischen, 1948 für die französische Zone, 1949 schließlich für West-Berlin.

Finanziert wurde der Neuaufbau des DV u.a. durch Mittel der Landesregierungen sowie einzelner Kommunen und Vereinigungen der freien Wohlfahrtspflege; Ende der fünfziger Jahre wurde die Arbeit des DV dann zu etwa zwei Dritteln von Bund, Ländern, Städten und Landkreisen getragen.[116] Nach improvisierten Anfängen entwickelte sich der DV bald wieder zu einer einflußreichen Organisation mit Geschäftsstelle in Frankfurt, hauptamtlichem Vorsitzenden, Geschäftsführer und Fachreferenten, eigener Bibliothek, Fortbildungseinrichtungen und umfangreicher Publikationstätigkeit, vor allem mit dem Verbandsorgan des „Nachrichtendienstes" (NDV). Bereits 1949 hatte der DV wieder mehr als 1 300 Mitglieder.[117]

---

[113] Vgl. Willing, Vorgeschichte, S. 603ff. Für einen Überblick über die Geschichte des Deutschen Vereins allgemein die akklamatorische Festschrift zu dessen 100jährigem Jubiläum von Eberhard Orthbandt, Deutscher Verein; in kritischer Auseinandersetzung damit: Tennstedt, Fürsorgegeschichte; ferner zu einzelnen Epochen: Krug von Nidda, Polligkeit; Sachße/Tennstedt, Geschichte, Bd. 2, passim, sowie Bd. 3, S. 147f.; Hansen, Wohlfahrtspolitik, S. 87ff.
[114] Der Jurist Wilhelm Polligkeit (1876–1960) war Geschäftsführer der Centrale für private Fürsorge von Wilhelm Merton in Frankfurt a.M. gewesen, ehe er 1920 die hauptamtliche Geschäftsführung des DV übernahm und 1922 dessen, den Verein von nun an prägender Vorsitzender wurde. Polligkeit, der sich nach 1933 den neuen Verhältnissen anzupassen suchte, allerdings nicht in die NSDAP eintrat, wurde 1935 als Vorsitzender abgesetzt, fungierte noch bis 1936 als Geschäftsführer und betätigte sich anschließend bis Kriegsende wissenschaftlich im Rahmen einer Honorarprofessur an der Frankfurter Universität. Im September 1945 wurde er hauptamtlicher Stadtrat und Fürsorgedezernent in Frankfurt. Vorsitzender des DV war er erneut von 1946 bis 1950; zur Vita Polligkeits vgl. Dörrie, Polligkeit; Tennstedt, Fürsorgegeschichte, S. 80ff., 96ff.
[115] Vgl., auch für das Folgende, Krug von Nidda, Polligkeit, S. 249ff.; ferner den Rückblick von Heinrich Treibert in: NDV 31 (1951), S. 128f.; Rundschreiben 1946, S. 1; Rundschreiben 1947, S. 1; Begrüßungsansprache Polligkeits in: Aufgaben der Fürsorge, S. 9; NDV 28 (1948), S. 1f.; 30 (1950), S. 239; Polligkeit-Eiserhardt/Pense, Ziele, S. 468ff.; Schrapper, Hans Muthesius, S. 182ff.; Heisig, Armenpolitik, 1995, S. 29f.
[116] Vgl. Pense, Bericht, S. 448.
[117] Vgl. Eröffnungsansprache Polligkeits in: Fürsorge im Dienst, S. 5.

2. Fürsorgepolitik im Zeichen des Wiederaufbaus

1880 gegründet verstand und versteht sich der DV als politisch neutraler Fachverband, der laut Satzung von 1951 einen „Mittelpunkt für alle in Deutschland auf dem Gebiet der öffentlichen und freien Wohlfahrtspflege und der Sozialreform hervortretenden Bestrebungen" bilden sollte.[118] Hauptaufgaben des DV waren danach die Beeinflussung von fürsorgerischen Reformvorhaben, wissenschaftliche Information und praktische Beratung seiner Mitglieder, die Erstellung von Fachgutachten sowie die „Verbreitung gesunder Grundsätze in der Praxis der öffentlichen und freien Wohlfahrtspflege".[119] Wie in der Weimarer Republik erweist sich der DV auch nach 1945 als ein von herkömmlichen Verbandsdefinitionen nicht ohne weiteres zu erfassendes Konstrukt, da er unter dem Dach eines privatrechtlich organisierten Vereins bald wieder die große Mehrheit der mit der Wohlfahrtspflege befaßten Institutionen, Körperschaften und Personen vereinigte: Bundesministerien, Landes- und Kommunalbehörden ebenso wie die Spitzenverbände der Kommunen und der freien Wohlfahrtspflege, karitative Spezialorganisationen und Berufsverbände ebenso wie Abgeordnete, Wissenschaftler und Sozialdezernenten, darüber hinaus Vertreter anderer Sozialleistungsträger, von Gewerkschaften und Arbeitgeberverbänden, gemeinnützigen Betrieben und Wohlfahrtsschulen. Diese für den Fürsorgebereich in Deutschland typische personale und organisatorische Verflechtung von legislativen, exekutiven und sozialwissenschaftlichen Instanzen erlaubt es somit nicht, den DV im fürsorgepolitischen Kräftemessen als Lobby für klar definierte Interessenlagen zu verstehen, zumal er in seinem Leitungsorgan führende Sozial- und Kommunalpolitiker der verschiedenen Parteien vereinte.[120] Inwieweit der DV in seiner Rolle „einer grauen Eminenz der Fürsorgepolitik"[121] die selbst gestellte Aufgabe des unpolitischen Fachberaters der Politik erfüllen konnte, erscheint allerdings fraglich, beriet der DV doch diejenigen, die in seine eigenen Reihen gehörten und dort die fürsorgepolitische Ausrichtung des Vereins mitbestimmten. In der Forschung ist der DV daher als „‚Koordinierungskartell' der gesamten öffentlichen und privaten Wohlfahrtspflege"[122] bezeichnet, seine Fachlichkeit gerade im Zusammenhang der Warenkorb-Regelsatzproblematik seit Ende der siebziger Jahre stark angezweifelt[123] und ferner auf die zwangsläufige Kompromißhaftigkeit seiner zentralen Äußerungen verwiesen worden.[124] Letzteres verbietet es allerdings auch, ihn als reinen Sachwalter der Kommunen zu sehen, wenn auch für die Gemeinden unannehmbare Beschlüsse in der Regel nicht zustande kommen und diese den Verband als

---

[118] Vgl. § 2 der Satzung des Deutschen Vereins für öffentliche und private Fürsorge, wie auf dem Fürsorgetag 1951 beschlossen, in: Beiträge zur Entwicklung, S. 490.
[119] Ebenda.
[120] Vgl. etwa die Liste der Mitglieder des DV-Vorstands vom Oktober 1950, NDV 30 (1950), S. 240, dem neben der CDU-Bundestagsabgeordneten Helene Weber auch die Berliner Bürgermeisterin Louise Schroeder, der niedersächsische Arbeitsminister Heinrich Albertz und DGB-Vorstandsmitglied Willi Richter (alle SPD) angehörten.
[121] Jaedicke u.a., Politik, S. 44.
[122] Hofmann/Leibfried, Regelmäßigkeiten, S. 262.
[123] Vgl. Rudloff, Fürsorge, S. 198f., mit weiteren Verweisen; Jaedicke u.a., Politik, S. 81ff.; ferner die im Literaturverzeichnis angeführten Arbeiten von Stephan Leibfried, Eckhard Hansen, Albert Hofmann und Michael Heisig.
[124] So bereits Schäfer, Rolle, S. 260, Anm. 892; ferner Winter, Interessen, S. 284ff.

neutrales Werbeinstrument für eigene Vorschläge nutzen können.[125] In den späten vierziger und den fünfziger Jahren bildete der DV mit seinen Fürsorgetagen und Fachausschüssen jedenfalls noch die unangefochtene Hauptplattform für die Überlegungen zur Reform des Fürsorgerechts.

Auf dem Gebiet des Fürsorgewesens war damit die organisatorische und institutionelle Konsolidierung in enger Anlehnung an Weimarer Vorbilder bis zur Gründung der Bundesrepublik weitgehend erreicht. Diese institutionellen Konstellationen unterscheiden sich teilweise ganz erheblich von denen in anderen Bereichen der sozialen Sicherung und bedingten damit für mehrere Jahrzehnte den Prozeß der politischen Interessenvermittlung und Entscheidungsfindung im Bereich der Fürsorge bzw. Sozialhilfe[126]: Die Interessen der tatsächlichen oder potentiellen Leistungsempfänger waren kaum zu bündeln und in einer schlagkräftigen Klientelorganisation zu organisieren; das galt erst recht vor 1961, als aufgrund der relativ geringen Verrechtlichung und Standardisierung dieses Systems und der starken Fluktuation der Empfänger sich kaum gleichgerichtete Interessenlagen herausbilden und damit auch bestimmte Wählerschichten angesprochen werden konnten.[127] Ob dieser Mangel an Organisierbarkeit durch „mittelbare Interessentransformation" über eine eigentlich anderen Zielen verpflichtete Organisation, wie sie die Gewerkschaften für die Rentner darstellen[128], auch bei der Fürsorgereform der fünfziger Jahren aufgefangen wurde, wird im Folgenden zu klären sein.

Eine weitere Besonderheit liegt darin, daß mit den Kommunen und den Landesfürsorgeverbänden öffentlich-rechtliche Institutionen als Träger dieses Sozialsystems fungierten, die in den Staatsaufbau inkorporiert waren und damit über einen besonderen Zugang zu den Entscheidungsebenen in Bund und Ländern verfügten.[129] Vor allem aber waren sie nicht – wie etwa die Versorgungsbehörden – weisungsgebundene Exekutivorgane, sondern verwaltungsmäßig und politisch eigenständige Körperschaften mit eigener demokratischer Legitimation, denen der Bund, aber auch die Länder Freiräume zur eigenständigen Gestaltung des Fürsorgewesens lassen mußten, sollte dieser Bereich ihrem verfassungsmäßig verbürgten

---

[125] Vgl. Jaedicke u.a., Politik, S. 45f.
[126] Mit der Auswirkung sozialrechtlicher Besonderheiten einzelner Sicherungssysteme auf die Struktur von Politiknetzwerken befaßt sich Winter, Interessen, und bearbeitet dabei auch den Bereich der Sozialhilfe, allerdings erst lange nach Verabschiedung des BSHG. Da aber wichtige Elemente gerade des institutionellen Gefüges das Fürsorgesystem auch vor 1961 schon kennzeichneten, lassen sich seine Überlegungen teilweise auch für die fünfziger Jahre nutzen, ohne den Anspruch zu erheben, ein politikwissenschaftliches Erklärungsmodell auf diese Weise historisch verifizieren zu können, zumal Winter die kommunalen Spitzenverbände wie die Ebene der Parteien aus seinen Überlegungen de facto ausklammert und generell von einer „Ausgliederung sozialpolitischer Steuerungsaufgaben aus dem Staatsapparat im engeren Sinne" hinein in „Implementationsagenturen" spricht, zu denen er auch die kommunalen Sozialhilfeträger zählt (S. 358). Historisch kann für die Fürsorge aber genau umgekehrt nur von einer zunehmenden *Ein*gliederung in die staatliche Steuerung gesprochen werden.
[127] Vgl. ebenda, S. 89ff., 102ff., 425ff.
[128] Vgl. ebenda, S. 138ff., 443ff.
[129] Vgl. ebenda, S. 418.

Selbstverwaltungsrecht zugeordnet bleiben. Im Gegensatz etwa zu den Sozialversicherungsträgern konzentrierte sich das politische Interesse der Kommunen dabei keineswegs ausschließlich oder auch nur primär auf das von ihnen bearbeitete Sozialsystem, was eine Instrumentalisierung dieser sozialpolitischen Interessen für andere Politikbereiche begünstigte.

Neben den kommunalen Trägern konsolidierten sich die Verbände der freien Wohlfahrtspflege und übernahmen wieder eine im internationalen Vergleich ungewöhnlich große und einflußreiche Rolle bei der Umsetzung öffentlicher Sozialaufgaben, vor allem in Form von Dienstleistungen. Schon in Hinblick darauf, ebenso aber infolge ihrer unangefochtenen fachlichen Kompetenz beanspruchten sie traditionell ein Mitspracherecht bei der rechtlichen Ausgestaltung der Fürsorge. Ihrem christlichen bzw. humanitären Selbstverständnis entsprechend, aber auch im Interesse der Sicherung eigener Domänen übernahmen sie dabei auch anwaltliche Funktionen für die Fürsorgeklientel, die allerdings in den fünfziger Jahren meist ausgeprägt paternalistische Züge trug und auf die individuelle Armutsbekämpfung beschränkt blieb.[130] Während infolge der Finanzierung dieser Sozialleistung aus Steuermitteln und der Aufgabendurchführung durch Kommunen und Wohlfahrtsverbände die klassischen erwerbswirtschaftlichen Verbände (Gewerkschaften, Arbeitgeber) hier allenfalls gelegentlich eine Rolle spielten, existierte mit dem DV schließlich eine Organisation, die aufgrund ihrer Struktur, der Mechanismen der Interessenkoordination und daraus folgenden halböffentlichen Funktion als geradezu idealtypische Verkörperung eines das deutsche Fürsorgesystem kennzeichnenden „korporatistischen" Beziehungsgeflechts gedeutet wird.[131] Einer allgemeineren Definition zufolge wäre von „Korporatismus" überall dort zu sprechen, „wo die Verbände nicht mehr nur von außen an das politisch-administrative System herantreten, sondern als gleichberechtigte Partner in die Vorbereitung und Ausgestaltung politischer Programme einbezogen sind, und wo sich ein begrenzter Kreis von politisch privilegierten gesellschaftlichen Organisationen wirksam gegenüber dem übrigen Verbändespektrum abzuschotten versteht".[132] Im Folgenden wird zu untersuchen sein, ob und wann der DV tatsächlich im Sinne eines solchen „korporatistischen Arrangements"[133] von staatlichen Stellen und privilegierten Verbänden wirksam wurde, oder ob er nicht vielmehr primär als Diskussionsforum diente und gegebenenfalls mit seinem fachlichen Renommee Entscheidungen stützen sollte, die anderswo gefällt worden waren.

Wer zahlt für wen? Die Umverteilung der Fürsorgelasten in den Nachkriegsjahren

Die Bemühungen der Träger der öffentlichen Fürsorge um finanzielle Konsolidierung hatten eine doppelte Stoßrichtung: Da zum einen das alte Prinzip des „gewöhnlichen Aufenthalts" kaum mehr funktionierte, ging es ihnen um eine Neuordnung der Lastenverteilung der Fürsorgeträger untereinander; gleichzeitig

---

[130] Für heute vgl. ebenda, S. 132ff., 154ff., 265ff.
[131] Vgl. ebenda, S. 419f.
[132] Ebenda, S. 364.
[133] Vgl. ebenda, S. 418.

zielten diese Bemühungen auf eine grundsätzliche finanzielle Sanierung der Kommunalhaushalte durch die (Rück-)Übertragung wesentlicher Fürsorgekosten auf die Länder und später den Bund. Eng verknüpft waren diese Bemühungen mit den hier nicht vertieft zu behandelnden Problemen eines künftigen allgemeinen „Lastenausgleichs" und des Ringens um die Finanzverfassung und damit den Status der Gemeinden im künftigen Bundesstaat.

Die fürsorgerechtliche Lastenverteilung war 1924 in § 7 RFV so geregelt worden, daß grundsätzlich derjenige Bezirksfürsorgeverband zu zahlen hatte, in dem der Hilfsbedürftige „den gewöhnlichen Aufenthalt", also den „Mittelpunkt seiner Lebensbeziehungen" und „irgend eine Behausungsmöglichkeit"[134] hatte. Wurde jemand in einem anderen Bezirksfürsorgeverband hilfsbedürftig, war dieser Fürsorgeverband des „tatsächlichen Aufenthalts" zur Fürsorge „vorläufig" verpflichtet, erhielt aber die Kosten durch den „endgültig" verpflichteten Fürsorgeverband des gewöhnlichen Aufenthalts ersetzt. War ein solcher gewöhnlicher Aufenthalt nicht vorhanden oder zu ermitteln, hatte der Landesfürsorgeverband die Kosten zu tragen, in dessen Bezirk sich der Betroffene zu Beginn seiner Hilfsbedürftigkeit befand. In jedem Falle sollten also Städte und Landkreise davor bewahrt werden, für vorübergehend Zugezogene die Fürsorgekosten tragen zu müssen.[135] Streitfälle zwischen einzelnen Fürsorgeverbänden regelten die Verwaltungsgerichte und in letzter Instanz das Bundesamt für Heimatwesen, dessen „kasuistische Rechtsprechung"[136] bis Ende der dreißiger Jahre 96 Bände füllte.[137]

Eine derartig komplizierte Regelung setzte voraus, daß die Bevölkerung überwiegend seßhaft war und Verwaltung und Geldverkehr reibungslos funktionierten. Das war bereits im Laufe des Krieges immer weniger der Fall, so daß die Reichsregierung sich um eine Vereinfachung bemühte.[138] Vor allem die „Dritte Verordnung zur Vereinfachung des Fürsorgerechts" vom 11. Mai 1943[139] veränderte das bisherige System gravierend, indem sie die Verpflichtung zum Kostenersatz zwischen den Fürsorgeverbänden für die Dauer des Krieges weitgehend aufhob und damit faktisch zum Prinzip des „tatsächlichen Aufenthalts" überging.[140] 1944 schließlich wurde die gesamte fürsorgerechtliche Rechtsprechung stillgelegt und die sogenannte außerordentliche Fürsorgelast bei der Anstaltsunterbringung Behinderter, Alkoholkranker u.ä. auf die jeweiligen Landesfürsorge-

---

[134] Muthesius, Grundlagen, S. 35.
[135] Darüber hinaus sah die RFV besondere Schutzmaßnahmen für Orte mit Anstalten (§§ 8,9 RFV) vor.
[136] Rundschreiben 1947, S. 7.
[137] Vgl. Muthesius, Grundlagen, S. 13.
[138] Bereits kurz nach Kriegsbeginn wurden die Befugnisse des Bundesamtes für das Heimatwesen auf das Reichsinnenministerium übertragen und auf wenige grundsätzliche Fälle beschränkt; das Bundesamt wurde aufgelöst; vgl. Verordnung zur Vereinfachung des Fürsorgerechts vom 7.10.1939, RGBl. 1939 I, S. 2002.
[139] RGBl. 1943 I, S. 301.
[140] Ausgenommen waren u.a. sog. Fälle von „Abschiebung" (wenn ein Hilfsbedürftiger statt der notwendigen Hilfe nur die Fahrkarte zur Reise in den nächsten Bezirksfürsorgeverband erhielt).

verbände mit dem Recht auf Kostenerstattung übertragen; da diese weitere Verordnung erst ab dem 1. April 1945 in Kraft trat, wurde sie jedoch nicht mehr überall durchgeführt.[141]

Mit dem Ende des Krieges kam auch der noch verbleibende Lastenausgleich zum Erliegen: Improvisierende örtliche Verwaltungen, zusammengebrochene Post- und Verkehrsverbindungen, das Chaos der hereinbrechenden Flüchtlingsströme, umherreisende Kriegsheimkehrer und wohnungslose Ausgebombte machten die Ermittlung eines „gewöhnlichen Aufenthalts" und eine individuelle Abrechnung obsolet, zumal viele der ursprünglich zuständigen Fürsorgeverbände in den Ostgebieten ohnehin nicht mehr vorhanden oder zu erreichen waren. Hinzu kam, daß die Besatzungsmächte jeglichen Erstattungsverkehr zwischen den Zonen verboten und die einzelnen Länder innerhalb der Westzonen untereinander ihn übergangsweise ebenfalls suspendierten, bis er Anfang 1947 allmählich zonenintern wieder in Gang kam.[142] In der sowjetischen Zone ruhten Ersatzansprüche der Fürsorgeverbände untereinander völlig und wurden 1947 auch förmlich abgeschafft.[143] Gleichzeitig erloschen damit auch alle Erstattungsansprüche gegenüber Fürsorgeverbänden anderer Zonen.

Doch auch in den Westzonen blieben ihrerseits die Vorschriften der Dritten Vereinfachungsverordnung bis auf weiteres eigentlich in Kraft.[144] Diese unklare Situation mußte diejenigen Bezirksfürsorgeverbände auf die Barrikaden rufen, die viele Flüchtlinge, Ausgebombte und Evakuierte aufgenommen hatten, also vor allem Landkreise, die nach Aufhebung von Räumungs- und Einsatzfamilienunterhalt nun gerne wenigstens gegenüber den in den Westzonen gelegenen Heimatstädten der Ausquartierten Ersatzansprüche geltend gemacht hätten, die vorher das Reich getragen hatte. Ähnlich schwierig war die Lage etwa für Orte, in denen Besatzungstruppen stationiert waren und deshalb offenbar Geschlechtskrankheiten gehäuft auftraten, für Kommunen mit Spezialkliniken oder für solche in Grenzgebieten, in die heimatlose Deutsche aus dem Ausland zurückkehrten. Sie alle empfanden die gegenwärtige Lastenverteilung angesichts zunächst ständig wachsender Fürsorgekosten weder als auf die Dauer finanzierbar noch gerecht.

Die meist stark zerstörten Großstädte sahen sich allerdings ebensowenig zur Übernahme weiterer Belastungen und deren administrativer Bewältigung in der Lage, zumal auch sie nun für Personen aufzukommen hatten, die ehemals von an-

---

141 „Vierte Verordnung zur Vereinfachung des Fürsorgerechts" vom 9.11.1944, RGBl. 1944 I, S. 323; vgl. NDV 28 (1948), S. 5.
142 Vgl. Rundschreiben 1947, S. 7; NDV 30 (1950), S. 257. Im Januar 1946 blockierte auch der Berliner Magistrat jeglichen Erstattungsverkehr mit auswärtigen Fürsorgeverbänden; vgl. NDV 32 (1952), S. 280.
143 Vgl. „Befehl Nr. 92 des Obersten Chefs der SMAD" vom 22.4.1947 nebst Anlage („Verordnung über Sozialfürsorge für die Bevölkerung in der sowjetischen Besatzungszone Deutschlands"), ZVOBl. 1947 Nr. 5, S. 54; „1. Durchführungsverordnung zur Verordnung über Sozialfürsorge vom 22.4.1947 gemäß Befehl Nr. 92 des Obersten Chefs der SMAD" vom 2.9.1947, ebenda, Nr. 19, S. 219.
144 Für ihre Aufhebung hätte es einer formellen Feststellung des Kriegsendes bedurft; vgl. Muthesius, Grundlagen, S. 115, Anm. 1.

deren Sozialleistungsträgern oder vom Reich unterstützt worden waren.[145] Eine Anpassung der Lastenausgleichsregelungen an die neue Situation, so ein im Auftrag des hessischen Wohlfahrtsministeriums von Polligkeit erstelltes DV-Gutachten vom Herbst 1946[146], sei daher nur möglich im Rahmen eines neu zu regelnden Finanzausgleichs innerhalb der Länder, in dem übergeordnete Träger, „gewissermaßen als Rechtsnachfolger des Reichs"[147], vorläufig die Lasten der Kriegsfolgenhilfe tragen würden, bis stabile Verhältnisse eine Dauerlösung ermöglichen würden. Das Gutachten, das dem Stuttgarter Wohlfahrtsausschuß unterbreitet wurde, forderte daher, daß das jeweilige Land für eine Übergangszeit die kriegsbedingten Fürsorgelasten übernehmen solle. Dabei wandte sich Polligkeit zwar explizit gegen einen Ausgleich über zweckgebundene Dotationen, wie er vor 1924 zwischen Reich und Gemeinden bestanden und Anlaß zu heftiger kommunaler Kritik gegeben hatte; ebenso lehnte er aber im Interesse einheitlicher Leistungsgewährung und gerechter Lastenverteilung einen Ausgleich über das Steueraufkommen ab, was kommunalen Wünschen sicher mehr entgegengekommen wäre.[148]

Die Ausgangslage für einen finanziellen Lastenausgleich war allerdings bis zur Gründung der Bundesrepublik denkbar schwierig, da bis zur Währungsreform die zunehmende Inflation die tatsächlichen Verhältnisse überdeckte, die finanzielle Situation der Kommunen unterschiedlich und die Finanzhoheit in den einzelnen Westzonen verschiedenartig geregelt war. Vor allem die reale Finanzlage der kriegszerstörten Kommunen war desolat, in vielen Landgemeinden hingegen bis zur Währungsreform scheinbar günstig, zumal sie mangels Material und Arbeitskräften auf Investitionen in ihre Infrastruktur verzichten mußten.[149] Die traditionelle Haupteinnahmequelle der Kommunen, die Grund- und Gewerbesteuern, war infolge der Kriegszerstörungen nur mehr wenig ergiebig. Daneben erhielten die Kommunen bald wieder Zuweisungen aus Reichs- bzw. Landesmitteln, allerdings nicht in Form eines geregelten, den tatsächlichen Erfordernissen entsprechenden Finanzausgleichs, sondern in den Ländern unterschiedlich und nur willkürlich und am ad hoc-Bedarf orientiert.[150]

---

[145] Frankfurt a.M. etwa hätte eigentlich im Frühherbst 1947 noch rund 22 000 auswärtig untergebrachte Evakuierte als endgültig verpflichteter Fürsorgeverband zu unterstützen; allein die dafür notwendige Verwaltungsarbeit hätte das städtische Sozialamt kaum bewältigen können; vgl. Sorg, Aufgaben, S. 50.
[146] Vgl. Rundschreiben 1946, S. 50f. Zur Verfasserschaft siehe Krug von Nidda, Polligkeit, S. 256.
[147] Polligkeit, Stand, S. 26.
[148] Vgl. Rundschreiben 1946, S. 51.
[149] Vgl. für die britische Zone Scherpenberg, Finanzwirtschaft, S. 120ff., 132ff., 168ff.; ferner allgemein Deutschland-Jahrbuch (1949), S. 55; Frank, Finanzen; Unruh, Lage, S. 75f.; für die Landkreise auf der Basis hessischer Daten vom Herbst 1948: Asemann, Landkreise. Als Gemeindeverbände hatten die Landkreise nur ein beschränktes Steuerrecht und finanzierten sich durch Zuweisungen des Landes und Umlagen der kreisangehörigen Gemeinden.
[150] Zum Finanzausgleichs-Problem in den Nachkriegsjahren vgl. Scherpenberg, Finanzwirtschaft, S. 142f., 166ff., 375ff.; Habermehl, Finanzausgleich, S. 713ff.; Voigt, Auswirkungen, S. 119ff.; Renzsch, Finanzverfassung, S. 22ff.; ferner Deutschland-Jahrbuch (1949), S. 55f. Zur Organisation der Finanzverwaltung in den drei Westzonen siehe Schweigert, Finanzverwaltung, S. 43ff.

2. Fürsorgepolitik im Zeichen des Wiederaufbaus

In der britischen Zone kontrollierte zunächst nur die Militärregierung die öffentlichen Finanzen, und die Gemeinden erhielten anfänglich entsprechend dem Ausgleichssystem von 1944 „erstarrte Zuschüsse" aus Reichsmitteln, die allerdings die neuen Belastungen kaum auffangen konnten, außerdem von Fall zu Fall vor allem für Fürsorgeausgaben[151] Zuschüsse oder Kreditgenehmigungen. Ende 1946 übertrug die Militärregierung u.a. die Durchführung des Länderfinanzausgleichs auf ein Zonenhaushaltsamt und die Aufkommenshoheit für eine Reihe bisheriger Reichssteuern auf die Länder, die gleichzeitig den Gemeindefinanzausgleich zu regeln hatten; nach Gründung der Bizone wurde den Ländern schließlich die Steuerverwaltungshoheit übertragen. In der amerikanischen wie in der französischen Zone hingegen übertrugen die Militärregierungen die Finanzhoheit von vornherein auf die Länder.[152] Doch auch hier kam es nicht zu einem systematischen Ausgleich und einer ausreichenden Ausstattung der Gemeinden mit einem eigenen Steueraufkommen.[153]

Statt dessen suchte man in den Ländern der Westzonen Übergangslösungen zumindest für das vordringliche Problem der Lastenverteilung bei der Kriegsfolgenhilfe. Nachdem Verständigungsversuche für länder- oder zonenübergreifende Regelungen gescheitert waren, veröffentlichte als erste die hessische Regierung im Mai 1946 eine eigene Verordnung, wonach u.a. sämtliche Kosten der öffentlichen Fürsorge für hilfsbedürftige Flüchtlinge den Kommunen durch das Land erstattet wurden.[154] Indem die Verordnung den Bezirksfürsorgeverband für zuständig erklärte, in dem sich ein solcher Flüchtling tatsächlich aufhielt, hob sie für diese Gruppe bereits die Unterscheidung zwischen vorläufiger und endgültiger Fürsorgepflicht auf und beschritt damit den von den Fürsorgefachleuten vorgeschlagenen, einzig realistischen Reformweg.[155] Für das Haushaltsjahr 1947 bezog ein Finanzausgleichsgesetz dann auch Evakuierte, Angehörige von Vermißten, Heimkehrer und Kriegsopfer mit ein; von den jeweiligen Fürsorgekosten trug das Land allerdings jetzt nur noch 85%, der unterstützende Bezirksfürsorgeverband 10% und der zuständige Landesfürsorgeverband 5%.[156] Das entsprach Grundsätzen, die der Gemeinsame Deutsche Finanzrat der Finanzminister der Bizone aufgestellt hatte: Die Landesfürsorgeverbände sollten mit ihrer Quote die Abrechnung

---

[151] Vgl. Scherpenberg, Finanzwirtschaft, S. 194.
[152] Vgl. Deutschland-Jahrbuch (1949), S. 72f.; Berlin vereinnahmte jetzt sämtliche Reichs- und Gemeindesteuern, hatte aber neben den Gemeinde- nun auch sämtliche Staatsaufgaben zu finanzieren.
[153] Vgl. Scherpenberg, Finanzwirtschaft, S. 387f. Mit Bildung der Bizone verbesserten sich die Chancen einer koordinierten Finanzpolitik insofern, als der Wirtschaftsrat für die Länder verbindliche Finanzgesetze erlassen konnte; vgl. auch Deutschland-Jahrbuch (1949), S. 73.
[154] „Verordnung zur Regelung des Flüchtlingsdienstes" vom 23.3.1946, GVBl. für Groß-Hessen Nr. 13 (10.5.1946), S. 111. Vgl. Rundschreiben 1946, S. 10ff.; Polligkeit, Stand, S. 24; Treibert, Aufgaben.
[155] Entsprechend die im Laufe des Jahres 1947 in der US-Zone erlassenen Flüchtlingsgesetze; vgl. NDV 27 (1947), S. 105f.; vgl. allgemein Brackmann/Drilling, Wohlfahrtspflege, S. 77f.
[156] „Gesetz zur Regelung des Finanzausgleichs für das Haushaltsjahr 1947" vom 1.8.1947, GVBl. für das Land Hessen 1947, S. 61; vgl. auch NDV 27 (1947), S. 84f.

der Kriegsfolgenhilfe übernehmen, die Bezirksfürsorgeverbände zu Sparsamkeit und nicht zuletzt zur schnelleren Integration der Flüchtlinge motiviert werden.[157] Während innerhalb der amerikanischen und der französischen Zone jeweils unterschiedliche Länderregelungen galten[158], wurde in der britischen Zone der Finanzausgleich für die Kriegsfolgenhilfe länderübergreifend einheitlich geregelt. Nachdem ab 1. April 1946 die Zonenverwaltung 75% der Lasten finanziert hatte (Länder 10%, Bezirksfürsorgeverbände 15%), übernahmen später die Länder jeweils 85% der Kosten der Kriegsfolgenhilfe und gaben den Bezirksfürsorgeverbänden auch für die verbleibenden 15% eine pauschale Finanzzuweisung.[159]

In der britischen Zone war damit der Weg frei für den Übergang zum Prinzip des tatsächlichen Aufenthalts im Fürsorgelastenausgleich. Polligkeit und andere machten dafür vor allem die bekannten praktischen Gründe geltend[160], doch die Geschäftsstelle des DV stellte Anfang 1947 auch grundsätzlichere Überlegungen an[161]: Die Abkehr vom Prinzip des „gewöhnlichen Aufenthalts" sei nur die logische Konsequenz aus der rechtlichen Entwicklung seit 1939. Vor allem bedeute er aber eine wesentliche Verwaltungsvereinfachung auch in normalen Zeiten, denn aufwendige Ermittlungen entfielen ebenso wie viele Rechtsstreitigkeiten und Geldtransaktionen. Darüber hinaus habe in der Vergangenheit die Einzelfall-Abrechnung dazu verleitet, die Kosten möglichst auf einen anderen Träger abzuwälzen: „Diesem Anreiz [...] unterlagen viele Fürsorgesachbearbeiter, manche darunter so stark, daß die Lastenverteilung ihnen wichtiger wurde als Art und Maß der Fürsorgegewährung." Tatsächlich aber hätten zahlreiche Fürsorgeverbände feststellen müssen, daß ihre Einnahmen aus und ihre Ausgaben für Erstattungen längerfristig einander aufgehoben hatten, und daher seinerzeit in Ostpreußen bereits auf die Durchführung der Lastenverteilung verzichtet.

Auch der Vorstand des DST sprach sich im Mai 1947 für einen – vorübergehenden – Übergang zum Prinzip des tatsächlichen Aufenthalts aus, vorausgesetzt, die Länder trügen die Kriegsfolgenhilfe.[162] Die Stadt- und Landkreise sollten allerdings quotenmäßig an den Kosten beteiligt bleiben: Zum einen sicherte dies gewisse kommunale Mitspracherechte, zum anderen konnte dadurch verhindert werden, daß einzelne Kommunen mit den Landesmitteln allzu freigiebig verfuhren und somit Präzedenzien auch für die reguläre Fürsorge entstanden. Wie das DV-Gutachten machten die Städtevertreter dabei deutlich, daß das geltende Fürsorgerecht zunächst unverändert beizubehalten und die geforderte Modifikation auf

---

[157] Vgl. Sorg, Aufgaben, S. 52.
[158] Vgl. Habermehl, Finanzausgleich, S. 725.
[159] Vgl. ebenda, S. 726; NDV 28 (1948), S. 4, ferner das Referat Moning auf der Hauptausschußtagung des DLT am 8./9.10.1948, in: Die Selbstverwaltung 2 (1948), S. 159. Daneben bestand in der britischen Zone bis zum 1.4.1949 ein gesonderter Evakuierten-Lastenausgleich, wonach Hamburg und Nordrhein-Westfalen Ausgleichszahlungen an Schleswig-Holstein und Niedersachsen entrichten mußten; vgl. Fürsorgerechtsvereinbarung, S. 40.
[160] Vgl. u.a. Polligkeit, Stand, S. 27; ders. in: Rundschreiben 1946, S. 22f., 37; Sorg, Aufgaben; Referat des Hamburger Senatsdirektors Völcker, in: NDV 28 (1948), S. 66.
[161] Vgl. Rundschreiben 1947, S. 7f.
[162] Vgl. NDV 27 (1947), S. 62.

dem Wege der freien Vereinbarung zwischen den Fürsorgeträgern zu bewerkstelligen sei. Die Neuregelung der Lastenverteilung sollte also kein Einfallstor für weitergehende Reformabsichten werden.

Tatsächlich hatte die Arbeitsgemeinschaft der Fürsorgedezernenten der britischen Zone im Herbst 1947 die Vorarbeiten für ein solches Übereinkommen beendet und beschloß am 18. September 1947 in Steinhude die sogenannte Fürsorgerechtsvereinbarung (FRV), die ab Oktober gelten sollte.[163] Kernpunkt war die weitgehende Abschaffung der individuellen Kostenerstattung der Bezirksfürsorgeverbände untereinander: „Jeder Hilfsbedürftige muß von dem Bezirksfürsorgeverband unterstützt werden, in dessen Bereich er sich befindet" (Ziff.1).[164] Ähnlich wie 1943/44 waren allerdings gewisse Ausnahmen vorgesehen, u.a. für Orte mit Fürsorge- oder Erziehungsanstalten, Kliniken etc. Damit sollte jedoch nicht nur eine ungerechte Belastung vor allem der Anstaltsorte vermieden werden, vielmehr werde „mit dieser Lösung einer späteren, unabweisbaren Gesamtreform des Fürsorgerechts nicht annähernd so stark vorgegriffen wie bei einer unterschiedslosen Beseitigung der vorläufigen und endgültigen Fürsorgepflicht"; es gelte, „das wenigstens formell noch bestehende einheitliche Fürsorgerecht nicht inhaltlich so zu verändern, daß bei einer künftigen Gesamtreform durch vorweggenommene grundlegende Änderungen die Erhaltung der Einheitlichkeit erschwert oder gefährdet werden könnte".[165] Für verbleibende Streitfälle war eine außergerichtliche Regelung durch regionale Spruchstellen vorgesehen.

Der entscheidende Fortschritt lag nicht in einer Änderung der realen finanziellen Verhältnisse der öffentlichen Fürsorgeträger. Wesentlich war vielmehr, daß die FRV die Lastenverteilung der Fürsorgeverbände untereinander erheblich vereinfachte und wieder „zu klaren Rechtsverhältnissen"[166] führte. Das war jedoch nur möglich dadurch, daß die Vereinbarung – anders als die Vereinfachungsverordnung von 1943 – in der britischen Zone in einen länderübergreifend vereinheitlichten Lastenausgleich für die Kriegsfolgenhilfe eingebettet war. So traten auch bis Ende 1947 fast alle Stadt-, vier Fünftel der Landkreise sowie alle Landesfürsorgeverbände dieser Zone der neuen Regelung bei, außerdem die der amerikanischen Zone angehörenden Stadtkreise Bremen und Bremerhaven.

Die ebenfalls von den Fürsorgeverbänden und dem DV gewünschte Verlagerung kostspieliger und überörtlicher Aufgaben auf die Landesfürsorgeverbände ließ sich wegen unterschiedlicher Länderregelungen vorerst nicht verwirklichen.[167] Vordringliches Nahziel blieb daher die Ausdehnung der FRV auch auf die süddeutschen Länder zumindest der US-Zone. Das wurde allerdings wegen der Unterschiedlichkeit der dortigen Regelungen der Kriegsfolgenhilfe erschwert; hinzu kam, daß die britische Militärregierung noch Anfang 1949 am Erstattungs-

---

[163] Vgl. NDV 28 (1948), S. 3ff. (FRV auszugsweise zitiert); NDV 29 (1949), S. 90; Sorg, Aufgaben, S. 50f. FRV in der Fassung vom 3.5.1949 in: Fürsorgerechtsvereinbarung.
[164] NDV 28 (1948), S. 4.
[165] Die Allgemeine Begründung ist abgedruckt in: Fürsorgerechtsvereinbarung, S. 5–7, hier S. 7.
[166] Vgl. Brackmann/Drilling, Wohlfahrtspflege, S. 18f.
[167] Vgl. NDV 28 (1948), S. 61ff.; 30 (1950), S. 158ff.

verbot gegenüber anderen Zonen festhielt.[168] Nachdem auch in Bayern die Kriegsfolgenhilfe zu 85% auf das Land übertragen worden war[169], übernahmen als erstes die dortigen Fürsorgeverbände zum 1. Oktober 1948 wenig geändert die Bestimmungen der FRV, allerdings nur für ihre Beziehungen untereinander und nicht für den Rechtsverkehr mit außerbayerischen Fürsorgeverbänden.[170] Im Mai 1949 berieten dann Fürsorgevertreter der britischen und der amerikanischen Zone in Weinheim/Bergstraße über eine künftige gemeinsame Vereinbarung. Ein unter Leitung des damaligen DST-Beigeordneten Hans Muthesius gegründeter „Weinheimer Arbeitskreis" befürwortete eine nur wenig geänderte Neufassung der FRV und erarbeitete ein Rahmenabkommen, wonach die neu gefaßte FRV von den Fürsorgeverbänden länder- und zonenübergreifend auf unbestimmte Zeit geschlossen und ab dem 1. Juli 1949 angewendet werden sollte.[171] Außerdem wurde den Fürsorgeverbänden der französischen Zone und West-Berlins der Beitritt ermöglicht, nicht jedoch denjenigen der sowjetischen Zone wegen des dortigen grundsätzlichen Erstattungsverbots.[172] Ursprünglich hatte der DLT heftigen Widerstand gegen die Einbeziehung der Evakuierten in die neue Ausgleichsregelung geleistet, doch mit der Verabschiedung des Grundgesetzes und der verfassungsmäßigen Überführung der Kriegsfolgelasten auf den Bund verlor das Evakuiertenproblem an finanziellem Gewicht.

Anfang 1950 waren bereits sämtliche Landes- sowie die weit überwiegende Zahl der Bezirksfürsorgeverbände der ehemaligen Bizone der FRV nebst Rahmenabkommen beigetreten.[173] Die Länder der französischen Zone hingegen hatten den Erstattungsverkehr im Laufe der Jahre ganz unterschiedlich geregelt und teilweise wieder auf die Weimarer Vorschriften zurückgegriffen, was zu erheblichen Komplikationen in den Beziehungen mit den anderen Ländern führte. Doch im Laufe des Jahres 1950 wurden auch die dortigen Fürsorgeverbände mit wenigen Ausnahmen einbezogen, so daß der DV im November melden konnte: „Das Ziel, [...] durch eine freiwillige Vereinbarung der Fürsorgeverbände das geltende Fürsorgerecht den veränderten Verhältnissen anzupassen und damit eine besonders dringende Teilreform des Fürsorgerechts vorwegzunehmen und in der Praxis zu erproben, ist nunmehr im wesentlichen erreicht."[174] Nachdem die Finanzbeziehungen zwischen Berlin und dem Bund geregelt worden waren, trat auch Berlin Ende Juni 1952 der FRV bei.[175] Die Vereinbarung blieb bis zur Verab-

---

[168] Vgl. NDV 29 (1949), S. 90.
[169] Vgl. Die Selbstverwaltung 4 (1950), S. 279.
[170] Vgl. auch für das Folgende, NDV 29 (1949), S. 89ff.; 125; Referat Schmerbeck, in: Die Selbstverwaltung 3 (1949), S. 253f.; Keese, 25 Jahre.
[171] Neufassung der FRV und Rahmenabkommen sind abgedruckt in: NDV 29 (1949), S. 125ff. (Berichtigung: S. 180). Zur Erläuterung siehe ausführlich Fürsorgerechtsvereinbarung.
[172] Mit dem Inkrafttreten der neuen FRV am 1.7.1949 wurde gleichzeitig der Erstattungsverkehr zwischen den Verbänden der britischen und der amerikanischen Zone wieder genehmigt; vgl. Otto, Fürsorge, S. 55.
[173] Vgl. NDV 30 (1950), S. 13f., 256f.
[174] Ebenda, S. 257.
[175] Vgl. NDV 32 (1952), S. 280. Das Saarland, das ab 1950 wieder uneingeschränkt zum Prinzip des gewöhnlichen Aufenthalts zurückgekehrt war und gleichzeitig den Erstat-

schiedung des BSHG unverändert bestehen; das BSHG übernahm dann die meisten ihrer materiellen Bestimmungen, bis die FRV 1965 schließlich mit dem Kernstück des schiedsgerichtlichen Verfahrens neu gefaßt wurde und am 1. Januar 1966 in Kraft trat.[176]

Der tatsächliche Aufenthalt konnte als Leitprinzip der fürsorgerechtlichen Lastenverteilung zu diesem Zeitpunkt allerdings nur durchgesetzt werden, weil parallel der Finanzausgleich der Kriegsfolgenhilfe auf Landes-, dann vor allem auf überzonaler Ebene geregelt wurde. Nach entsprechenden Vorarbeiten unter Leitung Polligkeits erarbeitete ein Arbeitsstab, dem er ebenfalls angehörte, im Auftrag der neuen Verwaltung für Finanzen des Vereinigten Wirtschaftsgebiets im Winter 1947/48 Vorschläge für einen interzonalen Lastenausgleich für die öffentliche Fürsorge: Danach sollten die Fürsorgeaufwendungen für Vertriebene, Zugewanderte aus der SBZ und aus Berlin sowie für Evakuierte ausgeglichen werden. Abgerechnet werden sollten Hilfen auf der Grundlage der RFV und von Sonderbestimmungen des Fürsorge- und Gesundheitswesens. Neben diesen Individualkosten sollten auch die allgemeinen Kosten für den Transport und die Unterbringung in Lagern erstattungsfähig sein.[177]

Strittig blieb hingegen, wie die Belastungen der Länder und damit ein Schlüssel für die Ausgleichszahlungen zu ermitteln seien, da der Ausschuß Zahlungen auf der Basis von Durchschnittssätzen favorisierte. Ein Gutachten des DV vom April 1948 sah schließlich Schleswig-Holstein, Niedersachsen, Bayern und Hessen als Empfänger, Nordrhein-Westfalen, Württemberg-Baden und die beiden Stadtstaaten als Zahler in einem künftigen Lastenausgleich vor. Während die Empfängerländer dem vorgeschlagenen Ausgleichsschlüssel wenige Tage vor der Währungsreform zustimmten, legten die Geberländer Protest ein und forderten die Berücksichtigung der Kosten für die Besatzung oder für Kohle- und Stahlsubventionen. Auch auf einer Sitzung der Länderfinanzminister Anfang Juli konnte keine Einigkeit erzielt werden. Dabei bestand gerade jetzt, kurz nach der Währungsreform, in den Augen führender Kommunalvertreter dringender Handlungsbedarf, rechnete man doch allerorten mit einem erheblichen Anstieg der Fürsorgekosten.[178]

---

tungsverkehr mit anderen Fürsorgeverbänden fast völlig unterbunden hatte, vgl. NDV 31 (1951), S. 212f., folgte schließlich zum 1.7.1957; vgl. Keese, 25 Jahre, S. 75.
[176] Vgl. Keese, 25 Jahre, S. 75f. Ergänzt wurde die FRV durch das „Kasseler Abkommen" vom 29.4.1952, abgedruckt in: NDV 32 (1952), S. 163f., einer Sondervereinbarung der Landesfürsorgeverbände, die zur finanziellen Entlastung von Orten mit Entbindungsanstalten die Zuständigkeiten modifizierte; ferner durch die „Bonner Vereinbarung" vom 2.9.1952 (Anlage zum RdSchr. des BMI vom 4.11.1952, GMBl. S. 305) und die „Freiburger Ergänzungsvereinbarung" vom 30.7.1953 (Anlage zum RdSchr. des BMI vom 19.2.1954, GMBl. S. 91), die zur Entlastung der Grenzfürsorgeverbände die Zuständigkeit für hilfsbedürftige Deutsche im Ausland bzw. Rückwanderer und Ausländer regelten.
[177] Zur Entwicklung der bizonalen Finanzverwaltung vgl. Schweigert, Finanzverwaltung, S. 93ff.; zum Fürsorgelastenausgleich Krug von Nidda, Polligkeit, S. 269ff.; NDV 28 (1948), S. 68, 123f.; 36 (1956), S. 149ff.
[178] Vgl. Blaum, Geldneuordnung, S. 94. Ferner einen Bericht Polligkeits für die amerikanische Militärregierung über die Auswirkungen der Währungsreform auf die deutsche Wohlfahrtspflege vom 9.7.1948, in: NDV 28 (1948), S. 116f.

Tatsächlich stieg ja im Laufe des Herbstes die Zahl der Fürsorgeempfänger vorübergehend wieder deutlich an, jetzt ergänzt um die neue Gruppe der „Währungsgeschädigten", während die z.T. beträchtlichen kommunalen Altgeldguthaben annulliert worden waren und vor allem die Landkreise trotz Erstausstattung bald erhebliche Haushaltsdefizite aufwiesen.[179] Allein in der Bizone kostete nur die offene Fürsorge für Empfänger der Kriegsfolgenhilfe in der Zeit von Oktober 1948 bis Ende März 1949 rund 376 Mio. DM.[180] Wollte man nicht länger hinnehmen, daß aufgrund der unterschiedlichen Steuerkraft und finanziellen Leistungsfähigkeit der Länder und ihrer Fürsorgeverbände letzten Endes die Hilfsbedürftigen unterschiedlich und oftmals nicht ausreichend unterstützt wurden, war ein länderübergreifender Ausgleich das Gebot der Stunde. Für das Rechnungsjahr 1948 einigten sich die Länder des Vereinigten Wirtschaftsgebiets auf eine – nur ungenügende – Finanzhilfe von knapp 87 Mio. DM zumindest für das leistungsschwächste Land, Schleswig-Holstein. Doch erst Anfang August 1949 kam es nach schwierigen Verhandlungen zu einem Gesetz des Wirtschaftsrates, das den horizontalen Länderausgleich der Kriegsfolgelasten für die erste Hälfte des Rechnungsjahres 1949 in der Bizone vorläufig regelte; für das zweite Halbjahr wurde auch Rheinland-Pfalz einbezogen.[181]

Eine Lösung in größerem Rahmen ermöglichte erst die Gründung der Bundesrepublik. Das Grundgesetz bestimmte in Art. 120 Abs. 1, daß der Bund neben den Aufwendungen für die Besatzungskosten auch „die sonstigen inneren und äußeren Kriegsfolgelasten nach näherer Bestimmung eines Bundesgesetzes" trug, und schuf damit die Voraussetzungen für einen vertikalen Ausgleich zwischen Bund und Ländern auch bei der Kriegsfolgenhilfe.[182] Erleichtert wurde diese Lastenübertragung auf den Bund dadurch, daß seit Herbst 1949 immer mehr Kriegsfolgenhilfeempfänger aus Abgaben finanzierte Leistungen nach dem neuen „Soforthilfegesetz" erhielten und aus der Fürsorge ausschieden.

An der praktischen Umsetzung des Art. 120 GG arbeitete Polligkeit nun wieder an prominenter Stelle mit: Unter seiner Leitung verfaßte ein „Arbeitsstab für Fragen der Kriegsfolgenhilfe"[183] im Auftrag des von den Ministerpräsidenten der Länder eingesetzten Ausschusses für den Finanzausgleich im Herbst 1949 einen

---

[179] Vgl. für Nordrhein-Westfalen: Die Selbstverwaltung 2 (1948), S. 158f.; für Hessen Asemann, Landkreise.
[180] Vgl. NDV 29 (1949), S. 202.
[181] „Gesetz zur vorläufigen Regelung der Kriegsfolgelasten im Rechnungsjahr 1949" vom 6.8.1949, WiGBl., S. 235, „Gesetz zur Regelung von Kriegsfolgelasten im 2. Rechnungshalbjahr 1949" vom 21.3.1950, BGBl. 1950, S. 43. Vgl. Deutschland-Jahrbuch 1953, S. 205; Voigt, Auswirkungen, S. 122; Renzsch, Finanzverfassung, S. 28ff., 33ff., 48ff.
[182] Außerdem ermächtigte Art. 106 Abs. 4 GG den Bund, mit Zustimmung des Bundesrates einen horizontalen Finanzausgleich zwischen den Ländern durchzuführen. Statt dessen bildeten die Länder jedoch einen eigenen Ausgleichsstock, aus dem nach einem bestimmten Schlüssel horizontale Ausgleichszahlungen zwischen den steuerstarken und den steuerschwachen Ländern geleistet wurden; vgl. Voigt, Auswirkungen, S. 134f.
[183] Stellvertretender Vorsitzender dieses aus rund zwanzig Fürsorge- und Finanzexperten bestehenden Gremiums war Hans Muthesius; zu den Mitgliedern gehörte außerdem u.a. der spätere Leiter der Sozialabteilung des Bundesinnenministeriums (BMI), Wilhelm Kitz; vgl. NDV 30 (1950), S. 57; Heisig, Armenpolitik, 1990, S. 551.

entsprechenden Richtlinienentwurf für das Rechnungsjahr 1950.[184] Auch jetzt ging es wieder darum, „das vielfältig verästelte und regional sehr differenzierte Gebiet der Kriegsfolgenhilfe so zu vereinheitlichen, daß der Gesamtkomplex der kriegsverursachten Fürsorgelasten als eine in sich geschlossene und eindeutig bestimmbare Lastengruppe aus den Länderhaushalten herausgelöst und auf den Bundeshaushalt übergeleitet werden konnte"[185].

Bei der Bestimmung des Personenkreises knüpfte der Entwurf an die Vorschläge des ehemaligen Arbeitsstabes der Finanzverwaltung an, erweiterte ihn jedoch um Ausländer und Staatenlose, die Angehörigen von Vermißten, sämtliche Kriegsheimkehrer, die Kriegsopfer beider Weltkriege und ihnen Gleichgestellte sowie die illegalen Grenzwanderer aus der SBZ/DDR. Dabei erwies sich die praktische Ermittlung der Kosten der individuellen Fürsorge abermals als problematisch. Nach den schlechten Erfahrungen mit Durchschnittssätzen empfahl der Entwurf, den Ländern und Kommunen die tatsächlichen Aufwendungen zu ersetzen, besonders da mittlerweile die Begriffsmerkmale der Fürsorgekosten für Buchungen und Statistik vereinheitlicht waren. Wie vom Finanzausschuß der Ministerpräsidentenkonferenz selbst vorgeschlagen, sollte der Bund nur 85% der Aufwendungen für die Kriegsfolgenhilfe übernehmen, so daß den Ländern eine „Interessenquote" von 15% verblieb, die sie ihrerseits wieder auf die Fürsorgeverbände umlegen konnten. Die quotenmäßige Beteiligung der Länder war notwendig, da bereits deutlich wurde, daß die dem Bund zugewiesenen Steuern zur Deckung der Ausgaben nicht genügten.[186] Außerdem sollte die „Interessenquote" den sparsamen Umgang mit den Bundesmitteln fördern.[187] Als zusätzliche Sicherung des Bundes gegen eine „unberechtigte Erhöhung der Richtsätze" durch einzelne Länder sah der Arbeitsstab ferner vor, daß „Richtsätze und Unterstützungsrichtlinien in der Kriegsfolgenhilfe keine anderen sein dürfen als in der allgemeinen Fürsorge"[188]. Erstattet werden sollten nur die gesetzlichen Pflichtleistungen nach den ortsüblichen Richtsätzen sowie Leistungen, die aufgrund von Sonderbestimmungen des Fürsorge- und Gesundheitswesens gewährt wurden, wie die Tuberkulosehilfe, die Geschlechtskrankenfürsorge und Leistungen für Kriegsblinde und Hirnverletzte. Mit dieser Bindung der Kriegsfolgenhilfe an Richtsätze und Leistungen der allgemeinen Fürsorge wollte der Arbeitsstab allen Bestrebungen nach einer Wiederbelebung der Gruppenfürsorge einen festen Riegel vorschieben und folgte damit der generellen Linie des DV und insbesondere Polligkeits.

---

[184] Vgl. NDV 30 (1950), S. 5ff.
[185] So der damals im Hauptreferat für Finanzen des Länderrats tätige und spätere Ministerialrat im Bundesfinanzministerium (BMF) Herbert Fischer-Menshausen in: NDV 31 (1951), S. 130.
[186] Vgl. NDV 34 (1954), S. 258.
[187] Vgl. auch Renzsch, Finanzverfassung, S. 75ff. Tatsächlich zog man mit den Interessenquoten letzten Endes die Konsequenzen aus den Erfahrungen nach dem Ersten Weltkrieg. Nach der Erzbergerschen Finanzreform von 1920 war das Dotationssystem für die Sonderfürsorgebereiche der Kriegs- und der Inflationsopfer vom Reichsarbeitsministerium und den kommunalen Spitzenverbänden u.a. deshalb heftig kritisiert worden, weil die Trennung von Aufgaben und Mittelverwendung allseits zu deren Verschwendung geführt habe; vgl. Sachße/Tennstedt, Geschichte, Bd. 2, S. 176f.
[188] Begründung zum Entwurf, in: NDV 30 (1950), S. 10.

Nachdem der Entwurf dem Bundesrat Anfang Januar 1950 übergeben worden war, bildete er die Grundlage für die vorläufigen Richtlinien des Bundesinnenministeriums und des Bundesministeriums der Finanzen über Kriegsfolgenhilfe vom 17. März 1950 (Abrechnungserlaß)[189] und später für die entsprechenden Teile des Ersten Überleitungsgesetzes vom 28. November 1950[190], das im Sinne des Art. 120 GG die Lasten der Kriegsfolgenhilfe sowie weitere Soziallasten und überregionale Aufgaben rückwirkend ab 1. April 1950 von den Ländern auf den Bund übertrug. Gleichzeitig flossen nun auch die meisten der bisher den Ländern zustehenden Verbrauchssteuern sowie die Umsatz- und die Beförderungssteuer dem Bund zu, die zusammen mit der „Interessenquote" der Länder die Ausgaben der Kriegsfolgenhilfe etc. ungefähr decken sollten.[191] Das Überleitungsgesetz folgte damit weitgehend den Vorschlägen des Arbeitsstabes, erhöhte allerdings die „Interessenquote" der Länder auf 25%. Da diese Quote auf die Gemeinden und Gemeindeverbände umgelegt werden durfte, führte das Erste Überleitungsgesetz für die Fürsorgeverbände gegenüber den bisherigen Länderregelungen nicht immer zu einer finanziellen Entlastung; außerdem benachteiligte das Quotensystem auch weiterhin die steuerschwachen Flüchtlingsländer. Die Kriegsfolgenhilfe-Regelungen wurden daher in den Folgejahren wiederholt auf Bundesebene geändert, verloren aber im Zuge des allgemeinen wirtschaftlichen Aufschwungs und infolge der Sozialgesetzgebung zugunsten der Vertriebenen, Kriegsopfer etc. allmählich ohnehin an Brisanz.

Neben der erhöhten Quote enthielt das Erste Überleitungsgesetz aus Ländersicht eine weitere Kautel, die um der finanziellen Entlastung willen hinzunehmen war: Änderungen des Landesrechts zur Kriegsfolgenhilfe waren künftig, „wenn sie von grundsätzlicher Bedeutung oder von erheblicher finanzieller Auswirkung für den Bund sind, [von] der Zustimmung der zuständigen Bundesorgane" (§ 4 Abs. 2) abhängig. Da für die Kriegsfolgenhilfe das allgemeine Fürsorgerecht maßgeblich war, könnten theoretisch also die Bundesministerien des Innern und der Finanzen ein gewichtiges Wort etwa bei Anrechnungsvorschriften oder Richtsätzen mitreden. „Die hohe finanzielle Beteiligung des Bundes an den Lasten der öffentlichen Fürsorge", kommentierte dann auch der DV-Nachrichtendienst im Januar 1951, „begründet eine Einflußnahme des Bundes auf die Handhabung der Fürsorge durch die Fürsorgeverbände, die im Bundesfürsorgerecht sonst nicht vorgesehen ist".[192] Die praktischen Auswirkungen dieser Vorschrift bedürften einer gesonderten Untersuchung. Aus Sicht der Bundesregierung vier Jahre später hatten sie jedenfalls die „Gefahr einer ungleichmäßigen und unwirtschaftlichen Verwendung der Bundesmittel" nicht bannen können.[193]

Aus Sicht der Verfechter des Fürsorgeprinzips bot das Erste Überleitungsgesetz nichtsdestoweniger neben dem unmittelbaren finanziellen einen zumindest systematischen Vorteil: Die Bundesfinanzierung der Kriegsfolgenhilfe garantierte vor-

---

[189] Vgl. ebenda, S. 57ff., 80.
[190] „Erstes Gesetz zur Überleitung von Lasten und Deckungsmitteln auf den Bund (Erstes Überleitungsgesetz)" vom 28.11.1950, BGBl. 1950, S. 773. Vgl. NDV 31 (1951), S. 2ff.
[191] Vgl. Deutschland-Jahrbuch (1953), S. 202.
[192] NDV 31 (1951), S. 3.
[193] Vgl. die Begründung der Bundesregierung u.a. zum Vierten Überleitungsgesetz, auszugsweise wiedergegeben in: NDV 32 (1952), S. 257ff., hier S. 259.

erst den Bestand der hergebrachten öffentlichen Fürsorge (als Einheitsfürsorge), indem sie deren Maßnahmen für eine neue Klientel finanzierte, ohne ihre rechtlichen und organisatorischen Grundlagen anzutasten oder ihre Ausführung zunächst detaillierter zu regeln.

Für die (Wieder-)Vereinheitlichung des Fürsorgerechts

Schon bald nach Kriegsende schufen die amerikanische und die britische Militärregierung fürsorgerechtliche Fakten, die für die weitere Entwicklung der Fürsorge von nachhaltiger Bedeutung sein sollten: Ohne das bisherige Recht förmlich aufzuheben, verboten sie, einem Kontrollratsbeschluß entsprechend, im August bzw. November 1945 die Anwendung der reichsrechtlichen Vorschriften über die gehobene Fürsorge. Formal unklar blieb zwar, ob damit nur die höheren Richtsätze verboten waren, wie es die britischen finanztechnischen Anweisungen nahelegten, oder auch weitergehende Privilegien und sozialfürsorgerische Maßnahmen, zumal die amerikanische Anordnung von „elimination of special assistance programs" sprach.[194] In der Praxis wurden die Vorschriften der RGr. über die gehobene Fürsorge vorerst offensichtlich kaum noch angewendet[195], so daß de facto die Einheitsfürsorge in den beiden Besatzungszonen weitgehend durchgesetzt war (Freibeträge für Renten durften in der britischen Zone allerdings weiter gelten). Parallel dazu wurden die Richtsätze auf britische Anordnung hin auf dem Stand vom 1. Oktober 1945 festgeschrieben und erst im Zuge der Bildung der Länderparlamente 1946/47 wieder freigegeben.[196] Innerhalb der französischen Zone war die Entwicklung unterschiedlich: Während in Teilen von Rheinland-Pfalz und im Kreis Lindau die Einheitsfürsorge eingeführt wurde, galten bis 1949 in Baden und Württemberg-Hohenzollern noch immer unterschiedliche Richtsätze für allgemeine und gehobene Fürsorge.[197] Im Saarland schließlich wurde die gehobene

---

[194] Die amerikanische Militärregierung hielt sich damit zunächst streng an die Vorgaben der bekannten Besatzungsdirektive JCS 1067 vom April 1945, die nur dazu ermächtigte, das Sozialrecht zu entnazifizieren und „to direct German authorities to maintain or re-establish nondiscriminatory systems of social insurance and poor relief" (Ziff. 25); Direktive abgedruckt in: Cornides/Volle, Frieden, S. 58–73, hier S. 66. Die genannte und die im nächsten Jahr folgenden Anordnungen wurden fast alle nicht veröffentlicht. Es handelte sich dabei um die Weisung des Hauptquartiers der amerikanischen Streitkräfte in Europa vom 4. 8. 1945 betr. die Kontrolle der deutschen öffentlichen Fürsorge- und Unterstützungspolitik (AG 091, 4 GEC – AGO), in der britischen Zone um die Finanztechnische Anweisung Nr. 54 vom 5. 11. 1945, die Finanztechnische Anweisung Nr. 70 vom 10. 4. 1946 (Abschriften von den deutschen Übersetzungen der amerikanischen bzw. britischen Anweisungen in: LAB, B Rep. 142-9, 1291) sowie die Verordnung Nr. 99 betr. Verbotene Ausgaben vom 15. 9. 1947, Ziff. 22 des Anhangs, Amtsblatt der Militärregierung Deutschland. Britisches Kontrollgebiet No. 21, S. 589. Vgl., auch für das Folgende, NDV 30 (1950), S. 255f. (Zitat ebenda, S. 256); Brackmann/Drilling, Wohlfahrtspflege, S. 25, 92. Vgl. ferner Willing, Vorgeschichte, S. 598ff.

[195] Vgl. Muthesius, Grundlagen, S. 17, 100; NDV 27 (1947), S. 73f.; Brackmann/Drilling, Wohlfahrtspflege, S. 92.

[196] Vgl. Finanztechnische Anweisung Nr. 54, LAB, B Rep. 142-9, 1291.

[197] Vgl. NDV 29 (1949), S. 6f. Im Herbst 1950 gab es auch in diesen Ländern die Einheitsfürsorge, vgl. NDV 30 (1950), S. 255.

Fürsorge durch die Landesregierung bereits Anfang 1948 auch formell abgeschafft.[198]

Die Sistierung der Gruppenfürsorge sollte primär Ausgaben vermindern; darüber hinaus schien die Privilegierung einzelner Gruppen den Grundsätzen eines demokratischen Neuaufbaus zu widersprechen[199], zumal die gehobene Fürsorge während der Zeit des Nationalsozialismus immer mehr zu „eine[r] Art Ehrensold für leistungs- und artbewußte ‚Volksgenossen'"[200] umfunktioniert worden war. Im Nachrichtendienst des DV wurde die alliierte Maßnahme als Erfüllung einer alten Forderung begrüßt[201] und als logische Konsequenz der realen Entwicklungen in ihrer Bedeutung öffentlich eher bagatellisiert.[202] Dabei bedeuteten diese Verbote langfristig eine sozialpolitische Richtungsänderung: Anders als während und nach dem Ersten Weltkrieg, als neue Gruppen von Hilfsbedürftigen durch neue, privilegierte Fürsorgebereiche in dieses Sicherungssystem integriert werden sollten, wurde jetzt eine fürsorgerische Sonderbehandlung gerade auch der neuen Gruppe der Flüchtlinge ausgeschlossen. Auch die fürsorgepolitischen Weichen waren damit letzten Endes – obwohl von den Verfechtern der Einheitsfürsorge so gar nicht gewollt – in Richtung einer Überführung dieser neuen Gruppen in andere Sicherungssysteme gestellt.[203]

Darüber hinaus gab es im Alliierten Kontrollrat im Herbst 1945 offensichtlich von sowjetischer Seite initiierte Pläne, im Rahmen des Umbaus des gesamten deutschen Sozialleistungssystems „eine Gesamtreform zur Vereinfachung und Vereinheitlichung des deutschen Fürsorgerechtes in die Wege zu leiten".[204] Daß

---

[198] Vgl. Zweite Anordnung über Ergänzung und Änderung fürsorgerechtlicher Vorschriften vom 2.3.1948, Amtsblatt des Saarlandes, S. 311; NDV 31 (1951), S. 212f.
[199] Zu den Motiven der Besatzungsmächte vgl. aus deutscher Sicht u.a. Jellinghaus, Betrachtungen zur Anwendbarkeit, S. 7; NDV 33 (1953), S. 255; Krug von Nidda, Polligkeit, S. 257.
[200] Sachße/Tennstedt, Geschichte, Bd. 3, S. 274.
[201] In den zwanziger Jahren hatte der DV unter Polligkeit die Gruppenfürsorge massiv bekämpft, allerdings nicht im Interesse einer nicht schichtenspezifischen Fürsorge, sondern um unter dem Banner des Individualprinzips den kommunalen Trägern ihre Gestaltungsmacht bei der individuellen Fürsorgebemessung zu erhalten; vgl. Leibfried, Existenzminimum, S. 497ff.; Sachße/Tennstedt, Geschichte, Bd. 2, S. 173f.
[202] Vgl. u.a. Rundschreiben 1946, S. 4f.; NDV 33 (1953), S. 255. In NDV 28 (1948), S. 196f., wurde darauf verwiesen, daß die meisten Fürsorgeempfänger gegenwärtig entweder zur alten Gruppe der gehobenen Fürsorge oder zu neuen Betroffenengruppen gehörten, also alle nach den Grundsätzen der gehobenen Fürsorge betreut werden müßten und eine fürsorgerische Gruppenbildung von daher ohnehin obsolet sei.
[203] Vgl. dazu generell Hockerts, Vorsorge.
[204] Rundschreiben 1946, S. 51. Eine detailliertere Rekonstruktion alliierter Vorhaben und deutscher Reaktionen liegt bisher leider nicht vor. Vgl. den Überblick bei Willing, Vorgeschichte, S. 610f.; ferner Heisig, Armenpolitik, 1995, S. 30ff., dem Willing, Vorgeschichte, S. 609, Anm. 113, allerdings Recherchefehler nachweist. Heisig hat zwar einschlägige Aktenbestände des Bundesarchivs Koblenz benutzt, benennt seine Quellen aber nur summarisch, verschweigt bedauerlicherweise u.a. den Inhalt des Kontrollratsplans und bewegt sich in einem schematisierenden Interpretationsrahmen, wonach ein deutscher „Fürsorgekomplex" der „Bedrohung" alliierter Reformpläne „von oben" durch Reformen „von unten" beggnen wollte, so daß seine Darstellung insgesamt wenig befriedigt.

die Wiederherstellung bzw. Sicherung der Rechtseinheit ein Gebot der Stunde war, meinten auch deutsche Fürsorgepolitiker, war dies doch unabdingbare Voraussetzung für einen funktionierenden Ausgleich der Kriegsfolgelasten. Darüber hinaus herrschte auch bei der Fürsorge erhebliche Rechtsunsicherheit, hervorgerufen durch das Nebeneinander alter und neuer Rechtssetzungsinstanzen, die unterschiedlichen Vorgaben der Besatzungsmächte, durch Zonen- und neue Ländergrenzen[205] und auch durch die Unklarheit darüber, welche Bestandteile des alten, während der NS-Zeit durch zahlreiche Sonderbegünstigungen ergänzten Rechts noch weiter galten, und welche nicht. Ein rechtlich und regional kleinteiliges soziales Sicherungssystem wie die öffentliche Fürsorge mußte in einer Zeit starker Wanderungsbewegungen eine mögliche Rechtszersplitterung umso empfindlicher treffen.

Einheitliche Trägerschaft und klare örtliche Zuständigkeit, wurde argumentiert, bildeten die Grundlage nicht nur für die Sicherung der finanziellen Leistungsfähigkeit der Fürsorgeverbände, sondern auch dafür, daß der Flüchtling, Kriegsheimkehrer oder umherwandernde Jugendliche überall vor Ort die notwendige Hilfe auch tatsächlich erhielt. Diese Hilfe müßte überall in Zielsetzung, Form und Umfang die gleiche, das materielle Fürsorgerecht also prinzipiell einheitlich sein, da ein untragbares Leistungsgefälle sozial ungerecht sei und „wohl auch eine neue ständige Wanderungsbewegung unter der Bevölkerung und damit auch eine Minderung ihrer Arbeitswilligkeit auslösen könnte"[206]. Eine solche Argumentation mußte auch zunächst widerstrebende Kommunalpolitiker auf die Seite der Verteidiger eines überregional einheitlichen Fürsorgerechts ziehen. Wie allerdings diese Einheitlichkeit zu erreichen sei, darüber herrschten zwischen Militärregierungen und deutschen Fürsorgefachleuten zunächst offensichtlich unterschiedliche Ansichten, wenn auch alle Seiten an möglichst geringen Fürsorgekosten interessiert waren.[207]

Angesichts der späteren Entwicklung in der SBZ zielten die sowjetischen Pläne im Kontrollrat vermutlich auf einen Abbau individualisierender, vorbeugender und nachgehender Hilfen sowie auf eine zentrale Steuerung der Fürsorge zu Lasten der Städte und Landkreise.[208] Das mußte, zumal nach den Erfahrungen unter dem Nationalsozialismus, auf westdeutscher Seite die Verfechter der kommunalen Selbstverwaltungsrechte und des fürsorgerischen Individualprinzips auf den Plan rufen, die allemal im neu formierten DV zusammentrafen. Nachdem im Kontroll-

---

[205] Im neuen Land Hessen etwa galt für einen Teil des Landes das preußische Ausführungsgesetz zur RFV, in dem anderen das Landesrecht des ehemaligen Freistaates Hessen; vgl. Rundschreiben 1946, S. 49f.
[206] Sorg, Aufgaben, S. 50. Vgl. Rundschreiben 1946, S. 37; Polligkeit u.a. in der ersten Nachkriegsausgabe des NDV, Rundschreiben 1946, S. 2; Entschließung des Deutschen Fürsorgetags vom 16. 6. 1947, in: NDV 27 (1947), S. 62.
[207] Vgl. Willing, Vorgeschichte, S. 617f.
[208] Nach Einführung einer eigenen Sozialfürsorge in der SBZ im Frühling 1947 sei, so der DV-Referent Krug von Nidda, „russischerseits" vorgeschlagen worden, die Regelung der SBZ auf die drei übrigen Besatzungszonen und Berlin auszudehnen; vgl. Krug von Nidda, „Vorschläge zu einer Fürsorgerechtsreform" vom 30. 9. 1947. Ms., LAB, B Rep. 142-9, 1282. Vgl. auch Lehmann, Sozialversicherung, S. V.

rat offensichtlich die Fürsorgereformpläne aufgrund des Desinteresses der westlichen Besatzungsmächte nach einem Jahr noch keine nennenswerten Fortschritte gemacht hatten, bat im Oktober 1946 schließlich der Vertreter der amerikanischen Militärregierung im Wohlfahrtsausschuß des Zonenbeirats um Reformvorschläge von deutscher Seite.[209] Ein daraufhin im Auftrag des hessischen Wohlfahrtsministeriums erstelltes Gutachten Polligkeits befürwortete nur kleinere Änderungen zur Anpassung an aktuelle Bedürfnisse.[210] Dies war möglich, da das Weimarer Fürsorgerecht die Zeit des Nationalsozialismus formal weitgehend unverändert überstanden hatte und Amerikaner und Briten nicht nur das RJWG in seiner ursprünglichen Fassung für anwendbar erklärten, sondern sogar das Gesetz über den öffentlichen Gesundheitsdienst von 1934 bestehen ließen. Eine Gesamtreform der RFV und der RGr., so Polligkeits Gutachten, sei zur Zeit aufgrund der ungeklärten wirtschaftlichen, finanziellen und staatsrechtlichen Lage Deutschlands weder möglich noch nötig. Das wichtigste Problem, die Sicherung der finanziellen Leistungsfähigkeit der Fürsorgeträger, könne für eine Übergangszeit auch jeweils in den Ländern geregelt werden. Für die im Interesse der Rechtseinheit „unbedingt notwendigen Änderungen des Fürsorgerechts" genüge eine „Teilreform": Die Einheitsfürsorge sollte allgemein verbindlich werden und ausschließlich auf Grundlage der RFV und deren Ausführungsbestimmungen durchgeführt werden.[211] Die Richtsätze sollten im Rahmen der kommunalen Selbstverwaltung von den Bezirksfürsorgeverbänden festgesetzt werden und sich für zusammenhängende Wirtschaftsgebiete an Richtlinien der obersten Landesbehörden orientieren; damit wandte sich Polligkeit gegen die Bestrebungen zahlreicher Länder, die Kontrolle der Richtsätze wieder stärker an sich zu ziehen. Die Neufassung der RGr. und ihre Eingliederung in die RFV müsse einer späteren Gesamtreform vorbehalten werden; die Bestimmungen zur „gehobenen Fürsorge" seien aber schon jetzt außer Kraft zu setzen. Unbedingt aufrechtzuerhalten seien hingegen die Prinzipien der Individualisierung und der Nachrangigkeit der Fürsorgeleistungen. Außerdem müßten neben der Methode der Familienfürsorge „unter den Wirkungen der Kriegsfolgen als volkswichtig zu bezeichnende Aufgaben"[212] ergänzend festgeschrieben werden: verstärkte Arbeitsfürsorge für Körperbehinderte, Erziehung und Erwerbsbefähigung Minderjähriger und Mitwirkung bei der aufbauenden Gesundheitsfürsorge. Durchgesetzt werden sollte die Reform aber nicht über ein Kontrollratsgesetz, sondern durch Vereinbarungen der Länder über gleichgerichtete Gesetze. Polligkeits Begründung, für ein Kontrollratsgesetz sei es zu früh, erscheint etwas bemüht angesichts der virulenten Schwierigkeiten, die Ländergesetzgebung zu koordinieren.[213] Noch am 7. Mai 1946 hatte der Länderrat einem

---

[209] Vgl. Willing, Vorgeschichte, S. 610.
[210] Gutachten auszugsweise veröffentlicht in: Rundschreiben 1946, S. 49ff.; vgl. auch Willing, Vorgeschichte, S. 606.
[211] Hier versuchte Polligkeit, das alte DV-Ziel formalrechtlich festzuzurren, indem er u.a. behauptete, die Aufzählung einzelner Hilfsbedürftigengruppen in § 1 RFV sei nur aus formalen Gründen erklärlich, und deren weitergehende Implikationen verschwieg; vgl. Rundschreiben 1946, S. 50.
[212] Ebenda, S. 51.
[213] So selbst ein ungezeichneter Artikel ebenda, S. 37; ferner Sorg, Aufgaben, S. 52.

Antrag des Sozialpolitischen Ausschusses, in den drei Ländern der US-Zone das Fürsorgewesen einheitlich zu regeln, nur in stark abgeschwächter Form zugestimmt.[214] Polligkeit ging es jedoch vermutlich vielmehr darum, den Einfluß der deutschen Seite (und nicht zuletzt den eigenen) zu maximieren und einen möglicherweise von den sowjetischen Vorstellungen stark beeinflußten alliierten Oktroi zu verhindern.[215] Der DV-Vorsitzende bediente sich der gleichen Argumentation wie die Gegner der alliierten Reformpläne für die Sozial*versicherung*, was wenig überrascht, da Polligkeit selbst an einflußreicher Stelle zu deren Gruppe zählte.[216]

Eine gemeinsame Reform durch den Kontrollrat schien ohnehin aus deutscher Sicht seit dem Frühling 1947 obsolet, denn drei Monate nach ihrem Alleingang bei der Sozialversicherung beschritt die sowjetische Militärverwaltung in enger Zusammenarbeit mit der Deutschen Verwaltung für Arbeit und Sozialfürsorge (DVAS) auch in der komplementären öffentlichen Fürsorge eigene Wege[217]: Im Mai 1947 wurden RFV und RGr. formell aufgehoben und durch unmittelbar verbindliches Zonenrecht über „Sozialfürsorge" ersetzt, dessen Modalitäten eine Verordnung vom September des gleichen Jahres genauer regelte.[218] Ziel, so die offizielle Begründung der DVAS, sei es, „statt des Gestrüpps der bisherigen unzähligen Bestimmungen [...] eine klare zeitgemäße Regelung zu schaffen"[219]. Das neue Recht knüpfte mit dem Grundsatz der Nachrangigkeit der Fürsorge sowie materiellrechtlich noch eng an das bisherige Recht an, beschnitt aber bereits deutlich die Kompetenzen der Länder und vor allem der Kommunen und begründete damit eine stärkere systemkonforme Zentralisierung und Standardisierung der Fürsorge.[220]

---

214 Vgl. Tagung des Länderrats am 7. 5. 1946, in: Akten zur Vorgeschichte, Bd. 1, S. 491 f.
215 Polligkeit erklärte auch öffentlich vor dem Deutschen Fürsorgetag 1947, bei einem Kontrollratsgesetz sei „es oft nicht leicht [...], die deutschen Belange [...] ausreichend zur Geltung zu bringen", Kriegsfolgenhilfe, S. 21.
216 Polligkeit war einer von fünf Sachverständigen, die im Oktober 1946 in einem Gutachten für die drei Ministerpräsidenten der US-Zone eine umfassende Reform der Sozialversicherung für verfrüht erklärten und für eine weitgehende Beibehaltung des bisherigen Systems plädierten; dazu wie zu den von anderen Gegnern der Sozialversicherungsreform angeführten Gründen vgl. Hockerts, Entscheidungen, S. 55 ff.
217 Vermutlich war das ebensowenig wie im Falle der Sozialversicherung eine Mißachtung der bisherigen Kontrollratsverhandlungen, sondern der Versuch, durch ein *fait accompli* die gemeinsame Verabschiedung der Beratungsergebnisse zu forcieren; vgl. ebenda, S. 67 f.; Hoffmann, Neuordnung, S. 69.
218 Vgl. Befehl Nr. 92 des Obersten Chefs der SMAD vom 22. 4. 1947, mit dem die „Verordnung über Sozialfürsorge für die Bevölkerung in der sowjetischen Besatzungszone Deutschlands" der DVAS zum 15. 5. 1947 in Kraft gesetzt wurde, ZVOBl. 1947, Nr. 5, S. 54; ferner die „1. Durchführungsverordnung zur Verordnung über Sozialfürsorge vom 22. 4. 1947 gemäß Befehl Nr. 92 des Obersten Chefs der SMAD" der DVAS vom 2. 9. 1947, ZVOBl. 1947, Nr. 19, S. 219. Vgl. auch allgemein Hoffmann, Neuordnung, S. 161 ff.
219 Zitiert in: NDV 27 (1947), S. 72.
220 Vgl. ebenda, S. 71 ff.; 28 (1948), S. 20 ff.; Boldorf, Sozialfürsorge in der SBZ/DDR und ders., Sozialfürsorge in der SBZ; zur weiteren Entwicklung Rudloff, Fürsorge, S. 201 ff. Träger der Sozialfürsorge blieben die Stadt- und Landkreise bzw. die Länder, wobei die fürsorgerechtliche Lastenzuständigkeit erheblich vereinfacht wurde. Eine wesentliche Neuerung betraf die Richtsätze: Richtlinien der DVAS legten im September 1947 neue,

Einerseits stärkte das neue Recht die Stellung des Hilfsbedürftigen, indem prinzipiell ein Rechtsanspruch auf Fürsorge eingeräumt, die Rückzahlungspflicht abgeschafft und die Heranziehung Unterhaltspflichtiger abgemildert wurde; andererseits wurde der Zwang zum Einsatz der eigenen Arbeitskraft erheblich verschärft. Darüber hinaus spiegelte schon diese frühe Variante der Sozialfürsorge die neuen ideologischen Gegebenheiten, wenn ehemalige „Führer und aktive[n] Mitglieder der NSDAP und ihrer Gliederungen, ehemalige[n] Militaristen, Junker, Inhaber von Konzernen, Trusts und anderen Arten von Monopolen, sowie Personen, deren Vermögen nach dem 8. Mai 1945 infolge verbrecherischer faschistischer Tätigkeit beschlagnahmt worden ist", von der Sozialfürsorge ausgeschlossen wurden.[221] Fürsorgerechtliches Pendant dieser Regelung war eine neue „gehobene" Fürsorge, die für (anerkannte!) „Opfer des Faschismus" höhere Richtsätze und bevorzugte Behandlung vorsah.

Hatte der Kommentator im Nachrichtendienst des DV im Februar 1948 noch gemeint, für die neuen Regelungen hätten RFV und RGr. nur modifiziert, nicht aber aufgehoben werden müssen, so wurde spätestens im September des gleichen Jahres deutlich, daß das neue Zonenrecht auf eine rigidere Handhabung und zentralisierte Regelung der Fürsorge im Dienste der Arbeitskräftebeschaffung zielte: Eine Anordnung der Deutschen Wirtschaftskommission verschärfte u.a. die Voraussetzungen für Hilfsbedürftigkeit, beschränkte die vorbeugende Hilfe auf Maßnahmen zur Erwerbsbefähigung und definierte eine Höchstgrenze für tatsächlich gezahlte Unterstützungen.[222] Für kommunale Willkür bei der Unterstützungsbemessung blieb in der SBZ damit kaum noch Raum, für kommunale Innovation und vertiefte individuelle Hilfeleistung allerdings auch nicht. Die Entwicklung der öffentlichen Fürsorge in der SBZ und frühen DDR entsprach damit der zentralistischen Umgestaltung des gesamten politischen Systems, die 1952/53 schließlich die letzten Residuen kommunaler Selbstverwaltung ausschaltete.[223]

Während somit in der sowjetischen Besatzungszone seit dem Frühling 1947 die Rechtseinheit auf der Basis eines vereinfachten, auf dem Verwaltungswege erlassenen Fürsorgerechts wiederhergestellt war, plädierten westdeutsche Fürsorgevertreter weiterhin fast gebetsmühlenartig dafür, den Status quo wenigstens in den drei westlichen Besatzungszonen beizubehalten und nötige Modifikationen in (west-)deutscher Eigenregie über Länderkoordination durchzuführen, wie es dann allerdings nur im Falle der Fürsorgerechtsvereinbarung auch wirklich funk-

---

höhere und zoneneinheitliche Richtsätze fest, definierten deren Höchstgrenze und Zusammensetzung und erreichten so eine weitgehende Standardisierung, wenn auch auf niedrigem Niveau; vgl. „Richtlinien für die Bemessung der Barleistungen für den Lebensunterhalt eines Hilfsbedürftigen" vom 2.9.1947, ZVOBl. 1947, Nr. 19.

[221] Verordnung über Sozialfürsorge vom 2.9.1947, Ziffer 2.

[222] „Anordnung zur Durchführung der Verordnung über Sozialfürsorge und des SMAD-Befehls Nr. 92/1947" der Deutschen Wirtschaftskommission für die sowjetische Besatzungszone vom 21.9.1948 mit „Richtlinien für die Bemessung der Barleistung für den Lebensunterhalt eines Hilfsbedürftigen" vom 8.10.1948, ZVOBl. 1948 Nr. 45, S. 469, 500. Vgl. ferner NDV 29 (1949), S. 66f.

[223] Vgl. Ritter, Über Deutschland, S. 139.

tionierte.[224] Es ist anzunehmen, daß ähnlich wie bei der Sozialversicherung[225] die amerikanische und die britische Militärregierung schließlich die Regelung dieser komplizierten sozialpolitischen Materie gerne künftigen deutschen Stellen überließen und im Zuge des sich verschärfenden Ost-West-Konflikts eher gewillt waren, auf die vorherrschende westdeutsche Meinung Rücksicht zu nehmen. Vor allem Polligkeits Festhalten an den Weimarer Fürsorgegesetzen entsprang aber mit Sicherheit nicht nur einer Abwehrhaltung gegen alliierte Reformabsichten; vielmehr ging es ihm auch um eine Wahrung des seinerzeit erreichten einheitlichen Niveaus der Fürsorge und der Leistungsfähigkeit ihrer Träger, die es nicht zuletzt gegenüber kommunalen Selbständigkeitsbestrebungen oder finanziell überforderten Flüchtlingsländern zu bewahren galt. Nur auf der Basis eines einheitlichen Fürsorgerechts, mahnte der DV-Vorsitzende, sei die „Überwindung der deutschen Volksnot" möglich, für die das gesamte deutsche Volk die Verantwortung übernehmen müsse[226]; das hieß im Klartext: Wer einen wirksamen Lastenausgleich der Kriegsfolgenhilfe wolle, müsse ein Interesse an einem einheitlichen Fürsorgerecht tragen und auf lokale Eigenmächtigkeiten oder Länder- und Gruppenegoismen verzichten.

Noch aber waren die institutionellen Voraussetzungen für eine auch nur bizonale einheitliche Änderung des Fürsorgerechts kaum gegeben, verfügte der neue Wirtschaftsrat in Frankfurt doch über keinerlei diesbezügliche Kompetenzen. Neun Tage vor der Konstituierung der Bizonen-Legislative forderte daher der erste reguläre Nachkriegs-Fürsorgetag am 16. Juni 1947 für den Wirtschaftsrat auch die Gesetzgebungsbefugnis für die Sozial- und Fürsorgepolitik.[227] Die von den Fürsorgespezialisten im DV und den kommunalen Spitzenverbänden in den folgenden Monaten immer wieder erhobene Forderung nach einer zentralen Regelungsinstanz[228] entsprach durchaus der Logik der deutschen Fürsorgegeschichte, in der die Weimarer Verfassung dem Reich für Armenwesen und Wohlfahrtspflege Gesetzgebungskompetenzen zugestanden und damit eine reichsweit einheitlich konzipierte Unterstützungspflicht und die Schaffung leistungsfähiger Fürsorgeverbände ermöglicht hatte. Doch während die Amerikaner und Briten im Laufe des Jahres 1948 auf dem Gebiet der Sozialversicherung und des Arbeitsrechts deutschem Drängen nachgaben, dem Parlamentarischen Rat entsprechende Kompetenzen übertrugen und eine eigene bizonale Verwaltung für Arbeit errichteten[229], blieb die Regelung des Fürsorgewesens ausschließlich Ländersache und eine Koordination damit außerordentlich schwierig.

Parallel zu den Bemühungen um die Wahrung der Rechtseinheit arbeiteten Länderministerien einerseits, die DV-Führung und die kommunalen Spitzenverbände

---

[224] Vgl. entsprechende Entschließungen des DST-Vorstands vom 17. 5. 1947 und des Deutschen Fürsorgetages vom 16. 6. 1947, NDV 27 (1947), S. 62, der neuen Arbeitsgemeinschaft der LFV der Bizone von 29./30. 8. 1947, ebenda, S. 82, und des Vorstands des Hessischen Gemeindetags vom 1. 9. 1947, Die Selbstverwaltung 1 (1947), S. 45.
[225] Vgl. Hockerts, Entscheidungen, S. 79ff.
[226] Polligkeit, Fürsorgerecht, S. 26f.
[227] Vgl. NDV 27 (1947), S. 62.
[228] Vgl. ebenda, S. 101; 28 (1948), S. 62, 68f.
[229] Vgl. Hockerts, Entscheidungen, S. 107ff.

andererseits an einer zumindest regionalen Angleichung der Richtsätze, denn nach Kriegsende hatten die Kommunen deren Festsetzung gerne wieder in eigene Regie übernommen, zahlten in vergleichbaren Fällen zum Teil sehr unterschiedliche Unterstützungen und unterliefen so das mit dem Richtsatzerlaß von 1941 erreichte national vereinheitlichte Mindestniveau.[230] Mit der weitgehenden Übernahme der Kriegsfolgenhilfelasten, die ja auf den Fürsorgerichtsätzen basierten, verstärkte sich aber anders als Mitte der zwanziger Jahre nun auch das Interesse der Länder an deren einheitlicher Gestaltung, und die meisten Sozialministerien erließen seit 1946/47 entsprechende Richtlinien. Eine solche Rückkehr zu zentraler Regulierung widersprach zwar kommunalpolitischer Tradition[231]; nichtsdestoweniger beteiligten sich die kommunalen Spitzenverbände wiederholt an der Ausarbeitung solcher Länderrichtlinien, zumal die Richtsätze schon im Interesse der Länder selbst eher knapp bemessen waren und die Vorgaben den kommunalen Trägern in der Regel „einen ausreichenden Spielraum"[232] ließen, so daß ihr Zustandekommen von der DV-Führung „im Interesse der Hilfsbedürftigen und vom Standpunkt des Finanzausgleichs"[233] begrüßt wurde. Mit solchen regionalen Richtlinien hofften führende DV- und Kommunalvertreter, die Richtsätze im Interesse „sparsame[r] Bewirtschaftung der Fürsorgemittel" möglichst „einer unsachlichen Beeinflussung politischer Stellen"[234] auf lokaler Ebene entziehen zu können und zu verhindern, „daß die Kreise ihre Richtsätze gegenseitig in die Höhe treiben"[235]. Gleichzeitig konnten auf diese Weise „schwarze Schafe" unter den Kreisen und Städten zu verbesserten Leistungen verpflichtet und damit parlamentarischer Kritik der Wind aus den Segeln genommen werden. Und nicht zuletzt waren solche einheitlichen Richtsatzvorgaben dazu geeignet, Wünschen nach gruppenfürsorgerischer Sonderbehandlung auch in der Praxis leichter zu begegnen.

Auf den erwähnten hessischen Richtsatz-Erlaß vom Februar 1946 folgte ein Erlaß des nordrhein-westfälischen Sozialministers vom Mai 1947, der höhere Mindest- und Höchstrichtsätze vorschrieb, und Niedersachsen und Schleswig-Holstein erließen bald ebenfalls entsprechende Regelungen.[236] In Bayern hatte das Innenministerium im April 1947 in einer allgemeinen Anweisung Mindestrichtsätze empfohlen, die Festsetzung höherer Sätze aber weiterhin den Bezirksfürsorgeverbänden überlassen.[237] Im Sommer 1947 forderte der Sozialpolitische Aus-

---

[230] Vgl. Heisig, Armenpolitik, 1995, S. 33ff.
[231] Zur Opposition der kommunalen Spitzenverbände, unterstützt vom DV, gegen den zunächst nur formalen Richtsatzzwang 1926 vgl. Leibfried, Existenzminimum, passim; Sachße/Tennstedt, Geschichte, Bd. 2, S. 179ff.; zum Widerstand gegen den Richtsatzerlaß von 1941 vgl. Leibfried u.a., Geteilte Erde?, passim.
[232] NDV 27 (1947), S. 121.
[233] Ebenda, S. 125.
[234] Ebenda, S. 122.
[235] So der Landkreisverband Bayern, NDV 29 (1949), S. 250. Tatsächlich waren es nicht selten die unmittelbar betroffenen Kreisdirektoren oder Landräte selbst, die eine Erhöhung der Richtsätze forderten, da sonst nicht einmal die auf den Lebensmittelkarten vorgesehenen Rationen erworben werden könnten. Beispiele aus Nordrhein-Westfalen zitiert bei Heisig, Armenpolitik, 1995, S. 37f.
[236] Vgl. zu den Details auch NDV 27 (1947), S. 121ff.; 29 (1949), S. 6f.
[237] Vgl. NDV 27 (1947), S. 73.

schuß des Zonenbeirats der britischen Zone sogar länder- und zonenübergreifende Richtsätze, da nur so ein einheitliches Vorgehen gegenüber den Besatzungsmächten und ein angemessener Lastenausgleich möglich seien.[238] Von diesem Ziel war man jedoch auch Ende 1948 noch deutlich entfernt: So betrug der Richtsatz für einen Familienvater in Hamburg 40 DM, während für seinen Nachbarn in Elmshorn 29 DM zugrunde gelegt wurden.[239] Anders als in der sowjetischen Zone blieb den Ländern und Fürsorgeverbänden der drei Westzonen damit nach 1945 ein relativ großer Spielraum für die Bemessung des zum Lebensbedarf Notwendigen, der erst mit den Verwaltungsvorschriften über den Aufbau der Richtsätze vom Dezember 1955 eingeschränkt wurde.

Rechtliche Sonderentwicklungen gab es schließlich in einigen fürsorgerischen Spezialbereichen: Zur Eindämmung der sich sprunghaft ausbreitenden Geschlechtskrankheiten erließen verschiedene Länder zunächst besondere Verordnungen und Anweisungen, die sich aber nicht wesentlich von dem noch gültigen „Reichsgesetz zur Bekämpfung der Geschlechtskrankheiten" von 1927 entfernten[240]; nachdem die vier Besatzungsmächte im Mai 1947 zum Schutz der eigenen Armeeangehörigen sämtliche Länder zur Verabschiedung entsprechender neuer Gesetze aufgefordert hatten[241], folgten die SBZ sowie Hamburg, Bremen und Niedersachsen 1948/49 mit verstärkten Zwangsmaßnahmen.[242] Zu einer (bundes-) einheitlichen Regelung dieses Komplexes kam es erst mit dem fürsorgerische und sozialpädagogische Gesichtspunkte stärker betonenden „Bundesgesetz zur Bekämpfung der Geschlechtskrankheiten" vom 23. Juli 1953, als das Problem bereits weit weniger virulent war. Die Bekämpfung der anderen großen Nachkriegsseuche, der Tuberkulose, wurde in einzelnen Ländern modifiziert, ohne daß die ebenfalls noch gültige „Verordnung über Tuberkulosehilfe" vom 8. September 1942 grundsätzlich verändert worden wäre.[243]

Als heikel erwiesen sich schließlich die Versuche Hessens und vor allem Bayerns, die zwangsweise „Unterbringung" und „Arbeitserziehung" von nichtseßhaften, geschlechtskranken oder anderweitig „gefährdeten" Jugendlichen und jungen Erwachsenen in besonderen Anstalten zu ermöglichen.[244] Nachdem unter den Sachverständigen des Länderrats der amerikanischen Zone keine Einigung über eine „Verordnung zum Schutze der heimatlosen Jugend" erzielt werden konnte, hatte dessen Rechtsausschuß den Erlaß jeweils eigener Länderverordnun-

---

[238] Vgl. Heisig, Armenpolitik, 1995, S. 38.
[239] Vgl. NDV 29 (1949), S. 6.
[240] Vgl. für Hessen: „Verordnung zur Bekämpfung der Geschlechtskrankheiten" vom 11. 4. 1946, GVBl. für Groß-Hessen vom 10. 5. 1946, S. 110; für Schleswig-Holstein und Württemberg-Hohenzollern: NDV 27 (1947), S. 137.
[241] Vgl. Direktive Nr. 52, in: Amtsblatt des Kontrollrats in Deutschland Nr. 15, S. 91.
[242] Vgl. NDV 28 (1948), S. 34; 29 (1949), S. 133ff.; 30 (1950), S. 20f.; Brackmann/Drilling, Wohlfahrtspflege, S. 124f.
[243] Vgl. Rundschreiben 1946, S. 41f.; NDV 27 (1947), S. 134ff.; 28 (1948), S. 32ff.
[244] „Verordnung zum Schutz der heimatlosen Jugend" vom 23. 3. 1946, GVBl. für Groß-Hessen vom 11. 6. 1946, S. 135; „Verordnung Nr. 73 zum Schutz der heimatlosen Jugendlichen", „Verordnung Nr. 74 zur Unterbringung verwahrloster Frauen und Mädchen", „Verordnung Nr. 75 über Arbeitserziehung", sämtlich vom 15. 4. 1946, Bayerisches GVBl. 20. 8. 1946, S. 218f.

gen empfohlen.[245] Während die hessische Verordnung neben Familienzusammenführung, Unterbringung in Lehr- und Pflegestellen ein Festhalte*recht* der Jugendämter in geeigneten Anstalten und Fürsorgeerziehung bis zum 21. Lebensjahr vorsah, begründeten die ähnlichen bayerischen Verordnungen neben einem Abschiebeverbot eine Festhalte*pflicht* und sahen für junge geschlechtskranke oder „sonst sittlich verwahrloste" Frauen sowie für nicht-arbeitswillige Jugendliche bis 25 Jahre die Möglichkeit einer Zwangseinweisung in „Arbeitserziehungsheime" vor.[246] Mit diesen Verordnungen wie auch mit den teils geforderten, teils zunächst verwirklichten verschärften Zwangsmaßnahmen gegen Geschlechtskranke oder „Arbeitsscheue" war erneut das schon in der Weimarer Republik heftig diskutierte Thema einer fürsorgerisch begründeten Freiheitsentziehung bis hin zur „Bewahrung" angeschlagen, das dann im Mittelpunkt der Diskussionen um ein „Bewahrungsgesetz" in den fünfziger Jahren stehen sollte.

Angesichts der weiterhin latenten Zersplitterung des Fürsorgerechts plädierten DV-Vorstand und kommunale Spitzenverbände bei den Vorarbeiten für das Grundgesetz dafür, die öffentliche Fürsorge ähnlich wie in den Jahren der Weimarer Republik möglichst uneingeschränkt in die „Vorranggesetzgebung" des Bundes einzubeziehen[247] und schlossen sich den Protesten gegen die Pläne der Militärgouverneure an, die Vorrangkompetenzen des Bundes generell stark zu beschneiden, da dies für die öffentliche Fürsorge ein Rückschritt vor die Zeit des Unterstützungswohnsitzgesetzes von 1870 sei.[248] Auch die Sozialminister der Länder wollten (wie der Herrenchiemseer Entwurf) zumindest die Regelung der Grundsätze der öffentlichen Fürsorge dem Bund vorbehalten, da der Fürsorgelastenausgleich einigermaßen vergleichbare Leistungen voraussetze.[249] Anders als im Falle der Sozial- und der Arbeitslosenversicherung war die legislative Kompetenzverteilung für die öffentliche Fürsorge im Parlamentarischen Rat durchaus umstritten: Hier stand das vor allem von seiten der CSU verfolgte Ziel, den Ländern und Kommunen möglichst weitgehende Gestaltungsmöglichkeiten zu bewahren und den Bund allenfalls auf Rahmenvorschriften zu beschränken, im Konflikt mit dem Interesse an einer einheitlichen, effizienten Fürsorgepolitik, das für die Vertreter der SPD wie der CDU im Vordergrund stand.[250] Schließlich konnte sich letztere Auffassung durchsetzen und schuf durch die ausdrückliche und uneingeschränkte Einbeziehung der „öffentlichen Fürsorge" in den Gegenstandskatalog der „konkurrierenden Gesetzgebung"

---

[245] Vgl. Bamberger, Kampf, S. 56f. In der britischen Zone hatten die Landesjugendämter Ende 1945 in den „Nenndorfer Richtlinien" die Beschaffung und Finanzierung der notwendigen Einrichtungen für heimatlose Jugendliche übernommen; vgl. Hasenclever, Jugendhilfe, S. 156.
[246] Vgl. auch Rundschreiben 1946, S. 9f. Die bayerischen Verordnungen über Arbeitserziehung wurden Ende 1947 wieder aufgehoben, da der durch sie begründete Eingriff in die persönliche Freiheit verfassungswidrig war; vgl. NDV 27 (1947), S. 132.
[247] So NDV 28 (1948), S. 195f.
[248] Vgl. Schreiben des Vorstandes des DV an den Parlamentarischen Rat vom 25.3.1949, in: NDV 29 (1949), S. 61f.
[249] Vgl. ebenda, S. 86.
[250] Vgl. Münch, Sozialpolitik, S. 82ff.

(Art. 74 GG Ziff. 7) wieder die Voraussetzungen für die künftige Verabschiedung eines einheitlichen Bundesfürsorgegesetzes. „Auf dieser Basis", konstatierte befriedigt Anfang November der Fürsorgespezialist des Evangelischen Hilfswerks, Paul Collmer, habe „die föderalistische Linie in der Fürsorgegesetzgebung nicht die Aussicht, Blüten zu treiben".[251] Denn bis auf weiteres galt das alte Reichsrecht in Form von RFV, RGr. und RJWG als Bundesrecht weiter (Art. 125 GG) und konnte nur durch die Bundesorgane, nicht aber mehr einzelne Länder geändert werden.[252]

Bei welchem Bundesminister die öffentliche Fürsorge ressortieren sollte, war keineswegs von Anfang an klar, denn sowohl für eine Ansiedelung in einem Bundesinnenministerium wie in einem Bundesarbeitsministerium konnten gleichermaßen historische Gründe geltend gemacht werden.[253] Zudem bestand ein enger Zusammenhang mit der Frage, welche Bundesminister für die Flüchtlinge, das Gesundheitswesen und den sozialen Wohnungsbau zuständig sein würden. Der die künftige Ressortverteilung planende Organisationsausschuß der Ministerpräsidentenkonferenz sprach sich am 10. Juli 1949 mit überwiegender Mehrheit dafür aus, die Fürsorge einem umfassenden Arbeits- und Sozialministerium zu unterstellen.[254] Eine Minderheit im Ausschuß befürwortete – wie die kommunalen Spitzenverbände und der DV – die Unterbringung im Bundesinnenministerium, das engere Verbindungen zu den Kommunen als den Trägern der Fürsorge besitze.[255]

---

[251] [Paul Collmer:] „Vortrag für die Tagung über Fragen des Fürsorgerechts in Bremen-Lesum am 1. und 2. November 1949", Ms., ADW, Allg. Slg., B. 931 I.

[252] Vgl. NDV 29 (1949), S. 155f. Zur zentralen Bedeutung des Artikels 125 GG, der gerade in der sozialpolitischen Gesetzgebung die traditionelle Dominanz des Reiches fortführte, vgl. Münch, Sozialpolitik, S. 91, 101f.

[253] Aus armenpolizeilicher Tradition heraus waren oberhalb der Gemeinden die staatlichen Innenverwaltungen für die Armenfürsorge zuständig gewesen; 1922 übertrug der Reichstag die Zuständigkeit für die Wohlfahrtspflege *einschließlich* der Armenfürsorge (ohne Jugendfürsorge und -pflege) vom Reichsministerium des Innern auf das Reichsarbeitsministerium, das nun ein alle Hilfsbedürftigen einbeziehendes, nicht diskriminierendes System der Wohlfahrtspflege initiieren sollte; weder das Reichsinnenministerium noch offensichtlich der kommunal orientierte DV sahen diese Kompetenzverlagerung gern; vgl. Sachße/Tennstedt, Geschichte, Bd. 2, S. 145f.; Hong, Welfare, S. 116f. Nach 1933 konnte das Innenministerium wesentliche Kompetenzen zurückgewinnen: Seit 1934 für den neuen staatlichen öffentlichen Gesundheitsdienst zuständig, wurden ihm 1935 auch die allgemeine Fürsorge, die Wandererfürsorge und die freie Wohlfahrtspflege wieder unterstellt; vgl. Sachße/Tennstedt, Geschichte, Bd. 3, S. 29.

[254] Vgl. Protokoll der 13. Sitzung des Organisationsausschusses am 10.7.1949, in: Akten zur Vorgeschichte, Bd. 5, S. 828. Der künftige Arbeitsminister Storch hingegen plädierte für ein eigenes Wohlfahrtsministerium, da er ein „klassisches" Arbeitsministerium (zuständig für Arbeitsrecht, Arbeitsschutz, Arbeitsvermittlung, Sozialversicherung und Kriegsopferversorgung) favorisierte; vgl. Protokoll der 9. Sitzung am 2.7.1949, in: ebenda, S. 736; ferner Hockerts, Entscheidungen, S. 110f.

[255] Vgl. v.a. die Äußerungen des bayerischen Ministerialdirektors Ringelmann, in: Akten zur Vorgeschichte, Bd. 5, S. 825, 827f. (teilweise irrtümliche Vertauschung von Arbeits- und Innenministerium durch den Protokollanten). Die gemeinsamen Vorschläge der Arbeitsgemeinschaft der Kommunalen Spitzenverbände und des DV „Zur Organisation der Bundesregierung" in: KommBl 1 (1949), H. 18, S. 1f.

Tatsächlich ressortierte die öffentliche Fürsorge dann im zunächst von Gustav Heinemann (CDU) geleiteten Bundesministerium des Innern.[256] Ausschlaggebend dafür dürfte in erster Linie gewesen sein, daß Adenauer sich schließlich gegen die Bildung eines „großen" Arbeits- und Sozialministeriums entschied[257] und damit die öffentliche Fürsorge mehr oder weniger automatisch wieder dem Innenressort zufiel.[258] Diese Entscheidung war für die Entwicklung der öffentlichen Fürsorge mehr als nur eine formal-organisatorische: Sie verfestigte die sachliche Trennung der Fürsorge von den anderen Systemen der sozialen Sicherung und förderte mit Sicherheit ihr Dasein als „Stiefkind" der Sozialpolitik wie auch des jeweiligen Ressortleiters. Gleichzeitig begünstigte diese Entscheidung kommunale Interessen; wenn auch das Innenministerium nicht mehr mit der Kommunalaufsicht betraut war, verstand es sich doch als Sachwalter kommunaler Belange bei der Gesetzgebung gegenüber Ländern und anderen Bundesressorts.[259] Nicht zuletzt sicherte die Zuordnung dem DV und seinem Vorsitzenden Gehör und Einfluß, der vor allem auf alten Kontakten und Zusammenarbeit im ehemaligen Reichsinnenministerium und im Deutschen Gemeindetag beruhte.[260]

---

[256] Zu Aufbau und Zuständigkeit des BMI vgl. die offiziöse Darstellung von Faude/Fritz, Bundesministerium, S. 22ff. Zu den Anfangsschwierigkeiten vgl. Kitz, Aufgaben, S. 244f.
[257] Zu den Gründen vgl. Hockerts, Entscheidungen, S. 110f.
[258] Die Sozialabteilung des BMI wurde auch für die „Kriegsfolgenhilfe" federführend.
[259] Vgl. Keßler, Bundesministerium. Der ehemalige Landrat und 1944 in die Kommunalabteilung des Reichsinnenministeriums berufene Erich Keßler war nach dem Krieg zunächst für die Abwicklungsstelle des Rechnungshofs in der britischen Zone tätig und gehörte seit Ende 1948 einem kleinen, von Adenauer initiierten CDU-nahen Gremium an, das Personalvorschläge für die künftigen Bundesministerien erarbeiten sollte. Auf diese Weise gewann Keßler, der sich auch sehr für die Berufung Hans Globkes eingesetzt hatte, entscheidenden Einfluß auf die Erstbesetzung des BMI, das im Gegensatz zu den übrigen großen Bundesministerien nicht auf einer bizonalen Vorläuferinstitution aufbauen konnte; vgl. Morsey, Personal- und Beamtenpolitik, S. 203, 208f., 221f.; Oppelland, Gerhard Schröder, S. 261. Keßler wurde im neuen BMI Leiter der Unterabteilung für Verwaltung, Verwaltungsgerichtsbarkeit und Kommunalwesen; vgl. Heisig, Armenpolitik, 1990, S. 549f. Vgl. auch die beinahe euphorische Darstellung der engen Zusammenarbeit zwischen kommunalen Spitzenverbänden und leitenden Beamten des BMI bei Groeben/Heide, Geschichte, S. 262ff.
[260] Der erste Leiter der Sozialabteilung im BMI, Wilhelm Kitz (1890–1956), hatte bis 1945 als Erster Landesrat in der Rheinischen Landesverwaltung u.a. gute Kontakte zum DGT-Beigeordneten Georg Schlüter. Nach dem Krieg an leitender Stelle im nordrhein-westfälischen Finanzministerium tätig, war er bis zu seinem Eintritt in das BMI im Februar 1950 u.a. Generalsekretär der Gutachterkommission für den Lastenausgleich in Bad Homburg, Vorsitzender des Trizonalen Ausschusses für Gemeindefinanzen sowie Mitglied im von Polligkeit geleiteten Arbeitsstab „Kriegsfolgenhilfe". Dem DV-Hauptausschuß gehörte er seit 1949 an; vgl. NDV 36 (1956), S. 279ff.; Heisig, Armenpolitik, 1990, S. 550f. Kitz' Nachfolger Gerhard Scheffler (1894–1977) war bis 1939 in der Kommunalabteilung des Reichsinnenministeriums tätig gewesen. Dort hatten auch der spätere DV-Vorsitzende Hans Muthesius sowie der spätere DV-Referent Krug von Nidda bis Kriegsende gearbeitet, vgl. Heisig, Armenpolitik, 1990, S. 558, 567ff., 584f. Georg Schlüter wiederum, der während des Krieges eng mit Muthesius zusammengearbeitet hatte, wurde 1947 stellvertretender Hauptgeschäftsführer des DLT und war seit 1946 Mitglied des DV, dessen Wiedergründung er gefördert hatte; vgl. ebenda, S. 587; Groeben/Heide, Geschichte, S. 231, 294.

Das waren ganz andere Konstellationen als in den zwanziger Jahren, als das stark von der katholischen Soziallehre geprägte Reichsarbeitsministerium mit seinen engen Kontakten zu den freien Wohlfahrtsverbänden für die Fürsorge zuständig gewesen war.

Ende der vierziger Jahre war für die öffentliche Fürsorge die Phase des unmittelbaren Wiederaufbaus beendet: Nach vorübergehender „Allzuständigkeit" hatte sie einen Teil ihrer Zuständigkeiten an die nach und nach in den Ländern wieder errichtete Renten- und Arbeitslosenversicherung abgetreten oder würde sie nun in die neuen Versorgungssysteme überführen. Dies wie der allmählich einsetzende wirtschaftliche Aufschwung mußten bald zu einem Bedeutungsverlust der öffentlichen Fürsorge beitragen, der sich bereits jetzt quantitativ in einem Sinken der Zahl der Empfänger wie der Ausgaben widerspiegelte.

Mit der Verabschiedung des Grundgesetzes und der Zuordnung der öffentlichen Fürsorge zum Innenressort waren nach der kommunalen und länderweisen nun auch die zentrale Zuständigkeit und Gesetzgebungskompetenz auf Bundesebene wieder klar geregelt und gleichzeitig die bundesweite Gültigkeit des aus der Weimarer Republik tradierten Fürsorgerechts gesichert. Gleichzeitig war ab 1950 auch die umfassende Regelung der Kriegsfolgenhilfe als dem zentralen Problem einer finanziellen Konsolidierung der Fürsorgeträger in die Wege geleitet, nachdem die Ausdehnung der FRV seit Juli 1949 die fürsorgerechtliche Lastenverteilung geklärt hatte. Schließlich war 1949 auch die trizonale bzw. bundesweite Verbandsbildung sowohl auf seiten der Kommunen wie auf seiten der freien Wohlfahrtspflege in enger Anlehnung an Weimarer Vorbilder abgeschlossen. Die eigentliche Nachkriegszeit war damit, einmal überspitzt formuliert, für das System der öffentlichen Fürsorge vorbei.

III. Fürsorge und Sozialreform (1949–1955)

1. Fürsorge im Wirtschaftsboom

1950 gab es in der Bundesrepublik etwa 1,64 Mio. Fürsorgeempfänger, 1961 waren es bei gestiegener Bevölkerungszahl noch ca. 1,18 Mio. (vgl. Tabelle 1).[1] In dieser Zeit halbierte sich der Anteil der Leistungen der öffentlichen Fürsorge an den stark expandierenden gesamten öffentlichen Sozialleistungen und sank von 7,8% (1950) auf 3,7% (1960).[2] Und noch eine Zahl: Von allen Sozialleistungsfällen entfielen 1938 knapp 20% auf die öffentliche Fürsorge, 1954 lag ihr Anteil nur noch bei 7,5%.[3]

Vom „allzuständigen" Helfer in der Not war die öffentliche Fürsorge im Laufe der fünfziger Jahre zumindest quantitativ schon sehr bald „wie ein unbedeutendes Randphänomen"[4] geworden. Diese Entwicklung verdankte sich vielen Faktoren: Zunächst profitierte auch die öffentliche Fürsorge vom bald einsetzenden Wirtschaftswachstum und in dessen Folge von verbesserter Versorgungslage und sinkender Arbeitslosigkeit. Der seit Mitte 1952 konsolidierte ökonomische Aufschwung mit seinen Prosperitätswirkungen wurde im kollektivem Bewußtsein schließlich zum „Wirtschaftswunder", selbst wenn die individuelle Erfahrung des mühsamen Wiederaufbaus damit noch länger nicht Schritt halten konnte.[5] Dieser Wiederaufbau beinhaltete einerseits eine „Normalisierung" der Lebensverhältnisse im Sinne eines an der Vorkriegszeit orientierten Wiederaufbaus; gleichzeitig wurden in den fünfziger Jahren tiefgreifende Wandlungen in der Wirtschafts- und Gesellschaftsstruktur manifest, welche die Ära Adenauer als eine Zeit „aufregender Modernisierung" erscheinen lassen, als „eine Periode des

---

[1] Bezieher laufender Unterstützungen der offenen Fürsorge sowie Empfänger von Leistungen der geschlossenen Fürsorge; ohne Berlin (West) und Saarland.
[2] Sozialleistungen ohne Verwaltungskosten; Leistungen der öffentlichen Fürsorge einschließlich der Kriegsopferfürsorge, die seit 1955 ausschließlich vom Bund finanziert wurde. Berechnet nach Übersicht 23 in Elsholz, Sozialaufwendungen, S. 60ff. Je nach Berechnungsgrundlage schwanken die Angaben über den Anteil der öffentlichen Fürsorge am Gesamtaufwand der sozialen Sicherung etwas, stimmen aber in der Größenordnung mit den hier gemachten Angaben überein, vgl. etwa Schäfer, Rolle, S. 190; Hentschel, System, S. 349.
[3] Ohne einmalige und befristete Sozialleistungen: vgl. Bundesministerium des Innern (Hg.), Fürsorge, S. 3. Zu der stark differierenden Kostenentwicklung der einzelnen Sozialleistungsträger vgl. ausführlich Fehrs, Sozialleistungen, S. 763ff.
[4] So bereits 1951 ein Referent auf einer Tagung der „Gilde Soziale Arbeit", in: Soziale Arbeit heute, S. 14.
[5] Zur wirtschaftlichen und sozialen Gesamtentwicklung vgl. etwa die Überblicke bei Schwarz, Ära Adenauer 1949–1957, S. 375ff.; Kleßmann, Staaten, S. 21ff.; Ritter, Über Deutschland, S. 77ff.; sowie ausführlich die Sammelbände von Conze/Lepsius (Hg.), Sozialgeschichte, und Schildt/Sywottek (Hg.), Modernisierung. Unter Betonung der öffentlichen Fürsorge ferner Nootbaar, Sozialarbeit.

großen Abräumens jener vorindustriellen Reste [...], die das Dritte Reich und den Krieg noch überlebt hatten"[6].

Von 1950 bis 1961 stieg die Bevölkerung der Bundesrepublik von 50,3 Mio. auf 56,6 Mio.[7]; diese Zunahme war vor allem eine Folge der Zuwanderung aus der DDR und eines seit 1956 zunehmenden Geburtenüberschusses. Der kriegsbedingte Frauenüberschuß milderte sich zwar allmählich ab, blieb aber bis in unsere Tage erhalten. Ein nicht zuletzt für Sozialversicherung und Fürsorge relevantes Charakteristikum der westdeutschen Bevölkerungsstruktur bildete deren – nicht nur durch Kriegsverluste bedingte – zunehmende Überalterung: 1950 war jeder siebte Einwohner älter als 60 Jahre, 1960 war es bereits jeder sechste.

Die vielbemühten Bilder von der Freß-, dann der Kauf- und schließlich der Reisewelle, die die bundesrepublikanische Bevölkerung in dieser Zeit nacheinander erfaßt hätten, überdecken zwar das nach wie vor vorhandene soziale Gefälle, verweisen aber doch zutreffend auf die „staunenerregende Zunahme des Zivilisationskomforts"[8] innerhalb weniger Jahre. Die ausreichende Versorgung mit Nahrung und Kleidung war für die allermeisten Bundesbürger bald kein Thema mehr[9], ebensowenig die durch Hunger und beengte Wohnverhältnisse bedingten Mangel- und Infektionskrankheiten. Wichtiges Kennzeichen der „Normalisierung" war auch die allmähliche Verbesserung der Wohnsituation. Zwar waren auch im Herbst 1956 noch mehr als eine Million Haushalte in Notwohnungen oder -unterkünften untergebracht[10], doch zwischen 1950 und 1958 wurden 4,5 Mio. Wohnungen gebaut, die zwischen 15 und 16 Mio. Menschen eine eigene Bleibe verschafften.

Mit dem Wirtschaftsaufschwung sank die Anfang der fünfziger Jahre (auch gerade unter Jugendlichen) noch hohe Arbeitslosigkeit. Betrug im Juni 1950 die Arbeitslosenquote 10,7%, so war sie trotz ständigen Zustroms von DDR-Flüchtlingen (in der Regel qualifizierte Arbeitskräfte) im Jahresdurchschnitt 1955 bereits auf fast die Hälfte (5,4%) gesunken, und 1960 war mit durchschnittlich 1,3% Vollbeschäftigung erreicht.[11] Zwar waren fast zwei Drittel aller Vollerwerbstätigen Männer, doch stieg – allen familienpolitischen Warnungen zum Trotz – die Erwerbsquote verheirateter Frauen von 26,4% (1950) auf 36,5% (1961). Trotz steigender Lebenshaltungskosten und einer zurückhaltenden Tarifpolitik der Gewerkschaften erhöhten sich die durchschnittlichen Bruttoeinkommen der Arbeitnehmer in dieser Zeit nominal von monatlich 243 DM (1950) auf 513 DM (1960), real stiegen die Nettolöhne und -gehälter um 69%.[12] Immer mehr Menschen lebten nun in Städten, vor allem in Klein- und Mittelstädten (1961: 46% der Gesamt-

---

[6] Schwarz, Ära Adenauer 1949–1957, S. 382, 390.
[7] Einschließlich Saarland und West-Berlin; zur Bevölkerungsentwicklung siehe auch Korte, Bevölkerungsstruktur.
[8] Schwarz, Ära Adenauer 1949–1957, S. 383.
[9] Um 1952 hatte sich der Nahrungsmittelverbrauch pro Kopf quantitativ und qualitativ weitgehend dem Vorkriegsstand angenähert; vgl. Deutschland-Jahrbuch 1953, S. 253f.
[10] Vgl. die Aufstellung bei Kleßmann, Staatsgründung, S. 496.
[11] Vgl. Frerich/Frey, Handbuch, Bd. 3, S. 26, 83.
[12] Vgl. Hardach, Krise, S. 205; ferner Kleßmann, Staaten, Tabelle 7, S. 37; Ritter/Niehuss, Wahlen, S. 65f.; Rytlewski/Opp de Hipt, Bundesrepublik, S. 119f.

bevölkerung; weitere 31% in Großstädten von mehr als 100 000 Einwohnern). Das war u.a. Folge der Abwanderung vieler Vertriebener aus den ländlichen Regionen Schleswig-Holsteins, Niedersachsens und Bayerns in die industriellen Ballungsgebiete mit besseren Arbeitsmöglichkeiten. Erst allmählich wurde die deutsche Bevölkerung wieder seßhaft, wobei sich die Lebensverhältnisse in Stadt und Land immer mehr anglichen.

Neben dieser anhaltenden regionalen blieb die soziale Mobilität ein wesentliches Kennzeichen auch der Ära des „Wirtschaftswunders", die vor allem unter den Flüchtlingen und Vertriebenen aber nach wie vor einen sozialen Abstieg und vergleichsweise länger anhaltende Arbeitslosigkeit bedeutete. Deren sich im Laufe der fünfziger Jahre abzeichnende, wenn auch keineswegs abgeschlossene wirtschaftliche und soziale Integration war zweifellos ein wesentliches, in der Frühphase der Bundesrepublik alles andere als vorhersehbares Element des „Wirtschaftswunders".

So wurde, auch unter Fürsorgepolitikern, Helmut Schelskys 1953 erstmals formulierte These von der „nivellierten Mittelstandsgesellschaft" schnell populär, wonach Klassenunterschiede in der bundesrepublikanischen Gesellschaft weitgehend eingeebnet seien. Tatsächlich schienen etwa der Bedeutungsverlust der ehemaligen preußischen Oberschicht, die Verdienstmöglichkeiten von Facharbeitern im Vergleich zu kleineren Angestellten oder die Angleichung des Freizeitverhaltens und nicht zuletzt die „Wohlstandsexplosion"[13] seit Ende der fünfziger Jahre diese These zu bestätigen. Kritiker verweisen jedoch auf die nach wie vor sehr unterschiedlichen Arbeitsbedingungen, die stark differierende Einkommensstruktur bundesrepublikanischer Haushalte und vor allem die ungleiche Vermögensverteilung, die von der Währungsreform begünstigt und durch den Lastenausgleich nicht gemildert wurde.[14]

So gab es auch echte „Stiefkinder des Wirtschaftswunders"[15]: Zu den in den fünfziger Jahren noch wenig wissenschaftlich erforschten Armengruppen gehörten neben den Beziehern niedriger Löhne und Gehälter vor allem solche Menschen, die auf Renten bzw. Unterstützungen angewiesen waren wie Alte, Arbeitslose, Kriegsbeschädigte, Kriegerwitwen, unvollständige und kinderreiche Familien oder Vertriebene.[16] Eine Untersuchung von 1953 schätzte, daß zu dieser Zeit

---

13 Schwarz, Ära Adenauer 1949–1957, S. 389.
14 So standen einem Rentnerhaushalt 1950 im Mittel 145 DM monatliches Nettoeinkommen zur Verfügung, einem Arbeiterhaushalt 283 DM, einem Angestellten- oder Beamtenhaushalt 346 DM, dem Haushalt eines Selbständigen schließlich 437 DM; bis 1960 waren zwar die durchschnittlichen Einkommen aller dieser Haushalte gestiegen, doch die absoluten Diskrepanzen hatten sich verschärft: Das monatliche Nettoeinkommen betrug im Mittel im Haushalt eines Rentners 359 DM, eines Arbeiters 683 DM, eines Angestellten oder Beamten 804 DM und eines Selbständigen 1154 DM (Median); vgl. Kleßmann, Staaten, S. 37, mit Quellenangabe.
15 Ebenda, S. 39.
16 Vgl. die zeitgenössischen, mit unterschiedlichen Armuts-Begriffen arbeitenden Untersuchungen von Elsner/Proske, Stand, und Münke, Armut, sowie die großangelegte Enquête des Statistischen Bundesamtes „Die sozialen Verhältnisse der Renten- und Unterstützungsempfänger". Zu letzterer ausführlich Hockerts, Entscheidungen, S. 201 ff.; ferner allg. Kleßmann, Staaten, S. 39 ff.; Richard Hauser u.a., Armut.

mindestens 8,65 Mio. Menschen in der Bundesrepublik von Armut (definiert als Einkommensgrenze von weniger als 250 DM brutto monatlich je Haushalt) betroffen waren, was einem knappen Fünftel der Gesamtbevölkerung entsprochen hätte; nach einer 1955 in West-Berlin anhand anderer Maßstäbe durchgeführten Erhebung verfügte ebenfalls ein gutes Fünftel der dortigen Bevölkerung nicht über das Existenzminimum.[17]

Die materielle Unterstützung dieser am Rande des neuen Wohlstands stehenden Gruppen war in den fünfziger Jahren nicht mehr nur oder in erster Linie Aufgabe der öffentlichen Fürsorge. Vielmehr führte eine Ende der vierziger Jahre einsetzende Gesetzgebung zur Bewältigung der Kriegsfolgen zu einer starken Verringerung der potentiellen Fürsorgeklientel.[18] Von entscheidender Bedeutung waren hier zunächst die Unterstützungs- und Entschädigungsmaßnahmen zugunsten der Vertriebenen, der SBZ-Flüchtlinge und der durch Kriegszerstörungen oder die Währungsumstellung Geschädigten. Das ab 1. September 1949 geltende „Soforthilfegesetz"[19] war als Vorstufe für einen umfassenden Lastenausgleich gedacht und sollte nach dem Bedürftigkeitsprinzip dringende Notlagen von Flüchtlingen, Sach- und Währungsgeschädigten sowie politisch Verfolgten mildern. Die Hilfen auf Grund des Soforthilfegesetzes und ergänzender Maßnahmen beliefen sich auf insgesamt 6,2 Mrd. DM[20]; sie entlasteten die öffentliche Fürsorge – und über die Kriegsfolgenhilfe Bund und Länder – deutlich: Bereits vom dritten auf das vierte Vierteljahr 1949 sank die Zahl der Kriegsfolgenhilfeempfänger von 1,66 Mio. auf 1,15 Mio.[21], wobei davon ausgegangen werden kann, daß Empfänger von Unterhaltshilfe nach dem Soforthilfegesetz zum Teil auch weiterhin ergänzend durch die Fürsorge unterstützt wurden. Die finanzielle Entlastung schätzte der DV Anfang 1950 auf rund ein Siebtel des Fürsorgeaufwandes.[22] Tatsächlich dürfte die Entlastung noch höher

---

[17] Vgl. Elsner/Proske, Stand, S. 108; Münke, Armut, S. 58. Zur Entwicklung der Perzeption von „Armut" in der Bundesrepublik vgl. Schäfers, Stellenwert, bes. S. 109ff.

[18] Da die öffentliche Fürsorge dann eingreift, wenn andere Sicherungssysteme Notfälle nicht oder nur unzureichend erfassen, wird sie von fast allen Sozialgesetzen direkt oder indirekt tangiert – hinsichtlich ihrer potentiellen Klientel, bei Anrechnungsvorschriften oder bei der praktischen Zusammenarbeit in der Arbeits- oder Gesundheitsfürsorge. Hier kann die sozialpolitische Entwicklung der fünfziger Jahre nur skizzenhaft angerissen werden; vgl. ausführlich mit weiteren Literaturangaben Frerich/Frey, Handbuch, Bd. 3, S. 31ff.; Hockerts, Integration, S. 29ff.; Tennstedt, Geschichte, S. 52ff.

[19] „Gesetz zur Milderung dringender sozialer Notstände", WiGBl., S. 205. In der französischen Zone folgten entsprechende Regelungen. Vgl. zu den Lastenausgleichsregelungen insgesamt Deutschland-Jahrbuch 1953, S. 211ff.

[20] Vgl. Waldeck, Leistungen, S. 73.

[21] Vgl. Bundesministerium des Innern (Hg.), Fürsorge, S. 48, Übersicht 30.

[22] Vgl. NDV 30 (1950), S. 82. Das Statistische Bundesamt ermittelte für die Zeit vom 1. 9. 1949 bis zum 31. 8. 1950 eine finanzielle Entlastung der Fürsorge durch die Unterhaltshilfe in Höhe von 210 Mio. DM; vgl. NDV 32 (1952), S. 101. Davon profitierte primär der Bund, da bisher über die Kriegsfolgenhilfe unterstützte Vertriebene von der Soforthilfe erfaßt wurden. Die vorwiegend kommunal finanzierte allgemeine Fürsorge, die Kriegssach- und Währungsgeschädigte sowie politisch Verfolgte unterstützt hatte, wurde vergleichsweise weniger entlastet.

gelegen haben, denn der deutliche Rückgang der Fürsorgekosten vom 30. September 1949 bis zum 30. September 1950 um mehr als ein Fünftel betraf fast nur die Kriegsfolgenhilfe.[23]

Am 14. August 1952 wurde schließlich das eigentliche Lastenausgleichsgesetz verkündet, ein knappes Jahr später ergänzt durch das Altsparergesetz, die den Betroffenen Rechtsansprüche einräumten und Entschädigungs- bzw. Versorgungsleistungen vorsahen.[24] Das Lastenausgleichsgesetz leitete die „größte Vermögensabgabe der Weltgeschichte"[25] ein, ohne allerdings die überkommenen Eigentumsstrukturen grundlegend zu ändern. Die durch die Soforthilfe eingeleitete Entlastung der öffentlichen Fürsorge wurde damit kontinuierlich weitergeführt und fand ihren statistischen Ausdruck im weiteren Absinken der Zahl der Kriegsfolgenhilfeempfänger (siehe Tabelle 1).[26]

Erst Mitte der sechziger Jahre endgültig geregelt wurden die Hilfen für die Flüchtlinge aus der DDR: Zwar gab es seit August 1950 ein Aufnahmeverfahren, in dessen Folge anerkannte Flüchtlinge in die Lastenausgleichsgesetzgebung einbezogen wurden, sowie seit 1955 Versorgungsmaßnahmen zugunsten politischer Häftlinge aus der DDR; doch die Hilfen für die vielen illegalen (also nicht als „politisch" anerkannten) Flüchtlinge leisteten auch weiterhin die Träger der öffentlichen Fürsorge, wenn auch der Bund einen Großteil der Kosten im Rahmen der Kriegsfolgenhilfe übernahm.[27]

Die Versorgung der ca. 4,3 Mio. Kriegsopfer wurde mit dem später häufig novellierten Bundesversorgungsgesetz (BVG) vom 20. Dezember 1950 grundlegend geregelt.[28] In Anlehnung an das Reichsversorgungsgesetz von 1920 waren aus Bundesmitteln finanzierte bescheidene, teilweise an Bedürftigkeitsprüfungen geknüpfte Versorgungsrenten an Beschädigte und Hinterbliebene vorgesehen, ferner u.a. Heilbehandlung, Krankengeld und Pflegezulagen sowie im Rahmen der sogenannten sozialen Fürsorge Erziehungsbeihilfen und Maßnahmen der beruflichen Rehabilitation; den Auswirkungen des Bombenkrieges Rechnung tragend erhielten jetzt auch zivile Kriegsopfer diese Leistungen. Während die eigentliche Versorgung den vom Land einzurichtenden Versorgungsämtern oblag, wurde die soziale Fürsorge auch weiterhin von den kommunalen Fürsorgestellen durchgeführt. Weitere Gesetze schufen Versorgungs- bzw. Entschädigungsansprüche für Kriegsgefangene, deren Angehörige und Spätheimkehrer. Mit dem Bundesent-

---

[23] Vgl. Statistisches Jahrbuch 1952, S. 356.
[24] „Gesetz über den Lastenausgleich (Lastenausgleichsgesetz - LAG)" vom 14. 8. 1952, BGBl. I S. 446; „Gesetz zur Milderung von Härten der Währungsreform (Altsparergesetz)" vom 14. 7. 1953, BGBl. I S. 495. Vgl. ausführlich Schillinger, Entscheidungsprozeß; zur sozialpolitischen Bewertung auch Kleßmann, Staatsgründung, S. 240ff.
[25] Gerd Bucerius in: Die Zeit vom 13. 4. 1979, abgedruckt ebenda, S. 493ff.
[26] Vgl. die anschauliche Graphik über die zunächst kraß gegenläufige Anzahl von Kriegsfolgenhilfe-Empfängern und Empfängern der Unterstützungen/Renten nach dem Soforthilfe- bzw. dem Lastenausgleichsgesetz in: Bundesministerium des Innern (Hg.), Fürsorge, S. 50 (Abbildung 24).
[27] Vgl. Heidemeyer, Flucht, S. 108ff., 162f., 284.
[28] „Gesetz über die Versorgung der Opfer des Krieges" vom 20. 12. 1950, BGBl. I S. 791. Vgl. Frerich/Frey, Handbuch, Bd. 3, S. 37ff.

schädigungsgesetz[29] wurde 1953 schließlich der Versuch unternommen, durch Kapitalabfindungen, u.U. auch durch Renten, Rehabilitationsmaßnahmen u.ä. diejenigen bis zu einem gewissen Grade materiell zu entschädigen, die während der NS-Zeit aus politischen, rassischen oder religiösen Gründen verfolgt worden waren und bislang bei Bedürftigkeit allenfalls Fürsorge- bzw. Soforthilfeleistungen erhalten hatten.

Nachhaltige Auswirkungen auf die öffentliche Fürsorge hatten schließlich die verschiedenen Verbesserungen der Leistungen der Rentenversicherung. Den Anfang machte im Juni 1949 das Sozialversicherungs-Anpassungsgesetz, das u.a. Mindestrenten (zwischen 30 und 50 DM) festlegte und die Sozialversicherungsrenten pauschal erhöhte.[30] Von diesen Erhöhungen profitierten jedoch vielerorts nicht bisher von der Fürsorge zusätzlich unterstützte Rentner, sondern die jeweiligen Fürsorgeverbände, die in enger Auslegung des Nachrangprinzips der RFV die Rentenzuschläge auf die Fürsorgeleistung anrechneten. Auch weitere Aufbesserungsgesetze im Laufe der fünfziger Jahre konnten nicht verhindern, daß das Rentenniveau weder mit den steigenden Preisen noch gar den steigenden Löhnen mithalten konnte, so daß viele Renten, unter ihnen vor allem die von Arbeiterwitwen, unter das Existenzminimum und die Richtsätze der Fürsorge sanken.[31] Entscheidende Verbesserungen, wenn auch vorerst keine so gravierende Entlastung der öffentlichen Fürsorge, brachte hier erst die Rentenreform von 1957.[32] Entlastet wurde die öffentliche Fürsorge während der fünfziger Jahre darüber hinaus u.a. durch das Lohnfortzahlungsgesetz von 1957[33] sowie durch Leistungsverbesserungen bei der Arbeitslosen- und der Unfallversicherung.

Die finanzielle Entlastung der öffentlichen Fürsorge durch die Gesetzgebung in anderen Sozialbereichen bedeutete eine Umschichtung innerhalb der sozialen Sicherungssysteme, weg von der individuellen, an das Bedürftigkeitsprinzip gebundenen subsidiären Fürsorgeleistung, hin zur mehrheitlich mit einem Rechtsanspruch versehen, an überindividuelle Maßstäbe gebundenen Versorgungsleistung, und entsprach damit dem säkularen Trend moderner Sozialstaatlichkeit im Sinne immer stärkerer „Monetarisierung und Verrechtlichung"[34]. Selbst wenn diese oftmals kaum höher, anfangs nicht selten sogar niedriger als die Unterstützung der Fürsorge waren, bedeutete der Anspruch etwa auf eine Kriegsschaden- oder Kriegsopferrente für die Betroffenen doch die Befreiung vom „Armeleutegeruch"[35] der Fürsorge und damit eine nicht zu unterschätzende Hebung des Selbstbewußtseins.[36]

---

[29] „Bundesergänzungsgesetz zur Entschädigung für Opfer der nationalsozialistischen Verfolgung" vom 18.9.1953, BGBl. I S. 1387.
[30] WiGBl. S. 99; vgl. Hockerts, Entscheidungen, S. 85ff.
[31] Vgl. Frerich/Frey, Handbuch, Bd. 3, S. 43ff.
[32] Vgl. Buhr u.a., Armutspolitik, S. 509.
[33] Gesetz zur Verbesserung der wirtschaftlichen Sicherung der Arbeiter im Krankheitsfalle, BGBl. I S. 649.
[34] Münch, Sozialpolitik, S. 226.
[35] Falkenberg, Forderungen, S. 172; vgl. auch Kitz, Versicherung, S. 134.
[36] Vgl. Hockerts, Integration, über den lange unterschätzten entscheidenden Beitrag der Sozialpolitik der Ära Adenauer zum Abbau der die junge Bundesrepublik erheblich belastenden sozialen Spannungen („Gründungskrise").

Eine wesentliche Umschichtung der Fürsorgelasten zugunsten der kommunalen Träger hatte außerdem – wie dargestellt – die Regelung der Kriegsfolgenhilfe gebracht. Diese Regelungen wurden bis 1955 wiederholt modifiziert und veränderten zwar nicht unmittelbar das materielle Fürsorgerecht, aber mittelbar das fürsorgerische Gebaren vieler Kommunen sowie natürlich deren finanzielle Situation.[37] Dabei konnte die Kriegsfolgenhilfe durchaus Schrittmacher für die allgemeine Fürsorgepraxis werden: Infolge des Krieges waren z.T. Hilfen jenseits der Pflichtleistungen nötig; um deren Gewährung zu fördern, wurden sie vom Bund meist dann als verrechnungsfähig anerkannt, wenn auch die übrigen Fürsorgeempfänger die gleichen Leistungen erhielten (z.B. bei der Erholungsfürsorge oder Weihnachtsbeihilfen).[38]

Da das Erste Überleitungsgesetz die Zahlung der „Interessenquoten" auf das Rechnungsjahr 1950 beschränkt hatte, war bereits am 21. August 1951 mit dem Zweiten Überleitungsgesetz eine neue Regelung getroffen worden[39]: Nach Protesten vor allem der steuerschwachen Flüchtlingsländer wurde die „Interessenquote" nun generell auf 15% herabgesetzt, der Bundesanteil an den individuellen Fürsorgekosten also weiter erhöht. 1952 wurde diese Quote allerdings mehr oder weniger von den Fürsorgeverbänden selbst getragen, das jeweilige Land übernahm – ggf. neben den Aufwendungen als Landesfürsorgeverband – meist die Kosten für die soziale Fürsorge bei der Kriegsopferversorgung.[40] So bildeten bei den Landkreisen 1952 die Fürsorgekosten auch bei den (selbst zu finanzierenden) Eigenausgaben noch immer den größten Posten.[41]

Zu einer grundlegenden Änderung der Abrechnungsmodalitäten kam es dann 1955 anläßlich der geplanten Neugestaltung der Finanzverfassung: Anstelle der bisherigen weitgehenden Erstattung der tatsächlichen Fürsorgeaufwendungen durch den Bund führte das Vierte Überleitungsgesetz für fast alle Bereiche eine pauschalierte Abrechnung ein.[42] Auf der Grundlage der tatsächlichen Kriegsfolgenhilfekosten vom 1. Juli 1953 bis zum 30. Juni 1954 wurden länderweise feste Pauschbeträge errechnet, die der Bund den Ländern überweisen

---

[37] Zum Folgenden vgl. ausführlich die Darstellung des an der Regelung der Kriegsfolgenhilfe maßgeblich beteiligten Ministerialrats im BMF, Friedrich-Wilhelm Kurzwelly, Kriegsfolgenhilfe, sowie dessen Artikel in: NDV 32 (1952), S. 224ff.; 35 (1955), S. 66ff., S. 118ff.; 36 (1956), S. 300ff.; ferner (bis 1954) Bundesministerium des Innern (Hg.), Fürsorge, S. 43ff.; Elsholz, Sozialaufwendungen, S. 36, 53f., 60ff.; auch Renzsch, Finanzverfassung, S. 75ff.
[38] Vgl. Bundesministerium des Innern (Hg.), Fürsorge, S. 45.
[39] BGBl. I S. 774.
[40] Vgl. NDV 32 (1952), S. 280ff.
[41] Vgl. Kurt A. Herrmann, Ausgaben, S. 208.
[42] „Gesetz zu Regelung finanzieller Beziehungen zwischen dem Bund und den Ländern (Viertes Überleitungsgesetz)" vom 27.4.1955, BGBl. I S. 189. Von der Pauschalierung ausgenommen blieben diejenigen Bereiche, bei denen die künftige Kostenentwicklung nicht abzusehen war, wie die individuellen Fürsorgekosten für Zugewanderte aus der DDR, für die die „Interessenquote" auf 20% heraufgesetzt wurde. Den Hauptteil der sozialen Fürsorge nach dem BVG ebenso wie die Pflichtleistungen nach dem Kriegsgefangenenentschädigungsgesetz übernahm der Bund jetzt jedoch zu 100%; vgl. Kurzwelly, Kriegsfolgenhilfe, Bd. 2, S. 129ff.

sollte.⁴³ Da mit wachsendem zeitlichen Abstand Kriegs- und Nachkriegsereignisse immer weniger als Ursache der Hilfsbedürftigkeit in Frage kamen und die Kriegsfolgenhilfe allmählich auslaufen sollte, verminderten sich die Pauschbeträge von 100% im Rechnungsjahr 1955 zunächst um jährlich 5%, ab dem Rechnungsjahr 1965 dann um 10%, bis 1969 schließlich der Bund nichts mehr zahlen sollte. Die „Interessenquote" der Länder entfiel für die pauschalierten Bereiche sofort.

Die Bundesregierung begründete diese Änderung damit, daß bisher Ausgaben- und Aufgabenverantwortung zu weit auseinandergelegen hätten und „die mittelverwaltenden Stellen erfahrungsgemäß der ständigen Versuchung [...] ausgesetzt sind, mit den fremden Mitteln weniger haushälterisch umzugehen als mit ihren eigenen"; das hätten Stichproben des Bundesrechnungshofs bestätigt.⁴⁴ Die Kontrollmöglichkeiten des Bundes über das örtliche Ausgabengebaren seien nur sehr beschränkt, denn selbst der Zustimmungsvorbehalt gelte nur für Maßnahmen von grundsätzlicher oder erheblicher finanzieller Bedeutung und sei praktisch nur dann anwendbar, wenn die Bundesbehörden von diesen Fällen erfuhren.⁴⁵ Die Bundesregierung hatte zur besseren Disziplinierung der örtlichen Stellen zunächst für eine erneute Erhöhung der „Interessenquote" plädiert, dafür jedoch nicht die Zustimmung des Bundesrates gefunden. Mit dem Kompromiß der Pauschalierung war nun aus Sicht des Bundes erreicht, daß in der Praxis die Finanzverantwortung für den Einzelfall bei dem Fürsorgeträger lag. Eine großzügigere Hilfenbemessung, insbesondere eine Erhöhung der Richtsätze, ging jetzt allein zu Lasten der Länder bzw. Kommunen selbst. Diese hingegen erhofften sich von der Pauschalierung eine wesentliche Verwaltungsvereinfachung – so bezifferte ein Vertreter der Landkreise deren bisherige Verwaltungskosten für die Kriegsfolgenhilfe auf schätzungsweise 18,9 Mio. DM im Rechnungsjahr 1953⁴⁶; außerdem hatte sie den Vorteil, daß wegen des Wegfalls der „Interessenquote" der Bund bis einschließlich 1957 mehr als bisher zahlen würde. Allerdings hatten die Bezirksfürsorgeverbände keinen Anspruch darauf, daß die Länder ihnen genau den Anteil am Pauschbetrag überwiesen, der ihren jeweiligen Aufwendungen im ursprünglichen Bezugszeitraum entsprach. Vielmehr blieb den Ländern die Freiheit zu einem internen Lastenausgleich, den sie im Falle der Aufwendungen für Lagerunterbringung auch nutzten, während sie die sonstigen Pauschbeträge in der Regel ungekürzt an

---

⁴³ Vgl. „Zweite Durchführungsverordnung zum Ersten Überleitungsgesetz" vom 3.7.1956, BGBl. I S. 642. Den absolut höchsten Pauschbetrag (100%) erhielt danach Nordrhein-Westfalen (133 Mio. DM), gefolgt von Bayern (99 Mio. DM) und Baden-Württemberg (85 Mio. DM).

⁴⁴ Begründung zu den Entwürfen für das Finanzverfassungsgesetz, das Finanzanpassungsgesetz und das Länderfinanzausgleichsgesetz, Allgemeiner Teil, S. 44, 52, BT, 2. Wp. 1953, Anlagen, Bd. 29, Drs. 480.

⁴⁵ Vgl. ebenda, S. 51. Die Frage, inwieweit der Bund seinen Zustimmungsvorbehalt in der zentralen Richtsatzfrage tatsächlich umsetzte, wäre genauer zu untersuchen, zumal die Aussagen damaliger Ministerialbeamter dazu einander widersprechen; vgl. Oel, Neuordnung der Fürsorgerichtsätze, S. 214, und Gottschick 1955, zit. bei Heisig, Armenpolitik, 1995, S. 133, Anm. 155.

⁴⁶ Vgl. Schmerbeck, Fürsorge, S. 81. Offensichtlich trat diese Vereinfachung jedoch nicht in dem erhofften Maße ein; vgl. Metzger, „Fürsorge-Eintopf".

die Fürsorgeträger weiterleiteten.⁴⁷ Die kommunalen Spitzenverbände begrüßten die Pauschalierung, da sie die zentrale Einflußnahme vermindern und so die Selbstverantwortung der Fürsorgeverbände stärken würde.⁴⁸ Die handfesten fiskalischen Vorteile dieser gestiegenen „Selbstverantwortung" wies zwei Jahre später ein SPD-Abgeordneter des Bayerischen Landtages nach: Seine detaillierten Ermittlungen hatten ergeben, daß zahlreiche bayerische Landkreise mit den Bundesmitteln nicht nur ihre eigenen Fürsorgekosten deckten, sondern damit auch allgemeine Haushaltslöcher stopften. Allein der Landkreis Wolfratshausen konnte nach Auflösung eines Flüchtlingslagers rund 326 000 DM an Kriegsfolgenhilfe des Bundes für den eigenen Haushalt verwenden.⁴⁹

Wirtschaftliche Konsolidierung, zunehmende Beschäftigung, steigende Einkommen und die Auswirkungen der Sozialgesetzgebung spiegeln sich auch in der Fürsorgestatistik der fünfziger Jahre wider. Da deren Erhebungsmodalitäten wiederholt geändert wurden und Berlin (West) und das Saarland erst im Laufe der Zeit einbezogen wurden, lassen sich leider keine durchgängigen Reihen etwa für den Anteil der kriegsbedingten Fürsorge oder für die Zusammensetzung der Fürsorgeempfänger bilden, so daß wir immer wieder auf statistische Momentaufnahmen verwiesen sind. Insgesamt betrachtet jedenfalls ging die Zahl der Empfänger laufender Unterstützung in der offenen Fürsorge während der fünfziger Jahre dramatisch zurück: Betrug sie im Bundesgebiet (ohne Berlin (West) und Saarland) Ende September 1949 noch rund 2,4 Mio., verringerte sie sich um mehr als eine Million ein Jahr später und betrug nach langfristig kontinuierlichem Absinken ein halbes Jahr vor Inkrafttreten des Bundessozialhilfegesetzes schließlich 760 000 Ende 1961 (siehe Tabelle 1).⁵⁰ Hatten von 1 000 Einwohnern der Bundesrepublik im Herbst 1949 gut 50 Personen laufende Fürsorgeleistungen bezogen, waren es im Frühling 1960 noch knapp 17. Allerdings war diese sogenannte Fürsorgedichte in den einzelnen Bundesländern sehr unterschiedlich: Im Herbst 1955 etwa entfielen auf 1 000 Einwohner in Rheinland-Pfalz gut 13 laufend unterstützte Personen, in Baden-Württemberg 16, in Schleswig-Holstein hingegen 27, in Bremen knapp 32 und in Berlin (West), dem „Tor zum Westen" für die DDR-Zuwanderer, sogar 80 Personen (Bundesdurchschnitt: 18)⁵¹ – wirtschaftliche Strukturschwäche und hoher Flüchtlingsanteil spiegeln sich in diesen Zahlen wider. Gleichzeitig hatte

---

⁴⁷ Vgl. Kurzwelly, Kriegsfolgenhilfe, Bd. 2, S. 26ff.
⁴⁸ Vgl. NDV 34 (1954), S. 262.
⁴⁹ Vgl. Süddeutsche Zeitung vom 5. 7. 1957; kritisch zur kommunalen Fürsorgepraxis nach der Pauschalierung der Tübinger Oberregierungsrat Müller-Caroli, Einordnung, S. 39.
⁵⁰ Zwischenzeitlich stiegen die Unterstützten-Zahlen leicht an, da die Erziehungsbeihilfen nach dem BVG sowie die Tbc-Hilfe ausgeweitet und die Richtsätze wiederholt erhöht wurden; vgl. Wirtschaft und Statistik 9 (1957), S. 625ff.; 11 (1959), S. 564ff.; 12 (1960), S. 674ff.; 13 (1961), S. 471ff.; 14 (1962), S. 486ff. Vgl. für Empfängerzahlen sowie Fürsorgeaufwand die Tabellen bei Schewe/Nordhorn, Übersicht, S. 142, 151, die teilweise etwas andere Zahlen anführen, was vermutlich auf eine unterschiedliche Berücksichtigung West-Berlins und des Saarlandes zurückzuführen ist (Tabellen übernommen von Schäfer, Rolle, S. 194). Ebenso (bis 1955) Bundesministerium des Innern (Hg.), Fürsorge, S. 17ff., 32ff., 47ff., wo West-Berlin einbezogen und der in der Regel höhere Stand am jeweils 31. 3. eines Rechnungsjahres oder Durchschnittszahlen angegeben wurden.
⁵¹ Vgl. Statistisches Jahrbuch 1957, S. 406.

Tabelle 1: Zahl der Fürsorgeempfänger 1949 bis 1961 im Bundesgebiet (ohne Saarland und West-Berlin) in Tausend

Jahr	Kriegsfolgenhilfe[c]	Offene Fürsorge[a] (laufende Unterstützung) allgem. Fürsorge[d]	davon Zugewanderte	insgesamt	auf 1 000 d. Bev.	Geschlossene Fürsorge[b] insgesamt
1949	1658	–	–	2412	51,3	–
1950	708	754	28	1307	27,5	330
1951	516	599	26	1052	21,8	335
1952	422	536	29	939	19,3	341
1953	453	517	42	977	19,9	353
1954	434	524	42	967	19,5	361
1955	–	533	37	902	18,0	346
1956	–	–	32	927	18,6	334
1957	–	–	32	[1 007][e]	[20,0][e]	328
				886	17,5	
1958	–	–	34	936	18,4	320
1959	–	–	34	927	18,0	311
1960	–	–	27	879	16,9	300
1961	–	–	[24][f]	[831][f]		[285][f]
			20	759	[14,2][g]	281

Quelle: Statistisches Jahrbuch 1952–1963.

Erläuterung: Die Zahlen wurden gerundet, so daß die Endsumme u.U. von der Summe der einzelnen Summanden abweichen kann. Da Doppelzählungen nicht auszuschließen sind, wurde auf eine Addition der Empfängerzahlen von offener und geschlossener Fürsorge verzichtet. Weil die statistischen Erhebungsmethoden im Bearbeitungszeitraum wiederholt geändert wurden, mußten die Zahlen für Vergleichsmöglichkeiten um die Anteile des Saarlandes und West-Berlins teilweise bereinigt werden. Eine Einbeziehung West-Berlins hätte höhere Zahlen ergeben (im Jahresdurchschnitt 1955–1959 rund 143 000 Personen mehr). Die offene Fürsorge umfaßt auch die soziale Fürsorge für Kriegsopfer sowie die Tbc-Hilfe. Ab 1955/56 wurde entsprechend den geänderten Abrechnungsmodalitäten die Kriegsfolgenhilfe nicht mehr gesondert erfaßt.

[a] 1949–1957: Stand am 30.9.; 1958–1960: Stand am 31.3.; 1961: Stand am 31.12.
[b] Stand am 31.3.
[c] Zugewanderte aus der SBZ/DDR und der Stadt Berlin mit und ohne Aufenthaltserlaubnis.
[d] allgemeine Fürsorge = nicht kriegsbedingte Fürsorge.
[e] Stand am 31.3.1957.
[f] Stand am 31.12.1960.
[g] Einschließlich Saarland.

sich infolge von Abwanderung und Umsiedelung die relative Belastung von Stadt und Land den Vorkriegsverhältnissen angenähert, wenn die „Fürsorgedichte" in den Stadtkreisen die in den Landkreisen nun wieder deutlich übertraf.[52]

Der massive Rückgang der Unterstützten-Zahlen von 1949/50 betraf hauptsächlich die Empfänger der Kriegsfolgenhilfe, von denen viele seit September 1949 Unterhaltshilfe nach dem Soforthilfegesetz erhielten und daher aus der Fürsorge ausschieden.[53] So sank der Anteil der Kriegsfolgenhilfe-Empfänger an der gesamten offenen Fürsorge (laufende Unterstützungen) von knapp 70 Prozent 1949 auf 45 Prozent im Jahre 1954. Innerhalb dieser Gruppe betraf der Rückgang vor allem die größte Gruppe unter ihnen, die Vertriebenen, ferner zunächst die zunehmend in die neu geordnete Kriegsopferversorgung überführten Kriegsbeschädigten und -hinterbliebenen sowie die bereits bis 1951 stark geschrumpfte Gruppe der Familien von Kriegsgefangenen bzw. Vermißten und der Heimkehrer, während die Zahl der unterstützten DDR-Zuwanderer vor allem 1953 deutlich anstieg, nachdem die Absperrmaßnahmen der DDR-Regierung im Sommer 1952 zu einem dramatischen Anstieg der Flucht über West-Berlin geführt hatten.[54]

Die Zahl der in Anstalten untergebrachten Fürsorgeempfänger (geschlossene Fürsorge) blieb dagegen relativ konstant. Sie stieg von 330 000 im Herbst 1950 auf 361 000 vier Jahre später und sank dann beständig auf rund 280 000 Ende 1961. Diese relativ konstante Größenordnung lag u.a. daran, daß viele der in den Anstalten Betreuten nicht oder nur schwer in den Erwerbsprozeß eingegliedert werden konnten oder nicht die Voraussetzungen für ausreichende Sozialversicherungsleistungen erfüllten; darüber hinaus war die Bettenkapazität knapp, so daß trotz Fluktuation die Anstalten ausgelastet blieben.[55]

Repräsentative Aussagen über soziale Struktur, Einkommenssituation und Lebensverhältnisse der von der öffentlichen Fürsorge Unterstützten sind aufgrund der häufig geänderten, vor allem kameralistisch orientierten statistischen Grundlagen nur schwer und unter Vorbehalten zu machen.[56] Überdies wurden die für die künftige Fürsorgeentwicklung als zentral erachteten freiwillig erbrachten Individualleistungen vieler Träger und deren Beratungstätigkeit überhaupt nicht statistisch erfaßt.[57] Für die erste Hälfte der fünfziger Jahre allerdings liegt eine relativ detaillierte Darstellung des Bundesinnenministeriums vor, die sich u.a. auf die Ergebnisse der Enquête über die Lebensverhältnisse der Renten- und Unterstützungsempfänger von 1953/55 stützen konnte. Ende 1951 war demnach ein gutes

---

[52] Vgl. für das Rechnungsjahr 1954: Bundesministerium des Innern (Hg.), Fürsorge, S. 19ff.
[53] Hinzu kam, daß weitere Kriegsgefangene heimkehrten und Rentenanträge laufend bearbeitet wurden; vgl. NDV 30 (1950), S. 218.
[54] Vgl. Statistisches Jahrbuch 1955, S. 385f.; Bundesministerium des Innern (Hg.), Fürsorge, S. 47ff.
[55] Vgl. Eduard Schmidt, Armenpflege, S. 36f.
[56] Seit 1955 wurden Heimatvertriebene, Evakuierte, Ausländer, Angehörige von Kriegsgefangenen etc. nicht mehr gesondert nachgewiesen; dafür erschienen seitdem neben den Zuwanderern und Kriegsopfern auch die Empfänger von Tbc-Hilfe. Seit 1956 wurde neben der Jahresstatistik ein „Ergänzungsnachweis" wechselnden Inhalts eingeführt, der über fürsorgerische Einzelprobleme vertieft Auskunft geben sollte. Vgl. auch NDV 36 (1956), S. 57f.
[57] Vgl. etwa Otto Suhr, Städte, S. 339.

Drittel aller Unterstützten unter 16 Jahre alt, ein gutes Sechstel war über 65, jeweils deutlich mehr, als es dem jeweiligen Anteil beider Gruppen an der Gesamtbevölkerung entsprach.[58] Nur knapp die Hälfte der Unterstützten war also zumindest altersmäßig überhaupt erwerbsfähig. Bis 1955 erhöhte sich der Anteil der älteren, nicht mehr in den Arbeitsmarkt einzugliedernden Menschen weiter und lag in den Stadtstaaten besonders hoch.[59]

Eine Sondererhebung über die Struktur der laufend Unterstützten der offenen Fürsorge im September 1956[60] ergab darüber hinaus, daß fast die Hälfte der Unterstützten Einzelpersonen waren (z.t. also mit nicht Unterstützten zusammenlebte), ein Siebtel der Personen Ehepaare, nur ein Dritte Familien (auch unvollständige) mit Kindern. Die meisten der Haushaltsvorstände wie Alleinunterstützten waren, wie es auch die andernorts genannten Armutsuntersuchungen gezeigt hatten, Frauen – Witwen, Rentnerinnen, alleinerziehende Mütter. Von den unterstützten Parteien gehörten (nach der Zugehörigkeit des Haushaltsvorstands bzw. des Alleinunterstützten) 23% zu den über 65jährigen, 19% zu den Kriegsopfern, 10% zu den Schwererwerbsbeschränkten, 8% zu den Empfängern von Tbc-Hilfe, 6% zu den Pflegekindern und knappe 2% zu den Arbeitslosen. Gegenüber 1950 hatte sich bis 1956 der Anteil derjenigen, die von der Fürsorge nur zusätzlich unterstützt werden mußten, von 40 auf 60% erhöht – auch dies eine Folge des Ausbaus anderweitiger Sozialleistungen, denn früher voll unterstützte Hilfsbedürftige mußten jetzt nur noch ergänzende Leistungen erhalten.

Bei den Fürsorgeempfängern der fünfziger Jahre handelte es sich jedoch nicht um einen jahrelang konstanten Personenkreis, im Rechnungsjahr 1954 etwa wechselte rund die Hälfte der unterstützten Parteien.[61] Eine Untersuchung in Hannover ergab 1953 allerdings, daß es sich dort bei mehr als der Hälfte um Dauerfälle handelte, die länger als drei Jahre laufende Fürsorge bezogen, ein weiteres Viertel ein bis drei Jahre, daß also nur eine recht kleine Gruppe tatsächlich fluktuierte.[62] Eine Umfrage des DST bei 19 Städten im Jahre 1953 versuchte, die Ursachen der Hilfsbedürftigkeit näher zu beleuchten.[63] Neben der nicht näher definierten größten Gruppe „sonstige[r]" Gründe war der häufigste Grund, daß andere Sozialleistungen durch die öffentliche Fürsorge aufgestockt werden mußten (20% der Parteien); eine weitere wesentliche Ursache war, daß der Ernährer krank oder arbeitsunfähig war, ohne versichert zu sein (12%), schließlich, daß die Fürsorge bis zur Renten- oder Versorgungszahlung einspringen mußte (knapp 10%). Neben

---

[58] Für die Altersstruktur vgl. Bundesministerium des Innern (Hg.), Fürsorge, S. 20ff.; für die Gesamtbevölkerung siehe Ritter/Niehuss, Wahlen, S. 29.
[59] Das war u.a. Folge der in den Städten üblicherweise höheren Richtsätze, so daß hier Sozial- oder Kriegsopferrentner eher eine zusätzliche Unterstützung durch die Fürsorge erhalten konnten; vgl. Bundesministerium des Innern (Hg.), Fürsorge, S. 21.
[60] Vgl. Wirtschaft und Statistik 9 (1957), S. 441ff.; 10 (1958), S. 406ff.; in Bayern waren die Ergebnisse entsprechend, vgl. Krinner, Fürsorge, S. 62f.
[61] Im Rechnungsjahr 1954 wurden die Zu- und Abgänge erstmals erhoben; vgl. Bundesministerium des Innern (Hg.), Fürsorge, S. 21ff.
[62] Vgl. Keese, Lebensunterhalt, S. 242.
[63] Vgl. Der Städtetag 7 (1954), S. 15f.; Bundesministerium des Innern (Hg.), Fürsorge, S. 23f.; NDV 35 (1955), S. 62ff.

diesen durch die anderen Sicherungssysteme nicht oder nicht genügend abgedeckten allgemeinen Lebensrisiken bildeten fehlende oder ungenügende Unterhaltsleistungen des Ernährers oder Kindsvaters eine häufige Ursache der Hilfsbedürftigkeit. Umgekehrt waren die Aufnahme einer neuen Arbeit und die Erhöhung anderer Sozialleistungen häufig der Grund für das Ausscheiden aus der öffentlichen Fürsorge.

Angaben über das den Fürsorgeempfängern tatsächlich zur Verfügung stehende Einkommen sind nur unter Vorbehalt zu treffen, da zwar durchschnittliche monatliche Unterstützungsbeträge ermittelt wurden, aufgrund einer Fülle verschiedener Anrechnungs- und Sonderregelungen aber die reale Einkommenssituation von Fall zu Fall stark schwankte und teilweise noch anderes Einkommen vorhanden war. Überdies gab es infolge unterschiedlicher Richtsätze und Lebenshaltungskosten auch regionale Unterschiede: Fürsorgeempfänger erhielten in den Stadtstaaten und Nordrhein-Westfalen mehr, in Rheinland-Pfalz und in Schleswig-Holstein weniger Geld als im Bundesdurchschnitt, in den Städten lag die Unterstützung meist höher als auf dem Land.[64] Das wurde von den Funktionären des DLT zwar mit besseren Möglichkeiten zur Selbsthilfe und stärkeren familiären und nachbarschaftlichen Bindungen auf dem Land begründet, war aber – wie Stichproben immer wieder belegten – mindestens ebensosehr das Ergebnis örtlicher Fürsorgepolitik.[65] Die Abweichungen der Fürsorgeleistungen bildeten so auch ein Dauerthema der Fürsorgereform. Im Bundesdurchschnitt jedenfalls erhielt im September 1956 ein alleinstehender, voll unterstützter erwachsener Hilfsbedürftiger ohne weiteres anzurechnendes Einkommen in der offenen Fürsorge monatlich rund 70 DM, jeder Angehörige einer Familie (Ehepaar) mit minderjährigen Kindern durchschnittlich rund 60 DM, eine dreiköpfige Familie rund 180 DM; dazu kamen gegebenenfalls ein Mietbeitrag von durchschnittlich 22 DM pro Partei und bei den Parteien, die mehr als ein Jahr lang unterstützt wurden, einmalige Beihilfen in Höhe von durchschnittlich knapp 100 DM jährlich.[66] Zu dieser Zeit verdiente ein beschäftigter Arbeitnehmer im Durchschnitt monatlich 395 DM brutto, die durchschnittliche Altersrente eines Arbeiters lag 1955 bei knapp 90 DM monatlich, die seiner Witwe bei nur 57,50 DM.[67] Zur gleichen Zeit

---

[64] Die durchschnittlichen Fürsorgerichtsätze erhöhten sich zwischen 1949 und 1955 nominal um rund 50% und lagen 1955 für den Haushaltsvorstand bei durchschnittlich 53 DM, 1961 bei durchschnittlich 93 DM. Vgl. Bundesministerium des Innern (Hg.), Fürsorge, S. 16; Richard Hauser u.a., Armut, S. 35.
[65] Vgl. Müller-Caroli, Einordnung, S. 36; Rudloff, Schatten, S. 359ff.
[66] Unter den Vollunterstützten erhielt ein Tbc-Hilfe-Empfänger rund 81 DM, ein über 65jähriger fast 84 DM, ein Arbeitsloser 60 DM, ein Pflegekind 45 DM; vgl., auch für das Folgende, Wirtschaft und Statistik 9 (1957), S. 443ff. Nach der Sozialenquête hatte ein Alleinunterstützter, der vorwiegend Hilfe der offenen Fürsorge bezog, im Frühjahr 1955 monatlich durchschnittlich 94 DM zur Verfügung (davon nur 10 DM aus Erwerbstätigkeit und sonstigen Quellen), ein entsprechender Haushalt mit mindestens zwei Personen 206 DM (davon 53 DM aus Erwerbstätigkeit und 14 DM aus sonstigen Quellen); vgl. Statistisches Jahrbuch 1956, S. 382.
[67] Für die Renten siehe Frerich/Frey, Handbuch, Bd. 3, S. 47; für den Durchschnittslohn Ritter/Niehuss, Wahlen, S. 69.

setzte eine der erwähnten zeitgenössischen Armutsstudien die Armutsgrenze für einen Berliner Dreipersonenhaushalt bei 220 DM an.[68]

Während die Zahl der Empfänger öffentlicher Fürsorge stark zurückging, stieg der nominale Fürsorgeaufwand (Bruttoausgaben) in den fünfziger Jahren etwas an: Von rund 1,2 Mrd. DM im Herbst 1949 sank er auf zunächst 0,9 Mrd. DM ein Jahr später, stieg dann aber allmählich auf schließlich 1,6 Mrd. DM Ende 1961 (vgl. Tabelle 2). Dabei blieb der Aufwand der offenen Fürsorge einschließlich einmaliger Leistungen auf das Jahrzehnt gesehen nominal relativ konstant (889 Mio. DM 1949, 802 Mio. DM Ende 1961), während er in der geschlossenen Fürsorge erheblich anwuchs, obwohl diese (gemessen an der Zahl der geleisteten Pflegetage) immer weniger in Anspruch genommen wurde: von 291 Mio. DM im Herbst 1949 auf 821 Mio. DM Ende 1961. Damit übertrafen die Ausgaben für die geschlossene Fürsorge 1961 erstmals diejenigen für die offene. Der gesamte Fürsorgeaufwand pro Einwohner erhöhte sich zwischen 1950 und 1959 um fast 10,00 DM auf knapp 29,00 DM, obwohl 1959 rund ein Viertel weniger Hilfsbedürftige Fürsorge erhielten. Verglichen mit anderen Sozialleistungen allerdings, etwa der Renten- oder der Krankenversicherung, waren die Ausgabensteigerungen bei der öffentlichen Fürsorge immer noch gering.[69] Die Steigerung war neben den mit dem Fürsorgeänderungsgesetz eingeführten Mehrbedarfszuschlägen und erhöhten Richtsätzen vor allem durch höhere Pflegesätze und Krankenbehandlungskosten, den Ausbau und die vermehrte Inspruchnahme der Erziehungsbeihilfen nach dem BVG und höhere Leistungen bei der Tbc-Hilfe bedingt.[70]

Der Fürsorgeaufwand beschreibt allerdings nicht die reale Belastung der Fürsorgeverbände, denn diese erhielten ja die Kosten der Kriegsfolgenhilfe, die auch Ende der fünfziger Jahre mehr als die Hälfte aller Fürsorgekosten ausmachten, großenteils vom Bund erstattet.[71] Nicht berücksichtigt ist ferner der nachträgliche Kostenersatz durch andere Sozialleistungsträger, Unterhaltspflichtige und die Hilfeempfänger selbst; dieser machte im Rechnungsjahr 1956 etwa ein Fünftel, in den Rechnungsjahren 1958 bis 1961 jeweils ein Viertel der Brutto-Ausgaben aus.[72] So lagen die realen Zahlungen der Gemeinden und Gemeindeverbände für die öffentliche Fürsorge (einschließlich Verwaltungskosten) bei insgesamt gestiegenen Fürsorgeaufwendungen 1958 sogar unter denen von 1949: Damals hatten sie 1,27 Mrd. DM dafür ausgegeben, 1951 waren es noch 0,66 Mrd. DM, nach allmählichem Ansteigen 1958 schließlich 1,025 Mrd. DM; im gleichen Zeitraum stiegen die Beiträge von Bund und Ländern zu den öffentlichen Sozialleistungen um

---

[68] Für Sozialleistungsempfänger und Nichterwerbstätige; vgl. Münke, Armut, S. 40f.
[69] Vgl. die Übersicht bei Elsholz, Sozialaufwendungen, S. 60ff. Zwischen 1949 und 1957 stiegen die Ausgaben allein der Arbeiterrentenversicherung auf gut das Viereinhalbfache, die der Gesetzlichen Krankenversicherung auf das Dreifache. Insgesamt erhöhten sich die öffentlichen Sozialausgaben in diesem Zeitraum auf fast das Dreifache (jeweils Bundesgebiet mit Berlin-West, ohne Saarland); vgl. Fehrs, Sozialleistungen, S. 765.
[70] Vgl. Eduard Schmidt, Armenpflege, S. 37f.; Krinner, Fürsorge, S. 76f.
[71] Vgl. Übersicht 23 bei Elsholz, Sozialaufwendungen, S. 60.
[72] In den genannten Ausgabenbeträgen sind auch nicht die Sonderausgaben der Fürsorgeverbände für einmalige Weihnachtsbeihilfen, Ungarnflüchtlinge und Krankenversorgung im Rahmen des Lastenausgleichs berücksichtigt.

Tabelle 2: Aufwand der öffentlichen Fürsorge in den Rechnungsjahren 1949 bis 1961 im Bundesgebiet (ohne Saarland und West-Berlin) (in Mio. DM)

Rechnungsjahr[a]	Offene Fürsorge			Geschlossene Fürsorge	Öffentliche Fürsorge	
	Laufende Unterstützungen	Einmalige Unterstützungen	Insgesamt	Insgesamt	Insgesamt	DM je Einwohner
1949	–	–	889	291	1 179	24,72
1950	397	192	589	323	912	19,17
1951	373	179	552	371	923	19,16
1952	374	204	578	422	1 000	20,58
1953	415	197	612	483	1 095	22,27
1954	461	199	660	533	1 193	24,03
1955	447	199	647	526	1 172	23,37
1956	–	–	691	589	1 280	25,62
1957	–	–	723	619	1 342	26,49
1958	–	–	781	686	1 467	28,44
1959	–	–	777	729	1 507	28,91
1960	–	–	[595]	[574]	[1 169]	–
1961	–	–	802	821	1 624	30,34[b]

Quelle: Statistisches Jahrbuch 1955–1963.

Erläuterung: Die Zahlen wurden gerundet, so daß die Endsumme u.U. von der Summe der einzelnen Summanden abweichen kann. Da die statistischen Erhebungsmethoden im Bearbeitungszeitraum wiederholt geändert wurden, mußten die Zahlen für Vergleichsmöglichkeiten um die Anteile des Saarlandes und Berlins (West) teilweise bereinigt werden. Eine Berücksichtigung Berlins (West) hätte im Jahresdurchschnitt 1955–1959 rund 171 Mio. DM mehr ergeben. Die offene Fürsorge umfaßt auch die soziale Fürsorge für Kriegsopfer sowie die Tbc-Hilfe.

[a] Rechnungsjahre 1949 bis 1959: 1. April des Jahres bis 31. März des folgenden Kalenderjahres; 1960: Rumpfjahr vom 1. April bis 31. Dezember; 1961: Kalenderjahr.
[b] Einschließlich Saarland.

das Dreieinhalbfache auf 10,2 Mrd. DM (1958).[73] Die tatsächlichen Ausgaben für die öffentliche Fürsorge waren also nur sehr bedingt dazu geeignet, die im gesamten Jahrzehnt erhobene kommunale Klage über die Überlastung ihrer Haushalte zu begründen.

Wenn auch die Gelder, mit denen die örtlichen Fürsorgeämter wirtschafteten, zu einem großen Teil aus den Töpfen des Bundes bzw. der Länder stammten, war die praktische Betreuung des breiten Spektrums der Hilfsbedürftigen organisatorisch zumeist doch bei diesen Ämtern zusammengefaßt. Denn gerade in vielen kleineren und mittelgroßen Kommunen bildeten die Lastenausgleichs-, die Wiedergutmachungs- und die Flüchtlingsämter nur eine Abteilung der Fürsorgeämter, die noch Mitte der fünfziger Jahre neben den aus allgemeinen Gründen Hilfsbedürftigen auch die von Kriegsfolgen Betroffenen mitbetreuten und dabei eine Fülle unterschiedlicher Sozialgesetze und Vorschriften zu beachten hatten.[74]

Während in den zwanziger Jahren das umfassende Wohlfahrtsamt propagiert worden war, setzte sich jetzt der bereits seit den frühen dreißiger Jahren einsetzende Trend zu einer organisatorischen Trennung von Fürsorge im engeren Sinne, Jugendhilfe und Gesundheitsfürsorge weiter fort. So wurde die 1934 eingeführte Verstaatlichung der Gesundheitsämter trotz anderslautender Forderungen der kommunalen Spitzenverbände in den meisten Flächenstaaten nicht rückgängig gemacht.[75] Vielmehr blieben in Bayern, Baden-Württemberg, Rheinland-Pfalz, im Saarland und in Teilen Niedersachsens die Gesundheitsämter Sonderbehörden der Länder. Für eine Kommunalisierung plädierten kommunale Spitzenverbände und der DV im Interesse einer wirksameren Koordination aller fürsorgerischen Aufgaben und einer sozialpädagogisch orientierten Gesundheitsfürsorge. Darüber hinaus sichere das kommunale Gesundheitsamt die Einheit der örtlichen Verwaltung, verringere den Verwaltungsaufwand und sei Ausdruck des demokratischen Grundprinzips der kommunalen Selbstverwaltung.[76] Demgegenüber führten vor allem die Amtsärzte die überregionale Bedeutung der Seuchenbekämpfung und die Notwendigkeit einer gleichmäßigen finanziellen Absicherung der Gesundheitsfürsorge in allen Kommunen ins Feld. Unter dieser Oberfläche der Sachargumente – es waren die gleichen wie vor 1933[77] – ging es für beide Seiten um Kompetenzgewinn und Kompetenzverlust und nicht zuletzt um personelle Ressourcen, waren es doch in der Regel die Gesundheitsämter, denen der Stab der Familienfürsorgerinnen zugeordnet war. In der Praxis freilich büßte der öffentliche Gesundheitsdienst, ob nun staatlich oder kommunal, immer mehr an Bedeutung ein: Die Seuchenbekämpfung verlor allmählich an Gewicht, und die gesundheitspolitische Gesetzgebung bevorzugte zunehmend die niedergelassenen Ärzte, die mehr und mehr Aufgaben der Gesundheitsvor- und -fürsorge übernehmen konnten, was durch die fortschreitende medizinische Spezialisierung noch

---

[73] Ohne Beamtenversorgung; vgl. Fehrs, Sozialleistungen, S. 770f.
[74] Vgl. Roth, Institution, S. 182ff.; André, SozialAmt, S. 107ff.
[75] Vgl. Labisch, Entwicklungslinien, S. 752ff.; Kühn, Jugendamt, S. 62ff.; ferner NDV 27 (1947), S. 62.
[76] Vgl. etwa NDV 27 (1947), S. 93f.; 28 (1948), S. 30ff.
[77] Vgl. Labisch/Tennstedt, Weg, Teil 2, S. 351.

gefördert wurde. So geriet, allen Reformüberlegungen zum Trotz, der öffentliche Gesundheitsdienst seit Mitte der fünfziger Jahre zunehmend in eine Außenseiterposition.[78]

Die Novellierung des RJWG 1953 forcierte dann auch die Herauslösung des Jugendamtes, denn sie verpflichtete die Städte und Kreise wieder zur Errichtung von Jugendämtern als Behörden der kommunalen Selbstverwaltung; eine DV-Studie ergab vier Jahre später, daß jetzt etwa 80% der Jugendämter selbständig, wenn auch nach wie vor von anderen Ämtern abhängig und personell weniger gut ausgestattet waren.[79] Hinsichtlich der Gesamtstruktur der Fürsorgeämter bestand somit „die einzige substantielle Änderung [...], die die fünfziger Jahre brachten, in der Wiederherstellung der quasiparlamentarischen Leitungsausschüsse, die von den Nationalsozialisten durch willfährige Beiräte mit rein beratender Funktion ersetzt worden waren"[80].

Auch die Binnenstruktur der Fürsorgebehörden mit ihrer klassischen Trennung von Innen- und Außendienst war nach Kriegsende bald wieder etabliert worden und blieb wegen der damit verbundenen ungleichen Entscheidungskompetenzen und vielfachen Privilegierung der (meist männlichen) allgemeinen Verwaltungsbeamten des Innendienstes gegenüber den angestellten Fürsorgerinnen im Außendienst die gesamten fünfziger Jahre hindurch ein Hauptkritikpunkt der Fürsorger(innen) und ihrer Berufsverbände. Dem nur für den allgemeinen Verwaltungsdienst ausgebildeten Kommunalbeamten fehlten die für eine wirkungsvolle „Sozialarbeit", wie es jetzt zunehmend hieß, unabdingbaren Fachkenntnisse, doch besitze er die größeren Befugnisse gegenüber der fachlich geschulten Fürsorgerin, der „lediglich die Überprüfung der Verhältnisse und die Abgabe von Berichten" zugewiesen sei, so daß sie sich als „Laufmädchen der Verwaltung" fühlen müsse.[81] Doch ungeachtet der Klagen über eine zu starke Bürokratisierung der Fürsorgearbeit, die in die Forderung mündeten, auch den Innendienst weitgehend mit sozialpädagogisch ausgebildeten Kräften zu besetzen, blieb dieser aufgrund des Widerstandes der Länderinnenministerien und vieler Fürsorgeverbände eine Domäne der Verwaltungsbeamten, wenn auch der Status der Fürsorger(innen) hinsichtlich Eingruppierung, Bezahlung und Urlaubsanspruch deutlich verbessert wurde.[82] Eine gewisse Professionalisierung der Verwaltung wurde vielmehr zunächst durch den weitgehenden Verzicht auf ehrenamtliche Kräfte erreicht; deren Zahl war bereits Anfang der fünfziger Jahre deutlich zurückgegangen und ihre Rolle auf die eines Ermittlers der wirtschaftlichen Verhältnisse des Antragstellers reduziert worden.[83]

---

[78] Vgl. Süß, Gesundheitspolitik, S. 65ff.
[79] Vgl. Hasenclever, Jugendhilfe, S. 172ff., 182ff.; Kühn, Jugendamt, S. 67ff.
[80] André, SozialAmt, S. 109.
[81] Vgl. Falkenberg, Forderungen, S. 177.
[82] Vgl. u.a. die Referate auf dem Fürsorgetag von 1949 von Wilhelm Niemeyer (S. 91–110) und Erwin Wientgen (S. 111–126), in: Fürsorge im Dienst; ferner Baum, Familienfürsorge, S. 168; Albers, Ausbildung, S. 170; NDV 38 (1958), S. 145ff.; Hedwig Herrmann, Werdegang.
[83] Vgl. André, SozialAmt, S. 120f.

Die soziale Ausbildung der Fachkräfte knüpfte eng an Weimarer Traditionen an, nicht allerdings an deren aus der bürgerlichen Frauenbewegung stammenden emanzipatorischen Impetus. Angesichts der wachsenden Bedeutung, die nun der „persönlichen Hilfe" gegenüber rein materieller Unterstützung beigemessen wurde, und einem zumindest in der Theorie zunehmend als partnerschaftlich begriffenen Hilfeverhältnis, forderten Fürsorgespezialisten die Vermittlung neuer psychologischer, pädagogischer und soziologischer Erkenntnisse. Damit versuchte man zumindest auf Fachtagungen Anschluß an internationale Entwicklungen zu finden, wobei vor allem angelsächsische Vorbilder (*case work*, Gruppenpädagogik) rezipiert, wenn auch selten in die breitere Praxis übernommen wurden.[84] Anstoß für eine – moderate – Reformierung des Ausbildungswesens Ende der fünfziger Jahre mit verlängerten Ausbildungszeiten gab dann jedoch die Tatsache, daß dieses immer uneinheitlicher geworden und deshalb die gegenseitige Anerkennung der Abschlüsse durch die Länder gefährdet war. Ein Motiv für die erhöhten Ausbildungsanforderungen an die künftigen Sozialarbeiter dürfte auch das recht hohe Qualifikationsniveau der hauptamtlichen Mitarbeiter der freien Wohlfahrtspflege gewesen sein, zu der die kommunalen Fürsorgeträger in den sozialpolitischen Diskussionen zunehmend in Konkurrenz traten.

Auch die Organisation des Außendienstes selbst blieb nahezu unverändert: Vielerorts war er theoretisch dem aus den zwanziger Jahren stammenden Leitprinzip der „Familienfürsorge" verpflichtet, wonach die Fürsorge familienorientiert vorzugehen habe, dementsprechend ein Haushalt möglichst von einer Familienfürsorgerin umfassend und nicht nebeneinander von verschiedenen Spezialfürsorgerinnen betreut werden und die Familienfürsorge entweder in einem eigenen Amt organisiert oder aber dem Fürsorge- oder Jugendamt angegliedert sein sollte. In der Praxis jedoch blieben die meisten Familienfürsorgerinnen, vor allem in den Landkreisen, wie während der NS-Zeit dem Gesundheitsamt zugeordnet, hatten dementsprechend gesundheitsfürsorgerische Gesichtspunkte in den Vordergrund zu stellen und mußten nicht selten für den Amtsarzt auch Büroarbeiten erledigen.[85] Spezialfürsorgebereiche wie die Tbc-, die Gefährdeten- oder die Trinkerfürsorge blieben ebenfalls bestehen.

Die Organisation der öffentlichen Fürsorge auf der mittleren Verwaltungsebene änderte sich gegenüber den ersten Nachkriegsjahren kaum noch: In Bayern, Hessen, Nordrhein-Westfalen, in Teilen von Rheinland-Pfalz, im niedersächsischen Verwaltungsbezirk Oldenburg und im Landesteil Württemberg waren die Landesfürsorgeverbände kommunale Selbstverwaltungskörperschaften, während in den übrigen Ländern und Landesteilen deren Aufgaben durch die Landesbehörden wahrgenommen wurden[86] – auf der Ebene der Landesfürsorgeverbände also vereinigten und brachen sich auch weiterhin kommunale und Landesinteressen.

---

[84] Vgl. zeitgenössisch NDV 33 (1953), S. 278ff. Zur Entwicklung der Sozialarbeit in der jungen Bundesrepublik vgl. C.W. Müller, Helfen, S. 23ff.; Wendt, Geschichte, S. 242ff., 288ff.
[85] Vgl. Kühn, Jugendamt, S. 64ff., 73ff.; ferner Linke, Geschichte, S. 327ff.
[86] Vgl. Schmerbeck, Fürsorge, S. 79; Flierl, Wohlfahrtspflege, S. 364ff. 1955 gab es im Bundesgebiet (ohne Saarland) 557 BFV und 27 LFV; vgl. Bundesministerium des Innern (Hg.), Fürsorge, S. 12.

Insgesamt zeigen die Organisation der öffentlichen Fürsorge, ihre methodischen Leitbilder und Ausbildungsinhalte eine starke, durch den Nationalsozialismus und die Improvisationsphase der unmittelbaren Nachkriegszeit allenfalls unterbrochene Kontinuität zu den zwanziger Jahren. Die Reform des Fürsorge- und des Jugendhilferechts zu Anfang der sechziger Jahre begünstigte dann zwar eine Neuorientierung, doch diese kam erst infolge der Änderungen des sozialpolitischen Klimas und dem Aufkommen einer kritischen Sozialarbeiterbewegung am Ende des Jahrzehnts stärker zum Tragen.[87]

Für die Verbände der freien Wohlfahrtspflege waren die fünfziger Jahre eine Zeit der – über den eigentlichen Fürsorgesektor hinausreichenden – Expansion.[88] So gelang es ihnen trotz finanzieller Schwierigkeiten bereits Mitte des Jahrzehnts, den Vorkriegsstand an Anstalten und Anstaltsplätzen zu erreichen bzw. sogar zu überschreiten. In der geschlossenen Fürsorge etwa verfügten die Verbände 1955 in der Bundesrepublik (einschl. Berlin) über rund 8 800 Anstalten mit fast 670 000 Betten. Anfang 1958 stellten sie fast 40% aller Krankenbetten in der Bundesrepublik.[89] Die Hälfte davon gehörte allein zum Caritasverband, ein weiteres Drittel zur Inneren Mission, ein Beleg für das klare Übergewicht der konfessionellen Träger.[90] Diese Ausdehnung der freiverbandlichen Tätigkeit hatte natürlich ihren Preis, der durch Spenden, Sammlungen, Stiftungen, selbst erwirtschaftete Mittel und Kirchensteuern nicht gedeckt werden konnte. Fragen der Pflegesätze, günstiger öffentlicher Darlehen und Zuschüsse etc. bildeten daher bald einen ständigen Grundton, der bei den bisweilen hochtheoretischen Debatten um das Subsidiaritätsprinzip und die Stellung der freien Wohlfahrtspflege im künftigen Sozial- und Jugendhilferecht nicht überhört werden sollte.

Doch auch der Ausbau der freien Wohlfahrtspflege in den fünfziger Jahren änderte nichts an der beschriebenen quantitativen Marginalisierung der Fürsorge im Rahmen des sozialen Sicherungssystems der Bundesrepublik. Dieser zahlenmäßige Bedeutungsverlust erforderte und ermöglichte verstärkte Diskussionen über ein neues Selbstverständnis und geänderte Aufgaben der Fürsorge – dies umso mehr, als mit der einsetzenden Sozialreformdebatte das gesamte Sicherungssystem selbst zur Disposition gestellt schien. Für viele Vertreter der öffentlichen Fürsorge war deren neue Ortsbestimmung jedoch keineswegs nur eine sozialpolitische Frage; für sie ging es dabei auch um die aus ihrer Sicht problematische Stellung der Kommunen im Verfassungs- und Finanzsystem der Bundesrepublik.

---

[87] Vgl. Kühn, Jugendamt, S. 75ff.
[88] Zum DCV etwa gehörten 1950 rund 30 000 Einrichtungen mit 750 000 Plätzen und 106 000 hauptamtlichen Mitarbeitern; zehn Jahre später waren es 35 000 Einrichtungen mit 835 000 Plätzen und 137 500 Mitarbeitern; vgl. Speckert, Entwicklung, S. 437; ferner allgemein Eder, Wiederaufbau, S. 291ff.; Hammerschmidt, Wohlfahrtsverbände in der Nachkriegszeit, Tabellen, S. 441, 449, et passim.
[89] Vgl. Wopperer, Einrichtungen, S. 118; Becker, Anstalten.
[90] Vgl. Bundesministerium des Innern (Hg.), Wohlfahrtspflege, S. 6ff., et passim.

Exkurs: Kommunen in der Defensive – zur verfassungsmäßigen und finanziellen Stellung der Städte und Kreise in der frühen Bundesrepublik

Die Haltung der Städte und Kreise zur Fürsorgereform in den fünfziger Jahren kann nur im Zusammenhang mit deren gleichzeitigen Bemühungen um eine verfassungsrechtliche, politische und insbesondere finanzielle Besserstellung gegenüber Bund und Ländern angemessen analysiert werden. Diese Bemühungen waren geprägt durch die negativen Erfahrungen seit 1920, als die Erzbergersche Finanzreform den Niedergang kommunaler (Finanz-)Autonomie eingeläutet hatte, indem sie Städte und Gemeinden zu „Kostgängern" des Reiches machte und damit der „institutionellen Garantie" der kommunalen Selbstverwaltung durch die Weimarer Verfassung in der Praxis eine wesentliche Grundlage nahm.[91] In der Weltwirtschaftskrise finanziell ausgeblutet, konsolidierten die Kommunen nach 1933 zwar zunächst ihre Haushalte, blieben aber trotz steigender Steuereinnahmen und den ihnen seit 1936 allein zustehenden Realsteuern in ein relativ starres Gemeindefinanzsystem eingebunden und erlitten in der Phase der Aufrüstung und vor allem seit Kriegsbeginn erhebliche Eingriffe in ihre Steuerhoheit; hinzu kamen Einnahmerückgänge, die durch Kriegsbeiträge noch verschärft wurden. Den Verlust der kommunalen Selbstverwaltungsrechte bereits im Zuge der „Gleichschaltung" 1933 verfestigte die Deutsche Gemeindeordnung von 1935, die zwar erstmals das bis dahin zersplitterte Gemeinderecht vereinheitlichte, gleichzeitig aber die kommunale Verwaltung auf das „Führerprinzip" verpflichtete und der NSDAP entscheidenden personellen und sachlichen Einfluß sicherte, so daß „eine Art ‚staatliche Lokalverwaltung' mit geringer Eigenständigkeit"[92] entstand.

1945 erlebten die Gemeinden und Gemeindeverbände in den Westzonen einen vorübergehenden Kompetenzgewinn, zumal ihnen die Besatzungsmächte im Neuaufbau von unten her eine wichtige Rolle bei der Einübung demokratischer Tugenden zudachten und über Kommunalwahlen im Laufe des Jahres 1946 zu demokratisch legitimierten Vertretungskörperschaften verhalfen.[93] Die damit ebenfalls notwendige Neuordnung des Gemeindeverfassungsrechts wurde früher oder später wieder den neu gebildeten Ländern übertragen, die dabei im wesentlichen an die unterschiedlichen Verfassungs- und Verwaltungstraditionen von vor 1933 anknüpften.[94] Sehr zum Leidwesen der kommunalen Spitzenverbände war

---

[91] Vgl. Sachße/Tennstedt, Geschichte, Bd. 2, S. 176ff.; dies., Geschichte, Bd. 3, S. 64ff., 84ff.; Leibfried u.a., Politik, S. 152ff.; Matzerath, Nationalsozialismus, S. 314ff., 433ff.; Voigt, Auswirkungen, S. 79ff.; Mutius, Kommunalverwaltung, 1985; zur rechtlich anders gearteten, aber entsprechenden Entwicklung der Landkreise vgl. Groeben/Heide, Geschichte, S. 133ff., 182ff.

[92] Mutius, Kommunalverwaltung, 1985, S. 1074.

[93] Vgl. Deutschland-Jahrbuch (1949), S. 47ff.; Ziebill, Geschichte, S. 102ff.; Bertram, Staatspolitik, S. 22ff.; Engeli, Neuanfänge, S. 118ff.; Mutius, Kommunalverwaltung, 1987, S. 316ff.; Unruh, Lage, S. 76ff.

[94] In den Landkreisen allerdings kehrte man – mit Ausnahme der französischen Zone – nicht mehr zur Tradition des Landrats als auf Lebenszeit ernannten Staatsbeamten zurück, sondern ließ den Landrat (in der britischen Zone auch den Oberkreisdirektor) jetzt durch den Kreistag bzw. direkt von den Bürgern wählen und kommunalisierte damit die Landkreisverwaltung; vgl. Deutschland-Jahrbuch (1949), S. 50ff.

damit das Kommunalverfassungsrecht uneinheitlicher denn je; Versuche des DST, durch Muster-Gemeindeordnungen wenigstens in den Westzonen zu größerer Einheitlichkeit zu gelangen und auf diese Weise die Gemeinden vor immer stärkerer Mediatisierung durch die Länder zu schützen, hatten nur teilweise Erfolg. Unterschiedlich geregelt wurde vor allem die innere Kommunalverfassung wie auch der ganze Bereich der Fremdaufgaben, was für den hier interessierenden Bereich der Wohlfahrtspflege unmittelbare Auswirkungen etwa auf die Stellung der Gesundheitsämter oder die Organisationsform der Landesfürsorgeverbände hatte.

Erfolglos blieben auch die Bemühungen der Kommunalvertreter, den Gemeinden und Kreisen im Grundgesetz gegenüber Bund und Ländern die Stellung eines „dritten Partners" im neuen Staatsgefüge zu sichern. Zwar garantiert das Grundgesetz in Art. 28 Abs. 2 den Gemeinden das Recht der kommunalen Selbstverwaltung, betrachtet sie aber ansonsten im zweistufigen Staatsaufbau als Untergliederungen der Länder ohne institutionalisierte Möglichkeit einer Mitwirkung an der Bundesgesetzgebung. War schon die zunehmende „Präklusion der Länder" durch die Gesetzgebung des Bundes ein zentraler Begriff zur Beschreibung der föderalen Verfassungswirklichkeit[95], so wurde und wird dies erst recht für die Position der Kommunen postuliert: Ungeachtet der verfassungsmäßig ungewöhnlich eindeutigen Garantie der kommunalen Selbstverwaltung sei diese gerade im Bereich der sozialen Intervention (abgesehen von den Konsequenzen einer eingeschränkten Finanzautonomie) durch den Einheitlichkeitsgrundsatz des Grundgesetzes und das „Egalitätsdenken" der modernen mobilen Gesellschaft praktisch deutlich begrenzt und die Position der Kommunen gegenüber Bund und Ländern schwach.[96]

Das galt auch für die Berücksichtigung kommunalpolitischer Interessen in den Parlamenten: Zwar war der Anteil ehemaliger und aktiver Kommunalpolitiker im Bundestag wie in den Landtagen hoch und kam es immer wieder zu formloser Kooperation der Aktiven über die Parteigrenzen hinweg, doch im Zweifelsfall bestimmten meist Parteiloyalität oder andere Interessen das Abstimmungsverhalten bei kommunalrelevanten Fragen.[97] Immerhin gründeten die Fraktionen der CDU/CSU wie der SPD eigene kommunalpolitische Arbeitsgemeinschaften. Von den Parteien selbst verfügte in dem hier interessierenden Zeitraum nur die CDU/CSU über eine kommunalpolitische Sonderorganisation, die 1947 gegründete Kommunalpolitische Vereinigung (KPV), die jedoch in den fünfziger Jahren parteiintern nur sehr beschränkten Einfluß erlangen konnte und vor

---

[95] Zacher, Sozialpolitik, S. 75.
[96] Zur verfassungsmäßigen Stellung der Kommunalverwaltung in der Bundesrepublik vgl. ebenda, S. 225ff. (Zitat S. 229); Thieme, Gliederung, S. 136ff.; zeitgenössisch Köttgen, Gemeinde; ferner Bertram, Staatspolitik, S. 9ff., 51ff.; Voigt, Partizipation, S. 13ff., 39ff., 138ff. Zu den kommunalen Einflußmöglichkeiten auf die Bundes- und Landespolitik bei Sozialhilfe und Beschäftigung seit den siebziger Jahren Jaedicke u. a., Politik, S. 157ff., 215ff. In kritischer Auseinandersetzung mit der These der nahezu zwangsläufigen unitarischen Tendenzen des modernen Sozialstaats Münch, Sozialpolitik, S. 29ff., besonders zur Rolle der Kommunen und deren phasenspezifischen Unterschieden S. 219ff.
[97] Vgl. Bertram, Staatspolitik, S. 148ff.

allem die Kooperation mit den Unions-Vertretern in den kommunalen Spitzenverbänden suchte.[98]

Umso größer war das Interesse der kommunalen Spitzenverbände, sich institutionalisierten Einfluß auf die Bundesgesetzgebung zu verschaffen[99]: Auf parlamentarischer Ebene führte dies 1951 im Bundestag zur Errichtung eines ordentlichen Ausschusses für Kommunalpolitik, nachdem das Bundesinnenministerium festgestellt hatte, daß etwa drei Viertel der Bundesgesetze auch die Gemeinden betrafen. Nach seinem Vorgänger Pünder sorgte vor allem ab 1953 der neue Vorsitzende des Ausschusses und Bundesgeschäftsführer der KPV Friedrich Wilhelm Willeke für engen Kontakt zu den kommunalen Spitzenverbänden, eine Arbeitsweise, die bei Abgeordneten und Regierungsvertretern auf Kritik stieß und dem Ausschuß den Ruf mangelnder Sachlichkeit einbrachte. Insgesamt blieb die Position dieses Ausschusses auch in der zweiten Legislaturperiode schwach, da er kaum je federführend tätig wurde und andere Ausschüsse mit ihm konkurrierten. 1957 im Zuge der Bemühungen um eine Parlamentsreform mit dem Ausschuß für öffentliche Fürsorge zusammengelegt, konnte sich der Ausschuß aufgrund seiner recht starken Mitgliederfluktuation auch danach nicht aus seinem Schattendasein befreien: 1965 wurde die Sozialhilfe dem Sozialausschuß zugeschlagen und die Kommunalpolitik mit dem Ausschuß für Wohnungswesen, Städtebau und Raumordnung zusammengelegt.

Nicht viel erfolgreicher waren die Bemühungen der Kommunalen Spitzenverbände um die Installierung einer eigenen Kommunalabteilung im Bundesministerium des Innern: Da dem Bund keine Aufgaben der Kommunalaufsicht zustanden, erhoben die Länder Widerstand, der auch durch zeitweilige Unterstützung aus der SPD-Bundestagsfraktion nicht gebrochen werden konnte. Statt dessen errichtete Bundesinnenminister Heinemann zwei Kommunalreferate, die zwar unter seinem stärker an kommunalen Belangen interessierten Nachfolger Lehr im Herbst 1951 personell aufgestockt und dem als ehemaligen Marburger Oberbürgermeister ebenfalls kommunalen Interessen aufgeschlossenen Staatssekretär Karl Theodor Bleek unterstellt wurden, aber schon innerhalb des eigenen Ministeriums stets nur eine sehr untergeordnete Rolle spielen konnten. Das galt erst recht, als nach Bleeks Wechsel an die Spitze des Bundespräsidialamts 1959 mit Georg Anders ein weniger kommunalpolitisch orientierter Staatssekretär die Zuständigkeit übernahm. Auch wenn eine eigene Kommunalabteilung im Innenministerium erst 1965 errichtet und damit dem Wunsch nach angemessener Berücksichtigung kommunaler Belange organisatorisch Ausdruck verliehen wurde, blieb für die Einflußmöglichkeiten der Kommunen in den Jahren davor ein nicht zu vernachlässigender Faktor von erheblicher Bedeutung: Schließlich rekrutierte sich auch der übrige Mitarbeiterstab des Ministeriums nicht selten aus Männern

---

[98] In SPD bzw. FDP koordinierten damals nur besondere Gremien bei den Parteivorständen die kommunalpolitische Arbeit im Bundesgebiet; außerdem veranstaltete die SPD seit 1950 jährlich „Kommunalpolitische Bundeskonferenzen". Zur kommunalpolitischen Arbeit der Parteien vgl. insgesamt Bertram, Staatspolitik, S. 134ff.; zur KPV vorerst Wilbers, Vereinigung, S. 13, 191ff., 219f.

[99] Vgl. zum Folgenden: Bertram, Staatspolitik, passim; Jaedicke u.a., Politik, S. 40ff.

mit kommunalpolitischen Erfahrungen, so daß die Kommunalvertreter auch jenseits institutionalisierter Zuständigkeiten oft auf offene Ohren für ihre Belange hoffen konnten. Wichtigste Opponenten einer institutionellen Besserstellung der Kommunen in der Bundespolitik waren mithin die Länder, die eifersüchtig über ihre Zuständigkeit für die kommunalen Belange wachten und über den Bundesrat bundesunmittelbare Beziehungen der Gemeinden zu verhindern suchten.[100] Der Verfassungsgeber hatte den Bundesländern nämlich nicht nur fast völlig die rechtliche und organisatorische Ausgestaltung der kommunalen Verwaltungsorganisation überlassen; er übertrug ihnen auch die Finanzausstattung der Gemeinden, einschließlich des kommunalen Finanzausgleichs, und damit die *conditio sine qua non* kommunaler Selbstverwaltungsmöglichkeiten.[101] Die bereits in der frühen Nachkriegszeit begründete starke finanzielle Abhängigkeit der Gemeinden von den Ländern blieb damit bestehen, zumal die Länder wie auch der Bund die Steuern und Finanzzuweisungen ohne Mitsprache der Gemeinden festlegen oder durch die Gesetzgebung zu anderen Materien modifizieren konnten. Seit 1949 konzentrierten die Kommunen daher ihre bundespolitischen Bemühungen darauf, wieder selbst Zugriff auf bestimmte Steuerquellen zu gewinnen und am Gesamtsteueraufkommen stärker beteiligt zu werden. Sie begründeten das unter anderem mit ihrem großen Finanzbedarf, da sie einen erheblichen Teil der sozialen und materiellen Kriegsfolgen zu bewältigen hätten, ohne in den allgemeinen Kriegslastenausgleich direkt einbezogen worden zu sein.[102]

1956 beschloß der Bundestag schließlich, daß das Aufkommen aus den Realsteuern wieder den Gemeinden zustehe (Realsteuergarantie). Er verpflichtete überdies die Länder, einen bestimmten, allerdings von ihren Parlamenten selbst festzusetzenden Prozentsatz ihres Anteils an der Einkommen- und Körperschaftssteuer an die Gemeinden weiterzuleiten, und bezog damit die Gemeinden in den bundesstaatlichen Finanzausgleich mit ein. Außerdem verpflichtete sich der Bund zu einem Sonderausgleich, falls er Ländern oder Gemeinden unzumutbare Sonderbelastungen durch besondere Einrichtungen auferlegte.[103]

Diese verfassungsrechtliche bedeutete jedoch unmittelbar noch keine finanzielle Besserstellung der Kommunen, und die Spitzenverbände drängten auch weiterhin auf eine Erhöhung der kommunalen Finanzmasse durch den Zugriff auf weitere

---

[100] Vgl. KommBl 10 (1958), S. 1199; Bertram, Staatspolitik, S. 9ff., 73ff., 156ff.; Jaedicke u.a., Politik, S. 41.
[101] Zur Entwicklung der finanziellen Stellung und Situation der Gemeinden vgl. ausführlich Voigt, Auswirkungen, S. 124ff.; Raacke, Finanzsystem, S. 19ff., 39ff.; Ziebill, Geschichte, S. 248ff.; Essig, Kommunalfinanzen; für die Landkreise auch Groeben/Heide, Geschichte, S. 288ff. Petzina, Staatlichkeit, S. 246, betont demgegenüber die Verpflichtung der Länder zur ausreichenden Finanzausstattung der Gemeinden und interpretiert die verfassungsrechtlich scharfe Abgrenzung des Bundes („Trennsystem") als politische Konsequenz der negativen Weimarer Erfahrungen.
[102] Vgl. Hielscher, Gemeindefinanzen, S. 416f.
[103] Vgl. „Gesetz zur Änderung und Ergänzung des Artikels 106 des Grundgesetzes" vom 24.12.1956, BGBl. I S. 1077; dazu Henle, Ordnung, S. 385ff.; Biehl, Entwicklung, S. 92ff., 107f.

Steuerquellen wie die Umsatz- oder die Kfz-Steuer.[104] Dies schien umso notwendiger, als gegen Ende der fünfziger Jahre einerseits der Investitionsbedarf vor allem für Straßenbau, Schulwesen und Kanalisation nach der Bewältigung der unmittelbaren Kriegsfolgen nicht nur in den Städten wuchs[105], während andererseits die kommunale Verschuldung zunahm. So stiegen die Nettoausgaben der Gemeinden im ersten Jahrzehnt der Bundesrepublik von 7,6 Mrd. DM (1952) auf 18,3 Mrd. DM (1961) – und damit im Jahresdurchschnitt schneller als die von Bund und Ländern –, während die zur Verfügung stehenden Einnahmen zurückgingen und sich die Verschuldung von 0,5 Mrd. DM (1950) auf 12,8 Mrd. DM (1961) erhöhte.[106] Hinzu kamen erhebliche Unterschiede in der Steuerkraft der Kommunen: 1956 etwa nahm die Stadt Stuttgart je Einwohner 221,51 DM ein, die Stadt Oldenburg hingegen nur 60,09 DM.[107] Unterschiede bei Steueraufkommen, Kriegsschäden etc. bedingten auch erhebliche Unterschiede beim Schuldenstand.[108] Zwar anerkannte die Bundesregierung nach den Bundestagswahlen 1957 die Notwendigkeit einer neuen Finanzreform, hielt sie aber noch nicht für entscheidungsreif[109], zumal sich die Steuereinnahmen wie auch der Gemeindeanteil daran außerordentlich günstig entwickelten. Da vor allem der Länderanteil stark gestiegen war, verwies Bundesfinanzminister Etzel 1959 die Kommunen auf die Länderzuständigkeit und formulierte ansonsten nur sein Bedauern darüber, daß die geltende Finanzverfassung leider nicht den „gleichberechtigten Rang" der Gemeinden würdige und ihm daher die Hände gebunden seien.[110] So kam es erst nach einem weiteren Jahrzehnt schwieriger Verhandlungen mit dem Bundesrat 1969 noch unter der Großen Koalition zur Großen Finanzreform, die die Finanzautonomie der Gemeinden stärkte und ihre Finanzsituation – vorerst – deutlich verbesserte.[111]

Angesichts der schwierigen verfassungsmäßigen und finanzpolitischen Situation der Kommunen gegenüber Ländern und Bund besaß die öffentliche Fürsorge

---

[104] Vgl. Der Städtetag 11 (1958), S. 289ff.; Voigt, Auswirkungen, S. 145ff.; Weinberger, Städtetag, S. 61ff.
[105] Im September 1958 schätzte die Bundesvereinigung der kommunalen Spitzenverbände diesen Bedarf für die nächsten zehn Jahre auf 65 Mrd. DM; vgl. KommBl 10 (1958), S. 884f.
[106] Nettoausgaben: incl. Sondervermögen Krankenhäuser; Schulden: ohne Verschuldung der kommunalen Zweckverbände und Krankenhäuser; vgl. Caesar/Hansmeyer, Entwicklung, S. 936, 939; ferner Petzina, Staatlichkeit, S. 248f. Zur seinerzeit zwischen kommunalen Spitzenverbänden und Bundesregierung strittigen Frage, welcher Anteil davon gedeckt war, inwieweit es sich also tatsächlich um eine „Überschuldung" handelte, vgl. Raacke, Finanzsystem, S. 73ff., sowie aus kommunaler Sicht Hielscher, Gemeindefinanzen.
[107] Vgl. Raacke, Finanzsystem, S. 75. Zur oft sehr unterschiedlichen Finanzkraft von kreisfreien Städten (incl. Hansestädten) einerseits und den Landkreisen und kreisangehörigen Gemeinden andererseits vgl. Peschlow, Struktur, S. 55f.
[108] Vgl. KommBl 12 (1960), S. 38f.
[109] Vgl. Adenauer eher beiläufig in seiner Regierungserklärung vom 29.10.1957 sowie vor allem die von Erhard vorgetragene Regierungserklärung vom 29.11.1957; in: Behn, Regierungserklärungen, S. 64, 91f.
[110] KommBl 11 (1959), S. 491f.
[111] Vgl. ausführlich Henle, Ordnung, S. 389ff.; Renzsch, Finanzverfassung, S. 209ff.

und damit die Fürsorgepolitik in den fünfziger Jahren für viele Kommunalfunktionäre wie in den Jahren der Weimarer Republik eine wichtige Bedeutung: Nicht nur als – zwar gesetzlich regulierte – Domäne kommunaler Selbstverwaltungstätigkeit schien sie geeignet, deren Bedeutung für das Gemeinwesen sinnfällig herauszustreichen; vor allem als wichtiger – aber dank Nachrangigkeit und Individualprinzip recht flexibel zu handhabender – Posten im Kommunalhaushalt bildeten die (zum Teil ja bundesfinanzierten) Fürsorgeausgaben eine nicht zu unterschätzende Manövriermasse für die angespannten kommunalen Kassen.[112] Auch aus diesem Grunde galt es daher, im geplanten Bundesgesetz die kommunalen Ermessensräume zu erhalten.

2. Fürsorge in der Defensive: Fürsorge und Sozialreform bis 1955

Im August 1949, als die Abwicklung der bizonalen Frankfurter Institutionen eine „unfreiwillige Atempause in der sozialen Politik"[113] bedingte, zog der damalige Redakteur der „Wirtschaftszeitung" Hans Achinger Bilanz: Seit Kriegsende, eigentlich schon seit 1933 werde „die Weiterentwicklung der überkommenen Formen sozialer Hilfsleistung [...] ganz überwiegend in der Richtung gesucht [...], daß immer neue Staatsrentner geschaffen wurden. Fast jedes Vierteljahr hat uns seit 1945 eine neue Gruppe von Berechtigten beschert, denen gesetzliche Rentenansprüche zugesichert werden. Das Rentenprinzip scheint das Fürsorgeprinzip völlig überholt, ja abgelöst zu haben. [...] In den Parlamenten und Ministerien wird die gemeindliche Fürsorge, die doch der Eckpfeiler der sozialen Sicherheit gewesen ist, als lästiges, kaum noch verständliches Überbleibsel einer verschwundenen Zeit behandelt."[114] Die gegenwärtigen und künftigen Zahlen gaben Achinger recht.

Die westdeutsche Entwicklung entsprach durchaus einem internationalen Trend: Bereits 1944 hatte die Internationale Arbeitskonferenz in Philadelphia in Anlehnung an den berühmten Plan Beveridges für die normalen Lebensrisiken Alter, Krankheit, Invalidität, Unfall, Mutterschaft, Arbeitslosigkeit und Tod des Ernährers Leistungen einer obligatorischen Sozialversicherung empfohlen. Von dieser Versicherung nicht erfaßte Personen und Bedürfnisse sollte die „Sozialfürsorge" übernehmen, und zwar zweistufig: Für Normalfälle wie unterhaltsberechtigte Kinder und bedürftige Invalide, Alte und Witwen war ein Rechtsanspruch auf Hilfen nach festen Unterstützungssätzen vorgesehen; die Fürsorge für die verbleibenden Restfälle sollte zunächst auch weiterhin individuell und nach behördlichem Ermessen arbeiten, aber möglichst durch genauere Erfassung der Notfälle und der Unterhaltskosten abgebaut werden.[115] Während nach dem Zweiten Welt-

---

112 Vgl. auch Leibfried u.a., Politik, S. 155.
113 Achinger, Fürsorgepolitik, S. 182.
114 Ebenda.
115 Vgl. Empfehlung 67 der Internationalen Arbeitskonferenz vom 12.5.1944, abgedruckt in: Internationale Arbeitskonferenz, S. 475-494.

krieg in den skandinavischen Ländern mit ihren unterschiedlich ausgeprägten Systemen einer Staatsbürgerversorgung die Fürsorge nurmehr eine untergeordnete Rolle spielte, war in Großbritannien tatsächlich eine staatlich finanzierte Fürsorge für die nicht oder ungenügend von der Sozialversicherung Erfaßten mit weitgehend vereinheitlichten Geldleistungen nach gemäßigter Bedürftigkeitsprüfung eingeführt worden (National Assistance), die durch ein kommunales System des individualisierenden „sozialen Dienstes" (Social Service) ergänzt wurde.[116]

Als der DV kurz nach Zusammentreten des Ersten Bundestages im September 1949 zum Fürsorgetag nach Bielefeld lud, fühlten sich viele Fürsorgevertreter bereits in die sozialpolitische „Defensive gedrängt"[117]. Zwar waren mit dem Ausgang der Bundestagswahl die Einheits- und Volksversicherungspläne von Gewerkschaften und SPD und ihre fürsorgepolitischen Implikationen vorerst vom Tisch, doch auch eine von der CDU/CSU geführte Regierung würde zunächst kaum geneigt sein, den unter den Wählern ungleich attraktiveren Weg zu einem weiteren Ausbau der Versorgungsgesetzgebung zur Bewältigung der Kriegsfolgen zu verlassen.

Die Konsequenzen dieser Entwicklung waren aus Sicht der öffentlichen Fürsorge ambivalent: Einerseits entlasteten diese Maßnahmen die kommunalen Kassen, befreiten sie teilweise von den mit fürsorgerischen Mitteln nicht zu bewältigenden Aufgaben der materiellen Massenversorgung und wurden daher von den Fürsorgeträgern gerne gesehen. Andererseits verlor die öffentliche Fürsorge immer mehr an Bedeutung und konnte unter Hinweis auf genau diese Entlastung den kommunalen Ansprüchen auf weitere Steuermittel Widerstand entgegengesetzt werden.[118] Wie die Regelung der Kriegsfolgenhilfe mit ihren Kontrollrechten für den Bund zeigte, schwächte nicht nur nach Auffassung Polligkeits die „Suche nach dem fremden Kostenträger" mittelfristig die kommunale Selbstverwaltungsmacht überhaupt.[119] Überdies konnten, wie etwa die umstrittene Frage der Anrechenbarkeit von Rentenerhöhungen auf die Fürsorgeunterstützung erwies, Einzelregelungen anderer sozialer Leistungsbereiche unmittelbar auf die öffentliche Fürsorge durchschlagen und zentrale Regelungen des Fürsorgerechts aushebeln.

Im öffentlichen Bewußtsein war das Image der öffentlichen Fürsorge – wie selbst ihr nahestehende Fachleute einräumten – ohnehin ramponiert: Verglichen mit der auf klaren Ansprüchen beruhenden Versicherung oder Versorgung erschienen das behördliche Ermessen und das Gebaren der Fürsorgebeamten als Willkür, Hausbesuche und Offenlegung der privaten Vermögensverhältnisse als unzulässige Schnüffelei, die Unterstützung als Almosen und damit die Fürsorge als mit der Würde des mündigen Staatsbürgers immer weniger vereinbar.[120]

---

[116] Zu den Details vgl. Lünendonk, Soziale Sicherung, S. 85f.; Ritter, Sozialstaat, S. 147ff.
[117] NDV 29 (1949), S. 154.
[118] Darauf verwies der Frankfurter Stadtrat Prestel (CDU) auf dem Fürsorgetag 1949, Prestel, Gebiet, S. 41.
[119] Polligkeit, in: Fürsorge im Dienst, S. 66; ähnlich Kitz, Versicherung, S. 133; Wittelshöfer, Parallelen, S. 144.
[120] Vgl. etwa Kitz, Versicherung.

Wollte die öffentliche Fürsorge nicht auf den nicht mehr integrierbaren „Restbestand" der traditionellen Armutsklientel reduziert werden, bedurfte es einer „Neuorientierung des Fürsorgewesens".[121]

Diese hing entscheidend von der Ausgestaltung der übrigen sozialen Sicherungsbereiche ab, was Fürsorgeexperten und an der Fürsorge interessierte Sozialpolitiker dazu veranlaßte, schon deutlich vor der allgemeinen öffentlichen Debatte um eine „Sozialreform" zu diesem Thema Stellung zu nehmen. Auf dem Bielefelder Fürsorgetag trafen so nicht von ungefähr erstmals öffentlich bereits die sozialpolitischen Gegenpositionen aufeinander, die die Diskussionen der 1950er Jahre prägen sollten: diejenigen, die wie Walter Auerbach auf der Grundlage weitreichender Wirtschafts- und Sozialplanung einen Ausbau der Leistungen einschließlich eines garantierten kulturellen Existenzminimums forderten, und diejenigen, die wie der hessische Finanzminister Werner Hilpert (CDU) aus fiskalischen wie (in Anlehnung an Achinger) prinzipiellen Gründen für eine Leistungsbeschränkung auf die „wirklich Hilfebedürftigen" plädierten und mit Bedürftigkeitsprüfungen und Hilfe zur Selbsthilfe das Fürsorgeprinzip als weitgehend angemessene und oftmals einzig effektive Hilfeform propagierten.[122]

Daß die zweite Alternative, ungeachtet ihrer Realisierungschancen, von vielen konservativen Vertretern der öffentlichen Fürsorge als Möglichkeit, diese aus der gegenwärtigen Defensive herauszuführen, favorisiert wurde, wird nicht verwundern. Für einen mit Haushaltsfragen wohlvertrauten Mann wie Polligkeit, für dessen fürsorgerisches Denken die Befähigung und Verpflichtung zur Selbsthilfe zentral waren und für der Grundsatz der Individualisierung eigentlich jede (verrechtlichende) Schematisierung von Hilfeleistungen verbot[123], genossen wohl auch angesichts leidvoller Weimarer Erfahrungen finanz- und volkswirtschaftliche Belange zumindest gleiches Gewicht wie Hilfebedürfnisse des einzelnen.[124] Als der DV mit dem ihm aus der Arbeit zur Kriegsfolgenhilfe gut bekannten Minister Hilpert zum ersten Mal einen Finanzpolitiker als Redner zu einem Fürsorgetag lud, behauptete Polligkeit zwar, dies sei in der Absicht geschehen, die enge Verflechtung von Wirtschafts- und Sozialpolitik zu verdeutlichen, nicht aber, „um durch die Darlegung der finanziellen Grenzen staatlicher Hilfe berechtigten Forderungen sozialpolitischer Art [...] entgegenzutreten".[125] Tatsächlich tat Hilpert aber genau dieses, warnte vor „überstürzte[n] gesetzgeberische[n] Maßnahmen" und forderte statt dessen eine „organische Überprüfung der gesamten Sozialgesetzgebung" (was die Gesamtkosten der sozialpolitischen Maßnahmen ungleich deutlicher illustrieren würde).[126]

---

121 Polligkeit, in: NDV 29 (1949), S. 214.
122 Vgl. Hilpert, Bedürfnis, S. 20ff., sowie die folgende Aussprache, Fürsorge im Dienst, S. 61ff. Ferner die Erinnerungen Auerbachs an diese Auseinandersetzungen, in: Auerbach, Beiträge, S. 6; Hockerts, Entscheidungen, S. 216, Anm. 1.
123 Vgl. Polligkeit, Bedeutung; Hong, Welfare, S. 58ff., 67ff.
124 Vgl. etwa Sachße/Tennstedt, Geschichte, Bd. 2, S. 173f.; Polligkeit, Stand; ders., in: Fürsorge im Dienst, S. 6ff.; ders., in: NDV 30 (1950), S. 248f.
125 Fürsorge im Dienst, S. 24.
126 Hilpert, Bedürfnis, S. 15, 23. Zur entsprechenden Taktik der Länderfinanzminister beim Sozialversicherungs-Anpassungsgesetz vgl. Hockerts, Entscheidungen, S. 99ff.

Hilperts Rede auf dem Fürsorgetag war gleichsam symptomatisch für die sich jetzt formierende – in sich keineswegs homogene – Interessenkoalition derjenigen, die aus finanzpolitischen, kommunalpolitischen, sozialethischen und/oder fürsorgefachlichen Gründen der traditionell geprägten Fürsorge wieder einen zentralen Ort im System der sozialen Sicherungen zuweisen wollten. In den Diskussionen um die „Sozialreform" führte diese interessenpolitische Gemengelage Fürsorgeexperten des DV und der kommunalen Spitzenverbände, den Leiter der Sozialabteilung des Bundesinnenministeriums und als Exponenten einer fiskalistischen Reformlinie Vertreter des Bundesfinanzministeriums zusammen.[127]

Rentenprinzip versus Fürsorgeprinzip: Konzepte für Stellung und Aufgabe einer modernen Fürsorge

Mit seiner Überzeugung, daß die westdeutschen „bisherigen Versuche keine Grundlagen für eine neue soziale Ordnung, für ein bescheidenes Maß sozialer Sicherheit in Deutschland"[128] gewesen seien, stand Achinger 1949 keineswegs allein. Zunächst noch unter Sachverständigen und auf Fachtagungen, spätestens seit 1952 auch in einer breiteren Öffentlichkeit wurde eine grundlegende „Sozialreform" gefordert[129] und von Bundeskanzler Adenauer in seiner Regierungserklärung 1953 zu einem Hauptziel der Regierungsarbeit der neuen Legislaturperiode gekürt.[130] Ausgangspunkt der bald auf eine Sozial*leistungs*reform verengten Forderungen war die zum Allgemeinplatz werdende Erkenntnis, daß die akuten Notlagen der Nachkriegszeit ein „nach dem System der Hydra gewachsenes Sozial-Unsystem"[131] hervorgebracht hätten. Die „starke Aufsplitterung" des Sozialrechts und die „Atomisierung der Verwaltung" hätten dazu geführt, daß selbst der Fachmann den Überblick verloren habe und der einzelne Leistungsempfänger von den verschiedensten Stellen betreut werde.[132] Überdies, so die verbreitete Meinung, entspreche das traditionelle, schichtenspezifische Leistungsinstrumentarium nicht mehr den neuen sozialen Gegebenheiten einer mobilen Gesellschaft.[133] Die Folge seien oft ungenügende oder wenig wirksame Leistungen. Ohne noch über ausreichendes statistisches Material zu verfügen, ging nicht nur Finanzmini-

---

[127] Dieses (keineswegs immer konkludente) Zusammenspiel der genannten Akteure veranlaßt Heisig, von einem „Fürsorgekomplex" zu sprechen, was jedoch bestehende unterschiedliche Zielvorstellungen zu verwischen droht; vgl. Heisig, Armenpolitik, 1995, S. 50ff.
[128] Achinger, Fürsorgepolitik, S. 182.
[129] Zu Ursprung und Genese des „Sozialreform"-Begriffs mit einem knappen Ausblick auf die Zeit nach 1945 vgl. Dipper, Sozialreform; ferner grundlegend die Beiträge in: vom Bruch (Hg.), Kommunismus, darin insbesondere der Beitrag von Hockerts, Ausblick; zusammenfassend auch Frerich/Frey, Handbuch, Bd. 3, S. 28ff.
[130] Vgl. Adenauers Regierungserklärung vom 20.10.1953, in: Behn, Regierungserklärungen, S. 35–60, hier S. 40. Zur zeitgenössischen Kritik am sozialen Sicherungssystem sowie zur Diskussion über eine „Sozialreform" seit 1952 vgl. Hockerts, Entscheidungen, S. 197ff., 216ff.
[131] So Ludwig Preller, „Mut zur Sozialpolitik", in: Deutsche Zeitung vom 22.12.1951.
[132] Kitz, Versicherung, S. 133.
[133] Vgl. Mackenroth, Reform, S. 39f.

ster Fritz Schäffer davon aus, daß der Sozialaufwand falsch und ungerecht verteilt werde, so daß die einen zu wenig, die anderen zu viel erhielten.[134] Im nun einsetzenden sozialpolitischen Konzeptionenstreit konkurrierte die „bürgerliche" Sozialversicherung mit sozialdemokratisch modifizierten Welfare State-Modellen und dem Konzept einer am Fürsorgeprinzip ausgerichteten sozialen Sicherung.[135]

Der Fürsorge nahestehende Sozialpolitikexperten waren darum bemüht, dieser und vor allem ihrem Leitprinzip der individuellen, bedarfsorientierten Leistung in einem reformierten Sozialleistungssystem eine angemessene Rolle zuzuweisen. Zentrale Bedeutung gewann dabei die Frage, ob die laufende Barleistung zum Lebensunterhalt auch künftig eine Aufgabe der öffentlichen Fürsorge bleiben sollte.

Einer der eloquentesten und publizistisch aktivsten Verfechter des klassischen Fürsorgeprinzips war der renommierte spätere Ordinarius für Sozialpolitik an der Universität Frankfurt am Main, Hans Achinger.[136] Achingers Sicht auf die Fürsorge war gleichermaßen traditionellen liberalen Leitbildern verpflichtet wie durch eine idealistische Vorstellung über die pädagogischen Möglichkeiten der Fürsorge geprägt und knüpfte damit eng an Vorstellungen bürgerlicher Fürsorgereformer der zwanziger Jahre[137] an: Zentrale Aufgabe staatlicher Sozialpolitik war es demnach, dem Bürger die Selbsthilfe zu ermöglichen, indem sie die entsprechenden wirtschafts-, arbeitsmarkt- und wohnungsbaupolitischen Rahmenbedingungen schuf, ihre sozialen Leistungen aber vor allem die „Eigenkräfte" des Leistungsempfängers weckten und dem einzelnen weitgehende wirtschaftliche Unabhängigkeit sicherten. Sehr viel besser als schematische, den Selbsthilfewillen lähmende Renten sei dazu die fürsorgerische Hilfe geeignet, die eigentlich eine Änderung des Menschen und seiner Lebensverhältnisse erstrebe und somit wirklich produktive Hilfe sei.[138]

Vor allem knappe Finanzmittel und „das ganze Flickwerk der Wohlfahrtspolitik seit 1945" verlangten daher eine grundlegende Neuorientierung der sozialen Arbeit; soziale Leistungen sollten nicht wie bisher pauschal nach politisch legitimierten Ursachen des Schadens (kausal), sondern nach dem Ziel der Hilfe und der zweckmäßigsten Hilfeform (final) verteilt werden: Renten für die dauernd Erwerbsunfähigen bei unveränderlichen Notlagen (Alte, alle Schwerkörperbehinderten), individuelle, fürsorgerische Hilfen für die nur teilweise oder vorübergehend Erwerbsunfähigen.[139] Nur in Rückbesinnung auf die „früher kaum strit-

---

[134] Vgl. Prestel, Gebiet, S. 30; Muthesius, Frage, S. 485; weitere Nachweise bei Hockerts, Entscheidungen, S. 199f.
[135] Vgl. Hockerts, Einleitung, S. 400f.
[136] Achinger (1899-1981) war u.a. Mitglied des Beirats für die Neuordnung der sozialen Leistungen des BMA und einer der Mitverfasser der bekannten, von Adenauer in Auftrag gegebenen „Rothenfelser Denkschrift" von 1955. Dem DV war er seit den zwanziger Jahren eng verbunden und gehörte seit 1949 dessen Hauptausschuß, seit 1951 dessen Vorstand an, bis er 1962 stellvertretender DV-Vorsitzender wurde; vgl. auch Heisig, Armenpolitik, 1990, S. 523.
[137] Zu diesen vgl. Hong, Welfare, S. 58ff.
[138] Vgl. Achinger, in: Soziale Arbeit heute, S. 7f.; ders., Neuordnung der sozialen Hilfe, S. 15ff., 28ff.
[139] Vgl. ders., Fürsorgepolitik, S. 183 (Zitat S. 182); ders. Wirtschaftskraft, S. 31f.

tig"[140] gewesene Funktionsteilung zwischen Renten- und Fürsorgeprinzip könnte wirklich wirksam geholfen, die Aufgabe des jeweiligen Leistungsträgers klar definiert und das knappe Sozialprodukt angemessener verteilt werden.[141]

Hatte Achinger im April 1948 noch dafür plädiert, einzig die Gemeinden und Gemeindeverbände mit der immensen Aufgabe der nicht-rentenmäßigen Hilfen zu betrauen[142], so zielte seine Kritik an einer unsystematischen, teuren, aber im Einzelfall oft wenig effizienten schematisierenden Versorgungsgesetzgebung angesichts der politischen Konsolidierung, des beginnenden Wirtschaftsaufschwungs wie auch des sozialpolitischen Status quo bald nicht mehr darauf, „zu der alten Vorherrschaft der öffentlichen Fürsorge zurückzukehren"[143]. In seinem „Konzept für einen Deutschen Sozialplan" (1954) plädierte Achinger dann vielmehr dafür, neben einer Angleichung der Leistungen für gleichartige Fälle auch bei den gängigen Lebensrisiken stärker im Sinne eines positiv interpretierten Fürsorgeprinzips den individuellen Bedarf bei Höhe und Form der Hilfe zugrundezulegen, ohne den Kommunen hier spezielle neue Aufgaben zuzuweisen. Die Funktion der öffentlichen Fürsorge selbst bleibe vielmehr „im wesentlichen so bestehen, wie sie seit Einführung von Rentensystemen auch international gesehen" werde: als Ergänzung ungenügender Leistungen, als Ausfallbürge bei individuellen Notfällen und „als der wichtigste Bereich [...] das Gebiet der persönlichen Einwirkung auf die Lebensverhältnisse durch Rat, Hilfe, Erziehung, Vermittlung und Herstellung der Verbindungen zu anderen Hilfsquellen".[144]

Auch Achinger, dessen Thesen innerhalb der maßgeblichen Kreise des DV positive Aufnahme fanden[145] und u.a. von der „Gilde Soziale Arbeit", einem traditionsreichen Fachverband von Sozialarbeitern, 1951 offiziell übernommen wurden[146], betonte jetzt die für die öffentliche Fürsorge gewonnene „Freiheit eines echten Helfers, der nicht schnüffeln muß, um Geld zu bringen"[147], und sein wesentliches Betätigungsfeld in der Jugendhilfe und der Hilfe für junge Familien finden konnte. Die Ausbildung der Sozialarbeiter, die Behördenorganisation und die gesetzlichen Grundlagen müßten entsprechend umgestaltet und das Hilfeverhältnis zur echten Partnerschaft werden.[148]

Anders als etwa Muthesius (s.u.) befürwortete Achinger jedoch nie die Abtrennung der klassischen Wirtschaftsfürsorge von dem genuin fürsorgerischen Betätigungsfeld, im Gegenteil: Für den Einzelfall zu bemessende laufende Unterstützung sah er auch künftig für die nicht vorhersehbaren individuellen Risiken des

---

[140] Ders., Fürsorgepolitik, S. 183.
[141] Vgl. ders., Wirtschaftskraft, S. 43ff., et passim.
[142] Vgl. ebenda.
[143] Ders., in: Soziale Arbeit heute, S. 8.
[144] Ders., Neuordnung der sozialen Hilfe, S. 64f.; zu Achingers Neuordnungsvorschlägen für die gängigen Lebensrisiken, die allerdings u.a. die brisante Frage der Trägerschaft offenließen, vgl. ebenda, S. 36ff.
[145] Vgl. u.a. Prestel, Gebiet; Treibert, Gebiet; Liefmann-Keil, Entwicklungstendenzen; Kitz, Versicherung; NDV 31 (1951), S. 184.
[146] Vgl. die „Bielefelder Empfehlungen für die Reform der sozialen Arbeit in Deutschland" vom 3.-6.5.1951, abgedruckt in: Soziale Arbeit heute, S. 20ff.
[147] Achinger, Rolle, S. 340.
[148] Vgl. ebenda, S. 340f., 346f.

Lebens sowie für „minder veranlagte Personen und Verwahrloste"[149] vor, nicht zuletzt aber zur individuellen Ergänzung ungenügender Renten. Gerade um dies wirksam tun zu können, dürfe die Fürsorge nicht ihrerseits immer rentenähnlicher werden, „wie das in der Richtsatzentwicklung bereits bedenklich weit fortgeschritten" sei.[150] Prädestinierter Träger der öffentlichen Fürsorge sei auch weiterhin die Gemeinde, „weil sie im Rahmen ihrer universellen Zuständigkeit auf allen den Hilfsbedürftigen berührenden Lebensgebieten tätig wird" und die einzige Stelle sei, „in der Hilfsbedürftige in allen ihren Lebensäußerungen erfaßt und betreut werden können".[151] Um das nicht völlig zu vermeidende Zusammentreffen von Leistungen verschiedener Sicherungsinstitutionen in einem Haushalt koordinieren und kontrollieren zu können, sollten darüber hinaus zwar sämtliche Sozialleistungsträger auf Stadt- und Kreisebene einen örtlichen Beratungs- und Entscheidungsverband errichten; dieser Zweckverband aber sollte keinem der beteiligten Träger allein angegliedert sein.[152] Hatte Achinger vor Gründung der Bundesrepublik noch die umfassende fürsorgerische Zuständigkeit der Gemeinden gefordert, diese als konstituierendes Element des kommunalen Selbstverwaltungsprinzips und seiner anti-zentralistischen Implikationen gedeutet und eine entsprechende finanzielle Ausstattung (und staatsrechtliche Aufwertung) der Gemeinden gefordert, so war diese kommunalpolitische Komponente seines Konzepts jetzt in den Hintergrund getreten.

Zu den relativ wenigen, die wie Achinger im Rahmen der „Sozialreform"-Diskussionen überhaupt ein umfassendes Neuordnungskonzept vorlegten und dabei auch die öffentliche Fürsorge explizit berücksichtigten, gehörte Paul Collmer vom Evangelischen Hilfswerk, der mit Achinger immer wieder auf verschiedenen Ebenen zusammenarbeitete und sehr ähnliche Vorstellungen vertrat.[153] Der CDU-nahe Vertreter der evangelischen Diakonie[154] kritisierte wie dieser die allge-

---

[149] Achinger, in: Soziale Arbeit heute, S. 7.
[150] Ders., Neuordnung der sozialen Hilfe, S. 65.
[151] Ebenda.
[152] Ebenda, S. 63f. Achinger rekurrierte hier auf das französische Vorbild der Koordination auf Departement-Ebene, die auf einem Familienfürsorgesystem aufbaute; vgl. Soziale Arbeit heute, S. 18; NDV 34 (1954), S. 76.
[153] Zur Vita Collmers (1907–1979) vgl. Brenner, Diakonie, S. 95ff.; ferner Heisig, Armenpolitik, 1990, S. 523. Der Direktor der Sozialpolitischen Abteilung im Zentralbüro des Hilfswerks wurde nach der Fusion von Hilfswerk und Innerer Mission 1957 Vizepräsident des Spitzenverbandes und neben Otto Ohl der prononcierteste Vertreter der evangelischen freien Wohlfahrtspflege in den Diskussionen zur „Sozialreform" und Fürsorgereform. Bereits Ende 1948 hatten Collmer und Achinger, die sich vermutlich schon aus gemeinsamer Tätigkeit an der Frankfurter Universität Ende der dreißiger Jahre kannten, erste konkrete Überlegungen für eine Reform der sozialen Hilfen angestellt und dann einen informellen Arbeitskreis ins Leben gerufen. Unter Vorsitz von Hans Muthesius gehörte dazu neben Vertretern verschiedener Bundes- und Länderministerien auch Konrad Elsholz vom BMF. Später wurde Collmer auf Vorschlag der CDU/CSU-Fraktion ebenfalls in den Beirat beim BMA berufen.
[154] Collmer gehörte zum 1955 gegründeten, für die innerparteiliche sozialpolitische Meinungsbildung Mitte der fünfziger Jahre zentralen Arbeitskreis „Sozialreform" der CDU; vgl. Lünendonk, CDU-Parteitag, S. 127; allgemein Hockerts, Entscheidungen, S. 321f. Auch während der Beratungen des BSHG blieb Collmer Mitglied des mittlerweile in „Sozialpolitischer Ausschuß" der CDU umbenannten Gremiums.

meine „Rentenpsychose" und das „causale Denken"[155], das zu immer neuen Sonderregelungen für immer neue Sondergruppen geführt habe, und forderte eine den Kriterien Achingers folgende finale Orientierung der Hilfen.[156] Ziel sei die richtige Aufgabenteilung und planvolle Zuordnung der verschiedenen Hilfsprinzipien und -methoden zueinander, die Entwicklung neuer Arbeitsformen und die klare Abgrenzung des betroffenen Personenkreises.[157] Dazu bedürfe es vor allen gesetzgeberischen Einzelreformen eines sozialen Grundgesetzes, einer „Art ‚Sozial-Charta des deutschen Volkes'", in der auch die Finanzierung und Organisation der Hilfssysteme geregelt werden müßten. Auch Collmer plädierte für eine örtliche Koordinierungsstelle mit eigener Ermittlungs- und Entscheidungskompetenz, sah aber bei keiner der vorhandenen Einrichtungen geeignete organisatorische Anknüpfungsmöglichkeiten.[158]

Innerhalb dieser neuen Ordnung hielt Collmer die öffentliche Fürsorge für unverzichtbar, ohne allerdings ihr Aufgabenfeld klar zu definieren. Künftig solle ihre Tätigkeit ausschließlich vom Individualprinzip geleitet sein; ihr schlechter Ruf sei ja nicht zuletzt dadurch entstanden, daß sie selbst in der Praxis dieses Prinzip weitgehend preisgegeben und sich auf die schematische Unterhaltsgewährung beschränkt habe, dominiert von fiskalischen und verwaltungstechnischen Überlegungen. Bei der öffentlichen Fürsorge gehe es aber nicht um den Staat als „Herrschaftsgebilde", sondern als „Ausdruck einer sozialen Hilfsgemeinschaft"; auch der Klient der Fürsorgebehörde sei vollgültiger Staatsbürger und entsprechend zu behandeln.[159] Aus der Verpflichtung auf das Fürsorgeprinzip zog Collmer hinsichtlich der Ergänzung von Renten jedoch einen anderen Schluß als Achinger: Während jener auch dies als genuine Fürsorgeaufgabe begriff und eine Angleichung über Richtsätze ablehnte, plädierte Collmer dafür, die meist ohnehin gleichbleibenden Ergänzungsleistungen von der Fürsorge auf eine besondere Versorgungshilfe zu übertragen.[160]

Während Achinger und auch Collmer das Feld der materiellen laufenden Hilfeleistungen zumindest in Teilen für das Fürsorgeprinzip zurückerobern wollten, hielten führende Sozialpolitiker der SPD den Siegeszug des „Sozialprinzips" an-

---

[155] [Collmer:] auf einer diakonischen Tagung zum Fürsorgerecht am 1./2.11.1949, Ms., ADW, Allg. Slg., B 93 I.
[156] Collmer, Neuordnung der sozialen Hilfe. Probleme eines deutschen Sozialplanes, zuerst 1952, im Folgenden zitiert nach: Collmer, Sozialhilfe, S. 30–67, hier S. 53f.
[157] Collmer, „Umriß der Sozialreform", zuerst 1955, abgedruckt in: Collmer, Sozialhilfe, S. 80–86, hier S. 81f. Collmer ging dabei aus von der klassischen idealtypischen Unterscheidung der Hilfsprinzipien der Versicherung (gesetzlich erzwungene Selbsthilfe bei den allgemeinen Lebensrisiken), Versorgung (Entschädigung für politisch verursachte Schäden aus gesamtgesellschaftlicher Verantwortung) und Fürsorge (individuelle Hilfeleistung zum Zweck der Wiedereingliederung); vgl. Collmer, Sozialhilfe, S. 51f.
[158] Vgl. ebenda, S. 84f., hier S. 84.
[159] Hilfe nach dem Fürsorgeprinzip sei auch künftig jedoch nicht ein Privileg der Fürsorgebehörden; vielmehr sollten sämtliche ‚Sozialdienste' (vermutlich z.B. im Rahmen der Kriegsopferversorgung) mit notwendig individuellen, etwa medizinischen Hilfsleistungen diesem folgen; vgl. ebenda, S. 65f., hier Zitat S. 65.
[160] Vgl. ebenda, S. 54. Damit bekundete Collmer gewisse Sympathien für die in Fürsorgekreisen eher unpopulären Vorstellungen von Hans Muthesius (s.u.).

gesichts der geringen individuellen Hilfsmöglichkeiten in der industriellen Massengesellschaft und der daraus abzuleitenden Pflicht des Staates zur Absicherung der Existenz des einzelnen „in Gesundheit und Leistungsfähigkeit" für durchaus legitim.[161] Auf dem Fürsorgetag im Oktober 1951 in Recklinghausen plädierte der Vorsitzende des Sozialpolitischen Ausschusses der SPD, Ludwig Preller, dafür, durch ein ausgebautes und vereinheitlichtes Versicherungs- und Versorgungssystem die öffentliche Fürsorge „von allen wesensfremden Aufgaben aus der Gruppenhilfe" zu befreien und ihr auf diese Weise „endlich [...] wieder ihr ureigenstes Gebiet der Individual-Fürsorge" zu erschließen.[162] Dies war eines der Ziele des von Preller und anderen SPD-Politikern geforderten „Sozialplans" für eine durchgreifende Neuordnung des sozialen Leistungssystems, dessen erste Konturen Preller in Recklinghausen beschrieb. Die ein Jahr später vorgelegten, unter Prellers Federführung entstandenen „Grundlagen eines Sozialplanes der SPD"[163] versuchten, wesentliche Elemente des englischen Beveridge-Planes wie auch schwedischer Wohlfahrtspolitik auf Deutschland zu übertragen und dabei deutsche Traditionen und vorhandene Einrichtungen zu berücksichtigen. Der Plan ging von drei „Grundpfeilern" sozialer Sicherung aus, ohne deren organisatorische und finanzielle Grundlagen detailliert zu benennen[164]: einer „Berufssicherung" mit umfassenden arbeitsmarktpolitischen, auch ausbildenden, umschulenden und rehabilitativen Maßnahmen sowie ausreichender Unterstützung bei Arbeitslosigkeit; einer wesentlich steuerfinanzierten „Gesundheitssicherung", die alle Aufgaben vorbeugender Gesundheitsfürsorge, Heilbehandlung und Seuchenbekämpfung umfaßte; einer „wirtschaftlichen Sicherung", die sämtliche Renten und alle laufenden Unterstützungen zusammenfassen und aus Steuermitteln für Alte und dauernd Erwerbsunfähige eine Grundrente, für Erwerbsbeschränkte eine Teilrente, außerdem Witwen- und Waisenrenten, Pflegegeld und Krankengeld zahlen sollte. Auf alle Leistungen der Sozialen Sicherung sollte ein Rechtsanspruch bestehen und die Gesamtleistung „ein ausreichendes Einkommen gewährleisten"[165].

Die Fürsorge, die in kommunaler Trägerschaft bleiben sollte, würde so „von allgemeinen Regelleistungen entlastet" und unter der neuen Bezeichnung „Sozial-

---

[161] Preller, Weg, S. 83.
[162] Ders., Wohlfahrtsstaat, S. 324, 326.
[163] Die am 14. 9. 1952 vom Sozialpolitischen Ausschuß der SPD im Einvernehmen mit dem SPD-Parteivorstand beschlossenen „Grundlagen" sind veröffentlicht in: Richter, Sozialreform, Bd. 6 G II; zu Bedeutung und Intention vgl. Hockerts, Entscheidungen, S. 220ff. Vgl. auch die noch nicht parteiamtlichen Darlegungen von Walter Auerbach, Modell eines Sozialplans, zuerst 1952, hier nach Auerbach, Beiträge, S. 23-32.
[164] Auerbach plädierte 1954 – anders als Achinger – für die „kausale Zuordnung zum Kostenträger bei finaler Gestaltung der Leistungen". Auerbach, Standort, S. 334. Die sich hier abzeichnende innere Widersprüchlichkeit der sozialpolitischen Überlegungen der SPD seit 1952/53, die sich bereits dem christdemokratischen „sozialen Kapitalismus" angenähert habe, betont Berlepsch, Sozialpolitik, S. 467ff.
[165] Grundlagen eines Sozialplans, S. 3, Richter, Sozialreform, Bd. 6 G II. Bereits am 19. 4. 1952 hatte der der SPD nahestehende Kieler Soziologe Gerhard Mackenroth in einem bald berühmten Vortrag für eine ähnliche Neuordnung plädiert, ohne allerdings einen eigenen Fürsorgebereich explizit vorzusehen; vgl. Mackenroth, Reform.

hilfe ihrer eigentlichen Aufgabe, in individuellen Notfällen helfend einzugreifen, erfolgreicher nachkommen" können.[166] Sie sollte bei Bedarf individuell neben die Leistungen der Sozialen Sicherung treten, vorbeugende Hilfe als Pflichtleistung gewähren, für die Anstalts- und Heimfürsorge verantwortlich sein, die Jugendhilfe umfassen und familienfürsorgerisch agieren. Idealiter würde eine derart vom „Armeleutegeruch" befreite Fürsorge „als helfende Stelle von allen Schichten in Anspruch genommen" werden und sich auf die sozialpädagogische Betreuung von Menschen in persönlichen Schwierigkeiten konzentrieren können.[167] Die durch die Entlastung von den laufenden Unterstützungen frei werdenden Mittel sollten nach sozialdemokratischen Vorstellungen allerdings nicht zur Sanierung der Kommunalfinanzen auf Kosten der Fürsorge dienen, sondern dem Ausbau der Individualfürsorge zugute kommen.[168]

Ein organisatorisches Novum war das hier noch etwas unscharf umrissene Modell der „Sozialgemeinden". Die drei Teilsysteme der Sozialen Sicherung sollten jeweils neben Bundesspitze und mittlerer Verwaltungsebene auch stark dezentralisierte Selbstverwaltungsorgane auf örtlicher Ebene erhalten, die sich zu „Sozialgemeinden" zusammenschließen sollten. Diese sollten gemeinsame Aufgaben koordinieren, durch die unmittelbare Ortsnähe den Beteiligten die Wahrnehmung ihrer Rechte erleichtern und engen Kontakt zu den kommunalen Organen pflegen. Das „Sozialgemeinde"-Modell ging auf den langjährigen Staatssekretär im niedersächsischen Arbeitsministerium Walter Auerbach zurück; „so etwas wie eine Graue Eminenz sozialdemokratischer Sozialpolitik"[169] war Auerbach damals neben Preller der wohl am stärksten auch an Fürsorgefragen interessierte führende Sozialpolitiker der SPD und Mitglied in zahlreichen wichtigen Gremien des DV. Anders als die meisten anderen Fürsorgeexperten besaß Auerbach keinerlei kommunalpolitische Affinitäten, was ihn wiederholt dazu veranlaßte, den mißverständlichen, zu kommunalpolitischer Vereinnahmung geradezu einladenden Begriff der „Sozialgemeinde" von den politischen Gemeinden ebenso wie von Achingers Vorstellungen deutlich abzugrenzen und schließlich auf die Rolle eines beratenden Bindeglieds zwischen den Selbstverwaltungsorganen der einzelnen Teilsysteme mit Verbindung zu den Kommunen, jedoch ohne eigene Entscheidungskompetenz, zu reduzieren.[170]

In den offiziösen „Sozialplan für Deutschland" der SPD von 1957 wurden die Vorschläge zur künftigen „Sozialhilfe" von 1952 übernommen und ausführlich dargelegt; dabei wurden die staatsbürgerliche Würde des Hilfempfängers und

---

[166] Grundlagen eines Sozialplans, S. 3, Richter, Sozialreform, Bd. 6 G II.
[167] So die spätere Mitverfasserin des ausführlichen SPD-Sozialplans von 1957, Erdmuthe Falkenberg, Forderungen, vor dem DV-Hauptausschuß (Zitate S. 172), die bei einem entsprechenden Ausbau der übrigen Sicherungszweige die öffentliche Fürsorge auch von der Erholungsfürsorge (Aufgabe der Krankenversicherung), der Erwerbsbefähigung und Berufsausbildung für beschränkt Verwendungsfähige oder Jugendliche entlastet und auf psycho-soziale Dienstleistungen beschränkt sehen wollte.
[168] Vgl. Preller, Wohlfahrtsstaat, S. 326.
[169] Hockerts, Entscheidungen, S. 222, Anm. 21; zur Vita Auerbachs (1905-1975) s.a. Heisig, Armenpolitik, 1990, S. 525f.
[170] Vgl. Auerbach, Aufgaben, S. 462ff.

2. Fürsorge in der Defensive

sein Recht auf geschützte Privatsphäre ebenso wie auf mitverantwortliche Gestaltung der Hilfe noch stärker betont.[171] Angesichts des allgemeinen wirtschaftlichen Aufschwungs, deutlich gesunkener Arbeitslosigkeit und der kurze Zeit zurückliegenden Verabschiedung der Rentenreform waren jetzt die Chancen für eine stärker sozialpädagogische Ausrichtung der Sozialhilfe ohne Zweifel gestiegen.

Die Sozialpolitiker der SPD erhielten seit 1951 von unerwarteter Seite Schützenhilfe: Der neue DV-Vorsitzende Hans Muthesius, auch ein bürgerlicher Fürsorgereformer aus Weimarer Tagen und einer der einflußreichsten Fürsorgeexperten, hatte ebenfalls den seit Beveridge virulenten Gedanken einer staatlichen Sicherung des Existenzminimums aufgegriffen, um dadurch einerseits ein zeitgemäßeres Fürsorgekonzept zu gewinnen, andererseits aber auch – und darin unterschieden sich seine Überlegungen von den SPD-Reformplänen und näherten sich denen Achingers an – die Eigenständigkeit der kommunalen Träger im föderalen Bundesstaat zu stärken. Zwar hatte auch Muthesius grundsätzlich den gesamten Bereich sozialer Sicherung im Blick und forderte eine wirklich systematische, wissenschaftlich abgesicherte und nicht den reinen „Sozialtechnikern"[172] überlassene „Neuordnung der sozialen Hilfe" auf der Basis eines sozialen Grundgesetzes.[173] Doch seine konkreten Vorschläge galten vorwiegend der kommunalen Fürsorge, deren quantitative Terrainverluste er durch einen Qualitäts- und Prestigegewinn wettzumachen hoffte.

Bereits als Stadtrat in Berlin-Schöneberg hatte Muthesius in den zwanziger Jahren die dortige Fürsorgeverwaltung modernisiert und in zahlreichen Publikationen vor allem die produktiven Aufgaben der Fürsorge mit dem Ziel der individuellen Selbstverantwortung und Arbeitsbefähigung herausgestellt und entsprechend qualifiziertes Personal gefordert.[174] Auf dem Fürsorgetag 1930 verteidigte er den „Wohlfahrtsstaat als den obersten Pflichtträger für die Sicherung des notwendigen Lebensbedarfs jedes einzelnen".[175] Die Fürsorge solle von der massenhaften Ergänzung ungenügender Renten ebenso befreit werden wie von den Aufgaben der sogenannten Bewahrung, da beides nicht mit den normalen fürsorgerischen Mitteln zu lösen sei.[176] Für eine Verschwendung von Ressourcen hielt es Muthesius, wenn bei laufenden Unterstützungsfällen, „in denen mit einer Veränderung der Verhältnisse nicht mehr gerechnet werden kann, wo die Fürsorge gewissermaßen einen versorgungsähnlichen Charakter gewinnt", weiter fürsorgerisch verfahren werde; hier sollten vielmehr die Wohlfahrtsämter „entschlossen

---

[171] Vgl. Sozialplan, S. 26f., 116ff.
[172] Muthesius, Die kommunale Fürsorge, S. 251.
[173] Vgl. ders., Frage, S. 484ff.; ders., Die Fürsorge und die Neuordnung, S. 21ff.
[174] Zu Biographie und Werk von Muthesius (1885–1977) vgl. ausführlich Schrapper, Hans Muthesius, hier S. 72ff. Diese Monographie ist eine Erweiterung des weiter unten erwähnten, vom DV in Auftrag gegebenen unveröffentlichten Gutachtens über Muthesius' Rolle in der Jugendfürsorge während des „Dritten Reiches". Vgl. ferner Schrapper, Hans Karl Muthesius; Orthbandt, Deutscher Verein; Heisig, Armenpolitik, 1990, S. 567ff.
[175] Muthesius, Kollektivverantwortung, S. 54.
[176] Ders., Sparmaßnahmen, S. 18ff.

auch die Arbeitsorganisation der Versorgung" anwenden und die rentenähnliche Leistung per Post versenden[177] – Gedankengänge, an die Muthesius unter geänderten Vorzeichen nach dem Zweiten Weltkrieg anknüpfen sollte.

Nachdem er 1933 als Mitglied der DDP aus seinen Ämtern entlassen worden war, fand Muthesius zunächst als wissenschaftlicher Referent im DV bei Polligkeit Unterschlupf, arbeitete dann für den Reichssparkommissar und wurde Ende 1939 Referent u.a. für Jugendwohlfahrt und besondere Kriegsfürsorgeaufgaben in der Gesundheitsabteilung des Reichsministeriums des Innern.[178] Seine maßgebliche administrative Beteiligung an der Errichtung von Konzentrationslagern für „gemeinschaftsfremde" Jugendliche in Deutschland und Polen und an den Vorarbeiten für ein „Gemeinschaftsfremdengesetz" wurde erst Anfang der neunziger Jahre gutachtlich nachgewiesen und hat schließlich dazu geführt, daß sich der DV von seinem langjährigen, auch international renommierten Vorsitzenden posthum distanzierte.[179]

Nach Kriegsende wurde der von Polligkeit protegierte Muthesius[180] nach einem abermaligen Intermezzo beim DV von 1948 bis 1953 Beigeordneter für Soziales und kommunalpolitische Angelegenheiten beim DST, lehrte seit 1953 u.a. Fürsorgerecht an der Frankfurter Universität und wurde im September 1954 ebenfalls in den Beirat beim Bundesministerium für Arbeit berufen. Anfang Oktober 1950 war Muthesius als Nachfolger Polligkeits zum Vorsitzenden des DV gewählt worden, dessen prägende Leitfigur er bis zu seinem Rücktritt 1964 blieb.

Muthesius unterschied zwei Hauptgruppen von Leistungen der Fürsorge: die laufenden Unterstützungen und den gesamten übrigen Bereich fürsorgerischer Tätigkeit. Diese beiden Leistungsgruppen – und damit rüttelte er an einer Bastion der Fürsorgelehre – seien keineswegs gleichermaßen den Grundsätzen der Individualität und der Subsidiarität verpflichtet: Bei den richtsatzmäßigen laufenden Unterstützungen stehe „das sogenannte Individualisieren [...] auf sehr schwachen Füßen"[181], das Nachrangprinzip (Subsidiarität) hingegen sei bei den freiwilligen Leistungen oder der Gesundheitsfürsorge kaum anwendbar.[182] Die in der Neuordnung zentrale Frage einer systematischen Grenzziehung zwischen Versicherung, Versorgung und Fürsorge betreffe nur das Teilgebiet der laufenden Leistungen.[183] „Kernaufgabe der Fürsorge" seien diese aber gerade nicht, sondern „das Vorbeugende, das Beratende, das unmittelbar menschlich Helfende"; anders als Achinger war Muthesius daher der Auffassung, daß sich die Fürsorge nicht gegen Maßnahmen wenden solle, die den Bereich der laufenden Unterhaltsfinanzierung verkleinerten.[184] Dies umso weniger, als das Ressentiment gegen die Fürsorge nur den laufenden Leistungen gelte, nicht aber der Müttergenesungs-, der Kinderer-

---

[177] Ebenda, S. 21f.
[178] Vgl. Schrapper, Hans Muthesius, S. 109ff.
[179] Vgl. ebenda, S. 14, 120ff.
[180] Vgl. Willing, Vorgeschichte, S. 604.
[181] NDV 32 (1952), S. 30.
[182] Vgl. Muthesius, Frage, S. 491; ders., Subsidiarität?
[183] Vgl. NDV 32 (1952), S. 30.
[184] Vgl. Muthesius, Möglichkeiten, S. 328f. (Zitate S. 328).

holungs- oder der Jugendfürsorge.[185] Angesichts des realen Bedeutungsverlusts der laufend unterstützenden Fürsorge trat Muthesius die Flucht nach vorn an und plädierte dafür, diese ganz von der übrigen kommunalen Fürsorge zu trennen.

Zunächst warb Muthesius im Februar 1951 vor dem kleinen Expertenkreis des neuen DV-Fachausschusses für allgemeine Fragen des Fürsorgewesens für seine Vorstellungen und erklärte es für durchaus sinnvoll, die laufende Fürsorge „als ein besonderes Institut" zu behandeln, da „der Unterschied zwischen Renten der Sozialversicherung und Versorgung und den laufenden richtsatzmäßigen Unterstützungen nicht so sehr groß" sei.[186] Anfang Juli bezeichnete es der sonst zu etwas unverbindlicher Diktion neigende Muthesius vor der Hauptversammlung des Deutschen Städtetages ähnlich wie schon 1930 als „die unentrinnbare Aufgabe des Staates, für große Teile seiner Bevölkerung bei bestimmten Notständen die Deckung des notwendigen Lebensunterhaltes sicherzustellen". Auch „sehr beliebt gewordene Schlagworte" wie „Verrentung, Rentensucht, Wohlfahrtsstaat" könnten über diese Verantwortung nicht hinwegtäuschen.[187] Daher sei es nicht einzusehen, „wieso es Aufgabe der kommunalen Finanzmasse ist, nicht ausreichende Versicherungsleistungen in größerem Ausmaß zu ergänzen".

Eine Lösung des Problems hielt Muthesius in Anlehnung an die Kriegsfolgenhilfe für denkbar, wobei er dem Staat dann auch das Recht zugestand, zumindest über „Empfehlungen" die Mittelverwendung zu kontrollieren und so auch die laufenden Unterstützungen stärker zu vereinheitlichen. Damit begab sich der Städtetags-Beigeordnete auf kommunalpolitisches Glatteis: Wenn schon der Mensch auf öffentliche Mittel für seinen Lebensunterhalt angewiesen sei, dann solle ihm auch „ein gewisses Minimum in dem gesamten sozialen Staat unserer Bundesrepublik gleichmäßig gewährt werden und nicht abhängig sein von den örtlichen Zufälligkeiten seines Aufenthalts. Das bedeutet nämlich praktisch die Anheimgabe des laufenden Unterstützungswesens an die kommunale Fürsorge". Mit der sinkenden Bedeutung der wirtschaftlichen Fürsorge sei nicht das Fürsorgeprinzip an sich in Gefahr, vielmehr sei es „nur dann in Gefahr, wenn wir es auf falschen Gebieten anwenden".[188] Renten- und Vorschußfälle, so Muthesius 1955, machten immerhin zwei Drittel aller laufenden Unterstützungsfälle aus, hätten aber „wenig mit der fürsorgerechtlichen Hilfsbedürftigkeit zu tun".[189]

Zwar schwächte der auf Harmonie bedachte DV-Vorsitzende den „Trompetenstoß" auf dem Fürsorgetag im Oktober 1951 wieder zu „Schalmeienklänge[n]"[190]

---

[185] Vgl. ebenda, S. 327. Walter Bogs, Grundfragen, S. 39ff., vertrat in seinem für das BMA verfaßten Gutachten zur Sozialrechtsreform genau die gegenteilige Auffassung: Infolge der starken rechtlichen Annäherung von Fürsorge und Sozialversicherung hätte die Fürsorge gerade bei den laufenden Leistungen ihr abschreckendes Odium verloren und den „Typ des ‚Fürsorgerentners'" (S. 39) hervorgebracht.
[186] Das Referat von Muthesius am 22.2.1951 wurde erst ein Jahr später auszugsweise veröffentlicht in: NDV 32 (1952), S. 29–31, hier S. 30.
[187] Muthesius, Die kommunale Fürsorge, S. 251.
[188] Ebenda, S. 252.
[189] Muthesius im „Studienkreis soziale Neuordnung" des DV am 25./26.3.1955, Niederschrift, ADW, ZB 856.
[190] So ein Kommentar des SPD-Fürsorgefachmanns Fritz Wittelshöfer, Fürsorgedämmerung.

ab und wußte auch in den folgenden Jahren stets den Werkstatt-Charakter seiner Überlegungen zu wahren.[191] Auf dem Fürsorgetag im Herbst 1955 aber ging er über seine bisherigen Äußerungen noch hinaus und plädierte für eine staatliche Einkommenshilfe, „abgestellt auf persönliche Verhältnisse, gesetzt neben das Rentensystem" für Alte und Invalide. „Herausgelöst aus den alten Hilfsbedürftigkeitsbegriffen, unterstellt unter ein neues Denken", sollte diese Hilfe „einen bestimmten Lebensstandard garantieren" und befreit sein von „einer bis in alles einzelne gehenden Prüfung aller persönlichen Verhältnisse". Schließlich gehe es hier um die Würde des Menschen und die gewandelten Vorstellungen über einen staatlich zu garantierenden Lebensstandard.[192] Anders als Achinger wollte Muthesius also durchaus mit der Zeit gehen und hoffte, nicht durch eine Ausdehnung, sondern durch eine Selbstbeschränkung des Fürsorgeprinzips dieses zu retten.

Zum einen sollte die bisherige laufende Fürsorgeunterstützung in dieses neue System der Einkommenshilfen überführt und damit nicht mehr der intimen Überprüfung durch das örtliche Fürsorgeamt sowie kommunalen Richtsatzspielräumen ausgesetzt werden. Zum anderen, und hier drohte von ganz anderer Seite heftiger Widerspruch, sollten auch bestimmte bisher versicherungs- oder versorgungsrechtlich geregelte Fälle übernommen werden, „Gruppen", so Muthesius, „denen wir noch dann zielgerecht und sinnvoll und sozialgerecht helfen können, wenn wir ihre Leistung von dem Zwang der mechanischen Rente befreien und ihnen auf ihre persönlichen Verhältnisse abgestellte Leistungen zubilligen".[193] In diesem Punkt einer final orientierten, für gleichartige Notlagen gleichartige Leistungen vorsehenden Hilfe trafen sich die Vorstellungen von Muthesius mit denen Achingers. Während jener aber eine unreglementierte laufende Fürsorgeunterstützung beibehalten und das Ermessen der Sozialleistungsträger auch in den Rentenbereich ausweiten wollte, suchte dieser den Mittelweg einer stärker vereinheitlichten und verrechtlichten, auf ein bestimmtes Existenzminimum verpflichteten staatlich finanzierten Hilfe zum Lebensunterhalt mit gemäßigter „Bedarfsermittlungsprüfung"[194] im Sinne einer bloßen Einkommensüberprüfung nach dem britischen Vorbild der National Assistance, die den „Zusammenhang mit der alten Armenpflege völlig gelöst" und die Subsidiarität auch gegenüber der Familienleistung aufgegeben habe.[195]

Anders als in Großbritannien sollte diese Einkommenshilfe aber nicht durch staatliche Stellen, sondern „zusammengefaßt in einer örtlichen im Rathaus oder

---

[191] Gerade die Unbestimmtheit der Formulierungen von Muthesius in dieser Zeit erschwert oft deren Interpretation; so weist z.B. Muthesius, Gemeinden, deutliche Anklänge an den SPD-Sozialplan auf, während Muthesius doch gleichzeitig eng mit BMF und BMI kooperierte.
[192] Vgl. Muthesius, Die Fürsorge und die Neuordnung, S. 28 (Zitate ebenda).
[193] Ebenda, S. 27f. Muthesius dachte prinzipiell an sämtliche Renten, deren Gewährung auch bislang in der Unfallversicherung, der Kriegsopferversorgung oder nach dem Lastenausgleich u.ä. von Bedürftigkeit und damit von verschiedensten Einkommensgrenzen abhängig gemacht wurde; vgl. Muthesius im DV-Studienkreis am 25./26.3.1955, Niederschrift, ADW, ZB 856; ferner NDV 35 (1955), S. 91ff.
[194] Muthesius, Frage, S. 490.
[195] Muthesius im DV-Studienkreis am 25./26.3.1955, Niederschrift, ADW, ZB 856. Den Einfluß des englischen Vorbilds betonte Muthesius selbst in: NDV 34 (1954), S. 74.

im Hause des Landrates befindlichen Stelle gleichmäßig behandelt werden".[196] Der Verlust der Richtsatzspielräume sollte also für die kommunalen Träger dadurch abgemildert werden, daß die Durchführung der neuen Einkommenshilfe örtlichen Stellen überlassen bliebe, wobei die Kosten für die ehemals Rentenberechtigten von den ursprünglich zuständigen Trägern übernommen würden.[197] Auch Muthesius argumentierte hier mit der Standardbegründung der Kenntnis der persönlichen Zusammenhänge in den Kommunen.[198] Anders als Achinger und Collmer oder gar die Auerbachsche „Sozialgemeinde" favorisierte Muthesius implizit eine kommunale Trägerschaft und forderte jede Kommune dazu auf, „sich mit ihrer Kraft dafür zur Verfügung" zu stellen, „daß sie allgemein die örtliche Vertrauens-, Verwaltungs- und Durchführungsstelle eines neuen Sozialplanes wird".[199]

Mit der Herauslösung der laufenden Unterstützung war auch für Muthesius eine deutliche Schwerpunktverlagerung auf die vorbeugende und aufbauende Fürsorge verknüpft. Die Etablierung der kommunalen „sozialen Dienste" war modemer und prestigeträchtiger und würde auch bei einer weiteren Expansion des Rentenbereichs nicht überflüssig werden. Bereits auf der Städtetagsversammlung 1951 hatte Muthesius diese Umorientierung daher als große Chance der deutschen Selbstverwaltung gedeutet. Optimistisch baute Muthesius dabei auf das soziale Verantwortungsbewußtsein insbesondere der Städte und ging davon aus, daß sie dazu „weithin kein Gesetz" bräuchten, sondern ein System vorbeugender Fürsorge aus den bereits vorhandenen Ansätzen „schöpferisch selbst entwickeln" könnten.[200] Voraussetzung sei allerdings, daß die Fürsorgeverbände zu entsprechenden finanziellen und personellen Veränderungen bereit seien.[201] Muthesius' Vorschläge besaßen also eine doppelte Stoßrichtung: zum einen Modernisierung der öffentlichen Fürsorge durch Abtrennung einer stärker verrechtlichten staatlichen Einkommenshilfe und den damit verbundenen Ausbau der sozialen Dienste auf der Grundlage stärkerer Professionalisierung; zum anderen Wahrung eines genuin kommunalen, bedeutungsvollen sozialpolitischen Betätigungsfeldes mit geringer rechtlicher Regulierung in einer Zeit sinkender Bedeutung der kommunalen Selbstverwaltung.

In die bekannte, wenige Monate zuvor veröffentlichte sogenannte Rothenfelser Denkschrift, zu deren Autoren ja Muthesius wie Achinger gehörte, hat seine Forderung nach einer staatlichen Einkommenshilfe allerdings keinen Eingang gefun-

---

[196] Muthesius, Die Fürsorge und die Neuordnung, S. 28; vgl. ders., Gemeinden.
[197] Vgl. Muthesius vor dem DV-Studienkreis am 25./26.3.1955, Niederschrift, ADW, ZB 856.
[198] Vgl. Muthesius, Gemeinden, S. 28.
[199] Ders., Frage, S. 493.
[200] Vgl. ders, Die kommunale Fürsorge, S. 253 (Zitat ebenda); ferner ders., Möglichkeiten, S. 329f.
[201] Muthesius kritisierte vor allem, daß nur die gesetzlichen Pflichtaufgaben der Fürsorge in der Regel ausreichend finanziert seien und die Fürsorgeverwaltung dominierten, während die vom Gesetzgeber als nicht weniger wichtig, sondern nur als nicht reglementierbar erachteten sog. freiwilligen Aufgaben vernachlässigt würden. Vgl. ders., Die kommunale Fürsorge, S. 250; ders., Zukunft.

den.²⁰² Die Vorschläge des von Adenauer persönlich in Auftrag gegebenen Professoren-Gutachtens folgten hinsichtlich der künftigen kommunalen Fürsorgeaufgaben eher der Linie Achingers, wobei sie eine mit dem Subsidiaritätsprinzip begründete deutliche Kompetenzerweiterung der Gemeinden vorsahen, die durchaus auch den ursprünglichen Vorstellungen Achingers entsprach: Neben den bisherigen Fürsorgeaufgaben einschließlich der Ergänzung unzureichender Altersrenten sollten die Gemeinden zuständig sein für Witwenhaushalte mit minderjährigen Kindern, für Ausbildungsbeihilfen und für langfristig Arbeitslose.²⁰³ Diese neuen Betreuungspflichten der Gemeinden sollten an der bisherigen Trägerschaft jedoch nichts ändern; vielmehr sollten die entsprechenden Mittel der verschiedenen Träger den Gemeinden zur Durchführung dieser Aufgaben zufließen. Die individuelle Ergänzung dieser Leistungen durch die kommunale Fürsorge sollte außerdem durch einen Fürsorgelastenausgleich abgesichert werden: Dazu schlug das Gutachten vor, aus den bisher vom Bund gezahlten Beträgen für die Arbeitslosenfürsorge sowie für Witwen und Waisen von Kriegsopfern eine Sonderkasse zu bilden. Auf diese Weise sollten die auf viele Träger verteilten Leistungen an einer leicht zugänglichen Stelle zusammengefaßt und möglichst individuell geholfen werden. Nicht zuletzt dieses geplante Vordringen kommunaler Ermessensbefugnis in bisher rechtlich garantierte Sozialleistungsbereiche stieß auf deutliche Kritik und war, wie das lange umkämpfte Feld der Arbeitslosenfürsorge zeigte, politisch nicht zu verwirklichen.

Obwohl die vorgestellten Autoren die grundsätzliche Frage nach den laufenden Unterstützungen für den Lebensunterhalt, verkürzt auf die Formel „Renten- oder Fürsorgeprinzip" gebracht, verschieden beantworteten – die Schlußfolgerungen für die künftige Rolle der öffentlichen Fürsorge näherten sich einander immer stärker an: Deren Schwerpunkt sollte auf der personalintensiven fürsorgerischen Dienstleistung für den einzelnen im familiären Zusammenhang liegen, aufgebaut auf einem partnerschaftlichen Helferverhältnis, mit dem Ziel größtmöglicher Selbständigkeit des Hilfeempfängers. Neben der einmütigen Forderung nach qualifizierterem Fürsorgepersonal stimmten sämtliche dieser Autoren auch darin überein, wie das Fürsorgerecht reformiert werden müsse: Einführung eines gesetzlichen Rechtsanspruchs auf Fürsorge, grundsätzliche Beseitigung der Ersatzpflicht des Hilfeempfängers und zumindest starke Einschränkung derjenigen seiner Verwandten.²⁰⁴ Indem gleichzeitig für diese stark personalisierte Fürsorge weder das Nachrang- noch das Individualprinzip grundsätzlich in Frage gestellt, die Ermessensräume der Fürsorgeträger und der Vorrang der Selbsthilfepflicht auch weiterhin als deren konstitutive Elemente verteidigt wurden, bewegten sich auch in den fünfziger Jahren die Überlegungen der Fürsorgereformer verschiedener Provenienz im „Spannungsfeld von Disziplin und Integration, Hilfe und

---

[202] Vgl. Achinger u.a., Neuordnung der sozialen Leistungen. Zu Genese, Inhalt und Bewertung der Denkschrift vgl. Hockerts, Entscheidungen, S. 279ff.
[203] Vgl. Achinger u.a., Neuordnung der sozialen Leistungen, S. 111ff.
[204] Vgl. Achinger, Neuordnung der sozialen Hilfe, S. 65; Collmer, Sozialhilfe, S. 66; Sozialplan, S. 125ff.; Muthesius, Die Fürsorge und die Neuordnung, S. 29f.; Achinger u.a., Neuordnung der sozialen Leistungen, S. 112f.

Kontrolle", das die öffentliche Fürsorge zum geradezu idealtypischen Beispiel für die „Dimension des Sozialstaats als Machtbeziehung und moderne Herrschaftsform"[205] werden ließ.

Die Mitte der fünfziger Jahre erreichte weitgehende Einhelligkeit, die auch den parteiübergreifenden sachlichen Konsens beim BSHG begründete, verdankte sich der Überzeugung, daß die „Wirtschaftsfürsorge" angesichts zunehmender ökonomischer Prosperität und steigender Versicherungs- und Versorgungsrenten ohnehin ein auslaufendes Modell sei. Die an sich zentrale Frage einer separaten staatlichen Grundsicherung, die angesichts der aktuellen englischen Entwicklung[206] auch für viele SPD-Politiker allmählich an Attraktivität einbüßte, wie deren fürsorgepolitische Implikationen verloren damit vorläufig an Brisanz.

Sozialpolitischer Terrainverlust und finanzpolitische Instrumentalisierung: die öffentliche Fürsorge in der Bundespolitik

In der sozialpolitisch so ertragreichen ersten wie auch in der zweiten Legislaturperiode des Deutschen Bundestages spielte die öffentliche Fürsorge tatsächlich nurmehr die von Achinger attestierte Rolle des „lästigen Überbleibsels". Von den zahlreichen zwischen 1949 und 1957 verabschiedeten Sozialgesetzen galten nur drei der öffentlichen Fürsorge und Jugendfürsorge im engeren Sinne, wovon zwei ohnehin nur begrenzte Novellierungen waren. Fürsorgespezifische Initiativen der Bundestagsfraktionen waren selten: Entweder dienten sie der Absicherung der Leistungsverbesserungen der Rentenversicherung oder Kriegsopferversorgung, der Bevorzugung einzelner Gruppen im Rahmen des hergebrachten Fürsorgerechts, oder sie galten Spezialgebieten, die die öffentliche Fürsorge auch, aber nicht allein betrafen (Bewahrung, Geschlechtskrankheiten); darüber hinaus unternahm die Fraktion der SPD wiederholt den Versuch, über den Bund eine Erhöhung der in die Länderzuständigkeit fallenden Richtsätze zu erreichen. Dieses zentrale Problemfeld wie auch weitere Einzelfragen der Fürsorge (Ausbildungsbeihilfen, Fürsorge für Nichtseßhafte) wurden schließlich auf dem Verordnungs- bzw. Richtlinienweg geregelt. Der bis zur dritten Wahlperiode noch selbständige Bundestagsausschuß für Fragen der öffentlichen Fürsorge erwies sich dabei als insgesamt kooperationswilliger Partner des Bundesinnenministeriums.

Das geringe Interesse an der öffentlichen Fürsorge lag in der Logik der bisherigen sozialpolitischen Bemühungen, „über den Ausbau der Sozialversicherung und den Aufbau neuer Versorgungs- und Entschädigungssysteme [...] die Weichen möglichst weg von der Fürsorge zu stellen"[207], und korrespondierte mit der im-

---

[205] Rudloff, Souterrain, S. 477.
[206] In Großbritannien orientierten sich die Beiträge und Leistungen der staatlichen Grundrenten am Lohnniveau ungelernter Arbeiter und konnten im Laufe der fünfziger Jahre den Lebensunterhalt immer weniger decken. Wurden die Grundrenten nicht durch andere Einkommensquellen (z.B. Betriebspensionen u.ä.) aufgestockt, mußten sie durch die Sozialhilfe ergänzt werden. Vgl. Ritter, Sozialstaat, S. 180f.
[207] Hockerts, Vorsorge, S. 228.

mer kleineren Zahl von Fürsorgeempfängern und dem geringen Anteil der Fürsorgeausgaben am gesamten Sozialhaushalt. Darüber hinaus aber lag es auch an der geringen lobbyistischen Macht der Fürsorgeempfänger selbst: Während die verbandsmächtigen Teile unter ihnen (Sozialrentner, Kriegsopfer, Vertriebene) ohnehin aus der Fürsorge herausdrängten, war der mehr oder weniger fluktuierende, heterogene „Rest" politisch wenig artikulationsfähig und als Wählerpotential weitgehend uninteressant.[208]

In anderer Hinsicht charakteristisch für den säkularen Trend „möglichst weg von der Fürsorge" war auch die gesetzliche Neuregelung der Beschäftigung Schwerbeschädigter und (mit Einschränkungen) der Arbeitslosenfürsorge. Dabei ging es allerdings nicht um die Überführung in andere Sicherungssysteme, sondern um den Verlust kommunaler Zuständigkeiten. Im Falle der Schwerbeschädigten verloren die kommunalen Träger (Hauptfürsorgestellen und Fürsorgestellen) trotz langanhaltenden Widerstands 1953 endgültig die Arbeitsvermittlung an die Arbeitsämter.[209] Im Falle der Arbeitslosenfürsorge wurde dieser (begrenzte) Zuständigkeitsverlust hingegen schließlich von den Vertretern der Fürsorge sogar mitgetragen.[210] Noch vor der Währungsreform hatten die kommunalen Spitzenverbände, vom DV unterstützt, die Eingliederung der Arbeitsämter in die Kommunalverwaltung gefordert[211]; nachdem dies aber spätestens mit der Wiedergründung einer zentralen Arbeitsverwaltung 1952 weder durchsetzbar noch einer überregionalen Arbeitsmarktpolitik angemessen schien, forderte nur mehr das Bundesfinanzministerium, zwecks besserer Kontrollen die wirtschaftliche Unterstützung von Arbeitslosenfürsorgeempfängern bei entsprechender Finanzausstattung auf die Kommunen zurückzuübertragen.[212] Als mit dem „Gesetz zur Ände-

---

[208] Vgl. Winter, Interessen, S. 91ff., 102ff., 312; Zacher, Sozialpolitik, S. 381. Demgegenüber hatte es in den zwanziger Jahren mit den sozialen Bewegungen der Klein- und Sozialrentner eine gewisse Armenlobby gegeben; vgl. Leibfried, Existenzminimum, S. 470.

[209] Vgl. § 22 des Gesetzes über die Beschäftigung Schwerbeschädigter vom 16.6.1953, BGBl. I S. 389; ferner NDV 33 (1953), S. 232ff. Nach § 11 des Schwerbeschädigtengesetzes von 1923, RGBl. I, S. 57, oblag neben der Arbeitsfürsorge auch die Arbeitsvermittlung Schwerbeschädigter den Hauptfürsorge- bzw. Fürsorgestellen der Kriegsopferfürsorge, vgl. Sachße/Tennstedt, Geschichte, Bd. 2, S. 91f.; sie wurde nach Kriegsende aber in der britischen und der amerikanischen Zone den Arbeitsämtern übertragen; vgl. NDV 29 (1949), S. 268ff.; Hudemann, Sozialpolitik, S. 450ff. Die kommunalen Spitzenverbände, die Hauptfürsorgestellen und auch die Kriegsopferverbände kritisierten die verwaltungsmäßige Aufspaltung der individuellen Hilfestellung, während die Arbeitsverwaltung für sich bessere, zumal überbezirkliche Vermittlungsmöglichkeiten beanspruchte; vgl. NDV 32 (1952), S. 387ff.

[210] Das komplexe und in jüngster Zeit wieder in den Fokus der sozialpolitischen Reformbestrebungen gerückte Problem des Verhältnisses von Kommunen und Arbeitsverwaltung kann hier nur angedeutet werden; zur Vorgeschichte vgl. Sachße/Tennstedt, Geschichte, Bd. 2, S. 94ff.; Bd. 3, S. 64ff., 225ff.

[211] Vgl. NDV 28 (1948), S. 86ff.

[212] Vgl. Elsholz, Entwicklung, S. 106; ders., Sozialreform, S. 252; ähnlich die Kabinettsvorlage des BMF vom 13.5.1955, in: Soziale Sicherheit 4 (1955), S. 284. Auch die Rothenfelser Denkschrift forderte eine solche Rückübertragung, allerdings im Interesse individueller und damit wirksamerer Betreuung; vgl. Achinger u.a., Neuordnung der sozialen Leistungen, S. 89f.

2. Fürsorge in der Defensive

rung und Ergänzung des Gesetzes über Arbeitsvermittlung und Arbeitslosenversicherung" vom 16. April 1956[213] jedoch die Arbeitslosenfürsorge (jetzt: „Arbeitslosenhilfe") bundesweit erneut vereinheitlicht und für zumindest alle „vermittlungsfähigen" Arbeitslosen der Bundesanstalt und ihren Verwaltungen zugeschlagen wurde, beklagte der DST sogar, daß durch eine Verschärfung der Leistungsvoraussetzungen in der ehemaligen britischen Zone und durch verminderte Leistungen wieder mehr Arbeitslose von der öffentlichen Fürsorge zu unterstützen wären.[214] Tatsächlich erleichterten weitere Regelungen bald wieder den Zugang zur Arbeitslosenhilfe und erhöhten deren Unterstützungssätze, so daß die befürchteten finanziellen Mehrbelastungen der Kommunen – zumal in Zeiten zunehmenden Arbeitskräftemangels – in Grenzen blieben.[215] Trotz aller prinzipiellen Reserven gegen eine Arbeitslosenfürsorge als gleichsam „ewige Rente"[216] hatte die Furcht, bei ungünstiger Konjunktur könnten die Kommunen wie in der Weltwirtschaftskrise die Hauptlastenträger massiver Arbeitslosigkeit werden[217], gesiegt.

Auch in den öffentlichen Auseinandersetzungen um die „Sozialreform" spielte die künftige Ausgestaltung der Fürsorge eine marginale Rolle. Als der Bundestag am 21. Februar 1952 über den SPD-Antrag auf Einsetzung einer „Sozialen Studienkommission" debattierte und damit erstmals die „Sozialreform"-Überlegungen ins breite öffentliche Bewußtsein rückte, setzten sich die Gegner der Reformplanungen der SPD vor allem mit den Konsequenzen für das traditionelle deutsche Sozialversicherungssystem auseinander. Die öffentliche Fürsorge wurde kaum erwähnt. Die Entscheidung der Regierungsmehrheit, die Vorarbeiten für eine Reform nicht einer unabhängigen Studienkommission, sondern einem beim Bundesarbeitsministerium zu bildenden Beirat zu übertragen, war ebenfalls einer stärkeren Berücksichtigung der Fürsorge kaum förderlich, lag diese doch außerhalb der Zuständigkeit des sozialpolitischen Leitressorts.[218] Dort sah man die wenig regulierte öffentliche Fürsorge und die schwache Rechtsposition des Hilfeempfängers ohnehin kritisch und war bestrebt, zumindest für die eigene Klientel der Sozialrentner und Kriegsopfer Ermessensräume der Fürsorgeträger so weit wie möglich zu beschneiden.[219] Eine Entflechtung der sozialen Sicherungsbe-

---

[213] BGBl. I S. 243.
[214] Vgl. Manderschied, Rechtsanspruch; NDV 36 (1956), S. 173ff.; ZfF 8 (1956), S. 130ff.
[215] Vgl. VO zur Durchführung der Arbeitslosenhilfe vom 31.7.1956, BGBl. I S.727; Gesetz zur Änderung und Ergänzung des Gesetzes über Arbeitsvermittlung und Arbeitslosenversicherung vom 23.12.1956, BGBl. I S. 1018, Neufassung: Gesetz über Arbeitsvermittlung und Arbeitslosenversicherung (AVAVG) in der Fassung vom 3.4.1957, BGBl. I S.322.
[216] Kabinettsvorlage des BMF vom 13.5.1955, in: Soziale Sicherheit 4 (1955), S. 284.
[217] So Wilhelm Kitz namens des Sozialreform-Beirats des DST vor dem DLT-Sozialausschuß am 12.1.1956, Vortragsmanuskript, BAK, B 172/444-01/1.
[218] Vgl. Bundestagssitzung am 21.2.1952, BT, 1.Wp. 1949, Sten. Ber., Bd. 10, S.8376ff.; ferner Hockerts, Entscheidungen, S.216ff. Muthesius hatte den SPD-Antrag in einem Artikel in der Zeitschrift „Sozialer Fortschritt" ausdrücklich unterstützt; vgl. Muthesius, Gemeinden, S. 27.
[219] Dieses Problem stellte sich immer wieder bei der Frage der Anrechnung von Renten auf Fürsorgeleistungen. Im federführenden Generalreferat für die Reform der Sozialversi-

reiche wollte das Arbeitsministerium vor allem durch Leistungsverbesserungen bei Versicherung und Versorgung erreichen, so daß die (unsystematische) Ergänzung durch die Fürsorge überflüssig würde.

Anders als die SPD unternahm die CDU während der ersten Legislaturperiode nicht den Versuch, einen Gesamtplan zur Sozialreform vorzulegen, der dann auch die künftige Gestaltung der öffentlichen Fürsorge thematisiert hätte. In den sozialpolitischen Passagen des Hamburger Programms der CDU vom 22. April 1953 wurde sie nicht erwähnt.[220] Die starke Betonung des Versicherungsprinzips, die die sozialpolitischen Grundsatzäußerungen von seiten der CDU (wie der FDP und der DP) in dieser Zeit kennzeichnete, ebenso wie die darin manifesten traditionell bürgerlichen Leitbilder der eigenverantwortlichen Vorsorge, des Nachrangs der Staatshilfe gegenüber der Selbsthilfe und kleineren gesellschaftlichen Sicherungsverbänden und die Beschränkung kollektiver Sicherungsformen auf tatsächlich Hilfsbedürftige bzw. als potentiell hilfsbedürftig definierte Gruppen wie Kriegsopfer etc. oder Schichten (Arbeiter), lassen jedoch den indirekten Schluß zu, daß eine grundlegende Änderung der Rolle (und des Rechts) der öffentlichen Fürsorge in den Koalitionsparteien vorerst nicht zur Debatte stand.[221]

Eine wichtige, allerdings primär instrumentelle Rolle, spielte die öffentliche Fürsorge hingegen in dem Reformansatz des sozialpolitischen Kontrahenten des Arbeitsministeriums, des Bundesfinanzministeriums. Im einflußreichen „Leitreferat für den Sozialhaushalt" dieses auch sozialpolitischen Schlüsselressorts arbeitete dessen Leiter Konrad Elsholz bereits seit längerem an einem Konzept zum Umbau des gesamten sozialen Leistungsapparates mit dem Ziel, die Sozialpolitik der Bundesregierung auch konzeptionell entscheidend zu beeinflussen und mittelfristig den rasanten Anstieg der Sozialausgaben zumindest zu verlangsamen.[222] Im Kern ging es Elsholz darum, das soziale Leistungssystem nach dem Bedürftigkeitsprinzip umzustrukturieren. Er war überzeugt, daß die bisherige, aus öffentlichen Mitteln (teil-)finanzierte schematische Rentengewährung aufgrund von Rechtsansprüchen die Leistungen oft nicht bedarfsgerecht verteilt, das Staatsbudget aber an den Rand seiner Leistungsfähigkeit geführt habe. Elsholz forderte daher eine Umschichtung innerhalb des Sozialhaushalts zugunsten der „wirklich

---

cherung im BMA galt gerade der unbedingte Rechtsanspruch auf die Versicherungsleistungen als entscheidender Fortschritt gegenüber der Armenfürsorge, der den betreuten Untertanen vom mündigen Sozialstaats-Bürger unterschied; dazu sowie zu den sozialreformerischen Zielen des BMA allgemein vgl. Hockerts, Entscheidungen, S. 256ff.; ders., Ausblick, S. 255.

[220] Vgl. Auszug des Hamburger Programms der CDU, beschlossen auf dem Vierten Bundesparteitag der CDU am 22. 4. 1953, Richter, Sozialreform, Bd. 6 G I. Gleiches galt für die Vorschläge des Bundesausschusses für Sozialpolitik vom 19.–29. 4. 1953 (ebenda).

[221] Zu sozialpolitischen Reformprinzipien der CDU Anfang der fünfziger Jahre vgl. Hockerts, Entscheidungen, S. 223ff. Das Sozialprogramm der FDP vom 5. 7. 1952 sah keine grundlegende Änderung der Aufgaben der öffentlichen Fürsorge vor und betonte ihre Funktion der Selbsthilfeförderung und der Ergänzung unzureichender anderweitiger Sozialleistungen bis zur Höhe des Existenzminimums; vgl. Albert Müller, Sozialprogramme, S. 485.

[222] Vgl. Hockerts, Entscheidungen, S. 119ff., 237ff.; zu Elsholz auch die biographischen Angaben in: Kabinettsprotokolle. Ministerausschuß für die Sozialreform, S. 363f.

Bedürftigen", indem „die Grundsätze des noch immer modernsten Sozialsystems der öffentlichen Fürsorge, d.s. die Subsidiarität (sekundäre Nothilfe) und die Individualität, [...] auch in den Bereich der Versicherung und Versorgung Eingang" fänden.[223] Das bedeutete letztlich, daß sämtliche steuerfinanzierten Sozialleistungen an eine Bedarfsprüfung geknüpft werden sollten. Und hier war den Trägern der öffentlichen Fürsorge eine zentrale neue Funktion zugedacht: Das Fürsorgeamt würde zum umfassenden örtlichen „Beratungs- und Entscheidungsverband (Sozialamt neuer Prägung)"[224] ausgebaut und auch die gesetzlich Rentenversicherten und Versorgungsberechtigten betreuen – sprich: auch in diesen Fällen die (fürsorgemäßige) Bedürftigkeitsprüfung übernehmen. Kommunale Befürchtungen vor dem Aufbau weiterer örtlicher Sonderverwaltungen aufgreifend, warf Elsholz hier einen zusätzlichen Köder aus für die seinen fiskalischen Argumenten ohnehin zugänglichen Kommunen. So weit, die öffentliche Fürsorge etwa durch eine Erweiterung ihrer gesetzlichen Pflichtaufgaben als Vorbildsystem attraktiver zu machen, gingen die Überlegungen von Elsholz allerdings nicht, sondern sie sollte wie bisher als Ausfallbürge für alle nicht anderweitig Gesicherten im wesentlichen unverändert bestehen bleiben.

Anders als dem Arbeitsministerium ging es Elsholz um eine nicht auf einzelne Bereiche beschränkte, sondern eine umfassende Reform, und er wußte dafür grundsätzlich die Mehrheit der Fachpublizistik wie des Bundeskabinetts einschließlich des Kanzlers hinter sich. Das galt allerdings nicht für die „fiskalischen Nebenabsichten" seines Hauses: Eine Gesamtreform konnte zunächst zum Vorwand für den Aufschub von einzelnen Leistungsverbesserungen genommen werden, vor allem aber konnten so die künftigen Anforderungen an den Bundeshaushalt in der Summe vorgeführt und Abstriche leichter erzwungen werden.[225]

Die inhaltliche Verwandtschaft der Vorschläge aus dem Finanzministerium mit denjenigen Achingers oder Collmers ist evident. Bereits seit Mitte 1951 stand Elsholz in Kontakt zu einem informellen, von Muthesius geleiteten Arbeitskreis, dem neben Achinger und Collmer u.a. auch der Unterabteilungsleiter im Bundesfinanzministerium Herbert Fischer-Menshausen angehörte.[226] Die Anfang 1952 vorgelegten Reformvorschläge dieses Kreises liefen ebenfalls darauf hinaus, das soziale Sicherungssystem stärker am individuellen Bedarf und weniger an Rechtsansprüchen zu orientieren und etwa durch den Ausbau vorbeugender und rehabilitativer Maßnahmen Dauerrenten vorzubeugen.[227] Versuche des Finanzministeri-

---

[223] Elsholz veröffentlichte seine nunmehr auch staatsphilosophisch und metaphysisch hergeleiteten Reformforderungen im Frühjahr 1953; vgl. (auch für das Folgende) Elsholz, Entwicklung, S. 105ff. (Zitate S. 105).
[224] Kabinettsvorlage des BMF vom 13.5.1955, in: Soziale Sicherheit 4 (1955), S. 284.
[225] Vgl. Hockerts, Entscheidungen, S. 257f. (Zitat: S. 257).
[226] Weitere Mitglieder waren der ehemalige Staatssekretär im Reichsarbeitsministerium, Johannes Krohn, die Freiburger Volkswirtin Elisabeth Liefmann-Keil, der Nürnberger Stadtrat Theodor Marx und der Frankfurter Sozialdezernent Rudolf Prestel sowie Hans Wollasch von der Caritas; vgl. Heisig, Armenpolitik, 1995, S. 91, Anm. 43.
[227] Vgl. Hockerts, Entscheidungen, S. 239f. Diese Ausarbeitung bildete die Grundlage des von Achinger dann allein verantworteten Buches „Zur Neuordnung der sozialen Hilfe", Achinger, Neuordnung der sozialen Hilfe; vgl. auch dort S. 7f.

ums, eine interministerielle „Arbeitsgemeinschaft Sozialreform" zu bilden oder aber wenigstens die Zusammensetzung des beim Arbeitsministerium zu bildenden Beirats zu beeinflussen und so die sozialpolitische Dominanz dieses Ressorts zu brechen, scheiterten in der ersten Legislaturperiode. Seit Herbst 1953 verlegte sich das Finanzministerium daher auf die seinerzeit von der SPD wie von den CDU-nahen Sozialpolitikern Collmer und Achinger[228] erhobene Forderung nach einer unabhängigen „Regierungskommission für die sozialreformerischen Arbeiten", in der u.a. die beteiligten Ministerien (also etwa auch das Bundesinnenministerium), Wissenschaftler und soziale Selbstverwaltungskörperschaften vertreten sein sollten.[229]

In dem nun einsetzenden Dauerkonflikt um die Ansiedelung des zentralen Reform-Gremiums, der neben dem grundsätzlichen Dissens über die Reformziele die regierungsinterne Reformtätigkeit bis zum Spätherbst 1955 kennzeichnete und blockierte, agierte das eigentliche Fürsorge-Ministerium, das Bundesinnenministerium, auf seiten des Finanzministers. Im Bundesinnenministerium ressortierte die Fürsorge in der „Abteilung für Fürsorge, Jugendwohlfahrt und Leibesübungen" (Abt. V), die bis August 1955 von dem ehemaligen leitenden Beamten in der Rheinischen Provinzialverwaltung und Finanzspezialisten Wilhelm Kitz geleitet wurde. Die anfänglich überlastete Abteilung wurde zügig ausgebaut und bis Mitte der fünfziger Jahre immer wieder umstrukturiert und umbenannt, ein äußerer Ausdruck der etwas disparaten Zuständigkeiten der Sozialabteilung, die die Kriegsfolgenhilfe ebenso umfaßte wie Belange der Ein- und Auswanderung, der freien Wohlfahrtspflege oder der Kriegsgräberfürsorge.[230] Eigentliche Fürsorgefragen wurden bis 1955 im Referat „Grundlagen und Sondergesetze der öffentlichen Fürsorge" (Referat V A 1) von Hermann Gottschick bearbeitet; dieser ehemalige, bereits seit Ende der dreißiger Jahre im Reichsarbeitsministerium tätige Beamte und spätere Referatsleiter und Ministerialrat[231] verfügte wie wohl kein anderer im Ministerium nach der Pensionierung seines Abteilungsleiters Scheffler gegen Ende der fünfziger Jahre über umfassende Informationen zur Entwicklung der Fürsorgereform.

---

[228] Vgl. Collmer an Tillmanns, 8.4.1952, ADW, ZB 853.
[229] So Finanzminister Schäffer in einem Brief an Adenauer vom 13.10.1953, zitiert nach Hockerts, Entscheidungen, S. 241. Schon auf dem Fürsorgetag 1951 hatte eine Arbeitsgruppe für die „Bildung einer ständigen, hauptamtlichen und unabhängigen Kommission" zur Vorbereitung „einer Neuformung unserer sozialen Ordnung" plädiert, NDV 31 (1951), S. 340.
[230] Vgl. den Organisationsplan des BMI vom 17.8.1950 (sämtliche hier erwähnten Organisationspläne/Geschäftsverteilungspläne (GVPL) in: BAK, B 106, GVPL, Bd. 1), wonach die Abteilung V fünf, jeweils mit einem Referenten bzw. Hilfsreferenten besetzte Referate, davon nur eines für die eigentliche öffentliche Fürsorge, besaß. Ein Dreivierteljahr später war die Abteilung um zwei weitere Referate und personell deutlich aufgestockt worden, vgl. Vorläufiger GVPL vom 10.5.1951, und gliederte sich schließlich in zwei Unterabteilungen mit insgesamt 14 Referenten und Hilfsreferenten; vgl. Handbuch für die Bundesrepublik Deutschland 1954, S.119f. Zu den Anfangsschwierigkeiten vgl. Kitz, Aufgaben, S. 244f.
[231] Zur Biographie Gottschicks (1908-1995) vgl. NDV 75 (1995), S. 40; Heisig, Armenpolitik, 1990, S. 540f.; Kabinettsprotokolle. Ministerausschuß für die Sozialreform, S. 364.

2. Fürsorge in der Defensive

Da im Herbst 1953 mit dem ambitionierten Gerhard Schröder (CDU) ein Mann an die Spitze des Innenministeriums berufen wurde, dessen Interesse an den sozialpolitischen Residualzuständigkeiten seines Hauses wohl noch geringer war als das seiner Vorgänger, kam bis zur Verabschiedung des BSHG dem jeweiligen Leiter der Sozialabteilung die entscheidende Bedeutung zu, zumal auch von seiten der Staatssekretäre in dieser Zeit keine größeren Aktivitäten nachweisbar sind.[232] Bis zu seiner Pensionierung Ende Juli 1955 prägte so vor allem Kitz die sozialpolitische Linie des Hauses. Sein Ziel war es, der öffentlichen Fürsorge die Domäne der Individualhilfen zu sichern, dadurch ihr Image zu verbessern und gleichzeitig den kommunalen Trägern auf diesem Gebiet eine möglichst universelle Zuständigkeit zu übertragen, wofür diese allerdings erst zu interessieren waren.[233] Dazu bedurfte es einer neuen, klaren Aufgabenteilung zwischen Versicherung, Versorgung und Fürsorge, wobei in den Versorgungsbereich eine stärkere Bedarfsbindung einzuführen sei. Die konzeptionelle Nähe wie das gemeinsame strategische Interesse, dem vor allem an einer Sozial*versicherungs*reform interessierten Arbeitsminister die sozialpolitische Führung zu entwinden, führten Bundesinnen- und Bundesfinanzministerium zusammen in der Forderung nach einer umfassenden Sozialreform, an deren Vorbereitung die eigenen Ressorts entscheidend mitarbeiten würden. Unmittelbare Konsequenz war, daß das Innenministerium relativ lange konkrete Vorarbeiten für eine separate grundlegende Fürsorgereform innerhalb des DV hinauszuzögern wie auch möglicherweise präjudizierende einzelne Rechtsänderungen durch den Bundestag zu verhindern suchte und statt dessen – auf äußeren Druck hin – nur vordringliche Spezialfragen in Angriff nahm.

Das Vorgehen des Arbeitsministeriums in der Beirats-Frage ließ kaum auf eine aus fürsorgerischer Sicht angemessene Beachtung dieses Bereichs hoffen: Zwar sicherte Bundesarbeitsminister Anton Storch nach entsprechender Kritik aus den Reihen des DV in einem Telegramm an den Fürsorgetag am 4. Oktober 1952 eine Beteiligung von Fürsorgeexperten am Beirat zu[234], berief dann aber – sieht man von Collmer ab – doch keinen genuinen Fürsorgespezialisten[235]; auch in einem ohnehin nur skizzenhaften „vorläufigen Arbeitsplan", den das Ministerium ein gutes Jahr später dem Kabinett zusandte, wurden für die öffentliche Fürsorge keinerlei Reformvorschläge gemacht. So unterstützte das Innenministerium Schäffers Plädoyer vom Oktober 1953 für eine unabhängige Regierungskommission, die dem Innenministerium größeren Einfluß sichern und die öffentliche Fürsorge stärker berücksichtigen würde.[236] Daß Fürsorgeexperten und nicht zuletzt Interessenvertreter der Kommunen einem solchen Gremium angehören und damit die

---

[232] Zu Schröder Oppelland, Gerhard Schröder, hier insbesondere S. 260ff. Bezeichnenderweise wird im Kapitel über die Tätigkeit als Bundesinnenminister das Bundessozialhilfegesetz nicht einmal erwähnt.
[233] Vgl. etwa Kitz, Fürsorgeprinzip.
[234] Vgl. NDV 32 (1952), S. 366, 473f.
[235] Zur Liste der Mitglieder des Beirats bei seiner Konstituierung vgl. BABl. 4 (1954), S. 172.
[236] Vgl., auch zum Folgenden, Hockerts, Entscheidungen, S. 246ff.; Heisig, Armenpolitik, 1995, S. 101ff.

Reformplanungen sehr viel stärker beeinflussen sollten, war erklärtes Ziel des Innenministeriums.[237] Aus ähnlichen Gründen richteten, auf Hintergrundaktivitäten von Elsholz hin, auch der Deutsche Fürsorgetag 1953, der DST und der DLT entsprechende Eingaben an Adenauer.[238]

Wie bekannt, konnte der Arbeitsminister, der von einer Regierungskommission eine „Geburt der Sozialreform aus dem Geiste des Bedürftigkeitsprinzips"[239] befürchtete, im Laufe des Jahres 1954 schließlich die Kommissionslösung verhindern, wobei er allerdings konzedierte, daß der Beirat um mehrere Spezialausschüsse, darunter einen für Fürsorge, erweitert und zur Bearbeitung des gesamten sozialen Leistungsgebietes verpflichtet wurde.[240] Tatsächlich aber verfaßten weder der Beirat noch das Arbeitsministerium selbst bis zum Sommer 1955 den geforderten umfassenden Reformplan, sondern konzentrierten sich auf die Probleme der Invaliditäts- und Alterssicherung. Als der Arbeitsminister eine vom Bundeskabinett geforderte Gesamtplan-Übersicht Anfang April 1955 vorlegte, behandelte diese eine Reform der Fürsorge wiederum nicht.[241] Ähnliches galt für eine Anfang Juni beschlossene „Zwischenbilanz" des Beirats, die das Arbeitsministerium kurzfristig veranlaßt hatte, nachdem es durch die „Rothenfelser Denkschrift" unter Zugzwang geraten war.[242] Bereits seine Kabinettsvorlage vom 7. April war in entsprechenden Vorlagen des Finanz-, des Innen- und des Wirtschaftsministeriums vom Mai 1955 wie auch in der Öffentlichkeit z.T. heftig kritisiert worden.[243]

---

[237] Auf dem Stuttgarter Fürsorgetag 1952 hatte Kitz einen systematischen „Sozialplan" gefordert und erklärt, daß sich sein Ministerium für eine angemessene Beteiligung des DV einsetzen werde; vgl. NDV 32 (1952), S. 364; SF 1 (1952), S. 268f. Staatssekretär Bleek sicherte den Städten öffentlich am 3./4. 6. 1954 die Unterstützung seines Ressorts zu und zeigte sich zuversichtlich, daß von seiten der Bundesregierung „den Gemeinden der gewünschte Einfluß auf die Gestaltung der Sozialreform eingeräumt" werde; Der Städtetag 7 (1954), S. 327. Vgl. entsprechende Forderungen Bleeks im Bundeskabinett am 1. 6. 1954; Kabinettsprotokolle, Bd. 7, S. 239.
[238] Die Entschließung der Arbeitsgruppe 6 des Fürsorgetages vom 15.–17. 10. 1953, vgl. NDV 34 (1954), S. 80, wurde Adenauer am 28. 10. 1953 zugesandt, die Eingabe des DST und DLT stammt vom 5. 4. 1954; vgl. Hockerts, Entscheidungen, S. 248; Heisig, Armenpolitik, 1995, S. 59. Im Bundeskabinett bemängelte der Kanzler daraufhin am 1. 6. 1954, daß „beispielsweise der Fürsorgesektor bei der personellen Zusammensetzung des Beirates viel zu wenig Berücksichtigung gefunden habe"; Kabinettsprotokolle, Bd. 7, S. 237.
[239] So Storch an Adenauer am 7. April 1955; zitiert nach Hockerts, Entscheidungen, S. 297.
[240] In den im Februar 1954 gegründeten Ausschuß für Grundsatzfragen wurden jetzt auch Achinger und Muthesius berufen; vgl. Antoni, Zwischenbilanz, S. 552.
[241] Vgl. die Kabinettsvorlage des BMA vom 7. 4. 1955, in: Kabinettsprotokolle. Ministerausschuß für die Sozialreform, S. 205ff., hier S. 224.
[242] Die Ergebnisse der eilig einberufenen Arbeitstagung des Beirats vom 2.–4. 6. 1955 wurden veröffentlicht in: BABl. 6 (1955), S. 539-542. Einem Formulierungsvorschlag des BMA folgend hieß es darin zur Fürsorge nur lapidar, ihr obliege „die Betreuung bei besonderen individuellen Notständen", ebenda, S. 539; ferner vgl. Anlage eines Schreibens des BMA an die Mitglieder des Beirats für die Neuordnung der sozialen Leistungen, 8. 6. 1955, ADW, HGSt 6760; Antoni, Zwischenbilanz; Hockerts, Entscheidungen, S. 296.
[243] Die Gegenvorlagen des BMF (13. 5. 1955), des BMI (20. 5. 1955) und des BMW (21. 5. 1955) wurden durch Indiskretion eines Kanzleramtsbeamten der DGB-Zeitschrift „Soziale Sicherheit" zugeleitet und in deren September-Heft, Jg. 4 (1955), S. 279-287, veröffentlicht; vgl. Hockerts, Entscheidungen, S. 289f.

2. Fürsorge in der Defensive

Verbindlicher im Ton als die Vorlage des Finanzministeriums, stimmte diejenige des Innenministeriums in der Sache allerdings mit dieser in den wesentlichen Forderungen überein: maßgebliche Berücksichtigung der finanziellen Leistungsfähigkeit des Staates und der „selbständigen Sozialleistungsträger"; Notwendigkeit einer umfassenden Sozialreform auf der Grundlage eines allgemeinen sozialen „Grundsatzgesetzes"; darauf aufbauende und mit den anderen Ressorts abgestimmte Reform der Einzelbereiche durch die jeweils zuständigen Ministerien; örtliche Koordinierung aller individuellen Hilfen.[244] Dem strategischen Primat der umfassenden Reform entsprechend erwähnte das Innenministerium den Bereich der „Fürsorge" nun seinerseits nicht.

Die Bildung eines Unterausschusses für Fürsorge und die Berufung von Fürsorgevertretern in den Beirat, die der Arbeitsminister im Mai 1954 zugesichert hatte[245], war bislang auch vom Innenministerium nicht mit besonderem Nachdruck verfolgt worden, wurde es dadurch doch in eine Zwickmühle gebracht: Wollte es an der Besetzung des Fürsorgeausschusses mitwirken und schlug entsprechende Kandidaten vor, bedeutete das praktisch die Anerkennung des Beirats als zentrale, dann auch für die Fürsorge zuständige Reforminstitution und machte Forderungen nach einem unabhängigen Gremium obsolet. Tatsächlich hatte sich aber im August 1954 im DV der „Studienkreis Soziale Neuordnung" gebildet, der formal als unabhängiger *think tank* fungierte, tatsächlich aber dem Innen- und Finanzministerium zuarbeiten sollte und neben zahlreichen Fürsorgeexperten auch Kitz und Elsholz zu seinen Mitgliedern zählte.[246] Ging das Bundesinnenministerium jedoch nicht auf den Vorschlag zur Einsetzung eines Unterausschusses beim Beirat und zur Benennung weiterer Mitglieder ein, verzichtete es auf eine wichtige Einflußmöglichkeit und hatte den Schwarzen Peter einer Schädigung der Fürsorgeinteressen auf seiner Seite. Derart Anfang November 1954 vom Bundesarbeitsministerium in die Enge gedrängt, plädierte Kitz seinem Staatssekretär gegenüber schließlich für Kooperation: „Vorbehaltlich der Beschlußfassung des Kabinetts nach der organisatorischen Seite hin", beantragte er beim Arbeitsminister die Einsetzung eines Fürsorgeausschusses und schlug – wie bereits mit dem maßgeblichen Generalreferenten Kurt Jantz vom Arbeitsministerium erörtert – Muthesius als Ausschußvorsitzenden vor; außerdem nominierte er Repräsentanten der kommunalen Spitzenverbände, der Gesundheitsfürsorge und der Arbeitsgemeinschaft der freien Wohlfahrtsverbände als mögliche neue Beiratsmitglieder.[247] Im

---

[244] Vgl. Soziale Sicherheit 4 (1955), S. 286f. Die Vorlage trug deutlich die Handschrift von Kitz; vgl. etwa eine Ministervorlage von Kitz vom 5.11.1954, BAK, B 106/9778.
[245] Vgl. Hockerts, Entscheidungen, S. 261.
[246] Auch Auerbach favorisierte den selbständigen DV-Arbeitskreis, der schneller und effektiver arbeiten könne als ein überdimensionierter Beiratsausschuß, vgl. Auerbach, Standort, S. 335f., und plädierte am 5.7.1955 im Grundsatzausschuß des Beirats dafür, daß der Studienkreis für den künftigen Fürsorgeausschuß die Vorlagen erarbeiten – also Fakten schaffen – solle; vgl. einen Vermerk des Referats V A I des BMI vom 7.7.1955, BAK, B 106/9778. Soweit nicht anders vermerkt, handelt es sich im Folgenden bei behördlichen Vermerken um solche des BMI.
[247] Vgl. Vermerk der Abteilung V vom 4.10.1954; ferner Kitz an Staatssekretär II/BMI sowie zwei Schreiben von Kitz an den Bundesarbeitsminister (Abschriften), sämtlich vom 5.11.1954, BAK, B 106/9778.

Arbeitsministerium hatte man es mit einer stärkeren Berücksichtigung der Fürsorgeinteressen allerdings noch immer nicht sonderlich eilig: Erst fünf Monate später teilte Storch seinem Kabinettskollegen Schröder mit, daß die vorgeschlagenen Vertreter des DLT und des DST in den Beirat berufen worden seien; die Berufung der drei weiteren Kandidaten lehnte er jedoch mit der Begründung ab, daß sowohl das Gesundheitswesen als auch das Evangelische Hilfswerk sowie die „katholische Seite" im Beirat vertreten seien.[248] Zur Bildung des „Arbeitsausschusses für Fragen der Fürsorge" kam es dann erst Ende 1955, zu einem Zeitpunkt also, als es dem Arbeitsminister endgültig gelungen war, die geplante Sozialreform in Richtung einer Reform der Rentenversicherung zu kanalisieren und die sozialpolitische Führungsrolle innerhalb des Kabinetts zu behaupten. Jetzt konnte sich Storch großzügig erweisen und übernahm unverändert die Vorschlagsliste des Innenministeriums für die Ausschußbesetzung. Dort hatte man sich nach Rücksprache mit dem avisierten Vorsitzenden Muthesius offensichtlich bemüht, vor allem ausgewiesene Fürsorgepraktiker zu benennen, die ein relativ breites fachliches, politisches und konfessionelles Spektrum repräsentierten und mehrheitlich dem DV, z.T. auch dessen Vorstand oder dem DV-„Studienkreis" angehörten.[249]

Ende 1955 allerdings hatten sich die Rahmenbedingungen für das taktische Vorgehen des Bundesinnenministeriums entscheidend geändert: Der bislang ebenfalls am Ziel einer „Gesamtkonzeption" festhaltende Bundeskanzler war im Herbst auf die Linie seines Arbeitsministers eingeschwenkt und hatte am 13. Dezember 1955 auf einer Sitzung des im August installierten „Sozialkabinetts" die Weichen für eine bis zu den Bundestagswahlen 1957 noch realisierbare Teilreform gestellt.[250] Bis zu ihrer Verabschiedung im Januar 1957 stand von da an die als solche allerdings hochbedeutsame und dem vordringlichen Problem der Altersarmut Rechnung tragende Reform der Alters- und Invaliditätssicherung im Vordergrund der sozialpolitischen Arbeit von Regierung und Parlament. Innerhalb des Kabinetts verlagerte diese Reformbeschränkung die Gewichte zugunsten des Arbeitsministeriums, das nun tatsächlich zum Zentrum der Reformarbeit wurde. Auch innerhalb der SPD verloren diejenigen, die wie Preller oder Auerbach einen „Sozialen Gesamtplan" und darin u.a. ein steuerfinanziertes Mindesteinkommen und eine Neuordnung der öffentlichen Fürsorge forderten, an Einfluß zugunsten pragmatischer, am konkreten Erfolg im Parlament orientierter Sozialpolitiker wie Ernst Schellenberg[251]; bezeichnenderweise erwähnte dieser ausgewiesene Sozialversicherungsexperte auf dem Kölner SPD-Kongreß am 14. Januar 1956 in seinem

---

[248] BMA an BMI, 1.4.1955, BAK, B 106/9778. Das BMI, das u.a. den Caritas-Direktor Hans Wollasch vorgeschlagen hatte, konnte der Verweis auf den katholischen Münsteraner Professor für Christliche Sozialwissenschaften Joseph Höffner natürlich kaum zufriedenstellen.
[249] Vgl. Vermerk Abteilung V vom 30.9.1955; Scheffler an Muthesius, 8.10.1955; Scheffler an Jantz, 7.11.1955, mit der offiziellen Vorschlagsliste, BAK, B 106/9778.
[250] Eine entscheidende Rolle spielte dabei eine Bundestagsinitiative der SPD zur Erhöhung der Sozialrenten, die Regierung und Koalitionsparteien in Zugzwang brachte, sowie die positive Aufnahme des neuartigen Rentenmodells des Schreiber-Plans beim Kanzler und im Kanzleramt; vgl. Hockerts, Entscheidungen, S. 300ff.
[251] Vgl. ebenda, S. 318f.

Grundsatzreferat „Unser Weg zur Sozialreform" die öffentliche Fürsorge mit keinem Wort.[252]

Im Innenministerium hatte man die Zeichen der Zeit erkannt: Auf dem großen Jubiläums-Fürsorgetag vom 15. bis 17. September 1955, der in Korrespondenz zur bisherigen sozialpolitischen Linie des Innen- und des Finanzministeriums unter das globale Motto „Fürsorge und Sozialreform" gestellt worden war und noch einmal wesentliche Grundfragen einer „sozialen Neuordnung" bearbeitete, forderte zwar der eigens angereiste Innenminister abermals eine „umfassende" Sozialreform und erklärte die Frage der möglichen „Umformungen" der Fürsorge selbst noch für offen.[253] Gleichzeitig wandte er sich aber gegen ein passives Abwarten darauf, was die Reform anderer Bereiche der Fürsorge noch an Aufgaben belasse, und plädierte für eine Schwerpunktverlagerung von den laufenden Leistungen zum „Aufbau individueller Hilfen für Notstände des Lebens", auch über das Existenzminimum hinaus.[254] Konnte sein Ressort schon nicht die gesamte sozialpolitische Linie der Bundesregierung entscheidend beeinflussen, so sollte wenigstens in der eigenen Domäne der öffentlichen Fürsorge die Grundrichtung vorgegeben werden. Nachdem bislang vor allem Auswirkungen anderer Sozialgesetze oder die Gerichte fürsorgerechtliche Neuerungen erzwungen hatten, wollte man im Bundesinnenministerium offensichtlich jetzt die Initiative selbst übernehmen. Dort wurde Ende Oktober ein eigenes kleines Referat „Neuordnung der sozialen Leistungen im Rahmen der Sozialreform" (Referat V A 4, ab Herbst 1958: V 4) eingerichtet, das von Gottschick geleitet wurde und zuständig war für „1. Neuordnung des gesamten Rechts der öffentlichen Fürsorge, 2. Mitwirkung bei der Neuordnung anderer Sozialleistungssysteme".[255] Bereits vom 2. November 1955, also mehr als einen Monat vor der erwähnten entscheidenden Sitzung des Sozialkabinetts, datiert der erste in den Akten aufzufindende Teilabschnitt für den Referentenentwurf eines Bundesfürsorgegesetzes, der schon detaillierte Regelungen für das hier „Sozialhilfe" titulierte Gebiet der späteren „Hilfen in besonderen Lebenslagen" vorsah und im November und Dezember 1955 von Gottschick intensiv mit dem neuen Abteilungsleiter Gerhard Scheffler[256] beraten und bearbeitet wurde.[257]

---

[252] Vgl. Schellenberg, Weg; zum Sieg des Ziels einer Rente nach Mindesteinkommen über die Forderung nach einem staatlich garantierten Mindesteinkommen innerhalb der SPD vgl. Berlepsch, Sozialpolitik, S. 472ff.
[253] Vgl. Fürsorge und Sozialreform, S. 13; auch Scheffler, in: ebenda, S. 497.
[254] Ebenda, S. 14.
[255] Vgl. Hausanordnung Nr. 36/55 des BMI vom 20.10.1955 mit Anlage, BAK, B 106 GVPL, Teiländerungen, Bd. 1.
[256] Gerhard Scheffler (1894–1977) gehörte ebenfalls seit 1950 der Sozialabteilung an und leitete dort die 1952 eingerichtete Unterabteilung „Soziale Angelegenheiten", während die Unterabteilung „Öffentliche Fürsorge" von Kitz in Personalunion geführt wurde; vgl. GVPL vom 14.10.1952, BAK, B 106 GVPL, Bd. 1. Scheffler war bis zum Krieg Referent in der Kommunalabteilung des preußischen Innenministeriums gewesen, 1939–1945 Oberbürgermeister von Posen; vor seinem Eintritt in das BMI arbeitete er kurzzeitig in der Betheler Zentrale der Inneren Mission sowie im nordrhein-westfälischen Landesdienst; vgl. Heisig, Armenpolitik, 1990, S. 584f.
[257] Vgl. diverse ungezeichnete, mit Sicherheit von Gottschick stammende Konzepte „C. Sozialhilfe" vom 2., 17. und 29.11.1955 sowie ebenfalls ungezeichnete und von Gott-

Adenauers Initiative zugunsten einer Reform der Rentenversicherung beschleunigte damit indirekt auch die Vorarbeiten für eine grundlegende Fürsorgerechtsreform. Gleichzeitig war – bei allem Vorbehalt gegen eine *ex post*-Interpretation – mit der sich ja bereits abzeichnenden Richtung der Rentenreform auch die Richtung der Fürsorgereform vorgezeichnet: Indem die Rentenreform „das Versicherungsprinzip als zentrale Sozialrechtsfigur"[258] bestätigte und gleichzeitig für breite Wählerschichten attraktiv machte, machte sie das ursprüngliche SPD-Konzept einer steuerfinanzierten Staatsbürger-Grundrente ebenso wie ein vorwiegend auf dem Bedürftigkeitsprinzip aufbauendes Sicherungssystem à la Elsholz bzw. Achinger und damit eben deren jeweilige Implikationen für die Rolle der öffentlichen Fürsorge und deren kommunale Träger obsolet.[259]

Überlegungen zu einer Reform der Fürsorge und ihrer Rechtsgrundlagen im Forum des DV bis Ende 1955

Parallel zu den breit angelegten „Sozialreform"-Diskussionen und in diese verwoben waren auf der Plattform des DV seit Gründung der Bundesrepublik auch Überlegungen für eine umfassende Reform der Fürsorge selbst angestellt worden. Nachdem die DV-Führung im Benehmen mit den kommunalen Spitzenverbänden bis dahin alles unternommen hatte, länder- oder zonenweite Änderungen der RFV und RGr. zu verhindern, war mit der Überführung in Bundesrecht deren einheitliche Novellierungen wieder möglich geworden, und es stellte sich die Frage, ob, inwieweit und nicht zuletzt wann es zur „Ehrenrettung"[260] der Fürsorge auch einer Reform ihrer Rechtsgrundlagen bedurfte.

Auf dem Bielefelder Fürsorgetag 1949 herrschte noch die Meinung vor, daß das geltende Fürsorgerecht insgesamt dank seiner Elastizität den aktuellen Anforderungen gewachsen sei und nur Einzelheiten modifiziert werden müßten.[261] Für die Wiedereinführung eines Kernelements der Weimarer Bestimmungen, eine besondere gehobene Fürsorge, plädierte unter den führenden DV-Mitgliedern allerdings niemand; doch gab es bald Überlegungen, Sondermaßnahmen der ehemaligen „gehobenen Fürsorge" wie etwa medizinische Rehabilitation für die Fürsorge allgemein zu übernehmen.[262] Führende Vertreter der städtischen und selbst der ländlichen Fürsorge hielten damals sogar die Einführung eines subjektiven Rechtsanspruchs für möglich und plädierten für eine Abmilderung der Rückzahlungspflicht und der Heranziehung eigener Mittel oder von Unterhaltsverpflichteten. Der viele Jahre innerhalb des DV einflußreiche Frankfurter Sozialdezernent Rudolf Prestel (CDU) befürwortete sogar eine Umwandlung bisher freiwilliger

---

schick verfaßte Notizen über Besprechungen mit Scheffler am 21. 11. sowie 6. und 8. 12. 1955, BAK, B 106/9689.
[258] Hockerts, Ausblick, S. 256.
[259] Zur Beendigung dieses Konzeptionenstreits durch die Rentenreform 1957 vgl. auch Hockerts, Einleitung, S. 401.
[260] Vgl. Prestel, Gebiet, S. 32.
[261] Vgl. Fürsorge im Dienst, S. 66, 87ff.; Jellinghaus, Betrachtungen zur Anwendbarkeit, S. 4.
[262] Vgl. Jellinghaus, Betrachtungen zur Anwendbarkeit.

2. Fürsorge in der Defensive

vorbeugender und produktiver Leistungen in echte Pflichtleistungen.[263] Derartige Überlegungen erwuchsen nicht zuletzt aus der Tatsache, daß mit der großen Gruppe der Kriegsfolgenhilfeempfänger abermals wie zu Anfang der 1920er Jahre viele Angehörige bürgerlicher Mittelschichten von der Fürsorge betreut werden mußten, denen viele Fürsorgeexperten und auch Kommunalpolitiker die repressiven Elemente der traditionellen Armenhilfe nur mehr ungern zumuteten[264].

Darüber hinaus wurde die Erkenntnis, daß weder die Personalstruktur in den meisten Fürsorgeämtern noch die Beurteilungskriterien der Rechnungshöfe einen Ausbau der freiwilligen Fürsorgetätigkeit gemäß den Idealen der RGr. begünstigten, geradezu ein Topos.[265] Freilich standen solche Reformüberlegungen zumindest auf kommunaler Seite stets unter dem Vorbehalt eines entsprechenden Finanzausgleichs zwischen Bund, Ländern und Gemeinden. Wenn DLT-Präsident Heinrich Treibert forderte, daß die Kommunen „im Interesse der Hebung der Eigenverantwortung" über die ihnen dann zur Verfügung gestellten Steuerquellen „selbst weitgehend als Eigenmittel beschließen"[266] sollten, dann erwies sich die Fürsorgepolitik abermals auch als Vehikel kommunaler Bestrebungen nach größerer finanzieller Autonomie.

Allerdings blieben solche Reformüberlegungen in den Reihen des DLT Episode, vielmehr war dieser Spitzenverband in den folgenden Jahren entschiedener Gegner einer noch so gemäßigten weiteren Verrechtlichung der öffentlichen Fürsorge. Das lag zunächst an der teilweise noch überproportional hohen Belastung vieler Landkreise mit Fürsorgeausgaben für Flüchtlinge und Evakuierte, die nicht noch durch einen erweiterten gesetzlichen Pflichtenkatalog gesteigert werden sollte. Zum anderen lag sozialpolitisches Reformkalkül außerhalb der Interessen der meisten Landräte und Kreisdirektoren: Als Allroundpolitikern stand ihnen die Ausgabensenkung ihrer Kreise und Gemeinden – für die die bisherigen Rechtsgrundlagen noch am ehesten die Gewähr boten – ungleich näher als der mittelfristige Prestigegewinn der öffentlichen Fürsorge im künftigen sozialen Leistungssystem.

Auf dem Fürsorgetag in Marburg im Oktober 1950 kam daher auch der dem DLT eng verbundene stellvertretende DV-Vorsitzende Peter Paul Nahm nach einer durchaus kritischen Lageanalyse zu dem Schluß, die Mängel der Fürsorge müßten durch die Einstellung von mehr Fachkräften, vor allem aber durch wirtschaftspolitische Maßnahmen behoben werden; dagegen sei es „falsch, die Hoffnung auf eine Wendung von einem großen gesetzgeberischen Wurf des Bundes [...] zu erwarten".[267] Angesichts der realen Größenordnungen erklärte Nahm es

---

[263] Vgl. Prestel, Gebiet, und ähnlich der damalige (sozialdemokratische!) DLT-Präsident Treibert, Gebiet.
[264] Vgl. den Bremer Senator van Heukelum in: NDV 30 (1950), S. 243; Kitz, Versicherung, S. 133.
[265] Vgl. etwa Prestel, Gebiet, S. 35; Jellinghaus, Betrachtungen zur Anwendbarkeit, S. 17; die Diskussionsbeiträge in: Soziale Arbeit heute, S. 12ff.; Muthesius, Möglichkeiten, S. 330; Pense, in: NDV 31 (1951), S. 334; Sitzung des Studienkreises „Soziale Neuordnung" am 15./16.10.1954, Niederschrift, ADW, ZB 856.
[266] NDV 30 (1950), S. 58f.
[267] Nahm, Grundlagen, S. 243; ähnlich Treibert, NDV 30 (1950), S. 248.

in einem Leitartikel des DLT-Organs für wenig sinnvoll, „das soziale Feld *von der Fürsorge aus* bereinigen zu wollen", vielmehr müsse das „in eine Erstarrung und Totalität treibende *Rentenprinzip* zur Diskussion gestellt werden"; Nahm forderte daher, die Reform der Fürsorge mit einer Reform des gesamten Rentenwesens zu verknüpfen, um so die Fürsorge „wieder in ihre zentrale Stellung" zurückzuführen[268], und lag damit eindeutig auf der Linie des Bundesfinanzministeriums.

Unter Führung Polligkeits beklagte auch der DV in der wirtschaftlich noch ungesicherten Lage der Jahre 1949/50 das verbreitete „Zehren und Zapfen an einem erhofften Wohlfahrtsstaat" und erklärte sich zur Speerspitze einer Bewegung, „welche neben der staatlichen Stützung der wirtschaftlichen und sozialen Sicherheit die Kräfte der Selbsthilfe, der Familienhilfe sowie der Solidarität in den beruflichen Gemeinschaftsgebilden weckt und stärkt"[269], und reihte sich vorerst unmißverständlich in die Reihe der Befürworter einer stärkeren Bedarfsorientierung der Sozialleistungen und Gegner eines weiteren Ausbaus der Versorgungsgesetzgebung ein.

Anders als die Landkreis-Repräsentanten plädierte der nach internen Streitigkeiten in Marburg offiziell aus dem Amt scheidende Polligkeit[270] jedoch für eine beschleunigte Reform der RFV und warnte davor, sich durch eine zögerliche Haltung die Initiative aus der Hand nehmen zu lassen, da man „sonst durch einzelne Maßnahmen überrannt und von einer organischen Entwicklung abgedrängt" würde.[271] Polligkeit fürchtete vor allem die Wiedereinführung der von ihm seit jeher bekämpften Gruppenfürsorge, die, wie die Bundestagsbeschlüsse über die Nichtanrechnung von Rentenerhöhungen auf die Fürsorgeunterstützung Anfang des Jahres gezeigt hatten, durchaus durch die Hintertür der Versicherungs- und Versorgungsgesetzgebung möglich war – ein rechtssystematisches Dauerproblem infolge des Nachrangprinzips.

Im Bundesinnenministerium hatte man sich zu dieser Frage bis zum Fürsorgetag offensichtlich noch keine abschließende Meinung gebildet: Der erstmals vor diesem Forum sprechende Kitz erklärte zwar eine „Überholung" des Fürsorgerechts für unumgänglich, ließ aber deren Reichweite offen und bezeichnete RFV und RGr. als in „ihrer Gesamtkonzeption [...] auch heute noch durchaus brauch-

---

[268] N[ahm]: Reform der Fürsorgepflichtverordnung?, in: Die Selbstverwaltung 4 (1950), S. 309f. (Hervorhebung im Original).
[269] Zitate: NDV 30 (1950), S. 2f. [Blaum], S. 185 [Polligkeit]; ähnlich Prestel, Gebiet, und Treibert, Gebiet.
[270] Nach langjähriger Freundschaft war es anläßlich der Besetzung des Geschäftsführer-Postens zwischen Polligkeit und seinem Stellvertreter Kurt Blaum Anfang 1950 zu einem tiefgreifenden Zerwürfnis gekommen, in dessen Folge Polligkeit am 11.1.1950 sein Amt zur Disposition stellte. Die Situation wurde erst mit der Neuwahl von Hans Muthesius zum Vorsitzenden im Oktober 1950 allmählich entschärft; zu den Einzelheiten Schrapper, Hans Muthesius, S. 182ff. Vollständig funktionsfähig war die DV-Leitung allerdings erst wieder im Herbst 1951, als nach mehrmonatiger Vakanz der ehemalige stellvertretende Oberkreisdirektor in Peine, Rudolf Pense, die Stelle des Geschäftsführers übernahm; vgl. NDV 31 (1951), S. 319.
[271] NDV 30 (1950), S. 248.

bar".²⁷² Als Reformbeispiele nannte er neben einer Klärung der zentralen Frage der „gehobenen Fürsorge" die Rückerstattungspflicht, das Problem der Anrechnung der Renten und die Behandlung ausländischer Hilfsbedürftiger, die ja zur Entstehungszeit der RFV kaum eine Rolle gespielt hatte, sowie gesetzgeberische Sondervorhaben wie etwa die Bekämpfung der Geschlechtskrankheiten. Diese Äußerungen waren Ergebnis tagespolitischer Änderungsnotwendigkeit, die gerade Kitz auch durch die geänderte Zusammensetzung der Fürsorgeklientel begründet sah.²⁷³ Als Kitz selbst für diese eher vorsichtigen Reformüberlegungen in Marburg von seiten des DLT-Präsidenten Kritik erntete, milderte er sie noch stärker ab und versicherte sich im übrigen offiziell „der engen Zusammenarbeit"²⁷⁴ mit den „hervorragende[n] Sachkenner[n]" des DV, dessen Hauptausschuß er schließlich selbst seit einem Jahr angehörte.

Die vorläufige Beschränkung auf die Lösung von Einzelproblemen zugunsten einer alle Sozialleistungen erfassenden Sozialreform, wie sie das Bundesinnen- zusammen mit dem Bundesfinanzministerium nunmehr betrieb²⁷⁵, widersprach allerdings noch den Intentionen des neuen DV-Vorsitzenden Muthesius: Zum einen bestand die von Polligkeit erkannte Gefahr, daß die Fürsorge, wenn sie sich nicht rechtzeitig konzeptionell einschaltete, in den Gesamtplanungen marginalisiert würde; zum anderen liefen ja auch die von fürsorgefreundlichen Sozialpolitikern wie Achinger oder Elsholz entworfenen Pläne nur auf eine als Einheitsfürsorge im wesentlichen restauriert fortbestehende Fürsorge hinaus. Muthesius aber wollte im Rahmen einer umfassenden Sozialreform auch eine grundlegende Reform der Fürsorge selbst und eine gerade auch aus der örtlichen Perspektive von Anfang an aktiv mitgestaltete „Neuordnung der sozialen Hilfe [...] von unten wachsend"²⁷⁶, unabhängig von der künftigen Gestaltung der Versicherung und Versorgung, die, wie er immer wieder betonte, ohnehin nur die laufenden Unterhaltsleistungen tangiere. Insofern er darüber hinaus dem geänderten Selbstverständnis des (Sozial-)Staatsbürgers durch eine Beschneidung behördlicher Ermessens- und Finanzspielräume gerecht werden wollte, bedeutete der Wechsel an der Spitze des DV eine Richtungsänderung, die die Durchsetzung rein fiskalischer Interessen erschwerte.

Auf Beschluß des neuen DV-Vorstands vom Dezember 1950 wurde immerhin ein von Muthesius geleiteter „Fachausschuß für allgemeine Fragen des Fürsorgewesens (Fachausschuß I)" ins Leben gerufen und mit der Aufgabe betraut, neben der Beratung von Einzelfragen „das Prinzip und die Bedeutung der Fürsorge in Deutschland neu zu formulieren und [...] Vorschläge für ein Bundesfürsorgegesetz zu machen".²⁷⁷ Auf der konstituierenden Sitzung am 22./23. Februar 1951 wandte

---

²⁷² Kitz, Aufgaben, S. 247.
²⁷³ Vgl. Kitz, Versicherung, S. 134.
²⁷⁴ Muthesius in der Aussprache, NDV 30 (1950), S. 249; ferner S. 241; Kitz, Aufgaben, S. 247.
²⁷⁵ In einer Aktennotiz vom 4.2.1952 vermerkte Kitz, im BMI halte man „die Neufassung der RFV im grossen Rahmen [...] noch nicht für spruchreif", BAK, B 106/20577.
²⁷⁶ Muthesius, Gemeinden, S. 28.
²⁷⁷ NDV 30 (1950), S. 265f. In diesem später rund 30 Mitglieder umfassenden Ausschuß waren zuständige Länderministerien, LFV, kommunale Spitzenverbände und konfessio-

sich Muthesius zwar gegen eine nur von besonderen Zeitumständen abhängige Teilreform, aber Ausschußmitglied Kitz konnte den Ausschuß doch auf die Bearbeitung im Bundestag anhängiger Spezialfragen verpflichten und wußte bei diesem Vorgehen die Fürsorgereferenten der Länder und die Sozialexperten des Finanzministeriums hinter sich.[278] Bis Ende 1953 führte der Ausschuß ein Schattendasein[279] – die Linie des Bundesinnenministeriums hatte sich vorerst im Reformgremium des DV durchgesetzt.

Auf dem Fürsorgetag vom 25.–27. Oktober 1951 in Recklinghausen wurde vor allem mit den erwähnten Referaten von Preller und Muthesius dann doch noch einmal die prinzipielle Ausformung der künftigen Fürsorge in den Mittelpunkt gestellt.[280] Vorsichtiger und vieldeutiger als vor dem Städtetag hatte Muthesius ja für eine rechtssystematische Sonderbehandlung der laufenden Unterstützungen plädiert, um „den Gesichtspunkt der vorbeugenden, der helfenden Fürsorge auch im Gesetz anders herauszubringen"[281]. Diese Überlegungen, ausdrücklich von Preller unterstützt[282], stießen auf entschiedenen Widerstand vor allem der Landkreisvertreter: Franz-Xaver Schmerbeck (CDU), als Vorsitzender des Sozialausschusses des DLT einer von dessen fürsorgepolitischen Wortführern, hielt sie für „schöne Theorie", da in vielen agrarischen Landkreisen die laufenden Unterstützungen „nicht nur das Dominierende" seien, sondern diese „überhaupt wirtschaftlich erdrücken und an die Grenzen unserer finanziellen Kraft gebracht" hätten.[283] Für einen Ausbau individueller Fürsorgemaßnahmen fehlten Geld und Personal. Tatsächlich war dies noch kein Gegenargument gegen eine Herauslösung der Hilfen zum Lebensunterhalt, zumal, wenn diese staatlich (mit)finanziert wäre. So kritisierte der zentralistischen Lösungen zuneigende SPD-Fürsorgeexperte Fritz Wittelshöfer diesen Widerstand als „kommunale Selbstzweckidiosyncrasie [...]. Man empfindet den Kunden als lästig, lästig sogar um der anderen

---

nelle Wohlfahrtsverbände ebenso vertreten wie die großen Bundestagsparteien und die Sozialabteilung des BMI. Ein Mitarbeiter des BMF hingegen gehörte nicht zum Fachausschuß; vgl. die Teilnehmerliste zur Sitzung des Fachausschusses I am 4.2.1954, LAB, B Rep. 142-9, 1256.

[278] Vgl. NDV 31 (1951), S. 89f.; 32 (1952), S. 30f. Auf einer Sitzung der Fürsorgereferenten der Länder Anfang Januar 1951, an der neben Elsholz und Fischer-Menshausen auch Muthesius teilgenommen hatte, hatte man sich offensichtlich auf eine vordringliche Teilreform (Gruppenfürsorge, bundesrechtliche Rahmenvorschriften für die Richtsatzgestaltung) geeinigt, vgl. Heisig, Armenpolitik, 1995, S. 65f.

[279] Mit Ausnahme einer weiteren mit Grundsatzfragen befaßten Sitzung Anfang April 1951 ist der Fachausschuß I offensichtlich erst wieder im Dezember 1953 zur Beratung des neuen Fürsorgeänderungsgesetzes zusammengetreten; vgl. NDV 34 (1954), S. 94. Im einschlägigen Bestand des DST finden sich Sitzungsprotokolle des Fachausschusses I erst ab dem 4.2.1954, vgl. LAB, B Rep. 142-9, 1256. Auf Unstimmigkeiten über das Vorgehen des Ausschusses deutet hin, daß das Referat von Muthesius erst ein Jahr nach der ersten Sitzung im Februar-Heft des NDV 1952 veröffentlicht wurde.

[280] Die zwei folgenden Fürsorgetage behandelten nur fürsorgerische Teilgebiete („Die Mitverantwortung der Fürsorge gegenüber der menschlichen Arbeitskraft", 1952; „Der Beitrag der Fürsorge zur Stärkung der Familie", 1953).

[281] Muthesius, Möglichkeiten, S. 329.

[282] Vgl. Preller, Wohlfahrtsstaat, S. 324.

[283] Schmerbeck, Möglichkeiten, S. 330.

Kunden willen, aber immerhin noch als Kunden, den man keiner Konkurrenz überlassen will"; dabei sei infolge der Kriegsfolgenhilfe die elastische Finanzautonomie der Kommunen ohnehin verloren gegangen und bald „das sorgsam gehütete und kostbare, aber auch sehr kostspielige Juwel der kommunalen Gebietskörperschaften nur noch dem Namen nach eine Selbstverwaltungsangelegenheit".[284]

Tatsächlich aber hätte eine völlige finanzielle und organisatorische Abtrennung der laufenden Fürsorgeunterstützung der kommunalen Forderung nach einem günstigeren Finanzausgleich wesentliche Argumente entzogen. Abgesehen von praktischen Bedenken gegen eine weitere Zergliederung der Fürsorgeverwaltung[285] fürchteten konservative Fürsorgevertreter aber vor allem die in der Logik seiner Vorschläge stehende, von Muthesius befürwortete stärkere Standardisierung und Verrechtlichung der laufenden Unterstützungen; schließlich, so Schmerbeck, herrsche bei der einheimischen Landbevölkerung schon jetzt „Mißstimmung über die Art und Weise der Versorgung und der Bezüge aus öffentlichen Mitteln, wenn zu der Lebensweise des ärmlichen Kleinlandwirts eine Diskrepanz entsteht"[286].

Mit dem Beginn der zweiten Legislaturperiode und der Adenauerschen Erklärung für eine „umfassende Sozialreform" – die wichtige Teilreform des Fürsorgeänderungsgesetzes war endlich unter Dach und Fach – konnten Bundesinnen- und Bundesfinanzministerium, wie erwähnt, auch den DV für ihr strategisches Ziel einer unabhängigen Regierungskommission zur Vorbereitung der Sozialreform mobilisieren. Nachdem auch die Konferenzen der Fürsorgedezernenten einzelner Länder und Arbeitsgemeinschaften der Fürsorgeverbände die DV-Führung gedrängt hatten, sich „federführend" einzuschalten[287], forderte der Hannoveraner Fürsorgetag 1953 darüber hinaus eine „maßgebliche[r] Mitwirkung von Vertretern der Fürsorge" in einer solchen Kommission und beauftragte den DV-Vorstand, einen „Studienkreis Soziale Neuordnung" zu bilden, der diesen Fürsorgevertretern dann zuarbeiten würde.[288]

Ohne Zweifel drohte die Tätigkeit eines solchen Kreises mit derjenigen des Fachausschusses I zu kollidieren, und die elegante Formulierung, der Studienkreis wolle nicht die Stellung der Fürsorge *im* Sozialplan behandeln, sondern die Stellung*nahme* der Fürsorge *zum* Sozialplan[289], kaschierte dies nur mühsam. Die Mehrheit der Fachausschuß-Mitglieder jedenfalls wollte sich dem zeitlichen Primat der umfassenden Reform nicht unterordnen und stimmte dem Vorschlag von Muthesius Mitte Dezember 1953 zu, die seit 1951 zurückgestellte „Frage der

---

[284] Wittelshöfer, Fürsorgedämmerung, S. 123.
[285] So Prestel in der Aussprache, in: NDV 31 (1951), S. 332.
[286] Schmerbeck, Möglichkeiten, S. 331.
[287] Vgl. NDV 33 (1953), S. 184.
[288] Vgl. NDV 34 (1954), S. 80; sowie Muthesius auf der Sitzung des DV-Vorstands am 27./28. 11. 1953, Niederschrift, LAB, B Rep. 142-9, 1261.
[289] Vgl. Niederschrift über die Sitzung des Studienkreises „Soziale Neuordnung" am 24./25. 8. 1954, ADW, CAW 1047A. Auf der Sitzung des Fachausschusses I am 4. 2. 1954, Niederschrift, LAB, B Rep. 142-9, 1256, hatte Muthesius klargestellt, daß die Vorarbeit für ein neues Bundesfürsorgegesetz Aufgabe des Fachausschusses I, nicht des geplanten Studienkreises sei.

künftigen Reform des gesamten Fürsorgerechts" wieder aufzunehmen.[290] Obwohl Kitz Anfang Februar 1954 abermals bemüht war, die Vorarbeiten auf aktuelle Probleme hin zu kanalisieren, beschloß die Ausschußmehrheit ein umfassendes Fürsorgereformprogramm, auch aus Furcht, so ein eher isolierter DLT-Vertreter, sonst von den vielen anderen mit der „Sozialreform" befaßten Gremien „glatt überfahren zu werden".[291] Tatsächlich konnten die Vertreter des Innen- und des Finanzministeriums die (übrigens auch von Auerbach vertretene) Linie des Vorrangs umfassender Reform dann doch innerhalb des DV durchsetzen. Zwar verabschiedete der Fachausschuß I im Oktober 1954 abermals ein weitreichendes Arbeitsprogramm[292], doch seine Arbeit reduzierte und konzentrierte sich schnell auf die – zentrale – Tätigkeit des aus seinen Reihen gebildeten Arbeitskreises „Aufbau der Richtsätze", während der Fachausschuß selbst laut Aktenlage erst wieder zur Beratung der Referentenentwürfe des BSHG 1958 zusammentrat.

Nach langem Zögern hatte Muthesius nämlich den vom DV-Vorstand bereits im Januar 1954 beschlossenen „Studienkreis" am 24. August 1954 einberufen[293]; Größe und Zusammensetzung dieses Kreises, von Elsholz bis Auerbach, boten zwar die Gewähr großen Sachverstands und die Berücksichtigung unterschiedlicher sozialpolitischer Ansätze und Interessen, gefährdeten aber dadurch seine Effektivität und Außenwirkung.[294] Auf seiner ersten Sitzung beschloß der „Studienkreis", sich vorerst auf die Untersuchung von Geldleistungen zu beschränken, und ließ damit sicher im Sinne von Muthesius das wichtige Feld der individuellen Hilfen außen vor. Innerhalb der materiellen Sozialleistungen wollte der Studienkreis das Verhältnis von Leistungen, die von fürsorgerechtlicher Hilfsbedürftigkeit abhängig zu machen seien, zu Leistungen, die nach dem „Bedarfsprinzip" zu behandeln seien (insbesondere Rentenergänzungen), neu bestimmen.[295] Dieser Ansatz, der die Kritik an den „ungezielten Leistungen" aufnahm und die Möglichkeit zu einer systematischen Neuordnung zu bieten schien, war allerdings so breit angelegt und so wenig an den vorhandenen Sicherungsträgern ausgerichtet, daß konkrete Empfehlungen auf absehbare Zeit kaum zu erwarten waren.

---

[290] NDV 34 (1954), S. 94.
[291] Ewald Wientgen an die AG der LFV am 28. 4. 1954, LAB, B Rep. 142-9, 1282; ferner Niederschrift über die Sitzung des Fachausschusses I am 4. 2. 1954, LAB, B Rep. 142-9, 1256.
[292] Vgl. Niederschrift der Sitzung des Fachausschusses I am 8. 10. 1954, BAK, B 172/444-01/5.
[293] Vgl. Muthesius, Frage, S. 483. Muthesius hatte lange gehofft, es werde doch noch die unabhängige Regierungskommission gebildet, vgl. Niederschrift über die Sitzung des DV-Vorstands am 20. 5. 1954; LAB, B Rep. 142-9, 1261 – und somit ein eigenes, mit dem Fachausschuß I konkurrierendes DV-Gremium überflüssig. Ende Juli 1954 beschloß der DV-Vorstand dann die Einberufung des Studienkreises für Ende August, vgl. DV-Vorstandssitzung am 30. 7. 1954, ebenda.
[294] Zu den zwei Dutzend Mitgliedern zählten neben Auerbach, Elsholz, Achinger, Collmer, Kitz, Helene Weber, Theodor Marx und Otto Ohl auch Sozialpolitik-Experten der kommunalen Spitzenverbände und der Länder; den Vorsitz hatte Muthesius; vgl. die Teilnehmerliste der Sitzung des Studienkreises am 3./4. 12. 1954, ADW, HGSt, SP-S XXIII c I/0.
[295] Vgl. Niederschrift über die Beratungsergebnisse der Sitzung des Studienkreises „Soziale Neuordnung" am 24./25. 8. 1954, ADW, CAW 1047A.

2. Fürsorge in der Defensive 129

Denn die Orientierung am „Bedarf" war auf vielerlei Weise nutzbar zu machen: als Vehikel restriktiver Leistungsgewährung im Sinne des Finanzministeriums oder als Verhinderung von phlegmatisierender „schematischer Rentengewährung" und Förderung produktiver Hilfe à la Achinger ebenso wie zur Ermittlung eines kulturellen Existenzminimums zur Berechnung von staatlich garantierten Mindestrenten, wie sie Auerbach erhoffte[296], oder zur Begründung einer staatlich finanzierten und kommunal organisierten, bedarfsorientierten Einkommenshilfe jenseits fürsorgerischer Hilfsbedürftigkeit nach Muthesius. Innenministerium wie Finanzministerium jedenfalls erwarteten vom formal neutralen „Studienkreis" des DV weitere Munition für ihren Reformansatz und gewährten dem DV für den Studienkreis Ende 1954 die beträchtliche Summe von insgesamt 100 000 DM als Sonderzuschuß.[297] Tatsächlich legte der „Studienkreis", der eine Fülle von Material diskutierte, wenig konkrete Ergebnisse vor. Allerdings trug die auch in seiner Arbeit manifeste „Bedarfsorientierung"[298], wie Michael Heisig gezeigt hat, entscheidend zur Etablierung des Warenkorbmodells zur Richtsatzbemessung und damit zu einer stärkeren Verrechtlichung des fürsorgerischen Unterstützungsparadigmas bei.

An dieser Stelle erhebt sich die Frage, inwieweit sich die Vorstellungen im Bundesinnenministerium, im Bundesfinanzministerium, bei den kommunalen Spitzenverbänden und die des DV-Vorsitzenden über das künftige soziale Leistungssystem und die Rolle der Fürsorge darin 1954/55 jenseits gemeinsamer strategischer Interessen tatsächlich deckten.[299] Muthesius selbst, seit April 1953 als Beigeordneter des DST pensioniert, bewegte sich gleichsam zwischen den Linien, keineswegs jedoch auf der von Elsholz: Tatsächlich hatte er bereits für seine Verhältnisse ungewöhnlich scharf dessen Konzept einer Bedürftigkeitsprüfung für Renten zurückgewiesen.[300] Kitz seinerseits begab sich seit Herbst 1954 auch öffentlich immer mehr auf Distanz zu seinen strategischen Kooperationspartnern im Finanzministerium. Vor dem DST-Sozialausschuß erläuterte Kitz am 17. September 1954 in einem ausdrücklich als persönliche Meinung deklarierten Vortrag ein auch im Studienkreis erörtertes „Drei-Raum-Konzept" von Versorgungsprinzip/Entschädigung, Versicherungsprinzip/Zwangssparen und Fürsorgeprinzip.[301] Versicherungs- und Versorgungsrenten sollten so hoch bemessen sein, daß eine Ergänzung durch die Fürsorge in der Regel entfallen könne; Bedürftigkeitsprüfungen in der Sozialversicherung lehnte er ab.[302] Der öffentlichen Fürsorge soll-

---

[296] Vgl. Auerbach, Standort, S. 335.
[297] Vgl. Muthesius auf der DV-Vorstandssitzung am 6.11.1954, Niederschrift, LAB, B Rep. 142-9, 1261.
[298] Vgl. Niederschriften über die Beratungsergebnisse der Sitzungen des Studienkreises am 15./16.10.1954, 11./12.2. sowie am 25./26.3.1955, ADW, ZB 856.
[299] Eine solche Übereinstimmung der Zielvorstellungen suggeriert zumindest Heisig, Armenpolitik, 1995, S. 50ff., et passim, wenn er die genannten Institutionen und ihre Vertreter als „Fürsorgekomplex" bezeichnet. Die Protokolle des Studienkreises sind für diese Frage nur bedingt zu verwenden, da sie mit Ausnahme des Vorsitzenden Muthesius in der Regel die Diskutanten nicht namentlich nennen.
[300] Vgl. Muthesius, Gemeinden.
[301] Vgl. Kitz, Fürsorgeprinzip.
[302] Vgl. ebenda, S. 521; ders., Zusammenwirken, S. 298f.

ten sämtliche individuellen Hilfen, ob vorbeugend, rehabilitativ oder finanziell, vorbehalten bleiben. Diese Individualhilfen sollten die Kommunen durch eine „zusammenklingende, einheitliche, örtliche Betreuung mit einheitlichem örtlichen Außendienst" erbringen, um so den gegenwärtigen Wirrwarr der Zuständigkeiten zu überwinden und den „überspannten Verwaltungsapparat" wieder zu vereinfachen.[303]

Anders als Elsholz wollte Kitz den Kommunen also nicht die üble Last neuer Bedürftigkeitsprüfungen aufbürden, sondern vielmehr das Image der Kommunen, deren häufig zu fiskalisch orientierte Arbeitsweise er öffentlich kritisierte[304], durch echte Einzelfallhilfe verbessern und sie auf materielle Unterstützungen, die ein menschenwürdiges Leben ermöglichten, verpflichten.[305] Denn, so hatte er einmal bezeichnend formuliert, von der Fürsorge würden heute auch Evakuierte und Zugewanderte betreut, „keineswegs nur Minderwertige und Asoziale"[306]. Gerade die (nicht näher konkretisierte) organisatorische und im künftigen Fürsorgerecht zum Ausdruck gebrachte Distanzierung von „solchen Elementen" hielt Kitz, etwa neben der Gewährung eines Rechtsanspruchs, für eine entscheidende Voraussetzung für das gute Image der neuen gemeindlichen Betreuungsarbeit[307] – und erwies sich damit als für die fünfziger Jahre typischer Vertreter einer Generation von Fürsorgeexperten, die im Rahmen moderner Sozialstaatlichkeit auch den Fürsorgeempfänger als Rechtssubjekt begriffen und gleichzeitig bis in die erstaunlich unbekümmerte Wortwahl hinein deutlich machten, daß sie die diskriminierende Sichtweise der NS-Fürsorge noch keineswegs hinter sich gelassen hatten.

Am gleichen Strang möglichst sparsamer Gewährung öffentlicher Sozialleistungen zog mit dem Bundesfinanzministerium hingegen der DLT. Auch hier beklagte man, daß durch die gegenwärtige Sozialpolitik „Selbsthilfe, Verwandtenhilfe und Sparwillen ertötet"[308] würden, und forderte eine „Lösung vom Versorgungs- und Entschädigungsdenken"[309]. Die klassische Dreiteilung von Versicherung, Versorgung und Fürsorge sollte vereinfacht, die Fürsorge von allen Massenaufgaben befreit und selbst streng nach den Grundsätzen der Nachrangigkeit und der Indi-

---

[303] Hier – wie auch in späteren Überlegungen Hildegard Schräders, Neuordnung – zeigen sich gewisse Parallelen zu kommunalen Planungen für ein „Volkspflegegesetz" in den 1940er Jahren; vgl. Hansen, Wohlfahrtspolitik, S. 338f.
[304] Vgl. Kitz, Versicherung, S. 133; ders., Fürsorgeprinzip, S. 524; ders., Gegenwartsfragen, S. 332.
[305] Fürsorge in einem sozialen Rechtsstaat könne nicht mehr bloß einen Lebensunterhalt gewähren, „der kaum über den Zustand des Vegetierens" hinausgehe; ders., Gegenwartsfragen, S. 332.
[306] Ders., Versicherung, S. 134.
[307] Ders., Fürsorgeprinzip, S. 523. Vom Studienkreis „Soziale Neuordnung" wurde Kitz' Anliegen nicht primär aus grundsätzlichen, sondern aus praktischen Bedenken zurückgewiesen; vgl. Niederschrift über die Beratungsergebnisse am 15./16.10.1954, ADW, ZB 856. Tatsächlich hatten ja verschiedene Städte während des Nationalsozialismus besondere Dienststellen für „Asozialenfürsorge" eingerichtet; vgl. Ayaß, „Asoziale", S. 120ff.
[308] Schmerbeck, in: Die Selbstverwaltung 7 (1953), S. 222.
[309] Niederschrift über die Sitzung des DLT-Sozialausschusses am 24.3.1955, BAK, B 172/444-01/1.

vidualisierung gehandhabt und ansonsten möglichst auf den bisherigen Rechtsgrundlagen ausgeübt werden.[310] Dem Gedanken eines „umfassenden Sozialamtes", das fürsorgerische Bedürftigkeitsprüfungen auch bei bedarfsabhängigen Versorgungsleistungen durchführen würde, stand man zumindest in der DLT-Hauptgeschäftsstelle und im Sozialausschuß positiv gegenüber.[311] Der DLT-Beigeordnete für Soziales, Johann Bangert, lange ein kompromißloser Verfechter der hergebrachten öffentlichen Fürsorge mit gutem Draht zu Ministerialrat Gottschick[312], kritisierte die städtischen Fürsorgevertreter, da sie die Fürsorgereform „vorwiegend unter dem Aspekt einer im luftleeren Raum schwebenden abstrakten Fürsorgeidee" sähen und die (i.e. finanziellen) „Belange der Selbstverwaltung [...] oft völlig ausser Acht liessen"; ihnen gehe es offensichtlich vor allem darum, „gegenüber den Stadtkämmerern starke gesetzlich fundierte Positionen zu bekommen".[313] Während etwa die DST-Vertreter im Fachausschuß I die vorbeugende Fürsorge zur Pflichtleistung machen wollten, lehnte dies der Vertreter des DLT-Sozialausschusses ab.[314]

Tatsächlich waren innerhalb des DST zu dieser Zeit die Ansichten einerseits keineswegs so einhellig, andererseits denjenigen der DLT-Führung nicht so entgegengesetzt, wie die Einschätzung Bangerts vermuten ließ. Angesichts der traditionellen Stärke der SPD in vielen Großstädten ist davon auszugehen, daß deren Fürsorgevertreter grundsätzlich mit dem SPD-Modell einer von den „Fürsorgerenten" befreiten, stärker verrechtlichten Fürsorge sympathisierten. Die konservative Fürsorgereferentin und damalige kommissarische Leiterin des DST-Sozialreferats, Hildegard Schräder, hingegen hielt – hierin mit der Mehrheit des Sozialausschusses des DLT konform[315] – eine Herauslösung der laufenden Unterhaltshilfe weder für sinnvoll noch praktikabel; den Gedanken einer neuartigen Fürsorge hingegen griff auch sie auf, um ihn für kommunalpolitische Ziele nutzbar zu machen.[316] Auch sie plädierte dafür, Versicherung und Versorgung auf rentenmäßige Leistungen zum Lebensunterhalt zu beschränken und sämtliche zusätzlichen Individualhilfen der kommunalen Fürsorge vorzubehalten, denn die Fürsorge sei „nicht nur ein wirksames, sondern auch ein ökonomisches Prinzip der

---

310 Vgl. Niederschrift über die Sitzung des DLT-Sozialausschusses am 4.2.1955, ebenda; Die Selbstverwaltung 9 (1955), S. 29f., 277f.
311 Vgl. Niederschrift über die Sitzung des DLT-Sozialausschusses am 4.2.1955, BAK, B 172/444-01/1.
312 Vgl. etwa einen Vermerk Bangerts über ein Gespräch mit Gottschick vom 24.1.1955, ebenda.
313 Vermerk Bangert vom 11.10.1954, BAK, B 172/444-01/5.
314 Vgl. den Bericht von Wientgen auf der Sitzung des Sozialausschusses des DLT am 5.11. 1954, Auszug aus der Niederschrift, BAK, B 172/444-01/1. Wenn Wientgen allerdings in anderem Zusammenhang angesichts sinkender Empfängerzahlen für eine allmähliche Erhöhung der Fürsorgeleistungen plädierte und sich gegen die als diskriminierend empfundene „hyperindividuelle Bedarfsprüfung" wandte, Niederschrift über die Sitzung des DLT-Sozialausschusses am 4.2.1955, ebenda, belegt dies, daß nicht alle sozialpolitisch interessierten Landkreisvertreter mit der rigiden Generallinie der Geschäftsführung übereinstimmten.
315 Vgl. Niederschrift der Sitzung des DLT-Sozialausschusses am 24.3.1955, ebenda.
316 Vgl. [Schräder], Städte; zur Autorschaft Schräders s. Muthesius, Zukunft, S. 257, Anm. 1.

Hilfe"³¹⁷. Das Fürsorgerecht selbst müsse „weitgehend neu konzipiert werden": Durchdacht werden müßten vor allem die Fragen des Rechtsanspruchs, der vorbeugenden Leistungen und der Kostenersatzpflicht. Ohne Details zu nennen, sprach sich Hildegard Schräder für eine je nach Notlage und Hilfeziel unterschiedliche Staffelung der Bedarfskriterien aus³¹⁸; das bedeutete letztlich, daß auch nicht im strengen Sinne Fürsorgebedürftige, sogenannte Minderbemittelte, in den Genuß der Fürsorgeleistungen kommen sollten – ein Weg, den auch Kitz³¹⁹ und Muthesius sowie später Scheffler favorisierten und der bereits im aktuellen Entwurf für das Körperbehindertengesetz beschritten wurde, der aber mit dem rigiden Bedürftigkeitsansatz des Bundesfinanzministeriums nur sehr bedingt in Einklang zu bringen war.

Daß diese beträchtliche Erweiterung kommunaler Fürsorgeaufgaben nicht aus den bisherigen städtischen Töpfen zu finanzieren war, war für die Kommunalfunktionärin eine Selbstverständlichkeit. Im schwelenden Konflikt um die Finanzverfasssung wollte sie die Sozialreform-Planung für die kommunale Seite nutzen und plädierte für eine „den neuen Aufgaben Rechnung tragende Beteiligung der Städte am Steueraufkommen"; die Argumentation des Bundesfinanzministeriums aufgreifend, erklärte sie diese durch „Umschichtung [...] im wesentlichen innerhalb der verschiedenen Bundeshaushalte" für realisierbar³²⁰ – eine Linie, die gleichsam den finanzpolitischen „Pferdefuß" des von Elsholz geforderten stärkeren Engagements der öffentlichen Fürsorgeträger offenbarte, die aber von Elsholz später nichtsdestoweniger auch öffentlich unterstützt wurde.³²¹

Der Artikel von Hildegard Schräder erschien ungezeichnet im Februar 1955 im DST-Organ „Der Städtetag" und war mit Sicherheit ein Reflex auf Anregungen aus dem Bundesinnenministerium; wie Muthesius und auch Achinger wollte Kitz nämlich „als alter Selbstverwaltungsmann" die Sozialreform zur Wiederbelebung kommunaler Selbstverwaltungstraditionen mittels ausgebauter gemeindlicher sozialer Dienste nutzen und versuchte seit Herbst 1954 verstärkt, die Kommunen und ihre Spitzenverbände dafür zu mobilisieren.³²² Die „‚Sozialgemeinde' der SPD", so Kitz, liege „in der Luft"; wollten die Kommunen aber verhindern, daß diese in Form einer weiteren Sonderbehörde auf der Kreisstufe etabliert würde, müßten sie sich selbst als Träger eines umfassenden Sozialamts anbieten und so dem Innenministerium Argumentationshilfen liefern, denn „von selbst werde man in den Kreisen, in denen wir [die Kommunen] nicht vertreten seien, nicht auf uns

---

317 [Schräder], Städte, S. 46f.; daher sollten künftig folgende Hilfearten der Fürsorge vorbehalten sein: Hilfe zum Lebensunterhalt, Jugend-, Kranken-, Erziehungs- und Ausbildungshilfe, ärztliche Begutachtung und Beratung, medizinische Rehabilitation.
318 Vgl. ebenda, S. 47.
319 Vgl. Vermerk Referat V A I vom 27.7.1955, BAK, B 106/20652.
320 [Schräder], Städte, S. 48. Ähnlich für den DST Marx, Die Städte und die Neuordnung, S. 337; Oel, Städte, S. 195.
321 Im November-Heft der Zeitschrift „Sozialer Fortschritt" stellte Elsholz die Sozialreform nunmehr ebenfalls in den Zusammenhang einer gleichzeitigen Verwaltungs- und Finanzreform und forderte „eine Neuordnung der finanziellen Beziehungen zwischen Bund, Ländern und Gemeinden" zugunsten der letzteren; Elsholz, Sozialreform, S. 252.
322 Kitz an den DST-Beigeordneten für Soziales, Dellbrügge, am 19.11.1954, BAK, B 172/444-01/3; vgl. ferner Heisig, Armenpolitik, 1995, S. 106ff.

2. Fürsorge in der Defensive 133

kommen".³²³ Dies umso weniger, als die Regierungskommissions-Lösung und damit eine nennenswerte Vertretung kommunaler Interessen immer unwahrscheinlicher wurde. Obwohl Kitz selbst 1955 den Vorsitz eines neuinstallierten Unterausschusses „Neuordnung der sozialen Hilfe" des DST-Sozialausschusses übernahm und nach seiner Pensionierung im September 1955 im DST offizieller „Beauftragter für die Sozialreform" wurde, kam es von seiten dieses kommunalen Spitzenverbandes infolge der internen partei- und kommunalpolitischen Gegensätze nicht zu der gewünschten offiziellen Stellungnahme zur Sozialreform.³²⁴

Anders im DLT: Auf der Landkreisversammlung am 24./25.Mai 1955 wurde eine Entschließung verabschiedet, die den Intentionen von Elsholz in weiten, wenn auch nicht allen Teilen entgegenkam³²⁵ und die vorläufig offizielle DLT-Linie formulierte³²⁶: Beschränkung der Hilfen aus Steuermitteln auf Fälle, „wo echte Not vorhanden ist"; Stärkung des Willens zu Eigenvorsorge und Arbeit; Vorrang der Rehabilitation vor Dauerunterstützung; alleinige Zuständigkeit der Fürsorge für sämtliche individuellen Hilfen, die nur mit Bedarfsprüfung wirksam zu gestalten seien; Vermeidung doppelter Verwaltungsarbeit und „ungezielte[r] Leistung" durch Errichtung einer örtlichen Verwaltungsstelle durch sämtliche Sozialleistungsträger, allerdings nicht als neue Sonderfachbehörde. Doch machte auch die Landkreisversammlung deutlich, daß die damit verbundenen höheren Ausgaben „im Finanzausgleich einen Niederschlag finden" müßten.

Während somit der DLT offiziell für die Idee einer kommunalen Kompetenzerweiterung mittels Sozialreform gewonnen war und Kitz wie Elsholz diesen Gedanken regierungsintern und öffentlich propagierten³²⁷, versuchten Muthesius, Achinger und Theodor Marx vom DST-Sozialausschuß, auch die Stimme des DV für dieses Ziel zu nutzen, und befaßten eine sorgfältig vorbereitete Arbeitsgruppe³²⁸ des Jubiläumsfürsorgetages im September 1955 mit dem Thema „Auf-

---

³²³ Vermerke Bangert vom 24.1. bzw. 20.4.1955, BAK, B 172/444-01/4.
³²⁴ Vgl. Heisig, Armenpolitik, 1995, S.108f. Ein in gewisser Konkurrenz zum Sozialausschuß gebildeter Beirat beim DST-Präsidium, dem u.a. Vertreter der DST-Ausschüsse für Finanzen und Gesundheit angehörten, distanzierte sich zunehmend von der von Kitz vertretenen Linie und offenbarte so die internen Interessengegensätze; vgl. den Vortrag von Kitz „Die Neuordnung der sozialen Leistungen und der Deutsche Städtetag" vor dem DLT-Sozialausschuß am 12.1.1956, Ms., BAK, B 172/444-01/1; Schräder, Weg, S.51f.
³²⁵ Vgl. Die Selbstverwaltung 9 (1955), S.236. Der Entschließung zugrunde lag ein Referat von Schmerbeck, Bezirksfürsorgeverbände, das dieser vor einer Arbeitsgruppe der Versammlung hielt. An dieser Arbeitsgruppe zur „Neuordnung der sozialen Hilfe" nahmen u.a. Kitz, Elsholz, Hildegard Schräder, Maria Niggemeyer (CDU) vom Bundestagsfürsorgeausschuß und DV-Geschäftsführer Pense teil, vgl. ebenda, S.321, ein abermaliger Beleg für die enge Kooperation der mit der öffentlichen Fürsorge befaßten Regierungsstellen, Bundestagsvertreter, kommunalen Spitzenverbände und des DV.
³²⁶ So ein Beschluß des DLT-Sozialausschusses vom 25./26.7.1955, Niederschrift, BAK, B 172/444-01/1.
³²⁷ Vgl. die Kabinettsvorlagen des BMF vom 13.5.1955 sowie des BMI vom 23.4.1955, Ziff. 6; in: Soziale Sicherheit 4 (1955), S.284, 287. Ferner Kitz, Zusammenwirken; Elsholz, Sozialreform, S.251f.
³²⁸ Vgl. einen Bericht über ein Vorbereitungsgespräch zwischen Muthesius, Achinger, Marx und Udo Krauthausen am 6.4.1955, ADW, ZB 856; den Vorbericht von Marx in: NDV 35 (1955), S.292-295; Marx, Die Städte zur Neuordnung, S.110ff.

gaben und Zuständigkeiten im örtlichen Bereich".[329] Hauptreferate wie Diskussionsbeiträge der auf breites Interesse stoßenden Arbeitsgruppe machten allerdings deutlich, wie unterschiedlich die Ansichten zur künftigen Aufgabe der Kommunen und wie diffus die damit verbundenen Vorstellungen und Hoffnungen nach wie vor waren: Während Auerbach sein vielfältig interpretiertes „Sozialgemeinde"-Modell auf ein örtliches Beratungsgremium reduzierte[330], plädierte der Mainzer Ministerialdirektor und Verwaltungsfachmann Udo Krauthausen für ein umfassendes örtliches Betreuungsorgan in kommunaler Trägerschaft.[331] Organisatorisch und haushaltsmäßig vom Fürsorgeamt säuberlich getrennt, aber eng mit diesem zusammenarbeitend, sollte ein Amt (oder eine gesonderte Sozialamtsabteilung) für „Soziale Hilfe" als örtliche Hilfs- und möglicherweise primäre Entscheidungsinstanz der Versicherungs- und Versorgungsträger (mit Ausnahme der Krankenkassen) dienen; auf diese Weise sollten die Hilfen wirksamer koordiniert, dem einzelnen der Gang zu den verschiedensten Instanzen erspart und die Errichtung weiterer Sonderverwaltungen auf kommunaler Ebene verhindert werden. Unabdingbare Voraussetzung für den Erfolg eines solchen Amtes sei allerdings eine entsprechende personelle Ausstattung. Vertreter der Sozialversicherung wie der Arbeitsverwaltung kritisierten den Vorschlag Krauthausens hinsichtlich der Personalfrage als unrealistisch und mit den versicherungsrechtlichen Ansprüchen auf klar definierte Leistungen und Gleichbehandlung nicht vereinbar.[332] Auerbach befürchtete vor allem, daß mit der Übertragung weitreichender Kompetenzen auf kommunale Organe „sozialleistungsfremde Gesichtspunkte auf Entscheidungen über Leistungsansprüche und die Art der Leistungsgewährung Einfluß gewinnen" würden, und wandte sich gegen die Bildung „von ‚rathauszentralistischen' Mammutdezernaten"[333]. Ewald Wientgen vom DLT-Sozialausschuß und vor allem Elsholz begrüßten hingegen das projektierte neue Amt, indem sie es stärker, als von Krauthausen selbst intendiert, als Garanten von „bedarfsgerechten und gezielten"[334] Sozialleistungen interpretierten.

Der neue Leiter der Sozialabteilung im Bundesinnenministerium, Gerhard Scheffler, hingegen äußerte sich bemerkenswert zurückhaltend: Anders als sein Vorgänger Kitz erklärte er es für unmöglich, „jetzt schon eigene Konzeptionen vorzutragen", und eine „Annäherung" der Überlegungen von Auerbach und Krauthausen „an sich für denkbar"[335]. Am Modell Krauthausens kritisierte er das Auseinanderfallen von Verwaltungs- und Finanzverantwortung, das bei dem

---

[329] Vgl. Fürsorge und Sozialreform, S. 447-525, 551ff.
[330] Auerbach hatte entscheidend dazu beigetragen, daß der „Beirat für die Neuordnung der sozialen Leistungen" in seinen Anfang Juni veröffentlichten Zwischenergebnissen sogar die vergleichsweise harmlose Errichtung örtlicher Beratungsstellen für alle Sozialleistungszweige abgelehnt hatte. Zur Begründung führte der Beirat u.a. an, daß dadurch die bisherige, die öffentlichen Dienststellen entlastende Beratungstätigkeit der freien Verbände beeinträchtigt werde; vgl. BABl. 6 (1955), S. 539; Auerbach, Aufgaben, S. 464f.
[331] Vgl. Krauthausen, Verwaltungsprobleme.
[332] Vgl. Fürsorge und Sozialreform, S. 499ff.
[333] Auerbach, Aufgaben, S. 465.
[334] Vgl. Elsholz, in: Fürsorge und Sozialreform, S. 489ff. (Zitat S. 491); Wientgen, ebenda, S. 493ff.
[335] Vgl., auch zum Folgenden, Scheffler, in: Fürsorge und Sozialreform, S. 495ff.

2. Fürsorge in der Defensive 135

„ziemlich erschreckenden Beispiel" der Kriegsfolgenhilfe gerade überwunden sei – eine Kritik, die nicht zuletzt auf die Elsholzsche Konzeption eines umfassend kontrollierenden Sozialamts zielte. Offenbar wollte Scheffler statt einer kommunalpolitischen Kompetenzerweiterung auf Kosten der Versicherungs- und Versorgungssysteme lieber den Kommunen das weite Feld von „Sonderleistungen" jenseits der Hilfen zum Lebensunterhalt weitgehend vorbehalten wissen. Doch um keine „Ressortauseinandersetzung" zu riskieren, wurde Scheffler auch hier nicht konkreter, sondern plädierte nur ganz allgemein dafür, den bisherigen rein fürsorgerischen Charakter solcher Hilfen einmal zu überprüfen.

Ohne daß dies den meisten Teilnehmern der Fürsorgetags-Arbeitsgruppe bereits deutlich gewesen sein dürfte, waren die Versuche, die öffentliche Fürsorge durch Kompetenzerweiterung der Kommunen aus der sozialpolitischen Defensive zu führen, kaum daß sie in breiter Öffentlichkeit diskutiert wurden, zum Scheitern verurteilt. Dabei entbehrte der Ansatz, durch größere Nähe zum Hilfebedürftigen und Rentenempfänger diesem unbürokratischer, schneller und angemessener Hilfsleistungen zukommen lassen zu können, keineswegs der Attraktion. Gerade der aktuelle Rehabilitationsgedanke und der einmütig geforderte Ausbau sozialer Dienste sprachen eigentlich für bürgernähere Organisationsformen und hätten durch Übernahme neuartiger Methoden der Sozialarbeit eine Modernisierung kommunaler Wohlfahrtspflege bewirken können. Wenn die geschilderten Bestrebungen trotzdem nicht zum Erfolg führten, hatte das vielerlei Gründe: An erster Stelle die allzu offensichtliche fiskalische Motivierung, die auf vielen Seiten den Vorschlägen zugrundelag und durch den sozialethischen Apparat von Subsidiaritätsprinzip und Selbsthilfeverpflichtung oder durch kommunale Selbstverwaltungsideologie nur mühsam verbrämt wurde. Damit verbunden die diesen Vorschlägen inhärente Erweiterung des behördlichen Ermessensraumes und der Verlust historisch erworbener Rechtsansprüche, die wohl kein Leistungsberechtigter selbst zugunsten möglicherweise individuell etwas höherer Leistungen aufzugeben bereit gewesen wäre. Dies umso weniger, als die (realen oder kolportierten) Erfahrungen mit der behördlichen Fürsorgepraxis wenig ermutigend wirken mußten und den neuen Anforderungen entsprechend qualifiziertes kommunales Personal noch kaum zur Verfügung stand. Schließlich, das bewiesen auch die jüngsten Auseinandersetzungen um die Novellierung der Arbeitslosenversicherung, waren die bestehenden Sozialversicherungsinstitutionen nicht daran interessiert, eigene Kompetenzen an kommunale oder kommunal dominierte Organe abzugeben. Nicht zuletzt aber bestand ja unter den Verfechtern einer solchen stärkeren „Kommunalisierung"[336] des sozialen Leistungssystems keineswegs Einigkeit über deren Form und Ziel, so daß auch die Kommunen selbst als eigentliche Adressaten letztendlich nicht für eine einmütige Unterstützung gewonnen werden konnten. Bereits die Reaktion auf entsprechende Vorschläge der „Rothenfelser Denkschrift" hatten gezeigt, daß eine gemeindliche Kompetenzerweiterung nicht sehr populär war[337].

---

[336] Leibfried u.a., Sozialpolitik, S. 54.
[337] Vgl. Hockerts, Entscheidungen, S. 294, Anm. 269.

Daß von seiten des kommunalpolitischen Leitressorts selbst im Herbst 1955 ebenfalls nicht mehr mit rückhaltloser Unterstützung für diese kommunal- bzw. finanzpolitischen Ambitionen zu rechnen war, hatte Scheffler bereits auf dem Fürsorgetag deutlich gemacht. In der Geschäftsstelle des nordrhein-westfälischen Landkreistages wußte man jedenfalls Anfang Januar 1956 zu berichten, daß Kitz „bereits in verschiedenen Punkten in Gegensatz zu Herrn Scheffler stände, der ihn vor Kurzem bereits ziemlich kühl habe ablaufen lassen".[338] Tatsächlich erklärte Scheffler es in einer internen Besprechung für unmöglich, „daß Hilfen aus anderen Bereichen herüber gezogen werden oder daß entscheidend in andere Bereiche eingewirkt wird"[339]. Während Kitz den Sozialausschuß des DLT Anfang Januar nochmals für das Krauthausen-Konzept mobilisieren wollte[340], führte Scheffler bereits informelle Gespräche mit städtischen und ländlichen Kommunalvertretern über die Reform des Fürsorgerechts, in denen eine Neuregelung der örtlichen Zuständigkeiten überhaupt nicht mehr zur Debatte stand.[341] Und als der DST auf seiner Hauptversammlung im Juni 1956 das Generalthema „Die sozialen Aufgaben der deutschen Städte" verhandelte, wies Theodor Marx als einer der Hauptredner den Vorwurf weit von sich, daß die Kommunen im Interesse einer falsch verstandenen Allzuständigkeit „darauf aus seien, Teile der Sozialversicherung an sich zu ziehen", und forderte nur noch bescheiden eine nicht näher definierte „Zusammenarbeit zwischen der funktionalen und kommunalen Selbstverwaltung zur Sicherung der praktischen Durchführung der neuen Aufgaben", die „sich nicht auf alles und jedes erstrecken" müsse.[342]

Angesichts der vielfältigen Widerstände, praktischer Hindernisse sowie der seit Ende 1955 deutlichen Zielverengung der „Sozialreform" auf eine Reform der Sozialversicherung hatte sich der Weg, Sozialreform und Verwaltungsreform zu „Zwilling[en]"[343] zu machen, als Sackgasse erwiesen. Vielmehr war es jetzt die Sozialabteilung des Innenministeriums selbst, die eine genuine Reform der öffentlichen Fürsorge und ihrer Rechtsgrundlagen forcierte und damit den Gedanken einer „umfassenden sozialen Neuordnung" zu den Akten legte.

---

[338] Vermerk Bangert vom 9.1.1956, BAK, B 172/444-01/1.
[339] Notiz [des Referats V A 4] über eine Besprechung mit Scheffler am 7.2.1956, BAK, B 106/9688.
[340] Vgl. Kitz vor dem DLT-Sozialausschuß am 12.1.1956, Niederschrift, BAK, B 172/444-01/1.
[341] Vgl. Vermerk über Besprechung mit den kommunalen Sachverständigen am 16.2.1956, BAK, B 106/9789/2.
[342] Marx, Die Städte und die Neuordnung, S. 335, 338; ausführlicher ders., Die Städte zur Neuordnung, S. 112ff.
[343] Kitz, Zusammenwirken, S. 299.

3. Erste Schritte zur modernisierten Fürsorge: Teilreformen und Sondergesetze im Vorfeld umfassender Reform

Trotz der vom Bundesinnenministerium bis Herbst 1955 betriebenen Hinauszögerung einer umfassenden Reform wurde das Fürsorgerecht bereits in dieser Zeit in wesentlichen Teilbereichen erheblich verrechtlicht (Rechtsanspruch auf Fürsorge, starke Beschränkung der Kostenersatzpflicht, klar fixierte Mehrbedarfsmerkmale) und standardisiert (Warenkorb, einheitliche und weitgehend von sozialer Gruppenzugehörigkeit unabhängige Mehrbedarfe) und übernahm damit wesentliche Elemente sozialpolitischer Modernisierung.

Die Einschränkung der Rückerstattungspflicht 1951

Laut §§ 25, 25a RFV hatte der Unterstützte – gegebenenfalls sein Ehegatte, seine Eltern, Kinder oder Erben – dem Fürsorgeverband die aufgewendeten Kosten bis auf gewisse Ausnahmen zu ersetzen; er war jedoch „berechtigt, den Ersatz zu verweigern, soweit und solange er kein hinreichendes Vermögen oder Einkommen" hatte[344]. Richtlinien der Reichsregierung hatten 1934 verschiedene Härtefälle ausgenommen, eine sechsmonatige Schonfrist eingeführt und eine Grenze des wiedererlangten Arbeitseinkommens definiert (dreifacher Richtsatz), bis zu der kein Ersatz gefordert werden durfte.[345] Diese Richtlinien galten auch nach Kriegsende weiter, wurden aber in den Ländern unterschiedlich verändert und ergänzt. Aus seuchenhygienischen Gründen war 1942 außerdem die Tuberkulosehilfe von der Rückerstattungspflicht ausgenommen worden.

Angesichts der offensichtlichen Schwierigkeiten, wieder zu „hinreichendem Einkommen und Vermögen zu gelangen", hatte § 25 RFV jetzt allerdings eher deklamatorische als praktische, allenfalls eine gewisse abschreckende Wirkung. Allerdings trug die unpopuläre Rückerstattungspflicht zum schlechten Image der öffentlichen Fürsorge bei, setzte sie die Hilfe doch gleichsam unter einen moralischen Vorbehalt und war dazu angetan, den Unterstützten verglichen mit dem Empfänger anderer Sozialleistungen zu degradieren. Anders als der „klassische" Bezieher von öffentlicher Fürsorge galten jedoch gerade Vertriebene, die Familien von Kriegsgefangenen oder Ausgebombte als unverschuldet in Not geraten, und schienen Erstattungsforderungen an diese Gruppen daher nicht mehr legitim. Auf

---

[344] RFV in der Fassung der Zweiten Notverordnung vom 5.6.1931, geändert durch Reichsgesetz vom 22.12.1936 und die Dritte Vereinfachungsverordnung vom 11.5.1943. Nicht zu erstatten waren die Kosten der Wochenfürsorge, der Erwerbsbefähigung Blinder, Taubstummer und Körperbehinderter, der Fürsorge für Minderjährige sowie der Krankenhilfe im Rahmen der Seuchenbekämpfung; die Ersatzpflicht erlosch nach vier Jahren, vgl. §§ 25–25d RFV in der genannten Fassung.

[345] Runderlaß des Reichsarbeitsministers und Runderlaß des Preußischen Ministers des Innern über Rückforderungen der Kosten der öffentlichen Fürsorge vom 10.11.1934, RABl. I, S. 265; vgl. dazu NDV 28 (1948), S. 200ff. Danach war Kostenersatz in der Regel nicht zu verlangen von Unterstützten mit mindestens drei unterhaltsberechtigten Kindern, von über Sechzigjährigen sowie von denjenigen, die Pflichtarbeit geleistet hatten. Zu weiteren Ausnahmen in den 1930er Jahren vgl. Willing, Vorgeschichte, S. 594f.

Anweisung der britischen Militärregierung wurden in der britischen Zone im Laufe des Jahres 1947 zunächst die Kriegsheimkehrer von der Ersatzpflicht für Leistungen an ihre Angehörigen befreit.[346] Im Juni 1948 nahm Nordrhein-Westfalen nach den NS-Verfolgten auch die Vertriebenen von der Verpflichtung aus, Schleswig-Holstein 1949 die Kriegsopfer.[347] In den Ländern der französischen Zone und in Groß-Berlin bestanden z.T. ähnliche Regelungen.

Anders in der US-Zone: Der Logik einer konsequenten Einheitsfürsorge gemäß, lehnte das Regional Government Coordinating Office im Mai 1947 entsprechende Pläne des Länderrats ab. Vielmehr solle die Rückerstattungspflicht „eher von der Finanzkraft des früheren Fürsorgeempfängers als von der Ursache seines Notstandes oder der sozialen Schicht, zu der er gehört, abhängig gemacht werden"[348]. Dies lag ganz auf der Linie Polligkeits, der Anfang 1948 einen Verordnungs-Entwurf zur Erstattungsfrage dem Wohlfahrtsausschuß des Länderrats zuleitete.[349] Anlaß war die Forderung des hessischen Landtags nach einer Sistierung der Rückerstattungspflicht.[350] Polligkeit wollte mit seinem Entwurf dem zunehmenden Druck von Länder- und Gemeindeparlamenten begegnen und ging, wie er selbst meinte, „bis an die Grenze des Vertretbaren", wenn er bei sämtlichen Kriegsbetroffenen nur noch in Ausnahmefällen die Rückerstattung vorsah; der Entwurf habe aber gegenüber deren völliger Beseitigung „den Vorzug, dass er den Grundsatz der Subsidiarität mit seiner Tendenz der Erziehung zur Selbstverantwortung bestehen läßt"[351]. Während DST und DLT aber allenfalls (unverbindlichere) Richtlinien konzedieren wollten, plädierte Polligkeit für die Form der schneller wirksamen und im Interesse der Kriegsfolgenhilfe-Modalitäten stärker vereinheitlichenden Rechtsverordnung.

Nach langen Auseinandersetzungen kamen die Ländervertreter im Wohlfahrtsausschuß schließlich den kommunalen Bedenken weit entgegen, und am 16. September 1948 empfahl das Direktorium des Länderrats einen abgemilderten Musterentwurf nur mehr für Richtlinien den Ländern zur Einführung.[352] Der Entwurf ging von der prinzipiellen Gleichbehandlung aller Unterstützten aus und basierte im übrigen auf den Richtlinien von 1934. Neu eingeführt wurde neben einer Klausel zum Schutz auch kleinerer Vermögen eine (angesichts der amerikanischen Vorgaben) bewußt allgemein gehaltene Regelung, wonach der Fürsorgeverband „bei den Personen, welche früheres Einkommen oder Vermö-

---

[346] Vgl. NDV 28 (1948), S. 99f.
[347] Vgl. insgesamt ebenda, S. 200ff.; NDV 30 (1950), S. 41ff.; 31 (1951), S. 222; Krug von Nidda, Polligkeit, S. 258f.
[348] Vgl. Charles D. Winning, Regional Government Coordinating Office, an den Generalsekretär des Länderrates Erich Roßmann am 19.5.1947, Übers. in: LAB, B Rep. 142-9, 1291; auszugsweise in: NDV 30 (1950), S. 41.
[349] Vgl. „Entwurf einer Verordnung über die Begrenzung der Pflicht zum Ersatz von Fürsorgekosten" vom 26.1.1948, LAB, B Rep. 142-9, 1291.
[350] Am 31.1.1948 setzte der hessische Arbeitsminister die Rückerstattungspflicht in einer Dienstanweisung bis auf weiteres aus, ebenda.
[351] Polligkeit an DST, 23.2.1948, ebenda.
[352] Vgl. „Musterentwurf für Richtlinien über die Rückführung von Fürsorgekosten" vom 16.9.1948, ebenda; teilweise abgedruckt in: NDV 28 (1948), S. 201f.

gen unverschuldet verloren haben, die Notwendigkeit und Möglichkeit der Wiederbeschaffung der verlorenen Lebensgrundlagen zu berücksichtigen" habe (Art. II Nr. 5). Diese Vorgabe sollte den Vertriebenen und allen anderen, die durch den Krieg und seine Folgen Einkommen oder Vermögen verloren hatten, zugute kommen. Der Musterentwurf wurde 1948/49 von Bayern und Hessen sowie innerhalb der französischen Zone modifiziert von Württemberg-Hohenzollern und Baden übernommen, ansonsten bestanden die unterschiedlichen Länderregelungen fort.

Anfang Februar 1950 forderte der Bundestag mit den Stimmen aller Fraktionen die Bundesregierung auf, einen Gesetzentwurf zur Rückerstattungspflicht vorzulegen: Politisch, rassisch und religiös Verfolgte, ehemalige Kriegsgefangene, Vertriebene und Bombengeschädigte sowie deren Familien sollten jetzt bundesweit einheitlich von der Pflicht befreit werden.[353] Bis zum Erlaß des Gesetzes sollten die Länder darum ersucht werden, für diese Gruppen die Rückzahlung auszusetzen. Die Berichterstatterin des Fürsorgeausschusses, Maria Niggemeyer (CDU), erklärte zur Begründung, die „soziale Notlage" dieses Personenkreises sei „nicht selbstverschuldet, sondern herbeigeführt durch ein System, an dessen Folgen wir alle noch tragen – das nationalsozialistische System –, durch die Katastrophe des verlorenen Krieges, dessen Lasten wir ja auch alle zu tragen haben". Der Antrag ziele daher auf eine Änderung des § 25 RFV, denn der Ausschuß könne es „nicht etwa dem Ermessen des Leiters eines Wohlfahrtsamtes oder Landesbezirksfürsorgeamtes überlassen [...], hier von sich aus zu entscheiden, ob im Einzelfall auf die Rückzahlung verzichtet werden soll".[354]

Doch obwohl, wie die Antragstellerin der FDP zu Recht anmerkte, ein solches Gesetz keine neuen Geldmittel erfordern würde[355], waren die Reaktionen der Fürsorgeträger und ihrer Verbände auf den Vorstoß des Bundestages geteilt: Fürsorgepraktiker aus Städten des gesamten Bundesgebietes erhoben kaum gewichtige Einwände, denn weder die genannten Gruppen noch andere Unterstützte seien „jetzt abgesehen von verschwindenden Ausnahmen, in der Lage, einen Pfennig zu erstatten"[356], oder müßten dies aufgrund besonderer Ländergesetze schon jetzt nicht mehr. Die Verpflichtung habe „für die praktische Arbeit [...] überwiegend moralische und psychologische Bedeutung"[357]; während der Kölner Beigeordnete Busch befürchtete, sie verschrecke allenfalls „die ordentlichen verschämten Armen, denen man an sich gerne helfen möchte"[358], wandten sich andere wie der Bremer Senator van Heukelum gegen eine völlige Abschaffung der Ersatzpflicht,

---

[353] Vgl. Sitzung des Bundestags am 1.2.1950, BT, 1. Wp. 1949, Sten. Ber., Bd. 2, S. 1038ff. Der Wortlaut des Antrags sah nur eine einheitliche Regelung der Rückerstattungspflicht vor, doch der zugrundeliegende Bericht des Ausschusses für Fragen der öffentlichen Fürsorge sowie die Debattenredner wünschten eindeutig deren Abschaffung für die genannten Personenkreise.
[354] Abg. Niggemeyer (CDU) am 1.2.1950, ebenda, S. 1038f.
[355] Vgl. Abg. Ilk (FDP), ebenda, S. 1043.
[356] So der Trierer Oberbürgermeister Raskin, an den Städteverband Rheinland-Pfalz, 3.3.1950, LAB, B Rep. 142-9, 1291.
[357] Schreiben des Wohlfahrtsamtes der Stadt Esslingen an den DST, 28.2.1950, ebenda.
[358] Busch an Muthesius, 15.3.1950, ebenda.

da durch ihre abschreckende Wirkung der „Wille zur Selbsthilfe [...] gestärkt" werde[359]. Die kommunalen Spitzenverbände Bayerns, die auch in anderem Zusammenhang gern als glühende Verteidiger fürsorgebehördlicher Ermessensfreiheiten auftraten, sahen gar das „Grundgefüge der zur Deckung des notwendigen Lebensunterhaltes bestimmten Sozialleistungen [...] erschüttert", käme es zu dieser „Durchbrechung elementarster Grundsätze des Fürsorgerechts", und rechneten mit erheblichen finanziellen Einbußen.[360] Der stellvertretende DV-Vorsitzende Kurt Blaum wie der stellvertretende Hauptgeschäftsführer des DLT Schlüter wandten sich vor allem gegen eine Einschränkung der Erstattungspflicht per Gesetz, da dieses nicht den jeweiligen Länderbesonderheiten Rechnung tragen könne und nur schwerfällig an sozialpolitische Veränderungen anzupassen sei; außerdem lehre „die Vergangenheit, daß gesetzliche Regelungen Wünsche anderer Kreise wecken, deren Erfüllung sozial- und finanzpolitisch nachher nicht möglich ist".[361] Sie befürworteten daher flexibel und individueller zu handhabende Verwaltungsrichtlinien auf der Grundlage des alten Musterentwurfs von 1948. Wie bei der zur gleichen Zeit akuten Frage der Anrechnung von Rentenleistungen sollte also alles getan werden, um die Begründung einer neuen Gruppenfürsorge zu verhindern. Auch Muthesius warnte vor den unübersehbaren Auswirkungen für die Fürsorgereform, falls der Bundestag möglicherweise noch weitere Gruppen in ein Sondergesetz einbeziehen würde. Er konstatierte allerdings, daß die Entwicklung „auf eine immer stärkere Zurückdrängung" der Ersatzpflicht hinauslaufe, so daß deren künftige Rolle in einem neuen Bundesfürsorgegesetz ohnehin gründlich zu überdenken sei; daher rate er dringend davon ab, „aus einem Zufallsanlaß heraus eine isolierte Novellierung des § 25 RFV ins Werk zu setzen".[362] Um ein Präzedenz-Gesetz zu umgehen und um dem Bundestag das Heft aus der Hand zu nehmen, plädierte der Fachjurist dafür, die Ermächtigung des § 25 RFV zu nutzen, wonach der Bundesinnenminister (mit dem Bundesarbeitsminister) per Rechtsverordnung Einkommens- und Vermögensgrenzen für eine Befreiung von der Rückerstattung bestimmen konnte. In Anlehnung an den Musterentwurf der amerikanischen Zone könne in dieser Verordnung durchaus den Bundestagswünschen entsprochen werden.

Diese „kleine Lösung" entsprach der Linie der Sozialabteilung, und so teilte der Bundesinnenminister dem Bundestag am 23. Mai 1950 mit, daß angesichts der nicht unbeachtlichen Einwände der meisten Länder, der kommunalen Spitzenverbände und des DV nun nach einem Weg gesucht werde, „der einerseits dem berechtigten Wunsche nach einem Schutz gegen unsoziale Erstattungsansprüche der Fürsorgeträger Rechnung trägt, der andererseits aber auch die aufrecht zu erhaltenden Grundsätze des deutschen Fürsorgerechts berücksichtigt".[363]

---

[359] G. van Heukelum an BMI am 7.3.1950, Abschrift, ebenda.
[360] Gemeinsames Schreiben des Bayerischen Städteverbandes und des Landkreisverbandes Bayern an das Bayerische Staatsministerium des Innern, 13.1.1950, ebenda.
[361] Schlüter (DLT) an BMI, 9.3.1950; vgl. auch Blaum an BMI, 1.3.1950, ebenda.
[362] Muthesius an BMI, 14.3.1950, ebenda.
[363] Antwort des BMI auf FDP-Anfrage Nr.72 vom 23.5.1950, BT, 1.Wp. 1949, Anlagen, Bd. 4, Drs. 987.

Knapp zwei Wochen zuvor hatte das Innenministerium bereits einen solchen Verordnungsentwurf an DST, DLT, DV sowie jeweils ein Länderministerium der drei ehemaligen Besatzungszonen gesandt.[364] Der Entwurf sah wie die Musterrichtlinien von 1948 im Sinne der Einheitsfürsorge besondere Schonung nicht nur für die vom Bundestag genannten Gruppen vor, sondern für jeden, der „früheres Einkommen oder Vermögen aus politischen, rassischen oder religiösen Gründen oder durch den Krieg bzw. die Kriegsfolgen verloren hat (z.B. Heimkehrer, Kriegssachgeschädigte, Währungsgeschädigte)" (Art. I Ziff. 7). Auf einer Besprechung Ende Mai einigten sich die Beteiligten jedoch auf einen formal besser ausgearbeiteten, in der Sache rigideren Gegenentwurf des DV.[365] Dieser bildete die Grundlage für den schließlich im Spätsommer vorgelegten endgültigen Entwurf. Danach war bei der großen Gruppe der Kriegsbetroffenen, also auch den Kriegsbeschädigten, Evakuierten oder DDR-Flüchtlingen, „von der Geltendmachung von Ersatzansprüchen abzusehen, wenn und solange die Wiederherstellung einer normalen Lebensgrundlage durch die Heranziehung zum Kostenersatz beeinträchtigt würde".[366] Getreu dem Individualprinzip sollte die Entscheidung darüber, was als „normale Lebensgrundlage" zu gelten habe, also doch beim örtlichen Fürsorgebeamten bleiben, dem allerdings für die betroffenen Personengruppen schonendes Vorgehen verordnet wurde. Die praktische Bedeutung der Ersatzpflicht spielte die Begründung zum Entwurf herunter: Da „eine angemessene Zeitspanne" erforderlich sei, um auf gesicherter Lebensgrundlage wieder zu Einkommen und Vermögen zu gelangen, der Ersatzanspruch gem. § 25b RFV aber nach vier Jahren erlösche, werde dieser ohnehin weitgehend hinfällig werden.[367]

Nichtsdestoweniger müsse die Rückerstattung bestehen bleiben, um der vorrangigen Verpflichtung zur Selbsthilfe „die gesetzliche Ausdrucksform" zu erhalten, zumal die langfristigen Folgen einer völligen Abschaffung „sowohl in sozialpädagogischer wie auch in finanzieller Hinsicht" nicht abzusehen seien.[368] Diese Argumentation überzeugte auch den Bundestagsausschuß für Fragen der öffentlichen Fürsorge, der den Entwurf am 29. September 1950 einstimmig billigte und nicht mehr auf einer gesetzlichen Regelung beharrte.[369]

Die Zustimmung der Länder war jetzt umso wahrscheinlicher, als am 28. November 1950 das Erste Überleitungsgesetz in Kraft trat, mit dem der Bund den Großteil der Fürsorgekosten für die von der Neuregelung profitierenden Kriegsfolgenhilfeempfänger selbst übernahm. Jetzt begünstigte der Bundesrat sogar selbst die Fürsorgeempfänger, indem er bestimmte, daß für Leistungen an die Familien von Kriegsgefangenen und Vermißten kein Ersatz verlangt werden durfte,

---

364 Vgl. BMI an DST etc. am 10.5.1950 nebst Anlage „Vorläufiger Entwurf einer Verordnung über den Ersatz von Fürsorgekosten", LAB, B Rep. 142-9, 1291.
365 Vgl. Aktenvermerk Spahn (DST) betr. Besprechung am 26.5.1950 im BMI, nebst Gegenentwurf, ebenda.
366 BR 1950, Anlagen, Drs. 964/50.
367 Vgl. Begründung zum Regierungsentwurf, S. 4, ebenda.
368 Ebenda, S. 2.
369 Vgl. BMI Lehr an den Präsidenten des Bundesrates, 16.11.1950, BR 1950, Anlagen, Drs. 964/50.

so die Regelung der ehemaligen britischen Zone auf das Bundesgebiet ausdehnte und der Bundestagsforderung zumindest für einen Personenkreis wirklich Rechnung trug.[370] Mit dieser Ergänzung wurde die „Verordnung über den Ersatz von Fürsorgekosten" am 30. Januar 1951 erlassen und trat am 3. März 1951 in Kraft.[371]

Wie weit jedoch gerade in einem dem Individualprinzip verpflichteten System rechtliche Theorie und exekutive Praxis auseinander liegen können, belegten wenig später zwei Rundschreiben des Bundesinnenministeriums: Ende April bat der Bundesinnenminister die zuständigen Länderminister, dafür zu sorgen, daß die neue Verordnung auch wirklich angewendet werde und von seiten der Fürsorgebeamten „dabei den Unterstützten oder Ersatzpflichtigen dasjenige Maß an menschlichem und sozialem Verständnis entgegengebracht wird, auf das sie berechtigten Anspruch erheben dürfen"[372]. Gleichzeitig wandte er sich gegen Ersatzforderungen an aus der Kriegsgefangenschaft heimkehrende Väter unehelicher Kinder, gesetzlich unterhaltspflichtige ehemalige NS-Verfolgte, Flüchtlinge etc. und stellte klar, daß das über der Grenze liegende Einkommen keineswegs automatisch voll zum Ersatz herangezogen werden dürfe. Wie wenig jedoch die der Verordnung zugrundeliegende Idee, auch bei der Rückerstattung – und damit zugunsten des Hilfeempfängers – die individuelle Lage zu berücksichtigen, an der behördlichen Basis Eingang gefunden hatte, wurde mit Inkrafttreten des Gesetzes zu Art. 131 GG vom 11. Mai 1951 deutlich: Als bislang von der Fürsorge unterstützte ehemalige öffentliche Bedienstete wieder Versorgungsansprüche erhielten, forderten Fürsorgeverbände von diesen Kostenersatz. Das Bundesinnenministerium, das die Befriedung der „131er" nicht durch knauserige Fürsorgebehörden gefährdet sehen wollte, erklärte daraufhin im Juni dieses Vorgehen für regelwidrig und vermerkte mit drohendem Unterton, daß der „gesunde Grundsatz" der Rückerstattungspflicht nur dann überhaupt noch aufrechterhalten werden könne, „wenn die Fürsorgeverbände bei der Frage der Geltendmachung von Ersatzansprüchen weniger rein finanzielle Gesichtspunkte, als allgemein soziale und menschliche Erwägungen [...] zugrunde legen"[373].

Der radikale Schritt einer vollständigen Abschaffung der Rückerstattungspflicht war 1951 also nicht getan worden. Ein solcher Schritt hätte eine Annäherung an eine vorbehaltlose Garantie des Existenzminimums für jeden Staatsbürger, unabhängig von der Ursache seiner Notlage, bedeutet, die rechtliche Position *jedes* Unterstützten verbessert, die Hemmschwelle zur Inspruchnahme der Hilfe herabgesetzt und möglicherweise die Mißbrauchsgefahr erhöht. Doch so weit war der Bundestag mit seiner Forderung gar nicht gegangen; vielmehr hielten auch die Bundestagsfraktionen explizit an der Unterscheidung von selbstverschuldeter (individueller) und unverschuldeter (Massen-)Not fest, wenn sie die Befreiung von der Ersatzpflicht nur für die Flüchtlinge usw. forderten. Auch der

---

[370] Vgl. Sitzung des Bundesrates am 15.12.1950, BR 1950, Sten. Ber., S. 73f.
[371] Vgl. BGBl. I S. 154.
[372] RdSchr. d. BMI betr. Ersatz von Fürsorgekosten vom 30.4.1951, GMBl. S. 132, Zitat S. 133.
[373] RdSchr. d. BMI betr. Ersatz von Fürsorgekosten vom 20.6.1951, GMBl. S. 169, Zitat ebenda.

Wunsch, der öffentlichen Fürsorge Sanktionsmöglichkeiten gegenüber den (tatsächlich oder vermeintlich) selbstverschuldet Hilfsbedürftigen zu erhalten, dürfte dazu beigetragen haben, daß sich der durch den Fürsorgeausschuß vertretene Bundestag mit einer Rechtsverordnung anstelle eines Gesetzes zufriedengab. Die traditionelle Scheidung von „würdigen" und „unwürdigen" Armen war damit auch Anfang der fünfziger Jahre noch lebendig und stand in enger Korrelation zur politischen Bedeutung und organisatorischen Durchschlagkraft der jeweiligen Armutsgruppen.

Nichtsdestoweniger bewirkte die Verordnung von 1951 in der Praxis eine Aufweichung der Rückerstattungspflicht, die im Fürsorgeänderungsgesetz von 1953 weitergeführt wurde. Und im Vorfeld der Bundestagswahlen 1953 setzte der Bundestag für die größte (und politisch wichtigste) Gruppe der Kriegsbetroffenen schließlich doch noch seine Forderung vom Februar 1950 in anderem Rahmen um: § 91 des Bundesvertriebenengesetzes vom 19. Mai 1953 befreite *de facto* Heimatvertriebene (und DDR-Flüchtlinge) nun eindeutig von der Ersatzpflicht, § 19 des Bundesevakuiertengesetzes vom 14. Juli 1953 (§ 19) die Evakuierten. Die finanzielle Bedeutung der Erstattungspflicht nahm so immer weiter ab, zumal der behördliche Arbeitsaufwand in keinem Verhältnis mehr zum finanziellen Ertrag stand.[374] Bei den Vorarbeiten zum BSHG sollte die Frage – wie Muthesius vorhergesagt hatte – wieder auf der Tagesordnung stehen.

Sicherungssystematische „Flurbereinigung" durch das Mehrbedarfs-Modell: das Fürsorgeänderungsgesetz von 1953

Die Frage der sogenannten Freilassung von Teilen anderer Sozialleistungseinkommen war seit Einführung von RFV und RGr. immer wieder Anlaß für Auseinandersetzungen zwischen kommunalen Trägern und DV auf der einen, Rentner- und Kriegsopferorganisationen, Gewerkschaften und der sie unterstützenden Parteien auf der anderen Seite. Bei diesen oft mit dem schweren Geschütz der theoretischen Systematik sozialer Sicherung geführten Diskussionen ging es darum, ob die Erhöhung einer Rente bei der Berechnung der zusätzlichen Fürsorgeunterstützung voll in Ansatz zu bringen sei; ob also die Erhöhung tatsächlich dem betreffenden Rentenempfänger oder aber dem Fürsorgeverband zugute kommen würde, der nun weniger oder gar keine Unterstützung mehr zahlen mußte.

Bereits 1925 waren die Sozialbürokratien der Länder und Gemeinden gegen ein Initiativgesetz des Reichstages Sturm gelaufen, das eine feste Freilassung von Rententeilen bei der Fürsorgebemessung vorsah.[375] Daraufhin kassierte die Reichsregierung das Gesetz, konzedierte dem Reichstag und den Rentner- und Kriegsopferverbänden allerdings die bereits erwähnte Verordnung vom 7. September 1925,

---

[374] Der Bochumer Stadtdirektor klagte bereits im Sommer 1951, daß durch die neue Verordnung ursprünglich per Landesrecht von der Ersatzpflicht ganz Befreite (Flüchtlinge, Heimkehrer etc.) nun wieder auf ihre Erstattungsfähigkeit hin überprüft werden müßten, was erhebliche Mehrarbeit bringe, während die Nachprüfungen in 99% der Fälle negativ ausfielen; vgl. Schreiben an den DST, 23. 7. 1951, LAB, B Rep. 142-9, 1291.

[375] Vgl., auch zum Folgenden, Sachße/Tennstedt, Geschichte, Bd. 2, S. 179ff.

die die Aufstellung von Richtsätzen mit besonderen Zuschlägen (in der Regel mindestens ein Viertel über dem allgemeinen Richtsatz) für die Bezieher gehobener Fürsorge vorsah und insofern der fürsorgerischen Begünstigung bestimmter sozialer Gruppen Rechnung trug. In der Zeit des Nationalsozialismus wurden in einem Durchführungserlaß zum „Gesetz über die Verbesserung der Leistungen in der Rentenversicherung" vom 24. Juli 1941 einheitliche Freilassungsbeträge festgesetzt.[376] Darüber hinaus legten das Gesetz über Kleinrentnerhilfe vom 5. Juli 1934 und der Richtsatzerlaß vom Oktober 1941 wieder feste Mindestzuschläge für die Richtsätze der gehobenen Fürsorge fest, die infolge der Weltwirtschaftskrise weggefallen waren: Der Richtsatz für Sozialrentner etc. sollte um 15%, der für Kriegsopfer und bestimmte Kleinrentner um 25% höher als der allgemeine Richtsatz sein.[377] Rentenbezieher waren jetzt also in doppelter Weise gegenüber anderen Hilfsbedürftigen bevorzugt.

Nach Ende des Krieges waren vielerorts zunächst leere Gemeindekassen und das alliierte Verbot der Gruppenfürsorge Anlaß, auch Renteneinkommen voll auf die Fürsorgeunterstützung anzurechnen, oder, wie es der NDV zustimmend formulierte, „das Subsidiaritätsprinzip zunächst wieder schärfer" durchzuführen.[378] Die Besatzungsmächte legten allerdings auch hier den Grundsatz der Einheitsfürsorge unterschiedlich aus: Während in der britischen und der französischen Zone die Freilassungsbeträge von 1941 bestehenbleiben konnten, untersagten die Amerikaner deren Anwendung. Unterschiedlich angerechnet wurden auch die Rentenerhöhungen infolge des Sozialversicherungs-Anpassungsgesetzes ab Juni 1949, das die prekäre Lage der Sozialrentner durch Rentenzuschläge und die Einführung von Mindestrenten endlich verbessern sollte. Zu dieser Zeit unterstützten die Fürsorgeverbände des Vereinigten Wirtschaftsgebietes Sozialrentner mit schätzungsweise jährlich 50 Mio. DM zusätzlich und rechneten bei voller Anrechnung der Erhöhungen mit einer Entlastung von rund 20 Mio. DM pro Jahr.[379] Doch die Ausschüsse für Arbeit des Wirtschafts- und des Länderrats empfahlen den Fürsorgeverbänden, die Rentenerhöhungen nicht oder nicht voll anzurechnen.[380] Demgegenüber warnte der Sozialausschuß des DST vor einer erneuten „Doppelgleisigkeit der Sozialversicherung und der öffentlichen Fürsorge" und empfahl, durch die volle Anrechnung erzielte Ersparnisse „gegebenenfalls für Neben- und Sonderleistungen der öffentlichen Fürsorge in besonderen Einzelfällen nach individueller Prüfung zu verwenden".[381] Doch auf entsprechende Landtagsbeschlüsse hin wurden wenig später in Niedersachsen und Rheinland-Pfalz die Freilassungs-

---

[376] RGBl. I, S. 443. Nach dem „Runderlaß des Reichsarbeitsministeriums und des Reichsinnenministeriums über Behandlung der Leistungsverbesserungen der Rentenversicherung in der öffentlichen Fürsorge" vom 28.7.1941, RMBliV., S. 1425, waren freizulassen: für hilfsbedürftige Versicherte 7 bzw. 6 RM, für Witwen/Witwer 5 RM, für Waisen 4 RM; vgl. NDV 29 (1949), S. 255; ferner eine Auflistung der Freilassungsregelungen 1933-1945 in: NDV 30 (1950), S. 164.
[377] Vgl. auch Sachße/Tennstedt, Geschichte, Bd. 3, S. 248f.
[378] NDV 29 (1949), S. 252.
[379] Vgl. ebenda, S. 143.
[380] Vgl., auch zum Folgenden, ebenda, S. 255f.; NDV 30 (1950), S. 14.
[381] Entschließung des DST-Sozialausschusses vom 2.7.1949, in: Jellinghaus, Betrachtungen zur Anwendbarkeit, S. 25f.

beträge gegenüber 1941 teilweise mehr als verdoppelt, in Baden blieben die Rentenzuschläge gänzlich anrechnungsfrei. Alle anderen Länder beließen es entweder bei den Freilassungen von 1941 oder rechneten sämtliche Rentenerhöhungen voll an.

Obwohl dadurch gerade diejenigen benachteiligt wurden, deren Rente so klein war, daß sie durch die Fürsorge aufgestockt werden mußte, wurde im Nachrichtendienst des noch von Polligkeit geführten DV dieses Verfahren begrüßt: Die Erhöhung der Freilassungsbeträge führe praktisch zu einer neuen Gruppenfürsorge, wogegen „bei den bestehenden Notzeiten schwerste Bedenken geltend gemacht werden" müßten, zumal nun auch andere Gruppen entsprechende Forderungen erheben könnten, so daß „die Höhe der Soziallasten die volkswirtschaftliche Kraft übersteige"[382]. Doch im neu konstituierten Bundestag stieß dieser Umgang mit den Rentenerhöhungen auf Kritik: Aus Anlaß eines Antrages der KPD-Fraktion vom 14. Oktober 1949 berieten die Ausschüsse für Sozialpolitik und für öffentliche Fürsorge gemeinsam, wie „die berechtigte Anschauung der Rentnerkreise berücksichtigt werden [könne], daß durch die Handhabung der Anrechnung der erhöhten Renten bei den Fürsorgeämtern eine Hand nehme, was die andere gegeben hätte", und es zu einer „Serie von sehr großen sozialen Härten"[383] gekommen sei. Vielen zusätzlich unterstützten Rentnern gehe es jetzt sogar schlechter als zuvor, da ihnen die Fürsorge die Sonderbeihilfen für Brennstoff etc. gestrichen habe. Der Berichterstatter Willy Fischer (SPD) brachte jetzt eine Freilassung in Form eines Prozentanteils des Richtsatzes ins Spiel, um auf diese Weise regionale und lokale Unterschiede besser berücksichtigen zu können[384] – und den Fürsorgeträgern eine solche Freilassung schmackhafter zu machen. In mißverständlicher Formulierung beantragte der sozialpolitische Ausschuß daraufhin die Vorlage eines Gesetzentwurfes, „nach dem ein Hundertsatz der jeweiligen Fürsorgebeträge nicht angerechnet werden soll für die Empfänger von Leistungen aus der Sozialversicherung"[385]. Am 1. Februar nahm der Bundestag diesen Antrag einstimmig an.[386] Einen Tag später fügte der Bundestag konsequent in den Gesetzentwurf zur Verbesserung von Leistungen an Kriegsopfer einen Passus ein, wonach die geplante Erhöhung der Kriegsopferrenten auf die Fürsorge nicht angerechnet werden dürfe, und fand dafür die Zustimmung des Bundesrates.[387]

Aus Sicht der Kostenträger der öffentlichen Fürsorge, zu denen in Kürze auch der Bund gehören sollte, bedeuteten diese Beschlüsse einen gefährlichen Dammbruch nun auch auf Bundesebene, dem bei jedem künftigen Renten- oder Versor-

---

[382] NDV 29 (1949), S. 255, 162. Daß die Fürsorgeverbände allerdings nicht gleichsam naturgegeben jeder Freilassung widerstrebten, belegt eine Empfehlung des Arbeitsausschusses der westfälischen Fürsorgeverbände vom Sommer 1949, den Freilassungsbetrag auf 7 DM zu erhöhen; vgl. ebenda, S. 162.
[383] Abg. Willy Fischer (SPD) im Bundestag am 1.2.1950, BT, 1. Wp. 1949, Sten. Ber., Bd. 2, S. 1039.
[384] Vgl. Fischer, ebenda, S. 1040.
[385] Vgl. den Mündlichen Bericht des Ausschusses für Sozialpolitik vom 24.1.1950, BT, 1. Wp. 1949, Anlage, Bd. 2, Drs. 453.
[386] Vgl. BT, 1. Wp. 1949, Sten. Ber., Bd. 2, S. 1043.
[387] Vgl. Sitzung des Bundestages am 2.2.1950, ebenda, S. 1062f., 1076ff.; Sitzung des Bundesrates am 16.2.1950, BR 1950, Sten. Ber., Bd. 1, S. 241.

gungsgesetz weitere folgen würden. Die Uneinheitlichkeit der Anrechnungsregelungen würde überdies die praktische Abwicklung der Kriegsfolgenhilfe deutlich erschweren. In enger Kooperation erarbeiteten die Sozialpolitische Abteilung des Bundesinnenministeriums, die zuständigen Abteilungen des Bundesfinanzministeriums, Ländervertreter, kommunale Spitzenverbände und der DV daher 1950/51 ein Konzept, das die Frage der Freilassungen und damit der „Gruppenfürsorge" in einem Änderungsgesetz zu RFV und RGr. ein für allemal regeln sollte.[388]

Nachdem bereits unmittelbar nach den Bundestagsbeschlüssen der stellvertretende DV-Vorsitzende Blaum, kommunale Spitzenverbände und der von Polligkeit mobilisierte „Arbeitsstab Kriegsfolgenhilfe" bei Innen- und Finanzministerium sowie im Finanzausschuß des Bundesrats schwerwiegende Bedenken gegen die Freilassungspraxis geltend gemacht hatten[389], wurde auf einer Besprechung mit Vertretern der Länder, der Spitzenverbände der Kommunen und der freien Wohlfahrtspflege beschlossen, den „Arbeitsstab Polligkeit" mit den Vorarbeiten für die Teilreform zu betrauen. Von dem Arbeitsstab erhoffte sich nicht zuletzt Finanzminister Schäffer eine angemessene Berücksichtigung der finanziellen Interessen von Ländern und Gemeinden wie des Bundes, der seit dem 1. April ja einen wesentlichen Teil der öffentlichen Fürsorgekosten zu tragen hatte.[390]

Im Juni 1950 meldete sich der „Reichsbund der Kriegs- und Zivilbeschädigten, Sozialrentner und Hinterbliebenen" zu Wort und forderte die unbeschränkte Wiedereinführung der Gruppenfürsorge zugunsten der Rentner und Kriegsopfer.[391] Zwar hoffte man im Innenministerium offensichtlich, durch das in Vorbereitung befindliche Bundesversorgungsgesetz solchen Forderungen den Wind aus den Segeln nehmen zu können, und spielte auf Zeit: Am 26. Juni erklärte das Ministerium in einem Zwischenbescheid an den Bundestag, die meisten Länder, die kommunalen Spitzenverbände, der DV und der Finanzausschuß des Bundesrates hätten sich gegen die Durchführung des Bundestagsbeschlusses vom Februar ausgesprochen; man suche daher nach einer für alle Fürsorgeempfänger gerechten Lösung, was zunächst eingehende Untersuchungen und Verhandlungen erfordere.[392]

Doch auch im Innenministerium ging man nicht davon aus, daß der Bundestag seinen einstimmigen Beschluß zurückziehen würde; vielmehr hielt Gottschick es für akzeptabel, alten und invaliden Hilfsbedürftigen wegen ihrer höheren Belastungen bestimmte, möglicherweise gestaffelte Beträge freizulassen.[393] Anstelle sozialer Gruppenzugehörigkeit sollten also individuelle Tatbestände gesteigerter

---
[388] Zum Folgenden vgl. Heisig, Armenpolitik, 1995, S. 61ff.
[389] Vgl. NDV 30 (1950), S. 54f.; Jellinghaus, Betrachtungen zur Anwendbarkeit, S. 21ff.
[390] Vgl. das bei Heisig, Armenpolitik, 1995, S. 64, ohne Datumsangabe zitierte Schreiben Schäffers an das BMI. Ein Grund dafür, daß der Arbeitsstab mit den Vorarbeiten betraut wurde, dürfte auch die Führungskrise innerhalb des sonst dafür prädestinierten DV gewesen sein.
[391] Vgl. „Denkschrift zum Problem der Einheitsfürsorge" des Reichsbundes, 12. 6. 1950, LAB, B Rep. 142-9, 1290.
[392] Vgl. Antwort des BMI vom 26. 6. 1950, BT, 1. Wp. 1949, Anlagen, Bd. 5, Drs. 1115.
[393] Vgl. Heisig, Armenpolitik, 1995, S. 65.

3. Erste Schritte zur modernisierten Fürsorge 147

Hilfsbedürftigkeit den Maßstab der Fürsorgebemessung bilden. Den Anlaß für solch konkrete Überlegungen gaben auch Entwicklungen auf einer ganz anderen Ebene: Gottschick rechnete damit, daß die Alliierten Hohen Kommissare im Rahmen der Lockerung des Besatzungsstatuts „in absehbarer Zeit" die britischen und amerikanischen Verbote der gehobenen Fürsorge aufheben würden, so daß rechtzeitig von deutscher Seite aus entsprechende Maßnahmen vorzubereiten seien.[394]

Die quantitative Dimension des Problems war – wie so oft – eine Frage des Betrachters: Ende Juni 1950 wurden 136 000 Sozialrentner in der öffentlichen Fürsorge laufend unterstützt; legte man die Zahl aller Sozialrentner zugrunde, so war ihr Anteil mit 3,1% denkbar gering; ihr Anteil an allen Fürsorgeempfängern hingegen betrug 19,2%, also immerhin ein Fünftel.[395] Angesichts der Tatsache, daß die durchschnittliche Monatsrente einer Witwe in der Arbeiterrentenversicherung zu dieser Zeit 36,20 DM betrug[396], der Richtsatz der öffentlichen Fürsorge im Bundesdurchschnitt für Alleinstehende bei 38,90 DM lag[397], konnte also jede Änderung der Anrechnungsbestimmungen relativ schnell zumindest auf die Zahl der zu unterstützenden Rentenempfänger durchschlagen. Die Größenordnung der zweiten wichtigen Gruppe, der Kriegsopfer, war vor Inkrafttreten des BVG ähnlich: Am 30. Juni 1950 wurden 192 000 Kriegsopfer von der öffentlichen Fürsorge laufend unterstützt, knapp 5% aller ca. 4,3 Mio. Kriegsopfer, ihr Anteil in der Fürsorge hingegen belief sich auf 13,6%.[398]

Auf eine offizielle Bitte von Kitz auf dem Fürsorgetag vom 6./7. Oktober 1950 hin begann der neue Fachausschuß I des DV mit den Vorarbeiten zur Lösung der Anrechnungsfrage.[399] Die Verlagerung der Reformarbeiten von dem primär mit Finanzfragen befaßten, nunmehr ohnehin obsoleten Arbeitsstab in den Fürsorgefachverband DV war sicher von optischem Vorteil. In der Sache war allerdings für Kontinuität gesorgt, leitete doch der ehemalige stellvertretende Arbeitsstabs-Vorsitzende Muthesius den Fachausschuß, dem auch das ehemalige Arbeitsstabs-Mitglied Kitz angehörte.

Anfang Januar 1951 legten die Fürsorgereferenten der Länder zusammen mit den Vertretern des Innenministeriums, Muthesius sowie Elsholz und Fischer-Menshausen die weitere Marschroute fest: Da das Innenministerium im Falle der vollen Anrechnung anderer Sozialeinkommen erhebliche politische Schwierigkeiten erwartete, sollte die Freilassung künftig am Bedarf orientiert werden; bei den Richtsätzen sollte es bundesrechtliche Rahmenvorschriften geben, innerhalb derer die Länder zwar die Sätze frei gestalten könnten, für eine Überschreitung aber die

---

[394] Vgl. Vermerk der DST-Geschäftsstelle vom 11.9.1950, LAB, B Rep. 142-9, 1291; NDV 30 (1950), S. 247, 255.
[395] Angaben ohne West-Berlin. Vgl. Bundesministerium des Innern (Hg.), Fürsorge, S. 28. Über die (in dieser Frage letzthin entscheidenden) Kosten dieser Unterstützungen allerdings liegen keine repräsentativen Angaben vor.
[396] Vgl. Frerich/Frey, Handbuch, Bd. 3, S. 47, Tabelle 9 (Angabe für Anfang 1950, ohne Berlin-West).
[397] Vgl. Bundesministerium des Innern (Hg.), Fürsorge, S. 16 (Angabe für 1949).
[398] Berechnet nach: Statistisches Jahrbuch 1952, S. 354; vgl. auch Hudemann, Sozialpolitik, S. 517.
[399] Vgl. Kitz, Aufgaben, S. 247; NDV 30 (1950), S. 265.

Genehmigung des Bundes gemäß dem Ersten Überleitungsgesetz einholen müßten.[400] Im Schlepptau der Freilassungsfrage sollte also gleichzeitig ein weiteres wichtiges Anliegen geregelt werden: Beschlüsse einzelner Landtage über Richtsatzerhöhungen künftig stärker zu behindern und so nicht zuletzt den Bundeshaushalt vor unkalkulierbaren Kriegsfolgenhilfekosten zu schützen. Dem Bundestag war das u.a. dadurch plausibel zu machen, daß die Gruppenfürsorge ja auch und gerade auf unterschiedlichen Richtsätzen basiert hatte, ihre Abschaffung also auch eine Neuregelung der Richtsatzfrage erforderte. Wenn andererseits die Koppelung des Mehrbedarfs für Alte etc. an die Richtsätze im Bundestag durchgesetzt werden sollte, dann mußte allzu großer Freiheit bei deren Bemessung ein Riegel vorgeschoben werden. Letzteres widersprach natürlich den Interessen vieler kommunaler Träger, weshalb die kommunalen Spitzenverbände zunächst um ein verbrieftes Mitwirkungsrecht an deren Ausgestaltung bemüht waren und, als das nicht gelang, diese indirekt zu beeinflussen suchten.

Wie den berechtigten Wünschen der von Altersarmut Betroffenen und dem Bundestagsbeschluß Rechnung getragen werden sollte, ohne den eingeschlagenen Weg zur Einheitsfürsorge wieder zu verlassen, erläuterte Muthesius vor dem Fachausschuß I am 22. Februar 1951: „Es ist im Ergebnis dasselbe, ob wir einem Hilfsbedürftigen von der Einkommensseite her einen Teil seiner Rente nicht anrechnen oder ob wir ihm von der Bedarfsseite her einen höheren Bedarf zuerkennen, indem wir einen höheren Richtsatz anwenden. [...] Wir müssen versuchen, ausschließlich von der Bedarfsseite her eine Lösung zu finden".[401] Ganz so harmlos war die Sache natürlich nicht: Freilassungsbeträge, klar definiert und bundeseinheitlich, könnte der Bundestag bei seiner Renten- und Versorgungsgesetzgebung festlegen. Vom Richtsatz abhängige, also im Betrag unbestimmtere und regional unterschiedliche Mehrbedarfsbeträge hingegen könnten die zuständigen obersten Landesbehörden bzw. die von ihnen beauftragten Kommunen bestimmen. Wie Muthesius ein Jahr später vor dem Fürsorgeausschuß des Bundestages deutlich machte, hoffte er allerdings, daß gerade diese Orientierung am Bedarf letztlich zu einer klaren allgemeinen Definition eines Mindestlebensstandards führen müsse, dessen Sicherung er ja gerade dem fürsorgerischen Hilfsbedürftigkeits-Diktat entziehen wollte.[402]

Am 23. Februar 1951 verabschiedete der DV-Vorstand eine vom Ausschuß vorbereitete entsprechende Entschließung und übersandte sie dem Innenministerium: Eine Lösung sei „vielleicht in der Weise möglich, daß allgemeine für alle Hilfsbe-

---

[400] Vgl. Heisig, Armenpolitik, 1995, S. 65.
[401] NDV 32 (1952), S. 31. So hatte Muthesius bereits 1947 in seinem Kommentar zu den RGr. argumentiert, vgl. Muthesius, Grundlagen, S. 91f., 94. Das von Muthesius befürwortete Verfahren wandte ein Teil der Fürsorgeverbände auch bisher schon an, wenn sie bei arbeitenden älteren oder erwerbsbeschränkten Unterstützten deren Einkommen nicht teilweise außer Ansatz ließen, wie in § 8 Abs. 5 RGr. vorgesehen, sondern stattdessen den Richtsatz überschritten, vgl. ebenda, S. 94; NDV 31 (1951), S. 89, oder indem sie bei besonderen Aufwendungen für Kinder, bei schwerer Krankheit u.a.m. Zuschläge zu den Richtsätzen vorsahen (so in Westfalen und Niedersachsen); vgl. NDV 27 (1947), S. 123; 31 (1951), S. 222.
[402] Vgl. Heisig, Armenpolitik, 1995, S. 73.

dürftigen – nicht nur die Sozialrentner – maßgebende typische Tatbestände festgestellt werden, die auf der Bedarfsseite die Zuerkennung eines höheren Lebensbedarfs durch Gewährung bestimmter laufender zusätzlicher Leistungen rechtfertigen"; der Ausschuß werde als mögliche Tatbestände etwa Alter oder Invalidität untersuchen und prüfen, „welches Maß der Leistungen bei gleichzeitiger Berücksichtigung der berechtigten Bedürfnisse der Hilfsbedürftigen und der öffentlichen Finanzen erreichbar erscheint".[403]

In enger Zusammenarbeit mit dem DV legte die Sozialabteilung Anfang Juli 1951 den „Entwurf eines Gesetzes über die Änderung und Ergänzung fürsorgerechtlicher Bestimmungen" vor, der u.a. die volle Anrechnung aller Einkünfte vorsah und solchen Hilfsbedürftigen einen Mehrbedarf zuerkannte, die über 70 Jahre alt oder schwererwerbsbeschränkt waren.[404] Dieses Mehrbedarfs-Konzept bewegte sich gleichsam zwischen den beiden sozialpolitischen Extrempunkten der zeitgenössischen sozialpolitischen Leitvorstellungen: Es verabschiedete weitgehend die von Versicherungs- bzw. Versorgungsansprüchen abgeleiteten Rechtsansprüche der alten Gruppenfürsorge, machte aber auch nicht die individuelle Bedürftigkeitsprüfung zur alleinigen Leitmaxime, sondern räumte neue, wenn auch aus Bedarfstatbeständen abgeleitete Rechtsansprüche ein. Insofern war es tatsächlich dazu angetan, das unter dem Schlagwort der „Rentenkumulierung" diskutierte Knäuel verschiedenster Sozialleistungen etwas zu entwirren, die gesetzlich statuierte Nachrangigkeit der öffentlichen Fürsorge wieder stärker zu profilieren und auch die praktische Berechnung der Hilfen in den Fürsorgeämtern zu erleichtern. Wichtiger als diese der Sicherungssystematik geschuldete „Flurbereinigung" waren aber die aktuellen sozial- und finanzpolitischen Notwendigkeiten: Trotz kurzfristiger Erleichterungen durch das Sozialversicherungs-Anpassungsgesetz hatte sich die Lage der Rentenbezieher infolge des Preisauftriebs bis Anfang 1951 wieder dramatisch verschlechtert; SPD und Gewerkschaften forderten vehement die Erhöhung der Renten – wie auch die Freilassung dieser Erhöhungen bei der Fürsorgeberechnung.[405] Die Finanzlage der Rentenversicherung war jedoch prekär, der gesamte Bundeshaushalt sogar mit einem so großen Defizit belastet, wie später während der gesamten Adenauer-Ära nicht mehr. Auch die Haushaltslage in Kommunen und Ländern war schwierig. Unter diesen Vorzeichen versuchten das vom Bundesinnenministerium sekundierte Bundesfinanzministerium auf der einen, das Bundesarbeitsministerium auf der anderen Seite, in den Verhandlungen über den Entwurf jeweils ihre Maximalpositionen durchzusetzen: völlige Anrechnung sämtlicher Renteneinkommen, möglichst niedrige Mehrbedarfssätze, keine automatischen Richtsatzerhöhungen (Finanzministerium); oder aber völlige Freilassung der Grundrente für Kriegsopfer, prozentuale Anrechnungsfreiheit bei den Sozialversicherungsrenten und indexgebundene automatische Anpassung der Richtsätze (Arbeitsministerium). Nachdem das Finanzministerium die volle Anrechnung der Sozialversicherungsrenten zur *condi-*

---

[403] Vgl. NDV 31 (1951), S. 90.
[404] Vgl. Heisig, Armenpolitik, 1995, S. 67.
[405] Zur Rentenerhöhungsdebatte 1950/51 und deren Rahmenbedingungen vgl. Hockerts, Entscheidungen, S. 171ff.

tio sine qua non seiner Zustimmung zum Entwurf gemacht hatte, lenkte das Arbeitsministerium schließlich ein, sofern die Sonderstellung der Kriegsopfer gewahrt würde.[406]

Im Bundesinnenministerium hielt man die finanziellen Auswirkungen der geplanten Reform für „nicht sehr wesentlich", da die Neuregelungen ohnehin meist gängiger Praxis entsprächen.[407] Auf kommunaler Seite gingen die Meinungen darüber jedoch auseinander und hingen entscheidend vom Herkunftsland ab: In den Ländern der ehemaligen britischen Zone, wo bisher Teile der Renten freigelassen worden waren, rechneten die zuständigen Finanzexperten mit insgesamt vertretbaren jährlichen Mehrbelastungen (Kiel: 155 000 DM, Köln: 31 000 DM, Düsseldorf: mindestens 570 000 DM) oder im Falle Niedersachsens mit seinen besonders hohen Freibeträgen und Individualzuschlägen sogar mit Einsparungen.[408] Der Bayerische Städteverband hingegen befürchtete allein für München einen jährlichen Mehrbedarf von mindestens 3 Mio. DM, und auch der Frankfurter Stadtrat Prestel rechnete mit jährlichen Mehrkosten für seine Stadt von bis zu 1 Mio. DM im Jahr, da hier ja schon bisher die Renten voll angerechnet worden waren.[409] Großzügige Schätzungen über die Zahl der künftig neu in der Fürsorge zu betreuenden Kriegsbeschädigten und Sozialrentner und die fehlende Berücksichtigung der Erstattungen über die Kriegsfolgenhilfe trugen ein übriges zu diesen Prognosen bei. Das Statistische Bundesamt jedenfalls schätzte Anfang 1952 den künftigen Mehraufwand im Bundesdurchschnitt auf 5% der bisherigen Gesamtkosten.[410]

Nachdem im Dezember in einer Koalitionsbesprechung weitgehende Übereinstimmung über den Gesetzentwurf erzielt worden war[411], wurde er schließlich am 5. Februar 1952 vom Bundeskabinett unverändert verabschiedet.[412] Der Entwurf

---

[406] Vgl. Heisig, Armenpolitik, 1995, S. 67f. Das am 11.7.1951 gegen die Stimmen der SPD verabschiedete Rentenzulagengesetz sah bereits die volle Anrechnung der Zulagen bei der Fürsorgeprüfung vor; vgl. Hockerts, Entscheidungen, S. 178f.
[407] So wiedergegeben in einem Schreiben des DST-Referenten Storck an verschiedene Stadtkämmerer vom 8.10.1951, LAB, B Rep. 142-9, 1287.
[408] Vgl. die Mitteilungen des Kieler Bürgermeisters Fuchs vom 12.10.1951, des Kölner Oberstadtdirektors Syth vom 13.10.1951 und des Düsseldorfer Stadtkämmerers Reisinger vom 10.10.1951, ebenda. Der Hannoveraner Stadtkämmerer ging u.a. davon aus, daß künftig für 400–500 Kriegsbeschädigte von der Fürsorge jährlich 130 000 DM zu veranschlagen wären. Abzüglich der 85% Kriegsfolgenhilfe bliebe für Hannover also eine jährliche Mehrbelastung für diesen Personenkreis von 20 000 DM. Erhebliche Einsparungen würden aber neben der vollen Anrechnung der Sozialrenten vor allem die künftigen Erstattungsansprüche gegenüber den Trägern der Rentenversicherung bringen (ca. 160 000 DM pro Jahr); vgl. Müthling an DST, 9.10.1951, sowie das Schreiben des Hannoveraner Sozialamtsleiters Heinz Keese an Muthesius vom 11.10.1951, beide ebenda.
[409] Vgl. Kessler, Geschäftsstelle des Bayerischen Städteverbandes an DST, 12.10.1951; Prestel an DST, 12.10.1951; Schreiben des Münchner Sozialreferenten Hamm an Muthesius vom 12.10.1951, ebenda; für Nürnberg schätzte Marx die jährlichen Mehrausgaben hingegen auf ca. 250 000 DM; vgl. Marx an Muthesius, 12.10.1951, ebenda.
[410] Vgl. Vermerk des DST-Referenten von Alten vom 28.2.1952, ebenda.
[411] Vgl. Heisig, Armenpolitik, 1995, S. 70.
[412] Vgl. Kabinettssitzung am 5.2.1952, in: Kabinettsprotokolle, Bd. 5, S. 94f. Für den Bund rechnete der Innenminister nur mit geringen Mehrkosten. Anlaß zur Diskussion waren

3. Erste Schritte zur modernisierten Fürsorge

sah diverse Modifikationen und Ergänzungen der RFV und RGr. vor, ohne sie in Substanz und Aufbau grundsätzlich zu verändern.[413] Anders als bei der Frage der Rückerstattungspflicht war zur Abschaffung der Freilassungsregelungen nach dem Reichsgesetz von 1941 ein förmliches Bundesgesetz erforderlich, das Votum der Bundestagsmehrheit mußte diesmal also mit ins Kalkül gezogen werden. Wohl auch deshalb wurde der Personenkreis, der von den neuen Mehrbedarfsregelungen profitieren sollte, über alte und invalide Personen hinaus erweitert, wobei man sich in der Begründung des Entwurfs pauschal auf Erfahrungen der Fürsorgepraxis berief.[414] Einen Mehrbedarf von „20 v. H. des für sie maßgebenden Richtsatzes"[415] sah der Entwurf vor für ältere Menschen ab 70 Jahren, für Schwererwerbsbeschränkte und für Mütter mit mindestens zwei jüngeren Kindern. Bei einem durchschnittlichen Richtsatz für Alleinstehende 1949 von 38,50 DM[416] entsprachen diese 20% (7,70 DM) also in etwa den Freilassungsbeträgen von 1941. In den genannten Fällen sollten die Fürsorgeverbände den erhöhten Bedarf nicht mehr einzeln prüfen, sondern grundsätzlich den Zuschlag gewähren. Indem der Mehrbedarf nicht als fester DM-Betrag, sondern in Relation zu den jeweiligen Richtsätzen ausgewiesen wurde, folgte der Entwurf genau dem Bundestagsbeschluß vom Februar 1950. Für ältere oder erwerbsbeschränkte Personen und für Frauen, die trotz Haushaltspflichten oder Pflegetätigkeit einem Erwerb nachgingen, war ein „angemessener Mehrbedarf" anzuerkennen. Für Lehrlinge und Anlernlinge war – wie bereits in den meisten Ländern – der Richtsatz sogar zu verdoppeln.

Besonders begünstigt wurden auch die Zivilblinden: Ihnen wurde ohne Rückerstattungspflicht ein Mehrbedarf in Höhe des Richtsatzes für Pflege zuerkannt. Das bedeutete die allgemeine Einführung eines Blindenpflegegeldes in Höhe des Richtsatzes, das von den Blindenverbänden seit langem gefordert worden war. Anders als von diesen gewünscht, beschränkte der Entwurf dieses allerdings auf die hilfsbedürftigen Zivilblinden und betrachtete versorgungsähnliche Leistungen auch weiterhin als Sache der Länder.[417]

Der Mehrbedarf machte den Weg dafür frei, die bisherige Gruppenfürsorge – mit Ausnahme der sozialen Fürsorgemaßnahmen für Kriegsopfer, die im wesentlichen vom Bund finanziert wurden[418] – im Gesetz nun auch förmlich außer Kraft

---

wieder die Grundrenten: Jakob Kaiser (CDU) plädierte für einen Mehrbedarf von 100% der Grundrente, da im Bundestag ohnehin ein entsprechender Antrag zu erwarten sei. Lehr beharrte jedoch auf der Regelung des Entwurfs (50%), unterstützt von Staatssekretär Alfred Hartmann vom BMF.

[413] „Entwurf eines Gesetzes über die Änderung und Ergänzung fürsorgerechtlicher Bestimmungen", BT, 1. Wp. 1949, Anlagen, Bd. 18, Drs. 3440, Anlage 1, S. 2ff.

[414] Vgl. ebenda, S. 10.

[415] Irrtümlicherweise heißt es in der Bundestagsdrucksache bereits „von *in der Regel* 20 v. H." (Hervorhebung der Verfasserin); diese Einschränkung machte jedoch erst der Bundesrat; vgl. ebenda, S. 4, 16; ferner: NDV 32 (1952), S. 220.

[416] Vgl. Bundesministerium des Innern (Hg.), Fürsorge, S. 16.

[417] Vgl. BT, 1. Wp. 1949, Anlagen, Bd. 18, Drs. 3440, Anlage 1, S. 12.

[418] Die jetzt wieder in Kraft gesetzten §§ 19-32 RGr. über die soziale Fürsorge für Kriegsopfer waren bisher nur durch Verwaltungsvorschriften zu den §§ 25-27 BVG für anwendbar erklärt worden.

zu setzen. In Zukunft sollte jede Rentenleistung in vollem Umfang bei der Fürsorgebemessung berücksichtigt werden, bis auf eine wichtige Ausnahme: Bei hilfsbedürftigen Kriegsbeschädigten waren monatlich 50% der Grundrente, mindestens jedoch 10 DM als Mehrbedarf anzuerkennen – also freizulassen. Diese Regelung war ein Kompromiß, der von der Bundesregierung mit der unklaren Zweckbestimmung der Grundrente nach dem BVG (Entschädigung für zusätzlichen Aufwand oder allgemeiner Beitrag zum Lebensunterhalt) begründet wurde. Nach Darlegung der Bundesregierung brächte die vorgesehene Regelung für die meisten hilfsbedürftigen Kriegsbeschädigten eine deutliche Verbesserung, denn fast überall wurde die Grundrente entweder ganz oder bis auf 6 DM bzw. 7 DM angerechnet.[419] Die Renten der Kriegs*hinterbliebenen* allerdings waren voll auf die Fürsorge anzurechnen.

Mit Abschaffung der Gruppenfürsorge sollten nun für alle Hilfsbedürftigen jeweils einheitliche, „den örtlichen Lebensverhältnissen angepaßte Richtsätze" gelten. Laut Regierungsbegründung werde dadurch „nicht nur eine Gerechtigkeit der Leistung" gesichert, sondern auch „eine einheitliche Gestaltung der Richtsatzpolitik der Länder und damit deren Vergleichbarkeit"[420]. Um diesen Hebel von Bundesseite nun tatsächlich ansetzen zu können, sollten die RGr. um eine Bestimmung ergänzt werden, wonach der Bundesinnenminister zusammen mit dem Bundesfinanz- und dem Bundesarbeitsminister Verwaltungsvorschriften über den Aufbau der Richtsätze erlassen konnte. Eine Verpflichtung, auch die kommunalen Spitzenverbände an der Ausarbeitung dieser Vorschriften zu beteiligen, konzedierte die Bundesregierung diesen jetzt wie auch später nicht.

Ende Februar 1952 machte der Bundesrat nur eine Reihe von Änderungsvorschlägen zugunsten der Hilfsbedürftigen, obwohl die Grundtendenz des Entwurfs vielen bisherigen Länderregelungen widersprach. Er schlug u.a. vor, die Altersgrenze für den Mehrbedarf auf 65 Jahre herabzusetzen und die Unfallrentner den Kriegsbeschädigten gleichzustellen, da auch deren Schädigung vergleichbar sei. Allerdings sollte der Mehrbedarf für alte Leute etc. nicht generell, sondern „in der Regel" 20% des jeweiligen Richtsatzes betragen, da auch die Gewährung eines geringeren Mehrbedarfs möglich sein müsse.[421] Ferner wollte der Bundesrat auch selbst auf die stärker zentralisierte Lenkung der Richtsätze Einfluß nehmen und forderte für die geplanten Verwaltungsvorschriften über die Richtsätze ein Zustimmungsrecht.

Die Bundesregierung wollte dieses Recht konzedieren, lehnte jedoch die Herabsetzung der Altersgrenze ebenso ab wie die Gleichstellung der Unfallverletzten; dabei dürften die finanziellen Bedenken der kommunalen Spitzenverbände gegen eine zusätzliche Ausweitung des begünstigten Personenkreises maßgeblich gewesen sein, die über die Kriegsfolgenhilfe auch den Bund treffen müßte.[422] Tat-

---

[419] BT, 1. Wp. 1949, Anlagen, Bd. 18, Drs. 3440, Anlage 1, S. 11.
[420] Ebenda, S. 7.
[421] Vgl. „Änderungsvorschläge zu dem Entwurf eines Gesetzes über die Änderung und Ergänzung fürsorgerechtlicher Bestimmungen" vom 29. 2. 1952; ebenda, S. 16.
[422] Vgl. die Stellungnahme der Bundesregierung zu den Änderungsvorschlägen des Bundesrates, ebenda, Anlage 3; ferner NDV 32 (1952), S. 220.

3. Erste Schritte zur modernisierten Fürsorge

sächlich waren Ende 1951 nur rund 5% aller Fürsorgeempfänger zwischen 65 und 70 Jahren alt[423], eine Herabsetzung der Altersgrenze hätte also keine nennenswerten Mehrkosten gebracht, zumal es sich in der Regel um zusätzlich – und u.U. nur vorübergehend – zu Unterstützende gehandelt haben dürfte. Der Einschränkung der Mehrbedarfsgewährung auf „in der Regel 20 v.H." stimmte die Bundesregierung demgegenüber zu. Bemerkenswerterweise stieß sie damit jedoch auf den Widerspruch des DST und des DLT: Der starre Mehrbedarf solle nämlich „sicherstellen, daß überall – und damit auch im Bereich von Gemeinden, bei denen eine weniger fortschrittliche oder weniger soziale Haltung vorliegt – die [...] erhöhte Unterstützung auch tatsächlich gezahlt" werde.[424] Wenn sich die kommunalen Spitzenverbände hier zu Anwälten der Hilfsbedürftigen machten, dann nicht zuletzt aus der Furcht, eine Verwässerung dieser für die Rentenbezieher relevanten Mehrbedarfsregelungen könne schließlich das ganze Gesetz zum Scheitern bringen. So begrüßte der DST-Sozialausschuß den Regierungsentwurf auch als „beträchtlichen sozialpolitischen Fortschritt", der eine „gerechte und individuelle Bemessung der Leistungen" ermögliche; sofern nicht künftig wieder neue Freilassungen beschlossen würden, sei auch die mindestens fünfprozentige Kostensteigerung noch zu vertreten.[425]

Auf Kritik stieß der Entwurf hingegen vor allem bei den Kriegsopferverbänden, dem DGB und auch bei der SPD. In einer Umfrage der DGB-Zeitschrift „Soziale Sicherheit" vom Frühling 1952 forderten sie die volle Freilassung der Grundrenten der Kriegsopfer und eine analoge Regelung für Unfallrentner; die Grundrente sei eben keine Versorgungsrente, sondern diene allein zum Ausgleich des durch Beschädigung oder den Tod des Ernährers notwendigen Mehrbedarfs.[426] Einig war man sich auch über eine Besserstellung der Sozial- und Kleinrentner, da deren eigene Altersvorsorge angemessen berücksichtigt werden müßte. Der „Verband der Kriegsbeschädigten, Kriegshinterbliebenen und Sozialrentner" (VdK) und der Reichsbund sowie Walter Henkelmann von der DGB-Sozialabteilung wollten deutlich erhöhte Freilassungen (DGB) bzw. Richtsätze (Reichsbund), plädierten also für eine Aufrechterhaltung der Gruppenfürsorge. Die SPD-Abgeordnete Lisa Korspeter, Mitglied im Bundestagsfürsorgeausschuß, wollte dagegen das neue Mehrbedarfskonzept mittragen, wenn die Altersgrenzen herabgesetzt und die Definition der Erwerbsunfähigkeit abgemildert würde.

Am 18. Juli 1952 überwies der Bundestag den Entwurf ohne Aussprache an den Ausschuß für Fragen der öffentlichen Fürsorge[427], der ihn acht Monate lang beriet. Mit Ausnahme einer etwas spitzfindigen Sonderregelung für die Kriegsbe-

---

[423] Vgl. Bundesministerium des Innern (Hg.), Fürsorge, S. 21.
[424] Gemeinsame Eingabe des DST und des DLT beim Bundestagsausschuß für Fragen der öffentlichen Fürsorge vom 6.5.1952, LAB, B Rep. 142-9, 1287.
[425] Zitat s. Protokoll der Sitzung des DST-Sozialausschusses am 4./5.4.1952, ferner Eingabe des DLT und des DST vom 6.5.1952, ebenda; ähnlich positiv auch die abschließende Bewertung des neuen Gesetzes durch den Vorsitzenden des DLT-Sozialausschusses Schmerbeck, in: Die Selbstverwaltung 7 (1953), S. 221.
[426] Vgl. Soziale Sicherheit 1 (1952), S. 118ff.; ferner die Änderungsvorschläge des DGB zum Entwurf eines Gesetzes [...] vom 17.11.1952, LAB, B Rep. 142-9, 1287.
[427] Vgl. Sitzung des Bundestages am 18.7.1952, BT, 1. Wp. 1949, Sten. Ber., Bd. 12, S. 10211.

schädigten machte sich der Ausschuß einmütig die Zielsetzung des Entwurfs zu eigen, statt Freilassungen Mehrbedarfstypen einzuführen.[428] Auch der Reichsbund hatte in einem „Sozialpolitischen Sofortprogramm für das Fürsorgerecht" vom 20. März 1953[429] schließlich die Einführung des Mehrbedarfs prinzipiell akzeptiert und nur für die Kriegsopfer die Forderung nach voller Freilassung der Grundrente aufrechterhalten. Da aber in Anbetracht der bevorstehenden Bundestagswahlen keine Seite die Rentner völlig verprellen wollte, beschloß der Ausschuß doch eine Reihe von Verbesserungen für diese und andere Hilfsbedürftige, die im wesentlichen auch Eingang in das spätere Gesetz fanden: Die Altersgrenze wurde auf 65 Jahre herab- (Art. IV), und der Mehrbedarf für alte und schwerbeschädigte Personen in jedem Falle auf 20% des Richtsatzes festgesetzt (Art. IV). Deutlich erhöht wurden schließlich die Mehrbedarfssätze für die Zivilblinden (Art. IV), um sie gegenüber einzelnen Länderregelungen nicht schlechter zu stellen.[430]

Einen komplizierten Kompromiß fand der Ausschuß für die Kriegsbeschädigten: In den allgemeinen Teil der RGr. wurde ein Passus eingefügt, wonach die neuen Mehrbedarfsbestimmungen die Vorschriften des Bundesversorgungsgesetzes über die Gewährung von weitergehenden Leistungen der sozialen Fürsorge nicht berührten, die in den §§ 19-32 RGr. geregelt wurde (Art. IV). Bei Beschädigten sollte jetzt „ein Mehrbedarf als Ausgleich für die Folgen der Schädigung in Höhe der Grundrente" anerkannt werden (Art. IV a). Das bedeutete letzten Endes: Bei denjenigen Beschädigten, die auch ein Anrecht auf soziale Fürsorge hatten, weil ihre Notlage durch die „Dienstbeschädigung" verursacht war, war die Grundrente freizulassen. Das galt nicht für die Hinterbliebenen und die (kleine) Zahl derjenigen, die keinen Anspruch auf Sozialfürsorge hatten.[431] Wenn das auch von der Berichterstatterin Niggemeyer im Bundestag nicht so deutlich gesagt wurde: Zumindest für die Kriegsbeschädigten selbst hatte der Ausschuß im Vorfeld der Bundestagswahl doch eine Ausnahme vom Grundsatz der vollen Anrechnung gemacht, eine Ausnahme, die im Rahmen der Kriegsfolgenhilfe im wesentlichen vom Bund zu finanzieren war. Die von der SPD gewünschte Gleichstellung der Unfallrentner und NS-Opfer hingegen wurde von der Ausschußmehrheit abgelehnt. Dem in der Frage der Sozialrenten kompromißbereiten Reichsbund kam der Ausschuß bei einem alten Anliegen dann weit entgegen: Wie auch von den SPD-Vertretern gefordert, wurde die 1939 suspendierte Verpflichtung zur Beteiligung von Betroffenen bzw. ihrer Organisationen bei der Aufstellung von Richtsätzen und Richtlinien sowie bei Einspruchsverfahren (ehemaliger § 3a RFV) in formalrechtlich modifizierter Form wieder eingeführt (Art. I).

Als weitere zukunftsweisende Neuerung zählte der Ausschuß neben der Erwerbsbefähigung jetzt auch die Ausbildung für einen Beruf zu den Pflichtleistun-

---

[428] Vgl. Mündlicher Bericht des Ausschusses für Fragen der öffentlichen Fürsorge vom 21.5.1953, BT, 1. Wp. 1949, Anlagen, Bd. 23, Drs. 4371. Darauf beziehen sich im Folgenden die Artikel-Angaben.
[429] ADW, HGSt, SP-S XXXIX 7: 0-1/1.
[430] Vgl. Abg. Niggemeyer (CDU) am 12.6.1953, BT, 1. Wp. 1949, Sten. Ber., Bd. 16, S. 13404.
[431] Vgl. die Erläuterungen von Gottschick/Keese, Fürsorgeänderungsgesetz, S. 93f., 108f.

gen für Minderjährige, Körperbehinderte und Volljährige, die durch die Kriegsfolgen keine Ausbildung hatten erlangen oder abschließen können (Art. Ib). Innerhalb des Ausschusses zunächst umstritten blieb die Regelung der Richtsatzfestsetzung: Reichsbund und Sozialdemokraten forderten, daß die jeweiligen Lebenshaltungskosten zwingend bei der Festsetzung berücksichtigt werden müßten. Das Bundesinnenministerium und die Ausschußmehrheit meinten jedoch, daß auch die Formulierung des Regierungsentwurfs die Anpassung der Richtsätze an die wirtschaftliche Entwicklung garantiere.[432] Mit einigen weiteren Änderungen wurde der Gesetzentwurf in seiner Gesamtheit schließlich einstimmig vom Ausschuß angenommen.

In der zweiten und dritten Lesung im Bundestag am 12. Juni 1953 konnte die SPD mit den Stimmen der kleineren Parteien dann doch noch gegen die CDU/CSU ihren Antrag durchsetzen, hilfsbedürftigen Unfallverletzten und rentenberechtigten Verfolgten des NS-Regimes einen Mehrbedarf in Höhe einer vergleichbaren Versorgungs-Grundrente zuzugestehen[433]. In seiner Gesamtheit wurde das Gesetz dann allerdings bei einigen Enthaltungen von sämtlichen Parteien beschlossen. Einen Tag zuvor jedoch hatte der Bundestag die Gleichstellung der Unfallverletzten mit den Kriegsbeschädigten im Rahmen der Arbeitslosenfürsorge abgelehnt, so daß jetzt zum gleichen Problem zwei unterschiedliche Beschlüsse vorlagen.[434] Innenminister Lehr schlug daher die Anrufung des Vermittlungsausschusses vor mit dem Ziel, das Fürsorgeänderungsgesetz dem Beschluß zur Arbeitslosenfürsorge anzupassen.[435] Der vom Finanzminister lebhaft unterstützten Vorlage stimmte das Bundeskabinett am 23. Juni zu. Auch der Bundesrat wandte sich in Widerspruch zu seiner ursprünglichen Stellungnahme jetzt gegen die Bevorzugung der Unfallverletzten und beschloß gegen die Stimmen der SPD-regierten Länder Hamburg, Hessen und Niedersachsen deshalb ebenfalls, den Vermittlungsausschuß anzurufen.[436] Außerdem forderte die Mehrzahl der Länder u.a. die ersatzlose Streichung des Art. I, da die Besetzung der entsprechenden Gremien erfahrungsgemäß schwierig sei und ihre Einschaltung die Verantwortlichkeiten verwische.

Schließlich wurde auf Vorschlag des Vermittlungsausschusses im Sinne der Bundesregierung der erhöhte Mehrbedarf begrenzt auf schwerbeschädigte Unfallrentner, deren Hilfsbedürftigkeit mit ihrer Schädigung zusammenhing.[437] Die Mitwirkung der Hilfsbedürftigen wurde erheblich eingeschränkt: bei der Aufstellung der Richtlinien und Richtsätze auf ein Anhörungsrecht, bei Einspruchsverfahren auf eine beratende Beteiligung. Darüber hinaus wurde die Vertretung durch Wohlfahrtsverbände und Organisationen anderer Sozialleistungsempfänger

---

[432] Vgl. Heisig, Armenpolitik, 1995, S. 73.
[433] Vgl. Bundestagssitzung am 12.6.1953; BT, 1. Wp. 1949, Sten. Ber., Bd. 16, S. 13410ff.
[434] Vgl. Sitzung am 11.6.1953; ebenda, S. 13309.
[435] Vgl. Kabinettssitzung am 23.6.1953, in: Kabinettsprotokolle, Bd. 6, S. 359.
[436] Vgl. Sitzung am 26.6.1953, BR 1953, Sten. Ber., S. 33ff., sowie die entsprechende Begründung, BT, 1. Wp. 1949, Anlagen, Bd. 25, Drs. 4616.
[437] Gottschick/Keese, Fürsorgeänderungsgesetz, S. 94, schätzten die zahlenmäßige Auswirkung ohnehin als gering ein, da die Renten der meisten Unfallrentner und NS-Opfer den fürsorgerischen Bedarf überstiegen.

erleichtert.[438] In dieser modifizierten Fassung konnte das „Fürsorgeänderungsgesetz" (FÄG) schließlich am 20. August 1953 im Bundesgesetzblatt veröffentlicht werden.[439] Einen Tag zuvor hatte der Bundesinnenminister die zuständigen Länderminister schriftlich gedrängt, das Gesetz bereits vor seinem offiziellen Inkrafttreten zum 1. Oktober, nämlich rückwirkend ab 15. August, anzuwenden, damit sich die Leistungsverbesserungen möglichst frühzeitig auswirken könnten.[440] Dieser Aufforderung, die weniger im Blick auf das Wohl der Fürsorgebezieher als auf die Bundestagswahlen geschah, konnten die Länder nach eigenem Bekunden aber nicht Folge leisten, da ihnen die Anwendung ab 1. Oktober schon schwierig genug fiel.[441]

Oberregierungsrat Anton Oel von der Sozialabteilung rechnete damit, daß etwa 40% aller Fürsorgeempfänger Anspruch auf Mehrleistungen nach dem neuen Gesetz haben würden.[442] Tatsächlich aber ist die Wirkung des Fürsorgeänderungsgesetzes für die betroffenen alten, behinderten und andere Fürsorge benötigenden Menschen mangels aussagekräftiger Statistiken an dieser Stelle kaum zu beschreiben.[443] Finanzpolitisch brachte das Gesetz jedenfalls klare Verhältnisse insofern, als die Abrechnung der Kriegsfolgenhilfe nicht mehr durch unterschiedliche Freilassungsbestimmungen ungleich gehandhabt wurde. Dies war aus Sicht des Bundes umso notwendiger, als nach dem kurz zuvor verabschiedeten „Fremd- und Auslandsrentengesetz" vom 7. August 1953 die Vertriebenen und Flüchtlinge nun bundesweit die gleichen, vom Bund zu finanzierenden Renten-

---

[438] Vgl. den mündlichen Bericht des Vermittlungsausschusses vom 2.7.1953, BT, 1. Wp. 1949, Anlagen, Bd. 25, Drs. 4639. Der Bundestag nahm den Vorschlag des Vermittlungsausschusses in seiner Sitzung am 3.7.1953 an, vgl. ebenda, Sten. Ber., Bd. 17, S. 14141, der Bundesrat am 17.7.1953, vgl. BR 1953, Sten. Ber., S. 18. Zur Bewertung des neuen § 3a vgl. Oel, Beteiligung.
[439] BGBl. I S. 967.
[440] Vgl. Staatssekretär Bleek an die Sozial- bzw. Innenministerien der Länder, 19.8.1953, sowie die einschlägigen Antwortschreiben, LAB, B Rep. 142-9, 1287.
[441] Zu den deshalb Anfang 1954 vom BMI herausgegebenen Richtlinien über die Höhe des Mehrbedarfs bei geringfügigem Erwerb und ein Rundschreiben betr. Kumulierungen bestimmter Mehrbedarfe s. Jehle, Fürsorgerecht, S. 352f.; vgl. NDV 34 (1954), S. 108f., 142ff., 243.
[442] Vgl. Oel, Fürsorge-Änderungsgesetz, S. 281f.
[443] So wissen wir z.B., daß die Zahl der von der Fürsorge laufend zusätzlich unterstützten Sozialrentner bis 1955 weiter anstieg auf 188 000 (1950: 136 000), ihr Anteil an allen Fürsorgeempfängern sogar von rund 20% (Juni 1950) über fast 27% (im September 1953, also unmittelbar vor Inkrafttreten des FÄG) auf knapp 30% (mit März 1955). Daraus jedoch zu folgern, die neuen Mehrbedarfsregelungen wären für diese Gruppe günstiger als die alten Freilassungsbestimmungen, ist nicht möglich: Zwischen 1950 und 1955 stieg die Zahl der Sozialrentner insgesamt von 4,3 Mio. auf 6,6 Mio., der Anteil derjenigen, die zusätzlich Fürsorgeunterstützung erhielten, verminderte sich sogar minimal auf 2,9%; außerdem blieb der Anteil der Hilfsbedürftigen über 65 Jahre in der Fürsorge annähernd gleich (1951: 17%; 1955: 19%). Der deutlich gestiegene Anteil der Rentner an allen Fürsorgeempfängern belegt vielmehr die Entlastung der öffentlichen Fürsorge durch günstige Konjunktur (Ausscheiden anderer Hilfsbedürftigengruppen, wodurch die zahlenmäßige Bedeutung der Rentner relativ steigt) und andere sozialpolitische Maßnahmen (Anerkennung der Rentenansprüche der Heimatvertriebenen, die jetzt allenfalls zusätzlich zu unterstützen waren); vgl. Bundesministerium des Innern (Hg.), Fürsorge, S. 21, 28f.; Schäfer, Rolle, S. 203ff.

ansprüche wie die „Einheimischen" erhielten; deren teilweise Freilassung hätte den Bund also doppelt belastet. Aus dem verstärkten Interesse an einer einheitlicheren Fürsorgebemessung resultierte auch die im Änderungsgesetz ausgesprochene Ermächtigung, eine Verordnung über den Aufbau der Richtsätze zu erlassen. Damit schuf das Gesetz die rechtliche Grundlage für das 1955 installierte Warenkorb-Modell zur Bestimmung des fürsorgegestützten Existenzminimums. Sie war auch der Preis dafür, daß der Bundestag künftig nicht mehr durch Freilassungsbeschlüsse ohne weiteres in die kommunale Domäne der Fürsorgebemessung einbrechen konnte.

Darüber hinaus bildete das Mehrbedarfskonzept eine wichtige Teilstufe auf dem Weg zum BSHG, in das die Mehrbedarfskriterien fast unverändert übernommen wurden. Mit dem „Schönheitsfehler" der Sonderregelung für die Kriegsbeschädigten, die im Sommer 1957 dann doch auf die Hinterbliebenen ausgedehnt wurde[444], markierte das Fürsorgeänderungsgesetz mit dem Übergang vom Kausal- zum Finalprinzip formalrechtlich den endgültigen Abschied von der Gruppenfürsorge, die seit den Jahren des Ersten Weltkriegs ein wesentliches Kennzeichen deutscher Wohlfahrtspflege gewesen war. Diese Abkehr von einer primär nach sozialen Kriterien ausdifferenzierten Fürsorge war politisch vor allem deshalb möglich geworden, weil die früher bevorzugten Gruppen jetzt, im beginnenden Wirtschaftsaufschwung, durch höhere bzw. neue Versicherungs- und Versorgungsleistungen außerhalb der Fürsorge besser abgesichert wurden als in den Notzeiten der Weimarer Republik.[445]

Der Rechtsanspruch auf Fürsorge:
das Urteil des Bundesverwaltungsgerichts von 1954

Die Ausweitung staatlich garantierter Rechtsansprüche auf Sozialleistungen gilt als ein wichtiges Merkmal der sozialpolitischen Entwicklung nicht nur in Deutschland und ist gleichzeitig Gradmesser für die „Modernität" eines sozialen Sicherungssystems.[446] Verglichen mit Versicherung und Versorgung war die Rechtsstellung des Sozialleistungsempfängers innerhalb der Fürsorge traditionell schwach und damit nach dem Zweiten Weltkrieg wesentlicher Grund für das schlechte Image der Fürsorge. Diese Schwäche gründete auf der tradierten Auffassung über die Klientel der (Armen-)Fürsorge, die keine wie auch immer definierte Vorleistung (Beitragszahlung, besondere Dienste für die Allgemeinheit) erbracht habe und daher auch keine Ansprüche auf Gegenleistung erheben könne. Hilfsbedürftigkeit galt lange vor allem als Störung der öffentlichen Ordnung, der Arme, so das Bundesamt für das Heimatwesen 1901, war „nur der Gegenstand

---

[444] Mit dem „Gesetz zur Änderung der Reichsgrundsätze über Voraussetzung, Art und Maß der öffentlichen Fürsorge" vom 4.7.1957, BGBl. I S.693, wurde im Vorfeld der Bundestagswahlen auch den Hinterbliebenen ein Mehrbedarf in Höhe ihrer Grundrente zuerkannt und so der besonders schwierigen Situation vieler Kriegerwitwen und ihrer Kinder Rechnung getragen.
[445] Vgl. Tennstedt, Fürsorgegeschichte, S. 98.
[446] Vgl. u.a. – in Anlehnung an ein Diktum Ernst Schellenbergs – Sund, Entwicklung.

der den Armenverbänden im öffentlichen Interesse auferlegten Unterstützungspflicht"[447]. Außerdem hatte die Verrechtlichung eine Standardisierung sozialer Leistungen zur Folge und geriet damit in Widerspruch zum Individualisierungsprinzip der Fürsorge, das idealiter auf die jeweiligen Bedürfnisse des Hilfesuchenden zu reagieren hatte und sich näherer juristischer Definition entzog.

Anders als während des Kaiserreichs behielt der Fürsorgeempfänger in der Weimarer Republik zwar das allgemeine Wahlrecht, und die neue Reichsverfassung statuierte u.a. für kinderreiche Familien einen „Anspruch auf ausgleichende Fürsorge" (Art. 119)[448]. Als der Fürsorgefachmann Friedrich Diefenbach in einer im Auftrag des DV erstellten Schrift 1920 forderte, dem Hilfsbedürftigen einen Anspruch auf Unterstützung einzuräumen und dadurch die Armengesetzgebung an das Sozialversicherungsrecht anzunähern, stand er jedoch weitgehend allein.[449] RFV, RGr. und deren Änderungen und Ausführungsvorschriften stärkten durch konkrete Hilfenkataloge, Richtsatzdefinition etc. zwar die Rechtsstellung des Hilfeempfängers, einen generellen subjektiv-öffentlichen Rechtsanspruch auf Fürsorge hingegen statuierten sie nicht. Zeitgenössische Rechtsprechung und gängige Rechtsmeinung betrachteten Fürsorge als objektive Pflicht des Staates, verneinten unter Hinweis auf die historische Entwicklung wie auch die Notwendigkeit weiter behördlicher Ermessensräume aber einen subjektiven Rechtsanspruch.[450] Die nationalsozialistische Ideologie der „Volksgemeinschaft" setzte an die Stelle der Solidarität der Gesellschaft zugunsten der Schwachen das Postulat größtmöglicher Opferbereitschaft des einzelnen für das Volk und ließ damit schon theoretisch keinen Raum mehr für individuelle Rechtsansprüche gegenüber der Allgemeinheit[451] – von der fürsorgerischen Praxis ganz zu schweigen.

Obwohl die Rechtsgrundlagen der öffentlichen Fürsorge 1949 vorerst unverändert geltendes Bundesrecht wurden, anerkannten jetzt immer mehr Verwaltungsgerichte einen subjektiv-öffentlichen Rechtsanspruch auf öffentliche Fürsorge und beriefen sich dabei auf entsprechende Implikationen der Landesverfassungen und des Bonner Grundgesetzes. Den Anfang machte im März 1949 der Verwaltungsgerichtshof Bayerns, dessen stark sozialpolitisch ausgerichtete Verfassung u.a. jedem arbeitsunfähigen oder nicht vermittelbaren Einwohner ein „Recht auf Fürsorge" (Art. 168 Abs. 3 BayVerf.) zuerkannte: Es sei mit „den Grundforderungen des modernen Rechts- und Sozialstaates [...] nicht zu vereinbaren, die Hilfsbedürftigen in die Rolle von Menschen zurückzudrängen, deren Anwartschaft auf

---

[447] Entscheidung des Bundesamtes für das Heimatwesen vom 22.6.1901, zitiert in: NDV 34 (1954), S. 133.
[448] Auch der lange umstrittene § 1 des RJWG von 1922 sprach jedem deutschen Kind ein „Recht auf Erziehung" zu, doch die offizielle Begründung erklärte, daß es sich hierbei um eine programmatische Verpflichtung des Staates und „kein klagbares Recht" des Kindes handele; vgl. Hasenclever, Jugendhilfe, S. 63.
[449] Eine ähnliche Mindermeinung war bereits 1905 von Rudolf Schwander vertreten worden, vgl. insgesamt NDV 34 (1954), S. 133f.; Wolfrum, Rechtsstellung, S. 32ff.; Sachße/Tennstedt, Geschichte, Bd. 2, S. 143f.
[450] Zur rechtlichen Entwicklung seit den zwanziger Jahren siehe knapp Stolleis, Quellen, S. 23f. Literaturhinweise in: NDV 28 (1948), S. 120.
[451] Vgl. Sachße/Tennstedt, Geschichte, Bd. 3, S. 51ff.

Fürsorge sich nur indirekt als Reflexwirkung daraus ergäbe, daß die Fürsorgeverbände gegenüber dem Staat zur Bekämpfung der Armut verpflichtet sind."[452] Erfahrungen mit der neuen demokratischen Staatsform wie auch mit einer andersartigen Fürsorgeklientel trugen hier erste Früchte.

Einen Rechtsanspruch auf Fürsorge bejahten nun immer mehr oberste Verwaltungsgerichte; sie stützten sich insbesondere auf die grundgesetzliche Garantie des Rechts auf Leben und körperliche Unversehrtheit (Art. 2 Abs. 2 GG), die verfassungsmäßige Rechts- und Sozialstaatlichkeit der Bundesrepublik (Art. 20 und 28 GG) sowie die Rechtsweggarantie (Art. 19 Abs. 4 GG).[453] Begünstigt wurde die weniger mit den Interessen der Fürsorgeämter konforme Rechtsprechung durch die Unabhängigkeit der Verwaltungsgerichte, die das bis 1939 zuständige Bundesamt für das Heimatwesen nie für sich beanspruchen konnte.[454]

Unter Rechtswissenschaftlern wie innerhalb des DV herrschten zunächst unterschiedliche Ansichten. Im NDV wurde im Sommer 1948 gemutmaßt, daß „ein solches, durch Klage vor dem Verwaltungsgericht verfolgbares Recht auf Fürsorge in Notzeiten zu einer erheblichen Verstärkung des von der Gesamtheit der Hilfsbedürftigen ausgehenden Druckes führen" werde.[455] Nach Inkrafttreten des Grundgesetzes plädierten jedoch die DV-Vorstandsmitglieder Prestel und Treibert auf dem Fürsorgetag 1949 für einen subjektiven Rechtsanspruch in allgemeiner Form.[456] Anfang 1951 ging auch Muthesius davon aus, daß angesichts der Rechtsprechung ein „Rechtsanspruch auf Unterstützung" in ein neues Bundesfürsorgegesetz aufgenommen werden müsse, freilich mit dem Zusatz: „Niemand darf unter Berufung auf das Bundesfürsorgegesetz seine eigenen Pflichten vernachlässigen".[457] Kritiker befürchteten allerdings, daß Verwaltungsrichter auch den behördlichen Ermessensraum und damit insbesondere die Höhe der Richtsätze zum Gegenstand ihrer Rechtsprechung machen würden.[458] Insgesamt blieben DV und kommunale Spitzenverbände abwartend, wenn auch die zuständige Arbeitsgruppe auf dem Fürsorgetag 1951 bereits einräumte, daß der allgemeine Trend der Rechtsprechung von seiten der Fürsorgegesetzgebung „kaum rückgängig zu machen" sei.[459] Einen Rechtsanspruch auf eine von den Gruppenhilfen befreite, tatsächlich nur mehr individuell tätige Fürsorge hatte auch Ludwig Preller auf dem Fürsorgetag nicht gefordert, diesen sah sein Neuordnungsprogramm vielmehr ausdrücklich für die gruppenbezogenen „sozialpolitischen Leistungen" einschließlich einer allgemeinen Grundrente vor.[460]

---

[452] Die Öffentliche Verwaltung 1949, S. 375; dazu NDV 29 (1949), S. 223f.; vgl. auch Oel, Recht, S. 119; Susanne Hauser, Geschichte, S. 212, 225.
[453] Vgl. NDV 30 (1950), S. 269ff.; Manderschied, Rechtsanspruch; NDV 34 (1954), S. 133ff.; Oestreicher, Entwicklung, S. 68ff.
[454] Vgl. den knappen Überblick bei Flamm, Die Verwaltung der behördlichen Sozialarbeit, S. 96ff.; ferner Unruh, Verwaltungsgerichtsbarkeit.
[455] NDV 28 (1948), S. 121.
[456] Vgl. Prestel, Gebiet, S. 33; Treibert, Gebiet, S. 55.
[457] Muthesius am 22.1.1951 vor dem Fachausschuß I, NDV 32 (1952), S. 31.
[458] Vgl. NDV 30 (1950), S. 269ff.; Schallock, Recht; NDV 34 (1954), S. 358ff.
[459] Vgl. NDV 31 (1951), S. 339.
[460] Vgl. ebenda, S. 325.

Das Fürsorgeänderungsgesetz ging ebenfalls noch nicht den entscheidenden Schritt, wenn auch die Mehrbedarfsregelungen den Rechtsschutz des Hilfsbedürftigen praktisch verstärkten. Muthesius allerdings forderte in Konsequenz seines Konzepts einer staatlichen Einkommenshilfe für die künftige große Reform nun entschieden einen Rechtsanspruch auf die laufenden Fürsorgeunterstützungen, „damit das so schwerwiegende [...] Phänomen der Abhängigkeit des einzelnen Menschen von anderen Menschen gemildert wird, um zur Wahrung der Würde des einzelnen Menschen in seiner Familie und der Gesellschaft beizutragen".[461]

Anfang 1954 setzte dann auch der Fachausschuß I des DV das Thema „Rechtsanspruch" auf seine umfangreiche Arbeitsliste[462], doch der entscheidende Anstoß für ein allgemeines Umdenken kam von außen: In einem seiner frühen Urteile anerkannte das Bundesverwaltungsgericht am 24. Juni 1954 einen Rechtsanspruch auf Pflichtleistungen der öffentlichen Fürsorge.[463] Die bisher gängige Ablehnung eines Rechtsanspruchs habe nicht an eine ausdrückliche Bestimmung des Fürsorgerechts angeknüpft, „sondern beruhte auf hergebrachten sozialethischen Vorstellungen. [...] Spätestens seit dem Inkrafttreten des Grundgesetzes ist die frühere Auffassung nicht mehr haltbar." Ausgehend von den „Leitgedanken des Grundgesetzes" stellte das Gericht daher fest: „Der Einzelne ist zwar der öffentlichen Gewalt unterworfen, aber nicht Untertan, sondern Bürger. Darum darf er in der Regel nicht lediglich Gegenstand staatlichen Handelns sein. Er wird vielmehr als selbständige sittlich verantwortliche Persönlichkeit und deshalb als Träger von Rechten und Pflichten anerkannt. Dies muß besonders dann gelten, wenn es um seine Daseinsmöglichkeit geht."[464]

Nach rechtswissenschaftlicher Auslegung war das Urteil von 1954 ein „Markstein" für die Entwicklung der Fürsorge zur Sozialhilfe[465] und wird als „Wendung von der staatsinternen Bindung zum subjektiv-öffentlichen Recht" interpretiert.[466] Die Bedeutung für die fürsorgerische Praxis wurde jedoch schon sehr bald u.a. im NDV dahingehend relativiert, daß der Rechtsanspruch zunächst nur besage, „daß der Fürsorgesuchende das Verwaltungsgericht anrufen kann mit der Behauptung, daß die Fürsorgebehörde bei der Ablehnung seines Fürsorgeantrages rechtswidrig gehandelt" habe, einen Anspruch auf eine bestimmte Fürsorgeleistung garantiere er nicht.[467] Ein anderer Kommentar im NDV bewertete dann auch die „sozial-ethische" Bedeutung des Urteils höher als dessen praktische Konsequenzen, da sich an „Voraussetzungen, Art und Maß" der behördlichen

---

[461] Muthesius auf dem Fürsorgetag 1953; NDV 34 (1954), S. 74.
[462] Vgl. Niederschrift über die Sitzung des Fachausschusses I am 4.2.1954, LAB, B Rep. 142-9, 1256.
[463] Der Leitsatz des Urteils lautete: „Soweit das Gesetz dem Träger der Fürsorge zugunsten des Bedürftigen Pflichten auferlegt, hat der Bedürftige entsprechende Rechte", BVerwGe I, S. 159.
[464] Urteilsbegründung ebenda, S. 159-163, hier S. 160f.
[465] Vgl. Giese, 25 Jahre, S. 254.
[466] So der Rechtshistoriker Michael Stolleis, Quellen, S. 24; ähnlich Sund, Entwicklung, S. 155.
[467] NDV 34 (1954), S. 162.

Pflichten nichts geändert habe.[468] Nichtsdestoweniger ebnete der durch die Rechtsprechung verursachte Modernisierungsimpuls den Weg für eine mögliche Aufwertung der Fürsorge und ihrer Leistungsempfänger, die von Fürsorgepolitikern gefordert wurde, ohne daß alle den Rechtsanspruch wirklich gewollt oder gar propagiert hätten. Nach diesem Urteil – so auch die Ansicht des Fachausschusses I – führte jedenfalls kaum ein Weg mehr an der expliziten Festlegung eines Rechtsanspruchs auf öffentliche Fürsorge im geplanten Bundesfürsorgegesetz vorbei.[469]

Die Einführung des Warenkorb-Modells:
die Verwaltungsvorschriften über den Aufbau der Richtsätze von 1955

Ein weiterer zentraler Modernisierungsschritt in der öffentlichen Fürsorge war 1955 die Etablierung des sogenannten Warenkorbs zur Ermittlung des laufenden notwendigen Lebensunterhalts. Die darin manifeste „Absicherung und Empirisierung des Bedarfsprinzips"[470] war gleichzeitig Ausdruck wie Katalysator eines sich wandelnden Armutsbegriffs und stand in engem Zusammenhang mit der Entlastung der Fürsorge durch andere sozialpolitische Instrumentarien, mit der zunehmenden wirtschaftlichen Prosperität und nicht zuletzt den gerichtlichen Konsequenzen des Sozialstaatsgebots des Grundgesetzes. Bemerkenswerterweise waren es gerade die sozialpolitisch konservativen kommunalen Spitzenverbände, die im Zusammenspiel mit DV und Bundesinnenministerium das Warenkorb-Modell installierten, um auf diese Weise einer weiteren „Politisierung" und „Parlamentarisierung" der Richtsatzfrage begegnen zu können.[471] Dadurch wurde letztlich eine erste klar bedarfsorientierte „Sockelung" der Arbeiter- und Armenpolitik von der Fürsorge her[472] in die Wege geleitet.

Formal galt bislang noch immer der Richtsatzerlaß von 1941, der u.a. bestimmte, daß die Richtsätze den notwendigen Bedarf an Nahrung, Beleuchtung, Kochfeuerung, Instandhaltung von Kleidung, Wäsche und Schuhwerk, Reinigung und „kleinere Bedürfnisse", nicht aber den für Unterkunft abdecken sollten.[473] Neben abgestuften Richtsatztypen (Haushaltsvorstand, Haushaltsangehörige unter bzw. über 16 Jahre, Alleinstehende) hatte der Erlaß auch ein Unterstützungsmaximum in Form der sogenannten Auffanggrenze definiert, das allerdings von

---

[468] Vgl. Knoll, Auswirkungen.
[469] Vgl. Niederschrift über die Sitzung des Fachausschusses I am 8.10.1954, BAK, B 172-444-01/5.
[470] Leibfried u.a., Ende, S. 126.
[471] An dieser Stelle kann sich die Darstellung auf einen Überblick zu diesem wichtigen Thema beschränken, denn die zunehmende „Bedarfsorientierung" der Richtsatzpolitik bis hin zur Etablierung des Warenkorb-Modells bildet das Kernthema von Heisigs Untersuchung und wird dort – vor allem unter dem Blickwinkel der Aktivitäten der kommunalen Spitzenverbände – ausführlich behandelt; vgl. Heisig, Armenpolitik, 1995, bes. S. 101ff. Knapper, aber auch systematischer: Leibfried u.a., Ende, dies., Sozialpolitik.
[472] Leibfried u.a., Sozialpolitik, S. 49.
[473] Vgl. RMBliV. 1941, S. 1951; die „kleineren Bedürfnisse" bezogen in der Regel nicht kulturellen Bedarf mit ein; vgl. Oel, Richtsätze, S. 324.

vielen Ländern mittlerweile abgeändert worden war.[474] Festzusetzen waren die Richtsätze von den obersten Landesbehörden (also den Sozial- bzw. Innenministerien) oder den von ihnen beauftragten Stellen, d.h. den Verwaltungsorganen der Bezirksfürsorgeverbände. Obwohl die Richtsätze eigentlich keine Unterstützungssätze, sondern nur eine örtliche Meßlatte für den laufenden durchschnittlichen Lebensunterhalt sein sollten, fungierten sie in der Praxis als schematisch angewendete Festsätze und diktierten damit den Lebensstandard der Fürsorgeempfänger.[475]

„Daß die Fürsorgerichtsätze dem Preisgefüge nicht entsprechen und damit [...] nicht ausreichen, den primitiven Lebensunterhalt zu garantieren", war Anfang der fünfziger Jahre selbst innerhalb des DLT gängige Münze.[476] Die bisherige Erfahrung hatte gelehrt, daß vor allem vor Landtagswahlen die zuständigen Länderministerien dem Druck aus den Parlamenten nachgaben und die (Rahmen-) Richtsätze erhöhten oder in der Vorweihnachtszeit Teuerungszulagen empfahlen und damit andere Länder unter Zugzwang brachten.[477] Der parlamentarische Druck rührte nicht zuletzt aus der Tatsache, daß Anfang der fünfziger Jahre unter den Fürsorgeempfängern die Rentenbezieher noch immer die stärkste Gruppe bildeten, denen als umworbene Wählergruppe immer wieder eine gewisse Anpassung der Richtsätze an die steigenden Lebenshaltungskosten zugestanden wurde.[478]

Im Zuge der allgemeinen Diskussionen über die „Sozialreform" wurde in den Landtagen die Forderung erhoben, die Richtsätze an Erhöhungen der Versicherungs- und Versorgungsleistungen zu koppeln.[479] Ein solches Pendant zu den gefürchteten Rentenfreilassungen oder deren automatische Anpassung an die Entwicklung des Lebenshaltungskostenindexes[480] oder gar des Bruttosozialprodukts oder die allgemeine Lohnentwicklung hätte die Richtsätze aus der fiskalpoliti-

---

[474] Laut Richtsatzerlaß sollte die Unterstützung im allgemeinen nicht höher sein als 85% des Netto-Arbeitseinkommens, das der Hilfsbedürftige bisher verdienen konnte; fehlte diese Vergleichsmöglichkeit, sollten 85% des Normaleinkommens der Bevölkerungsschicht zugrundegelegt werden, zu der der Unterstützte bislang gehört hatte. Geldknappheit, Massennot und die fehlenden Nachweismöglichkeiten bei Flüchtlingen hatten viele Länder dazu veranlaßt, statt dieser individuellen und großzügigen nun eine generelle Auffanggrenze festzulegen (z.B. 85% des durchschnittlichen Einkommens eines ungelernten Hilfsarbeiters im örtlich vorherrschenden Gewerbezweig), die allerdings vor allem bei Familien mit mehreren Kindern zu erheblichen Härten geführt hatte; vgl. Oel, Auffanggrenze.
[475] Vgl. Hans Muthesius, Vorbemerkungen, in: Öffentliche Einkommenshilfe, S. 1f.; ferner Auerbach, Einkommenshilfen, S. 220; Oel, Richtsätze, S. 324.
[476] Die Selbstverwaltung 4 (1950), S. 165. Entsprechend die Einschätzung der Sozialminister der Westzonen auf ihrer ersten Konferenz am 22./23. 2. 1949 in Königstein/Taunus; vgl. NDV 29 (1949), S. 67.
[477] Bereits die Preissteigerungen nach der Währungsreform hatten 1949 sämtliche Länder mit Ausnahme von Bayern zu einer Erhöhung der Richtsätze oder Gewährung von Teuerungszulagen veranlaßt; vgl. Heisig, Armenpolitik, 1995, S. 75ff., 111f.
[478] Vgl. Leibfried u.a., Ende, S. 127f.; auch Hockerts, Entscheidungen, S. 193.
[479] Vgl. etwa für Nordrhein-Westfalen 1954 Heisig, Armenpolitik, 1995, S. 118f.; ferner Leibfried u.a., Ende, S. 128.
[480] Vgl. NDV 33 (1953), S. 74ff.

3. Erste Schritte zur modernisierten Fürsorge

schen Umklammerung gelöst, den Städten und Gemeinden damit weiteren sozial- und finanzpolitischen Spielraum genommen und stand zudem in deutlichem Gegensatz zum restriktiven Hilfsbedürftigkeits-Begriff vieler Fürsorgepolitiker vor allem in den Landkreisen.[481]

Auch im Bundestag hatten vor allem SPD und KPD seit 1950 immer wieder – wenn auch lange erfolglos – Initiativen des Bundes zur Erhöhung der Richtsätze gefordert.[482] Erst das Fürsorgeänderungsgesetz bot dazu einen geeigneten Hebel: Sollte das Mehrbedarfs-Konzept bundesweit praktische Wirkung zeigen, war dessen Konkretisierung durch vertretbare Richtsätze erforderlich, zumal das neue Gesetz entsprechende neue Rahmenvorschriften vorsah und die regional oft sehr unterschiedlichen Richtsätze kaum mehr plausibel zu machen waren.[483] Bereits seit Herbst 1951 hatten die kommunalen Spitzenverbände versucht, stärker auf die unausweichliche zentrale Richtsatzsteuerung Einfluß zu nehmen.[484] Ein gesetzlich garantiertes Anhörungsrecht bei der Ausarbeitung der Verwaltungsvorschriften konnten sie zwar nicht durchsetzen, doch ihr konkreter Einfluß blieb gewahrt, zumal Gottschick schon im März 1952 bemerkt hatte, daß von seinem Haus „eine derartige Beteiligung [...] bereits ohne ausdrückliche Vorschrift gewollt" sei.[485]

Um zu verhindern, daß Städte und Landkreise von Parlamentsbeschlüssen oder verwaltungsgerichtlichen Überprüfungen der Richtsätze schließlich überrollt würden, plädierte Ende 1953 etwa Theodor Marx vom DST für eine „hinreichende wissenschaftliche Bearbeitung" der Richtsatzfrage, die er wie die DLT-Führung im hierfür prädestinierten DV angesiedelt wissen wollte.[486] Eine solche „Verwissenschaftlichung" der Richtsatzbemessung korrelierte mit der sozialreformerischen Stoßrichtung einer stärkeren Bedarfsorientierung, verlangte diese doch nach einer möglichst nicht anfechtbaren allgemeinen Definition eben dieses Bedarfs. Trotzdem war diese Linie innerhalb der kommunalen Spitzenverbände keineswegs unumstritten: Der von den „Modernisten" (Heisig) in ihren Reihen betriebenen Suche nach neuen, politisch unangreifbaren allgemeinen Unterstützungsmaßstäben widersetzten sich die besonders in den bayerischen Kommunalverbänden beheimateten „Traditionalisten", die nach wie vor einer möglichst

---

[481] Vgl. Heisig, Armenpolitik, 1995, S. 104f. Der Hessische Städtetag jedoch war mit gewissen Richtsatzanhebungen einverstanden, u.a., „um den Hilfsbedürftigen eine vertretbare Beteiligung an der Steigerung des Sozialproduktes nicht vorzuenthalten"; Schreiben des Hessischen Städtetages an den Hessischen Minister des Innern vom 10.9.1954, Abschrift, LAB, B Rep. 142-9, 1332.
[482] Vgl. Antrag der SPD vom 29.7.1950, BT, 1. Wp. 1949, Anlagen, Bd. 5, Drs. 1271; Antrag der KPD vom 13.10.1950, ebenda, Bd. 7, Drs. 1471; Interpellation der SPD vom 13.2.1951, ebenda, Bd. 9, Drs. 1937; Antrag der KPD vom 21.3.1951, ebenda, Bd. 10, Drs. 2087.
[483] So auch Kitz, Gegenwartsfragen, S. 333, auf der Sozialministerkonferenz im Juli 1954 in Stuttgart.
[484] Vgl. Heisig, Armenpolitik, 1995, S. 85ff.
[485] Gottschick auf der Sitzung des gemischten Unterausschusses des DST und des DLT am 5.3.1952, Niederschrift, LAB, B Rep. 142-9, 1331.
[486] Vgl. Marx an Hans Dellbrügge am 7.12.1953, LAB, B Rep. 142-9, 1332; ferner Heisig, Armenpolitik, 1995, S. 88ff.

weitgehenden Individualisierung das Wort redeten.[487] Tatsächlich avisierte der Fachausschuß I Anfang Februar 1954 zunächst noch ohne praktische Konsequenzen die Bildung eines Arbeitskreises „Aufbau der Richtsätze".[488]

Wenn das Innenministerium die Ausarbeitung der Richtsatzrichtlinien aber nach wie vor eher dilatorisch behandelte, lag das vermutlich an der geplanten Umstellung der Kriegsfolgenhilfe-Abrechnung. Da die künftigen Pauschalleistungen des Bundes auf der Grundlage der tatsächlichen Ausgaben 1953/54 errechnet werden sollten, war der Bundesfinanzminister an möglichst niedrigen Richtsätzen interessiert – eine forcierte Angleichung der Richtsätze auf höherem Niveau durch das Innenministerium konnte also ruhig noch eine Weile warten.

Im Juni 1954 forderte Walter Auerbach auf der Sozialministerkonferenz in Stuttgart eine möglichst angeglichene Richtsatzgestaltung auf der Grundlage einheitlicher Bemessungsfaktoren[489], und seit dem Frühherbst 1954 wurden in zahlreichen Ländern auf Druck der Landtage abermals die Richtsätze erhöht.[490] Auch im Bundestag beantragte die SPD Anfang September zusammen mit dem Entwurf für ein neues Rentenzulagengesetz, die Bundesregierung solle mit den Ländern Richtsatzerhöhungen aushandeln.[491] Nachdem der Bundestag den Antrag Ende September an den Fürsorgeausschuß überwiesen hatte[492], trat der Arbeitskreis „Aufbau der Richtsätze" des DV endlich am 7. Oktober im Auftrag des Bundesinnenministeriums zusammen und leistete in nur wenigen Monaten die für die bundesweite Etablierung des Warenkorb-Prinzips entscheidenden Vorarbeiten. Die Zusammensetzung des Arbeitskreises bot die Gewähr, daß die unterschiedlichen Interessen der verschiedenen Kostenträger der Fürsorge zur Geltung kamen, Vertreter der Fürsorgeempfänger hingegen wurden weder jetzt noch später bei der Ausarbeitung der Verwaltungsvorschriften hinzugezogen, wenn auch das Bundesministerium für Vertriebene auf der ersten Sitzung vertreten war.[493] Aufgabe des Arbeitskreises war nicht die Definition eines Richtsatzes in verbindlichem DM-Betrag; vielmehr sollte ein Bedarfsschema für den Aufbau der Richtsätze und eine wissenschaftlich abgesicherte Abstufung nach Altersgruppen entwickelt werden. In der Praxis führte der Weg dann aber gerade über eine in DM-Preisen ausgedrückte Bestimmung des Existenzminimums

---

[487] Vgl. Heisig, Armenpolitik, 1995, S. 120f.
[488] Vgl. Niederschrift über die Sitzung des Fachausschusses I am 4.2.1954, LAB, B Rep. 142-9, 1256.
[489] Vgl. Auerbach, Standort, S. 335.
[490] Vgl. Heisig, Armenpolitik, 1995, S. 111ff.
[491] Vgl. SPD-Antrag vom 1.9.1954, BT, 2. Wp. 1953, Anlagen, Bd. 31, Drs. 789.
[492] Vgl. Bundestagssitzung am 24.9.1954, BT, 2. Wp. 1953, Sten. Ber., Bd. 21, S. 2214.
[493] Dem von Muthesius geleiteten Arbeitskreis gehörten u.a. an: Vertreter/innen der Sozialministerien von Niedersachsen, Nordrhein-Westfalen, Schleswig-Holstein, Hamburg und Baden-Württemberg, für den DST Hildegard Schräder, Stadtdirektor Ernst Weinbrenner (Duisburg, CDU) und Heinz Keese (Hannover, SPD), für den DLT Johann Bangert und der Buchener Landrat Franz-Xaver Schmerbeck (CDU), sowie für den DV u.a. Geschäftsführer Pense und Referent Krug von Nidda. Gast war u.a. Gottschick. Neben Sachverständigen für Statistik zog der Ausschuß vor allem den Ernährungsphysiologen Heinrich Kraut hinzu; vgl. Teilnehmerliste der Sitzung des Arbeitskreises „Aufbau der Richtsätze" am 7.10.1954, LAB, B Rep. 142-9, 1264.

und damit seine automatische Bindung an die Entwicklung der Lebenshaltungskosten.[494]

Während der DV in den Jahren der Weimarer Republik eine wissenschaftliche Bestimmung des Existenzminimums abgelehnt hatte, griff der Arbeitskreis jetzt auf Vorarbeiten aus dieser Zeit, insbesondere das damals im Kölner Wohlfahrtsamt unter Hertha Kraus entwickelte Warenkorb-Prinzip zurück.[495] Anhand ernährungswissenschaftlicher Vorgaben, ergänzt durch Erfahrungen aus der Fürsorgepraxis wurde ein theoretischer Warenkorb aus Nahrungsmitteln und Dienstleistungen zusammengestellt und mit Ergebnissen einer hessischen Verbrauchsstatistik über die Kosten des Lebensbedarfs unterer Einkommensgruppen verglichen, um den berechneten Bedarf durch die tatsächlichen Verbrauchsgewohnheiten zu überprüfen. In Preisen ausgedrückt sollte der so ermittelte Warenkorb dann die Grundlage für wissenschaftlich fundierte, stabilere und leichter an die Entwicklung der Lebenshaltungskosten anzupassende Richtsätze bilden.[496]

Die möglichen Ergebnisse würden weit über die Fürsorge hinaus Bedeutung erlangen; schließlich, so der Arbeitskreisvorsitzende Muthesius, hielten es „die Gesetzgeber für ihre selbstverständliche Pflicht [...], andere soziale Einkommenshilfen unter allen Umständen so zu konstruieren, daß der durch sie garantierte Lebensstandard merklich höher liegt, als der durch die Richtsätze der öffentlichen Fürsorge vermittelte".[497] Und so stieß die Tätigkeit des Arbeitskreises nicht nur auf das Interesse des Bundesfinanzministeriums, dessen extensives Bedarfskonzept nach einem abgesicherten Maßstab verlangte; auch im „Beirat" des Arbeitsministeriums erhoffte man sich Material für die Bemessung von möglichen Mindestsozialleistungen bis hin zur konkreten Formulierung der Rentenformel.[498]

Während der Arbeiten am Warenkorb hatte auch der Fürsorgeausschuß des Bundestages den seinerzeitigen SPD-Antrag behandelt und – in Anerkennung der politischen und rechtlichen Realitäten – auf die Frage der Verwaltungsvorschriften umgelenkt. Der am 17. Dezember 1954 vom Bundestag einstimmig angenommene Ausschußantrag forderte die Bundesregierung dazu auf, bei ihren „Bemü-

---

[494] Zur Vorgehensweise des Arbeitskreises vgl. Kraut, Sicherung, S. 6ff.; ferner Heisig, Armenpolitik, 1995, S. 114ff.
[495] Zu den verschiedenen Bemühungen bis 1945 um die Ermittlung des wirtschaftlichen Existenzminimums anhand von Haushaltsbüchern, Einkommens- und Verbrauchsstatistiken, ernährungsphysiologischen Untersuchungen etc. vgl. Heisig, Armenpolitik, 1995, S. 79ff., 113f.; ders., Armenpolitik, 1990, S. 556f., 589f. Ende der vierziger Jahre hatte die ehemalige Kraus-Mitarbeiterin Hildegard Schräder auf der Grundlage des international anerkannten Ernährungsbedarfs von 2 400 Kalorien für Kölner Verhältnisse einen Nahrungsmittel-Warenkorb zusammengestellt, diesen um den im Richtsatzerlaß von 1941 vorgesehenen zusätzlichen laufenden Bedarf für Beleuchtung etc. ergänzt, in aktuelle Preise umgerechnet und danach einen Richtsatz für einen Haushaltsvorstand oder Alleinstehenden von 50,00 DM ermittelt.
[496] Zu den Rückwirkungen der Erhebungsgrundsätze der Preisstatistik auf die Zusammensetzung des Warenkorbs vgl. Galperin, Sozialhilfe, S. 156ff.
[497] Muthesius, Vorbemerkungen, in: Öffentliche Einkommenshilfe, S. 1.
[498] Vgl. Auerbach, Standort, S. 335; ders., Einkommenshilfen, S. 220; ders.: Mut zur sozialen Sicherheit, in: ders., Beiträge, S. 57; Oel, Richtsätze, S. 323; Keese, Betrachtungen, S. 114; Marx, Die Städte und die Neuordnung, S. 33f.

hungen um einen den Zeitverhältnissen angepaßten Aufbau der Richtsätze [...] sicherzustellen, daß die Sicherung des notwendigen laufenden Lebensbedarfs gewährleistet wird".[499] Dabei sollten auch kulturelle Bedürfnisse berücksichtigt werden. Die von vielen Landkreisen favorisierte Beibehaltung von Ortsklassen (niedrigere Richtsätze in kleinen Gemeinden) hielt der Ausschuß für nicht mehr zeitgemäß.[500]

Ende Januar 1955 schloß der Arbeitskreis seine Arbeit am Warenkorb ab[501]: Er plädierte dafür, in den Richtsatz wie bisher nur die Kosten für Nahrung, Kochfeuerung und Beleuchtung, Instandhaltung von Kleidung etc., Reinigung und Körperpflege einzubeziehen, darüber hinaus jetzt auch „andere Ausgaben" (kleine Ergänzungen des Hausrats, Briefmarken, Streichhölzer, Straßenbahnkarte, Zeitung u.ä.).[502] Dazu legte der Arbeitskreis umfangreiche, nach Alter, teilweise Geschlecht und Haushaltsstand differenzierende Tabellen über die jeweils für notwendig erachteten monatlichen Verbrauchsgüter und -mengen („Warenkorb") sowie die dafür veranschlagten Ausgaben vor. Dabei handelte es sich um einen Minimalbedarf, berechnet für nicht arbeitende Personen, wobei allerdings „die Ernährung der Fürsorgeempfänger zwar in der Auswahl der Lebensmittel so sparsam wie möglich, aber doch zur Deckung ihres Bedarfs an Energieträgern und Aufbaustoffen voll ausreichend sein" sollte.[503] Auf Betreiben Johann Bangerts vom DLT waren dabei allerdings bewußt niedrige Bundesdurchschnittspreise von 1954 angesetzt worden, so daß aus den Tabellen keine drastischen Richtsatzerhöhungen zu begründen waren.[504] So veranschlagte der Arbeitskreis als monatlichen Gesamtaufwand für den Haushaltsvorstand bzw. Alleinstehenden (= Eckrichtsatz, ohne Verlustzuschlag) 55,61 DM.[505] Der aktuelle Richtsatz im Bundesdurchschnitt betrug 52,10 DM.[506]

Für die Abstufung der einzelnen Richtsatztypen gegenüber dem Eckrichtsatz (= 100%) schlug der Arbeitskreis höhere Relationen als bisher vor: für Haushalts-

---

[499] Vgl. Mündlicher Bericht des Ausschusses für Fragen der öffentlichen Fürsorge vom 10.11.1954, BT, 2. Wp. 1953, Anlagen, Bd. 32, Drs. 1008, sowie Bundestagssitzung vom 17.12.1954, ebenda, Sten. Ber., Bd. 22, S. 3287.
[500] Vgl. den Schriftlichen Bericht des Ausschusses für Fragen der öffentlichen Fürsorge vom 17.12.1954, BT, 2. Wp. 1953, Anlagen, Bd. 32, zu Drs. 1008.
[501] Die im Arbeitskreis gehaltenen Referate wurden – teilweise geändert – mit den Abschlußempfehlungen im Herbst 1955 von Muthesius als DV-Schrift veröffentlicht; vgl. Öffentliche Einkommenshilfe; dazu Oel, Richtsätze; Auerbach, Einkommenshilfen; NDV 36 (1956), S. 9ff.
[502] Vgl. „Zusammenfassung der Ergebnisse des Arbeitskreises ‚Aufbau der Richtsätze'", in: Öffentliche Einkommenshilfe, S. 129–133, nebst Tabellen. Wie bisher sollte neben der Miete auch die Winterfeuerung und Anschaffung von Kleidung, Wäsche etc. nicht einbezogen werden, da sonst eine zu starke Erhöhung der Richtsätze und damit ein Ansteigen der Zahl der zu Unterstützenden befürchtet wurde, vgl. ebenda, S. 130. Gegen eine solche Einbeziehung wandte sich vor allem der Vorsitzende des DLT-Sozialausschusses Schmerbeck, Bezirksfürsorgeverbände, S. 322.
[503] Heinrich Kraut: Die Sicherung des Nahrungsbedarfes, in: Öffentliche Einkommenshilfe (1955), S. 4–19, hier S. 5.
[504] Vgl. Heisig, Armenpolitik, 1995, S. 117.
[505] Vgl. Tabelle 4, in: Öffentliche Einkommenshilfen, S. 59.
[506] Vgl. Oel, Richtsätze, S. 326.

3. Erste Schritte zur modernisierten Fürsorge

angehörige über 6 Jahren 80%, Kinder unter 6 Jahren 60%, sowie als Sonderregelung für Jugendliche zwischen 14 und 18 Jahren 100%, da die bisherigen Richtsätze deren besonderen Nahrungsbedarf kaum berücksichtigt gelassen hätten.[507] Über diese Ergebnisse hinaus befürwortete der Vorstand des DV für Alleinstehende einen individuellen Zuschlag zwischen 5 und 15%, da sie eventuelle Bedarfsschwankungen schwieriger ausgleichen könnten als eine Haushaltsgemeinschaft.[508] Außerdem plädierte der Vorstand für eine Erhöhung der veranschlagten Ausgaben für Nahrungsmittel um 5 bis 10%, um Verluste durch unrationellen Einkauf oder Verderb aufzufangen. Zwar lehnten auch viele Arbeitskreismitglieder eine Staffelung nach Ortsklassen ab[509], doch die offizielle Zusammenfassung der Arbeitsergebnisse machte zu diesem Punkt keine konkreten Vorgaben.

Bei der brisanten Frage der „Auffanggrenze" blieb der Arbeitskreis eher unbestimmt. Bislang hatte diese Grenze vor allem hilfsbedürftige Familien mit mehreren Kindern getroffen, da ihre kumulierten Richtsätze noch am ehesten zum Vergleich herangezogene Niedriglöhne überschritten. Die Auffanggrenze, die den Anreiz zur Arbeit erhalten sollte und auch dem Gerechtigkeitsempfinden des Steuerzahlers geschuldet war, benachteiligte also vor allem diejenigen, deren Förderung ein erklärtes Anliegen der Fürsorge war. Mit Einführung des Kindergeldes ab 1. Januar 1955 würde die Auffanggrenze allerdings so nach oben verschoben, daß sie allenfalls für Familien mit 5–7 Kindern noch eine Rolle spielte.[510] Der Arbeitskreis empfahl daher, in den Verwaltungsvorschriften keine generelle Grenze mehr vorzusehen, sondern eine Regelung, „die im Einzelfall für die Unterstützten Härten vermeidet".[511] Inwieweit dieser Kompromiß überhaupt noch mit dem seit einem halben Jahr verbrieften Rechtsanspruch auf Gewährung des notwendigen Lebensunterhalts vereinbar war, blieb offen.

Die im Herbst 1955 veröffentlichten Empfehlungen des Arbeitskreises bildeten die Grundlage für den im Bundesinnenministerium ausgearbeiteten Entwurf für die „Verwaltungsvorschriften über den Aufbau der Fürsorgerichtsätze und ihr Verhältnis zum Arbeitseinkommen".[512] Wie die Vorschriften nochmals betonten, waren die Richtsätze „keine festen Unterstützungssätze", sondern dienten deren Berechnung „im Regelfall" (Ziff. 1). Bei den einzelnen Bedarfsgruppen folgte das Innenministerium den Vorschlägen des Arbeitskreises, wobei es bei dem Nahrungsbedarf noch einen Aufschlag von 5% für den Verlust einberechnete und damit einen Eckrichtsatz von 57,32 DM ermittelte. Anders bei dem Verhältnis der

---

[507] Vgl. Kraut, Sicherung des Nahrungsbedarfes, in: Öffentliche Einkommenshilfe, S. 11. Der Richtsatzerlaß von 1941 sah für Haushaltsangehörige unter 16 Jahren 40–50%, für über 16jährige 70–80% des Eckrichtsatzes vor.
[508] Bisher hatte der Richtsatz für Alleinstehende automatisch 110% des Eckrichtsatzes betragen.
[509] Vgl. Öffentliche Einkommenshilfe, S. 44f., 74.
[510] Dies war vom DLT zunächst heftig bestritten worden, so daß eine Umfrage in ausgewählten Stadt- und Landkreisen mit dem genannten Ergebnis veranstaltet wurde; vgl. Heisig, Armenpolitik, 1995, S. 116f.
[511] Zusammenfassung, in: Öffentliche Einkommenshilfe, S. 133.
[512] BR 1955, Drucksachen, Drs. 395/55. Heisig, Armenpolitik, 1995, S. 125, behandelt die Vorarbeiten im BMI sowie die Verwaltungsvorschriften nur noch knapp.

Richtsätze für die verschiedenen Personengruppen: Die Richtsätze für Kinder und Jugendliche blieben hinter den Vorschlägen des Arbeitskreises zurück und ließen Spannbreiten zu[513]; obwohl vom Ministerium selbst eingeholte zusätzliche Gutachten abermals den erhöhten Bedarf gerade der Jugendlichen bestätigt hatten[514], fürchtete man in der Sozialabteilung die Auswirkungen höherer Richtsätze auf Niedriglöhne und Renten.[515] Für alleinlebende Alleinstehende sah der Entwurf einen Zuschlag von „in der Regel 10 v.H." vor (Ziff. 3) und bewegte sich damit innerhalb der DV-Vorgaben. Wie bisher wurde der Aufwand für die Unterkunft nicht in den Richtsatz einbezogen, sondern sollte in der Regel in Höhe der tatsächlichen Kosten ausgezahlt werden. Die viel diskutierte „Auffanggrenze" entfiel praktisch ersatzlos: Zwar forderte der Entwurf prinzipiell, daß die Richtsätze zuzüglich durchschnittlicher Mietbeihilfen insgesamt unter dem regional errechneten durchschnittlichen Netto-Einkommen unterer Lohngruppen zuzüglich Kindergeld bleiben sollten, doch im Einzelfall müsse die Unterstützung den notwendigen Lebensunterhalt sichern.[516]

Zusammen mit dem Entwurf übersandte die Bundesregierung am 3. Dezember 1955 offiziell auch die vom Arbeitskreis erstellten Warenkorb-Tabellen. Durch deren Veröffentlichung als Bundesrats-Drucksache verfolgte man von seiten des Innenministeriums eine doppelte Strategie: Einerseits wurden die Landesregierungen damit indirekt an die Erfüllung zumindest der im Warenkorb festgeschriebenen Minimalbedarfe gebunden[517] und damit die behördlichen Ermessensräume stärker und dauerhaft eingeschränkt. Andererseits wollte man den Länderministern wissenschaftliches Material gegen Forderungen nach Richtsatzerhöhungen, die nicht durch gestiegene Lebenshaltungskosten zu begründen waren, an die Hand geben.[518]

---

[513] Vor allem die Sonderregelung für heranwachsende Haushaltsangehörige (Richtsatz von 100%) hatte der Entwurf nicht übernommen, sondern sah in Ziff. 3 einen Richtsatz von 80–90% des Eckrichtsatzes vor; dieser sollte dann aber auch für die 18–20jährigen gelten (Ziff. 2). Auch weiterhin sollten bei den übrigen Richtsatzgruppen für Kinder und Jugendliche größere Spielräume bestehen bleiben (Kinder bis 6 Jahre 50–60%, 7–13jährige 70–80%); erfahrungsgemäß hatten die Länder aber bisher immer die Untergrenze gewählt. Besonders umstritten war die Begrenzung der Richtsätze für Auszubildende auf 120% des Eckrichtsatzes, was den Mehrbedarfsvorschriften des FÄG eigentlich widersprach und deshalb von verschiedenen Ländern auch nicht übernommen wurde; vgl. Keese, Betrachtungen; Auerbach, Fürsorgerichtsätze, S. 40f.
[514] Vgl. Öffentliche Einkommenshilfe, S. 20ff.
[515] Vgl. Kitz auf der Sitzung des DST-Sozialausschusses am 5./6.5.1955, LAB, B Rep. 142-9, 1332. Ähnliche Befürchtungen hegten auch einige Länder: Muthesius berichtete 1956, kurz vor Veröffentlichung der Arbeitskreis-Ergebnisse sei er „von einigen Länderarbeitsministern dringend gebeten worden, das nicht zu tun, weil sie fürchteten, dass durch diese Veröffentlichungen ein grosser Teil ihrer Tarifverträge mit geringen Löhnen in Gefahr geraten würde!", Vortrag auf der Sitzung des DLT-Sozialausschusses am 5.9.1956, Ms., BAK, B 106-9697.
[516] Der Vergleich mit dem Arbeitseinkommen war jetzt also nur noch bei der Festsetzung der Richtsätze anzustellen, nicht aber mehr bei deren Anwendung; vgl. Gottschick, Verwaltungsvorschriften, S. 38.
[517] Vgl. Begründung zum Entwurf der Verwaltungsvorschriften, S. 3; BR, Drucksachen 1955, Bd. 5, Drs. 395/55.
[518] Vgl. Heisig, Armenpolitik, 1995, S. 133, Anm. 155.

Doch bereits zuvor waren Entwurf und Tabellen durch einen Korrespondenten der United Press publik gemacht worden. Sofort hagelte es öffentlich Kritik an den – so der Tenor – viel zu niedrig angesetzten Richtsätzen des Arbeitskreises, die das Bundesinnenministerium als Berechnungsgrundlage weiterzuempfehlen gedachte.[519] Der Bundesrat vereinfachte den Entwurf dann insofern, als er sämtlichen Haushaltsangehörigen ab 14 Jahren einen Richtsatz von 80–90% des Eckrichtsatzes zugestand und stimmte ihm im übrigen am 21. Dezember zu, so daß die Verwaltungsvorschriften unter dem 23. Dezember 1955 erlassen und mit einer sechsmonatigen Übergangsfrist in Kraft treten konnten.[520] Die Fachöffentlichkeit hingegen begrüßte prinzipiell den Mut des DV und des BMI, erstmals eine Definition des notwendigen Lebensbedarfs überhaupt zu wagen, so daß sich die Fürsorgeleistungen zum ersten Mal „jenem sozialen Existenzminimum" näherten, „auf das jeder ordentliche Bürger in einem sozialen Rechtsstaat einen Anspruch hat".[521]

Tatsächlich führten die Untersuchungen des Arbeitskreises und die Verwaltungsvorschriften allerorten „zu einer bemerkenswerten Erhöhung"[522] und stärkeren Angleichung der Richtsätze und Richtsatzklassen – ein Eingeständnis, daß die bisherigen Sätze den notwendigen Lebensbedarf gerade der Kinder und Jugendlichen kaum gedeckt hatten.[523] Deren Neuregelung, vor allem die erlaubten Spannbreiten, war in den Augen vieler Fachleute allerdings wenig befriedigend: Da tatsächlich bald fast alle Länder die Untergrenze der neuen Prozentverhältnisse wählten, waren die Jugendlichen auch zwei Jahre später noch „unter allen Gruppen der Fürsorgeberechtigten am weitesten von einer Deckung des Bedarfes für den notwendigen Lebensunterhalt entfernt"[524].

Der maßgeblich an der Ausarbeitung des Warenkorbs von 1955 beteiligte Ernährungswissenschaftler Heinrich Kraut räumte wenige Jahre später ein, daß dieser „auf die billigste Weise kalkuliert"[525] gewesen sei, und stellte damit offen

---

[519] Vgl. ebenda, S. 118; ferner entsprechende Berichte etwa im Berliner Tagesspiegel vom 3.2.1956 und im Wuppertaler Generalanzeiger vom 2.2.1956.
[520] GMBl. 1956, S. 58; vgl. NDV 36 (1956), S. 54ff.
[521] So der selbst im Arbeitskreis tätig gewesene Hannoveraner Sozialamtsleiter Heinz Keese, Betrachtungen, S. 115. Ähnlich Oel, Neuordnung der Fürsorgerichtsätze, S. 213f.; kritisch Manderschied, Neuordnung; Auerbach, Fürsorgerichtsätze; vgl. auch SF 5 (1956), S. 92f.
[522] Keese, Betrachtungen, S. 114; dieser schätzte den finanziellen Mehraufwand nur für Niedersachsen auf fast 10 Mio. DM jährlich. Zu den Richtsatzerhöhungen vgl. die Übersicht bei Oel, Neuordnung der Fürsorgerichtsätze, S. 215. Der Eckrichtsatz wurde in den Ländern gegenüber November 1955 bis April 1956 um 2-20% erhöht und betrug dann zwischen 52 DM (Mindestrichtsatz in Bayern) und 72 DM (baden-württembergische Städte über 500 000 Einwohner). Die Richtsätze für Jugendliche zwischen 14 und 16 Jahren wurden am stärksten angehoben; sie lagen im November 1955 zwischen 27 DM (Bayern, Mindestrichtsätze) und 38 DM (Berlin, Nordrhein-Westfalen, Höchstsatz) und wurden bis April 1956 in fast allen Ländern um rund 50% erhöht.
[523] Vgl. Oel, Neuordnung der Fürsorgerichtsätze, S. 216. Im Bundesdurchschnitt lag der vom BMI berechnete Minimalbedarf bei Kindern und Jugendlichen ab 7 Jahren um mindestens ein Drittel höher als die bisherigen Richtsätze (Bundesdurchschnitt); vgl. einen entsprechenden Vergleich bei Oel, Richtsätze, S. 326.
[524] Kraut, Sicherung, S. 9. Vgl. ferner Auerbach, Fürsorgerichtsätze, S. 39f.
[525] Kraut auf der Sitzung des Arbeitskreises „Aufbau der Richtsätze" am 30.11.1960, LAB, B Rep. 142-9, 1264.

dessen wissenschaftliche Fundierung in Frage. Das Zugeständnis der Preismanipulation sei allerdings die Voraussetzung dafür gewesen, das Warenkorbprinzip überhaupt durchzusetzen.[526] Infolge der niedrigen Ausgangspreise und der erneuten Steigerung der Lebenshaltungskosten habe der Fürsorgeberechtigte schon 1956 nicht mehr mit den auf Preisen von 1954 basierenden Beträgen auskommen können.[527] Erst die Überarbeitung des Warenkorbes 1961/62 brachte hier zunächst deutliche Erhöhungen.

Nichtsdestoweniger verbesserte die Etablierung des Warenkorbes mit seinen zentralen Merkmalen der „Stetigkeit, Einheitlichkeit und Dynamisierbarkeit" und der damit einhergehenden „Sprengung der Auffanggrenze"[528] – ungeachtet der ihm nach wie vor zugrundeliegenden Werturteile[529] und der problematischen nahezu legislatorischen Rolle des DV bei seinem Zustandekommen[530] – seit 1955 die Lage der Unterstützungsempfänger nachhaltig: Der bislang vorherrschende Druck des (Niedrig-)Lohnniveaus auf die öffentliche Fürsorge (Prinzip der *less eligibility*) war weitgehend dem Prinzip der Bedarfsorientierung gewichen, das zumindest bis Anfang der 1980er Jahre Raum bot „für eine stetige, weitgehend entpolitisierte und [...] professionalisierte soziale Grundsicherung, also für ein historisch vergleichsweise respektables letztes Netz"[531].

---

[526] Vgl. Kraut auf der Sitzung des Arbeitskreises am 9.2.1961, ebenda.
[527] Vgl. Kraut, Sicherung, S. 9.
[528] Leibfried u.a., Sozialpolitik, S. 48.
[529] Die „verdeckten Wertungselemente" bei der vermeintlich objektiven Warenkorbbestückung und ihre Konsequenzen für das Richt-/Regelsatzsystem bzw. das Sozialhilferecht erörtert Giese, Regelsatzsystem, S. 518ff. (hier S. 520).
[530] Dazu Stolleis, Rechtsgrundlagen, S. 103; Oberbracht, Parlamentarisierung, S. 47ff., sowie Rudloff, Fürsorge, S. 198f.
[531] Leibfried u.a., Ende, S. 126; vgl. auch Rudloff, Fürsorge, S. 197f.

Zweiter Teil

Die Reform des Fürsorgerechts: der Weg zum Bundessozialhilfegesetz von 1961

I. Auf der Suche nach der „evolutionären Lösung": Arbeit an der Fürsorgerechtsreform bis zum zweiten Referentenentwurf vom März 1959

Während sich seit Anfang 1956 die sozialpolitische Aufmerksamkeit zunehmend auf die Rentenreform richtete, wurde in der Sozialabteilung des Bundesinnenministeriums in aller Stille bereits an ersten Entwürfen für ein Bundesfürsorgegesetz gearbeitet. Für den neuen Abteilungsleiter Scheffler ergaben sich aus den bisherigen Fachdiskussionen, der Reduktion der „Sozialreform" auf die Rentenversicherung, aus der zunehmenden wirtschaftlichen Prosperität und tendenziell sinkenden Bedeutung fürsorgerischer Leistungen für den Lebensunterhalt, schließlich aus den bisher schon unternommenen fürsorgerechtlichen Modernisierungsschritten als Reformziele:
- eine Zusammenfassung und *Systematisierung* des Fürsorgerechts;
- eine *Intensivierung* fürsorgerischer Tätigkeit durch Schwerpunktverlagerung auf die individuelle, über die bloße Existenzsicherung hinausgehende personale Hilfestellung für breitere Bevölkerungskreise;
- eine stärkere *Verrechtlichung* der Fürsorge, wobei jedoch die klassischen Leitprinzipien des Nachrangs und der Individualisierung gewahrt werden sollten;
- eine bessere *Sicherung der finanziellen und personellen Leistungsfähigkeit* der Träger der öffentlichen Fürsorge;
- eine sinnvolle *Verzahnung der Leistungen* der Fürsorge mit denjenigen anderer Sicherungsträger;
- in Konsequenz aus alledem eine deutliche *Verbesserung des Images* der öffentlichen Fürsorge.[1]

Mit Vollbeschäftigung und Ausbau der Sozialversicherung, so Achinger auf dem Fürsorgetag 1957, bestünde nun die Chance „für eine Wiederherstellung und Ausbildung der hohen Ziele, die nach dem ersten Weltkrieg postuliert, aber nur zum kleinen Teil verwirklicht wurden".[2] Diese Ziele waren unter denjenigen, die eine Reform des Fürsorgerechts befürworteten, wenig kontrovers. Ebensowenig gab es wirksame Widerstände gegen eine Reform des Fürsorgerechts schlechthin.[3] Umso mehr kann es verwundern, daß von den ersten Vorarbeiten bis zur Vorlage überhaupt eines offiziellen ersten Referentenentwurfs gut zweieinhalb Jahre, bis zur Kabinettsreife dann weitere anderthalb Jahre vergingen, dies ohne Regierungs- oder Ministerwechsel und bei stabilen parlamentarischen Mehrheiten.

Eine der wesentlichen Ursachen dafür war, daß die herkömmliche Fürsorge aufgrund ihrer traditionell depravierten bzw. diffusen Klientel – wer rechnete da-

---

[1] Vgl. Anlage zu Scheffler an Heusler etc. am 9.2.1956, BAK, B 106/9789/2.
[2] Achinger, Neuordnung des Fürsorgerechts, S. 41.
[3] Vgl. auch Buhr u.a., Armutspolitik, S. 509ff., 529.

mit, künftig einmal Fürsorge zu benötigen? – verglichen etwa mit der Sozialversicherung oder der Kriegsopferversorgung kaum attraktive politische Profilierungsmöglichkeiten bot, zumal für einen Ressortleiter, der ohnehin eher außenpolitische Ambitionen hegte. Dementsprechend fehlte, anders als bei der Rentenreform und im Bundesinnenministerium zunächst auch für die Fürsorge befürchtet, massiver Druck von seiten der sozialdemokratischen Opposition, und die dringend reformbedürftige Körperbehinderten- und Tuberkulosefürsorge wurden vorerst gesondert neu geregelt. So blieb die Fürsorgereform die meiste Zeit ein Thema für Spezialisten, das politisch wie regierungsintern lange nur auf unterer und mittlerer Ebene verhandelt wurde, ehe mit dem Subsidiaritätsstreit eine sachlich eigentlich zweitrangige Frage seit 1959 auch die politische Führungsspitze für das Gesetz interessierte.

Zwar forderte der Bundestag im Januar 1957 schließlich die baldige Vorlage eines Entwurfs für ein neues Fürsorgegesetz[4]; doch bis zur Bundestagswahl 1957 dominierte ohnehin die Rentenreform das öffentliche Interesse und die parteipolitischen Auseinandersetzungen, und auch danach gab es weder von seiten der alten und neuen Bundestagsopposition noch in einer breiteren Öffentlichkeit entsprechende Vorstöße. Im Gegenteil, mit den allseits spürbaren oder zumindest erwarteten Wirkungen des „Wirtschaftswunders", flankiert durch die individuellen Effekte der Sozialgesetzgebung, mehrten sich in der Union die Stimmen, die wie Eugen Gerstenmaier auf dem CDU-Parteitag im Mai 1957 meinten, „auf der äußersten Grenze" zu stehen, „die den Sozialstaat [...] vom haltlosen Gefälligkeitsstaat, ja vom Versorgungsstaat hochsozialistischer Prägung" unterscheide.[5]

Auch das Bestreben des Innenministeriums nach einem möglichst breiten Konsens für das neue Gesetz kostete Zeit. Schließlich bewegte sich der Bundesgesetzgeber hier im Kräftefeld von Länderzuständigkeit und kommunaler Selbstverwaltung und hing ein Erfolg des Gesetzes entscheidend von der Kooperationsbereitschaft der Bundesländer, der Kommunen und auch der freien Wohlfahrtsverbände ab. Und nicht zuletzt war es die Breite der Materie selbst, für die das fürsorgerische Alphabet von „Altenfürsorge" bis „Zuständigkeit" neu buchstabiert werden sollte. Damit bot sich eine Fülle von Ansatzpunkten für grundsätzliche wie detaillierte Kritik und für Konflikte mit der Gesundheitsabteilung im Innenministerium oder dem Familienressort.

Bei der Schilderung der Vorarbeit bis zum Regierungsentwurf vom Februar 1960 zwingt die Breite der Gesetzesmaterie zu darstellerischen Kompromissen: In einem ersten chronologisch angelegten Kapitel soll die Vorgehensweise der Sozialabteilung des Bundesinnenministeriums bis zum zweiten Referentenentwurf vom März 1959 behandelt werden. In den drei weiteren, für diese Arbeit zentralen Kapiteln folgt die Feinanalyse der verschiedenen Reformbereiche, meist über den März 1959 hinaus, um so deren legislatorische Ausgestaltung in den diachronen Zusammenhang einordnen zu können. Ein fünftes Kapitel behandelt dann die erneute Umarbeitung bis zur Verabschiedung des Regierungs-

---

[4] Vgl. Sitzung des Bundestages am 21.1.1957; BT, 2. Wp. 1953, Sten. Ber., Bd. 34, S. 10599, mit Anlage 15 (Umdruck 912), S. 10617.
[5] BldW 105 (1958), S. 5.

entwurfs, die vor allem durch den Konflikt um die Stellung der freien Wohlfahrtspflege geprägt war.

Die Feinanalyse greift dabei immer wieder zurück in die Entstehungszeit des bis 1961 geltenden deutschen Fürsorgerechts. Denn viele Reformziele des BSHG haben tatsächlich ihren Ursprung bereits in den zwanziger Jahren und verweisen damit auf die in jüngerer Zeit auch für den Wohlfahrtsstaatsvergleich entwickelte These der „Pfadabhängigkeit" spezifischer Formen der Sozialpolitik, die u.a. die „Schwerkraft früherer Sozialpolitik" durch administrative und institutionelle Beharrungskräfte betont.[6]

***

Die lange Vorbereitung eines Kabinettsentwurfs war ursprünglich keineswegs geplant. Schon auf dem Fürsorgetag 1955, als Muthesius das ganze Panorama der „Rothenfelser Denkschrift" entfaltete und ein Gesamtkonzept für eine soziale Neuordnung als Voraussetzung aller Einzelreformen propagierte, hatte Scheffler unter Berufung auf seinen Minister erklärt, daß man mit der Fürsorgereform nicht warten solle, „bis die anderen Bereiche in ihrer Ordnung schon weit fortgeschritten sind".[7] Die wachsende Ungeduld Adenauers mit den dahindümpelnden Sozialreformarbeiten, die auch das Bundesinnenministerium immer wieder dem Arbeitsressort angekreidet hatte, zeigte also auch im Innenministerium selbst Wirkung: Im April 1956 berichtete die DLT-Geschäftsführung vertraulich von „ernsthaften" Arbeiten dieses Ministeriums an einem Referentenentwurf; man wolle, so hieß es, „im BMI jedenfalls konkrete Schubladenentwürfe haben, falls ,der große Boß' eines Tages ungeduldig werde und auf dem Gebiete des Fürsorgewesens Taten sehen wolle".[8]

Die Intensität, mit der in der Sozialabteilung seit dem Winter 1955/56 an der Reform gearbeitet wurde, widersprach allerdings der Verharmlosung als „Schubladenentwürfe". Tatsächlich war unter Schefflers Leitung die Sozialabteilung des Innenministeriums, das wegen der im Dezember 1955 veröffentlichten Richtsatz-Vorschriften in die öffentliche Kritik geraten war, mittlerweile selbst an einer Systematisierung und Modernisierung des Fürsorgerechts interessiert.[9] Wichtiges Motiv war auch die Sorge, sonst würden immer mehr Sondergesetze für einzelne Gruppen unvermeidbar, dadurch das Fürsorgerecht immer stärker „aufgesplittert", die Arbeiten für die zuständigen Stellen immer mehr erschwert[10] und nicht zuletzt die öffentlichen Haushalte immer stärker belastet. Anders als bei den bisherigen Modernisierungsschritten bedurfte es also jetzt nicht mehr äußeren indirekten Drucks, um eine solche Reform zu bewirken. Die Sozialabteilung wurde

---

[6] Dazu vgl. Pierson, Politics, S. 14ff.; ferner Conrad, Wohlfahrtsstaaten, S. 160; ders., Alterssicherung.
[7] Vgl. Fürsorge und Sozialreform, S. 495ff. (Zitat S. 497); Muthesius, Die Fürsorge und die Neuordnung.
[8] „Siegburger Monatsbericht" April 1956 der DLT-Hauptgeschäftsstelle, BAK, B 172/444-01/1.
[9] Vgl. auch Deutschland im Wiederaufbau, S. 122.
[10] Vgl. Bundesinnenminister Schröder bei der ersten Lesung des BSHG-Entwurfs im Bundestag am 4.5.1960, BT, 3. Wp. 1957, Sten. Ber., Bd. 45, S. 6255.

damit zum Motor der Reform, die von einem Teil der Trägerinstitutionen, nämlich vielen kreisfreien Städten, ebenso wie von diesen eng verbundenen Experten wie Muthesius, aber auch den Fachausschüssen des DV gewünscht, von dem anderen Teil der Träger, den Landkreisen, allerdings nach wie vor abgelehnt wurde. Damit eröffnete sich die Chance, über das Interesse der Ministerialbürokratie an der eigenen Imagepflege und am Nachweis der eigenen Kompetenz ebenso wie über das Interesse der städtisch orientierten Fürsorgefachleute an einer Aufwertung bzw. Domänensicherung und rechtlichen Systematisierung der öffentlichen Fürsorge, auch indirekt die Interessen einer tatsächlichen oder potentiellen Fürsorgeklientel zur politischen Durchschlagkraft zu verhelfen.[11]

Bereits Anfang Februar 1956, noch bevor der neue Fürsorgeausschuß des Beirats zum ersten Mal tagte, hatten Scheffler und Gottschick detaillierte Konzepte für die geplanten Individualhilfen und die laufenden Unterhaltshilfen erarbeitet.[12] Außerdem hatte Scheffler einen Thesen- und Fragenkatalog zusammengestellt, der fast alle wesentlichen Elemente der künftigen Gesetzentwürfe enthielt: die Zusammenfassung des gesamten Fürsorgerechts; eine deutliche Abtrennung der Hilfen für den Lebensunterhalt von den Individualhilfen, die katalogmäßig aufgeführt wurden; für letztere sollte die bisherige enge Definition der Hilfsbedürftigkeit verlassen werden, indem höhere Einkommensgrenzen geprüft wurden, ein Weg, den sein Haus bereits in den Entwürfen für ein Körperbehindertengesetz und ein Gesetz über Tuberkulosehilfe beschritt; die Stärkung der Rechtsposition des Hilfeempfängers; die Wahrung der behördlichen Ermessensräume bei gleichzeitiger Konkretisierung der gesetzlichen Vorgaben; die klare Regelung von Trägerschaft, Zuständigkeit, Kostenausgleich und Verhältnis zur freien Wohlfahrtspflege und anderen Sozialleistungsträgern (möglicherweise in neuen örtlichen Kooperationsmodellen); die Sicherung der Leistungsfähigkeit der Träger, also der kreisfreien Städte und Landkreise; nicht zuletzt die Umbenennung der öffentlichen Fürsorge, etwa in „soziale Hilfe", um so deren Modernisierung auch nach außen zu demonstrieren.[13] Dieser Katalog, den Scheffler in der folgenden Zeit verschiedenen Reformgremien vorlegte, diente einerseits der möglichst breiten fachlichen Absicherung und Konsensbildung. Gleichzeitig aber bot er die Möglichkeit, die Arbeitsweise der Gremien zu beeinflussen und den Eindruck zu stützen, die Sozialabteilung sei über das Stadium der Materialsammlung noch nicht hinaus.[14]

---

[11] Die Bedeutung solch „mittelbare[r] Transformationsprozesse" von Klientelinteressen hält Winter, Interessen, S. 439ff., bezogen auf Großverbände wie Gewerkschaften oder Wohlfahrtsverbände für größer als die in der Verbändeforschung vielfach dominierende Perspektive der unmittelbaren Interessentransformation durch Klientenorganisationen (Zitat S. 444).
[12] Vgl. das Konzept „C. Sozialhilfe" vom 29.11.1955, BAK, B 106/20648; die Abteilungsleitervorlagen vom 29.12.1955, BAK, B 106/9689, und 4.2.1956, BAK, B 106/9688; sowie Notizen über die Besprechung mit Abteilungsleiter am 7.2.1956 mit Anlage, ebenda.
[13] Vgl. Anlage zu Scheffler an Heusler etc. am 9.2.1956, BAK, B 106/9789/2.
[14] Zur wechselseitigen Einflußnahme von Staats- und Kommunalpolitik durch Ausschüsse und Beiräte vgl. nach wie vor Bertram, Staatspolitik, S. 95f.

Als erstes erörterten Scheffler und Gottschick diesen Katalog seit Mitte Februar 1956 allerdings in ausdrücklich informellen und vertraulichen Gesprächen mit drei Männern der Praxis, die über die kommunalen Spitzenverbände vermittelt worden waren, aber nicht als deren offizielle Vertreter fungierten: mit dem Dürener Oberkreisdirektor Eduard Bierhoff, Mitglied im DLT-Sozialausschuß, mit dem Städtischen Direktor Franz Flamm aus Freiburg, Mitglied im Sozialausschuß des DST, und dem Düsseldorfer Beigeordneten Heinz Heusler, der u.a. dem Vorstand des DV angehörte.[15] Diese frühe und enge Einbindung der Städte und Landkreise und ihrer Spitzenverbände entsprach der bisherigen kommunalen Affinität der Sozialabteilung; überdies war es nur konsequent, wenn die Fürsorge Angelegenheit der kommunalen Selbstverwaltung bleiben und damit die Umsetzung des Gesetzes entscheidend von den kommunalen Trägern abhängen würde, diese in das Boot der Fürsorgereform zu holen. So nahmen Scheffler und Gottschick meist an den Sitzungen der Sozialausschüsse des DST und des DLT teil, pflegten gerade zu verschiedenen Mitgliedern des DST-Sozialausschusses enge fachliche Kontakte[16], und Gottschick versorgte den Beigeordneten für Soziales des DLT, Johann Bangert, immer wieder mit wohldosierten vertraulichen Informationen über den Gang der Reformarbeiten.[17] Außerdem sicherte er zu, daß DST und DLT rechtzeitig über einen Gesetzentwurf informiert würden.[18]

Doch diese Kooperation nur als Einfallstor für Kommunalinteressen zu interpretieren, griffe zu kurz. Zunächst benötigte die Sozialabteilung den kommunalen Sachverstand, um praktische Auswirkungen der einzelnen Reformpunkte eruieren und – nicht weniger wichtig – möglichst rasch konkrete Regelungen finden zu können.[19] Ferner nutzten Scheffler und Gottschick diese Kontakte ihrerseits immer wieder, um die kommunalen Spitzenverbände auf die eigene Linie zu bringen. Und schließlich war, wie noch zu zeigen ist, gerade Scheffler nicht gewillt, retardierenden Wünschen von kommunaler Seite einfach nachzugeben. In den insgesamt vier Gesprächen bis Anfang Oktober 1956 jedenfalls stießen die Pläne Schefflers und Gottschicks auf weitgehende Zustimmung der kommunalen Fürsorgeexperten; selbst der erfahrene Landkreis-Fachmann Bierhoff versuchte, den geplanten großzügigen Ausbau der einzelnen Individualhilfen allenfalls zu bremsen,

---

[15] Vgl. Vermerk Bangert vom 18.1.1956, BAK, B 172/444-01/4; Vermerk Referat V A 4 vom 24.1.1956, Scheffler an Heusler etc. am 9.2.1956; Vermerk über die Besprechung mit den Sachverständigen am 16.2.1956, BAK, B 106/9789/2.
[16] Vgl. die Gespräche mit Marx und Muthesius ab Ende 1956 sowie Scheffler an Schräder am 15.6.1956, BAK, B 106/20652.
[17] Vgl. die Vermerke Bangerts über Gespräche mit Gottschick vom 13.4. und 25.5.1956, BAK, B 172/444-01/4; Bangert an Hans von Koch am 19.5.1956, BAK, B 172/444-01/2. Scheffler kannte den ehemaligen SS-Obersturmbannführer und Reichsamtsleiter in der Kanzlei der NSDAP Bangert aus ihrer gemeinsamen Zeit in der Kommunalabteilung des Reichsinnenministeriums; vgl. Heisig, Armenpolitik, 1990, S. 526 ff. Inwieweit er über Gottschicks Kontakte zu Bangert informiert war, ist unklar.
[18] Vgl. Vermerk Bangert vom 25.5.1956, BAK, B 172/444-01/1.
[19] Daß von seiten des DV-Vorsitzenden solche Unterstützung vorerst nicht zu erwarten war, hatte dieser im Januar 1956 deutlich gemacht, als er auf die Bitte des BMI, mögliche Namen für solche Gespräche mit Praktikern zu nennen, nicht reagierte; vgl. Vermerk Referat V A 4 vom 18.1.1956, BAK, B 106/9789/2.

plädierte aber etwa bei der im DLT heiklen Frage der Unterhaltspflicht selbst für eine Milderung. Einfluß auf die konkrete Entwurfsgestaltung hatten die Sachverständigen ohnehin stärker auf formalrechtlichem Gebiet, indem sie z.B. erfolgreich gegen die Einführung eines unabhängigen Entscheidungsgremiums im Fürsorgeamt oder gegen die Aufgabendelegation an freie Wohlfahrtsverbände votierten.[20]

Am 21. Februar 1956 tagte unter Vorsitz von Muthesius erstmals auch der neue „Arbeitsausschuß für Fragen der Fürsorge" des Beirats für die Neuordnung der sozialen Leistungen. Seine vom Innenministerium nominierten Mitglieder waren allesamt ausgewiesene Kenner der Materie, mehrheitlich Mitglied in Hauptausschuß oder Vorstand des DV und repräsentierten die breite Palette der mit der Durchführung der künftigen Fürsorge befaßten Stellen: die Regierungsdirektorin Käthe Petersen von der Hamburger Sozialbehörde als Vertreterin der Länder, bis zu seinem plötzlichen Tod im August 1956 der stellvertretende Ausschußvorsitzende Kitz, der Frankfurter Sozialdezernent Prestel (CDU), der eng mit Muthesius kooperierende und bis zu seinem Unfalltod im Juli 1958 wohl in seinem Verband aktivste Fürsorgespezialist Theodor Marx[21] für den DST, der Flensburger Landrat Hartwig Schlegelberger (CDU) für den DLT, der Leiter des niedersächsischen Landessozialamts Wyneken Kobus für die Arbeitsgemeinschaft der Landesfürsorgeverbände, Paul Collmer und die Vorsitzende des Katholischen Fürsorgevereins für Mädchen, Frauen und Kinder (KFV) und stellvertretende Vorsitzende der Frauenvereinigung in der CDU, Elisabeth Zillken[22] für die freie Wohlfahrtspflege, der Fürsorgebeauftragte des DGB Walter Henkelmann sowie als Vertreter von Nachbarbereichen der Leiter des Bielefelder Kreisgesundheitsamtes Alfred Rainer, der Direktor der Landesversicherungsanstalt Oberbayern Lang und Valentin Siebrecht, Abteilungsleiter in der Nürnberger Bundesanstalt für Arbeit.[23]

An den insgesamt zwanzig, meist zweitägigen Sitzungen des Ausschusses bis zum Sommer 1958 nahmen neben Scheffler bzw. seinem Nachfolger Duntze und Gottschick in der Regel auch zahlreiche Vertreter der Bundesministerien für Arbeit, für Finanzen und für Vertriebene sowie auch einzelne Mitglieder des Beirats, vor allem Auerbach, teil. Doch nicht nur die Größe des vertraulich tagenden Ausschusses garantierte bereits eine gewisse Behäbigkeit der Arbeitsweise. Auch der Vorsitzende Muthesius selbst drosselte das Beratungstempo: Anders als Scheffler, der bei der ersten Sitzung den Inhalt seines Thesenpapiers zur Diskussion stellte und die „Erarbeitung konkreter Grundsätze für die gesetzgeberische Tätigkeit"

---

[20] Vgl. die Vermerke über die Besprechungen mit den Sachverständigen am 16.2., 14.3., 3.5. und 9.10.1956, Scheffler an Bierhoff etc. am 11.4. und 22.9.1956, mit Anlagen, ebenda.
[21] Marx, bis Ende Mai 1956 in Nürnberg Stadtrat für Sozialfürsorge und Jugendbelange, gehörte neben dem Sozialausschuß des DST auch dem Vorstand und diversen Fachausschüssen des DV an, stellte dort für den DST wichtige Querverbindungen her und leistete wie im Beirats-Fürsorgeausschuß wichtige konzeptionelle Vorarbeiten.
[22] Zu Zillken vgl. auch Mockenhaupt, Elisabeth Zillken.
[23] Vgl. Niederschrift über die Sitzung des Arbeitsausschusses für Fragen der Fürsorge am 21.2.1956, ADW, HGSt 6769.

für vordringlich hielt, gewann Muthesius den Ausschuß dafür, zunächst einmal „den Gesamtkomplex laufender Leistungen" zu beraten.[24] Damit hatten sich die alten Fronten verkehrt: Während die Bundesregierung die umfassende Sozialreform bereits „auf ein bald zum Stillstand führendes Nebengleis"[25] geschoben hatte und nun das Innenministerium die lange von ihm blockierte Fürsorgereform forcierte, forderte mittlerweile der DV-Vorsitzende und Rothenfelser Gutachter nachdrücklich einen konzeptionellen Rahmen, „der die Einheitlichkeit der gesamten Neuordnung verbürgt" und am besten vom Bundeskanzler in einer Proklamation verkündet werden sollte.[26] Anders als Anfang der fünfziger Jahre fürchtete Muthesius nicht mehr, die Fürsorge werde von der „Sozialreform" mehr oder weniger ausgenommen, sondern sah in ihr umgekehrt die unabdingbare Voraussetzung für eine Reform der Fürsorge in seinem Sinne. Insofern war auch das Arbeitsprogramm des Fürsorgeausschusses nur konsequent.[27] Dem Bemühen um eine Gesamtkonzeption entsprach es auch, daß der Ausschuß bis zum Herbst 1956 um eine Abstimmung mit den Ergebnissen der übrigen Beirats-Arbeit bemüht war und sich mit übergreifenden Grundsatzfragen wie der Rehabilitation befaßte.[28] Allerdings lief der Ausschuß damit Gefahr, statt die entscheidende Vorarbeit für die Fürsorgereform zu leisten, hinter den Arbeiten im Innenministerium hinterher zu hinken. Dort jedenfalls, kolportierte Bangert im April 1956 Äußerungen Gottschicks, laufe die Arbeit am Referentenentwurf „völlig selbständig" neben den Beratungen des Fürsorgeausschusses, der „augenscheinlich sehr langatmig arbeiten werde".[29]

Auch Scheffler war sich bewußt, daß er für einen sorgfältig ausgearbeiteten Gesetzentwurf Zeit benötigte, und war daher erleichtert, daß der CDU-Parteitag Ende April keine entsprechenden Forderungen erhob.[30] Vielmehr wurde dort die Fürsorge vergleichsweise knapp und konzeptionslos abgehandelt.[31] Wenn Scheffler die Vorarbeiten trotzdem weiter vorantrieb, dann, um nicht wie das Arbeitsministerium durch Initiative des Kanzlers oder jüngst durch einen eigenen Entwurf der SPD überrumpelt zu werden.[32] Ein weiteres, in den Unterlagen aller-

---

[24] Ebenda; ferner Niederschrift über die Sitzung des Arbeitsausschusses am 6./7.4.1956, ebenda.
[25] Hockerts, Entscheidungen, S. 434.
[26] Muthesius, Sozialreform; ähnlich vor der Gruppe II des DV-Studienkreises „Soziale Neuordnung" am 26.1.1956, Niederschrift, ADW, ZB 856.
[27] Vgl. Muthesius, Die Fürsorge und die Neuordnung, S. 29.
[28] Vgl. die Niederschriften über die Sitzungen des Arbeitsausschusses für Fragen der Fürsorge am 8.5., 15./16.6., 19./20.10. sowie 30.11./1.12.1956, ADW, HGSt 6769.
[29] „Siegburger Monatsbericht" April 1956 der DLT-Hauptgeschäftsstelle, BAK, B 172/444-01/1, sowie Vermerk Bangert vom 13.4.1956, BAK, B 172/444-01/4.
[30] Vgl. Abteilungsleiter V an Staatssekretär I am 4.5.1956, BAK, B 106/20652.
[31] Während für die Reform der Renten- und Krankenversicherung konkrete und kohärente Reformziele benannt wurden, lauteten die Forderungen für die Fürsorge nur: Rechtsanspruch auf Fürsorge, bundesweite Bestimmungen für die laufenden Unterstützungen, Beschränkung von Unterhalts- und Rückerstattungspflicht, Fürsorgelastenausgleich für ärmere Landkreise, Besserstellung des fürsorgerischen Fachpersonals; vgl. Lünendonk, CDU-Parteitag, S. 128ff.
[32] Vgl. Vermerke Bangerts über Gespräche mit Gottschick vom 25.5.1956 und 4.2.1957, BAK, B 172/444-01/4.

dings nicht nachweisbares Motiv war möglicherweise, daß auch in der DDR das Fürsorgerecht reformiert worden war.[33]

Am 25. Mai 1956 war der erste Teilentwurf des „Sozialhilfegesetzes" fertig. Er befaßte sich mit dem materiellen Recht und statuierte einen Rechtsanspruch auf „Sozialhilfe". Während sich der Sonderabschnitt über die laufenden Unterstützungsleistungen weitgehend im bisherigen Rahmen bewegte, brachte der dritte Abschnitt zur „Hilfe für besonderen Lebensbedarf" wesentliche Neuerungen: Mit dem Katalog der Wirtschaftshilfe, Ausbildungshilfe, Krankenhilfe, Hilfe für Schwangere und Wöchnerinnen, Hilfe für körperlich und geistig Behinderte, der Hilfe zur Pflege, der Haushaltshilfe, der Hilfe für sozial Gefährdete, der „Hilfe in sonstigen Fällen" und der „Beratung in sozialen Fragen" wurden zwar noch kaum wirklich neue Hilfearten aufgeführt; neu war aber, daß für alle diese Hilfen bis auf die beiden letztgenannten ein Rechtsanspruch vorgesehen, Voraussetzung und Inhalt der Hilfegewährung jeweils detailliert geregelt und mittels deutlich über dem Richtsatz liegender Einkommensgrenzen der potentielle Empfängerkreis erheblich ausgeweitet wurde.[34]

Vier Tage später referierte Scheffler auf der Konferenz der für das Wohlfahrtswesen zuständigen Länderminister (d.h. vor den sie vertretenden leitenden Fürsorgereferenten) in Berlin über eine mögliche Fürsorgereform, „die im wesentlichen unabhängig von der Reform anderer Sozialleistungsträger laufen" werde.[35] Zwar machte Scheffler deutlich, daß man nicht an den hergebrachten Fürsorgeprinzipien rütteln und die Grenzen der Bundeszuständigkeit achten wolle; da jedoch bisher der behördliche Ermessensraum „in der Praxis häufig nicht annähernd ausgeschöpft" worden sei, sei eine gewisse Konkretisierung erforderlich, die er dann auf der Grundlage des Thesenkatalogs vom Februar durchexerzierte. Daß dies bereits zum Teil dem Arbeitsstand im Bundesinnenministerium entsprach, verneinte er.

Ob allerdings, wie Bangert vom DLT annahm, etwa im Fürsorgeausschuß des Beirats tatsächlich nichts von diesen konkreten Arbeiten bekannt war, erscheint fraglich.[36] Muthesius und Marx gingen ohnehin davon aus, daß in der laufenden Legislaturperiode keine Verabschiedung eines neuen Fürsorgegesetzes durch den überlasteten Bundestag zu erwarten war, zumal für die Fürsorge von einem „umfangreichen und zeitraubenden Reformgeschäft" auszugehen sei.[37] Statt dessen

---

[33] Mit drei Verordnungen vom 23.2.1956 hatte der Ministerrat der DDR die „Sozialfürsorge" mit zentral festzulegenden Unterstützungssätzen weiter standardisiert, diese Leistungen deutlich erhöht und die Rückerstattung beseitigt. Gleichzeitig wurden aber die Voraussetzungen für die Fürsorgegewährung zu einem faktischen Arbeitszwang verschärft und damit die weitere Marginalisierung der Fürsorge im sozialen Sicherungssystem der DDR gefördert; vgl. NDV 38 (1958), S. 44; Frerich/Frey, Handbuch, Bd. 2, S. 364ff.; Rudloff, Fürsorge, S. 196ff.
[34] Vgl. den BSHG-Teilentwurf vom 25.5.1956, BAK, B 106/20648.
[35] Kurzfassung des Referats, BAK, B 106/20652; ferner Kurzprotokoll über die Konferenz am 29.5.1956, BAK, B 106/9789/2.
[36] Vgl. Bangert an Schlegelberger am 2.6.1956, BAK, B 172/444-01/4.
[37] Marx, Die Städte zur Neuordnung, S. 73; vgl. ferner Marx, Die Städte und die Neuordnung, S. 336ff.; Muthesius, Sozialreform, sowie in einem Vortrag vor dem DLT-Sozialausschuß am 5.9.1956, Ms., BAK, B 106/9697.

I. Auf der Suche nach der „evolutionären Lösung" 181

blieb es vorerst auch die Linie der Fürsorgespezialisten im DST, ein umfassendes Neuordnungskonzept einzufordern, bevor eine Reform des Fürsorgerechts darin systematisch einzubauen sei. Denn nur wenn es gelänge, die sozialen Leistungen so systematisch und effektiv zu ordnen, daß die Fürsorge nicht mehr unzureichende Leistungen anderer Bereiche laufend ergänzen müßte, wenn also die Fürsorge für „ihre eigentliche Aufgabe" frei würde, sei deren Reform überhaupt möglich.[38] Inwieweit man dabei einen möglichen Regierungswechsel einkalkulierte, blieb allerdings offen.

Auf der DST-Hauptversammlung im Juni 1956 in Essen jedenfalls wurden „Die sozialen Aufgaben der Städte" im Rahmen der Neuordnung nach einem Vortrag von Marx weiträumig abgesteckt.[39] Dabei hatten der „Sonderbeauftragte für die Neuordnung der sozialen Hilfe" des DST, Kitz, und die DST-Hauptreferentin Schräder weiterhin eine – finanziell abzusichernde – Kompetenzerweiterung der Städte im Sinn.[40] Marx hingegen ging es um die Fürsorge selbst: Viel zu lange und inadäquat mit der Bewältigung von Massennotständen überlastet, sollte sie nun endlich so eingesetzt werden, daß sie als gleichwertige dritte Säule der sozialen Sicherung genuin nur durch ihre Methoden zu bewältigende Aufgaben vor allem bei der Gesundheitsfürsorge und der Jugendhilfe übernähme, mit den Städten als berufenen Trägern.[41] Für eine solche Fürsorgereform fehlten aber wesentliche Voraussetzungen: Nicht einmal innerhalb der Fachkreise gelinge es bisher, „von der Vergangenheit der kommunalen Fürsorge so zu abstrahieren, daß Reminiszenzen nicht verhängnisvolle Einflüsse auf das Leitbild einer Fürsorge der Zukunft haben würden. Zudem steht die Fürsorge noch allzu sehr unter dem Ausnahmezustand der direkten und indirekten Kriegsfolgen".[42] Marx spielte also wie Muthesius auf Zeit: Er wollte abwarten, bis Verbesserungen bei der Rentenversicherung, der Arbeitslosenversicherung und -hilfe, wirtschaftlicher Aufschwung und die eingeleitete Reform der Finanzverfassung die kommunalen Träger so spürbar entlasteten, daß diese zu einem großzügigen Ausbau der gesamten Fürsorge bereit und latente Ängste vor einer abermaligen Überlastung durch Massenarbeitslosigkeit überwunden würden.

Aus ganz anderen Motiven arbeitete mittlerweile auch Bangert im DLT an einem Abbau dieser gerade in seinem Verband verbreiteten „Reminiszenzen". Im Juni-Heft der DLT-Zeitschrift forderte er die Landkreisvertreter auf, sich der modernen gesellschaftlichen und sozialpolitischen Entwicklung zu stellen. Der wachsende allgemeine Wohlstand habe auch die Auffassung über die Höhe angemessener Sozialleistungen verändert: „Der Anspruch an das Leben ist heute weder von Kalorien noch von der unentbehrlich-primitiven Wohnungseinrichtung her abzustecken. Das Existenzminimum ist gemeinsam mit der allgemein gestiegenen Lebenshaltung

---

[38] Vgl. Marx, Die Städte zur Neuordnung, S. 21ff. (Zitat S. 24); auch DST-Präsident Otto Suhr, Städte, S. 339.
[39] Vgl. Der Städtetag 9 (1956), S. 327ff.
[40] Vgl. Vortrag Kitz vor dem DLT-Sozialausschuß am 12.1.1956, Ms., BAK, B 172/444-01/1; Schräder, Weg; dies., Neuordnung.
[41] Vgl. das der Städteversammlung vorgelegte kommunale Sozialprogramm von Marx, Die Städte zur Neuordnung, hier S. 66ff.
[42] Marx, Die Städte und die Neuordnung, S. 337.

nach oben in Bewegung gekommen [...]." Wollten die Kommunen ihrem Anspruch auf mehr Eigenständigkeit gerecht werden, könnten sie sich bei der Fürsorge, einem „Kernstück des kommunalen Selbstverwaltungsbereichs", nicht auf eine pauschale Ablehnung jeglicher Reform beschränken. „Bei aller Anerkennung für Sparsamkeit und Achtung vor dem, was war und organisch geworden ist: der Sozialpolitiker darf nie kurzsichtig, knickerig, spießbürgerlich und eng werden." Sonst liefen die Kommunen Gefahr, im Bundestag kein Gehör zu finden, denn wer „nicht überrascht oder gar überfahren werden will, muß beizeiten gestaltend eingreifen".[43] Die Telefonate mit Gottschick zeigten also Wirkung: Sie hatten nicht nur belegt, daß das Innenministerium von einer grundlegenden Reform des Fürsorgerechts nicht abzubringen sein würde, sondern Gottschick hatte auch angeführt, daß im Bundestag die kommunalen Spitzenverbände und selbst die Vertreter seines Hauses als notorische Nein-Sager gälten.[44] Die von Scheffler geplante Einschränkung behördlicher Ermessensräume verdanke sich vor allem der Praxis in vielen Landkreisen: Während in den Städten meist an Fürsorgefragen interessierte Dezernenten des höheren Dienstes die Sozialämter leiteten, werde von den Landräten die Fürsorge „immer noch als etwas Zweitklassiges gesehen [...], mit dem sich die Inspektoren herumschlagen sollen". Die konkreteren Regelungen sollten daher „draussen denen, die es anwenden müssen, auch einen kleinen Rückhalt durch das Gesetz geben".[45] Inwieweit dies auch eine indirekte Aufforderung Gottschicks an die Landkreise beinhaltete, den Städten nicht das Terrain zu überlassen, bleibe dahingestellt. Seit dem Sommer 1956 befaßte sich jedenfalls auch der DLT-Sozialausschuß mit der Fürsorgereform und machte dabei die Eindämmung des „überall auftauchenden Gesetzesperfektionismus"[46] zu einem seiner Hauptziele.

Zu einem gemeinsamen Vorgehen der Fürsorgeexperten von DST und DLT kam es trotz mancher etwas halbherziger Versuche nicht.[47] Zwar hielt Muthesius Anfang September im DLT-Sozialausschuß einen viel beachteten Vortrag über die Neuordnung des Fürsorgerechts, in dem er abermals die Sonderrolle der laufenden Leistungen in den Mittelpunkt stellte und eine Grobgliederung für das kommende Gesetz vorlegte.[48] Doch die anfängliche Zustimmung im DLT bröckelte bald wieder, und man ging getrennter Wege. Das hing, abgesehen von unterschiedlichen parteipolitischen Präferenzen, vor allem damit zusammen, daß im DST-Sozialausschuß tatsächlich das sozialpolitische Interesse die Finanzierungsfrage dominierte und man hier ohnehin davon ausging, daß sich die Mehrbelastungen durch die Reform für die Städte in vertretbarem Rahmen halten würden. Ganz anders im DLT, wo eine restriktive Fürsorgetradition ebenso wie tatsächliche Strukturschwächen vieler agrarischer Kreise zu berücksichtigen waren

---

[43] Die Selbstverwaltung 10 (1956), S. 136.
[44] Vgl. Vermerk Bangert vom 25.5.1956, BAK, B 172/444-01/4.
[45] Ebenda; ferner „Siegburger Monatsberichte" Mai 1956, BAK, B 172/444-01/1.
[46] DV-Geschäftsführer Pense auf der Sitzung des DLT-Sozialausschusses am 13.7.1956, Niederschrift, BAK, B 172/444-01/1.
[47] Vgl. etwa Schmerbeck an Kitz am 20.12.1955, ebenda.
[48] Vgl. Niederschrift über die Sitzung des DLT-Sozialausschusses am 5./6. September 1956, ebenda, sowie ein Manuskript des Vortrags in: BAK, B 106/9697; auch Muthesius, Bundesfürsorgegesetz.

I. Auf der Suche nach der „evolutionären Lösung" 183

und damit an großstädtischen Standards orientierte Normierungen der Fürsorge auf Ablehnung stießen. Um aber den Eindruck bloß fiskalischer Interessen zu verwischen, bemühten die DLT-Vertreter vor allem eine sozialethische Argumentation, in der Pflicht (und Recht) zur Selbsthilfe betont und weite Ermessensräume mit den Erfordernissen der individuell wirksamen Hilfe begründet wurden.[49]

Ende November 1956 war in der Sozialabteilung der erste vollständige „Entwurf eines Gesetzes über die Gewährung von Sozialhilfe" fertig.[50] Er war von dem Bemühen geprägt, eine umfassende individuelle Hilfestellung der Allgemeinheit auch bei immateriellen Notlagen zu gewährleisten und daher die Rechtsstellung des Hilfeempfängers zu stärken, nicht in jedem Fall den vollen Einsatz der eigenen Mittel zu verlangen, bestimmte neue, teilweise detailliert geregelte Leistungsstandards der „Sozialhilfe" zu sichern und so die Träger der Fürsorge sehr viel stärker als bisher zu binden. Der Katalog der Individualhilfen wurde um die Hilfe für alte Menschen und die vorbeugende Gesundheitshilfe sowie die traditionelle Hilfe für Minderjährige erweitert. Klare Vorschriften über das einzusetzende Personal und Finanzierungshilfen der Länder sollten die Leistungsfähigkeit der Träger sichern. Damit war die erste Arbeitsphase, in der die wesentlichen Gestaltungselemente des geplanten Regierungsentwurfs festgelegt wurden, abgeschlossen, und die Feinarbeit begann.

Mittlerweile rechneten Scheffler und Gottschick allerdings nicht mehr damit, noch in der laufenden Legislaturperiode den Entwurf zur Kabinettsreife bringen zu müssen.[51] Am 21. Januar 1957 forderte der Bundestag bei der Verabschiedung der Rentenreform in einem Entschließungsantrag von CDU/CSU und FVP zwar einstimmig die Bundesregierung zur Vorlage eines Entwurfs für ein neues Fürsorgegesetz auf; dies sollte „mit tunlichster Beschleunigung" geschehen, von einer Fertigstellung noch vor der Bundestagswahl aber war nicht die Rede.[52] Doch Gottschick ging davon aus, daß man in der neuen Legislaturperiode nicht mehr lange werde warten können, „da schon von den Parteien die verschiedensten Anzapfungen in dieser Richtung vorlägen"[53]. Scheffler erklärte, das Bundesinnenministerium wolle bis Herbst 1957 einen Referentenentwurf fertigstellen, der wohl im Januar 1958 kabinettsreif sei.[54]

---

[49] Vgl. Johann Bangert, Ersatzpflicht; Die Selbstverwaltung 11 (1957), S. 391.
[50] BAK, B 106/20648. Die Bestimmungen der geplanten Gesetze für Körperbehindertenfürsorge und Tuberkulosehilfe sowie für die Kriegsopferfürsorge sollten später eingearbeitet werden. Die jeweiligen Einzelregelungen behandeln die folgenden Abschnitte.
[51] Vgl. Vermerk Bangert über ein Gespräch mit Gottschick vom 4.2.1957, BAK, B 172/444-01/4.
[52] Vgl. BT, 2. Wp. 1953, Sten. Ber., Bd. 34, S. 10599, mit Anlage 15 (Umdruck 912), S. 10617. Leider geben weder die zeitgenössischen Protokolle des Sozialpolitischen Arbeitskreises der CDU/CSU-Fraktion, vgl. ACDP, CDU/CSU-Fraktion AK IV, VIII-005-001/3, noch der Fraktion selbst, vgl. ACDP, Büro des Fraktionsvorstands, VIII-001-1007/3, noch des Sozialpolitischen Ausschusses der Bundespartei, vgl. ACDP, Bundesgeschäftsstelle, VII-004-090/2 und -560/2, Hinweise auf das Zustandekommen dieses Entschließungsantrags.
[53] Vermerk Bangert vom 4.2.1957, BAK, B 172/444-01/4.
[54] Vgl. Entwurf der Niederschrift über die Sitzung des DST-Sozialausschusses am 15./16.3. 1957, LAB, B Rep. 142-9, 1236.

Bei ihren weiteren Vorarbeiten lavierte die Sozialabteilung zwischen Skylla und Charybdis: Einerseits war sie den beschriebenen Reformzielen verpflichtet; andererseits galt es, die vielerorts beschränkte kommunale Leistungsfähigkeit und Leistungsbereitschaft nicht überzustrapazieren. Insofern war es wichtig, dem Entwurf möglichst starken Rückhalt durch Fachvertreter zu verschaffen. Dabei agierten Scheffler und Gottschick auf zwei Ebenen: In offiziellen Gesprächen mit den Länderspezialisten und durch ihre regelmäßige Teilnahme an den Sitzungen der Sozialausschüsse von DST bzw. DLT informierten sie sich über die dortige Meinungsbildung, zum Teil zu sehr konkreten Einzelfragen. Scheffler hielt dabei die Fiktion aufrecht, sein Ministerium sei noch in der Phase der Materialsammlung, und legte den Gremien den bekannten, nun an den vorliegenden Gesetzentwurf angepaßten Fragenkatalog vor.[55] Auf diese Weise würde ungeachtet der Tatsache, daß man in seiner Abteilung schon sehr viel weiter war, der künftige Entwurf als mit den Ländern und den Kommunen abgestimmtes Beratungsergebnis präsentiert werden können.[56]

Daneben gab es eine zweite, inoffizielle Ebene der Expertengespräche: Schon seit Mitte Dezember 1956 trafen sich Gottschick und Scheffler in dessen Wohnung mit Marx und Muthesius zu streng vertraulichen Beratungen über den November-Entwurf. So konnten die Ministerialbeamten ihren Entwurf nicht nur durch zwei ausgewiesene Fürsorgeexperten überprüfen lassen, deren Reformlinie in wichtigen Punkten derjenigen Schefflers entsprach. Gleichzeitig bot sich damit die Möglichkeit, die Reformarbeiten im DV, im Beirat und im DST gewissermaßen an diejenigen des Ministeriums rückzukoppeln.[57] Für Marx und Muthesius, die ja eigentlich die Arbeit an einem konkreten Entwurf für verfrüht hielten, bot sich umgekehrt die verlockende Chance, in einem noch frühen Stadium auf die Regierungsarbeit Einfluß zu nehmen. Das hinderte sie nicht daran, auch weiterhin in den von ihnen beeinflußten Reformgremien in wichtigen Einzelfragen andere Lösungen als das Bundesinnenministerium zu propagieren. Alles in allem aber befürworteten sie die dort geplanten Regelungen.[58]

Auch die Fürsorgereferenten der Länder stützten mehrheitlich die Linie der Sozialabteilung.[59] Und selbst der DLT-Sozialausschuß zeigte sich bereit, bis an die Grenze des innerhalb des eigenen Verbandes Vertretbaren zu gehen: Anfang Februar anerkannte er nicht nur, daß sich die Vorstellung von den Aufgaben der

---

[55] Vgl. Schreiben der DLT-Hauptgeschäftsstelle an den Landkreisverband Bayern vom 4.1. 1957, BAK, B 172/444-01/2; Vermerk Abteilungsleiter V vom 18.1.1957, BAK, B 106/20652; den Fragenkatalog übersandte das BMI u.a. auch an den DST; vgl. Gottschick an Schräder am 14.1.1957, mit Anlage, LAB, B Rep. 142-9, 1282.
[56] So auch Scheffler in einem Dankesschreiben an die kommunalen Sachverständigen vom 7.1.1957, BAK, B 106/9789/2.
[57] Zur engen Zusammenarbeit zwischen Gottschick und Muthesius beim Dirigieren des Fürsorgeausschusses vgl. auch Gottschick an Muthesius, 13.6.1958, BAK, B 106/9778.
[58] Vgl. die Vermerke des Referats V A 4 über die Besprechungen mit Muthesius und Marx vom 21.12.1956, 23.1., 21.2., 16.5.1957, BAK, B 106/20652, sowie vom 12.12.1957, BAK, B 106/20643; Scheffler an Muthesius, 25.4.1957, BAK, B 106/20652.
[59] Vgl. die Niederschriften über die Besprechungen mit den Referenten der Länder am 12. 12.1956 und 5./6.2.1957, BAK, B 106/9789/2.

Fürsorge „im neuen Sozialstaat" gewandelt hätte und der traditionelle Hilfsbedürftigkeits-Begriff zu erweitern sei, sondern stimmte „im Grundsatz" auch einem Rechtsanspruch auf Fürsorge zu.[60] Nur wenige Tage zuvor hatte Gottschick Bangert abermals vor den möglichen Konsequenzen einer obstruktiven Haltung gewarnt: „Wenn jetzt nichts auf dem Wege zu einer Fürsorgeneuordnung getan wird, wird die SPD nach Meinung von Herrn G. eines Tages so neuordnen, dass wir die Fürsorge nicht wiedererkennen".[61] Die nun eingeleitete Neuordnung sollte nach Auffassung des DLT-Sozialausschusses jedoch so gedrosselt wie möglich vonstatten gehen: Wenn er eine Abschaffung der Kostenersatzpflicht und eine Entschärfung der Unterhaltspflicht ablehnte, die „speziellen Hilfen" nicht mit Rechtsanspruch versehen, möglichst wenig reglementieren und allenfalls „gewisse Leistungsgruppen" konzedieren wollte, dann zeichneten sich künftige Konfliktlinien deutlich ab. Immerhin hatte der DLT damit schon Anfang Februar 1957 eine Stellungnahme zu Schefflers Katalog fertiggestellt.

Der DST-Sozialausschuß nahm sich mehr Zeit: Nach ersten Überlegungen Mitte Oktober 1956 war man im Januar übereingekommen, die Fürsorgereform „in nächster Zeit intensiv in Angriff zu nehmen", und bildete einen von Marx geleiteten Arbeitskreis, in dem u.a. Käthe Petersen und bis zum November 1957 auch Muthesius mitarbeiteten.[62] Dieser Arbeitskreis sollte eine detaillierte Stellungnahme des DST zu den Fragen des Innenministeriums erarbeiten.[63]

Auch der Beiratsausschuß änderte nun seine Strategie: Mit dem Bundestagsbeschluß und Schefflers Ankündigung eines Regierungsentwurfs war die weiträumige theoretische Erörterung von Grundlagenkonzepten obsolet geworden; dies umso mehr, als der Ausschußvorsitzende und sein neuer Stellvertreter Marx über das Tempo des Bundesinnenministeriums bestens informiert waren. So behandelte nun auch der Beirats-Ausschuß Fragen wie die Rechtsstellung des Fürsorgeempfängers oder die Regelung der einzelnen künftigen Individualhilfen.[64] Das hatte zur Folge, daß Gottschick und Scheffler bei ihrer Überarbeitung des Entwurfs

---

[60] Niederschrift über die Sitzung des DLT-Sozialausschusses am 8.2.1957, BAK, B 172/444-01/1.
[61] Vermerk Bangert vom 4.2.1957, BAK, B 172/444-01/4.
[62] Ursprünglich hatte Marx diese Vorarbeiten noch abgelehnt; vgl. die Niederschriften über die Sitzungen des DST-Sozialausschusses am 12./13.10.1956, LAB, B Rep. 142-9, 1282, und 11./12.1.1957, LAB, B Rep. 142-9, 1236; Vermerk Abteilungsleiter V vom 18.1.1957, BAK, B 106/20652.
[63] Vgl. Niederschrift über die Sitzung des DST-Sozialausschusses am 15./16.3.1957, LAB, B Rep. 142-9, 1236; Vorschläge von Marx zur Neuordnung des Fürsorgerechts vom 19.2.1957, sowie die Niederschriften über die Sitzungen des DST-Arbeitskreises „Fürsorgerecht" am 7./8.5., 2.9., 16.10. und 7.11.1957, LAB, B Rep. 142-9, 1282. Zu den Reformüberlegungen innerhalb des DST vgl. Heisig, Armenpolitik, 1995, S.139ff.; aufgrund der von ihm verwendeten Quellen konstatiert Heisig im DST entscheidenden „Reformdruck" und überbewertet damit die Bedeutung dieser Aktivitäten für die Arbeit des BMI; die von ihm behauptete Absicht „des" DST etwa, „einen eigenen ‚Fürsorgerechtsentwurf' zu entwickeln" (S.142), wird durch das von ihm herangezogene Protokoll der Sitzung des DST-Sozialausschusses am 12./13.10.1956, LAB, B Rep. 142-9, 1282, in keiner Weise belegt.
[64] Vgl. Niederschriften über die Sitzungen des Arbeitsausschusses für Fragen der Fürsorge am 1./2.2., 1./2.3., 3./4.5., 14./15.6. sowie 25./26.10.1957, ADW, HGSt 6769.

vom November 1956 nicht nur die Einwände von Marx und Muthesius, sondern auch die Überlegungen des Ausschusses stärker als bisher berücksichtigten.[65]

Der DV-Vorstand stellte sich ebenfalls darauf ein, daß die Fürsorgereform „unaufschiebbar" sei, und beschloß im Frühling 1957, den nächsten Fürsorgetag im November ganz diesem Thema zu widmen.[66] Eine eigens im Mai gebildete, ebenfalls von Muthesius geleitete Untergruppe des Studienkreises „Soziale Neuordnung" bereitete neben den einzelnen DV-Fachausschüssen den Fürsorgetag inhaltlich vor und stellte auch einen Teil der Referenten und Arbeitsgruppenleiter.[67] Dieses weitere Reformgremium verkörperte nahezu idealtypisch die für die deutsche Fürsorge kennzeichnende enge personelle Verflechtung verschiedener Entscheidungs- und Exekutivebenen: So waren nicht nur mehrere Mitglieder der Gruppe gleichzeitig im Fürsorgeausschuß des Beirats und/oder in den Sozialausschüssen des DST und des DLT tätig, sondern zu ihr gehörten auch Fürsorgereferenten der Länder und wichtige Vertreter der konfessionellen Wohlfahrtspflege sowie als ständige Gäste Scheffler und Gottschick.[68] Damit trafen sich in unterschiedlich legitimierten und politisch positionierten Reformgremien in unterschiedlicher Konstellation fast immer die gleichen Fürsorgeexperten. Dieser potentielle Einflußgewinn einzelner Fachleute brach sich allerdings an dem jeweils unterschiedlich wirksamen Zwang zum Konsens, so daß etwa die Verfechter einer Besserstellung der freien Wohlfahrtspflege die DV-Gremien nicht für ihre Ziele nutzen konnten.

Ein weiteres Element solcher Verflechtungen gerade im Bereich kommunaler Interessen ist der personelle Austausch zwischen Ministerien und kommunalen Spitzenverbänden.[69] Jüngstes Beispiel dafür war jetzt Anton Oel, Oberregierungsrat in der Sozialabteilung des Bundesinnenministeriums und langjähriger Mitarbeiter Gottschicks, der Anfang 1957 Beigeordneter für Soziales im DST wurde.[70] Allerdings scheint das nur eine Verkürzung der Informationswege zwischen DST und Sozialabteilung[71], aber keine konspirative Kooperation zur Folge gehabt zu haben. Denn Oel war Mitglied der SPD und gehörte zu den Autoren des Sozialplans vom Sommer 1957, dessen Gesamtkonzeption einer breiten sozialen Grundsicherung für alle Staatsbürger mit den Zielen eines christdemokratisch geführten Ministeriums nicht kompatibel war.

Spätestens mit dem klaren Sieg der CDU/CSU bei den Bundestagswahlen im September 1957 war die Realisierung des Sozialplans ohnehin in weite Ferne ge-

---

[65] Vgl. die Vermerke Referat V A 4 über die Besprechungen mit Abteilungsleiter vom 24., 26. und 30.4. sowie 6.7.1957, BAK, B 106/9789/2; Abteilungsleitervorlage vom 23.5. 1957, BAK, B 106/20652.
[66] NDV 37 (1957), S. 221; vgl. ferner NDV 38 (1958), S. 34f.
[67] Vgl. die Berichte über die konstituierende Sitzung der Gruppe IV „Fürsorgerechtsreform und soziale Neuordnung" am 2.5.1957, BAK, B 106/9787, sowie am 13.6.1957, LAB, B Rep. 142-9, 1263, und 16.7.1957, ADW, HGSt, SP-S XXIIIc I/0.
[68] Zur Gruppe IV des DV-Studienkreises gehörten u.a.: Muthesius, Achinger, Collmer, Willi Hoppe, Heinz Keese, Franz Klein, Wyneken Kobus, Marx, Otto Ohl, Käthe Petersen, Schlegelberger und Ernst Weinbrenner.
[69] Vgl. Bertram, Staatspolitik, S. 129ff.
[70] Vgl. auch Heisig, Armenpolitik, 1990, S. 572f.
[71] Vgl. etwa Vermerk Kelm vom DST, 12.1.1960, LAB, B Rep. 142-9, 1284.

rückt. Die darin vorgesehene Konzentration der „Sozialhilfe" auf Individualhilfen allerdings lag von der Reformlinie des Bundesinnenministeriums ohnehin nicht so weit entfernt.[72] Wenn der DV-Vorstand tatsächlich gehofft hatte, daß „in den zu erwartenden grundsätzlichen Erklärungen der neuen Bundesregierung die Fürsorgerechtsreform als dringliche Aufgabe bezeichnet" werde[73], dann hatte er sich gründlich getäuscht. In seiner Regierungserklärung Ende Oktober sagte Adenauer zwar, die „Sozialreform wird fortgeführt werden", doch die Fürsorge erwähnte er mit keinem Wort.[74]

Nichtsdestoweniger hatte die Neubildung von Bundesregierung und Bundestag auch für die Fürsorge ganz unmittelbare Konsequenzen: Die Jugendabteilung wurde vom Innen- in das Familienministerium überführt und damit der eng mit der Fürsorge zusammenhängende Bereich der Jugendhilfe zum Gegenstand möglicher Ressortkonflikte. Der Bundestag legte entgegen dem Votum auch der Sozialpolitiker der Unionsfraktion den Fürsorgeausschuß mit demjenigen für Kommunalpolitik zusammen, unter Leitung von dessen Vorsitzendem Willeke, dem Generalsekretär der Kommunalpolitischen Vereinigung der CDU.[75] Das minderte nicht nur das politische Gewicht der Fürsorgespezialisten unter den Ausschußmitgliedern, sondern machte den Ausschuß, der für die Beratung des Sozialhilfegesetzes zuständig sein würde, auch kommunalen Interessen zugänglicher, als es etwa die von der SPD favorisierte Zusammenlegung mit dem Sozialpolitischen Ausschuß ergeben hätte.[76]

Davon unabhängig erwiesen sich im Herbst 1957 auch Bemühungen um einen eigenen Fürsorgeausschuß des Bundesrates als vergeblich. Bislang wurde die Fürsorge vom Innenausschuß des Bundesrates bearbeitet, obwohl sie in den meisten Bundesländern beim Sozialminister ressortierte. Angesichts der bevorstehenden Fürsorgereform hatten sich seit Ende 1955 vor allem deren Fürsorgereferenten, unterstützt vom DST, für einen solchen Fürsorgeausschuß eingesetzt, da „Fachfragen in einem Fachausschuß schneller und gründlicher geklärt werden könnten".[77] Denn die Fürsorgereferenten der Sozialministerien waren bisher im Bundesrat auf ihr Innenministerium angewiesen und wurden häufig nicht zu den Fachberatungen des Innenausschusses hinzugezogen.[78] Doch der amtierende Prä-

---

[72] Vgl. Sozialplan, S. 116ff.
[73] NDV 37 (1957), S. 221.
[74] Regierungserklärung vom 29.10.1957, in: Behn, Regierungserklärungen, S. 64ff. (Zitat S. 68).
[75] Vgl. Niederschrift über die Sitzung des Arbeitskreises IV am 6.11.1957, ACDP, CDU/CSU-Fraktion, VIII-005-001/3, den interfraktionellen Antrag betr. Einsetzung von Ausschüssen vom 25.11.1957, BT, 3. Wp. 1957, Anlagen, Bd. 55, Drs. 18, sowie dessen einstimmige Annahme auf der Sitzung des Bundestages am 28.11.1957, BT, 3. Wp. 1957, Sten. Ber., Bd. 39, S. 101.
[76] Vgl. Protokoll der Sitzung der SPD-Fraktion am 30.10.1957, in: SPD-Fraktion 1957–1961, S. 9.
[77] Berliner Senator für Arbeits- und Sozialwesen an den Präsidenten des Bundesrates, 14.7. 1956, Durchschrift, LAB, B Rep. 142-9, 1305; vgl. ferner DST-Hauptgeschäftsführer Ziebill an den Präsidenten des Bundesrates, 7.11.1955, ebenda.
[78] Vgl. auch für das Folgende, Kurzprotokoll der Konferenz der für das Wohlfahrtswesen zuständigen Minister am 29.5.1956, BAK, B 106/9789/2.

sident des Bundesrates, der schleswig-holsteinische Ministerpräsident von Hassel, folgte einem Votum der Innenminister der Länder und lehnte die Bildung eines Fürsorgeausschusses aus Verfahrensgründen ab.[79] Erstmals im Oktober 1957, dann wieder im Mai 1959 beantragten die Wohlfahrtsminister, zumindest im Innenausschuß einen ständigen Unterausschuß für Fürsorge zu bilden.[80] Tatsächlich richtete der Ausschuß für Innere Angelegenheiten erst anläßlich der ersten Beratung des BSHG-Entwurfs von 1960 zeitlich begrenzt einen Unterausschuß „Bundessozialhilfegesetz" ein.

In der Sozialabteilung feilte man derweil weiter am Gesetzentwurf[81]: Um das tatsächliche Ausmaß der geplanten Neuerungen besser abschätzen zu können, bat Gottschick Oel im September 1957, bei „geeigneten" Städten anzufragen, inwieweit diese schon jetzt die vorgesehenen Individualhilfen freiwillig leisteten und welche Einkommensgrenzen dabei zugrunde gelegt wurden.[82] Nachdem Oel diese Anfrage erst zwei Monate später weitergeleitet hatte, gingen die Ergebnisse der Umfrage schließlich im März 1958 beim Innenministerium ein[83]: Danach erbrachten die 19 antwortenden Städte bereits fast alle der geplanten Hilfen – eine willkommene Argumentationshilfe, die sich ohne Zweifel auch der Auswahl der „geeigneten" Städte verdankte.[84] Ob Scheffler allerdings tatsächlich noch glaubte, den Entwurf bis Anfang 1958 zur Kabinettsreife zu bringen, darf bezweifelt werden. Nachdem der Fürsorgetag ganz im Zeichen der Reform des Fürsorgerechts stehen sollte, mußte dieser zumindest abgewartet werden, wollte man dessen Ergebnisse berücksichtigen und die dort versammelte Fachlichkeit nicht nachträglich düpieren und damit den gewünschten Konsens gefährden.

Im DST und im DLT wurde der Fürsorgetag strategisch gründlich vorbereitet. Nachdem weder die Finanzreform 1956 noch die ersten Auswirkungen der Rentenreform die Finanzlage der Kommunen im erhofften Maße verbessert hatten, wollten beide Spitzenverbände die Reform des Fürsorgerechts eng mit einem neuen Finanzausgleich verknüpfen. Denn, so die Argumentation, jede gesetzliche Leistungsverbesserung würde ohne eine entsprechende Finanzausstattung der Kommunen zur Makulatur. Daher instruierte der DST-Arbeitskreis die städtischen Vertreter, in den einzelnen Arbeitsgruppen gleichzeitig mit der Reform des

---

[79] Vgl. Präsident des Bundesrates an DST, 2.12.1955, sowie an den Berliner Sozialsenator, 26.7.1956, LAB, B Rep. 142-9, 1305; zum insgesamt schwierigen Verhältnis zwischen kommunalen Spitzenverbänden und Bundesrat in den fünfziger Jahren vgl. Bertram, Staatspolitik, S. 116ff.
[80] Vgl. die Niederschriften über die Besprechung der leitenden Fürsorgereferenten der Länder am 29.7.1957 und 4.2.1958, BAK, B 106/20132, sowie über die Konferenz der für das Wohlfahrtswesen zuständigen Minister am 22.5.1959, BAK, B 106/20644.
[81] Vgl. eine überarbeitete Version des BSHG-Entwurfs vom 1.-17.10.1957, BAK, B 106/20648.
[82] Vgl. Gottschick an Oel am 11.9.1957, mit Anlage, LAB, B Rep. 142-9, 1282.
[83] Gründe für die späte Weiterleitung durch Oel sind nicht ersichtlich; vgl. den Rundbrief Oels vom 14.11.1957 sowie eine tabellarische Zusammenfassung der Ergebnisse und die in einem Beiheft befindlichen Antworten der einzelnen Städte, die Oel mit Schreiben vom 20.3.1958 an Gottschick übersandte, LAB, B Rep. 142-9, 1283.
[84] Oel hatte vor allem die Herkunftsstädte von Mitgliedern des DST-Sozialausschusses oder anderweitig sozial engagierter Kommunalpolitiker angeschrieben.

Fürsorgerechts eine steuerliche Besserstellung der Kommunen zu fordern, bereitete entsprechende Entschließungsanträge vor und übersandte diese auch dem DLT.[85] Wegen der starken Interdependenzen zwischen Fürsorge, Jugendhilfe und Gesundheitswesen sollte außerdem beantragt werden, auch diese beiden Bereiche gleichzeitig mit der Fürsorge zu reformieren; das hatten Muthesius und Marx schon seit längerem gefordert, sozusagen als Relikt des ursprünglich gewünschten umfassenden Sozialprogramms.[86]

Der Sozialausschuß des DLT verfaßte seinerseits für die Landkreisvertreter detaillierte Positionspapiere zur Argumentationshilfe jenseits reiner Obstruktion, damit „den besonderen ländlichen Verhältnissen Rechnung getragen" werde. Je besser es auf dem Fürsorgetag gelinge, „über allgemeine sozialpolitische Theorien und Forderungen hinaus die konkreten, den einzelnen Verwaltungskörper treffenden Aufgaben zu umgrenzen, umso bessere Waffen hat der Deutsche Landkreistag in der Hand, um sich in dem jetzt wichtig werdenden Streit um die Neubegründung der kommunalen Finanzgrundlagen durchzusetzen".[87]

Der Fürsorgetag vom 21. bis 23. November 1957 in Essen stand unter dem Thema „Die Neuordnung des Fürsorgerechts als Teil einer Sozialreform". Offiziell hatte der DV-Vorstand also die Hoffnung, die Fürsorgerechtsreform sei ein integrativer Bestandteil einer umfassenden neuen Konzeption, noch nicht aufgegeben, obwohl ein belangloses Grußtelegramm aus dem Kanzleramt dies kaum mehr rechtfertigte.[88] Scheffler jedenfalls zog in seinem einleitenden Vortrag „den Rahmen der Betrachtung [...] wesentlich enger"[89] und lüftete nun offiziell den „dichte[n] Schleier über der erhofften Fürsorgerechtsreform"[90], indem er ausführlich und konkret über die wesentlichen Inhalte und Ziele des Entwurfs seiner Abteilung referierte. Neben dem Bestreben, im sich wandelnden sozialpolitischen Klima den ungebrochenen Modernisierungswillen des Bundesinnenministeriums zu illustrieren[91], wollte er, wenn er etwa bereits DM-Beträge für mögliche Einkommensgrenzen nannte, auch sein eigenes Haus auf den erreichten Arbeitsstand öffentlich festlegen. Scheffler würde nämlich ein Jahr früher als geplant aus Gesundheitsgründen Ende Januar 1958 in den Ruhestand treten und konnte daher den Gesetzentwurf nicht mehr selbst fertigstellen.[92]

Auch die sieben Arbeitsgruppen des Fürsorgetags gingen *medias in res* und diskutierten für alle relevanten Themenbereiche konkrete Forderungen für das ge-

---

[85] Vgl. die Niederschriften über die Sitzungen des DST-Arbeitskreises „Fürsorgerecht" am 7. und 16.11.1957, LAB, B Rep. 142-9, 1282.
[86] Vgl. Niederschrift über die Sitzung des Arbeitskreises am 7./8.5.1957, ebenda.
[87] Niederschrift über die Sitzung des DLT-Sozialausschusses vom 8.11.1957, mit Anlagen, BAK, B 172/444-1/1.
[88] Das knappe Telegramm Adenauers betonte nur floskelhaft die „hohe menschliche Verpflichtung" der Fürsorge und die Wichtigkeit der Beratungen des Fürsorgetags, erwähnte aber die geplante Reform des Fürsorgerechts nicht; vgl. Neuordnung des Fürsorgerechts, S. 10.
[89] Gerhard Scheffler, Neuordnung, S. 20f.
[90] Vgl. BldW 105 (1958), S. 1.
[91] Vgl. auch ebenda, S. 3.
[92] Vgl. ebenda, S. 72.

plante Bundesfürsorgegesetz. Während sie meist die von den jeweiligen DV-Ausschüssen vorbereiteten Leitsätze, z.T. modifiziert, verabschiedeten, kam die mit der Rechtsstellung des Hilfeempfängers und der Trägerfrage befaßte Gruppe wegen heftiger Auseinandersetzungen über die Rolle der freien Wohlfahrtspflege zu keiner Einigung. Auch die mit der Jugendhilfe befaßte Arbeitsgruppe entglitt der Regie des DV-Vorstands und forderte eine Herauslösung aller Hilfen für Minderjährige aus dem Fürsorgerecht. Allerdings gelang dem DST-Vertreter hier wie in der von Marx geleiteten Arbeitsgruppe zur Gesundheitsfürsorge, die im DST vorbereiteten Entschließungen tatsächlich auch zur Verabschiedung zu bringen und so die fachliche Autorität des DV für die kommunalen Interessen einmal mehr zu nutzen.[93]

Inwieweit die konkreten Ergebnisse des Fürsorgetages, wie vom neuen Staatssekretär Georg Anders versprochen, bei den weiteren Arbeiten seines Hauses „besondere Beachtung" fanden[94], ist nicht generell zu bemessen. Sofern sie den bisherigen Planungen Schefflers und Gottschicks, wie etwa bei den Hilfen für Jugendliche, deutlich zuwiderliefen oder aber, wie bei der Hauspflege, erheblich höhere Leistungen beinhalteten, wurden sie nicht berücksichtigt. Wenn sie aber, wie bei der Hilfe für Gefährdete, ohnehin auf der Linie des Ministeriums lagen, wurden sie auch bis ins Detail übernommen. Schließlich war der Fürsorgetag keine neue, völlig von den bisherigen Reformgremien abgekoppelte Instanz, sondern vielfältig mit diesen verwoben und über Leiter und Referenten in den einzelnen Arbeitsgruppen auch durch diese beeinflußt. In vieler Hinsicht war der Fürsorgetag daher eher eine öffentliche Plattform zur fachlichen Legitimierung der Reformarbeit im Bundesinnenministerium, als daß er umgekehrt diese maßgeblich geprägt hätte.

Ein Ende November 1957 fertiggestellter neuer Referentenentwurf jedenfalls zeigte bei Einzelregelungen eher Spuren der Beratungen mit Marx und Muthesius und der Diskussionen in dem Beirats-Fürsorgeausschuß, dem DST-Arbeitskreis und der Untergruppe des DV-Studienkreises, ohne die Grundrichtung der Reformarbeit geändert zu haben.[95] Neu war jetzt, daß auch die Blindenhilfe als eigene Hilfeart eingeführt und das Körperbehindertengesetz (KBG) und das noch im Entwurf befindliche Tuberkulosehilfegesetz (THG) eingearbeitet worden waren. Nachdem sowohl die anderen Referate der Sozialabteilung als auch Marx und Muthesius grünes Licht gegeben hatten, wurde der Entwurf Anfang Januar 1958 den betroffenen Nachbarreferaten und -abteilungen zur Stellungnahme übersandt[96], und der Bundesinnenminister kündigte den Bundestagsausschüssen für Kommunalpolitik und Fürsorge sowie Inneres im Rahmen seines Gesetzgebungs-

---

[93] Vgl. Neuordnung des Fürsorgerechts, S. 96ff., 269ff., 421, 435; allgemein Jaedicke u.a., Politik, S. 45f.
[94] Neuordnung des Fürsorgerechts, S. 18.
[95] Vgl. den BSHG-Entwurf vom 29.11.1957, BAK, B 106/20643.
[96] Vgl. Scheffler an Marx/Muthesius, 30.11.1957; Referat V A 4 an Referate A 1 etc. der Abteilung V, 3.12.1957; Vermerk Referat V A 4 über Besprechung mit Marx und Muthesius vom 12.12.1957; Referat V B 1 an Referat V A 4, 13.12.1957; Vermerk V A 4 über die Besprechung mit den Referaten V A 1 etc. vom 18.12.1957; Referat V A 4 an die Referate I A 3 etc., 9.1.1958, ebenda.

programms das Bundessozialhilfegesetz an.⁹⁷ Die Unterabteilung für Kommunalwesen kritisierte zwar grundsätzlich die „perfektionistische Ausgestaltung" des Entwurfs, wünschte aber konkret nur Änderungen bei einzelnen Verfahrensvorschriften.⁹⁸ Die Gesundheitsabteilung hingegen lehnte den geplanten Einbau des KBG und des THG rundheraus ab: Allgemeines Gesundheitsrecht gehöre nicht in ein Fürsorgegesetz. Demgegenüber beharrte die Sozialabteilung auf ihrem Ziel, das gesamte Fürsorgerecht zusammenzufassen und keine fürsorgerischen Einzelgesetze mehr zuzulassen. Es bedurfte eines halben Jahres zäher Verhandlungen, ehe die Gesundheitsspezialisten ihren Widerstand aufgaben und der Einarbeitung zustimmten.⁹⁹

Doch noch ein weiterer Grund verzögerte die Fertigstellung des ersten offiziellen Referentenentwurfs: Nachdem Scheffler Ende Januar 1958 pensioniert worden war, trat gut anderthalb Monate später mit Johannes Duntze ein neuer Abteilungsleiter den Dienst an, der sich erst mit den Reformarbeiten vertraut machen wollte.¹⁰⁰ Der badische Verwaltungsjurist hatte sich als Spezialist für Flüchtlingsfragen einen Namen gemacht und war seit 1951 im Stuttgarter Ministerium für Vertriebene, Flüchtlinge und Kriegsgeschädigte Stellvertreter des Ministers.¹⁰¹ Außerdem, und das war für einen wichtigen Teilaspekt der weiteren Gesetzesgenese von Bedeutung, war er Mitglied des Vorstandes des Central-Ausschusses für die Innere Mission und damit ähnlich wie sein Referent für Allgemeine Fürsorge und Fürsorgerische Sonderaufgaben, Arnold Weller, der evangelischen Diakonie eng verbunden.¹⁰² Duntze war offenbar gewillt, die Reformlinie seines Vorgängers fortzusetzen; doch sein Vorgehen vermittelt bisweilen den Eindruck größerer Nachgiebigkeit gegenüber Kritikern. Ob Scheffler die Aufweichung der ursprünglich rigideren bzw. großzügigeren Planungen des Bundesinnenministeriums 1958/59 allerdings hätte verhindern können, ob also insofern der Wechsel an der Spitze der Sozialabteilung erhebliche Konsequenzen für die Fürsorgereform hatte, ist angesichts der politisch gewichtigen Widerstände gegen diese Planungen zu bezweifeln.

Mittlerweile hatten auch DST und DLT offiziell Position bezogen: Nach dem Fürsorgetag beriet der DST-Sozialausschuß im Dezember die Vorlage seines Reform-Arbeitskreises zum materiellen Fürsorgerecht, die weitestgehend der Linie des Innenministeriums entsprach bzw. in einigen Punkten sogar auf Bitten Gottschicks noch auf diese Linie gebracht wurde, um die Fertigstellung des Referen-

---

⁹⁷ Vgl. Abteilungsleitervorlage vom 17.1.1958, BAK, B 106/9697.
⁹⁸ Unterabteilung I C an Abteilung V, 19.3.1958, BAK, B 106/20643.
⁹⁹ Vgl. die Vermerke Referat V A 4 betr. Beteiligung der Abteilung IV vom 18.2. und 5.3. 1958, ebenda.
¹⁰⁰ Vgl. auch einen vertraulichen internen Bericht des DLT vom Mai 1958, BAK, B 172/444-01/1.
¹⁰¹ Vgl. BldW 105 (1958), S.132; NDV 38 (1958), S.139; Hammerschmidt, Wohlfahrtsverbände in der Nachkriegszeit, S.419f. Duntze (1901-1987) leitete die BMI-Sozialabteilung bis 1966.
¹⁰² Vgl. Taschenbuch der Evangelischen Kirchen (1955), Bd. I, S.148; Arnold Weller war 1946-1949 beim Evangelischen Hilfswerk tätig gewesen; vgl. Heisig, Armenpolitik, 1990, S.597.

tenentwurfs nicht weiter zu verzögern. Trotz erheblicher Widerstände des konservativen Bayerischen Städteverbands wurde diese Stellungnahme von Präsidium und Hauptausschuß des DST Ende Februar 1958 verabschiedet und Mitte April dem Ministerium übersandt.[103] Ein Artikel Oels in der April-Nummer der Verbandszeitschrift sollte auch die Mitgliedsstädte von dieser Position überzeugen und unter Verweis auf die Umfrage über die bereits erbrachten freiwilligen Leistungen gerade die Stadtkämmerer beruhigen.[104] Insgesamt hatten sich damit die Fürsorgeexperten des DST als eine der wirksamsten Stützen der Reformarbeit des Bundesinnenministeriums erwiesen.

Ganz anders der DLT: Offensichtlich war man hier doch von dem von Scheffler avisierten Ausmaß der Reform überrascht. Jedenfalls warnte Bangert im Januar-Heft des Verbandsblatts vor einer „hemmungslosen Kasuistik" und kritisierte die einheitlichen Leistungsstandards, die Höhe der Einkommensgrenzen und die geplante Einschränkung der Kostenersatzpflicht; unter Berufung auf das Subsidiaritätsprinzip forderte er jetzt, die Fürsorge erst nach Abschluß der geplanten Reformen der Krankenversicherung und der Versorgungsgesetze, gleichzeitig mit der Finanzverfassung neu zu ordnen.[105]

Der Fürsorgeausschuß des Beirats geriet zunehmend unter Zeitdruck, wenn er noch vor Fertigstellung des offiziellen Referentenentwurfs eigene Vorschläge machen wollte. Er erwies sich dabei immer mehr als Gremium, das nicht, wie etwa im Rückblick eines Beteiligten aus dem Bundesarbeitsministerium behauptet, die Reform der Fürsorge vorbereitete[106], sondern vor allem den Arbeitsstand des Innenministeriums nachbearbeitete. Der Ausschuß, an dessen Sitzungen im Frühling kaum mehr als fünf oder sechs Mitglieder teilnahmen, beriet seit dem Fürsorgetag die einzelnen Fragepunkte des von Scheffler seinerzeit vorgelegten Katalogs relativ zügig und gewährte dabei, wenn auch nicht in allen Einzelheiten deckungsgleich, den Plänen der Sozialabteilung zusätzliche fachlich-neutrale Legitimität.[107]

---

103 Vgl. Niederschrift über die Sitzung des DST-Sozialausschusses am 13./14.12.1957 (Auszug), mit Vorbericht zu Punkt 2 der Tagesordnung vom 9.12.1957; Bayerischer Städteverband an Ziebill, 9.12.1957; Vorbericht für die 85. Sitzung des DST-Präsidiums vom 18.2.1958; Niederschrift über dessen Sitzung (Auszug) am 28.2.1958, LAB, B Rep. 142-9, 1282; Niederschrift über die Sitzung des DST-Hauptausschusses (Auszug) am 28.2./1.3.1958, Stellungnahme des DST zur Neuregelung des Fürsorgerechts vom 1.3.1958 sowie DST an Abteilung V bzw. „Kommunalabteilung" des BMI, 14.4.1958, LAB, B Rep. 142-9, 1283. Der zweite Teil zum formalen Fürsorgerecht, der ebenfalls vom Arbeitskreis und dem DST-Sozialausschuß vorbereitet worden war, wurde erst nach dem ersten Referentenentwurf vom Juli 1958 fertig; vgl. Niederschrift über die Sitzung des DST-Sozialausschusses (Auszug) am 20./21.6.1958, mit Stellungnahme zur Neuregelung des Fürsorgerechts (II. Teil) vom 20.8.1958, ebenda.
104 Vgl. Oel, Neuordnung des Fürsorgerechts.
105 Vgl. Die Selbstverwaltung 12 (1958), S. 9ff.
106 Vgl. Zöllner, Jahrhundert, S. 148; so dann auch Tennstedt, Fürsorgegeschichte, S. 100; ähnlich Hockerts, Ausblick, S. 260; Schmitt, Arbeits- und Sozialverwaltung, S. 573.
107 Vgl. die Niederschriften über die Sitzungen des Arbeitsausschusses für Fragen der Fürsorge am 4.12.1957, 30./31.1., 21./22.2., 21./22.3., 10./11.4., 25.4., 6./7.6. sowie 27./28.6.1958, ADW, HGSt 6769. Die Gruppe IV des DV-Studienkreises trat nach dem Fürsorgetag nicht mehr zusammen.

In einer neuen, nun erstmals von Duntze verantworteten Version vom April 1958 war der Sozialhilfegesetzentwurf redaktionell überarbeitet und mit Rücksicht auf die Gesundheitsabteilung der besondere Charakter der Regelungen für Körperbehinderte stärker herausgestrichen worden. Darüber hinaus wurden einzelne Bestimmungen zugunsten der Hilfeempfänger verschärft (Regelsätze) und weiter ausgebaut (Ausbildungshilfe), andere zugunsten der Träger gelockert (Arbeitsfürsorge, Hauspflege, Personal). Auch Duntze informierte Marx und Muthesius streng vertraulich über den Entwurf.[108] Anfang Juni verkündete Duntze im Fürsorgeausschuß des Beirats, daß der Gesetzentwurf „in nächster Zeit den Bundesressorts und weiteren Beteiligten zur Stellungnahme zugeleitet" werden und bis Jahresende kabinettsreif sein solle.[109] Muthesius drängte daher auf schnellen Abschluß der Beratungen und Veröffentlichung der Empfehlungen. Ende Juni erledigte der Ausschuß daraufhin in seiner zwanzigsten und letzten Sitzung die noch offenen Punkte, und Theodor Marx übernahm die redaktionelle Überarbeitung der Empfehlungen zur Vorlage an den Beirat.[110] Dieser tagte jedoch erst wieder im Oktober, so daß die Empfehlungen, wie man im Arbeitsministerium etwas verärgert registrierte, erst nach Herausgabe des ersten Referentenentwurfs veröffentlicht werden konnten. Wie erwartet, stützten sie weitestgehend den Entwurf des Innenministeriums und verliehen diesem damit eine positive Expertise.[111]

Im Referentenentwurf vom Juli 1958 waren zum Bedauern Schefflers unter seinem Nachfolger nicht nur die Einkommensgrenzen für die „Hilfen in besonderen Lebenslagen" deutlich herabgesetzt (s.u.), sondern auch solche Formulierungen gestrichen worden, die zwar sicherlich „das Gesetz vom legislatorischen Standpunkt gesehen nicht verbesserten", die man aber ursprünglich aufgenommen hatte, „um die Praxis in Richtung einer möglichst einheitlichen Anwendung der Vorschriften und auch im Interesse des Hilfesuchenden zu binden".[112] In 138 Paragraphen wurde jetzt die gesamte bisher auf zahlreiche Verordnungen, Sonder-

---

[108] Vgl. Duntze an Marx/Muthesius, 28.4.1958, BAK, B 106/20643; Gottschick an Marx, 29.5.1958, BAK, B 106/9789/1.

[109] Niederschrift über die Sitzung des Arbeitsausschusses am 6./7.6.1958, ADW, HGSt 6769.

[110] Vgl. Niederschrift über die Sitzung des Arbeitsausschusses am 28./29.6.1958, ebenda.

[111] Theodor Marx war am 3.7.1958 tödlich verunglückt, vgl. NDV 38 (1958), S.201ff.; Heisig, Armenpolitik, 1990, S.565f., hatte aber vor seinem Tod die Vorlage noch weitgehend fertiggestellt, vgl. einen Vermerk Bangerts über ein Gespräch mit Detlev Zöllner vom BMA vom 4.8.1958, BAK, B 172/444-01/6. Im Beirat lehnten es die Vertreter der SPD (u.a. Auerbach) und des DGB ab, die umfangreiche Vorlage des Fürsorgeausschusses ohne Aussprache zur Veröffentlichung freizugeben und damit letztlich den Beirat selbst seiner legitimen Funktion zu berauben; Arbeitsminister Blank und Muthesius konnten sich jedoch mit ihrem Wunsch nach schnellstmöglicher Veröffentlichung durchsetzen; vgl. Niederschrift über die Sitzung des Beirats für die Neuordnung der sozialen Leistungen am 13.10.1958, ADW, HGSt 6769; ferner einen wohl von Zöllner stammenden Beitrag über die Empfehlungen des Ausschusses in: SF 7 (1958), S.248f. Die Empfehlungen des Arbeitsausschusses für Fragen der Fürsorge wurden veröffentlicht u.a. in: NDV 38 (1958), S.301ff.

[112] Scheffler an Duntze, 8.8.1958, BAK, B 106/20643; vgl. Entwurf eines Gesetzes über die Gewährung von Sozialhilfe vom Juli 1958, im Folgenden: BSHG-Entwurf 7/1958, BAK, B 106/20643.

gesetze und Verwaltungsvorschriften verteilte Materie des Fürsorgerechts zusammengefaßt und neu geregelt. Auf einen einleitenden Grundsatzteil folgte ein Abschnitt über die „Hilfe zum Lebensunterhalt", also über die traditionelle laufende Unterstützung einschließlich der „Hilfe zur Arbeit"; der umfangreichste war der dritte Abschnitt „Hilfe in besonderen Lebenslagen"; weitere Abschnitte behandelten das formale Sozialhilferecht wie wirtschaftliche Voraussetzungen der Hilfegewährung, Trägerschaft etc. Der Entwurf, so Gottschick vor dem Hauptausschuß des DV, nehme „weitgehend die in der Praxis und in Sonderbestimmungen schon sichtbar gewordene Weiterentwicklung der Fürsorge auf und versucht gleichzeitig, den Blick in die Zukunft frei zu machen, indem er seinerseits die Möglichkeit auch für eine künftige Weiterentwicklung [...] bietet". Das Gesetz bringe daher „keine revolutionäre, sondern eine evolutionäre Lösung".[113]

Die allgemeine Begründung zu dem Entwurf enthüllte allerdings auch dessen Achillesferse: Angaben über die entstehenden Mehrkosten seien „nicht, auch nicht schätzungsweise, möglich".[114] Spätestens jetzt wurde ein wesentliches Manko der gesamten Fürsorgereform deutlich: Der Arbeit der Sozialabteilung wie der Reformgremien hatte kein „umfassendes empirisches (und auf seine strukturelle Relevanz geprüftes) Material über die Funktion der verschiedenen Sozialhilfearten in der gegenwärtigen westdeutschen Gesellschaft" zugrunde gelegen[115]; diesen Mangel konnten keine Einzelgespräche mit Praktikern und Fürsorgefunktionären oder Umfragen unter knapp zwanzig kreisfreien Städten wettmachen. Das Fehlen fundierter Angaben über mögliche Empfängerzahlen und Kosten würde Reformskeptikern die Argumentation erleichtern und zur Verunsicherung der Beamtem des Innenministeriums beitragen.

Unter dem 25. Juli 1958 verschickte Duntze den offiziellen ersten Referentenentwurf eines „Gesetzes über die Gewährung von Sozialhilfe (Bundessozialhilfegesetz – BSHG)" in jeweils zahlreichen Exemplaren an alle einschlägigen Stellen mit der Bitte um Stellungnahme: die betroffenen Ministerien des Bundes und der Länder, die kommunalen Spitzenverbände, den DV, die Arbeitsgemeinschaft der Landesfürsorgeverbände, die Spitzenverbände der freien Wohlfahrtspflege, die Zentrale Fürsorge-Spruchstelle, den DGB, die Arbeitsgemeinschaft für Jugendpflege und Jugendfürsorge (AGJJ), die Behindertenverbände und die Organisationen der Sozialarbeiter. Außerdem erhielten einzelne Fürsorgeexperten und Abgeordnete der CDU, der Innenausschuß des Bundesrates und die Bonner Vertretungen der beiden Kirchen den Entwurf zur Information.[116] Duntze hatte zwar die Adressaten darum gebeten, den Entwurf noch nicht öffentlich zu diskutieren; wie angesichts der breiten Streuung kaum anders zu erwarten, sickerten jedoch Details in die Öffentlichkeit: Am 14. August meldete die „Frankfurter Allgemeine Zeitung" die Fertigstellung des Referentenentwurfs, und kurz darauf erschien mit

---

[113] Gottschick, Referentenentwurf, S. 16.
[114] Vgl. Bemerkungen zum BSHG-Entwurf 7/1958, S. 24, BAK, B 106/20643.
[115] So Matthes, Konzeptionenstreit, S. 13, vor allem mit Blick auf die im BSHG getroffenen Regelungen zur Stellung der freien Wohlfahrtspflege, vgl. auch S. 83, ebenda.
[116] Vgl. die Durchschläge der betreffenden Schreiben Duntzes vom 25.7.1958, eine erste, undatierte Versandliste sowie eine Liste vom 23.9.1958, BAK, B 106/20643.

Duntzes Zustimmung auch eine kurze Notiz im Nachrichtendienst des DV.[117] Im Oktober-Heft der „Blätter der Wohlfahrtspflege", einer der wichtigsten Fachzeitschriften, folgte eine zustimmende und ausführliche, einzelne Paragraphen sogar wörtlich zitierende Besprechung des „umfangreichen und kühnen Gesetzentwurfs" durch die sozialdemokratische Fürsorgeexpertin des hessischen Sozialministeriums Käte Pluskat.[118] Daraufhin baten im Laufe des Herbstes weitere interessierte Stellen und vor allem Abgeordnete um die Zusendung des Referentenentwurfs, keineswegs immer mit Erfolg. Neben begründetem sozialpolitischem Informationsbedarf war offensichtlich vor allem die vermutete Nähe zur Reformlinie des Bundesinnenministeriums das entscheidende Kriterium für die Weitergabe: Während Gottschick auch andere Sozialpolitikexperten der CDU-Bundestagsfraktion oder die Bundesvereinigung der deutschen Arbeitgeberverbände anstandslos mit dem Entwurf versorgte, mußte etwa der führende SPD-Experte Willy Könen vom Bundestagsausschuß für Kommunalpolitik und öffentliche Fürsorge erst nachfragen, und selbst die CSU erhielt nur nach persönlicher Intervention des Vorsitzenden der Landesgruppe Hermann Höcherl bei Schröder die nötigen Exemplare.[119] Wahrscheinlich fürchtete die Sozialabteilung angesichts der bekannten Ressentiments der bayerischen Kommunen gegen die Fürsorgereform frühzeitige Interessenkoalitionen mit den bayerischen Unionsabgeordneten. Auch beim Bundestagsausschuß vertraute man vor allem auf alte Verbündete: Während Duntze und Gottschick einerseits überlegten, ob der Vorsitzende Willeke überhaupt ins Bild gesetzt werden sollte, überließen sie seiner Stellvertreterin und ehemaligen Vorsitzenden des alten Fürsorgeausschusses Maria Niggemeyer (CDU) Anfang 1959 sogar streng vertraulich sämtliche eingetroffenen Stellungnahmen.[120]

Diese Informationspolitik war aber nicht allein wegen dieser Auswahl bemerkenswert. Zwar erklärte Gottschick vor dem DV-Hauptausschuß, es sei von seinem Hause von Anfang an geplant gewesen, „nicht wie aus heiterem Himmel mit einem Gesetzentwurf herauszukommen, der mangels notwendiger zeitlicher Voraussetzungen nicht hätte durchgearbeitet sein können"[121]; und auch die Einschaltung der kommunalen Spitzenverbände noch im Stadium des Referentenentwurfs widersprach keineswegs den üblichen Gepflogenheiten der Ministerialbürokratie.[122] Eine derart großzügige Verteilung nicht nur von Informationen, sondern auch der Bitte um Stellungnahme war allerdings mit der Geschäftsordnung der Bundesregierung kaum vereinbar und stieß im Kabinett offensichtlich auf Kri-

---

[117] Vgl. Frankfurter Allgemeine Zeitung vom 14.8.1958; Vermerk Duntze vom 14.8.1958, Duntze an Muthesius, 15.8.1958, Muthesius an Duntze, 18.8.1958, BAK, B 106/20643; NDV 38 (1958), S. 229.
[118] Pluskat, Gedanken, S. 313.
[119] Vgl. die Versandlisten zum BSHG-Entwurf 7/1958 (o.D. bzw. vom 23.9.1958), ferner Gottschick an Niggemeyer am 5.9.1958 und Peter Horn am 6.10.1958, sowie den Briefwechsel zwischen Helmut Geiger von der CSU-Landesgruppe und Referaten der Sozialabteilung am 2. und 5.9.1958, sowie zwischen Höcherl und Schröder am 15. und 25.9.1958, BAK, B 106/20643.
[120] Vgl. Gottschick an Niggemeyer am 5.9.1958, ebenda, und 2.2.1959, BAK, B 106/20644.
[121] Gottschick, Referentenentwurf, S. 16.
[122] Vgl. Bertram, Staatspolitik, S. 115f., 124; Voigt, Partizipation, S.66ff.

tik.[123] Über die Gründe von Duntzes Vorgehen ist nichts bekannt. Vermutlich waren es die gleichen, die auch seinen Vorgänger Scheffler zur frühzeitigen Einbeziehung der verschiedensten Experten und Gremien veranlaßt hatten: die Suche nach Konsens mit den ausführenden Stellen und nach fachlicher Rückendeckung für den künftigen Regierungsentwurf.

Daß diese Rückendeckung selbst innerhalb der Regierungspartei immer nötiger werden würde, war auf dem Parteitag der CDU vom 19. bis 21. September 1958 in Kiel deutlich geworden: In einer aufsehenerregenden Rede hatte Gerstenmaier abermals erklärt, daß „in allem Wesentlichen die Grenzen des sozialen Rechtsstaates nach der Leistungsseite erreicht" seien, da trotz eines ausgebauten Sozialsystems die Ansprüche an den Staat weiter wüchsen, während die individuelle Leistungsbereitschaft sinke. Sonst drohe die „Gefahr, daß wir kopfüber in das Gesellschaftskonzept des modernen Sozialismus stürzen", der „durch die weitere Ausdehnung der Staatskompetenzen die egalitäre Massengesellschaft" organisiere, den einzelnen immer stärker kontrolliere und seiner Freiheit beraube.[124] Unter Berufung auf liberales Gedankengut ebenso wie auf das Subsidiaritätsprinzip der katholischen Soziallehre betonte er den Primat der Pflicht zur Selbsthilfe und erklärte, daß es nicht Aufgabe des sozialen Rechtsstaates sein könne, seinen Bürgern ohne Rücksicht auf deren Vorleistungen und Leistungsvermögen „das letzte Risiko der wirtschaftlichen, der sozialen Existenz ab[zu]nehmen".[125] Die Stoßrichtung dieser Rede wurde zwar noch in Kiel von namhaften Vertretern des Arbeitnehmerflügels der Union unter Verweis auf das ebenso in der katholischen Soziallehre verankerte Prinzip der Solidarität kritisiert und blieb auch weiterhin umstritten.[126] Sie war aber ein deutliches Zeichen für die wachsenden sozialpolitischen Divergenzen innerhalb der Regierungspartei, die eine zumindest großzügige, wenn auch nur „partielle Komplettierung"[127] der „Sozialreform" zunehmend erschwerten.[128] Da

---

[123] Vgl. einen Vermerk der DLT-Referentin Wolff vom 16.4.1959, BAK, B 172/444-2/2; ferner allgemein die Sondersitzung des Bundeskabinetts am 28.5.1958, wo Adenauer „seinen bereits mehrfach geäußerten Wunsch" wiederholte, „daß die Ressorts eine grundsätzliche Stellungnahme des Kabinetts herbeiführen, bevor Gesetzentwürfe oder sonstige Maßnahmen von besonderer politischer Bedeutung mit den Ländern oder mit Fachkreisen erörtert werden", Kabinettsprotokolle 1958, S. 262. Grundsätzlich überließ es die Geschäftsordnung der Bundesministerien dem Ermessen des zuständigen Ressortministers, ob und inwieweit er außer den Landesministerien auch die beteiligten Fachkreise oder auch Abgeordnete, die Presse und amtlich nicht beteiligten Personen bei der Erstellung eines Entwurfs hinzuzog; vgl. §§ 23-25 der Gemeinsamen Geschäftsordnung der Bundesministerien. Besonderer Teil (GGO II) in der noch nicht vom Kabinett verabschiedeten, aber seinerzeit in der Praxis getesteten Fassung, veröffentlicht bei Lechner/Hülshoff, Parlament, S. 399ff. Laut § 23 Abs. 2 GGO II war allerdings bei „Gesetzentwürfen von besonderer politischer Bedeutung" zuvor eine Grundsatzentscheidung des Bundeskabinetts einzuholen und im übrigen „darauf zu achten, daß mit den Vertretungen der Fachkreise nicht in einer Weise Fühlung genommen wird, die dem Kabinett die Entscheidung erschwert".
[124] Eugen Gerstenmaier, „Staatsordnung und Gesellschaftsbild", in: Christlich Demokratische Union Deutschlands. 8. Bundesparteitag, S. 90ff., Zitat S. 98.
[125] Ebenda, S. 95, vgl. ferner S. 102f.
[126] Vgl. die Beiträge von Josef Arndgen und Hans Katzer ebenda, S. 128ff., 143ff.
[127] Zöllner, Sozialpolitik, S. 376.
[128] Vgl. Hockerts, Ausblick, S. 257f.

mochte die Einschätzung des Darmstädter Oberbürgermeisters Engel auf der kommunalpolitischen Bundeskonferenz der SPD Mitte September, mit dem Referentenentwurf zum Bundesfürsorgegesetz hätten „sich beim Bundesgesetzgeber sozialdemokratische Forderungen im wesentlichen durchgesetzt", wenig hilfreich sein.[129] Ein auf dem CDU-Parteitag zusammengestelltes Arbeitsprogramm über die wichtigsten innenpolitischen Aufgaben erwähnte zwar u.a. die Reform der Unfall- und der Krankenversicherung, ein Berufsausbildungsgesetz und eine Verbesserung des Kindergeldes, die Fürsorgereform hingegen – wieder einmal – nicht.[130] Das Bundeskabinett hingegen hatte am 3. Juni 1958 das Bundessozialhilfegesetz in eine Liste zentraler Gesetzesvorhaben aufgenommen[131], die möglichst Anfang 1959 kabinettsreif sein sollten, damit sie nicht unter Zeitdruck verabschiedet werden müßten; auf eine Anfrage des Bundeskanzleramts hin sicherte Gottschick Anfang Oktober diesen Termin auch zu.[132]

Während in den Verbänden über den Entwurf beraten wurde und erste Ressortbesprechungen stattfanden, stellten Duntze und Gottschick diesen am 18. Oktober auch vor dem Hauptausschuß des DV vor. Die „extensive Sozialpolitik" der vergangenen Jahre, so Duntze, mit ihrer immer weiter ausgebauten Absicherung der gängigen Lebensrisiken bedürfe nun der „Intensivierung" durch die Fürsorge; diese müsse sich vor allem denjenigen zuwenden, „die infolge der Besonderheit ihrer Lebenslage von Arbeit und Verdienst, von sinnvoller Gestaltung ihres Lebens ausgeschlossen sind. Ihnen die Wege zum sinnerfüllten Leben zu weisen und zu ebnen", werde die künftige Aufgabe einer sozialpädagogisch orientierten Fürsorge sein.[133] Ob sich dieser optimistische Ansatz angesichts erster sehr unterschiedlicher Reaktionen im Hauptausschuß würde halten lassen, mußte sich allerdings erst noch zeigen.[134]

Bei den für die weitere Arbeit besonders wichtigen Besprechungen mit den leitenden Fürsorgereferenten der Länder im Oktober und November jedenfalls ließ der Entwurf bereits die von der hessischen Vertreterin Pluskat befürchteten „ersten Federn".[135] Die Ländervertreter, die sich zum Teil über die Haltung ihrer regionalen kommunalen Spitzenverbände informiert hatten, beurteilten den Entwurf zwar insgesamt positiv, hielten ihn aber mehrheitlich für zu weitgehend und konnten sich gegenüber den Planern im Innenministerium mit dem Wunsch durchsetzen, Rechtsansprüche und Einkommensgrenzen teilweise zu lockern und Vorgaben über die Durchführung der Hilfen zu streichen.[136] Wenn auch die mei-

---

[129] Referat Engel auf der SPD-Konferenz [am 12./13. 9. 1958], Anlage zu Ziebill an Oel am 15. 9. 1958, Ms., Auszug, LAB, B Rep. 142-9, 1283.
[130] Das Arbeitsprogramm ist abgedruckt in: Richter, Sozialreform, Bd. 6 G I.
[131] Vgl. Kabinettsprotokolle 1958, S. 263ff.
[132] Vgl. Referat I A 2 an die Abteilungsleiter II etc., 7. 10. 1958, sowie Referat V A 4 an Referat I A 2, 9. 10. 1958, BAK, B 106/20643.
[133] Duntze, Referentenentwurf, S. 15.
[134] Vgl. NDV 39 (1959), S. 23f.; Vermerk Referat V 4 vom 23. 10. 1958, BAK, B 106/9786/1.
[135] Vgl. Pluskat, Gedanken, S. 313.
[136] Vgl. dazu die Ergebnisniederschrift über eine [interne Vor-]Besprechung der leitenden Fürsorgereferenten der Länder am 6./7. 10. 1958, LAS Abt. 761 Nr. 11084; Niederschriften über die Besprechungen mit Vertretern der obersten Landessozialbehörden am 21./22. 10. bzw. 6. 11. 1958, LAS Abt. 761 Nr. 8874. Zu den Kontakten zwischen Mini-

sten Länderspezialisten einem Ausbau der Fürsorge aufgeschlossen gegenüberstanden, so wachten doch auch sie darüber, daß der Bund die Verwaltungs- und Finanzhoheit der Länder nicht beeinträchtigte und gerade im primär der Länderkompetenz zuzurechnenden Bereich der Fürsorge diesen genügend Gestaltungs- und Finanzierungsspielräume ließ.[137]

Die Stellungnahme des DST – ebenfalls von zentraler Bedeutung, da hier ein Teil der eigentlichen Sozialhilfeträger zu Worte kam – wies in eine ähnliche Richtung: Geschäftsführer Ziebill konstatierte zwar eine „weitgehende(r) Berücksichtigung der Auffassungen und Wünsche des Deutschen Städtetages im vorliegenden Entwurf"[138], doch auch der DST beklagte „eine Tendenz zum Perfektionismus" und umständliche, schwierig anzuwendende Formulierungen. Der DST wünschte daher die Streichung von „Anweisungen über das administrative Vorgehen der Träger" oder „rein programmatische[r] Bestimmungen"; außerdem müsse man auf die „Grenze des finanziell Möglichen gerade beim vorliegenden Gesetz mit aller Deutlichkeit hinweisen".[139]

Demgegenüber fiel die Kritik des traditionell ja unionsnahen Landkreistages geradezu vernichtend aus: DLT-Hauptgeschäftsführer Wormit bezeichnete das geplante Gesetz vor schleswig-holsteinischen Landräten als „Albdruck"[140], und die offizielle Stellungnahme des DLT-Sozialausschusses verurteilte die „allgemeine sozialpolitische Tendenz des Entwurfs", sei er doch „ein weiterer Schritt in jenen Wohlfahrts- und Versorgungsstaat [...], der die soziale Selbstverantwortung des Individuums wie der Familie mißachtet und den Willen zur Selbsthilfe [...] lähmt".[141] Dadurch stärke der Entwurf „die Allmacht des Staates und erweitert die staatlich dirigierten Sozialhilfen in einem Umfang, der uns die Grundlagen unseres demokratischen Gemeinwesens anzutasten scheint". Die Worte Gerstenmaiers waren also auch im DLT vernommen worden. Dessen Vertreter beriefen sich vor allem auf die besondere ländliche Situation, wo die familiäre und nachbarschaftliche Hilfe noch lebendig sei und wegen des niedrigeren Lebensstandards Leistungen, die im großstädtischen Umfeld vielleicht notwendig seien, oft unan-

---

sterien und Kommunalvertretungen der Länder vgl. Schreiben des Städteverbands Baden-Württemberg an die DST-Hauptgeschäftsstelle vom 7.8.1958, des nordrhein-westfälischen Sozialministeriums an den dortigen Städtetag und den dortigen Landkreistag vom 8.8.1958 sowie die Antwort des Landkreistages Nordrhein-Westfalen vom 15.8.1958, LAB, B Rep. 142-9, 1283.
[137] Teilweise ähnlich die Stellungnahme der beim Landschaftsverband Westfalen-Lippe angesiedelten AG der LFV vom 17.12.1958, BAK, B 106/20644; Schreiben des Direktors des Landschaftsverbands Köchling an den Städtetag Nordrhein-Westfalen, 31.12.1958, LAB, B Rep. 142-9, 1284.
[138] Ziebill an Abteilung V des BMI, 1.12.1958, BAK, B 106/9686.
[139] Stellungnahme des DST vom 27.11.1958, ebenda. Diese Stellungnahme war wieder vom Arbeitskreis bzw. dem Sozialausschuß vorbereitet worden; vgl. die Niederschriften über die Sitzungen des Arbeitskreises „Fürsorgerecht" am 22./23.9.1958 (mit Arbeitsunterlage) sowie des DST-Sozialausschusses (Auszug) am 3./4.10.1958, LAB, B Rep. 142-9, 1283. Vgl. auch Oel, Neuordnung des Fürsorgerechts.
[140] Schreiben des Geschäftsführers des Landesverbandes Schleswig-Holstein des DST an Oel, 25.11.1958, LAB, B Rep. 142-9, 1284.
[141] Vgl. auch zum Folgenden die Stellungnahme des DLT vom 17.11.1958, BAK, B 106/9686.

gemessen seien. Der Gesetzgeber wolle „es offenbar unternehmen, das ganze dynamische und bunte Leben in gesetzlich normierten Tatbeständen einzufangen". Dieser „Gesetzesperfektionismus" mit seinen nivellierenden Leistungsvorgaben werde nicht nur den unterschiedlichen finanziellen Möglichkeiten der Träger nicht gerecht, sondern führe zu den „größten sozialen Ungerechtigkeiten". Wenn somit der DLT eigentlich den Gesetzentwurf prinzipiell ablehnte und lieber einen Großteil der geplanten Vorschriften in weniger verbindlichen „Bundesgrundsätzen" oder Verwaltungsvorschriften untergebracht hätte, hatte man sich auf Betreiben der Hauptgeschäftsstelle im Präsidium doch dazu durchgerungen, auch zu den Einzelregelungen Stellung zu nehmen, um sich durch bloße Obstruktion nicht ins Abseits zu manövrieren.[142] Der DLT forderte daher eine deutliche Einschränkung der Leistungsansprüche und -inhalte, niedrigere Einkommensgrenzen, die Beibehaltung bestehender Unterhalts- und Ersatzpflichten und flexiblere Richtsätze. Diese angesichts der bereits evidenten tiefgreifenden Wandlungen der ländlichen Sozialstruktur etwas anachronistisch anmutenden Argumente[143] machten nicht nur auch die im DGT organisierten kreisangehörigen Gemeinden und die bayerischen kommunalen Spitzenverbände geltend; auch die Kommunalreferate des Bundesinnenministeriums griffen sie z.T. wörtlich auf und stärkten so die Phalanx der Gegner einer weiter ausgreifenden Fürsorgereform.[144]

Die Situation entbehrte damit nicht einer gewissen Pikanterie: Während der sozialdemokratisch geprägte DST die Reformlinie des CDU-geführten Innenministeriums weitgehend stützte, ja diese inhaltlich sogar deutlich beeinflußt hatte, kam die heftigste Opposition von seiten des christdemokratisch dominierten Landkreistages. Die häufig von Kommunalfunktionären geäußerte Klage, daß kommunale Interessen von den Bundespolitikern im Zweifelsfalle der Parteiräson geopfert würden[145], hatte also durchaus ihre umgekehrte Entsprechung bei den Kommunalfunktionären.

Daß die vehemente Kritik der Landkreise bei Duntze und Gottschick Früchte trug, lag allerdings in erster Linie daran, daß auch das Bundesfinanzministerium grundlegende Einwände erhob. Laut Geschäftsordnung der Bundesregierung war

---

[142] Vgl. auch Johann Bangert, Landkreise; Heisig, Armenpolitik, 1995, S. 158f.
[143] Vgl. Ritter, Über Deutschland, S. 77ff. Auch Bangert sah in dieser Argumentation einen Widerspruch zu der in anderen Bereichen geforderten Gleichberechtigung von Stadt und Land und nach Angleichung des Lebensstandards; die Berufung auf die besonderen Verhältnisse wirke „gegenüber unserer sonstigen Tendenz antiquiert", Bangert im Mai 1961, zit. bei Heisig, Armenpolitik, 1995, S. 177.
[144] Vgl. Bayerischer Städteverband und Landkreisverband Bayern an das Bayerische Staatsministerium des Innern, 14. 10. 1958; Stellungnahme des DGT vom 1. 12. 1958; Referate I C 5 und I C 7 an Referat V 4, 22. 12. 1958, BAK, B 106/9686; Heisig, Armenpolitik, 1995, S. 158ff. Die Stellungnahme des DSB, die Heisig 1990 offenbar zur Verfügung stand, konnte leider von der Verfasserin archivalisch nicht mehr nachgewiesen werden. Laut Heisig, Armenpolitik, 1995, S. 158, lag sie in ihrer Argumentation zwischen der des DST und des DLT. Angesichts der Stellungnahme des DSB-Beigeordneten Possehl vor dem Bundestagsausschuß für Kommunalpolitik und öffentliche Fürsorge im Juni 1960 ist davon auszugehen, daß der DSB als Vertretung der kreisangehörigen Städte insgesamt der DLT-Linie näherstand.
[145] Vgl. Bertram, Staatspolitik, S. 148ff.

schon vor der Kabinettsreife eines Entwurfs das Votum dieses Ministeriums einzuholen, sofern das Gesetzesvorhaben Bund, Länder oder Gemeinden belastete.[146] Da der Finanzminister in solchen Fällen im Kabinett *de facto* ein absolutes Vetorecht hatte, war schon deshalb auf solche Einwände Rücksicht zu nehmen.[147] Eigentlich hatte der Bund bei der durch die Kommunen und gegebenenfalls durch die Länder zu finanzierenden Fürsorge, zumal nach der Pauschalierung der Kriegsfolgenhilfe, nur sehr beschränkte eigene Mehrausgaben (Kriegsopferfürsorge, nicht pauschalierte Kriegsfolgenhilfe für Zugewanderte aus der DDR, Bundesanteile der Tuberkulosefürsorge) zu gewärtigen. Doch im Finanzministerium fürchtete man, daß die Länder aufgrund der zu erwartenden neuen Belastungen vom Bund erhöhte Pauschalleistungen und zusätzliche Gelder im Rahmen des vertikalen Finanzausgleichs nach dem neu gefaßten Art. 106 GG fordern würden.[148] Tatsächlich hatten DLT-Vertreter entsprechende Wünsche im Finanzministerium bereits angekündigt.[149] Elsholz erklärte, daß sein Minister diese Wünsche ablehnen werde. Um die Mehrkosten der neuen Sozialhilfe zu senken, forderte er daher eine deutliche Lockerung der Leistungsverpflichtungen des auch in seinen Augen „zu perfektionistischen" Entwurfs[150] – ein abermaliger Beleg für die Beobachtung, daß das Bundesfinanzministerium zwar selbst von Verbandsdruck weitgehend unabhängig gewesen sei, sich diesen aber sehr wohl im Interesse eigener Ziele taktisch zunutze machte.[151]

Eine weitere Institution, von der ebenfalls wesentlicher Einfluß auf die weitere Reformarbeit der Sozialabteilung vermutet werden konnte, blieb in ihrer Stellungnahme hingegen bemerkenswert diffus: Der DV übersandte kein geschlossen konzipiertes Gutachten seines Vorstands, sondern ein umfangreiches Konvolut von „Äußerungen aus den Fachgremien und der Geschäftsstelle" des DV, in dem zu jedem Paragraphen Änderungsvorschläge oder auch nur Diskussionspunkte aufgeführt wurden.[152] Infolge der im DV und in dessen Vorstand versammelten heterogenen Interessen wäre eine solche Stellungnahme auch kaum möglich gewesen: Allein die Beratungen des unter Collmers Vorsitz wiederbelebten Fachausschusses I hatten gezeigt, daß etwa bei den Fragen der Stellung der freien Wohlfahrtspflege oder der Rückerstattungspflicht keine einheitliche Position zu finden

---

146 Vgl. § 16 der Geschäftsordnung der Bundesregierung vom 11. 5. 1951, GMBl. S. 137.
147 Vgl. allgemein Hockerts, Entscheidungen, S. 119f.
148 Vgl. Vermerk Referat V 4 vom 11. 12. 1958, BAK, B 106/9686.
149 Vgl. Heisig, Armenpolitik, 1995, S. 161.
150 Die übrigen betroffenen Bundesministerien für Arbeit, für Wirtschaft und für Vertriebene wünschten dagegen jeweils nur ressortspezifische Modifikationen (der Fall des Familienministeriums lag anders); vgl. Vermerk Referat V 4 vom 23. 10. 1958 über eine Besprechung mit Vertretern des BMA, BAK, B 106/9686, sowie die Stellungnahmen des Bundesministers für Vertriebene, Flüchtlinge und Kriegsgeschädigte vom 28. 10. 1958, BAK, B 106/20644, und des Bundesministers für Wirtschaft vom 4. 12. 1958, BAK, B 106/9686.
151 Vgl. Hockerts, Entscheidungen, S. 120; Heisig, Armenpolitik, 1995, S. 158ff., allerdings deutet die Konzessionsbereitschaft des BMI vor allem als Ergebnis eines „erfolgreichen Gegenstoßes des kommunalen Traditionalismus".
152 Vgl. Äußerungen aus den Fachgremien und der Geschäftsstelle des DV, mit Schreiben von Muthesius vom 5. 11. 1958 an das BMI übersandt, BAK, B 106/9686.

war.¹⁵³ Ebensowenig waren die Forderungen einzelner Fachausschüsse nach höheren Leistungsansprüchen mit denen vieler Kommunalvertreter vereinbar. Damit erwies sich, daß „der" DV – anders als in der unmittelbaren Nachkriegszeit unter Führung Polligkeits – nicht als wirklich eigenständiger Akteur im Gesamtprozeß der Fürsorgereform zu betrachten war; vielmehr agierten darin, nicht selten in ganz unterschiedliche Richtung, einzelne seiner Mitglieder und Gremien, denen es aber zum Teil mit Erfolg gelang, die Fiktion eines durch die fachliche Autorität „des" DV gedeckten Vorgehens zur eigenen Legitimation aufrechtzuerhalten.

Wie unterschiedlich die unter dem Dach des DV versammelten Anliegen waren, offenbarten auch die Stellungnahmen der Spitzenverbände der freien Wohlfahrtspflege und Fachorganisationen, die eher ein Zuwenig als ein Zuviel an Leistungen konstatierten und meist weitere Verbesserungen für ihre jeweilige Klientel forderten. Einzig der DPW näherte sich bisweilen bemerkenswert den kommunalen Einwänden an, wenn er eine stärkere Betonung der Selbsthilfe- und der Unterhaltspflicht wünschte.¹⁵⁴ Die AWO hingegen forderte, daß jeder Staatsbürger einen Rechtsanspruch auf alle Hilfen in besonderen Lebenslagen haben und nur entsprechend seiner finanziellen Mittel gegebenenfalls dazu einen Kostenbeitrag leisten solle.¹⁵⁵ Die mittlerweile fusionierten evangelischen Wohlfahrtsverbände bewerteten den Entwurf weitgehend positiv und wünschten nur noch punktuelle Leistungsverbesserungen.¹⁵⁶ Wesentlicher Kritikpunkt war hier, daß die Stellung der freien Wohlfahrtspflege im Gesetz nicht genügend geschützt sei. Der Caritasverband behandelte sogar fast ausschließlich diese Frage und forderte eine klare Privilegierung der freien Wohlfahrtsverbände in einem Fürsorgegesetz, das die persönlichen Hilfen und damit ihre klassische Domäne künftig in den Mittelpunkt stellen wollte.¹⁵⁷

Im Januar 1959 legte Gottschick eine gründlich überarbeitete, deutlich gestraffte und in vielen Bereichen für den Hilfeempfänger weniger günstige Version des Entwurfs vor, die nun auch auf positive Resonanz der kommunalpolitischen Spezialisten der Länder stieß.¹⁵⁸ Mittlerweile distanzierte sich Duntze öffentlich von dem ersten Referentenentwurf, wenn er ihn nur mehr als „Diskussionsgrundlage" bezeichnete, die „in keiner Weise gleichbedeutend mit einer Kabinettsvorlage" sei.¹⁵⁹ Die breite Anfrage von Stellungnahmen hatte also – anders als die Einbeziehung vieler Experten und Fachgremien zuvor – nicht zu einer Absicherung des Entwurfs des Innenministeriums geführt, sondern zu dessen gründlicher Revi-

---

¹⁵³ Vgl. die Berichte über die Sitzungen des DV-Fachausschusses I am 8.10.1958, ADW, HGSt 2486, und 24.10.1958, ADW, HGSt, SP-S XXIIIc I/1.
¹⁵⁴ Vgl. die DPW-Stellungnahme vom 22.12.1958, BAK, B 106/9686.
¹⁵⁵ Vgl. die AWO-Stellungnahme vom 14.10.1958; ähnlich die vor allem am SPD-Sozialplan orientierte, allgemein gehaltene Stellungnahme des DGB vom 4.11.1958, ebenda.
¹⁵⁶ Vgl. die Stellungnahme von Innerer Mission und Hilfswerk der EKD vom 14.11.1958, ebenda.
¹⁵⁷ Vgl. die DCV-Stellungnahme vom 30.8.1958, ebenda.
¹⁵⁸ Vgl. den BSHG-Entwurf vom Januar 1959, BAK, B 106/20646; Vermerk Referat V 4 vom 15.1.1959 über eine Beratung des Arbeitskreises III „Kommunale Angelegenheiten" der Arbeitsgemeinschaft der Innenministerien der Bundesländer, BAK, B 106/9686.
¹⁵⁹ KommBl 11 (1959), S. 187.

sion. Hinweise darauf, daß dies von Anfang an von Duntze und/oder Gottschick beabsichtigt war, daß man also in geradezu machiavellistischer Manier zunächst Maximalregelungen formuliert und diese dann mit der Rückendeckung der kritischen Stellungnahmen in längst beabsichtigter Weise verändert habe, gibt es nicht. Die ursprüngliche Zeitplanung spricht eher dagegen. Zu vermuten ist vielmehr, daß die Sozialabteilung, und hier vor allem Scheffler, den Reformwillen, gerade auch auf der Ebene der Ländervertreter und innerhalb des DST überschätzt hatte. Am 23. März 1959 jedenfalls legte Duntze seinem Minister den nun auch mit einer ausführlichen Begründung versehenen offiziellen zweiten Referentenentwurf vor.[160]

---

[160] Vgl. Ministervorlage vom 23.3.1959, BAK, B 106/20647, und „Entwurf eines Gesetzes über die Gewährung von Sozialhilfe" vom März 1959, im folgenden: BSHG-Entwurf 3/1959, BAK, B 106/20646.

II. Reform der Grundlagen

1. Von der Fürsorge zur Sozialhilfe: Aufgaben und Ziel einer modernisierten Fürsorge

§ 1 des ersten Referentenentwurfs vom Juli 1958 definierte *Aufgabe und Ziel* der künftigen „Sozialhilfe":

„(1) Aufgabe der Sozialhilfe ist es, in den durch dieses Gesetz bestimmten Fällen demjenigen zu helfen, der ohne die Hilfe der Allgemeinheit kein den Anschauungen der Gemeinschaft entsprechendes Leben führen kann.
(2) Die Sozialhilfe soll den Empfänger der Hilfe soweit möglich von der Hilfe der Allgemeinheit unabhängig machen; er muß hierbei nach seinen Kräften mitwirken."[1]

Kaum ein anderer Paragraph war in der Sozialabteilung des Bundesinnenministeriums so häufig umformuliert worden, und kaum ein anderer stieß auf grundsätzliche Bedenken so vieler unterschiedlicher Seiten. Der Unterschied zur Aufgabenstellung durch das bisherige Fürsorgerecht war evident, hatte doch § 1 RGr. die Fürsorge auf die Sicherung der ökonomischen Existenz ausgerichtet und sie dazu verpflichtet, „dem Hilfsbedürftigen den notwendigen Lebensbedarf zu gewähren" und ihn „tunlichst in den Stand [zu] setzen, sich und seinen unterhaltsberechtigten Angehörigen den Lebensbedarf selbst zu beschaffen".[2]

Daß dies die Aufgaben einer zeitgemäßen öffentlichen Fürsorge nur noch unzureichend umschrieb, war mittlerweile eine unter Sozialpolitikern verbreitete Meinung: Die materielle Grundexistenz weiter Bevölkerungskreise war einigermaßen gesichert, der Minimalstandard fürsorgerischer Definition von Hilfsbedürftigkeit schien weder mit Menschenbild und Sozialstaatsgebot des Grundgesetzes noch mit der geänderten Fürsorgeklientel in Einklang bringen zu sein, und zunehmend gerieten die immateriellen Notlagen der künftigen Wohlstandsgesellschaft in den Blick.[3] „Sozialpolitik ab 1957", forderte der Leitartikler der führenden Fachzeitschrift „Sozialer Fortschritt" im November 1957, müsse „im Grundsatz verschieden sein [...] von der ab 1945", nicht mehr materielle Verbesserungen seien vorrangig, sondern eine „Erziehungsaufgabe" mit dem Ziel „eines Menschen, der aus der Besserung der sozialen Verhältnisse auch innerlich gewinnt".[4]

---

[1] BSHG-Entwurf 7/1958, BAK, B 106/20643; die folgenden Paragraphen-Bezeichnungen im Text beziehen sich auf diesen Entwurf.
[2] Zwar zählten die RGr. zum „notwendigen Lebensbedarf" auch Kranken-, Wöchnerinnenhilfe u.ä. (§ 6), faßten ihn also weiter als den bloßen „Lebensunterhalt", und ermöglichten im Rahmen des Individualprinzips auch weitergehende Hilfeleistungen, doch auf freiwilliger Basis wurden diese meist nur in größeren Städten erbracht.
[3] Vgl. exemplarisch die Beiträge zum Fürsorgetag 1957, Neuordnung des Fürsorgerechts.
[4] A[lbert] M[üller], „Die nächsten vier Jahre", in: SF 6 (1957), S. 242.

Die materielle „Lückenbüßer"-Funktion sollte nach Meinung vieler Reformer endlich überwunden und die Fürsorge als „dritte Säule" des sozialen Leistungssystems etabliert werden.[5] Nach wie vor wurde die integrative Funktion der Fürsorge betont, jedoch nicht mehr nur und primär als Eingliederung in den Arbeitsprozeß zur finanziellen Entlastung der Allgemeinheit, sondern weiter gefaßt im Sinne einer gesellschaftlichen Integration des durch eine persönliche Notlage isolierten Individuums. Dabei knüpfte man an den ja ebenfalls in den RGr. angelegten zentralen Gedanken der „Hilfe zur Selbsthilfe" an, interpretierte ihn aber nicht mehr allein im Sinne der Arbeitsplatzbeschaffung[6], sondern – in Anlehnung an aktuelle Entwicklungen im westlichen Ausland – ebenso als Aktivierung aller individuellen Kräfte mit dem Ziel größtmöglicher Unabhängigkeit im Lebensalltag und sozialer, kultureller und politischer Teilhabemöglichkeiten.[7] Vor allem von seiten der SPD wurde dabei die „*Verpflichtung der Gesellschaft* zur Hilfe aus mitbürgerlicher Verantwortung" herausgestellt und als Ziel der zur „Sozialhilfe" ausgebauten öffentlichen Fürsorge ein „Leben in Selbstbestimmung und wirtschaftlicher Selbständigkeit" definiert, so daß „der einzelne, der ihrer Hilfe bedarf, sich als Mitglied der Gemeinschaft zu fühlen vermag und seine Rechte und Pflichten ihr gegenüber anerkennt".[8] Auch Theodor Marx, stärker den Weimarer Traditionen verpflichtet, beschrieb öffentliche Fürsorge als „individuelle Lebenshilfe", deren Ziel „der sein Dasein selbst tragende und verantwortende, wirtschaftlich selbständige Mensch als geachtetes Mitglied der Gemeinschaft und der Gesellschaft" sei.[9] Und der stets den erzieherischen Charakter fürsorgerischer Arbeit unterstreichende Hans Achinger wies 1957 der Fürsorge als „richtigen Anteil an der Mühe um das Wohl der Gesamtheit" die „persönliche Arbeit an Menschen" zu mit dem Ziel, „verunglückte Lebenslagen zu reparieren".[10]

Scheffler erklärte vor dem Fürsorgetag 1957 diese Linie zu der seines Hauses, wenn er öffentliche Fürsorge definierte als „allgemeine Auffangstellung in den Wechselfällen des Lebens und in Lebenslagen [...], die Gefährdungs- und Notlagen sind", bei denen dann auch „die wirtschaftliche und allgemein betreuende Hilfe bis zur Wiederherstellung einer sozial angemessenen neuen Ausgangslage

---

[5] Dazu nochmals prononciert Achinger, Neuordnung des Fürsorgerechts, S.42f.; ferner die Abschlußsitzung des Arbeitsausschusses für Fragen der Fürsorge am 27./28.6.1958, Niederschrift, ADW, HGSt 6769.
[6] So etwa bei Muthesius in den zwanziger Jahren, vgl. Schrapper, Hans Muthesius, S.74ff.
[7] Vgl. den Bericht über den „2. Deutschen Selbsthilfetag" 1954, in: NDV 34 (1954), S. 297ff.; ferner das Referat des Leiters der Amsterdamer Wohlfahrtsschule, Jan Floris de Jongh, „Selbsthilfe in der modernen Gesellschaft" auf der Internationalen Konferenz für Sozialarbeit im Juli 1954, in: Ausländische Sozialprobleme 4 (1954), S. 113–117.
[8] Sozialplan, S.116f. (Hervorhebung im Original), vgl. auch S.119f. Bereits nach den „Grundlagen eines Sozialplanes der SPD" von 1952 sollte die künftige Sozialhilfe „über die Möglichkeiten der bisherigen Fürsorge hinaus die Kräfte der Betreuten zur Selbsthilfe stärken", Richter, Sozialreform, Bd.6 G II, S.3. Entsprechend Auerbach auf dem Sozialarbeitertreffen der AWO 1957; vgl. NDV 37 (1957), S.266. Bezogen auf die Gesamtheit der sozialen Leistungen im Godesberger Programm von 1959, in: Flechtheim, Dokumente, S.219.
[9] Marx, Die Städte zur Neuordnung, S.41, 38.
[10] Achinger, Neuordnung des Fürsorgerechts, S.42, 44f.

des einzelnen oder der Familie durchgehalten werden" müsse.[11] Daß dies eine individuelle Sicherung jenseits traditioneller Minimalstandards bedeuten müsse, deutete Scheffler noch vorsichtig an[12], wurde aber ein knappes Jahr später vom Fürsorgeausschuß des Beirats unmißverständlich deutlich gemacht, wenn er der künftigen Sozialhilfe aufgab, entsprechend „den Grundforderungen eines sozialen Rechtsstaates" auch und gerade den dauernd Hilfebedürftigen „ein menschenwürdiges Dasein zu ermöglichen, insbesondere auch ein unzumutbares Absinken der Lebenshaltung [...] zu verhindern".[13]

Dieser universale, zu pathetischen Überhöhungen herausfordernde Hilfeansatz[14], der die öffentliche Fürsorge nach ihrem Selbstverständnis von den Tätigkeitsfeldern der Sozialversicherung und Versorgung auch bisher schon grundsätzlich unterschied, gründete allerdings zwangsläufig auf dem Prinzip der Individualisierung und entzog die öffentliche Fürsorge damit auch weiterhin tendenziell rechtlicher Regulierung.[15]

So tat sich Gottschick sichtlich schwer, diesen umfassenden Anspruch in Gesetzesform zu gießen. In den Akten finden sich seit März 1956 mindestens neun verschiedene Versionen; deren Spektrum reicht von der eher lapidaren Formulierung, Sozialhilfe werde „nach den Bestimmungen dieses Gesetzes demjenigen gewährt, der aus Gründen seiner sozialen Lage auf die Hilfe der Allgemeinheit angewiesen ist"[16], bis zu ausführlichen, mit zahlreichen Wertbegriffen arbeitenden Aufgabenkatalogen[17] und dem Versuch, auch das Ziel fürsorgerischer Arbeit – „angemessene Lebensverhältnisse zu schaffen oder zu sichern"[18] – festzuschreiben. Diese

---

[11] Vgl. Gerhard Scheffler, Neuordnung, S. 23. Schefflers Nachfolger Duntze definierte die „Eingliederung des Einzelnen in die Gemeinschaft" als Ziel und Absicht der „richtig verstandenen Fürsorge", Duntze, Referentenentwurf, S. 15.
[12] Vgl. Gerhard Scheffler, Neuordnung, S. 21.
[13] NDV 38 (1958), S. 301.
[14] Aus der Fülle der Beispiele sei hier das Grußwort des hessischen Innenministers Heinrich Schneider auf dem Fürsorgetag 1955 herausgegriffen, der forderte: „Der Bedürftige soll in der Amtsstube warmherzige Hilfsbereitschaft empfinden. Wort und Tat dessen, der hinter dem Schreibtisch sitzt, sollen erkennen lassen: ‚Wie helfe ich dir, Bruder Mensch?' und nicht etwa: ‚Wie werde ich dich wieder los?'"; Fürsorge und Sozialreform, S. 7.
[15] Buhr u.a., Armutspolitik, S. 551, sprechen so auch zu Recht von einer „recht merkwürdige[n] Mischung aus traditionalistischer Besinnung auf das ‚Wesen der Fürsorge', nämlich auf Individualprinzip, Subsidiaritätsprinzip und persönliche Hilfe, und der ‚Mission', eine neuzeitliche Fürsorge zu schaffen".
[16] § 1 des Teilentwurfs vom 25. 5. 1956, BAK, B 106/20648.
[17] Laut § 3 Abs. 2 des Vorentwurfs vom 24. 9. 1956, ebenda, gehörte es zu den Aufgaben der Sozialhilfe „vor allem, a) Minderjährigen die Hilfe zu gewähren, die sie benötigen, um zu körperlich, geistig und sittlich tüchtigen Staatsbürgern heranzuwachsen, b) alleinstehenden Frauen mit Kindern besonderen Beistand zu gewähren, c) Personen, die durch Leiden, Krankheit oder in sonstiger Weise behindert sind, zu helfen, die Behinderung und ihre Folgen so schnell und soweit wie möglich zu überwinden, d) den Alten ihren Lebensabend lebenswert zu machen und sie vor Vereinsamung zu bewahren".
[18] Alternativfassung Nr. 2 zu § 1 des Entwurfs vom 29. 11. 1957, BAK, B 106/20643. Ein Jahr zuvor hieß es in § 3 Abs. 1 des Entwurfs vom 4. 10. 1956, BAK, B 106/20648: „Die Sozialhilfe soll dem Hilfeberechtigten eine den allgemeinen sozialen Anschauungen entsprechende Lebensführung in der Gemeinschaft ermöglichen."

Formulierungsschwierigkeiten waren auch Folge des konzeptionellen Grundproblems einer systematischen Unterscheidung von laufenden Unterstützungen und neuen Individualhilfen, mußte doch eine Formulierung gefunden werden, die für beide Bereiche gleichermaßen galt. Die endgültige Aufgaben- und Zieldefinition im Referentenentwurf vom Juli 1958 fiel nicht nur deutlich knapper als in vielen vorherigen Versionen aus[19]; sie blieb, nicht zuletzt aufgrund der Kautel „in den durch dieses Gesetz bestimmten Fällen", hinter Schefflers Vorgabe einer „ersten Bestimmung" im neuen Fürsorgegesetz, „die von der umfassenden Aufgabe der Fürsorge zu handeln hätte"[20], auch erheblich zurück.

Hatte sich somit der Versuch, die geplanten Neuerungen *in nuce* im ersten Paragraphen des neuen Gesetzes zusammenzufassen, aus Sicht der Sozialabteilung als undurchführbar erwiesen[21], so sollte wenigstens schon der Allgemeine Teil des Gesetzes diese zum Ausdruck bringen. Dieser Allgemeine Teil war im Laufe der Vorarbeiten immer gewichtiger und umfänglicher geworden: von einem einzigen Paragraphen zur Definition der Sozialhilfe nach ihren beiden Hilfearten im Teilentwurf vom Mai 1956[22] bis zu den zwölf Grundsatzparagraphen des offiziellen Referentenentwurfes. Damit entsprach das Sozialreform-Referat einer von Muthesius vertretenen und vor allem vom DST-Sozialausschuß mitgetragenen Forderung, wonach Grundsatzfragen wie der Rechtsanspruch oder das Verhältnis zur freien Wohlfahrtspflege dem materiellen und dem Organisationsrecht vorangestellt werden sollten, so daß „der Sinn dessen, was Fürsorge ist, von vornherein vollständig klargestellt" werde.[23] Zudem würde ein solcher allgemeiner Teil die gewünschte Zusammenfassung der fürsorgerischen Sondergesetze begünstigen. Die Caritas-Geschäftsführung drängte aus anderen Gründen auf einleitende Grundsatzbestimmungen, in denen von vornherein die autonome Rolle der freien Wohlfahrtspflege verankert werden sollte.[24] Die Folge dieses auf den ersten Blick bloß kompositorischen Problems war zum einen eine starke Akzentuierung der Rechtsstellung des Hilfeempfängers, zum anderen aber eine schärfere Betonung der traditionellen Prinzipien der Individualisierung und der Nachrangigkeit; außerdem aber, und das scheint wesentlich, erhielten ursprünglich nur für die

---

[19] Leider gibt das Aktenmaterial des Sozialreform-Referats keine Auskunft über die Motive, die schließlich zur endgültigen Formulierung geführt haben. Bemerkenswert ist, daß das im zweiten Absatz des § 1 ausgedrückte Ziel der Befähigung zur Selbsthilfe erst relativ spät, nämlich für den Vorentwurf vom 15.4.1958, BAK, B 106/20643, an dieser prominenten Stelle belegt ist.
[20] Gerhard Scheffler, Neuordnung, S. 24.
[21] Den Vorschlag, dem Gesetz eine Präambel voranzustellen, hielt die Mehrzahl der Referenten in der Sozialabteilung für politisch nicht durchsetzbar; vgl. Vermerk Referat V A 4 vom 18.12.1957, BAK, B 106/20643.
[22] § 1 des Teilentwurfs vom 25.5.1956, BAK, B 106/20648.
[23] Muthesius vor dem DLT-Sozialausschuß am 5.9.1956, Niederschrift, BAK, B 106/9697; ferner Niederschrift über die Sitzung des DST-Sozialausschusses am 13./14.12.1957, Auszug, LAB, B Rep. 142-9, 1282. Siehe auch Vermerk Referat V A 4 vom 24.4.1957, BAK, B 106/9789/2.
[24] Vgl. Klein vor der Gruppe IV des DV-Studienkreises „Soziale Neuordnung" am 13.6.1957, Vermerk Referat V A 4, 18.6.1957, BAK, B 106/9787; Franz Klein, Wohlfahrtspflege (WP), S. 316f.

Hilfe in besonderen Lebenslagen vorgesehene Verbesserungen – Sicherung eines den Anschauungen der Gemeinschaft entsprechenden Lebens, Ausbau der vorbeugenden und nachgehenden Hilfe – nun auch für die Hilfe zum Lebensunterhalt Gültigkeit.

Entscheidendes Instrument zur Bewältigung der in § 1 neu definierten Hilfeverpflichtung der Sozialhilfe war die zur Pflichtaufgabe ausgebaute „Hilfe in besonderen Lebenslagen"; diese sollte neben die traditionelle „Hilfe zum Lebensunterhalt" als zweite „Art" der Sozialhilfe treten (§ 4) und soziale Dienstleistungen jenseits hergebrachter Hilfsbedürftigkeits-Definitionen ermöglichen und galt den Zeitgenossen als die zentrale Innovation der Fürsorgerechtsreform. Dem entsprach, daß der Entwurf generell auch persönliche Leistungen als Pflichtleistung nannte (§ 11); denn in vielen Fällen sei es „mit der Hingabe von Geld oder Sachwerten nicht getan", vielmehr könne nur dann wirksam geholfen werden, „wenn der Träger der Hilfe sich um den auf ihn angewiesenen Menschen kümmert und in gebotenem Umfange für seine Betreuung sorgt", etwa, indem einem Pflegebedürftigen statt Gewährung einer Pflegezulage eine Pflegekraft zur Verfügung gestellt werde.[25] Das war Gedankengut schon aus der Entstehungszeit der RGr.[26], die ihrerseits persönliche Hilfe als eine mögliche Hilfeform angeführt hatten, ohne diese jedoch genauer zu definieren.[27]

Der „Grundgedanke, daß Fürsorge persönliche Hilfe sei, Hilfe von Mensch zu Mensch", war 1930 nicht nur für Polligkeit im Grunde eine Binsenweisheit, die jedoch durch fehlgeleitete Behördenorganisation und Personalpolitik, durch Gruppenfürsorge, vor allem aber die Überforderung durch Massennotstände in der Praxis meist in Vergessenheit geraten sei.[28] Mitte der fünfziger Jahre schien nun der Weg frei für die Verwirklichung dieses alten Ideals, das von Fürsorgeexperten unterschiedlicher Couleur neu propagiert und von Scheffler und dann Duntze im Bundesinnenministerium aufgegriffen wurde.[29] Doch jenseits des allgemeinen Grundkonsenses bestand nach wie vor Unklarheit, welche Leistungen diese „persönliche Hilfe" nun tatsächlich beinhalte, wie weitgehend sie gesetzlich fixierbar seien, und vor allem, wie persönlich behördliches Hilfehandeln überhaupt werden könne und dürfe. Während Marx in seiner Denkschrift für die Städteversammlung 1956 zur „Verhütung sozialen Krankseins" eine moderne psychologische und sozialpädagogische Betreuung und Beratung des Hilfesuchenden als Pflichtleistung der öffentlichen Fürsorge forderte[30], sah Achinger hier vor allem ein weites Betätigungsfeld der „freien Arbeit", für das die kommunalen

---

[25] Allgemeine Bemerkungen zum BSGH-Entwurf 7/1958, S. 8f., BAK, B 106/20643.
[26] Die von Erwin Ritter verfaßte Denkschrift des Reichsarbeitsministeriums von 1923 über die Vorarbeiten zu einem Reichswohlfahrtsgesetz forderte für die öffentliche Fürsorge u.a.: „Sie soll die Hingabe von Geld nicht mehr in den Mittelpunkt stellen, sondern die Hilfe von Mensch zu Mensch"; zitiert nach Weinbrenner, Hilfe, S. 221.
[27] Vgl. § 11 Abs. 1 S. 1 RGr.: „Die Hilfe kann in Geld, Sachleistung oder persönlicher Hilfe bestehen [...]"; im FÄG von 1953 wurde „persönliche Hilfe" ausdrücklich als Hilfsleistung zum Lebensunterhalt angeführt.
[28] Vgl. Polligkeit, Bedeutung, Zitat S. 55.
[29] Vgl. dazu ausführlich Collmer, Hilfe.
[30] Marx, Die Städte zur Neuordnung, S. 41ff., 73 (Zitat S. 43).

Beamten und Fürsorgerinnen in erster Linie vermittelnde Funktionen übernehmen würden.[31] Hamburgs leitende Fürsorgereferentin Petersen faßte Anfang März 1957 vor dem Beirats-Fürsorgeausschuß unter „persönlicher Hilfe" alle Leistungen zusammen, „die einem Antragsteller durch Beratung, Beeinflussung zu einem vernünftigen Verhalten, aber auch durch Hilfestellung bei Verrichtungen gewährt werden, die er aus eigener Kraft nicht leisten könne", was durch ein fürsorgerisches Gespräch, Stellung einer Hauspflegerin, aber auch durch individuelle Beihilfezahlungen umsetzbar sei; einen Rechtsanspruch auf persönliche Hilfe in diesem Sinne lehnte sie daher ab. Das hätte aber keine Änderung der bisherigen Rechtslage bedeutet, während die Ausschußmehrheit und Gottschick es für nötig hielten, „daß in einem Fürsorgegesetz auf jeden Fall eine Verpflichtung des Trägers zur persönlichen Hilfe zum Ausdruck kommen müsse".[32] Der Entwurf vom Juli 1958 versuchte dem schließlich Rechnung zu tragen, indem er erklärte, „Die Sozialhilfe umfaßt Geldleistungen, Sachleistungen und persönliche Leistungen" (§ 11 Abs. 1) und sie ähnlich wie Petersen exemplarisch definierte, vor allem aber, indem er mit der Gefährdetenhilfe, Teilen der Altenhilfe (Wohnungssuche, Beschäftigungshilfe u.ä.) sowie der Beratung als eigenständiger Hilfeleistung konkret solche persönlichen, und zwar einkommensunabhängigen Hilfsleistungen festschrieb. Vor allem der in § 11 sich manifestierende Versuch, die öffentlichen Träger stärker als bisher zur „persönlichen Hilfe" zu verpflichten, wurde später jedoch für die konfessionellen Verbände zum Stein des Anstoßes, schien er doch die traditionelle Domäne der freien Wohlfahrtspflege, eben die vielbeschworene „Hilfe von Mensch zu Mensch" existenziell zu bedrohen.

Neben einer Stärkung der Rechtsposition des Hilfeempfängers sah der Allgemeine Teil weitere Vorschriften zur Sicherung einer intensivierten Fürsorge vor: Verbindlicher als bisher verlangte der Entwurf das *vorbeugende Tätigwerden*, „um eine dem einzelnen drohende Notlage so früh wie möglich abzuwenden oder zu mildern" (§ 7).[33] Vorbeugung, vor allem im Sinne medizinischer Prophylaxe oder des Schutzes von Minderjährigen und zur Erhaltung der Arbeitskraft, entsprach durchaus den Intentionen auch des geltenden Rechts[34], war aber in der Praxis eher die Ausnahme geblieben, so daß schon seit Ende der vierziger Jahre auch im DV eine stärkere Verpflichtung der Fürsorgeträger gefordert wurde.[35] Kitz hatte im September 1954 vor den Sozialministern der Länder auch angesichts neuer medizinischer Möglichkeiten eine „stärkste vorbeugende Fürsorge" als wesentliches Reformziel genannt.[36] Wohl vor allem den Vorstellungen Schefflers ent-

---

[31] Vgl. Achinger, Neuordnung des Fürsorgerechts, S. 43ff. Ausführlich vor allem Weinbrenner, Hilfe.

[32] Niederschrift der Sitzung des Arbeitsausschusses für Fragen der Fürsorge am 1./2. 3. 1957, ADW, HGSt 6769.

[33] Wie bisher sollte die Sozialhilfe ohnehin von Amts wegen einsetzen, also bis auf Ausnahmen nicht von einem Antrag abhängig sein; vgl. § 6 des BSHG-Entwurfs 7/1958, BAK, B 106/20263.

[34] Vgl. Muthesius, Grundlagen, S. 79f.

[35] Vgl. NDV 28 (1948), S. 64f.; Bericht über die Sitzung des DV-Fachausschusses I am 8. 10. 1954, BAK, B 172/444-01/5.

[36] Kitz, Gegenwartsfragen, S. 333.

1. Von der Fürsorge zur Sozialhilfe

sprechend hatte der erste Vorentwurf vom 24. November 1956 die vorbeugende Gewährung der Sozialhilfe sogar als Muß-Bestimmung festgeschrieben.[37] Bedenken, daß dann die Nachrangigkeit der Sozialhilfe gegenüber anderen Leistungsträgern kaum noch aufrechtzuerhalten sei, waren Anlaß, diese Ende April 1957 wieder zu einer Soll-Bestimmung abzuschwächen.[38] Dies entsprach auch Befürchtungen des DLT-Sozialausschusses, der bereits 1955 davor gewarnt hatte, daß vorbeugende Pflichtleistungen durch die Verwaltungsgerichte geprüft werden könnten.[39]

Die dem vorbeugenden Ansatz korrespondierende neue Soll-Verpflichtung zur individuell „nachgehenden" Fürsorge (§ 8) folgte ebenfalls einer Forderung vieler Fürsorgereformer. Das bisherige Fürsorgerecht kannte eine ähnliche Regelung nicht. Vor allem im Zusammenhang der Behinderten- und Arbeitsfürsorge hatte der Gedanke der „nachgehenden" Betreuung, über die Vermittlung eines geeigneten Arbeitsplatzes hinaus, Bedeutung erlangt.[40] „Nachgehende" Fürsorge sollte gegebenenfalls erneute Sozialhilfebedürftigkeit – etwa durch abrupten Abbruch der Hilfe, sobald das Einkommen des Hilfebeziehers wieder über der Einkommensgrenze lag – verhindern helfen und die Fürsorgebeamten zu langfristigerer Betrachtungsweise veranlassen.

Einer alten Forderung vieler Fürsorgerinnen und namentlich des offiziellen DV folgte schließlich § 9 des Entwurfs, der die Sozialhilfe auf die Förderung der Familie, die Berücksichtigung der familiären Situation und des familiären Gesamtbedarfs verpflichtete. Abgesehen davon, daß eine solche Orientierung aktuell propagierter fürsorgerischer Methodenlehre entsprach[41] und den Anspruch von Fürsorgevertretern auf eine Beteiligung an der Jugendfürsorge zusätzlich absichern konnte[42], offenbart diese Vorschrift beispielhaft die besondere Problematik eines Bundesfürsorgegesetzes im Kräftespiel föderaler Sozialstaatlichkeit: Eine nachhaltige Umsetzung der Vorschrift des § 9 hätte nach zeitgenössischer Auffassung der bundesweiten Etablierung des Systems der Familienfürsorge in stärkerer Unabhängigkeit vom Gesundheitsamt bedurft.[43] Da aber die öffentliche Fürsorge Aufgabe der Kommunen blieb und durch die Länder finanziell zu sichern war, mußte der Bund auf solche organisatorischen Eingriffe in die kommunale Organisationshoheit verzichten und sich auf eine Rahmengesetzgebung beschränken.[44]

---

[37] Vgl. § 4 des Vorentwurfs vom 24.11.1956, BAK, B 106/20648; ferner Gerhard Scheffler, Neuordnung, S. 30.
[38] Vgl. Vermerk Referat V A 4 vom 30.4.1957, BAK, B 106/9789/2. Ferner § 6 des Vorentwurfs vom 29.11.1957, BAK, B 106/20643.
[39] Vgl. Niederschrift über die Sitzung des DLT-Sozialausschusses am 24.3.1955, BAK, B 172/444-01/1.
[40] Vgl. etwa die Berichte von Theodor Scharmann und Bernhard Wöhrmann auf dem Fürsorgetag 1957, Neuordnung des Fürsorgerechts, S. 207f., 219.
[41] Vgl. etwa Baum, Familienfürsorge; Referat und Diskussion der Arbeitsgruppe 6 auf dem Fürsorgetag 1953, in: NDV 34 (1954), S. 66ff.; Sozialplan, S. 124.
[42] Bislang hatte die meist dem Gesundheitsamt unterstellte Familienfürsorge den Aufbau eines eigenen Außendienstes des Jugendamtes weitgehend verhindert und damit die Emanzipationsbestrebungen der Jugendfürsorge stark gehemmt; vgl. Hasenclever, Jugendhilfe, S. 102f., 155, 186.
[43] Vgl. André, SozialAmt, S. 111f.; Kühn, Jugendamt, S. 64ff., 73f.
[44] Vgl. Allgemeine Bemerkungen zum BSHG-Entwurf 7/1958, S. 7f., BAK, B 106/20643.

Sinnfälliger Ausdruck für den gewandelten Charakter der öffentlichen Fürsorge war aus Sicht der Sozialabteilung schließlich die neue Begrifflichkeit: „Öffentliche Fürsorge" sei im allgemeinen Bewußtsein „nicht losgelöst von der Vorstellung der Armenfürsorge früherer Zeiten" und meist mit der richtsatzmäßigen Unterstützung für den Lebensunterhalt gleichgesetzt worden; ferner beziehe das Gesetz etwa mit der Tuberkulosehilfe Leistungen ein, die auch bisher nicht als Fürsorgeleistungen gegolten hätten. Die Bezeichnung „Sozialhilfe" sei gewählt worden, da die Leistungen im Gesetz – wie im bisherigen Recht – als „Hilfen" bezeichnet würden, „und weil es sich um die Hilfe der Allgemeinheit für den einzelnen" handele.[45] Demzufolge sprach der Entwurf auch nicht mehr vom „Hilfsbedürftigen", sondern vom „Hilfesuchenden" bzw. „Empfänger der Hilfe".

Daß der neue Name bei vielen Fürsorgevertretern auf wenig Gegenliebe stoßen würde, war in der Sozialabteilung wohlbekannt.[46] Neben Verwaltungspragmatismus und Traditionsbewußtsein war es das Selbstverständnis von Fürsorgerinnen und Wohlfahrtsverbänden, das ungeachtet aller Image-Probleme viele unter ihnen vor dem nüchtern-modernen Terminus „Sozialhilfe" zurückschrecken ließ, zumal, so Collmer, „Fürsorge" neben der Hilfsleistung auch eine Arbeits*methode* meine und schon deshalb beibehalten werden müsse.[47] Möglicherweise spielten auch parteipolitische Vorbehalte eine Rolle, war es doch die SPD, die in den „Grundlagen eines Sozialplans" 1952 erstmals die zu reformierende Fürsorge als „Sozialhilfe" titulierte, während die CDU in ihrer Sozialreform-Entschließung von 1956 am Begriff der „Fürsorge" festhielt.[48] Im CDU-geführten Innenministerium forcierte Scheffler nichtsdestoweniger die Verwendung des neuen Begriffs[49], wohl auch, um so die Reformbereitschaft seines in den Sozialreform-Debatten wie bei der Warenkorb-Verordnung wenig glücklich agierenden Hauses öffentlich zu unterstreichen.[50] Vor allem aber war Gottschick davon überzeugt, daß die Beibe-

---

[45] Ebenda, S. 19.
[46] Gegen die neuen Bezeichnungen wandte sich vor allem der DLT-Sozialausschuß, vgl. Niederschrift über die Sitzung am 8.2.1957, BAK, B 172/444-01/1; aber auch im DST überwogen die Anhänger des „Fürsorge"-Begriffs: Dieser sei „treffend und gut", wenn auch „teilweise geradezu diffamiert", doch auch neue Begriffe seien „bald wieder abgegriffen"; wichtiger sei es daher, die alten Begriffe „mit einem sinnvollen Inhalt auszufüllen", Schräder, Neuordnung, S. 339f. Vgl. ferner Stellungnahme des DST zur Neuregelung des Fürsorgerechts vom 1.3.1958, LAB, B Rep. 142-9, 1283.
[47] Vgl. Collmer, „Das neue Fürsorgegesetz und unsere Aufgabe". Vortrag auf der Diakonischen Konferenz [7.] Oktober 1958, Ms., ADW, Allg. Slg., B 93.1 I.
[48] Vgl. Grundlagen eines Sozialplans der SPD vom 14.9.1952, in: Richter, Sozialreform, Bd. 6 G II, S. 3; Entschließung des CDU-Bundesparteitags vom 26.–29.4.1956, in: ebenda, G I, S. 18, sowie Lünendonk, CDU-Parteitag, S. 130.
[49] In einer internen Besprechung am 7.2.1956 erklärte Scheffler, das Wort „Fürsorge" solle im Gesetz nicht mehr auftauchen, BAK, B 106/9688; ferner Gerhard Scheffler, Neuordnung, S. 29.
[50] Zunächst trugen nur die Individualleistungen den neuen Namen „Sozialhilfe", während die Hilfe zum Lebensunterhalt als „Sozialunterstützung" bezeichnet wurde; vgl. [Konzept] „C. Sozialhilfe" vom 2.11.1955, BAK, B 106/9689. Die Suche nach einem gemeinsamen Oberbegriff war im Frühling 1956 jedoch Anlaß, beide Leistungsarten als „allgemeine" bzw. „besondere Sozialhilfe" unter der neuen Bezeichnung zusammenzufassen; vgl. Besprechung mit Abteilungsleiter am 7.2.1956, BAK, B 106/9688, sowie den Vor-

haltung der Bezeichnung „Fürsorge" die geplante Einbeziehung des KBG und der Tuberkulosehilfe politisch erschweren würde[51] – eine Auffassung, die auch den Fürsorgeausschuß des Beirats überzeugte, der schließlich auch für die Bezeichnung „Sozialhilfegesetz" votierte.[52] Davon, daß mit dem neuen Namen keineswegs das Fürsorgeprinzip über Bord geworfen werden, ja, daß „gerade das Sozialhilfegesetz [...] ein wirklich fürsorgerisches Gesetz sein" sollte, bemühte sich Gottschick auch die Kritiker im DV-Hauptausschuß zu überzeugen; vielmehr solle so „auch zum Ausdruck kommen, daß das Leistungsrecht [...] der öffentlichen Fürsorge ein echtes Glied im Gesamtsystem der sozialen Leistungen" bilde.[53]

Daß die umfassendere Aufgabenstellung der künftigen Fürsorge keine Absage an bisher zentrale Prinzipien bedeutete, machte der Entwurf ohnehin an prominenter Stelle deutlich: In Anlehnung an die Formulierung der RGr. schrieb § 2 abermals den Individualisierungsgrundsatz fest, denn, es sei „angesichts der Vielfalt der sozialen Lebenslagen [...] gar nicht möglich, die im Einzelfall notwendige Hilfe schon durch das Gesetz selbst zu statuieren", und berief sich dabei auch auf das Interesse der Steuerzahler an effektiver Hilfegewährung.[54] Wenn die zwischenzeitlich weiter nach hinten gerutschte Fixierung des Individualprinzips im Sommer 1958 wieder an den Beginn des Gesetzentwurfs gesetzt wurde, hatte das vermutlich den taktischen Grund, durch eine derartige Betonung dem bereits von der Kommunalabteilung des Bundesinnenministeriums erhobenen Vorwurf, durch die „perfektionistische Ausgestaltung" des Entwurfs werde „der den Vollzugsbehörden eingeräumte Ermessensspielraum stark eingeengt", besser begegnen zu können.[55]

Auch den Grundsatz der prinzipiellen Nachrangigkeit der Sozialhilfe (Subsidiarität) gegenüber privater Reproduktion und gegenüber leistungspflichtigen Dritten erneuerte der Entwurf in § 3 und präzisierte ihn noch insofern, als auch Kann-Leistungen anderer Sozialleistungsträger der Sozialhilfe vorgehen sollten.[56] Eine

---

entwurf vom 25.5.1956, BAK, B 106/20648. Da Marx und Muthesius jedoch am 15.5. 1957 für eine stärkere auch begriffliche Unterscheidung der beiden Hilfearten plädierten, vgl. Vermerk Referat V A 4 vom 16.5.1957, BAK, B 106/20652, verfiel Gottschick Ende Mai 1957 auf die dann endgültigen Unterbegriffe „Hilfe zum Lebensunterhalt" und „Hilfe in besonderen Lebenslagen", hielt aber am Oberbegriff „Sozialhilfe" fest, da eine Ersetzung von „Fürsorge" durch zwei unterschiedliche Begriffe „störend" und „unschön" sei, Vorlage Referat V A 4, 23.5.1957, mit Anlage, ebenda.

[51] Vgl. Niederschrift über die Sitzung des DST-Sozialausschusses am 13./14.12.1957, LAB, B Rep. 142-9, 1282.
[52] Vgl. Niederschrift über die Sitzung des Arbeitsausschusses für Fragen der Fürsorge am 27./28.6.1958, ADW, HGSt 6769.
[53] Gottschick, Referentenentwurf, S. 22.
[54] Allgemeine Bemerkungen zum BSHG-Entwurf 7/1958, S. 7, BAK, B 106/20643. § 2 des Entwurfs lautete: „Art und Maß der Sozialhilfe richten sich nach der Besonderheit des Falles, vor allem nach der Person des Hilfeempfängers, der Art seines Bedarfs und den örtlichen Verhältnissen."
[55] BMI-Unterabteilung I C an Abteilung V, 19.3.1958; noch im Entwurf vom 15.4.1958 galt erst § 7 dem Individualprinzip, BAK, B 106/20643.
[56] Der Ausbau der Pflichtleistungen der Fürsorge barg die Gefahr, daß andere, nur zu Kann- oder Soll-Leistungen verpflichtete Sozialleistungsträger ihre Klienten an die Sozialhilfeträger verwiesen; vgl. Allgemeine Bemerkungen zum BSHG-Entwurf 7/1958, S. 6f., ebenda.

so klare Bestimmung über den Nachrang kannte das bisherige Fürsorgerecht nicht. Sie entsprach Forderungen der Länderreferenten und kommunalen Spitzenverbände, denen nur unter dieser Prämisse ein Rechtsanspruch auf Fürsorge überhaupt vertretbar erschien.[57] Auch das Nachrangprinzip war im Laufe der Vorarbeiten erst relativ spät an den Anfang des Entwurfs gerückt und damit sogar in der Gesetzeskomposition stärker betont worden als seinerzeit in RFV und RGr.[58] Neben redaktionellen Gründen dürfte auch hier die sozialpolitische Optik eine Rolle gespielt haben: *De facto* hebelten ja die erweiterten Einkommensgrenzen bzw. deren völliger Wegfall etwa bei der Gefährdetenhilfe das Nachrangprinzip ganz bewußt aus. In einer Zeit, als der Kampf gegen den „Versorgungsstaat" im Regierungslager zunehmend populär und von konservativen Kommunalfunktionären nur zu gern aufgegriffen wurde, schien die explizite Betonung der vorrangigen Pflicht des einzelnen zur Selbsthilfe in einem Fürsorgegesetz durchaus opportun.[59]

Die Betonung von Individual- und Nachrangprinzip offenbarte das grundsätzliche Dilemma der Fürsorgereformer im Innenministerium: Wie ihnen selbst nur allzu bewußt war, standen diese Prinzipien in einem deutlichen Spannungsverhältnis mit dem Ziel, den „heutigen sozialen Verhältnissen" und den „veränderten sozialen Anschauungen"[60] und dem Wunsch nach einer effektiveren Fürsorgegestaltung durch deren stärkere Verrechtlichung Rechnung zu tragen.[61] Mit Sicherheit war es dieser in den Zielvorgaben der Fürsorgereform selbst angelegte Konflikt, der jenseits aller finanziell begründeten Einwände die Bereitschaft der Gesetzesplaner in der Sozialabteilung förderte, im zweiten Referentenentwurf für das BSHG die Rechtsansprüche zu reduzieren.

Auf ungeteilte Zustimmung stieß der Allgemeine Teil des Referentenentwurfs in keiner der Stellungnahmen, wenn auch vor allem die Länderreferenten keine prinzipiellen Einwände dagegen erhoben[62]: Während der DLT auf eine Äußerung zu den §§ 1–12 gleich ganz verzichtete, hätten die beteiligten DV-Fachausschüsse nach wie vor lieber eine stärkere Betonung der neuen Individualhilfen bereits in diesem Teil gesehen.[63] Angesichts der Hervorhebung des Rechtsanspruchs forderte der DST – wie seinerzeit Muthesius –, auch die Pflichten des Hilfeempfängers

---

[57] Vgl. Besprechung mit den Referenten der Länder am 5./6.2.1957, BAK, B 106/9789/2.
[58] Erstmals belegt ist ein entsprechender Paragraph (§ 2) im Entwurf vom 29.11.1957, BAK, B 106/20643. Bisher war der Nachrang an verschiedenen Stellen fixiert; vgl. § 21 RFV; §§ 5, 8 RGr.
[59] Vgl. Scheffler jetzt selbst auf dem Fürsorgetag 1957: „Eine so weitgehende Sicherung für jedermann ist nur vertretbar, wenn die primäre Verpflichtung zur Selbsthilfe [...] uneingeschränkt herausgestellt wird"; Gerhard Scheffler, Neuordnung, S. 24.
[60] Bemerkungen zum BSHG-Entwurf 7/1958, S. 2, BAK, B 106/20643.
[61] Vgl. Gerhard Scheffler. Neuordnung, S. 28; ders., Bemerkungen; Duntze, Hilfesuchender, S. 74. Grundsätzlich Giese, 25 Jahre, S. 305ff.
[62] Vgl. Niederschrift über die Besprechung mit Vertretern der obersten Landessozialbehörden am 21./22.10.1958, LAS Abt. 761 Nr. 8874.
[63] Vgl. Stellungnahme des DLT vom 17.11.1958 und Äußerungen aus den DV-Fachgremien [5.11.1958], zu §§ 1, 4, 33, BAK, B 106/9686; Bericht über die Sitzung des DV-Fachausschusses I am 8.10.1958, ADW, HGSt 2486.

bereits im Allgemeinen Teil festzuschreiben⁶⁴, und ging hier nicht nur mit dem DLT, sondern auch mit der AWO konform⁶⁵ – eine Forderung, die angesichts der unterschiedlichen Voraussetzungen für die Gewährung der Hilfe zum Lebensunterhalt und der Hilfe in besonderen Lebenslagen wohl kaum umzusetzen gewesen wäre. Wie nach den Auseinandersetzungen im Vorfeld zu erwarten, kritisierte die Caritas, daß der Allgemeine Teil den gesellschaftlichen Pluralismus nur ungenügend berücksichtige; um „der Gefahr einer behördlichen Monopolisierung der Sozialhilfe [zu] steuern", sollten daher bereits im § 1 auch die freien Wohlfahrtsverbände als deren Funktionsträger verankert werden.⁶⁶

Neben diesen unterschiedlichen generellen Bedenken, die sich zum Teil auch gegen die neue Bezeichnung „Sozialhilfe" richteten, wurde in beinahe allen Stellungnahmen vor allem die Formulierung der Aufgabe der Sozialhilfe in § 1 kritisiert. Einig war man sich darin, daß Begriffe wie ein „den Anschauungen der Gemeinschaft entsprechendes Leben" und „Hilfe der Allgemeinheit" zu unbestimmt seien: Der DLT sah ebenso wie Elsholz dadurch die Gefahr zu weitreichender öffentlicher Hilfeverpflichtungen gegeben⁶⁷; im Fachausschuß I des DV befürchtete man im Gegenteil die Manipulierbarkeit dieser Begriffe und forderte eine Definition der Sozialhilfe, die den zu garantierenden Lebensstandard erkennen lasse.⁶⁸ Hinzu kamen rechtliche Bedenken der Verfassungsabteilung des Bundesinnenministeriums.⁶⁹ Wie in vielen Stellungnahmen angeregt, griff Duntze schließlich zurück auf den „Maßstab [...] durch das Grundgesetz [...]: Die Würde des Menschen" (Auerbach)⁷⁰ und knüpfte damit ebenso an den SPD-Sozialplan wie an Äußerungen von Kitz und Muthesius sowie eigene frühere Überlegungen an.⁷¹

---

⁶⁴ Vgl. Stellungnahme des DST vom 27.11.1958, BAK, B 106/9686; ferner Muthesius, Bundesfürsorgegesetz, S. 354.
⁶⁵ Vgl. die Stellungnahmen des DLT vom 17.11.1958 und der AWO vom 14.10.1958, BAK, B 106/9686.
⁶⁶ Stellungnahme des DCV vom 30.8.1958, ebenda.
⁶⁷ Vgl. Vermerk Referat V 4 vom 11.12.1958; DLT-Stellungnahme vom 17.11.1958, BAK, B 106/9686; ähnlich die Stellungnahme des DGT vom 1.12.1958, ebenda. Nach Auffassung der bayerischen Landkreisvertreter werde durch eine derart weitreichende Bestimmung „ein Kleinlandwirt zum Sozialhilfeempfänger gestempelt", und die Landkreise müßten ihren Fürsorgeetat „um ein Mehrfaches erhöhen", Süddeutsche Zeitung vom 15.12.1958.
⁶⁸ Vgl. Äußerungen aus den DV-Fachgremien [5.11.1958], zu § 1, BAK, B 106/9686; ferner Bericht über die Sitzung des Fachausschusses I am 8.10.1958, ADW, HGSt 2486. Kritisch auch die Stellungnahme des BMW vom 4.12.1958, BAK, B 106/9686.
⁶⁹ Vgl. BMI-Referat I A 1 an Referat V A 4 am 12.11.1958, BAK, B 106/9686.
⁷⁰ Auerbach auf der DV-Hauptausschußsitzung am 18.10.1958; vgl. Äußerungen aus den DV-Fachgremien [5.11.1958], Anm. 12) zu § 1, ebenda.
⁷¹ Vgl. Sozialplan, S. 177, et passim; Kitz, Gegenwartsfragen, S. 332; Muthesius, Die Fürsorge und die Neuordnung, S. 28; Duntze, Menschenbild, S. 4. Auch von den konfessionellen Verbänden wurde eine auf das Personenbild des GG rekurrierende Formulierung vorgeschlagen; vgl. die Stellungnahmen des DCV vom 30.8.1958 und von Innerer Mission/Hilfswerk, BAK, B 106/9686. Die Länderreferenten schlugen am 21./22.10.1958 ebenfalls für § 1 vor, „sich des Vokabulars des Grundgesetzes zu bedienen", und regten unter Hinweis auf entsprechende Vorschläge des DST als Formulierung „die Führung eines menschenwürdigen Daseins" an, Niederschrift, LAS Abt. 761 Nr. 8874. Vgl. ferner Stellungnahme des DST vom 27.11.1958, BAK, B 106/9686.

Im zweiten offiziellen Referentenentwurf definierte § 1 als Aufgabe der Sozialhilfe, „dem Empfänger der Hilfe die Führung eines menschenwürdigen Lebens zu ermöglichen", und nahm in der Begründung ausdrücklich auf die ersten beiden Grundrechtsartikel und das Sozialstaatsgebot des Grundgesetzes Bezug.[72] In der zweiten Umarbeitungsphase schließlich wurde auf Vorschlag von Elsholz noch deutlicher auf Art. 1 GG Bezug genommen: Die Sozialhilfe solle dem Hilfeempfänger die Führung eines Lebens ermöglichen, „das der Würde des Menschen entspricht"; diese Formulierung wurde schließlich auch Gesetz.[73] Gerade diese Bindung der Zielstellung der Sozialhilfe an das Grundgesetz wurde und wird als eine zentrale Errungenschaft der Fürsorgereform gedeutet, wenn auch Rechtsprechung und Literatur bald zur Auslegung des „menschenwürdigen Lebens" wieder die „Anschauungen der Gemeinschaft" heranzogen.[74]

Eine weitere wesentliche Änderung betraf die Ausgestaltung der persönlichen Hilfe: Sie wurde nun, wie aus den Reihen des DV und der AWO gewünscht[75], bei den Formen der Sozialhilfe vor den Geld- und Sachleistungen genannt, um den künftigen erwünschten Dienstleistungscharakter der Sozialhilfe besser herauszustellen. Für die Beratung als Teil der „persönlichen Hilfe" allerdings wurde der besondere Vorrang der freien Wohlfahrtspflege statuiert.[76]

Die weiteren Änderungen des Allgemeinen Teils waren eher redaktioneller Natur zur Straffung und größeren Klarheit der Formulierungen. Gleich am Anfang wurde Sozialhilfe jetzt als „Hilfe zum Lebensunterhalt" und „Hilfe in besonderen Lebenslagen" definiert und damit die Gültigkeit des Allgemeinen Teils für beide Hilfearten stärker verdeutlicht.[77] Ohne Änderungen in der Sache, aber knapper formuliert, rutschte die Fixierung des Nachrangs der Sozialhilfe von der dritten auf die zweite Stelle[78], ein formales Entgegenkommen gegenüber den kommunalen Spitzenverbänden. Weitere Zugeständnisse an die kommunalen Spitzenverbände machte die Sozialabteilung in den hier erörterten Fragen nicht. Ebensowenig folgte sie weitergehenden Forderungen von deren sozialpolitischem Kontrahenten, der AWO, die u.a. die Gewährung vorbeugender Hilfe als Muß-Leistung gefordert hatte.

---

[72] § 1 Abs. 1 Satz 1 des BSHG-Entwurfs 3/1959, BAK, B 106/20646; vgl. Begründung zum Entwurf 3/1959, S. 4, ADW, HGSt, SP-S XXV 1: 012-1/1.
[73] Vgl. Vermerk Referat V 4 vom 10.6.1959, BAK, B 106/20644. § 1 des Regierungsentwurfs vom Februar 1960 wie auch des BSHG lautete jetzt:
„Inhalt und Aufgabe der Sozialhilfe
(1) Die Sozialhilfe umfaßt Hilfe zum Lebensunterhalt und Hilfe in besonderen Lebenslagen.
(2) Aufgabe der Sozialhilfe ist es, dem Empfänger der Hilfe die Führung eines Lebens zu ermöglichen, das der Würde des Menschen entspricht. Die Hilfe soll ihn soweit wie möglich befähigen, unabhängig von ihr zu leben; hierbei muß er nach seinen Kräften mitwirken."
[74] Vgl. Giese, 25 Jahre, S. 309f.
[75] Vgl. Äußerungen aus den DV-Fachgremien [5.11.1958], zu § 11; AWO-Stellungnahme vom 14.10.1958, BAK, B 106/9686.
[76] Vgl. § 9 Abs. 2 des BSHG-Entwurfs 3/1959, BAK, B 106/20646.
[77] Vgl. § 1 Abs. 2 ebenda.
[78] Vgl. § 2 ebenda.

Hinsichtlich der hier behandelten Regelungen hatte die Sozialabteilung bei der Überarbeitung des ersten Referentenentwurfs, aufs Ganze betrachtet, also keiner Seite gravierende Zugeständnisse gemacht, sondern war bei ihrer Sicht über Wesen und Ziel der künftigen Sozialhilfe geblieben. Das galt auch für die zweite Umarbeitungsphase bis zur Fertigstellung des Kabinettsentwurfs Anfang 1960, zumal Bundesressorts und Länder kaum Einwände erhoben hatten – mit einer gravierenden Ausnahme: Soweit sie die Stellung der freien Wohlfahrtspflege betrafen, erlebten die hier behandelten Bestimmungen des „Allgemeinen Teils" noch ganz erhebliche Veränderungen.

2. Vom „Fürsorge-Untertanen" zum „Fürsorge-Bürger"[79]: die Rechtsstellung des Hilfeempfängers

Entscheidendes Element der Fürsorgereform war die Neubestimmung der Rechtsposition des Fürsorgeempfängers. Die der neuen Fürsorge-Klientel der „Deklassierten" geschuldete Verabschiedung des individuell schuldhaften Hilfsbedürftigkeits-Begriffs ebenso wie die vielbeschworene „neue Form der Kooperation zwischen Helfer und Schützling im Sinne der Partnerschaft"[80] geboten eine Stärkung seiner Rechtsstellung; und spätestens das Urteil des Bundesverwaltungsgerichts vom Juni 1954 hatte unmißverständlich deutlich gemacht, daß die bisherige Auffassung von der Objektstellung des Notleidenden im Fürsorgerecht auch durch das im Grundgesetz stark ausgeweitete subjektive öffentliche Recht überholt war. Jetzt, so Muthesius, sei es Sache des Gesetzgebers, den Rechtsanspruch auf Fürsorge auch klar auszusprechen, denn es gehe „nicht an, daß wir uns bezüglich dieser ganz grundsätzlichen Haltung des Staates zur Fürsorge abhängig machen von der Rechtsprechung".[81] Collmer sah im Rechtsanspruch ein geeignetes Mittel, aus der „noch verbreiteten Minderbeurteilung der Fürsorge im öffentlichen Bewußtsein heraus[zu]kommen".[82] Die sozialpolitischen Arbeitskreise des CDU-Parteitags Ende April 1956 forderten ebenso wie der damalige Präsident des DST, Berlins Regierender Bürgermeister Otto Suhr (SPD) auf der Städteversammlung im Juni, daß künftig ein solcher Anspruch zu garantieren sei.[83] Selbst die deutschen Landkreise hatten offiziell schon ein Jahr zuvor verkündet: „Der Rechtsanspruch auf Fürsorge kann gesetzlich festgelegt werden, wenn die Grundsätze der Individualisierung und der Subsidiarität nicht angetastet werden."[84] Diese Einschränkung freilich traf bereits den Nagel auf den Kopf: Wie konnten Rechtsansprüche festgelegt werden, wenn gleichzeitig gerade die nicht klar zu normierende individuelle Hilfe gefördert werden sollte? Wie war der Anspruch auf Fürsorge mit

---

[79] Leitsätze Werner Gross, in: Neuordnung des Fürsorgerechts, S. 359.
[80] Achinger, Rolle, S. 346; vgl. ferner NDV 33 (1953), S. 278ff.
[81] Muthesius, Die Fürsorge und die Neuordnung, S. 29.
[82] Vermerk Brügemann vom 3.2.1959, ADW, HGSt, SP-S XXV 1: 102-1/1; ähnlich Weinbrenner, Hilfsbedürftiger, S. 13.
[83] Vgl. Lünendonk, CDU-Parteitag, S. 130; Otto Suhr, Städte, S. 340; auch Preller, in: NDV 36 (1956), S. 277f.
[84] Beschlüsse der Landkreisversammlung im Mai 1955, in: NDV 35 (1955), S. 202.

dem Nachrang gegenüber Selbsthilfe und leistungspflichtigen Dritten zu vereinbaren? Wie überdies konnten trotzdem die finanziellen Spielräume der kommunalen Träger gewahrt und die kommunalen Kassen vor einer als übermäßig empfundenen Belastung durch die neue Fürsorge geschützt werden?

Ende Juli 1955 gab der scheidende Abteilungsleiter Kitz seinem Nachfolger als Hausaufgabe auf den Weg, dafür zu sorgen, „daß selbst bei Anerkennung eines grundsätzlichen Rechtsanspruchs die Fürsorgeträger ihre Entscheidungen nach ihrem Ermessen unter Berücksichtigung der Lage des Einzelfalles treffen können, und daß die Verwaltungsgerichte nicht in der Lage sind, ihr Ermessen an die Stelle des Fürsorgeträgers zu setzen".[85] Die Lösung dieser Aufgabe glich einem legislatorischen Balanceakt, dessen Ergebnis im BSHG auch heute noch unterschiedlich bewertet wird.

Darüber, daß nach dem Verwaltungsgerichtsurteil von 1954 zumindest bei den Hilfen zum Lebensunterhalt ein Rechtsanspruch festgelegt werden müsse und dieser „unbedenklich" sei, waren sich Scheffler und Gottschick einig[86]; sie wußten damit die überwiegende Expertenmeinung hinter sich, wonach keineswegs jede über die Existenzsicherung gehende Fürsorgeleistung nun ebenfalls aus dem Grundgesetz ableitbar und daher mit einem Rechtsanspruch zu versehen sei.[87] So sah bereits die erste belegte Teilskizze von Anfang Januar 1956 in Anlehnung an § 5 RGr. ausdrücklich einen „Anspruch auf Sozialunterstützung" vor.[88] Sehr viel schwieriger war die Lage bei den Individualhilfen: Einerseits sollte laut Scheffler das „pflichtmäßige Ermessen der entscheidenden Stelle [...] Art und Umfang der Hilfe weiterhin bestimmen (keine gerichtliche Nachprüfung)", andererseits hielt er eine „Konkretisierung [...] im Interesse einer wirksamen Durchführung der Gesetzesbestimmungen jedoch an manchen Stellen [für] notwendig".[89] Bei den bisherigen Pflichtleistungen – Kranken- und Wochenhilfe, Hilfe zur Pflege – hielt er einen Rechtsanspruch für erforderlich, bei anderen Hilfen, etwa der Gefährdetenhilfe, hingegen für zweifelhaft.[90]

Im ersten Vorentwurf aus dem Jahr 1956 vermied Gottschick vorerst die klare Setzung eines generellen subjektiven Rechtsanspruchs und wählte statt dessen den traditionellen Weg einer eindeutigen Leistungsverpflichtung des Trägers der So-

---

[85] Vermerk Referat V A 1 vom 27.7.1955, BAK, B 106/20652.
[86] Vgl. Vermerk über Besprechung mit Abteilungsleiter am 21.11.1955, BAK, B 106/9689.
[87] Vgl. Achinger u.a., Neuordnung der sozialen Leistungen, S. 112; Marx, Die Städte zur Neuordnung, S. 72; Niederschrift über die Sitzung des Arbeitsausschusses für Fragen der Fürsorge am 1./2.2.1957, ADW, HGSt 6769; Vermerk Oel vom 15.2.1957, LAB, B Rep. 142-9, 1288; Weinbrenner/Gross, Rechtsstellung.
[88] Anlage vom 10.1.1956 zur Abteilungsleitervorlage vom 4.2.1956, BAK, B 106/9688.
[89] Scheffler an Heusler etc. am 9.2.1956, Anlage, BAK, B 106/9789/2. „Art" meinte hier und auch in den folgenden Erörterungen nicht Ermessensfreiheit bezüglich Hilfe zum Lebensunterhalt oder Individualhilfen (wie im § 4 BSHG-Entwurf 7/1958), sondern wie bisher die Geld-, Sach- oder persönliche Leistung („Formen" der Hilfe) sowie offene bzw. geschlossene Fürsorge; vgl. zur hergebrachten Begrifflichkeit Muthesius, Grundlagen, S. 96.
[90] Vgl. Scheffler an Heusler etc. am 9.2.1956, Anlage, BAK, B 106/9789/2. Ähnlich die Auffassung des DV-Fachausschusses I am 8.10.1954, Niederschrift, BAK, B 172/444-01/5.

2. Vom „Fürsorge-Untertanen" zum „Fürsorge-Bürger" 217

zialhilfe, der anschließend für die einzelnen Hilfen mehr oder weniger begrenzt wurde.[91] Dieser unterschiedliche Grad der Verbindlichkeit (Muß-, Soll-, Kann-Leistungen), der den eigentlichen Inhalt des Rechtsanspruchs erst ausmachte, war prinzipiell, wenn auch nicht im einzelnen, unangefochten und blieb im endgültigen BSHG bestehen.

Mit der zunehmenden Ausweitung des Allgemeinen Teils stellte sich jedoch das grundsätzliche Problem, ob und gegebenenfalls wie bereits dort außerdem eine Generalnorm über einen subjektiven Rechtsanspruch zu formulieren sei. Die Mehrheit der Länderreferenten erklärte aus Furcht vor dessen finanziellen Auswirkungen im Dezember 1956, daß der Rechtsanspruch nur das „Ob" der Hilfeleistungen, nicht aber deren Art und Maß betreffen könne.[92] Nachdem Gottschick bereits diverse, nicht zufriedenstellende Anläufe zur einer solchen Formulierung unternommen hatte, wandte sich Scheffler im Beirats-Fürsorgeausschuß Anfang Februar 1957 gegen die Fixierung eines interpretationsbedürftigen generellen Rechtsanspruchs und hielt es für besser, jeweils für einzelne Leistungsgruppen eindeutige Ansprüche zu definieren. Elsholz lehnte einen „totalen Rechtsanspruch" wegen fehlender Vorleistungen des Hilfempfängers eigentlich ab; wenn, dann müsse man ihn „sehr scharf substantiieren und begrenzen und mehr moralisch als rechtlich unterbauen".[93] Allerdings konnte der Lüneburger Senatspräsident Gross die Befürchtung, die Fürsorgeträger würden künftig mit einer Flut von Verwaltungsgerichtsprozessen überzogen, weitgehend entkräften: Deren Zahl sei schon länger merklich zurückgegangen, und in zwei Dritteln der Fälle habe die Verwaltung recht bekommen.[94] Muthesius hielt es immerhin für möglich, daß in „einer vorangestellten Vorschrift [...] ein allgemeiner Rechtsanspruch auf Fürsorge proklamatorisch festgelegt" würde. Tatsächlich wäre es angesichts des parteiübergreifenden Konsenses wie der vorherrschenden Rechtsmeinung politisch kaum zu vertreten gewesen, im kommenden Gesetz auf eine solche Generalklausel zu verzichten; deutlicher als viele Einzelbestimmungen würde sie die avisierte Wandlung von der rechtlichen Objektstellung als „Hilfsbedürftiger" zum „Hilfesuchenden als Rechtssubjekt"[95] veranschaulichen können.

Den Ausweg benannte ganz im Sinne der Länderreferenten Gottschicks Kollege Hartmann: Man könne „einen Rechtsanspruch ‚dem Grunde nach' anerkennen", solle „Art und Umfang der Leistung jedoch dem Ermessen überlassen"[96] – eine Linie, die schon wenig später in unterschiedlicher Interpretation öffentlich

---

[91] § 1 Abs. 1 des Teilentwurfs vom 25.5.1956, BAK, B 106/20648: „Sozialhilfe wird nach den Bestimmungen dieses Gesetzes demjenigen gewährt, der aus Gründen seiner sozialen Lage auf die Hilfe der Allgemeinheit angewiesen ist."
[92] Vgl. Niederschrift über die Besprechung mit den Länderfürsorgereferenten am 12.12. 1956, BAK, B 106/9789/2.
[93] Vgl. Niederschrift über die Sitzung des Arbeitsausschusses für Fragen der Fürsorge am 1./2.2.1957, ADW, HGSt 6769.
[94] Vgl., auch zum Folgenden, Niederschrift über die Sitzung des Arbeitsausschusses am 1./2.3.1957, ebenda.
[95] So auch der Titel eines Aufsatzes zum BSHG-Entwurf des Scheffler-Nachfolgers Duntze, Hilfesuchender.
[96] Niederschrift über die Sitzung des Arbeitsausschusses am 1./2.2.1957, ADW, HGSt 6769.

nicht nur Auerbach und der SPD-Sozialplan, sondern auch die Sozialausschüsse des DLT und des DST übernahmen.[97] Nachdem der gastgebende Ministerpräsident von Nordrhein-Westfalen, Fritz Steinhoff (SPD), in seinen Begrüßungsworten zum Fürsorgetag 1957 nochmals das Urteil des BVG von 1954 als entscheidenden Wendepunkt in der Fürsorgegeschichte gewürdigt hatte[98], vertrat Scheffler nun ebenfalls ein „Recht auf Hilfe dem Grunde nach". Seine Bedenken richteten sich nicht gegen die weitgehende Normierung subjektiver Rechte, die er, im Gegenteil, für ein Gebot der Sozial- und Rechtsstaatlichkeit hielt. Doch das Individualprinzip sei „kein besonders geeigneter Partner des Rechtsanspruchs", und deshalb müßten bei vielen Hilfen deren Art und Umfang dem behördlichen Ermessen überlassen bleiben.[99] Diesen Weg beschritt das Bundesinnenministerium kurz darauf im Entwurf für das Tuberkulosehilfegesetz, das sich damit auch in dieser Hinsicht als wichtiger Schrittmacher für das künftige BSHG erwies.

Auf dem Fürsorgetag regte sich allerdings von ganz anderer Seite Widerstand: In einer kurz zuvor veröffentlichten Broschüre des Caritas-Verbandes hatte Ministerialrat Friedrich Rothe vom Familienministerium erklärt, aus dem Grundgesetz lasse sich keineswegs unmittelbar ein „nichtkonkretisierter Rechtsanspruch" auf Fürsorge ableiten; ja, dieser könne sogar dazu führen, daß der Staat das Selbsthilferecht des einzelnen und das Hilferecht der „gesellschaftlichen Gruppen" übergehe, „autoritär Umfang und Inhalt dieses Rechtsanspruchs auf Fürsorge, Erziehung oder Ausbildung von sich aus festsetzt und den einzelnen in völlige Abhängigkeit von einem autoritären Staate bringt".[100] Diese gegen den totalen „Versorgungsstaat" gerichtete und dem Positionsgewinn der freien Wohlfahrtspflege geschuldete Argumentation wurde jetzt in der Arbeitsgruppe G von Caritas-Justitiar Franz Klein erneut angeführt.[101] Tatsächlich barg die Frage des Rechtsanspruchs für die Anhänger der Kleinschen Richtung ein grundsätzliches Dilemma: Dem von Rothe befürchteten staatlichen Fürsorgemonopol stand gegenüber, daß sich das für die eigene Argumentation zentrale Wahlrecht des Hilfeempfängers bezüglich der Hilfegestaltung unmittelbar aus seiner Subjektstellung und damit dem Rechtsanspruch herleitete. Die Lösung suchten Klein und der für die katholische Seite ebenfalls maßgebliche Duisburger Stadtdirektor Ernst Weinbrenner in der Forderung, die öffentliche Fürsorge auf Geldleistungen zu beschränken und für diese dann einen Rechtsanspruch zu reklamieren.[102]

---

[97] Vgl. Auerbach auf dem Sozialarbeitertreffen der AWO 1957, in: NDV 37 (1957), S. 266; laut Sozialplan, S. 125, werde so der behördliche Ermessensraum, der sich nur auf das „wie", nicht aber das „ob" der Hilfegewährung erstrecke, weitgehend eingeschränkt. Demgegenüber ging der DLT eher von einer proklamatorischen Bedeutung eines solchen Rechtsanspruchs aus; vgl. die Niederschriften über die Sitzungen der Sozialausschüsse des DLT am 8.2.1957, BAK, B 172/444-01/1, und des DST am 15./16.3.1957, LAB, B Rep. 142-9, 1236.
[98] Vgl. Neuordnung des Fürsorgerechts, S. 15.
[99] Gerhard Scheffler, Neuordnung, S. 28.
[100] Rothe, Rechtsstellung, S. 7.
[101] Vgl. Neuordnung des Fürsorgerechts, S. 410f., 439.
[102] Vgl. Franz Klein, Wohlfahrtspflege, S. 170ff.; Weinbrenner, Hilfsbedürftiger, S. 13f.; ders., Grundfragen, S. 148f.

2. Vom „Fürsorge-Untertanen" zum „Fürsorge-Bürger" 219

Der Hauptreferent in der Arbeitsgruppe Gross erklärte es demgegenüber sogar für verfassungswidrig, wenn der Gesetzgeber den Rechtsanspruch *nicht* ausführen würde; dieser könne aber nur dann effektiv werden, wenn sein „Gegenpol", der hilfspflichtige Träger der Sozialhilfe, die gesamte Aufgabenverantwortung trüge und nicht auf eine bloße finanzielle Aufbringungspflicht sowie eine Alimentationspflicht gegenüber den freien Trägern begrenzt werde.[103] Zwar wurde in der Arbeitsgruppe keine Einigung erzielt, doch die von Gross vorgelegten Leitsätze bildeten später die Grundlage für die diesbezüglichen Empfehlungen des Beirats-Fürsorgeausschusses, ohne daß dort die katholische Vertreterin dagegen Stellung bezogen hätte.[104]

Eine Beschränkung auf Geldleistungen hätte ohnehin den Reformzielen der Sozialabteilung diametral widersprochen, die gewünschte „Begrenzung des Rechtsanspruchs"[105] hingegen hielt man auch hier für notwendig. Eine Formulierung dieses Rechtsanspruchs „dem Grunde nach" gelang erst unter dem neuen Abteilungsleiter Duntze und lautete schließlich in § 5 Abs. 1 des Entwurfs vom Juli 1958 etwas umständlich: „Auf die Gewährung von Sozialhilfe besteht ein Rechtsanspruch, es sei denn, daß nach den Bestimmungen dieses Gesetzes die Hilfe gewährt werden soll oder gewährt werden kann."[106] Der Fürsorgeausschuß des Beirats erklärte es unter Berufung auf das Grundgesetz für geboten, einen grundsätzlichen „Rechtsanspruch auf Sozialhilfen"(!) zu gewähren; dieser sei „nach Grund, Inhalt und Umfang an dem Maßstab sozialer Gerechtigkeit orientiert und deshalb als Rechtsbegriff zwar unbestimmt, aber bestimmbar". Diese Ausgestaltung durch den Gesetzgeber finde ihre verfassungsrechtliche Grenze jedoch im Grundsatz der Gewaltenteilung und müsse daher „den Bestand und den natürlichen Wirkungsbereich der vollziehenden Gewalt achten und wahren".[107] Diese zusätzliche verfassungstheoretische Absicherung des Individualprinzips griff die Sozialabteilung auf und fügte die Bestimmung über die individuelle Festlegung der Art und des Umfangs der Hilfen als zweiten Absatz in § 5 ein. In der an die Gesetzgebungsorgane gerichteten Erläuterung argumentierte die Sozialabteilung allerdings pragmatisch: Zwar bekenne sich der Entwurf grundsätzlich zum Rechtsanspruch; der könne jedoch bei den Hilfen nicht eingeräumt werden, wo die Anspruchsvoraussetzungen nicht klar bestimmbar seien (Altenhilfe, Hilfe zur Begründung einer wirtschaftlichen Existenz) oder aber noch praktische Erfahrungen (Hauspflege) fehlten.[108]

Die meisten der Stellungnahmen äußerten sich zu § 5 entweder positiv oder erhoben zumindest keine prinzipiellen Einwände und machten damit zugleich deutlich, daß die Formulierung den vielfach gewünschten Interpretationsrahmen nicht

---

[103] Vgl. Gross, Rechtsstellung, S. 369ff.
[104] Vgl. Neuordnung des Fürsorgerechts, S. 358–360; Niederschrift über die Sitzung des Arbeitsausschusses für Fragen der Fürsorge am 6./7.6.1958, ADW, HGSt 6769; NDV 38 (1958), S. 302.
[105] Weinbrenner, Hilfsbedürftiger, S. 13.
[106] BSHG-Entwurf 7/1958, BAK, B 106/20643.
[107] NDV 38 (1958), S. 302.
[108] Vgl. Allgemeine Bemerkungen zum BSHG-Entwurf 7/1958, S. 5f., BAK, B 106/20643; Gottschick, Referentenentwurf, S. 16.

durchbrach.¹⁰⁹ Selbst die Caritas begrüßte § 5 als gelungene Formulierung für einen „*begrenzten* Rechtsanspruch auf Fürsorge"¹¹⁰, und auch die kommunalen Spitzenverbände Bayerns protestierten nicht; möglicherweise war man hier wie im DGT der Ansicht, daß es sich um eine allenfalls „deklaratorische" oder, wie Paul Collmer meinte, primär „programmatische und psychologische" Bestimmung handelte.¹¹¹ Allerdings überwog vor allem im DV-Fachausschuß I die Skepsis, inwieweit die gefundene Formulierung eine Ausweitung des Rechtsanspruchs auch auf die Soll-Leistungen verhindern könne.¹¹² Gottschick und Duntze trugen diesen Bedenken im zweiten Referentenentwurf Rechnung, und die nunmehr endgültige Bestimmung lautete: „Auf Sozialhilfe besteht ein Anspruch, soweit dieses Gesetz bestimmt, daß die Hilfe zu gewähren ist."¹¹³ Der Rechtsanspruch auf Sozialhilfe war damit prinzipiell auf das Tätigwerden des Sozialhilfeträgers begrenzt; hinsichtlich ihres Ausmaßes umfaßte er darüber hinaus nur solche Leistungen, für die das Gesetz auch einen bestimmten Leistungsumfang festschrieb.¹¹⁴

Aus Sicht der kommunalen Fürsorgeträger hatte diese Bestimmung ohnehin viel von ihrer Brisanz verloren; denn bei den einzelnen Hilfen in besonderen Lebenslagen waren die Ansprüche in dieser ersten Umarbeitungsphase erheblich reduziert und damit der generelle Rechtsanspruch auf Sozialhilfe deutlich entschärft worden. Um zwei formale Klarstellungen ergänzt, wurde so die Fixierung des Rechtsanspruchs „dem Grunde nach" 1961 schließlich auch Gesetz.¹¹⁵

---

[109] Vgl. Niederschrift über die Besprechung mit den Vertretern der obersten Landessozialbehörden am 21./22.10.1958, LAS Abt. 761 Nr. 8874; die Stellungnahmen des DST vom 27.11.1958, der AWO vom 14.10.1958, der Inneren Mission/Hilfswerk vom 14.11.1958, des DPW vom 22.12.1958, sowie die Äußerungen aus den DV-Fachgremien [5.11.1958], zu § 5, BAK, B 106/9686; die Stellungnahme der AG der LFV vom 17.12.1958, BAK, B 106/20644. Auch der Darmstädter Oberbürgermeister Engel sah auf der kommunalen Bundeskonferenz der SPD im September 1958 mit der Ausgestaltung des Rechtsanspruchs eine sozialdemokratische Forderung erfüllt; vgl. Anlage zu Ziebill an Oel, 15.9.1958, LAB, B Rep. 142-9, 1283. Der DLT äußerte sich zu § 5 nicht.
[110] DCV-Stellungnahme vom 30.8.1958, BAK, B 106/9686 (Hervorhebung im Original).
[111] Vortrag Collmers auf der Diakonischen Konferenz im Oktober 1958 in Korntal, Ms., ADW, HGSt, SP-S XXV 1: 160-1/1. Vgl. die Stellungnahmen der bayerischen kommunalen Spitzenverbände vom 14.10.1958 und des DGT vom 1.12.1958, BAK, B 106/9686.
[112] Vgl. Bericht über die Sitzung des DV-Fachausschusses I am 8.10.1958, ADW, HGSt 2486; ähnlich auch die Länderreferenten am 6./7.10.1958 im BMI, Niederschrift, LAS Abt. 761 Nr. 8874.
[113] § 4 Abs. 1 des BSHG-Entwurfs 3/1959, BAK, B 106/20646. Allerdings stellte der neue Entwurf jetzt klar, daß die verbleibende Ermessensfreiheit nicht die *Art* der Leistungen (Hilfe zum Lebensunterhalt oder Hilfe in besonderen Lebenslagen), sondern nur deren *Form* (persönliche, Geld- oder Sachleistungen) betraf. Ein Ermessen hinsichtlich der *Art* der Sozialhilfe hätte ja dem durch das BVG gesicherten Recht auf Existenzsicherung gerade widersprochen; vgl. § 4 Abs. 2 des BSHG-Entwurfs 3/1959, Anlage: Berichtigungen, ebenda.
[114] Vgl. Duntze, Hilfesuchender, S. 74.
[115] Forderungen des Bundesrates und des Bundestagsausschusses für Kommunalpolitik und öffentliche Fürsorge entsprechend lautete § 4 BSHG dann: „(1) Auf Sozialhilfe besteht ein Anspruch, soweit dieses Gesetz bestimmt, daß die Hilfe zu gewähren ist. Der Anspruch kann nicht übertragen, verpfändet oder gepfändet werden. (2) Über Form

2. Vom „Fürsorge-Untertanen" zum „Fürsorge-Bürger"

Wesentliche Folge der mit dem Rechtsanspruch verankerten Subjektstellung des Hilfeempfängers waren seine größeren Einflußmöglichkeiten auf die Ausgestaltung der Hilfe, fokussiert im sogenannten Wahlrecht. § 10 des Entwurfs vom Juli 1958 schrieb vor:

> „Wünsche des Hilfeempfängers, die sich auf die Gestaltung der Sozialhilfe richten, sollen nach Möglichkeit berücksichtigt werden. Dies gilt vor allem für den Wunsch, im gewohnten Lebenskreis zu bleiben."[116]

Diese später zugunsten des Sozialhilfeempfängers noch verstärkte Regelung verdankte sich vor allem dem Druck der katholischen Wohlfahrtspflege. Bislang hatte diese Frage vor allem im Bereich der „geschlossenen Fürsorge" Bedeutung erlangt, etwa wenn der Hilfeempfänger gegen seinen Wunsch in einer kommunalen Einrichtung untergebracht worden und es zu einem Verfahren vor dem Bundesamt für das Heimatwesen gekommen war. Das bisherige Fürsorgerecht kannte eine über das Individualprinzip hinausgehende Schutzbestimmung des Hilfsbedürftigen nicht, und auch in den ersten BSHG-Vorentwürfen von 1956 fehlten noch entsprechende Vorgaben.[117] 1956/57 gestanden jedoch ein DV-Gutachten bzw. die Zentrale Spruchstelle für Fürsorgestreitsachen in zwei Präzedenzfällen Fürsorgeempfängern die wunschgemäße Unterbringung in Altersheimen freier Träger zu und stellten dabei u.a. auf die verfassungsmäßige Garantie der Freizügigkeit ab.[118]

Entscheidend für die Verankerung des Wahlrechts im künftigen BSHG war jedoch, daß die Vertreter der konfessionellen Wohlfahrtspflege dessen Schlüsselstellung für die eigene Position erkannten.[119] Sollte der geplante Ausbau der Dienstleistungen und der Aufbau moderner kommunaler Heime und Anstalten die hier vielerorts dominierenden freien Verbände nicht auf die Plätze verweisen, dann war dem Hilfesuchenden ein Wahlrecht zwischen Hilfspersonen bzw. Einrichtungen verschiedener Träger einzuräumen und so indirekt die Pluralität verschiedener Leistungsanbieter gesetzlich abzusichern. Die auf der Sitzung der Gruppe IV des DV-Studienkreises am 13. Juni 1957 von Ernst Weinbrenner erhobene Forderung nach einem gesetzlich fixierten Wahlrecht, sofern es irgend finanziell und fürsorgerisch vertretbar war, konnte umso mehr Plausibilität für sich beanspruchen, als weder ein ungeliebtes Altersheim noch die weltanschaulich konträre Betreuungsperson dem Ziel der menschenwürdigen, partnerschaftlichen Hilfe entsprachen.[120]

Weder in der Sozialabteilung noch auf seiten des DST war man einer der Logik des Rechtsanspruchs wie des Individualprinzips entsprechenden Fixierung eines Wahlrechts gegenüber völlig abgeneigt und hielt es wohl auch für ein unumgäng-

---

und Maß der Sozialhilfe ist nach pflichtmäßigem Ermessen zu entscheiden, soweit dieses Gesetz das Ermessen nicht ausschließt".
[116] BSHG-Entwurf 7/1958, BAK, B 106/20643.
[117] Vgl. die BSHG-Entwürfe vom 25.5.1956 und 24.11.1956, BAK, B 106/20648.
[118] Vgl. NDV 36 (1956), S. 380f.; Weinbrenner, Grundfragen, S. 148f.
[119] Siehe dazu als heutigen Rechtssicht von Brenner, Diakonie, S. 89ff.
[120] Vgl. Vermerk des Referats V A 1 vom 18.6.1957, BAK, B 106/9787; Weinbrenner/Gross, Rechtsstellung, S. 307f.; ausführlich dann Weinbrenner, Hilfsbedürftiger, S. 11ff.; ferner Schirpenbach, Reform, S. 19.

liches Zugeständnis an die freien Verbände[121]: Während aber Klein das Wahlrecht als Begrenzung des behördlichen Ermessens deutete[122], wollten Innenministerium und DST genau dieses Ermessen mit all seinen finanziellen Implikationen trotz eines Wahlrechts gewahrt wissen. Hinzu kam die aus dieser Warte gefährliche Präzedenzwirkung, die ein ausgebautes Wahlrecht für andere soziale Sicherungsbereiche entfalten konnte: Weinbrenner forderte auch für die Jugendhilfe ein umfassendes Wahlrecht der Erziehungsberechtigten bei allen Einrichtungen insbesondere unter konfessionellen Gesichtspunkten[123], und eine Überprüfung der Wahlmöglichkeiten auch in Versicherungs- und Versorgungsbereichen hielt man beim DCV für durchaus geboten.[124]

Auf der für das Verhältnis zwischen öffentlicher und freier Wohlfahrtspflege zentralen Diskussion des Fürsorgetages 1957 wurde so für das Wahlrecht ebenfalls keine Einigung erzielt.[125] Aus dem DST hieß es dazu wenig später, daß auf die Wünsche des Hilfsbedürftigen bei Dienstleistungen Rücksicht zu nehmen sei; dies finde jedoch „seine Grenze in der Aufgabenverantwortung des Trägers der öffentlichen Fürsorge".[126] Doch ungeachtet anderweitiger Gegensätze forderten auch die Vertreter der anderen Spitzenverbände der freien Wohlfahrtspflege eine möglichst weitgehende Verankerung des Wahlrechts, eingeschränkt nur durch überhöhte Pflegesätze.[127] Der Fürsorgeausschuß des Beirats hingegen schwieg sich – wie angesichts seiner Zurückhaltung bei dem gesamten Problem der Stellung der freien Verbände nicht anders zu erwarten – zu dieser Frage aus. Der Entwurf vom Juli 1958 fixierte im Bemühen um den Kompromiß schließlich in § 10 nur eine (eingeschränkte) Soll-Verpflichtung zur Rücksichtnahme auf die Wünsche des Hilfeempfängers. Ein gewisses Zugeständnis an die freien Verbände beinhaltete § 12, wonach die Hilfe in Anstalten, Heimen oder ähnlichen Einrichtungen „so gestaltet werden [solle], daß sich der Hilfeempfänger geborgen fühlt und sein Lebenswille gestärkt wird"[128] – was ja durchaus im Sinne konfessioneller oder weltanschaulicher „Geborgenheit" ausgelegt werden konnte.

Trotzdem durfte es kaum überraschen, daß die konfessionellen Verbände mit der Regelung in § 10 nicht zufrieden waren.[129] Angesichts der zunehmenden

---

[121] Vgl. Vermerk des Referats V A 1 über ein Gespräch mit Scheffler am 5.7.1957, BAK, B 106/9789/2; Entwurf einer Stellungnahme des DST zur Neuregelung des Fürsorgerechts vom 18.2.1958, LAB, B Rep. 142-9, 1282.
[122] Vgl. Franz Klein, Träger, S. 26.
[123] Vgl. Weinbrenner, Hilfsbedürftiger, S. 12f.
[124] Vgl. Stellungnahme des DCV vom 30.8.1958, BAK, B 106/9686.
[125] Hier opponierte vor allem Auerbach gegen die „absolute Wahlmöglichkeit", die den kommunalen Trägern nur noch die Finanzierung von Dienstleistungen überlasse; Neuordnung des Fürsorgerechts, S. 412.
[126] Auszug aus der Niederschrift über die Sitzung des DST-Sozialausschusses am 13./14.12.1957; vgl. auch Vorbericht für die Sitzung des [DST-]Präsidiums am 28.2.1958, LAB, B Rep. 142-9, 1282.
[127] Vgl. Niederschrift (Entwurf) über die Sitzung der Arbeitsgemeinschaft der freien Wohlfahrtspflege am 29.4.1958, ADW, HGSt, SP-S XXV 1: 120-1/1; Mailänder an BMI am 3.6.1958, BAK, B 106/9697.
[128] BSHG-Entwurf 7/1958, BAK, B 106/20643.
[129] Vgl. die Stellungnahmen des DCV vom 30.8.1958 bzw. Innerer Mission/Hilfswerk vom 14.11.1958, BAK, B 106/9686.

Unterstützung für die Caritas-Linie innerhalb der Bundesregierung kamen Duntze und Gottschick ihnen im zweiten Entwurf noch stärker entgegen, und die Sollwurde zu einer (eingeschränkten) Muß-Bestimmung umgestaltet: „Wünsche des Hilfeempfängers, die sich auf die Gestaltung der Hilfe beziehen, sind nach Möglichkeit zu berücksichtigen."[130] Eine Besprechung Collmers mit einem Vertreter des Bonner Katholischen Büros Ende Januar 1959 machte allerdings deutlich, daß man zumindest auf katholischer Seite keine Einschränkung des Wahlrechts akzeptieren und diese Frage auch weiterhin auf der Tagesordnung halten würde.[131]

Zu den Mitwirkungsrechten des Hilfeempfängers gehörte auch bisher deren Beteiligung im Verwaltungsverfahren. In Abschwächung von Weimarer Regelungen hatte das FÄG von 1953 die Anhörung von Hilfsbedürftigen oder entsprechenden Verbandsvertretern bei der Aufstellung von Richtlinien und Richtsätzen sowie deren beratende Beteiligung im Einspruchsverfahren wieder eingeführt. Eine Änderung dieser Bestimmung war in der Sozialabteilung ursprünglich nicht beabsichtigt und auch von Fürsorgeexperten nicht gefordert worden. Der Referentenentwurf vom Juli 1958 sah allerdings nur noch eine Beteiligung von Personen vor, „die von Vereinigungen von Sozialleistungsempfängern oder von Vereinigungen benannt werden, die Bedürftige betreuen".[132] Die Verfasser trugen damit praktischen Bedenken bezüglich der Rekrutierung geeigneter Hilfeempfänger Rechnung, die schon im Vorfeld des FÄG von den kommunalen Spitzenverbänden sowie vom Bundesrat erhoben worden waren und jetzt erneut von den Kommunalreferaten des Bundesinnenministeriums geltend gemacht wurden.[133] Einwände gegen diese Einschränkung wurden erwartungsgemäß nicht erhoben, verbesserte sie doch die Position der möglichen Sachwalter der Hilfeempfänger, also der freien Wohlfahrtsverbände, Kriegsopferorganisationen etc. Der Regierungsentwurf kam den Sozialhilfeträgern und freien Verbänden sogar noch weiter entgegen und schrieb nur noch die Beteiligung „sozial erfahrener Personen" vor, und zwar – im Interesse einer sauberen Trennung der Verantwortlichkeiten im Verfahren – *vor* Aufstellung von Richtlinien und Regelsätzen bzw. in Kongruenz mit der neuen Verwaltungsgerichtsordnung *vor* Erteilung des Widerspruchsbescheides.[134] Diese Bestimmung wurde 1961 schließlich Gesetz. Im Gegensatz zu der allgemeinen Stärkung der Rechtsposition des Hilfesuchenden durch die Fürsorgereform

---

[130] Vgl. § 3 Abs. 2 BSHG-Entwurf 3/1959, BAK, B 106/20646.
[131] Vgl. Vermerk Brügemann vom 3.2.1959, ADW, HGSt, SP-S XXV 1: 102-1/1. Collmer hingegen, in der Subsidiaritäts-Frage ohnehin zurückhaltender als andere evangelische Vertreter, hielt ein totales Wahlrecht für nicht umsetzbar (Wünsche religiöser Minderheiten etc.) und akzeptierte die „Finanzverantwortung der öffentlichen Fürsorge" als Grenze eines Wahlrechts, ebenda.
[132] § 117 BSHG-Entwurf 7/1958, BAK, B 106/20643.
[133] Vgl. UA I C an Abteilung V am 19.3.1958, ebenda. Die Länderinnenminister hatten seinerzeit der Hinzuziehung von Beteiligten im Verwaltungsgerichtsverfahren in Fürsorgesachen offenbar nur zugestimmt, um zu verhindern, daß die Fürsorgerechtsprechung der Sozialgerichtsbarkeit mit ihrem starken Laienrichterelement übertragen würde; vgl. Gross im Arbeitsausschuß für Fragen der Fürsorge am 10./11.4.1958, Niederschrift, ADW, HGSt 6769.
[134] Vgl. § 107 des Regierungsentwurfs vom 17.2.1960, BT, 3.Wp. 1957, Anlage, Bd. 67, Drs. 1799.

blieben seine Möglichkeiten der Partizipationskontrolle damit deutlich hinter denen des Weimarer Fürsorgerechts zurück.[135]

Unabweisbare Konsequenz der insgesamt deutlich verstärkten Rechte des Hilfeempfängers war in den zeitgenössischen Reformüberlegungen dessen „stärkere Bindung [...] an den Fürsorgeträger"; es sei sozialpolitisch „unlogisch, dem Fürsorgeempfänger umfassende Rechte zu geben, ohne ihm gleichzeitig gewisse Pflichten aufzuerlegen".[136] Tatsächlich stand der Rechtsanspruch ja ohnehin unter dem prinzipiellen Vorbehalt der Pflicht zur Selbsthilfe. Im ersten Referentenentwurf statuierte die Sozialabteilung darüber hinaus gleich in § 1 eine persönliche Mitwirkungspflicht des Empfängers und baute so von vornherein eine zusätzliche Sicherung gegen eine extensive Auslegung des Rechtsanspruchs ein.[137] Der Beirats-Fürsorgeausschuß hatte sogar erklärt, daß „die am Verhalten des Hilfeempfängers zu erweisende Bereitschaft zur Mitwirkung und Selbsthilfe" Vorbedingung für die Hilfeleistung selbst sei.[138] Was das im Klartext bedeutete, machte die Begründung zum Regierungsentwurf vom Februar 1960 deutlich: Der Hilfesuchende könne sich „auf seinen Rechtsanspruch nur dann berufen, wenn er auch die ihm nach dem Gesetz obliegenden Pflichten erfüllt".[139]

Zu diesen Pflichten gehörte es bisher vor allem, die persönlichen und wirtschaftlichen Verhältnisse offenzulegen und gegebenenfalls die Fürsorgekosten in bestimmtem Umfang zurückzuzahlen. Außerdem bestand die Pflicht der Angehörigen des Hilfesuchenden, soweit möglich dessen Lebensunterhalt zu sichern, bevor überhaupt der Rechtsanspruch auf Hilfe wirksam werden konnte. Galten diese Pflichten den einen als unverzichtbares Bollwerk gegen eine ungerechtfertigte Inanspruchnahme von Steuermitteln[140], so sahen andere zumindest in deren extensiver Handhabung armenpolizeiliche Relikte, die mit einer der Menschenwürde verpflichteten Sozialhilfe kaum zu vereinbaren waren.[141] Auch die Sozialabteilung hielt diesen Bereich für reformbedürftig und suchte nach einer Besserstellung des Hilfesuchenden und seiner Angehörigen, ohne dem Träger der Hilfe alle Kontroll- und Sanktionsmöglichkeiten zu nehmen.

---

[135] Zur Genese der Weimarer Bestimmungen, die sich z.T. einem Irrtum im Reichsarbeitsministerium verdankten, vgl. Sachße/Tennstedt, Geschichte, Bd. 2, S. 183.
[136] Gross, in: Weinbrenner/Gross, Rechtsstellung, S. 307. Schon deutlich früher Muthesius im Februar 1951, in: NDV 32 (1952), S. 31.
[137] Vgl. § 1 Abs. 2 des BSHG-Entwurfs 7/1958, sowie die Erläuterungen, S. 13, BAK, B 106/20643.
[138] Der Ausschuß folgte damit Leitsätzen, die Marx vorgelegt und ähnlich bereits im Reformarbeitskreis des DST zur Diskussion gestellt hatte – ein Beleg für die durch Marx und Muthesius ermöglichte enge Kooperation zwischen DST-Sozialausschuß und Beirats-Ausschuß; vgl. die Niederschriften über die Sitzungen des DST-Arbeitskreises „Fürsorgerecht" am 2.6.1958, LAB, B Rep. 142-9, 1283, sowie des Arbeitsausschusses für Fragen der Fürsorge am 6./7.6.1958, mit Anlage 4, ADW, HGSt 6769; Zitate: NDV 38 (1958), S. 302.
[139] Begründung zum Entwurf eines Bundessozialhilfegesetzes, S. 33, BT, 3. Wp. 1957, Anlagen, Bd. 67, Drs. 1799.
[140] Vgl. Schmerbeck, Bezirksfürsorgeverbände, S. 323, mit Entschließung der Landkreisversammlung im Mai 1955, ebenda.
[141] Vgl. Wittelshöfer, Fürsorgedämmerung, S. 123; Muthesius, Die Fürsorge und die Neuordnung, S. 28; Sozialplan, S. 126; Müller-Caroli, Prüfung, S. 9f.

Bereits im Februar 1956 erklärte Scheffler, daß künftig für die Feststellung der Hilfsbedürftigkeit „im allgemeinen die eigenen Angaben des Hilfesuchenden ausreichen" sollten. „Vor allem sollte der fürsorgerische Außendienst in erster Linie dem Gesichtspunkt der Hilfe dienen und sich nur in notwendigen Ausnahmefällen mit Nachforschungen beschäftigen."[142] Die häusliche „hyperindividuelle Bedarfsprüfung", wie sie sogar eine isolierte Stimme im DLT-Sozialausschuß kritisierte[143], sollte also weitgehend durch eine Bedarfsermittlung ersetzt werden, wie sie etwa dem Vorgehen bei den Ausgleichsrenten der Kriegsopfer entsprach. Kurz zuvor hatte das Bundesinnenministerium erstmals offiziell erklärt, eine „Bedürftigkeitsprüfung, die über das im Einzelfall unbedingt gebotene Maß hinausgeht, steht nicht im Einklang mit der allgemeinen Auffassung über das Wesen einer sozialen Hilfe" und schrecke oft gerade besonders Hilfsbedürftige ab.[144] Auch die ersten Vorentwürfe zum BSHG sahen ausdrücklich eine entsprechende Beschränkung und die Rücksichtnahme auf die „Persönlichkeit des Hilfesuchenden" vor.[145] Diese Vorgaben entsprachen dem in dieser Arbeitsphase ohnehin noch stark ausgeprägten Bemühen der Sozialabteilung, die behördliche Durchführung der Fürsorge stärker als bisher zu regulieren und auf deren neue Ziele zu verpflichten. Gleichzeitig zeugen sie von dem Bestreben, die in den Sozialreformdebatten durch die fiskalisch motivierten Vorstöße des Bundesfinanzministeriums weiter in Mißkredit geratenen individuellen Bedürftigkeitsprüfungen aus der politischen Schußlinie zu bringen, hatte doch der renommierte katholische Sozialethiker Oswald von Nell-Breuning gerade erst erklärt, daß vermeidbare Bedürftigkeitsprüfungen gegen das katholische Subsidiaritätsprinzip verstießen, „denn sie sind wirklich nicht dazu angetan, den Menschen in seiner Personwürde zu heben und die Entfaltung seiner Personwerte zu fördern".[146]

Je prononcierter im Laufe der Vorarbeiten dann allerdings der Rechtsanspruch auf Sozialhilfe niedergelegt wurde, desto stärker verschoben sich die Gewichte hin zu den Auskunftspflichten des Hilfsbedürftigen, und im ersten Referentenentwurf wurde erstmals explizit eine bisheriger Praxis entsprechende klare Auskunftspflicht des Hilfesuchenden statuiert, allerdings unauffällig als § 118 unter den „Verfahrensbestimmungen" platziert. Während der DST dafür plädiert hatte, die Verpflichtung der Träger zur Rücksichtnahme auf Privatsphäre und Menschenwürde im Gesetz festzulegen[147], wurde die Feststellung des Bedarfs selbst pragmatisch beschränkt auf die Fälle ungenügender Angaben und Nachweise bzw. des

---

[142] Scheffler an Heusler etc. am 9.2.1956, Anlage, BAK, B 106/9789/2; ähnlich Scheffler vor der Wohlfahrtsministerkonferenz am 29.5.1956, Anlage zum Kurzprotokoll, BAK, B 106/20652.
[143] Ewald Wientgen im DLT-Sozialausschuß am 4.2.1955, Niederschrift, BAK, B 172/444-01/1.
[144] RdSchr. des BMI über Anwendung der „VV über den Aufbau der Fürsorgerichtsätze und ihr Verhältnis zum Arbeitseinkommen" vom 20.1.1956, GMBl. S. 67.
[145] Vgl. §§ 23, 38 des BSHG-Entwurfs vom 25.5.1956, § 8 des Teilentwurfs vom 23.8. 1956, BAK, B 106/20648.
[146] Nell-Breuning, Bedürftigkeitsprüfung, S. 9.
[147] Vgl. Stellungnahme des DST zur Neuregelung des Fürsorgerechts vom 1.3.1958, LAB, B Rep. 142-9, 1283.

Verdachts von Falschangaben – eine weniger ideologische Lösung mit in der Sache aber weitgehend gleicher Wirkung einer Beschränkung der Kontrollbesuche.

Einzig der DV-Fachausschuß I befürchtete eine Gefährdung des fürsorgerischen Hausbesuchs, entstehe doch nun eine „Konkurrenz zwischen Betreuung und Ermittlung".[148] Die im Ausschuß dominierenden Kommunal- und Länderexperten wollten also ebenso wenig auf eine Kontrolle des Hilfeempfängers wie auch der Fürsorgerinnen selbst verzichten, von deren Seite immer wieder die Dominanz der Ermittlerrolle beklagt wurde.[149] Gleichzeitig spiegeln solche Bedenken auch die Umbruchsituation im Selbstverständnis der Fürsorgerinnen in den fünfziger Jahren: Im Spannungsfeld zwischen paternalistischer Helfer-Attitüde und sozialanwaltlicher Parteilichkeit wurde zwar die Problematik der bisherigen Ermittlungstätigkeit gesehen, aber nicht deren ausdrückliche Einschränkung im kommenden Gesetz gefordert. Als problematisch galt nicht die schwache Rechtsposition des Hilfsbedürftigen, sondern das mangelnde Verständnis und Einfühlungsvermögen vieler Fürsorgebeamter. Experten für Sozialarbeit suchten daher den Ausweg primär in erhöhten Qualifikationsanforderungen an das Fürsorgepersonal, zumal man davon ausging, daß mit sinkender Bedeutung der laufenden Unterhaltshilfen und klarer definierten Leistungsvoraussetzungen sich die herkömmliche Bedürftigkeitsprüfung immer mehr erübrigen werde, während die genaue Kenntnis der individuellen „besonderen Notlage" gerade Voraussetzung für wirklich persönliche Hilfe sei.[150]

Diese Bedenken, aber auch die anders motivierten Einwände der Kommunalreferate veranlaßten wohl Duntze und Gottschick schließlich, auf die Beschränkung der häuslichen Nachprüfungen ganz zu verzichten.[151] Statt dessen formulierten sie eine generelle Mitwirkungspflicht des Hilfsuchenden bei der Feststellung seines Bedarfs, „soweit ihm dies zuzumuten ist".[152] Mit diesem rechtlich unbestimmten Vorbehalt, den Muthesius nichtsdestoweniger als „Schranke" zur Wahrung der Menschenwürde interpretierte[153], wurde diese Regelung gegen den Einspruch des Bundesrates schließlich 1961 Gesetz.[154]

Eine der umstrittensten Fragen der Fürsorgereform blieb die Rückerstattungspflicht. Vor allem für den DLT und die bayerischen Kommunen war sie eine heilige Kuh, die um keinen Preis geschlachtet werden durfte, während in den Reformüberlegungen von Achinger bis Preller, in der „Rothenfelser Denkschrift", beim DV-Vorsitzenden, von der SPD, vor allem nun auch ausdrücklich auf dem Hamburger Parteitag der CDU die Abschaffung oder zumindest weitestgehende Be-

---

[148] Äußerungen aus den DV-Fachgremien, [5.11.1958], zu § 118, BAK, B 106/9686.
[149] Vgl. etwa Neuordnung des Fürsorgerechts, S. 338f.
[150] Vgl. ebenda, S. 300ff.; Hedwig Herrmann, Werdegang; Flamm, Verwaltung und behördliche Sozialarbeit; sowie in der Tendenz auch Falkenberg, Forderungen; Sozialplan, S. 118ff.
[151] Vgl. Referate I C 5/I C 7 an Referat V 4, 22.12.1958, BAK, B 106/9686.
[152] § 92 des BSHG-Entwurfs 3/1959, BAK, B 106/20646.
[153] NDV 40 (1960), S. 269.
[154] Vgl. § 115 BSHG. Der Bundesrat hatte verlangt, die Zumutbarkeitsklausel zu streichen; vgl. Stellungnahme zum Regierungsentwurf, S. 77, BT, 3. Wp. 1957, Anlagen, Bd. 67, Drs. 1799.

2. Vom „Fürsorge-Untertanen" zum „Fürsorge-Bürger" 227

schränkung der Kostenersatzpflicht ein kaum noch diskutiertes Reformziel war.[155] Schließlich, und darauf wurde gelegentlich hingewiesen, war die Rückzahlungspflicht in der DDR schon längst bis auf geringe Ausnahmen abgeschafft.[156]
So wollte auch Scheffler Anfang 1956 die Rückerstattungspflicht auf solche Fälle beschränken, in denen der Hilfeempfänger später zu so „erheblichem" Einkommen oder Vermögen gelangte, daß ein Verzicht „der Allgemeinheit gegenüber unbillig wäre".[157] Damit vollzog er den bald nach Erlaß der Kostenersatzverordnung auf dem Fürsorgetag 1951 geforderten „Frontwechsel", wonach es „aus optischen und aus psychologischen Gründen nützlich und zweckmäßig" sei, die Ersatzpflicht bis auf Ausnahmefälle grundsätzlich aufzuheben.[158] Tatsächlich war die Einschätzung der psychologischen Wirkungen der Ersatzpflicht nach wie vor unterschiedlich. Die Mehrzahl der Experten bewertete sie negativ als „Hauptressentiment gegen die Fürsorge"[159] und meinte wie selbst die konservative Hildegard Schräder vom DST, daß ihre „abschreckende Wirkung nur bei Bedürftigen zum Zuge kommt, die man nicht abschrecken möchte, daß dagegen Elemente, die die Fürsorge ohne Not in Anspruch nehmen, sich auch durch den Ersatzanspruch nicht abhalten lassen".[160] Demgegenüber sah man im DLT mehrheitlich „das Problem der Diskriminierung heute in der Praxis als überwunden" an[161] und wertete eine mögliche Abschreckung auch positiv: als eine der „Schranken gegen eine hemmungslose oder auch nur leichtfertige Inanspruchnahme der öffentlichen Fürsorge, die geeignet sind, den normalen Mitbürger an seine primäre Verpflichtung zur Selbsthilfe und Selbstvorsorge zu erinnern".[162]
Daß die Rückerstattungspflicht eine nennenswerte direkte finanzielle Bedeutung habe, behaupteten allenfalls noch die bayerischen Spitzenverbände[163], während selbst der DLT-Vertreter im Beirats-Ausschuß Schlegelberger (CDU) einräumte, daß die Rückzahlungspflicht „unpraktisch und auch finanziell nicht bedeutend" sei.[164] Tatsächlich waren im Rechnungsjahr 1955 bundesweit 2,3% des

---

[155] Vgl. Lünendonk, CDU-Parteitag, S. 130; Marx, Die Städte zur Neuordnung, S. 72. Offensichtlich waren auch viele Arbeitgeber an einer Beseitigung der Kostenersatzpflicht interessiert, um die eigene Lohnbuchhaltung von den bislang notwendigen Nachforschungen für Pfändungen im Zusammenhang mit der Vollstreckung des Ersatzanspruchs zu entlasten; so der rheinland-pfälzische Bundesbevollmächtigte Hermans in einer Besprechung am 25. 2. 1959, Wortprotokoll, Anlage zu Brügemann an Collmer am 7. 3. 1959, ADW, HGSt, SP-S XXV 1: 102-1/1.
[156] Vgl. Niederschrift über die Besprechung mit Vertretern der obersten Landessozialbehörden am 6. 11. 1958, LAS Abt. 761 Nr. 8874; ferner NDV 38 (1958), S. 47.
[157] Besprechung mit Abteilungsleiter am 7. 2. 1956, Anlage, BAK, B 106/9688; ferner Scheffler an Heusler etc. am 9. 2. 1956, Anlage, BAK, B 106/9789/2.
[158] NDV 31 (1951), S. 339.
[159] Flamm auf der Besprechung mit den Sachverständigen am 3. 5. 1956, BAK, B 106/9789/2.
[160] Schräder, Neuordnung, S. 343; ähnlich Sozialplan, S. 126.
[161] Niederschrift über die Sitzung des DLT-Sozialausschusses am 4. 2. 1955, BAK, B 172/444-01/1.
[162] Johann Bangert, Ersatzpflicht, S. 285.
[163] Vgl. das Geschäftsführende Vorstandsmitglied des Bayerischen Städteverbands Jobst an die DST-Hauptgeschäftsstelle am 16. 7. 1957, LAB, B Rep. 142-9, 1282.
[164] Niederschrift über die Sitzung des Arbeitsausschusses für Fragen der Fürsorge am 6./7. 4. 1956, ADW, HGSt 6769. Zum Verwaltungsaufwand vgl. auch Fritzen, Bericht, S. 42.

Fürsorgeaufwands von den Unterstützten zurückgezahlt worden, wovon nach Schätzungen der SPD nach Abzug der Verwaltungskosten nur gut 1% tatsächliche Netto-Einnahmen verblieben.[165] Ermittlungen für West-Berlin für das Rechnungsjahr 1956 und eine Umfrage der DST-Hauptgeschäftsstelle im Spätsommer 1957 kamen zu ähnlichen Ergebnissen.[166]

Die Verfechter der Kostenersatzpflicht bemühten daher lieber die alten grundsätzlichen Argumente: Schon kurz nach Bekanntwerden der Pläne der Sozialabteilung im Mai 1956 drängte der bayerische Landkreisverband die DLT-Hauptgeschäftsstelle, gegen die Abschaffung beim Bundesinnenministerium zu intervenieren, denn sonst werde „der Zustand der Staatsversorgung an Stelle der nur in Notfällen eingreifenden Unterstützung geschaffen".[167] Auch Bangert vom DLT stilisierte die Kostenersatzpflicht vorerst noch zu einem die fürsorgerische Subsidiarität konstituierenden „sozialethischen Prinzip", für dessen Aufrechterhaltung „auch ein gewisser materieller Verwaltungsaufwand" lohne; eine „Hinwendung zur schematischen Volksversorgung" aber berge möglicherweise „eine Gefahr für das Individuum" und könne „im autoritären Staatsdenken enden".[168] Vermutlich war es allerdings weniger diese – für die Diskussionen über die Fürsorgereform recht typische – staatspolitische Überhöhung eines traditionellen Fürsorgeelements, die den bis dahin in dieser Frage zurückhaltenden Sozialausschuß des DLT im Frühherbst 1956 für dessen Beibehaltung stimmen ließ.[169] Hier dürfte angesichts der sich abzeichnenden Leistungserweiterung die Hoffnung den Ausschlag gegeben haben, die Ersatzpflicht werde auch weiterhin bei eigentlich Leistungsberechtigten eine abschreckende „erzieherische Wirkung"[170] haben.

---

[165] Vgl. Sozialplan, S. 193, Anm. 8.
[166] In Berlin betrug der Anteil solcher Rückerstattungen in der allgemeinen Fürsorge rund 2%, in der pauschalierten Kriegsfolgenhilfe 4%; vgl. die Aufstellungen in der Anlage zum Schreiben des Berliner Sozialsenators an das BMI vom 20.6.1957, BAK, B 106/9697. Laut DST-Umfrage wurden von den gesamten Fürsorgeaufwendungen zwischen 0,6% (Regensburg) und 3,8% (Bochum) vom Unterstützten selbst erstattet; der Verwaltungsaufwand in Relation zu diesen Rückerstattungen lag zwischen 6,7% (Regensburg) und 42,5% (München); vgl. „Fürsorgerechtsneuordnung. Vergleich der Gesamtaufwendungen und Gesamterstattungen zu den Ersätzen [...] und [...] Verwaltungskosten" vom 11.9.1957, LAB, B Rep. 142-9, 1282. Die Bedeutung der Rückflüsse für die Landkreise wurde von deren Vertretern sehr unterschiedlich eingeschätzt; vgl. Niederschrift über die Sitzung des DLT-Sozialausschusses am 5./6.9.1956, BAK, B 172/444-01/1.
[167] Hans von Koch, geschäftsführender Direktor des Landkreisverbands Bayern, an die DLT-Geschäftsstelle am 15.5.1956, BAK, B 172/444-01/2.
[168] Johann Bangert, Ersatzpflicht, S. 285.
[169] Im Frühling 1955 tendierte der DLT-Sozialausschuß zu einer deutlichen Beschränkung der Ersatzpflicht auf „offenbar unbillige" Fälle; vgl. Niederschrift über die Sitzung des DLT-Sozialausschusses am 24.3.1955, BAK, B 172/444-01/1; Schmerbeck, Bezirksfürsorgeverbände, S. 322. Die Landkreisversammlung hatte sich auf Druck des bayerischen Mitgliedsverbands schließlich auf die unscharfe Forderung nach „Aufstellung allgemeiner Grundsätze über Subsidiarität, Anrechnung und Rückzahlung von Leistungen" verständigt; Schmerbeck, ebenda, S. 324.
[170] Landrat Moosdorf im DLT-Sozialausschuß am 5./6.9.1956, Niederschrift, BAK, B 172/444-01/1.

Die Chancen, hier die Linie des DLT durchzusetzen, waren allerdings gering, zumal die Länderreferenten im Dezember 1956 übereinstimmend für die grundsätzliche Abschaffung votierten[171]; und auch auf dem Fürsorgetag 1957 konnten die Verfechter der Ersatzpflicht keine Mehrheit gewinnen.[172] Gleichzeitige Bemühungen der bayerischen Städte, innerhalb des DST eine prinzipielle Aufrechterhaltung durchzusetzen, blieben auch aufgrund der ablehnenden Haltung des Sozial-Beigeordneten Oel[173] ohne Erfolg. Die DST-Führung plädierte offiziell im Frühling 1958 für die weitgehende Beseitigung.[174] Im Beirats-Fürsorgeausschuß schließlich wurde Schlegelberger zwar vom Vertreter des Bundesfinanzministeriums und bemerkenswerterweise auch von Detlev Zöllner vom Generalsekretariat im Arbeitsministerium unterstützt; letzterer befürchtete „unerwünschte Nivellierungstendenzen" zwischen Versicherung und Fürsorge, wenn man diese Leistungen mit Rechtsanspruch und ohne Erstattungspflicht gewähre.[175] Doch wie zuvor die Spitzenverbände der freien Wohlfahrtspflege sprach sich auch die Mehrheit des Fürsorgeausschusses Anfang Juni 1958 für die Beschränkung der Ersatzpflicht auf „offenbar unbillige" Fälle aus.[176]

In der Sozialabteilung selbst war man hier anders als auf anderen Gebieten offensichtlich nicht bereit, dem DLT in der Sache wesentlich entgegenzukommen. Neben dem Rechtsanspruch war es gerade die Beseitigung der Ersatzpflicht, die als Ausweis der „Modernität" des neuen Fürsorgerechts dienen konnte, und dies zu einem vergleichsweise geringen finanziellen Preis. Da die Landkreise selbst keine nennenswerten sachlichen Gründe geltend machen konnten, die eine Umorientierung des in dieser Grundsatzfrage ja schon einmal vertrösteten Bundestages hätten herbeiführen können, wäre ein solches Entgegenkommen auch wenig opportun gewesen. In dem Bemühen, die Verfechter der Rückzahlungspflicht nicht völlig vor den Kopf zu stoßen, lavierte die Sozialabteilung allerdings so, daß dieser Modernisierungsschritt schließlich fast nur noch für Spezialisten zu erkennen war: Im Entwurf vom Juli 1958 schaffte sie die Ersatzpflicht zwar nicht ausdrücklich ab,

---

[171] Vgl. Niederschrift über die Besprechung mit den Länderfürsorgereferenten am 12.12. 1956, BAK B 106/9789/2.
[172] Vgl. Neuordnung des Fürsorgerechts, passim.
[173] Vgl. Oel, Neuordnung des Fürsorgerechts, S. 150; ders., Rückerstattungspflicht.
[174] Die Kostenersatzfrage war die einzige, zu der der DST-Sozialausschuß keinen Beschluß vorlegen konnte; dabei hatten die Vorschläge der bayerischen Vertreter (grundsätzliches Festhalten, jedoch weitgehende Beschränkung der praktischen Betreibung) bzw. der übrigen Mitglieder (grundsätzlicher Verzicht, Ausnahmen) „im Endeffekt das gleiche Ergebnis"; Oel auf der Sitzung des DST-Sozialausschusses vom 13./14.12.1957, Auszug aus der Niederschrift; vgl. ferner Vorbericht für die 85. Sitzung des Präsidiums vom 18.2.1958, Sitzung des DST-Präsidiums am 28.2.1958, Auszug, LAB, B Rep. 142-9, 1282; Niederschrift über die Sitzung des Hauptausschusses des DST am 28.2./1.3.1958, Auszug; LAB, B Rep. 142-9, 1283.
[175] Niederschrift über die Sitzung des Arbeitsausschusses für Fragen der Fürsorge am 10./11.4.1958, ADW, HGSt 6769.
[176] Vgl. die Niederschriften über die Sitzungen der AG der Spitzenverbände der Freien Wohlfahrtspflege am 29.4.1958, Entwurf, ADW, HGSt, SP-S XXV 1:120-1/1, sowie des Arbeitsausschusses für Fragen der Fürsorge am 6./7.6.1958, mit Anlage, ADW, HGSt 6769; ferner NDV 28 (1958), S. 302f.

statuierte aber ebensowenig deren grundsätzliche Beibehaltung mit Ausnahmen, wie es den Wünschen der bayerischen Städte entsprochen hätte. Vielmehr ging der Entwurf formal einen komplizierten „mittleren Weg"[177] und bestimmte, daß eine Ersatzpflicht nur bestehe, wenn die Sozialhilfebedürftigkeit absichtlich herbeigeführt oder später ein bestimmtes Einkommen oder Vermögen erworben wurde. Letzteres galt nicht für die Hilfe in besonderen Lebenslagen, da hier ja gegebenenfalls Beiträge entrichtet worden waren.[178] Da die Höhe eines solchen späteren Einkommens bzw. Vermögens relativ großzügig bemessen war, würde auch für die Hilfe zum Lebensunterhalt der Kostenersatz in der Regel entfallen.[179]

Doch dies ging nicht nur der AWO noch nicht weit genug[180]: Die Konferenz der Wohlfahrtsminister der Länder forderte im Mai 1959, auch die Ausnahmen weitestgehend fallenzulassen. „Weder der materielle noch der psychologische Erfolg" der bisherigen Ersatzpflicht rechtfertigten diese Vorschriften und den durch sie verursachten Verwaltungsaufwand; vielmehr sollten Kosten nur dann ersetzt werden, wenn sich die Vermögensverhältnisse des Hilfeempfängers ganz wesentlich verbesserten und dies dem Sozialhilfeträger auch ohne besondere Ermittlungen bekannt würde.[181] Trotz dieser auch zuvor schon von Länderseite erhobenen Einwände hatte nämlich das Bundesinnenministerium diese Regelungen auch im zweiten Referentenentwurf vom März 1959 beibehalten und sogar eine indirekte Verschärfung der Einkommens- bzw. Vermögensgrenzen in Kauf genommen, so daß sich ausgerechnet Ehepaare mit Kindern jetzt kaum besser stellten als bisher.[182] Angesichts der massiven Vorbehalte des DLT, dem – wie gewohnt – nicht nur der Gemeindetag, sondern zunächst auch die Kommunalreferate im eigenen Hause beigesprungen waren, hielt die Sozialabteilung lieber an einer kautelenreichen Bestimmung und entsprechendem Verwaltungsaufwand fest, statt die weitgehende praktische Abschaffung der Kostenersatzpflicht formal klar und für den Hilfesuchenden eindeutig festzulegen.[183]

---

[177] Wehlitz, Entwurf, S. 7.
[178] Vgl. § 90 des BSHG-Entwurfs 7/1958 sowie die Allgemeinen Bemerkungen dazu, S. 14, BAK, B 106/20643.
[179] So Pluskat, Gedanken, S. 312. § 90 Abs. 3 des Entwurfs legte anstelle des auslegbaren Begriffs des „erheblichen" Einkommens bzw. Vermögens jetzt die höchsten Einkommensgrenzen der Hilfe in besonderen Lebenslagen zugrunde (600 DM monatliches Gesamtnettoeinkommen bzw. 7 200 DM Vermögen über das geschützte Vermögen hinaus, jeweils plus Familienzuschläge). Dieser Verpflichtungsteil betraf wie bisher auch den Ehegatten des Unterstützten sowie ggf. die Eltern unverheirateter Minderjähriger.
[180] Ebenso wie die AWO, Stellungnahme vom 14.10.1958, BAK, B 106/9686, forderte auch die Innere Mission/Hilfswerk am 14.11.1958, ebenda, die Streichung der Rückzahlungspflicht bei späterem erheblichen Einkommen oder Vermögen, da sonst die soziale Wiedereingliederung von Familien erheblich erschwert werde.
[181] Niederschrift über die Konferenz der für das Wohlfahrtswesen zuständigen Minister der Länder am 22.5.1959, BAK, B 106/20644.
[182] Vgl. § 68 des BSHG-Entwurfs 3/1959, BAK, B 106/20646. Die Verschärfung ergab sich u.a. aus der Koppelung an die besondere Einkommensgrenze für die Hilfe in besonderen Lebenslagen, die mittlerweile auf 500 DM herabgesetzt worden war (§ 58 des Entwurfs). Zu den praktischen Auswirkungen vgl. Lücke, Kostenersatz.
[183] Vgl. die Stellungnahmen des DLT vom 17.11.1958, des DGT vom 1.12.1958, sowie Referate I C 5 u. 7 an Referat V 4 am 22.12.1958, BAK, B 106/9686.

In Anbetracht der gefährlichen Forderungen der Länderseite hielten es aber nun auch Bangert und DLT-Hauptgeschäftsführer Wormit für geraten, den März-Entwurf nicht durch Beharren auf der Ersatzpflicht zu gefährden, zumal „man durch stumpfsinnige Wiederholungen altbekannter Forderungen keineswegs an Überzeugungskraft gewinnt".[184] Auch die Kommunalspezialisten des Innenministeriums und das Finanzministerium hatten schließlich gegen die Regelung vom März keine wesentlichen Einwände mehr erhoben.[185] Innerhalb des DLT konnte sich die taktisch begründete Auffassung der Hauptgeschäftsstelle allerdings auf die Dauer nicht durchsetzen.[186] Doch nachdem Minister Schröder Mitte Oktober bereits öffentlich die Abschaffung der Ersatzpflicht „bis auf wenige begründete Ausnahmefälle" angekündigt hatte[187], hielt man in seinem Ministerium an den bisherigen Plänen für den offiziellen Regierungsentwurf fest und vertröstete die Landkreise auf die spätere „parlamentarische(n) Erörterung"[188].

Neben der Rechtsstellung des Hilfesuchenden selbst galt auch die seiner Angehörigen als dringend reformbedürftig. Muthesius und die anderen Autoren der „Rothenfelser Denkschrift" bezeichneten 1955 eine derartige Änderung sogar als ein wesentliches Ziel der Fürsorgereform.[189] Schließlich waren es nicht zuletzt die extensive Auslegung der Unterhaltspflicht durch viele Fürsorgeämter, die „Schnüffeleien" und das „Eindringen in intime Familienverhältnisse"[190], die deren schlechten Ruf förderten und häufig gerade ältere Menschen benachteiligten, die oft nur solange in den Familien ihrer Kinder oder Enkel bleiben konnten, als sie diese nicht zusätzlich finanziell belasteten.[191]

Das Fürsorgerecht statuierte getreu dem Nachrangprinzip den Vorrang gesetzlicher Hilfepflichten Dritter, also auch unterhaltspflichtiger Angehöriger.[192] Bestanden für die Zeit, in der ein Hilfsbedürftiger Leistungen der öffentlichen Fürsorge erhielt, gleichartige Ansprüche gegen Dritte, so konnte der Fürsorgeverband diese auf sich überleiten und so gegebenenfalls die aufgewendeten Kosten zurückerhalten. Gegen säumige Unterhaltspflichtige sah die RFV dafür sogar ein vereinfachtes Verfahren, das sogenannte Resolutverfahren vor, mit dem der Für-

---

[184] Vermerk Bangert vom 11.8.1959; fast wortgleich Wormit an den DLT-Präsidenten Seebich am 17.8.1959, BAK, B 172/444-02/2, Beiheft.
[185] Vgl. Keßler an Abteilung V, 23.5.1959, BAK, B 106/20644; Ressortbesprechung am 6./8.5.1959, BAK, B 106/20647.
[186] Dementsprechend hatte sie in der informellen DLT-Stellungnahme auf entsprechende Einwände verzichtet; vgl. Wormit an BMI, 18.7.1959, BAK, B 106/20644, was jedoch auf massiven Protest des DLT-Präsidenten Seebich stieß; vgl. Seebich an Wormit, 6.8.1959, Wormit an Seebich, 17.8.1959, BAK, B 172/444-02/2, Beiheft. Daraufhin erklärte das Präsidium am 30.11.1959 die Kostenersatzpflicht abermals für unverzichtbar, Niederschrift, BAK, B 172/444-02/2.
[187] Schröder am 14.10.1959 im Süddeutschen Rundfunk; Bulletin Nr. 191 vom 15.10.1959, S.1929.
[188] Vermerk Bangert vom 21.10.1959, BAK, B 172/444-02/2, Beiheft.
[189] Vgl. Achinger u.a., Neuordnung der sozialen Leistungen, S.113; Muthesius, Die Fürsorge und die Neuordnung, S.29f.
[190] Oel, Fürsorge, S.147.
[191] Vgl. Opp, Forderungen, S.157f.; Petersen, Rechtsstellung, S.379ff.
[192] Vgl. § 21 RFV, §§ 5, 8 RGr.

sorgeverband schnell und in der Regel wirksam auf dem Verwaltungsweg seine Ansprüche geltend machen konnte.[193]

Fragen der Unterhaltspflicht, so Heinz Keese, gehörten „zu dem täglichen Brot jedes Fürsorgesachbearbeiters und zugleich zu seinen unangenehmsten Aufgaben".[194] Seit den zwanziger Jahren war es gängige Praxis, nicht nur die gesetzlich Unterhaltspflichtigen (Ehegatten, Verwandte in auf- und absteigender Linie sowie Väter unehelicher Kinder) – oftmals schärfer, als sich aus dem BGB ergebend – heranzuziehen[195], sondern auch die, wie es hieß, „sittlich" Unterhaltsverpflichteten wie Geschwister, Stiefeltern, Stiefkinder usw., wenn der Hilfsbedürftige mit ihnen zusammenlebte. Das bedeutete, daß die Fürsorgeämter solche Angehörigen ebenfalls zu einem Beitrag zum Unterhalt aufforderten und sogar bei der Überprüfung der Hilfsbedürftigkeit einfach das gesamte Einkommen eines Haushalts addierten und danach ein fiktives Einkommen des Hilfesuchenden berechneten, unabhängig davon, ob dieser tatsächlich von seinen Verwandten unterstützt wurde oder nicht.[196] 1927 bzw. 1934 hatte das Bundesamt für das Heimatwesen diese Praxis nicht nur legitimiert, sondern die Fürsorgeverbände sogar ausdrücklich dazu verpflichtet. Während des Nationalsozialismus war der Grundsatz der „Familiennotgemeinschaft" dann juristisch unterfüttert und auf breiter Ebene praktisch erzwungen worden.[197] Nach 1945 stellten die Verwaltungsgerichte das Konstrukt der „Familiennotgemeinschaft" zwar zunehmend in Frage, doch angesichts leerer öffentlicher Kassen forderten Fürsorgeexperten dessen weitere Anwendung und teilweise sogar die Begründung einer eigenen öffentlich-rechtlichen Unterhaltspflicht im Fürsorgerecht, um so auch nach dem BGB nicht Unterhaltspflichtige belangen zu können.[198]

Im Zuge der Neuorientierung der Fürsorge mehrten sich jedoch gerade auf sozialdemokratischer Seite die Stimmen, die auch die scharfe Heranziehung der Angehörigen für nicht mehr zeitgemäß hielten: Dadurch werde der durch den Krieg und seine Folgen ohnehin stark strapazierte Familienzusammenhalt zusätzlich gefährdet; außerdem solle man nicht bislang vielfach freiwillig erbrachte Leistungen dadurch entwerten, daß man sie rechtlich erzwinge.[199] Umgekehrt verwiesen Fürsorgepraktiker auf die häufige Umgehung der Unterhaltspflichten, indem Männer

---

[193] Vgl. § 23 RFV. 1954 wurden z.B. in Nordrhein-Westfalen von 3 500 resolutorischen Verpflichtungen nur 900 gerichtlich angefochten; vgl. Fritzen, Bericht, S. 41.
[194] Keese, Unterhaltspflicht, S. 59.
[195] Zum Vergleich zwischen dem Unterhaltsrecht des BGB und der Fürsorge vgl. NDV 33 (1953), S. 286ff.
[196] Vgl. Muthesius, Grundlagen, S. 57f.; NDV 30 (1950), S. 281ff.; Petersen, Rechtsstellung, S. 380ff.; Weinbrenner, Familienverantwortung.
[197] Nachdem 1936 bei der Unterstützung für Familien von Wehrmachtsangehörigen eine entsprechende Sollvorschrift geschaffen worden war, wurde diese 1940 für den Einsatzfamilienunterhalt gesetzlich detailliert und verbindlich geregelt; vgl. § 13 der Einsatzfamilienunterhalts-DVO vom 26.6.1940, RGBl. I S. 912.
[198] Vgl. NDV 30 (1950), S. 3; 31 (1951), S. 339; 34 (1954), S. 65f.; auch Jehle, Fürsorgerecht, S. 130ff.
[199] Unter Verweis auf großzügigere Regelungen in Großbritannien Wittelshöfer, Parallelen, S. 144; ders., Fürsorgedämmerung, S. 122; ferner Henkelmann, Fürsorge, S. 87; Otto Suhr, Städte, S. 340, und – etwas unbestimmt – Sozialplan, S. 126f.

ihre Ehefrauen und Familien mit unbekanntem Ziel verließen oder für ihre unehelichen Kinder nicht zahlten, nicht geheiratet wurde oder Kinder nicht für ihre Eltern aufkommen wollten.[200] Die finanzielle Bedeutung des Kostenersatzes durch Angehörige ist angesichts des Abschreckungspotentials schwer zu eruieren. Nach einer Umfrage unter Fürsorgeverbänden schätzte Heinz Keese auf dem Fürsorgetag 1953 den Anteil der Unterhaltsbeiträge auf 5% des Fürsorgeaufwands.[201] Hinzu kam, daß die einzelnen Fürsorgeverbände sehr unterschiedlich verfuhren, so daß nach einer Stichprobe 1953 bei gleichem Einkommen des Unterhaltspflichtigen die eingeforderten Beiträge zwischen 11 und 120 DM schwankten.[202]

Scheffler lehnte eine Ausweitung der bürgerlich-rechtlichen Unterhaltspflicht im Fürsorgerecht aus politischen wie juristischen Gründen ab und plante vielmehr in Anbetracht der „Entwicklung der öffentlichen Meinung" eine praktische Milderung – und lag damit ganz auf der Linie der einschlägigen Arbeitskreise des CDU-Parteitags Ende April 1956.[203] Ebenso wollten er und Gottschick das Resolutverfahren abschaffen.[204] Doch auch in dieser Frage zeigt sich die generelle Tendenz der Vorarbeiten für das BSHG, daß anfänglich relativ weitgehende Reformansätze der Sozialabteilung sich am wachsenden Widerstand vor allem der Fürsorgeexperten aus Ländern und Kommunen brachen und allmählich wieder abgeschwächt wurden: Die ersten Entwürfe wollten – übrigens durchaus noch in Übereinstimmung mit den dazu befragten kommunalen Sachverständigen – die Fürsorgeträger dazu verpflichten, sich mit den Unterhaltspflichtigen möglichst einvernehmlich zu verständigen, dabei deren angemessenen Eigenbedarf zu berücksichtigen und nur in Ausnahmen Großeltern, Enkel oder entferntere Verwandte heranzuziehen. Nicht gesetzlich Unterhaltspflichtige, mit denen der Hilfesuchende zusammenlebte, sollten zum Beitrag aufgefordert werden, „soweit dies der Billigkeit entspricht und ihnen nach Lage des Falles zugemutet werden kann".[205]

Nach entschiedenen Einwänden auf dem Fürsorgetag 1957 und von seiten des DST sowie des Beirats-Fürsorgeausschusses fand die „Familiennotgemeinschaft" schließlich doch, allerdings erst unter Schefflers Nachfolger Duntze, in neuem Gewand Eingang in den Referentenentwurf vom Juli 1958: Gemäß einem Vorschlag von Käthe Petersen stellte der Entwurf eine Rechtsvermutung auf, wonach

---

[200] Vgl. Die Selbstverwaltung 4 (1950), S. 317f.; Keese, Unterhaltspflicht, S. 59.
[201] Vgl. Keese, Unterhaltspflicht, S. 59.
[202] Vgl. ebenda, S. 60; siehe auch NDV 30 (1950), S. 144f.
[203] Gerhard Scheffler, Neuordnung, S. 24; entsprechend bereits Scheffler an Heusler etc. am 9. 2. 1956, Anlage, BAK, B 106/9789/2. Zur CDU Lünendonk, CDU-Parteitag, S. 130. Das BMJ hatte gegen Pläne des BMA opponiert, die „Familiennotgemeinschaft" im AVAVG zu verankern, so daß sie dort nur bezogen auf bürgerlich-rechtlich Unterhaltspflichtige Eingang fand; vgl. § 150 Abs. 1 AVAVG; vgl. Niederschrift über die Sitzung des DV-Fachausschusses I am 8. 10. 1954, BAK, B 172/444-01/5.
[204] Vgl. Gottschick vor der Gruppe IV des Studienkreises „Soziale Neuordnung" am 16. 7. 1957, ADW, HGSt, SP-S XXIIIc I/0.
[205] Vgl. §§ 26f., 38 des BSHG-Teilentwurfs vom 25. 5. 1956, Zitat § 27, BAK, B 106/20648. Vgl. dazu Besprechung mit den Sachverständigen am 3. 5. 1956, BAK, B 106/9789/2; ferner §§ 96ff. des BSHG-Entwurfs vom 24. 11. 1956, BAK, B 106/20648.

der Sozialhilfeträger bis zum Beweis des Gegenteils bei einer „Haushaltsgemeinschaft" davon ausgehen könne, daß Haushaltsangehörige mit entsprechendem Einkommen oder Vermögen für bedürftige Haushaltsmitglieder sorgten.[206] Diese Bestimmungen galten allerdings nur für den Lebensunterhalt. Damit war tatsächlich kein neues Rechtsinstitut geschaffen, geradezu sophistisch aber den Wünschen der Fürsorgeträger in erheblichem Maße Folge geleistet worden.[207] Zwar hatte in einem etwaigen Verwaltungsprozeß das Gericht den Sachverhalt von Amts wegen zu klären, doch gingen Unklarheiten der Beweisführung nun zu Lasten des Hilfesuchenden. Für die Fürsorgeexpertin aus dem hessischen Sozialministerium Käte Pluskat war das ein glatter Widerspruch zum Auftrag des § 9 des gleichen Entwurfs, wonach die Sozialhilfe den Familienzusammenhalt fördern sollte.[208] Solche Kritik war aber die Ausnahme, von der Mehrheit der Ländervertreter, den Landesfürsorgeverbänden und den kommunalen Spitzenverbänden wurde die Regelung begrüßt.[209] Wohl vor allem dem Wunsch der ländlichen Kommunen folgend, strichen Duntze und Gottschick außerdem die Schonvorschriften bei der Heranziehung auch der gesetzlich Unterhaltspflichtigen und sahen nur mehr eine allgemeine Härteklausel vor.[210]

Derart fand die Heranziehung Unterhaltspflichtiger ohne nennenswerte Debatten schließlich Eingang in das BSHG. Damit waren zwar den Sozialhilfeträgern vor allem bei der Hilfe in besonderen Lebenslagen engere Grenzen gesetzt; doch mit der Rechtsvermutung zur „Haushaltsgemeinschaft" wurde eine vielfach problematische fürsorgerische Praxis nun ausdrücklich legitimiert. Hier, so selbst das Resümee eines Kollegen Gottschicks aus der Sozialabteilung, scheine „die Lösung, die das BSHG bringt, nicht ganz geradlinig"[211] – eine Einschätzung, die auch die Ausgestaltung der Rechtsposition des Hilfesuchenden insgesamt im Laufe des Neuordnungsprozesses treffend beschrieb.

---

[206] Vgl. § 17 des BSHG-Entwurfs 7/1958, BAK, B 106/20643; ferner Petersen, Rechtsstellung, S. 384.
[207] Fürsorgerechtlich neu war jedoch eine Bestimmung, wonach „eheähnliche Gemeinschaften" nicht besser gestellt werden durften als Ehegatten; vgl. § 129 ebenda.
[208] Vgl. Pluskat, Gedanken, S. 309.
[209] Vgl. § 15 des Regierungsentwurfs, BT, 3. Wp. 1957, Anlagen, Bd. 67, Drs. 1799. Zur Kritik vgl. Niederschrift über die Besprechung mit den Vertretern der obersten Landessozialbehörden am 21./22. 10. 1958, LAS Abt. 761 Nr. 8874; Stellungnahmen des Reichsbunds vom 5. 11. 1958 und von Innerer Mission/Hilfswerk vom 14. 11. 1958, BAK, B 106/9686; Niederschrift über die Besprechung mit den Vertretern der obersten Landessozialbehörden am 28./29. 4. 1959, BAK, B 106/20647.
[210] Vgl. § 84 des Regierungsentwurfs, BT, 3. Wp. 1957, Anlagen, Bd. 67, Drs. 1799.
[211] Weller, Hilfe, S. 8.

3. Die Hilfe zum Lebensunterhalt

Laufende Unterstützungen

Zwei Monate nach Muthesius' aufsehenerregendem Referat über eine staatliche Einkommenshilfe auf dem Fürsorgetag 1955 legte Gottschick seinem neuen Abteilungsleiter ein Konzept über die laufende Unterhaltsleistung im künftigen Fürsorgerecht vor. Zwar unter neuem Namen enthielt diese „Sozialunterstützung" doch alle wesentlichen Elemente der traditionellen laufenden Fürsorgehilfen und sollte im Rahmen des neuen Bundesfürsorgegesetzes geregelt werden.[212] Die Chancen für eine Umsetzung der Vorschläge von Muthesius standen also in der Sozialabteilung Anfang 1956 nach wie vor nicht günstig. Scheffler machte allerdings deutlich, daß der Hilfe zum Lebensunterhalt im neuen Fürsorgerecht ein Sonderstatus zugedacht war: Anders als die Individualhilfen werde sie „weitgehend schematisiert"; für die Individualhilfen kämen andere Grenzen der Hilfsbedürftigkeit in Betracht, und das „der Fürsorge noch anhaftende Odium" sei „vor allem für die sonstigen Arten der Hilfe zu beseitigen".[213]

Anfang September 1956 hielt Muthesius vor dem konservativen Gremium des DLT-Sozialausschusses einen Vortrag über „Grundsätzliche Fragen zur Neuordnung des Fürsorgerechts", der in der Fachwelt beträchtliches Aufsehen erregte, da sich der DV-Vorsitzende noch deutlicher als bisher von den Grundlagen der traditionellen Fürsorge entfernte. Unter den Empfängern laufender Fürsorgeleistungen, so Muthesius, bildeten Sozialrentner und Rentenanwärter zwei Sondergruppen, die man nicht nach den Grundsätzen der Individualität und Subsidiarität betreuen könne, zumal das aus Sicht der Verwaltung oft vorteilhafte Individualprinzip für den Empfänger *„auch eine Belastung* darstellen" könne.[214] Die Ausgangsüberlegung, daß die Ergänzung anderweitiger Sozialleistungen nicht genuine Aufgabe der Fürsorge sei, war dabei kaum umstritten und wurde auch vom Innenminister im Bundeskabinett vertreten.[215] Allerdings zeichnete sich im Herbst 1956 bereits ab, daß sich die mit der Rentenreform verknüpften diesbezüglichen Hoffnungen nicht so schnell erfüllen würden: Zwar würden neue Bemessungsgrundlagen und die geplante Dynamisierung viele Sozialrenten deutlich erhöhen; doch die Verschärfung des Äquivalenzprinzips begründete künftig den Verzicht auf einen festen „Grundbetrag", so daß vor allem durch geringes Arbeitseinkommen verursachte Niedrigrenten trotz gewisser

---

[212] Vgl. Anlage „Sozialunterstützung" vom 10.1.1956 zu Abteilungsleitervorlage vom 4.2. 1956, sowie zwei Vermerke über die Besprechung mit dem Abteilungsleiter am 7.2.1956 nebst Anlage, BAK, B 106/9688. Das entsprach auch den Plänen des gerade aus dem Amt geschiedenen Wilhelm Kitz; vgl. Vermerk Referat V A 1 vom 27.7.1955, BAK, B 106/20652.
[213] Scheffler an Heusler etc. am 9.2.1956, Anlage; ähnlich u.a. vor den Länderwohlfahrtsministern am 29.5.1956, Kurzprotokoll, BAK, B 106/9789/2.
[214] Manuskript des Vortrags vom 5.9.1956, BAK, B 106/9697 (Hervorhebung im Original).
[215] Vgl. Vermerk Bangert über ein Gespräch mit Gottschick vom 25.5.1956, BAK, B 172/444-01/4.

Abfederungsmaßnahmen auch weiterhin von der Fürsorge zu ergänzen sein würden.[216] Tatsächlich sank der Anteil der von der Fürsorge zusätzlich zu unterstützenden Sozialrentner nach der Rentenreform 1957 vorerst nur um ein Viertel.[217]

Isoliert blieb Muthesius allerdings mit seinem Lösungsvorschlag: Zusammengefaßt „in einem eigenen Rechtsinstitut", dem „sozialen Ausgleich", sollten unzureichende Renten durch örtliche Leistungen ergänzt und dabei ähnlich wie bei der – bedarfsabhängigen, aber mit gesetzlich definierten Beträgen arbeitenden – Ausgleichsrente für Kriegsopfer verfahren werden.[218] Finanziert werden sollte dies durch den Bund, um die Ergänzungsleistungen nicht „von der örtlichen Leistungsfähigkeit des Trägers abhängig zu machen". Eine solche staatliche Sozialrentnerhilfe gab es seit 1952 im Saarland[219].

Zwar stießen Muthesius' Beweggründe, hilfsbedürftigen Sozialrentnern individuelle Bedürftigkeitsprüfungen zu ersparen, auch im Beirats-Ausschuß auf Sympathie.[220] Doch mit seinem Vorschlag setzte er sich zwischen alle Stühle: Kurt Jantz vom Arbeitsministerium erklärte, eine „Aufstockung von Rentenleistungen nach anderen als den der Rentenversicherung wesensgemäßen Prinzipien sei nicht vertretbar"[221]; tatsächlich hätte eine solche Übernahme beitragsunabhängiger Ergänzungsleistungen in die Sozialversicherung die gerade von ihm und seinem Minister forcierte Verstärkung des Äquivalenzprinzips konterkariert. Auch Walter Auerbach zitierte abwehrend den auf Walter Bogs zurückgehenden Grundsatz, wonach eine „weiche", d.h. nicht auf einem Rechtsanspruch beruhende, Zusatzleistung eine eigentlich „harte", d.h. aus einem eindeutigen Rechtsanspruch abgeleitete, Rentenleistung aus Sicht des Empfängers entwerte.[222] Von seiten der Fürsorgeträger wurde u.a. eingewendet, daß dann „gerade diejenigen Personen aus der Betreuung der Fürsorge herausgenommen würden, die am ehesten geeignet wären, der Fürsorge das Odium des Lästigen zu nehmen".[223] Elsholz hatte auch prinzipielle Vorbehalte: Abgesehen davon, daß der Bund schon jetzt mit der Kriegsfolgenhilfe einen Teil der Aufstockungsleistungen trug, störte ihn der „sozialreformerische(n) Antrieb" solcher Maßnahmen, also die weitere Lockerung der Bindung von steuerfinanzierten Sozialleistungen an eine eng definierte Hilfs-

---

[216] Vgl. ausführlich Hockerts, Entscheidungen, S. 358ff., 400ff., 424. Hinzu kam, daß wieder eine Freilassung von Rententeilen eingeführt worden war und so die Fürsorgeträger nicht voll von den Rentenerhöhungen profitieren konnten.
[217] Bei einem weiteren Viertel wurde die Ergänzung infolge der Rentenerhöhungen gekürzt; vgl. Wirtschaft und Statistik N.F. 10 (1958), S. 409; Oel, Fürsorge, S. 146.
[218] Anders als bei den Vorarbeiten zum FÄG und zweifellos zum Unmut der meisten Fürsorgeexperten hielt Muthesius es jetzt auch für vertretbar, dabei teilweise den Weg der Nichtanrechnung bestimmter Sozialleistungen zu gehen, denn man habe ja inzwischen eingesehen, daß man mit Hilfe von Freilassungsvorschriften „ganz grossartig individualisieren kann", Muthesius am 5.9.1956, BAK, B 106/9697.
[219] Vgl. NDV 37 (1957), S. 33.
[220] Vgl. Niederschrift über die Sitzung des Arbeitsausschusses für Fragen der Fürsorge am 6./7.4.1956, ADW, HGSt 6769.
[221] Niederschrift über die Sitzung des Arbeitsausschusses am 21.2.1956, ebenda.
[222] Vgl. ebenda.
[223] Petersen auf der Sitzung des Arbeitsausschusses am 6./7.4.1956, Niederschrift, ebenda.

bedürftigkeit.[224] Scheffler hingegen zeigte auf dem Fürsorgetag 1957 durchaus Sympathien für Muthesius' Überlegungen, resignierte aber vor dem Widerstand aus den Reihen der Rententräger.[225]

Muthesius' Bemühungen enthielten aber noch eine weitere, aus seinem Munde überraschende Komponente: Die laufenden Fürsorgeleistungen, die nicht andere Sozialleistungen ergänzten (also vor allem arbeits- bzw. rehabilitationsfähige Empfänger betrafen) solle man nicht mehr nach Richtsätzen bemessen, sondern zu bestimmten Arbeitseinkommen ins Verhältnis setzen, möglicherweise sogar für verschiedene Empfängergruppen zu verschiedenen Bezugseinkommen.[226] Er begründete dies mit den Schwierigkeiten der Berechnung eines künstlichen Einkommens mittels Richtsatz/Warenkorb und stellte damit die von ihm selbst geleiteten, wegweisenden DV-Arbeiten der vergangenen beiden Jahre nachträglich in Frage.[227] Darüber hinaus könne durch diese Lohnrelation das vielbemühte Argument der Lähmung des Arbeitswillens ein für allemal entkräftet werden; hier warf Muthesius einen „Köder" für die Landkreisvertreter aus, die ja vornehmlich mit den geringen Einkommen in strukturschwachen Landkreisen gegen eine stärkere Vereinheitlichung der laufenden Unterstützungsleistungen argumentierten.[228] Muthesius erklärte es für durchaus denkbar, anstelle der „überholt[en]" Einheitsfürsorge (!) „*den Lebensstandard der uns Anvertrauten verschieden hoch anzusetzen*" (Hervorhebung im Original). Eine derart „differenzierte Fürsorge" löse nicht nur „die Frage des unglücklichen Mehrbedarfs", sondern sei auch „sozial gerecht".

Dieser Wechsel des Unterstützungsparameters kam in letzter Konsequenz einer Verabschiedung des gerade erst stärker qualifizierten fürsorgerischen Bedarfsprinzips gleich: Die Bemessung des Unterhalts für die laufenden Lebensbedürfnisse wäre dem kommunalen Ermessen endgültig genommen und weiter standardisiert worden. Darüber hinaus zog Muthesius Parallelen zur Rentenreform und kalkulierte damit zumindest implizit eine Steigerung auch der laufenden Leistungen zum Lebensunterhalt ein.[229] Dieser offensichtlich beabsichtigte positive Effekt hing freilich entscheidend von der Auswahl der zugrundegelegten Arbeitslöhne ab: Die Koppelung an die aktuellen Durchschnittslöhne hätte bei weiterem Wirtschaftswachstum für die laufenden Fürsorgeleistungen eine automatische Dynamisierung bedeutet und damit auch dem Fürsorgeempfänger größere Teilhabemöglichkeiten eröffnet. Die Bindung an Niedriglöhne hingegen könnte noch gegenwärtige Richtsätze unterschreiten.

---

[224] Elsholz, ebenda.
[225] Vgl. Gerhard Scheffler, Neuordnung, S. 22f.; ähnlich bereits auf einer internen Besprechung am 24. 4. 1957, Vermerk Referat V A 4, BAK, B 106/9789/2.
[226] Muthesius vor dem DLT-Sozialausschuß am 5. 9. 1956, Ms., BAK, B 106/9697.
[227] Manchmal, so Muthesius, habe er „das Gefühl, unser kleines Buch ‚Öffentliche Einkommenshilfe und Richtsatzpolitik' ist überhaupt vielleicht der Schwanengesang des Richtsatzsystems gewesen", ebenda.
[228] Vgl. Heisig, Armenpolitik, 1995, S. 141f.
[229] Muthesius rekurrierte ausdrücklich auf die neue „Beweglichkeit" der Renten, Muthesius am 5. 9. 1956, Ms., BAK, B 106/9697.

Nach anfangs durchaus positiver Reaktion des DLT-Sozialausschusses auf eine (niedrig-)lohnbezogene Fürsorgeleistung überwog dort schließlich doch die Furcht vor nach oben nivellierenden Auswirkungen einer automatischen Lohnkoppelung, war eine örtliche Besonderheiten berücksichtigende Differenzierung doch eher unwahrscheinlich.[230] Hinzu kam die auch bei den Länderfürsorgereferenten vorhandene Sorge vor möglichen Rückkoppelungseffekten, die eine lohnbezogene, aber durch Rechtsanspruch gleichzeitig zur Bedarfsdeckung verpflichtete Fürsorgeleistung auf untere Lohngruppen entwickeln könnte.[231] Im Beiratsausschuß sowie im DST hingegen überwog, auch auf sozialdemokratischer Seite, die Furcht vor einer nicht mehr bedarfsdeckenden Fürsorgeleistung.[232] Angesichts dieser breiten Ablehnung arrangierte sich Muthesius gegenüber Scheffler und Gottschick Ende 1956 schließlich mit der Beibehaltung der Richtsätze.[233] Nichtsdestoweniger artikulierte Muthesius vor dem Deutschen Blindenverband Anfang Juli 1957 seine Reformforderungen nochmals deutlicher denn je: Die Sicherung des notwendigen Lebensunterhalts sei eine soziale Verpflichtung der Allgemeinheit und gegenüber den fürsorgerischen Individualhilfen ein Fremdkörper; ohne allzu starkes Eindringen in die persönlichen Verhältnisse müsse sie auf „einfache, schlichte, der Würde der Persönlichkeit mehr gerecht werdende Weise" auch örtlich durchgeführt werden. Da sie nicht von der Finanzkraft des örtlichen Trägers abhängig sein dürfe, müsse der Bund die Richtsätze festsetzen und diese Leistungen erheblich mitfinanzieren.[234]

Wenn die Vorschläge von Muthesius hier nochmals so ausführlich dargelegt wurden, dann weil der DV-Vorsitzende nach Kenntnis der Verfasserin der einzige war, der zu dieser Zeit noch ein echtes Alternativ-Konzept für einen – je nach Konjunkturverlauf: den – zentralen Bereich öffentlicher Fürsorgeleistung vorlegte. Sie blieben freilich Konzept. Die Gründe für die Ablehnung waren sehr viel mannigfaltiger, als es die Standardargumente von der notwendigen Individualisierung auch bei laufenden Leistungen, deren Verzahnung mit anderen Fürsorgeleistungen oder vom Kampf gegen den Versorgungsstaat[235] zu erkennen ge-

---

[230] Weitgehend zustimmend der DLT-Sozialausschuß zunächst am 5./6.9.1956, ablehnend dann am 8.2.1957, vgl. Niederschriften, BAK, B 172/444-01/1.
[231] Vgl. Besprechung mit den Länderfürsorgereferenten am 12.12.1956, BAK, B 106/9789/2, sowie die Niederschrift über die Sitzung des DLT-Sozialausschusses am 8.2.1957, BAK, B 172/444-01/1.
[232] Vgl. die Niederschriften über die Sitzung des Arbeitsausschusses für Fragen der Fürsorge am 1./2.2.1957, ADW, HGSt 6769, und die Sitzung des DST-Sozialausschusses am 6./7.6.1957 nebst Anlage, LAB, B Rep. 142-9, 1236.
[233] Vgl. Vermerk Referat V A 4 vom 21.12.1956, BAK, B 106/20652.
[234] Vgl. Heisig, Armenpolitik, 1995, S. 143; Die Blindenwelt 1958, H. 9, S. 1f.; ferner Giese, 25 Jahre, S. 255, Anm. 12. Unterstützt wurde Muthesius auf dem Fürsorgetag 1957 nur von dem Stuttgarter Sozialamtsleiter Felix Mayer, Träger, S. 404ff.
[235] Vgl., auch für das Folgende, die Niederschriften über Sitzungen des Studienkreises „Soziale Neuordnung" am 25./26.3.1955, ADW, ZB 856, des Arbeitsausschusses für Fragen der Fürsorge am 21.1. und 6./7.4.1956 sowie am 1./2.2. und 14./15.6.1957, ADW, HGSt 6769, und des DLT-Sozialausschusses am 24.3.1955, BAK, B 172/444-01/1; ferner Schmerbeck, Bezirksfürsorgeverbände, S. 322; Schräder, Neuordnung, S. 342f.; auch Giese, 25 Jahre, S. 313f.

ben: Ein wichtiger Grund war die verbreitete und nur von wenigen Experten nicht geteilte Annahme von der unaufhaltsamen Marginalisierung der laufenden Unterstützungen, die deren grundlegende Reform und die Begründung einer weiteren sozialen Sicherungsinstitution kaum zu rechtfertigen schien.[236] Neben Hemnissen „vor allem verfassungs- und verwaltungsrechtlicher Art"[237], die unmittelbare Bundeszuschüsse an die Gemeinden problematisch machten, hätte für die (gegenüber Zentralisierungstendenzen ohnehin empfindlichen) Länder eine Übertragung der laufenden Hilfen auf den Bund den teilweisen Verlust originärer, wenn auch der konkurrierenden Gesetzgebung unterliegender Zuständigkeit für die öffentliche Fürsorge (Art. 74 GG) bedeutet. Aus kommunaler Sicht kam zu dem Verlust an Kompetenzen und Richtsatzspielräumen hinzu, daß seit der Pauschalierung der Kriegsfolgenhilfe ab 1. April 1955 über die Länder den Kommunen jährlich ohne Einzelnachweis feste Finanzzuweisungen des Bundes vor allem für die laufende Unterstützung für Kriegsfolgenhilfeempfänger zuflossen. Eine gesonderte staatliche Einkommenshilfe hätte diese Bundeszuweisungen weitgehend obsolet gemacht und damit die Kommunen einer wichtigen Einnahmequelle beraubt. Außerdem hätte eine unmittelbar bundesfinanzierte Hilfe die kommunale Verhandlungsposition bei der Reform der Finanzverfassung geschwächt, bei der die Kommunen gerade auch ihre hohen Belastungen im sozialen Bereich anführten.[238] Aus Sicht des Bundesfinanzministeriums wiederum war weder eine Lockerung der Bedarfsprüfung mit unabsehbaren finanziellen Konsequenzen noch eine Trennung von Aufgaben- und Ausgabenverantwortung bei der Verwaltung von Bundesmitteln durch örtliche Stellen sonderlich attraktiv. Nicht zuletzt kam hinzu, daß innerhalb der regierenden CDU/CSU nach der Bundestagswahl 1957 versorgungsähnliche Modelle rapide an Prestige verloren.

So sprachen sich schließlich auch der Sozialausschuß des DST und der Fürsorgeausschuß des Beirats im Dezember 1957 endgültig dafür aus, die laufenden Unterstützungen bei der öffentlichen Fürsorge zu belassen, geregelt in einem besonderen Abschnitt des künftigen Bundesfürsorgegesetzes, beruhend auf den Prinzipien der Individualisierung und Nachrangigkeit, versehen mit einem Rechtsanspruch, orientiert am tatsächlichen, anhand von Richtsätzen festzustellenden Bedarf.[239] Das Scheitern des Muthesiusschen Modells einer gesonderten staatlichen Einkommenshilfe ist damit ein treffender Beleg für die „Pfadabhän-

---

[236] Heinz Keese rechnete auch für die Zukunft mit einem „festen Block" von ca. 1 Mio. HLU-Empfängern, hielt aber die Zeit für eine gesonderte staatliche Einkommenshilfe noch nicht für reif; vgl. dessen Referat vor der Gruppe IV des Studienkreises „Soziale Neuordnung" am 16.7.1957, Anlage zur Niederschrift, LAB, B Rep. 142-9, 1263; ähnlich Weinbrenner, Grundfragen, S. 147f.; Weller, Hilfe, S. 7.
[237] Muthesius, Fürsorgeprinzip, S. 251; vgl. auch Mayer, Träger, S. 406.
[238] Vgl. Entschließung des DLT-Sozialausschusses vom 8.11.1957, Anlage zur Niederschrift, BAK, B 172/444-01/1.
[239] Vgl. Niederschrift über die Sitzung des DST-Sozialausschusses am 13./14.12.1957, LAB, B Rep. 142-9, 1282, und die offiziellen DST-Empfehlungen vom 1.3.1958, ebenda, 1283; Niederschrift über die Sitzung des Arbeitsausschusses für Fragen der Fürsorge am 4.12.1957, mit Anlage 1, ADW, HGSt 6769.

gigkeit" auch der Fürsorgereform, die zwar soziale Leistungen durchaus ändern sollte, deren Trägerstrukturen und Finanzierungsmodi aber nicht[240]. Scheffler selbst erklärte auf dem Fürsorgetag 1957, es sei eben „nach der ganzen Entwicklung unserer sozialen Leistungen doch nicht richtig, für die Leistungen für den laufenden Lebensunterhalt ein Hilfssystem außerhalb der Institution der Fürsorge hinzustellen".[241]

Tatsächlich legte die Sozialabteilung mit dem Referentenentwurf vom Juli 1958 eine Regelung der Hilfe zum Lebensunterhalt vor, die „im wesentlichen in einer zum Teil straffenden, zum Teil erweiternden Zusammenfassung des geltenden Rechtes" bestand.[242] Ähnlich wie § 5 RGr. bestimmte der Entwurf, daß diese Hilfe nur erhalte, „wer für sich und seine unterhaltsberechtigten Angehörigen den notwendigen Lebensunterhalt nicht durch Einsatz seiner Arbeitskraft, seines Einkommens und seines Vermögens beschaffen kann".[243] Anders als bei der Hilfe in besonderen Lebenslagen war also auch weiterhin grundsätzlich der volle Einsatz der eigenen Mittel erforderlich.[244] Konkreter und großzügiger als bisher allerdings definierte der Entwurf in § 14 das, was zum notwendigen Lebensunterhalt gehörte: „Ernährung, Unterkunft, Hausrat, Heizung, Kleidung, Körperpflege, den für die Führung des Haushalts erforderlichen Bedarf sowie sonstige persönliche Bedürfnisse des täglichen Lebens".[245] Die Hilfe für diese besonderen Bedürfnisse sollte „dem Hilfeempfänger insbesondere Beziehungen zur Umwelt und die Teilnahme am kulturellen Leben ermöglichen"[246] und war daher nun als Pflichtleistung auch für Anstaltsbewohner in Form eines Taschengeldes zu gewähren. Jetzt sollte also auch der Empfänger von Hilfe zum Lebensunterhalt über das bloße wirtschaftliche Existenzminimum hinaus einen „kulturellen Bedarf" geltend

---

[240] Vgl. Conrad, Alterssicherung, S. 103f. Auch die Fürsorge stützt also die These, daß zumindest in den 1950er Jahren die bundesdeutsche Sozialstaatlichkeit sich als weitgehend resistent gegenüber dem für viele andere Bereiche typischen Trend der „westernization" erwies; vgl. Hockerts Einführung, S. 10.
[241] Gerhard Scheffler, Neuordnung, S. 23.
[242] Gottschick, Referentenentwurf, S. 17.
[243] § 13 Abs. 1 des BSHG-Entwurfs 7/1958, BAK, B 106/20643.
[244] Die Vorschriften über das einzusetzende Einkommen/Vermögen entsprachen im wesentlichen denjenigen des FAG: Bei der Prüfung des Bedarfs durfte nur das Netto-Einkommen angesetzt werden und waren bestimmte Vermögenswerte (zur Sicherung der Lebensgrundlage, „kleines Hausgrundstück", Erbstücke etc.), zweckbestimmte Leistungen (Pflegegeld etc.) und Zuwendungen der freien Wohlfahrtspflege oder freiwillige Leistungen ehemaliger Arbeitgeber weitgehend geschützt; um die Berechnung stärker zu vereinheitlichen, wurde jetzt die Bundesregierung zum Erlaß einer entsprechenden Rechtsverordnung ermächtigt; vgl. §§ 76–78, §§ 84f. ebenda. Darüber hinaus sah § 87 wie bisher die Möglichkeit eines Darlehens vor.
[245] So auch der Arbeitsausschuß für Fragen der Fürsorge am 4.12.1957; vgl. Niederschrift, Anlage 1, ADW, HGSt 6769. § 6 RGr. zählte zum Lebensunterhalt „insbesondere Unterkunft, Nahrung, Kleidung und Pflege"; die Hilfe zur Pflege gliederte der BSHG-Entwurf als eigene HBL aus. Darüber hinaus war im Rahmen der HLU wie bisher die Zahlung der Bestattungskosten (§ 16 des Entwurfs) und erstmals (ohne Rechtsanspruch) „in angemessenem Umfang" die Zahlung von Beiträgen für eine Altersvorsorge (§ 15) möglich.
[246] Scheffler dachte hier etwa an Kosten für Fahrgeld, Theater- oder Kinobesuch; vgl. Vermerk über Besprechung mit Abteilungsleiter am 7.2.1956, BAK, B 106/9688.

3. *Die Hilfe zum Lebensunterhalt* 241

machen können.[247] Dieses im Zusammenhang mit dem „Warenkorb" von 1955 schon diskutierte, mit den Verwaltungsvorschriften noch zaghaft avisierte[248] Ziel war die Konsequenz des ja für *alle* Hilfeempfänger geltenden Auftrags, ein „den Anschauungen der Gemeinschaft entsprechendes Leben" zu ermöglichen; gleichzeitig legitimierte diese stärkere Anpassung an die „gewandelten sozialen Anschauungen" den Verbleib der laufenden Unterstützungen im Fürsorgesystem.

Daß eine gewisse Einschränkung des kommunalen Ermessens auch für die laufenden Unterstützungen von der Sozialabteilung durchaus beabsichtigt war, machte der Entwurf bei dem dafür entscheidenden Hebelpunkt deutlich: dem Richtsatz. Zwar unterschied der Entwurf wie bisher laufende und einmalige Leistungen, verhinderte also auch künftig die Einbeziehung der damit bisher abgedeckten Bedarfsgruppen (Heizung, Kleidung etc.) in den Richtsatz, was dessen unmittelbare Erhöhung und eine größere Dispositionsmöglichkeit des Hilfeempfängers bedeutet hätte, eine Linie, die vor allem der Hannoveraner Sozialamtsleiter Heinz Keese (SPD) verfocht.[249] Immerhin aber erhob der Entwurf die einmaligen Hilfen jetzt zu Pflichtleistungen (§ 21). Die laufenden Leistungen waren, wie es in geänderter Terminologie hieß, „nach Regelsätzen zu gewähren", von denen nur abgewichen werden durfte, „wenn ein erhöhter Bedarf besteht" (§ 22).[250] Damit dies nicht zu einer Minimierung des Unterstützungsstandards führte, be-

---

[247] Vgl. Niederschrift über die Sitzung des Arbeitsausschusses für Fragen der Fürsorge am 1./2.2.1957, ADW, HGSt 6769; ähnlich der DST-Arbeitskreis „Fürsorgerecht" am 7./8.5.1957, Niederschrift, LAB, B Rep. 142-9, 1282.
[248] Die VV über den Aufbau der Fürsorgerichtsätze vom 23.12.1955, GMBl. 1956 S.58, schrieben u.a. die Einbeziehung „kleinerer Bedürfnisse verschiedener Art" (Ziff.2.h) vor.
[249] Vgl. Keeses Referat vor der Gruppe IV des Studienkreises „Soziale Neuordnung" am 16.7.1957, Ms., LAB, B Rep. 142-9, 1263; Keese, Richtsatzreform. Die Gewährung von einmaligen Beihilfen war in der Praxis zwar ebenfalls teilweise schematisiert, wurde aber nach wie vor an eine fürsorgerische Bedürftigkeitsprüfung geknüpft und daher als besonders diskriminierend empfunden; vgl. Ewald Wientgen im DLT-Sozialausschuß am 4.2.1955, Niederschrift, BAK, B 172/444-01/1. Die Einberechnung in den Richtsatz lehnte die Mehrheit im Richtsatz-Arbeitskreis ebenso wie der Fürsorgeausschuß des Beirats, der DLT und ein Teil der Länderreferenten vor allem mit der Begründung ab, daß erfahrungsgemäß die meisten Empfänger nicht ausreichend wirtschaften könnten, um für diese besonderen Bedürfnisse aus der laufenden Hilfe Rücklagen zu bilden; vgl. Besprechung mit den Fürsorgereferenten der Länder am 12.12.1956, BAK, B 106/9789/2; Vermerk Referat V A 4 vom 21.12.1956, BAK, B 106/20652; Niederschriften über die Sitzungen des Arbeitsausschusses für Fragen der Fürsorge am 1./2.2. und 14./15.6.1957, ADW, HGSt 6769, der Gruppe IV des DV-Studienkreises am 16.7.1957, ADW, HGSt, SP-S XXIIIc I/0, sowie des Arbeitskreises „Aufbau der Richtsätze" am 3.10.1957, ADW, HGSt 7025; Schmerbeck, Bezirksfürsorgeverbände, S.322, 324. Der Entwurf – wie auch das spätere BSHG – ließen allerdings offen, welcher Bedarf durch einmalige Leistungen zu decken sei; zu dieser Unklarheit im BSHG vgl. Giese, Regelsatzsystem, S.513.
[250] Der Wechsel der Terminologie ist von den Zeitgenossen und auch in der Gesetzesbegründung zumeist nur als formale Änderung im Kontext allgemein erneuerter Begrifflichkeit gedeutet worden; einzig Kurt Wehlitz verwies bereits bald nach Verabschiedung des BSHG auf die damit verbundene qualitative Verbesserung der Position des Hilfeempfängers, da jetzt die gesetzliche Bedarfsvermutung in der Regel detailliertere Bedürftigkeitsprüfungen ausschloß; vgl. Giese, Regelsatzsystem, S.511f.

stimmte der Entwurf, die Regelsätze müßten „eine den Anschauungen der Gemeinschaft entsprechende Lebensführung ermöglichen und den tatsächlichen Lebenshaltungskosten unter Berücksichtigung örtlicher Unterschiede entsprechen", ein „Entbehrungsfaktor" war damit künftig ausgeschlossen.[251] Die in den Richtsatz-Vorschriften von 1955 angelegte Abschaffung der berüchtigten „Auffanggrenze" sollte nun auch durch förmliches Gesetz erfolgen.

Festzusetzen waren die Regelsätze durch die jeweilige oberste Landesbehörde – deren Definition durch die örtlichen Fürsorgeträger, wie es sie nur noch in Rheinland-Pfalz gab, war also nicht mehr vorgesehen, allerdings auch nicht eine politisch kaum durchsetzbare Festsetzung durch den Bund. Im Interesse einer stärkeren Vereinheitlichung verpflichtete allerdings § 22 den Bundesinnenminister, „mit Zustimmung des Bundesrates Verwaltungsvorschriften über den Aufbau der Regelsätze sowie über die Grundsätze für die Bemessung von Leistungen außerhalb der Regelsätze zu erlassen".[252]

Mindestsätze für einen Regelbedarf, neue Verwaltungsvorschriften ohne Beteiligung des Finanzministers, keine Regelsatzfestsetzung durch die örtlichen Träger, nicht zuletzt die Verpflichtung auf einen gesellschaftlicher Konvention entsprechenden Lebensstandard – diese Bestimmungen, die während der Vorarbeiten unter Scheffler zunehmend verschärft worden waren[253], machten deutlich, daß man in der Sozialabteilung aus den Schwierigkeiten des ersten Warenkorbs gelernt hatte und gewillt war, stärker als bisher ein vertretbares soziales Mindestniveau der laufenden Hilfen im Rahmen des überkommen Systems zu sichern. Das widersprach vor allem dem massiven Interesse der Landkreise, lag aber durchaus auf der Linie der einschlägigen Arbeitskreise des CDU-Parteitags Ende April 1956, die gefordert hatten, daß für „die Sicherstellung der Barunterstützungen zur Bestreitung des Lebensunterhaltes [...] vom Bund aus einheitliche Bestimmungen zu erlassen" seien.[254] Soweit allerdings, wie von Muthesius und niedersächsischen Fürsorgereformern gewünscht, die konkrete Zusammensetzung der Richtsätze im Gesetz zu fixieren, wollten Gottschick und sein Abtei-

---

251 Pluskat, Gedanken, S. 308.
252 Marx und Muthesius hätten auch die Festsetzung der Richtsätze selbst lieber dem Bund übertragen, doch diesen massiven Eingriff in die Länderkompetenz hielt man im BMI realistischerweise für nicht durchsetzbar; vgl. Vermerk Referat V A 4 vom 21.12.1956, BAK, B 106/29652. Um dennoch eine zentrale, aber formal von der Bundesexekutive unabhängige Einflußnahme auf die Richtsätze zu ermöglichen, forderten Auerbach, Muthesius und Marx analog zur Rentenreform die Bildung eines „Sozialbeirats" zur laufenden Überprüfung der Richtsätze und „Anpassung an die wirtschaftliche Entwicklung", blieben aber ohne Resonanz; vgl. ebenda; ferner Niederschrift über die Sitzung des Arbeitsausschusses für Fragen der Fürsorge am 1./2.2.1957, ADW, HGSt 6769.
253 Die Bestimmung der Richtsätze als nicht mehr zu unterschreitende Regelsätze geschah wohl auf Anregung der Länderreferenten und von Marx und Muthesius; vgl. Besprechung mit den Referenten der Länder am 12.12.1956, BAK, B 106/9789/2; Vermerk Referat V A 4 vom 21.12.1956, BAK, B 106/20652; eine undatierte Version des § 20 im BSHG-Entwurf vom 24.11.1956, BAK, B 106/20648, die offensichtlich einer Besprechung von Gottschick und Scheffler am 24.4.1957 zugrunde lag; vgl. Vermerk Referat V A 4 vom 24.4.1957, BAK, B 106/9789/2.
254 Lünendonk, CDU-Parteitag, S. 130.

3. Die Hilfe zum Lebensunterhalt

lungsleiter nicht gehen[255], ebensowenig entschied der Entwurf die Frage der Bezugsgröße für die geforderte „den Anschauungen der Gemeinschaft entsprechende Lebensführung" und damit deren mögliche Dynamisierung und laufende Überprüfung. Diese zentralen Probleme wurden vielmehr auf die künftigen Verwaltungsvorschriften delegiert und damit auch weiterhin außerhalb des parlamentarischen Kräftefeldes verhandelt.[256] Bei allem, in erster Linie bei Scheffler angedeutetem Interesse, die Fürsorgeträger bei den laufenden Hilfen künftig etwas stärker an die Kandare modernisierter Sozialstandards zu nehmen, blieb die Sozialabteilung damit doch auf dem vertrauten richsatzpolitischen „Pfad".

Auch bei der Frage des Mehrbedarfs folgte der erste Referentenentwurf den durch das FÄG seinerzeit vorgezeichneten Wegen, verschärfte aber teilweise die Regelungen zugunsten der Hilfeempfänger und erweiterte den Kreis der Berechtigten auf alle Behinderten sowie werdende Mütter.[257] Schefflers Bemühungen, über den Mehrbedarf hinaus typische Tatbestände zu erfassen, waren allerdings auf wenig positive Resonanz gestoßen und fanden keinen Eingang in den ersten Referentenentwurf. Scheffler hatte seit Anfang 1956 wiederholt angeregt, bei „Personen, die besonders auf die Hilfe der Allgemeinheit angewiesen seien, z.B. Halbfamilien, Alte" möglicherweise „im Rahmen einer Gruppenbildung von einer finalen Betrachtung zu einer kausalen" zurückzukehren.[258] Pendant dieser positiven sollte eine negative Typisierung sein in Form einer „Absetzung der

---

[255] Vgl. Niederschrift der Sitzung der Gruppe IV des DV-Studienkreises, 16.7.1957, ADW, HGSt, SP-S XXIIIc I/0.

[256] Damit entsprach der Entwurf dem Diskussionsstand des mittlerweile reaktivierten DV-Arbeitskreises „Aufbau der Richtsätze": Die vielfach ungenügende Anpassung der Richtsätze an die aktuelle Preisentwicklung nahmen die nördlichen Bundesländer Ende 1956 zum Anlaß, den ersten Warenkorb überprüfen zu lassen. Entscheidend war – auch im Vorfeld der Bundestagswahlen – die Frage, inwieweit nach den Sozialrentnern auch die Fürsorgeempfänger stärker an der allgemeinen Wohlstandsentwicklung teilhaben könnten. Während vor allem Fürsorgeexperten aus dem sozialdemokratisch regierten Niedersachsen eine möglichst weitgehende Pauschalierung forderten (Einbeziehung der Mehrbedarfszuschläge und der bisherigen einmaligen Leistungen in die Richtsätze), empfahl der Arbeitskreis Anfang 1958 nur zurückhaltende Korrekturen des bestehenden Warenkorbes und hielt an nach oben und unten elastischen Richtsätzen fest; vgl. Heisig, Armenpolitik, 1995, S. 167ff.; BldW 105 (1958), S. 137.

[257] Vgl. §§ 23-29 des BSHG-Entwurfs 7/1958, BAK, B 106/20643. Für alte Menschen, Behinderte und Schwangere war jetzt ein Mehrbedarf von *mindestens* 20% verbindlich vorgeschrieben sowie ein nicht spezifizierter Mehrbedarf für Kinder und Jugendliche, um die bei den Richtsätzen für Minderjährige oft knauserigen Fürsorgeträger stärker in die Pflicht zu nehmen. Da der Teufel wie so oft im Detail steckte, versuchte § 29 außerdem zum Vorteil des Hilfeempfängers klarzustellen, daß bei Zusammentreffen der verschiedenen Voraussetzungen die Mehrbedarfe zu kumulieren waren – eine Frage, die in der Vergangenheit häufig zu Gerichtsverfahren Anlaß gegeben hatte; vgl. Jehle, Fürsorgerecht, S. 185ff. Daß dieser Versuch noch nicht ganz geglückt war, belegt die Tatsache, daß § 29 theoretisch den kumulierten Mehrbedarf für eine über 65jährige werdende Mutter vorsah.

[258] Niederschriften über die Sitzungen des Arbeitsausschusses für Fragen der Fürsorge am 21.2. und 6./7.4.1956, ADW, HGSt 6769; vgl. ferner Vermerk über Besprechung mit Abteilungsleiter am 7.2.1956, BAK, B 106/9688; Anlage zu Scheffler an Heusler etc., 9.2.1956, BAK, B 106/9789/2.

Massnahmen für asoziale Personen von den sonstigen Hilfsmassnahmen durch das Gesetz".[259] Damit griff Scheffler ein altes Anliegen der Sozialabteilung auf: das sich durch „die Nachbarschaft zu den Asozialen ergebende Odium auszuräumen".[260] Wie seinerzeit die Mehrheit des DV-Studienkreises machte auch der Beirats-Fürsorgeausschuß gegen eine derartige legislatorische und verwaltungsmäßige Sonderbehandlung der zahlenmäßig unbedeutenden Gruppe der „ständigen Kunden" keine prinzipiellen, sondern nur praktische Gründe geltend, zumal, so der Frankfurter Stadtrat Prestel, es „in der Fürsorge naturgemäss stets viele Menschen [gebe], bei denen Schuld und Schicksal nicht klar zu trennen sind, weshalb eine endgültige Beseitigung des Odiums nicht erwartet werden könne".[261]

Die Stellungnahmen der Fürsorgeträger zur Regelung der laufenden Unterstützungen im ersten Referentenentwurf richteten sich vor allem gegen die geplanten Bestimmungen zum Regelsatz und die vergleichsweise großzügige Auffassung des kulturellen Existenzminimums. Während der DST keinen Anstoß an der Verpflichtung zu Mindestregelsätzen nahm[262], forderten die Mehrzahl der Länderreferenten wie auch der DLT, der DGT und der reaktivierte DV-Arbeitskreis „Aufbau der Richtsätze" einmütig, zur Berücksichtigung örtlicher Unterschiede weiterhin die Regelsätze zumindest im Einzelfall auch unterschreiten zu können.[263] Ebenso plädierten sämtliche kommunalen Spitzenverbände und die Mehrheit der Ländervertreter dafür, auch künftig eine Festsetzung der Regelsätze durch die kommunalen Träger vorzusehen. Tatsächlich gaben Duntze und Gottschick beiden Forderungen statt. Ebenso verzichtete der zweite Referentenentwurf, wie in den meisten dieser Stellungnahmen gewünscht, auf die abermalige ausdrückliche Verpflichtung auf ein „menschenwürdiges Leben".[264] Und nicht zuletzt war für die geplante Regelsatz-Verordnung vorgesehen, daß diese nun auch „das Verhältnis der Regelsätze zum Arbeitseinkommen" zu regeln habe[265] –

---

[259] Niederschrift über die Sitzung des Arbeitsausschusses am 21.2.1956, ADW, HGSt 6769.
[260] Scheffler auf der Konferenz der Wohlfahrtsminister am 29.5.1956, Kurzfassung des Referats, BAK, B 106/20652. Kitz, Fürsorgeprinzip, S. 523, hatte es für ein zentrales Ziel der Fürsorgereform erklärt, im Aufbau des Gesetzes und in der Praxis der Ämter eine „Zwischenwand" einzuziehen zwischen Personen, „die schuldlos in ihre Notlage hineingekommen sind", und solchen, „die saft- und kraftlos sind, keinen Willen und keine Fähigkeit zur Eigenhilfe haben, aus zerrütteten Familienverhältnissen stammen oder sonst irgendeinen [...] ‚Makel' an sich haben".
[261] Niederschrift über die Sitzung des Arbeitsausschusses für Fragen der Fürsorge am 6./7.4.1956, ADW, HGSt 6769.
[262] Vgl. DST-Stellungnahme vom 27.11.1958, BAK, B 106/9686.
[263] Vgl., auch zum Folgenden, Niederschrift über die Besprechung mit Vertretern der obersten Landessozialbehörden am 21./22.10.1958, LAS Abt. 761 Nr. 8874; Äußerungen aus den Fachgremien des DV [5.11.1958], zu § 22, sowie die Stellungnahmen des DLT vom 17.11.1958 und des DGT vom 1.12.1958, BAK, B 106/9686.
[264] Der DST fürchtete, daß dadurch die Höhe der Regelsätze in das Benehmen der Verwaltungsgerichte gestellt werden könnte; DST-Stellungnahme vom 27.11.1958, BAK, B 106/9686.
[265] Vgl. § 19 Abs. 2 des BSHG-Entwurfs 3/1959, BAK, B 106/20646.

damit, so der SPD-Fürsorgeexperte Willy Könen später, könne nun doch „die berühmte Auffanggrenze wieder fröhlich Urständ feiern".[266]

Die Gründe für dieses weitreichende Einlenken lassen sich aufgrund der Quellenlage nur vermuten: Möglicherweise erachteten die Ministerialbeamten angesichts des Widerstands der meisten Länderreferenten eine Zustimmung des Bundesrates zu der bisher vorgesehenen Regelung ohnehin für unwahrscheinlich. Außerdem hatte Gottschick schon früher wegen der noch erheblichen Meinungsverschiedenheiten weitergehende Vorschriften zu den Regelsätzen skeptisch beurteilt[267]; möglicherweise teilte auch Duntze diese Vorbehalte stärker als sein Vorgänger. Nicht auszuschließen ist auch, daß man diese Lockerungen in der Sozialabteilung auch gar nicht mehr für so entscheidend angesichts einer anderen Änderung hielt: Auf Wunsch des Arbeitsministeriums schrieb der zweite Referentenentwurf anstelle von Verwaltungsvorschriften eine Rechtsverordnung über die Regelsätze vor, die im Einvernehmen mit den Bundesministern für Arbeit und Finanzen mit Zustimmung des Bundesrates zu erlassen war.[268] Ungeachtet des aus ihrer Sicht vorteilhaften Mitspracherechts des Finanzministers würde eine solche Verordnung die Fürsorgeträger ungleich stärker an die Bundesvorgaben binden als die bisherigen Verwaltungsvorschriften und ein vielgefürchtetes Mitspracherecht der Verwaltungsgerichte begründen können.[269]

Auch bei der Frage des avisierten Lebensstandards lenkte die Sozialabteilung ein: Zwar wurde nicht, wie von den Fürsorgeträgern und einigen Ländern gefordert, die Einbeziehung kultureller und sozialer Bedürfnisse überhaupt gestrichen, aber durch den Zusatz „in vertretbarem Umfang" entschärft.[270] Insgesamt also war den Bestimmungen über die laufenden Unterhaltsleistungen an entscheidenden Stellen der Stachel genommen. Anfang Juli 1959 stellte der DLT-Sozialausschuß daher befriedigt fest, die Regelsatz-Vorschriften seien „weitgehend entsprechend unseren Forderungen geändert worden".[271]

In der zweiten Überarbeitungsphase erlebten diese Vorschriften bis auf eine Ausnahme keine gravierenden Änderungen mehr: Auf Wunsch verschiedener Länder, vor allem aber auf Druck des durch Elsholz vertretenen Finanzministeriums verzichtete das Innenministerium schließlich darauf, den Mehrbedarf als

---

[266] BT, 3. Wp. 1957, Sten. Ber., Bd. 45, S. 6260.
[267] Sitzungsniederschrift der Gruppe IV des DV-Studienkreises am 16.7.1957, ADW, HGSt, SP-S XXIIIc I/o.
[268] Vgl. Vermerk des Referats V 4 vom 23.10.1958, BAK, B 106/9686. Diese Verordnung betraf Inhalt und Aufbau der Regelsätze selbst, ferner laufende Leistungen außerhalb der Regelsätze, vor allem Mieten, sowie nun wieder das Verhältnis der Regelsätze zum Arbeitseinkommen; vgl. § 19 des BSHG-Entwurfs 3/1959, BAK, B 106/20646.
[269] Da sie durch Anordnung von Organen der vollziehenden Gewalt und nicht im förmlichen Gesetzgebungsverfahren ergeht, ist die Rechtsverordnung zwar nicht im formalen, wohl aber im materiellen Sinn Gesetz mit allgemeinverbindlichem Charakter. Verwaltungsvorschriften hingegen besitzen nur verwaltungsinterne Verbindlichkeit und begründen kein unmittelbares richterliches Prüfungsrecht.
[270] Vgl. § 11 des BSHG-Entwurfs 3/1959, BAK, B 106/20646.
[271] Niederschrift über die Sitzung des DLT-Sozialausschusses am 2./3.7.1959, BAK, B 172/444-02/2, Beiheft.

einen *Mindest*mehrbedarf zu definieren.[272] Das im ersten Referentenentwurf deutliche Bemühen, bei der Gewährung der Hilfe zum Lebensunterhalt eine stärkere Standardisierung und Verpflichtung auf ein kulturelles Mindestniveau herbeizuführen, war damit im Regierungsentwurf wieder deutlich reduziert worden. Würde der Entwurf in dieser Form Gesetz, hing die künftige Minimalsicherung der staatsbürgerlichen Existenz entscheidend von der extra-parlamentarischen Ausgestaltung der Regelsatz-Verordnung und der Überarbeitung des Warenkorbs ab.

Hilfe zur Arbeit und Arbeitspflicht

Mit dem Unterabschnitt „Hilfe zur Arbeit" unternahm die Sozialabteilung den Versuch, die juristisch diffizile und inhaltlich schwierig zu umgrenzende Materie der Arbeitsfürsorge im Zusammenhang der Hilfe zum Lebensunterhalt neu zu ordnen. In enger Anlehnung an eigene Ideen der Weimarer Zeit hatte Theodor Marx 1952 „Arbeitsfürsorge" definiert als das weite Feld „derjenigen Sondermaßnahmen zur Entwicklung, Pflege und Erhaltung der Arbeitskraft [...], die um der persönlichen Eigenart Einzelner oder in der Auswirkung wirtschaftlich-sozialer Zustände auf den Einzelnen notwendig sind, um hilfsbedürftige Menschen an das Durchschnittsmaß einer [...] durch sozialpolitische Einrichtungen gewährleisteten Existenzsicherung heranzubringen".[273] Dieser Ansatz umfaßte die zunehmend als „Rehabilitation" bezeichneten therapeutischen Hilfen für Erwerbsbeschränkte ebenso wie Arbeitsbeschaffungsmaßnahmen für Arbeitslose, Ausbildungshilfen für Jugendliche, psychologische und sozialpädagogische Eingliederungshilfen für „Gefährdete" oder Arbeitstests zur Disziplinierung „Arbeitsscheuer" und umschrieb damit keineswegs auf die öffentliche Fürsorge beschränkte Tätigkeitsfelder. Im Gegenteil: Gerade Zuständigkeitskonflikte mit der Arbeitsverwaltung beherrschten bis zur Reform der Arbeitslosenversicherung 1956/57 die Diskussionen über die Arbeitsfürsorge.[274] In der Fürsorgereform selbst wurde ein wesentlicher Teil dieser Aufgaben jeweils gesondert im Rahmen der Hilfe in besonderen Lebenslagen neu geregelt.

Arbeitsfürsorge in dem hier interessierenden engeren, fürsorgerechtlichen Sinne meinte, daß nach § 19 RFV Unterstützung für arbeitsfähige Hilfsbedürftige in Form von angemessener gemeinnütziger Arbeit gewährt (Fürsorgearbeit) oder aber überhaupt von der Leistung solcher Arbeit abhängig gemacht werden konnte (Pflichtarbeit). Daneben statuierte § 7 RGr. eine Arbeitspflicht, die allerdings

---

[272] Vgl. BMF am BMI, 2.5.1959; Vermerk Referat V 4 vom 10.6.1959, BAK, B 106/20644; Änderungsvorschläge der Länder vom 28./29.4.1959, BAK, B 106/20647. In § 21 des Regierungsentwurfs blieb nur der Mindestmehrbedarf für Blinde erhalten; auf Vorschlag Gottschicks wurde in den übrigen Fällen stattdessen die Kautel eingefügt, „soweit nicht im Einzelfall ein höherer Bedarf besteht", BT, 3.Wp. 1957, Anlage, Bd. 67, Drs. 1799.
[273] Marx, Auftrag, S. 372. Zur hier dominierenden Rolle von Marx innerhalb des DV und zu seinen arbeitsfürsorgerischen Aktivitäten als Stadtrat von Nürnberg vgl. NDV 38 (1958), S. 201 ff.; ferner NDV 35 (1955), S. 75 ff.
[274] Vgl. die Fürsorgetage 1952, NDV 32 (1952), S. 376 ff., und 1955, Fürsorge und Sozialreform, S. 343 ff.

durch Zumutbarkeitsklauseln gemildert wurde, und bestimmte, daß die Fürsorge dem Hilfsbedürftigen, „soweit möglich", Gelegenheit zur Arbeit bieten solle.[275]

Rechtlich wie in der Anwendung unterschieden sich die beiden in der Praxis daraus entwickelten Typen gemeindlicher Arbeitsfürsorge: Bei der Pflichtarbeit überwog der Zwangscharakter, Fürsorgearbeit erforderte das Einverständnis des Unterstützten. Während der Pflichtarbeiter keinen Lohn, sondern richtsatzmäßige Unterstützung plus Aufwandsentschädigung erhielt, die zusammen nicht die Höhe des Tariflohnes erreichten, bekam der Fürsorgearbeiter Anfang der fünfziger Jahre meist ein Entgelt, das der tariflichen Bezahlung ungelernter Gemeindearbeiter entsprach. Anders als die Pflichtarbeit war Fürsorgearbeit meist versicherungspflichtig.[276] Die rund vier Arbeitsstunden täglich umfassende Pflichtarbeit wurde „überwiegend zur Prüfung des Arbeitswillens und auch der Hilfsbedürftigkeit angewendet", etwa um Schwarzarbeit auszuschließen; ein Nürnberger Fürsorgebeamter verglich sie 1957 mit einem „Sieb, das die echten Hilfsbedürftigen von den unechten scheidet", und schätzte, daß die Abschreckung durch drohende Pflichtarbeit „beträchtlich[e]" Einsparungen bringe.[277] Demgegenüber galten die verschiedenen Formen der Fürsorgearbeit als besonders geeignet, um Arbeitswillige wieder in den normalen Arbeitsprozeß einzugliedern.

Obwohl theoretisch breiter Konsens über die Notwendigkeit kommunaler Arbeitsfürsorge als der „sozial würdigsten, finanziell günstigsten und ethisch wertvollsten Hilfe"[278] bestand, blieb deren quantitative Bedeutung auch in den fünfziger Jahren trotz zunächst beträchtlicher Arbeitslosigkeit relativ gering.[279] Das galt vor allem für die Fürsorgearbeit, zumal in den Ländern der ehemaligen britischen Zone ohnehin der Anreiz für solche Aktivitäten der Kommunen fehlte, da fast alle Arbeitslosen hier vom Arbeitsamt unterstützt wurden.[280] Zu den ungeklärten Zuständigkeiten von Arbeitsamt und Kommunen kamen die hohen Kosten für kommunale Arbeitseinrichtungen[281] und rechtliche Unklarheiten, insbesondere wegen der erforderlichen „Gemeinnützigkeit"; fehlte deren wesentliches Element, die „Zusätzlichkeit", bescheinigten die Gerichte den Unterstützten immer wieder, in einem regulären privatrechtlichen Arbeitsverhältnis mit allen tarifrechtlichen

---

[275] Ob eine Arbeit „billigerweise" zumutbar war, sollte „nach Lebensalter, Gesundheitszustand, häuslichen Verhältnissen und, soweit angängig, auch nach der beruflichen Ausbildung beurteilt werden" (§ 7 Abs. 2 RGr.). Bei Frauen war Erwerbsarbeit auch nicht zumutbar, „wenn dadurch die geordnete Erziehung ihrer Kinder gefährdet würde", und Pflichten im Haushalt oder bei der Pflege von Angehörigen waren besonders zu berücksichtigen (Abs. 3).
[276] Vgl. ausführlich Petersen, Arbeitsfürsorge, S. 407ff.; Kurth, Recht; Staudacher, Arbeitsfürsorge; Jehle, Fürsorgerecht, S. 42ff. Aufgrund von Bundesvorschriften von 1951/52 entfiel für beide Formen in der Regel die Rückerstattungspflicht.
[277] Staudacher, Arbeitsfürsorge, S. 8.
[278] Ebenda, S. 11.
[279] Mangels konkreter Zahlen vgl. die Ergebnisse einer DV-Umfrage vom Sommer 1954, NDV 35 (1955), S. 288ff.; Marx, Die Städte zur Neuordnung, S. 60. Zur arbeitsfürsorgerischen Praxis in einzelnen Großstädten: Marx, Arbeitsfürsorge; Wöhrmann, Arbeitsfürsorge.
[280] Vgl. NDV 35 (1955), S. 75; 37 (1957), S. 1.
[281] Vgl. Marx, Aufgabenabgrenzung, S. 381.

Konsequenzen zu stehen.[282] Mit dem zunehmenden Arbeitskräftemangel seit Mitte der fünfziger Jahre stiegen jedoch die Chancen, auch bislang als nicht vermittlungsfähig geltende, von der Fürsorge betreute „halbe Kräfte" im normalen Arbeitsmarkt unterzubringen, so daß die von vielen Fürsorgeexperten neben dem Ausbau der Rehabilitation geforderte Intensivierung der gemeindlichen Arbeitsfürsorge auch aus fiskalischer Perspektive sinnvoll erschien.[283]

Gerade hier wurde die für die fünfziger Jahre noch so typische Mischung von paternalistisch-disziplinierender, mit finanziellen Erwägungen gepaarter Wertmuster und sozial-integrativer, der individuellen Persönlichkeitsbildung verpflichteter Elemente besonders deutlich: Neben der Auffassung, daß fürsorgerische Hilfe zur Arbeit auch der „Entfaltung der Persönlichkeit" diene[284], stand die Meinung, die Arbeitsfürsorge habe den „unserer Hilfe bedürftigen Menschen [...] mit Einschaltung seines Willens soweit zu formen [...], daß er bestmöglich für die Allgemeinheit eingesetzt werden kann".[285] Danach waren die traditionellen Instrumentarien der Fürsorgearbeit und der Pflichtarbeit auch künftig beizubehalten, allerdings eine Akzentverschiebung zugunsten der Fürsorgearbeit und dementsprechend nur eine graduelle Reform des Fürsorgerechts notwendig.[286]

Mit diesen Fragen befaßte sich vornehmlich ein im März 1953 auf Initiative von Marx gegründeter und später von ihm geleiteter DV-Fachausschuß aus Vertretern der öffentlichen Fürsorge und der Arbeitsverwaltung, an dessen Sitzungen häufig auch Beamte der Sozialabteilung teilnahmen.[287] Von Marx in enger Fühlungnahme mit der Sozialabteilung formulierte Leitsätze bildeten so auch die Grundlage für die entsprechenden Empfehlungen des Fürsorgeausschusses des Beirats Ende Januar 1958: Die Fürsorgeträger müßten künftig dem Hilfesuchenden in enger Zusammenarbeit mit den Arbeitsämtern zu einem zumutbaren Arbeitsplatz verhelfen. War das nicht möglich, sollte arbeitsfähigen und arbeitswilligen Hilfesuchenden grundsätzlich statt Geldleistung gemeinnützige Fürsorgearbeit ermöglicht werden. In Umkehrung der bisherigen Praxis war Pflichtarbeit nur noch in den Ausnahmefällen von „Arbeitsunwilligkeit oder Arbeitsscheu" einzusetzen.[288]

---

[282] Vgl. Petersen, Arbeitsfürsorge, S. 408; Kurth, Arbeitsfürsorge, S. 318; ders., Recht, S. 201.
[283] Vgl. NDV 37 (1957), S. 1ff.
[284] Staudacher, Arbeitsfürsorge, S. 7. Der SPD-Sozialplan forderte einen „sozialpädagogischen Charakter" der Arbeitsfürsorge; vgl. Sozialplan, S. 127.
[285] So der Hamburger Verwaltungsdirektor Bernhard Wöhrmann auf dem Fürsorgetag 1957, Neuordnung des Fürsorgerechts, S. 221. Dieser „arbeitserzieherische" Ansatz zur Mobilisierung von Arbeitskräften war ganz ähnlich bereits auf dem Fürsorgetag 1938, also ebenfalls in einer Zeit des Arbeitskräftemangels, von Fürsorgepolitikern vertreten worden; vgl. Rudloff, Fürsorge, S. 201.
[286] Vgl. etwa Kurth, Arbeitsfürsorge, S. 318.
[287] Vgl. NDV 33 (1953), S. 131; 38 (1958), S. 203.
[288] Bislang verpflichtete § 6 RGr. die Fürsorgeträger nur zur „Wiederherstellung der Arbeitskraft", was vor allem medizinisch interpretiert wurde; vgl. Muthesius, Grundlagen, S. 87. Vgl. insgesamt Neuordnung des Fürsorgerechts, S. 180, 213ff., 432; Niederschriften über die Sitzungen des Ständigen Ausschusses für gemeinsame Fragen der Fürsorge und der Arbeitsverwaltung am 14.1.1958, mit Anlage, ADW, HGSt, SP-S XXIIIc I/0; des Arbeitsausschusses für Fragen der Fürsorge am 4.12.1957, mit Anlage 1, sowie am 30./31.1.1958, mit Anlage 7, ADW, HGSt 6769; NDV 38 (1958), S. 308; Kurth, Arbeitsfürsorge, S. 319ff.

Denn auch weiterhin sollte gegebenenfalls die Leistung von der Arbeitsbereitschaft abhängig gemacht werden, allerdings nur bei der Hilfe zum Lebensunterhalt.

Anders als von Marx und anderen Experten im Interesse größerer Rechtssicherheit gewünscht, definierten die Empfehlungen des Beirats-Fürsorgeausschusses nur die künftige Form der Pflichtarbeit genauer, bei der neuen Form der Fürsorgearbeit hingegen bestanden offensichtlich unüberbrückbare Gegensätze zwischen der gewerkschaftsnahen Linie und einer vor allem im DLT beheimateten Richtung: Bisheriger Praxis entsprechend hatte Marx die gesetzliche Fixierung eines versicherungspflichtigen Arbeitsverhältnisses mit tarifangeglichener Entlohnung befürwortet. Während Walter Henkelmann vom DGB befürchtete, daß dann per Gesetz eine „besondere, ungünstig gestellte Arbeitnehmergruppe geschaffen werde"[289], ging eine solche Regelung anderen Ausschußmitgliedern zu weit.[290]

Der Referentenentwurf vom Juli 1958 entsprach dann weitgehend der Beschlußlage im Beiratsausschuß und statuierte ausdrücklich die Pflicht des Fürsorgeträgers zur Hilfe bei der Beschaffung zumutbarer Arbeit bzw. zur Förderung der Arbeitsbereitschaft.[291] Ob und wie die Fürsorgeträger allerdings Arbeitsbeschaffungsmaßnahmen ergriffen, blieb weiterhin ihrem Ermessen überlassen; statt ein neues Rechtskonstrukt der Fürsorgearbeit zu begründen, sah der Entwurf neben der Schaffung regulärer auch die Schaffung gemeinnütziger und zusätzlicher Arbeitsgelegenheit vor, die entweder normal entlohnt oder aber, der Regelung der „Gemeinschaftsarbeit" in der Novelle zur Arbeitslosenversicherung entsprechend, mit Hilfe zum Lebensunterhalt und einer Aufwandsentschädigung abgegolten werden konnte; in letzterem Fall bestand keine Versicherungspflicht.[292] Außerdem sollte wie bei der bisherigen Pflichtarbeit, aber ohne die schwierige Voraussetzung der Gemeinnützigkeit, dem Hilfesuchenden gegebenenfalls „geeignete Arbeit zugewiesen werden" (§ 20), während der ebenfalls Hilfe zum Lebensunterhalt und Aufwandsentschädigung gezahlt und kein versicherungspflichtiges Arbeitsverhältnis begründet wurde.

Alles in allem war damit der erste Referentenentwurf nur sehr bedingt dazu geeignet, die Sozialhilfeträger stärker als bisher zu – vor allem regulären Arbeitsverhältnissen angenäherten – Arbeitsbeschaffungsmaßnahmen jenseits der Überprüfung von Arbeitswilligkeit zu animieren. Das wurde auch im DV-Fachausschuß bemängelt.[293] Vor allem das Bundesarbeitsministerium drängte jedoch auf noch stärkere Koordination mit dem AVAVG, so daß die Schonvorschriften bei der Zumutbarkeit von Arbeit wieder gelockert und der Zwangscharakter des § 20 ab-

---

[289] Vgl. Niederschrift über die Sitzung des Arbeitsausschusses für Fragen der Fürsorge am 30./31. 1. 1958, ADW, HGSt 6769.
[290] Vgl. die ablehnende Haltung des DLT-Sozialausschusses am 8. 11. 1957, Niederschrift, BAK, B 172/444-01/1. Vermutlich bestanden auch auf Seiten des BMA Vorbehalte gegen eine solche Sonderregelung, die ja u.U. in gemeinnütziger Arbeit stehende Sozialhilfeempfänger besser stellte als Bezieher von Arbeitslosenhilfe.
[291] Vgl. § 18,3 des BSHG-Entwurfs 7/1958, BAK, B 106/20643.
[292] § 19 ebenda; vgl. § 142 AVAVG in der Fassung vom 3. 4. 1957, BGBl. I S. 322.
[293] Vgl. Stellungnahme aus den DV-Fachgremien [5. 11. 1958], zu § 19, BAK, B 106/9686.

gemildert wurde: Bereits der zweite Referentenentwurf sah zur Gewöhnung bzw. Prüfung vor, daß dem Hilfesuchenden eine „geeignete Tätigkeit angeboten werden" solle.[294] Nachdem auf Vorschlag des Bundesrats der Schutz von Müttern wieder verstärkt worden war, wurden diese Bestimmungen schließlich 1961 Gesetz.[295]

Der mit dem BSHG avisierte Auftrieb der kommunalen Arbeitsfürsorge blieb zunächst aus. Erst seit der Arbeitsmarktkrise der siebziger Jahre gewann die „Hilfe zur Arbeit" an Bedeutung, freilich lange in Form der nicht-tariflichen gemeinnützigen Arbeit, die, etwa im Rahmen der Betreuung von Asylsuchenden, primär zum Test der Arbeitswilligkeit mit abschreckender Wirkung eingesetzt wurde. Bis Ende der achtziger Jahre verschoben sich zwar die Gewichte zugunsten der tariflichen Sozialhilfearbeit: Doch die Konsequenz war selten die Rückführung in den „ersten Arbeitsmarkt", fast immer aber die Rückverweisung an das Arbeitsamt und damit eine finanzielle Entlastung der Kommunen.[296] Zu der von den Fürsorgereformern der fünfziger Jahre erhofften, bei einem großen Arbeitslosenanteil unter den Sozialhilfeempfängern umso notwendiger erscheinenden aktiven Arbeitsbeschaffungspolitik der Kommunen ist es damit bis in jüngste Zeit nur in Ausnahmen gekommen. Inwieweit die aktuelle Zusammenlegung von Arbeitslosen- und Sozialhilfe hier zu neuen Lösungen führt, bleibt abzuwarten.

Wenn auch im neuen Sozialhilferecht mit der „Hilfe zur Arbeit" als „beste und wirksamste Hilfe für den Lebensunterhalt"[297] die Akzente zugunsten sozialisierender Arbeitsbeschaffungsmaßnahmen verschoben wurden, blieben doch genügend andere Möglichkeiten, mangelnde Arbeitswilligkeit und andere ebenfalls als „asozial" konnotierte Verhaltensmuster wie „unwirtschaftliches Verhalten" zu sanktionieren. Nach bisherigem Fürsorgerecht waren bei „Arbeitsscheu oder offenbar unwirtschaftlichem Verhalten" die Fürsorgeleistungen „auf das zur Fristung des Lebens Unerläßliche zu beschränken" oder die Betroffenen in eine Anstalt einzuweisen; negative Auswirkungen auf Angehörige oder Haushaltsangehörige waren, soweit möglich, zu verhindern (§ 13 RGr.). Darüber hinaus konnte, „wer, obwohl arbeitsfähig, infolge eines sittlichen Verschuldens der öffentlichen Fürsorge selbst anheimfällt oder einen Unterhaltsberechtigten anheimfallen läßt", wenn er beharrlich Arbeit ablehnte oder sich der Unterhaltspflicht entzog, durch die Fürsorgebehörde in ein geschlossenes Arbeitshaus zwangsweise eingewiesen werden (§ 20 RFV).[298] Während in den zwanziger Jahren nur selten

---

[294] Vgl. Vermerk des BMI-Referats V 4 vom 23.10.1958; BMW an BMI am 4.12.1958, ebenda; § 17 des BSHG-Entwurfs 3/1959, BAK, B 106/20646; § 16 Abs.3 des Regierungsentwurfs vom Februar 1960, BT, 3.Wp. 1957, Anlagen, Bd. 67, Drs. 1799; ferner die auf der Ressortbesprechung am 6./8.5.1959 gemachten Änderungsvorschläge, BAK, B 106/20647.
[295] Vgl. Stellungnahme des Bundesrats zu § 16 des Regierungsentwurfs, S. 70, und Auffassung der Bundesregierung, S. 82, BT, 3.Wp. 1957, Anlagen, Bd. 67, Drs. 1799; §§ 18–20 BSHG.
[296] Vgl. Rudolph, Kooperation, S. 89f.; Rudloff, Fürsorge, S. 205f.
[297] Gottschick, Referentenentwurf, S. 17.
[298] „Sittliches Verschulden" umfaßte nach zeitgenössischer wie auch späterer Auslegung „Arbeitsscheu", „Trunksucht", „Spielsucht", „Verschwendung" oder „geschlechtliche

3. Die Hilfe zum Lebensunterhalt 251

zu diesen Zwangsmaßnahmen gegriffen wurde, machte die öffentliche Fürsorge im Nationalsozialismus davon reichlich Gebrauch, bot § 20 RFV doch eine willkommene Handhabe, um die „Volksgemeinschaft vor schädlichen und sie belastenden Elementen zu schützen"[299]; seit 1937 übernahmen schließlich Polizei und SS die systematische Bekämpfung der „Arbeitsscheuen" mit oft tödlichen Folgen für die Betroffenen.

Nichtsdestoweniger wurden die Arbeitshäuser nach 1945 zunächst unter der Obhut ihrer bisherigen Träger weiter betrieben, bis die amerikanische Militärregierung für die US-Zone neben den einschlägigen Bestimmungen des Strafgesetzbuches auch § 20 RFV mit Wirkung vom 1. April 1949 aufhob.[300] Seit Inkrafttreten des Grundgesetzes galt dieser Paragraph auch in den Ländern der anderen Westzonen als nicht mehr anwendbar.[301] Die Mehrzahl der Fürsorgeexperten jedoch hielt trotz der Erfahrungen während des Nationalsozialismus den anstaltsmäßigen Arbeitszwang weiterhin für unverzichtbar bei der Bekämpfung von Prostitution, Alkoholismus, der Übertragung von ansteckenden Krankheiten, Nichtseßhaftigkeit oder eben „Arbeitsscheu"[302]; schließlich, so der NDV im März 1949 in bezeichnend unskrupulöser Diktion, seien diese Bestimmungen ohnehin nur „als letzte Möglichkeit" tatsächlich angewendet worden, sie „erfüllten ihren Zweck schon dadurch, daß sie als Drohung über den Häuptern dieser sozial labilen Menschen schwebten und sie davon abschreckten, auf dem bisher beschrittenen Weg parasitärer Daseinsgestaltung weiterzugehen".[303] So standen die fürsorgepolitischen Bemühungen um eine Reaktivierung des § 20 RFV in engem Zusammenhang mit den erneuten Bestrebungen für ein „Bewahrungsgesetz", die 1961 schließlich in den einschlägigen Bestimmungen der „Hilfe für Gefährdete" mündeten.

Mit dem „Gesetz über das gerichtliche Verfahren bei Freiheitsentziehung" vom 29. Juni 1956 wurde zur Befriedigung vieler Fürsorgevertreter u.a. auch die Anwendung des § 20 RFV auf der neuen Grundlage einer richterlichen Einweisung und genauer Verfahrensbestimmungen wieder allgemein ermöglicht und damit die

---

Ausschreitung mit ihren Folgen" und zielte damit auf die klassische Klientel der Gefährdetenfürsorge. Vor allem die Einfügung des Schuldbegriffs begründete in seiner Parallele zum Strafrecht den Strafcharakter dieser fürsorgerechtlichen Bestimmung; vgl. Rudolph, Kooperation, S. 74ff.

[299] So 1936 die auch nach 1945 einflußreiche Fürsorgepolitikerin und damalige Abteilungsleiterin in der Hamburger Sozialbehörde Käthe Petersen, zitiert nach Rothmaler, Sozialpolitikerin, S. 82.

[300] Gesetz Nr. 14 der Militärregierung, abgedruckt im Bayerischen GVBl. 1949, S. 78. Danach sollen in der US-Zone mehr als 2 000 Personen freigekommen sein; vgl. Ayaß, Arbeitshaus, S. 341, sowie für das Beispiel des hessischen Arbeitshauses Breitenau, ebenda, S. 328ff.

[301] Neben Art. 12 Abs. 2 und 3 GG (Zulässigkeit von Zwangsarbeit nur im Rahmen einer allgemeinen Dienstleistungspflicht bzw. bei einer gerichtlichen Anordnung) stand vor allem Art. 104 Abs. 1 GG einer weiteren Anwendung entgegen, wonach die Freiheit der Person nur auf Grund eines förmlichen Gesetzes beschränkt werden darf; die RFV war jedoch kein förmliches Gesetz; vgl. NDV 30 (1950), S. 253ff.

[302] Vgl. Kitz, Aufgaben, S. 244ff.

[303] NDV 29 (1949), S. 37; vgl. auch NDV 30 (1950), S. 254; Rudolf Prestel in: NDV 34 (1954), S. 292f. Zu den prononcierten Forderungen nach Wiederbelebung des § 20 RFV in Bayern vgl. Rudloff, Schatten, S. 361ff.

Frage seines Einbaus in ein künftiges Fürsorgegesetz akut.[304] Die Frage, welche Sanktionen im künftigen Fürsorgerecht im Falle beharrlicher Arbeitsverweigerung vorzusehen waren, war natürlich heikel: Einerseits sollte einem partnerschaftlichen, in weite Bevölkerungsgruppen ausgreifenden Hilfeansatz zum Durchbruch verholfen werden, andererseits glaubte man, auch aus Gründen der Gerechtigkeit gegenüber der Allgemeinheit nicht auf Disziplinierungsmaßnahmen verzichten zu können.

Die Fürsorgereformer im Innenministerium suchten den Ausweg von Anfang an in einer weitgehenden Beschränkung dieser Sanktionen auf die klassische Hilfe zum Lebensunterhalt.[305] Was die Maßregeln selbst anlangte, hielten sich Gottschick und seine Vorgesetzten weitgehend an das bisherige Recht, wobei sie bestehende Unklarheiten zu beseitigen und durch den Einbau sozialpädagogischer Anweisungen den Strafcharakter der Vorschriften teilweise zu mildern suchten. „Unwirtschaftliches Verhalten" wurde im ersten Referentenentwurf – wohl auch infolge der Ergebnisse der Arbeit am Warenkorb – weniger streng als bisher geahndet.[306] Wer hingegen zumutbare Arbeit verweigerte, hatte keinen Anspruch auf Hilfe; in dieser eindeutigen Schärfe ging die Sozialabteilung über das bisherige Recht hinaus, denn bislang war es zumindest strittig gewesen, ob die Unterstützung für einen Arbeitsunwilligen ganz versagt werden konnte.[307] Ausdrücklich untersagt wurde die Einstellung allerdings für den Fall der Schädigung von Unterhaltsberechtigten und Haushaltsmitgliedern – und damit die praktische Anwendbarkeit drastisch eingeschränkt. Mit diesen Vorschlägen bewegte sich die Sozialabteilung auf der Linie, die sich 1957/58 auch im DV und im Beirats-Fürsorgeausschuß herauskristallisiert hatte.[308]

---

[304] BGBl. S. 599. Das Gesetz, das am 1.7.1956 in Kraft trat, setzte in der ehemaligen US-Zone § 20 RFV wieder in Kraft und anerkannte diesen vorerst als förmliches Gesetz im Sinne des Art. 104 Abs. 1 GG. Die Freiheitsentziehung (Arbeitshauseinweisung) war jetzt nur noch möglich durch richterliche Anordnung auf Antrag der zuständigen Verwaltungsbehörde (hier: des Fürsorgeverbands), nicht aber durch diese selbst. Neben Anhörungspflicht und Zulässigkeit der Beschwerde des Betroffenen befristete das Gesetz jetzt einheitlich die Unterbringungsdauer auf höchstens ein Jahr. Das Gesetz galt auch für Freiheitsentziehungen auf der Grundlage anderer Gesetze, war also fürsorgerechtlich relevant bei der Tbc- und der Geschlechtskranken- sowie insbesondere der sog. Gefährdetenfürsorge. Positive Stimmen dazu etwa in: ZfF 8 (1956), S. 358f., Petersen, Bedeutung, S. 167f.

[305] Vgl. Anlage zur Besprechung mit Abteilungsleiter am 7.2.1956, BAK, B 106/9688.

[306] Laut § 30 des BSHG-Entwurfs 7/1958 sollten „unwirtschaftliche" Hilfeempfänger jetzt erst einmal „zu einer wirtschaftlichen Lebensführung angehalten werden"; bei Erfolglosigkeit *konnte* (bisher: mußte) die Unterstützung „auf das zum Lebensunterhalt Unerläßliche" eingeschränkt werden, BAK, B 106/20643.

[307] Vgl. § 31 des Entwurfs 7/1958, ebenda. Ebenso wie einer der führenden Kommentatoren, vgl. Jehle, Fürsorgerecht, S. 44, bejahte auch der im DV wiederholt zur Arbeitsfürsorge referierende Offenbacher Jurist Kurth in Anlehnung an einschlägige Gerichtsurteile diese Möglichkeit, vgl. Kurth, Recht, S. 203. Die gegenteilige Ansicht bei Zabel, Unterstützungspflicht. Bei Verlust des Rechtsanspruchs war die Hilfe allerdings nicht automatisch einzustellen; vielmehr würde der Träger nach seinem Ermessen über Kürzung, Befristung oder eben Einstellung der Hilfe entscheiden.

[308] Vgl. Neuordnung des Fürsorgerechts, S. 216; die Niederschriften über die Sitzungen des Arbeitsausschusses für Fragen der Fürsorge am 4.12.1957, Anlage 1, und am 30./31.1.

3. Die Hilfe zum Lebensunterhalt

Umstrittener war hingegen, daß der Entwurf auch die Möglichkeit des anstaltsmäßigen Arbeitszwangs für mindestens 18 Jahre alte Arbeitsverweigerer auf der Grundlage des Freiheitsentziehungsgesetzes wieder vorsah. Allerdings entfiel jetzt die explizite Voraussetzung des „sittlichen Verschuldens", so daß zumindest formal der Strafcharakter der als therapeutisch deklarierten Maßnahme zurücktrat. Nichtsdestoweniger hielten etwa die AWO oder der DV-Fachausschuß für Gefährdeten- und Nichtseßhaftenhilfe wie auch einzelne Ländervertreter die Regelung in einem modernen Fürsorgegesetz für deplaciert, zumal die zwangsweise Anstaltsunterbringung von „Gefährdeten" künftig im Rahmen der Hilfe in besonderen Lebenslagen gewährleistet schien; eine Regelung zur Abschreckung „Arbeitsscheuer" hätte allenfalls ihren Platz im Strafrecht[309] – was von führenden Strafrechtlern zum Teil genau umgekehrt gesehen wurde.[310] Doch trotz der offensichtlich nach wie vor geringen unmittelbaren zahlenmäßigen Bedeutung des § 20 RFV und seiner zahlreichen Anwendungsschwierigkeiten wollten die Fürsorgeverbände wie auch die Sozialabteilung nicht auf die „generalpräventive" Funktion des fürsorgerechtlichen Arbeitszwangs verzichten.[311]

In der Umarbeitungsphase 1958/59 wurden auf Betreiben der Länderfürsorgereferenten die Schonvorschriften für betroffene Angehörige deutlich zurückgenommen und damit das Drohpotential der Sanktionen wieder erheblich erhöht.[312] Während dazu von seiten der anderen Bundesressorts keine Einwände erhoben wurden, stieß die Möglichkeit der Freiheitsentziehung hier wie auch bei der Hilfe für Gefährdete auf verfassungsrechtliche Bedenken des Bundesjustizministeriums; es ließ sich aber schließlich durch die Argumentation der Experten für Gefährdetenfürsorge von deren Notwendigkeit auch in einem Fürsorgegesetz überzeugen.[313] Vor allem die Möglichkeit der Arbeitshausunterbringung nach § 26 verwies damit auf das disziplinierende Element, welches das BSHG von 1961 bei

---

1958, Anlage 7, ADW, HGSt 6769, sowie des Ständigen Ausschusses für gemeinsame Fragen der Fürsorge und der Arbeitsverwaltung am 14.1.1958, Anlage, ADW, HGSt, SP-S XXIIIc I/0.

[309] Vgl. die Äußerungen aus den DV-Fachgremien [5.11.1958], zu § 32; Stellungnahme der AWO vom 14.10.1958, BAK, B 106/9686; Niederschrift über die Besprechung mit Vertretern der obersten Ländersozialbehörden am 21./22.10.1958, LAS Abt. 761 Nr. 8874.

[310] So der im DV wiederholt als Fachgutachter fungierende Hamburger Strafrechtler Sieverts an Muthesius am 7.5.1958, Abschrift, BAK, B 106/9786/1; tatsächlich sah dann jedoch das reformierte Strafrecht weiterhin eine Arbeitshausunterbringung vor; vgl. Rudolph, Kooperation, S. 84.

[311] Vgl. Rudolph, Kooperation, S. 80f.; für die Jahre 1960, 1961 und 1962 (bis 31.5., also kurz vor Inkrafttreten des BSHG) wurden im Bundesgebiet (ohne Saarland und Hamburg) 80 Verfahren nach § 20 RFV angeordnet. Zu den beschränkten Anwendungsmöglichkeiten (notwendige rechtliche Voraussetzungen, Fehlen entsprechender Anstalten) vgl. Petersen, Bedeutung.

[312] Vgl. Niederschrift über die Besprechung am 21./22.10.1958, LAS Abt. 761 Nr. 8874; §§ 22f. des BSHG-Entwurfs 3/1959, BAK, B 106/20646; §§ 23f. des Regierungsentwurfs vom Februar 1960, BT, 3. Wp. 1957, Anlagen, Bd. 67, Drs. 1799.

[313] Vgl. Änderungsvorschläge der Bundesressorts vom 6./8.5.1959, zu §§ 22f., BAK, B 106/20647; Vermerk des Referats V 4 zur Rechtsförmlichkeitsprüfung vom 3.10.1959, BAK, B 106/20653.

aller Modernität auch weiterhin enthielt.[314] Die nach wie vor virulente Frage ihrer Verfassungsmäßigkeit wurde in der überwiegenden zeitgenössischen Rechtsmeinung wie auch vom Bundesverfassungsgericht noch 1970 ausdrücklich bejaht, obwohl zu diesem Zeitpunkt bereits die entsprechenden Bestimmungen der Gefährdetenhilfe für verfassungswidrig erklärt worden waren. Wenn § 26 schließlich im Rahmen der BSHG-Novellierung 1974 doch aufgehoben wurde, dann lag es primär daran, daß mangelnde Möglichkeiten und hohe Kosten der Unterbringung deren Abschreckungsfunktion obsolet gemacht hatten.[315] Nach Aufhebung der strafrechtlichen Arbeitshausmaßregel 1969 war nun auch die Arbeitshaustradition im bundesdeutschen Fürsorgerecht endgültig beendet.

---

[314] Vgl. auch Barabas/Sachße, Bundessozialhilfegesetz, S. 372f.
[315] Vgl. Rudolph, Kooperation, S. 84ff.; Ayaß, Arbeitshaus, S. 342ff.

III. Reform der Hilfemöglichkeiten

1. Die Hilfe in besonderen Lebenslagen: der „Vorstoß in den Kreis der ‚Minderbemittelten'"

Die Hilfe für individuelle Notstände jenseits des reinen Lebensunterhalts sollte nach dem Willen der Fürsorgereformer im Bundesinnenministerium das Kernstück der Neuordnung bilden. Von ihrer gesetzlichen Ausgestaltung würde entscheidend abhängen, inwieweit die moderne Fürsorge durch „echte gezielte Leistungen" für den Einzelfall die ihr zugedachte Komplementärfunktion zu den übrigen Sicherungssystemen tatsächlich erfüllen könnte.[1] Im Abschnitt III des Entwurfs vom Juli 1958 wurde die Hilfe in besonderen Lebenslagen ausführlich geregelt. Dabei handelte es sich um solche Hilfen, die auch das bisherige Recht kannte, nun aber weiterentwickelt werden sollten, wie etwa die Hilfe zur Pflege[2]; ferner um solche, die zumindest in der städtischen Praxis bereits eingeführt waren wie die vorbeugende Gesundheitshilfe; dann um bisher in Sondergesetzen geregelte Hilfen wie die Fürsorge für Körperbehinderte oder die Tuberkulosehilfe; sowie schließlich um die ganz neue Hilfe für Alte.

Bereits Ende 1955 hatte sich die Sozialabteilung im wesentlichen auf diesen Hilfen-Katalog festgelegt. Für Scheffler stand dabei fest, daß der Katalog die Hilfen nicht erschöpfend beschrieb, sondern in einer Generalklausel auch „in anderen besonderen Lebenslagen" Hilfe möglich sein müßte.[3] Um den Ausbau der Hilfen in der Praxis zu forcieren, müßten diese auch in einem Rahmengesetz näher bestimmt werden, trotz der Spannung zwischen gesetzlicher Normierung und dem

---

[1] Vgl. Scheffler vor der Konferenz der Sozialminister der Länder am 29.5.1956, Kurzfassung des Referats, BAK, B 106/20652; Gerhard Scheffler, Neuordnung, S. 23; Duntze, Referentenentwurf; Allgemeine Bemerkungen zum BSHG-Entwurf 7/1958, S. 3, 9f., BAK, B 106/20643; NDV 38 (1958), S. 305; Oel, Neuordnung des Fürsorgerechts, S. 150.

[2] Zu diesem Komplex gehörte auch die später in § 30 BSHG geregelte Aufbauhilfe, die im Folgenden nicht gesondert dargestellt wird. Sie sollte in erster Linie die Weiterführung oder Begründung einer selbständigen Erwerbstätigkeit in kleinem Rahmen ermöglichen, durch Darlehen oder Beihilfen etwa zur Einrichtung einer Werkstatt oder eines kleinen Ladens, zur Beschaffung von Kleidung für eine Tätigkeit als Vertreter etc.; vgl. Trenk-Hinterberger, Sozialhilferecht, S. 1206; Gottschick, Das Bundessozialhilfegesetz, 1962, S. 139f. Schon bisher kannte das Fürsorgerecht solche Hilfen, allerdings nur im allgemeinen Zusammenhang möglicher Darlehensgewährung (§ 11 Abs. 2 Nr. 1 RGr.). Bereits seit dem zweiten Referentenentwurf auf eine Kann-Bestimmung reduziert, vgl. § 27 des BSHG-Entwurfs 3/1959, BAK, B 106/20646, passierte die Regelung Bundestag und Bundesrat ohne Einwände und wurde seit 1961 nicht verändert, vgl. § 30 BSHG.

[3] Vgl. Unterabschnitt I des Teilentwurfs vom 25.5.1956, BAK, B 106/20648. § 33 Abs. 2 des BSHG-Entwurfs 7/1958 lautete entsprechend: „Hilfe kann auch in anderen besonderen Lebenslagen gewährt werden, wenn diese den Einsatz öffentlicher Mittel rechtfertigen", BAK, B 106/20643.

gerade hier beheimateten Individualprinzip.[4] Doch das nicht nur bei Scheffler vorhandene Mißtrauen gegenüber einer Ämterpraxis, die dieses Prinzip nur zu gern zuungunsten des Hilfesuchenden auslegte, ließ die Sozialabteilung an dieser Linie trotz erheblicher Einwände konservativer Fürsorgevertreter zumal im DLT gegen die „ansteckende Krankheit" des „Perfektionismus"[5] festhalten, so daß dieser Abschnitt mit 42 Paragraphen der bei weitem umfangreichste des gesamten Entwurfes wurde.

Die entscheidende Frage für den innovativen Gehalt dieser Hilfen war die nach den Bevölkerungsgruppen, denen sie künftig zugute kommen sollten. Ziel der Reform war es ja gerade nicht, die Individualhilfen nur der traditionellen Armutsklientel, definiert über den Richtsatz, zu gewähren. Daß der hergebrachte Hilfsbedürftigkeitsbegriff der RGr. zu eng sei, meinten fortschrittlichere Fürsorgeexperten schon lange[6]; tatsächlich gab es bereits in der Ausbildungshilfe weitgehend einheitliche, in der Wochenfürsorge länderweise divergierende höhere Bedarfsgrenzen, und auch bei der Erholungsfürsorge und in der Anstaltspflege wurde in der Praxis die Richtsatzgrenze individuell überschritten.[7] Denn die Kosten etwa von Rehabilitationsmaßnahmen seien „oft so hoch, daß auch solche, deren Einkommen ein Vielfaches der Richtsätze beträgt, rettungslos in Not geraten"[8], und es müsse „endlich gelingen, dem sogenannten Minderbemittelten [...] den legitimen Einzug in die öffentliche Fürsorge zu eröffnen".[9]

Im Innenministerium gingen sowohl Kitz als auch sein Nachfolger Scheffler von der Notwendigkeit aus, künftig neben der reinen Existenzsicherung großzügigere „produktive Hilfen" und Hilfen in besonderen Notlagen vorzusehen und vor allem für diese das „der Fürsorge noch anhaftende Odium [...] zu beseitigen".[10] Diese Individualhilfen sollten generell auch solchen Personen zugute kommen, „deren Einkommen die fürsorgerechtliche Grenze der Hilfsbedürftigkeit übersteigt, im wesentlichen also dem Personenkreis der Minderbemittel-

---

[4] Vgl. Kurzfassung von Schefflers Referat auf der Konferenz der Sozialminister der Länder am 29.5.1956, BAK, B 106/20652; auch Marx, Die Städte zur Neuordnung, S. 73; Protokoll über die Sitzung des DST-Arbeitskreises „Fürsorgerecht" am 12.9.1957, LAB, B Rep. 142-9, 1282; NDV 38 (1958), S. 305f. (Empfehlungen des Fürsorgeausschusses des Beirats).
[5] So in den vertraulichen „Siegburger Monatsberichten" der DLT-Hauptgeschäftsstelle vom Mai 1956, BAK, B 172/444-01/1.
[6] Vgl. DV-Geschäftsführer Pense in: NDV 32 (1952), S. 122; Niederschrift über die Sitzungen des Arbeitsausschusses für Fragen der Fürsorge am 6./7.4.1956 und 1./2.2.1957, ADW, HGSt 6769; Muthesius vor dem DLT-Sozialausschuß am 5.9.1956, Ms., BAK, B 106/9697; Sozialplan, S. 127f.
[7] Vgl. Petersen vor dem Beirats-Fürsorgeausschuß am 14./15.6.1957, Niederschrift, ADW, HGSt 6769; ferner Willi Bangert, Bundessozialhilfegesetz, S. 348.
[8] Weinbrenner, Hilfsbedürftiger, S. 10.
[9] Müller-Caroli, Prüfung, S. 7.
[10] Anlage zu Scheffler an Heusler etc., 9.2.1956, BAK, B 106/9789/2. Noch in seiner letzten Dienstbesprechung mit Scheffler und Gottschick wollte Kitz von den laufenden Unterhaltshilfen scharf geschieden wissen: vorübergehende Unterhaltsleistungen, „Hilfe zur Selbsthilfe" (Ausbildung, Rehabilitation etc.) sowie „Leistungen für besondere Notlagen" wie Heilverfahren, Pflege für Sieche etc.; Vermerk des Referats V A 1, 27.7.1955, BAK, B 106/20652.

1. Die Hilfe in besonderen Lebenslagen 257

ten".[11] Das war nach Scheffler, „wer die Mittel zur Beseitigung des Notstandes ohne Beeinträchtigung seines Lebensstandards nicht aufbringen kann"[12] – in Zeiten zunehmender Prosperität steckte auch der zuständige Regierungsbeamte den Rahmen der künftigen Fürsorge erstaunlich weit und fand vor allem beim DST dafür weitgehende Zustimmung.[13] Nicht allerdings bei den im DLT formierten ländlichen Fürsorgeverbänden: Aus Furcht vor zu starken finanziellen Belastungen und „Sozialneid" in kleinen Gemeinden, wo jeder jeden kannte, herrschten hier starke Vorbehalte dagegen, „mit Sozialleistungen in soziale Schichten hineinzustoßen, die sich bisher selbst geholfen haben und nun den Anreiz erhalten, sich mit öffentlicher Hilfe Vorteile zu verschaffen".[14]

Tatsächlich unternahm das Bundesinnenministerium unter Rückgriff auf eine Verordnung zur Tuberkulosehilfe aus dem Jahr 1942 seit Anfang der fünfziger Jahre einen solchen „Vorstoß in den Kreis der ‚Minderbemittelten'"[15] auf zwei wichtigen fürsorgerischen Teilgebieten: bei der Regelung der Fürsorge für Körperbehinderte (1957) und bei der Novellierung der Tbc-Hilfe (1959), zwei Bereichen also, die oft sehr teure therapeutische Maßnahmen erforderten. Neben den neuen, langfristig auch Kosten sparenden Möglichkeiten der Prävention und Früherkennung kam bei der Tbc-Hilfe das seuchenhygienische Interesse der Allgemeinheit hinzu, das die Bereitschaft förderte, auch über der fürsorgerischen Hilfsbedürftigkeit liegende Einkommensgruppen aus öffentlichen Mitteln zu unterstützen. Daß diese Regelungen Vorbild für das neue Fürsorgerecht sein würden, war allen Beteiligten klar, sollten doch nach den Vorstellungen nicht nur der Sozialabteilung die neuen Sondergesetze in das künftige Sozialhilfegesetz eingebaut werden.[16]

Das gesetzliche Instrument dieser Erweiterung des Kreises der Hilfeempfänger war die Definition einer Einkommensgrenze, bis zu der ein Körperbehinderter bzw. Tuberkulöser Anspruch auf volle Hilfsleistung hatte. Das nach jahrelangen Auseinandersetzungen schließlich verabschiedete Körperbehindertengesetz (KBG) vom 27. Februar 1957[17] legte diese Grenze für Heilverfahren u.a. in Höhe

---

[11] Konzept „C. Sozialhilfe" vom 2.11.1955, BAK, B 106/9689.
[12] Notizen über Besprechung mit Abteilungsleiter am 21.11.1955, ebenda.
[13] Vgl. DST-Stellungnahme zur Neuregelung des Fürsorgerechts vom 1.3.1958, LAB, B Rep. 142-9, 1283; auch die konservative Hildegard Schräder forderte für diese Hilfen, der „soziale und kulturelle Status dessen, der eine Hilfe braucht, sollte so weit als möglich erhalten, seine sonstigen Verpflichtungen nicht gestört werden"; vgl. Schräder, Neuordnung, S. 343.
[14] „Ergebnis einer Aussprache im Sozialausschuß [...]", Anlage zur Niederschrift über die Sitzung des DLT-Sozialausschusses am 8.11.1957, BAK, B 172/444-01/1.
[15] Scheffler vor der Konferenz der Sozialminister der Länder am 29.5.1956, Kurzfassung des Referats, BAK, B 106/20652.
[16] So auch der Schriftliche Bericht des Fürsorgeausschusses des Bundestages vom 19.11. 1956, BT, 2. Wp. 1953, Anlagen, Bd. 46, Drs. 2885; zur „Vorläufer"-Rolle des THG vgl. Schewe, Bedeutung, S. 148f.; Spahn, Zum Tuberkulosehilfegesetz, S. 328; auch schon die Niederschrift über die Sitzung des Studienkreises „Soziale Neuordnung" am 3./4.12. 1954, ADW, HGSt, SP-S XXIIIc I/0.
[17] „Gesetz über die Fürsorge für Körperbehinderte und von einer Körperbehinderung bedrohte Personen", BGBl. I S. 147.

der Grenze der Krankenversicherungspflicht für Angestellte (500 DM monatlich für Alleinstehende) fest, für Maßnahmen der Erziehung, Ausbildung und beruflichen Rehabilitation in Höhe des zweifachen Fürsorgerichtsatzes zuzüglich Miete und möglichem Mehrbedarf. Das „Gesetz über die Tuberkulosehilfe" (THG) vom 23. Juli 1959[18] setzte die Grenze bei 660 DM monatlich an. Zum Vorbild für die Fürsorgereform wurden die beiden Gesetze auch dadurch, daß die Betroffenen zu bestimmten Hilfen mit ihrem über der Grenze liegenden Einkommen zu einer „angemessenen" Beitragsleistung herangezogen werden konnten, daß also nicht automatisch das gesamte darüber liegende Einkommen einzusetzen war. In Konsequenz dieser Beitragspflicht entfiel die Pflicht zur Rückerstattung der erhaltenen Hilfen.

Darüber, daß die Definition von Einkommensgrenzen für die Individualhilfen im kommenden Sozialhilfegesetz eine, wenn nicht die Gretchenfrage der Reform bilden würde, war man sich in der Sozialabteilung im klaren.[19] *Daß* solche Grenzen gesetzlich fixiert werden müßten, hielten die Reformer im Innenministerium trotz deutlicher Opposition durch den DLT zur Gewährleistung bundesweit einigermaßen einheitlicher Leistungsvoraussetzungen für unerläßlich und wurden darin u.a. von der Mehrheit der Länderfürsorgereferenten gestützt.[20] *Wie* diese Grenzen zu definieren wären, darüber herrschte bei Scheffler und Gottschick eine gewisse Unsicherheit. Diese Unsicherheit erklärte sich aus dem Bemühen, die auch von Minister Schröder 1955 geweckten politischen Erwartungen an eine großzügigere Sozialhilfe zu erfüllen, ohne dabei Gefahr zu laufen, daß, so Gottschick, „Sozialhilfe noch für Einkommensschichten zu gewähren ist, die nach allgemeiner Anschauung wohl nicht mehr aus Mitteln der Allgemeinheit unterstützt werden sollten".[21] Auch diese Unsicherheit über die eigene Zielsetzung führte dazu, daß die Sozialabteilung nach Vorlage des ersten Referentenentwurfs in der Frage der Einkommensgrenzen zu erheblichen Veränderungen bereit sein sollte.

Bei ihren Vorarbeiten gingen Scheffler und Gottschick davon aus, daß nicht für alle Hilfen die gleichen Grenzen gelten konnten, sondern für besonders kostspielige und langwierige Hilfe höhere Grenzen anzusetzen waren. Hilfe für Gefährdete sowie Beratung sollten ohne Rücksicht auf das Einkommen gewährt werden.[22] Gottschick suchte nun im Winter 1955/56 nach einem einheitlichen Berechnungsmaßstab als Grundlage für die verschiedenen Einkommensgrenzen[23]: Nachteil der eigentlich besonders einfach zu handhabenden festen DM-Beträge sei, daß sie nur

---

[18] BGBl. I S. 513.
[19] Vgl. Gerhard Scheffler, Neuordnung, S. 28.
[20] Vgl. [Konzept] „C. Sozialhilfe" vom 2.11.1955, BAK, B 106/9689; Niederschrift über die Sitzung des DLT-Sozialausschusses am 8.2.1957, BAK, B 172/444-01/1; Besprechung mit den Referenten der Länder am 5./6.2.1957, BAK, B 106/9789/2.
[21] Abteilungsleitervorlage vom 26.6.1957, BAK, B 106/20652.
[22] Vgl. Anlage zu Scheffler an Heusler etc., 9.2.1956, BAK, B 106/9789/2; Niederschrift über die Sitzung des Arbeitsausschusses für Fragen der Fürsorge am 21.2.1956, ADW, HGSt 6769; Vorentwurf vom 25.5.1956, BAK, B 106/20648; Gerhard Scheffler, Neuordnung, S. 28.
[23] Vgl., auch zum Folgenden, die Konzepte „C. Sozialhilfe" vom 2.11., 17.11., 29.11.1955, BAK, B106/9689.

auf dem umständlichen Gesetzes- oder dem für eine derart wichtige Frage unangemessenen Verordnungsweg zu ändern seien. Die Ankoppelung an einen bestimmten Durchschnittslohn sei zwar wegen ihrer Höhe „aus optischen Gründen gut zu verwenden", doch fürchtete Gottschick die Auswirkungen möglicher erheblicher Reallohnsteigerungen und machte geltend, daß aus diesem Arbeitseinkommen ja „im allgemeinen die hier in Rede stehenden Aufwendungen bestritten werden sollen". Gegen die Verwendung der Krankenversicherungspflichtgrenze spreche, daß sie möglicherweise so erhöht werde, „daß ihre Verwendung für ein Sozialhilfegesetz untunlich wäre". Anders als diese Möglichkeiten berücksichtigte die Lohnpfändungsgrenze den Familienstand, doch „aus allgemeinen sozialpolitischen Erwägungen" sei der Rückgriff auf eine Regelung der Zwangsvollstreckung nicht zu empfehlen.

Nach anfänglicher Präferenz für eine Bemessung anhand der jeweiligen Lohnsteuerfreigrenze plädierte Gottschick bald für eine Bindung an den Richt- bzw. Regelsatz: Für die Steuerfreigrenze machte er Anfang November 1955 zunächst geltend, daß sie auf den Familienstand abstellte, praktikabel sei und kaum gravierend geändert werden würde; im Vergleich zu einer entsprechenden Vervielfachung des Richtsatzes begünstigte diese Regelung überdies kinderreiche Familien. Nachteilig seien allerdings die zu großen Unterschiede der einzelnen Lohnsteuerklassen und daß diese Grenze regionale Unterschiede nicht berücksichtige. Gerade der letzte Einwand sollte in der folgenden Argumentation eine wichtige Rolle spielen. Seine Bedenken gegen die Verwendung des Richtsatzes als Begriff für das Existenzminimum, der mit einer u.U. erforderlichen Einkommensgrenze in Höhe des zehnfachen Richtsatzes kaum zu vereinbaren sei, stellte Gottschick bald zurück. Ende November 1955 empfahl er als allgemeine Einkommensgrenze den dreifachen, als besondere Grenze (Tbc-Hilfe etc.) den siebenfachen Eckrichtsatz, jeweils mit Zuschlägen von 60 DM pro Angehörigen; denn der Richtsatz gehe vom tatsächlichen Lebensunterhalt aus, berücksichtige regionale Unterschiede und den Familienstand, passe sich Änderungen der Lebenshaltungskosten an und sei im Fürsorgerecht fest verankert. Tatsächlich sahen die Gesetzentwürfe des Jahres 1956 auch entsprechende, auf einer Multiplikation des Eckrichtsatzes basierende Einkommensgrenzen mit festen Zuschlägen vor.[24] Den entscheidenden Vorteil des Richtsatz-Maßstabes hatte Gottschick allerdings nicht genannt: Im Gegensatz zu allen anderen Lösungsmodellen wahrte er den Einfluß der Fürsorgebürokratien der Länder auf die Einkommensgrenzen und garantierte damit ein finanziell den künftigen Sozialhilfeträgern jeweils vertretbar erscheinendes Niveau. Dies in sehr viel eleganterer Form, als es ein entsprechend niedrig veranschlagter DM-Grenzbetrag getan hätte.

Im Laufe des Frühlings 1957 allerdings schienen diese Vorzüge des Richtsatzes zunehmend gefährdet: Anläßlich der Rentenreform und des Bundestagsauftrages für ein neues Fürsorgegesetz sowie auf Bitten der Nordwestdeutschen Arbeitsgemeinschaft für Wohlfahrtspflege hatte nämlich der DV-Arbeitskreis „Aufbau der Richtsätze" im März 1957 mit einer Überarbeitung des ersten Warenkorbes be-

---

[24] Vgl. §§ 40, 44 des Teilentwurfs vom 25.5.1956 sowie §§ 81, 88, 90, 93 des BSHG-Entwurfs vom 24.11.1956, BAK, B 106/20648.

gönnen und dabei vor allem über Möglichkeiten diskutiert, auch die Empfänger laufender Leistungen durch Ausweitung des Bedarfsschemas und Änderung der Richtsatz-Typen an der Entwicklung des Lebensstandards teilhaben zu lassen.[25] Die von Gottschick und Scheffler immer wieder abgelehnte unmittelbare Koppelung des fürsorgerischen Hilfsbedürftigkeitsbegriffs an die allgemeine Wohlstandsentwicklung[26] drohte nun ausgerechnet durch die Hintertür des Richtsatzes doch in die neue Sozialhilfe einzuziehen. Darüber hinaus waren schon Anfang Februar 1957 aus den Reihen der Länderreferenten Bedenken angemeldet worden: Die bloße Vervielfachung des Richtsatzes ergebe für Alleinstehende zu geringe, für größere Familien zu hohe Grenzen; es wurde daher für feste Beträge plädiert, die an wirtschaftliche Veränderungen anzupassen seien.[27]

Vor allem aber eigene Berechnungen über die Auswirkungen der geplanten richtsatzmäßigen Einkommensgrenzen dürften die Sozialabteilung zum Umlenken veranlaßt haben: Danach ergab etwa eine Einkommensgrenze auf der Basis des dreifachen Richtsatzes für ein Ehepaar mit zwei Kindern einen Freibetrag von insgesamt 607 DM – das war deutlich mehr, als ein vergleichbarer Familienvater als Industriefacharbeiter oder Angestellter in Handel oder Industrie durchschnittlich im Monat netto verdiente (424,43 DM bzw. 583,12 DM).[28] Bereits zwei Monate bevor der Fürsorgeausschuß des Beirats Mitte Juni 1957 dieses Thema überhaupt behandelte, hatten sich Scheffler und Gottschick daher dazu entschlossen, die Einkommensgrenzen doch als feste DM-Beträge zu definieren.[29]

Inwieweit der Beirats-Ausschuß diese Linie stützen würde, war zunächst völlig offen, wurde doch hier das Problem nochmals ins Grundsätzliche gekehrt und darüber verhandelt, ob die Einkommensgrenzen am wissenschaftlich zu definierenden absoluten, preisbereinigten „Bedarf" oder an der Entwicklung der Arbeitseinkommen zu orientieren und damit gegebenenfalls zu dynamisieren seien. Vehementester Befürworter einer solchen Lohnbindung war Auerbach: Er forderte, die allgemeine Einkommensgrenze bei etwa 50% der Bemessungsgrundlage der Sozialversicherungsrenten festzusetzen, um „ein unzumutbares Absinken der Lebenshaltung zu verhindern".[30] Die sogenannte allgemeine Bemessungsgrund-

---

[25] Vgl. die Niederschriften über die Sitzungen des Arbeitskreises „Aufbau der Richtsätze" am 22.3. und 7.6.1957, LAB, B Rep. 142-9, 1264.
[26] So etwa Vermerk Referat V A 4, 21.12.1956, BAK, B 106/20652.
[27] Vgl. Besprechung mit den Fürsorgereferenten der Länder am 5./6.2.1957, BAK, B 106/9789/2.
[28] Vgl. die Zusammenstellung „Einkommensgrenzen in der öffentlichen Fürsorge" vom 1.2.1957, bezogen auf Richtsätze und Mieten im Bundesdurchschnitt, ADW, HGSt 7025; dabei handelt es sich aller Wahrscheinlichkeit nach um die von Gottschick in anderem Zusammenhang erwähnte „Tabelle Oel"; vgl. Vermerk Referat V A 4, 30.4.1957, BAK, B 106/9789/2. Vgl. ferner die Übersicht „Brutto- sowie Netto-Durchschnittslöhne und -Gehälter in DM für Arbeiter und Angestellte sowie Beamte im Sommer [Mai] 1957 in der Bundesrepublik" der BMI-Abteilung V, Fassung vom 21.10.1957, ADW, HGSt 7025.
[29] Vgl. Randglossen Gottschicks vom 3.4.1957 zu den §§ 87–92 des BSHG-Entwurfs vom 24.11.1956, BAK, B 106/20648; Vermerk Referat V A 4 vom 30.4.1957, BAK, B 106/9789/2; Abteilungsleitervorlage vom 26.6.1957, BAK, B 106/20652.
[30] Niederschriften über die Sitzungen des Arbeitsausschusses für Fragen der Fürsorge am 14./15.6. und 25./26.10.1957, ADW, HGSt 6769.

lage band die Erstfestsetzung der Renten automatisch an das aktuelle Lohnniveau und war damit Schlüssel zu deren Dynamisierung.[31] Eine Ankoppelung der Einkommensgrenzen der Sozialhilfe hätte – abgesehen von deren absoluter Höhe – die Definition der erweiterten Hilfsbedürftigkeit endgültig administrativer Definition entzogen und statt an die Preis- an die Lohnentwicklung und somit an die Entwicklung des allgemeinen Lebensstandards gebunden. Eine derartige, auch vom DGB geforderte, wenn auch nicht derart weitgehend im Ausschuß von Marx, innerhalb des DST zunächst von Anton Oel unterstützte, aber auch von Muthesius und selbst Achinger immer wieder ins Spiel gebrachte gesetzlich festgeschriebene Teilhabe der Fürsorgeempfänger am wirtschaftlichen Wachstum hätte zwar der Programmatik des § 1 der BSHG-Entwürfe durchaus entsprochen.[32] Sie war angesichts ihrer finanziellen Implikationen aber im Ausschuß nicht mehrheitsfähig und wurde von Scheffler – wie auch von seinem Kollegen aus dem Wirtschaftsministerium – im Ausschuß am 25./26. Oktober 1957 kategorisch abgelehnt.[33]

Ebensowenig allerdings fand sich zu diesem Zeitpunkt eine Mehrheit für den Richtsatz.[34] Eine Sitzung des Richtsatz-Arbeitskreises gut drei Wochen zuvor hatte nämlich die finanziellen Unwägbarkeiten dieses Maßstabes abermals vor Augen geführt.[35] Daher plädierte der Vertreter des Bundesfinanzministeriums für Einkommensgrenzen in Form fester Beträge und wandte sich gegen „jegliche Dynamisierung [...], weil sie zu einer Erstarrung des Wirtschaftslebens beitrage und besonders für Bedarfsmaßstäbe nicht gerechtfertigt sei".[36]

Noch vor einem endgültigen Beschluß des Ausschusses jedoch schuf Scheffler auf dem Fürsorgetag Ende November öffentlich Fakten: Er schlug als allgemeine Einkommensgrenze einen Grundbetrag von 180 DM plus Familienzuschlägen von 60 DM/Person plus tatsächliche Mietkosten vor.[37] Das war bereits weniger als ursprünglich mit einem Grundbetrag des dreifachen Richtsatzes vorgesehen, lagen doch Ende 1957 in allen Ländern mit Ausnahme Bayerns und einiger rheinland-pfälzischer Landkreise die Eckrichtsätze deutlich über 60 DM.[38] Doch auch

---

[31] Vgl. Hockerts, Entscheidungen, S. 325 (Anm. 14), 409f., 422f.
[32] Vgl. Stellungnahme des DGB vom 4.11.1958, BAK, B 106/9686; Niederschrift über die Sitzung des Arbeitsausschusses für Fragen der Fürsorge am 25./26.10.1957, ADW, HGSt 6769; Oel, Neuordnung des Fürsorgerechts, S.151f.; Vermerk Referat V A 4 vom 21.12.1956, BAK, B 106/20652; zu Achinger im DV-Arbeitskreis im Juni 1957 vgl. Heisig, Armenpolitik, 1995, S.168.
[33] Vgl. Niederschrift über die Sitzung des Arbeitsausschusses am 25./26.10.1957, ADW, HGSt 6769.
[34] Vgl. Niederschrift über die Sitzung des Arbeitsausschusses am 14./15.6.1957, ebenda.
[35] Auf seiner Sitzung am 3.10.1957 hatte der Arbeitskreis über die Vorschläge von Heinz Keese diskutiert, die Richtsätze durch Einbeziehung und Pauschalierung weiterer regelmäßiger Bedürfnisse deutlich zu erhöhen; vgl. Niederschrift, ADW, HGSt 7025.
[36] Vgl. Niederschrift über Sitzung des Arbeitsausschusses für Fragen der Fürsorge am 25./26.10.1957, ADW, HGSt 6769.
[37] Vgl. Gerhard Scheffler, Neuordnung, S.27f.; §§ 115-117 des BSHG-Entwurfs vom 29.11.1957, BAK, B 106/20643.
[38] In der Regel bei mindestens 62 DM; vgl. die Zusammenstellung der Eckrichtsätze nach Ländern 1953-1964, in: Heisig, Armenpolitik, 1990, S.721f.

die von Scheffler genannten Beträge wären dazu geeignet gewesen, wesentlichen Gruppen der einkommensschwachen Arbeitsbevölkerung diese Hilfen in vollem Umfang zukommen zu lassen: Für eine vierköpfige Familie ergab sich laut Scheffler bei 40 DM monatlicher Miete eine allgemeine Einkommensgrenze von 400 DM. Nach den internen Berechnungen des Innenministeriums erfaßte diese Grenze etwa Familienväter, die als Arbeiter in der Landwirtschaft (monatlicher durchschnittlicher Nettolohn: 208 DM), Hilfsarbeiter in der untersten Lohngruppe (211 DM) sowie Hilfsarbeiter in der Industrie (331 DM) arbeiteten, nicht hingegen mehr etwa Postschaffner, Amtsgehilfen (459 DM) oder das Gros der Angestellten in der freien Wirtschaft (583 DM).[39] Die von Scheffler in Anlehnung an die aktuell diskutierten Beträge für Körperbehinderte und Tuberkulöse veranschlagte Einkommensgrenze für die aufwendigeren Hilfen von 600 bzw. 660 DM plus 60 DM Familienzuschlag hätte auch die meisten Angestellten und einfache Beamte voll erfaßt. Schefflers Vorschläge hätten also insgesamt dem Ziel, in den Kreis der „Minderbemittelten" vorzustoßen, durchaus entsprochen.

Die bald darauf vom Fürsorgeausschuß des Beirats beschlossenen Empfehlungen stützten zwar Schefflers Vorgehen, waren aber nicht mehr als ein im Ergebnis offener Minimalkonsens: Auch der Ausschuß befürwortete jetzt feste Geldbeträge, wobei im Gesetz „eine Verpflichtung zur Anpassung dieser Grenzen an wirtschaftliche Veränderungen zum Ausdruck gebracht werden" sollte, und zwar jeweils durch eine Rechtsverordnung der Bundesregierung, die dabei „die Entwicklung der Lebenshaltungskosten, der Löhne und des Volkseinkommens" zu beachten habe. Die alles entscheidende Frage der Erstfestsetzung der nominalen Einkommensgrenzen und deren quasi „wissenschaftliche" Absicherung hingegen delegierte der Ausschuß an die „zuständigen Gremien des Deutschen Vereins".[40]

Mittlerweile hatte auch der DLT-Sozialausschuß angesichts seiner offenkundigen Isolierung in dieser Frage seine Fundamentalopposition gegen eine gesetzlich definierte Erweiterung des Hilfsbedürftigkeitsbegriffs aufgegeben: Kurz vor dem Fürsorgetag hatte der Ausschuß in überraschender Umkehr seiner bisherigen Argumentation nun seinerseits kritisiert, daß nach geltendem Recht Fürsorgeempfänger und Arbeitslose „eine ganze Reihe von sozialen Hilfen erhalten, *von denen der arbeitende Mensch [...] ausgeschlossen ist*". Die Gleichheit vor dem Gesetz verbiete es, daß die Erstgenannten auf lange Zeit besser gestellt seien als etwa der Kleinbauer, Landarbeiter oder Kleinhandwerker. Die „soziale Gerechtigkeit" erfordere daher, daß die geplanten neuen Sozialhilfen „nicht nur den in laufender Fürsorge unterstützten Hilfsbedürftigen zukommen, sondern allen, die unter einen neuen, in gewissem Sinne *erweiterten Bedürftigkeitsbegriff* fallen".[41] Diese Entschließung richtete sich vor allem an die eigene Landkreis-Klientel und war nicht Ausdruck eines fürsorgepolitischen Richtungswechsels, sondern des Bemü-

---

[39] Zahlen aus der Aufstellung der BMI-Abteilung V vom 21.10.1957, ADW, HGSt 7025.
[40] Niederschrift über die Sitzung des Arbeitsausschusses für Fragen der Fürsorge am 4.12.1957, ADW, HGSt 6769; so auch später offiziell in: NDV 38 (1958), S. 306.
[41] „Ergebnis einer Aussprache im Sozialausschuß [...]", Anlage zur Niederschrift über die Sitzung des DLT-Sozialausschusses am 8.11.1957 (Hervorhebung im Original), BAK, B 172/444-01/1.

hens, durch partielles Einschwenken die künftige Reformrichtung weiter mitbestimmen zu können.

Das für die Ermittlung der Einkommensgrenzen „zuständige Gremium" des DV war der Arbeitskreis „Aufbau der Richtsätze", der unter intensiver Beteiligung Gottschicks und des gerade aus dem Amt geschiedenen Scheffler diese Frage seit Ende Februar 1958 beriet, ohne vor Fertigstellung des ersten Referentenentwurfs noch zu einer einhelligen Stellungnahme zu kommen. Denn hier gab es, anders als im Fürsorgeausschuß, mit den Niedersachsen Heinz Keese und Willi Hoppe zwei erklärte Befürworter des Richtsatz-Maßstabs. Ihre Präferenz gründete auf erheblichem Mißtrauen gegen eine letztlich nur politische Definition des Lebensstandards, den man, wie Gottschick formulierte, „in den verschiedensten Einkommensgruppen dem einzelnen als Mindestmaß zubilligen soll" und den er „von einem nicht zu hohen Lebensstandard ausgehend [...] bei 180–210.– DM plus Miete" veranschlagen wollte.[42] Das entsprach letztlich dem Vorgehen beim KBG, wo man die hohe Einkommensgrenze von 600 DM auch nur „unter Berücksichtigung allgemeiner politischer Gesichtspunkte gefunden habe".[43] Demgegenüber wünschten Hoppe und Keese eine Rückkoppelung auch an das „Bedarfsdenken" und den weniger willkürlichen Richtsatzmaßstab, dessen entscheidender Vorteil die quasi automatische Anpassung an geänderte wirtschaftliche Verhältnisse sei. Gerade diese vom Bund nicht mehr zu beeinflussende „Beweglichkeit" war es, die man im Innenministerium gefürchtet hatte: Der pensionierte Scheffler erklärte, er „habe direkt schon die staatspolitische Furcht, daß man bei dieser Multiplikation [des Richtsatzes] plötzlich vor einer Situation stehe, die man selber gar nicht gewollt habe. Schon die untere Einkommensgrenze greife ungeheuer weit in unsere ganzen Strukturverhältnisse ein. Deswegen habe er die große Scheu, diese Grenzen so beweglich zu machen".[44]

Dabei ging es auch Keese, anders als bei seiner Parteizugehörigkeit und fachlichen Nähe zum niedersächsischen Staatssekretär Auerbach vielleicht zu vermuten, keineswegs um eine möglichst hohe Einkommensgrenze, denn „von zu hohen Sätzen komme man nie wieder herunter"[45]. Es gehe vielmehr darum, „akzeptable Beträge zu finden", etwa eine Grenze in Höhe des zweifachen Eckrichtsatzes zuzüglich Miete sowie den einfachen Eckrichtsatz als Familienzuschlag pro Person. Das ergebe für eine vierköpfige Familie eine Einkommensgrenze von 380 DM, also fast den von Scheffler auf dem Fürsorgetag 1957 aufgeführten Betrag.[46] Keeses Argumentation, die mit Hoppe immerhin die Unterstützung des zuständigen Fürsorgefachmanns aus Auerbachs Ministerium fand, macht beispielhaft deutlich, daß in Fürsorgefragen die Parteizugehörigkeit im Zweifelsfalle nur eine untergeordnete Rolle spielte und kein hinreichendes Raster zur Einordnung fürsorgepolitischer Leitideen bildet. Schließlich verfocht mit dem

---

[42] Niederschrift über die Sitzung des Arbeitskreises „Aufbau der Richtsätze" am 27.2. 1958, ADW, HGSt 7025.
[43] Ebenda.
[44] Niederschrift über die Sitzung des Arbeitskreises am 16.4.1958, ebenda.
[45] Ebenda.
[46] Vgl. ebenda.

DST-Beigeordneten Anton Oel ein anderer fachlich ausgewiesener Sozialdemokrat im Arbeitskreis feste Einkommensgrenzen. Kam es zur Entscheidung, war dem Fürsorgepraktiker das kommunalpolitische Hemd näher als der Rock der Partei – das galt, wie der Konflikt um die Stellung der freien Wohlfahrtspflege zeigen sollte, zum Teil auch für die CDU.

Fragt man nach den Gründen für Keeses Forderungen, so war neben allen prinzipiellen Überlegungen auch ein gehöriger Schuß Pragmatismus im Spiel: Zwischen hohen absoluten Grenzbeträgen, die vor allem die Landkreise auf die Barrikaden rufen würden, und niedrigen Grenzen, die letztlich die alte Hilfsbedürftigkeit nicht überwanden, suchte er eine – optisch elegantere – „vernünftige Mittellinie", zumal angesichts des „gewaltigen Nachholbedarf[s] für unzählige Fürsorgeverbände" bei den Individualhilfen auch eine „vorsichtige Festsetzung von Einkommensbeträgen [...] in vielen Fürsorgeämtern eine Lawine ins Rollen bringen" würde.[47] Möglicherweise waren gerade diese in der Arbeitskreis-Sitzung am 16. April 1958 vorgetragenen Erwägungen Keeses für die Sozialabteilung der so nicht intendierte Anlaß, die noch im Entwurf vom Vortag vorgesehene allgemeine Einkommensgrenze abermals herabzusetzen: Der erste Referentenentwurf vom Juli jedenfalls veranschlagte sie bei 150 DM (zuzüglich Miete und 60 DM Familienzuschlag pro Person).[48] Das entsprach tatsächlich gut dem Doppelten der regionalen Eckrichtsätze, die in den meisten Ländern zum April/Mai nochmals angehoben worden waren[49], und ergab für eine vierköpfige Familie 370 DM. Eine laufende Anpassung der allgemeinen Einkommensgrenze an die Entwicklung der Lebenshaltungskosten war nicht vorgesehen.

Gegenüber seinem Nachfolger bedauerte Scheffler die Herabsetzung und prophezeite künftige Kritik angesichts bereits in der Praxis üblicher Beträge und gegenwärtiger Lohnverhältnisse.[50] In Erwartung dieser und ganz anderer Kritik bezeichnete Gottschick selbst die Beträge vor dem DV-Hauptausschuß im Oktober „angesichts der Bedeutung gerade dieser Frage" nur mehr als „Diskussionsgrundlage für die hierüber noch zu führenden Besprechungen".[51] In den Erläuterungen zu dem Entwurf hieß es, man sei bei der Grenze von 150 DM „davon ausgegangen, daß dem einzelnen ein gewisses bescheidenes Lebensniveau zugebilligt wird, das ihm über den Bedarfssatz für den laufenden Lebensunterhalt hinaus einen gewissen Raum belässt. Auf der anderen Seite musste jedoch vermieden werden, in Einkommensschichten zu geraten, denen es zugemutet werden kann, besondere Belastungen selbst zu tragen".[52] Von dem Ende 1955 von Scheffler for-

---

[47] Ebenda.
[48] Vgl. § 93 des BSHG-Entwurfs vom 15.4.1958, sowie § 79 des BSHG-Entwurfs 7/1958, BAK, B 106/20643. Leider erlaubt die Aktendokumentation des BMI hier nur Vermutungen. Der Arbeitskreis selbst verlegte sich vorerst auf die Beschaffung gesicherten Datenmaterials und nahm erst wieder zu dem fertigen Referentenentwurf Stellung; vgl. Niederschrift über die Sitzung am 3.7.1958, ADW, HGSt 7025.
[49] Die Richtsätze bewegten sich in der Mehrzahl der Länder jetzt zwischen 65 und 70 DM; vgl. Heisig, Armenpolitik, 1990, S. 721f.
[50] Vgl. Scheffler an Duntze, 8.8.1958, BAK, B 106/20643.
[51] Gottschick, Referentenentwurf, S. 20.
[52] Bemerkungen zum BSHG-Entwurf 7/1958, S. 31, BAK, B 106/20643.

mulierten Ziel, ein Absinken des individuellen Lebensstandards möglichst zu verhindern, hatte sich die Sozialabteilung bis zum ersten Referentenentwurf 1958 also schon erheblich entfernt. Begründet wurde diese Abkehr von Grenzen auf der Basis von Richtsätzen damit, daß diese eine „stets wandelbare Größe" darstellten, sich die ohnehin vorhandenen regionalen Unterschiede durch eine Vervielfachung noch vergrößern „und dadurch zu einem nicht gerechtfertigten Gefälle führen" würden.[53] Das ursprüngliche Pro der Richtsätze, ihre regionale Unterschiedlichkeit, hatte sich damit – vorerst – in ein argumentatives Kontra verwandelt.

In Übernahme der aktuellen Grenzbeträge des KBG sah der Entwurf nun für kostenintensive Hilfen für sämtliche Behindertengruppen sowie für die Blindenhilfe eine Einkommensgrenze von 600 DM vor, wobei allerdings nicht die steuerpflichtigen Einkünfte, sondern nur das Nettoeinkommen zugrunde gelegt wurde[54]. Wichtiges Komplement der erweiterten Einkommensgrenzen für die Hilfe in besonderen Lebenslagen war – neben einem recht großzügigen Vermögensschutz – der Grundsatz, daß darüber liegendes Einkommen in individuell angemessenem Umfang in Anspruch genommen werden konnte.[55] Ursprünglich hatte das Innenministerium die völlige Heranziehung von über den Grenzen liegenden Einkommen vorgesehen.[56] Nach früheren Anregungen von Muthesius hatte auch Käthe Petersen demgegenüber eine Staffelung der Beiträge vor allem damit begründet, daß damit ein Anreiz für Einkommenssteigerungen bleibe, und da sowohl der Fürsorgeausschuß als auch die Sozialausschüsse des DST und des DLT und schließlich auch der Richtsatz-Arbeitskreis diese Ansicht stützten, wurde sie von der Sozialabteilung schließlich übernommen.[57] Ohnehin war die im Entwurf schließlich vorgesehene Bestimmung so dehnbar, daß sie einerseits im Sinne des SPD-Sozialplans zur Hilfeleistung auch für gehobene Einkommensschichten in besonderen Notlagen herangezogen[58], andererseits aber von den kommunalen Spitzenverbänden und dem Fürsorgeausschuß als neuartige „Beitragspflicht" anstelle der alten Kostenersatzpflicht zur Förderung des Selbsthilfewillens interpretiert werden konnte.[59]

---

[53] Ebenda, S. 32.
[54] Vgl. §§ 76, 80 des BSHG-Entwurfs 7/1958, ebenda.
[55] Vgl. §§ 35, 81, 86, ebenda.
[56] Vgl. die Entwürfe vom 25.5.1956 (§ 40, 3) und vom 24.11.1956 (§ 88, 1), BAK, B 106/20648.
[57] Vgl. Niederschrift über die Sitzung des Arbeitsausschusses für Fragen der Fürsorge am 14./15.6.1957, ADW, HGSt 6769. Muthesius vor dem DLT-Sozialausschuß am 5.9.1956, Anlage zur Sitzungsniederschrift, BAK, B 106/9697.
[58] Bezogen auf die Hauspflege in: Sozialplan, S. 127.
[59] Vgl. „Ergebnis einer Aussprache im Sozialausschuß [...]", Anlage zur Niederschrift über die Sitzung des DLT-Sozialausschusses am 8.11.1957, BAK, B 172/444-01/1; Die Selbstverwaltung 11 (1957), S. 391; 12 (1958), S. 10; Auszug aus der Niederschrift über die Sitzung des DST-Sozialausschusses am 13./14.12.1957 mit Vorbericht vom 9.12.1957, LAB, B Rep. 142-9, 1282; Oel, Neuordnung des Fürsorgerechts, S. 152; § 118 des BSHG-Entwurfs vom 29.11.1957, BAK, B 106/20643; Gerhard Scheffler, Neuordnung, S. 27; Anlage 4 zur Niederschrift über die Sitzung des Arbeitsausschusses für Fragen der Fürsorge am 6./7.6.1958, ADW, HGSt 6767; NDV 38 (1958), S. 302, 304; Niederschrift über die Sitzung des Arbeitskreises „Aufbau der Richtsätze" am 27.2.1958, ADW, HGSt 7025.

Wie zu erwarten, war kaum eine der befragten Seiten im Herbst 1958 mit den Einkommensgrenzen des Referentenentwurfs zufrieden. Unterstützung kam zunächst zwar vom Arbeitskreis „Aufbau der Richtsätze", der eigentlich alle entscheidenden Gruppen der Fürsorgeverbände in seinen Reihen vereinte. Dieser stimmte am 9. Oktober 1958 nun doch geschlossen dem „Prinzip eines festen Geldbetrages" zu; zum besseren Ausgleich zwischen Alleinstehenden und großen Familien forderte er allerdings einen geringeren Grundbetrag und höhere Familienzuschläge und wünschte eine leichtere Anpassung an wirtschaftliche Veränderungen.[60] Dieser Linie schloß sich auch das von Oel entsprechend präparierte DST-Präsidium trotz bayerischer Widerstände eine gute Woche später an.[61]

Doch offensichtlich war der feste Grenzbetrag mit 150 DM im Entwurf sehr viel höher ausgefallen, als es sich dessen übrige Verfechter erhofft hatten. Schon in der ersten Besprechung im Bundesinnenministerium am 21./22. Oktober meldete ein Teil der Länderfürsorgereferenten Widerstand gegen feste Beträge an, und auf einer zweiten Sitzung Anfang November forderte deren Mehrheit nun doch eine Vervielfachung der Richtsätze, desgleichen bald darauf die Landesfürsorgeverbände und die ländlichen Kommunen.[62] In Umkehrung ihrer bisherigen Argumentation verwiesen die Ländervertreter auf die unterschiedlichen Einkommensverhältnisse und Lebenshaltungskosten in Stadt und Land und erklärten, daß die allgemeine Grenze „nicht dazu führen dürfe, solchen Empfängern von Erwerbseinkommen die Leistungen des Gesetzes zuteil werden zu lassen, die als nicht mehr schutzbedürftig anzuerkennen seien".[63] Die Einkommensgrenze, so die DLT-Geschäftsstelle, sei „für den Bereich der Landkreise zu hoch"; schließlich stoße der Entwurf „in die sogenannten minderbemittelten Bevölkerungsschichten vor, die auf dem flachen Lande bisher ohne öffentliche Hilfe auszukommen gewohnt waren, weil bei ihnen das Bewußtsein sozialer Selbstverantwortung noch in stärkerem Maße als im städtischen Raum lebendig und der Familienzusammenhang noch intakt" sei.[64] Auch die kommunalen Spitzenverbände Bayerns warnten vor „bedenklichen Überschneidungen" mit Arbeitseinkommen und Renten und wandten sich gegen starre Grenzen.[65] Schützenhilfe bekam diese Seite vom Bundesfinanz- und vom Wirtschaftsministerium: Auch dort hielt man die geplan-

---

[60] Vgl. Niederschrift der Arbeitskreis-Sitzung am 9.10.1958, ADW, HGSt 7025; Äußerungen aus den DV-Fachgremien [5.11.1958] zu § 79, BAK, B 106/9686.
[61] Vgl. Vorbericht vom 10.10.1958 sowie Niederschrift (Auszug) über die Sitzung des DST-Präsidiums am 17./18.10.1958, LAB, B Rep. 142-9, 1283; Stellungnahme des DST vom 27.11.1958, BAK, B 106/9686.
[62] Befürworter und Gegner der 150-DM-Grenze werden leider in den Protokollen nicht näher benannt; vgl. Niederschriften über die Besprechungen am 21./22.10. und 6.11. 1958 mit den Vertretern der obersten Landessozialbehörden, LAS Abt. 761 Nr. 8874; Stellungnahmen des DLT vom 17.11.1958, des DGT vom 1.12.1958, BAK, B 106/9686, und der AG der LFV vom 17.12.1958, BAK, B 106/20644.
[63] Niederschrift über die Besprechung am 6.11.1958, LAS Abt. 761 Nr. 8874.
[64] Stellungnahme des DLT vom 17.11.1958; ähnlich der DGT am 1.12.1958, BAK, B 106/9686.
[65] Stellungnahme des Bayerischen Städteverbands und des Landkreisverbands Bayern vom 14.10.1958, ebenda.

1. Die Hilfe in besonderen Lebenslagen

ten Einkommensgrenzen für zu hoch und befürchtete eine finanzielle Überlastung der Kommunen.[66] Das Arbeitsministerium hingegen erhob keine Einwände; schließlich konnten hier zusätzliche Leistungen für möglichst viele Sozial- oder Kriegsopferrentner nur willkommen sein.[67]

Aus ganz anderen Gründen befürworteten auch zwei Spitzenverbände der freien Wohlfahrtspflege die Richtsatz-Basis: Diakonie und DPW befürchteten nämlich, daß die starren, nur auf dem umständlichen Gesetzesweg veränderbaren Einkommensgrenzen bald von den ständig steigenden Richtsätzen eingeholt würden, so daß „bestimmte Gruppen der Sonderhilfen verlustig gehen, denen sie bei Inkrafttreten des Gesetzes zugedacht waren", ja, man müsse sich fragen, ob „es die Absicht des Gesetzgebers ist, bei einer Veränderung der Lebensverhältnisse [...] die Gewährung der Sonderhilfen einzuschränken bzw. auszuschalten".[68]

Angesichts dieses – sehr unterschiedlich motivierten – massiven Plädoyers für den Richtsatz-Maßstab signalisierte Gottschick am 11. Dezember gegenüber Elsholz ein Einlenken auf „die Wünsche der Länder und kommunalen Spitzenverbände"[69]. Tatsächlich setzte die Sozialabteilung im Entwurf vom März 1959 die allgemeine Einkommensgrenze drastisch herab: auf den eineinhalbfachen Eck-Regelsatz (Grundbetrag) zuzüglich Miete und weiterhin einem festen Familienzuschlag von 60 DM je Person.[70] Das entsprach weitgehend den Forderungen der Regelsatz-Befürworter unter den Länderreferenten und ergab nach dem Stand von November 1958 einen Grundbetrag zwischen 93 DM und 117 DM.[71] Die obersten Landesbehörden oder von ihr beauftragte Stellen wurden jetzt allerdings zu deren beliebiger Erhöhung ermächtigt. In Konsequenz des KBG sah der Entwurf als erweiterte allgemeine Einkommensgrenze für ambulante Eingliederungshilfen für Behinderte den doppelten Eck-Regelsatz vor; die besondere Einkommensgrenze verminderte der Entwurf ebenfalls auf Vorschlag der Länderreferenten auf 500 DM, erhöhte dafür aber den Familienzuschlag auf 80 DM.[72] In einer Ministervorlage bezeichnete Duntze dann auch die Einschränkung des Kreises der möglichen Berechtigten von Hilfe in besonderen Lebenslagen als eine der drei Hauptveränderungen gegenüber dem ersten Entwurf.[73]

Da in der zweiten Überarbeitungsrunde offiziell nur noch die zuständigen Bundesministerien und die Länderreferenten befragt wurden, war Widerspruch

---

[66] Vgl. BMW an BMI, 4.12.1958, sowie Vermerk Referat V 4 über eine Besprechung mit Elsholz am 11.12.1958, BAK, B 106/9686.
[67] Vgl. Vermerk Referat V 4 über eine Besprechung mit BMA-Vertretern am 14.10.1958, ebenda.
[68] Stellungnahme von Innerer Mission/Hilfswerk vom 14.11.1958; ähnlich die des DPW vom 22.12.1958, ebenda.
[69] Vermerk Referat V 4 über eine Besprechung mit Elsholz am 11.12.1958, ebenda.
[70] Vgl. § 56 des BSHG-Entwurfs 3/1959, BAK, B 106/20646.
[71] Niedrigster und höchster damaliger Eck-Richtsatz; vgl. Niederschrift über die Besprechung mit den Vertretern der obersten Landessozialbehörden am 6.11.1958, LAS Abt. 761 Nr. 8874.
[72] Die Länderreferenten begründeten dies mit einer Angleichung an das KBG, das von den steuerpflichtigen Einkünften ausging; vgl. Niederschrift über die Besprechung am 6.11.1958, LAS Abt. 761 Nr. 8874.
[73] Vgl. Ministervorlage der Abteilung V vom 23.3.1959, BAK, B 106/20647.

gegen die neuen Grenzen kaum zu erwarten, und vor allem der inoffiziell informierte Sozialausschuß des DLT zeigte sich mit dem neuen Grundbetrag zufrieden.[74] Abgesehen von einigen weiteren redaktionellen Überarbeitungen und der in der Praxis bereits üblichen Einbeziehung der Hilfe für werdende Mütter und Wöchnerinnen in die erhöhte allgemeine Einkommensgrenze auf Wunsch der Länder wurden diese und die anderen generellen Bestimmungen unverändert in den Regierungsentwurf vom Februar 1960 übernommen.[75]

Auf der Suche nach den Gründen für die starke Herabsetzung der für die innovative Wirkung des Gesetzes so entscheidenden allgemeinen Einkommensgrenze sind wir mangels eindeutiger Hinweise auf Indizien angewiesen: Zunächst waren es sicher die gewichtigen Einwände der Fürsorgevertreter der Länder sowie des Bundesfinanzministeriums, aber auch der Kommunen, denn selbst der DST hatte ja die 150 DM-Grenze für zu hoch erachtet. Die Bereitschaft in der Sozialabteilung, dieser Seite entgegenzukommen, war erwiesenermaßen hoch und wurde durch den notwendigen Kompromiß wegen der Stellung der freien Wohlfahrtspflege noch gefördert. Möglicherweise vertraute man im Bundesinnenministerium aber vor allem auf eine Korrektur im weiteren Gesetzgebungsprozeß oder eben durch einzelne Länder. Die offizielle Begründung des Entwurfs jedenfalls lieferte künftigen Kritikern des eineinhalbfachen Regelsatzes bereits freiwillig die notwendigen Argumente: Dieser Betrag, hieß es dort, liege „in der Tat nicht wesentlich über dem Betrag, der einkommenslosen Personen als HLU [Hilfe zum Lebensunterhalt] zu gewähren wäre. Aus dem zusätzlichen halben Regelsatz müssen die Aufwendungen für einmalige Anschaffungen, besonders von Kleidung, bestritten werden; außerdem sind in ihm auch etwaige Mehrbedarfszuschläge enthalten".[76] Auch der Familienzuschlag von 60 DM liege nur 8 DM über dem rechnerischen Durchschnitts-Regelsatz für Angehörige. Ob solche Beträge noch geeignet waren, die an anderer Stelle postulierte „besonders bedeutsame Neuerung" durch einen geänderten Hilfsbedürftigkeitsbegriff zu verifizieren, wurde in der Begründung selbst in Zweifel gezogen, war diese Grenze doch kaum geeignet, „eine Beeinträchtigung der allgemeinen Lebenshaltung des Hilfesuchenden zu vermeiden, soweit sie über das Zumutbare hinausgeht".[77] Und wer nachrechnete, kam bei dieser Grenze für eine vierköpfige Familie nur mehr auf einen Betrag von monatlich knapp 350 DM – von Schefflers Einkommensgrenze von 400 DM hatte sich die Sozialabteilung zwei Jahre später weit

---

[74] Weder die Vertreter der obersten Landessozialbehörden am 28./29.4.1959 noch der Bundesministerien am 6./8.5.1959 erhoben Einwände gegen die neuen Grenzen, ebenda; vgl. ferner Niederschrift über die Sitzung des DLT-Sozialausschusses am 2./3.7.1959, BAK, B 172/444-02/2, Beiheft. Kritik übten die Wohlfahrtsminister der Länder am 22.5.1959, Niederschrift, BAK, B 106/20644, jedoch an den festen Familienzuschlägen: Auch sie sollten vom Regelsatz abhängig gemacht und so leichter an wirtschaftliche Veränderungen angepaßt werden. Duntze lehnte dies ab, da dann das regionale Gefälle für kinderreiche Familien zu groß werde.
[75] Vgl. §§ 75ff. des BSHG-Regierungsentwurfs vom Februar 1960, BT, 3.Wp. 1957, Anlagen, Bd. 67, Drs. 1799.
[76] Begründung zum Regierungsentwurf, S. 52, ebenda.
[77] Vgl. ebenda, S. 34.

entfernt.[78] Als jedenfalls der Bundesrat den Grundbetrag auf den zweifachen Regelsatz erhöht wissen wollte, stimmte die Bundesregierung vor Einbringung des Entwurfs in den Bundestag zu.[79]

2. Hilfen für Kinder und Jugendliche

Die Frage, inwieweit, ja ob überhaupt spezielle Hilfen für Kinder und Jugendliche in das neue Bundesfürsorgegesetz aufgenommen werden sollten, gehörte lange zu den kontroversesten der Reform. Hier trafen alte und neue Erfahrungen, Ressentiments und Besitzansprüche der Vertreter der Jugendwohlfahrt einerseits und genuiner Fürsorgevertreter andererseits aufeinander, vermischt mit ideologischen, finanziellen, konfessionspolitischen und schließlich auch ressortspezifischen Motivsträngen, die sich zu einem dichten Interessenknäuel verknoteten. Dieses einzeln zu entwirren, ist hier nicht der Ort[80]; hier interessiert vor allem die Schnittmenge mit der Reform des Fürsorgerechts. Deren Elemente waren die Erziehungsfürsorge für hilfsbedürftige Minderjährige, Ausbildungshilfen sowie – in einem späteren Zusammenhang – die Stellung der freien Wohlfahrtspflege.

Der Streit um die rechtliche Zuordnung individueller materieller Hilfen für Minderjährige war so alt wie die Rechtsgrundlagen der Fürsorge und Jugendhilfe selbst: Das RJWG von 1922 hatte ursprünglich in einem Abschnitt V die Unterstützung hilfsbedürftiger Minderjähriger als Pflichtaufgabe der neuen Jugendämter geregelt und damit aus der allgemeinen Armenfürsorge herausgenommen.[81] Doch angesichts der prekären Lage der öffentlichen Haushalte nach dem Währungszusammenbruch bewogen der massive Widerstand der Kommunen und eigene finanzielle Interessen die Reichsregierung, noch vor dem geplanten Inkrafttreten des RJWG am 1. April 1924 u.a. diese Bestimmungen aus dem Gesetz zu streichen.[82] Statt dessen wurden sie in etwas reduzierter Form in das

---

[78] Berechnet auf der Basis der aktuellen Eckrichtsätze und einer angenommenen Miete von 55 DM von Willi Bangert, Bundessozialhilfegesetz, S. 349.
[79] Vgl. Stellungnahme des Bundesrates zum Regierungsentwurf, S. 74, sowie Auffassung der Bundesregierung dazu, S. 85, BT, 3. Wp. 1957, Anlagen, Bd. 67, Drs. 1799. Duntze erklärte am 11.5.1960 im Bundestagsausschuß für Kommunalpolitik und öffentliche Fürsorge, der anderthalbfache Regelsatz sei „zunächst mit Mühe ausgehandelt worden", doch die Bundesregierung habe der Forderung des Bundesrates auf Erhöhung „mit Freuden zugestimmt", Kurzprotokoll, PA, Gesetzesmaterialien, III/349 A 1.
[80] Einen Überblick bis zur Gegenwart mit Vergleich zur DDR gibt Rudloff, Fürsorge, S. 207ff. Für die Entwicklung nach 1945 in Bayern vgl. ders., Schatten, S. 415ff; für Westfalen ausführlich Köster, Jugend; weiterhin auch Hasenclever, Jugendhilfe, S. 154ff.; knapper Kühn, Jugendamt, S. 57ff., 67ff.
[81] Vgl. § 3 Nr. 3 sowie §§ 49ff. des RJWG vom 9.7.1922, RGBl. I S. 633.
[82] Vgl. Art. 2 der Verordnung über das Inkrafttreten des Reichsgesetzes für Jugendwohlfahrt vom 14.2.1924, RGBl. I S. 110. Zur noch sehr viel weiter reichenden Reduktion des RJWG vgl. Friedeberg/Polligkeit, Reichsgesetz, S. 39ff.; Hasenclever, Jugendhilfe, S. 58f.; Peukert, Grenzen, S. 195ff.; Sachße/Tennstedt, Geschichte, Bd. 2, S. 103f. Zum Vorteil für den Reichshaushalt siehe den Kommentar von Friedeberg/Polligkeit, Reichsgesetz, S. 42, 433f., wonach durch die Übertragung der Minderjährigenfürsorge auf die Fürsorgeverbände die Verpflichtung des Reiches zur Kostenbeteiligung im Rahmen des Finanzausgleichs entfiel.

neue Fürsorgerecht übernommen und damit zur Aufgabe der künftigen Bezirksfürsorgeverbände erklärt[83]: Laut § 6 RGr. war Minderjährigen im Rahmen des notwendigen Lebensbedarfs auch Hilfe zur Erziehung und Erwerbsbefähigung zu gewähren, und § 10 RGr. schrieb vor, bei „Störungen der körperlichen, geistigen oder sittlichen Entwicklung Minderjähriger ist die Hilfe so ausreichend zu bemessen, daß gründliche und dauernde Abhilfe zu erwarten ist". Darüber hinaus ermächtigte § 3 RGr. die Fürsorgeverbände, bei Minderjährigen auch vorbeugend einzugreifen, also im Rahmen der „Erziehungsfürsorge" etwa für ein hilfsbedürftiges Kind die Kosten für Schulgeld, Heimunterbringung, erhöhtes Pflegegeld oder zusätzlichen Unterricht bei besonderer Begabung zu übernehmen.[84]

Auch die Herauslösung der Wirtschaftsfürsorge für Minderjährige aus dem RJWG hatte nach Auffassung vieler Jugendwohlfahrts-Experten die Entwicklung von eigenständigen Jugendämtern behindert, da sie, sobald Geld- oder Sachleistungen notwendig wurden, „Kostgänger des Wohlfahrtsamtes" wurden.[85] Außerdem begünstigte diese Trennung eine Praxis, in der finanzielle Erwägungen pädagogische Belange dominierten: Während etwa die Kosten für „Fürsorgeerziehung" (gerichtlich angeordnete Unterbringung in einem Heim oder einer anderen Familie) ganz oder zu wesentlichen Teilen von den Ländern bzw. Landesfürsorgeverbänden getragen wurden, lag die Last für alle anderen Maßnahmen wie z.b. die sogenannte freiwillige Fürsorgeerziehung (auswärtige Unterbringung des Kindes im Einverständnis mit den Eltern) ganz bei der Kommune; noch in den fünfziger Jahren wurden deshalb immer wieder Jugendliche in Erziehungsheime eingewiesen, obwohl andere Hilfen ausgereicht hätten.

Mit der Teilreform des RJWG im Jahre 1953 wurden zwar die wesentlichen Beschränkungen des RJWG und das 1939 auch in den Jugendämtern eingeführte „Führerprinzip" beseitigt: Die Errichtung von selbständigen kommunalen Jugendämtern und von Landesjugendämtern als zusätzliche Koordinations- und Aufsichtsbehörden wurde wieder verbindlich. Aufgaben der Jugendämter durften nicht mehr auf andere Dienststellen übertragen werden, wie es vor allem auf dem Land die Regel war, so daß sich dort noch kaum eine aktive Jugendhilfe entwickelt hatte. Die jugendfördernden Aufgaben des § 4 RJWG[86] wurden zu bedingten Pflichtaufgaben erklärt. Dadurch sollte das alte Anliegen von 1922 verwirklicht werden, das Jugendamt nicht nur mit Aufsicht und Hilfen für erziehungsgefährdete Jugendliche zu betrauen (Jugendfürsorge), sondern mit generellen Fördermaßnahmen für alle Jugendlichen (Jugendpflege), und so die in vielen Großstädten bereits übliche Praxis auch in kleineren Städten und auf dem flachen Land, zu etablieren. Die materielle Minderjährigenfürsorge hingegen wurde nicht auf die

---

[83] Vgl. § 1 Abs. 1 d) RFV.
[84] Vgl. Muthesius, Grundlagen, S. 87.
[85] So 1927 der Leiter der Hamburger Jugendbehörde, zitiert nach Schickenberg, Bestimmungen, S. 70.
[86] Förderung bzw. Einrichtung von Beratungsstellen, Kindergärten, Horten, von Mutterschutz, jugendpflegerischen Maßnahmen aller Art wie Jugendsport, Jugenderholung, Freizeitgestaltung, Bildungspflege, Jugendverbänden etc.

Jugendämter zurückübertragen, was auch von keiner Seite nachdrücklich gefordert worden war.[87]

Die RJWG-Novelle sicherte den Jugendämtern für ihre neuen Aufgaben allerdings keine entsprechenden Finanzmittel und mußte auf Kritik bei all denjenigen stoßen, die statt einer bloßen Restauration des Jugendamtes bereits eine grundlegende Reform der Praxis erwartet hatten mit einem „Jugendamt neuer Prägung" als Zentrum für eine differenzierte Jugendarbeit jenseits von Amtsvormundschaft und der Betreibung von Mündelgeldern.[88] Selbst im DLT-Sozialausschuß räumte man 1957 ein, daß Jugendämter immer noch „vielfach lediglich Alimentenstellen seien".[89] Nach einer Studie des DV waren die Jugendämter auch Ende der fünfziger Jahre noch häufig personell mangelhaft ausgestattet und stark von anderen Ämtern abhängig.[90] Bei der wirtschaftlichen Minderjährigenfürsorge, so ein Jugendamtsvertreter 1955, hätten „gerade die kleineren Jugendämter [...] doch noch einen schweren Kampf mit den Fürsorgeämtern zu führen [...]. Denn das Jugendamt beurteilt ja die Not und das Problem des Kindes und des Jugendlichen von einer ganz anderen Warte aus als das Wohlfahrtsamt. Das Wohlfahrtsamt beurteilt die Not heute nach seinen Richtsätzen, es ist ein Rechenexempel"[91]. Trotz der verbreiteten Unzufriedenheit mit der Novelle spielte die Jugendhilfe in den Debatten über die „Sozialreform" lange keine nennenswerte Rolle, wurde seit 1955/56 aber auf seiten der Fürsorge vor allem von Muthesius, Achinger und Marx über den DV und im DST verstärkt thematisiert, allerdings ohne konkrete Vorschläge für eine Reform des Jugendhilfe*rechts*.[92] Anders als Theodor Marx zielten die beiden Erstgenannten dabei auf eine deutliche Kompetenzerweiterung des Jugendamtes, sparten die prekäre Frage nach der gesetzlichen Zuordnung der verschiedenen Jugendhilfe-Maßnahmen aber wohlweislich aus.

Die Sozialabteilung versuchte in dieser Situation, Fürsorge- und Jugendwohlfahrtsrecht klarer voneinander abzugrenzen: „Falls Maßnahmen notwendig sind, weil Eltern mit der Erziehung von Kindern nicht fertig werden, soll hierfür das JWG maßgebend sein; falls aber Maßnahmen notwendig werden, weil die Eltern nicht die genügenden wirtschaftlichen Mittel besitzen, um den Minderjährigen

---

[87] Gesetz zur Änderung von Vorschriften des Reichsjugendwohlfahrtsgesetzes vom 28.8. 1953, BGBl. I S. 1035. Vgl. Fürsorge im Dienst, S. 67ff., und die Debatte im Bundestag am 18.6.1953, BT, 1. Wp. 1949, Sten. Ber., Bd. 16, S. 13514ff. Zur Novelle siehe Hasenclever, Jugendhilfe, S. 172ff.; Riedel, Jugendwohlfahrtsgesetz, S. 16–37, 349ff.
[88] Vgl. Hasenclever, Jugendhilfe, S. 175f.; zur Jugendhilfe nach 1945 auch Münchmeier, Jugendhilfe.
[89] Anlage A zur Niederschrift über die Sitzung des DLT-Sozialausschusses am 8.11.1957, BAK, B 172/444-01/1.
[90] Vgl. Martin Rudolf Vogel, Jugendamt; Hasenclever, Jugendhilfe, S. 182ff.
[91] So der Offenbacher Stadtamtmann Leukart in: Fürsorge und Sozialreform, S. 211; ähnlich kritisch Sozialplan, S. 133f.; Müller-Caroli, Prüfung, S. 35f.
[92] So in der „Rothenfelser Denkschrift", Achinger u.a., Neuordnung der sozialen Leistungen, S. 50ff., mit eigenen Arbeitsgruppen auf dem Fürsorgetag 1955 und auf der Städteversammlung 1956, Fürsorge und Sozialreform, S. 119ff., Der Städtetag 9 (1956), S. 344ff., sowie mit einer Untergruppe des Studienkreises Soziale Neuordnung; vgl. Bericht über die 1. Sitzung der Gruppe II am 26.1.1956, ADW, ZB 856; Marx, Die Städte zur Neuordnung, S. 84ff.

das zu geben, was sie für ihre körperliche und geistige Ertüchtigung benötigen, soll die Hilfe im SHG verankert sein."[93] Bei nur wirtschaftlich bedingter Notlage bestehe „kein Anlaß, durch die Allgemeinheit in die vom Erziehungsberechtigten vorgesehenen Maßnahmen einzugreifen"; umgekehrt müsse bei Erziehungsschwierigkeiten Hilfe nach dem Jugendwohlfahrtsrecht ohne Rücksicht auf die finanziellen Verhältnisse der Betroffenen geleistet werden.[94] Wie die Zwangserziehung sollten daher künftig auch freiwillige Erziehungsmaßnahmen durch das Jugendwohlfahrtsgesetz (JWG) erfaßt werden. Das künftige Fürsorgegesetz sollte demgegenüber außer der regulären Hilfe zum Lebensunterhalt im neuen und großzügigeren Rahmen der Hilfe in besonderen Lebenslagen als recht pauschal formulierte Soll-Leistung „Hilfe zur Förderung der körperlichen, geistigen und sittlichen Entwicklung" vorsehen und damit im Einzelfall durchaus auch jugendpflegerische Maßnahmen – traditionell die Domäne des Jugendamts – ermöglichen.[95]

Die entscheidende Frage aber, ob die materiell begründeten Erziehungshilfen des BSHG vom Sozialamt oder vom Jugendamt entschieden und durchgeführt werden sollten, ließ die Sozialabteilung offen. Auf den ersten Blick schien dies ein bloß akademisches Problem, war doch ohnehin beabsichtigt, anstelle des Konstrukts der Bezirksfürsorgeverbände Städte und Landkreise zu Trägern der Sozialhilfe zu erklären, denen die Aufgabenverteilung selbst überlassen bleiben müßte. In welchem Gesetz welche Hilfe geregelt würde, schien von daher sekundär.[96] Tatsächlich hatte aber die Entwicklung seit 1922/24 gezeigt, welche praktischen Konsequenzen aus der gesetzlichen Zuordnung gezogen werden konnten, so daß vor allem in der „Gruppe II – Jugend" des DV-Studienkreises im Laufe des Jahres 1957 langwierige Debatten darüber geführt wurden.

Obwohl, wie allen Beteiligten klar war, die avisierte Aufgabentrennung im Einzelfall erhebliche Probleme aufwerfen konnte, glaubten Scheffler und Gottschick auf eine Einbeziehung erzieherischer Hilfen in das Fürsorgerecht nicht verzichten zu können, zumal eine Reform des JWG noch nicht abzusehen war; sie lagen damit ganz auf der Linie der Länderreferenten, des DST und der internen Gutachter Marx und Muthesius.[97] Außerdem galt es, auch die Fälle aufzufangen, in denen ein Eingreifen nach dem JWG nicht möglich war, da kein Erziehungsnotstand vorlag. „Wenn allerdings die Fürsorge wirtschaftliche Hilfen übernehme, so müsse sie auch den Persönlichkeitsgehalt der Hilfe bestimmen, und man könne dann nicht eine Abhängigkeit von anderen Stellen [sc. dem Jugendamt] befürworten",

---

[93] Vermerk Referat V A 4 vom 23. 1. 1957, BAK, B 106/20652; entsprechend in der späteren Begründung zum BSHG-Entwurf 7/1958, S. 23, BAK, B 106/20643.
[94] Gottschick, Referentenentwurf, S. 18.
[95] Vgl. die Version des § 35 vom 10.5.1957 im Entwurf vom 24.11.1956, BAK, B 106/20648.
[96] Vgl. Gerhard Scheffler, Neuordnung, S. 31f.; Gottschick vor dem Arbeitsausschuß für Fragen der Fürsorge am 21./22. 2. 1958, Niederschrift, ADW, HGSt 6769.
[97] Vgl. Besprechung mit den Referenten der Länder am 5./6. 2. 1957, BAK, B 106/9789/2; Vermerke Referat V A 4 vom 23. 1. und 21. 2. 1957, BAK, B 106/20652; Niederschrift über die Sitzung des DST-Sozialausschusses vom 15./16. 3. 1957, LAB, B Rep. 142-9, 1236; Schräder, Neuordnung, S. 342.

zumal die neue Sozialhilfe ja gerade durch den Ausbau personaler Hilfen gekennzeichnet sein sollte.[98] Nicht zuletzt aber bestand ein enger Zusammenhang zwischen erzieherischen Hilfen und dem gewünschten Ausbau einer echten Familienfürsorge, mit der eine getrennte Betreuung von Eltern durch das Sozialamt und der Kinder durch das Jugendamt kaum zu vereinbaren war.[99]

Nach den Bundestagswahlen allerdings änderten sich die politischen Rahmenbedingungen für das Vorgehen des Bundesinnenministeriums erheblich: Offiziell aus „ernstlich[er] Sorge" über die „Arbeitslast des Innenministeriums"[100], nicht minder aber, um das kleine Bundesfamilienministerium unter dem prononcierten Katholiken Franz Josef Wuermeling (CDU) aufzuwerten und dem Vorwurf mangelnden Interesses der Bundesregierung an der Jugend zu begegnen, schlug Adenauer diesem im Herbst 1957 auch die Zuständigkeit für Jugendfragen zu.[101] Aus der Gruppe „Jugend und Sport" des Innenministeriums wechselte mit dem Leiter des Jugend-Referats Friedrich Rothe auch die Federführung für das Jugendwohlfahrtsrecht ins nunmehrige Bundesministerium für Familien- und Jugendfragen über.[102] Bundesinnenminister Schröder zeigte sich über diese „Verwaltungsvereinfachung" keineswegs nur beglückt und sah die späteren Abstimmungsschwierigkeiten mit seinem Kabinettskollegen voraus.[103] Abgesehen von den konfessionspolitischen Implikationen dieses Wechsels, der bei der SPD Unruhe auslöste[104], gab er den gerade von ihrer Seite wieder verstärkten Forderungen nach einer grundlegenden Reform des Jugendwohlfahrtsrechts doch insofern Auftrieb, als sie dem neuen Jugendminister willkommene Profilierungsmöglichkeiten bot.[105]

Angesichts der Pläne des Innenministeriums fürchteten nämlich viele Vertreter der kommunalen Jugendwohlfahrt und der Jugendverbände, daß für die Jugendämter alles beim Alten bleiben würde. Diese, so die hier besonders engagierte Leiterin des Münchner Jugendamts, Elisabeth Bamberger, im Oktober 1957, müßten

---

[98] Gottschick vor dem Arbeitsausschuß für Fragen der Fürsorge am 21./22.2.1958, Niederschrift, ADW, HGSt 6769; vgl. auch Gerhard Scheffler, Neuordnung, S. 32ff.
[99] Vgl. Vermerk Referat V A 4 vom 21.2.1957, BAK, B 106/20652; entsprechend Collmer und Zillken im Arbeitsausschuß für Fragen der Fürsorge am 30./31.1.1958, Niederschrift, ADW, HGSt 6769.
[100] Adenauer in seiner Regierungserklärung vom 29.10.1957, Behn, Regierungserklärungen, S. 64.
[101] Vgl. den kritischen Kommentar [von Ludwig Preller] in: SF 6 (1957), S. 268; Faude/Fritz, Bundesministerium, S. 24; Hasenclever, Jugendhilfe, S. 192. In der von Adenauer in Auftrag gegebenen „Rothenfelser Denkschrift", vgl. Achinger u.a., Neuordnung der sozialen Leistungen, S. 56f., wie von einer Arbeitsgruppe des Fürsorgetages 1955 war die Übertragung der Federführung für Jugendangelegenheiten auf *ein* Ministerium ebenfalls gefordert worden; vgl. Fürsorge und Sozialreform, S. 562.
[102] Zur Bildung der Gruppe „Jugend und Sport" vgl. Hausanordnung Nr. 39/53 vom 3.12. 1953 des Bundesinnenministers, BAK, B 106/GVPl-Teiländerungen Bd. 1; zu Rothe vgl. 60 Jahre, S. 67.
[103] Vgl. Schröder vor den Bundestagsausschüssen für Kommunalpolitik und Fürsorge sowie für Inneres am 17.1.1958, Vermerk Spahn vom 17.1.1958, BAK, B 106/9697.
[104] Vgl. Behn, Regierungserklärungen, S. 64.
[105] Vgl. das Sozialarbeitertreffen der AWO Ende Mai 1957, NDV 37 (1957), S. 265ff.; Sozialplan, S. 132ff.

selbst über die notwendigen Mittel verfügen, die „Einheit des Kindes müsse der Einheit der Verwaltung vorgehen".[106] Fürsorge und Jugendhilfe, so eine Vertreterin des niedersächsischen Landesjugendamts wenig später auf dem Fürsorgetag, hätten mittlerweile ganz unterschiedliche Zielsetzungen: Der Fürsorge gehe es primär um die wirtschaftliche Sicherung eines menschlichen Daseins, der Jugendhilfe hingegen um die „Entfaltung der Persönlichkeit des jungen Menschen", auch die individuellen finanziellen Hilfen müßten daher in einem neuen Bundesjugendwohlfahrtsgesetz geregelt werden.[107]

Genau diese stärker pädagogisch orientierte, nicht mehr über gesetzliche Einkommensgrenzen kontrollierbare Hilfegewährung war es, die die kommunalen Fürsorgevertreter wie 1922 fürchteten.[108] Dies umso mehr, als mit den 1953 eingeführten Jugendwohlfahrtsausschüssen auch verwaltungsfremde Funktionsträger aus Jugendverbänden und freier Wohlfahrtspflege die Arbeit des Jugendamtes beeinflußten und mit den Landesjugendämtern besondere Aufsichtsbehörden die kommunale Jugendarbeit kontrollieren konnten.[109] Je geringer der zum Teil fremdbestimmte Aufgabenbereich der kommunalen Jugendämter war, desto größer blieben die kommunalen Selbstverwaltungsspielräume. Unterstützung fanden sie vorerst auch bei katholischen Wohlfahrtsvertretern, die – ebenfalls in alter Tradition – von einer Kompetenzverlagerung auf die Jugendämter eine „zunehmende Kommunalisierung der öffentlichen Jugendhilfe" zum Nachteil der eigenen Arbeit fürchteten.[110]

Trotz sorgfältiger Vorbereitung im Interesse der Pläne des Innenministeriums durch DV-Führung und kommunale Spitzenverbände[111] konnten sich die Jugend-

---

[106] Vermerk Referat V A 1 vom 7.11.1957, Abschrift, BAK, B 106/9784.
[107] Vgl. Schickenberg, Bestimmungen, S.72ff. (Zitat S.72), sowie die Aussprache der Arbeitsgruppe A des Fürsorgetages 1957, Neuordnung des Fürsorgerechts, S.77ff.
[108] Vgl. Neuordnung des Fürsorgerechts, S. 86f., 92.
[109] 1953 wurde das alte Kollegialprinzip durch die „Zweigliedrigkeit" des Jugendamtes abgelöst, das sich jetzt aus dem Jugendwohlfahrtsausschuß und der Dienststelle zusammensetzte. Der Ausschuß hatte Aufgaben der Jugendwohlfahrt anzuregen und zu fördern und konnte die Verwaltung des Jugendamtes bindende Beschlüsse fassen lassen. Neben verschiedenen Kommunalbeamten, Kirchenvertretern und durch die Kommunalparlamente gewählten Personen stellten die Jugend- und Wohlfahrtsverbände zwei Fünftel der stimmberechtigten Mitglieder des Ausschusses. Gerade die erneute Stärkung der freien Wohlfahrtsverbände war bei Verabschiedung der Novelle umstritten; vgl. BT, 1.Wp. 1949, Sten. Ber., Bd.16, S.13514ff. Vgl. Osten, Jugend- und Gefährdetenfürsorge, 2002, S. 85ff.; Riedel, Jugendwohlfahrtsgesetz, S. 57ff.
[110] Kessels, Arten, S. 20; vgl. ferner Weinbrenner, Hilfsbedürftiger, S. 8.
[111] Theodor Marx, der sich vehement gegen eine „Verstärkung der Macht der Dienststelle Jugendamt" gewandt und beim DST-Sozialausschuß Unterstützung gefunden hatte, hatte in Kooperation mit dem Berichterstatter Weinbrenner Leitsätze für den Fürsorgetag erarbeitet; vgl. Marx, Die Städte zur Neuordnung, S. 101, 88ff.; Niederschriften über die Sitzungen des Arbeitsausschusses für Fragen der Fürsorge am 3./4.5. und 14./15.6. 1957, ADW, HGSt 6769; Vermerke Referat V A 1 vom 7.10.1957, BAK, B 106/9786/1, und 7.11.1957, BAK, B 106/9784. Sozialausschußmitglied Prestel hatte die DST-Geschäftsstelle gedrängt, dafür zu sorgen, daß bei der Jugend-Arbeitsgruppe des Fürsorgetags „kommunale Vertreter auftreten, die sowohl das Fürsorge- als auch das Jugendwesen beherrschen, weil sonst die Gefahr bestehe, dass die Jugendorganisationen das kommunale Mitwirkungsrecht ausschlössen", Vermerk für Oel vom 6.11.1957, LAB,

2. Hilfen für Kinder und Jugendliche 275

wohlfahrtsvertreter aber in der einschlägigen Arbeitsgruppe des Fürsorgetages im November 1957 überraschend mit ihren Wünschen durchsetzen[112]: Aus Furcht, durch das geplante BSHG könne eine Übernahme der wirtschaftlichen Minderjährigenfürsorge in ein künftiges Jugendhilfegesetz verbaut werden, forderte eine Entschließung die Bundesregierung dazu auf, gleichzeitig mit dem Fürsorgegesetz auch ein neues Jugendwohlfahrtsgesetz vorzulegen; dieses müsse „alle erzieherischen und wirtschaftlichen Hilfen und deren finanzielle Sicherung beinhalten".[113]

Die Forderung, gleichzeitig mit der Fürsorge die Jugendhilfe und möglichst das Gesundheitswesen gesetzlich neu zu ordnen, war allerdings auch schon im DST erhoben worden: Nur dann sei eine konzeptionell einheitliche – außerkommunale Sonderverwaltungen verhindernde – Gesamtreform möglich.[114] Im Innenministerium war man über diese Forderung nicht sehr glücklich, drohte sie doch die Reform des Fürsorgerechts auf unbestimmte Zeit zu verzögern, zumal jetzt ja ein weiteres, den Kommunen weniger wohlgesonnenes Bundesministerium beteiligt war. Doch die Sozialabteilung wollte den Zeitvorsprung nicht verlieren, und es gelang Gottschick Ende 1957, den DST-Sozialausschuß von der Forderung nach gleichzeitiger Vorlage aller drei Gesetze abzubringen.[115]

Mittlerweile hatte Wuermeling seinerseits die Initiative ergriffen und auf Anraten des Anfang Dezember 1957 von ihm einberufenen Aktionsausschusses des Bundeskuratoriums für Jugendfragen eine Sonderkommission eingesetzt, die einen Gesetzentwurf zur Reform des Jugendhilferechts erarbeiten wollte.[116] Wenig später kündigte er recht vollmundig die Verabschiedung eines neuen Jugendhilfegesetzes noch in der laufenden Legislaturperiode an, obwohl in der aufgrund ungünstiger Arbeitsbedingungen und heterogener Zusammensetzung wenig effektiven Sonderkommission die Vorarbeiten keineswegs entsprechend zügig vorankamen. Langfristig wollte das Familienministerium vor allem die Stellung der freien, genauer der christlichen Wohlfahrtsverbände in der Jugendhilfe stärken. Wenn Rothe daher vor dem Fürsorgeausschuß des Beirats im Februar 1958 dafür plä-

---

B Rep. 142-9, 1282. Vgl. ferner die Niederschriften über die Sitzung des DLT-Sozialausschusses am 8.11.1957, BAK, B 172/444-01/1, und des DST-Arbeitskreises „Fürsorgerecht" am 16.11.1957, LAB, B Rep. 142-9, 1282, sowie die Leitsätze in: Neuordnung des Fürsorgerechts, S. 49f., und Weinbrenner, Bestimmungen.

[112] Das lag offensichtlich an den Stimmen zahlreicher Fachschüler, vgl. Niederschrift (Auszug) über die Sitzung des DST-Sozialausschusses am 13./14.12.1957, LAB, B Rep. 142-9, 1282.

[113] Neuordnung des Fürsorgerechts, S. 97; dazu auch S. 421, ferner S. 49ff.; Hasenclever, Ende, S. 145f.

[114] Vgl. die Niederschriften über die Sitzung des Arbeitsausschusses für Fragen der Fürsorge am 3./4.5. und 14./15.6.1957, ADW, HGSt 6769, und des DST-Arbeitskreises „Fürsorgerecht" am 16.11.1957, mit Anlagen, und 13./14.12.1957, LAB, B Rep. 142-9, 1282, sowie die vom DST-Vertreter Ostendorf beim Fürsorgetag eingebrachte und offensichtlich auch von den Landkreisvertretern unterstützte, später modifizierte Entschließung für die Arbeitsgruppe A, in: Neuordnung des Fürsorgerechts, S. 78f., 94f.

[115] Vgl. Niederschrift über die Sitzung des DST-Sozialausschusses am 13./14.12.1957, Auszug, LAB, B Rep. 142-9, 1282; entsprechend die DST-Stellungnahme zur Fürsorgerechtsreform vom 1.3.1958, LAB, B Rep. 142-9, 1283.

[116] Vgl. BldW 105 (1958), S. 2; auch zum Folgenden Osten, Jugend- und Gefährdetenfürsorge, 2002, S. 114ff.; ferner Hasenclever, Jugendhilfe, S. 192f.; Pense, Übersicht, S. 180f.

dierte, das BSHG auf finanzielle Hilfen zu beschränken und die sachliche Entscheidungskompetenz der Jugendhilfe zu überlassen, ging es ihm nicht um die Stärkung der Kommunalbehörde Jugendamt, sondern letztlich um diejenige der künftig prominenteren freien Träger. Noch aber stieß Rothe hier auch auf den Widerstand Elisabeth Zillkens von der katholischen Wohlfahrtspflege, die eben gerade Hilfsmöglichkeiten für Minderjährige auch ohne erzieherische Notlage aufrechterhalten wollte, und der Ausschuß, dem ohnehin kein kommunaler Jugendwohlfahrtsvertreter angehörte, beschloß im Sinne des Bundesinnenministeriums.[117]

Während seit Ende 1957 immer mehr Fachgremien und Jugendverbände mit Beratungen über die Jugendhilfereform begannen[118], hielt die Sozialabteilung an ihrer bisherigen Linie fest: Der BSHG-Entwurf vom Juli 1958 sah im Rahmen der Hilfe in besonderen Lebenslagen „Hilfe für junge Menschen" vor im Sinne einer Finanzierung von individuell erforderlichen „Maßnahmen, welche die Entwicklung fördern oder welche der Verhütung oder Beseitigung von Entwicklungsstörungen dienen".[119] Anders als nach bisheriger Rechtslage war also nicht mehr ein klarer Rechtsanspruch auf diese Hilfe vorgesehen. Ausdrücklich war die Zusammenarbeit mit dem Jugendamt zu sichern; die Bestimmungen des RJWG seien unberührt.[120]

Das Bemühen, formal die Reviergrenzen der Jugendhilfe zu achten, war offensichtlich. In der Sozialabteilung war man der Auffassung, sich damit auf einer „Mittellinie" zu bewegen, denn sonst laufe man „Gefahr, daß der ganze Komplex ins Jugendwohlfahrtsrecht hinüber wandere, falls die Fürsorge auf diesem Gebiet zuviel fordere".[121] Das war nicht nur eine Anspielung auf virulente Pläne, alle an Jugendliche geleisteten Hilfen von der Gesundheitsfürsorge bis zum Kindergeld beim Jugendamt zu konzentrieren[122] und damit die einheitliche Zusammenfassung aller fürsorgerischen Hilfen in einem Gesetz zu konterkarieren. Es betraf auch ganz speziell das Gebiet der in erster Linie an Minderjährige gerichteten kostspieligen Ausbildungshilfe. Diese sollte auf jeden Fall vorerst unter Kuratel des Fürsorgerechts – und gegebenenfalls der Fürsorgeämter – bleiben.

Staatliche Hilfen für Jugendliche zur Berufsausbildung waren seit Ende der vierziger Jahre in einer Vielzahl von Gesetzen und Vorschriften für verschiedenste

---

[117] Vgl. Niederschrift über die Sitzung des Arbeitsausschusses für Fragen der Fürsorge am 21./22.2.1958, ADW, HGSt 6769; NDV 38 (1958), S. 307. Zur sonst engen Zusammenarbeit von Rothe und Zillken bereits seit Anfang der 1950er Jahre vgl. Osten, Jugend- und Gefährdetenfürsorge, 2002, S. 99ff.
[118] Vgl. Pense, Übersicht, S. 177ff.; Hasenclever, Jugendhilfe, S. 191ff.
[119] § 36, 1 des BSHG-Entwurfs 7/1958, BAK, B 106/20643.
[120] Vgl. § 36, 2 u. 3, ebenda.
[121] So der Referent für fürsorgerische Sondergesetze Weller; Vermerk Referat V A 4 vom 18.12.1957, BAK, B 106/20643.
[122] So vor allem Certain, Fürsorge, S. 180f., und – als Vertreter der Bundesarbeitsgemeinschaft Jugendaufbauwerk – Mehl, Neuordnung, S. 184f.; vgl. auch die Vorschläge des AWO-Fachausschusses für Jugendwohlfahrt, den im Auftrag des Vorstands der AGJJ erstellten Teil-Gesetzentwurf von Elisabeth Bamberger und Caritasdirektor Gustav v. Mann, sowie entsprechende Diskussionen in der Sonderkommission des Bundesjugendkuratoriums; Pense, Übersicht, S. 179ff.; BldW 105 (1958), S. 209.

Personenkreise unterschiedlich geregelt worden.[123] Die rund 250 Mio. DM, die im Rechnungsjahr 1956/57 dafür ausgegeben wurden, kamen allerdings fast nur Jugendlichen aufgrund eines „Schädigungstatbestands" (Kriegsfolgen, Mittellosigkeit, arbeitsmarktpolitische Strukturschwäche etc.) zugute, während davon nicht betroffene Kinder von Geringverdienern so gut wie keine öffentlichen Ausbildungsbeihilfen erhalten konnten.[124] Vielfach wurden nur bestimmte, z.T. veraltete Berufswege gefördert. Die Anfang der fünfziger Jahre hohe Jugendarbeitslosigkeit, später der Mangel an qualifiziertem Nachwuchs, schließlich der durch die komplizierte Rechtslage bedingte Verwaltungsaufwand mit häufig verzögerter Hilfeleistung förderten die Bestrebungen nach einem allgemeinen Ausbildungsförderungsgesetz.[125] Doch Mitte der fünfziger Jahre lag dieses noch in unbekannter Ferne – tatsächlich erfolgte die bundesgesetzliche Regelung erst 1969[126] –, und so sahen die Reformer im Innenministerium auch Hilfen zur Ausbildung im neuen Sozialhilfegesetz vor.

Die ursprüngliche Regelung in § 6 RGr., wonach auch die „Erwerbsbefähigung" zum notwendigen Lebensbedarf eines Minderjährigen gehörte, hatte sich in der Praxis oft in der Vermittlung für eine ungelernte Arbeit erschöpft.[127] Angesichts der akuten „Berufsnot" unter Jugendlichen in der Nachkriegszeit hatte hier allerdings schon der Arbeitsstab Kriegsfolgenhilfe mit Polligkeit als treibender Kraft zumindest für die Empfänger von Kriegsfolgenhilfe Verbesserungen erreicht, indem das Erste Überleitungsgesetz von 1950 auch Maßnahmen zur Beendigung einer Berufsausbildung und Leistungen an bereits Volljährige, deren Ausbildung durch den Krieg und seine Folgen beeinträchtigt worden war, als erstattungsfähig anerkannte.[128] Kurz darauf erklärten Bundesinnen- und Bundesfinanzministerium die Ausbildungskosten für einen ordentlichen Lehr- oder Anlernberuf für verrechnungsfähig, so daß jetzt zumindest jugendlichen Kriegsfolgenhilfe-Empfängern eine reguläre Berufsausbildung durch die Fürsorgeverbände ermöglicht wurde.[129]

---

[123] Fritz Brüse vom BMFuJ zählte 1959 18 verschiedene Rechtsgrundlagen für die Gewährung von Ausbildungsbeihilfen, sie reichten vom Bundesversorgungsgesetz bis zum „Grünen Plan" für die Landwirtschaft; vgl. Brüse, Ausbildungs- und Erziehungsbeihilfen.
[124] Vgl. Rodens, Ausbildungshilfen, S. 112f.
[125] Vgl. Niederschrift über die Sitzung des Arbeitsausschusses für Fragen der Fürsorge am 1./2.3.1957, ADW, HGSt 6769; Sozialplan, S. 138; Brüse, Ausbildungs- und Erziehungsbeihilfen, S. 16; Rodens, Ausbildungshilfen, S. 113; Hasenclever, Jugendhilfe, S. 179f.
[126] Vgl. Frerich/Frey, Handbuch, Bd. 3, S. 119f.
[127] Das lag vor allem an der Rechtsprechung des Bundesamtes für das Heimatwesen, wonach die Ausbildung in einem Lehrverhältnis nur in Ausnahmefällen als (zwischen den Trägern) erstattungsfähig anerkannt wurde; vgl. NDV 33 (1953), S. 254; 37 (1957), S. 281ff. Großzügiger war im Rahmen der sozialen Fürsorge zu verfahren: Nach § 29 RGr. sollte die Hilfe zur Berufsausbildung bei Kindern von Kriegsopfern deren „Anlagen und Fähigkeiten" und „die Lebensstellung der Eltern angemessen berücksichtigen".
[128] Vgl. dazu NDV 31 (1951), S. 4.
[129] Vgl. Runderlaß des BMI und des BMF vom 14.12.1950 über Förderung der Erziehung und Erwerbsbefähigung Jugendlicher im Rahmen der Kriegsfolgenhilfe, GMBl. S. 145; ferner NDV 37 (1957), S. 120.

Das FÄG von 1953 hatte diese Regelungen dann nicht nur auf alle jugendlichen und jungen erwachsenen Fürsorgeempfänger sowie auf Blinde, Hör-, Sprach- und Körperbehinderte ausgedehnt, sondern darüber hinaus die Fürsorgeträger zur „Hilfe zur Erwerbsbefähigung oder zur Ausbildung für einen *angemessenen* Beruf" verpflichtet.[130] Außerdem hatte es für Lehrlinge und Anlernlinge einen Mehrbedarf in Höhe des einfachen maßgeblichen Richtsatzes eingeführt und Ausbildungshilfen an Minderjährige von der Ersatzpflicht befreit. Gleichzeitig unternahm der Jugendfürsorgeausschuß des Bundestags den Versuch, bei der Novellierung des RJWG auch die Berufsförderung für „bedürftige" Jugendliche jenseits der Richtsatzgrenze im Jugendwohlfahrtsrecht zu verankern, scheiterte aber am Widerstand des Bundesrates.[131]

Da die Möglichkeiten des FÄG allerdings nicht in dem beabsichtigten Maße umgesetzt wurden, brachte das Innenministerium nach zähen Auseinandersetzungen mit dem Bundesrat Ende 1956 eine entsprechende Durchführungsverordnung auf den Weg.[132] Diese stellte klar, daß in der Regel das ordentliche Lern- oder Anlernverhältnis „angemessen", diesem aber die Ausbildung in Berufsfachschulen gleichzusetzen sei und gegebenenfalls auch berufsvorbereitende Hilfen (Sprachkurse für Umsiedler, Umschulung etc.) zu gewähren seien. Außerdem ermöglichte die Verordnung in „besonderen Ausnahmefällen" erstmals auch die Förderung gehobener Berufe bis hin zum Hochschulstudium.[133] Falls für den angestrebten Beruf erforderlich, war auch der Besuch einer weiterführenden Schule zu ermöglichen. Neben den Ausbildungskosten war der Lebensunterhalt zu finanzieren, und zwar bei einer erhöhten Einkommensgrenze in Form des anderthalbfachen, bei Behinderung und Anstaltshilfe des zweifachen Richtsatzes. Mit diesen Vorgaben, resümierte der zuständige Beamte, paßte die Verordnung nicht nur „die Aufgaben der Jugendfürsorge in wesentlichen Punkten den heutigen Notwendigkeiten" an, sondern gab zugleich „Fingerzeige" für deren Fortentwicklung bei der Fürsorgereform.[134]

Während sein Kollege vom Nachbarreferat noch die Verordnung vorbereitete, arbeitete Gottschick in Kooperation mit ihm bereits an Bestimmungen über Ausbildungshilfen im künftigen Sozialhilfegesetz: Ein erstes Konzept von Ende Dezember 1955 ging großzügig davon aus, daß eine „gute Berufsausbildung" im Interesse des einzelnen wie der gesamten Volkswirtschaft sei, und daher „jedem,

---

[130] Art. IV FÄG (Hervorhebung der Verfasserin). Zur Rechtslage vgl. Jehle, Fürsorgerecht, S. 149ff.
[131] Vgl. den Mündlichen Bericht des Ausschusses für Fragen der Jugendfürsorge vom 20.5.1953, zu Art. I des Entwurfs der RJWG-Novelle, BT, 1. Wp. 1949, Anlage, Bd. 24, Drs. 4432, sowie Minister Lehr im Bundestag am 18.6.1953, S. 13517f., BT, 1. Wp. 1949, Sten. Ber., Bd. 16; ferner Riedel, Jugendwohlfahrtsgesetz, S. 26.
[132] „Verordnung über die Hilfe zur Erwerbsbefähigung und Berufsausbildung in der öffentlichen Fürsorge" vom 20.12.1956, BGBl. I S. 1009; dazu Weller, Förderung; NDV 37 (1957), S. 118ff., 281ff.
[133] § 2 Abs. 1 Nr. 2b) der VO vom 20.12.1956. Die kautelenreiche Formulierung war ein Zugeständnis an Befürchtungen im Bundesrat, daß der mittlerweile höchstrichterlich abgesicherte Rechtsanspruch auf Fürsorge auch den Anspruch auf Finanzierung eines Hochschulstudiums begründen könnte; vgl. Weller, Förderung, S. 12f.
[134] Weller, Förderung, S. 14.

der für eine geordnete Berufsausbildung geeignet ist, die hierzu notwendigen Mittel aber nicht besitzt, Hilfe zur Ausbildung aus öffentlichen Mitteln gegeben werden" müsse.[135] Für die Hilfen sollten die künftigen Träger der Sozialhilfe zuständig sein. Das war keineswegs selbstverständlich: Paul Collmer oder der Sozialausschuß des DLT befürworteten eine Übertragung auf das Arbeitsamt, da dieses ohnehin für arbeitsmarktpolitische Maßnahmen zuständig sei und auch überregional tätig werden könne.[136] Für die Sozialhilfeträger sprach nach Auffassung Gottschicks hingegen, daß diese stärker die individuellen Verhältnisse des Auszubildenden „ohne eine Überbetonung arbeitsmarktpolitischer Gesichtspunkte" berücksichtigten, nicht nur sozialversicherungspflichtige Berufe förderten, auch jugend- und familienfürsorgerisch aktiv würden und behinderte Auszubildende in jedem Falle individuell betreuen müßten.[137] Ende 1955 lag dieser umfassende Zuständigkeitsanspruch noch ganz auf der von Kitz vorgegebenen Linie, wonach alle individuell orientierten Hilfen künftig sauber von Versicherungs- und Versorgungsträgern getrennt bei der neuen kommunalen Sozialhilfe anzusiedeln seien, die nicht auf soziale „Restposten" reduziert, sondern als echte „dritte Säule" des sozialen Sicherungssystems errichtet werden sollte. Anfang 1957 allerdings war man dann im Innenministerium froh, daß sich die Arbeitsverwaltung mit neuen Richtlinien und im Zuge der AVAVG-Novellierung stärker bei den Berufsausbildungsbeihilfen engagierte.[138]

Gleichzeitig wandte sich Gottschick gegen eine Regelung der Ausbildungshilfe im Jugendwohlfahrtsgesetz und stellte sich damit gegen Bestrebungen seines Kollegen Rothe für ein umfassendes Jugendhilfegesetz.[139] „Wenn die Herren der Gruppe J etwas bessere Gesetzesmacher wären", so Gottschick vertraulich zu Johann Bangert im Mai 1956, „dann wäre die Abteilung Scheffler längst überrollt worden."[140] Auch bei den Ausbildungshilfen also lavierte die Sozialabteilung zwischen den Fronten: Einerseits mußten die Hilfen so großzügig und verbindlich gestaltet werden, daß ihre Regelung im Sozialhilfegesetz und ihre Durchführung durch die Sozialämter für die Jugendhilfevertreter annehmbar war. Andererseits

---

[135] Abteilungsleitervorlage vom 29.12.1955, BAK, B 106/9689.
[136] Vgl. Collmer, Professorendenkschrift, S.317; Niederschrift über die Sitzung des DLT-Sozialausschusses am 24.3.1955, BAK, B 172/444-01/1; Schmerbeck, Bezirksfürsorgeverbände, S.321.
[137] Vgl., auch zum Folgenden, Abteilungsleitervorlage vom 29.12.1955, BAK, B 106/9689.
[138] Durch ein Junktim der Verordnung von 1956 mit neuen Richtlinien der Bundesanstalt für Arbeitsvermittlung und Arbeitslosenversicherung sollten die permanenten Reibereien zwischen Wohlfahrts- und Arbeitsämtern beseitigt und die Zuständigkeiten klar abgegrenzt werden: Nachdem die Arbeitsverwaltung 1953 zahlreiche Ausbildungsfälle auf die öffentliche Fürsorge abgewälzt hatte, erklärte sie sich nach Verhandlungen mit dem BMI nun eindeutig zuständig für Jugendliche, die a) während ihrer Berufsausbildung außerhalb ihres Heimatortes untergebracht werden mußten, oder b) die am Ort in einem Beruf ausgebildet wurden, der aus arbeitsmarktpolitischen Gründen für förderungswürdig erklärt wurde; vgl. die Richtlinien für die Gewährung von Berufsausbildungsbeihilfen in der Fassung vom 9.3.1956, BABl. 1957, S.276, die ab dem 1.3.1957 anzuwenden waren; dazu Weller, Förderung, S.14.
[139] Vgl. Rothe, Gedanken; ders., Anspruch, S.358ff.; vor allem dann ders., Aufgaben, S.12f.
[140] Vermerk Bangert vom 25.5.1956, BAK, B 172/444-01/4.

mußten sich die Regelungen innerhalb der beschränkten kommunalen Toleranzgrenzen bewegen, ging vielen, vor allem ländlichen Kommunalvertretern doch schon die Hilfe zum Besuch einer höheren Schule eigentlich zu weit.[141]

Wie festgezogen diese Fronten waren, bewies der Fürsorgetag 1957: Dort hatte Scheffler die Zuordnung zur Sozialhilfe damit begründet, daß die Ausbildungshilfe auch Volljährigen zugute komme, keinen Einfluß auf das elterliche Erziehungsrecht nehme und meist ohnehin nur aus Berechnungsgründen rechtlich dem Auszubildenden, tatsächlich aber den Eltern gegeben werde. Auf diese Ausbildungshilfe sollte ein klarer Rechtsanspruch eingeräumt und damit die bisherige Förderungslücke geschlossen werden.[142] Demgegenüber forderte die Arbeitsgruppe A (Jugend) die Einbeziehung in das Jugendhilferecht, da erzieherische und jugendpsychologische Gesichtspunkte auch hier eine entscheidende Rolle spielten.[143] Hinzu kamen wie bei der Jugendfürsorge generell Befürchtungen vor einer knauserigen Lösung im Rahmen des neuen Fürsorgerechts. Die eigentlich mit diesem Thema befaßte Arbeitsgruppe D (Hilfe zum Beruf u.a.) allerdings plädierte für eine Regelung im Sozialhilfegesetz und verabschiedete Leitsätze, die im wesentlichen dem Arbeitsstand Gottschicks entsprachen.[144] Damit lagen zur Ausbildungshilfe zwei unterschiedliche Beschlüsse des Fürsorgetages vor. Während die kommunalpolitisch orientierten Experten und Reformgremien den Leitsätzen der Arbeitsgruppe D im wesentlichen zustimmten[145], mehrten sich die Stimmen auf seiten der Jugendhilfe, die eine endgültige Regelung im Jugendhilfegesetz forderten.[146]

Doch im Referentenentwurf vom Juli 1958 gab es einen umfänglichen Unterabschnitt über Ausbildungshilfen.[147] Zwar hielten auch dessen Verfasser nun ein umfassendes Gesetz über Berufsausbildungsbeihilfen für unabdingbar, doch selbst dann müsse die Sozialhilfe als Ausfallbürge zur Verfügung stehen.[148] Dabei verfuhr die Sozialabteilung im einzelnen erheblich großzügiger als in der Verordnung von 1956 und bewegte sich bereits jenseits kommunaler Schmerzgrenzen, etwa indem sie die Altersgrenze auf das 30. Lebensjahr heraufsetzte oder unter bestimmten Voraussetzungen auch auf ein Studium einen Rechtsanspruch einräumte. Um

---

[141] Vgl. die BMI-Vermerke über Besprechungen mit den kommunalen Sachverständigen am 16.2. und 14.3.1956, BAK, B 106/9789/2; Niederschrift über die Sitzung des DLT-Sozialausschusses am 5./6.9.1956, BAK, B 172/444-01/1; Weinbrenner, Bestimmungen, S. 61f.
[142] Vgl. Gerhard Scheffler, Neuordnung, S. 32, 34.
[143] Vgl. Schickenberg, Bestimmungen, S. 76.
[144] Vgl. Neuordnung des Fürsorgerechts, S. 180ff., 223ff., 428ff.; BSHG-Entwurf vom 29.11.1957, BAK, B 106/20643.
[145] Vgl. Vermerk Referat V A 4 vom 12.12.1957, BAK, B 106/20643; Niederschriften über die Sitzungen des Ständigen Ausschusses für gemeinsame Fragen der Fürsorge und der Arbeitsverwaltung am 14.1.1958, ADW, HGSt, SP-S XXIIIc I/0, des Arbeitsausschusses für Fragen der Fürsorge am 30./31.1. und 21./22.2.1958, ADW, HGSt 6769, und die DST-Stellungnahme vom 1.3.1958, LAB, B Rep. 142-9, 1283.
[146] Vgl. Pense, Übersicht, S. 178f.; s.a. Mehl, Neuordnung.
[147] Vgl. §§ 37–46 des BSHG-Entwurfs 7/1958, BAK, B 106/20643.
[148] Vgl. Gottschick, Referentenentwurf, S. 18; Bemerkungen zum BSHG-Entwurf 7/1958, S. 25f., BAK, B 106/20643.

nun tatsächlich auch Kindern aus „minderbemittelten" Familien eine angemessene Ausbildung zu ermöglichen, wurde die Bedürftigkeitsgrenze für die Eltern des Auszubildenden auf einen Grundbetrag von 150 DM (plus Miete und Zuschläge) erhöht.[149]
Doch aus Furcht vor Leistungsverpflichtungen in Zeiten höherer Arbeitslosigkeit und fehlender Lehrstellen forderte eine gewichtige Opposition aus Bundesfinanzministerium, DLT, Länderinnenministerien und einem Teil der Länderreferenten, den Rechtsanspruch ganz zu streichen oder zumindest zur derzeitigen Rechtslage zurückzukehren und auf jeden Fall die Altersgrenze herabzusetzen. Die Arbeitsgemeinschaft der Landesfürsorgeverbände und vor allem der DST hingegen unterstützten den Entwurf, plädierten aber ebenfalls für eine Herabsetzung der Altersgrenze auf 25 Jahre. Darüber, daß die materielle Fürsorge für Minderjährige bei der Fürsorge bleiben solle (§ 36 des Entwurfs), bestand hingegen auf kommunaler und Länderseite Einigkeit.[150]
Umgekehrt wuchs der Widerstand gegen die Einbeziehung auch der Ausbildungshilfen in das BSHG. Zu den bisherigen Gegnern aus Jugendamtsvertretern, AWO, SPD und Gewerkschaften[151] gesellten sich jetzt auch DPW und Caritas und verwiesen auf den erzieherischen Charakter auch der Ausbildungshilfen.[152] Im Caritas-Verband wollte man jetzt also die Absichten des Familienministers zur Stärkung der freien Verbände durch größtmögliche Ausdehnung des Regelungsbereichs des JWG nutzen, während die Diakonie die Linie des Innenministeriums weiterhin unterstützte.[153] Wie nach dem Ausgang des Fürsorgetages nicht anders zu erwarten, gab es im DV keine einheitliche Linie: Während der Fachausschuß I und der gemeinsame Ausschuß mit der Arbeitsverwaltung die Einbeziehung der Jugend- und Ausbildungshilfen in das Sozialhilfegesetz grundsätzlich unterstützten, konzedierten die Jugend-Ausschüsse allenfalls eine Übergangsregelung im BSHG bis zur Verabschiedung eines neuen Jugendhilfegesetzes.[154]
Mittlerweile allerdings hatten die Jugendhilfevertreter zusätzliche Punkte gesammelt: Anfang Juni 1958 hatte das Bundeskabinett beschlossen, in der laufen-

---

[149] Der Auszubildende selbst hatte wie bisher sein volles Einkommen einzusetzen.
[150] Vgl. Vermerke Referat V 4 vom 11.12.1958 und 15.1.1959, Stellungnahmen des DST vom 27.11.1958, des DLT vom 17.11.1958, des DGT vom 1.12.1958, der AG der LFV vom 17.12.1958, BAK, B 106/9686; Niederschrift über die Besprechung mit den Vertretern der obersten Landessozialbehörden am 21./22.10.1958, LAS Abt. 761 Nr. 8874.
[151] Die AGJJ forderte in ihrem Entwurf einer Stellungnahme vom 8.12.1958 die Streichung der §§ 36-46 des BSHG-Entwurfs 7/1958, BAK, B 106/9686. Wie die VI. Kommunalpolitische Bundeskonferenz der SPD am 12./13.9.1958 in Mainz, LAB, B Rep. 142-9, 1283, forderte auch der DGB-Bundesvorstand am 4.11.1958, alle Maßnahmen für Kinder und Jugendliche einschließlich der Ausbildungshilfen in einem besonderen Jugendhilfegesetz zu regeln, BAK, B 106/9686.
[152] Vgl. die Stellungnahmen des DCV vom 30.8.1958 sowie des DPW vom 22.12.1958, BAK, B 106/9686.
[153] Vgl. Stellungnahme von Innerer Mission/Hilfswerk vom 14.11.1958, ebenda; Vermerk Heun vom 15.12.1958, ADW, HGSt 2486.
[154] Vgl. Bericht über die Sitzung des Fachausschusses I am 24.10.1958, ADW, HGSt, SP-S XXXIII c I/1, mit Arbeitsmaterial Nr. 2, ADW, HGSt, SP-S XXV 1: 100-1/1; Äußerungen aus den DV-Fachgremien [5.11.1958], zu §§ 36ff., BAK, B 106/9686; Vermerk Referat V 4 vom 23.10.1958, BAK, B 106/9786/1; NDV 39 (1959), S. 23.

den Legislaturperiode auch ein neues Jugendhilfegesetz vorzulegen.[155] Trotz des deutlichen Zeitvorsprungs des Innenministeriums wünschten Wuermeling und Rothe ein Junktim mit dem BSHG: Anders als viele Verfechter dieser Forderung auf dem Fürsorgetag 1957 leitete sie dabei primär die Hoffnung, eine Besserstellung der freien Verbände parallel in beiden Gesetzen zu verankern. Obwohl selbst nach Einschätzung kirchlicher Vertreter die Chancen für eine Verabschiedung in der laufenden Legislaturperiode schlecht standen[156], setzten nun im Familienministerium hektische Vorarbeiten für das neue JWG ein, was auch eine Abgleichung mit dem BSHG-Entwurf erforderte.

Kurz nachdem die CDU auf ihrem Kieler Parteitag ein Berufsausbildungsgesetz avisiert hatte[157], brachte die Fraktion der SPD am 3. Oktober 1958 im Bundestag einen Antrag auf Vorlage eines Gesetzes über Ausbildungsbeihilfen ein, das später in das neue Jugendrecht eingeordnet werden sollte; dieser Forderung schloß sich der Bundestag im April 1959 an.[158] Tatsächlich, schätzte der wohlinformierte Leiter der Kirchenkanzlei der EKD Anfang 1959, würde Minister Wuermeling „dieses Gebiet gern übernehmen"[159]; allerdings lag die Federführung beim Bundesarbeitsministerium, so daß angesichts dieser Ressortkonflikte mit einer baldigen Vorlage des Ausbildungsgesetzes kaum zu rechnen war.

Derart unter Druck geraten, suchte die Sozialabteilung nach einem Weg, den ohnehin mit dem ersten Referentenentwurf unzufriedenen Kommunen entgegenzukommen und gleichzeitig den Konflikt mit dem Familienministerium zu entschärfen, ohne alle bisherigen Positionen aufgeben zu müssen. Nach Verhandlungen mit dessen Vertretern im Januar 1959 verzichtete sie schließlich auf die „Hilfe für junge Menschen"[160]. Besondere Hilfen für Minderjährige sollten, sofern vor allem erzieherisch begründet und nicht primär durch andersgeartete Notlagen wie Behinderung etc. bedingt, künftig im Jugendhilfegesetz geregelt werden und nur bis zu dessen Inkrafttreten daher der § 6 Abs. 1d RGr. weiter gelten.[161] Bloße Hilfe zum Lebensunterhalt für Kinder und Jugendliche innerhalb ihrer Familie allerdings sollte auch künftig Aufgabe der Sozialhilfe bleiben. Die Ausbildungshilfen sollten ebenfalls im BSHG verankert werden, zumal noch offen war, wie und

---

[155] Vgl. Sitzung des Bundeskabinetts am 3.6.1958, in: Kabinettsprotokolle 1958, S. 265.
[156] Vgl. den Vermerk über eine Besprechung von Collmer mit dem Vertreter des Bonner Katholischen Büros Hans-Günther Frey am 30.1.1959, Anlage zu Brügemann an Collmer am 3.2.1959, ADW, HGSt, SP-S XXV 1: 102-1/1.
[157] Vgl. ein im Anschluß an den Parteitag von Ende September 1958 vorgelegtes Arbeitsprogramm der CDU in: Richter, Sozialreform, Bd. 6 G I, S. 39.
[158] Vgl. die Sitzungen des Bundestags am 3.10.1958 und 8.4.1959, BT, 3. Wp. 1957, Sten. Ber., Bd. 42, S. 2464f., sowie Bd. 43, S. 3626ff.
[159] Oberkirchenrat Ranke in der Besprechung am 25.2.1959, Niederschrift als Anlage zu Brügemann an Collmer am 7.3.1959, ADW, HGSt, SP-S XXV 1: 102-1/1.
[160] Der BSHG-Entwurf vom Januar 1959 enthielt einen entsprechenden Paragraphen bereits nicht mehr, BAK, B 106/20646. Vgl. dann den Abschnitt 3 des BSHG-Entwurfs 3/1959, ebenda. Zu den interministeriellen Verhandlungen Ranke an Collmer am 16.1.1959, ADW, HGSt, SP-S XXV 1: 422-1/1; Bundesminister des Innern an Bundesminister für Familien- und Jugendfragen, 25.5.1960, BAK, B 106/20099.
[161] Vgl. § 113 Abs. 2 Nr. 3 und Begründung A zum BSHG-Entwurf 3/1959, S. 15f., ADW, HGSt, SP-S XXV 1:012-1/1.

wann dieses Gebiet in einem Jugendhilfe- oder einem eigenen Ausbildungshilfegesetz geregelt würde.[162]

Bei deren Ausgestaltung kam die Sozialabteilung den ländlichen Kommunen und den Ländern jetzt deutlich entgegen[163]: Die Altersgrenze wurde auf 25 Jahre herabgesetzt, der Besuch einer Fach- oder Hochschule auf eine Soll-Leistung reduziert und der Besuch weiterführender Schulen an schärfere Voraussetzungen geknüpft. Nicht zuletzt wurde durch die generelle Verminderung der Einkommensgrenzen auch hier der Kreis möglicher Hilfeempfänger wieder stärker beschränkt. Das Hauptmonitum des Rechtsanspruchs auf diese Hilfen allerdings blieb bestehen. Die Begründung des Entwurfs versuchte die künftigen Belastungen der Träger zu bagatellisieren, denn im Falle eines Bundesgesetzes über Ausbildungshilfen würden diese Bestimmungen „in ihrer Auswirkung erheblich an Bedeutung verlieren, vielleicht sogar ganz entfallen können".[164]

Doch die Hoffnung, mit dem weitgehenden Einlenken gegenüber dem Familienministerium den BSHG-Entwurf aus dem Schußfeld der Ressortkonflikte geholt und weitgehend kabinettsreif gemacht zu haben, trog: Tatsächlich beschäftigten die Auseinandersetzungen um das geplante Jugendhilfegesetz das Bundesinnenministerium auch noch das ganze Jahr 1959 hindurch.

3. Gesundheitliche Hilfen

Gemäß dem Ziel, eine „allgemeine Auffangstellung in den Wechselfällen des Lebens"[165] zu schaffen, sah der erste Referentenentwurf für das BSHG relativ weitreichende Hilfen zur Aufrechterhaltung und Wiederherstellung der Gesundheit vor: neben den klassischen Aufgabenfeldern der Krankenhilfe und der Hilfe für werdende Mütter und Wöchnerinnen Maßnahmen der vorbeugenden Gesundheitshilfe und der Tuberkulosefürsorge.[166] Ähnlich wie bei den Hilfen für Jugendliche bewegte sich der Entwurf damit auf einem Terrain, das auch von anderen Leistungsträgern mit abgedeckt und für die eigene rechtliche Kodifikation beansprucht wurde. Krankenhilfe und Schwangeren- bzw. Wöchnerinnenhilfe waren bereits im bisherigen Fürsorgerecht als Pflichtleistungen verankert.[167] Das auch in

---

[162] Vgl. NDV 40 (1960), S. 178.
[163] Vgl. §§ 28-32 BSHG-Entwurf 3/1959, BAK, B 106/20646.
[164] Begründung B zum BSHG-Entwurf 3/1959, S. 15, ADW, HGSt, SP-S XXV 1: 012-1/1.
[165] Gerhard Scheffler, Neuordnung, S. 23.
[166] Zu den Hilfen zur Pflege bzw. Hauspflege sowie zur medizinischen Rehabilitation für Behinderte siehe die beiden nachfolgenden Abschnitte.
[167] Nach gängiger Rechtsauffassung, vgl. Muthesius, Grundlagen, S. 86; Jehle, Fürsorgerecht, S. 143ff., umfaßte die Krankenhilfe alle nach dem jeweiligen wissenschaftlichen Kenntnisstand erforderlichen Behandlungsmaßnahmen einschließlich Krankenhauspflege und notwendigier Kuren. Viele Fürsorgeverbände schlossen entsprechende Verträge mit Ärzteorganisationen oder örtlichen Krankenkassen, die dann im Auftrag und auf Kosten der Fürsorgeverbände tätig wurden; vgl. NDV 35 (1955), S. 70ff. Für die Wochenhilfe sah § 12 RGr. ggf. ärztliche Behandlung, einen Entbindungskostenbeitrag und Wochen- sowie Stillgeld vor; diese Hilfen sollten den Leistungen der gesetzlichen Krankenversicherung entsprechen. Gemäß § 6 Abs. 3 RFV schrieben die Fürsorgeverbände

den fünfziger Jahren noch zentrale und vordringliche Aufgabengebiet der Tbc-Fürsorge sollte zunächst analog zum KBG in einem Sondergesetz geregelt und später in das Bundessozialhilfegesetz eingearbeitet werden. Mit der „vorbeugenden Gesundheitshilfe" hingegen versuchte die Sozialabteilung, zumindest für die Gruppe der künftigen Sozialhilfeempfänger medizinische Leistungen zu ermöglichen, die auf der Höhe der Zeit standen, und damit die nach zeitgenössischer Expertenmeinung prekäre Situation des öffentlichen Gesundheitswesens wie auch Defizite der gesetzlichen Krankenversicherung wenigstens für einen kleinen Teil der Bevölkerung zu beheben.

Vorbeugende Gesundheitsfürsorge, Krankenhilfe, Hilfe für Schwangere und Wöchnerinnen

In den zwanziger Jahren hatte mit der Sozialhygiene die Gesundheitsfürsorge als traditionelle Domäne der Kommunen einen deutlichen Aufschwung genommen und dabei wegen mangelnder Therapiemöglichkeiten die Prophylaxe zunehmend an Bedeutung gewonnen: Gesundheitsfürsorge für Säuglinge, Klein- und Schulkinder, Jugendliche und Mütter ebenso wie die Prävention gefährlicher Infektionskrankheiten jenseits seuchenpolizeilicher Schutzmaßnahmen wurden zumindest in entsprechend ausgestatteten großstädtischen Gesundheitsämtern ausgebaut mit Säuglingsfürsorgestellen, Schulärzten, Schulzahnärzten, Röntgenuntersuchungen zur Tuberkuloseabwehr, Maßnahmen der Frühdiagnose für Geschlechtskranke etc. Allerdings richtete sich auch diese Arbeit immer auf das individuelle Verhalten der Betroffenen; für eine umfassende, auch soziale Notlagen bearbeitende und reichsweit einheitliche öffentliche Gesundheitsfürsorge fehlten in der Weimarer Republik die materiellen Ressourcen.[168]

Mit dem „Gesetz zur Vereinheitlichung des Gesundheitswesens" (GVG) war 1934/35 das öffentliche Gesundheitswesen verstaatlicht und ein reichsweites Netz von Gesundheitsämtern geschaffen worden, die neben Aufgaben der Seuchenpolizei, Umwelthygiene und – sofern nicht von der NSV übernommen – Gesundheitsfürsorge nun vor allem die nationalsozialistische Bevölkerungs- und Rassenpolitik umzusetzen hatten.[169] In unserem Zusammenhang interessiert, daß das Gesetz und eine Verordnung vom März 1935 zwar die Aufgaben der öffentlichen Gesundheitsfürsorge ausdrücklich auflisteten, etwa für den wichtigen Teilbereich der Mütterfürsorge aber weder deren Umfang noch Trägerschaft regelten.[170]

Nach 1945 war die Entwicklung des öffentlichen Gesundheitswesens sehr unterschiedlich: Ein Teil der Gesundheitsämter wurde wieder kommunalisiert, ein

---

örtlich für die Wochenfürsorge eine besondere Einkommensgrenze vor, die Mitte der fünfziger Jahre meist beim doppelten Richtsatz lag.
[168] Vgl. ausführlich Sachße/Tennstedt, Geschichte, Bd. 2, S. 114ff.; ferner die Literaturhinweise zur Geschichte der Gesundheitsfürsorge bis 1945 bei Andreas Wollasch, Tendenzen, S. 11, 18.
[169] Vgl. ausführlich Sachße/Tennstedt, Geschichte, Bd. 3, S. 97ff., 166ff.; Süß, Gesundheitspolitik, passim, sowie Vossen, Gesundheitsämter.
[170] Vgl. § 3 GVG, RGBl. I S. 531, und §§ 55–61 der Dritten DVO zum GVG vom 30.3.1935, RGBl. I S. 327.

Teil blieb staatlich, das heißt Teil der Länderverwaltung; der bundesrechtliche Status des (etwas bereinigten) GVG und die Gesetzgebungskompetenz des Bundes waren umstritten, so daß auch die Leistungen in den Ländern und Regionen oft stark voneinander abwichen.[171] Nach der Bewältigung der drängendsten Gesundheitsprobleme der Nachkriegszeit gerieten zunehmend die neuen und besseren Möglichkeiten der Vorbeugung und Früherkennung in den Blick ebenso wie der im internationalen Vergleich immer noch ungünstige Gesundheitszustand der bundesdeutschen Bevölkerung mit einer überdurchschnittlich hohen Säuglingssterblichkeit.[172] Es mehrten sich daher die Stimmen, die wie Abteilungsleiter Kitz einen Ausbau der „vorbeugenden Gesundheitsfürsorge" forderten, die im Rahmen der gesetzlichen Krankenversicherung bislang nur ungenügend geleistet wurde.[173]

Über die notwendigen Maßnahmen herrschte dabei unter Gesundheitsexperten weitgehend Einigkeit: Verstärkung des Mutterschutzes auch für nicht erwerbstätige Frauen, regelmäßige Vorsorgeuntersuchungen für werdende Mütter, Säuglinge, die bisher kaum erfaßten Kleinkinder, für Schulkinder und Jugendliche, Impfschutz, zahnmedizinische Prophylaxe, Ausbau der Erholungsfürsorge, gesundheitliche Aufklärung und Erziehung, Einrichtung von Beratungsstellen, Ausbau der Wohnungsfürsorge u.a.m.[174] Massive Divergenzen dagegen bestanden hinsichtlich der organisatorischen, rechtlichen und damit auch finanziellen Wege, um diese Maßnahmen großflächig umzusetzen.[175] Da bereits rund drei Viertel der Bevölkerung durch die gesetzliche Krankenversicherung erfaßt wurden, sprach viel für Organisationsformen, in denen Sozialversicherung und niedergelassene Kassenärzte die führende Rolle spielten. Umgekehrt blieb das Problem der in der ambulanten Medizin arztrechtlich nicht gestatteten „zu- bzw. nachgehenden" Fürsorge, zumal im Rahmen eines Konzepts gruppenbezogener Prävention, das nur über öffentliche Organisation lösbar schien. Hier trafen standes- und organisationspolitische Interessen von niedergelassenen Ärzten und Krankenkassen auf Kompetenzansprüche der Gesundheitsämter und Amtsärzte, die wiederum mit den Kommunalisierungsbestrebungen der Städte und Kreise in Konflikt gerieten. Schon als Wilhelm Hagen von der Gesundheitsabteilung des Bundesinnenministeriums 1953 die Initiative für eine bundeseinheitliche Neuregelung des öffentlichen

---

[171] Vgl. Rainer, Gesundheitsfürsorge, S. 252ff.; Labisch, Entwicklungslinien, S. 753; Kühn, Jugendamt, S. 62ff.; Wasem u.a., Gesundheitswesen, S. 485ff.
[172] Vgl. Hagen, Gesundheitsfürsorge, S. 240ff.; ders., Jugendgesundheit, S. 152ff.
[173] Vgl. Kitz, Gegenwartsfragen, S. 333.
[174] Vgl. NDV 30 (1950), S. 3, 186f.; Muthesius, Die kommunale Fürsorge, S. 253; Entschließung des DST von 1951, NDV 31 (1951), S. 250f.; Grundlagen des sozialen Gesamtplanes der SPD vom 14.9.1952, in: Richter, Sozialreform, Bd. 6 G II, S. 2; Vorschläge des CDU-Bundesausschusses für Sozialpolitik vom April 1953, in: ebenda, G I, S. 7; Hagen, Gesundheitsfürsorge, S. 240ff.; nur zum Teil in den sog. „Unkeler Beschlüssen" des „Ausschusses für Krankheitsbekämpfung (einschließlich Krankenversicherung)" des BMA-Beirats vom 3./4.10.1955, BABl. 1955, S. 1038f.; Entschließung des CDU-Bundesparteitags vom 26.–29.4.1956, in: Richter, Sozialreform, Bd. 6 G I, S. 17; Sozialplan, S. 32ff.; ferner die Nachweise bei Labisch/Tennstedt, Prävention, S. 141ff.
[175] Vgl. insgesamt Manger-König, Gesundheitsdienst; Labisch/Tennstedt, Prävention, S. 136ff.

Gesundheitsdienstes ergriffen und einen Gesetzentwurf über die vorbeugende Gesundheitsfürsorge als dessen Aufgabe vorbereitet hatte, war das ohne nachhaltige Resonanz geblieben.[176]

Im Fürsorgerecht galt bislang nur die allgemeine und unverbindliche Möglichkeit zu vorbeugender Fürsorge des § 3 RGr., die Polligkeit schon in seinem Reformgutachten von 1946 für ungenügend erachtet hatte[177] und der 1950 zumindest für Empfänger von Kriegsfolgenhilfe mehr gesundheitsfürsorgerische Durchschlagkraft verliehen worden war.[178] Wie die Erziehungshilfen hatte Gottschick in seinen ersten Konzepten das schwierig abzugrenzende Gebiet der vorbeugenden Gesundheitsfürsorge noch ausgeklammert, dann auf Anregung der kommunalen Sachverständigen aber zumindest vorbeugende Erholungsmaßnahmen als Kann-Leistung vorgesehen.[179] Das war Scheffler offensichtlich zu wenig[180]: Nachdem zuvor die DST-Hauptversammlung im Juni 1956 ihre Bereitschaft zu breit angelegter, natürlich auf der Basis kommunaler Gesundheitsämter operierender vorbeugender Gesundheitsfürsorge verkündet hatte, sah der BSHG-Entwurf vom November 1956 entsprechende Maßnahmen als Pflichtleistung auch der Sozialhilfe vor.[181] Dabei ging es Scheffler nicht um eine Beeinträchtigung der allgemeinen Aufgaben der Gesundheitsämter, sondern um die Sicherung der notwendigen Maßnahmen im Einzelfall, eine Auffassung, die aus unterschiedlichen Motiven ebenso von den Länderreferenten wie indirekt vom SPD-Sozialplan von 1957 gestützt wurde.[182]

Dem eng mit der Sozialabteilung zusammenarbeitenden Theodor Marx allerdings gingen diese Bestimmungen nicht weit genug. Er war der Ansicht, daß ein umfassendes Bundesgesundheitsgesetz im Sinne von Hagen zwar dringend not-

---

[176] Tatsächlich verlor die Gesundheitsfürsorge des öffentlichen Gesundheitsdienstes immer mehr an Bedeutung infolge des Ausbaus der Leistungen der gesetzlichen Krankenversicherung und der Kompetenzerweiterung der niedergelassenen Ärzte; vgl. Labisch, Entwicklungslinien, S. 753f.; Labisch/Tennstedt, Prävention, S. 149ff.; Kühn, Jugendamt, S. 72f., 82f. Das seit der Therapierbarkeit nicht mehr umfassende allgemeine Fürsorgemaßnahmen erfordernde Sondergebiet der Geschlechtskrankheiten war 1953 gesetzlich geregelt worden. Die dabei vorgesehenen Arbeitsgemeinschaften von öffentlichem Gesundheitsdienst, Versicherungen und niedergelassenen Ärzten wie auch die Meldepflicht funktionierten aus Sicht der Gesundheitsämter allerdings nicht befriedigend; vgl. Hagen, Gesundheitsfürsorge, S. 244.
[177] Vgl. Rundschreiben 1 (1946), S. 51.
[178] Laut § 10 des Ersten Überleitungsgesetzes vom 28.11.1950 galt auch vorbeugende Erholungsfürsorge für Mütter, Kinder und Jugendliche als verrechnungsfähig im Sinne einer Pflichtleistung der Fürsorge, BGBl. S. 773.
[179] Vgl. § 36 des Teilentwurfs vom 25.5.1956, BAK, B 106/20648; Vermerk über die Besprechung mit den Sachverständigen am 3.5.1956, BAK, B 106/9789/2.
[180] So eine Randglosse Schefflers zu § 36 des Teilentwurfs vom 25.5.1956, BAK, B 106/20648.
[181] Vgl. §§ 59–61 BSHG-Entwurf vom 24.11.1956, ebenda; Der Städtetag 9 (1956), S. 355ff. Zudem gab der Wechsel Hagens, der die Einbeziehung solcher Hilfen in das Fürsorgerecht ablehnte, vgl. Vermerk Referat V A 4 vom 18.7.1957, BAK, B 106/9786/2, an die Spitze des Bundesgesundheitsamtes zum 1.7.1956 der Sozialabteilung freiere Hand.
[182] Vgl. Abteilungsleitervorlage vom 16.11.1956, BAK, B 106/20652; Besprechung mit den Referenten der Länder am 5./6.2.1957, BAK, B 106/9789/2; Sozialplan, S. 32, 64ff., 125ff.

3. Gesundheitliche Hilfen

wendig, aber angesichts der unklaren Legislativkompetenz des Bundes in absehbarer Zeit kaum zu erwarten war. Daher drängte er auf eine möglichst weitgehende, dann auch über die fürsorgerische Hilfsbedürftigkeit hinausgehende vorläufige Verankerung der vorbeugenden Gesundheitsfürsorge, insbesondere einer bestimmten Zahl von Vorsorgeuntersuchungen, im Fürsorgegesetz, um dadurch bundesweit das Niveau der öffentlichen Gesundheitsfürsorge zu heben und zu vereinheitlichen.[183] Möglicherweise verfolgte er darüber hinaus das Ziel, Aufgaben des allgemeinen Gesundheitswesens zu Maßnahmen der öffentlichen Fürsorge gemäß Art. 74 GG zu erklären und so quasi durch die Hintertür eine Gesetzgebungskompetenz des Bundes begründen zu können.[184] Diese Strategie versuchte er innerhalb des DST, des DV und des Beirats durchzusetzen – ohne Erfolg.[185] Zwar war man im Innenministerium keineswegs bereit, wie von Marx' internen Gegenspielern im DST-Gesundheitsausschuß gewünscht, ganz auf die vorbeugende Gesundheitsfürsorge zu verzichten, was zudem die Gefahr einer vorübergehenden Gesetzeslücke barg. Die Gesundheitspolitiker im DST und DV fürchteten nämlich, daß eine Übergangslösung im Fürsorgerecht das gewünschte Bundesgesundheitsgesetz verzögere und präjudiziere, daß dann die Gesundheitsfürsorge generell den Gesundheitsämtern genommen und deren Stellung gegenüber den Sozialämtern dauernd geschwächt werde.[186] Doch bereits Ende April 1957 erklärte Scheffler intern, auf dem Fürsorgetag 1957 dann öffentlich, daß für die Gesundheitsfürsorge für die Gesamtbevölkerung nicht die subsidiäre Fürsorge zuständig sei; allgemeine Vorsorgeuntersuchungen etwa, ohnehin kaum mit Einkommensgrenzen zu vereinbaren, seien nicht Aufgabe der Sozialhilfe, sondern Voraussetzung für deren Tätigwerden im Einzelfall.[187] Offensichtlich wollte Scheffler das künftige BSHG nicht mit allen offenen Posten der Sozialreform überfrachten.

Tatsächlich hätte die Sozialabteilung auch im eigenen Hause eine solche Linie kaum durchsetzen können: Die Gesundheitsabteilung erhob ohnehin starke Bedenken gegen den Einbau des KBG und des künftigen THG, da damit auch allgemeine gesundheitsrechtliche Regelungen in das Sozialhilfegesetz übernommen werden müßten.[188] Der Fürsorgetag im November stützte das Vorgehen des

---

[183] Vgl. Niederschriften über die Sitzungen des Arbeitsausschusses für Fragen der Fürsorge am 30. 11./1. 12. 1956 und 3./4. 5. 1957, ADW, HGSt 6769; Vermerk Referat V A 4 vom 16. 4. 1957, BAK, B 106/9786/2; Niederschrift über die Sitzung des DST-Arbeitskreises „Fürsorgerecht" am 7./8. 5. 1957, von Marx formulierte Thesenvorschläge zur Neuordnung der Krankheitsbekämpfung vom 10. 5. 1957, Rainer an Marx am 13. 9. 1957, Abschrift, LAB, B Rep. 142-9, 1282.

[184] Vgl. Scheffler im Arbeitsausschuß für Fragen der Fürsorge am 3./4. 5. 1957, Niederschrift, ADW, HGSt 6769.

[185] Vgl. die Niederschriften über die Sitzungen des Arbeitsausschusses am 14./15. 6. 1957, ebenda, sowie des DST-Sozialausschusses am 26./27. 9. 1957, Auszug, LAB, B Rep. 142-9, 1282.

[186] Vgl. Niederschrift über die Sitzung des DST-Gesundheitsausschusses am 24./25. 5. 1957, Auszug; Rainer an Marx am 13. 9. 1957, Abschrift, LAB, B Rep. 142-9, 1282; Vermerk Referat V A 4 vom 18. 7. 1957, BAK, B 106/9786/2.

[187] Vgl. Vermerke Referat V A 4 über Besprechungen mit Abteilungsleiter am 29./30. 4. und 5. 7. 1957, BAK, B 106/9789/2; Gerhard Scheffler, Neuordnung, S. 30f.

[188] Vgl. Vermerke Referat V A 4 vom 18. 2. und 5. 3. 1958, BAK, B 106/20643.

Innenministeriums und wünschte keine allgemeinen gesundheitsrechtlichen Bestimmungen für das BSHG; vielmehr forderte die Arbeitsgruppe E, gleichzeitig mit dem Bundessozialhilfegesetz und einem Bundesjugendhilfegesetz ein Bundesgesundheitsgesetz vorzulegen, nötigenfalls durch eine Änderung des Grundgesetzes. Anders als im Falle der Jugendhilfe konnte diese Junktimsforderung die Zeitpläne der Sozialabteilung allerdings – von der unklaren Rechtslage einmal abgesehen – kaum gefährden, denn das Gesundheitswesen ressortierte im eigenen Ministerium und es fehlte hier der entscheidende Verknüpfungspunkt des Konflikts um die freie Wohlfahrtspflege. Allerdings übernahm auch die Arbeitsgruppe E den von Marx und dem DV-Gesundheitsausschuß mit Hagen ausgehandelten Kompromiß: Ein präziser Aufgabenkatalog sollte zumindest für die künftigen Fürsorgeempfänger die modernsten Mindestleistungen per Rechtsanspruch sichern und gleichzeitig eine Vorreiterrolle für das erhoffte Gesundheitsgesetz übernehmen.[189]

Zunächst unterstützte auch der Fürsorgeausschuß des Beirats diese Forderungen, geriet damit aber in Gegensatz zu dem Beirats-Ausschuß für Krankheitsbekämpfung, der erklärte, daß den künftigen Sozialhilfeempfängern nicht mehr als den gesetzlich Krankenversicherten gewährt werden dürfe, die schließlich Beiträge geleistet hätten.[190] Zu den Pflichtleistungen der Krankenkassen gehörten regelmäßige Vorsorgeuntersuchungen aber nicht. Nach anfänglichem Widerstand lenkte der Fürsorgeausschuß in diesem Punkt ein und verzichtete auf die Festschreibung einer bestimmten Zahl von Vorsorgeuntersuchungen; mit der Forderung nach weiterhin zeitlich unbegrenzter Krankenhilfe und gleichwertigen Leistungen auch für Familienmitglieder allerdings war er über den Limits der Krankenversicherung geblieben.[191]

Auch der Referentenentwurf vom Juli 1958 sah zwar die „ärztliche Untersuchung zur möglichst frühzeitigen Erkennung einer gesundheitlichen Gefährdung" vor, benannte diese aber nicht ausdrücklich in zeitgenössischer Terminologie als „Vorsichtsuntersuchung" und beließ deren Anwendung im behördlichen Ermessen.[192] Besonders deutlich offenbarte sich damit das schon von Muthesius beschriebene Dilemma einer modernen Sozialhilfe, die einerseits notwendige Leistungen auch und gerade präventiv erbringen, andererseits aber die postulierte Vorleistungspflicht anderer Träger wahren wollte. Der Referentenentwurf ging ohnehin über das Nachrangprinzip hinaus, indem er auf „vorbeugende Gesundheitshilfe" einen Rechtsanspruch einräumte und einen Maßnahmenkatalog von der Kindererholung bis zur Müttergenesung aufführte. Diese Bestimmungen wurden von der Gesundheitsabteilung schließlich toleriert.[193]

---

[189] Vgl. Neuordnung des Fürsorgerechts, S. 228ff., 266, 269, 434f.; Rainer, Gesundheitsfürsorge.
[190] Vgl. die Niederschriften über die Sitzungen des Arbeitsausschusses für Fragen der Fürsorge am 30./31. 1. und 6./7. 6. 1958, letztere mit Anlage 5, ADW, HGSt 6769.
[191] Vgl. NDV 38 (1958), S. 306f.; 39 (1959), S. 132ff.
[192] § 51 des BSHG-Entwurfs 7/1958, BAK, B 106/20643.
[193] Vgl. Vermerk Referat V A 4 vom 28. 5. 1958 sowie Abteilung IV an Abteilung V am 11. 6. 1958; § 51 Abs. 4 BSHG-Entwurf 7/1958, ebenda.

3. Gesundheitliche Hilfen

Auf Krankenhilfe und die Hilfe für Schwangere und Wöchnerinnen bestand wie im bisherigen Recht ein Rechtsanspruch (für den erweiterten Personenkreis innerhalb der allgemeinen Einkommensgrenzen für die Hilfe in besonderen Lebenslagen), die einzelnen materiellen Leistungen wurden in Anlehnung an bereits übliche Rechtsauslegung präzisiert bzw. etwas erweitert.[194] Die Leistungen sollten mindestens den Pflichtleistungen der Krankenkassen entsprechen. Neben dem sozialreformerischen Ziel einer Leistungsangleichung der Sozialleistungsträger hatte diese Regelung auch praktische Gründe, boten doch Reichsversicherungsordnung und Satzungen der Ortskrankenkassen den örtlichen Sozialämtern eine hilfreiche Orientierung für die eigene Leistungsgewährung.[195] Darüber hinaus garantierte die Bindung an die Krankenversicherung einen bundesweit einheitlichen Mindeststandard der gesundheitlichen Hilfen der künftigen Sozialhilfe. Wie sich allerdings bald zeigen sollte, barg gerade diese Relation zur Krankenversicherung erhebliches Konfliktpotential. Insgesamt hatte der Entwurf somit zwar nicht alle Details der Forderungen der Fürsorgereform-Gremien erfüllt, aber die bisher weitgehend dem behördlichen Ermessen überlassenen gesundheitlichen Fürsorgeleistungen durch Konkretisierung verrechtlicht und durch den Rechtsanspruch auf präzise vorbeugende Hilfen deutlich ausgebaut.

Bis zu ihrer endgültigen Regelung im BSHG wurden diese Vorschriften jedoch zum Teil erheblich geändert: Besonders einschneidend war, daß der Rechtsanspruch auf „vorbeugende Gesundheitshilfe" schon im zweiten Referentenentwurf auf eine Soll-Verpflichtung des Sozialhilfeträgers vermindert wurde.[196] Hier hatte abermals die Koalition aus Bundesfinanzministerium, der Mehrzahl der Länderreferenten und der ländlichen kommunalen Spitzenverbände ihre Effektivität bewiesen. Ein Rechtsanspruch sei nicht praktikabel – etwa im Falle widersprüchlicher ärztlicher Gutachten – bzw. nicht finanzierbar; denn das geltende Versicherungs- und Versorgungsrecht sah solche Hilfen fast nur als Kann-Leistungen vor, so daß Nichtversicherte gegenüber Beitragszahlern besser gestellt oder die Sozialhilfeträger u.U. auch für minderbemittelte Krankenversicherte vorsorgepflichtig würden.[197] Auf Betreiben seines Finanzausschusses forderte der Bundesrat sogar die Abschwächung zur Kann-Leistung[198], was aber von der Bundesregierung zurückgewiesen wurde, zumal zumindest jenseits der Partikularperspektive des unmittelbar betroffenen Trägers auch die volkswirtschaftliche Kostenersparnis durch medizinische Prävention ins Feld geführt werden konnte und ohnehin nur

---

[194] Vgl. §§ 52, 54 BSHG-Entwurf 7/1958, ebenda; neu war etwa die Verpflichtung, ggf. auch eine (von Ärzten propagierte) Anstaltsentbindung zu finanzieren.
[195] Vgl. Besprechung mit den Fürsorgereferenten der Länder am 5./6.2.1957, BAK, B 106/9789/2.
[196] Vgl. § 33 des BSHG-Entwurfs 3/1959, BAK, B 106/20646.
[197] Vgl. Niederschrift über die Besprechung mit den Vertretern der obersten Landessozialbehörden am 21./22.10.1958, LAS Abt. 761 Nr. 8874; Stellungnahmen der bayerischen kommunalen Spitzenverbände vom 14.10.1958, des DLT vom 17.11.1958 und des DGT vom 1.12.1958 sowie Vermerk Referat V A 4 vom 11.12.1958, BAK, B 106/9686.
[198] Vgl. die Änderungsempfehlungen des Bundesratsausschusses für Innere Angelegenheiten zum BSHG-Entwurf vom 11.3.1960, S.15, BR, Drucksachen 1960, Drs. 53/1/60; Sitzung des Bundesrates am 18.3.1960, S.340, BR 1960, Sten. Ber.

der Personenkreis innerhalb der allgemeinen Einkommensgrenze in Frage kam.[199] Auch der kommunalpolitische Bundestagsausschuß blieb bei der Soll-Bestimmung, hätte doch eine Kann-Vorschrift sogar eine Verschlechterung gegenüber dem bisherigen Rechtszustand bedeutet. Als Soll-Bestimmung wurde dann die vorbeugende Gesundheitshilfe Gesetz.

Darüber hinaus verzichtete der zweite Referentenentwurf wie auch bei anderen Hilfen im Interesse der Kommunen auf den beispielhaften Aufgabenkatalog und erwähnte neben allgemeinen Erholungsmaßnahmen und Vorsorgekuren nur noch die „Müttererholung in geeigneten Müttergenesungsheimen"[200] – letzteres ebenso ein Zugeständnis an eine zeitgenössische Notwendigkeit wie an den Bundespräsidenten, der im Interesse des von seiner Ehefrau initiierten Deutschen Mütter-Genesungswerks im November 1958 indirekt interveniert hatte.[201] Die ursprünglich von Marx so vehement geforderten allgemeinen Vorsorgeuntersuchungen enthielt der Entwurf bereits nicht mehr. Erst der Bundesrat veranlaßte die Einfügung einer Kann-Bestimmung für Vorsorgeuntersuchungen zur Früherkennung, um vor allem den Entwicklungen der Krebs-Diagnostik Rechnung zu tragen.[202] Somit hatten die ursprünglich weitreichenden Präventionspläne nur beschränkt Eingang in das BSHG gefunden. Und dies, obwohl – besser: gerade weil – weder die Pläne für ein Bundesgesundheitsgesetz noch für eine stärkere Verankerung der Prävention in der gesetzlichen Krankenversicherung weiter gediehen waren.

Tatsächlich erwies sich die Bindung an die Krankenversicherung schließlich als Hemmschuh für die fürsorgerischen Reformpläne. Die Absicht, dadurch einen bundesweit einheitlichen Mindeststandard zu etablieren, blieb solange obsolet, als die Pflichtleistungen der Krankenkassen hinter den geplanten Sozialhilfen zurückblieben. In der von Adenauer bereits 1957 angekündigten grundlegenden Reform der Krankenversicherung waren zwar deutliche Leistungsverbesserungen auch zur Prophylaxe vorgesehen, die durch eine Umstellung der ärztlichen Honorierung und durch eine Selbstbeteiligung der Patienten an den Kosten unter Kontrolle gehalten werden sollten.[203] So sah ein Anfang Januar 1960 dem Bundestag vorgelegter Regierungsentwurf u.a. einen Anspruch auf einige Vorsorgeunter-

---

[199] Vgl. die Auffassung der Bundesregierung zu der Stellungnahme des Bundesrates, S. 83, BT, 3. Wp. 1957, Anlagen, Bd. 67, Drs. 1799, Anlage 3.
[200] Vgl. DST-Stellungnahme vom 27.11.1958, BAK, B 106/9686; Niederschrift der Sitzung des DLT-Sozialausschusses am 2./3.7.1959, BAK, B 172/444-02/2, Beiheft; § 33 des BSHG-Entwurfs 3/1959, BAK, B 106/20646.
[201] Die Geschäftsführerin des Mütter-Genesungswerks Antonie Nopitsch hatte in einem Brief an Heuss eine mangelnde Berücksichtigung der Müttergenesungsfürsorge im BSHG-Entwurf kritisiert und war kurz darauf vom Bundespräsidenten persönlich empfangen worden. Ihrem Wunsch entsprechend sicherte Gottschick durch die neue Formulierung, daß diese Maßnahmen praktisch nur in Heimen des Mütter-Genesungswerks durchgeführt würden; vgl. Nopitsch an Bundespräsident am 12.11.1958 (Durchschlag), sowie Vermerk Referat V A 4 vom 14.11.1958, BAK, B 106/9686; Gottschick an die CDU-Bundestagsabgeordnete Welter am 10.6.1959, BAK, B 106/20647.
[202] Vgl. § 36 Abs. 1 BSHG.
[203] Zu den Plänen für eine Neuordnung der Krankenversicherung und ihrem Scheitern vgl. ausführlich Reucher, Reformen.

3. Gesundheitliche Hilfen 291

suchungen (auch während der Schwangerschaft) und auf Krankenhauspflege sowie Leistungsverbesserungen für mitversicherte Familienangehörige vor.[204] Doch die heftig umkämpfte Reform scheiterte Anfang 1961 schließlich auch im Bundestag.

Das wirkte sich vor allem auf die Schwangerenhilfe der Sozialhilfe aus. Auf Drängen des DST, des DV und der Spitzenverbände der freien Wohlfahrtspflege und angesichts von Presseberichten über die hohe Müttersterblichkeit in der Bundesrepublik hatte die Sozialabteilung in den zweiten Referentenentwurf nämlich doch Schwangerschaftsuntersuchungen in den Katalog der Pflichtleistungen eingefügt.[205] Doch mit dem Scheitern der Krankenversicherungsreform mußte diese Vorschrift wieder entfallen, wollte man auf die in der Verwaltung bereits eingespielte Leistungsgewährung anhand der Reichsversicherungsordnung nicht wieder verzichten. Wie bereits im Mai 1959 von den Wohlfahrtsministern der Länder befürchtet, wirkte sich hier die Bindung an die Krankenkassenleistung also vorläufig als Leistungsdeckelung aus.[206]

Die ausdrückliche Anknüpfung auch der Krankenhilfe an die gesetzliche Krankenversicherung war nach ganz anders begründeten Protesten bereits im zweiten Referentenentwurf wieder entfallen. Während der DLT die Koppelung an externe Mindestmaßstäbe als „allgemeine Aufweichung bisher bestehender Leistungsgrenzen" kritisierte[207], fürchteten Ortskrankenkassen wie Kassenärzte den umgekehrten Effekt: Hohe, mit einem Rechtsanspruch versehene Leistungen der Sozialhilfe würden den Wert der beitragspflichtigen gesetzlichen Krankenversicherung weitgehend illusorisch machen, eine Art staatlicher Gesundheitsdienst werde die genossenschaftliche Selbsthilfeeinrichtung Krankenversicherung allmählich aufsaugen.[208] Da Bundesarbeits- und Bundeswirtschaftsministerium diese Forderungen unterstützten, verzichtete das Innenministerium auf den Passus, was sich nach dem Scheitern der Neuordnungspläne für die Krankenversicherung im Sinne des Hilfsbedürftigen letztlich als Vorteil erwies.[209] Eine umfassende Definition der Krankenhilfe im BSHG ermöglichte individuelle Hilfe auch oberhalb der

---

[204] Vgl. §§ 117ff., 207f., 216ff. des Entwurfs eines Gesetzes zur Neuregelung des Rechts der gesetzlichen Krankenversicherung, BT, 3. Wp. 1957, Anlagen, Bd. 65, Drs. 1540.
[205] Vgl. § 35 des BSHG-Entwurfs 3/1959, BAK, B 106/20646, sowie § 36 des BSHG-Regierungsentwurfs, Februar 1960, BT, 3. Wp. 1957, Anlagen, Bd. 67, Drs. 1799.
[206] Vgl. Niederschrift über die Konferenz der für das Wohlfahrtswesen zuständigen Minister der Länder am 22. 5. 1959, BAK, B 106/20644. In der Hoffnung auf künftige Änderungen des Krankenversicherungsrechts wurde statt dessen auf Veranlassung des kommunalpolitischen Bundestagsausschusses ein – noch bedeutungsloser – Passus eingefügt, wonach die Hilfe für werdende Mütter auch Vorsorgeuntersuchungen umfasse, „soweit diese nach den Vorschriften über die gesetzliche Krankenversicherung zu gewähren sind", § 38 BSHG; dazu Gottschick, Bundessozialhilfegesetz, 1962, S. 161.
[207] Stellungnahme des DLT vom 17. 11. 1958, BAK, B 106/9686.
[208] Vgl. Vermerk Referat V A 4 vom 18. 7. 1957, BAK, B 106/9786/2; Neuordnung des Fürsorgerechts, S. 262f.; Wirtschafts- und Sozialpolitik. Informationsdienst für die Deutsche Wirtschaft 10 (1958), Nr. 46, S. 10; NDV 39 (1959), S. 132.
[209] Vgl. Besprechung mit den Vertretern der obersten Landessozialbehörden am 21./22. 10. 1958, LAS Abt. 761 Nr. 8874; Stellungnahme des BMW vom 4. 12. 1958, BAK, B 106/9686; NDV 39 (1959), S. 132ff.; Lücke, Krankenhilfe.

Krankenkassenleistungen bzw. nach Aussteuerung, beließ deren Ausgestaltung allerdings wie bisher im Ermessen des Sozialhilfeträgers.[210] Verglichen mit dem ersten Referentenentwurf waren also bereits im zweiten Entwurf vom März 1959 die gesundheitlichen Hilfen deutlich zurückgefahren worden und blieben inhaltlich auch im wesentlichen unverändert bis zur Verabschiedung des Gesetzes. Die Bundesregierung schätzte den materiellen Mehraufwand für dieses Gebiet auf zusammen knapp 40 Mio. DM; bei einem Aufwand von rund 250 Mio. DM im Jahre 1958 entsprach dies einer Kostensteigerung um 20%. Den – auch im Vergleich zu den übrigen Hilfen in besonderen Lebenslagen – größten Anteil mit gut 33 Mio. DM stellte die Krankenhilfe, obwohl das materielle Leistungsrecht hier nicht wesentlich geändert worden war. Kostensteigernd – und damit für eine politische Intervention interessant – waren hier also nicht die Leistungen selbst, sondern die erweiterten Einkommensgrenzen, die den Eigenbeitrag der Leistungsempfänger senkten und die potentielle Klientel erweiterten.[211]

Im Bundestagsplenum machte sich dann die FDP im Interesse der niedergelassenen Ärzte gegenüber Polikliniken und Amtsärzten für die ausdrückliche Garantie des Rechtes der freien Arztwahl stark[212], was die anderen Fraktionen zwar für überflüssig hielten, aber aus wahltaktischen Gründen nicht ablehnten.[213] Die wachsenden Einflußmöglichkeiten der organisierten Ärzteschaft[214] und der Trend zur allmählichen Ausschaltung des öffentlichen Gesundheitsdienstes machten also auch vor der kommunalen Sozialhilfe nicht halt. Statt als Schrittmacher für eine umfassende Gesundheitsreform zu fungieren, hatte sich die Sozialhilfe in das bestehende Gesundheitssystem der Bundesrepublik eingepaßt.[215]

Tuberkulosehilfe

Hatte sich schon die Einbeziehung vorbeugender Gesundheitshilfen in das BSHG als schwierig erwiesen, so galt dies erst recht für die Tuberkulosehilfe. Denn hier spielten seuchenpolizeiliche Belange eine wichtige Rolle, die Hilfe war seit dem

---

[210] Vgl. § 37 BSHG.
[211] Vgl. die Begründung zum BSHG-Regierungsentwurf vom Februar 1960, S. 66, BT, 3. Wp. 1957, Anlagen, Bd. 67, Drs. 1799; Willi Bangert, Bundessozialhilfegesetz, S. 349.
[212] Vgl. entsprechende Eingaben der Bundesärztekammer und der Kassenärztlichen Bundesvereinigung vom 4. 10. 1960, PA, Gesetzesmaterialien III/349 A 3, der Arbeitsgemeinschaft fachärztlicher Berufsverbände vom 13. 1. 1961, die in polemischer Form auch als Broschüre veröffentlicht wurde, ebenda, A 4 bzw. B, sowie zwei Schreiben des Verbands der Ärzte Deutschlands (Hartmannbund) an den Sozialpolitischen Arbeitskreis der CDU/CSU-Fraktion vom 21. 2. 1961 bzw. den Fraktionsvorsitzenden Krone vom 27. 2. 1961, ACDP, CDU/CSU-Fraktion AK IV, VIII-005-106/1; Änderungsantrag der FDP-Fraktion vom 2. 5. 1961, Umdruck 888 zur Bundestagssitzung am 4. 5. 1961, BT, 3. Wp. 1957, Sten. Ber., Bd. 49, S. 9192; Thieding, Bundessozialhilfegesetz.
[213] Vgl. Sitzung des Bundestages am 4. 5. 1961, S. 9073, BT, 3. Wp. 1957, Sten. Ber., Bd. 49.
[214] Vgl. Süß, Gesundheitspolitik, S. 93.
[215] Zur jüngsten Neufassung der gesundheitlichen Hilfen in der Sozialhilfe durch das „Gesetz zur Modernisierung der gesetzlichen Krankenversicherung" vom 14. 11. 2003, BGBl. I S. 2190, vgl. Schellhorn, Einordnung, S. 172.

Krieg außerhalb des Fürsorgerechts geregelt und die Rentenversicherung, nicht die Fürsorgeverbände, waren ihre Hauptträger.

Solange Antibiotika noch nicht entwickelt bzw. der breiten Bevölkerung zugänglich waren, in der Bundesrepublik bis in die fünfziger Jahre, bildete die soziale Prophylaxe durch Gesundheitsfürsorge das entscheidende Mittel zur Bekämpfung dieser Volkskrankheit: von der Früherkennung über die Isolation des Kranken, Hygieneerziehung, Ernährungszulagen und Kuren bis hin zur Beschaffung einer neuen Arbeitsstelle. Zu einem planmäßigen Ausbau dieser Maßnahmen war es in den zwanziger Jahren in Deutschland nicht gekommen, vielmehr blieb die Tbc-Fürsorge nach dem finanziell bedingten Scheitern eines Reichstuberkulosegesetzes kommunaler und privater Initiative überlassen. 1928 bestanden immerhin gut 1 400 professionell arbeitende Tuberkulosefürsorgestellen zur Ermittlung und Betreuung der Erkrankten und zur prophylaktischen Arbeit.[216]

Während des Nationalsozialismus wurden diese Maßnahmen durch Einschaltung der Gesundheitsämter zwar reichsweit weiter ausgebaut und vereinheitlicht und überdies die Möglichkeit der Zwangsasylierung Tuberkulöser eingeführt[217], doch bei der Durchführung der eigentlichen Heilbehandlung bestand ein Wirrwarr der Kostenträgerschaft, was eine planmäßige Tuberkulosebekämpfung kaum zuließ.[218] Da die Tuberkulose aber letztlich die Wehrfähigkeit der deutschen Soldaten bedrohte und überdies die NSV mit den staatlichen Maßnahmen konkurrierte, wurde auf Betreiben des „Reichsgesundheitsführers" Conti am 8. September 1942 die „Verordnung über Tuberkulosehilfe"[219] erlassen, die zum ersten Mal die einheitliche Behandlung von nicht versicherten Tbc-Kranken ermöglichte: indem generell die Gau(Landes-)fürsorgeverbände die Tuberkulosehilfe durchzuführen und zu finanzieren hatten und damit leistungsfähige Kostenträger geschaffen wurden; neben Heilbehandlung, Absonderung und Pflege für den Erkrankten und seine Familie auch wirtschaftliche Hilfe zu gewähren war, die über den Fürsorge-Richtsätzen lag; für die Hilfe eine Einkommensgrenze von 7 200 RM im Jahr für Alleinstehende vorgesehen und damit der Empfängerkreis gegenüber der öffentlichen Fürsorge beträchtlich erweitert wurde; die Hilfe explizit nicht als Leistung der öffentlichen Fürsorge firmierte und damit die Rückerstattungspflicht entfiel. Diese Verordnung brachte die Träger der Sozialversicherung in Zugzwang, so daß diese im Sommer 1943 mit der Gründung eines „Tuberkulose-Versorgungswerks" ihre Leistungen denen der Fürsorgeverbände anglichen. 1943/44 trug das Versorgungswerk rund vier Fünftel aller Tbc-Fälle, das restliche Fünftel trugen die Landesfürsorgeverbände.[220] Den kriegsbedingten Mangel an dringend notwendigen Plätzen in Heilstätten und die gesundheitlichen Folgen der immer

---

[216] Vgl. Sachße/Tennstedt, Geschichte, Bd. 2, S. 126ff.
[217] Was das für die Betroffenen bedeuten konnte, schildert eindrücklich Ayaß, „Asoziale", S. 102ff., am Beispiel der Thüringer Landesheilanstalten in Stadtroda; dort mußten die Tuberkulosekranken unter gefängnisähnlichen Bedingungen leben und arbeiten und wurde teilweise gezielt Tabak verabreicht.
[218] Vgl. Hansen, Wohlfahrtspolitik, S. 291ff.; Sachße/Tennstedt, Geschichte, Bd. 3, S. 169ff.; NDV 30 (1950), S. 18f.
[219] RGBl. I S. 549.
[220] Vgl. Rundschreiben 1 (1946), S. 42.

schlechteren Ernährungs- und Wohnsituation konnten freilich auch diese rechtlichen Verbesserungen nicht mehr auffangen.

Der alarmierende Anstieg der Tuberkulose in der Nachkriegszeit bei zunächst hoher Mortalitätsrate[221] verlangte eigentlich nach einer Fortsetzung der 1942/43 viel zu spät rechtlich begründeten Maßnahmen. Tatsächlich wurde die Tuberkulose-Verordnung in den Ländern der Westzonen auch weiter angewendet, dabei allerdings durch Herabsetzung der Einkommensgrenze teilweise erheblich eingeschränkt und die wirtschaftliche Hilfe selbst ebenfalls vermindert.[222] Denn die finanziell stark angeschlagenen Landesversicherungsanstalten stellten jetzt einen Teil der ihrer Ansicht nach 1943 nur freiwillig übernommenen Leistungen wieder ein, so daß hier die Fürsorgeverbände einspringen mußten und das alte Kostengerangel erneut begann.[223] Geklärt wurde die Lage wieder einmal zuerst für die Empfänger von Kriegsfolgenhilfe, indem der Bund seit 1949/50 auch aufgrund der Tuberkulose-Verordnung geleistete Hilfen der Landesfürsorgeverbände zum Großteil finanzierte.[224] Die Verhandlungen zwischen Rentenversicherungsträgern und Fürsorgeverbänden dagegen zogen sich über Jahre erfolglos hin: Die Rechtsverbindlichkeit der Regelungen von 1942/43 und folgender Ministerialerlasse war dabei ebenso umstritten, wie die Frage, inwieweit die Unterbringung der sogenannten Asylierungsfälle und die wirtschaftliche Betreuung der Familien von den Versicherten oder aber als Staatsaufgabe aus öffentlichen Mitteln zu finanzieren sei.[225]

Seit Anfang der fünfziger Jahre ging zwar die Zahl der tuberkulosebedingten Todesfälle deutlich zurück, doch die Rückfallquote blieb bedenklich hoch, da viele nicht mehr ansteckend Tuberkulöse wegen der geringen wirtschaftlichen Hilfen zu früh zu arbeiten begannen.[226] Außerdem wurden rechtlich abgesicherte Rehabilitationshilfen für teilinvalide Tbc-Kranke immer dringender. Rechtsunsicherheit sowie uneinheitliche und ungenügende Leistungen begründeten daher die Forderung nach einem Bundesgesetz über Tuberkulosehilfe noch vor einer allgemeinen sozialen Neuordnung.[227] Schließlich forderte auch der Bundestag einstimmig auf Antrag der SPD-Fraktion am 24. März 1955 die Bundesregierung zur Vorlage eines „seit langer Zeit angekündigte[n]" Gesetzes über Tuberkulosehilfe

---

[221] Berlin hielt einen traurigen Rekord mit einer Sterblichkeitsziffer 1945 von 29,1 auf 10 000 Einwohner gegenüber 8,2 im Jahre 1938; vgl. NDV 28 (1948), S. 134; auch Jochheim u.a., Rehabilitation, S. 573f., 582f.
[222] Vgl. NDV 27 (1947), S. 134ff.; 28 (1948), S. 32ff.
[223] Vgl. NDV 30 (1950), S. 18ff., 145f.
[224] Vgl. § 10,3 des Ersten Überleitungsgesetzes vom 28. 11. 1950, BGBl. S. 773.
[225] Vgl. NDV 30 (1950), S. 145f.; 31 (1951), S. 306ff.; 32 (1953), S. 128ff.; sowie ein Rundschreiben des BMI über Durchführung der VO über Tuberkulosehilfe vom 10. 4. 1954, GMBl. S. 197; ferner Schewe, Bedeutung, S. 147.
[226] So sank zwar die Zahl der Todesfälle von 5 je 10 000 Einwohner im Jahre 1949 auf 1,9 im Jahre 1956. Doch 1956 gab es in der Bundesrepublik und Berlin immer noch rund 443 000 Tuberkulosekranke. Eine Stichprobe aus dem Jahr 1954 ergab, daß von rund 800 stationär behandelten Tbc-Kranken rund drei Viertel innerhalb von drei Jahren rückfällig geworden waren; vgl. Begründung zum Entwurf eines Gesetzes über die Tuberkulosehilfe 1958, S. 11f., BT, 3. Wp. 1957, Anlagen, Bd. 57, Drs. 349.
[227] Vgl. NDV 32 (1952), S. 128ff.

auf.[228] Doch erst ein Jahr später, im März 1956, legte das federführende Bundesinnenministerium einen in jahrelangen Vorarbeiten entstandenen Gesetzentwurf vor.[229] Schuld an der Verzögerung war in erster Linie die Weigerung der Rentenversicherungsträger, einen Rechtsanspruch auf das Heilverfahren zu gewähren[230]; außerdem gab es bei den Landkreisen Vorbehalte gegen ein möglicherweise großzügige Maßstäbe setzendes Sondergesetz vor einer allgemeinen Fürsorgerechtsreform.[231] Umstritten zwischen Bundestagsmehrheit und Bundesrat war vor allem die Aufgabe der Rentenversicherung: Während Bundesrat und Vermittlungsausschuß einen gesetzlichen Rechtsanspruch auf Tuberkulosehilfe in der Rentenversicherung forderten, lehnten der Verband der Rentenversicherungsträger und schließlich die Regierungsmehrheit im Bundestag dies als Eingriff in die Selbstverwaltungsrechte der Sozialversicherung ab; mit der Ablehnung des Entwurfs auch durch den Bundesrat am 6. September 1957 war das Gesetz kurz vor Ablauf der zweiten Wahlperiode endgültig gescheitert.[232]

Die Bundesregierung legte dem Dritten Bundestag dann einen neuen Gesetzentwurf vor, der im wesentlichen dem Vermittlungsvorschlag folgte und vom Bundestagsausschuß für Kommunalpolitik und öffentliche Fürsorge im November 1958 kaum geändert verabschiedet wurde.[233] Da jedoch die Rentenversicherungsträger abermals gegen den geplanten Rechtsanspruch opponierten und die Länder eine stärkere Kostenbeteiligung des Bundes forderten, wurde die zweite und dritte Lesung um drei Monate verschoben; nach schwierigen Verhandlungen stimmte der Bundestag schließlich auf einen interfraktionellen Antrag hin einem prinzipiell weitgehenden, in den Einzelheiten aber stark eingeschränkten Rechtsanspruch im Rahmen der Rentenversicherung am 18. März 1959 zu.[234] Nach abermaliger Anrufung des Vermittlungsausschusses wurde das Gesetz schließlich am

---

[228] Antrag der SPD-Fraktion betr. Tuberkulosehilfe vom 16.2.1955, BT, 2.Wp. 1953, Anlagen, Bd. 34, Drs. 1208; Bundestagssitzung am 24.3.1955, BT, 2.Wp. 1953, Sten. Ber., Bd. 24, S. 4198f.

[229] Entwurf eines Gesetzes über die Tuberkulosehilfe (THG) 1956, BT, 2.Wp. 1953, Anlagen, Bd. 41, Drs. 2213.

[230] Vgl. Hagen, Gesundheitsfürsorge, S. 244.

[231] Vgl. entsprechende Schreiben des DLT an den Bundesinnenminister vom 30.8.1954 sowie an den Bundesratsausschuß für Innere Angelegenheiten vom 13.6.1955, BAK, B 172/444-01/1.

[232] Vgl. die knappe Darstellung bei Schewe, Bedeutung, S.147f.; ferner das Vorwort zum THG-Kommentar von Muthesius u.a., Recht, S. IXff.; ferner den Schriftlichen Bericht des Bundestagsausschusses für Fragen der öffentlichen Fürsorge vom 6.5.1957, BT, 2.Wp. 1953, Anlagen, Bd. 52, Drs. 3489 sowie zu 3489 (sic!); Bundestagssitzung am 26.6.1957, S.12682ff., BT, 2.Wp. 1953, Sten. Ber., Bd. 37; Verlangen des Bundesrates auf Einberufung des Vermittlungsausschusses vom 12.7.1957, BT, 2.Wp. 1953, Anlagen Bd. 54, Drs. 3735; Mündlicher Bericht des Vermittlungsausschusses vom 25.7.1957, ebenda, Drs. 3751; Sitzung des Bundesrates am 6.9.1957, BR 1957, Sten. Ber., S. 780f.

[233] Vgl. Entwurf eines Gesetzes über die Tuberkulosehilfe (THG) 1958, BT, 3.Wp. 1957, Anlagen, Bd. 57, Drs. 349; Schriftlicher Bericht des Ausschusses für Kommunalpolitik und öffentliche Fürsorge vom 26.11.1958, BT, 3.Wp. 1957, Anlagen, Bd. 59, Drs. 680; NDV 38 (1958), S. 149ff.

[234] Vgl. die Sitzungen des Bundestages am 11.12.1958, S. 2909, BT, 3.Wp. 1957, Sten. Ber., Bd. 42, sowie am 18.3.1959, S. 3539, ebenda, Bd. 43.

3. Juni 1959 vom Bundestag verabschiedet[235] und konnte nach Zustimmung des Bundesrates am 1. Oktober 1959 in Kraft treten.[236]

Die entscheidende Neuerung des Gesetzes betraf die Rentenversicherung: Tuberkulosekranke Versicherte (ähnlich ihre Ehegatten und Kinder) und Rentner hatten künftig einen Rechtsanspruch auf Maßnahmen zur Wiederherstellung der Erwerbsfähigkeit (Heilbehandlung, Berufsförderung und soziale Betreuung). Damit war endlich eine klare Abgrenzung zwischen den beiden wichtigsten Trägern der Tuberkulosehilfe, zwischen Rentenversicherung und Fürsorgeverbänden möglich, die überdies den realen Verhältnissen entsprach: 1955 hatten die Rentenversicherungen rund 251 Mio. DM, die Landesfürsorgeverbände etwa 110 Mio. DM für die Tuberkulosehilfe aufgewendet.[237] Ausdrücklich schrieb das Gesetz die Zusammenarbeit der verschiedenen Träger der Tbc-Hilfe vor und wies dabei den Gesundheitsämtern als zentraler Antrags- und Koordinierungsinstanz eine wichtige Aufgabe zu.

Für die Fürsorge war die wesentliche Neuerung die Statuierung eines Rechtsanspruchs auf Tbc-Hilfe im Rahmen einer begrenzten Nachrangigkeit[238], nachdem das Bundesverwaltungsgericht noch 1955 einen solchen Anspruch verneint hatte.[239] Auf diese Weise war im Rahmen des traditionellen vielgliedrigen Sozialleistungssystems die seuchenhygienisch gebotene Mindestversorgung eines jeden Tuberkulösen gesichert. Diese Hilfe umfaßte nun erstmals neben der Heilbehandlung und der wirtschaftlichen Hilfe auch Eingliederungshilfe und vorbeugende Hilfe. Art und Maß der Leistungen lagen im pflichtmäßigen Ermessen des jeweiligen Leistungsträgers. Auch weiterhin war eine Rückerstattung der Leistungen ausgeschlossen. Mit einem Freibetrag von 660 DM an monatlichem Einkommen für ein Ehepaar ohne Kinder sicherte das Gesetz wieder Hilfsmaßnahmen auch für den unteren Mittelstand. Oberhalb dieser Grenze konnte ein Kostenbeitrag verlangt werden. Kaum für das gesamte BSHG-Projekt als Beispiel geplant, sondern vor allem den neuen Leistungspflichten der Rentenversicherung wie dem allgemeinen Seuchenschutz geschuldet, war die erhebliche Beteiligung des Bundes an der Finanzierung der Hilfen: Bei der Rentenversicherung trug er die Kosten

---

[235] Vgl. Mündlicher Bericht des Vermittlungsausschusses vom 24.4.1959, BT, 3. Wp. 1957, Anlagen, Bd. 61, Drs. 1034; Sitzung des Bundestages am 3.6.1960, S. 3677ff., BT, 3. Wp. 1957, Sten. Ber., Bd. 43.
[236] „Gesetz über die Tuberkulosehilfe" (THG) vom 23.7.1959, BGBl. I S. 513. Zur versicherungsrechtlichen Bedeutung (die Rentenreform hatte allgemeine Rehabilitationsmaßnahmen als Kann-Leistung belassen) vgl. Schewe, Bedeutung, S. 148. Zum THG insgesamt die ausführliche Erläuterung von Spahn, Zum Tuberkulosehilfegesetz; ferner Bogs, Gesetzgebung, S. 271f.
[237] Vgl. Schewe, Bedeutung, S. 148.
[238] § 1 THG regelte im Interesse der Seuchenbekämpfung die Subsidiarität der Fürsorge insofern eigenständig und anders als von den kommunalen Trägern für das BSHG gewünscht, als die LFV nur gegenüber Pflicht-, nicht aber gegenüber Kann-Leistungen anderer Träger subsidiär waren; hier griff das Nachrangprinzip nur dann, wenn auch die Kann-Leistung tatsächlich gewährt wurde; vgl. Spahn, Zum Tuberkulosehilfegesetz, S. 326.
[239] Entscheidungen vom 15.9.1955, Fürsorgerechtliche Entscheidungen der Verwaltungsgerichte Bd. II, Nr. 1 und 2; vgl. Jehle, Fürsorgerecht, S. 493.

für die stationäre Dauerbehandlung, bei der Fürsorge die Hälfte davon sowie die Hälfte der Eingliederungshilfe, der besonderen wirtschaftlichen und der vorbeugenden Hilfe und verschiedener Beihilfen.

Das THG knüpfte also an die Verordnung von 1942 an, war aber nach Diktion und erweitertem Umfang der Hilfe, wie Dieter Schewe 1959 treffend feststellte, „wohl am richtigsten als ein Vorläufer des neuen Bundessozialhilfegesetzes" anzusehen.[240] Tatsächlich war die weitestgehend unveränderte Einarbeitung dieses Sondergesetzes in das BSHG von der Sozialabteilung auch von Anfang an geplant[241]: Damit kam die Sozialabteilung einerseits den kommunalen Trägern entgegen, indem künftigen Wünschen nach Sonderbehandlung auch anderer Gruppen von vornherein ein Riegel vorgeschoben und die Verwaltungspraxis vereinfacht wurde. Andererseits bildeten KBG und THG für Scheffler und die Fürsorgereformer um Muthesius gleichsam das Einfallstor in das BSHG für höhere und neue Leistungsstandards, konnte man doch hinter einmal Gesetz gewordene Rechtsansprüche oder Einkommensgrenzen nicht mehr zurückgehen.[242]

Gegner dieser Inkorporation waren zum einen der Reichsbund, zum anderen die Gesundheitsabteilung des Bundesinnenministeriums wie auch die obersten Medizinalbeamten der Länder. Der Widerstand des Reichsbunds galt primär natürlich dem Einbau des KBG, er konnte aber einem Einbau des THG als Präzedens ebenfalls nicht das Wort reden.[243] Die Gesundheitsabteilung hingegen lehnte wegen der Pläne für ein Bundesgesundheitsgesetz die Einfügung Anfang 1958 entschieden ab: Allgemeine gesundheitsrechtliche Vorschriften über seuchenhygienische Maßnahmen und Zuständigkeiten gehörten nicht in ein Fürsorgegesetz.[244] Hier stellte man sich angesichts der schwierigen Genese des THG wie des KBG die Frage, ob es denn zweckmäßig sei, diese abermals der parlamentarischen Behandlung auszusetzen.[245] Gottschick blieb demgegenüber unnachgiebig, räumte aber ein, daß die allgemeinen gesundheitsrechtlichen Vorschriften im BSHG nur übergangsweise bis zur Verabschiedung eines allgemeinen Gesundheitsgesetzes aufgeführt werden sollten, um eine Gesetzeslücke zu vermeiden.

Nachdem Ende Juli 1959 das THG endlich verabschiedet war, kam es über Form und Umfang seiner Aufnahme in das künftige BSHG allerdings zu Streitigkeiten zwischen den beteiligten Bundesressorts, was die Vorlage im Kabinett weiter verzögerte. Uneinigkeit herrschte darüber, wie die Bestimmungen über Tuber-

---

[240] Schewe, Bedeutung, S. 148.
[241] Vgl. Abschnitt 10 des BSHG-Entwurfs vom 24.11.1956, BAK, B 106/20648; Vermerk Referat V A 4 vom 29.6.1957, BAK, B 106/20652; Allgemeine Bemerkungen zum BSHG-Entwurf 7/1958, S. 28, BAK, B 106/20643.
[242] Vgl. Gerhard Scheffler, Neuordnung, S. 26; NDV 38 (1958), S. 305, 309f.
[243] Vgl. Stellungnahme des Reichsbundes der Kriegs- und Zivilbeschädigten, Sozialrentner und Hinterbliebenen zum BSHG-Entwurf vom Juli 1958 [5.11.1958], BAK, B 106/9686.
[244] Vgl., auch zum Folgenden, Vermerke Referat V A 4 vom 18.2. und 5.3.1958, BAK, B 106/20643; Dr. Karl [Äußerungen leitender Medizinalbeamter der Länder zum BSHG-Entwurf, o.D.] mit handschriftlichem Vermerk Gottschicks vom 27.4.1959, BAK, B 106/20644.
[245] Vgl. Abteilung IV an Abteilung V am 11.6.1958, BAK, B 106/20643.

kulosebekämpfung außerhalb der Sozialhilfe zu behandeln waren: Auf Wunsch des Bundesarbeitsministeriums, vom Finanzministerium unterstützt, plante die Sozialabteilung, diese Bestimmungen vorläufig als Restgesetz bestehen zu lassen, um die politischen Schwierigkeiten einer abermaligen Änderung des Versicherungs- und Versorgungsrechts zunächst zu vermeiden.[246] Im Justizministerium hingegen beanstandete man den geplanten Torso aus gesetzestechnischen Gründen, hielt ihn für sinnleert und forderte eben diese gleichzeitigen Gesetzesänderungen. Auf einer Staatssekretärsbesprechung am 21. Oktober 1959 einigten sich die beteiligten Ressorts schließlich auf einen Kompromiß: Das THG wurde als Ganzes aufgehoben und die Tuberkulosebekämpfung außerhalb der Sozialhilfe ohne inhaltliche Veränderungen als Übergangsbestimmung in das BSHG aufgenommen.[247] Auch die übrigen Teile des THG wurden bis auf geringe Abweichungen in das Sozialhilfegesetz übernommen, wobei die Beteiligung des Bundes an den Kosten dieser Hilfen bestehen blieb.[248] Der unproblematische Einbau war nur deshalb möglich geworden, da zentrale Innovationen des THG (und des KGB) wie der Rechtsanspruch, der Wegfall der Kostenersatzpflicht, der deutlich erweiterte Hilfsbedürftigkeits-Begriff, die vorbeugende und nachgehende Fürsorge sowie die verstärkte Rehabilitation Eingang in das allgemeine Fürsorgerecht gefunden hatten. Der Wunsch nach einem einheitlichen neuen Fürsorgerecht ohne Sondergesetze hatte sich damit auch als Schrittmacher für eine Verrechtlichung und Leistungsverbesserung eben dieses Rechts erwiesen.[249]

4. Hilfe zur Pflege und zur Weiterführung des Haushalts

Das Bestreben der Fürsorgereformer, den Schwerpunkt künftiger Sozialhilfetätigkeit auf die individuelle soziale Dienstleistung zu verlagern, illustriert besonders deutlich der geplante Ausbau der pflegerischen und häuslichen Hilfen. Über deren Notwendigkeit herrschte unter Fachleuten Mitte der fünfziger Jahre breiter Konsens: Die wachsende Zahl (dauerhaft) pflegebedürftiger alter Menschen, die Pflege Behinderter und alleinstehender Kranker oder die häusliche Nachsorge für

---

[246] Vgl. Duntze an BMJ am 27.8.1959, BAK, B 106/20653; Abteilung V an Referat V A 2 am 17.9.1959, BAK, B 106/20647; Vermerk Bangert vom 23.9.1959, BAK, B 172/444-02/2.
[247] Vermerke Referat V 4 vom 22.10.1959, BAK, B 106/20647, vom 19.11. (über 16.11.) und 23.11.1959 (über 21.11.) über Besprechungen mit BMJ-Vertretern, BAK, B 106/20653.
[248] Vgl. §§ 48ff. BSHG; Spahn, Vom Tuberkulosehilfegesetz zum Bundessozialhilfegesetz; NDV 41 (1961), S. 337f.
[249] 1970 betrug die Zahl der Empfänger von Tbc-Hilfe nach dem BSHG noch 80 000, 1983 nur noch 3 600, wobei 98% der Kosten auf die Heilbehandlung entfielen. Wegen der rapide gesunkenen Bedeutung der Tuberkulose in der Bundesrepublik wurden die Bestimmungen über diese Hilfe im BSHG ab 1.1.1987 außer Kraft gesetzt, vgl. Art. 26 des Zweiten Rechtsbereinigungsgesetzes vom 16.12.1986, BGBl. I S. 2441. Dementsprechend waren seitdem bei Tuberkuloseerkrankung oder -gefährdung die allgemeinen Bestimmungen des BSHG (vorbeugende Gesundheitshilfe, Krankenhilfe etc.) anzuwenden; vgl. Oestreicher/Schelter/Kunz/Decker, Bundessozialhilfegesetz, S. 17f.

4. Hilfe zur Pflege und zur Weiterführung des Haushalts

Krebskranke ebenso wie das Problem unversorgter Familien bei Krankheit der Hausfrau und Mutter machten den Ausbau entsprechender Sozialleistungen erforderlich. Dies umso mehr, als nach ebenfalls einhelliger zeitgenössischer Ansicht mit dem Aussterben der Mehr-Generationen-Haushalte, zunehmender weiblicher Erwerbstätigkeit, kriegs- und berufsbedingter Mobilität und dem Ausdünnen nachbarschaftlicher Netzwerke die Familie zur Bewältigung dieser Aufgaben immer weniger in der Lage und deren Überleben gerade durch die Überforderung vieler Mütter ernstlich gefährdet war.[250]

Bislang waren die gesetzlichen Leistungen auf diesem komplexen Gebiet völlig unzureichend: Im Rahmen der Gesetzlichen Krankenversicherung konnten die Kassen dem Versicherten häusliche Krankenpflege durch entsprechende Fachkräfte als Kann-Leistung (!) vor allem dann gewähren, wenn ein Klinikaufenthalt nicht möglich war – zumal dies häufig die preisgünstigere Variante war; Pflege für Familienangehörige, die Betreuung von Kindern bei Krankenhaus- oder Kuraufenthalt der Mutter oder die Dauerpflege Schwerstkranker umfaßte diese Hilfe nicht. Ähnliche Regelungen gab es in der Unfall- und der Rentenversicherung sowie in der Kriegsopferversorgung.[251] Die öffentliche Fürsorge schließlich gewährte nach § 6 RGr. „Pflege" als Teil des notwendigen Lebensbedarfs; diese umfaßte neben der Körperpflege nach Muthesius alle einmaligen und laufenden Bedürfnisse, die außerhalb der eigentlichen Krankenhilfe durch Pflegebedürftige – Säuglinge und Kleinkinder, Sieche, Alte – entstanden, also neben der Anstaltspflege auch die häusliche Dauerpflege oder Versorgung der Kinder bei Krankheit der Mutter, gegebenenfalls durch Unterbringung in einer Pflegestelle oder in einem Heim.[252]

Jenseits dieser rechtlichen Grauzone von Kann- und Ermessensleistungen und unklaren Leistungsinhalten entwickelte sich nach ersten Anfängen vor der Jahrhundertwende verstärkt seit Beginn der fünfziger Jahre mit der sogenannten Hauspflege (auch Familienhilfe, Heimhilfe u.ä.) im Rahmen der freien Wohlfahrtspflege ein fürsorgerischer Tätigkeitsbereich, der geradezu prädestiniert schien, diese gravierenden Lücken der sozialen Sicherung auszufüllen. Ihre Aufgabe war es, vorübergehend die Funktionen der Hausfrau einschließlich gewisser krankenpflegerischer Aufgaben und der Kindererziehung zu übernehmen. Vorerst freilich war dieses junge Arbeitsgebiet für Hilfe in großem Stil noch gar nicht gerüstet: Weder gab es dafür genügend Kräfte noch ein klares Berufsbild mit einheitlicher Ausbildung, noch gesicherte organisatorische und – vor allem – finanzielle Grundlagen. Ganz anders war die Situation, wie auch die Verfechter der „Hauspflege" gerne betonten, bei den europäischen, besonders den skandinavischen Nachbarn: In Schweden, Dänemark oder Finnland etwa beschäftigten die Gemeinden aufgrund entsprechender gesetzlicher Regelungen überwiegend staat-

---

[250] Vgl., auch zum Folgenden, NDV 35 (1954), S. 105ff.; Jonas, Hauspflege, 1954; dies., Stand; Falkenberg, Stärkung, S. 67f.; Fürsorge und Sozialreform, S. 112ff.; NDV 36 (1956), S. 374; Krumwiede, Hauspflege und Pflege.
[251] Vgl. Jonas, Fragen; dies., Hauspflege, 1956; NDV 37 (1957), S. 293; Krumwiede, Hauspflege und Pflege, S. 292ff.; noch Jahre später Schäfer, Rolle, S. 209ff.
[252] Vgl. Muthesius, Grundlagen, S. 86; Jehle, Fürsorgerecht, S. 143.

lich finanzierte Hauspflegerinnen, die bei krankheitsbedingten Notständen in privaten Haushalten – gegebenenfalls auch kostenlos – aushalfen, so daß 1957 je eine hauptamtliche Hauspflegerin in Dänemark auf 1600 Einwohner, in Schweden auf 2300 Einwohner entfiel. In Großbritannien gab es im Rahmen des öffentlichen Gesundheitsdienstes einen ausgebauten „home-help-service" mit angestellten Hauspflegerinnen zur Unterstützung alter oder kranker Menschen und werdender und stillender Mütter (eine Hauspflegerin für 3200 Einwohner). Freie Wohlfahrtsverbände trugen die Hauspflege in beträchtlichem Umfang in Frankreich, Belgien, den Niederlanden und in der Schweiz.[253]

In der Bundesrepublik hingegen gab es allenfalls in verschiedenen Städten Ansätze für eine planmäßige „Hauspflege", die fast ausschließlich in der Hand der freien Wohlfahrtspflege und kirchlicher Einrichtungen lag, so daß hier eine – in der Regel nebenamtliche – Hauspflegerin auf etwa 6000 Einwohner entfiel.[254] Die Skala reichte von der in Notfällen durch das Fürsorgeamt vermittelten bloßen Haushaltshilfe über das Gros der nicht fest angestellten älteren Hausfrauen, ehemaligen Krankenschwestern oder Fürsorgerinnen bis hin zur fest angestellten examinierten Hauspflegerin. Während Caritas, Innere Mission und Rotes Kreuz bereits über eigene Hauspflege-Schulen verfügten und 1957 schon rund 1000 (Caritas) bzw. 1900 (DRK) feste Kräfte beschäftigten, überwogen in der AWO ehrenamtliche Helferinnen.[255] Neben mehrjährigen Lehrgängen für jüngere weltliche Kräfte in den kirchlichen Verbänden gab es bei allen Verbänden Kurse für nicht fest angestellte und ehrenamtliche Kräfte. Schlechte Bezahlung, oft ungeregelte Arbeitsbedingungen und ungenügende sozialversicherungsrechtliche Absicherung führten zu einem chronischen Nachwuchsmangel. Hinzu kamen Probleme für die freien Träger selbst, da sie, wenn überhaupt, nur die reinen Lohnkosten für die Hauspflegerin von den Sozialleistungsträgern oder den jeweiligen Familien erstattet bekamen, Aus- und Fortbildung, Urlaubszeiten und die gesamten Verwaltungskosten aber selbst finanzieren mußten.[256]

Die Anhänger der „Hauspflege" setzten ihre Hoffnungen nun vor allem auf die Neuordnung der sozialen Leistungen und fanden dabei die Unterstützung von Muthesius und eine entsprechende institutionelle Anbindung an den DV: Auf eine Forderung des Fürsorgetages 1955 hin beschloß der Vorstand des DV die Gründung eines Arbeitskreises „Hauspflege", der im Februar 1956 erstmals zusammentrat.[257] Zu seinen Mitgliedern zählten vor allem die Hauspflege-Expertinnen der Spitzenverbände der freien Wohlfahrtspflege einschließlich des Mütter-Genesungswerks, daneben die zuständigen Referentinnen des Bundesinnen- und des Bundesarbeitsministeriums, ferner Vertreter der Krankenkassen und Renten-

---

[253] Vgl. Sozialplan, S. 183, Anm. 22; Krumwiede, Hauspflege und Pflege, S. 277ff.; Jonas, Hauspflege, 1954, S. 251.
[254] Vgl. Sozialplan, S. 183, Anm. 22.
[255] Vgl. die Hauspflege-Expertin der Inneren Mission, Hermine Bäcker, und die Verbandsberichte auf einer Besprechung der Fürsorgereferenten der Länder mit Vertretern der freien Wohlfahrtspflege im BMI am 9.5.1957, Niederschrift, BAK, B 106/9789/2; ferner Krumwiede, Hauspflege und Pflege, S. 284f.; Rölli-Alkemper, Familie, S. 368ff.
[256] Vgl. Bäcker auf der Besprechung am 9.5.1957, Niederschrift, BAK, B 106/9789/2.
[257] Vgl. Fürsorge und Sozialreform, S. 117, 532f.

4. Hilfe zur Pflege und zur Weiterführung des Haushalts

versicherung, der Gewerkschaften, der Länder, des DST sowie der spätere Vorsitzende des Gremiums Kurt Krumwiede vom Kieler Sozialministerium.[258]

Der Sachverständigenkreis erarbeitete erstmals eine allgemeine Definition der Hauspflege: Diese sei „die vorübergehende Betreuung von Familien oder Einzelpersonen in ihrer Häuslichkeit in pflegerischer, hauswirtschaftlicher und pädagogischer Hinsicht durch eine Pflegeperson, die einer die Hauspflege wahrnehmenden Organisation angehört. Voraussetzung ihrer Tätigkeit ist ein in der Regel durch Krankheit verursachter Notstand, der weder durch die Gemeindeschwester noch durch eine Hausgehilfin zu beheben ist".[259] Hauspflegerinnen im Sinne eines eigenständigen Berufs waren demnach einzusetzen anstelle eines Krankenhausaufenthalts, zur Versorgung des Haushalts von Schwangeren und Wöchnerinnen oder bei einem Klinik- oder Kuraufenthalt der Mutter, zur „Anleitung leistungsschwacher Hausfrauen" sowie (wegen des Fachkräftemangels nur) zur *vorübergehenden* Pflege Alter und Gebrechlicher.[260] Dadurch könnten teure Krankenhausaufenthalte verkürzt oder vermieden, künftige Notstände verhindert und so erhebliche Kosten eingespart werden. Dementsprechend müßten die Sozialleistungsträger besser über diese Arbeit informiert und dadurch zur Kostenübernahme motiviert, die gesetzlichen Grundlagen reformiert und darüber hinaus den freien Trägerorganisationen pauschale öffentliche Zuschüsse gewährt werden.[261] Eine Förderung der Hauspflege durch das Land wie in Schleswig-Holstein blieb allerdings vorerst die Ausnahme.[262]

Auf dem Fürsorgetag 1957 sorgte der Arbeitskreis zusammen mit dem DV-Gesundheitsausschuß für die Verabschiedung entsprechender Leitsätze[263]: Im künftigen Fürsorgegesetz sollte auch auf Hauspflege im Rahmen der Kranken- und der Wochenhilfe ein Rechtsanspruch bestehen; als Kann-Leistung sei sie vorzusehen bei einem Erholungsaufenthalt der Mutter oder zur pädagogischen Anleitung leistungsschwacher Hausfrauen. Wurde die Hilfe durch Angehörige geleistet, waren diesen die Aufwendungen zu erstatten, sonst aber hatten die Fürsorgeträger eine Pflegeperson zu bezahlen. Die Einkommensgrenzen sollten dabei deutlich

---

[258] Vgl. eine Mitgliederliste des DV vom Juni 1956, LAB, B Rep. 142-9, 1268.
[259] Jonas, Hauspflege, 1956, S. 325; ferner Niederschrift über die Sitzung des Arbeitskreises „Hauspflege" am 20. 4. 1956, BAK, B 106/9692.
[260] Krumwiede, Hauspflege und Pflege, S. 281.
[261] Vgl. ebenda, S. 292ff.; NDV 38 (1958), S. 285ff.
[262] Bereits im Mai 1956 hatte das schleswig-holsteinische Sozialministerium auf Betreiben Krumwiedes die BFV aufgefordert, die Hauspflege-Maßnahmen der freien Wohlfahrtspflege zu fördern und dabei höhere Bedürftigkeitsgrenzen vorzusehen. Das Land stellte dafür auch eigene Mittel zur Verfügung mit dem Ergebnis, daß die meisten schleswig-holsteinischen Kreise diese Arbeit der freien Verbände ihrerseits finanziell unterstützten. Daneben förderten nur noch Hamburg und Berlin, seit 1959 auch Baden-Württemberg gezielt die Hauspflege der freien Verbände; vgl. Niederschriften über die Sitzungen des Arbeitskreises „Hauspflege" am 20. 4. 1956, BAK, B 106/9692, und 20. 3. 1958, LAB, B Rep. 142-9, 1268; Niederschriften über die Besprechung der Länderfürsorgereferenten mit den freien Wohlfahrtsverbänden am 9. 5. 1957, BAK, B 106/9789/2, und der Besprechung der Länderreferenten am 12./13. 6. 1958, BAK, B 106/20132; Jonas, Hauspflege, 1956; Krumwiede, Hauspflege und Pflege, S. 275f.; BldW. 106 (1959), S. 266.
[263] Vgl. Neuordnung des Fürsorgerechts, S. 234ff., 299, 435f.

über der bisherigen Hilfsbedürftigkeit liegen. Diese Forderungen wurden auch vom Fürsorgeausschuß des Beirats und vom DST übernommen.[264] Umso enttäuschter waren die Hauspflege-Fachleute angesichts des Referentenentwurfs vom Juli 1958. Dieser regelte zwar klarer als bisher die „Hilfe zur Pflege" und versah sie mit einem Rechtsanspruch.[265] Ob Anstalts- oder häusliche Pflege geleistet wurde, lag auch weiterhin im Ermessen des Sozialhilfeträgers. Die entscheidende Neuerung war, daß diese Hilfe im Rahmen der allgemeinen Einkommensgrenze der Hilfe in besonderen Lebenslagen nun einem größeren Kreis von Pflegebedürftigen zugute kommen sollte[266], was Gottschick wegen der teilweise „erheblich[en]" notwendigen Aufwendungen für gerechtfertigt hielt.[267] Auch führte der Entwurf neu die „Hilfe zur Familien- und Hauspflege" ein, jedoch nur als Soll-Leistung.[268] Und anders als die Überschrift vermuten ließ, umfaßte diese nur die vorübergehend „zur Aufrechterhaltung des sonst unversorgten Haushalts erforderliche hauswirtschaftliche Tätigkeit" einschließlich der „Betreuung von Haushaltsangehörigen, insbesondere von Kindern".[269] Gegebenenfalls konnte diese Hilfe wie bisher auch durch die auswärtige Unterbringung der Kinder gewährt werden. Um der von Kommunalvertretern beschworenen Gefahr des Mißbrauchs vorzubeugen, sollten die Sozialhilfeträger zunächst Angehörige zur Hilfeleistung motivieren und deren Aufwendungen ersetzen. Andernfalls waren die Kosten für eine Pflegekraft zu übernehmen. Dabei sollten die öffentlichen Träger „darauf hinwirken, daß [...] sonstige Pflegekräfte zur Verfügung stehen".[270]

Die Sozialabteilung hatte sich also durchaus die „Erkenntnis, daß sich die Allgemeinheit um die Notlage der Familien kümmern sollte, in denen die Hausfrau vorübergehend ausfällt"[271], zu eigen gemacht; anders als der DV-Arbeitskreis legte sie das Hauptgewicht aber auf die hauswirtschaftliche Tätigkeit, berührte das pädagogische Element der „Hauspflege" nur am Rande und ließ das pflegerische ganz außen vor. In den Vorentwürfen bis Ende 1957 hatte diese Hilfe daher auch folgerichtig „Haushaltshilfe" geheißen[272]; die Umbenennung in „Haus- und Familienpflege" im April 1958 brachte keine Änderung in der Sache, sondern war der politischen Optik geschuldet[273]: Von der ausdrücklichen Aufnahme des Terminus „Hauspflege" in das neue Fürsorgegesetz erhofften sich deren Vertreter nämlich eine stärkere Förderung und – ganz praktisch – die Verankerung der

---

[264] Vgl. Niederschrift über die Sitzung des Arbeitsausschusses für Fragen der Fürsorge am 30./31.1.1958, ADW, HGSt 6769; NDV 38 (1958), S. 310f.; ferner DST-Stellungnahme vom 1.3.1958, LAB, B Rep. 142-9, 1283.
[265] Vgl. §§ 64f. des BSHG-Entwurfs 7/1958, BAK, B 106/20643.
[266] Vgl. § 79, ebenda.
[267] So bereits im Konzept „C. Sozialhilfe" vom 29.11.1955, BAK, B 106/20648.
[268] Vgl. §§ 67ff. des BSHG-Entwurfs 7/1958, BAK, B 106/20643.
[269] § 67 Abs. 2, ebenda.
[270] § 65 Abs. 2 (Hilfe zur Pflege), § 68 Abs. 2 (Hilfe zur Familien- und Hauspflege), ebenda.
[271] Konzept „C. Sozialhilfe" vom 29.11.1955, BAK, B 106/20648.
[272] Vgl. §§ 72f. des BSHG-Entwurfs vom 24.11.1956, ebenda, §§ 99ff. des Entwurfs vom 29.11.1957, BAK, B 106/20643.
[273] Vgl. §§ 81ff. des BSHG-Entwurfs vom 15.4.1958, BAK, B 106/20643.

Hauspflegerinnen im Angestelltenrecht.²⁷⁴ Außerdem hatte die CSU-Landesgruppe in einer Kleinen Anfrage im Februar 1958 die verstärkte Förderung von „Familienpflegerinnen" angesprochen, und einen Monat später konnte von seiten des Familienministeriums bereits auf die BSHG-Pläne verwiesen werden.²⁷⁵ Tatsächlich aber wurde diese Änderung der Terminologie ein wesentlicher Grund für Kritik und Mißverständnisse.²⁷⁶

Vor dem DV-Hauptausschuß strich Gottschick diese Hilfe als besondere Innovation heraus. Was Gottschick nicht sagte, aber alle Beteiligten natürlich wußten, war, daß mittlerweile auf dem Feld der „Hauspflege" eine Art Stellvertreterkrieg um die künftige Position der freien Wohlfahrtspflege ausgefochten wurde.²⁷⁷ Grundsätzlich betrachteten nämlich die Verbände der freien Wohlfahrtspflege mit Ausnahme der AWO die Hauspflege als ihre Domäne, die es über das neue Fürsorgegesetz abzusichern galt. Schließlich, so Maria Bornitz von der Caritas, verkörpere die freie Wohlfahrtspflege „in besonderer Weise das familiennahe und familienfördernde Element der Hauspflege"²⁷⁸, eine Auffassung, die das Familienministerium öffentlich unterstützte.²⁷⁹ Die freien Verbände dominierten auch den Arbeitskreis und hatten in dem Vorsitzenden Krumwiede aus dem CDU-regierten Schleswig-Holstein ebenso wie mit dem Ausschußmitglied Carmen Jonas vom DPW, die in der DV-Geschäftsstelle für Hauspflege zuständig war, entschiedene Verfechter dieses Anliegens.²⁸⁰ Als der Arbeitskreis auf dem Fürsorgetag 1957 aber eine Entschließung durchsetzen konnte, wonach „in erster Linie die Verbände der freien Wohlfahrtspflege als Träger der Hauspflege anerkannt werden" und die Sozialleistungsträger entsprechende finanzielle Verpflichtungen übernehmen sollten²⁸¹, ging Anton Oel vom DST auf Gegenkurs. Schließlich hatten er und andere Sozialexperten seiner Partei im SPD-Sozialplan einige Monate zuvor den allgemeinen Ausbau eines Hauspflegedienstes gefordert, für dessen Errichtung aber mindestens ebenso sehr die Sozialhilfeträger

---

²⁷⁴ Die Hauspflegeorganisationen hatten sich bislang vergeblich bemüht, ihre hauptberuflichen Kräfte in der Angestelltenversicherung unterzubringen, da die Bundesversicherungsanstalt für Angestellte deren Tätigkeit als hauptsächlich körperlich klassifizierte und damit der allgemeinen Invalidenversicherung zuordnete; vgl. Krumwiede, Hauspflege und Pflege, S.286ff.; NDV 38 (1958), S.286f. Die terminologische Nähe der Hauspflegerin zur „Hausgehilfin" im BSHG hätte diese Auffassung zusätzlich untermauert, so Marx zu Gottschick, vgl. Vermerk Referat V A 4 vom 12.12.1957, BAK, B 106/20643.
²⁷⁵ Vgl. NDV 38 (1958), S.187.
²⁷⁶ Vgl. Niederschrift über die Sitzung des Arbeitsausschusses für Fragen der Fürsorge am 10./11.4.1958, ADW, HGSt 6769.
²⁷⁷ Vgl. Pense vor dem Arbeitskreis „Hauspflege" am 2.12.1960, Vermerk König vom 5.1.1961, ADW, HGSt, SP-S XXIII d: 6-1/1.
²⁷⁸ Niederschrift über die Sitzung des Arbeitskreises „Hauspflege" am 25.2.1959, LAB, B Rep. 142-9, 1268.
²⁷⁹ Vgl. einen Artikel der Fachreferentin im Familienministerium Große-Schönepauck, Haus- und Familienpflege, die Anfang 1959 Mitglied im DV-Arbeitskreis wurde; vgl. Niederschrift über dessen Sitzung am 25.2.1959, LAB, B Rep. 142-9, 1268.
²⁸⁰ Vgl. Krumwiede, Hauspflege und Pflege, S.291; ders., Hauspflege in Schleswig-Holstein, S.78.
²⁸¹ Neuordnung des Fürsorgerechts, S.299.

vorgesehen.[282] Oels wiederholten Interventionen im DV-Vorstand und bei DV-Geschäftsführer Pense war es zu verdanken, daß der Arbeitskreis Anfang 1959 um zwei Kommunalvertreter erweitert und bereits vor Beratung des ersten BSHG-Referentenentwurfs der Rücktritt Krumwiedes im Herbst 1958 forciert wurde.[283]

Statt dessen übernahm Pense selbst den Vorsitz. In seiner Stellungnahme zum Entwurf sprach der Arbeitskreis daraufhin die leidige Trägerfrage nicht mehr an, sondern wollte sie künftigen Länderregelungen überlassen. „Der Deutsche Verein", so im Oktober 1958 die Hauspflege-Referentin des Evangelischen Hilfswerks Mechtild König, „fühlt sich offenbar etwas unbehaglich zwischen dem Anspruch der Freien Wohlfahrtspflege und den in letzter Zeit immer wieder von behördlicher Seite geäusserten Wünschen auf eigene Trägerschaft der Hauspflege".[284] Zwar benannte der Arbeitskreis jetzt auch die Sozialhilfeträger als mögliche Arbeitgeber einer Hauspflegerin, doch an der Forderung, die zitierte Definition in das Gesetz zu übernehmen und die einzelnen Einsatzfälle einer Hauspflegerin aufzuzählen, hielt er weiterhin fest. Nur dadurch sei ein Professionalisierungsschub zu erreichen und könnte der Einsatz von Haushaltshilfen selbst bei schweren familiären Notlagen allmählich abgestellt werden. Die enge Definition des Referentenentwurfs hingegen erfasse das Wesen der Hauspflege nicht.[285]

Wichtiger als die Einflußnahme Oels innerhalb des DV waren aber die Erfolge im Bundesinnenministerium: Im Entwurf vom März 1959 verzichtete die Sozialabteilung auf den problematischen Passus, wonach die Träger der Sozialhilfe gegebenenfalls darauf hinwirken sollten, daß sonstige Pflegekräfte zur Verfügung stünden, und schob den Schwarzen Peter den Ländern zu.[286] Darüber hinaus erfüllte der zweite Referentenentwurf nicht nur keine wesentliche Forderung des Arbeitskreises, sondern erwähnte die Pflegekräfte überhaupt nicht mehr. Im Arbeitskreis „Hauspflege" war man daher noch unzufriedener als mit der ersten Fassung, man habe aber, so Mechtild König, „noch nicht feststellen können, woher die deutlichen Widerstände gegen die Wünsche der Fachkreise" kämen.[287] Dabei lag es auf der Hand, daß die Sozialabteilung in dieser praktischen Frage die kom-

---

[282] Vgl. Sozialplan, S. 128.
[283] Offiziell legte Krumwiede den Vorsitz wegen schwerer Krankheit nieder; vgl. Niederschriften über die Sitzungen des DV-Vorstands am 28.3. und 16.10.1958, LAB, B Rep. 142-9, 1261, des Arbeitskreises „Hauspflege" am 20.3.1958 und 25.2.1959, LAB, B Rep. 142-9, 1268; Oel an Krumwiede 9.8.1958, LAB, B Rep. 142-9, 1372, sowie den Briefwechsel von Oel und Pense zwischen dem 18. und 29.4.1958 sowie 3.3.1959 und 15.6.1960, LAB, B Rep. 142-9, 1268.
[284] Vermerk König vom 23.10.1958, ADW, HGSt 2486.
[285] Vgl. ebenda; Stellungnahmen aus den DV-Fachgremien [5.11.1958], zu §§ 65, 67ff., von Innerer Mission/Hilfswerk vom 14.11.1958 und des DPW vom 22.12.1958, BAK, B 106/9686; Vermerk König vom 27.5.1960, ADW, HGSt, SP-S XXV 1: 160-1/2.
[286] Vgl. § 47 des BSHG-Entwurfs 3/1959, BAK, B 106/20646, sowie den BMI-Vertreter Petersen im DV-Arbeitskreis am 25.2.1959, Niederschrift, LAB, B Rep. 142-9, 1268.
[287] Vermerk König zur Sitzung des Arbeitskreises am 4.9.1959 (Auszug); ferner vgl. Vorlage zu TOP 2 der Sitzung des Arbeitskreises am 19.2.1960 sowie Notizen von König über diese Sitzung vom 3.3.1960, ADW, HGSt, SP-S XXV 1: 160-1/2; NDV 40 (1960), S. 114f.

munalen Interessen wahren wollte, wenn sich schon bei der generellen Regelung des Verhältnisses von freien Verbänden und öffentlichen Trägern die Gewichte immer mehr zugunsten der ersteren verschoben. Hätte nämlich die „Hauspflege"-Definition des Arbeitskreises in das Gesetz oder aber auch nur seine offizielle Begründung Eingang gefunden, wäre die Hilfe durch den Zwang zum Einsatz zumindest halbprofessioneller Kräfte erheblich verteuert worden. Außerdem wäre dadurch der Primat der freien Träger auf diesem Gebiet für lange Zeit besiegelt worden. Nur sie (am wenigsten die AWO, die vielmehr um den Einsatz ihrer ehrenamtlichen Helferinnen fürchten mußte) verfügten schließlich in nennenswertem Umfang über Kräfte, die dieser Legaldefinition entsprachen, und konnten daher eine öffentliche Subventionierung ihrer Ausbildungsstätten, Verwaltungs- und Personalkosten verlangen.[288] Aus der – durch das Auftreten mancher Vertreterinnen der freien Verbände im Arbeitskreis nicht unbedingt entschärften – Furcht, sozialdemokratische Sozialdezernenten müßten jetzt „bewusst missionarisch" eingesetzte katholische Familienpflegerinnen subventionieren[289], verzichtete man lieber auf die Chance, die Professionalisierung eines dringend benötigten sozialen Dienstes gesetzlich voranzutreiben und überließ dessen Entwicklung weiterhin örtlicher Initiative.[290]

Im DLT hatte man zwar nicht derartige ideelle Vorbehalte, zumal dann nicht, wenn die Arbeit der freien Verbände die Gemeindekasse entlastete. Doch die Soll-Verpflichtung zum Einsatz professioneller Hauspflegerinnen bei einer Hilfeart, die man ohnehin eigentlich der Selbsthilfe überlassen wollte, wäre entschieden zu weit gegangen.[291] Duntze jedenfalls äußerte vor dem Bundestagsausschuß für Kommunalpolitik und öffentliche Fürsorge im Mai 1960 die Hoffnung, daß „wir wenigstens [...] den Effekt erzielen, den wir im Interesse der zahlreichen Haushalte, die ohne Mutter sind oder vorübergehend ohne Mutter bleiben müssen, für notwendig halten".[292]

So blieb die Regelung im wesentlichen im Regierungsentwurf bestehen[293], und auch im parlamentarischen Gesetzgebungsprozeß rührte keine Seite daran, obwohl sich die CDU-Abgeordneten des Fürsorgeflügels im Bundestagsausschuß und Muthesius persönlich für die Forderungen des Arbeitskreises noch einmal stark gemacht hatten.[294] Deren Chancen standen umso schlechter, als die Pläne

---

[288] So bei Weinbrenner, Hilfsbedürftiger, S. 12; ders., Hilfe, S. 230.
[289] Vermerk König vom 25.1.1961, ADW, HGSt, SP-S XXIII d: 6-1/1; vgl. auch Oel an Seffrin, 17.12.1959, LAB, B Rep. 142-9, 1268.
[290] Vgl. Auszug aus der Niederschrift des DST-Sozialausschusses am 2./3.2.1961, der Oels Bemühungen um den Ausbau einer städtischen Hauspflege deutlich abbremste und lieber auf ehrenamtliche Hilfe setzte, LAB, B Rep. 142-9, 1372.
[291] Vgl. Ausspracheergebnisse des DLT-Sozialausschusses vom 8.11.1957 für die Arbeitsgruppe E des Fürsorgetages, BAK, B 172/444-01/1.
[292] Stenographisches Protokoll über den Vortrag Duntzes vor dem Ausschuß für Kommunalpolitik und öffentliche Fürsorge am 11.5.1960, BAK, B 106/20653a.
[293] Vgl. §§ 65–67 des Regierungsentwurfs, BT, 3. Wp. 1957, Anlagen, Bd. 67, Drs. 1799.
[294] Vgl. Kurzprotokolle der Sitzungen des Ausschusses für Kommunalpolitik und öffentliche Fürsorge am 1.12.1960, PA, Gesetzesmaterialien III/349, A1, sowie 13. und 14.4.1961, ebenda, A2; Muthesius an den Präsidenten des Bundesrats am 4.3.1960, Durch-

für eine Fixierung der Hauspflege bei der Neuregelung der Krankenversicherung mit deren Scheitern ebenfalls geplatzt waren.[295] Einzig der Name dieser Hilfe wurde (wieder) in „Hilfe zur Weiterführung des Haushalts"[296] umbenannt und damit der Kritik der Hauspflege-Fachleute, daß die enge Hilfe-Beschreibung unter der Rubrik „Hauspflege" dieser mehr schade als nütze[297], schließlich Rechnung getragen. So wurde die „Hauspflege" auch im BSHG an keiner Stelle ausdrücklich genannt; allerdings enthielt es an mehreren Stellen die Voraussetzung für ihre Gewährung, waren doch viele Maßnahmen der Krankenhilfe, der Hilfe für Schwangere und Wöchnerinnen, auch der Eingliederungshilfe für Behinderte und vor allem der vorbeugenden Gesundheitsfürsorge nur durch den Einsatz einer Hauspflegerin möglich.[298]

Die entscheidenden Änderungen durch Bundestag und Bundesrat betrafen vielmehr die potentielle Empfängerklientel der Hilfen und die Leistungsinhalte der Hilfe zur Pflege: Der Bundesrat forderte, die Hilfe zur Pflege sowie die Familien- und Hauspflege angesichts ihrer besonderen Bedeutung in die erhöhte allgemeine Einkommensgrenze einzubeziehen; diese Änderung wurde von der Bundesregierung übernommen und auf Empfehlung des Bundestagsausschusses auch vom Bundestag verabschiedet.[299] Außerdem wurde auf Empfehlung des Bundestagsausschusses bei der „Hilfe zur Pflege" erstmals im bundesdeutschen Fürsorgerecht für besonders schwere Fälle ein festes Pflegegeld von monatlich mindestens 100 DM eingeführt und damit eine alte Forderung der SPD und der Behinderten-

---

schrift, ADW, HGSt, SP-S XXV 1: 480-1/2, und sehr kritisch in: NDV 40 (1960), S. 190f. Auch innerhalb des kommunal dominierten Fachausschusses I, der die offizielle DV-Stellungnahme für den Bundestagsausschuß vorlegte, konnte sich der Arbeitskreis nicht mit seinen Wünschen durchsetzen; vgl. Niederschriften über dessen Sitzungen am 17./18.5.1960, mit Anlage 4, und am 6./7.7.1960, mit Anlage 1, ADW, HGSt, SP-S XXV 1: 110-1/2.

[295] Vgl. NDV 40 (1960), S. 115; Schäfer. Rolle, S. 211f.; in der gesetzlichen Krankenversicherung erhielten Versicherte erst 1974 erstmals unter bestimmten Voraussetzungen Anspruch auf Haushaltshilfe bei Krankenhaus- und Kuraufenthalt; vgl. Holler, Entwicklung, S. 312.

[296] § 70 BSHG lautet schließlich:
„(1) Personen mit eigenem Haushalt soll Hilfe zur Weiterführung des Haushalts gewährt werden, wenn keiner der Haushaltsangehörigen den Haushalt führen kann und die Weiterführung des Haushalts geboten ist. Die Hilfe soll in der Regel nur vorübergehend gewährt werden.
(2) Die Hilfe umfaßt die persönliche Betreuung von Haushaltsangehörigen sowie die sonstige zur Weiterführung des Haushalts erforderliche Tätigkeit."

[297] Vgl. Niederschrift über die Sitzung des Arbeitskreises „Hauspflege" vom 2.12.1960, ADW, HGSt, SP-S XXIII d: 6-1/1; die vom Fachausschuß I vorbereiteten DV-Vorschläge für den Bundestagsausschuß o.D., PA, Gesetzesmaterialien III/349 A3; NDV 41 (1961), S. 132.

[298] Vgl. NDV 41 (1961), S. 279f.

[299] Vgl. die vom Bundesratsausschuß „Bundessozialhilfegesetz" vorgeschlagene Stellungnahme des Bundesrates zu § 76 des Regierungsentwurfs, S. 74f., BT, 3. Wp. 1957, Anlagen, Bd. 67, Drs. 1799, sowie die Stellungnahme der Bundesregierung, S. 85, ebenda; ferner Schriftlicher Bericht des Ausschusses vom 25.4.1961, S. 8, BT, 3. Wp. 1957, Anlagen, Bd. 74, Drs. 2673, sowie die 3. Lesung im Bundestag am 4.5.1961, S. 9076, BT, 3. Wp. 1957, Sten. Ber., Bd. 49.

4. Hilfe zur Pflege und zur Weiterführung des Haushalts

verbände teilweise erfüllt.[300] Für Schwerstbehinderte ab drei Jahren wurde, sofern sie zu Hause von Angehörigen oder Nachbarn gepflegt wurden, damit eine den Regelungen für Blinde, Kriegsbeschädigte oder Opfer von Arbeitsunfällen vergleichbare Hilfsleistung geschaffen – eine Hilfe übrigens, die es als Kann-Leistung für alle Pflegebedürftigen in der sehr viel stärker standardisierten Sozialfürsorge der DDR bereits seit 1956 gab.[301] Mit dieser Ergänzung wollte der Ausschuß „einem echten sozialen Bedürfnis [...] entsprechen".[302] Tatsächlich galt es aus Sicht christdemokratischer Vertreter im Ausschuß und des Arbeitskreises IV mindestens ebenso sehr, weitergehenden Wünschen nach einem einkommensunabhängigen Pflegegeld für Zivilgelähmte, die auch von einer Gruppe rheinland-pfälzischer Unionsabgeordneter unterstützt wurden, zu begegnen.[303] In Wahlkampfzeiten passierte diese Leistungsverbesserung dann auch Bundestag und Bundesrat ohne Probleme und wurde Gesetz.[304]

Die zeitgenössischen Auseinandersetzungen und auch die Bedeutung, die gerade der „Hilfe zur Weiterführung des Haushalts" von den Zeitgenossen beigemessen wurde, drohten den Blick dafür zu verstellen, daß die viel entscheidendere Wirkung des BSHG bei der Hilfe zur Pflege liegen würde. Zwar war auch den Gesetzesmachern klar, daß dieser Hilfebereich, zumal bei der Anstaltspflege, wie bisher einer der teuersten des Gesetzes überhaupt war.[305] Daß allerdings die Pflegebedürftigkeit sich derart zu einem „typischen Lebensrisiko" entwickeln, sich allein die Zahl alter Menschen, die Hilfe zur Pflege erhielten, zwischen 1963 und 1989 mehr als vervierfachen[306] und die kommunale Sozialhilfe so überlasten würde, daß schließlich der Ausweg über eine gesetzliche Pflegeversicherung gegangen werden würde, ahnten nur wenige.[307] Dabei beanspruchte bereits 1964, also zwei

---

[300] Vgl. Grundlagen eines Sozialplans, in: Richter, Sozialreform, Bd. 6 G II, S. 3; Glombig, Regelung, S. 84; Frandsen, Eingliederungshilfe, S. 23.

[301] Die Sozialfürsorge der DDR kannte bei häuslicher Pflege ein gestaffeltes monatliches Pflegegeld zwischen 15 und 45 Mark für Pflegebedürftige ohne Ansprüche an die Sozialversicherung; vgl. NDV 38 (1958), S. 46.

[302] Vgl. den Schriftlichen Bericht des Ausschusses vom 25.4.1961, S. 2, BT, 3. Wp. 1957, Anlagen, Bd. 74, Drs. 2673. Die Höhe des Pflegegeldes wurde mangels statistischer Grundlagen „„gegriffen'"; Könen, Weg, S. 410.

[303] Vgl. Niggemeyer an Krone, 29.1.1961, sowie Willeke an Krone, 31.1.1961, ACDP, CDU/CSU-Fraktion AK IV, VIII-005-106/1.

[304] Vgl. § 69 Abs. 3 BSHG.

[305] Schon nach altem Recht hatte 1958 der Aufwand für Hilfe zur Pflege nur in geschlossener Fürsorge 182,3 Mio. DM betragen, das entsprach fast 30% des Gesamtaufwands für geschlossene Fürsorge. Die Bundesregierung rechnete mit einem jährlichen Mehraufwand bei der Anstaltspflege infolge des BSHG (Stand: Regierungsentwurf) von 15% (27,4 Mio. DM). Für die häusliche Pflege veranschlagte man deutlich höhere Zuwachsraten (um 30% gegenüber 4 Mio. 1958, noch ohne festes Pflegegeld!). Eine Verdoppelung des Aufwands gegenüber 1958 (2,4 Mio. DM 1958) wurde für die „Familien- und Hauspflege" erwartet; vgl. Begründung des Regierungsentwurfs, S. 66, BT, 3. Wp. 1957, Anlagen, Bd. 67, Drs. 1799; ferner Willi Bangert, Bundessozialhilfegesetz, S. 349.

[306] 1963: 78 700 Personen über 59 Jahre, 1989: 346 200 Personen über 64 Jahre; vgl. Gutberlet/Hauser, Armut, S. 27.

[307] Schäfer, Rolle, konstatierte, daß der fürsorgerischen Praxis „das Anstaltswesen und die häusliche Pflege auf absehbare Zeit nahezu völlig überlassen sind und daß sie hier –

Jahre nach Inkrafttreten des BSHG, die Hilfe zur Pflege 28% des Gesamtaufwandes der Sozialhilfe und fast die Hälfte des Aufwandes für die Hilfe in besonderen Lebenslagen.[308] Für die Haus- bzw. Familienpflege hingegen wurden auch Ende der 1990er Jahre der Mangel verbindlicher Rechtsgrundlagen und eine unzureichende Finanzierung auf seiten der freien Verbände beklagt, obwohl der Bedarf dafür unverändert hoch veranschlagt wurde.[309]

5. Hilfen für Behinderte

Mit der „Eingliederungshilfe für Behinderte" wurde in die Fürsorgereform ein sozialpolitisches Feld einbezogen, das, lange vernachlässigt, besonders viel innovatives Potential besaß. Neben rein medizinischen Maßnahmen und Unterhalts- sowie Pflegeleistungen sollte Hilfe zur schulischen und beruflichen Ausbildung bis hin zur Suche nach einem Arbeitsplatz und darüber hinaus zur sozialen Integration gewährt werden, um dem Behinderten ein möglichst selbständiges Leben zu ermöglichen.

Traditionell hatten Eingliederungshilfen für (Körper-)Behinderte oder „Krüppel", wie es zeitgenössisch hieß, im deutschen Sozialleistungssystem ihren Platz vor allem in der gewerblichen Unfallversicherung und der Kriegsopferfürsorge mit dem Grundsatz, statt dauerhafter Rentengewährung möglichst die Wiedereingliederung in den Arbeitsmarkt zu erreichen.[310] Neben medizinischen Hilfen zur Verhütung von Invalidität, wie sie auch die Rentenversicherung von Anfang an kannte, gehörten dazu die Versorgung mit orthopädischen Hilfsmitteln, Ausbildungsmaßnahmen und Hilfe bei der Arbeitsvermittlung.[311] Diesem Ziel diente auch das Reichsgesetz über die Beschäftigung Schwerbeschädigter von 1923, das für schwerbeschädigte „Kriegskrüppel" und gleichgestellte Unfallopfer Einstellungsquoten vorschrieb und Kündigungsschutz gewährte. Soziale Hilfe für nicht kriegs- oder arbeitsbedingt Körperbehinderte hingegen hatte lange vor allem die freie Wohlfahrtspflege geleistet.

1920 erklärte das preußische Krüppelfürsorgegesetz (andere Länder folgten) die Fürsorge für hilfsbedürftige „Krüppel" zur Pflichtaufgabe der öffentlichen Fürsorge und führte im Interesse der Früherkennung eine Meldepflicht von minderjährigen Körperbehinderten ein; das Gesetz übertrug die stationäre Fürsorge den

---

gerade wenn man ihr Verhältnis zum gesamten Sicherungssystem ins Auge faßt – ihre wohl umfangreichste Aufgabe vorfindet" (S. 215), und schätzte die Zahl allein der künftigen Dauerpflegefälle grob auf 0,5 bis 1,1 Mio. (S. 217f.); vgl. Schellhorn, Sozialhilfe, S. 243f.; Giese, 25 Jahre, S. 376. Die Einführung der Pflegeversicherung 1995 hat die Sozialhilfeträger erheblich entlastet, die Hilfe zur Pflege aber nicht überflüssig gemacht, da die Versicherungsleistungen die tatsächlichen Kosten der Pflege keineswegs immer decken; vgl. Oestreicher/Schelter/Kunz/Decker, Bundessozialhilfegesetz, S. 32a.

[308] Vgl. Wirtschaft und Statistik 1965, S. 605, Tabelle 2.
[309] Vgl. Angelika Maier, Familienhilfe; Falk-Lutz-Bachmann, Familienpflege.
[310] Vgl. NDV 41 (1961), S. 190f.; Sachße/Tennstedt, Geschichte, Bd. 2, S. 90ff., 132; Kolb, Rehabilitationsrecht, S. 1389.
[311] Vgl. dazu die Vorschriften über soziale Fürsorge für Kriegsopfer in den RGr. (§§ 24ff.).

5. Hilfen für Behinderte

leistungsfähigeren Landesarmenverbänden (später Landesfürsorgeverbänden), die ambulante den Städten und Kreisen, so daß bald vielerorts eigene „Krüppelfürsorgestellen" tätig wurden.[312] 1924/25 regelten RFV und RGr. auch das Leistungsrecht und schrieben im Rahmen des notwendigen Lebensbedarfs neben der medizinischen Rehabilitation für hilfsbedürftige „Krüppel", Blinde und Taubstumme auch „Hilfe zur Erwerbsbefähigung" als Pflichtleistung vor.[313] Denn, so die amtlichen Erläuterungen von 1931, es sei „die wirksamste, würdigste und im Endergebnisse sparsamste Hilfe, die Kräfte der Schwererwerbsbeschränkten dem Wirtschaftsleben nutzbar zu machen".[314] Durchgeführt wurde die Fürsorge häufig in „Krüppelheimen" der freien Wohlfahrtspflege oder in arbeitsfürsorgerischen Einrichtungen und geschützten Werkstätten in städtischer Trägerschaft. Da aber die Ausbildung sich meist auf „behindertentypische" handwerkliche Berufe wie Bürstenbinder, Korbmacher oder Schneider beschränkte, gelang die Eingliederung in den ersten Arbeitsmarkt vielfach nicht.

Während des Nationalsozialismus wurde die „Krüppelfürsorge" organisatorisch in den Aufgabenbereich der staatlichen Gesundheitsämter einbezogen und die Zahl der Fürsorgestellen weiter ausgebaut. Doch die Fürsorge für „Krüppel" paßte kaum zur „Herrenmenschen"-Ideologie; statt dessen wurde die Anzeigepflicht nun zum Instrument von Zwangssterilisation und „Euthanasie".[315]

Nach dem Ende des Zweiten Weltkriegs erforderte schon die bloße Zahl der Behinderten eine Forcierung der Hilfsmaßnahmen: Bei der Volkszählung 1950 gaben rund 1,66 Mio. Personen im Bundesgebiet körperliche oder geistige Gebrechen an; ein methodisch nur bedingt möglicher Vergleich mit dem Stand von 1925 ergab, daß bei fast gleichem Abstand zum jeweiligen Kriegsende sich die absolute Zahl der Behinderten mehr als verdoppelt hatte.[316] Die Zahl der Körperbehinderten betrug rund 1,02 Mio.; anders als 1925 (21%) hatte die weitaus meisten dieser Menschen (69,3%) der Krieg zu Behinderten gemacht – statistischer Ausdruck der menschlichen Konsequenzen der modernen Kriegführung, die sich auch im relativ hohen Anteil von kriegsbedingt schwerbehinderten Zivilistinnen (11%) an allen schwerbehinderten Frauen widerspiegelte.

In der sozialpolitischen Gesetzgebung für Behinderte dominierte daher zunächst die Hilfe für Kriegsopfer, die zivile Bombengeschädigte mitumfaßte, wobei man mit dem Bundesversorgungsgesetz und dem Schwerbeschädigtengesetz von 1953 an Weimarer Vorbilder anknüpfte, aber die Zivilbehinderten weitgehend ausschloß.[317] Für die übrigen zivilen Behinderten – mit Ausnahme der Unfallver-

---

[312] Preußisches Gesetz betr. die öffentliche Krüppelfürsorge vom 6.5.1920 (Preußische Gesetzsammlung, S. 280); dazu NDV 34 (1954), S. 339f.
[313] § 6 Nr. b, e RGr. Die Durchführung der Schwerbeschädigtenfürsorge wie der sozialen Fürsorge für Kriegsopfer oblag ebenfalls den Fürsorgeverbänden, vgl. § 1 RFV.
[314] Abgedruckt bei Muthesius, Grundlagen, S. 84.
[315] Vgl. Sachße/Tennstedt, Geschichte, Bd. 3, S. 173ff.; zu den Bestimmungen des GVG siehe NDV 34 (1954), S. 340.
[316] Vgl. Hudemann, Sozialpolitik, S. 526ff.; NDV 34 (1954), S. 342ff.; auch Jochheim u.a., Rehabilitation, S. 567ff.
[317] Vgl. Hudemann, Sozialpolitik, S. 537f., sowie 450ff., zur Entwicklung in den einzelnen Besatzungszonen. Das Schwerbeschädigtengesetz bezog neben den Opfern von Krieg

sicherten – hingegen fehlten solche Sozialleistungen ganz oder waren so uneinheitlich geregelt, daß sie nur ungenügend zum Tragen kamen[318]: „Wie in einem Vergrößerungsglas", resümierte der damalige Behindertenfunktionär und spätere SPD-Bundestagsabgeordnete Eugen Glombig, „zeigten sich auf dem Gebiet der Rehabilitation alle Mängel [des sozialen Sicherungssystems]: Kompetenzwirrwarr, Ungleichbehandlung der Behinderten je nach der Ursache der Behinderung, Mangel an geeigneten Rehabilitationseinrichtungen, völlige Vernachlässigung der von Kindheit und Jugend an Behinderten".[319] Im Sommer 1955 schätzte die Bundesregierung die Zahl allein der nicht versorgten Körperbehinderten (ohne Blinde, Taubstumme) auf rund 200 000, zu denen neben seinerzeit nur notdürftig behandelten Flüchtlingen immer mehr Opfer von Verkehrsunfällen und (nach mehreren Epidemien) von Kinderlähmung gehörten.[320]

Allgemeine Not und knappe öffentliche Mittel, allmählich auch der Mangel an Arbeitskräften führten dazu, daß Hilfe zur (Wieder-)Eingliederung lange vor allem als Hilfe zur Erwerbsbefähigung diskutiert wurde, seltener auch als Hilfe zu größerer Selbständigkeit im Alltagsleben.[321] Die Diskussionen konzentrierten sich dabei auf die Körperbehinderten, während geistig/psychisch Behinderte mangels eigener Lobby und sicher auch wegen der Nachwirkungen nationalsozialistischer Propaganda nur am Rande oder aber bis Ende der fünfziger Jahre primär unter dem Gesichtspunkt der „Bewahrung" ins Blickfeld gerieten.[322]

Nachdem bereits im Frühling 1950 verschiedene Körperbehinderten-Organisationen und die westdeutschen Hauptfürsorgestellen den Entwurf für ein Bundesfürsorgegesetz für Körperbehinderte vorgelegt hatten und zusammen mit den kommunalen Spitzenverbänden im Dezember beim Bundesinnenministerium vorstellig geworden waren, wurde diese Initiative von der SPD aufgegriffen und

---

und NS-Verfolgung sowie nach Arbeitsunfällen Behinderten nur die „Zivilblinden" mit ein. Zu deren Sonderstellung s.u.; ferner Rudloff, Schatten, S. 364ff.

[318] Vgl. Bierfelder/Sweede, Überblick, S. 271ff.; Clément, Träger, S. 369ff.; NDV 41 (1961), S. 191ff. Schon die Frage, ob eine angeborene Körperbehinderung eine Krankheit im Sinne der RVO sei, führte zu langwierigen Streitigkeiten zwischen BFV und Krankenkassen, so daß die Betroffenen oft keine rechtzeitige Hilfe erhielten; vgl. Anlage 1a zum Niederschriftsentwurf der Sitzung des Studienkreises „Soziale Neuordnung" am 3./4.12.1954, ADW, HGSt, SP-S XXIIIc I/0. Darüber hinaus waren auch für Krankenversicherte die Leistungen auf 26 Wochen begrenzt.

[319] Glombig, Rehabilitation, S. 214f.; ferner NDV 34 (1954), S. 341; Hasenclever, Jugendhilfe, S. 189.

[320] Vgl. die Begründung zum Entwurf des Körperbehindertengesetzes vom 11.7.1955, S. 7f., BT, 2. Wp. 1953, Anlagen, Bd. 36, Drs. 1594.

[321] Vgl. das DV-Gutachten über eine Teilreform des Fürsorgerechts in: Rundschreiben 1946, S. 51; NDV 28 (1948), S. 43, 64; so auch das Verständnis in der Kabinettsvorlage des BMA vom 7.4.1955, in: Kabinettsprotokolle. Ministerausschuß für die Sozialreform, S. 212f. Zur Ausweitung der Bedeutung von „Integration" im Laufe der fünfziger Jahre vgl. Rudloff, Schatten, S. 350ff., 404.

[322] Vgl. etwa Petersen, Unterbringung; ferner die Beiträge in der Arbeitsgruppe V des Fürsorgetages 1952, NDV 32 (1952), S. 424ff. Diese Privilegierung der Körperbehinderten wurde etwa vom Reichsbund auch forciert, vgl. Glombig, Regelung, S. 83. Zur sozialpolitischen Randstellung der geistig Behinderten vgl. Rudloff, Schatten, S. 404ff.

5. Hilfen für Behinderte

Anfang April 1951 von allen Fraktionen des Bundestags die Vorlage eines Gesetzes beantragt.[323] Bis dahin sollten allerdings noch vier Jahre vergehen. Zu dieser Verzögerung trug neben der Vielzahl der beteiligten Bundesressorts und den widersprüchlichen Interessen der betroffenen Verbände und Körperschaften die Tatsache bei, daß die Berechtigung und Notwendigkeit eines Bundesgesetzes von einzelnen Ländern überhaupt bestritten wurde, zumal auch hier wieder die Frage der Stellung der Gesundheitsämter eine wichtige Rolle spielte.[324] Darüber hinaus leisteten viele Landesfürsorgeverbände als Hauptträger der vorgesehenen Leistungen und die Landkreise erheblichen Widerstand.[325] Selbst nachdem der Entwurf schon in den Bundestag eingebracht worden war, versuchte der DLT, noch auf höchster Ebene die Rückstellung der Entwürfe für das KBG wie für das THG bis zur allgemeinen Fürsorgereform zu betreiben.[326] Der Entwurf sah nämlich großzügige Leistungen und Einkommensgrenzen vor, außerdem besondere Beratungsstellen, die als Eingriff in die eigene Verwaltungshoheit betrachtet wurden, und drohte somit ein gefährliches Präzedens für die Fürsorgereform zu werden. Doch im Innenministerium war man sich bewußt, daß man den Bundestag nicht ewig hinhalten und angesichts neuer Früherkennungsmethoden nicht weiter wertvolle Zeit im Interesse der Betroffenen verstreichen lassen konnte.[327]

Außerdem vernetzten sich die Überlegungen für eine Neuordnung der Körperbehindertenfürsorge bald mit den Diskussionen um die „Sozialreform", in denen die Eingliederung der Behinderten – oder wie es in neuer Terminologie bald hieß: die „Rehabilitation" – ein wichtiges Thema bildete[328]: als Ausweis für einen modernen Sozialstaat, der auch die Belange seiner verschiedenartig behinderten Bürger ernst nahm und ihnen ein selbstbestimmtes Dasein statt bloßer Heimverwahrung zugestand[329], ebenso wie als Instrument der Hilfe zur Selbsthilfe und damit

---

[323] Vgl. Antrag der SPD-Fraktion vom 2.2.1951, BT, 1. Wp. 1949, Anlage, Bd. 9, Drs. 1869; Sitzung des Bundestages am 4.4.1951, ebenda, Sten. Ber., Bd. 6, S. 4944f.; zur Vorgeschichte Jellinghaus, Betrachtungen und Forderungen, S. 4ff., 20ff.

[324] Vgl. Jellinghaus, Betrachtungen und Forderungen, S. 5ff.; Bundesratssitzung am 24.6.1955, S. 176, BR 1955, Sten. Ber.

[325] Vgl. die Anlagen 1 und 1a zum Niederschriftsentwurf der Sitzung des Studienkreises „Soziale Neuordnung" am 3./4.12.1954, ADW, HGSt, SP-S XXIIIc I/0.

[326] Vgl. DLT-Präsident Seebisch an den Bundesinnenminister am 30.8.1954; ders. an Globke am 6.9.1955; ferner DLT an die Mitglieder des Bundesratsausschusses für Innere Angelegenheiten am 13.6.1955; Niederschrift über die Sitzung des DLT-Sozialausschusses am 25./26.7.1955, BAK, B 172/444-01/1.

[327] Vgl. Anlage 1 zum Niederschriftsentwurf der Sitzung des Studienkreises „Soziale Neuordnung" am 3./4.12.1954, ADW, HGSt, SP-S XXIIIc I/90.

[328] Vgl. Bierfelder/Sweede, Überblick; Fürsorge und Sozialreform, S. 343ff.; NDV 36 (1956), S. 43ff.; Marx, Die Städte zur Neuordnung, S. 46ff.; Neuordnung des Fürsorgerechts, S. 197ff.; Frandsen, Eingliederungshilfe, S. 21f.

[329] In den „Grundlagen eines Sozialplanes der SPD" von 1952 spielte die „Säule" der Berufssicherung dabei die entscheidende Rolle, vgl. Richter, Sozialreform, Bd. 6 G II, S. 1, 3. Zur zentralen Bedeutung, die man im BMI der Rehabilitation im künftigen Sozialsystem beimaß, siehe Kitz, Gegenwartsfragen, S. 331, 333.

als Gegensteuerung zur „Rentensucht".[330] Dabei wurde immer wieder ein großer Nachholbedarf gegenüber den USA und vor allem Großbritannien konstatiert, wo umfangreiche gesetzliche Rehabilitationsprogramme die berufliche Eingliederung von Behinderten – bei zumindest in Großbritannien vergleichbarer Größenordnung – ungleich wirksamer förderten.[331] Auch die Internationale Arbeitskonferenz hatte sich seit Kriegsende verstärkt dieses Problems angenommen und detaillierte Empfehlungen vor allem zur beruflichen Rehabilitation unterbreitet und dabei die rückhaltlose Abkehr vom Kausalitätsprinzip gefordert.[332]

Statt der vielen uneinheitlichen Regelungen zur Rehabilitation wurde in den „Sozialreform"-Debatten daher deren systematische rechtliche und institutionelle Neuordnung gefordert und auch im Bundesinnenministerium favorisiert.[333] Ziel war dabei, die Prävention deutlich zu verstärken, möglichst alle Behinderten einzubeziehen und die Hilfe statt bisher kausal (nach der Ursache der Behinderung) nun final (nach der jeweils notwendigen Hilfeform) zu organisieren. Wie so viele in der Sache wenig kontroverse „Sozialreform"-Überlegungen scheiterten auch diese an der Frage der institutionellen Umsetzung. Achinger schlug eine neue Sonderbehörde zum Schutz der bedrohten Arbeitskraft vor; im Gegensatz dazu favorisierten Auerbach und später der SPD-Sozialplan von 1957, die Rothenfelser Denkschrift, der DGB und die Ortskrankenkassen unterschiedliche kooperative Modelle, in denen die verschiedenen Aufgaben der (medizinischen, beruflichen) Rehabilitation jeweils bei einem Träger zusammengefaßt werden sollten. Das Bundesarbeitsministerium hingegen wollte unter Berufung auf den Beirat nur die Zusammenarbeit der verschiedenen Träger innerhalb des bestehenden Systems, das seine Rehabilitationsmaßnahmen allerdings insgesamt verstärken und dafür höhere Staatszuschüsse erhalten müsse.[334] Ganz anders die Fürsorgefunktionäre der kommunalen Spitzenverbände: Dem sozialreformerischen Doppelziel einer Erweiterung kommunaler Kompetenzen wie eines Ausbaus des Bedarfsprinzips

---

[330] Vgl. Achinger auf dem Fürsorgetag 1952, NDV 32 (1952), S. 469ff.; so dann auch einhellig, wenn auch unterschiedlich motiviert, in den verschiedenen Kabinettsvorlagen des BMA wie von dessen Gegenspielern (BMF, BMI, BMW) zur Sozialreform vom Frühling 1955, Soziale Sicherheit 4 (1955), S. 279ff.; ferner Kabinettsprotokolle, Ministerausschuß für die Sozialreform, S. 212f.; die Entschließung des CDU-Bundesparteitags vom April 1956, Richter, Sozialreform, Bd. 6 G I, S. 17.
[331] Vgl. NDV 34 (1954), S. 168ff.; Bierfelder/Sweede, Überblick, S. 273ff.
[332] Vgl. Empfehlung Nr. 99 der Internationalen Arbeitsorganisation betr. die berufliche Eingliederung und Wiedereingliederung der Behinderten vom 22. 6. 1955, BABl. 1955, S. 669, der die Bundesregierung Ende Dezember 1956 zustimmte, vgl. NDV 37 (1957), S. 63, 67; ferner NDV 38 (1958), S. 191ff.
[333] Vgl. Scheffler vor der Sozialministerkonferenz am 29. 5. 1956, Kurzfassung des Referats, BAK, B 106/20652.
[334] Vgl. Glombig, Rehabilitation, S. 214ff.; mit den entsprechenden Literaturangaben Bierfelder/Sweede, Überblick, S. 273ff.; Achinger u.a., Neuordnung der sozialen Leistungen, S. 69ff.; ferner die Kabinettsvorlage des BMA vom 7. 4. 1955, in: Kabinettsprotokolle, Ministerausschuß für die Sozialreform, S. 210ff.; Hockerts, Entscheidungen, S. 272f.; die Beirats-Empfehlungen vom Juni 1955, BABl. 1955, S. 540; anders jedoch der Fürsorgeausschuß des Beirats am 15./16. 6. 1956, der ein umfassendes Rehabilitationsgesetz forderte; Niederschrift, ADW, HGSt 6769; Sozialplan, S. 80, 127.

entsprechend forderte Bangert vom DLT ähnlich wie Hildegard Schräder vom DST Anfang 1955, die „Zusammenfassung aller Vorbeugungs- und Rehabilitationsmaßnahmen bei der öffentlichen Fürsorge", was „zu einem wesentlich wirksameren und sparsameren Einsatz der heute auf viele Bereiche sozialer Leistungen verzettelten öffentlichen Mittel führen" könnte[335]; an den Kosten dieser Maßnahmen sollten sich dann die anderen Sozialleistungsträger beteiligen – damit lag Bangert ganz auf der Linie des Bundesfinanzministeriums.[336]

Eine derartige Neuregelung der Rehabilitation wäre allerdings weder mit den anderen Sozialleistungsträgern noch dem Arbeitsminister zu machen gewesen. Doch auch die verschiedenen Kooperationsmodelle stießen auf Bedenken der Sozialversicherungsträger, die um ihre Unabhängigkeit fürchteten.[337] So blieben die Forderungen nach einem eigenen Rehabilitationsgesetz Makulatur, und erst 1974 wurden die Leistungen der verschiedenen Träger (mit Ausnahme der Sozialhilfe!) gesetzlich einander angeglichen und die privilegierte arbeitsrechtliche Stellung auf alle Schwerbehinderten ausgedehnt.[338]

Statt dessen gab es nur partielle Verbesserungen für die jeweilige Klientel innerhalb des bestehenden Leistungssystems[339]: Mit der Rentenreform von 1957 wurde neben der erweiterten medizinischen Rehabilitation erstmals auch die Berufsförderung als „Regelleistung" eingeführt, sofern mit deren Erfolg zu rechnen war; einen Rechtsanspruch auf Rehabilitation – wie von der SPD gefordert – gab es auch weiterhin nicht.[340] 1956/57 wurde die Bundesanstalt für Arbeitsvermittlung erstmals, wenn auch unpräzise, zur beruflichen Rehabilitation von geistig und körperlich Behinderten verpflichtet, allerdings ohne ihnen einen Rechtsanspruch einzuräumen.[341] Auch im Fürsorgerecht waren die Rehabilitationsleistungen etwas weiter ausgebaut worden, indem das FÄG von 1953 u.a. die Pflicht zu erzieherischen Hilfen auch für behinderte Minderjährige verschärfte und den körperlich Behinderten bessere Ausbildungsmöglichkeiten eröffnete.[342] Das Problem der vielen Körperbehinderten und ihrer Familien, deren Einkommen über den fürsorgerischen Grenzen lag, die aber durch teure Heilverfahren und Hilfsmittel oder Anstaltskosten finanziell überfordert waren, blieb ungelöst. Ebenso unbefriedigend blieben die Maßnahmen zur Früherkennung von Behinderungen, vor allem in den nicht ehemals preußischen Gebieten ohne Meldepflicht.

---

[335] Niederschrift über die Sitzung des DLT-Sozialausschusses am 4.2.1955, BAK, B 172/444-01/1; vgl. ferner Schräder, Städte.
[336] Vgl. Vermerk Bangert vom 24.1.1955, BAK, B 172/444-01/1; ferner die Kabinettsvorlage des BMF vom 13.5.1955, in: Soziale Sicherheit 4 (1955), S. 281, 284.
[337] Vgl. NDV 36 (1956), S. 43ff.
[338] Vgl. Kolb, Rehabilitationsrecht, S. 1389f.; Glombig, Rehabilitation, S. 224ff.
[339] Vgl. NDV 37 (1957), S. 63ff.; Glombig, Rehabilitation, S. 218ff.; Hockerts, Entscheidungen, S. 356f.
[340] Vgl. §§ 1235-1244 RVO in der Fassung vom 23.2.1957, BGBl. I S. 45; dazu kritisch Collmer, Bedeutung, S. 251f.
[341] Vgl. § 39 Abs. 3 AVAVG in der Fassung vom 3.4.1957, BGBl. I S. 322; NDV 39 (1959), S. 25f.; 41 (1961), S. 186ff., 193f.
[342] Vgl. Art. IV, VII FÄG, BGBl. I S. 967, bzw. die Neufassung der § 6, d) und e) sowie § 11d RGr.

Parallel zu diesen Diskussionen und immer wieder durch Anfragen der SPD im Bundestag angetrieben[343], hatte die Sozialabteilung an Entwürfen für das geforderte Gesetz gearbeitet, diese aber bis Anfang 1955 noch nicht bis zur Kabinettsreife gebracht. Im März 1955 durch ein „Ultimatum" der SPD-Bundestagsfraktion unter Druck gesetzt[344], legte das Innenministerium schließlich am 11. Juli 1955 den ganze 19 Paragraphen umfassenden Entwurf für ein Gesetz zur Körperbehindertenfürsorge dem Bundestag vor.[345] Dessen Ausschüsse für Fürsorge und Gesundheitswesen berieten den Entwurf daraufhin fast anderthalb Jahre, bis dieser Anfang Dezember 1956 vom Bundestag in zweiter und dritter Lesung verändert, auf Veranlassung des Bundesrates noch dem Vermittlungsausschuß vorgelegt und schließlich (kurz nach der Rentenreform) am 8. Februar 1957 vom Bundestag verabschiedet wurde.[346] Am 1. April des Jahres trat das Körperbehindertengesetz (KBG) in Kraft.[347]

Auf der Basis einer dem medizinischen Erkenntnisstand entsprechenden Definition der „Körperbehinderung" baute das KBG bundesweit die Pflichtaufgaben der öffentlichen Fürsorge aus und vereinheitlichte deren organisatorischen Aufbau und Zuständigkeiten sowie die Meldepflicht. Danach war es bereits Pflicht der Fürsorge, „drohende Körperbehinderung durch rechtzeitiges Einschreiten zu verhüten", vorhandene Behinderung zu beseitigen, insbesondere die berufliche Eingliederung der Behinderten vorzubereiten bzw. deren „Leiden durch Gewährung angemessener Bildung und Pflege zu erleichtern" (§ 2). Damit folgte auch die Bundesregierung der Auffassung, daß „die Förderung der Körperbehinderten [...] nicht ausschließlich unter dem Gesichtspunkt ihres Einsatzes als notwendige Arbeitskräfte betrachtet werden" dürfe, sondern daß „im Rahmen einer ganzheitlichen Betrachtungsweise des Menschen [...] auch der Körperbehinderte zu seinem eigenen Wohl Gelegenheit erhalten sollte, durch Entwicklung seiner Gesamtpersönlichkeit, einschließlich der ihm verbliebenen Fähigkeiten ein vollwertiges Glied der Gesellschaft zu werden".[348]

---

[343] Vgl. die Antwort des BMI vom 18.4.1952 auf eine Kleine Anfrage der SPD-Fraktion, BT, 1. Wp. 1949, Anlage, Bd. 17, Drs. 3314; Kleine Anfrage der SPD vom 6.4.1954, BT, 2. Wp. 1953, Anlagen, Bd. 28, Drs. 438, und Antwort des BMI vom 23.4.1954, ebenda, Bd. 29, Drs. 479; Mündliche Anfrage Abg. Bennemann vom 21.1.1955, ebenda, Bd. 33, Drs. 1157, sowie die Antwort Innenminister Schröders im Bundestag am 27.1.1955, S. 3313, ebenda, Sten. Ber., Bd. 23.

[344] Einen Antrag der SPD vom 9.3.1955, den Entwurf bis zum 1.7.1955 vorzulegen, BT, 2. Wp. 1953, Anlagen, Bd. 34, Drs. 1246, hatte der Bundestag am 27.4.1955 an den Fürsorgeausschuß verwiesen, ebenda, Sten. Ber., Bd. 24, S. 4306. Mitte Mai war der Gesetzentwurf daraufhin endlich vom Bundeskabinett verabschiedet worden, vgl. Niggemeyer am 8.7.1955; ebenda, Bd. 26, S. 5455.

[345] Vgl. BT, 2. Wp. 1953, Anlagen, Bd. 36, Drs. 1594; Sitzung des Bundestages am 13.7.1955, ebenda, Sten. Ber., Bd. 26, S. 5465.

[346] Vgl. BT, 2. Wp. 1953, Sten. Ber., Bd. 35, S. 10929f.

[347] Gesetz über die Fürsorge für Körperbehinderte und von einer Körperbehinderung bedrohte Personen (KBG) vom 27.2.1957, BGBl. I S. 147.

[348] Begründung zum Entwurf des KBG vom 11.7.1955, S. 9, BT, 2. Wp. 1953, Anlagen, Bd. 36, Drs. 1594.

5. Hilfen für Behinderte

Diese Leistungen sollten jetzt auch Behinderten mit angeborenen Leiden zugute kommen, nicht hingegen Blinden, Taubstummen oder anderweitig versorgten Unfall- und Kriegsbeschädigten; da die jetzige oder künftige ‚dauernde wesentliche Beeinträchtigung der Erwerbsfähigkeit' entscheidendes Kriterium war, betraf das Gesetz auch nicht alte Menschen oder nur vorübergehend Erwerbsunfähige.[349] Die Leistungen umfaßten Heilverfahren, orthopädische Versorgung, „angemessene" Schulausbildung sowie Fort- oder Umschulung und richteten sich im übrigen nach dem allgemeinen Fürsorgerecht. Von entscheidender Bedeutung waren die neuen Kostenregelungen: Die Rückzahlungspflichten des Hilfeempfängers wurden weitgehend aufgehoben, vor allem aber die Einkommensgrenzen großzügig geregelt. Der Behinderte hatte nur dann zu den Kosten von Heilverfahren und größeren Hilfsmitteln einen Beitrag zu leisten, wenn seine steuerpflichtigen Einkünfte die Krankenversicherungspflichtgrenze für Angestellte (1957: 500 DM) überstiegen.[350] Dadurch wurde die Einkommensgrenze nicht nur praktisch dynamisiert, sondern auf ein weit über späteren Sozialhilfestandards liegendes, schon versorgungsähnliches Niveau gehoben und die bislang problematische Gruppe der „Minderbemittelten" einbezogen.[351] Ursprünglich war diese Einkommensgrenze nicht für ambulante Heilungskosten vorgesehen, im Bundestag aber mit knapper Mehrheit auf Antrag der SPD auch auf diese Maßnahmen ausgedehnt worden.[352] Anderthalb Jahre später allerdings wurde mit dem THG diese Grenze gegen den Widerstand der SPD-Fraktion auf dem aktuellen Stand von 660 DM eingefroren.[353]

Da die Hilfe bislang oft an der Leistungsschwäche kleiner Kreise und Gemeinden gescheitert war, machte das KBG die Landesfürsorgeverbände zu den Hauptträgern der Fürsorge für Körperbehinderte und verpflichtete diese notfalls zur Vorleistung, um notwendige Maßnahmen nicht durch Streitigkeiten mit Krankenkassen zu verzögern. Die Bundesländer hatten mindestens einen Landeskörperbehindertenarzt zu bestellen und die Gesundheitsämter weiterhin die ärztliche Beratung durchzuführen. Im Interesse eines systematischen Rehabilitationsverfahrens mußten diese einen umfassenden Heil- und Eingliederungsplan erstellen. Für alle Länder wurde eine Meldepflicht von minderjährigen Körperbehinderten eingeführt. Diese Regelung war die mit Abstand umstrittenste des parlamentarischen Verfahrens gewesen und hatte, so Willy Könen (SPD) rückblickend, „z.T. groteske

---

[349] Inhaltlich knüpfte das Gesetz also an den traditionellen, mittlerweile aber pejorativ gebrauchten Begriff des „Krüppels" an, bezog allerdings „Seelentaube" (sensorische Aphasie) und „Hörstumme" (motorische Aphasie) mit ein (vgl. § 1 KBG). Der – von der SPD sogar lieber explizit fixierte – Ausschluß alter Menschen ist im Zusammenhang mit den Forderungen nach einer stärkeren Verankerung der Rehabilitation in der Rentenversicherung zu sehen, vgl. den Abg. Bärsch (SPD) vor dem Bundestag am 6.12. 1956, BT, 2. Wp. 1953, Sten. Ber., Bd. 33, S. 9832f.
[350] Diese Grenze erhöhte sich für jeden unterhaltenen Angehörigen um 10%, maximal jedoch 50%, vgl. § 10 KBG.
[351] Vgl. Glombig, Rehabilitation, S. 221.
[352] Vgl. Bundestagssitzung am 6.12.1956, BT, 2. Wp. 1953, Sten. Ber., Bd. 33, S. 9850.
[353] Vgl. § 32 THG, BGBl. I S. 523.

Auseinandersetzungen" veranlaßt.[354] Ursprünglich hatte die Bundesregierung wie die Körperbehindertenverbände auch eine Meldepflicht von Erwachsenen einführen und den Kreis der meldepflichtigen Personen erheblich erweitern wollen, um dadurch auch bisher nicht behandelte Körperbehinderte einzubeziehen.[355] Diese Regelung stieß auf heftigen Widerstand der Ärzte, da eine Meldung an das Gesundheitsamt ohne Einverständnis des Behinderten gegen die ärztliche Schweigepflicht verstoße.[356] Nach langwierigen Verhandlungen mit dem überwiegend von Ärzten beschickten Gesundheitsausschuß hatte der Fürsorgeausschuß des Bundestages bereits die Bestimmungen etwas entschärft[357]; doch im Bundestag erreichten schließlich Mitglieder des Gesundheitsausschusses aus der Regierungskoalition, daß die Meldepflicht für Erwachsene wieder gestrichen wurde und auch auf Minderjährige und Unmündige nur anzuwenden war bei dem Verdacht, daß deren Sorgeberechtigte ihre Pflichten vernachlässigten.[358] Während das Gesetz im Bundestag schließlich fast einstimmig beschlossen wurde, fand es bei den Behindertenverbänden nur begrenzt Beifall, da es nicht die von ihnen gewünschte stärkere Annäherung an die Versorgungsleistungen für Kriegsbeschädigte gebracht hatte.[359]

Noch während der parlamentarischen Beratungsphase des KBG hatte Gottschick für das künftige Bundesfürsorgegesetz eine besondere „Hilfe für Behinderte" vorgesehen.[360] Deren Leistungen stimmten weitgehend mit denen des KBG-Entwurfs überein, sollte das KBG doch ebenfalls in das allgemeine Fürsorgegesetz eingearbeitet werden. Die damit verbundenen Ziele wurden bereits erörtert: Beseitigung der mangelnden Systematik der Rehabilitation innerhalb des Fürsorgerechts und Verhinderung künftiger Sondergesetze, boten diese doch ein gefürchtetes Einfallstor für das seit Jahren von verschiedenen Behindertengruppen geforderte einkommensunabhängige Pflegegeld.[361]

Erklärter Gegner dieses Einbaus war der Reichsbund, denn damit wäre die Chance, das KBG allmählich zu einem Versorgungsgesetz zu entwickeln, ein für

---

[354] Könen, Weg, S. 405.
[355] Vgl. § 3 des KBG-Entwurfs vom 11.7.1955, BT, 2.Wp. 1953, Anlagen, Bd. 36, Drs. 1594.
[356] Vgl. BldW 104 (1957), S. 3; zu den teilweise polemischen Äußerungen der Ärzteverbände siehe Könen und Niggemeyer vor dem Bundestag am 6.12.1956, BT, 2.Wp. 1953, Sten. Ber., Bd. 33, S. 9837ff.
[357] Vgl. den Schriftlichen Bericht des Bundestags-Fürsorgeausschusses vom 19.11.1956, S. 2ff., BT, 2.Wp. 1953, Anlagen, Bd. 46, Drs. 2885.
[358] Argumentiert wurde im Bundestag dabei von seiten der Mitglieder des Gesundheitsausschusses wie von der FDP, die eine völlige Abschaffung der Meldepflicht verlangte, vor allem mit dem verfassungsmäßigen Recht auf körperliche Unversehrtheit, das einen Behandlungszwang verhindere und somit die Meldepflicht obsolet mache; auch die SPD hatte schließlich aufgrund ähnlicher Bedenken die Beschränkung auf Minderjährige beantragt; vgl. die Bundestagssitzung am 6.12.1956, BT, 2.Wp. 1953, Sten. Ber., Bd. 33, S. 9832ff.; nebst Umdrucken Nr. 856f., 863, 873, ebenda, S. 8964ff.
[359] Vgl. Glombig, Kritik.
[360] Vgl. [Konzept] „C. Sozialhilfe" vom 29.11.1955, BAK, B 106/20648.
[361] Vgl. Vermerk Bangert vom 4.2.1957, BAK, B 172/444-01/4; Neuordnung des Fürsorgerechts, S. 207f.

alle Mal verbaut gewesen.³⁶² Überdies fürchtete man hier Leistungsverschlechterungen für die eigene Klientel, nicht weniger aber die Nähe zu den Fürsorgeempfängern; schließlich sei man bislang in vielen Ländern nicht durch die Fürsorgeämter, sondern durch die Fürsorgestellen für Schwerbeschädigte betreut worden, was sich „für die Betroffenen außerordentlich segensreich ausgewirkt" habe.³⁶³ Außerdem plante die Sozialabteilung von Anfang an, sämtliche Behindertengruppen einzubeziehen, neben den Blinden, Gehör- und Sprachgeschädigten, wie vom Reichsbund befürwortet, auch geistig und psychisch Behinderte, zumal diese, so Scheffler, „in gleicher oder ähnlicher Weise schutzbedürftig" seien.³⁶⁴ Dies ging dem Reichsbund zu weit, könne doch „die gemeinsame Behandlung körperlich und geistig Behinderter in der Öffentlichkeit mißverstanden werden" und würde „auf jeden Fall von den Körperbehinderten als Abwertung aufgefaßt".³⁶⁵

Problematischer für die Gesetzesmacher der Sozialabteilung war allerdings auch hier der anhaltende Widerstand der Kollegen der Gesundheitsabteilung und führender Medizinalbeamter der Länder, die den Einbau allgemeiner gesundheitsrechtlicher Bestimmungen, die ebenso für Behinderte außerhalb der Fürsorge galten (Meldepflicht, Landesarzt usw.), strikt ablehnten.³⁶⁶ Doch auch hier konnte sich die Sozialabteilung mit ihrem Ziel der Rechtszusammenfassung durchsetzen und wählte aus „optischen Gründen"³⁶⁷ wie bei der Tuberkulosehilfe den Weg, die gesundheitsrechtlichen Vorschriften bis zur Verabschiedung eines neuen Gesundheitsgesetzes in einem Sonderabschnitt des BSHG-Entwurfs zu verankern.³⁶⁸

Der Referentenentwurf vom Juli 1958 faßte den Begriff der Behinderten weitestmöglich und definierte die Hilfen großzügig und noch klarer als im KBG mit einem Rechtsanspruch versehen.³⁶⁹ Anders als in den anderen Sozialgesetzen be-

---

362 Vgl. Glombig, Rehabilitation, S. 222.
363 Stellungnahme des Reichsbundes [5. 11. 1958], BAK, B 106/9686; vgl. ferner dessen Stellungnahme zum BSHG-Regierungsentwurf o.D., PA, Gesetzesmaterialien III/349 A 3. Etwas weniger scharf, aber in der Sache ähnlich der andere große Behindertenverband, der VdK, vgl. dessen Stellungnahme zum Regierungsentwurf vom 14. 10. 1960, ebenda; anders die Fachorganisation „Deutsche Vereinigung der Körperbehindertenfürsorge" in ihrer Stellungnahme vom 17. 11. 1958, BAK, B 106/9686.
364 Gerhard Scheffler, Neuordnung, S. 36. Zum umfassenden Ansatz des BMI vgl. [Konzept] „C. Sozialhilfe" vom 29. 11. 1955 und den BSHG-Teilentwurf vom 25. 5. 1956, §§ 63ff., BAK, B 106/20648; Vermerk Referat V A 4 vom 22. 6. 1956, BAK, B 106/9689; dazu auch die Niederschriften über die Sitzungen des Arbeitsausschusses für Fragen der Fürsorge am 3./4. 5. 1957, ADW, HGSt 6769, und der Gruppe IV des DV-Studienkreises „Soziale Neuordnung" am 16. 7. 1957, ADW, HGSt, SP-S XXIIIc I/0.
365 Stellungnahme des Reichsbundes [5. 11. 1958], BAK, B 106/9686.
366 Vgl. Abteilungsleitervorlage vom 25. 6. 1957, BAK, B 106/29652; Vermerke Referat V A 4 zu Stellungnahmen der Abteilung IV (Gesundheitsabteilung) vom 18. 2., 5. 3. und 28. 5. 1958; Abteilung IV an Abteilung V, 11. 6. 1958, BAK, B 106/29643; Vermerk Karl zum Entwurf eines Sozialhilfegesetzes [27. 4. 1959], BAK, B 106/20644.
367 Vermerk Referat V A vom 12. 6. 1957, BAK, B 106/9789/2.
368 Vgl. Unterabschnitt 1 des Abschnitts 15 des BSHG-Entwurfs 7/1958, BAK, B 106/20643.
369 Vgl. §§ 55ff., ebenda.

zog die Sozialabteilung auch die soziale Rehabilitation ein und zeigte sich damit auf der Höhe des aktuellen Diskussionsstandes.[370] Dem modernen Verständnis von „Rehabilitation" als koordiniertem und kontinuierlichem Prozeß, bei dem die verschiedensten Stellen zusammenwirken müßten, trug der Entwurf mit einem ausführlichen Maßnahmenkatalog Rechnung, der insofern noch über das KBG hinausging, als u.a. Hilfe bei der Arbeitssuche, nachgehende Hilfe und höhere Leistungen zum Lebensunterhalt vorgesehen waren. Konnte der Behinderte keine Tätigkeit ausüben, sollte er von Pflege weitgehend unabhängig gemacht und sollten ihm möglichst „angemessene Bildung und Anregungen kultureller oder sonstiger Art vermittelt werden".[371] Mit der Streichung des Kriteriums der „dauernden wesentlichen Beeinträchtigung der Erwerbsfähigkeit" wurde klargestellt, daß die Sozialhilfe auch für die Rehabilitation alter Menschen, etwa nach einem Verkehrsunfall, zuständig war.[372]

Daneben enthielt der Entwurf jedoch eine bedeutsame Verschlechterung für die Körperbehinderten: Er fixierte die Einkommensgrenze für stationäre Maßnahmen, ambulante Heilbehandlung und Beschaffung teurer Hilfsmittel bei 600 DM und koppelte sie damit wieder von der Grenze der Krankenversicherungspflicht ab. Da statt der steuerpflichtigen Einkünfte nun das Netto-Einkommen zugrundezulegen war, bedeutete dies vorerst u.U. sogar eine Verbesserung; doch mittelfristig wurde so die (automatische!) Anbindung an die Entwicklung des allgemeinen Lebensstandards wieder verabschiedet und damit ein entscheidender Fortschritt des KBG zurückgenommen.[373]

Die allgemeinen gesundheitsrechtlichen Vorschriften im Sonderabschnitt 15 des Entwurfs entsprachen weitgehend denjenigen des KBG und bezogen sich ausdrücklich nur auf *körperlich* Behinderte. Eine Meldepflicht auch für geistig und psychisch Behinderte hielt man – wohl ebenso aus historischen Gründen wie angesichts der jüngsten parlamentarischen Erfahrungen – für „eine Überspannung".[374] Das von den Behinderten-Vertretern immer wieder geforderte feste, möglichst einkommensunabhängige Pflegegeld für Schwerbehinderte[375] enthielt auch der BSHG-Entwurf nicht. Dabei hatte der Bundestag bereits Anfang 1957 auf Antrag von CDU/CSU und FVP die Bundesregierung aufgefordert, die Möglichkeit eines Pflegegeldes auch für andere als blinde Pflegebedürftige zu prüfen.[376] Doch Anfang 1961 vertrat Staatssekretär Anders vom Innenministerium den Standpunkt, daß dem Bund zumindest für ein versorgungsrechtliches Pflege-

---

[370] Vgl. Beiträge und Leitsätze der Untergruppe „Rehabilitation", in: Neuordnung des Fürsorgerechts, S. 197ff.
[371] § 55 Abs. 2 des BSHG-Entwurfs 7/1958, BAK, B 106/20643.
[372] Vgl. Frandsen, Eingliederungshilfe, S. 23.
[373] Vgl. § 80 BSHG-Entwurf 7/1958, BAK, B 106/20643.
[374] Gerhard Scheffler, Neuordnung, S. 36.
[375] Vgl. die Stellungnahmen des VdK vom 15.10.1958 und der Deutschen Vereinigung zur Förderung der Körperbehindertenfürsorge vom 17.11.1958, BAK, B 106/9686, sowie des Reichsbunds [o.D.] zum Regierungsentwurf, PA, Gesetzesmaterialien III/349 A 3.
[376] Vgl. Bundestagssitzung am 21.1.1957 sowie Umdruck 912, BT, 2. Wp. 1953, Sten. Ber., Bd. 35, S. 10599, 10617.

geld die Gesetzgebungsbefugnis fehle und wenn überhaupt, nur eine einkommensabhängige Lösung im Rahmen des Fürsorgerechts möglich sei.[377]

Wie schon bei anderen Hilfearten in der Überarbeitungsphase bis zum zweiten Referentenentwurf zu beobachten, ließ sich auch die großzügige Ausgestaltung der Eingliederungshilfe trotz positiver Resonanz bei vielen Behindertenorganisationen, Wohlfahrtsverbänden und im DV nicht halten.[378] Vor allem der generelle Rechtsanspruch für die verschiedensten Behinderten stieß auf erheblichen Widerstand, nicht nur bei den auch hier erwartungsgemäß opponierenden Landkreisen und Landgemeinden, sondern auch bei den Vertretern der Länder und bezeichnenderweise bei der Zentralen Spruchstelle für Fürsorgestreitsachen: Ein Rechtsanspruch auf Rehabilitation für geistig und psychisch Behinderte gehe zu weit, er müsse vielmehr auf klar definierte Behindertengruppen entsprechend der bisherigen Rechtslage und Fürsorgepraxis begrenzt sein, damit auch die Zuständigkeit der überörtlichen Träger klar geregelt und der Anlaß für künftige Klagen minimiert werden.[379] Hier spielten auch Erfahrungen mit dem KBG eine wichtige Rolle: Die Rentenversicherungsträger, Krankenkassen, aber auch Lastenausgleichs- und manche Versorgungsämter hatten nämlich unter Berufung auf die Verpflichtung der Landesfürsorgeverbände zur Rehabilitation eigene Kann-Leistungen verweigert.[380] Eine höchstrichterliche Klärung war bislang nicht erfolgt. Eine Ausweitung des fürsorgeberechtigten Personenkreises barg daher in den Augen sparsamer Fürsorgevertreter zu viele Gefahren, die auch durch die klare Formulierung des Nachrangs der Sozialhilfe in § 3 des Entwurfs nicht gebannt würde.

In Zusammenarbeit mit einigen Vertretern der Landesfürsorgeverbände und der Spruchstelle, unter ihnen auch Heinz Keese, legte Gottschick mit dem Referentenentwurf vom März 1959 dann eine Regelung vor, die fast wie bisher einen Rechtsanspruch nur noch „Körperbehinderten, von einer Körperbehinderung bedrohten Personen, Blinden, hochgradig Sehschwachen, Hörgeschädigten, Sprachgeschädigten und Personen, deren geistige Kräfte schwach entwickelt sind", einräumte.[381] Für andere „Personen mit einer körperlichen, geistigen oder seelischen

---

[377] Vgl. Antwort des BMI vom 2.2.1961 auf eine Kleine SPD-Anfrage, BT, 3.Wp. 1957, Anlagen, Bd. 73, Drs. 2460.

[378] Vgl. die Stellungnahmen des VdK vom 15.10.1958, des DV [vom 5.11.1958], der Inneren Mission/Hilfswerk vom 14.11.1958, der Deutschen Vereinigung für Körperbehindertenfürsorge vom 17.11.1958, der Gesellschaft zur Förderung der Hör- und Sprachgeschädigten vom 24.11.1958, BAK, B 106/9686; kritischer allerdings die AWO am 14.10.1958, ebenda; ohne größere Einwände zu den §§ 55ff. auch der DST am 27.11.1958 und der DPW am 22.12.1958, ebenda.

[379] Vgl. Niederschriften über die Besprechungen mit Vertretern der obersten Landessozialbehörden am 21./22.10. und 6.11.1958, LAS Abt. 761 Nr. 8874; die Stellungnahmen der bayerischen kommunalen Spitzenverbände vom 14.10.1958, des DLT vom 17.11.1958, des DGT vom 1.12.1958, BAK, B 106/9686; Kurzprotokoll über die Sitzung der Zentralen Spruchstelle für Fürsorgestreitsachen am 12.12.1958, BAK, B 106/20644.

[380] Vgl. entsprechende Berichte auf einer Besprechung der leitenden Fürsorgereferenten der Länder am 12./13.6.1958, Niederschrift, BAK, B 106/20132; zu den Einzelheiten: Schaudienst, Subsidiarität; NDV 41 (1961), S. 195f.

[381] § 36 des BSHG-Entwurfs 3/1959, BAK, B 106/20646.

III. Reform der Hilfemöglichkeiten

Behinderung" war die Hilfe nur noch als Kann-Leistung vorgesehen. Dabei, so ein Mitarbeiter der Inneren Mission, müßte eigentlich gerade den Menschen, die aus anderen als körperlichen Gründen in ihrer beruflichen Leistungsfähigkeit eingeschränkt und bisher am seltensten von den Versicherungs- und Versorgungsträgern erfaßt waren, von der Fürsorge geholfen werden.[382] Für diese Behinderten kam hinzu, daß sie jetzt auch nicht mehr von der besonderen Einkommensgrenze profitieren konnten: Eltern eines nach einer Hirnhautentzündung geistig behinderten Kindes etwa hatten also deutlich mehr an eigenem Einkommen einzusetzen, ehe ihr Kind Eingliederungshilfen erhielt, als Eltern eines Kindes mit angeborener Trisomie 21 („Mongolismus").[383] Für nicht unter die Definition des KBG fallende Körperbehinderte etwa mit einem rheumatisch bedingten schweren Herzfehler galt das gleiche.

Die besondere Einkommensgrenze selbst wurde, wie dargelegt, deutlich herabgesetzt: auf 500 DM, um sie der aktuellen Grenze des KBG anzugleichen.[384] Da auch die allgemeine Einkommensgrenze auf den anderthalbfachen Eckregelsatz vermindert wurde, war jetzt für ambulante Eingliederungshilfen als erhöhte allgemeine Grenze der zweifache Regelsatz (plus 80 DM Familienzuschlag) vorgesehen.[385] Auch die Aufgabenstellung der Eingliederungshilfe wurde auf Drängen der Landesfürsorgeverbände wieder beschränkt und blieb dabei sogar noch hinter derjenigen des KBG zurück: Statt umfassender sozialer Integration sollte sie „vor allem" dazu dienen, „dem Behinderten die Ausübung eines Berufs oder einer sonstigen angemessenen Tätigkeit zu ermöglichen oder ihn wenigstens unabhängig von Pflege zu machen".[386] Derart wieder reduziert wurden diese Bestimmungen fast unverändert in den Regierungsentwurf und schließlich auch vom Gesetzgeber weitgehend übernommen.[387]

Laut Berechnung des Bundesinnenministeriums würde die Eingliederungshilfe aber auch so zu den Hilfen mit der größten Kostensteigerung gehören: Vor allem, weil außer den klassischen Körperbehinderten nun auch weitere Behindertengruppen unter die besondere Einkommensgrenze fallen würden, ging man hier von einer Verdoppelung der bisherigen jährlichen Kosten von 18 Mio. DM aus.[388] So hatte die Einschränkung des Personenkreises auch im parlamentarischen Verfahren Bestand, obwohl der Bundesrat dafür plädierte, auch durch Krankheit oder

---

[382] Vgl. Vermerk Heun vom 5.5.1959, ADW, HGSt, SP-S XXV 1: 160-1/1.
[383] Vgl. Gottschick, Bundessozialhilfegesetz, 1962, zur Abgrenzung des Personenkreises nach § 37 Abs. 1 und 2, S. 166ff.
[384] Der Familienzuschlag wurde allerdings auf 80 DM erhöht; vgl. § 58 des BSHG-Entwurfs 3/1959, BAK, B 106/20646.
[385] Vgl. § 57 (ebenda) nur für Maßnahmen der Schul- und Berufsbildung, sowie dann allgemein für alle ambulanten Hilfen mit Ausnahme der Heilbehandlung § 76 des BSHG-Regierungsentwurfs vom Februar 1960, BT, 3. Wp. 1957, Anlagen, Bd. 67, Drs. 1799.
[386] § 36 Abs. 3 BSHG-Entwurf 3/1959, BAK, B 106/20646; vgl. Stellungnahme der AG der LFV, BAK, B 106/20644.
[387] Vgl. §§ 37ff., 116ff. des BSHG-Regierungsentwurfs 1960, BT, 3. Wp. 1957, Anlagen, Bd. 67, Drs. 1799; §§ 39ff., 123ff. BSHG.
[388] Insgesamt wurde mit einem Mehraufwand von 19,5 Mio. DM gerechnet; vgl. Begründung zum Regierungsentwurf, S. 66, BT, 3. Wp. 1957, Anlagen, Bd. 67, Drs. 1799.

Unfall Behinderten einen Rechtsanspruch einzuräumen.[389] Doch die Bundesregierung erklärte selbst das lapidar für „zu weitgehend" und verwies auf die Möglichkeiten der Kann-Bestimmungen.[390] Auch gegenüber dem Fürsorgeausschuß des Bundestages lehnten die Beamten des Innenministeriums eine Ausweitung des Rechtsanspruchs ab, der auf Personen beschränkt werden müsse, „bei denen derzeit medizinisch im allgemeinen eine Hilfe überhaupt möglich sei".[391] Allerdings geriet das Ministerium dadurch in beträchtlichen Erklärungsnotstand, gehörten doch nach offizieller Begründung zum bevorrechtigten Behindertenkreis ausdrücklich nur „Personen mit einem geminderten Intelligenzgrad, nicht aber Geisteskranke oder Geistesschwache".[392]

Eine solche Unterscheidung war nach Meinung vieler Mediziner und Sozialarbeiter angesichts neuer Rehabilitationsmethoden auch für geistig Behinderte nicht haltbar und würde in der Praxis zu erheblichen Schwierigkeiten führen. Vor allem ein im Frühling 1959 unter dem Vorsitz von Muthesius im DV zusammen mit weiteren Organisationen gegründeter kleiner „Aktionsausschuß zur Verbesserung der Hilfe für psychisch Kranke", der auf dem Fürsorgetag im Oktober 1959 diesen Behinderten auch eine größere öffentliche Plattform verschafft hatte[393], forderte wie übrigens auch der nordrhein-westfälische Sozialminister einen Rechtsanspruch für fast alle geistig/psychisch Behinderten und fand dabei die offizielle Unterstützung des DV.[394] Auch der Ausschluß der nach inneren Organerkrankungen Körperbehinderten wurde von vielen Seiten als nicht nachvollziehbar kritisiert.[395] Obwohl auch ein Verwaltungsplanspiel in Nordrhein-Westfalen die Abgrenzungsschwierigkeiten in der Praxis belegt hatte, trugen jedoch der Gesundheitsausschuß und der Fürsorgeausschuß des Bundestages die Regierungslinie mit, denn es könne „der Schritt in das Neuland der Eingliederungshilfe nur behutsam gegangen werden".[396] Im Bundestagsplenum schließlich wurde die Regelung ohne Aussprache beschlossen und auch vom Bundesrat nicht mehr aufgegriffen.

---

[389] Vgl. Stellungnahme des Bundesrates zu § 37 des Regierungsentwurfs, S. 72, ebenda.
[390] Auffassung der Bundesregierung zur Stellungnahme des Bundesrates, S. 84, ebenda.
[391] Vgl. Sitzung des Ausschusses für Kommunalpolitik und öffentliche Fürsorge am 23.2. 1961, PA, Gesetzesmaterialien III/349 A 2.
[392] Vgl. Begründung des BSHG-Regierungsentwurfs, S. 46, BT, 3. Wp. 1957, Anlagen, Bd. 67, Drs. 1799.
[393] Vgl. NDV 40 (1960), S. 110; Fürsorge in der gewandelten Welt, S. 195ff., 234f.
[394] Vgl. die Berichte über die Sitzungen des Aktionsausschusses am 1.6. und 17.11.1960 sowie 16.11.1961, ADW, HGSt, SP-S XXIII d: 9-1/1; Änderungsvorschläge Prof. von Bayer vom 7.10.1960, BAK, B 106/9786/2; Stellungnahme des DV zum Regierungsentwurf [o.D.] sowie die abschließenden Vorschläge des Aktionsausschusses dazu, PA, Gesetzesmaterialien III/349 A3, und die Vorschläge des nordrhein-westfälischen Sozialministers auf Grund des Verwaltungsplanspiels vom 2.2.1961, PA, Gesetzesmaterialien III/349 A4; NDV 41 (1961), S. 295.
[395] Vgl. Bericht über die Sitzung des DV-Fachausschusses V am 2.6.1960, ADW, HGSt, SP-S XXIII c V/1; undatierte Notizen Collmers zum Regierungsentwurf, ADW, HGSt 3927.
[396] So der CDU-Abgeordnete Maucher im Fürsorgeausschuß am 23.2.1961; vgl. Kurzprotokolle der Sitzungen des Ausschusses für Gesundheitswesen am 21.9.1960 sowie des Ausschusses für Kommunalpolitik und öffentliche Fürsorge am 10.11.1960 und 23.2.1961, PA, Gesetzesmaterialien III/349 A1 bzw. A2.

Doch der Bundestagsausschuß initiierte auch einige Verbesserungen zugunsten der Behinderten[397]: Wie von vielen Seiten, darunter auch vom DV und der Bundesvereinigung der Kommunalen Spitzenverbände gefordert, wurde als Ziel der Eingliederungshilfe nun doch wieder auch die „Teilhabe am Leben in der Gemeinschaft" ausdrücklich im Gesetz genannt[398]. Außerdem wurde, wie erwähnt, für häuslich gepflegte Schwerbehinderte ein Pflegegeld von 100 DM monatlich eingeführt.[399]

Im Bundestag selbst standen wieder einmal die ärztlichen Belange im Mittelpunkt, zu deren Speerspitze sich abermals die FDP machte. In einer polemischen Stellungnahme wandte sich die Arbeitsgemeinschaft der fachärztlichen Berufsverbände Mitte Januar 1961 vor allem gegen die Kompetenzen der Gesundheitsämter, die unklare Einbeziehung der von einer Behinderung bedrohten Personen und die ärztliche Meldepflicht von ungenügend versorgten geschäftsunfähigen Körperbehinderten, Blinden etc. Das bedeute letztlich eine „gesundheitsbehördliche Erfassung eines *uferlos ausgeweiteten* Personenkreises" und die „Aufhebung der Behandlungsfreiheit der Ärzte".[400] Daraus sprachen ebenso die Furcht vor unkontrollierter amtsärztlicher Einmischung und einzelne groteske Erfahrungen mit dem KBG, das „bereits zur Einbeziehung der leichten Fuß- und Haltungsschäden geführt" habe[401], wie die aus standespolitischen Erwägungen überzeichnete Sorge, Patienten an künftig angeblich erforderliche öffentliche Ambulatorien zu verlieren.[402] Nachdem aber der Fürsorgeausschuß weder den Kreis der von einer Behinderung Bedrohten näher definieren noch die Beratungskompetenzen von Landesarzt und Gesundheitsämtern einschränken wollte, lehnte auch die Bundestagsmehrheit entsprechende Anträge der FDP-Fraktion ab.[403] Diese konnte allerdings zwei weitere wichtige Anliegen der Ärztevereinigung doch noch durchsetzen: Die freie Arztwahl auch bei der Eingliederungshilfe wurde festgelegt und, vor allem,

---

[397] Vgl. zum Folgenden den Schriftlichen Bericht des Ausschusses für Kommunalpolitik und öffentliche Fürsorge vom 25.4.1961, S. 6ff., BT, 3. Wp. 1957, Anlagen, Bd. 74, Drs. 2673.

[398] § 39 Abs. 2 BSHG; vgl. ferner Stellungnahmen der Bundesvereinigung der Kommunalen Spitzenverbände vom 31.5.1960, des DV [o.D.], PA, Gesetzesmaterialien III/349 A 3, sowie von Muthesius vor dem Bundestagsfürsorgeausschuß am 25.1.1961, ebenda, A 2.

[399] Vgl. §§ 69, 80 BSHG.

[400] Stellungnahme der Arbeitsgemeinschaft der fachärztlichen Berufsverbände vom 13.1.1961, PA, Gesetzesmaterialien III/349 A 4 (Hervorhebung im Original).

[401] Ebenda.

[402] Die Stellung der Gesundheitsämter war im Laufe des Gesetzgebungsverfahrens ohnehin immer weiter geschwächt worden. So war die ursprünglich vorgesehene Zuständigkeit des Gesundheitsamts für die Aufstellung eines Rehabilitationsplans auf Antrag des Bundesrates fallengelassen worden; vgl. § 61 BSHG-Entwurf 7/1958, BAK, B 106/20643; Stellungnahme des Bundesrates zu § 43 des Regierungsentwurfs 1960, BT, 3. Wp. 1957, Anlagen, Bd. 67, Drs. 1799; § 46 BSHG.

[403] Vgl. den Schriftlichen Bericht des Ausschusses für Kommunalpolitik und öffentliche Fürsorge vom 25.4.1961, S. 11f., BT, 3. Wp. 1957, Anlagen, Bd. 74, Drs. 2673; Bundestagssitzung am 4.5.1961, S. 9073ff., BT, 3. Wp. 1957, Sten. Ber., Bd. 49; Änderungsanträge der FDP-Fraktion vom 2. u. 3.5.1961, Umdrucke 888, 901, PA, Gesetzesmaterialien III/349 A 2.

die ärztliche Meldepflicht praktisch aufgehoben.[404] Ein ursprüngliches Kernanliegen der Reformer der Körperbehindertenfürsorge, die umfassende Meldepflicht im Interesse der Prävention, die schon im KBG nicht erreicht worden war, war mit dem BSHG vorerst aufgegeben worden.

Mit dieser Einschränkung war aufs Ganze gesehen doch das Ziel, das von vielen Zeitgenossen als „Modellgesetz" begriffene Körperbehindertengesetz in das BSHG zu übernehmen und seine Neuerungen auf weitere Hilfekomplexe zu übertragen, gelungen. Den ursprünglich vorgesehenen Weg, die Hilfen nach dem KBG auf möglichst alle Behinderten auszudehnen, waren die Gesetzesmacher aus primär finanziellen Gründen allerdings nicht zu Ende gegangen und hatten lieber weiterhin definitorische Unklarheiten und sachlich kaum begründbare Ungleichbehandlungen in Kauf genommen.[405] Erst 1974 bezog der Gesetzgeber neben erheblichen weiteren Verbesserungen alle Behinderten in den Rechtsanspruch ein und ließ ihnen die besondere Einkommensgrenze zugute kommen, so daß fast 16 Jahre nach Vorlage des ersten Referentenentwurfs dessen Konzeption doch noch verwirklicht wurde.[406] Daß aus Sicht der Träger der Sozialhilfe die ursprünglichen finanziellen Bedenken nicht unbegründet waren, belegt die Tatsache, daß die Eingliederungshilfe für Behinderte seit 1963 zu den Hilfen mit besonders hohen Kostenzuwächsen gehörte. So beliefen sich die Kosten für diese Hilfe im Jahr 2000 auf rund 17,8 Mrd. DM für rund 525 100 Hilfeempfänger.[407] Damit bildete die Eingliederungshilfe nach Umfang und Bedeutung neben der Hilfe zur Pflege einen der beiden Schwerpunkte der Hilfe in besonderen Lebenslagen.[408]

Exkurs: Hilfe für Blinde

Für eine Behindertengruppe waren jedoch noch weitere besondere Maßnahmen der Sozialhilfe vorgesehen: für die Blinden. Diese hatten seit 1949 nämlich im sozialen Sicherungssystem der Bundesrepublik eine gewisse Sonderstellung erlangt, die einerseits der Schwere ihrer Behinderung und der vielfach notwendigen Fremdhilfe geschuldet war, sich andererseits aber wohl auch den im Vergleich zu anderen Sinnesgeschädigten besseren öffentlichen Artikulationsmöglichkeiten und einer effektiven Lobbyarbeit verdankte.

---

[404] Vgl. § 37 Abs. 4 und § 124 BSHG. Neben der ärztlichen Schweigepflicht und möglichen Belastungen für das Verhältnis zu ihren Patienten hatte die Ärztevereinigung auch die Gefahr von Regreßansprüchen geltend gemacht; vgl. Stellungnahme der Arbeitsgemeinschaft der fachärztlichen Berufsverbände vom 13.1.1961, S.11f., PA, Gesetzesmaterialien III/349 A 4.
[405] So hörten die Streitigkeiten mit den Krankenkassen nach Inkrafttreten des BSHG keineswegs auf; ebenso schwierig blieb die schulische Versorgung von behinderten Kindern aus Mittelschichtsfamilien. Kritisch insgesamt der damalige westfälische Landesarzt Herbig, Problematik.
[406] Vgl. das Dritte Änderungsgesetz vom 25.3.1974, BGBl. I S. 777.
[407] Vgl. Statistisches Bundesamt, Fachserie 13, Reihe 2, 2000, S. 112ff., 133.
[408] Vgl. Schellhorn, Bundessozialhilfegesetz, 2002, S. 10.

Mitte der fünfziger Jahre gab es schätzungsweise 42–43 500 Blinde in der Bundesrepublik, darunter ca. 7500 Kriegsblinde.[409] Der Anteil der bereits blind Geborenen oder in der Kindheit Erblindeten war mit allenfalls einem Viertel vergleichsweise gering und ging dank medizinischer Fortschritte weiter zurück, während die Zahl der Späterblindeten (abgesehen von den Kriegsblinden) vor allem infolge der steigenden Lebenserwartung zunahm.[410] 1956 waren 65–75% der sogenannten Zivilblinden über 50 Jahre alt und Rentner der Sozialversicherung. Entsprechend gering war 1957 mit rund 10–11 000 die Zahl der voll erwerbstätigen Blinden (einschließlich Kriegsblinden), von denen überdies noch etwa ein Drittel in traditionellen, immer weniger konkurrenzfähigen Blindenhandwerken (Bürstenmacher, Korb- oder Mattenflechter u.ä.) tätig war; hinzu kamen modernere, aber auch nicht sehr viel einträglichere Tätigkeiten als Industriearbeiter, Stenotypisten, Telefonisten, Masseure sowie eine kleine Gruppe von Verwaltungsbeamten, Lehrern etc. Organisatorische und recht einflußreiche Vertretung der Zivilblinden war der 1912 gegründete Deutsche Blindenverband (DBV), der 1956 rund fünf Sechstel (30 000) aller Zivilblinden erfaßte.

Die Sozialleistungen für Blinde waren sehr ungleich verteilt: Während die infolge der neuartigen Gasangriffe bereits seit dem Ersten Weltkrieg beträchtliche Zahl der Kriegsblinden und die bei Arbeitsunfällen Erblindeten neben den Versorgungsrenten ein Pflegegeld zum Ausgleich ihrer Mehraufwendungen erhielten und auch im Rahmen des Lastenausgleichs solche Leistungen vorgesehen waren[411], blieben die übrigen sogenannten Zivilblinden auf die öffentliche Fürsorge und deren Hilfsbedürftigkeits-Grenzen verwiesen, zumal auch blinde Sozialrentner keine zusätzlichen Leistungen erhielten. Bereits Ende der zwanziger Jahre waren Bestrebungen der Blindenorganisationen nach einer einkommensunabhängigen Blindenrente von der Reichsregierung aus Furcht vor ähnlichen Forderungen anderer Behindertengruppen und allgemeinen finanziellen Bedenken abgelehnt worden.[412]

Nach 1945/49 war die Interessenlage durchaus ähnlich, durch verfassungsmäßige Vorbehalte allerdings noch komplizierter: Anders als die Ländersozialminister im Oktober 1949 vertrat nämlich das Bundesinnenministerium die Rechtsmeinung, für eine versorgungsrechtliche Regelung habe der Bund keine Gesetzgebungskompetenz, diese liege vielmehr bei den Ländern.[413] Tatsächlich führten viele von diesen im Laufe der fünfziger Jahre ein aus Landesmitteln zu finanzierendes Blindenpflegegeld ein, das aber hinsichtlich Höhe, Berücksichtigung an-

---

[409] Vgl. Bierfelder/Sweede, Überblick, S. 279; Achinger, Rolle, S. 341; NDV 37 (1957), S. 49; Gottwald, Situation.
[410] Nach einer Erhebung für Westfalen-Lippe im Jahr 1947 waren von 2630 Blinden 28% Kriegsblinde, 11% Geburtsblinde und 16,2% bis zu ihrem fünfzehnten Lebensjahr erblindet; vgl. NDV 30 (1950), S. 106. 1960 schätzte eine wissenschaftliche Arbeit die Zahl der von Geburt oder Kindheit an Blinden in der Bundesrepublik auf 6500, der Gehörlosen hingegen auf 27 000; vgl. Edelmann, Zahl, S. 92.
[411] Vgl. §§ 267–269 LAG, § 35 BVG sowie § 558c RVO.
[412] Vgl. NDV 30 (1950), S. 105.
[413] Vgl. Staatssekretär Bleek vom BMI in der Sitzung des Bundestages am 10.10.1951, BT, 1. Wp. 1949, Sten. Ber., Bd. 9, S. 6769.

derweitigen Einkommens und in seinem Verhältnis zu den Leistungspflichten der öffentlichen Fürsorge sehr unterschiedlich ausfiel.[414]

Bestrebungen der Zivilblinden für eine bundesweite Gleichstellung mit den Kriegsblinden stießen zwar durchaus auf Sympathie bei sämtlichen Bundestagsfraktionen, und 1953 wurden immerhin die Blinden als einzige Gruppe der nicht durch Krieg, Arbeitsunfall oder NS-Verfolgung Behinderten in das Schwerbeschädigtengesetz einbezogen.[415] Die SPD unterstützte die Forderung des DBV nach einer versorgungsrechtlichen Lösung durch ein Bundesblindengesetz, da schließlich auch die nicht oder nur teilweise fürsorgebedürftigen, unter erheblichen Kraftanstrengungen erwerbstätigen oder nur kleine Sozialversicherungsrenten erhaltenden Blinden weiter Unterstützung benötigten.[416] Zwar hoffte auch der DBV-Vorsitzende Alfons Gottwald, daß etwa die noch in den Kinderschuhen steckende elektronische Datenverarbeitung den Blinden neue Berufsfelder wie den „Programmeur an einer Elektronenrechenmaschine"[417] erschließen könne, doch insgesamt seien für Blinde nur wenige Berufe überhaupt zugänglich und der gravierende Einkommensrückstand gegenüber den Sehenden niemals aufzuholen, so daß alle Blinden einen Anspruch auf ein Blindengeld zum Ausgleich ihrer Mehrbelastungen sowie auf Aus- und Fortbildung, auf Rehabilitation und Erholungsmaßnahmen haben müßten.[418]

Demgegenüber hielt die Regierungskoalition angesichts der Verfassungsvorgaben nur eine fürsorgerechtliche Lösung für möglich.[419] Dieser Weg wurde 1953 dann auch mit dem FÄG beschritten, das die Blinden gegenüber anderen körperlich Behinderten privilegierte und erstmals einem größeren Kreis von Zivilblinden eine Pflegezulage ohne Kostenersatzpflicht einräumte. Zusätzlich wurde erwerbstätigen Blinden noch ein Mehrbedarf von mindestens 40% ihres Erwerbseinkommens bzw. mindestens 40 DM zuerkannt, so daß (bei einem durchschnittlichen Richtsatz von 50 DM) etwa auch einem Blinden mit einem bescheidenen Monatseinkommen von 260 DM eine gewisse Pflegezulage zustand.[420] Auf dem Weg zu einem Pflegegeld für Zivilblinde war damit zwar ein entscheidender Schritt getan,

---

[414] Zum Stand der verschiedenen Länderregelungen vgl. Stellungnahme des Blindenverbands zum BSHG-Regierungsentwurf o.D. [27.10.1960], PA, Gesetzesmaterialien III/349 A3, Entschließung des DBV vom 31.1.1961, ebenda, B; ferner die Niederschrift über die Besprechung der Länderfürsorgereferenten am 12./13.6.1958, BAK, B 106/20132. Zur Rechtslage in Bayern siehe Jehle, Fürsorgerecht, S. 190, 816f.; zum Saarland NDV 37 (1957), S. 33.
[415] Vgl. § 1 Abs. 2 des Schwerbeschädigtengesetzes vom 16.6.1953, BGBl. I S. 389.
[416] Vgl. die SPD-Abgeordnete Clara Döhring am 12.6.1953 vor dem Bundestag, BT, 1. Wp. 1949, Sten. Ber., Bd. 16, S. 13408f.; entsprechende frühere Initiativen der SPD-Fraktion: Anfrage vom 12.5.1950, Interpellation vom 8.7.1951, BT, 1.Wp. 1949, Anlagen, Bd. 4, Drs. 950; sowie Bd. 12, Drs. 2435.
[417] Gottwald, Situation, S. 117.
[418] Nach einer Erhebung in Bayern von 1952 verdienten blinde Sozialversicherte mit monatlich rund 140 DM im Durchschnitt nur die Hälfte der sehenden Versicherten; vgl. Gottwald, Situation, S. 117.
[419] Vgl. etwa die Berichterstatterin Niggemeyer am 12.6.1953 vor dem Bundestag, BT, 1. Wp. 1949, Sten. Ber., Bd. 16, S. 13404.
[420] Vgl. Döhring, Jahre, S. 209.

doch das Ziel einer festen, einkommensunabhängigen Hilfe war noch lange nicht erreicht: 1958 erhielten etwa in Schleswig-Holstein gut 70% von 1 000 Zivilblinden ein Pflegegeld der öffentlichen Fürsorge, aber aufgrund der Anrechnungsbestimmungen nur jeder fünfte in voller Höhe.[421]

Bei den Vorarbeiten für das neue Bundesfürsorgegesetz plante die Sozialabteilung zunächst, diese Regelungen beizubehalten.[422] Doch bereits der Teilentwurf vom Mai 1956 führte neben besonderen Bestimmungen für Körperbehinderte, Tuberkulöse und Kriegsopfer auch solche für Blinde an, die bereits eine besondere Einkommensgrenze vorsahen.[423] Dies war vermutlich bereits ein Reflex auf Forderungen der SPD, bei der Rentenreform im Rahmen der Sozialversicherung ein Pflegegeld für pflegebedürftige, also auch blinde Rentner einzuführen. Diese Forderung wurde von der Regierungskoalition abgelehnt; statt dessen beauftragte der Bundestag im Januar 1957 die Bundesregierung einstimmig, mit den Ländern nach einer Vereinheitlichung der Blindengeld-Regelungen zu suchen.[424] Aus Sicht des Bundesinnenministeriums konnte dies nur im Rahmen des künftigen Fürsorgerechts geschehen, doch war man bereit, mit Rücksicht auf „den politischen Charakter dieser Frage" bis an die Grenzen des gegenüber den skeptischen kommunalen Trägern Vertretbaren zu gehen[425]: Auf dem Fürsorgetag im November 1957 kündigte Scheffler eine generelle besondere „Blindenhilfe" zum Ausgleich aller durch die Blindheit bedingten Mehraufwendungen mit einer Einkommensgrenze an, die über der für die meisten Hilfen in besonderen Lebenslagen geltenden liegen sollte.[426]

Diese auch vom Beirats-Fürsorgeausschuß gestützten Pläne stießen jedoch auf deutlichen Widerstand Gottwalds, dem an einem umfassenden Fürsorgegesetz die Nähe der Blindenhilfe zu Hilfen für andere Personengruppen, „insbesondere der Gefährdeten und der Nichtseßhaften" deutlich mißfiel.[427] Die Blindenfürsorge, bislang „immer noch ein Anhängsel der ‚Armenfürsorge' moderner Prägung" müsse endlich wie etwa die Körperbehindertenfürsorge aus diesem Kontext befreit und zumindest ein eigenes Fürsorgegesetz für Blinde geschaffen werden.[428]

---

[421] Vgl. Niederschrift über die Besprechung der Länderfürsorgereferenten am 12./13.6. 1958, BAK, B 106/20132.
[422] Vgl. [Konzept] „C. Sozialhilfe" vom 29.11.1955, BAK, B 106/20648; Anlage „Sozialunterstützung" vom 10.1.1956 für Abteilungsleiter; Anlage zu Besprechung mit Abteilungsleiter am 7.2.1956, BAK, B 106/9688.
[423] Vgl. §§ 82-85 des Teilentwurfs vom 25.5.1956, BAK, B 106/20648.
[424] Vgl. die Sitzungen des Bundestages am 16., 18. und 21.1.1957 sowie Umdruck 912, BT, 2. Wp. 1953, Sten. Ber., Bd. 34, S. 10182, 10413f., 10575ff., 10599, 10617.
[425] Gottschick im Arbeitsausschuß für Fragen der Fürsorge am 21./22.2.1958, Niederschrift, ADW, HGSt 6769.
[426] Vgl. Gerhard Scheffler, Neuordnung, S. 36f.; entsprechend der BSHG-Entwurf vom 29.11.1957, BAK, B 106/20643; ferner Vermerk Referat V A 4 vom 7.5.1957, BAK, B 106/9789/2.
[427] Vermerk Referat V A 4 vom 27.5.1958, BAK, B 106/9686; vgl. Niederschrift über die Sitzung des Arbeitsausschusses für Fragen der Fürsorge am 21./22.2.1958, ADW, HGSt 6769.
[428] Gottwald, Situation, S. 117; vgl. auch Neuordnung des Fürsorgerechts, S. 414f.; Die Blindenwelt 1958, H. 1, S. 3f.; H. 4, S. 1f.

Tatsächlich hatte der rührige DBV-Vorsitzende den Entwurf für ein Bundesblindengesetz dem Bundestag zugeleitet, referierte darüber vor dem Sozialpolitischen Arbeitskreis der CDU/CSU und versuchte in hartnäckigen Verhandlungen mit dem Bundesinnenministerium im Herbst 1958, doch noch den Standpunkt des DBV durchzusetzen.[429] Doch die Sozialabteilung lehnte aus den bekannten Gründen ein solches Sondergesetz ab und legte statt dessen mit dem BSHG-Referentenentwurf vom Juli 1958 Regelungen für eine erweiterte „Blindenhilfe" vor.

Danach hatten Blinde (außerhalb von Anstaltspflege) ab dem 18. Lebensjahr Anspruch auf monatlich 150 DM, 6–17jährige Blinde erhielten die Hälfte. Kleinere Kinder fielen unter die allgemeine „Hilfe zur Pflege".[430] Wie im bisherigen Fürsorgerecht galt als blind auch, „wer eine so geringe Sehkraft hat, daß er sich in einer ihm nicht vertrauten Umgebung ohne fremde Hilfe nicht zurechtfinden kann".[431] Innovativ und für die Fürsorge untypisch war dabei nicht die Höhe dieser Einkommenshilfe selbst, die dem aktuellen Stand des Pflegegeldes nach dem Bundesversorgungsgesetz entsprach: Schon das bisherige Pflegegeld der Fürsorge in Höhe des doppelten Richtsatzes lag im Bundesdurchschnitt bei 140 DM.[432] Entscheidend war vielmehr die nun auch vom Richtsatz gelöste Standardisierung durch einen festen Geldbetrag ohne Rücksicht auf die individuellen wirtschaftlichen Verhältnisse. Der Beirats-Fürsorgeausschuß und auch der DV-Fachausschuß I hätten allerdings lieber die automatische Koppelung an das jeweilige Pflegegeld für Kriegsblinde gesehen, aber so weit wollte das Innenministerium die Annäherung an die Versorgung dann doch nicht treiben.[433] Daneben war die hohe Einkommensgrenze die entscheidende geplante Neuerung: Auch für die Blindenhilfe sollte diese nämlich bei 600 DM brutto plus Familienzuschlägen liegen, so daß auch die meisten Sozialrentner dieses Geld erhalten würden.[434] Neben diesen Sonderregelungen konnten Blinde natürlich auch die Eingliederungshilfen, die für sämtliche Behinderten vorgesehen waren, erhalten. Jetzt signalisierte der DBV, daß man die Forderung nach einem Sondergesetz fallen lassen könne, wenn nur die Einkommensgrenze gänzlich entfiele.[435] Doch hier lenkte die Sozialabteilung nicht ein und erklärte, es widerspreche „fürsorgerechtlichen Grundsätzen [...], bei der Gewährung einer Einkommenshilfe eigenes Einkommen völlig unberücksichtigt zu lassen".[436]

Nichtsdestoweniger liefen die kommunalen Spitzenverbände – und zwar einhellig – gegen die geplante Regelung Sturm: Ihre recht großzügig veranschlagten

---

[429] Vgl. Vermerke Referat V A 4 vom 11.6. und 9.9.1958, BAK, B 106/9686; Die Blindenwelt 2 (1960), S. 1.
[430] Vgl. § 66 des BSHG-Entwurfs 7/1958, BAK, B 106/20643.
[431] § 28 Abs. 3 ebenda.
[432] Vgl. Gottschick, Referentenentwurf, S. 19.
[433] Vgl. NDV 38 (1958), S. 310; Bericht über die Sitzung des Fachausschusses I am 24. 10. 1958, ADW, HGSt, SP-S XXIIIc I/1.
[434] Vgl. § 80 des BSHG-Entwurfs 7/1958, BAK, B 106/20643; 1958 betrug in der Arbeiterrentenversicherung die Durchschnittsrente für Versicherte 144 DM, für Witwen 100 DM; vgl. Ritter/Niehuss, Wahlen, S. 70, Tabelle 1.38.
[435] Vgl. Stellungnahme des DBV vom 26.9.1958, BAK, B 106/20644.
[436] Begründung zum BSHG-Entwurf 3/1959, Teil B, S. 36, BAK, B 106/20646.

Schätzungen der künftigen Mehrbelastungen reichten von 57,6 bis 70 Mio. DM jährlich, was eine Verdreifachung der bisherigen Aufwendungen für Blinde bedeutet hätte.[437] Angesichts ihres „Versorgungscharakters" müßte diese Hilfe von Bund oder Ländern finanziert und daher aus dem BSHG gestrichen werden.[438] Trotz ähnlicher Bedenken bei vielen Ländervertretern und im DV trugen diese dagegen den Entwurf mit, lehnten aber ebenfalls den Wegfall jeglicher Einkommensgrenzen strikt ab.[439] Allerdings schätzten die Länder nach Abzug ihrer eigenen Pflegegeldleistungen den jährlichen Mehraufwand für die Sozialhilfeträger auch nur auf 25 Mio. DM, womit die Blindenhilfe allerdings immer noch eine der teuersten Hilfen überhaupt sein würde.[440]

So blieb die Blindenhilfe im Regierungsentwurf vom Februar 1960 im wesentlichen unverändert bestehen.[441] Anders als bei den meisten anderen Hilfen hatten sich aufgrund der politischen Stimmungslage im Bundestag in diesem Fall die Kommunen mit Forderungen nach Leistungsreduktionen also nicht durchsetzen können.[442] Im Gegenteil: Trotz ihrer Intervention beim zuständigen Unterausschuß des Bundesrates Anfang März[443] mußten die kommunalen Spitzenverbände sogar hinnehmen, daß der Bundesrat am 18. März 1960 für die Blindenhilfe eine eigene Einkommensgrenze von 1 000 DM (plus Familienzuschlägen) festlegte, denn nur so werde der mit der Blindenhilfe „verfolgte Zweck befriedigend [...] sichergestellt werden können".[444] Auf diese Weise würden nach Schätzung Gottwalds weitere 1 000 Zivilblinde in den Genuß der Hilfe kommen.[445] Die Bundes-

---

[437] 1958: 32,7 Mio. DM, vgl. Begründung zum Regierungsentwurf vom Februar 1960, S. 66, BT, 3. Wp. 1957, Anlagen, Bd. 67, Drs. 1799. Der DST-Sozialausschuß bezog in seiner vorläufigen Stellungnahme zur Neuordnung des Fürsorgerechts (Teil II) vom 20. 8. 1958, LAB, B Rep. 142-9, 1283, praktisch alle rund 40 000 Blinden mit ein, die bayerischen kommunalen Spitzenverbände gingen davon aus, daß keiner der ca. 32 000 Zivilblinden die Einkommensgrenze überschreiten würde; vgl. Stellungnahme vom 14. 10. 1958, BAK, B 106/9686.
[438] Vgl. Stellungnahmen des DLT vom 17. 11. 1958, des DST vom 27. 11. 1958, des DGT vom 1. 12. 1958, BAK, B 106/9686.
[439] Vgl. Niederschrift über die Besprechung mit Vertretern der obersten Landessozialbehörden am 21./22. 10. 1958, LAS Abt. 761 Nr. 8874; Äußerungen aus den DV-Fachgremien [5. 11. 1958] zu § 80, BAK, B106-9686, Stellungnahme der AG der LFV vom 17. 12. 1958, BAK, B 106/20644.
[440] Nach Stand des Regierungsentwurfs; vgl. die Begründung zum Regierungsentwurf vom Februar 1960, S. 66, BT, 3. Wp. 1957, Anlagen, Bd. 67, Drs. 1799.
[441] Vgl. die §§ 22, 64, 77, 92 des Regierungsentwurfs, ebenda.
[442] Vgl. Vermerk Oel vom 28. 6.[1959] über den BSHG-Entwurf 3/1959, LAB, B Rep. 142-9, 1284; Wormit an BMI, 18. 6. 1959, BAK, B 106/20644; Niederschrift über die Sitzung des DLT-Sozialausschusses am 5./6. 11. 1959, BAK, B 172/444-02/2.
[443] Vgl. die namens aller kommunalen Spitzenverbände abgegebene vorläufige DST-Stellungnahme vom 2. 3. 1960, LAB, B Rep. 142-9, 1284.
[444] Stellungnahme des Bundesrates zum Regierungsentwurf zu § 77, S. 75, BT, 3. Wp. 1957, Anlagen, Bd. 67, Drs. 1799; vgl. ferner Stellungnahme des Bundesratsausschusses für Innere Angelegenheiten vom 11. 3. 1960, S. 27, BR 1960, Drucksachen, Drs. 53/1/60; Bundesratssitzung am 18. 3. 1960, S. 340, BR 1960, Sten. Ber.
[445] Vgl. Kurzprotokoll der Sitzung des Bundestagsausschusses für Kommunalpolitik und öffentliche Fürsorge am 27. 10. 1960, PA, Gesetzesmaterialien III/349 A1.

regierung stimmte dem in der Sache ohne weiteren Kommentar zu; vermutlich war man im Bundesinnenministerium froh, den Forderungen der Blinden noch weiter entgegenkommen und gegenüber den Kommunen die Länder dafür verantwortlich machen zu können.[446]

Auch in der parlamentarischen Verhandlungsphase blieb die Blindenhilfe ein zentraler Diskussionspunkt. Dabei ging es weniger um eine weitere Änderung der Leistungsinhalte als um Prinzipienfragen, denn die Zahl der Zivilblinden, die mehr als 1000 DM verdienten, war nach allgemeiner Auffassung denkbar gering[447], und das Bundesinnenministerium rechnete mit jährlichen Mehrkosten von ganzen 2,5 Mio. DM.[448] Die Blindenorganisationen aber wollten endlich die Gleichstellung mit den Kriegsblinden, deshalb mußte die Einkommensgrenze fallen; daß deren Kostenersparnis mit den dauernden Einkommenskontrollen und dem Verwaltungsaufwand in keinem Verhältnis stünde, war nur ein zusätzliches Argument.[449] Für die Kommunen war umgekehrt die als viel zu hoch kritisierte Einkommensgrenze der letzte Schutzwall vor dem gefürchteten „Einbruch" von Versorgungsansprüchen in das Fürsorgerecht, zumal der Ausschluß anderer Schwerbehinderter von diesen Leistungen kaum lange aufrechtzuerhalten wäre.[450] An dieser Auffassung änderte weder ein von dem bekannten Verwaltungsrechtler Ernst Forsthoff bereits 1954 verfaßtes Gutachten etwas, wonach bei Blindheit immer Hilfsbedürftigkeit gegeben, also auch eine einkommensunabhängige Blindenhilfe eine Fürsorgeleistung im Sinne des Grundgesetzes und damit der Gesetzgebungskompetenz des Bundes unterstellt sei.[451] Noch die Tatsache, daß in der DDR seit 1959 ein abgestuftes Blindengeld (maximal: 120 M) ohne Einkommensgrenze eingeführt worden war.[452]

---

[446] Vgl. Auffassung der Bundesregierung zur Stellungnahme des Bundesrates, S. 85, BT, 3. Wp. 1957, Anlagen, Bd. 67, Drs. 1799; auch Gottschick, Entwurf, S. 143.
[447] Laut Berechnung des Bayerischen Blindenbunds nur 100–110 von rund 30000 Zivilblinden; vgl. Anlage 4 zum Bericht über die Sitzung des DV-Fachausschusses I am 17./18.5. 1960, ADW, HGSt, SP-S XXV 1: 110-1/2.
[448] Vgl. die Zusammenstellung des BMI, 2.1.1961, PA, Gesetzesmaterialien III/349 A3.
[449] Vgl. Stellungnahme Gottwalds vor dem Bundestagsausschuß am 27.10.1960, ebenda; Entschließung des DBV vom 31.1.1961, Stellungnahme des Vereins blinder Geistesarbeiter Deutschlands vom Januar 1961 sowie Schreiben des DBV an die Mitglieder des Bundestagsausschusses vom 10.2.1961, ebenda, B.
[450] Vgl. Keese vor dem Richtsatz-Arbeitskreis des DV am 16.5.1960, NDV 40 (1960), S. 279; Anlage 4 zum Bericht über die Sitzung des DV-Fachausschusses I am 17./18.5. 1960, ADW, HGSt, SP-S XXV 1: 110-1/2; Vermerk Oel dazu o.D. sowie Keese an Oel am 19.5.1960, LAB, B Rep. 142-9, 1256; Hoppe, Entwurf, S. 359; Stellungnahme der Bundesvereinigung der Kommunalen Spitzenverbände vom 30.5.1960 zum Regierungsentwurf sowie Referate Oel (DST) und Possehl (DSB) vor dem kommunalpolitischen Bundestagsausschuß am 23.6.1960, PA, Gesetzesmaterialien III/349 A3. Entsprechende Wünsche anderer Gruppen in den Stellungnahmen des VdK vom 14.10.1960 und des Reichsbunds o.D., ebenda, sowie der Gesellschaft zur Förderung der Hör- und Sprachgeschädigten vom 24.11.1958, BAK, B 106/9686.
[451] Ein Exemplar des Gutachtens in: AdsD, SPD-BTF 3.Wp., 134. Vgl. ferner Die Blindenwelt 1958, H. 4, S. 1.
[452] Vgl. Verordnung über die weitere soziale Sicherung der Blinden und anderer Schwerbeschädigter vom 18.6.1959, Gesetzblatt der DDR I S. 606.

Auch der Bundestagsausschuß für Kommunalpolitik und öffentliche Fürsorge hielt schließlich am Prinzip der Einkommensgrenze fest, erhöhte aber das Pflegegeld für erwachsene Blinde auf 200 DM, da mittlerweile schon der doppelte Regelsatz vielfach über 150 DM und die Pflegezulage für Kriegsblinde bei 200 DM lag.[453] Die von der SPD geforderte Herabsetzung des Mindestalters auf zwei Jahre hingegen wurde unter Hinweis auf die Finanzlage vieler Gemeinden vom Ausschuß denkbar knapp sowie später auch vom Bundestag abgelehnt.[454] So wurde die Blindenhilfe in der Fassung des Ausschusses Gesetz.[455] Daß dieser Kompromiß allerdings praktischen Erfordernissen nicht gerecht wurde, belegt die Tatsache, daß sie bereits 1965 geändert wurde: Das Mindestalter der Blindenhilfe wurde auf 3 Jahre herabgesetzt, das Blindengeld auf 240 DM erhöht und auf Blinde in Anstalten und Heimen ausgedehnt.[456] Später ist das Blindengeld mit Bezug auf die aktuellen Renten der Sozialversicherung dynamisiert worden und die untere Altersgrenze ganz entfallen; eine Einkommensgrenze allerdings gibt es nach wie vor.[457] Insgesamt betrachtet belegt die Entwicklung der Blindenhilfe, daß auch auf dem Feld der dafür sonst wenig prädestinierten Fürsorge/Sozialhilfe „aktive Betroffene" die sozialpolitische Problembearbeitung mittels effizienter Einflußnahme auf Parlament und Öffentlichkeit in ihrem Sinne beeinflussen können.[458] Indiz dafür ist auch die Tatsache, daß alle, auch die neuen Bundesländer ein gesetzliches Landesblindengeld eingeführt oder andere bundesrechtliche Vorschriften vorrangig gegriffen haben. Dadurch hatte die einst so umstrittene Blindenhilfe des BSHG trotz weiter gestiegener Zahl von Blinden lange Zeit kaum mehr praktische Bedeutung.[459] Erst infolge der Kürzung oder Streichung von Leistungen der Landesblindengelder in allerjüngster Zeit gewinnt die (mittlerweile in § 72 SGB XII geregelte) Blindenhilfe der Sozialhilfe wieder an Bedeutung.[460]

---

[453] Für 6–17jährige die Hälfte. Außerdem schlug er eine günstigere Regelung des Mehrbedarfs bei der HLU vor; vgl. den Schriftlichen Bericht des Ausschusses vom 25.4.1960, S. 5, 7f., 21, 36f., 43, BT, 3. Wp. 1957, Anlagen, Bd. 74, Drs. 2673.
[454] Vgl. Kurzprotokoll der Sitzung des Ausschusses für Kommunalpolitik und öffentliche Fürsorge am 1.3.1961 sowie Änderungsantrag des SPD-Fraktion vom 2.5.1961, Umdruck 872, PA, Gesetzesmaterialien III/349 A2; Bundestagssitzung am 4.5.1961, S. 9075f., BT, 2. Wp. 1957, Sten. Ber., Bd. 49.
[455] Vgl. §§ 24, 67, 81, 100 BSHG.
[456] Vgl. Gesetz zur Änderung und Ergänzung des BSHG vom 31.8.1965, BGBl. I S. 1027.
[457] Zur Weiterentwicklung der Blindenhilfe seit 1961 vgl. Schellhorn, Bundessozialhilfegesetz, 2002, zu § 67 BSHG, S. 433.
[458] Vgl. allgemein Schetsche, Karriere, S. 41.
[459] Im Laufe des Jahres 2000 erhielten rund 6 200 Personen Blindenhilfe in Höhe von 21,4 Mio. DM; vgl. Statistisches Bundesamt, Fachserie 13, Reihe 2, 2000, S. 90, 112.
[460] Vgl. www.seh-netz.info/hilfen_soziales/soziales/blindenhilfe/4.htm. (21.09.2005)

6. Altenhilfe

Wie wohl kaum ein anderer Hilfebereich illustriert die „Altenhilfe" des BSHG den ursprünglichen Idealismus vieler Fürsorgereformer: Diese Hilfe, so § 75 in der Fassung von 1961, „soll dazu beitragen, Schwierigkeiten, die durch das Alter entstehen, zu überwinden und Vereinsamung im Alter zu verhüten". Auf dem ersten Fürsorgetag nach Verabschiedung des Gesetzes geriet der DV-Vorsitzende Muthesius geradezu ins Schwärmen: „Bitte lesen Sie doch einmal diesen Abschnitt ganz für sich. Es weht ein neuer Geist aus diesen Bestimmungen. Es ist eine ungewöhnliche Formulierung, es ist wie eine Aufforderung an uns alle, den Fragen des Alters eine ganz neue Bedeutung beizumessen."[461]

Über diese „ganz neue Bedeutung" der Altersfragen war im DV bereits seit gut einem Jahrzehnt diskutiert worden. Allerdings konnte man hier nicht an das bisherige Fürsorgerecht anknüpfen, sondern betrat Neuland. In der Praxis bestand „Altersfürsorge" bislang vor allem im Unterhalt von Alters- und Siechenheimen, Volksküchen, Näh- und Wärmestuben für hilfs- oder pflegebedürftige alte Menschen und war traditionell eine Domäne der freien Wohlfahrtsverbände, die diese Aufgaben nach 1945 auch recht schnell wieder übernahmen.[462]

Schon der Fürsorgetag 1947 beschäftigte sich mit der „Not der Alten"[463], die nach verbreiteter Auffassung die Altersfürsorge vor größere und vielfach ganz neue Aufgaben stellte[464]: Die säkulare Erosion der Großfamilie, Kriegsfolgen – verwaiste Eltern gefallener Söhne, auf der Flucht getrennte Familien –, schlechte wirtschaftliche Lage, beengte Wohnverhältnisse und hohe Anforderungen an die Mobilität der erwerbstätigen mittleren Generation, aber etwa auch strenge Anrechnungsvorschriften für Renten auf das familiäre Gesamteinkommen ließen die Familie vielfach als Träger der Sorge für ihre alten Mitglieder ausfallen. Unter den Flüchtlingen und Vertriebenen war der Anteil der Alten und Pflegebedürftigen besonders hoch.[465] Zogen ihre Kinder der Arbeit in den Städten nach, mußten sie wie auch evakuierte Alte nicht selten allein auf dem Land zurückbleiben. Gleichzeitig waren die eigenen Ressourcen vieler alter Menschen durch Krieg und Währungsreform vernichtet oder entwertet, Renten und Fürsorgeunterstützung zu gering, die Altersheime zerstört, beschädigt oder zweckentfremdet. Dies alles bei einem seit der Jahrhundertwende fast verdoppelten Anteil von Menschen ab 65 Jahren an der Gesamtbevölkerung (1910: 5%, 1950: 9,3%), was Zeitgenossen Ende der vierziger Jahre als „beängstigend" empfanden und

---

[461] Muthesius, Deutscher Verein, S. 458.
[462] Für die Innere Mission vgl. Degen, Diakonie, S. 107; für die AWO Holz, Alten(hilfe)politik, S. 148ff.
[463] Vgl. Kriegsfolgenhilfe, S. 82ff.
[464] Unter „alt" wurden meist Personen ab 65 (gelegentlich auch 60) Jahren verstanden, die nicht mehr erwerbstätig waren. Vgl. für das Folgende insgesamt: NDV 27 (1947), S. 119; 28 (1948), S. 121ff., 146f.; Mailänder, Planung, S. 158f.; Achinger, Rolle, S. 338f.
[465] 1947 war in Hessen mehr als jeder fünfte Vertriebene über 65 Jahre alt, in der einheimischen Bevölkerung jeder zehnte; vgl. NDV 28 (1948), S. 70.

Schlagworte wie „fortschreitende Überalterung" oder sogar „Vergreisung" aufkommen ließ.[466]

Für die 4,4 Mio. über 65jährigen in der Bundesrepublik stand dementsprechend lange der Ausbau der materiellen Hilfen im Vordergrund der Sozialpolitik mit den bekannten Maßnahmen im Rahmen der Sozialversicherung, der erweiterten und neuen Versorgungssysteme sowie im kleineren Rahmen der Fürsorge durch die Einführung von Mehrbedarfszuschlägen für alte Hilfsbedürftige durch das FÄG.[467] Hinzu kam die beträchtliche Vermehrung von Altersheimplätzen durch die freien Wohlfahrtsverbände[468], die aber vielfach noch notdürftig in abgelegenen Herrenhäusern mit großen Mehrbettzimmern ohne jeden Komfort oder Schutz der Intimsphäre untergebracht waren. Allerdings war 1950 der Anteil der über 65jährigen, die in einem Altenheim wohnten, mit 2,4% bei den Männern (48 450) und 3,4% bei den Frauen (82 160) sehr gering; die weitaus meisten alten Menschen lebten damals in Mehrpersonenhaushalten, die sich meist aus Kindern und Verwandten zusammensetzten.[469]

Obwohl die Älteren sehr viel später als andere Bevölkerungsgruppen von der wirtschaftlichen Erholung profitierten und erst die Rentenreform von 1957 hier durchgreifende Änderung verhieß, gerieten zumindest in den Diskussionen der Fürsorgespezialisten im DV schon früh auch persönliche Bedürfnisse alter Menschen wie die Wahrung individueller Selbständigkeit und Mobilität, angemessene Wohnmöglichkeit oder Schutz vor Vereinsamung in den Blick.[470] In Fürsorgekreisen formuliert wurden diese Forderungen vom Fachausschuß III des DV „Altenpflege und Altenfürsorge", der 1952 gegründet, vor allem die Fachleute der freien Wohlfahrtsverbände zu seinen Mitgliedern zählte und von Pastor Otto Ohl geleitet wurde.[471] Ohl und seinem Ausschuß gelang es, die Altenfrage auf jedem Fürsorgetag zum Gegenstand einer eigenen Arbeitsgruppe zu machen, nicht zuletzt, damit „endlich neben der negativen Seite der Überalterung positiv gesehen

---

[466] Zitate in: NDV 27 (1947), S. 119; 28 (1948), S. 121f.; positiver die Bewertung in der soziologischen Analyse von Groth, Überblick. Demographen rechneten zudem mit einem deutlichen weiteren Anstieg des Anteils älterer Menschen (1975: 14,4%); vgl. Achinger u.a., Neuordnung der sozialen Leistungen, S. 99, 44*; Weller, Altenhilfe, S. 265; ferner Ehmer, Sozialgeschichte, S. 196ff.
[467] Zur Lage der bundesdeutschen Rentner nach 1945 im internationalen Vergleich siehe Ehmer, Sozialgeschichte, S. 119ff.
[468] Vgl. Holz, Alten(hilfe)politik, S. 156.
[469] Vgl. Achinger u.a., Neuordnung der sozialen Leistungen, S. 100; vgl. auch Groth, Überblick, S. 29ff.; nach Angaben des „Sozialplans für Deutschland" der SPD, S. 193, Anm. 10, lebten 1957 dann 6% der alten Menschen in der Bundesrepublik in Altersheimen; ferner Ehmer, Sozialgeschichte, S. 177ff.
[470] Vgl. NDV 32 (1952), S. 57f.; Achinger, Rolle, S. 338f.; Fürsorge und Sozialreform, S. 248ff.; Neuordnung des Fürsorgerechts, S. 150ff.; für Bayern Rudloff, Schatten, S. 392ff.
[471] Vgl. NDV 32 (1952), S. 57f.; 40 (1960), S. 110. Otto Ohl, Direktor des Landesverbandes der Inneren Mission des Rheinlandes, spielte eine führende Rolle in der evangelischen Diakonie (er war u.a. Vorsitzender der Diakonischen Konferenz und stellvertretender Vorsitzender des Diakonischen Rates von Innerer Mission/Hilfswerk) und gehörte seit 1947 dem Vorstand des DV an; vgl. NDV 41 (1961), S. 245; ferner Wischnath, Kirche, passim.

werde(n), daß die letzte Lebensstufe weder Sozialgepäck noch Gnadenbrot" bedeute.[472] Ohls bis in die Beratungen des BSHG hineingetragenes sozialpolitisches Hauptanliegen war, „daß wir den alten Menschen nicht mehr als Objekt der Fürsorge gesehen wissen wollen", sondern „daß die Organe der Sozialhilfe dazu helfen müssen, der Generation der Alten den Platz und die Würde im Ganzen des Volkes wieder zu geben, der ihr gebührt".[473]

Die Reformüberlegungen auf den Fürsorgetagen stützten sich gleichermaßen auf erste Analysen einer noch in den Anfängen stehenden sozialen Gerontologie wie auf aktuelle medizinische Forschungsergebnisse, Erfahrungsberichte von Praktikern der Altenfürsorge und nicht zuletzt auf ausländische Vorbilder, wo – wie in Skandinavien, England, den Niederlanden oder den USA – die teilstationäre und ambulante Altenhilfe mit Altentagesstätten, Altenclubs, Altenwerkstätten und medizinischen Diensten und der ganze Bereich der besonderen Alterswohnungen schon erheblich weiter ausgebaut waren.[474] Auch in der Bundesrepublik müßten solche Einrichtungen etabliert, die Altenheime modernisiert, Altenpflegestationen gebaut, Spezialpersonal ausgebildet, Hauspflege und andere ambulante Dienste für Alte ausgeweitet, besondere Beratungsstellen eingerichtet und die altersspezifische Gesundheitsvorsorge deutlich verstärkt werden. Darüber hinaus wurde immer wieder dafür plädiert, älteren Menschen auch jenseits des gesetzlichen Rentenalters eine ausfüllende Tätigkeit zu ermöglichen, da sich „Arbeit und Beschäftigung als lebens- und gesundheitserhaltende Faktoren" erwiesen hätten.[475] Dies entsprach dem generell negativen Image des Ruhestands in der „von ökonomischem Aktivismus geprägten Atmosphäre"[476] der fünfziger Jahre, so daß auch Fürsorgespezialisten vor der „in dem Abbruch der gewohnten Arbeit liegende[n] Gefahr einer Schockwirkung" mit „schweren physischen und psychischen Störungen" warnten.[477]

Das entscheidende all dieser Forderungen war, daß jetzt nicht mehr nur der materiell hilfsbedürftige, sondern prinzipiell *jeder* alte Mensch in das Blickfeld der Fürsorge rücken"[478], zumindest also bei der Altenhilfe die sozialpolitische Inklusion kräftig vorangetrieben werden sollte. Daß diese umfassenden Forderungen nicht durch das geplante Bundesfürsorgegesetz allein verwirklicht werden könnten, war dabei den Verfechtern einer modernen Altenfürsorge um Ohl durchaus

---

[472] So Alfred Depuhl 1953 vom Reichsverband für evangelische Alters- und Siechenfürsorge; NDV 34 (1954), S. 37.
[473] Fürsorge in der gewandelten Welt, S. 112.
[474] Vgl. NDV 32 (1952), S. 391ff.; 44 (1954), S. 26ff., 189ff.; Depuhl, Altersfürsorge; Fürsorge und Sozialreform, S. 247ff.; Neuordnung des Fürsorgerechts, S. 150ff.; Fürsorge in der gewandelten Welt, S. 75ff.; vergleichsweise knapp zu dieser (von der CDU allerdings parteioffiziell noch gar nicht thematisierten) Frage spezieller Altershilfen auch der Sozialplan für Deutschland der SPD, Sozialplan, S. 128f. Die „Altersfürsorge" war auch eines der beiden Hauptthemen des Kommunalen Weltkongresses 1959 in Berlin; vgl. KommBl 11 (1959), S. 504ff.
[475] Vischer, Alter, S. 394.
[476] Ehmer, Sozialgeschichte, S. 152.
[477] Vgl. NDV 32 (1952), S. 464; 34 (1954), S. 34; Depuhl, Beschäftigung.
[478] Depuhl auf dem Fürsorgetag 1953; NDV 34 (1954), S. 39.

klar, doch sollte es für diese Arbeit einen gesetzlichen Rahmen schaffen und das öffentliche Bewußtsein verändern helfen.[479]

Obwohl Gottschick auf dem Fürsorgetag 1953 verkündet hatte, daß seine Abteilung „den Altersproblemen ein besonderes Interesse entgegenbringe"[480], war man dort zunächst unsicher, inwieweit das neue Hilferecht spezielle Maßnahmen für alte Menschen vorsehen sollte.[481] Zunächst griffen die Gesetzeskonzepte noch nicht über die bisherigen Mehrbedarfs-Regelungen hinaus. Nachdem aber die Städteversammlung im Juni die im DV formulierten Anliegen zur Altenfürsorge übernommen hatte, fügte das Reformreferat schließlich im November 1956 eine „Besondere Hilfe für Alte" in den Katalog der neuen Individualhilfen ein.[482] Im Rahmen einer Soll-Bestimmung sei es deren Aufgabe, „dem Leben alter Menschen einen Inhalt zu geben, ihnen die Teilnahme an einem Gemeinschaftsleben zu ermöglichen und sie vor Vereinsamung zu bewahren".[483] Um dieses weit gesteckte Ziel zu verwirklichen, wurden beispielhafte Maßnahmen genannt: Vermittlung einer Tätigkeit; Beschaffung von altengerechten Wohnungen und Initiierung entsprechender Bauvorhaben; Förderung von Aktivitäten und Einrichtungen für gesellige Zusammenkünfte oder Bildungsveranstaltungen; Hilfe zur Aufrechterhaltung sozialer Kontakte sowie gegebenenfalls auch finanzielle Unterstützung, um die Teilnahme an solchen Veranstaltungen bzw. den Kontakt besonders zu nahen Familienangehörigen zu ermöglichen.

Nachdem auch die zuständigen Fürsorgespezialisten der Länder übereingekommen waren, „daß ein modernes Fürsorgegesetz an diesen Fragen nicht vorbeigehen dürfe"[484], stellte Scheffler die Planungen seiner Abteilung für die künftige Altenhilfe auf dem Fürsorgetag im November 1957 offiziell vor.[485] Diese korrelierten sehr eng mit den vom Alten-Fachausschuß des DV vorbereiteten Forderungen an das neue Gesetz, das, „ohne perfektionistisch zu sein, mehr als die Reichsgrundsätze auf Einzelheiten des besonderen Bedarfs für alte Menschen abgestellt werden könnte".[486] Wesentliches Anliegen der mit der Altenhilfe befaßten Arbeitsgruppe und künftiger Konfliktpunkt war dabei eine Art Generalklausel, durch die auf die gewünschte Sonderstellung der Altenfürsorge hingewiesen und die Berücksichtigung des besonderen Bedarfs alter Menschen bei allen verschiedenen Hilfen gesichert werden sollte, um zu verhindern, „daß die Altersfürsorge in

---

[479] Vgl. NDV 34 (1954), S. 33.; Neuordnung des Fürsorgerechts, S. 152f., 176; Opp, Forderungen, S. 156ff.; auch Gerhard Scheffler, Neuordnung, S. 34f.
[480] NDV 34 (1954), S. 42.
[481] Vgl. Notizen über die Besprechung mit Abteilungsleiter am 21.11.1955, BAK, B 106/9689, und am 7.2.1956, Fortsetzung, BAK, B 106/9688.
[482] Vgl. Der Städtetag 9 (1956), S. 341ff.; §§ 53f. des BSHG-Vorentwurfs vom 24.11.1956, BAK, B 106/20648; zuvor bereits besondere Maßnahmen zur „geistigen Betreuung" alter Personen im Rahmen der „allgemeinen Sozialhilfe" in § 16 des Teilentwurfs vom 23.8.1956, ebenda.
[483] § 53 des BSHG-Entwurfs vom 24.11.1956, BAK, B 106/20648.
[484] Protokoll der Besprechung mit den Referenten der Länder am 5./6.2.1957, BAK, B 106/9789/2.
[485] Vgl. Gerhard Scheffler, Neuordnung, S. 35.
[486] Neuordnung des Fürsorgerechts, S. 151.; auch Opp, ebenda, S. 156.

einem allgemeinen Fürsorgegesetz untergeht".[487] Dem neuen Verständnis der Altenhilfe entsprechend sollte dabei ein nicht näher definierter Teil der Hilfen den alten Menschen unabhängig von deren materieller Lage gewährt werden[488] – obwohl diese Forderung den bisherigen fürsorgerechtlichen Rahmen sprengte, wurde sie auch vom DST zunächst offiziell aufgegriffen.[489]

Auch der Referentenentwurf vom Juli 1958 legte fest, daß die Altenhilfe „nach Lage des Falles ohne Rücksicht auf vorhandenes Einkommen oder Vermögen gewährt werden" *könne*.[490] Diese Formulierung war den im DV-Ausschuß versammelten Spezialisten der Altenfürsorge jedoch viel zu vorsichtig, sie wünschten eine Ist-Bestimmung und waren auch sonst mit der Konzeption des Entwurfs nicht zufrieden: Alter gehöre nicht zu den „schicksals- oder anlagebedingten Notstände[n]", passe also systematisch nicht unter die Hilfe in besonderen Lebenslagen; in einem besonderen Abschnitt „Altenhilfe" müßten vielmehr alle im Gesetz verstreuten, also auch die gesundheitsfürsorgerischen, pflegerischen etc. Hilfen, die alte Menschen beträfen, zusammengefaßt und auf diese Weise die besondere Verpflichtung der Allgemeinheit gegenüber den Alten stärker betont werden; außerdem müsse die Kostenträgerschaft klar geregelt werden.[491]

Doch mit keinem dieser Wünsche konnte sich der Alten-Ausschuß durchsetzen, im Gegenteil: Im zweiten Referentenentwurf wurde die materielle Hilfsleistung von der Kann-Bestimmung zur Einkommensfrage sogar ausgenommen[492] und der Hilfen-Katalog selbst auf Wunsch der kommunalen Spitzenverbände mit einer zusätzlichen Kautel versehen, wonach diese nur „in vertretbarem Umfange" in Betracht kämen, um, so das Reformreferat, „eine Überforderung der Träger der Sozialhilfe zu vermeiden".[493] Eine Überforderung allerdings nicht nur, ja nicht einmal primär durch alte Hilfesuchende, sondern durch die freien Verbände, die bislang solche Hilfen erbrachten und dann entsprechende Kostenerstattungen der kommunalen Träger beanspruchen könnten.[494] Die nun getroffene Regelung würde nach Schätzung des Bundesinnenministeriums den bisherigen jährlichen Auf-

---

[487] Ebenda, S. 178.
[488] Vgl. ebenda; NDV 37 (1957), S. 322f.
[489] Vgl. DST-Stellungnahme zur Neuregelung des Fürsorgerechts vom 1.3.1958, LAB, B Rep. 142-9, 1283.
[490] § 47 Abs. 3 BSHG-Entwurf 7/1958, BAK, B 106/20643.
[491] Vgl. Äußerungen aus den DV-Fachgremien [5.11.1958], BAK, B 106/9686; Zitat: Ohl auf der Sitzung des Fachausschusses III am 4.5.1959, Niederschrift, BAK, B 106/9786/1; vgl. ferner Niederschrift über die Sitzung des Ausschusses am 4.3.1960, ADW, HGST SP-S XXIIIc III/1.
[492] Die Möglichkeit, von den wirtschaftlichen Verhältnissen abzusehen, wurde jetzt auf persönliche Hilfen beschränkt; vgl. § 52 Abs. 3 des BSHG-Entwurfs 3/1959, BAK, B 106/20646. Damit entsprach man auch dem Wunsch des bei unklaren Grenzen zwischen Fürsorge und Sozialversicherung ja erwiesenermaßen empfindlichen BMA, von dessen Vertretern die vorherige Regelung „als zu weitgehend empfunden" wurde, Vermerk Referat V 4 vom 23.10.1958, BAK, B 106/9686; ähnlich auf seiten der Länder nur Bremen, vgl. Stellungnahme vom 15.10.1958, ebenda.
[493] § 52 Abs. 2 des BSHG-Entwurfs 3/1959, BAK, B 106/20646; Begründung, Teil B, S. 31, ADW, HGST SP-S XXV 1:012-1/1.
[494] Vgl. Stellungnahme des DLT vom 17.11.1958, BAK, B 106/9686.

wand für Maßnahmen der Altenfürsorge von 4,4 Mio. DM (1958) auf 8,8 Mio. zwar verdoppeln[495], damit aber auch weiterhin zu den finanziell unbedeutenden Hilfen zählen. Die „Altenhilfe" belegt damit ebenfalls, daß in der Anhörungsphase zwischen erstem und zweitem Referentenentwurf sich im Zweifelsfalle die künftigen Kostenträger der Sozialhilfe gegen die jeweiligen Fürsorgespezialisten durchsetzen und eine Einschränkung großzügigerer Hilfeplanung erreichen konnten, vor allem dann, wenn man sich im Minenfeld konkurrierender Interessen von öffentlicher und freier Wohlfahrtspflege bewegte.[496]

Die im zweiten Referentenentwurf getroffene Regelung der „Altenhilfe" blieb im offiziellen Regierungsentwurf bestehen und passierte auch Bundesrat und Bundestag nahezu unverändert. Denn hier stand der von Muthesius massiv unterstützte Fachausschuß III mit seinen Wünschen weitgehend allein.[497] Auch die SPD-Mitglieder des kommunalpolitischen Bundestagsausschusses, sonst zumeist Befürworter von Verbesserungen zugunsten der Hilfeempfänger, hielten sich hier zurück; möglicherweise befürchteten auch sie, sonst die Position der freien Verbände zu sehr zu stärken.[498] Wenn auch die endgültige Regelung der „Altenhilfe" in § 75 BSHG damit nicht die weit gesteckten Ziele des DV-Fachausschusses erfüllen konnte, so würdigte die zuständige DV-Referentin sie doch „als eine der großen gedanklichen Neuerungen des Gesetzes [...], die unseres Wissens in der internationalen Fürsorgegesetzgebung ohne Beispiel" sei.[499] Und auch der in dieser Frage ungewöhnlich kritische Muthesius zeigte sich nun gewillt, vor allem die praktischen Möglichkeiten der relativ deklaratorischen Gesetzesvorgaben zu nutzen.[500]

Bereits 1964 zog Bundesinnenminister Höcherl eine erste positive Bilanz: „Insgesamt kann festgestellt werden, daß die Erfahrungen bei der Durchsetzung der Altenhilfe auf Grund des BSHG [...] in steigendem Maße befriedigen. Die Altenhilfe hat heute dank der Initiative der öffentlichen und freien Kräfte eine große und erfreuliche Breitenwirkung erhalten, der auch in der Öffentlichkeit wachsendes Verständnis entgegengebracht wird."[501] Tatsächlich hat das BSHG offensicht-

---

[495] Vgl. Begründung des Regierungsentwurfs vom Februar 1960, S. 67, BT, 3. Wp. 1957, Anlagen, Bd. 67, Drs. 1799.
[496] Die im ersten Referentenentwurf vorgesehene Hilfe zum Kontakt mit der sozialen Umwelt, auch dem „bisherigen Lebenskreis", § 47 Abs. 2 Nr. 5 BSHG-Entwurf 7/1958, BAK, B 106/20643, wurde bis zum Regierungsentwurf reduziert auf „Hilfe, die alten Menschen die Verbindung mit nahestehenden Personen ermöglicht", § 71 des BSHG-Regierungsentwurfs vom Februar 1960, BT, 3. Wp. 1957, Anlagen, Bd. 67, Drs. 1799.
[497] Vgl. Niederschrift über die Sitzung des DV-Fachausschusses III am 4. 3. 1960, ADW, HGST SP-S XXIIIc III/1. Die Altenhilfe gehörte zu den wenigen Regelungen des Regierungsentwurfs, die Muthesius auch öffentlich kritisierte; vgl. NDV 40 (1960), S. 192; ferner derselbe an den Präsidenten des Bundesrats am 4. 3. 1960, Durchschrift, ADW, HGST SP-S XXV 1: 480-1/2.
[498] Vgl. die Kurzprotokolle der Sitzungen des Bundestagsausschusses für Kommunalpolitik und öffentliche Fürsorge am 1. 12. 1960 und 2. 3. 1961, PA, Gesetzesmaterialien III/349 A1.
[499] NDV 41 (1961), S. 335.
[500] Vgl. Muthesius, Deutscher Verein, S. 458f.
[501] Antwort von Bundesinnenminister Höcherl am 19. 3. 1964 auf einen Antrag der SPD zur Vorlage eines Altenberichts und eine Große Anfrage der CDU/CSU, BT, 4. Wp. 1961, Sten. Ber., Bd. 55, S. 5630.

lich dazu beigetragen, daß freie Träger, viele Kommunen und Länder, seit 1968 dann auch der Bund ihre Maßnahmen zugunsten älterer Menschen, etwa auf dem Gebiet des Wohnungsbaus oder der Einrichtungen für alte Menschen, erheblich verstärkten und dabei nun vor allem die heute so wichtigen ambulanten und teilstationären Hilfeformen ausbauten.[502] Rein quantitativ allerdings spielt die Altenhilfe nach § 75 BSHG (jetzt § 71 SGB XII) eine untergeordnete Rolle: 2000 erhielten rund 8 000 alte Menschen Altenhilfe (14,7 Mio. DM)[503], das waren nicht einmal ein Prozent aller Empfänger von Hilfe in besonderen Lebenslagen. Dabei ist allerdings zu bedenken, daß damit nur der sich in meist kleinen Beträgen erschöpfende Anteil der unmittelbaren materiellen Hilfen (für Fahr- oder Eintrittskarten etc.) erfaßt ist, nicht hingegen derjenige der beträchtlichen Kosten für Alteneinrichtungen in öffentlicher Trägerschaft und der entsprechenden Zuschüsse an freie Träger. Die Bedeutung der ebenfalls nicht erfaßten persönlichen Hilfestellungen durch Sozialämter und Wohlfahrtsverbände, auf welche die Fürsorgereformer 1961 so großen Wert legten und die seither im BSHG noch stärker fixiert wurden, wäre einer eigenen Untersuchung wert.[504]

7. Hilfe für „Gefährdete"

Mit der „Hilfe für Gefährdete" unternahmen die Reformer den Versuch, „eine der allerschwierigsten Fragen der öffentlichen sozialen Fürsorge"[505] rechtsförmlich zu regeln und so ein seit fast vierzig Jahren verfolgtes Ziel zu verwirklichen: die Möglichkeit der zwangsweisen Unterbringung in geschlossener Fürsorge. Stärker als bei fast allen anderen Bereichen der neuen Sozialhilfe stellte man sich damit ganz bewußt in eine alte Tradition, ausgerechnet auf einem Gebiet, das wie kaum ein anderes die Grenzen zur alten Armenpolizei zerfließen ließ und durch die nationalsozialistische Praxis so pervertiert worden war, daß danach ein Anknüpfen an diese Tradition eigentlich kaum denkbar war. Unter dem Banner einer moderner Sozialstaatlichkeit verpflichteten Hilfe für den einzelnen Staatsbürger in Not betrat man entschlossen das graue Niemandsland zwischen Strafrecht und traditionellem Fürsorgerecht und verstärkte so die Ambivalenz des BSHG: Denn schließlich war es umgekehrt gerade die „Hilfe für Gefährdete", in der zugleich das neue Verständnis einer Hilfe auch bei immateriellen Notlagen besonders deutlich werden sollte.

---

[502] Vgl. Holz, Alten(hilfe)politik, S. 22ff., 176ff., 307ff.
[503] Vgl. Statistisches Bundesamt, Fachserie 13, Reihe 2, 2000, S. 90, 112.
[504] Vor allem durch die BSHG-Novellierung 1974 wurde die präventive Funktion der Altenhilfe verstärkt und der Hilfekatalog erweitert (etwa zur Beschaffung eines Heimplatzes oder zur Inanspruchnahme sozialer Dienste) und die Pflicht zur persönlichen Hilfe unabhängig von den Einkommensverhältnissen verstärkt; vgl. Drittes Gesetz zur Änderung des BSHG vom 25. 3. 1974, BGBl. I S. 777; auch Holz, Alten(hilfe)politik, S. 19ff.
[505] Lisa Korspeter (SPD) im Bundestag am 18. 9. 1951, BT, 1. Wp. 1949, Sten. Ber., Bd. 9, S. 6609.

Der Personenkreis, dem diese Maßnahmen gelten sollten, war seit jeher diffus. Ursprünglich widmete sich die „Gefährdetenfürsorge" vor allem als sexuell auffällig geltenden jungen Frauen; aktiv waren in den zwanziger Jahren hauptsächlich freie Wohlfahrtsverbände wie der „Katholische Fürsorgeverein für Mädchen, Frauen und Kinder" (KFV), die diese „gefallenen" Frauen in eigenen Heimen durch die Gewöhnung an einen regelmäßigen Lebensrhythmus und Arbeit, teilweise auch durch eine hauswirtschaftliche Ausbildung religiös-moralisch „bessern" und ihnen ein Leben im Rahmen bürgerlicher Normvorgaben ermöglichen wollten.[506] Nicht zuletzt wegen des sprunghaften Anstiegs der Geschlechtskrankheiten nach dem Ende des Krieges errichteten auch verschiedene Städte für diesen Bereich eigene Stellen, die sogenannten Pflegeämter.

Letztlich aber galt die Aufmerksamkeit der Gefährdetenfürsorge allen Erwachsenen mit deviantem Sozialverhalten – seien es Alkohol- oder Drogensüchtige, Landstreicher, Bettler, Vagabunden, „Arbeitsscheue", Strafentlassene, Prostituierte, leichtere Fälle psychischer oder geistiger Behinderung, nicht selten auch die als „Landfahrer" titulierten Sinti und Roma –, kurz, den sogenannten Verwahrlosten oder Asozialen, wie die ebenso unpräzisen wie wertenden Generalnenner meist lauteten. So definierte die DV-Expertin Hilde Eiserhardt „Verwahrlosung" 1929 als „einen Zustand der Lebensführung, der sich in einer körperlichen Vernachlässigung oder in einem hemmungslosen Vorherrschen einzelner Triebe äußert und auf der Unfähigkeit beruht, die eigenen Angelegenheiten zu besorgen und sich in geordnete Verhältnisse zu fügen".[507] Eine solche Haltung speiste sich nicht nur aus bürgerlichen Normenstandards, sondern ebenso aus einer (psycho)pathologisierenden Auffassung von sozialer Devianz, wonach diese primär endogene, aus der Persönlichkeitsstruktur abzuleitende und damit „krankhafte" oder „triebhafte" Ursachen hatte, während soziale und milieubedingte Faktoren allenfalls eine untergeordnete Rolle spielten. Anders als von Vertretern der nationalsozialistischen „Erbbiologie" wurde damit die genetische Disposition zwar noch nicht zur primären Ursache von „Asozialität" erklärt, aber bereits als wichtiges Element ins Kalkül gezogen.[508]

Oft die gleichen Menschen betreffend und in Praxis und Orientierung der Gefährdetenfürsorge eng verwandt war die sogenannte Wandererfürsorge, die hauptsächlich von der Inneren Mission getragen wurde. Von Friedrich von Bodelschwingh Ende des 19. Jahrhunderts gleichermaßen zur Hilfe für wandernde Arbeitsuchende wie zur Bekämpfung von Vagabundentum konzipiert, wurden neben kommunalen Verpflegungsstationen und Nachtasylen in freier Trägerschaft u.a. sogenannte Arbeiterkolonien errichtet; das waren große landwirtschaftliche Güter mit reichsweit 5–6 000 Plätzen, wo die „Wanderer" idealiter für eine Phase der Überbrückung oder Resozialisierung freiwillig gegen Kost, Logis und ein kleines Taschengeld arbeiteten, ehe sie in eine neue Arbeitsstelle vermittelt werden

---

[506] Dazu ausführlich Andreas Wollasch, Fürsorgeverein, insbesondere S. 226ff.
[507] Eiserhardt, Ziele, S. 64f.
[508] Zur Ausbreitung des „Psychopathiekonzepts" seit 1920 in der Nichtseßhaftenfürsorge vgl. Treuberg, Mythos, S. 66ff., 111ff.; Holtmannspötter, Wanderarmenhilfe, S. 64f.; zum Nationalsozialismus Ayaß, „Asoziale", S. 116ff.

konnten.[509] Tatsächlich aber entwickelten sich die streng reglementierten Kolonien immer mehr auch zu dauernden Wohn- und Arbeitsstätten für kaum arbeitsfähige Wanderarme, darunter vor allem die Grenzfälle psychischer und geistiger Behinderung, die nach zeitgenössischer Auffassung als „lebensuntüchtig" und durch die Verlockungen der Landstraße gefährdet, nicht aber als polizeilich zu verfolgende arbeitsscheue Bettler galten und daher dauernder fürsorgerischer Obhut bedürften.

Juristisch waren die „Verwahrlosten" auch in den Jahren der Weimarer Republik vor allem eine Angelegenheit des Strafrechts: Bettelei, Landstreicherei, Obdachlosigkeit, durch „Spiel, Trunksucht oder Müßiggang" bedingte Unterhaltsbedürftigkeit, „Arbeitsscheu" und bis 1927 auch Prostitution waren Übertretungsdelikte und konnten aufgrund § 361 StGB mit bis zu sechs Wochen Haft bestraft werden; im Rahmen der „korrektionellen Nachhaft" konnten die Verurteilten darüber hinaus noch bis zu zwei Jahre in die gefängnisähnlichen Arbeitshäuser eingewiesen werden, was Ende der zwanziger Jahre allerdings nur noch selten geschah.[510] Speziell den sexuell „Gefährdeten" galt das „Gesetz zur Bekämpfung der Geschlechtskrankheiten" von 1927; anders als gerade von konfessioneller Seite gewünscht, stellte es den Seuchenschutz der Allgemeinheit in den Mittelpunkt, schrieb einen Behandlungszwang vor und stellte zwecks besserer Kontrollmöglichkeiten die Prostitution unter starken Beschränkungen straffrei, während sozialfürsorgerische Maßnahmen nur eine untergeordnete Rolle spielten.[511]

Das Fürsorgerecht sah keine speziellen fürsorgerischen Hilfen für erwachsene „Gefährdete" und Pflichtleistungen nur bei erwiesener materieller Hilfsbedürftigkeit vor, was einen Teil der „Gefährdeten" von vornherein ausschloß und gerade bei Wanderarmen ohne festen Wohnsitz oft zu langen Leistungsverzögerungen führte. Noch häufiger war aber die – gesetzlich verbotene – Abschiebung. Nicht zuletzt deshalb wurde von den Vertretern der Wandererfürsorge und dem DV ein eigenes reichsweites Wandererfürsorgegesetz gefordert, das die stationäre Fürsorge für hilfsbedürftige Wanderer zur Pflichtaufgabe der Fürsorgeverbände erklärt und damit gleichzeitig die Einrichtungen der freien Wohlfahrtspflege rechtlich und finanziell besser abgesichert hätte.[512] Ansonsten kannte das Fürsorgerecht vor allem die bereits behandelten repressiven Maßnahmen wie Beschränkung auf Anstaltspflege oder sogar Einweisung in ein Arbeitshaus bei Unwirtschaftlichkeit bzw. Arbeitsscheu; allerdings hatte die öffentliche Fürsorge nur dann Zugriff, wenn die betreffenden Personen oder deren Angehörige auch tatsächlich Fürsorgeleistungen in Anspruch nahmen. Anders im Jugendfürsorgerecht, das für „ge-

---

[509] Vgl. Holtmannspötter, Wanderarmenhilfe; Treuberg, Mythos, S. 49ff.; Jürgen Scheffler, Bevölkerung.
[510] Vgl. Ayaß, „Asoziale", S. 41.
[511] Vgl. Sachße/Tennstedt, Geschichte, Bd. 2, S. 129ff.; Andreas Wollasch, Fürsorgeverein, S. 226ff.
[512] So der letzte Entwurf von 1928. Die wirtschaftliche Lage der meisten Arbeiterkolonien war insofern prekär, als sie nur ungenügende öffentliche Hilfen und private Spenden erhielten und aufgrund ungünstiger saisonaler Schwankungen der Anstaltsbelegung (kaum arbeitsfähige Kolonisten während der Erntezeit) sich nicht selbst tragen konnten; vgl. Holtmannspötter, Wanderarmenhilfe, S. 53ff., 66ff.

fährdete" Minderjährige mit der „Fürsorgeerziehung" auch die Möglichkeit der Zwangsunterbringung in einem Erziehungsheim oder einer Pflegefamilie vorsah, um so das gesetzlich verbürgte Recht der jungen Menschen auf Erziehung auch gegen deren Willen und den ihrer Eltern durchsetzen zu können – ein Anspruch, von dem trotz reformpädagogischer Neuerungsbestrebungen auch in den zwanziger Jahren in der Praxis meist nichts anderes blieb als die anstaltsmäßige Zwangsdisziplinierung jugendlicher Problemgruppen.[513]

Nach Auffassung vieler zeitgenössischer Fürsorgeexperten ließ das Fürsorgerecht damit eine empfindliche Lücke: Waren die Zöglinge volljährig und spätestens dann aus der Fürsorgeerziehung zu entlassen, begann nach ihrer Erfahrung oft ein „trauriger Kreislauf" von sozialer Auffälligkeit, fürsorgerischen Hilfsbemühungen durch Heimunterbringung, Entlassung und erneuten Problemen bis hin zur Kriminalität.[514] Um diesen Kreislauf zu durchbrechen, schienen einer selbstbewußt gewordenen Fürsorge strafrechtliche Maßnahmen allein umso weniger geeignet, als sie dem neuen Konzept von sozialer Auffälligkeit als psychopathologisch, und damit eben nicht unmittelbar schuldhaft verursacht, widersprachen. Statt dessen favorisierten ihre Vertreter disziplinierende Fürsorgemaßnahmen zur inneren Stabilisierung des „Gefährdeten" durch einen längeren Aufenthalt in einer geschlossenen Anstalt. Bislang war für eine solche „Bewahrung" laut § 11 RGr. allerdings die Zustimmung der Betroffenen nötig, wenn nicht der komplizierte Weg einer Entmündigung aufgrund echter geistiger Behinderung beschritten werden konnte.[515] Außerdem – und das blieb ein Hauptproblem der Bewahrungsbefürworter auch nach 1945 – fehlte eine klare Regelung der Kostenträgerschaft.[516]

Gleichermaßen von sozialpädagogischem Reformoptimismus wie einem autoritären Fürsorgeverständnis getragen, forderten daher auf eine Initiative der damaligen KFV-Vorsitzenden und Zentrums-Abgeordneten Agnes Neuhaus hin Vertreter der Gefährdetenfürsorge ein „Bewahrungsgesetz", das als „Fürsorgeerziehungsgesetz für Erwachsene"[517] die Zwangsasylierung jener „Verwahrlosten" ermöglichen sollte, die nicht mehr unter das Jugendfürsorgerecht fielen, aber weder geisteskrank noch kriminell waren.[518] Stand offiziell für die meisten Verfechter ei-

---

513 Vgl. ausführlich Peukert, Grenzen, S. 193ff.
514 Vgl. etwa Agnes Neuhaus, zitiert nach Andreas Wollasch, Fürsorgeverein, S. 195.
515 Laut § 11 RGr. sollte der Hilfsbedürftige nur dann in einer Anstalt untergebracht werden, „wenn sein körperlicher, geistiger oder sittlicher Zustand besondere Maßnahmen zur Heilung, Pflege oder Bewahrung erfordert. Zwangsweise darf dies nur geschehen, wenn ein Gesetz es gestattet."
516 So lag etwa im KFV der Anteil der (informellen) Bewahrungsfälle an allen Schützlingen bei rund einem Prozent; vgl. Andreas Wollasch, Fürsorgeverein, S. 206.
517 Neuhaus zitiert nach ebenda.
518 Anders als zur Gefährdeten- und Nichtseßhaftenfürsorge der zwanziger Jahre insgesamt liegen für die Bewahrungsdiskussionen ausführliche wissenschaftliche Darstellungen vor: Vgl. jetzt grundlegend die rechtshistorische Arbeit von Willing, Bewahrungsgesetz, S. 22ff.; ferner Peukert, Grenzen, S. 263ff., 292ff.; in Auseinandersetzung mit Peukerts These von der Kontinuität zwischen sozialpädagogischem Reformkonzept und nationalsozialistischer Ausgrenzungspolitik Andreas Wollasch, Fürsorgeverein, S. 194ff., sowie Hong, Welfare, S. 239ff.

nes Bewahrungsgesetzes zumindest bis zu den wirtschaftlichen Krisenjahren die erzieherische Lebenshilfe bzw. fürsorgerische Obhut für den einzelnen im Vordergrund, so war der Gedanke des prophylaktischen Schutzes der Allgemeinheit durch diese „neue, selektive Randgruppenstrategie, eine fürsorgliche Bereinigung der bürgerlichen Gesellschaft von ‚Asozialen' und ‚Verwahrlosten'"[519], damit doch untrennbar verknüpft.

Obwohl dieses Bewahrungskonzept unter Fürsorgefachleuten verschiedener Provenienz und Zuständigkeit schnell populär wurde und im Prinzip parteiübergreifende parlamentarische Zustimmung bis hin zur SPD fand, kam das gewünschte Gesetz nicht zustande. Ein Hauptproblem bildete die Abgrenzung des betroffenen Personenkreises, die durch gleichzeitige Bestrebungen um eine Reform des Strafrechts und der „Irrengesetzgebung" noch erschwert wurde. Ein 1925 von Zentrum und Deutschnationalen eingebrachter, vom DV formulierter Gesetzentwurf machte diese Schwierigkeiten nur allzu deutlich und offenbarte, auf welch schmalem Grat zwischen fürsorgerischer Hilfsintention und repressiver Ausgrenzung sich die Bewahrungsbefürworter bewegten. § 1 des Entwurfs lautete: „Eine Person über 18 Jahre, welche verwahrlost ist oder zu verwahrlosen droht, kann durch Beschluß des Vormundschaftsgerichts der Bewahrung überwiesen werden, wenn a) dieser Zustand auf einer krankhaften oder außergewöhnlichen Willens- oder Verstandesschwäche oder auf einer krankhaften oder außergewöhnlichen Stumpfheit des sittlichen Empfindens beruht und b) keine andere Möglichkeit besteht, diesen Zustand der Gefährdung oder Verwahrlosung zu beheben."[520]

Zwar sah der Entwurf auch Garantien für den Individualrechtsschutz vor und bemühte sich um klare Abgrenzung vom Strafrecht; doch letztlich hätten die verschwommenen Kriterien für die Bewahrung der Gefährdetenfürsorge Zugriffsmöglichkeiten auf einen denkbar großen Kreis von „Verwahrlosten" bzw. „von Verwahrlosung bedrohten" Personen eröffnet. Aufgrund dieser inhaltlichen und juristischen Unklarheiten, vor allem aber aus Furcht vor den unübersehbaren Mehrkosten einer derart intensivierten Anstaltsfürsorge zögerte das zuständige Reichsinnenministerium die weitere Gesetzgebungsarbeit bis Ende der zwanziger Jahre immer wieder hinaus. Erst auf dem Höhepunkt der Weltwirtschaftskrise, als eine Novellierung des RJWG die Aussteuerung von als „unerziehbar" geltenden Jugendlichen aus der Fürsorgeerziehung erlaubte, lebte die Bewahrungsdiskussion, deutlich radikalisiert, erneut auf.[521] Unter dem Eindruck des Heeres von mehreren hunderttausend umherwandernden Arbeitslosen, der Ausbreitung von armutsbedingter Bettelei und Prostitution, nicht zuletzt auch der spektakulären Heimrevolten in verschiedenen Erziehungsanstalten, dominierten jetzt zunehmend Konzepte, die den einzelnen nach seiner sozialen Nützlichkeit bewerteten und eine strenge und möglichst billige Internierung „Verwahrloster" zwecks rigi-

---

[519] Sachße/Tennstedt, Geschichte, Bd. 3, S. 263.
[520] Verhandlungen des Reichstags, III. Wahlperiode 1924, Bd. 402, Anlagen zu den Sten. Ber., Nr. 1090. Dazu ausführlich Willing, Bewahrungsgesetz, S. 41ff.
[521] Vgl. Andreas Wollasch, Fürsorgeverein, S. 208ff. Zur Novellierung des RJWG Peukert, Grenzen, S. 253ff.

der Arbeitserziehung vorsahen, um so die Allgemeinheit vor finanziellen Belastungen, der Verbreitung ansteckender Krankheiten, Bettelei, Kriminalität, politischem Radikalismus und auch der „Erzeugung minderwertiger [...] Nachkommenschaft" (!)[522] zu schützen. Von solchen Überlegungen bis zur systematischen Ausgrenzung der „erbbiologisch Minderwertigen" im Nationalsozialismus war es jetzt nur noch ein kleiner Schritt.

Galten der Fürsorge in den Jahren der Weimarer Republik zumindest bis zur Weltwirtschaftskrise „Verwahrloste" oder „Gefährdete" im wesentlichen als besserungsbedürftige Schutzbefohlene und war das öffentliche Handeln ähnlich wie im Kaiserreich unter weitgehender Wahrung rechtsstaatlicher Regeln noch gekennzeichnet durch eine Mischung aus strafrechtlicher Ahndung, polizeilicher Schikane und paternalistisch-autoritären Therapiebestrebungen der Wohlfahrtspflege, so begann mit der Machtübernahme der Nationalsozialisten eine Zeit offener Verfolgung.[523] In der nationalsozialistischen Rassenideologie firmierten diese unter dem beliebig dehn- und instrumentalisierbaren „Asozialen"-Begriff subsumierten Menschen jetzt eindeutig als zu bekämpfende Feinde im Innern, als „Prototypen des anlagemäßig bedingten Unterweltmenschentums" und „Schmarotzer an der Gesamtheit", die „ebenso wirtschaftlich eine ungeheure Belastung wie auch biologisch eine große Gefahr bedeuten" würden.[524] Damit wurden diese Personengruppen gleichermaßen zum Objekt rassenhygienischer Diskriminierung und erneuter Kriminalisierung wie einer flächendeckenden Politik der Arbeitserzwingung.[525] Zunächst war die Bekämpfung der „Asozialen" noch gekennzeichnet durch einen – auch machtpolitischen – Dualismus von Fürsorge und Polizei, doch seit 1937/38 ging die Führung eindeutig auf Gestapo, Kripo und SS über, und an die Stelle der fürsorgerischen Aussonderungspraxis trat das Ziel der „Ausmerzung der erbbiologisch Minderwertigen"[526].

Spektakuläres Startsignal für die Verfolgung der „Asozialen" war eine reichsweite Bettlerrazzia im September 1933, als Polizei, SA und SS schätzungsweise mehrere zehntausend Wohnungslose festnahmen, von denen die meisten nach der üblichen Strafhaft von höchstens sechs Wochen wieder frei kamen; einige tausend Verurteilte allerdings wurden schon jetzt anschließend in geschlossene Fürsorge-

---

[522] So die damalige KFV-Generalsekretärin Elisabeth Zillken 1931, zitiert nach Andreas Wollasch, Fürsorgeverein, S. 209. Schon 1925 war in der DV-Vorlage die Verhinderung der Zeugung erblich geschädigter Kinder als eine erwünschte Wirkung des Bewahrungsgesetzes genannt, von Neuhaus als Ziel der Bewahrung allerdings ausdrücklich abgelehnt worden; vgl. ebenda, S. 200; Peukert, Grenzen, S. 201. Zum Verhältnis von zeitgenössischer Eugenik bzw. Rassenhygiene und fürsorgerischen Bewahrungskonzepten vgl. Willing, Bewahrungsgesetz, S. 61ff., 109ff.
[523] Dieser Bereich ist mittlerweile gut erforscht: vgl. grundlegend Ayaß, „Asoziale"; ders., Verfolgung; ferner Klaus Scherer, „Asozial"; Sachße/Tennstedt, Geschichte, Bd. 3, S. 264ff.
[524] So der damalige Leiter des Gießener Instituts für Erb- und Rassenpflege und führende „Asozialen"-Experte Heinrich Wilhelm Kranz 1940, zitiert nach Klaus Scherer, „Asozial", S. 58, 53.
[525] Vgl. auch Rudloff, Fürsorge, S. 200f.
[526] So 1935 der spätere Leiter des NSDAP-Hauptamtes für Volkswohlfahrt Hermann Althaus, zitiert nach Andreas Wollasch, Fürsorgeverein, S. 211.

anstalten oder Arbeitshäuser gebracht.[527] Diese Aktion bildete den öffentlichen Auftakt für eine großflächige Erfassung und Internierung Wohnungsloser in den folgenden Jahren; sie traf auf breite Zustimmung auch bei den Vertretern der Wandererfürsorge, wo man schon zuvor zur Förderung des „geordneten" Wanderns Arbeitssuchender strengere Polizeimaßnahmen gegen „die asozialen Elemente unter den Wanderern, die sich keiner Ordnung fügen wollen", gefordert hatte, handele es sich hier doch „um arbeitsscheue Stromer und Landstreicher", unter ihnen „auch bösartige, gewalttätige, ja verbrecherische Elemente".[528] Ein noch vor der Razzia im NDV veröffentlichter Artikel begrüßte ebenfalls den „mit Tatkraft aufgenommenen Kampf gegen das Bettlertum", forderte aber gleichzeitig gründliche Hilfe für „wirklich notleidende Personen"[529] und offenbarte damit das grundsätzliche Dilemma der Fürsorge im NS-System, die einerseits den Kampf gegen „Asoziale" befürwortete, andererseits aber dadurch den Verlust des eigenen Tätigkeitsbereichs an die Polizei befürchtete.[530]

Die in den Weimarer Jahren zuletzt wenig genutzten und finanziell fast ruinierten Arbeitshäuser waren nach der Bettlerrazzia so überfüllt, daß zeitweilig auch die Arbeiterkolonien „Korrigenden" aufnahmen und damit den Grundsatz der Freiwilligkeit aufgaben.[531] In Bayern wurde seit 1934 ein Modellversuch zur lang erstrebten Regulierung des Wanderns unternommen: Durch ein repressives System von Kontrolle mittels Wanderbüchern und festen Wanderstraßen, von geschlossenen Anstalten zur „Siebung und Sichtung" wurden die Wohnungslosen erfaßt, „ordentliche" Wanderer von den „Arbeitsscheuen" getrennt und in Arbeit zwangsvermittelt, letztere aber in Wanderarbeitshöfe, Arbeitshäuser oder sogar zur „Arbeitsschulung" in das KZ Dachau überwiesen.[532] Schon kurz nach seiner Installierung allerdings war dieses Modell, das innerhalb der Fachkreise von keinem geringeren als dem mittlerweile als DV-Vorsitzenden abgesetzten Polligkeit propagiert wurde[533], obsolet, denn nach Beseitigung der Massenarbeitslosigkeit waren die mobilen Arbeitsuchenden ohnehin von der Straße verschwunden.

---

[527] Zur berüchtigten „Bettlerwoche" vgl. ausführlich Ayaß, „Asoziale", S. 20ff.
[528] So im Juli 1933 der besonders scharf agierende Stuttgarter Oberregierungsrat Karl Mailänder, damals als Vorsitzender der Vereine zur Förderung der Wanderarbeitsstätten bzw. Arbeiterkolonien einer der führenden Funktionäre der Wandererfürsorge, der diese Funktion bis 1960 innehatte und nach dem Krieg auch eine zentrale Rolle im DPW übernahm, bis er 1959 dessen Vorsitzender wurde; zitiert nach ebenda, S. 33; siehe auch S. 157; ders., Verfolgung, S. 97; NDV 40 (1960), S. 26.
[529] NDV 14 (1933), S. 225f.
[530] Vgl. Ayaß, „Asoziale", S. 34.
[531] Vgl. ders., Verfolgung, S. 88ff.
[532] Vgl. ders., „Asoziale", S. 47ff.
[533] Vgl. Treuberg, Mythos, S. 104, 111ff. Danach war es vermutlich Polligkeit, der das vom Landesverband herausgegebene Sammelwerk „Der nichtseßhafte Mensch" redigierte, in dem führende Kriminologen, Rassenforscher, Mediziner und Fürsorgeexperten das bayerische Modell zusätzlich legitimierten. Zu den Beiträgern gehörten auch Hilde Eiserhardt, der Kommunalpolitiker Kurt Blaum, der Strafrechtler Sieverts und der Psychiater Villinger, die alle auch in der Bundesrepublik als Experten der Gefährdetenfürsorge gefragt blieben. Mit diesem Buch wurde im übrigen der Begriff des „Nichtseßhaften" als Sammelbezeichnung für alle Gruppen von Wanderern, Landstreichern etc. mitsamt seiner negativen Implikationen in der Wandererfürsorge etabliert; vgl. ebenda, S. 105.

Die Wandererpolitik des neuen Systems stieß auch bei vielen Vertretern der evangelischen Wandererfürsorge auf Zustimmung, wenn auch nicht alle darüber hinaus so willig an der Zwangssterilisierung von Wanderern mitwirkten wie der Leiter der Kästorfer Anstalten, Pastor Martin Müller, der 1954 Vorsitzender der Bundesarbeitsgemeinschaft für Nichtseßhaftenfürsorge werden sollte.[534] Darüber hinaus hoffte man, nun endlich die Pläne für ein Reichswandergesetz verwirklichen zu können, doch ein 1938 von dem damaligen Mitarbeiter des Reichsinnenministeriums Krug von Nidda vorgelegter Entwurf scheiterte in letzter Minute am Widerspruch des „Beauftragten des Vierjahresplans" Göring; angesichts des immer größeren Mangels an Arbeitskräften paßte auch das „geordnete" Wandern nicht mehr ins politische Konzept, jetzt ging es um die Mobilisierung aller Arbeitskraftreserven mit Hilfe der Polizei.

Juristisch flankiert wurde der Kampf gegen wandernde Wohnungslose zunächst durch eine Verschärfung des Strafrechts 1933/34, wonach bei Landstreicherei, Bettelei etc. nun auch eine lebenslängliche Internierung im Arbeitshaus und vergleichbaren Einrichtungen ermöglicht und im übrigen auch die Straßenprostitution wieder für strafbar erklärt wurde.[535] Dies machte nach Auffassung der meisten Fürsorgeexperten ein eigenes Bewahrungsgesetz jedoch keineswegs überflüssig, im Gegenteil: Viele sahen wie Polligkeit im Juli 1933 die Stunde des Bewahrungsgesetzes endlich gekommen, da die „Widerstände, die aus liberalen Anschauungen bisher gegen die Einschränkung des Rechtes der persönlichen Freiheit erhoben worden seien, [...] nunmehr überwunden" waren.[536] Dem entsprach jetzt auch die offizielle Politik des DV: Bereits im Juni war im NDV ein aller Wahrscheinlichkeit nach von Hilde Eiserhardt verfaßter Artikel erschienen, in dem die ehemalige Vorkämpferin für den Primat des Persönlichkeitsschutzes nun diese „völlig irregehende Humanität" ablehnte und ein Bewahrungsgesetz für Personen mit „asozialem" Verhalten forderte; dieses äußere sich „auf die verschiedenste Weise: in frühen Stadien in einer Schwererziehbarkeit, [...] im späteren Verlauf in Verwahrlosungserscheinungen aller Art, z.B. in Trunksucht, Arbeitsscheu und Liederlichkeit, in Willensschwäche und Haltlosigkeit, in Prostitution, in ständigem Landstreichen und Betteln, im Vernachlässigen der eigenen Person, sowie der Sorge für die Angehörigen".[537] Auch Hans Muthesius propagierte nach 1933 die „Ausschaltung gewisser Elemente – im allgemeinen als asozial bezeichnet – aus der freien Volksgemeinschaft durch Einweisung in Anstalten oder anstaltsähnliche Einrichtungen und ihre Bewahrung in diesen auf öffentliche Kosten", bei Fehlschlagen der erzieherischen Beeinflussung sogar auf unbestimmte Dauer;

---

[534] Vgl. Ayaß, Verfolgung, S. 89ff.
[535] Vgl. Gesetz zur Abänderung strafrechtlicher Vorschriften vom 26.5.1933, RGBl. I S. 295; Gesetz gegen gefährliche Gewohnheitsverbrecher und über Maßregeln der Sicherung und Besserung vom 24.11.1934, RGBl. I S. 995.
[536] Zitiert nach Ayaß, „Asoziale", S. 89.
[537] NDV 14 (1933), S. 102ff. Zur Verfasserschaft des mit dem Kürzel „s" gezeichneten Artikels siehe Peukert, Grenzen, S. 274 sowie S. 407, Anm. 1; ähnlich auch NDV 14 (1933), S. 135.

7. Hilfe für „Gefährdete" 345

denn diese „Verwahrlosten" bildeten eine „Gefahr für die Volksgemeinschaft", die abzuwenden „Hauptzweck der Bewahrung" sei[538]. Auch nachdem mit dem „Gesetz zur Verhütung erbkranken Nachwuchses" seit 1934 die Zwangssterilisierung eines Teils der klassischen „Gefährdeten"-Klientel ermöglicht und damit ein keineswegs neues Anliegen verschiedener Bewahrungsbefürworter verwirklicht wurde, hielten auch andere führende Bewahrungsverfechter aus Weimarer Tagen an dieser Forderung fest, wobei sie wie Eiserhardt und Muthesius zumeist die neue rassenhygienische Ausrichtung übernahmen.[539] Eine außerordentlich widersprüchliche Zwischenposition nahm hier die dem KFV angehörende ehemalige Zentrumsabgeordnete Helene Wessel ein, die wie Eiserhardt nach 1945 eine führende Rolle in den neuen Bewahrungsdebatten spielen sollte. Wessel ging (schon vor 1933) eindeutig von einer rassenhygienisch begründeten „Minderwertigkeit" der potentiellen Bewahrungsklientel aus, sah die Bewahrung als wichtige eugenische Maßnahme und kritisierte die vermeintliche Überbewertung der persönlichen Freiheit in der Weimarer Zeit, stellte andererseits aber den Primat der Erziehung unter vergleichsweise humanen Bedingungen heraus, mit dem Ziel, den Betroffenen wieder ein freies Leben zu ermöglichen.[540] Auch die ehemalige Initiatorin der Debatte Agnes Neuhaus hielt Ende 1933 an der Forderung nach einem Bewahrungsgesetz fest, aber nicht aus rassenhygienischen Gründen, sondern wieder im Interesse einer sozialpädagogischen Hilfestellung, und verteidigte die Persönlichkeitsrechte der Betroffenen, auch in der Hoffnung, über eine Bewahrung möglicherweise Zwangssterilisationen verhindern zu können. Daß für solche Vorstellungen im neuen System kein Platz war, erkannten zunächst durchaus mit dem neuen autoritären Staatskonzept sympathisierende KFV-Vertreterinnen wie die Generalsekretärin Elisabeth Zillken zu spät. Einzig die AWO und mit ihr die SPD schieden nach der Machtübernahme sofort und eindeutig aus dem Kreis der Bewahrungsbefürworter aus; nach deutlicher Skepsis bereits gegenüber den zunehmend radikalen Konzepten während der Wirtschaftskrise lehnten ihre Vertreter nun die Verabschiedung eines solchen Gesetzes ab, nicht weil sie die Bewahrung per se für falsch hielten, sondern weil deren Mißbrauch im neuen System Tür und Tor geöffnet waren.

Solange es kein Bewahrungsgesetz gab, wußten sich viele Wohlfahrtsämter jedoch auch anders zu helfen, indem nun ganz offen mit Streichung der Unterstützung gedroht wurde, wenn die Betroffenen nicht „freiwillig" in eine Anstalt gingen.[541] Vor allem zur Abschreckung potentieller Unterstützungsempfänger errichteten Großstädte wie Hamburg oder Bremen auf dem flachen Land eigene

---

[538] Muthesius 1936, zitiert nach Schrapper, Hans Muthesius, S. 94f.
[539] Vgl. Peukert, Grenzen, S. 276ff.; Andreas Wollasch, Fürsorgeverein, S. 216; Sachße/Tennstedt, Geschichte, Bd. 3, S. 265; Ayaß, „Asoziale", S. 88ff.; Willing, Bewahrungsgesetz, S. 120ff., 140ff.; zu starken Sympathien für die Sterilisierungspraxis innerhalb der Inneren Mission vgl. Nowak, Eugenik.
[540] Vgl., auch zum Folgenden, Andreas Wollasch, Fürsorgeverein, S. 216ff. (in kritischer Auseinandersetzung mit Ebbinghaus, Helene Wessel), S. 255ff.; Willing , Bewahrungsgesetz, S. 147ff.
[541] Vgl. auch zum Folgenden Ayaß, „Asoziale", S. 57ff., 90ff.

„Lager für geschlossene Fürsorge", in die arbeitsfähige Unterstützungsempfänger, bald auch säumige Unterhaltspflichtige, alkoholkranke Familienväter und Wohnungslose zur „Arbeitserziehung" eingewiesen wurden. Berlin erklärte 1934 das Arbeitshaus Rummelsburg offiziell zur „Bewahranstalt". Die Fürsorgebehörde der Rheinprovinz wies seit 1934 „unerziehbare", also „erbgeschädigte" Jugendliche in besondere Bewahrungsheime ein.[542] Immer häufiger wurde die Anstaltseinweisung im Rahmen des Arbeitszwangs oder der Fürsorgeerziehung auch zur Zerschlagung sogenannter asozialer Großfamilien eingesetzt.[543] Sozial desintegrierte Unterschichtenfamilien, seit jeher klassische Klientel kommunaler Armenfürsorge, galten spätestens seit Abbau der Massenarbeitslosigkeit als fauler und arbeitsscheuer „Bodensatz" und waren einer immer repressiveren Praxis der Wohlfahrtsämter ausgesetzt: Diese reichte von willkürlicher Kürzung der Richtsätze und dem Versuch, die betroffenen Familien in eigenen „Asozialen"-Siedlungen zu ghettoisieren, über die Wegnahme der Kinder in Fürsorgeerziehung und die Einweisung des Vaters, möglicherweise auch der Mutter in Arbeitsanstalten bis hin zur Internierung im KZ und Zwangssterilisierung. Um die rigide Durchführung dieser Maßnahmen zu erleichtern, schufen verschiedene Stadtverwaltungen besondere Dienststellen zur „Asozialenfürsorge", die eng mit den Arbeitsämtern und der Polizei kooperierten – ein Modell, das auch bei Fürsorgereformern nach 1945, wenn auch aus anderen Motiven, wieder Anhänger finden sollte.

Wo auch die „großzügigste" Auslegung des geltenden Fürsorgerechts nicht weiterhalf – bei allen „Asozialen", die von eigenen Einkünften lebten –, verlegten sich Wohlfahrtsbehörden nun verstärkt auf Entmündigungen. Auch hier spielte Hamburg – neben Berlin – eine Vorreiterrolle: Hier war mit Georg Steigerthal, der 1926 bis 1950 das gesamte Anstaltssystem der Stadt mit mehreren tausend Insassen leitete, einer der profiliertesten Bewahrungsexperten Deutschlands tätig. Steigerthal, ein entschiedener Verfechter der zwangsweisen Anstaltsfürsorge für „Gefährdete" in billigen Sammelanstalten, führte in der Hansestadt mit Hilfe extensiv gehandhabter Entmündigungen die Bewahrung faktisch durch. Die Lebensbedingungen für die 1937 rund 4 500 Insassen der Hamburger Anstalten wurden von der Anstaltsleitung zusehends verschärft, die Todesrate stieg deutlich an, und viele von ihnen wurden zwangsweise sterilisiert und seit 1940/41 im Zuge der „Euthanasie" ermordet.[544]

Eine weitere führende Akteurin der Hamburger Bewahrungspraxis war die bereits in anderen Zusammenhängen erwähnte Käthe Petersen, seit 1936 Leiterin des

---

[542] Vgl. Peukert, Grenzen, S. 276ff. Auf die gewisse Schutzfunktion dieser meist kirchlichen Einrichtungen vor allem in Hinblick auf drohende Zwangssterilisierungen verweist Andreas Wollasch, Fürsorgeverein, S. 213f.
[543] Vgl. ausführlich Ayaß, „Asoziale", S. 105ff.; zahlreiche Beispiele auch bei Klaus Scherer, „Asozial", S. 37ff.
[544] So schrieb Steigerthal in einem offiziellen Jahresbericht für 1936, daß in dem riesigen Versorgungsheim Farmsen im „Hinblick auf das immer schlechter werdende Menschenmaterial hochwertige Gerichte fast ganz abgeschafft" worden seien; zitiert nach Ayaß, „Asoziale", S. 100. Wie viele „Asoziale" insgesamt ein Opfer der „Euthanasie" wurden, ist nicht bekannt; vgl. auch ebenda, S. 175.

7. Hilfe für „Gefährdete"

Pflegeamts der Stadt.[545] Sie übernahm bis 1945 im Rahmen der klassischen „Gefährdetenfürsorge" 1 450 Sammelvormundschaften für entmündigte Frauen, die größtenteils in den Hamburger Wohlfahrtsanstalten interniert wurden. Auch Petersen rechtfertigte die auf fragwürdigen Kriterien wie „Geistesschwäche" oder „moralischem Schwachsinn" basierende Entmündigungspraxis mit den jetzt dem Einzelinteresse übergeordneten „Interessen der Volksgemeinschaft".[546] Ziel der behördlichen Sammelvormundschaft war zunächst die Erleichterung der Zwangssterilisationen. Darüber hinaus nutzte Petersen dieses Instrument zur massiven Bekämpfung Prostituierter und sexuell unangepaßt lebender Frauen, also den Zielgruppen der klassischen Gefährdetenfürsorge, die seit 1936 verstärkt ins Zentrum der „Asozialen"-Politik des Nationalsozialismus rückten.[547] Wenn Käthe Petersen auch insofern noch alten Bewahrungskonzepten anhing, als sie die Frauen durch Arbeit zu „gemeinschaftsfähigen" Menschen umerziehen wollte, so hatte sie, zumal nach ihrer Beförderung zur Leiterin der Hamburger Gesundheits- und Gefährdetenfürsorge 1939, doch keine Scheu, an Zwangs- und Gewaltmaßnahmen bei der Verfolgung der „Asozialen" mitzuwirken. In der Bewahrungspraxis nach 1933 war damit von dem ursprünglichen Bemühen, die strafrechtliche Ahndung von „Verwahrlosung" durch eine Lebenserziehung im Bewahrungsheim zu überwinden, nichts geblieben, jetzt „bedeutete ‚Bewahrung' Internierung zu verschärften Arbeitshausbedingungen"[548].

Wenn ein Bewahrungsgesetz auch nach 1933 nicht zustande kam, dann lag das neben den alten Problemen der Abgrenzung, Durchführung und Finanzierung vor allem daran, daß seit 1937/38 die „Asozialen"-Politik unter geänderten Vorzeichen stand: Nicht mehr repressive Fürsorge, sondern zentralistisch geleitete Beschaffung von Arbeitskräften um jeden Preis und radikale „Vernichtung" der „Minderwertigen" standen jetzt im Mittelpunkt. Dementsprechend ging die Führung hier endgültig auf Himmlers Polizeiapparat über. Nach einem internen Erlaß des Reichsinnenministeriums vom Dezember 1937 konnten im Zeichen der Kriminalitätsprävention auch „Asoziale" in Vorbeugehaft genommen werden.[549] Tatsächlich veranstalteten Gestapo und Kriminalpolizei 1938 die berüchtigte Aktion „Arbeitsscheu Reich", in deren Verlauf rund 10 000 Menschen verhaftet und in Konzentrationslager gebracht wurden. Primäres Ziel dieser unter tatkräftiger Mithilfe der meisten Arbeits- und Wohlfahrtsämter, aber auch der Einrichtungen der Wandererfürsorge durchgeführten Verhaftungsaktion war die Mobilisierung aller Arbeitskraftreserven für die nun um SS-Produktionsstätten erweiterten Konzentrationslager.[550]

---

[545] Zur Rolle Käthe Petersens während des Nationalsozialismus vgl. Rothmaler, Sozialpolitikerin, S. 78ff.
[546] Zitiert nach ebenda, S. 81.
[547] Vgl. Ayaß, „Asoziale", S. 184ff.
[548] Ebenda, S. 94.
[549] Vgl. zum Folgenden ebenda, S. 138ff.; ferner Sachße/Tennstedt, Geschichte, Bd. 3, S. 266ff.; Willing, Bewahrungsgesetz, S. 172ff.
[550] Dort bildeten die „Asozialen" nicht nur eine eigene Kategorie, sondern stellten zu Beginn des Krieges unter den Vorbeugungshäftlingen auch die größte Gruppe mit überdurchschnittlich hoher Sterbeziffer – die „Vernichtung durch Arbeit" war also für die „Asozialen" bereits mit einkalkuliert; vgl. Ayaß, „Asoziale", S. 163ff.

Die Arbeitshäuser und kommunalen Arbeitslager, die Wanderarbeitsstätten und Arbeiterkolonien leerten sich wieder, mußten teilweise sogar geschlossen werden, da es auf Deutschlands Straßen keine „Wanderer" mehr gab und die verhafteten „Asozialen" entweder von der Polizei direkt in die KZ eingewiesen oder von den Wohlfahrtsämtern aus Kostengründen dorthin überführt wurden. Für die Diskussion über die Bewahrung bedeutete dies das Ende, wie den Fürsorgeexperten von Vertretern der Sicherheitspolizei im August 1938 auch sehr deutlich gesagt wurde.[551] Tatsächlich war mit der polizeilichen Auslese der vermeintlich Arbeitsfähigen den Bewahrungskonzepten ohnehin die ökonomische Grundlage genommen, hätten doch mit den verbleibenden alten, kranken oder behinderten „Asozialen" Bewahranstalten nicht aufrechterhalten werden können.[552]

Statt dessen bemühte sich Himmlers Reichssicherheitshauptamt um eine weitere Ausweitung der polizeilichen Zugriffsmöglichkeiten auf alle „Verwahrlosten", insbesondere die als unerziehbar geltenden Fürsorgezöglinge.[553] Nach jahrelangen Auseinandersetzungen zwischen Reichssicherheitshauptamt und Justizministerium über ein „Gesetz über die Behandlung Gemeinschaftsfremder" wurden die Arbeiten daran jedoch schließlich im August 1944 eingestellt; da die von einem solchen Gesetz betroffenen Personengruppen ohnehin längst interniert waren, hätte es nur eine nachträgliche Legalisierung der herrschenden Praxis bedeutet.

Für eine wichtige Teilgruppe des avisierten Gesetzes waren dessen Bestimmungen allerdings de facto seit Frühjahr 1944 in Kraft: die „verwahrlosten" Jugendlichen zwischen 16 und 21 Jahren. Bereits 1940/41 waren der Kriminalpolizei unterstellte sogenannte Jugendschutzlager errichtet worden, in denen als „asozial" eingestufte Fürsorgezöglinge inhaftiert wurden, um sie von ihren sozial angepaßteren Mitzöglingen zu trennen, sie „nach kriminalbiologischen Gesichtspunkten zu sichten", einen letzten „Erziehungsversuch" zu unternehmen oder einfach unter – für die Lager durchaus einträglicher – „Ausnutzung ihrer Arbeitskraft zu verwahren".[554] Als „unerziehbar" geltende Jugendliche waren bei Erreichen der Volljährigkeit in ein KZ zu überstellen. Dieses Vorgehen, das nun sogar Minderjährige direkt Himmlers Polizeiapparat überantwortete und das, wie bereits erwähnt, der damals zuständige Referent im Reichsinnenministerium, Hans Muthesius, in voller Kenntnis seiner praktischen Bedeutung – wenn möglicherweise auch mit persönlichen Bedenken – unterstützt hatte[555], wurde schließlich mit einer Novellierung des Jugendgerichtsgesetzes im November 1943 und durch einschlägige Verordnungen der beteiligten Instanzen im Frühling 1944 im Vorgriff auf das Gemeinschaftsfremdengesetz juristisch unterfüttert. Von den schätzungsweise 2500 Jugendlichen, die in den „Jugendschutzlagern" im niedersächsischen

---

[551] Vgl. Peukert, Grenzen, S. 282.
[552] Vgl. Sachße/Tennstedt, Geschichte, Bd. 3, S. 268.
[553] Vgl. auch zum Folgenden Peukert, Grenzen, S. 283ff.; ferner Sachße/Tennstedt, Geschichte, Bd. 3, S. 270ff.; Ayaß, „Asoziale", S. 180ff., 202ff.; Willing, Bewahrungsgesetz, S. 187ff.
[554] Runderlaß Himmlers vom 25. 4. 1944, zitiert nach Peukert, Grenzen, S. 288.
[555] Vgl. Schrapper, Hans Muthesius, S. 126ff., bes. 134f.

7. Hilfe für „Gefährdete"

Moringen und im uckermärkischen Fürstenberg inhaftiert wurden – hinzu kam für polnische Kinder und Jugendliche ein von Muthesius mitgeplantes Lager in Lodz/Litzmannstadt[556] – haben viele den grausamen Lageralltag nicht überlebt.

Für die Frage nach der Kontinuität zwischen den Bewahrungsdebatten der Fürsorge seit 1920 und der polizeilichen Bekämpfung der „Asozialen" im Nationalsozialismus ergibt sich bei aller gebotenen Differenzierung die resümierende Antwort, daß die professionellen Fürsorgeexperten diese Entwicklung so nicht gewollt, ihr aber zumindest „den Weg geebnet" haben[557], daß ihr Verhalten „auch ohne direkte Intention für ein Gemeinschaftsfremdengesetz zumindest grob fahrlässig" und damit die Entwicklung des Bewahrungsgedankens zum Gemeinschaftsfremdengesetz „mehr als nur ein Betriebsunfall der Fürsorgegeschichte"[558] gewesen war. Vor allem die radikalisierten Konzepte der frühen dreißiger Jahre enthielten mit verschärftem Arbeitszwang, gefängnisähnlicher Internierung und dem Postulat der „Unerziehbarkeit" bereits entscheidende Vorgaben für die nationalsozialistische Praxis. Neu und von anderer Qualität war hingegen die zunehmende Dominanz der rassenhygienischen Zielsetzung, die schließlich die Ermordung der „Asozialen" begründete und damit einen deutlichen Bruch mit den bisherigen Bewahrungszielen herbeiführte. Allerdings kann die Verfolgung der „Asozialen" im Nationalsozialismus nicht allein mit der Umsetzung rassenhygienischer Ziele erklärt werden: „Es war gerade das Zusammenwirken eher pragmatisch ausgerichteter fürsorgerischer Disziplinierung und rassistischer ‚Ausmerze', das die Effizienz der Verfolgung ausmachte."[559]

Jenseits der inhaltlichen Kontinuitäten und Brüche gab es nach 1933 und eben auch nach 1945 eine deutliche personelle Kontinuität: Viele der hier erwähnten Fürsorgeexperten spielten nicht nur in der Bewahrungsdiskussion und -praxis der Weimarer Zeit und während des Nationalsozialismus eine führende Rolle, sondern auch bei den Überlegungen für eine Neuregelung der Gefährdeten-, respektive Nichtseßhaftenhilfe der jungen Bundesrepublik.[560] Angesichts der ihnen nur

---

[556] Vgl. ebenda, S. 150ff.
[557] Sachße/Tennstedt, Geschichte, Bd. 3, S. 272.
[558] Ayaß, „Asoziale", S. 209. Die Wegbereiter-Funktion des Bewahrungskonzepts durch die der zeitgenössischen Sozialpädagogik „immanente Seite der Aussonderung Nichtanpaßbarer" betont Peukert, Grenzen, S. 274–301 (Zitat S. 301); ähnlich Blandow, Bewahrung, S. 135f. Demgegenüber wendet sich Andreas Wollasch, Fürsorgeverein, S. 224f., dagegen, die Kontinuitätslinien absolut zu setzen, und verweist auf die „Verweigerung der AWO und die Resistenz der KFV", womit „sich zwei Hauptstützen der bisherigen Bewahrungsdiskussion dem vom NS vollzogenen Paradigmenwechsel" entgegengestellt hätten (S. 225). Kritischer zur Rolle des KFV demgegenüber Willing, Bewahrungsgesetz, S. 150f. Vor allem Hong, Welfare, S. 239ff., fordert in Auseinandersetzung mit Peukert unter Hinweis auf den genuin therapeutischen Kern des Bewahrungskonzepts bürgerlich „progressiver" Fürsorgereformer wie Polligkeit oder Eiserhardt dessen strikte Trennung von der rassenhygienisch begründeten Verfolgungspolitik der Nationalsozialisten.
[559] Ayaß, „Asoziale", S. 223.
[560] Die personelle Kontinuität umfaßte freilich nicht die Bewahrungsexperten der zwanziger Jahre, die jüdischer Herkunft waren bzw. politisch eher links orientiert waren. Diese hatten den Nationalsozialismus entweder nicht überlebt oder Deutschland verlassen müssen; vgl. Willing, Bewahrungsgesetz, S. 308f.

zu gut bekannten Pervertierung des Bewahrungsgedankens während des „Dritten Reiches" war das fast nahtlose Anknüpfen an ihre alten Überlegungen – gelinde gesagt – frappierend. Ebenso, wie viele von ihnen nach der nationalsozialistischen Machtübernahme den neuen Vorgaben gefolgt waren, versuchten sie nun abermals, oft in gleicher oder ähnlicher beruflicher Stellung wie vor 1945, ihre fürsorgerischen Konzepte den gewandelten politischen Verhältnissen anzupassen, ohne deren Kern aufzugeben.

Am Ende des Zweiten Weltkriegs hatte sich die Klientel der Fürsorge für „Gefährdete" und Nichtseßhafte allerdings erheblich geändert: In den noch vorhandenen Einrichtungen der Wandererfürsorge lebten jetzt Flüchtlinge, Evakuierte oder Kriegsheimkehrer; ein neues Phänomen waren die sogenannten Stadtstreicher, Obdachlose, die in einer Stadt in Bunkern, Ruinen oder Behelfsunterkünften zu überleben versuchten.[561] Doch obwohl es die einst typischen „Kolonisten" nicht mehr gab, ebenso wenig wie das „geordnete" Wandern Arbeitssuchender, hielt die Wandererfürsorge an den traditionellen Konzepten fest, wenn sie auch versuchte, die Kolonien um besondere Pflegeabteilungen, Altenheime und Jugendeinrichtungen zu erweitern.[562] Gleichzeitig bemühten sich etwa die westfälischen Fürsorgeverbände um eine administrative Bewältigung des Problems: Klare Zuständigkeiten, Unterbringung in Lagern und die rigide Verpflichtung zur Arbeit, was angesichts der desolaten Arbeitsmarktverhältnisse allerdings schwierig war, sollten diese Menschen wieder seßhaft machen, um so „unlauteren Elementen [...] die Möglichkeit zu nehmen, sich auf Kosten der Allgemeinheit durchs Leben zu schlagen".[563] Schon in seiner bloßen Quantität neuartig war auch das Problem der vielen obdachlos umherwandernden, oft verwaisten Jugendlichen und jungen Erwachsenen, die sich ohne offizielle Papiere und Lebensmittelkarten mit Gelegenheitsarbeiten, kleineren Diebstählen, Schwarzhandel und Prostitution durchs Lebens schlugen und eine durch ihr Vorgehen im Nationalsozialismus ohnehin desavouierte Jugendfürsorge, die auch nicht über genügende und geeignete Hilfsmöglichkeiten verfügte, völlig überforderten.[564]

Zur Lösung des Problems sahen sich die alten Verfechter der Bewahrung auf den Plan gerufen, die gesetzliche Möglichkeiten zur „Arbeitserziehung" oder „Bewahrung" dieser nun wieder als „verwahrlost" charakterisierten Menschen forderten. Auf dem ersten Fürsorgetag nach dem Krieg bildete der „Kampf gegen Verwahrlosung und Straffälligkeit unserer Jugend" ein Hauptthema mit der Forderung nach einer Stärkung der Polizei und nach Verordnungen „zum Schutz der heimatlosen Jugend", zur „Unterbringung verwahrloster Frauen und Mädchen" sowie zur „Arbeitserziehung".[565] Auch der Wohlfahrtsausschuß der britischen Zone und der Allgemeine Fürsorgeerziehungstag (AFET) 1946 sowie die kon-

---

[561] Vgl. Ayaß, Verfolgung, S. 99; Kiebel, Jahre; Treuberg, Mythos, S. 132f.
[562] Vgl. Oelhoff, Wiederaufbau; NDV 27 (1947), S. 141f.; 32 (1952), S. 117f.
[563] So entsprechende Richtlinien der Vereinigung der Fürsorgeverbände Westfalens, abgedruckt in: NDV 27 (1947), S. 125f.; vgl. auch NDV 29 (1949), S. 71f.
[564] Vgl. Osten, Jugend- und Gefährdetenfürsorge, 2002, S. 156ff.; Hasenclever, Jugendhilfe, S. 154ff.
[565] Vgl. Bamberger, Kampf, S. 56ff.

7. Hilfe für „Gefährdete"

fessionellen Berufsverbände 1949 forderten die gesetzliche Möglichkeit, „über 18 Jahre alte Personen männlichen und weiblichen Geschlechts, die durch ihr gemeinschaftswidriges Verhalten sich selbst und ihre Mitmenschen gefährden und schädigen, in Bewahrung zu nehmen".[566]

In klarer Erkenntnis der neuen politischen Lage konzentrierte die schnell wieder zur vorerst führenden Bewahrungsspezialistin des DV avancierte Hilde Eiserhardt ihre Überlegungen auf die klassische Klientel der sexuell auffälligen jungen Mädchen und Frauen, bot doch die allgemein besorgniserregende Ausbreitung von Geschlechtskrankheiten eine hilfreiche Legitimierung für Zwangsmaßnahmen. Zwar, so ein mit Sicherheit von Eiserhardt stammender Artikel im DV-Rundschreiben vom August 1946, seien viele der Betroffenen minderjährig, doch die Erziehungsmittel der Jugendämter seien hier nicht angebracht. „Wir brauchen Arbeitserziehung und wir brauchen ein Recht zum Festhalten, da es sich bei diesen vagabundierenden Frauen und Mädchen um Menschen handelt, die jegliche Bindung an Familie und Heimat, an Sitte und Ordnung verloren haben und freiwillig keine geregelte Arbeit mehr annehmen werden."[567] Zwar rekurrierte Eiserhardt hier wieder auf die gleichen bürgerlichen Wertvorstellungen, die den Bestrebungen nach Bewahrung auch Mitte der zwanziger Jahre zugrunde gelegen hatten; doch die damalige „fürsorgliche" Haltung gegenüber den zu Bewahrenden und den allgemeinen Erziehungs- und Schutzwillen griff sie nicht wieder auf. In der kaum kaschierten ablehnenden Perspektive und der Verkürzung auf rigide Arbeitserziehung zeigte das nationalsozialistische Erbe seine Wirkung.

Das galt zunächst auch für Muthesius, der gerade das Entnazifizierungsverfahren glücklich überstanden hatte und beim DST beruflich Tritt zu fassen suchte: In einem im Dezember 1947 für den DST erstellten Gutachten des DV zur Bekämpfung von Geschlechtskrankheiten konstatierte er seit Kriegsende deren sprunghaftes Ansteigen, denn (erst!) der „Umsturz 1945 mit seiner Zerstörung aller normalen Lebensgrundlagen sowie das Einströmen der Besatzungsarmeen zerbrachen alle Festigung und alle Bande".[568] Die große Mobilität der Bevölkerung mache die bisherigen gesetzlichen Methoden vielfach obsolet, angesichts der akuten Gefahr für die „Volksgesundheit" und der erheblichen Kosten dürfe man jetzt „auch nicht davor zurückschrecken, mit Zwangsmaßnahmen vorzugehen, da der Schutz der Gesamtheit höher zu werten ist, als der Schutz der einzelnen Persönlichkeit, die sich einem ungeordneten Leben hingibt"; Muthesius forderte daher u.a. die „Schaffung von Rechtsgrundlagen für [die] Unterbringung verantwortungsloser Kranker und Geheilter zur Arbeitserziehung und Bewahrung".[569] Hauptzielgruppe dieser Zwangsmaßnahmen waren junge Frauen, die sich von Besatzungssoldaten aushalten ließen, nach Auffassung eines Medizinalbeamten des

---

[566] Zitiert nach Kitz, Aufgaben, S. 245.; vgl. auch Osten, Jugend- und Gefährdetenfürsorge, 2002, S. 160ff.
[567] Rundschreiben 1946, S. 12. Der Artikel war mit Eiserhardts traditionellem Kürzel „s" gezeichnet; vgl. ferner Rundschreiben 1946, S. 25ff. Eiserhardt starb 1955.
[568] Das Gutachten vom 18.12.1947 ist abgedruckt in: NDV 28 (1948), S. 105ff. (Zitat S. 105).
[569] Ebenda, S. 106f.; vgl. ergänzend Schrapper, Hans Muthesius, S. 198ff.

nordrhein-westfälischen Sozialministeriums „untätige oder berufslose und darum gelangweilte Frauen und Mädchen", bei denen „Arbeitsscheu mit einer gewissen parasitären Genußsucht gepaart" sei.[570]

Zwar war der von den Fürsorgevertretern propagierte Ansatz, die Bekämpfung der Geschlechtskrankheiten nicht auf die Seuchenhygiene zu beschränken, sondern durch vor- und nachgehende fürsorgerische Hilfen zu ergänzen, angesichts der hohen Rückfallquoten plausibel[571]; doch die ungeminderte Bereitschaft zur Zwangsasylierung vor allem von jungen Frauen, die der „Zusammenbruch zuvor gültiger Werte, die extreme materielle Not, Verlust von Angehörigen und Wohnraum [...] zu einer Überlebensform [zwangen], die Amtsrichtern und Fürsorgern als Gipfel sexueller Verwahrlosung erschien", und die in der Praxis vorerst nichts anderes als Arbeitshaushaft bedeutete[572], wirft auf diesen Hilfeansatz ein zumindest fragwürdiges Licht. Erste Frucht der Bemühungen um eine rechtlich abgesicherte Bewahrung „Gefährdeter" waren die bereits vorgestellten hessischen und bayerischen Verordnungen „zum Schutz der heimatlosen Jugend", „zur Unterbringung verwahrloster Frauen und Mädchen" bzw. „über Arbeitserziehung" von 1946. Diese Verordnungen galten jedoch nur wenige Jahre, da sie entweder als verfassungswidrig eingestuft wurden oder ab April 1949 unter das von der amerikanischen Militärregierung verhängte Arbeitshausverbot fielen.

Indem sie den erzieherischen Ansatz auf eine Disziplinierung zur Arbeit beschränkten und das Paradigma der „Unerziehbarkeit" und damit die „Asozialität" von jungen Menschen zur Begründung einer „Bewahrung" übernahmen, zeigte sich, daß die Fürsorgevertreter zumindest in den späten vierziger Jahren den repressiven Bewahrungskonzepten seit der Weltwirtschaftskrise noch sehr viel näher standen als dem sozialpädagogischen Optimismus von Mitte der zwanziger Jahre.[573] Ungeachtet des den meisten von ihnen zuzugestehenden echten Hilfewillens gerade gegenüber jungen Menschen ohne jede soziale Bindung und materielle Sicherung bleibt es mithin beklemmend, mit welcher Selbstverständlichkeit viele Fürsorgevertreter an bis in die späten dreißiger Jahre verfochtene Bewahrungsvorstellungen anknüpften und dabei nicht selten sogar die gleichen Formulierungen wie nach 1933 verwendeten.[574] Gerade Vertreter dieses so prekären Für-

---

[570] Zitiert nach NDV 29 (1949), S. 134.
[571] Vgl. ebenda, S. 133ff.
[572] Vgl. am Beispiel des zunächst in ungebrochener Tradition weitergeführten Arbeitshauses Breitenau im Regierungsbezirk Kassel Ayaß, Arbeitshaus, S. 333ff., wo diese Frauen formal wegen Landstreicherei nach § 361 StGB interniert wurden (Zitat S. 337f.).
[573] Vgl. etwa NDV 29 (1949), S. 136.
[574] Der NDV bot dafür ein willkommenes Forum: Besonders negativ herausstechend ist eine unter dem Kürzel „ü" im NDV 28 (1948), S. 160f., erschienene, zustimmende Besprechung eines Aufsatzes des Psychiaters H. Stutte, in dem dieser die Vererbbarkeit von „Asozialität" behaupten und damit nach 1945 eine Auffassung verfechten konnte, die selbst unter NS-Forschern umstritten war. Stutte kam darin zu dem Ergebnis, daß „die Gruppe ehemaliger Fürsorgezöglinge in ihrer Gesamtheit eine in erbbiologischer Hinsicht negative Bevölkerungsauslese" verkörpere, und forderte, „den Prozentsatz der Fürsorgezöglinge, die weder durch ihre eigene soziale Leistung noch durch die Qualität der Nachkommen die fürsorgerische Betreuung rechtfertigen, mit Hilfe geeigneter Siebungsmaßnahmen zu verkleinern". Es sei davon auszugehen, „daß die Abstammung aus

7. Hilfe für „Gefährdete"

sorgebereichs offenbarten damit einen Mangel an Sensibilität und Bereitschaft zur Reflexion des eigenen Tuns und Schreibens während des Nationalsozialismus, der ihr damaliges Verhalten als keineswegs nur opportunistisch kennzeichnet, ihre Haltung auch in den fünfziger Jahren prägen sollte und selbst vor bewußter Geschichtsklitterung nicht zurückschreckte.[575]

Die Väter und Mütter des Grundgesetzes allerdings legten die Hürden für eine zwangsweise „Bewahrung" wieder hoch, höher als in der Weimarer Verfassung: In Ausführung der Garantie des Grundrechts der Freiheit der Person und der Berufswahl in den Artikeln 2 und 12 GG sieht Artikel 104 GG grundlegende Rechtsgarantien bei Freiheitsentziehung vor: Danach kann die Freiheit der Person „nur auf Grund eines förmlichen Gesetzes und nur unter Beachtung der darin vorgeschriebenen Formen beschränkt werden" und ist für eine Freiheitsentziehung in jedem Falle eine richterliche Entscheidung erforderlich. Damit war u.a. der § 20 RFV auch für das übrige Bundesgebiet rechtsunwirksam geworden.

Bereits unter dem 7. Dezember 1949 beantragte die Bundestagsfraktion der CDU/CSU die Vorlage eines Bewahrungsgesetzes[576]; allerdings wurde dieser knappe, nicht näher begründete Antrag, der möglicherweise auf Drängen von CDU-Mitgliedern aus den Reihen der konfessionellen Gefährdeten- und Nichtseßhaftenfürsorge ausgearbeitet worden war, ohne Aussprache an den Fürsorgeausschuß des Bundestags verwiesen und damit erst einmal der parlamentarischen

---

einer Familie mit seit Generationen gesellschaftsfeindlicher oder auch parasitärer und asozialer Haltung die Erwartungen an eine Ausgleichung der Dissozialität eines Jugendlichen von vornherein klein halte", so daß sie, da ohnehin unerziehbar, bloß „bewahrt" werden müßten. In einem ungezeichneten Artikel im NDV 27 (1947), S. 131, wird einem Großteil umherwandernder Jugendlicher „Arbeitsscheu" attestiert, deren Recht auf persönliche Freiheit aufgrund ihres verantwortungslosen Lebenswandels in Frage zu stellen sei: „Steht diesem Recht nicht als stärkerer Anspruch an den Staat das Recht der anderen Menschen gegenüber, in einem geordneten Gemeinwesen zu leben, ohne ständig bedroht und geschädigt zu werden durch ein Heer von Parasiten?" (S. 132). In einem Artikel des NDV von Anfang 1950 wurde die Heidelberger Wichern-Siedlung für „asoziale" Familien im Kern keineswegs in Frage gestellt und zur Lösung der dortigen Probleme „die Möglichkeit der Isolierung völlig unbeeinflußbarer Elemente als letzte Lösung", also ein Bewahrungsgesetz, gefordert, NDV 30 (1950), S. 40; vgl. ferner die DV-Sondernummer vom Mai/Juni 1951 zum 75. Geburtstag Polligkeits, wo Georg Steigerthal (S. 160f., 207) kaum verklausuliert sein Entmündigungskonzept verteidigte, und sogar der ehemalige SA-Obersturmbannführer Alarich Seidler den von ihm 1934 gegründeten und mittlerweile aufgelösten Bayerischen Landesverband für Wanderdienst als positives Modell propagieren konnte (163f.); für Steigerthals nach 1945 auch öffentlich kaum modifizierte Haltung siehe Steigerthal, Leute; weitere Beispiele bei Treuberg, Mythos, S. 130ff., 158ff.; ferner siehe Willing, Vorgeschichte, S. 604.

[575] So wurde im Rundschreiben 1946, S. 26, behauptet, lieber hätten die Fürsorgekreise nach 1933 die „sittliche Verwahrlosung" junger Frauen in Kauf genommen, „als daß man durch die Forderung nach einer fürsorgerischer [sic] Bewahrung auch nur die geringste Handhabe bieten wollte, um die Machenschaften des Naziregimes zur Zwangsunterbringung unerwünschter Personen auch nur anscheinend zu unterstützen". Petersen behauptete noch 1961, von 1933 bis 1945 hätten die Vorarbeiten der Fachkreise an diesem Entwurf „geruht", vgl. Petersen, Hilfe, S. 39.

[576] BT, 1. Wp. 1949, Anlage, Bd. 1, Drs. 287.

Kleinarbeit überantwortet.[577] Vorsitzende des Ausschusses war Helene Wessel, die nun dafür sorgte, daß durch Anhörung bewährter Bewahrungsspezialisten die alten Konzeptionen weiterverfolgt wurden[578]: Den Anfang machte im Juli 1950 die mittlerweile mit dem alten DV-Vorsitzenden verheiratete Hilde Polligkeit-Eiserhardt, die – mit erstaunlicher Chuzpe die Tatsachen über ihre eigene Haltung nach 1933 verdrehend – nun einen pragmatischen Kurs vorschlug[579]: Jetzt vertrat sie wieder eindeutig das Bewahrungskonzept von 1925/28 und empfahl, durch klare Begrenzung des Personenkreises und eindeutige Rechtsgarantien die politischen Widerstände aus dem Weg zu räumen. So solle man alle Versuche abwehren, „Lücken im Strafrecht, in der Irrengesetzgebung oder im Geschlechtskrankengesetz mit dem Bewahrungsgesetz zu schließen", zumal sich für einen derart heterogenen Personenkreis ohnehin kein Kostenträger fände und damit die alten Finanzierungsfragen wieder akut würden. Ziel des Gesetzes sei nicht primär der Schutz der Allgemeinheit, sondern individuelle fürsorgerische Hilfe für den begrenzten Personenkreis der durch „abnorme Veranlagung", durch „krankhafte[n] oder außergewöhnliche[n] Willens- oder Verstandesschwäche" Gefährdeten, womit sie vor allem auf „die schwachsinnigen Frauen in der Prostitution"[580] rekurrierte. Allerdings solle ein solches Gesetz erst dann anlaufen, wenn genügend geeignete Einrichtungen vorhanden und in ihrer Finanzierung gesichert seien. Im übrigen empfehle sie dem Ausschuß, durch einige Pflegeämter beispielhafte Lebensläufe sammeln zu lassen. „Solche Lebensläufe überzeugen mehr als alle theoretischen Darlegungen."[581]

Muthesius argumentierte vor dem Ausschuß bereits sehr viel vorsichtiger: Indem er eine deutliche Intensivierung der präventiven Arbeit forderte und Bewahrung nur als letztes Mittel sah, das nicht eine „mechanische Einsperrung", sondern der Versuch für eine „erzieherische Beeinflussung" sein dürfe, verabschiedete Muthesius das alte Konzept einer angeborenen Disposition zur „Verwahrlosung".[582] Auch er hielt die Definition des Personenkreises für das Hauptproblem und orientierte sich daher am britischen Mental Deficiency Act von 1913, der eng begrenzte Tatbestände von Geistesschwäche zur Voraussetzung einer Bewahrung

---

[577] Vgl. einen entsprechenden interfraktionellen Antrag vom 17.1.1950, BT, 1. Wp. 1949, Anlage, Bd. 2, Drs. 394. Zu denken wäre hier an Initiativen Elisabeth Zillkens und Friedrich von Bodelschwinghs. Zu den Details der Bemühungen um ein Bewahrungsgesetz nach 1945 vgl. Willing, Bewahrungsgesetz, S. 227 ff., sowie Osten, Jugend- und Gefährdetenfürsorge, 2002, S. 187 ff.; ferner, allerdings ohne Erwähnung des BSHG, Blandow, Bewahrung, S. 136 ff.
[578] Vgl. Vermerk Abteilung V vom 19.1.1950, BAK, B 106/20577.
[579] Vgl. Kurzprotokoll der Sitzung der Ausschüsse für Fragen der öffentlichen Fürsorge und für Fragen der Jugendfürsorge am 25.7.1950, ebenda; Polligkeit-Eiserhardt behauptete dort, „daß wir alle vom Sommer 1933 an jeglichen Versuch unterließen, für ein Bewahrungsgesetz einzutreten, daß wir sogar vor seinem Erlaß warnten, weil wir sahen, welch gefährliche Waffe man der Hitlerschen Willkürherrschaft damit in die Hand gegeben hätte".
[580] NDV 30 (1950), S. 249.
[581] Kurzprotokoll der Sitzung der Ausschüsse für Fragen der öffentlichen Fürsorge und für Fragen der Jugendfürsorge am 25.7.1950, BAK, B 106/20577.
[582] Vgl. Inhaltsangabe des Referats von Muthesius vor den Bundestagsausschüssen am 11.10.1950, ebenda.

machte. Mit seinem Resümee, angesichts der geänderten Rechtslage müsse man „auch als Freund des Bewahrungsgedankens" ein Ausführungsgesetz zu Art. 104 GG als vordringlich ansehen, bewies Muthesius zumindest abermals einen feinen Instinkt für die jeweilige politische Großwetterlage. Wenige Tage zuvor hatte nämlich Kitz auf dem Fürsorgetag erklärt, daß auch das Innenministerium die Bewahrungsfrage prüfe, und angekündigt, daß im Justizministerium derzeit ein Gesetz über das gerichtliche Verfahren bei Freiheitsentziehung vorbereitet werde.[583]

Klar gegen ein Bewahrungsgesetz sprach sich Emma Schulze vom AWO-Hauptausschuß vor den Bundestagsabgeordneten aus: Die Erfahrung mit dem Zwangssterilisierungs-Gesetz von 1933 habe bewiesen, daß weder eine exakte Definition des Personenkreises noch Rechtsgarantien vor Mißbrauch geschützt hätten, denn der Wert eines Gesetzes sei abhängig „von der Qualität und der Qualifikation derer, die das Gesetz ausführen".[584] Tatsächlich aber sei „das sozialmedizinische und sozialpädagogische Wissen und Können in Deutschland nicht auf der Höhe der modernen Entwicklung": Die notwendigen Psychotherapeuten fehlten ebenso wie spezialisierte klinische Abteilungen, das vorhandene Personal sei vielfach zwischen 1933 und 1945 ausgebildet worden und ohnehin zur Zeit überlastet, es bestehe die Gefahr einer vorschnellen Bewahrung aus Kostengründen, und über die Ausgestaltung der Bewahrungsheime, ja über die Ziele der Bewahrung selbst sei überhaupt noch nicht diskutiert worden. Zudem verwies Schulze auf das Fehlen einer als mögliches Korrektiv wirkenden öffentlichen Meinung, denn diese habe sich noch nicht von den ihr zwischen 1933 und 1945 zugefügten Schäden erholt und sei „heute immer noch schnell bei der Hand mit Urteilen wie ‚defekt, minderwertig'". Von den Befürwortern eines Bewahrungsgesetzes aus den zwanziger Jahren wandte sich damit einzig die AWO nach den Erfahrungen des Nationalsozialismus eindeutig nicht nur von dem Versuch ab, dieses schwierige Gebiet rechtsförmlich zu fassen, sondern stellte auch die „Bewahrung" überhaupt grundsätzlich in Frage: Da wahrscheinlich Defizite des „menschlichen Milieus" die entscheidende Ursache von „Verwahrlosung" bildeten, sei es „sehr fraglich, ob der Mangel an günstigen sozialen Beziehungen oder überhaupt der Mangel an sozialer Beziehung [...] heilbar ist durch einen Abschluß von sozialen Bindungen, wie das in einem Bewahrungsheim gegeben ist". Notwendig seien daher eine Modernisierung der Heime und Pflegeanstalten, der Ausbildung der zuständigen Sozialarbeiter, Mediziner und Juristen, eine intensivierte Förderung der Hilfsschulkinder, Erziehungsberatung, Sexualerziehung und ein Ausbau der psychologischen Forschung. Angesichts der immensen Kosten, die die potentiellen Bewahrungsfälle zur Zeit verursachten, seien solche Investitionen sogar kostensparend.

Wenn auch diese grundsätzlichen Bedenken bei den im DV organisierten Fürsorgefachleuten auf wenig Widerhall stießen, so schien Muthesius zumindest gewillt, das Problem retardierend anzugehen: Zwar beschloß der Vorstand des DV

---

[583] Vgl. Kitz, Aufgaben, S. 245f.
[584] Stellungnahme von Emma Schulze zu einem Bewahrungsgesetz vom 12.10.1950, BAK, B 106/20577.

Mitte November 1950, einen besonderen „Fachausschuß für Nichtseßhafte und Entwurzelte" einzusetzen, doch sollte dieser zunächst eine genaue Lageanalyse erarbeiten, ehe er zu konkreten Gesetzesvorschlägen komme.[585] Tatsächlich nahm der Fachausschuß seine Arbeit dann erst Ende März 1953 auf; dort dominierten unter der Leitung der neuen KFV-Vorsitzenden Zillken lange die Vertreter der kommunalen und freien Gefährdetenfürsorge im engeren Sinne, unter ihnen viele bekannte Bewahrungsexperten aus Weimarer Tagen, während sich die Wandererfürsorge etwas unterrepräsentiert fühlte.[586]

Auch im Bundestag kam die Bewahrungsfrage kaum voran: Während der Fürsorgeausschuß erst einmal die immer noch als beispielhaft geltende Hamburger Bewahrungspraxis vor Ort besichtigen und dort wie empfohlen einschlägige Lebensläufe sammeln wollte[587], versuchte dessen Vorsitzende Wessel, die Dinge offenbar auf eigene Faust voranzutreiben, und legte im Juni 1951 für das Zentrum einen mit dem KFV beratenen Entwurf für ein Bewahrungsgesetz vor.[588] Dieser entsprach z.T. sogar wörtlich dem alten Entwurf von 1925 und hatte auch 26 Jahre später nur geringe parlamentarische Chancen: Bundesinnenminister Lehr sah die Vorarbeiten des Fürsorgeausschusses und im eigenen Haus durch diesen Initiativantrag überrollt und wollte ihn dem Ausschuß als Material überwiesen wissen.[589] Während die CDU/CSU dies unterstützte, zerriß Wessels Ausschuß-Kollegin Korspeter von der SPD ihn förmlich in der Luft: Da „Bewahrung" und „Verwahrlosung" nicht klar definiert würden, seien der betroffene Personenkreis und das freie Ermessen viel zu groß; weder ärztliche Behandlung noch eine Beteiligung von psychiatrischem Fachpersonal seien vorgesehen; geeignete Heime und damit die notwendigen Voraussetzungen für das Gesetz fehlten. Entscheidender als ein Bewahrungsgesetz für einen möglichst engen Personenkreis sei die Förderung des freiwilligen Anstaltsaufenthalts, zumal die BFV dessen Finanzierung oft verweigerten, also ein Fürsorgegesetz für diese „seelisch und sozial nicht Intakten" ähnlich dem Krüppelfürsorgegesetz von 1920.[590] Auf Antrag Wessels wurde der Entwurf schließlich dem Fürsorgeausschuß überwiesen, dort aber bis zur Vorlage des angekündigten Regierungsentwurfs auf Eis gelegt.[591]

Ein im Oktober 1951 den Ausschuß-Gutachtern vertraulich vorgelegter Arbeitsentwurf Gottschicks war von den Vorstellungen Korspeters gar nicht so weit entfernt[592]: Um „die psychologischen Hemmungen zu nehmen, die, wie auch die

---

[585] Vgl. NDV 30 (1950), S. 249, 265f.
[586] Vgl. NDV 40 (1960), S. 110; Scholl, Landeswohlfahrtswerk für Baden-Württemberg an Pastor Suhr am 27.10.1960, ADW, HGSt, SP-S XXV 1: 110-1/2.
[587] Vgl. Kurzprotokoll über die Besichtigungsfahrt der Bundestagsausschüsse für Fragen der öffentlichen Fürsorge bzw. der Jugendfürsorge am 22./23.6.1951, BAK, B 106/ 20577.
[588] BT, 1. Wp. 1949, Anlage, Bd. 12, Drs. 2366; vgl. auch Willing, Bewahrungsgesetz, S. 232ff.
[589] Vgl. Bundestagssitzung am 18.9.1951, S. 6608, BT, 1. Wp. 1949, Sten. Ber., Bd. 9.
[590] Vgl. ebenda, S. 6609ff.
[591] Vgl. ebenda, S. 6613; ferner Vermerk Abteilung V vom 4.2.1952, BAK, B 106/20577.
[592] Vgl. den Vorläufigen Entwurf eines Gesetzes über die Fürsorgehilfe für gefährdete Personen vom 10.10.1951, sowie BMI an Polligkeit-Eiserhardt u.a. am 19.10.1951, BAK, B 106/20577.

Bundestagsdebatte ergab, den Entwürfen immer wieder entgegenstehen", sollte der „Schutz gefährdeter Personen vor Verwahrlosung" im Vordergrund stehen, hingegen „die fürsorgerische Bewahrung nur das letzte Mittel" sein.[593] Damit stand erstmals seit den Debatten der zwanziger Jahre nicht mehr die Regelung der Modalitäten einer Zwangsasylierung „Gefährdeter" im Vordergrund, sondern die Verpflichtung der Fürsorgeträger, die Notwendigkeit einer solchen Internierung gar nicht erst entstehen zu lassen. Von dieser geänderten Stoßrichtung, mit der die Sozialabteilung der von Muthesius propagierten Linie folgte, kündete bereits der neue Name des „Gesetzes über die Fürsorgehilfe für gefährdete Personen". Danach hatten „Personen, die verwahrlost sind oder zu verwahrlosen drohen (Gefährdete)", einen Rechtsanspruch auf Fürsorgehilfe, die zum Ziel hatte, „Verwahrlosung" zu beseitigen bzw. zu verhindern, die persönlichen Widerstandskräfte der Betroffenen zu fördern und eine eigenständige Lebensführung zu ermöglichen. Falls erforderlich, sollte der Gefährdete unter ärztlicher Beteiligung zu einem freiwilligen Aufenthalt in einer Anstalt angehalten werden. Lehnte er dies ab, konnte er auf Weisung eines Vormundschaftsrichters zur Bewahrung interniert werden. Dieser Personenkreis war jedoch in Anlehnung an die Vorgaben der Europäischen Menschenrechtskonvention, der die Bundesrepublik im November 1950 beigetreten war, relativ eng umgrenzt: auf Seuchenkranke, Alkohol- oder Rauschgiftsüchtige, Bettler oder Landstreicher über 18 Jahre, sofern „die Verwahrlosung oder die drohende Verwahrlosung [...] auf einer krankhaften oder aussergewöhnlichen Willens- oder Verstandesschwäche" beruhte. Wenn auch weitgehende Rechtsgarantien u.a. durch die Hinzuziehung eines Arztes vorgesehen waren, so sollte doch eine Bewahrung von prinzipiell unbeschränkter Dauer möglich sein. Wesentlicher Punkt des Entwurfs war, daß die Landesfürsorgeverbände als Träger der Fürsorgehilfe vorgesehen waren und damit endlich die Finanzierung gerade der freiwilligen Maßnahmen – und der entsprechenden Einrichtungen der freien Träger – gesichert werden sollte.

Wenn in den folgenden Jahren der immer wieder überarbeitete Entwurf nicht recht vorankam[594], obwohl auch die zuständigen Länderreferenten ein solches Gesetz unterstützten, hatte das verschiedene Ursachen. Die wohl wichtigste war, daß im September 1952 der Entwurf für das Freiheitsentziehungsgesetz in den Bundestag eingebracht wurde und das Bundesinnenministerium dessen Verabschiedung abwarten wollte, würde doch das parlamentarische Verfahren für ein Bewahrungsgesetz auf der Basis des Gesetzes zu Art. 104 GG ungemein erleichtert.[595] Dieses ließ freilich vier Jahre auf sich warten, mit der Folge, daß die Vorarbeiten für das Bewahrungsgesetz schließlich vom Projekt des großen Bundesfürsorgegesetzes überholt wurden. Hinzu kam, daß 1953 mit der Novellierung des Strafrechts und dem Gesetz zur Bekämpfung der Geschlechtskrankheiten

---

[593] Gottschick an Abteilungsleiter am 12.19.195[1], ebenda.
[594] Vgl. Willing, Bewahrungsgesetz, S. 238ff.
[595] Vgl. Sitzung des Bundestages am 11.9.1952, S.10421ff., BT, 1.Wp. 1949, Sten. Ber., Bd. 13; Kitz, Gegenwartsfragen, S.331; NDV 34 (1954), S.350; 45 (1955), S.81; Gottschick auf der Sitzung des Fachausschusses II vom 5.–7.12.1956, Niederschrift, BAK, B 106/9692.

zwei eng benachbarte Gebiete neu geregelt wurden. So wurde das Arbeitshaus wieder bundesweit als strafrechtliche Institution eingeführt und dabei der alte § 361 StGB sowie die 1934 neu eingefügten §§ 42a ff. StGB weitgehend unverändert beibehalten; in der Praxis allerdings machten die Gerichte – durchaus zum Leidwesen mancher Fürsorgeexperten – von diesen strafrechtlichen Bestimmungen gegen Landstreicher, Prostituierte etc. nur relativ wenig Gebrauch.[596] Außerdem war eine umfassende Strafrechtsreform in Arbeit, die u.a. eine juristische Neubewertung der Delikte nach § 361 StGB erbringen sollte.

In der Zwischenzeit wurde daher die „Bewahrung" auf mehr oder weniger freiwilliger Basis mit den gleichen Methoden wie in den zwanziger Jahren durchgeführt.[597] In Nordrhein-Westfalen etwa konnten verurteilte Landstreicher statt in den Strafvollzug in eine Fürsorgeanstalt gehen.[598] Zumindest in Hamburg griff man unter der Ägide der mittlerweile zur Leiterin des Landesfürsorgeamts beförderten Käthe Petersen auch weiterhin immer wieder zum Mittel der Entmündigung und Sammelvormundschaft, um sexuell „gefährdete" junge Frauen in geschlossene Anstalten zu überweisen; nachdem dies rechtlich wieder möglich war, plädierte Petersen auch dafür, gegebenenfalls das Mittel der Einweisung in ein Arbeitshaus nach § 20 RFV zu nutzen.[599] Manche städtische Pflegeämter versuchten zwar, sich von der Dominanz der Gesundheitsämter zu befreien und stärker sozialpädagogische Belange und ambulante Hilfen in den Vordergrund zu stellen. Doch öffentliche Investitionen waren hier offensichtlich wenig populär: In einigen Ländern gab es keine Pflegeämter, Wohlfahrtsämter und Fürsorgeheime ließen auch minderjährige junge Mädchen oft nur zu gern ziehen, es fehlten Wohnheime für die betroffenen Frauen, um diese in dauerhafte Arbeitsstellen vermitteln zu können, und die freien Träger erhielten Pflegesätze, die eine modernere Betreuung kaum zuließen.[600]

Traditionell wie die Methoden blieb auch das Selbstverständnis der „Gefährdetenfürsorge": Hauptzielgruppe waren neben Süchtigen, wiederholt Straffälligen und häufig obdachlosen Familien auch in den fünfziger Jahren die „heimlichen Prostituierten". Da die Zahl der Infizierten seit den frühen fünfziger Jahren stark zurückgegangen war, stand die Bekämpfung der Geschlechtskrankheiten dabei nicht mehr im Vordergrund, zumal deren gesetzliche Neuordnung 1953 auch die

---

[596] Vgl. 3. Strafrechtsänderungsgesetz vom 4.8.1953, BGBl. I S. 735. Im Jahre 1955 wurden insgesamt 900 Männer und Frauen wegen Verletzung des § 361 StGB in ein Arbeitshaus eingewiesen, davon waren allein 131 unter 21 Jahre alt; zumindest bei den Männern war die (absolute) Zahl der Einweisungen in Bayern und Baden-Württemberg besonders hoch; vgl. Neuordnung des Fürsorgerechts, S. 127 f.; auch Vermerk Referat V A 4 vom 15.11.1955, BAK, B 106/20050.
[597] Vgl. einen Bericht in NDV 30 (1950), S. 66 f., über die Gefährdetenfürsorge für Geschlechtskranke im Landesfürsorgeheim Fuldatal, wie die Anstalt Breitenau jetzt hieß, wo junge Frauen haus- und landwirtschaftliche Arbeiten verrichteten und anschließend in neue Stellen vermittelt wurden.
[598] Vgl. NDV 32 (1952), S. 104.
[599] Vgl. Petersen, Unterbringung, S. 112; dies., Bedeutung, S. 170; Rothmaler, Sozialpolitikerin, S. 86. Kritisch zur Hamburger Entmündigungspraxis NDV 31 (1951), S. 61 ff.
[600] Vgl. vorerst aus zeitgenössischer Sicht: NDV 32 (1952), S. 104, 302 f.; Stetter, Fürsorge für Gefährdete; dies., Fürsorge als Teil; Petersen, Unterbringung.

7. Hilfe für „Gefährdete"

Gefährdetenfürsorge ausdrücklich einbezog[601]; als Begründung diente statt dessen neben den individuellen sozialen Notlagen vor allem die „Sittlichkeit, Ordnung und Unversehrtheit des persönlichen und gesellschaftlichen Lebens", die man in kulturpessimistischer Perspektive in einer pluralistischen und hochmobilen Industriegesellschaft zunehmend gefährdet sah.[602] Zwar erkannten die Fürsorgeexperten auch deren soziale Ursachen; doch für die gewünschte „Bekämpfung des Dirnenunwesens" wurde auch weiterhin ein rigideres Vorgehen der Polizei und der Gerichte und eben ein Bewahrungsgesetz im klassischen Sinne für unerläßlich gehalten.[603]

Parallel zu diesen Bemühungen wurde von seiten der Wandererfürsorge auch das alte Anliegen eines Wanderergesetzes aufgegriffen[604]: Ziel war allerdings nicht mehr die Regelung des anachronistischen Wanderns Arbeitsuchender, sondern die umherziehenden Menschen auf Dauer seßhaft zu machen und den besonderen Belangen der Jugendlichen und Frauen unter ihnen besser Rechnung zu tragen. Dafür bedurfte es nach Meinung der Funktionäre der Wandererfürsorge einer klaren Zuständigkeits- und Kostenregelung für die öffentliche Fürsorge, um die nach wie vor gängige Abschiebepraxis zu unterbinden, die Lasten zwischen den verschiedenen Fürsorgeträgern gerechter zu verteilen und die auch weiterhin fast ausnahmslos von der evangelischen Diakonie getragenen Einrichtungen ausreichend zu finanzieren. Die Wandererfürsorge sollte jetzt einheitlich zur Pflichtaufgabe der öffentlichen Fürsorge erklärt und die Trägerschaft der Landesfürsorgeverbände festgelegt werden. Charakteristisch für die verschiedenen, seit einer Denkschrift Friedrich von Bodelschwinghs, eines Enkels des Betheler Anstaltsgründers, von 1949 an verfolgten Konzepte war, daß zwar einerseits bisherige Kontrollen (Wanderbuch, Rennweg usw.) abgeschafft, andererseits aber der fürsorgerisch-autoritäre Zugriff der Wandererfürsorge erhalten bleiben sollte: durch konsequentes Festhalten am Prinzip „Arbeit statt Almosen"; durch rigide stationäre Arbeitserziehung; durch Vereinheitlichung der Maßnahmen in allen Ländern, um ein Abwandern in Länder ohne Einrichtungen zu verhindern; durch eine zentrale Wandererkartei; und nicht zuletzt durch die Möglichkeit, „widerstrebende Elemente"[605] zwangsweise zu bewahren oder auch weiterhin strafrechtlich zu verfolgen. Hier zeigte die auch bei den Exponenten der Wandererfürsorge ungebrochene personelle Kontinuität ihre Wirkung: Steigerthal, seit 1939 Vorsitzender des Zentralverbands Deutscher Arbeiterkolonien (ZVAK), wurde nach

---

[601] Nach § 14 Abs. 2 GBG sollten Fürsorgeverbände und Jugendämter „alle durch das Gesundheitsamt erfaßten Personen, die verwahrlost sind oder zu verwahrlosen drohen, in fürsorgerische Betreuung übernehmen und versuchen, sie in das Arbeits- und Gemeinschaftsleben wieder einzugliedern".
[602] So Luise Jörissen vom KFV in Bayern auf einem Kongreß der Internationalen Abolitionistischen Föderation im Oktober 1956; NDV 36 (1956), S. 373. Vgl. auch Jörissen, Erscheinungsbild, S. 174ff., sowie die Aussprache in der Arbeitsgruppe zur Gefährdetenhilfe auf dem Fürsorgetag 1959 in: Fürsorge in der gewandelten Welt, S. 183ff.
[603] Vgl. NDV 33 (1953), S. 356ff.; 35 (1955), S. 163; 36 (1956), S. 371ff.
[604] Vgl. zum Folgenden NDV 32 (1952), S. 35ff., 38ff., 301f.; ferner Oelhoff, Wiederaufbau; Treuberg, Mythos, S. 125–150.
[605] NDV 32 (1952), S. 37.

einem Intermezzo als Stellvertreter (1950–1954) 1954 erneut zum Vorsitzenden gewählt. Pastor Martin Müller übernahm 1950 die Geschäftsführung, und der württembergische Regierungsdirektor und scharfe Verfechter der NS-„Asozialen"-Politik Mailänder gehörte ebenfalls wieder dem Vorstand an.[606] Steigerthal oder Mailänder betrachteten Nichtseßhaftigkeit nach wie vor unter dem Gesichtspunkt einer Gefährdung der öffentlichen Ordnung und Moral und förderten auch weiterhin eine stigmatisierende Sicht auf die eigene Klientel, wozu die mittlerweile etablierte Sammelbezeichnung „Nichtseßhafte" ungeachtet aller Binnendifferenzierung der betroffenen Personengruppen beitrug.[607] Zumal gegen Ende der fünfziger Jahre, als der dringendste Wohnraummangel beseitigt war und sich die Vollbeschäftigung abzeichnete, schien Arbeits- und Obdachlosigkeit nur mehr durch eine defizitäre Persönlichkeitsstruktur erklärbar.[608] Wohl auch diese pathologisierende Sicht förderte abermals die Nähe zur Gefährdetenhilfe, die bei den Vorarbeiten für das BSHG den Experten der Wandererfürsorge allerdings erhebliche Schwierigkeiten bereiten sollte.

Die Vertreter der „Nichtseßhaftenhilfe", die sich 1954 auch in einer eigenen Bundesarbeitsgemeinschaft (BAG) formierten, konnten jedoch auch in den fünfziger Jahren trotz Unterstützung durch den DLT und den DV kein Wandererfürsorgegesetz durchsetzen. Das lag vor allem am Widerstand der meisten Länder, die zwar eine Vereinheitlichung zur gerechteren Lastenverteilung für dringend notwendig hielten, aber nicht auf dem Weg eines Bundesgesetzes.[609] Abgesehen davon, daß die Länder stets jeden Bundeseingriff in ihren legislativen Kompetenzbereich abwehrten, hätte die nur durch Gesetz mögliche Verpflichtung der öffentlichen Fürsorge zur Wandererfürsorge erhebliche finanzielle Mehrbelastungen gebracht.[610] Immerhin wurde Mitte der fünfziger Jahre die Zahl der Nichtseßhaften auf etwa 300 000 geschätzt.[611] Statt dessen erließ das Bundesinnenministerium unter dem 22. Juli 1953 vorher mit den Ländern und den Experten der Nichtseßhaftenfürsorge abgestimmte, materiell-rechtlich nicht verbindliche „Richtlinien über die Fürsorge für Nichtseßhafte".[612] Die darin aus-

---

[606] Vgl. Oelhoff, Wiederaufbau, S. 107f.
[607] Vgl. auch ebenda, S. 113; Flamm, Bundessozialhilfegesetz. Allerdings wurde dieser „verurteilende Blick" nicht so einhellig und undifferenziert von allen Vertretern der Nichtseßhaftenhilfe geteilt, wie von Treuberg, Mythos, S. 135ff., dargestellt; vgl. etwa Martin Müller, Fürsorge; Diakon Frank in einem Artikel der Bild am Sonntag vom 23. 2. 1958, S. 6.
[608] Vgl. auch NDV 40 (1960), S. 89ff.
[609] Vgl. Vermerk Referat V 1 vom 5. 11. 1951, BAK, B 106/20051.
[610] Vgl. NDV 32 (1952), S. 42.
[611] Vgl. Treuberg, Mythos, S. 134. Leider gibt es für die fünfziger Jahre keine repräsentativen Erhebungen über deren Struktur und Entwicklung. Zeitgenössische regionale Erhebungen aus einzelnen Großstädten sowie Westfalen erbrachten zum Teil widersprüchliche Ergebnisse (Anteil der Jugendlichen, regionale Herkunft etc.) und arbeiteten auf der Grundlage problematischer Kategorien („arbeitsscheu", „Psychopathen" u.ä.) und konnten die Ursache der Nichtseßhaftigkeit nur ungenau ermitteln; vgl. Nachweise bei Treuberg, Mythos, S. 132ff.; ferner NDV 36 (1956), S. 270ff.; 40 (1960), S. 89ff.; Flamm, Bundessozialhilfegesetz.
[612] GMBl. 1953, S. 366; vgl. Vermerk Gottschick vom 22. 7. 1953, BAK, B 106/20052.

7. Hilfe für „Gefährdete"

gesprochenen Empfehlungen entsprachen zwar durchaus den Forderungen der Nichtseßhaftenhilfe: indem sie klarstellten, daß auch nach gegenwärtiger Rechtslage die Fürsorge zur umfassenden Hilfe für die in der Regel ja hilfsbedürftigen Nichtseßhaften verpflichtet sei; indem sie den Verzicht auf die Rückerstattung empfahlen; vor allem aber, indem sie als geeignete Hilfe stationäre Fürsorgemaßnahmen propagierten, somit der freien Wohlfahrtspflege eine entscheidende Rolle zuerkannten und die Länder zur klaren Regelung der Trägerschaft und Finanzierung aufforderten. Genau diese blieb jedoch weitgehend aus.[613] Angesichts des starken Zuzugs von Nichtseßhaften im Jahre 1955 drängte daher der baden-württembergische Landtag auf eine bundeseinheitliche Regelung, und eine von der Stuttgarter Landesregierung vorgelegte und mit dem Fachausschuß II abgestimmte Vereinbarung wurde schließlich am 29. Mai 1956 von den zuständigen Länderministern einstimmig angenommen.[614] Die Vereinbarung sollte vor allem sicherstellen, daß jedes Land die sich in seinem Gebiet aufhaltenden Nichtseßhaften seßhaft zu machen versuchte und entsprechende Gelder bereitstellte. Dafür wurde neben enger Kooperation mit Arbeits- und Wohnungsämtern allerdings auch die konsequente Anwendung des fürsorgerischen Arbeitszwangs und die „vertrauensvolle" Zusammenarbeit mit der Polizei „in äußerlich zurückhaltender Form" vereinbart.[615] Doch auch diese Vereinbarung trug nicht zu einem Ausbau der Fürsorge für Nichtseßhafte bei.[616]

Auf dem Fürsorgetag 1955 zur „Sozialreform" wurden die Fragen der künftigen Fürsorge für „Gefährdete", Nichtseßhafte etc. unter dem neuen Leitbegriff der „Rehabilitation" diskutiert – ein erstes Signal, daß sich auch das Aufgabenverständnis dieses Bereichs ganz langsam und nicht bei allen Spezialisten gleichermaßen zu verändern begann: Wie zu erwarten, spielte zwar in einer Zeit zunehmenden Bedarfs an Arbeitskräften die Gewöhnung an bzw. „Erziehung" zur Arbeit die zentrale Rolle in den von Pastor Müller und der Oberfürsorgerin des Frankfurter Pflegeamts Luise Stetter gehaltenen Referaten.[617] Doch stärker als bisher wurde nun gefordert, dabei auch die individuellen Interessen und Fähigkeiten der Rehabilitanden zu berücksichtigen. Beide Redner befürworteten ein breites Spektrum von Hilfemaßnahmen, von der sofortigen Vermittlung eines Arbeitsplatzes über Beratung in Spezialfürsorgestellen, über Arbeitstherapie, ärztliche, heilpädagogische und psychologische Hilfe in modernen Heimen bis zur Beschaffung von Startkapital, notwendiger Papiere und einer Wohnung; sie kritisierten die öffentliche Diskriminierung dieses Personenkreises und die mangelnde Bereitschaft der

---

[613] Vgl. etwa einen ersten Zwischenbericht des Bremer Wohlfahrtssenators vom 8.1.1954, BAK, B 106/20050; ferner NDV 34 (1954), S. 292.
[614] Vgl. Kurzprotokoll über die Sitzung der für das Wohlfahrtswesen zuständigen Minister und Senatoren am 29. 5. 1956, BAK, B 106/9789/2.
[615] Die Vereinbarung ist abgedruckt in: NDV 36 (1956), S. 268f. (Zitat S. 269).
[616] Vgl. eine Entschließung der BAG für Nichtseßhaftenfürsorge vom 13. 6. 1957, ADW, ZB 682; ferner deren Geschäftsführer Peter Frank in: Neuordnung des Fürsorgerechts, S. 142. Siehe auch Flamm, Bundessozialhilfegesetz, S. 21f. Die Arbeiterkolonien agierten nach wie vor nur mit geringen öffentlichen Pflegegeldzuschüssen von höchstens 5 DM pro Tag und Person; vgl. Oelhoff, Wiederaufbau, S. 111.
[617] Vgl. Martin Müller, Fürsorge; Stetter, Fürsorge als Teil.

öffentlichen Hand, in diese Hilfen zu investieren. Solche Einschätzungen entsprangen zum Teil einer sich ändernden Auffassung von der eigenen Klientel und der Rezeption neuer Arbeitsmethodik; gleichzeitig verdankten sie sich aber mit Sicherheit auch dem Bemühen, angesichts einer zunehmenden Marginalisierung der Fürsorge dieser durch den Ausbau der „persönlichen Hilfe" die Daseinsberechtigung zu sichern, gerade der hier bereits von den freien Verbänden geleisteten Arbeit eine gesicherte Rechts-(und Finanz-)grundlage zu geben und darüber hinaus innerhalb der Fürsorge das eigene Arbeitsgebiet aufzuwerten. Daß Zwangsmaßnahmen im Sinne der „Bewahrung" dadurch nicht obsolet würden, blieb auf dem Fürsorgetag 1955 und auch bei den weiteren Reformüberlegungen, etwa des Fürsorgeausschusses des Beirats jedenfalls unbestritten.[618]

In der Realität entsprachen etwa die Arbeiterkolonien ohnehin meist gar nicht den selbst gesteckten Zielen: Sie waren personell schlecht ausgestattet, versammelten die unterschiedlichsten Menschengruppen unter einem Dach und boten fast ausnahmslos nur land- und hauswirtschaftliche Tätigkeiten, selten überhaupt beruflich qualifizierende oder gar Ausbildungsmöglichkeiten. Chronisch unterfinanziert hielten sie am System der Arbeit gegen Kost, Logis und einer Arbeitsprämie fest und lehnten sozialversicherungspflichtige Arbeitsverhältnisse ab; auf diese Weise forcierten sie oftmals sogar die weitere Ausgliederung aus dem Arbeitsmarkt und der sozialen Sicherung.[619]

In seine bald nach dem Fürsorgetag aufgenommenen Vorarbeiten für das BSHG bezog Gottschick getreu dem Grundsatz, Sondergesetze zu vermeiden, von Anfang an Hilfen für „Gefährdete" mit ein.[620] Er griff auf die bisherigen Entwürfe für das Gefährdetenfürsorgegesetz zurück und versuchte, diese um die Nichtseßhaften zu erweitern. Dabei ergab sich jedoch die Schwierigkeit der Abgrenzung und der Trägerschaft. Die Vertreter der Nichtseßhaftenfürsorge unterschieden nämlich zwischen „Gefährdeten", die „aus Gründen einer inneren Haltlosigkeit alleine mit dem Leben nicht mehr fertig werden" und zu denen auch ein Teil der Nichtseßhaften zähle, und solchen Nichtseßhaften, die „aus Gründen, die in ihrer Umwelt liegen (z.B. obdachlos gewordene Menschen, nicht anerkannte Sowjetzonenflüchtlinge), in Not geraten" seien und damit nicht unter die Bestimmungen über die Gefährdetenhilfe fallen würden; für diese solle die Seßhaftmachung als entscheidende Hilfe gesetzlich fixiert werden, um zu verhindern, daß Wohlfahrtsämter sich mit einer Fahrkarte zur Weiterreise in den nächsten Fürsorgeverband des ungeliebten Klienten einfach entledigten.[621] Negative Erfahrungen

---

[618] Stetter, Fürsorge als Teil, S. 432f., hielt gerade die strafrechtliche Einweisung in ein Arbeitshaus weiterhin als Abschreckungsmittel für erforderlich und kritisierte die ihrer Ansicht nach zu lasche Praxis von Polizei und Justiz. Zum Beiratsausschuß vgl. Niederschrift über dessen Sitzung am 3./4. 5. 1957, ADW, HGSt 6769.
[619] Vgl. Treuberg, Mythos, S. 144ff.; Oelhoff, Wiederaufbau, S. 111ff.
[620] Vgl. [die Konzepte] „C. Sozialhilfe" vom 2. und 29. 11. 1955 sowie Vorlage für Abteilungsleiter vom 29. 12. 1955, BAK, B 106/9689.
[621] Vgl. Vermerk Referat V A 4 vom 15. 11. 1955 über eine Besprechung mit Vertretern der BAG für Nichtseßhaftenfürsorge am 11. 11. 1955, BAK, B 106/20050; entsprechend § 74 Abs. 2 des BSHG-Teilentwurfs vom 25. 5. 1956, BAK, B 106/20648.

7. Hilfe für „Gefährdete" 363

mit vielen Kommunen begründeten die Forderung, die sachliche Zuständigkeit für alle stationären Hilfen für „Gefährdete" und alle Hilfen für Nichtseßhafte überörtlichen Trägern zu übertragen, um deren Finanzierung zu sichern und zu verhindern, daß die Wohlfahrtsämter Zwangsmaßnahmen veranlaßten, nur damit der Landesfürsorgeverband die Kosten übernahm.[622] Im Innenministerium scheute man sich allerdings, zu weitgehend in die Kompetenzen der Länder zur Regelung der Zuständigkeiten einzugreifen, und hielt am Grundsatz der örtlichen Zuständigkeit für örtliche Aufgaben fest.[623]

Ansonsten ging die Sozialabteilung weit über das bisherige Fürsorgerecht hinaus: Die „Hilfe für Gefährdete" sollte mit einem Rechtsanspruch versehen und ohne Rücksicht auf Einkommen und Vermögen gewährt werden.[624] Dies entsprach zum einen der Logik einer sich nun primär als persönlich und sozialpädagogisch definierenden Hilfestellung, zum anderen auch der ganz praktischen Erwägung, daß die ohnehin von den Betroffenen oft gar nicht gewünschte fürsorgerische Intervention durch den Zwang zur Kostenbeteiligung zusätzlich erschwert worden wäre. Wie kein anderer war damit ausgerechnet der problembeladene Bereich der Gefährdetenhilfe gleichzeitig Ausdruck einer sich wandelnden Auffassung von Fürsorge, wonach „auch solche Menschen einer Hilfe bedürfen, die aus anderen als wirtschaftlichen Gründen in einer Notlage sind".[625]

Davon, daß die „Hilfe für Gefährdete" und damit auch die „Bewahrung" im Rahmen des künftigen Bundesfürsorgegesetzes geregelt werden sollte, mußte Gottschick die zuständigen Experten des DV-Ausschusses allerdings erst überzeugen. Dies war umso leichter, als das Freiheitsentziehungsgesetz endlich im Juni 1956 verabschiedet und im Juli in Kraft getreten und somit das gerichtliche Verfahren u.a. auch für eine fürsorgerechtliche „Bewahrung" verbindlich geregelt worden war.[626] Danach konnte eine Freiheitsentziehung nur vom Amtsgericht auf Antrag der zuständigen Verwaltungsbehörde angeordnet werden.[627] Der Betroffene war mündlich zu hören und hatte ein Beschwerderecht. Die Höchstdauer der Freiheitsentziehung betrug ein Jahr, zur Verlängerung war ein erneuter richterlicher Beschluß erforderlich. § 20 RFV wurde wieder für anwendbar erklärt. Im Dezember 1956 stimmte daraufhin der Fachausschuß dem Einbau in das künftige

---

[622] Vgl. Niederschrift über die Sitzung des Fachausschusses II am 5.–7.12.1956, BAK, B 106/9692, Entschließung der BAG für Nichtseßhaftenfürsorge vom 13.6.1957, ADW, ZB 682.
[623] Vgl. Niederschrift über die Sitzung des Ausschusses für Fragen der Fürsorge am 19./20. 10.1956, ADW, HGSt 6769; Gottschick, Referentenentwurf, S. 21.
[624] Vgl. bereits §§ 73, 79 des BSHG-Teilentwurfs vom 25.5.1956, BAK, B 106/20648; § 108 des BSHG-Entwurfs vom 29.11.1957, BAK, B 106/20643.
[625] So schon in der Begründung zum Entwurf des Gesetzes über die Fürsorge für Gefährdete vom 30.7.1954, BAK, B 106/20578.
[626] Gesetz über das gerichtliche Verfahren bei Freiheitsentziehungen vom 29.6.1956, BGBl. I S. 599.
[627] § 2 des Gesetzes definierte Freiheitsentziehung als „die Unterbringung einer Person gegen ihren Willen oder im Zustande der Willenlosigkeit in einem Gefängnis, einem Haftraum, einem Arbeitshaus, einer abgeschlossenen Verwahranstalt, einer abgeschlossenen Anstalt der Fürsorge, einer abgeschlossenen Krankenanstalt oder einem abgeschlossenen Teil einer Krankenanstalt".

Bundesgesetz zu; das entsprach auch der Linie der Fürsorgereferenten der Länder und des Beiratsausschusses.[628]

Auf dem Fürsorgetag im November 1957 beschäftigte sich eine Arbeitsgruppe auch in großem Rahmen mit den möglichen Vorschriften über „Nichtseßhafte und Entwurzelte" in dem geplanten Bundesfürsorgegesetz.[629] Hier dominierte eine gemäßigte Linie, auch dadurch bedingt, daß mit dem Leiter des niedersächsischen Landessozialamts Wyneken Kobus ein pragmatischer Fürsorgefunktionär die Fäden zog. Kobus arbeitete mit Gottschick nicht nur bei der Formulierung der diffizilen Materie im Fürsorgegesetz zusammen, sondern immer wieder auch bei der Vermittlung der Linie des BMI im Fachausschuß.[630] Er gehörte zu den Fürsorgereformern, die wie Muthesius oder Marx die künftige Fürsorge als gleichwertige „dritte Säule" der sozialen Sicherung etablieren und daher die Rechtsposition des Hilfeempfängers stärken und die Hilfeformen modernisieren wollten. Mit diesem Ziel war eine Zwangsasylierung einzelner Hilfeempfänger allerdings kaum kompatibel. An die Adresse rigider Verfechter der Bewahrung alten Stils gewandt, plädierte Kobus daher für „eine nüchterne juristische Behandlung" des Themas, das sonst „zu leicht dazu verführen könnte, die uns bewegenden Fragen im Lichte der Vereinfachung [...] zu sehen und Forderungen zu erheben, die bei der Prüfung ihrer rechtlichen Voraussetzungen keinen Bestand haben können".[631] Vor allem wandte er sich gegen das bruchlose Anknüpfen an die bisherigen Bewahrungskonzepte, denn wolle man Fürsorge begreifen „als Hilfe unserer staatlichen Gesellschaft [...], die mit bestens vorgebildeten Sozialarbeitern unter Anwendung moderner Erkenntnismöglichkeiten individuell abgestimmte Hilfen da zu erbringen hat, wo die Fähigkeiten des Bedürftigen selbst nicht ausreichen", dann sei es „wenig angebracht, alte Überlegungen weiterzuspinnen".[632] Die Zwangsasylierung war für Kobus daher nur das allerletzte Mittel und nur in solchen Fällen anwendbar, wo wie bei Seuchenkranken die Betroffenen sich selbst oder die Allgemeinheit „im höchsten Grade" gefährdeten.[633] Damit sei „das Geständnis verbunden, daß wie eine ganze Reihe (sic) von Menschen, die wir als gefährdet ansehen, denen wir helfen möchten, [...] tatsächlich nicht helfen können, weil sie unsere Hilfe verweigern und denen wir auch nicht mit dem Mittel des Zwanges entgegentreten können und dürfen, wie sie uns zwar lästig fallen, [...] jedoch in einer Weise, die nicht grob auffällt".[634]

---

[628] Vgl. die Niederschriften über die Sitzung des Fachausschusses II am 5.-7.12.1956, BAK, B 106/9692, die Besprechung mit den Referenten der Länder am 5./6.2.1957, BAK, B 106/9789/2, sowie die Sitzung des Ausschusses für Fragen der Fürsorge am 3./4.5.1957, ADW, HGSt 6769.
[629] Vgl. Neuordnung des Fürsorgerechts, S. 98ff.
[630] Vgl. u.a. Gottschick an Kobus am 22.6.1956, BAK, B 106/9692; ferner die §§ 74ff. des BSHG-Entwurfs vom 24.11.1956, BAK, B 106/20648; Vorschlag des DV-Fachausschusses II vom 5.-7.12.1956, Anlage zur Niederschrift der Sitzung des Arbeitsausschusses für Fragen der Fürsorge am 21./22.2.1958, ADW, HGSt 6769.
[631] Kobus, Vorschläge, S. 106.
[632] Ebenda, S. 107.
[633] Ebenda, S. 113.
[634] Ebenda.

Dies widersprach deutlich den Vorstellungen vor allem der Führung der BAG für Nichtseßhaftenfürsorge: Hier hatte man ungeachtet der Erfahrungen während des Nationalsozialismus nach wie vor den Wunsch, auch nicht kriminelle Devianz mittels fürsorgerischer Bewahrung ahnden zu können. Ihre Vertreter plädierten noch Ende der fünfziger Jahre dafür, eine Zwangsasylierung auch dann zu ermöglichen, „wenn sich jemand durch sein asoziales Verhalten als gemeinschaftsstörend erwiesen hat"[635], und forderten, daß Zwangsmaßnahmen nach dem BSHG auch für nicht im engeren Sinne „gefährdete" Stadt- und Landstreicher, Bettler und sonstige „Arbeits- und Eingliederungsunwillige" möglich sein sollten.[636] Das entsprach durchaus Vorstellungen, wie sie im Zusammenhang mit den aktuellen Diskussionen über die Reform des Strafgesetzbuches geäußert wurden. Eine starke Fraktion unter den Fachjuristen wünschte nämlich die Ausgliederung der sogenannten Gemeinlästigen (mit Ausnahme der Prostituierten) aus dem Kriminalrecht; dies freilich unter der Prämisse, daß das künftige Fürsorgerecht „in absehbarer Zeit eine bundesrechtliche Grundlage für die fürsorgerische Behandlung dieser Menschen, notfalls unter Zwang, in einem für den Schutz der Gesellschaft ausreichendem Maße" vorsehe.[637] Eine Streichung der Strafbestimmungen zumindest über Bettelei und Landstreicherei stieß zwar mittlerweile durchaus auf die Sympathie der meisten Fürsorgeexperten.[638] Doch der Strafrechtler Rudolf Sieverts von der Reformkommission des Bundesjustizministeriums plädierte darüber hinaus dafür, die Arbeitshäuser als kriminalrechtliche Institutionen zu beseitigen, sie statt dessen überall den Landesfürsorgeverbänden zu überantworten und gegebenenfalls eine Einweisung durch den Strafrichter zu ermöglichen.[639] Wenn ein solcher Vorschlag auch nach wie vor der Praxis in den wenigen noch vorhandenen bundesrepublikanischen Arbeitshäusern entsprach, so doch nicht den Vorstellungen von einer „fürsorgerischen" Bewahrung. So waren etwa die Leiter der Arbeiterkolonien wenig geneigt, ihre Häuser auch als Ersatz für Arbeitshäuser zu nutzen, da sie mit entlassenen Sicherungsverwahrten „als Fremdkörper und Spaltpilze unter den Kolonisten allerschlechteste Erfahrungen" gemacht hätten.[640] Eine solch enge Verknüpfung mit dem Strafrecht hätte auch der wieder dominierenden psychologisierenden Sichtweise der Gefährdeten- und Nichtseßhaftenfürsorge nicht entsprochen. Für die meisten Experten handelte es sich nämlich bei deren Zielgruppe um kranke Menschen, die „durch Defekte in körperlicher, seelischer oder geistiger Hinsicht behindert sind, ein geordnetes Leben zu führen".[641] Anders als während des Nationalsozialismus begründete dieses „Kranksein" aber nicht

---

[635] So der damalige Geschäftsführer der BAG, Diakon Peter Frank, zitiert nach der auszugsweisen Abschrift aus dem Protokoll der Beiratssitzung der BAG am 28.1.1959, ADW, HGSt 3927; vgl. ferner Neuordnung des Fürsorgerechts, S. 142f.
[636] Vgl. BAG für Nichtseßhaftenfürsorge an BMI am 29.6.1959, PA, Gesetzesmaterialien III/349 A 3; Lenthe, Erscheinungsbild, S. 166f.; ähnlich Flamm, Bundessozialhilfegesetz.
[637] Vgl. Sieverts, Bestimmungen, S. 117; Sieverts an Muthesius am 7.5.1958, Abschrift, BAK, B 106/9786/1.
[638] Vgl. Neuordnung des Fürsorgerechts, S. 146; Steigerthal, Jahrestagung, S. 108.
[639] Sieverts, Bestimmungen, S. 125.
[640] Steigerthal, Jahrestagung, S. 108.
[641] Else Mues vom KFV in: Neuordnung des Fürsorgerechts, S. 130.

mehr automatisch „Minderwertigkeit" – wenn auch solche Anklänge nach wie vor zu vernehmen waren[642] –, sondern vor allem individuellen Bedarf an Therapie bzw. „Erziehung"[643] und war damit Angelegenheit einer väterlich autoritären Fürsorge. Die schließlich vom Fürsorgetag beschlossenen Arbeitsergebnisse lagen hingegen ziemlich genau auf der bisher von der Sozialabteilung verfolgten Linie und wurden nun von Gottschick auch großenteils in die aktuelle Version des Entwurfs übernommen.[644] Auch der DST stimmte offiziell diesem Vorgehen zu, ebenso wie der Fürsorgeausschuß des Beirats.[645] Der Referentenentwurf vom Juli 1958 sah dann auch im Rahmen der Hilfe in besonderen Lebenslagen eine recht weitreichende „Hilfe für Gefährdete" vor: Diese hatte „dem Gefährdeten die Führung eines geordneten Lebens zu ermöglichen" und bei einem nicht seßhaften Gefährdeten „anzustreben, daß er auf Dauer seßhaft wird".[646] Auf die Hilfe sollte ein Rechtsanspruch bestehen. Als Art der Hilfe kam vor allem die Gewöhnung an regelmäßige zumutbare Arbeit in Betracht, u.U. auch eine Ausbildung. Wenn andere Arten der Hilfe nicht ausreichten, sollte dem Gefährdeten geraten werden, sich freiwillig „in die Obhut einer Anstalt oder eines Heims zu begeben".[647] Die Hilfe war unabhängig von Einkommen oder Vermögen, auch möglicher Unterhaltspflichtiger, zu gewähren, der Gefährdete hatte gegebenenfalls nur einen Kostenbeitrag zum Lebensunterhalt in Anstaltspflege zu leisten. Angesichts dieser weitreichenden Ansprüche war die Definition des berechtigten Personenkreises von erheblicher Bedeutung: Laut § 70 Abs. 1. des Entwurfs waren „Gefährdete" solche Personen, die „aus Mangel an innerer Festigkeit oder infolge besonderer äusserer Umstände ihre Eingliederung in das Leben der Gemeinschaft aus eigener Kraft nicht bewältigen". Nach Auffassung des Innenministeriums waren darin die Nichtseßhaften eindeutig einbezogen.[648] Wie sich allerdings zeigte, sollte sich auch diese mühselig erarbeitete Formulierung nicht halten lassen.

---

[642] Selbst der oft fortschrittliche Fürsorgeausschuß des Beirats attestierte in einem offiziellen Beschluß „Sozial-Gefährdeten" eine „minderwertige Nachkommenschaft", berief sich aber gleichzeitig auf deren Menschenwürde, Anlage 3 zur Niederschrift der Sitzung am 21./22. 2. 1958, ADW, HGSt 6769.
[643] Laut Sieverts, Bestimmungen, S. 115, handelte es sich „bei den Sozialschwierigen durchweg um Menschen mit charakteropathischen Zügen". Und auch Kobus, Vorschläge, S. 110, charakterisierte „den Gefährdeten" als einen „aus vielfältigen inneren oder äußeren Gründen kranken Menschen, dem eine entsprechende Therapie zuzuweisen ist". Jörissen, Erscheinungsbild, S. 173, zeigte sich „erschüttert" darüber, „wie *viele der typisch Gefährdeten biologisch beeinträchtigt* sind durch körperliche Mängel und Krankheitsanlagen, seelische und geistige Abwegigkeiten, Schwachsinn in verschiedenen Formen, Willensschwäche, Gefühlsstumpfheit, Haltlosigkeit, Psychopathie und andere psychiatrische Erscheinungen" (Hervorhebung im Original).
[644] Vgl. Neuordnung des Fürsorgerechts, S. 148f.; §§ 102ff. des BSHG-Entwurfs vom 29. 11. 1957, BAK, B 106/20643.
[645] Vgl. Stellungnahme des DST vom 1. 3. 1958, LAB, B Rep. 142-9, 1283; Niederschrift über die Sitzung des Arbeitsausschusses für Fragen der Fürsorge am 21./22. 2. 1958, ADW, HGSt 6769.
[646] § 70 Abs. 2 des BSHG-Entwurfs 7/1958, BAK, B 106/20643. Vgl. auch Willing, Bewahrungsgesetz, S. 262ff.
[647] § 72 Abs. 1 ebenda.
[648] Vgl. Gottschick, Referentenentwurf, S. 20.

7. Hilfe für „Gefährdete"

Erst recht problematisch war die Abgrenzung des Personenkreises, für den künftig die fürsorgerechtliche Bewahrung durchgesetzt werden sollte: Hier lehnte sich die Sozialabteilung letztlich an die alten Formulierungen des Jahres 1925 an, mied dabei zwar den Begriff der „Bewahrung", nahm aber entgegen den Vorschlägen des Fachausschusses II den Terminus der „Verwahrlosung" wieder auf, der ja bereits im Gesetz zur Bekämpfung der Geschlechtskrankheiten von 1953 zum Rechtsbegriff avanciert war: Lehnte ein mindestens 18jähriger „Gefährdeter" eine freiwillige Anstaltsunterbringung ab, konnte diese nach den Bestimmungen des Freiheitsentziehungsgesetzes angeordnet werden, wenn

„1. bei dem Gefährdeten eine außerordentliche Willens- oder Verstandesschwäche oder eine außergewöhnliche Hemmungslosigkeit des Trieblebens oder eine außergewöhnliche Stumpfheit des sittlichen Empfindens vorliegt,
2. der Gefährdete dadurch der Gefahr der Verwahrlosung oder ernster Gesundheitsschädigung ausgesetzt ist und
3. die Hilfe nur in einer Anstalt oder in einem Heim wirksam gewährt werden kann."[649]

Nach Darlegung des Bundesinnenministeriums war durch diese Formulierung gewährleistet, daß „nur in den schwersten Fällen der Gefährdung eine gerichtlich angeordnete Unterbringung möglich" sei.[650] An der Regelung der Zuständigkeit allerdings änderte der Entwurf nichts.[651]

Diese Bestimmungen wurden im Grundsatz von der Mehrzahl der befragten Gremien und Verbände positiv bewertet. Widerspruch gab es vor allem beim Rechtsanspruch, der Behandlung der Nichtseßhaften und der Trägerfrage sowie den Vorschriften zur Bewahrung. Schließlich konnte Elsholz auch hier in Koalition mit den ländlichen kommunalen Spitzenverbänden den Rechtsanspruch auf die Hilfe aushebeln und die Umwandlung in eine Soll-Leistung erreichen.[652] Denn ein Rechtsanspruch auf eine ohne Einkommensgrenzen gewährte Hilfe, die überdies weitgehend von der freien Wohlfahrtspflege dominiert wurde, barg unwägbare finanzielle Risiken. Die Argumentation der Vertreter dieses Fürsorgezweigs, wonach ein Ausbau der Gefährdetenfürsorge zwar teuer, aber immer noch erheblich billiger sei als alle möglichen Folgekosten durch Dauerarbeitslosigkeit, medizinische Maßnahmen, Kriminalität oder zerrüttete familiäre Verhältnisse, hatte also nicht überzeugt. Nach den Vorgaben des Regierungsentwurfs allerdings verursachte die gesetzliche Einführung der „Hilfe für Gefährdete"

---
[649] § 72 Abs. 2 des BSHG-Entwurfs 7/1958, BAK, B 106/20643.
[650] Allgemeine Bemerkungen zum BSHG-Entwurf 7/1958, S. 30, ebenda.
[651] Vgl. § 101 Abs. 4 sowie § 109 des BSHG-Entwurfs 7/1958, ebenda.
[652] Vgl. die Stellungnahmen des DLT vom 17.11.1958 und des DGT vom 1.12.1958 sowie Vermerk V 4 vom 11.12.1958, BAK, B 106/9686; § 49 des BSHG-Entwurfs 3/1959, BAK, B 106/20646, den auch Oel vom DST in einem Vermerk vom 28.6.[1959], LAB, B Rep. 142-9, 1284, begrüßte; § 68 des Regierungsentwurfs, BT, 3. Wp. 1957, Anlagen, Bd. 67, Drs. 1799. Die Aufgabenstellung der Gefährdetenhilfe selbst wurde nach Kritik der Fürsorgexperten vorsichtiger formuliert, bei den Hilfsmöglichkeiten überdies eine Ausbildung nicht mehr erwähnt, sondern entgegen den Wünschen des Fachausschusses II die Gewöhnung an regelmäßige Arbeit noch stärker betont.

gegenüber den Ausgaben von 1958 (19,7 Mio. DM) einen geschätzten Mehraufwand von 40%, vor allem durch Personalkosten (7,9 Mio. DM), war finanziell also vergleichsweise unerheblich.[653]

Die Vertreter der Nichtseßhaftenfürsorge befürchteten demgegenüber, ihre Klientel würde nur ungenügend erfaßt und die Finanzlage ihrer Einrichtungen weiterhin unsicher bleiben: Da rund 60% der Nichtseßhaften nicht zu den im engeren Sinne „Gefährdeten" gehörten, sollten die Nichtseßhaften ausdrücklich aufgeführt werden, da erfahrungsgemäß „für viele Sachbearbeiter der Fürsorgeämter ein nicht im Gesetz verankerter Personenkreis nicht existiert und deshalb auch keine Hilfe erwarten kann".[654] Bereits der Tatbestand der Nichtseßhaftigkeit sollte die fürsorgerische Hilfepflicht auslösen, die bisher üblichen umständlichen Nachprüfungen der Einkommensverhältnisse und der Zuständigkeit anderer sozialer Träger verhindern und – nicht zuletzt! – auch die Mechanismen der Zwangsbewahrung in Gang setzen können. Die gewünschte Legaldefinition von „Nichtseßhaftigkeit" sollte auch auf dem Aufenthalt in einer einschlägigen Einrichtung basieren und würde damit praktisch deren Existenz und weiteren Ausbau garantieren.[655] Die alte Forderung, alle Hilfen für die Nichtseßhaften dem überörtlichen Träger zu überantworten, konnten deren Fürsorgevertreter immerhin mit Hilfe der Länder und des DST zum Teil durchsetzen, so daß entscheidende Motive für die Abschiebung entfielen.[656] Dem Wunsch nach ausdrücklicher Nennung der Nichtseßhaften hingegen folgte die Sozialabteilung nicht. Im Gegenteil wurde die „Gefährdung" nun nur auf den „Mangel an innerer Festigkeit" beschränkt und die Aufgabe der Seßhaftmachung nicht mehr erwähnt, damit nicht durch den rechtlich unklaren Begriff der „Nichtseßhaften" ein unüberschaubarer Personenkreis in den Genuß einer Hilfe ohne Einkommensgrenzen kommen konnte.[657] Den nicht im engeren Sinne „gefährdeten" Nichtseßhaften könne schließlich bereits im Rahmen der übrigen vorgesehenen Hilfen (zum Lebensunterhalt, zur Arbeit etc.) geholfen werden.[658] Außerdem wurde damit eine zwangsweise Anstaltsunterbringung aus anderen als in der Person des „Gefährdeten" liegenden Gründen ausgeschlossen.

---

[653] Vgl. Begründung zum Regierungsentwurf, S. 66f., BT, 3. Wp. 1957, Anlagen, Bd. 67, Drs. 1799.
[654] Frank an BMI am 12. 5. 1960, PA, Gesetzesmaterialien III/349 A3.
[655] Vgl. BAG für Nichtseßhaftenfürsorge an BMI am 29. 6. 1959, ebenda; ferner BAG an den Vorsitzenden des Bundestagsausschusses für Kommunalpolitik und öffentliche Fürsorge am 5. 11. 1960, ebenda.
[656] Vgl. Stellungnahme von Innerer Mission/Hilfswerk vom 14. 11. 1958, des DST vom 27. 11. 1958, BAK, B 106/9686; Niederschrift über die Besprechung mit den Vertretern der obersten Landessozialbehörden am 6. 11. 1958, LAS Abt. 761 Nr. 8874; Kurzprotokoll über die Sitzung der Zentralen Spruchstelle am 12. 12. 1958, BAK, B 106/20644. Laut § 100 Abs. 1 Nr. 6 BSHG blieben den örtlichen Trägern allerdings die ambulanten Hilfen für Nichtseßhafte übertragen.
[657] Vgl. Vermerke Referat V 4 vom 19.12 1958, BAK, B 106/9686, und 2.11. 1960, BAK, B 106/9786/1; § 68 des Regierungsentwurfs, BT, 3. Wp. 1957, Anlagen, Bd. 67, Drs. 1799.
[658] Vgl. Begründung des Regierungsentwurfs, S. 50, BT, 3. Wp. 1957, Anlagen, Bd. 67, Drs. 1799.

Denn gegen die geplanten Bewahrungsvorschriften erhob mittlerweile das Bundesjustizministerium gravierende Einwände.[659] Es hielt sie für verfassungsrechtlich und rechtspolitisch außerordentlich bedenklich und wegen bereits bestehender Ländergesetze über die Unterbringung Geistes- oder Suchtkranker, der Möglichkeit der Entmündigung nach dem BGB sowie polizei- und strafrechtlicher Vorschriften ohnehin für überflüssig.[660] Nach langwierigen interministeriellen Verhandlungen einigte man sich schließlich darauf, statt der richterlich angeordneten Freiheits*entziehung* das juristisch durchaus auslegungsbedürftige Rechtsinstitut der Freiheits*beschränkung* für die avisierten Bewahrungsfälle vorzusehen.[661] Nach verbreiteter und auch vom Bundesinnenministerium geteilter Auffassung war eine Freiheitsbeschränkung eine gerichtliche Auflage, die im konkreten Fall nicht zwangsweise vollstreckt werden konnte.[662] Nach Ansicht von Kobus war dieses „mindere Mittel" nicht nur realistischer, da die freien Träger die Durchführung einer umfassenden Zwangsbewahrung ablehnten und die öffentlichen Arbeitshäuser dafür kaum geeignet seien; es war auch möglicherweise politisch von Vorteil, denn ein „BSHG müßte unter allen Umständen vermeiden, unnötige Angriffsflächen zu bieten und Anlaß zu abwertender Beurteilung" zu geben.[663] Er warb daher vor dem Fachausschuß II Ende Februar 1959 dafür, daß man die „Wünsche redressieren" müsse, fand aber nur unter starken Vorbehalten dessen Zustimmung.[664] Die Voraussetzungstatbestände für die Bewahrung wurden ebenfalls umformuliert: teils auf Wunsch von Länderreferenten etwas gelockert, noch stärker dem alten „Verwahrlosungs"-Paradigma angenähert, teils wohl auf Vorschläge von Kobus hin präzisiert und schärfer gegen die Unterbringung

---

[659] Auf sozialdemokratischer Seite herrschte hier vorerst unerwartete Zurückhaltung. Die AWO lehnte in ihrer Stellungnahme vom 14.10.1958 zunächst nur die Einbeziehung Minderjähriger ab, BAK, B 106/9686. Der Sozialplan, S. 127, hatte sich zu diesem Fürsorgebereich ohnehin nur sehr knapp geäußert und „sozialpädagogische" Hilfe gefordert; ähnlich die DGB-Stellungnahme vom 4.11.1958, BAK, B 106/9686. Auerbach hingegen hielt bei akuter Gefährdung des Betroffenen oder seiner Umgebung behördliche Zwangsmaßnahmen für unerläßlich; vgl. Niederschrift über die Sitzung des Arbeitsausschusses für Fragen der Fürsorge am 3./4.5.1957, ADW, HGSt 6769.
[660] Vgl. Gottschick an Zillken u.a. am 27.11.1958 mit Anlage, sowie Vermerk V 4 vom 19.12.1958, BAK, B 106/9686; Zillken an Gottschick am 1.6.1959, BAK, B 106/20644; Fürsorge in der gewandelten Welt, S. 182.
[661] Vgl. § 50 des BSHG-Entwurfs 3/1959, BAK, B 106/20646. Obwohl für eine Freiheitsbeschränkung zwar ebenfalls eine förmliche gesetzliche Grundlage, nicht aber ein richterlicher Beschluß nötig war, sah der Entwurf auch die richterliche Anweisung als zusätzlichen Schutz weiterhin vor; anders als im Freiheitsentziehungsgesetz war außerdem bereits spätestens nach einem halben Jahr eine erneute gerichtliche Entscheidung über die Fortdauer der Unterbringung notwendig.
[662] Vgl. die erste Lesung des Entwurfs für das Freiheitsentziehungsgesetz im Bundestag am 11.9.1952, BT, 1.Wp. 1949, Sten. Ber. Bd. 13, S. 10422ff.; Petersen auf der Sozialministerkonferenz der Länder am 22.5.1959, Niederschrift, sowie Vermerk V 4 vom 30.6.1959, BAK, B 106/20644; NDV 40 (1960), S. 192; ferner die Darlegungen von Günter Dürig zu Art. 104 GG, Nr. 5ff., 19, 23, in: Maunz-Dürig, Grundgesetz, Bd. V.
[663] Kobus an Gottschick am 5.2.1959, BAK, B 106/9692.
[664] Vgl. Niederschrift über die Sitzung am 26.-28.2.1959, BAK, B 106/9786/1; Fürsorge in der gewandelten Welt, S. 153f.

Geistes- bzw. Seuchenkranker abgegrenzt: Danach war eine Anstaltseinweisung möglich, wenn

„1. der Gefährdete besonders willensschwach oder in seinem Triebleben besonders hemmungslos ist,
2. der Gefährdete dadurch verwahrlost oder der Gefahr der Verwahrlosung ausgesetzt ist und
3. die Hilfe nur in einer Anstalt oder in einem Heim wirksam gewährt werden kann".[665]

Doch damit waren im Justizministerium die Bedenken noch immer nicht ausgeräumt; schließlich setzte es durch, daß nur noch eine gerichtliche Anweisung zum Aufenthalt in einer nicht geschlossenen Anstalt vorgesehen war – von den alten Bewahrungskonzepten schien damit der Regierungsentwurf vom Februar 1960 beträchtlich entfernt zu sein.[666]

Daß die „Gefährdetenhilfe" im weiteren Gesetzgebungsverfahren noch für Konflikte sorgen würde, dürfte allen Beteiligten klar gewesen sein. Diesmal fuhr der Bundesrat schweres Geschütz auf: Wie von seinem Rechtsausschuß vorgeschlagen, forderte er mit der Mehrheit seiner Stimmen die weitgehende Streichung der Bestimmungen und wollte eine „Hilfe für Gefährdete" nur mehr als Kann-Leistung auf eigenen Wunsch der Betroffenen gelten lassen. Der Rechtsausschuß hatte argumentiert, daß der Bund für die vorgesehenen Regelungen keine Gesetzgebungskompetenz besitze, da sie wegen der Hilfegewährung ohne Rücksicht auf die wirtschaftlichen Verhältnisse und wegen der vorgesehenen Zwangsmaßnahmen „auch bei extensiver Auslegung" über den Begriff der „öffentlichen Fürsorge" in Art. 74 Nr. 7 GG hinausgingen.[667] Da das Fürsorgerecht mit seinem Ungleichgewicht von Leistungsdefinition durch den Bund und Leistungsfinanzierung durch die Länder (und Kommunen) für diese ohnehin prekär werden konnte, achteten diese mit Argusaugen auf jeden tatsächlichen oder vermeintlichen Einbruch in die Landeshoheit. Daß es der Bundesratsmehrheit bei der Gefährdetenhilfe wohl mehr um ein föderalistisches Exempel als um grundsätzlichen Widerstand in der Sache ging, wird auch dadurch nahegelegt, daß der federführende Innenausschuß des Bundesrats nicht nur die Regelungen nicht in Frage gestellt, sondern sogar eine Verschärfung der Zwangsmaßnahmen gefordert hatte.[668]

---

[665] § 50 des BSHG-Entwurfs 3/1959, BAK, B 106/20646; vgl. die Niederschriften über die Besprechung mit Vertretern der obersten Landessozialbehörden am 21./22.10.1958, LAS Abt. 761 Nr. 8874, und über die Sitzung des Fachausschusses II am 26.–28.2.1959, BAK, B 106/9786/1.
[666] Vgl. Vermerk Referat V 4 vom 19.11.1959, BAK, B 106/20653; § 69 des Regierungsentwurfs, BT, 3. Wp. 1957, Anlagen, Bd. 67, Drs. 1799.
[667] Vgl. die Empfehlungen der Bundesratsausschüsse für Innere Angelegenheiten etc. vom 11.3.1960, BR Drucksachen 1960, Drs. 53/1/60; Sitzung des Bundesrates am 18.3.1960, S. 340, BR 1960, Sten. Ber.; Stellungnahme des Bundesrates zum Regierungsentwurf, S. 74, BT, 3. Wp. 1957, Anlagen, Bd. 67, Drs. 1799; BldW 107 (1960), S. 102.
[668] Vgl. die Empfehlungen der Bundesratsausschüsse für Innere Angelegenheiten etc. vom 11.3.1960, BR 1960 Drucksachen, Drs. 53/1/60.

7. Hilfe für „Gefährdete"

Die Bundesregierung wies die Einwände des Bundesrates weit von sich: Auch das durch Art. 74 Nr. 7 GG gedeckte RJWG kenne eine andere als die wirtschaftliche Hilfsbedürftigkeit; und für die Verfassungsmäßigkeit der vorgesehenen Freiheitsbeschränkung spreche schon, daß die Freiheitsentziehung zur Arbeitsleistung gemäß § 20 RFV wieder gestattet und deren geplante Übernahme in das BSHG vom Bundesrat auch nicht beanstandet worden sei.[669] Bei der ersten Lesung im Bundestag sprach sich auch Maria Niggemeyer für die Fraktion der CDU/CSU für die Beibehaltung der Gefährdetenhilfe in der vorgesehenen Form aus, während die Sprecher der SPD und der FDP das heikle Thema erst einmal übergingen.[670] Rückendeckung gegen den Bundesrat erhielt die Bundesregierung nun von der Bundesvereinigung der Kommunalen Spitzenverbände unter Führung des DST und der Bundesversammlung der KPV der CDU.[671] Im Bundestagsausschuß stimmten so auch die SPD-Mitglieder ohne grundsätzliche Einwände der Beibehaltung der Gefährdetenhilfe zu.[672]

Eine etwas unerwartete Wendung nahm die Frage der Bewahrung, mit der der Bundesrat seine Vorbehalte ja maßgeblich begründet hatte: Hier erwies sich der Kompromiß des Regierungsentwurfs als Scheinkompromiß, der nicht zu halten war. Wie bereits der Bundesrats-Innenausschuß machten der DV und sein Fachausschuß II ebenso wie die kommunalen Spitzenverbände geltend, daß eine gerichtlich nicht durchsetzbare Anweisung zu einem Anstaltsaufenthalt sinnlos und Ursache für erhebliche Rechtsunsicherheit sei; um gerade in den Fällen besonders schwerer Gefährdung eine Hilfe zu ermöglichen, sei eine eindeutige Freiheitsentziehung nötig.[673] Als sich dann aber Gottschick und sein Kollege vom Justizministerium Knopp Mitte Oktober 1960 zu einer abermaligen Überprüfung der Regelungen zusammenfanden, kamen sie übereinstimmend zu der Auffassung, daß die Formulierung des Regierungsentwurfs de jure bereits eine Freiheitsentziehung beinhalte, da der vorgesehene richterliche Beschluß vollstreckbar sein müsse. Den Betroffenen per Gericht in eine Anstalt einzuweisen, es aber dann dessen Entscheidung zu überlassen, ob er dort auch tatsächlich bleibe, sei weder fürsorgerisch noch rechtlich erwünscht.[674] Zur Vermeidung von Rechtsunsicherheit sollte daher nach Auffassung Knopps dem Bundestagsausschuß geraten werden, die betreffenden Absätze ganz zu streichen. Eine Freiheitsentziehung sei rechtlich

---

[669] Vgl. Auffassung der Bundesregierung zur Stellungnahme des Bundesrates, S. 84f., BT, 3. Wp. 1957, Anlagen Bd. 67, Dr. 1799.
[670] Vgl. Sitzung des Bundestages am 4. 5. 1960, S. 6258ff., BT, 3. Wp. 1957, Sten. Ber., Bd. 45.
[671] Vgl. Stellungnahme der Bundesvereinigung der Kommunalen Spitzenverbände vom 31. 5. 1960, PA, Gesetzesmaterialien III/349 A3; KommBl 12 (1960), S. 852, 904.
[672] Vgl. Kurzprotokoll der Sitzung des Ausschusses für Kommunalpolitik und öffentliche Fürsorge am 2. 3. 1961, PA, Gesetzesmaterialien III/349 A2.
[673] Vgl. Muthesius an den Präsidenten des Bundesrates am 4. 3. 1960, ADW, HGSt, SP-S XXV 1: 480-1/2; Stellungnahme der Bundesvereinigung der Kommunalen Spitzenverbände vom 31. 5. 1960, PA, Gesetzesmaterialien III/349 A3; Niederschrift über die Sitzung von Sachverständigen des DV-Fachausschusses II am 12. 8. 1960, ADW, HGSt, SP-S XXIIIc II/1; Vorschläge des DV zum BSHG-Entwurf, PA, Gesetzesmaterialien III/349 A3.
[674] Vgl. Vermerk V 4 vom 15. 10. 1960, BAK, B 106/9687.

unzulässig, denn eine Beschränkung der Freiheit im Interesse der öffentlichen Ruhe und Ordnung sei eine polizeiliche Aufgabe der Länder.[675] Auch hielt sein Haus die Verhältnismäßigkeit der Mittel für nicht gewahrt und die Regelungen somit auch für rechtspolitisch bedenklich.[676] Noch bevor der Bundestagsausschuß diese Frage beriet, veranstaltete der Fachausschuß II Ende Oktober eine Großsitzung mit 172 Vertretern vor allem der praktischen Gefährdetenfürsorge und forderte abermals die Möglichkeit der vollen Freiheitsentziehung, „um die gebotenen Hilfsmaßnahmen an den Kreis der Gefährdeten mit der Wirksamkeit heranzutragen, die den Einsatz der beträchtlichen Mittel" rechtfertige.[677] Auf der DV-Hauptausschußtagung eine Woche später konnte Maria Niggemeyer erklären, daß ihre Fraktion ebenfalls für eine entsprechende Regelung eintrete.[678]

Dementsprechend forderte nun auch der Bundestagsausschuß die Bundesregierung Anfang Dezember auf, eine neue „rechtlich nicht angreifbare Fassung zur Frage der Freiheitsentziehung für Gefährdete" vorzulegen.[679] Bei einer abermaligen Beratung mit Vertretern des Justizministeriums Anfang Februar 1961 wurde deutlich, daß man die Formulierung des Entwurfs dort mittlerweile wohl für eine Panne der eigenen Fachleute hielt: Vermutlich um eine Blamage des eigenen Hauses zu verhindern, erklärte nämlich ein Vertreter Knopps, die Bundesregierung könne ihren seinerzeitigen Vorschlag nicht einfach zurückziehen, auch wenn man sich mittlerweile einig sei, daß es sich dabei um eine Freiheitsentziehung handele. Er schlage daher vor, den Begriff der „Freiheitsbeschränkung" zu streichen, lediglich vom Aufenthalt in einer „geeigneten" Anstalt ohne weiteren Zusatz zu sprechen und dem Bundestagsausschuß zu erklären, daß es nur die Alternative „Freiheitsentziehung oder gar keine Bestimmung über einen Eingriff in die Freiheit" gebe.[680] Dort hielten auch die Abgeordneten der SPD wie der FDP eine Freiheitsentziehung als letztes Mittel für erforderlich, und so wurde schließlich die neue Formulierung einstimmig angenommen.[681] Nichtsdestoweniger brachte die SPD-Fraktion zur dritten Lesung des BSHG-Entwurfs einen Änderungsantrag ein, in dem zwar der Rechtsschutz des Betroffenen formal etwas verstärkt werden, aber die Gefährdung anderer als mögliche Voraussetzung für eine Freiheitsentziehung neu eingeführt werden sollte.[682] Möglicherweise hatten hier die alten Überlegungen der AWO aus den zwanziger Jahren noch einmal Pate gestanden. Diesen An-

---

[675] Vgl. Kurzprotokoll der Sitzung des Ausschusses für Kommunalpolitik und öffentliche Fürsorge am 1.12.1960, PA, Gesetzesmaterialien III/349 A1.
[676] So Wehlitz, Entwurf, S. 7, vor dem DV-Hauptausschuß.
[677] Niederschrift über die Sitzung des Fachausschusses II am 24./25.10.1960, ADW, HGSt, SP-S XXIIIc II/1.
[678] Vgl. NDV 41 (1961), S. 10.
[679] Kurzprotokoll der Sitzung des Bundestagsausschusses für Kommunalpolitik und öffentliche Fürsorge am 1.12.1960, PA, Gesetzesmaterialien III/349 A1.
[680] Vermerk Referat V 4 vom 2.2.1961, BAK, B 106/9687.
[681] Vgl. Kurzprotokoll der Sitzung des Ausschusses für Kommunalpolitik und öffentliche Fürsorge am 2.3.1961, PA, Gesetzesmaterialien III/349 A 2; Schriftlicher Bericht des Ausschusses vom 25.4.1961, S. 2, 39, BT, 3. Wp. 1957, Anlagen, Bd. 74, Drs. 2673.
[682] Vgl. Änderungsantrag der SPD-Fraktion vom 2.5.1961, BT, 3. Wp. 1957, Umdruck 872; PA, Gesetzesmaterialien III/349 A2.

trag lehnte die Mehrheit des Bundestages jedoch ab und beschloß die Regelungen in der Ausschußfassung, deren Voraussetzungstatbestände denjenigen des Referentenentwurfs vom März 1959 entsprachen.[683] Auf Drängen der BAG für Nichtseßhaftenfürsorge wurde außerdem das Ziel der Seßhaftmachung schließlich doch explizit in den Entwurf aufgenommen und später auch Gesetz.[684]
Der Rechtsausschuß des Bundesrates hielt seine Einwände jedoch weiterhin aufrecht und empfahl u.a. deshalb die Anrufung des Vermittlungsausschusses, zumal die geplanten Bestimmungen darauf hinausliefen, „notfalls auch zwangsweise ein bestimmtes Menschenbild zu verwirklichen".[685] Da jedoch die Mehrheit des Bundesrates aus anderen Gründen die Anrufung des Vermittlungsausschusses ablehnte, wurden die Bestimmungen über die „Hilfe für Gefährdete" schließlich in der vom Bundestag beschlossenen Form Gesetz.[686]
Damit war nicht nur die Hilfe für erwachsene „Gefährdete" erstmals fürsorgerechtlich fixiert und ausgestaltet, sondern auch die alte Forderung nach einem „Bewahrungsgesetz" erfüllt worden, und das mit einer Begrifflichkeit, die kaum anders als die alten Entwürfe der zwanziger Jahre zahlreiche dem jeweiligen Zeitgeist unterworfene Interpretationen zuließ und prinzipiell eine dauerhafte Zwangsunterbringung ermöglichte.[687] Das war umso erstaunlicher, als die politischen und verfassungsmäßigen Rahmenbedingungen in Deutschland noch nie so sehr gegen solche Zwangsmaßnahmen gegen gesellschaftliche Randgruppen gesprochen hatten und auch Anfang der sechziger Jahre kaum geeignete, den sozialpädagogischen Implikationen genügende Einrichtungen existierten.[688] Mit

---

[683] Vgl. Bundestagssitzung am 4.5.1961, S. 9069, 9076ff., BT, 3.Wp. 1957, Sten. Ber., Bd. 49.
[684] Vgl. Vermerke Referat V 4 vom 30.6. u. 7.7.1960, BAK, B 106/20647; Schriftlicher Bericht des Bundestagsausschusses für Kommunalpolitik und öffentliche Fürsorge vom 25.4.1961, S. 5, 8, 18, 39, BT, 3. Wp. 1957, Anlagen, Bd. 74, Drs. 2673; §§ 17, 72 Abs. 2, S. 3 BSHG.
[685] Empfehlungen des Bundesratsausschusses für Innere Angelegenheiten etc. zum BSHG vom 19.5.1961, zu § 72, BR Drucksachen 1961, Nr. 167/1/61.
[686] Vgl. §§ 72ff. BSHG; § 72 lautete (nach Anpassung der Altersgrenze an die Ausdehnung der freiwilligen Erziehungshilfe und der Fürsorgeerziehung durch das JWG):
„(1) Personen, die das zwanzigste Lebensjahr vollendet haben und die dadurch gefährdet sind, daß sie aus Mangel an innerer Festigkeit ein geordnetes Leben in der Gemeinschaft nicht führen können, soll Hilfe gewährt werden.
(2) Aufgabe der Hilfe ist es, den Gefährdeten zu einem geordneten Leben hinzuführen. Hierbei kommt vor allem die Gewöhnung des Gefährdeten an regelmäßige Arbeit in Betracht. Bei einem nicht seßhaften Gefährdeten ist anzustreben, daß er auf Dauer seßhaft wird.
(3) Die Hilfe wird ohne Rücksicht auf vorhandenes Einkommen oder Vermögen gewährt."
[687] Auch Gottschick, Bundessozialhilfegesetz, 1962, S. 233, räumte in seinem BSHG-Kommentar ein, daß der Maßstab für ein „geordnetes Leben" bzw. die „Verwahrlosung" nur „die Anschauung verständig und gerecht denkender Menschen" wäre; ähnlich NDV 41 (1961), S. 364.
[688] Das veranlaßte wohl auch ausgerechnet Käthe Petersen, Hilfe, S. 40, die über ein feines juristisches Gespür verfügte, zu der Empfehlung, man solle von der Zwangsunterbringung „nur sehr vorsichtig Gebrauch" machen und „erst nach und nach Erfahrungen" sammeln.

dem wirtschaftlichen Aufschwung war allerdings auch das in den zwanziger Jahren wesentliche finanzielle Hindernis für eine solche Gesetzgebung weitgehend entfallen. Umgekehrt war es möglicherweise gerade das Vertrauen in eine funktionierende Rechtsstaatlichkeit, die auch Skeptikern die Zustimmung zu den Zwangsregelungen erleichterte. Tatsächlich machten Richter von der Möglichkeit einer Zwangsasylierung nach § 73 Abs. 2 und 3 BSHG offenbar nur zurückhaltend Gebrauch, zumal es in der Praxis größte Schwierigkeiten bereitete, den mit diesen Maßnahmen avisierten Personenkreis überhaupt klar zu identifizieren.[689]

Nur sechs Jahre später machte das Bundesverfassungsgericht dann doch das alte Bewahrungskonzept endgültig zunichte: In seinem BSHG-Urteil vom 18. Juli 1967 gab es den von Hessen und Hamburg vorgebrachten Bedenken gegen die Freiheitsentziehung von „Gefährdeten" statt. Das Grundrecht der persönlichen Freiheit werde dadurch unverhältnismäßig eingeschränkt; der Staat habe nicht die Aufgabe, seine Bürger zu „bessern" und deswegen auch nicht das Recht, ihnen die Freiheit zu entziehen, nur um sie zu „bessern", solange sie nicht sich selbst oder andere gefährdeten. Auch genügten die BSHG-Vorschriften infolge der zu unbestimmten Formulierungen über die Voraussetzungen der Freiheitsentziehung nicht den strengen Anforderungen des Rechtsstaates.[690] Das zwischen sozialpädagogischem „Besserungs"-Optimismus und moralisierend-rigidem Ordnungsdenken oszillierende Bewahrungskonzept hatte sich im Rechtsstaat Bundesrepublik gegen Ende der sechziger Jahre endgültig überlebt – 1969 wurden die einschlägigen Paragraphen aus dem BSHG gestrichen.[691]

In logischer Folge des Urteils des Verfassungsgerichts wurde im September 1969 auch die strafrechtliche Arbeitshaushaft abgeschafft, und 1973 entfiel § 361 StGB ersatzlos.[692] Ein Jahr später fand dann auch das Sozialhilferecht Anschluß an den in der Strafrechtsreform zum Ausdruck gebrachten Wandel der Auffassung zumindest über den rechtlichen Umgang mit devianten Verhaltensweisen: Mit der BSHG-Novelle wurde nicht nur die Möglichkeit der fürsorgerechtlichen Unterbringung in ein Arbeitshaus aufgrund von „Arbeitsscheu" aus dem BSHG (§ 26) gestrichen, sondern die „Hilfe für Gefährdete" grundlegend reformiert. Die 1957 von Wyneken Kobus vorgetragene Warnung, bei der Schaffung einer modernen Fürsorge nicht einfach „alte Überlegungen weiterzuspinnen", zeigte hier nachträglich ihre Berechtigung – wie kein anderer Bereich des BSHG hatte sich die „Hilfe für Gefährdete" nur ein gutes Jahrzehnt nach ihrer Etablierung überlebt. Durch die Umgestaltung zu einer „Hilfe zur Überwindung besonderer sozialer Schwierigkeiten" wurde der so lange tradierte diskriminierende Begriff der „Verwahrlosung" endgültig aufgegeben zugunsten einer Perspektive, die auch die

---

[689] Vgl. Oelhoff, Wiederaufbau, S. 113; Osten, Jugend- und Gefährdetenfürsorge, 2002, S. 218ff.
[690] BVerfGE 22, S. 180, 219f.; BGBl. I S. 896, vgl. auch Willing, Bewahrungsgesetz, S. 278ff.
[691] Art. I Nr. 27 des Zweiten Gesetzes zur Änderung des BSHG vom 14. 8. 1969, BGBl. I S. 1153.
[692] Vgl. Ayaß, Arbeitshaus, S. 344f.

7. Hilfe für „Gefährdete"

sozialen Umweltfaktoren stärker einbezog.[693] Damit wurde eine breite Rechtsgrundlage zur weitreichenden Hilfe für soziale Randgruppen geschaffen, deren praktische Vollzugsdefizite allerdings nach wie vor erheblich sind.[694]

---

[693] Vgl. Art. I Nr. 22 des Dritten Gesetzes zur Änderung des BSHG vom 25.3.1974, BGBl. I S. 777, sowie VO zur Durchführung des § 72 BSHG vom 9.6.1976, BGBl. I S. 1469; ferner Kursawe, Bundessozialhilfegesetz, S. 120ff.; Treuberg, Mythos, S. 181f. Die umfassend angelegte, vor allem als persönliche konzipierte Hilfe wurde jetzt mit einem klaren Rechtsanspruch versehen, dafür aber der allgemeinen Einkommensgrenze der Hilfe in besonderen Lebenslagen unterworfen und damit eine zentrale Errungenschaft des BSHG in der alten Fassung aufgegeben. Der Schwerpunkt der Hilfe für „Nichtseßhafte" wurde dabei ganz im Sinne der BAG für Nichtseßhaftenhilfe auf stationäre Maßnahmen gelegt, und gleichzeitig die Zuständigkeit für die Hilfe zum Lebensunterhalt für die Betroffenen wieder den örtlichen Trägern zugeschlagen, so daß die ohnehin bestehenden Zuständigkeitsprobleme noch fester verankert wurden.

[694] Vgl. Kursawe, Bundessozialhilfegesetz, S. 123; Albrecht, Wohlfahrtsverbände, S. 45ff.; Treuberg, Mythos, S. 181ff., 199ff. Im Laufe des Jahres 2000 erhielten ca. 26000 Personen „Hilfe zur Überwindung besonderer sozialer Schwierigkeiten" in Höhe von insgesamt rund 462 Mio. DM; vgl. Statistisches Bundesamt, Fachserie 13, Reihe 2, 2000, S. 90, 112.

IV. Reform der Strukturen

1. Organisation und Finanzierung der Sozialhilfe: Fürsorge im Spannungsfeld von Bund, Ländern und Gemeinden

In der sozialpolitischen Auseinandersetzung steht die materielle Ausgestaltung geplanter Leistungen meist im Mittelpunkt des Interesses, deren organisatorische und finanzielle Grundlagen hingegen bleiben die Domäne der Verwaltungsfachleute und Finanzspezialisten. Auch in den Fürsorgereformdebatten der fünfziger Jahre richtete sich das Hauptaugenmerk auf den Inhalt der Hilfen und die Leistungsvoraussetzungen und blieb die trockene Materie der Zuständigkeit, Aufgabenverteilung, Kooperation und Kostenerstattung unter den Trägern, blieb auch und gerade die Frage der Finanzierung der neuen Sozialhilfe meist den Spezialisten der Fürsorgeverwaltungen und kommunalen Spitzenverbände vorbehalten. Schließlich, so die auch von DST-Präsident Suhr (SPD) aufgegriffene Warnung, dürfe die Reform der Fürsorge nicht von der finanziellen Lage der Träger abhängig gemacht werden.[1] Dabei war die Erkenntnis, daß von „der Leistungsfähigkeit der Träger – finanziell und personell – [...] der Erfolg eines neuen Bundesfürsorgegesetzes entscheidend abhängen"[2] werde, ein Allgemeinplatz, der insofern auch die Ergebnisse heutiger Implementationsforschung vorwegnahm.[3] Der von vielen Reformern immer wieder beschworene „neue Geist", der die Sozialhilfeverwaltungen beflügeln sollte, bedurfte einer realen Unterfütterung, sollte das der persönlichen und individuellen Hilfe geschuldete Risiko des freien Verwaltungsermessens nicht permanent zum Nachteil des Hilfesuchenden ausschlagen.

Allerdings bewegte sich die bundesgesetzliche Planung hier auf verfassungs- wie finanzpolitischem Glatteis: Ohnehin würde ja das BSHG einen Aufgabenbereich detailliert und erschöpfend regeln, der im Rahmen der konkurrierenden Gesetzgebung prinzipiell der Zuständigkeit der Länder unterstand und in diesen wiederum als Selbstverwaltungsangelegenheit der Kommunen firmierte. Damit leistete das geplante Gesetz nicht nur einer aus Sicht der Länder und vieler Kommunen negativen „Unitarisierung und Zentralisierung in Gesetzgebung und Verwaltung" Vorschub, sondern war abermals Beleg für die in den fünfziger und sechziger Jahren vieldiskutierten antiföderalistischen Tendenzen des Bundes, der immer mehr Regelungskompetenzen an sich ziehe und damit einen Kern der

---

[1] Vgl. Otto Suhr, Städte, S. 339.
[2] Mayer, Träger, S. 404.
[3] Deren Ergebnisse betonen die starke Abhängigkeit des Erfolgs politischer Programme von den durchführenden Instanzen, vielfach also gerade der Gemeinden; vgl. Jaedicke u.a., Politik, S. 16f.; Münch, Sozialpolitik, S. 221ff.

bundesrepublikanischen Verfassung auszuhöhlen drohe.[4] Umso eifersüchtiger wachten daher die Länder über ihr Reservat der Finanz-, Personal- und Verwaltungshoheit und ihre Zuständigkeit für die Kommunen.[5] Mit der Zuständigkeit der Länder für den kommunalen Finanzausgleich gewann die föderale Spannungslage eine weitere Dimension: Denn die Finanzierung der erwarteten Mehrkosten der neuen Sozialhilfe war nicht nur *per se* eine, wenn nicht die zentrale Frage für die Kommunen, sondern bot darüber hinaus für die kommunalen Spitzenverbände eine willkommene Argumentationshilfe im nach wie vor schwelenden Konflikt um die Reform der bundesrepublikanischen Finanzverfassung.[6]

Um nicht massive Widerstände des Bundesrates zu provozieren, zeigten die Gesetzesmacher im Bundesinnenministerium bei der Ausgestaltung des formalen Sozialhilferechts größere Zurückhaltung als bei den materiellrechtlichen Regelungen und orientierten sich stark an den Vorstellungen der Fürsorgespezialisten der Länder.[7] Anders als Anfang der zwanziger Jahre, als die Neuordnung der organisatorischen Grundlagen der öffentlichen Fürsorge zunächst im Mittelpunkt stand, schien nach Abflauen des Sozialreformeifers in der zweiten Hälfte der fünfziger Jahre das Organisationsrecht der Fürsorge im großen und ganzen bewährt und weniger änderungsbedürftig. Daß die Fürsorge Aufgabe der kommunalen Selbstverwaltung bleiben und die 555 kreisfreien Städte und Landkreise die künftigen örtlichen Träger der Sozialhilfe sein sollten, war unbestritten.[8] Zum einen entsprach dies langer allgemeiner Praxis, denn die Städte und Kreise fungierten als Bezirksfürsorgeverbände und diese Sonderkonstruktion war nach allgemeiner Auffassung eher hinderlich, da sie die Zusammenarbeit mit den kommunalen Ju-

---

[4] So insbesondere die Einschätzung bei Bertram, Staatspolitik, Zitat S. 191, sowie in der 1961 fertiggestellten Habilitationsschrift des Sozialrechtlers Hans F. Zacher, Sozialpolitik, S. 45ff., besonders auch 75ff., 115ff., 166ff., 210ff.; die Einflußmöglichkeiten der Länder ihrerseits über den Bundesrat betonte hingegen Katzenstein, Erscheinungsformen.

[5] Nach Art. 83 GG führen die Länder die Bundesgesetze als eigene Angelegenheit aus; nach Art. 84 Abs. 1 GG können aber die Bundesgesetze mit Zustimmung des Bundesrates Bestimmungen über die Einrichtungen der Behörden und das Verwaltungsverfahren treffen. Das bisherige Fürsorgerecht verfuhr hier – im Gegensatz zum novellierten RJWG – sehr zurückhaltend (vgl. Abschnitt A der RFV) und legte nur die Institution der Fürsorgeverbände, der Aufsichtsbehörden sowie der Einspruchsausschüsse fest; vgl. Zacher, Sozialpolitik, S. 120.

[6] Die ebenfalls primär dem formalen Fürsorgerecht zuzurechnende Frage der Position der freien Wohlfahrtsverbände und der entsprechenden organisatorischen Konsequenzen (etwa hinsichtlich der notwendigen Einrichtungen) wird wegen ihrer zentralen Bedeutung für den Reformprozeß weiter unten gesondert behandelt.

[7] Vgl. Niederschrift über die Besprechung mit den Länderfürsorgereferenten am 5./6. 2. 1957, BAK, B 106/9789/2.

[8] Vgl. Vermerk Referat V A 1 vom 27. 7. 1955, BAK, B 106/20652; Niederschriften über die Besprechung mit den Länderfürsorgereferenten am 5./6. 2. 1957, BAK, B 106/9789/2, die Sitzung des DLT-Sozialausschusses am 8. 2. 1957, BAK, B 172/444-01/1, und des Arbeitsausschusses für Fragen der Fürsorge am 25./26. 10. 1957 sowie 4. 12. 1957, ADW, HGSt 6769; Sozialplan, S. 120; Schräder, Neuordnung, S. 340; Gerhard Scheffler, Neuordnung, S. 37; Mayer, Träger, S. 391; § 96 des BSHG-Entwurfs 7/1958, BAK, B 106/20643.

1. Organisation und Finanzierung der Sozialhilfe 379

gend- und Gesundheitsämtern erschwerte.⁹ Zum anderen wollten die Kommunen diese Aufgabe behalten, und es gab auch keine andere Institution, die sich nach deren Übernahme gedrängt hätte. Selbst die im SPD-Sozialplan und von Muthesius angestellten Überlegungen für eine Abgabe nur der laufenden Unterstützungen waren ja ohne bleibende Resonanz geblieben, und die Auffassung eines streitbaren Tübinger Fürsorgepraktikers, die „Abhängigkeit der Art, des Maßes und Umfangs der sozialen Hilfe von der Leistungsfähigkeit und dem Leistungswillen eines kommunalen Fürsorgeträgers" sei „heute ein sozialer Atavismus, d.h. mit dem modernen Sozialstaat unvereinbar"¹⁰, bildete eine Ausnahme. So bestimmte die Sozialabteilung nicht nur die Stadt- und Landkreise ausdrücklich zu örtlichen Trägern der Sozialhilfe, sondern erklärte diese auf Wunsch der Kommunalreferate im Regierungsentwurf sogar ausdrücklich zur „Selbstverwaltungsangelegenheit"¹¹, um dem kommunalen Selbstbehauptungswillen gegenüber einem derart weitreichenden Bundesgesetz Rechnung zu tragen.

Ebenso unbestritten war, daß es für bestimmte Aufgabenbereiche auch weiterhin überörtliche Träger geben sollte. Anfang der fünfziger Jahre lag der Schwerpunkt der Tätigkeit der Landesfürsorgeverbände auf der Anstaltspflege für Behinderte und bestimmten Bereichen der Gesundheitsfürsorge, insbesondere der Tuberkulosehilfe und der Geschlechtskrankenfürsorge, also vor allem auf teuren Hilfen von überörtlicher Bedeutung; allerdings war die Aufgabenverteilung in den Ländern unterschiedlich und die ursprünglich durchaus in einzelnen Landesfürsorgeverbänden vorhandene Bereitschaft, freiwillig fürsorgerisches Neuland zu betreten, weitgehend geschwunden.¹² Im Bundesinnenministerium wie auch in den verschiedenen Spezialistenkreisen wollte man neben den bisherigen vor allem neue, kostspielige sowie seltenere Spezialaufgaben den überörtlichen Trägern überantworten, da hier größere finanzielle Potenz und stärkere neutrale Fachlichkeit gewährleistet seien.¹³ Die kommunalen Spitzenverbände plädierten allerdings dafür, die überörtlichen Pflichtaufgaben nicht zu stark auszuweiten und eine intensive Mitwirkung und Mitsprache der örtlichen Träger vorzusehen: Da die Städte und Kreise meist sowieso an deren Durchführung und Finanzierung betei-

---

⁹ Vgl. NDV 37 (1957), S. 308ff.; Oel vor dem DST-Präsidium am 28.2.1958, Auszug aus der Sitzungsniederschrift, LAB, B Rep. 142-9, 1282; Gottschick, Referentenentwurf, S. 21.
¹⁰ Müller-Caroli, Einordnung, S. 38.
¹¹ § 89 Abs. 1 des Regierungsentwurfs, BT, 3. Wp. 1957, Anlagen, Bd. 67, Drs. 1799; vgl. Referat I C 5 an Referat V 4, 18.9.1959; Vermerk Referat V 4 vom 10.11.1959, BAK, B 106/20647. Bislang gab es eine entsprechende Vorschrift in § 8 Abs. 1 des novellierten RJWG, die seinerzeit auf heftigen Widerspruch des Bundesrats gestoßen war, der sie als unzulässigen Eingriff in die Organisationshoheit der Länder sah; vgl. Bertram, Staatspolitik, S. 12f., 18f.
¹² Vgl. NDV 30 (1950), S. 158ff.; Flamm, Die Verwaltung der behördlichen Sozialarbeit, S. 58f.
¹³ Vgl. Niederschrift über die Besprechung mit den Länderfürsorgereferenten am 5./6.2. 1957, BAK, B 106/9789/2; ähnlich der DLT-Sozialausschuß am 8.2.1957, BAK, B 172/444-01/1; NDV 37 (1957), S. 311f.; ferner der Arbeitsausschuß für Fragen der Fürsorge am 25./26.10.1957, 21./22.3., 10./11.4. sowie 27./28.6.1958, Niederschriften, ADW, HGSt 6769; Mayer, Träger, S. 394ff.

ligt seien, sei es besser, hier nicht an die Weisungen des überörtlichen Trägers gebunden zu sein.[14]

Der Referentenentwurf vom Juli 1958 sah als Aufgabe der überörtlichen Träger schließlich vor: die nun sehr viel weiter gefaßte stationäre Hilfe für Behinderte, einschließlich der Krankenhilfe für geistig Behinderte, die anstaltsmäßige Hilfe für Suchtkranke, die Versorgung mit teuren Hilfsmitteln für Körperbehinderte, die Bewahrung sowie den Hochschulbesuch im Rahmen der Ausbildungshilfe.[15] Die Länder konnten diese Liste noch erweitern. Im weiteren Fortgang der Beratungen wurden z.T. auf Drängen der betroffenen Wohlfahrts- und Interessenverbände, die stationäre Hilfe für Gefährdete und Nichtseßhafte, die Blindenhilfe und die Tuberkulosehilfe in den Katalog des Regierungsentwurfs aufgenommen.[16]

Während der Beirats-Fürsorgeausschuß und der DST die reine Lehre der kommunalen Selbstverwaltung vertraten und auch bundeseinheitlich überörtliche Träger in Form von Kommunalverbänden höherer Ordnung oder kommunalen Zweckverbänden forderten, hielt sich die DLT-Hauptgeschäftsstelle hier zurück, da die Organisationsform der Landesfürsorgeverbände und damit die Interessen der einzelnen Mitgliedsverbände in den Ländern zu unterschiedlich waren[17]: Dort, wo wie in Niedersachsen oder Schleswig-Holstein das Land Landesfürsorgeverband war und dessen Kosten trug, war die Position der kreisfreien Städte und Landkreise ganz anders als etwa in Nordrhein-Westfalen, wo die Landschaftsverbände als weitere Kommunalverbände die Fürsorge als Selbstverwaltungsangelegenheit durchführten und über eine Umlage der Mitgliedskommunen sowie Gebühren und Beiträge finanziert wurden.[18] Zumal sich die verschiedenen Strukturen im großen und ganzen als leistungsfähig erwiesen hatten, wollte auch das Bundesinnenministerium hier keine weitere Front zum Bundesrat eröffnen und erklärte die Festlegung der überörtlichen Träger zur Sache der Länder.[19] Aus ähnlichen Motiven verzichteten die Redakteure des Entwurfs auch auf eine einheitliche Bezeichnung der durchführenden Stellen, etwa als „Sozialamt".[20]

---

[14] So DLT-Präsident Seebich an Wormit, 6.8.1959, BAK, B 172/444-02/2, Beiheft; ferner Marx, Die Städte und die Neuordnung, S. 336; Niederschrift über die Sitzung des DST-Arbeitskreises „Fürsorgerecht" am 7.11.1957, LAB, B Rep. 142-9, 1282; DST-Stellungnahme vom 27.11.1958, BAK, B 106/9686.
[15] Vgl. § 101 des BSHG-Entwurfs 7/1958, BAK, B 106/20643.
[16] Vgl. § 92 des Regierungsentwurfs, BT, 3. Wp. 1957, Anlagen, Bd. 67, Drs. 1799.
[17] Vgl. NDV 38 (1958), S. 302, 312; Niederschriften über die Sitzungen des DST-Arbeitskreises „Fürsorgerecht" am 3.2.und 21.4.1958, LAB, B Rep. 142-9, 1282; DLT-Stellungnahme vom 17.11.1958, BAK, B 106/9686; Vermerk Bangert vom 11.8.1959, BAK, B 172/444-02/2, Beiheft.
[18] Eine Mischform bildete der Landeswohlfahrtsverband Hessen, ein nur für Wohlfahrtsaufgaben gebildeter Zweckverband, der als öffentlich-rechtliche Selbstverwaltungskörperschaft durch eine Verbandsumlage sowie Landesmittel finanziert wurde; vgl. NDV 32 (1952), S. 250ff.; 33 (1953), S. 293f.
[19] Vgl. Gottschick vor dem DST-Sozialausschuß am 13./14.3.1958, Auszug aus der Niederschrift, LAB, B Rep. 142-9, 1283; § 97 des BSHG-Entwurfs 7/1958, BAK, B 106/20643; Gottschick, Referentenentwurf, S. 21.
[20] Vgl. auch Allgemeine Bemerkungen zum BSHG-Entwurf 7/1958, S. 18f., BAK, B 106/20643.

1. Organisation und Finanzierung der Sozialhilfe 381

Klarer und einfacher als bisher wurden die Zuständigkeiten geregelt: Die „vorläufige" bzw. „endgültige Fürsorgepflicht" wurde abgeschafft und statt dessen der örtliche Träger des tatsächlichen Aufenthalts für örtlich und sachlich zuständig erklärt, soweit nicht der überörtliche Träger einzutreten hatte.[21] Auf diese Weise wurde ein Anlaß für immerwährende Auseinandersetzungen zwischen den Fürsorgeträgern und nicht selten auch für die Unterlassung oder zumindest Verzögerung der Hilfeleistung nun endgültig gesetzlich aus der Welt geschafft.

Die einst so zentrale Frage der fürsorgerischen Lastenzuständigkeit hatte viel von ihrer Brisanz verloren. Sie bedurfte aber der formellen gesetzlichen Regelung, da die Verbindlichkeit der Fürsorgerechtsvereinbarung mittlerweile von einzelnen Rechnungshöfen in Frage gestellt wurde und die Sozialminister der Länder daher im Mai 1956 deren Ersatz forderten.[22] Grundsätzlich waren die Fürsorgespezialisten auch hier der Auffassung, daß die auf dem Prinzip des tatsächlichen Aufenthalts beruhende Vereinbarung sich bewährt habe und die Kostenerstattung der Sozialhilfeträger untereinander lieber noch stärker eingeschränkt werden solle.[23] Ganz auf sie verzichten wollte man zum Schutz der Orte mit Anstalten, Heimen etc. allerdings nicht, zumal dann zu befürchten wäre, daß die notwendigen Einrichtungen nicht geschaffen oder für Hilfesuchende aus anderen Bereichen nicht zur Verfügung gestellt würden.[24] Der erste Teil der Fürsorgerechtsvereinbarung wurde daher – weiter vereinfacht – im wesentlichen in den Regierungsentwurf übernommen.[25] Die reale Bedeutung dieser nach wie vor komplizierten und detaillierten Regelungen sei an einem Beispiel illustriert: Für alle (nicht nur die unehelich) in einer Anstalt geborenen Kinder sollte künftig nicht mehr der Landesfürsorgeverband des Anstaltsortes, aber auch nicht der alte sogenannte Zehnmonatsverband die Kosten der Sozialhilfe zu tragen haben, sondern der örtliche Träger des gewöhnlichen Aufenthalts der Mutter. Das bedeutete etwa für den Landesfürsorgeverband Hannover eine jährliche Entlastung von 600 000 DM.[26]

Vor allem in der ersten Arbeitsphase widmete die Sozialabteilung der Frage der örtlichen Zusammenarbeit innerhalb des sozialen Leistungssystems erhöhte Aufmerksamkeit: Das noch von Kitz vorgegebene Ziel war eine „bürgerschaftliche Mitwirkung an Grundfragen der Fürsorge auf der örtlichen Ebene"[27], wofür be-

---

[21] Vgl. §§ 90f. des Regierungsentwurfs, BT, 3. Wp. 1957, Anlagen, Bd. 67, Drs. 1799.
[22] Vgl. Kurzprotokoll der Konferenz der Ländersozialminister am 29.5.1956, BAK, B 106/9789/2.
[23] Vgl. Niederschrift über die Besprechung mit den Länderfürsorgereferenten am 5./6.2. 1957, ebenda; NDV 37 (1957), S.313; Mayer, Träger, S.406f.; vgl. Niederschriften über die Sitzungen des Arbeitsausschusses für Fragen der Fürsorge 4.12.1957, Anlage 2, ADW, HGSt 6769, sowie des DST-Arbeitskreises „Fürsorgerecht" am 21.4.1958, LAB, B Rep. 142-9, 1283.
[24] Vgl. Begründung zum Regierungsentwurf, S.35, BT, 3. Wp. 1957, Anlagen, Bd. 67, Drs. 1799.
[25] Vgl. §§ 96ff. des Regierungsentwurfs, ebenda. Zur in der Sache unveränderten Regelung dann im BSHG vgl. ausführlich Kursawe, Kostenerstattung. Das von den Bestimmungen des BSHG nicht berührte Schiedsverfahren wurde weitergeführt und schließlich in die neue FRV vom 26.5.1965 übernommen; Text in: NDV 45 (1965), S.326ff.
[26] Vgl. Keese, Kostenausgleich, S.245.
[27] Vermerk V A 1 vom 27.7.1955, BAK, B 106/20652.

sondere, vielleicht den Jugendwohlfahrtsausschüssen vergleichbare Gremien zu bilden wären.[28] Außerdem sollten die verschiedenen Sozialleistungsträger zur Kooperation in institutionalisierter Form verpflichtet werden.[29] Diese unpräzisen Überlegungen waren ein deutlicher Reflex auf die ja gerade auch von Fürsorgeexperten stark rezipierten Modelle lokaler Kooperation und Koordination in den Diskussionen über die „Sozialreform". Sowohl bei den Vertretern der Kommunen wie der Länder stießen solche Konzepte allerdings mehrheitlich auf Widerstand: Man habe schon genug Ausschüsse, die Materie sei für Laien zu kompliziert, lockere Arbeitsgemeinschaften ohne Kompetenzen seien erfahrungsgemäß wenig effektiv oder man wollte – wie ein DLT-Vertreter – diese allenfalls als Mittel gegen den Mehrfachbezug von Sozialleistungen gelten lassen.[30] Hinter solchen sachlichen Einwänden verbarg sich allerdings auch die Furcht der Länder wie der Kommunen, durch ein Bundesgesetz in der eigenen Organisationshoheit weiter eingeschränkt zu werden.[31] Zwar flackerten die Diskussionen nach Vorlage des SPD-Sozialplans im sommerlichen Bundestagswahlkampf 1957 noch einmal auf und veranlaßten die nervös gewordene DLT-Führung zu erfolglosen Abstimmungsversuchen mit der sozialdemokratischen DST-Leitung[32]; doch gerade diese Uneinigkeit der kommunalen Spitzenverbände war für Muthesius Anlaß, die Frage innerhalb des DV erst einmal auf die lange Bank zu schieben.[33] In Anlehnung an entsprechende Bestimmungen für die Renten- oder die Arbeitslosenversicherung beschränkte sich die Sozialabteilung schließlich auf die – im Fürsorgerecht allerdings neuartige – generelle Verpflichtung der Sozialhilfeträger zur Kooperation mit anderen Leistungsträgern, etwa in Arbeitsgemeinschaften, ohne deren Modalitäten näher zu regeln.[34] Ebenso ließ sie den Gedanken eines besonderen „Sozialhilfeausschusses" fallen und schob verfassungspolitische Gründe vor: Tat-

---

[28] Das bayerische Fürsorgerecht sah seit 1953 solche Fürsorgeausschüsse aus Vertretern der Kommunalorgane, der freien Wohlfahrtsverbände, Kirchen und betroffenen Hilfsbedürftigen (!) vor; diese Ausschüsse besaßen weitgehende Beschlußrechte über die Durchführung der Fürsorge einschließlich der Festsetzung der Richtsätze; vgl. NDV 33 (1953), S. 235ff.
[29] Vgl. die Vermerke über Besprechung mit Abteilungsleiter am 7.2.1956, BAK, B 106/9688, am 9.4.1956 sowie Anlage zu Scheffler an Heusler etc. am 9.2.1956, BAK, B 106/9789/2.
[30] Vgl. die Vermerke über die Besprechungen mit den Sachverständigen am 16.2., 14.3. und 3.5.1956, BAK, B 106/9789/2; Vermerk V A 4 vom 18.6.1957, BAK, B 106/9787; Niederschrift über die Sitzung des Arbeitsausschusses für Fragen der Fürsorge am 4.12. 1957 mit Anlage 2, ADW, HGSt 6769.
[31] Vgl. Niederschrift über die Besprechung mit den Länderfürsorgereferenten am 5./6.2. 1957, BAK, B 106/9789/2; Schräder, Neuordnung, S. 340; NDV 38 (1958), S. 312; die Stellungnahmen des DLT vom 17.11.1958 und des DST vom 27.11.1958, BAK, B 106/9686; Johann Bangert, Landkreise, S. 2.
[32] Vgl. den Briefwechsel zwischen den Hauptgeschäftsführern Wormit (DLT) und Ziebill (DST) vom 22. bis 29.8.1957, LAB, B Rep. 142-9, 1282.
[33] Vgl. Muthesius auf der Sitzung des DLT-Sozialausschusses am 8.11.1957, BAK, B 172/444-01/1; Anlage 2 zur Niederschrift über die Sitzung des Arbeitsausschusses für Fragen der Fürsorge am 10./11.4.1958, ADW, HGSt 6769.
[34] Vgl. §§ 93f. des BSHG-Entwurfs 7/1958, BAK, B 106/20643. Ähnlich bereits in der Arbeitsgrundlage für die Kommunalsachverständigen vom 22.9.1956, BAK, B 106/9789/2;

1. Organisation und Finanzierung der Sozialhilfe

sächlich aber war es vor allem das deutliche Interesse der konfessionellen Wohlfahrtsverbände an einem solchen Gremium[35], das die Beamten des Innenministeriums nun davon Abstand nehmen ließ.

Einen besonderen Balanceakt zwischen Fürsorgefachlichkeit einerseits, kommunalen Interessen und föderalen Empfindlichkeiten andererseits unternahm das Reformreferat des Innenministeriums bei der Frage der personellen Ausstattung der künftigen Sozialhilfeverwaltungen. Daß der Einsatz fürsorgerisch qualifizierter Kräfte unabdingbare Voraussetzung für den Erfolg der Reform bildete, war den Beteiligten, allen voran Muthesius, klar, wurde im Gegensatz zu anderen Fragen des formalen Fürsorgerechts auch häufig thematisiert und selbst von den sonst in diesen Fragen ja sehr zurückhaltenden Landkreisen so gesehen.[36] Sehr viel geringer allerdings war die Einigkeit darüber, ob der Einsatz von Fachpersonal auch ausdrücklich im neuen Fürsorgegesetz verankert werden solle, und wenn ja, in welcher Form. Das bisherige Fürsorgerecht kannte solche Vorschriften nicht, und auch in der übrigen Sozialgesetzgebung bildeten sie die Ausnahme.[37] Die Novellierung des RJWG 1953 führte erstmals konkrete Bestimmungen über die fachlichen und persönlichen Anforderungen an die Leiter der Jugendämter ein und sah Länderrichtlinien über die Rekrutierung von deren Personal vor; aufgrund der verbliebenen Ermessensräume allerdings wurden diese Vorschriften nur langsam umgesetzt.[38]

In den Augen vieler Fürsorgeexperten, städtischer Sozialdezernenten und nicht zuletzt vieler Fürsorgerinnen bzw. Sozialarbeiter(innen) war das Fehlen einer

---

zustimmend Marx und Muthesius am 20.2.1957, vgl. Vermerk Referat V A 4 vom 21.2. 1957, BAK, B 106/20652, sowie der Beirats-Fürsorgeausschuß, vgl. NDV 38 (1958), S. 313. Nach Kritik vor allem von kommunaler Seite wurde die ursprüngliche Ist- zu einer Soll-Verpflichtung zur Kooperation abgeschwächt; vgl. §§ 87f. des Regierungsentwurfs, BT, 3. Wp. 1957, Anlagen, Bd. 67, Drs. 1799.

[35] Vgl. DCV-Stellungnahme vom 30.8.1958, BAK, B 106/9686; Ranke an Collmer, 16.1. 1959, und Wissing an Duntze, 26.4.1959, Abschrift, ADW, HGSt, SP-S XXV 1: 422-1/1; Vermerk Engelmann vom 20.4.1959, ADW, HGSt, SP-S XXV 1: 160-1/1.

[36] Die Landkreisversammlung vom Mai 1955 erklärte u.a.: „Die hohen Anforderungen, die künftig an unsere Sozialarbeiter gestellt werden, verlangen eine sorgfältige Überprüfung der bisherigen Ausbildungsbedingungen – Verwaltungsprüfungen allein machen noch keine Sozialarbeiter. Unsere Sachbearbeiter bedürfen einer laufenden Unterrichtung und Weiterbildung. Der Personalbesetzung und Arbeit unserer Fürsorgeverwaltungen ist größte Aufmerksamkeit zuzuwenden"; Schmerbeck, Bezirksfürsorgeverbände, S. 324. Bereits in den ersten Arbeitsplan für den sich konstituierenden DV-Fachausschuß I hatte Muthesius im Februar 1951 die Personalfrage als zentralen Reformpunkt benannt; vgl. NDV 32 (1952), S. 31; entsprechend in der „Rothenfelser Denkschrift", vgl. Achinger u.a., Neuordnung der sozialen Leistungen, S. 113; Muthesius, Die Fürsorge und die Neuordnung, S. 30; Muthesius' Schlußansprache in: Neuordnung des Fürsorgerechts, S. 442f.; ferner Marx, Die Städte zur Neuordnung, S. 45, 106ff.; NDV 37 (1957), S. 309; Sozialplan, S. 121ff.; Achinger, Neuordnung des Fürsorgerechts, S. 46f.; Oel, Neuordnung des Fürsorgerechts, S. 153.

[37] Zum Fürsorgerecht vgl. Muthesius, Grundlagen, S. 79, 83. Die bislang konkretesten Vorgaben enthielt das Jugendgerichtsgesetz von 1953, so daß weitgehend tatsächlich Sozialarbeiter als Bewährungshelfer eingesetzt wurden; vgl. Hedwig Herrmann, Werdegang, S. 232.

[38] Vgl. § 9c Abs. 2 RJWG in der Fassung vom 28.8.1953, BGBl. I S. 1035.

auch nur vergleichbaren Verpflichtung im allgemeinen Fürsorgerecht eine der Hauptursachen für viele Mißerfolge und das schlechte Image der öffentlichen Fürsorge mit ihrem traditionellen Schwergewicht auf dem für den allgemeinen Verwaltungsdienst rekrutierten Personal. In der aus ihren Reihen erhobenen Forderung nach einer eindeutigen Bestimmung über Fachkräfte im neuen Fürsorgegesetz[39] mischten sich allerdings durchaus unterschiedliche Interessen: zunächst das sachlich (und politisch!) kaum von der Hand zu weisende Anliegen einer stärkeren sozialpädagogischen Professionalisierung einer stärker personalisierten neuen Fürsorge, das die Sozialabteilung kaum übergehen konnte[40]; ebenso der Wunsch der Fürsorgerinnen nach einer größeren Anerkennung ihrer Tätigkeit, die ihren Niederschlag dann auch in den Besoldungs- und Laufbahnvorschriften der Länder finden sollte; und nicht zuletzt das Interesse der freien Träger daran, sich bei der Durchführung der Sozialhilfe besser zu positionieren, verfügten sie doch bereits über ein vergleichsweise gutes Reservoir an ausgebildeten Fachkräften.

Auf der anderen Seite sahen sich Gottschick und sein Abteilungsleiter auch hier den verfassungsmäßigen Prärogativen der Länder gegenüber, vor allem aber den Vorbehalten vieler Kommunen, die die finanziellen Konsequenzen einer solchen Vorschrift fürchteten: Bislang besaß man nämlich weder zuverlässige Daten über die aktuelle personelle Zusammensetzung der Fürsorgeverwaltungen noch über den gegenwärtigen, geschweige denn künftigen Bedarf an Fürsorgepersonal, so daß eine Abschätzung der Kosten denkbar ungewiß blieb.[41] Nicht zuletzt fürchtete man in den Kommunen, daß die Sozialarbeiterin weniger als der Verwaltungsbeamte auch die „finanzwirtschaftliche Schranke" des behördlichen Ermessensbereichs beachten würde.[42]

Die von Scheffler befragten kommunalen Sachverständigen hatten im Herbst 1956 allerdings Vorschriften über das Fürsorgepersonal im neuen Gesetz durchaus befürwortet.[43] Gottschick hatte so zunächst eine recht weitgehende Bestimmung vorgesehen, sie im Laufe der weiteren Arbeiten jedoch immer stärker abgeschwächt.[44] Eine mit diesem Thema befaßte Arbeitsgruppe des Fürsorgetages im November 1957 erhob ihrerseits nur die Forderung, „der Bundesgesetzgeber möge sicherstellen, *daß für die Vorbereitung, Entscheidung und Durchführung der im Gesetz vorgesehenen sozialen Hilfen fürsorgerisch vorgebildetes Fachperso-*

---

[39] Vgl. NDV 37 (1957), S. 309; Neuordnung des Fürsorgerechts, S. 300ff.; Müller-Caroli, Prüfung, S. 10; Hedwig Herrmann, Werdegang; Niederschrift über die Sitzung des DST-Sozialausschusses am 12./13. 5. 1960, Auszug, LAB, B Rep. 142-9, 1284.
[40] Vgl. Gerhard Scheffler, Neuordnung, S. 38.
[41] Vgl. BldW 105 (1958), S. 1f.
[42] Flamm, Verwaltung und behördliche Sozialarbeit, S. 276; vgl. auch die Zitate bei Hedwig Herrmann, Werdegang, S. 232.
[43] Vgl. Besprechung mit den Sachverständigen am 9. 10. 1956, BAK, B 106/9789/2.
[44] Nach § 110 des BSHG-Teilentwurfs vom 15. 8. 1956 sollten mit der Durchführung der gesetzlichen Aufgaben „nur Personen beauftragt werden, die sich hierfür nach ihrer Gesamtpersönlichkeit besonders eignen und eine anerkannte Ausbildung im Sozialwesen erhalten haben"; ihre Vergütung war entsprechend zu bemessen und ihre Weiterbildung zu fördern, BAK, B 106/20648.

nal in angemessenem Umfang bestellt wird".[45] Auch hier war man sich wie in dem kurz zuvor gegründeten neuen DV-Fachausschuß „Soziale Berufe" und dem Beirats-Fürsorgeausschuß der föderalistischen Fußangeln – wie der kommunalen Realitäten – nur allzu bewußt und beschränkte sich lieber darauf, „eine konkrete mäßige Forderung, die durchsetzbar ist, in das Fürsorgegesetz hineinzunehmen, als eine ideale Forderung, die nachher nur auf dem Papier steht".[46] Doch der Entwurf vom Juli 1958 blieb hinter dieser noch deutlich zurück: Laut § 98 („Fachkräfte") sollten mit der Durchführung der gesetzlichen Aufgaben „Personen beauftragt werden, die sich hierfür nach ihrer Gesamtpersönlichkeit besonders eignen und eine den Aufgaben entsprechende Ausbildung erhalten haben oder Erfahrungen im Sozialwesen besitzen. Ihre Weiterbildung ist zu fördern".[47] Daß sich das Bundesinnenministerium überhaupt auf das Terrain der Personalhoheit der Länder wagte, begründete Gottschick damit, „daß die Sozialhilfe so weitgehend in rein menschliche Bereiche vorstößt", daß „das neue Gesetz einer allgemeinen Bestimmung über diejenigen, denen die Aufgaben der Sozialhilfe anzuvertrauen sind, nicht ermangeln" solle.[48]

Kritik an diesem Paragraphen kam von allen Seiten: Den Vertretern der sozialen Berufe ging die Regelung nicht weit genug, denen der Länder und Kommunen schon zu weit. Die Berufsverbände der Sozialarbeiter/innen und auch der DV-Fachausschuß bemängelten vor allem, daß nach § 98 auch weiterhin, selbst für die Leitung der zuständigen Ämter, allgemeines Verwaltungspersonal beschäftigt werden könnte, und forderten, daß für die persönlichen Hilfen nur sozialpädagogisch ausgebildete Fachkräfte eingesetzt werden dürften und diese auch im Rahmen des Innendienstes maßgeblich beteiligt würden.[49] Tatsächlich ergänzte Gottschick den Entwurf zunächst in diesem Sinne, machte aber angesichts der heftigen Opposition des kommunalen Arbeitskreises der Länderinnenminister sofort einen Rückzieher.[50] Er milderte die Anforderungen an das Personal im Referentenentwurf vom März 1959 bzw. im Regierungsentwurf noch weiter ab und qualifizierte sie in der Begründung als „allgemein gehaltene Forderung".[51] Würde diese

---

[45] Neuordnung des Fürsorgerechts, S. 438 (Hervorhebung im Original).
[46] So die Leiterin der Arbeitsgruppe, die Bremer Jugendsenatorin Mevissen, ebenda; vgl. auch die Verhandlungen der Arbeitsgruppe F des Fürsorgetages, ebenda, S. 300ff.; ferner den Bericht über die Sitzung des DV-Fachausschusses VI „Soziale Berufe" am 17.10. 1957, ADW, HGSt, SP-S XXIIIc VI/1; NDV 38 (1958), S. 313.
[47] BSHG-Entwurf 7/1958, BAK, B 106/20643.
[48] Gottschick, Referentenentwurf, S. 22.
[49] Vgl. Äußerungen aus dem DV-Fachgremien [5.11.1958], zu § 98; die Stellungnahmen des Deutschen Berufsverbands der Sozialarbeiterinnen vom 14.11.1958 und ähnlich der AWO vom 14.10.1958 und des DPW vom 22.12.1958, BAK, B 106/9686; zum Berufsverband Katholischer Sozialarbeiter: KommBl 10 (1958), S. 1193; Junk, Frage; NDV 39 (1959), S. 279ff.; Hedwig Herrmann, Werdegang, S. 232.
[50] Vgl. § 74 des BSHG-Entwurfs vom Januar 1959, BAK, B 106/20646; Vermerk Referat V 4 vom 15.1.1959, BAK, B 106/9686.
[51] Begründung des Regierungsentwurfs, S. 35, BT, 3. Wp. 1957, Anlagen, Bd. 67, Drs. 1799. § 94 des Regierungsentwurfs lautete: „Bei der Durchführung dieses Gesetzes sollen Personen beschäftigt werden, die sich hierfür *nach ihrer Gesamtpersönlichkeit eignen* und *in der Regel* eine ihren Aufgaben entsprechende Ausbildung erhalten haben oder Erfahrungen im Sozialwesen besitzen" (Hervorhebung der Verfasserin).

so umgesetzt, daß jeder örtliche Träger durchschnittlich zwei, jeder überörtliche vier zusätzliche Fachkräfte (insgesamt 1 280 Personen) einstellte, würde das einen jährlichen Mehraufwand von rund 13,8 Mio. DM bedeuten.[52]

Mit der möglicherweise nun verstärkten Einstellung von Sozialfachkräften allein, so die sozialdemokratische Fürsorgespezialistin im hessischen Sozialministerium Pluskat, sei es aber nicht getan: „Das BSHG fordert ein Umdenken von Grund auf, nicht nur in den Fürsorgeämtern, sondern auch in den Spitzen der Verwaltung, auch in den Rechnungshöfen; denn es ist nicht zu leugnen, daß manch bemerkenswerte fürsorgerische Initiative, die auch bisher hie und da entfaltet wurde, unter dem Mehltau eines rechnungsprüfungsamtlichen Monitums verkümmerte."[53] Doch bei der hochbedeutsamen Frage der Finanzierung der Sozialhilfe nutzte die Sozialabteilung die verfassungsmäßige Zuständigkeit der Länder als willkommenen Ausweg und plante von Anfang an nur eine allgemeine Rahmenvorschrift.[54] Bereits auf dem Fürsorgetag 1955 hatte Scheffler an die Länder appelliert, durch einen horizontalen Lastenausgleich für eine ausreichende Finanzausstattung der kommunalen Träger zu sorgen und somit den alten Verwaltungsgrundsatz von der Koinzidenz der Aufgaben- und Ausgabenverantwortung zu verwirklichen.[55] Ursprünglich wollte er die Länder ausdrücklich zur Zuweisung entsprechender Mittel an die Sozialhilfeträger verpflichten, was auch Forderungen des CDU-Parteitags im April 1956 entsprochen hätte.[56] Doch angesichts des Widerstands auf seiten der Ländervertreter beschränkte sich das Reformreferat schließlich darauf, denkbar knapp den geltenden Rechtszustand festzustellen: „Das Land bestimmt, wie der Aufwand der Träger der Sozialhilfe zu decken ist."[57] In später gestrichenen Erläuterungen zum ersten Referentenentwurf wurde auch deutlich gesagt, bei wem der Schwarze Peter eigentlich lag: Es müßten „vor allem auch die örtlichen Träger der Sozialhilfe es sich zur Pflicht machen, in ihren Haushaltsplänen [...] auch die ihnen nach diesem Gesetz obliegenden Pflichten ausreichend zu berücksichtigen"; im übrigen sei es „auch nicht schätzungsweise möglich", die Höhe der zu erwartenden Mehrkosten durch das neue Gesetz anzugeben.[58] Damit freilich blieb das Dilemma zwischen kommunaler Gestaltungsfreiheit und sozialstaatlichem Gebot

---

[52] Vgl. Begründung des Regierungsentwurfs, S. 67, ebenda.
[53] Pluskat, Gedanken, S. 313.
[54] Vgl. Vermerk über Besprechung mit Abteilungsleiter am 7.2.1956, BAK, B 106/9688; Scheffler auf der Konferenz der Ländersozialminister am 29.5.1956, Kurzfassung des Referats, BAK B 106/20652; Gerhard Scheffler, Neuordnung, S. 38.
[55] Vgl. Fürsorge und Sozialreform, S. 498f.
[56] Vgl. die Anlagen zu Scheffler an Heusler etc. am 9.2.1956 bzw. am 11.4.1956, BAK, B 106/9789/2; § 124 des BSHG-Entwurfs vom 24.11.1956, BAK, B 106/20648. Auf dem CDU-Parteitag wurden Zuschüsse aus einer (nicht näher spezifizierten) Ausgleichskasse für leistungsschwache Landkreise gefordert; vgl. Lünendonk, CDU-Parteitag, S. 130.
[57] § 104 BSHG-Entwurf 7/1958, BAK, B 106/20643; Gottschick, Referentenentwurf, S. 22. Zu den Einwänden von Länderseite siehe Niederschrift über die Besprechung mit den Länderfürsorgereferenten am 5./6.2.1957, BAK, B 106/9789/2.
[58] Allgemeine Bemerkungen zum BSHG-Entwurf 7/1958, S. 18, 23f., BAK, B 106/20643; vgl. auch Gottschick, Referentenentwurf, S. 22.

möglichst einheitlicher Lebensbedingungen, das es nicht zuließ, daß „die Bürger von finanziell nicht leistungsfähigen Kommunen Menschen zweiter Klasse"[59] seien, ungelöst. Für Paul Collmer war die Finanzierungsfrage „der schwächste Punkt des Gesetzes".[60]

Eine derart dilatorische Behandlung des Problems korrelierte allerdings mit der allgemeinen Überzeugung weiter zurückgehender Empfängerzahlen und entsprach durchaus dem Debattenstand der Fürsorgetage und Fachgremien.[61] Sie stieß aber auf deutlichen Widerstand der Kommunen: Diese Bestimmung sei „überflüssig, weil sie zu nichtssagend ist", erklärte der DST.[62] Es müsse verhindert werden, so die Führung des Bayerischen Städteverbands, daß vom Bundestag „wieder einmal Geschenke verteilt werden und die Gemeinden die Zeche zu zahlen haben".[63] Man könne nicht neue Leistungen einführen oder ausbauen, solange deren Finanzgrundlage nicht gesichert sei; problematisch seien vor allem solche Leistungen, die sich in wirtschaftlichen Krisenzeiten und dann noch knapperen Kassen erhöhen müßten.[64]

Verschiedene Kommunalvertreter und Fürsorgeexperten schlugen daher Dotationen von Bund und Ländern vor.[65] Ähnlich wie den Trägern der Sozialversicherung könne der Bund auch den Sozialhilfeträgern zumindest für die laufenden Unterhaltshilfen und die teuren überörtlichen Aufgaben Zuschüsse leisten.[66] Solche Überlegungen waren aber nicht nur verfassungsrechtlich problematisch[67], sie widersprachen auch der Linie der Führungsgremien der Spitzenverbände, die die erwarteten Belastungen durch die Fürsorgereform als Argumentationshilfe bei ihren erneuten Vorstößen in Sachen Finanzverfassung nutzen wollten. Nicht zweckgebundene Zuschüsse und Beihilfen von Ländern oder Bund sollten die

---

[59] Oel, Städte, S. 195; vgl. generell Bertram, Staatspolitik, S. 22ff.
[60] Collmer auf der Diakonischen Konferenz in Korntal am 7.10.1958, Ms., ADW, Allg. Slg. B 93.1 I.
[61] Zwar konnten die Kommunalvertreter auf dem Fürsorgetag 1957 in verschiedenen Entschließungen die Bedeutung des Finanzproblems verankern, doch selbst in der Aussprache der einschlägigen Unter-Arbeitsgruppe zur Trägerfrage wurde es nur kurz gestreift; vgl. Neuordnung des Fürsorgerechts, S. 414; Niederschriften über die Sitzungen des Arbeitsausschusses für Fragen der Fürsorge am 4.12.1957 und 27./28.6.1958, ADW, HGSt 6769, des DST-Sozialausschusses am 20./21.6.1958, Auszug, LAB, B Rep. 142-9, 1283, sowie der Fürsorgereferenten der Länder am 6./7.10.1958, LAS Abt. 761 Nr.11084; NDV 38 (1958), S.313; nur sehr kursorisch auch der Sozialplan, S.125, der SPD. Der DV übte in dieser Frage ebenfalls vornehme Zurückhaltung: nur sein Fachausschuß für Altenpflege äußerte vorsichtige Bedenken; vgl. Äußerungen aus den DV-Fachgremien [5.11.1958], BAK, B 106/9686.
[62] DST-Stellungnahme vom 27.11.1958, BAK, B 106/9686; ähnlich Oel, Neuordnung des Fürsorgerechts, S.149.
[63] Jobst an Ziebill am 9.12.1957, LAB, B Rep. 142-9, 1282; ähnlich in der Stellungnahme der bayerischen kommunalen Spitzenverbände vom 14.10.1958, BAK, B 106/9686.
[64] Vgl. die DGT-Stellungnahme vom 1.12.1958, BAK, B 106/9686.
[65] Vgl. Marx und Collmer auf der Sitzung des Arbeitsausschusses für Fragen der Fürsorge am 25./26.10.1957, Niederschrift, ADW, HGSt 6769; Osterburg, Bundessozialhilfegesetz, S. 80.
[66] Vgl. Mayer, Träger, S.405f.
[67] Vgl. Biehl, Entwicklung, S.92ff.

Finanzierung der neuen Aufgaben ermöglichen, sondern der Zugriff auf eigene Steuerquellen, um den Kommunen „ihre Initiativkraft [...] über einen vernünftigen und gerechten Finanzausgleich" zu erhalten.[68] Es sei sinnlos, so das DLT-Organ Anfang 1958, „Sozialpolitik im leeren Raum" zu treiben, und die Landkreise hofften „daher dringend, daß eine Neuordnung des Fürsorgerechts in enger innerer und zeitlicher Verbindung mit einer Neuordnung des Finanzausgleichs stehen möge"; schließlich sei „sich doch jeder Fürsorgepraktiker darüber im klaren, daß ein noch so trefflich formuliertes Gesetz [...] in der harten Wirklichkeit Stückwerk bleiben wird, wenn die finanziellen Mittel fehlen, um die Theorie in die Praxis umzusetzen".[69]

Anders als auf dem Zenit der Sozialreform-Debatten, als Elsholz im Interesse einer Ausweitung des Bedürftigkeitsprinzips durchaus Verständnis für solche kommunalen Forderungen gezeigt hatte, lehnte das Bundesfinanzministerium mittlerweile eine direkte Bundesbeteiligung über die Kriegsfolgenhilfe hinaus ab und verwies auf die „in den kommenden Jahren angespannte Kassenlage des Bundes".[70] Elsholz befürchtete, daß bei erheblicher Steigerung der Fürsorgeausgaben die Länder entweder eine Erhöhung der Pauschbeträge der Kriegsfolgenhilfe oder Zuschüsse des Bundes im Rahmen des vertikalen Finanzausgleichs fordern würden. „Zu beiden Punkten", so Elsholz zu Gottschick am 11. Dezember 1958, „werde sein Minister Forderungen der Länder ablehnen."[71] Zwar hatten Vertreter der kommunalen Spitzenverbände wenige Tage zuvor mit den Bundesministern für Finanzen und Inneres die kommunalen Finanzprobleme erörtert und verwiesen auf den großen Investitionsbedarf von schätzungsweise 65 Mrd. DM in den nächsten zehn Jahren, der allerdings vor allem den Straßenbau und das Schulwesen betraf, während Fürsorgeeinrichtungen nur eine untergeordnete Rolle spielten.[72] Doch Bundesfinanzminister Etzel hatte kurz darauf eine Änderung des Länderfinanzausgleichs für vorläufig unmöglich erklärt und auf die wachsenden

---

[68] Oel, Städte, S. 195, ferner DST-Stellungnahme vom 1.3.1958 sowie Oel an den Reutlinger Oberbürgermeister Kalbfell am 20.3.1958, LAB, B Rep. 142-9, 1283; Oel, Bemerkungen, S. 18f. Zu den hier teilweise gegenläufigen Interessen der Kommunen und ihrer Spitzenverbände vgl. Bertram, Staatspolitik, S. 55ff.
[69] Die Selbstverwaltung 12 (1958), S. 10f.; ähnlich Johann Bangert, Landkreise, S. 5.
[70] So bereits im Arbeitsausschuß für Fragen der Fürsorge am 25./26.10.1957 der BMF-Vertreter Kaiser, Niederschrift, ADW, HGSt 6769.
[71] Vermerk Referat V 4 vom 11.12.1958, BAK, B 106/9686. Tatsächlich gab es im Bayerischen Städteverband solche Überlegungen zur Kriegsfolgenhilfe, sie fanden im DST aber keine Mehrheit, wohl aus Furcht, durch Neuverhandlungen die bisherige Höhe der Pauschalen zu gefährden, die ja auch Leistungen abdeckten, die von den Fürsorgeträgern kaum oder gar nicht mehr erbracht werden mußten (für Umsiedelung oder Notunterkünfte für Flüchtlingslager u.ä.); vgl. Jobst an die DST-Hauptgeschäftsstelle am 9.5.1960 sowie Niederschrift (Auszug) über die Sitzung des DST-Sozialausschusses am 12./13.5.1960, LAB, B Rep. 142-9, 1284; ferner Kaminski, BSHG, S. 60f. Im DLT hatte man solche Bedenken offenbar nicht, denn immerhin regte Bangert vor dem kommunalpolitischen Bundestagsausschuß an, die Pauschbeträge drei Jahre länger zu zahlen und deren Degression entsprechend auszusetzen; vgl. Referat Bangert vor dem Ausschuß am 23.6.1960, PA, Gesetzesmaterialien III/349 A3.
[72] Vgl. KommBl 10 (1958), S. 884f.; 11 (1959), S. 1f.

Steuereinnahmen der Kommunen und Länder verwiesen – eine Linie, die er auch in der Folgezeit beibehielt.[73] Die Schätzungen, was die künftige Sozialhilfe denn nun tatsächlich kosten würde, waren, wie auch der Bundesrechnungshof im Oktober 1959 einräumte, denkbar schwierig[74], und gingen dementsprechend weit auseinander: Im DLT prognostizierte man vorerst nur allgemein „erhebliche neue finanzielle Belastungen" für die Landkreise.[75] Ausgehend vom ersten Referentenentwurf rechneten die Fürsorgespezialisten der Länder gar mit einer Verdoppelung oder Verdreifachung des Fürsorgeaufwandes, und auch DST-Vizepräsident Hensel (CDU) sprach öffentlich von jährlich 1 Mrd. DM Mehraufwand – eine Zahl, die eine Erhebung in Nordrhein-Westfalen Anfang 1959 allerdings bald widerlegte und der DST-Beigeordnete für Soziales Oel als „absurd" abqualifizierte.[76] Oel rechnete nämlich selbst bei erweiterten Einkommensgrenzen zumindest für die Städte mit geringen Mehrbelastungen, da die meisten der geplanten Hilfen in besonderen Lebenslagen dort schon freiwillig gewährt würden, was wiederum von seiten des DLT heftig bezweifelt wurde.[77] In der Erkenntnis, daß niedrigere Schätzungen zwar dem sozialpolitischen Anliegen einer Modernisierung der Fürsorge dienten, die eigene Position gegenüber dem Bundesfinanzminister aber schwächten, sagte allerdings auch der DST in seiner offiziellen Stellungnahme zum ersten Referentenentwurf für die Kommunen „eine erhebliche Ausweitung ihrer finanziellen Belastungen" voraus und forderte Rücksicht auf die „Grenze des finanziell Möglichen".[78]

Entsprechend einem Bundestagsbeschluß von Anfang Juli 1958[79] bemühte sich mittlerweile das Bundesinnenministerium um eine konkrete Schätzung der Mehr-

---

[73] Vgl. die Reden Etzels vom 9.12.1958, 10.12.1959 und 30.9.1960; Etzel, Haushaltsreden, S. 155ff., 199ff., 245ff. Tatsächlich nahm Etzel die Forderungen der Gemeinden durchaus ernst, scheiterte aber am Widerstand des Wohnungsbauministers Lücke und des Bauernverbands gegen eine Aktualisierung der Grundstückswerte, die entscheidende Bemessungsgrundlage für die Grund- und Gewerbesteuern; vgl. Einleitung, ebenda, S. 33.
[74] Vgl. Willi Bangert, Bundessozialhilfegesetz, S. 350.
[75] DLT-Stellungnahme vom 17.11.1958, BAK, B 106/9686.
[76] Oel, Bemerkungen, S. 17; vgl. ferner Niederschrift der Besprechung der leitenden Fürsorgereferenten der Länder am 6./7.10.1958, LAS Abt. 761 Nr. 11084; Der Städtetag 12 (1959), S. 199; Willi Bangert, Bundessozialhilfegesetz, S. 350.
[77] Vgl. Oel, Neuordnung des Fürsorgerechts, S. 151; DLT-Stellungnahme vom 17.11.1958, BAK, B 106/9686.
[78] DST-Stellungnahme vom 27.11.1958, BAK, B 106/9686. Nachdem der Finanzausschuß lange Zeit kein Interesse an der Fürsorgereform gezeigt hatte, war man dort erst kurz vor Verabschiedung des Regierungsentwurfs aufgewacht und vertrat nun eine ähnlich restriktive Linie wie der DLT, was Oel abzuschwächen versuchte; vgl. die Auszüge aus den Niederschriften über die Sitzungen des DST-Präsidiums am 28.2.1958, LAB, B Rep. 142-9, 1282, des Unterausschusses des Finanzausschusses am 5./6.11.1959 sowie des Finanzausschusses am 3./4.12.1959 und 27.5.1960, LAB, B Rep. 142-9, 1284.
[79] Auf Antrag der Regierungskoalition beschloß der Bundestag am 4.7.1958, daß künftig in der Begründung zu jedem Gesetzentwurf die dadurch entstehenden Kosten darzulegen waren; berührte ein Gesetzesvorhaben auch die Haushalte der Länder und Gemeinden, waren auch die dortigen Mehrkosten gesondert zu ermitteln; vgl. Entschließungsantrag der CDU/CSU, DP vom 30.6.1958 (Umdruck 135) sowie Sitzung des Bundestages am 4.7.1958, BT, 3. Wp. 1957, Sten. Ber. Bd. 41, S. 2373, 2381.

ausgaben. Auf dem Stand des bereits reduzierten zweiten Referentenentwurfs sprach Duntze auf der Sozialministerkonferenz im Mai 1959 von schätzungsweise knapp 120 Mio. DM an jährlichem Mehraufwand, was nach Angaben der Länderspezialisten eine Steigerung von 7 bis 20% bedeutete.[80] Der Regierungsentwurf ging dann aufgrund der bereits 1958 erfolgten deutlichen Kostenzuwächse von einer Mehrbelastung (einschließlich Verwaltungsausgaben) von jährlich rund 155 Mio. DM aus, was gegenüber 1958 zu einer Kostensteigerung von 10% führte.[81] Noch immer läge der Anteil der geschätzten Sozialhilfekosten an den (bereinigten) Gesamtausgaben der Länder und Gemeindehaushalte dann allenfalls bei ganzen 2,2 bis 2,3% und damit immer noch unter dem Stand von 1951 (rund 3%).[82] Für strukturschwache Landkreise rechneten kommunale Spezialisten allerdings mit deutlich höheren Zuwächsen von 20 bis 30%.[83]

Angesichts der geringen Erfolgsaussichten für eine weitere Besserstellung der Kommunen im Finanzverfassungssystem drängten – wie gezeigt – vor allem die Spitzenverbände der ländlichen Kommunen, aber auch der bayerische Städteverband auf eine deutliche Reduzierung der vorgesehenen Leistungen und eine Verschärfung der Leistungsvoraussetzungen, wie sie ja bereits im zweiten Referentenentwurf an entscheidenden Stellen gelang.[84] Zwar hielt das Innenministerium auch weiterhin an der lapidaren Finanzierungsvorschrift fest, da ein so umfassendes Bundesgesetz auch eine kurze Finanzierungsbestimmung enthalten müsse[85]; doch nach Auffassung des DLT-Geschäftsführers Wormit fielen mittlerweile die grundsätzlichen finanziellen Bedenken „angesichts der wesentlichen Verbesserungen des Entwurfs nicht mehr so schwer ins Gewicht".[86] In ihrer offiziellen Stellungnahme zum Regierungsentwurf allerdings schloß die Bundesvereinigung der Kommunalen Spitzenverbände Ende Mai 1960 dann doch direkte Bundeszuschüsse zu den Sozialhilfeausgaben nicht mehr aus.[87]

Das weitere Gesetzgebungsverfahren zu diesem Bereich war erwartungsgemäß gekennzeichnet durch den Konflikt zwischen Bundes- und Länderinstanzen über Berechtigung und Ausmaß der bundesrechtlichen Regelung. Erstes Opfer dieses Konflikts wurde der ungeliebte Finanzierungs-Paragraph: Der Bundesrat forderte unter Berufung auf die ausschließliche Gesetzgebungskompetenz der Länder für den kommunalen Finanzausgleich dessen Streichung, und Bundesregierung sowie

---

[80] Vgl. Niederschrift über die Konferenz der für das Wohlfahrtswesen zuständigen Minister der Länder am 22.5.1959, BAK, B 106/20644, sowie einen Vermerk [vermutlich Krumwiedes] vom 28.5.1959, LAS Abt. 761 Nr. 8876.
[81] Vgl. Begründung des Regierungsentwurfs, S. 67, BT, 3. Wp. 1957, Anlagen, Bd. 67, Drs. 1799.
[82] Vgl. Willi Bangert, Bundessozialhilfegesetz, S. 350.
[83] Vgl. Niederschrift über die Sitzung des DLT-Präsidiums am 30.11.1959, Auszug, BAK, B 172/444-02/2; Frick, Finanzausgleich, S. 69; Johann Bangert, Bundessozialhilfegesetz, S. 205; Schmerbeck, Landkreise, S. 71.
[84] Zu den bayerischen Spitzenverbänden vgl. auch Rudloff, Schatten, S. 389ff.
[85] Vgl. Vermerk Referat V 4 vom 15.1.1959, BAK, B 106/9686; § 95 des Regierungsentwurfs, BT, 3. Wp. 1957, Anlagen, Bd. 67, Drs. 1799.
[86] Wormit an BMI, 18.7.1959, BAK, B 106/20644.
[87] Vgl. Stellungnahme der Bundesvereinigung der Kommunalen Spitzenverbände vom 31.5.1960, PA, Gesetzesmaterialien III/349 A3.

Bundestagsausschuß stimmten zu.[88] Dieser wenig schmerzhafte Verzicht auf die ohnehin deklaratorische Finanzbestimmung konnte allerdings nicht darüber hinwegtäuschen, daß die Bundesregierung und anschließend der Bundestag den Ländern in den anderen zentralen Fragen der Organisation nicht mehr weiter entgegenkamen. So forderte der Bundesrat ohne Erfolg, die Festlegung auch der örtlichen Träger den Ländern zu überlassen und die Vorschrift über das Fachpersonal zu streichen. Dabei wollte der Bundesrat erklärtermaßen an der Trägerschaft durch die Stadt- und Landkreise gar nichts ändern; ihm ging es vielmehr auch beim BSHG darum, jedweden Versuch der Kommunen, bundesunmittelbar zu werden, von vornherein abzublocken.[89]

Auch für die Personal-Vorschrift sah der Bundesrat „kein Bedürfnis", es könne „ohne weiteres davon ausgegangen werden, daß die Länder und Kommunen für die Durchführung des Gesetzes geeignetes Personal einsetzen".[90] Das wurde aber bekanntermaßen nicht nur vom Bundesinnenministerium heftig bezweifelt; in der offiziellen Replik der Bundesregierung zur Stellungnahme des Bundesrats wurde allerdings die Bedeutung der Vorschrift marginalisiert, enthalte sie doch „nur Leitsätze, die erst durch Ausführungsbestimmungen der Länder wirksam werden können".[91] Auch der Bundestagsausschuß lehnte eine Streichung dieses von Muthesius namens des DV noch einmal vorgebrachten wichtigen Anliegens der Fürsorgereform ab und verschärfte die Bestimmung wieder etwas.[92] Nachdem in zweiter Lesung ein auch von den Sozialdemokraten unterstützter Antrag der FDP auf direkte Beteiligung des Bundes an den Kosten für das Pflegegeld, die Blindensowie die Mütter- und Wöchnerinnenhilfe im Bundestag gescheitert war, wurden die dargestellten Bestimmungen über die Durchführung der Sozialhilfe schließlich Gesetz.[93]

---

[88] Vgl., auch für das Folgende, Stellungnahme des Bundesrates zum Regierungsentwurf, S. 76, sowie Auffassung der Bundesregierung dazu, S. 86, BT, 3. Wp. 1957, Anlagen, Bd. 67, Drs. 1799; Kurzprotokoll der Sitzung des Ausschusses für Kommunalpolitik und öffentliche Fürsorge am 8.12.1960, PA, Gesetzesmaterialien III/349 A1. Daß die Streichung von seiten der Länder tatsächlich verfassungspolitisch und nicht fiskalisch motiviert war, belegt auch die Tatsache, daß das Länderorgan ja eine ganze Reihe von kostenintensiven Leistungsverbesserungen (etwa bei den Einkommensgrenzen) auf den Weg brachte.
[89] Am 18.7.1967 jedoch erklärte das Bundesverfassungsgericht zumindest die Bestimmung der Sozialhilfe als kommunale Selbstverwaltungsangelegenheit für nichtig, da sie unvereinbar mit der alleinigen Zuständigkeit der Länder für das Kommunalrecht sei; vgl. Schlüsche, Grundsatzbestimmungen, S. 127.
[90] Stellungnahme des Bundesrates zum Regierungsentwurf, S. 76, BT, 3. Wp. 1957, Anlagen, Bd. 67, Drs. 1799.
[91] Vgl. Auffassung der Bundesregierung zur Stellungnahme des Bundesrates, S. 86, ebenda.
[92] Vgl. Vorschläge des DV zum BSHG-Entwurf [o.D.], PA, Gesetzesmaterialien III/349 A3; Kurzprotokolle der Sitzungen des Ausschusses für Kommunalpolitik und öffentliche Fürsorge am 8.12.1960, ebenda, A 1, und 3.3.1961, ebenda, A2. § 102 BSHG lautet unter der Überschrift „Fachkräfte": „Bei der Durchführung dieses Gesetzes sollen Personen beschäftigt werden, die sich hierfür nach ihrer Persönlichkeit eignen und in der Regel entweder eine ihren Aufgaben entsprechende Ausbildung erhalten haben oder besondere Erfahrungen im Sozialwesen besitzen."
[93] Vgl. Änderungsantrag der FDP-Fraktion vom 2.5.1961, BT, 3. Wp. 1957, Umdruck 888, PA, Gesetzesmaterialien III/349 A2; Sitzung des Bundestags am 4.5.1961, S. 9080ff., BT, 3. Wp. 1957, Sten. Ber., Bd. 49; Abschnitte 8-11 des BSHG.

Die formalrechtlichen Regelungen des BSHG sind bis 2004 weitgehend unverändert bestehen geblieben und ab 2005 in den Zwölften Teil des Sozialgesetzbuches übernommen worden, mit der wesentlichen Ausnahme, daß die Länder im Jahr 2000 wieder ermächtigt wurden, auch kreisangehörige Städte, Gemeinden und Gemeindeverbände zu selbständigen Sozialhilfeträgern zu bestimmen.[94] Allerdings konnte auch das BSHG Streitigkeiten der Träger über die Übernahme der Kosten im Einzelfall und damit Nachteile für den einzelnen Hilfesuchenden nicht gänzlich aus der Welt schaffen, dies ist jedoch ein Problem, das sich für sämtliche soziale Sicherungsbereiche stellt und den Sozial- und Verwaltungsgerichten auch weiterhin genügend Arbeit beschert.[95]

Ein Blick in die von den Ländern erlassenen Ausführungsbestimmungen zeigt, daß der unmittelbar materiellrechtliche Spielraum, den das BSHG und die Durchführungsverordnungen des Bundes noch ließen, tatsächlich eher gering war; sie regelten und regeln im wesentlichen Fragen der Organisation und des Verfahrens, der sachlichen Zuständigkeit der überörtlichen Träger, der Heranziehung durch örtliche und überörtliche Träger, der vorläufigen Hilfeleistung und – nicht zuletzt – der Finanzierung. Hierbei nutzten die Länder den ihnen verbliebenen Freiraum, so daß trotz eines von den Länderreferenten erarbeiteten Musterentwurfs für die Ausführungsgesetze die teilweise erheblichen regionalen Unterschiede vor allem bei der überörtlichen Trägerschaft und der Finanzierung fortgeführt wurden, worüber auch die bundesweit bald einheitliche Etablierung der Bezeichnung „Sozialamt" nicht hinwegtäuschen kann.

Eine Konsequenz der verschiedenartigen Ausgestaltung der überörtlichen Trägerschaft und des kommunalen Finanzausgleichs etwa blieben die weiterhin ganz erheblichen Unterschiede der relativen Belastung der Kommunen durch Sozialhilfeausgaben innerhalb der einzelnen Bundesländer wie im Ländervergleich.[96]

---

[94] Vgl. 2. Zuständigkeitslockerungsgesetz vom 3.5.2000, BGBl. I S. 632; Schellhorn, Bundessozialhilfegesetz, 2002, S. 11. Von grundlegender Bedeutung war ferner die 1984 eingeführte Möglichkeit für die Länder, den Aufgabenkatalog der überörtlichen Träger auch einzuengen, so daß etwa auch stationäre Pflegeaufgaben dem örtlichen Träger obliegen können; zu den finanziellen Auswirkungen für die Kreise in Nordrhein-Westfalen vgl. Wohltmann, Entwicklungen, S. 114.
[95] Vgl. für Niedersachsen Scholz, Probleme.
[96] Instruktiv ist nach wie vor die Studie von Aloys Prinz zur Bedeutung des interkommunalen „Sozialhilfelastenausgleichs" für die alte Bundesrepublik, vgl. Prinz, Finanzierung. Außer in Bayern, Hessen und Rheinland-Pfalz fand dieser Ausgleich jedoch nur auf Landkreisebene statt und waren die kreisfreien Städte (also auch die besonders durch Sozialhilfekosten belasteten Großstädte) nicht in diesen Ausgleich einbezogen, so daß sich innerhalb eines Landes vergleichsweise große Belastungsunterschiede ergaben. Eine wichtige Rolle spielte ferner die Regelung der überörtlichen Trägerschaft: Wo, wie in Niedersachsen, Schleswig-Holstein und im Saarland das Land nicht nur überörtlicher Träger war, sondern auch dessen Kosten in voller Höhe übernahm, stellten sich die Gemeinden relativ besser als vor allem in Nordrhein-Westfalen oder auch Baden-Württemberg, wo die überwiegend kommunal finanzierten Landschafts- bzw. Landeswohlfahrtsverbände als überörtliche Träger fungierten. So lag der Anteil der Kommunen an den Sozialhilfeausgaben des jeweiligen Landes 1985 in Nordrhein-Westfalen bei 96,2%, in Niedersachsen hingegen bei nur 51,2%; vgl. Bötticher-Meyners, Sozialhilfekostenbelastung. Vgl. ferner Münch, Sozialpolitik, S. 229f. Ausführlich und kritisch zur gegenwärtigen Berück-

Wenn damit auch noch kein unmittelbarer Rückschluß auf die lokale Sozialhilfegestaltung möglich ist, so zeigt sich doch, daß dem alten Ziel des Bundesgesetzgebers, die Sozialhilfestandards unter Berücksichtigung individueller, aber nicht regionaler Unterschiede möglichst weitgehend zu vereinheitlichen, föderale Schranken gesetzt waren. Darauf verweist auch das Schicksal des umstrittenen § 102 BSHG über die „Fachkräfte": Anders als von vielen Reformern erhofft, übten die Länder bei der „Ausfüllung" dieser Bestimmung nämlich bemerkenswerte Zurückhaltung mit dem Ergebnis, daß die Stellung der Sozialhilfe innerhalb der allgemeinen kommunalen Verwaltung schwach geblieben ist und nach wie vor kaum Sozialarbeiter in den Sozialämtern eingesetzt wurden, also weiter die Sachbearbeiter mit allgemeiner Verwaltungsausbildung dominierten.[97]

Die Finanzierungsprobleme der Sozialhilfe schließlich sind spätestens seit den Konjunktureinbrüchen der siebziger Jahre und der damit beginnenden Massenarbeitslosigkeit ein sozial- und kommunalpolitisches Dauerthema geworden und haben viele seinerzeitige Befürchtungen von kommunaler Seite bestätigt. Rund vier Jahrzehnte blieb es trotz einer gewissen Erhöhung des Länderanteils bei der hauptsächlich kommunalen Finanzierung der Sozialhilfe, und alle Vorstöße in Richtung einer stärkeren Beteiligung des Bundes waren vergeblich. Die Inkongruenz von gemeindlicher Finanzierungspflicht und weitgehend außergemeindlicher Regelungskompetenz haben damit die Sozialhilfe, die viel teurer wurde, als von den einstigen Reformern erwartet, „zum wichtigsten sozialpolitischen Konfliktherd in den binnenföderalen Beziehungen" gemacht.[98] Eine einschneidende Änderung brachte hier jedoch ab 2005 die sogenannte „Hartz IV"-Gesetzgebung. In welcher Höhe die Kommunen nun tatsächlich durch die Finanzierung des Lebensunterhalts für alle arbeitsfähigen Arbeitslosen und ihre Angehörigen durch die Bundesagentur für Arbeit entlastet wurden, ist zur Zeit noch nicht valide zu ermessen.

2. Die Stellung der freien Wohlfahrtspflege: der Streit um das Subsidiaritätsprinzip

Es sei durchaus zu fragen, ob man sich bei der bekannten Fixierung des Vorrangs der freien Verbände gegenüber den öffentlichen Trägern im BSHG und JWG 1961 „zu Recht oder zu Unrecht auf das Subsidiaritätsprinzip berief und ob es sich hier um einen Erfolg oder gar Sieg der katholischen Soziallehre und des sozialen Ka-

---

sichtigung der kommunalen Sozialhilfelasten durch die verschiedenen Finanzausgleichssysteme der einzelnen Bundesländer Henneke, Belastungsausgleich, S. 223ff.
[97] Vgl. Kühn, Jugendamt, S. 71; zu den „Vollzugsdefiziten" der Sozialhilfe vgl. Münder, Mängellagen, S. 59f., und Bernd Schulte, Perspektiven, S. 83; etwas positiver die Einschätzung bei André, SozialAmt, S. 125f., 134f.
[98] Jaedicke u.a., Politik, S. 24; vgl. ferner ebenda, S. 52f., 110; Münch, Sozialpolitik, S. 228ff.; Milbradt, Sozialhilfeausgaben. Der Anteil der Länder an der Sozialhilfefinanzierung stieg seit den sechziger Jahren relativ kontinuierlich an, er betrug 1965 17%, 1985 dann 23,9%; der Bundesanteil lag 1965 bei 0,1%, zwanzig Jahre später bei 0,3% (vor allem für Sozialhilfe für Deutsche im Ausland sowie für die Sozialbeiträge in den Werkstätten für Behinderte); vgl. Dornbusch, Sozialhilfe; ferner insgesamt die Beiträge in Kitterer, Hg., Sozialhilfe.

tholizismus handelte oder um einen unglücklichen Fehlgriff".[99] Als der Nestor eben dieser Soziallehre Oswald von Nell-Breuning 1980 derart Rückschau hielt, waren die heftigen Auseinandersetzungen um die Stellung der Wohlfahrtsverbände in der Sozial- und Jugendhilfe längst Geschichte. Seinerzeit aber hat der schließlich auf das Schlagwort des Subsidiaritätsprinzips reduzierte Konflikt eine derartige publizistische und politische Breitenwirkung entfaltet, daß er andere, von der Sache her nicht minder gewichtige Streitfragen der Reform im parlamentarischen Entscheidungsprozeß überlagerte und zum Teil auch die historische Rückschau dominierte. Das lag auch daran, daß der Streit um die „Subsidiarität" vor das Bundesverfassungsgericht getragen und dort erst 1967 entschieden wurde.

Der Vorrang, der der freien Wohlfahrtspflege gegenüber den kommunalen Trägern eingeräumt wurde, ist für Teile der sozial- und politikwissenschaftlichen Forschung einmal mehr Nachweis für einen Sonderweg des deutschen Wohlfahrtssystems, der seinen Ausgang im Ersten Weltkrieg nahm und zumindest die Spitzenverbände der freien Wohlfahrtspflege auch im vereinigten Deutschland zu einer im internationalen Vergleich nahezu einmaligen wohlfahrtspolitischen Einflußgröße werden ließ.[100] Die zunehmende Einbindung dieser Verbände in die Formulierung und Implementierung staatlicher bzw. kommunaler Fürsorge- und Sozialpolitik erscheint demnach als „neokorporatistisches Verflechtungssystem", in dem die Autonomie der Verbände faktisch aufgehoben wurde. Während der Staat von den personellen und materiellen Ressourcen der Verbände, ihren wirksamen Strategien zur fachlichen Konsensbildung im außer- und vorparlamentarischen Raum profitierte, erlangten die Verbände umgekehrt hohe öffentliche Subventionen und ein Vertretungsmonopol gegenüber dem Staat im Bereich der Armenpolitik.[101]

---

[99] Nell-Breuning, Beitrag, S. 118.
[100] Vgl. Bernd Schulte, Verhältnis; Tennstedt, Spitzenverbände, S. 356; Schmid, Wohlfahrtsverbände, S. 195ff. „Freie Wohlfahrtspflege" bezeichnet eigentlich die Gesamtheit aller sozialen/fürsorgerischen Hilfen, die auf gemeinnütziger Grundlage in organisierter Form erbracht wurden und werden. Auch das Fürsorgerecht sprach ohne nähere Spezifizierung von der „freien Wohlfahrtspflege". In der fürsorgerischen Praxis allerdings bezog sich dieser Terminus zumeist nur auf die durch die bekannten Spitzenverbände repräsentierten freien, d.h. nicht-öffentlichen Träger der Wohlfahrtspflege, um deren Stellung es bei den Auseinandersetzungen um das Subsidiaritätsprinzip auch in erster Linie ging.
[101] Erstmals grundlegend für das Wohlfahrtswesen formuliert und historisch vertieft analysiert wurde das „Neokorporatismus"-Konzept von Heinze/Olk, Wohlfahrtsverbände; stärker die Unterschiede zu traditionellen Korporatismus-Konzepten betonend und auf die Bedeutung der lokalen Ebene verweisend dann Thränhardt u.a., Wohlfahrtsverbände und Sozialwissenschaften. Ausführlich schließlich Backhaus-Maul/Olk, Subsidiarität; ferner Sachße/Tennstedt, Geschichte, Bd. 2, S. 172, 215. Eine einflußreiche These von Bauer, Wohlfahrtsverbände, S. 28ff., hingegen schrieb den Wohlfahrtsverbänden vor allem eine Mediatisierungs- und Pufferfunktion im Klassenkampf zu, indem sie infolge ihrer stellvertretenden Interessenwahrnehmung „den Staatsapparat gegen Ansprüche und Militanz von unten" abschotteten (S. 29); dadurch wirkten sie herrschaftsstabilisierend und verhinderten einen sozialpolitischen Strukturwandel, und der Dualismus von privater Verbände- und öffentlicher Behördenwohlfahrt erweise sich als theoretisches Konstrukt. Kritisch dazu Winter, Interessen. Statt weiterer Literaturangaben vgl. den breit angelegten Überblick über gegenwärtige Ergebnisse und theoretische wie vor

2. Die Stellung der freien Wohlfahrtspflege

Tatsächlich gehörte der Dualismus von öffentlicher Fürsorge und „freien Verbänden" bereits zu den zentralen Merkmalen des Wohlfahrtssystems der Weimarer Republik: Neben der immer stärker ausgebauten professionalisierten, bürokratischen und zunehmend reichsweit standardisierten öffentlichen Fürsorge hatten sich die Verbände ihrerseits zu leistungsfähigen und reichsweit in Spitzenverbänden vereinigten Organisationen entwickelt und avancierten zum anderen Grundpfeiler des Wohlfahrtssystems.[102] Daß diese Entwicklung reichsgesetzlich forciert wurde, lag vor allem an der ideellen und interessenpolitischen Allianz zwischen führenden Funktionären der konfessionellen Wohlfahrtspflege, dem Zentrum und dem federführenden Reichsarbeitsministerium. Sie wurde durch die Finanzknappheit der Kommunen begünstigt und war auch eine Reaktion auf die wohlfahrtsstaatlichen Ambitionen der jungen Republik. Nicht zuletzt auch sollte sie eine verstärkte Kontrolle der privaten Verbände abwehren, die während des Krieges angesichts des Wildwuchses privater Neugründungen nötig geworden und bei Sozialdemokraten in die Forderung nach „Unterstellung" der freien unter die öffentliche Wohlfahrtspflege gemündet war.[103]

Die mehr oder weniger begründete Furcht christlicher Wohlfahrtsfunktionäre vor „Kommunalisierung" und „Entkonfessionalisierung" der Fürsorge führte bereits bei der Beratung des RJWG zu heftigen Auseinandersetzungen zwischen Zentrum und SPD – schließlich ging es hier nicht allein um die formale Stellung der freien Verbände im Wohlfahrtssystem, sondern auch um die inhaltliche Ausrichtung der Jugenderziehung und damit um ein weltanschauliches Kernproblem.[104] Die sozialdemokratische AWO nahm hier von Anfang an eine Sonderposition ein, indem sie konsequent für den Primat der öffentlichen Träger eintrat. Dafür hatte sie auch ganz praktische Gründe: Bei einem am Kriterium der Konfession orientierten Verteilungsraster für die Fürsorgefälle blieb für die AWO nur die kleine Zahl der Konfessionslosen übrig.[105] Der Konflikt mündete schließlich in die Kompromißformel des § 1 Abs. 4 RJWG: „Insoweit der Anspruch des Kin-

---

allem empirische Desiderata der verschiedenen Forschungsansätze zu Struktur und Stellung der Wohlfahrtsverbände in der Bundesrepublik bei Schmid, Wohlfahrtsverbände, S. 22ff., 223ff., et passim; Schmid selbst geht dabei insofern über die bisherigen Ansätze hinaus, als er im Zusammenhang eines internationalen Vergleichs dem deutschen Wohlfahrtsdualismus historisch vorgelagerte spezifische Strukturmerkmale des Staats- und Gesellschaftssystems zu ermitteln sucht und dabei die konfessionelle Heterogenität und den daraus resultierenden Staat-Kirche-Konflikt als entscheidende Faktoren benennt (vgl. S. 229ff., 244ff., 280ff.); ferner Ebertz/ders., Stand; Winter, Interessen, S. 154ff., 267ff., 416ff.; Andreas Wollasch, Tendenzen, S. 12ff.; Neumann, Zusammenarbeit; zusammenfassend Rudloff, Konkurrenz, S. 186ff.

[102] Vgl. Sachße/Tennstedt, Geschichte, Bd. 2, S. 152ff.; Tennstedt, Spitzenverbände; Crew, Germans, S. 16ff.; ferner Buck, Aspekte, S. 65ff. Den hier bisweilen vermittelten Eindruck, es habe sich bei den Spitzenverbänden um nahezu monolithische Wohlfahrtskonzerne mit mächtigen Verbandszentralen gehandelt, relativiert etwa für die Caritas Frie, Amtskirche, S. 548ff.

[103] Vgl. Matthes, Konzeptionen, S. 35ff.; Sachße/Tennstedt, Geschichte, Bd. 2, S. 56ff., 167ff.

[104] Vgl. Andreas Wollasch, Tendenzen, S. 122ff.; Sachße/Tennstedt, Geschichte, Bd. 2, S. 101ff.; Hong, Welfare, S. 76ff.; Hasenclever, Jugendhilfe, S. 62ff.; Martin Rudolf Vogel, Apparatur, S. 59ff.

[105] Vgl. Andreas Wollasch, Tendenzen, S. 158; Hong, Welfare, S. 186ff.

des auf Erziehung von der Familie nicht erfüllt wird, tritt, unbeschadet der Mitarbeit freiwilliger Tätigkeit, öffentliche Jugendhilfe ein." Entscheidend war darüber hinaus, daß zwei Fünftel der stimmberechtigten Mitglieder der Jugendamtskollegien von den freien Verbänden zu stellen waren (§ 9) und damit ein wichtiges Mitspracherecht in der kommunalen Jugendhilfepraxis gesichert wurde. Außerdem hatten die geplanten Jugendämter die freien Verbände „unter Wahrung ihrer Selbständigkeit [...] zu unterstützen, anzuregen und zur Mitarbeit heranzuziehen" (§ 6) und konnten ihnen einzelne Maßnahmen oder auch Aufgabengebiete mit ihrem Einverständnis übertragen (§ 11); schon Ende März 1924 wurden die preußischen Kommunen wegen leerer Kassen angewiesen, von dieser Delegationsmöglichkeit weitestgehenden Gebrauch zu machen.

In der RFV von 1924 wurde der freien Wohlfahrtspflege eindeutiger ein qualifizierter Vorrang eingeräumt, was ebenfalls u.a. den aktuellen Finanznöten der öffentlichen Hand geschuldet war. Nach § 5 Abs. 3 RFV sollten die Fürsorgeverbände „eigene Einrichtungen nicht neu schaffen, soweit geeignete Einrichtungen der freien Wohlfahrtspflege ausreichend vorhanden sind". Außerdem wurde die Eigenständigkeit der freien Verbände bei der gebotenen Zusammenarbeit ausdrücklich betont und ebenso wie in der Jugendhilfe die Möglichkeit der Delegation vorgesehen (vgl. § 5 Abs. 1 u. 2, 4 RFV).

Vor allem § 5 Abs. 3 RFV sollte für die weitere Entwicklung der Wohlfahrtspflege in Deutschland von grundlegender Bedeutung sein, verankerte er doch eine gewisse „gesetzliche Bestands- und Eigenständigkeitsgarantie der freien bei gleichzeitiger Förderungsverpflichtung und Gesamtverantwortung der öffentlichen Träger".[106] Sie verdankte sich auch der für die konfessionellen Wohlfahrtsvertreter günstigen Konstellation, daß mit dem Reichsarbeitsministerium nicht nur ein kommunalen Interessen wenig zugängliches Ministerium die Federführung innehatte, sondern dort bis 1928 unter Minister Heinrich Brauns (Zentrum) entschiedene Verfechter des katholischen Sozialdenkens in der Wohlfahrtsabteilung agierten mit dem Ziel, die konfessionellen Verbände als Gegengewicht zu einer in vielen Großstädten sozialdemokratisch dominierten öffentlichen Fürsorge zu etablieren.[107] Flankiert wurden diese reichsgesetzlichen Schutzgarantien durch die exklusive gesetzliche Anerkennung der Spitzenverbände 1926, die enge sozial-

---

[106] Sachße, Subsidiarität, 1994, S. 728. Wie weit der in § 5 RFV statuierte Vorrang der freien Wohlfahrtspflege juristisch und praktisch ging, wäre allerdings zu klären: Von Interesse ist dabei insbesondere, ob und tatsächlich als „Sperrklausel", Sachße/Tennstedt, Geschichte, Bd. 2, S. 151, funktionierte und damit kommunale Initiative abwehren konnte. Eine Stellungnahme des DPW aus dem Jahre 1960 behauptete immerhin, es sei den „caritativen Organisationen jederzeit möglich gewesen, den Zustand des ‚Vorhandenseins' einer Einrichtung herbeizuführen, ohne daß die öffentliche Fürsorge, auch wenn sie es gewollt hätte, dies hätte verhindern können"; NDV 40 (1960), S. 385. Sachße, Bedeutung, S. 32, bezeichnete die Formulierung in § 5 RFV dann hingegen selbst als „keine dezidierte Sperrklausel". Oder aber ließ die Regelung kommunale Spielräume, indem der Zusatz „ausreichend" durchaus der Interpretation zugänglich war und zahlungswillige Stadtväter nicht am Bau eigener Anstalten hindern konnte. Zu den Auseinandersetzungen unter den freien Verbänden über die Umsetzung der einschlägigen Bestimmungen vgl. Hong, Welfare, S. 181ff.

[107] Vgl. Sachße/Tennstedt, Geschichte, Bd. 2, S. 145ff., 169ff.; Sachße, Bedeutung, S. 33.

politische Kooperation von christlichen Verbandsfunktionären mit den Beamten der Wohlfahrtsabteilung und nicht zuletzt durch eine systematische – nicht zweckgebundene – Subventionierung der Spitzenverbände durch das Reich, das sich zur gleichen Zeit aus der Finanzierung der öffentlichen Fürsorge zurückzog.[108]

Letztlich bildeten aufgrund dieser Förderung und der doch übergreifenden Gemeinsamkeit der Interessen öffentliche und private Wohlfahrtspflege einen „einheitlichen ‚wohlfahrtsindustriellen Komplex'"[109], in dem die kommunale Fürsorge vor allem die laufende materielle Grundsicherung finanzierte, während die freien Verbände ihre angestammte Domäne der Anstaltsfürsorge und der Organisation persönlicher Dienstleistungen – gerade bei den freiwilligen Fürsorgeaufgaben – vielerorts wahren oder weiter ausbauen und selbst über die wirtschaftlichen Krisenjahre retten konnten.[110] Dieser Befund darf allerdings nicht darüber hinwegtäuschen, daß innerhalb der freien Wohlfahrtspflege die massiven weltanschaulichen Gegensätze mit entsprechenden Implikationen für Selbstverständnis und gesellschaftlichen Anspruch zwischen der sozialdemokratischen AWO auf der einen und den christlichen Verbänden auf der anderen Seite weiterhin bestehen blieben.

Während des Nationalsozialismus blieben die gesetzlichen Schutzgarantien der freien Wohlfahrtsverbände im Fürsorgerecht weitgehend bestehen. Praktisch allerdings änderte sich die Situation für die meisten von ihnen völlig: Von den bisherigen Spitzenverbänden konnten nur Innere Mission und Caritas auf ihrer bisherigen Basis weiterarbeiten, die anderen wurden entweder sofort oder später aufgelöst bzw. in die NSV überführt oder auf bestimmte Aufgabenfelder beschränkt. Mit der NSV entstand ein neuer Wohlfahrtsverband in Gestalt einer Parteiorganisation, und die bisherige „duale" Struktur des Wohlfahrtssystems wurde durch ein mehrgliedriges System ersetzt.[111] Für unseren Zusammenhang von Belang ist vor allem die Entwicklung der konfessionellen Verbände, da die Erfahrungen während der NS-Zeit deren Haltung in den Auseinandersetzungen der fünfziger Jahre nachhaltig prägten. Die prinzipielle Kirchenfeindlichkeit des Nationalsozialismus, die Expansionswünsche der NSV und deren Dominanz in den neuen zentralen Spitzenzusammenschlüssen, Enteignungen, Sammelverbote und alltägliche Schikane und Diffamierung vor Ort machten diese Zeit für diese Verbände zu „Jahren der Bedrängnis"[112]. Diese Behinderungen und Repressionen bedeuteten jedoch nicht, daß die von der NSV betriebene Verdrängung der konfessionellen Verbände tatsächlich gelungen wäre: Nachdem in der Frühphase auch die Ge-

---

[108] Vgl. Hammerschmidt, Wohlfahrtsverbände im NS-Staat, S. 84f., 294f.; Sachße/Tennstedt, Geschichte, Bd. 2, S. 170f.
[109] Sachße/Tennstedt, Geschichte, Bd. 2, S. 215.
[110] Vgl. dies., Geschichte, Bd. 3, S. 132ff.
[111] Vgl. ebenda, S. 273f.
[112] So Elisabeth Zillken 1949, zitiert nach Osten, Jugend- und Gefährdetenfürsorge, 1997, S. 417. Für die NS-Zeit vgl. Hammerschmidt, Wohlfahrtsverbände im NS-Staat; Sachße/Tennstedt, Geschichte, Bd. 3, S. 132ff.; die unterschiedliche politische Praxis auf regionaler und lokaler Ebene betonend Hansen, Wohlfahrtspolitik, S. 69ff., 105ff., 200f., 236ff.; zur Inneren Mission Kaiser, Protestantismus, S. 227ff., Thierfelder, Anpassung.

meinden an der „Entkonfessionalisierung" der Wohlfahrtspflege aktiv beteiligt gewesen waren, expandierte die NSV schließlich vor allem auf Kosten der kommunalen Fürsorge, während die kirchlichen Verbände ihre dominante Position in der Anstaltsfürsorge und Gemeindepflege, ihren Personalbestand und ihre organisatorische Eigenständigkeit im großen und ganzen wahren konnten.[113]

Selbst die finanzielle Situation zumindest der Zentralen der konfessionellen Verbände entwickelte sich bis zum Kriegsbeginn vorteilhafter, als lange angenommen, und sie blieben wegen der zunächst schlechten kommunalen Finanzsituation und unzureichender personeller und vorerst auch materieller Ressourcen der NSV etwa in der Krankenpflege, Erholungsfürsorge, der Schwesternausbildung und selbst der Fürsorgeerziehung die zentralen, oft sehr viel kostengünstigeren Träger sozialer Dienstleistungen.[114] Bemerkenswerterweise war die gemeinsame Erfahrung der Repression zumindest auf der Spitzenebene für die beiden christlichen Verbände nicht Anlaß, enger zusammenzurücken, im Gegenteil: Es gibt nicht nur Hinweise darauf, daß die Bereitschaft zur Kooperation mit der NSV wie mit dem neuen System überhaupt bei vielen Vertretern der Inneren Mission weiter ging als bei denen der Caritas, sondern daß man sich dort auch ganz bewußt vom DCV distanzierte, so daß dieser – auch aus seiner durch das Reichskonkordat und die katholischen Bischöfe gestützten stärkeren Position heraus – immer wieder für beide kirchliche Verbände die Kastanien aus dem Feuer holte.[115]

In der Nachkriegszeit erlebten die konfessionellen Verbände ungeachtet ihrer beträchtlichen Kriegsschäden zunächst einen starken Bedeutungszuwachs und spielten auch bei der prestigeträchtigen Verteilung von Auslandsspenden eine wichtige Rolle. Zu dieser starken Aufwertung ihrer praktischen Arbeit kam ein für die künftige Stellung der christlichen Verbände wichtiges Moment hinzu: Die Kirchen erlangten jetzt einen schon vergessen geglaubten gesellschaftlichen Stellenwert, der sich ihrer Anerkennung als politische und moralische Autorität durch die Siegermächte ebenso wie dem in der Zusammenbruchsgesellschaft verbreiteten Bedürfnis nach spiritueller Heimat und moralischer Orientierung verdankte und bei vielen Gläubigen in die Hoffnung auf eine allgemeine Rechristianisierung mündete. Wenn auch solche Vorstellungen bald von der Wirklichkeit der pluralistischen Industriegesellschaft eingeholt wurden und etwa das Lieblingskind vieler katholischer Kirchenvertreter, die Konfessionsschule, nicht die erwünschte grundgesetzliche Verankerung fand, wurde doch der Öffentlichkeitsanspruch der Kirchen auf vielen Seiten anerkannt und ihre Selbständig-

---

[113] Vgl. Hammerschmidt, Wohlfahrtsverbände im NS-Staat, S. 287ff., 357ff., 389ff.
[114] Wie Hammerschmidt, Wohlfahrtsverbände im NS-Staat, nachweist, betrieb die Reichsregierung auch nach 1933 keineswegs eine Politik der „finanziellen Austrocknung": So wurden die Reichsmittel zur Sanierung des Anfang der dreißiger Jahre finanziell ruinierten Central-Ausschusses der Inneren Mission weiter gezahlt, und nach Einführung des Sammlungsmonopols für das Winterhilfswerk erhielten zahlreiche Anstalten der Inneren Mission und der Caritas anders als NS-Organisationen Kompensationen (vgl. S. 214ff., 320ff., 440ff.).
[115] Vgl. ebenda, S. 137ff., 164ff., 175ff., bes. 188ff., 442f., 560; Hansen, Wohlfahrtspolitik, S. 198ff.

keit und Freiheit sowie öffentlich-rechtliche Privilegierung verfassungsmäßig abgesichert.[116]

Neben der ideellen ist auch die politische Bedeutung der Kirchen, zumal der katholischen, bis weit in die fünfziger Jahre hinein nicht zu unterschätzen.[117] Diese Bedeutung basierte auf der lange kompromißlosen Bindung und weltanschaulichen Nähe vor allem der Katholiken zu den Unionsparteien und Bundeskanzler Adenauer.[118] Die katholischen Bischöfe bemühten sich um möglichst geschlossene Unterstützung des organisierten Katholizismus für den Bundeskanzler und mobilisierten in Hirtenbriefen zu den Bundestagswahlen das Kirchenvolk unmißverständlich für seine Partei.[119] Umgekehrt konnte die Kirche, auch über ihre Bonner Verbindungsstelle unter Leitung des legendären Prälaten Wilhelm Böhler („Katholisches Büro") personalpolitische Entscheidungen der Bundesregierung, aber auch die Leitmaximen in der Sozial-, der Familien- und auch Kulturpolitik beeinflussen. Wie jedoch etwa die Schulfrage oder der seit 1958 gärende Fernsehstreit zeigten, waren diese Einflußmöglichkeiten durch den Föderalismus vielfach gebrochen und insgesamt begrenzt, zumal weder für Adenauer noch andere führende CDU-Politiker die Union als „verlängerter Arm der Katholischen Kirche" funktionieren sollte.[120] Umso distanzierter und von gegenseitigem Mißtrauen geprägt blieb vorerst das Verhältnis zwischen katholischer Kirche und SPD, wo die von Rom vorgegebene strikt anti-sozialistische Linie der Kirchenführung ebenso wie der traditionelle Antiklerikalismus der Sozialdemokratie eine Annäherung lange Zeit verhinderten und katholische SPD-Wähler die Ausnahme blieben.[121]

Auf evangelischer Seite fiel die politische Zuordnung demgegenüber schwieriger: Zwar war auch der damalige EKD-Ratsvorsitzende und Berliner Bischof Otto Dibelius Mitglied der CDU und verfügte die Union etwa mit Eugen Ger-

---

[116] Dies geschah formal unter Übernahme der einschlägigen Artikel der Weimarer Verfassung (Art. 140 GG), die jedoch eine Neuinterpretation (z.B. fast vollständiger Verzicht auf die Staatskirchenhoheit) erfuhren. Darüber hinaus wurden die Glaubens-, Gewissens- und Religionsfreiheit sowie das Recht auf ungestörte Religionsausübung in den Grundrechtskatalog (Art. 4 Abs. 1 und 2 GG) aufgenommen. Zur Entwicklung des Staatskirchenrechts vgl. Hans Maier, Kirchen, S. 497ff.
[117] Zur Entwicklung und Bedeutung der Kirchen in den späten vierziger und fünfziger Jahren vgl. nach wie vor Hans Maier, Kirchen; Forster, Katholizismus in der Ära Adenauer; ders., Katholizismus in der Bundesrepublik; Doering-Manteuffel, Kirche; Eschenburg, Jahre, S. 218ff; Schwarz, Die Ära Adenauer 1949-1957, S. 440ff., 452f.; den Sammelband Kaiser/Doering-Manteuffel, Hg., Christentum; Großmann, Kirche, S. 24ff.; Gabriel, Katholiken, sowie die Beiträge in Sauer, Hg., Katholiken.
[118] Vgl. Doering-Manteuffel, Kirche, S. 127ff.; Gotto, Wandlungen, S. 225ff.; Bösch, Adenauer-CDU, S. 320ff. Auch der Vorsitzende der Fuldaer Bischofskonferenz Kardinal Frings war Mitglied der CDU; vgl. Forster, Katholizismus in der Ära Adenauer, S. 493.
[119] Vgl. die Hirtenworte der deutschen Bischöfe zu den Bundestagswahlen 1953 bzw. 1957, in: Fitzek, Hg., Kirche, S. 90ff., 94f. Zur Dominanz der CDU/CSU bei den Bundestagswahlen 1953 und 1957 in Gemeinden mit überwiegend katholischer Bevölkerung vgl. Ritter/Niehuss, Wahlen, S. 245, 256.
[120] Vgl. Schwarz, Die Ära Adenauer 1949-1957, S. 229ff. Zitat: Schwarz, Die Ära Adenauer 1957-1963, S. 163; vgl. etwa Heinrich Krone in seinem Tagebuch am 19.5.1961, in: Krone, Tagebücher, Bd. 1, S. 497f.; zur Schulfrage auch Großmann, Kirche, S. 461ff.
[121] Vgl. Klotzbach, SPD.

stenmaier oder Hermann Ehlers über profilierte evangelische Christen in ihrer Führungsriege; doch nicht erst der spektakuläre Übertritt des langjährigen Präses der EKD-Synode Gustav Heinemann zur SPD machte 1957 klar, daß hier die parteipolitischen Prioritäten weniger eindeutig waren.[122] Das lag auch an der stärkeren organisatorischen, teilweise auch weltanschaulichen Heterogenität selbst der verfaßten evangelischen Kirche, die sich politisch etwa bei der Debatte um die Wiederbewaffnung manifestierte und eine geschlossene Vertretung des gesamten Kirchenvolkes durch kirchliche Amtsträger verhinderte.

Den beiden christlichen Spitzenverbänden der freien Wohlfahrtspflege gelang alsbald der Wiederaufbau in den alten Größenordnungen, so daß sie in der stationären Hilfe für Alte und Behinderte, in der Jugendhilfe und bei den Kindergärten bereits Mitte der fünfziger Jahre wieder eindeutig dominierten.[123] Nichtsdestoweniger gab es in ihren Reihen bereits Ende der vierziger Jahre Befürchtungen, diese Position abermals, jetzt an die ebenfalls expandierte und selbstbewußte kommunale Fürsorge zu verlieren. Angesichts kommunaler Pläne für den (Wieder-)Aufbau einer eigenen Familienfürsorge etwa warnten sie vor einer „Abschnürung oder Abwürgung der freien Wohlfahrtspflege" und „Politisierung" der Fürsorge.[124] Im Sommer 1950 monierte der DCV beim deutschen Episkopat, statt als gleichberechtigte Kooperationspartner würden die Kommunen die „Träger, Helfer und Einrichtungen der christlichen Liebestätigkeit nur als Handlanger" benutzen, und beklagte „die gegenwärtigen Tendenzen einer Staatsomnipotenz".[125] Das entsprach durchaus der Lesart eines damals gängigen Verwaltungslehrbuchs, wonach es einen „vom Gesetzgeber bestimmten Vorrang der öffentlichen Wohlfahrtspflege" gebe und den freien Verbänden „eine ergänzende und unterstützende Tätigkeit" zufalle.[126] Ganz anders die damalige – sicher auch finanziell begründete – Empfehlung des rheinisch-westfälischen Landkreistages an seine Mitglieder, den freien Verbänden gemäß § 6 RJWG bzw. § 5 RFV den Vorrang zu lassen.[127]

Tatsächlich aber blieb die örtliche Praxis unterschiedlich und von der Größe, Struktur, konfessionellen Zusammensetzung und parteipolitischen Prägung der jeweiligen Kommune bzw. des Landes, von vorhandenen Einrichtungen, fürsorgerischen Traditionen, finanziellen Verhältnissen und Prioritäten und nicht zuletzt den jeweiligen Akteuren abhängig. Im ländlich katholischen Amt Nottuln im Münsterland etwa übernahm zumindest in den Nachkriegsjahren eine aktive katholische Wohlfahrtstätigkeit schnell die örtliche Führung, während in der ebenfalls westfälischen Stadt Hagen an die Tradition einer gut entwickelten öffentlichen Fürsorge angeknüpft, aber mit sämtlichen freien Verbänden in einer

---

122 Vgl. Bösch, Adenauer-CDU, S. 323ff.
123 Vgl. NDV 34 (1954), S. 270ff.; Becker, Anstalten; Heun, Darstellung; sowie die einschlägigen Tabellen im Anhang bei Hammerschmidt, Wohlfahrtsverbände in der Nachkriegszeit, S. 441, 449, 453, 458f., 464f.
124 Zitate bei Wientgen, Ziele, S. 124; Laarmann, Gedanke; vgl. auch Engels, Fürsorge, S. 38; NDV 31 (1951), S. 336f.
125 So Franz Klein, Beitrag, S. 223.
126 Otto/Kister, Fürsorge, S. 26.
127 Vgl. Fürsorge im Dienst, S. 128.

Arbeitsgemeinschaft auch in den fünfziger Jahren kooperiert wurde.[128] In den sozialdemokratisch regierten Städten des Ruhrgebiets schließlich beobachtete man auf katholischer Seite eine „sehr starke Beeinträchtigung der Arbeit"[129] der christlichen Wohlfahrtsverbände.

Bereits aus den zwanziger Jahren bekannte und in den folgenden Auseinandersetzungen weiter bemühte Argumentationsmuster tauchten wieder auf: Zwar wurde allseits, insbesondere vom neuen und schon von Amts wegen zur Vermittlung beauftragten DV-Vorsitzenden die Notwendigkeit der Kooperation betont.[130] Doch während die freie Wohlfahrtspflege für sich die fast alleinige Kompetenz zur Hilfe „von Mensch zu Mensch" reklamieren konnte, warnten die Vertreter einer aktiveren öffentlichen Fürsorge davor, daß die freien Verbände durch zunehmende Beschäftigung hauptamtlicher Kräfte und Bürokratisierung genau diese Kompetenz verlieren und durch die Übernahme zu vieler Aufgaben in zu starke Abhängigkeit von öffentlichen Finanztöpfen geraten würden.[131] Eine solche Gefährdung der eigenen Unabhängigkeit wurde auch in den Verbänden selbst befürchtet.[132] Doch jenseits aller prinzipiellen Bedenken war es die eigene als prekär empfundene Finanzlage, die die konfessionellen Verbände auf einer gesetzlich gesicherten Position beharren ließ.

Während die Finanzlage der als Dachorganisationen fungierenden Spitzenverbände bis 1961 mittlerweile umfassend erforscht ist, wissen wir leider nach wie vor nicht genug über die finanzielle Situation der Einrichtungen und Träger der freien Wohlfahrtspflege insgesamt, die eine endgültige Einordnung der Selbstwahrnehmung bzw. Selbstdarstellung gestatten würde.[133] Doch angesichts der Kriegsschäden an Liegenschaften und des Verlusts bzw. der Abwertung von Kapitalbeständen, des nach der Währungsreform drastisch gesunkenen Spendenaufkommens, Pflegesätzen nach dem Stand von 1931/32 und nur beschränkter öffentlicher Darlehen ist davon auszugehen, daß die von ihren Vertretern geführten Klagen weitgehend berechtigt waren.[134] Schließlich war etwa die Frage, ob die Kommunen auch gesetzlich verpflichtet waren, die Errichtung oder gar den Unterhalt freier Einrichtungen zu subventionieren, keineswegs geklärt und wurde

---

[128] Vgl. Frie, Brot, S. 135ff.; Jellinghaus, Zehn Jahre; für die Jugendhilfe Martin Rudolf Vogel, Apparatur, S. 64f.
[129] Mündliche Auskunft von Dr. Hans-Günther Frey, 23. 7. 2002, seit 1958 Mitarbeiter im Katholischen Büro, Bonn.
[130] Vgl. NDV 30 (1950), S. 156; Muthesius, Die kommunale Fürsorge, S. 250f.; auch Mailänder, Planung, S. 159f.
[131] Vgl. Wientgen, Ziele, S. 125f.; NDV 29 (1949), S. 209f.; Engels, Fürsorge; Weinbrenner, Mitwirkung, S. 166ff.; Eckert, Caritas.
[132] Vgl. Frie, Brot, S. 145f.; ferner die Referate auf der Tagung des Central-Ausschusses der Inneren Mission am 2. 11. 1949 in Bremen, ADW, Allg. Slg. B 8.30. 8.
[133] Zur Entwicklung der Finanzlage der Spitzenverbände der freien Wohlfahrtspflege vgl. jetzt ausführlich Hammerschmidt, Wohlfahrtsverbände in der Nachkriegszeit.
[134] Die Caritas bezifferte ihre Vermögensverluste auf 450 Mio. Goldmark; vgl. NDV 34 (1954), S. 270. Ende 1948 erklärte der Schatzmeister der Inneren Mission, daß 80% der freien Einrichtungen eigentlich bankrott seien; vgl. NDV 28 (1948), S. 226f. Zu den offiziell auf 1,5 Mrd. Goldmark geschätzten Verlusten der freien Wohlfahrtspflege vgl. Bundesministerium des Innern, Hg., Wohlfahrtspflege, S. 10.

sehr unterschiedlich gehandhabt: Während die Städte zum Teil „großzügige" Zuschüsse an die freien Verbände leisteten, taten viele Landkreise dies nicht, und für die ambulante Arbeit der freien Wohlfahrtspflege wurde meist keine Einzelerstattung gezahlt.[135] Hinzu kam bei einer Expansion der Aufgaben ein wachsender Mangel an Ordensschwestern und Diakonissen, so daß immer mehr weltliche Pflegekräfte zu tariflichen Bedingungen eingestellt und damit die Haushalte der konfessionellen Einrichtungen zusätzlich belastet wurden.[136] Allerdings, und das ließen die Spitzenverbände meist unerwähnt, flossen den Einrichtungen der freien Wohlfahrtspflege im Rahmen der Soforthilfe bzw. des Lastenausgleichs von 1949 bis 1954 aus Bundes- und Landesmitteln immerhin 20 Mio. DM an Beihilfen und 45 Mio. DM an zinslosen Darlehen zu.[137]

Nachdem entsprechende frühere Vorstöße am Widerstand des Bundesfinanzministeriums im wesentlichen gescheitert waren, forderten die Vertreter der sechs Spitzenverbände in einem Memorandum vom Februar 1953 und auf einer Konferenz der beteiligten Bundesministerien im Februar 1954 vor allem die Einführung eines revolvierenden Kreditfonds von 50 Mio. DM für Investitionen, wie er ähnlich vor 1933 bestanden hatte, die Einbeziehung in die Kreditvergabe aus dem Marshall-Plan sowie u.a. eine Neuregelung der Pflegesätze bei den Kranken- und Heilanstalten zur Deckung der Selbstkosten; für ihre eigene Tätigkeit wünschten sie außerdem eine deutliche Erhöhung der Globalzuschüsse des Bundes an die Spitzenverbände auf 3 Mio. DM (derzeit 1,8 Mio. DM) sowie 2 Mio. DM an Zweckzuschüssen.[138] Schließlich erfüllten die freien Verbände in erheblichem Maße öffentliche Aufgaben und werde der Wiederaufbau der kommunalen Wohlfahrtseinrichtungen aus Steuermitteln finanziert.[139] Die Spitzenverbände kooperierten dabei eng mit der Sozialabteilung des Bundesinnenministeriums, die ihre Forderungen gegenüber dem Bundesfinanzministerium unterstützte und schließlich auch dafür sorgte, dass Bundesinnenminister Schröder sich ihres Anliegens annahm.[140]

Während der Bund die Spitzenverbände selbst 1950 mit zunächst 1,4 Mio. DM, später dann um die 3,4 Mio. DM (ab 1956/57) jährlich subventionierte und damit einen wesentlichen Beitrag zur Stabilisierung von deren Finanzen leistete[141], blieb

---

[135] Vgl. Traub, Bestimmungen, S. 246. Die Unterstützung der freien Wohlfahrtspflege durch die Länder müßte ebenfalls näher untersucht werden.
[136] Vgl. NDV 34 (1954), S. 271; Becker, Anstalten, S. 229ff.; Hammerschmidt, Wohlfahrtsverbände in der Nachkriegszeit, S. 295ff.
[137] Vgl. Hammerschmidt, Wohlfahrtsverbände in der Nachkriegszeit, S. 270.
[138] Vgl. AG der Spitzenverbände der Freien Wohlfahrtspflege, Memorandum über Auftrag und Lage der Freien Wohlfahrtspflege in der Nachkriegszeit, Februar 1953, ACDP, NL Krone, I-028-062/7; Niederschrift über die Aussprache zwischen den Ressortchefs und den Präsidenten und Vorsitzenden der Caritativ-Organisation[en] am 18.2.[1954], ADW, HGSt, SP-S XXV 1: 480-1/1; Hammerschmidt, Wohlfahrtsverbände in der Nachkriegszeit, S. 175ff., 265ff.
[139] Vgl. Niederschrift über die Aussprache am 18.2.[1954], ADW, HGSt, SP-S XXV 1: 480-1/1; Schreiben des Bonner DCV-Vertreters Prälat Füssel an Heinrich Krone, 9.10.1954, ACDP, NL Krone, I-028-062/7.
[140] Vgl. Hammerschmidt, Wohlfahrtsverbände in der Nachkriegszeit, S. 183ff., 266ff.
[141] Vgl. Tabelle 27 ebenda, S. 469ff., et passim.

die Bundesförderung für die eigentliche breite Wohlfahrtsarbeit der Einrichtungen auf Diözesan-, Landeskirchen- bzw. Landesebene hinter dem zurück. Nach zähen Verhandlungen wurde dann aber doch vom Bund ab 1956 ein zinsloses Darlehen von 50 Mio. DM in Jahresraten von jeweils 10 Mio. DM zur Verfügung gestellt.[142]

Eine mit dem Stichtag 1. Januar 1958 durchgeführte Untersuchung der Spitzenverbände über die wirtschaftliche Lage ihrer Einrichtungen zeichnete jedoch nach wie vor ein negatives Bild[143]: Danach waren bis Ende 1957 schätzungsweise erst die Hälfte bis zwei Drittel der Kriegsschäden an den Anstalten behoben; dafür hatten die 70% erfaßten Einrichtungen insgesamt 695 Mio. DM aufgewendet (davon rund 30% Eigenmittel, 14% öffentliche und 7% sonstige Zuschüsse, 28% öffentliche und 22% sonstige Darlehen).[144] Man rechnete mit weiteren zehn Jahren, bis die Kriegsschäden vollständig behoben seien (einschließlich bislang ausgesetzter Investitionen), und der Finanzdirektor der Caritas, Anton Wopperer, veranschlagte dafür einen „akuten Wiederaufbaubedarf" von 3 Mrd. DM.[145] Der konnte, mangels Sicherheiten, 1960 vielfach nicht mehr auf dem freien Kapitalmarkt gedeckt werden, so daß die freien Träger auf öffentliche Darlehen angewiesen waren.[146] Eine vom Bundeswirtschaftsministerium beauftragte Untersuchung ergab überdies, daß die Gebietskörperschaften bei der Mittelvergabe ihre eigenen Einrichtungen – allerdings bezogen auf sämtliche sozialen und kulturellen Einrichtungen – sehr viel stärker bedachten als diejenigen anderer Träger, obwohl, so Wopperer, die Selbstkosten der freien gemeinnützigen Krankenanstalten etwa sehr viel geringer seien.[147] Auch Collmer klagte noch 1961 darüber, daß vielerorts kommunale Träger ihren eigenen Einrichtungen sehr viel höhere Pflege- oder Tagessätze zahlten, während die den freien Trägern gewährten nicht einmal die Betriebskosten deckten, oder die freien anders als die öffentlichen Kindergärten einer Kommune keine Zuschüsse erhielten.[148]

Doch es waren nicht die anhaltenden materiellen Probleme, die den öffentlichen Startschuß für die Auseinandersetzungen um die Subsidiaritäts-Frage gaben. Der erfolgte auf dem Gebiet der Jugendhilfe. Hier ging es de facto vor allem um die Frage der Kindergärten.[149] Nach den Erfahrungen während des Nationalsozialismus wünschten gerade die Vertreter der konfessionellen Verbände wie etwa die im katholischen Wohlfahrtsbereich einflußreiche neue Vorsitzende des KFV, Elisabeth Zillken, nun eine abgesicherte Position gegenüber den öffent-

---

[142] Vgl. ebenda, S. 279ff.
[143] Vgl. Wopperer.
[144] Angaben (gerundet) berechnet nach ebenda, S. 119.
[145] Ebenda, S. 121; zu dem Hintergrund dieser Forderungen vgl. Hammerschmidt, Wohlfahrtsverbände in der Nachkriegszeit, S. 284ff.
[146] Vgl. Vermerk Pietsch vom 30.11.1959, BAK, B 106/9330.
[147] Mit Zahlen belegt bei Traub, Bestimmungen, S. 247.
[148] Collmer an die Redaktion der Stuttgarter Zeitung, 12.10.1961, Durchschlag, ADW, HGSt, SP-S XXV 1: 420-1/1.
[149] So der Ministerialrat im BMFuJ Friedrich Rothe vor dem Ausschuß für Jugend-, Wohlfahrts- und Gesundheitsfragen der KPV der CDU am 21.12.1959, ACDP, KPV der CDU, IV-002-043/4.

lichen Trägern.¹⁵⁰ Als mit der Novellierung des RJWG 1953 auch die 1939 abgeschafften Jugendamtsgremien in neuer Form wieder installiert werden sollten, formierten sich im Bundestag die alten Fronten: Die SPD wollte analog zu anderen Parlamentsausschüssen das Entscheidungsgremium des Jugendwohlfahrtsausschusses nur mit Parlamentariern bzw. Deputierten beschicken und den freien Verbänden, Kirchen etc. eine beratende Stimme in einem fachlichen Beirat zugestehen.¹⁵¹ Die Regierungsmehrheit konnte sich jedoch mit dem Ziel durchsetzen, die Wohlfahrts- und Jugendverbände wieder maßgeblich an den örtlichen bzw. regionalen Entscheidungen zu beteiligen, indem ihren Vertretern die ursprünglichen zwei Fünftel der Sitze in den Ausschüssen zugesichert wurden.¹⁵²

Darüber hinaus aber stimmte die Bundestagsmehrheit bei der Verabschiedung der Novelle am 18. Juni 1953 für einen von der SPD heftig kritisierten, vermutlich von katholischen Verbandsvertretern lancierten und mit Sicherheit vom zuständigen Jugendreferenten des Bundesinnenministeriums Rothe unterstützten Entschließungsantrag der CDU/CSU; darin hieß es, mit der Novelle werde der „ursprüngliche Grundgedanke" des RJWG hergestellt, wonach „das Jugendamt Mittel- und Sammelpunkt aller Bestrebungen auf dem Gebiete der Jugendwohlfahrt unter Wahrung des Grundsatzes der Subsidiarität der öffentlichen Jugendhilfe sowohl gegenüber den Erziehungsaufgaben der Familie als auch gegenüber der freiwilligen Tätigkeit der Jugendwohlfahrtsverbände" sei; dementsprechend habe das Jugendamt „auf den einzelnen Gebieten der Jugendhilfe zunächst vorhandene Einrichtungen freier Träger zu fördern, sodann die freie Jugendhilfe anzuregen, notwendige neue Einrichtungen zu errichten, die aus öffentlichen Mitteln zu fördern sind, und schließlich eigene behördliche Einrichtungen zu schaffen", wenn der Weg der Anregung und Förderung erfolglos geblieben ist".¹⁵³ Diese Interpretation des § 6 RJWG im Sinne einer Rang- und zeitlichen Reihenfolge war nicht neu, schon in den zwanziger Jahren hatte gerade Zillken sie vehement vertreten, aber sie war schon damals ebenso umstritten gewesen.¹⁵⁴ Kurz vor der Bundestagswahl jedenfalls war ein solches Signal der Unionsparteien an die Kirchen, daß an ihnen begangenes NS-Unrecht wiedergutgemacht und zumindest bei der vor- und außerschulischen Erziehung kirchliche Positionen gesichert werden

---

150 Vgl. Osten, Jugend- und Gefährdetenfürsorge, 1997, S. 420.
151 Vgl. die Abgeordnete Keilhack (SPD) in der Bundestagssitzung am 18.6.1953, BT, 1. Wp. 1949, Sten. Ber., Bd. 16, S. 13518ff.
152 Vgl. § 9a RJWG in der Fassung vom 28.8.1953, BGBl. I S. 1035.
153 Leider geben weder die zeitgenössischen Unterlagen des Sozialpolitischen Ausschusses der CDU/CSU-Fraktion noch des Sozialpolitischen Bundesausschusses der CDU Aufschluß über das Zustandekommen dieser Entschließung. Diese ist abgedruckt in NDV 33 (1953), S. 300f.; vgl. ferner BT, 1. Wp. 1949, Sten. Ber., Bd. 16, S. 13535ff.; Hasenclever, Jugendhilfe, S. 173f.
154 Vgl. Andreas Wollasch, Fürsorgeverein, S. 143f. Insofern ist die Auffassung von Matthes, Konzeptionen, S. 39ff., diese Entschließung habe eine „Neuorientierung im Subsidiaritätsverständnis" (S. 42) eingeleitet, zu relativieren. Nach einem Gutachten des DV von 1947 (NDV 27 (1947), S. 133, war die öffentliche Wohlfahrtspflege „nicht schlechthin" subsidiär, sondern mußte in jedem Einzelfall prüfen, ob die Errichtung einer eigenen Einrichtung angemessen sei (ausgeschöpfte Kapazitäten der freien Träger, Subventionierung teurer als Eigenmaßnahme, Anbietermonopol etc.).

sollten, durchaus opportun. Gleichzeitig legte die – formal unverbindliche – Entschließung die Unionsparteien auf ihre künftige Marschroute in dieser Frage weitgehend fest und ermutigte offensichtlich katholische Verbandsvertreter, weiter hartnäckig zu bleiben. Währenddessen zeigte sich Abteilungsleiter Kitz gegenüber besorgten DST-Vertretern bemüht, die Bedeutung der Entschließung und entsprechender öffentlicher Äußerungen seines Mitarbeiters Rothe herunterzuspielen: An der bestehenden Rechtslage habe sich nichts geändert, und die Kommunen seien keinesfalls zur teilweisen oder vollständigen Finanzierung freier Einrichtungen verpflichtet.[155]

Die Erklärung hatte einen Begriff in den Vordergrund geschoben, der nicht zuletzt dank seiner Interpretationsfähigkeit zu einem Leitbegriff der sozial- und auch gesellschaftspolitischen Diskussion avancierte: die „Subsidiarität". Der Gehalt dieses Prinzips, das seit den fünfziger Jahren eine Fülle theologischer, staatsrechtlicher, gesellschaftspolitischer und auch historischer Abhandlungen provozierte und im Zusammenhang mit der europäischen Einigung seine jüngste Renaissance erlebt, war zwar schon im 19. Jahrhundert der liberalen Staatstheorie ebenso bekannt wie der katholischen Soziallehre und hatte eben auch in der Weimarer Wohlfahrtsgesetzgebung seinen Niederschlag gefunden.[156] Darin allerdings war es von einer umfassenden politischen Strukturformel reduziert worden auf ein „Prinzip formaler Zuständigkeitsverteilung [...]; zu einem Instrument der Absicherung von Verbandsinteressen gegen weitergehende sozialstaatliche Vergesellschaftung".[157]

Seine bis heute klassische Formulierung als eines der Leitprinzipien katholischer Soziallehre fand das Subsidiaritätsprinzip 1931 in der berühmten Enzyklika Pius' XI. „Quadragesimo anno":

„Wie dasjenige, was der Einzelmensch aus eigener Initiative und mit seinen eigenen Kräften leisten kann, ihm nicht entzogen und der Gesellschaftstätigkeit zugewiesen werden darf, so verstößt es gegen die Gerechtigkeit, das, was die kleineren und untergeordneten Gemeinwesen leisten und zum guten Ende führen können, für die weitere und übergeordnete Gemeinschaft in Anspruch zu nehmen; zugleich ist es überaus nachteilig und verwirrt die ganze Gesellschaftsordnung. Jedwede Gesellschaftstätigkeit ist ja ihrem Wesen und Begriff nach subsidiär; sie soll die Glieder des Sozialkörpers unterstützen, darf sie aber niemals zerschlagen oder aufsaugen".[158]

Im Kern ging es hier um das Verhältnis von Staat und Individuum, von staatlichen Fürsorge- und Schutzpflichten und Freiheit und Eigenverantwortung des einzelnen bzw. der kleineren Gemeinwesen wie der Familie etc., und damit um eine

---

[155] Vgl. die Protokoll-Auszüge über die Sitzungen des Unterausschusses Jugendhilfe am 22.10.1953, des DST-Sozialausschusses am 20./21.11.1953, LAB, B Rep. 142-9, 1290. Das Referat Rothes wurde übrigens kurz darauf aus der Sozialabteilung ausgegliedert und direkt Staatssekretär Bleek unterstellt; vgl. BMI-Hausanordnung Nr. 39/53 vom 3.12.1953, BAK, B 106/GVPl-Teiländerungen, Bd. 1.
[156] Vgl. den grundlegenden Überblick bei Sachße, Subsidiarität, 1994; ferner ders., Bedeutung, und ders., Subsidiarität, 1990; Matthes, Konzeptionen, S. 31ff.; Schulin, Solidarität, S. 90ff.; Thränhardt u.a., Wohlfahrtsverbände und Sozialwissenschaften, S. 17ff.
[157] Sachße, Subsidiarität, 1990, S. 21.
[158] Quadragesimo anno Nr. 79, in: Archiv für katholisches Kirchenrecht 111 (1931), S. 554.

zentrale Frage der „Sozialreform"-Debatten. Wie der eigentliche Verfasser der Enzyklika Nell-Breuning 1956 betonte, hat das Subsidiaritätsprinzip der katholischen Sozialehre eine negative und eine positive Seite: Es enthält einerseits ein Handlungsverbot für die übergeordnete Gemeinschaft, die den einzelnen bzw. den kleineren Gruppen nicht nehmen darf, was diese im Interesse ihrer Selbstentfaltung selbst leisten können. Umgekehrt aber konstituiere es eine Vorleistungspflicht der übergeordneten Gemeinschaft, indem sie die Voraussetzungen einer freien Selbstentfaltung überhaupt erst schaffen muß.[159] In diesem Sinn fand die „Subsidiarität" zusammen mit ihrem Pendant, der „Solidarität", Eingang in die bereits genannte „Rothenfelser Denkschrift"; entsprechend den Vorstellungen Adenauers versuchten die „vier Professoren" darin auch, dieses zunächst ja keineswegs unmittelbare politische Handlungsanweisungen offerierende Prinzip sozialpolitisch konkret auszuführen.[160] Indem sie den Primat der Selbstverantwortung von Individuum, Familie, Gemeinde, Betrieb und gesetzlichen Versicherungsgemeinschaften betonten, erteilten die Verfasser dem sozialdemokratischen Projekt einer Staatsbürgerversorgung eine deutliche Absage; indem sie umgekehrt aber die Schutz- und Hilfepflichten des Staates gerade bei Prävention und Rehabilitation oder der pädagogischen Jugendhilfe herausstrichen, wandten sie sich gegen die traditionelle liberale Vorstellung eines nur im äußersten Notfall „hilfsweise" einspringenden Staates, wie sie vor allem das Bundesfinanzministerium ebenfalls unter Berufung auf das Subsidiaritätsprinzip und dessen anti-totalitäre Stoßrichtung propagierte. Je nachdem also, ob man die „positive" oder die „negative" Seite „des" Subsidiaritätsprinzip betonte, konnte unter mehr oder weniger hilfreicher Berufung auf die Autorität der katholischen Sozialehre der aktuelle sozial- und gesellschaftspolitische Diskurs geführt werden.[161]

Das galt im übrigen auch für das Feld der Fürsorge: Hier wurde „Subsidiarität" klassisch definiert im Sinne von „Nachrang" gegenüber anderen Leistungspflichtigen, was in der Praxis nichts anderes meinte, als daß das Fürsorgeamt erst zahlte, wenn alle anderen Hilfsquellen ausgeschöpft waren.[162] Bekanntermaßen war es

---

[159] Vgl. Nell-Breuning, Sozialreform; ders., Bedürftigkeitsprüfung; dazu auch Thränhardt u.a., Wohlfahrtsverbände und Sozialwissenschaften, S. 17ff.; Brenner, Diakonie, S. 75ff.

[160] Vgl. Achinger u.a., Neuordnung der sozialen Leistungen, S. 21ff.; zu Adenauers Interesse an diesen Leitvorstellungen der katholischen Sozialehre sowie zu Genese und Bedeutung der Denkschrift vgl. Hockerts, Entscheidungen, S. 279-295; ein knapper Überblick über den Einfluß der katholischen Sozialehre auf die bundesrepublikanische Sozialpolitik bis 1989 bei Kerber, Sozialehre, S. 645ff. Zur Bedeutung des Subsidiaritätsprinzips in den Auseinandersetzungen um den Familienlastenausgleich bis zur Einführung des Kindergeldes 1954 vgl. Rölli-Alkemper, Familie, S. 494ff.

[161] So beriefen sich der Bundesarbeits- und der Bundesfinanzminister in ihren Kabinettsvorlagen zur Sozialreform vom April bzw. Mai 1955 gleichermaßen auf das Subsidiaritätsprinzip, vgl. Kabinettsprotokolle, Ministerausschuß für die Sozialreform, S. 206f.; Soziale Sicherheit 4 (1955), S. 279ff. Vor allem die „materielle" Interpretation dieses Prinzips durch Konrad Elsholz, wonach der übergeordnete Verband erst dann zur Hilfe verpflichtet sei, „wenn die individuellen Hilfsquellen erschöpft sind", Elsholz, Sozialreform, S. 250, bildete Anlaß zu einer Kontroverse mit Nell-Breuning; vgl. Nell-Breuning, Bedürftigkeitsprüfung; Preller, Sozialreform; Elsholz, Noch einmal; ferner: Hockerts, Entscheidungen, S. 304.

[162] Vgl. Matthes, Konzeptionen, S. 33f.

ein besonders von Muthesius immer wieder thematisiertes Ziel der Fürsorgereform, dieses einseitige Verständnis der Subsidiarität zu überwinden und endlich auch der positiven, also präventiven Seite Geltung zu verschaffen.[163] Doch weder die „Subsidiarität" der klassischen Fürsorge noch die Überlegungen der „Rothenfelser Denkschrift" waren unmittelbar dazu geeignet, Fragen der Zuständigkeit oder Aufgabenverteilung im Rahmen des Fürsorgesystems selbst zu regeln, hatte doch das Vier-Professoren-Gutachten die Fürsorge gerade ausgeklammert. Vielmehr war in der auch von dem führenden katholischen Sozialethiker Höffner verantworteten Denkschrift nicht zuletzt eine Erweiterung der Zuständigkeit der Gemeinden unter Berufung auf das Subsidiaritätsprinzip propagiert worden.[164]

Diese bereits dargelegten Überlegungen für eine Ausweitung der kommunalen Zuständigkeit im sozialen Leistungssystem wie die einsetzende säkulare Expansion dieses Systems selbst gaben den Befürchtungen auf seiten der freien Verbände vor einem Positionsverlust neue Nahrung.[165] Hinzu kamen 1954/55 von Kitz ebenso wie vom DLT erhobene Forderungen, im Interesse eines Effizienzgewinns auch die Arbeit von öffentlicher und freier Wohlfahrtspflege stärker zu koordinieren und dabei dem letztverantwortlichen öffentlichen Träger gewisse Lenkungsmöglichkeiten an die Hand zu geben.[166] Auf dem Fürsorgetag im September 1955 versicherte Minister Schröder zwar, daß die „freie Wohlfahrt [...] im Rahmen der neuen Sozialleistungsordnung den notwendigen Raum erhalten" müsse, „einen Raum, der ihre Entfaltung und Fortentwicklung begünstigt"; doch in den mit den zentralen organisatorischen Fragen befaßten Hauptreferaten Auerbachs und Krauthausens kam sie überhaupt nicht vor.[167]

Während die Bestrebungen für einen kommunalen Kompetenzgewinn bald versandeten, profilierte sich die Hauptstoßrichtung der Fürsorgereform mit einem Ausbau der Individualhilfen und weiterer Verrechtlichung immer schärfer. Gegen diese Reformziele selbst, die ja eigenen Forderungen etwa bei der Gefährdetenfürsorge oder Hauspflege durchaus entsprachen, konnten die freien Verbände kaum opponieren, zumal sie sich ja auch als Anwälte der individuellen Belange solcher Betroffener gegenüber dem mitleidslosen „Behördenapparat" empfanden. Entscheidend war es vielmehr, den eigenen Tätigkeitsbereich zu sichern. Vor allem von seiten des DCV wurde daher in Kooperation mit einigen Kommunalpolitikern der CDU seit 1956 eine Art Kampagne geführt, die ebenfalls auf der Basis des Subsidiaritätsprinzips argumentierte und dabei ein wirkungsvolles Interpretationsmuster einsetzte.

Treibende Kraft war der Justitiar der Caritas-Zentrale in Freiburg, Franz Klein, der in den Reformausschüssen des DV die katholischen Verbände vertrat und eine

---

[163] Vgl. etwa Muthesius, Subsidiarität; ders., Die Fürsorge und die Neuordnung, S. 21f.
[164] Entsprechend auch Elsholz, Sozialreform, S. 251.
[165] Vgl. Reisch, Caritasverband, S. 222; Caritas 75 (1956), S. 84, 86; aber auch Lemke, Gruß, S. 224; NDV 37 (1957), S. 317.
[166] Vgl. Kitz, Koordinierung; Schmerbeck, Bezirksfürsorgeverbände, S. 323f.
[167] Fürsorge und Sozialreform, S. 13; ferner ebenda, S. 448ff.; schon die Grundlagen des SPD-Sozialplans von 1952, Richter, Sozialreform, Bd. 6 G II, S. 3, hatten nur lapidar der ausgebauten kommunalen Sozialhilfe ein „Zusammenwirken mit allen Kräften der praktischen Nächstenhilfe und mit den Verbänden der freien Wohlfahrtspflege" aufgegeben.

starke Beschränkung der „behördlichen" zugunsten der freien Wohlfahrtspflege forderte.[168] Auf diese Weise wollte Klein die nach wie vor juristisch ungeklärte Position der freien Verbände gegenüber den kommunalen Trägern „verrechtlichen" und ihre Position des „Bittstellers" in die eines „Antragstellers" verwandeln.[169] Dieses Ziel, das in seiner Brisanz nur von wenigen, wie etwa Walter Auerbach, erkannt wurde, widersprach durchaus dem Selbstverständnis und der Verhandlungspraxis vieler Verbandsvertreter und stieß auch innerhalb des DCV nicht überall auf Zustimmung.[170]

Kern der Überlegungen Kleins war, daß er einen solchen rechtlichen Vorrang der freien Verbände nicht allein mit der katholischen Soziallehre begründete, sondern ihm Verfassungsrang zuerkannte. Neben der damit beanspruchten Allgemeinverbindlichkeit hatte dies den argumentativen Vorteil, daß sich die verfassungsmäßige Lage stärker als die katholische Sozialethik seit den zwanziger Jahren geändert hatte und auch von daher die Forderung nach Revision der Weimarer Wohlfahrtsgesetze besser zu begründen war.[171] Das Sozialstaatsgebot des Bonner Grundgesetzes, so Klein, ziele anders als „Vermassung und Kollektivismus" nicht darauf, die Bürger als Objekte staatlicher Leistungsverteilung zu begreifen, sondern ihnen die „soziale Potenz" zur freien Entfaltung der Persönlichkeit und politischen und gesellschaftlichen Gestaltungsmöglichkeiten zu verschaffen.[172] Daraus leitete Klein unmittelbar ein durch die Verfassung vorgegebenes „sozialstaatliches Ordnungsprinzip" ab, das „zunächst eine Sicherung des Menschen gegenüber umfassenderen Gebilden und Anerkennung der menschlichen Würde und Persönlichkeit und eines staatsfreien Raumes" beinhalte.[173] Dementsprechend müsse der Sozialstaat vor allem die „Pluralität vorstaatlicher Ordnungsfaktoren mit einem eigenständigen natürlichen Lebensraum", das „Gemeinwesen", fördern.[174] Da Klein jedoch anders als etwa die Rothenfelser Gutachter die politischen Kommunen eindeutig der staatlichen Seite zuschlug und sie in Opposition zum „Gemeinwesen" stellte, ergab sich innerhalb des Fürsorgesystems der Vorrang der freien Wohlfahrtsverbände von selbst.[175] Mit dieser Gleichsetzung stand und fiel Kleins Argumentation, sie war die Voraussetzung dafür, daß die Wohlfahrtsverbände im Vergleich zur politischen Kommune eine größere „Nähe" zum einzelnen oder seiner Familie überhaupt beanspruchen konnten. Freilich hatte Klein damit das abstrakte, „normativ-empfehlend" ge-

---

[168] Zur Vita von Franz Klein (1908-2001) vgl. NDV 81 (2001), S. 92.
[169] Mündl. Auskunft Frey, 23.7.2002.
[170] Ebenda.
[171] Vgl. Franz Klein, Wohlfahrtspflege (WP), S. 314.
[172] Ders., Neuordnung, S. 69.
[173] Ebenda; auch ders., Christ, S. 125f.; ders., Stellung, S. 265f. Kritisch dazu Zacher, Sozialpolitik, S. 223ff., 247ff.; Sachße, Subsidiarität, 1990, S. 22; Brenner, Diakonie, S. 83ff.
[174] Franz Klein, Neuordnung, S. 70.
[175] Vgl. Franz Klein, Träger, S. 26ff. Anders, als von Sachße, Subsidiarität, 1994, S. 730f., dargestellt, war diese Reduktion des Subsidiaritätsverständnisses auf die Frage der Stellung der konfessionellen Träger damit nicht erst Kennzeichen des Verfassungsstreits der sechziger Jahre, sondern lief den Grundsatzdebatten auch in den fünfziger Jahren parallel.

dachte Subsidiaritätsprinzip abermals „auf ein formales und starres Vorrang-Nachrang-Verhältnis" reduziert.[176]

Bei seinen Überlegungen rekurrierte Klein primär auf die christlichen Verbände: Diese partizipierten unmittelbar an der verfassungsmäßigen Sonderstellung der Kirchen, hätten den gleichen Öffentlichkeitsauftrag wie diese und könnten aufgrund dessen „ungehindert im öffentlichen Raum sozial-caritativ arbeiten", ohne auf diesem Gebiet allerdings ein Monopol gegenüber anderen gesellschaftlichen „Kräftegruppen" zu beanspruchen.[177] Damit traf Klein den Nerv des Problems, ohne daß dies in den künftigen Debatten jemals offen eingestanden worden wäre: Zwar handelten die Beteiligten stets von „den" freien Wohlfahrtsverbänden, doch im Kern ging es um den künftigen Einfluß der beiden dominierenden christlichen Verbände und der sie tragenden Kirchen im Sozialstaat. Nur unter dieser Prämisse erhielt das von allen Seiten bemühte Argument der notwendigen weltanschaulichen Pluralität auf der Angebotsseite sozialer Hilfen überhaupt die nötige Durchschlagskraft, nur dann sind auch die Heftigkeit der Auseinandersetzungen wie der wahlkämpferische Nutzen des Konflikts verständlich. Nur für die christlichen Verbände schließlich konnte der Sonderstatus der Kirchen im deutschen Verfassungsrecht überhaupt im Rahmen der Reformdiskussionen nutzbar gemacht werden und wurde so auch ein zentrales Element der weiteren katholischen Argumentation.[178]

Weiterer wichtiger Bestandteil dieser Argumentation war eine ebenfalls aus dem Grundgesetz abzuleitende Wahlfreiheit des Hilfesuchenden hinsichtlich der helfenden Instanz, die mit dem mittlerweile höchstrichterlich verbürgten Rechtsanspruch auf Fürsorge noch an Brisanz gewann: In einer weltanschaulich und politisch pluralistischen Gesellschaft könne jenseits des rein Materiellen liegende „Ganzheitshilfe [...] nicht von Behörden geleistet werden [...], vielmehr von den Einrichtungen und Werken, den Gemeinschaften und Gruppen, die sich im vorstaatlichen Raume nach weltanschaulichen oder sonstigen Gesichtspunkten gebildet haben und zu denen der Hilfebedürftige aus freiem Entschluß und im Vertrauen auf eine ihm gemäße Hilfe seine Zuflucht nimmt".[179] Werde hingegen wie auf dem Fürsorgetag 1955 eine kommunale Allzuständigkeit und damit letztlich ein verfassungswidriges „behördliches Wohlfahrts- und Fürsorgemonopol" proklamiert, drohe die Gefahr, daß „der sozial schwache Mensch trotz allen rechtsstaatlichen Garantien einem omnipotenten behördlichen Sozialapparat ausgelie-

---

[176] Thränhardt u.a., Wohlfahrtsverbände und Sozialwissenschaften, S. 19.
[177] Vgl. Franz Klein, Stellung, Zitat S. 267; ferner ders., Christ, S. 13ff.; dazu Zacher, Sozialpolitik, S. 260ff.; Schmid, Wohlfahrtsverbände, S. 54ff., 250f. Auf evangelischer Seite allerdings profitierte vorerst nur das Hilfswerk als rechtlich unselbständige Körperschaft öffentlichen Rechts qua Kirchengesetz vom staatsrechtlichen Sonderstatus der Kirchen, die Gliederungen der Inneren Mission hingegen firmierten als privater Verein oder Stiftung; vgl., auch zu den damit jeweils korrespondierenden unterschiedlichen Auffassungen über das kirchliche Hilfehandeln, Brenner, Diakonie, S. 31ff.
[178] Schmid, Wohlfahrtsverbände, hält die – in der Forschung seiner Ansicht nach vielfach vernachlässigte – rechtliche Sonderstellung der Kirchen für eine entscheidende Ursache für die Ausprägung des dualen Wohlfahrtssystems in Deutschland.
[179] Franz Klein, Neuordnung, S. 75.

fert" werde; gegenüber „allen behördlichen Totalitätsansprüchen" müsse sich daher „die Freie Wohlfahrtspflege im Interesse der Hilfsbedürftigen zur Wehr setzen".[180] Die Abwehr versorgungsstaatlicher Konzepte und der Einsatz für den Primat der freien Verbände wurde damit zum Kampf für die staatsbürgerliche Freiheit, der aus der Erfahrung vor allem des Nationalsozialismus und in der Perspektive auf die DDR zusätzliche Legitimation bezog.

Die Motive Kleins und seiner Mitstreiter speisten sich aus vielen Quellen: Zunächst und vor allem aus der Furcht, bei den geplanten Reformen wesentliche und bisher erfolgreich erfüllte Aufgaben an eine in neue Bereiche ausgreifende öffentliche Fürsorge und Jugendhilfe zu verlieren.[181] Das hätte auch eine weitere Einschränkung öffentlicher Finanzhilfen bedeutet, die man ja – im Gegenteil – auszuweiten hoffte. Schließlich waren auf der DST-Hauptversammlung im Juni 1956 in dem groß angelegten Programm kommunaler Wohlfahrtspflege die freien Verbände kaum überhaupt erwähnt worden; vielmehr beschwor Marx dort die „Ablösung initiativer Hilfen der freien Wohlfahrtspflege durch die öffentliche Fürsorge, der öffentlichen Fürsorge durch die sozialpolitische Gestaltung" als unaufhaltsamen säkularen Reformprozeß.[182] Hinzu kamen reale negative Erfahrungen mit Kommunen, von denen auch evangelische Verbände berichteten: wenn nur der Besuch eines öffentlichen Kindergartens bezuschußt wurde oder das Fürsorgeamt die Unterbringung im gewünschten Heim der freien Wohlfahrtspflege verweigerte; wenn eine eigene kommunale Ferienerholung für Jugendliche eingerichtet wurde, obwohl die örtlichen Kapazitäten der freien Träger ausreichten; wenn das Stadtparlament die finanzielle Unterstützung freier Verbände generell ablehnte, weil diese allein für ihre Finanzierung zu sorgen hätten, obwohl etwa eine städtische Erziehungsberatungsstelle schließen mußte, weil die Hilfesuchenden aus Gründen der Vertraulichkeit lieber zu den freien Trägern gingen.[183] Die quantitative und vermutlich regional unterschiedliche Bedeutung solch alltäglicher Benachteiligung ist kaum zu bemessen. Sie prägte aber das Bewußtsein zumindest eines Teils der Vertreter der konfessionellen Wohlfahrtspflege und besaß damit eine für weitere Auseinandersetzungen nicht zu unterschätzende Qualität.

Hinzu kamen weltanschauliche Konflikte in der fürsorgerischen Praxis, wenn eine Fürsorgerin des Wohlfahrtsamtes einer geschiedenen Frau zur Wiederheirat riet.[184] Hier gewann die Frage auch eine zusätzliche konfessionelle Färbung,

---

[180] Ebenda, S. 74f.
[181] Noch 1965 berichtete der Berliner Senatsdirektor Kurt Wehlitz (CDU), Klein habe zu erkennen gegeben, daß er den Katalog der Hilfe in besonderen Lebenslagen „als eine Verlustliste für den Funktionsbereich der diakonischen Arbeit" werte, Informationsdienst des Diakonischen Werkes Innere Mission und Evangelisches Hilfswerk Berlin-West vom 30. 3. 1965, S. 6.
[182] Vgl. Der Städtetag 9 (1956), S. 327ff. (Zitat: S. 337).
[183] Vgl. etwa Zillken, Eigenwert, S. 273; Franz Klein, Stellung, S. 263, Anm. 1.; NDV 36 (1956), S. 380f.; Fürsorgerundbrief 1/1958 des Landesverbands Innere Mission und Evangelisches Hilfswerk Westfalen, ADW, HGSt, SP-S XXV 1: 480-1/1; Ohl, Wohlfahrtsstaat, S. 168; Gülden, Jugend; KommBl 12 (1960), S. 875; Herforder Zeitung, 17. 2. 1961; Nell-Breuning, Beitrag, S. 117.
[184] Vgl. Zillken, Eigenwert, S. 268.

2. Die Stellung der freien Wohlfahrtspflege

wenn etwa in den norddeutschen Stadtstaaten eine sozialdemokratisch initiierte aktive kommunale Fürsorge mit einer überwiegend protestantischen Bevölkerungsstruktur zusammenfiel. Da wirkten die Stimmengewinne der SPD bei den Kommunalwahlen 1956, die am stärksten in traditionell christdemokratisch geprägten ländlichen Gebieten waren, von katholischer Warte aus wenig ermutigend.[185] Außerdem wurde eine aus den Erfahrungen des Nationalsozialismus und den Entwicklungen in der DDR gespeiste, in der katholischen Kirche letztlich seit dem Kulturkampf latente Abwehrhaltung gegenüber staatlicher Intervention wirksam[186], die auch auf evangelischer Seite, etwa bei dem EKD-Ratsvorsitzenden Bischof Dibelius, stark ausgeprägt war und durch die aktuellen Diskussionen über eine vermeintliche allgemeine „Vermassung" zusätzliche Nahrung erhielt.[187] Schließlich dürften bei beiden Konfessionen auch spezifisch kirchliche Momente eine Rolle gespielt haben: Der Versuch, die gesetzliche Position der freien Wohlfahrtspflege zu stärken, wurde in einer Zeit unternommen, in der im Zuge politischer und wirtschaftlicher Stabilisierung die Kirchen wieder an Boden verloren, was sich insbesondere in einem Rückgang der Gottesdienstbesuche, aber eben auch im Nachwuchsmangel der Wohlfahrtsverbände bemerkbar machte.[188] Gerade die Festigung bzw. sogar Expansion der nach wie vor angesehenen christlichen Wohlfahrtsarbeit sollte so neben einer „Milieustabilisierung"[189] auch zu einem Motor breiten christlichen Engagements in Gesellschaft und Politik werden.[190]

Vor allem aber ließ sich die Forderung nach Subsidiarität der öffentlichen Träger für den genuinen Fürsorgebereich nicht trennen von der anlaufenden Reform der Jugendhilfe mit ihrer zusätzlichen weltanschaulichen Brisanz. Am 21. September 1956 stellte die Arbeitsgemeinschaft für Jugendpflege und Jugendfürsorge (AGJJ) ihre Hauptversammlung unter das Motto „Subsidiarität, ein Prüfstein der Demokratie". Man sei sich zwar bewußt, so der Vorsitzende Oberkirchenrat Manfred Müller, es bei diesem Thema „mit einer scharf geladenen Granate" zu tun zu haben, doch sei es besser, das Problem frühzeitig und noch ohne konkreten politischen Handlungsdruck zu entschärfen.[191] Zwei Referate des Dominikaners und Sozialwissenschaftlers Arthur-Fridolin Utz und Ludwig Prellers von der SPD machten deutlich, daß man in der Einschätzung des Subsidiaritätsprinzips als

---

[185] Vgl. Brehm, SPD, S. 49f.
[186] Vgl. auch Schmid, Wohlfahrtsverbände, S. 282ff.
[187] Vgl. Zillken, Eigenwert; Georg Scherer, Situation; zur zeitgenössischen evangelischen Kritik am „Wohlfahrtsstaat" vgl. Honecker, Sozialethik, S. 629f.; zur damaligen Situation der freien Wohlfahrtspflege in der DDR zusammenfassend Rudloff, Fürsorge, S. 224f.
[188] Vgl. Schwarz, Die Ära Adenauer 1949-1957, S. 392ff.; auch Hans Maier, Kirchen, S. 505ff.
[189] Rudloff, Fürsorge, S. 226.
[190] So vor allem Zillken, Eigenwert, S. 273ff.; Franz Klein, Christ, S. 93f., 117ff.; Wopperer an Gottschick, 31.10.1957, BAK, B 106/9697; vgl. auch die Aussprache zum Referat Collmers auf der Diakonischen Konferenz am 7.10.1958, ADW, HGSt, SP-S XXV 1: 160-1/1; ferner Matthes, Konzeptionen, S. 92ff.
[191] Mitteilungen der AGJJ 1956, H. 19, S. 1.

gesellschaftlicher Ordnungsregel zur solidarischen Wahrung der individuellen Persönlichkeitswürde gar nicht so weit auseinander lag; die entscheidende Differenz bestand vielmehr in der Auffassung über die Aufgaben des demokratischen Staates zur Förderung des „Gemeinwohls". Während Utz dem demokratischen Staat in der pluralistischen Gesellschaft nur eine auf dem Minimalkonsens des friedlichen Miteinanders beruhende „Kollektivethik" zugestand, so daß dieser vor allem den „kulturell freien sozialen Raum" zu sichern habe[192], begriff Preller Demokratie nicht primär als eine „bestimmte Herrschaftsform" zur institutionellen Organisation des gesellschaftlichen Pluralismus, sondern als „eine Haltung im Zusammenleben von Menschen", und attestierte dem demokratischen Staat einen eigenen ethischen Auftrag zur „Förderung eines sittlichen Bewußtseins".[193] Entsprechend bot für Utz gerade das Gebiet der Jugendhilfe fast keinen Raum für eine zwangsläufig institutionell-nivellierende staatliche Wirksamkeit, während Preller umgekehrt dem Jugendamt gerade aus dessen sittlichem Auftrag heraus und wegen der Vielfalt der ethischen Zielsetzungen der freien Träger die Entscheidung darüber zuwies, wie das Wohl des Jugendlichen – möglicherweise eben auch in öffentlichen Einrichtungen – am besten zu erreichen sei.[194]

In der anschließenden, spannungsgeladenen Diskussion kamen sehr schnell auch die „sich ergebenden Folgerungen für ganz ‚untheoretische' Dinge, etwa die Verteilung der für die Jugendhilfe zur Verfügung stehenden Mittel"[195] oder die Frage des primären Erziehungsrechts zur Sprache, und alle Erklärungen, die Gegensätze dem gemeinsamen Ziel des Jugendwohls unterzuordnen, konnten nicht darüber hinwegtäuschen, daß genau diese Gegensätze künftige Diskussionen beherrschen würden.[196] Für die Haltung der katholischen Seite bei der Fürsorgereform spielten die parallelen Konflikte bei der Jugendhilfe jedenfalls eine gar nicht zu überschätzende Rolle: Sollte dort eine Regelung zugunsten der freien Verbände gefunden werden, konnte sie nicht durch anders lautende Regelungen in einer nun ebenfalls sozialpädagogisch orientierten Fürsorge konterkariert werden.

Daß mit einer Bundesregierung unter Führung der SPD solche Vorstellungen nicht zu verwirklichen waren, bestätigte deren umfangreicher für den Bundestagswahlkampf im Sommer 1957 vorgelegter „Sozialplan für Deutschland". Zwar wurde in den vermutlich von der AWO-Jugendreferentin Christa Hasenclever und der Leiterin des Hessischen Landesjugendamts Erdmuthe Falkenberg verantworteten Abschnitten zur Jugend- und Sozialhilfe den freien Verbänden ein großes gesellschaftliches und staatspolitisches Gewicht zuerkannt und eine bessere Finanzierung gefordert, nicht aber ein gesetzlich abgesicherter Vorrang.[197] Vielmehr wurde eine Delegation ganzer Aufgabengebiete an die freie Wohlfahrtspflege entschieden abgelehnt und die vorrangige Verantwortung des Jugend- bzw. Fürsorgeamts auch im Einzelfall nachdrücklich betont. Andernfalls werde der

---

[192] Utz, Subsidiarität, S. 6.
[193] Preller, Subsidiarität, S. 10.
[194] Vgl. Utz, Subsidiarität, S. 6f.; Preller, Subsidiarität, S. 11ff.
[195] Mitteilungen der AGJJ 1956, H. 19, S. 14.
[196] Vgl. ebenda, S. 14ff.
[197] Vgl. Sozialplan, S. 135f., 139ff.

Rechtsanspruch des Hilfsbedürftigen nicht garantiert und die Autonomie der Verbände bei der Auswahl ihrer Klientel gefährdet.[198] Bei „der „Fülle der Aufgaben und bei der Höhe der eingesetzten öffentlichen Mittel" müsse es vielmehr zu „einem echt demokratischen Zusammenwirken aller Träger der Arbeit" kommen.[199] Dabei könnten die freien Verbände gerade in plötzlich auftretenden Notlagen oder bei saisonalen Stoßzeiten durchaus im Auftrag und subventioniert von Staat oder Kommunen Aufgaben übernehmen; sie dürften aber nicht in eine Abhängigkeit von den öffentlichen Trägern geraten oder sich übernehmen. Zudem könnten sie keineswegs die personale Hilfe für sich allein beanspruchen, da auch die öffentliche Wohlfahrtspflege mittlerweile über entsprechende Kompetenzen verfüge und beide Bereiche gleichermaßen Gefahr liefen, „unpersönlich, schematisch und bürokratisch zu arbeiten".[200] Aufgabe der wirklich eigenständigen freien Wohlfahrtspflege sei es also – und hier sprach deutlich die Stimme der AWO[201] –, zur wirkungsvollen Ergänzung der öffentlichen Arbeit und im Interesse praktischer Demokratie ehrenamtliche Kräfte zu mobilisieren und für kompetente mitbürgerliche Sozialarbeit zu schulen. Daß man angesichts solch reduzierter Wirkungsmöglichkeiten katholischerseits weiterhin auf die Unionsparteien setzte, mag nicht verwundern. In dem weltanschaulich ohnehin kräftig aufgeladenen Bundestagswahlkampf des Jahres 1957 mahnten die deutschen Bischöfe jedenfalls in ihrem Hirtenwort auch die „Verwirklichung entscheidender Punkte der christlichen Soziallehre" an.[202]

Im Vorfeld des Fürsorgetags im November, der ganz im Zeichen der Fürsorgereform stehen sollte, formulierte Klein im Juni 1957 vor der DV-Vorbereitungsgruppe seine Forderungen: Das neue Gesetz müsse die „Freie Wohlfahrtspflege" als gleichberechtigten Partner der „behördlichen" Fürsorge anerkennen und daher in einer Präambel einen einheitlichen Begriff der „öffentlichen Fürsorge" definieren, deren Aufgaben gleichermaßen von den gesetzlich verpflichteten („behördlichen") wie den gesellschaftlich verpflichteten (freien Verbands-)Trägern zu erfüllen seien.[203] Entsprechend müßten die „Zuständigkeiten der behördlichen Fürsorge auf gesetzlich faßbare Aufgaben begrenzt" und diese „unter das Prinzip der Subsidiarität gestellt" werden, „und zwar nicht nur in Bezug auf die Gewährung materieller Hilfe, sondern auch in Bezug auf die Errichtung und Unterhaltung

---

[198] So auch Auerbach auf dem Sozialarbeitertreffen der AWO am 31.5.- 2.6.1957; vgl. NDV 37 (1957), S. 267.
[199] Sozialplan, S. 135.
[200] Ebenda.
[201] Vgl. Schulze, Arbeiterwohlfahrt, sowie dieselbe auf der AWO-Reichskonferenz 1957, NDV 38 (1958), S. 77f.
[202] Hirtenwort der deutschen Bischöfe zur Bundestagswahl am 15.9.1957, in: Fitzek, Hg., Kirche, S. 95.
[203] Vgl. Bericht über die Sitzung der Gruppe IV des DV-Studienkreises „Soziale Neuordnung" am 13.6.1957, mit einem Manuskript Kleins in der Anlage, LAB, B Rep. 142-9, 1263; nach Angaben Ohls dürfte es sich hierbei bereits um eine bereinigte Fassung der offensichtlich pointierteren Äußerungen Kleins vor der Arbeitsgruppe handeln; vgl. Ohl an Münchmeyer, 5.8.1957 [Nr. 2], ADW, HGSt 2486. Das Referat wurde etwas gekürzt ein halbes Jahr später im NDV veröffentlicht, vgl. Franz Klein, Wohlfahrtspflege (WP).

fürsorgerischer Einrichtungen". Das bedeutete nichts anderes als die Statuierung einer Verpflichtung zur Subventionierung von Bau und Unterhalt freier Einrichtungen ganz im Sinne der Subsidiaritäts-Entschließung von 1953. § 5 RFV, so Klein, solle den neuen Verhältnissen angepaßt werden, ansonsten aber die freie Wohlfahrtspflege „ausserhalb einer gesetzlichen Koordinierung bleiben".[204]

Waren Kleins weitgehende Forderungen, wie er selbst einräumte, zu diesem Zeitpunkt noch nicht einmal für den DCV repräsentativ[205], so waren sie es erst recht nicht für die anderen Spitzenverbände. Die AWO, wiewohl ebenfalls massiv von öffentlichen Subventionen abhängig[206], sah nach wie vor „die Hilfe für notleidende Bürger in erster Linie als eine Aufgabe von Staat und Gemeinden" und forderte „eine klare gesetzliche Regelung von Rechtsanspruch und Leistungsverpflichtung"; demgegenüber hätte die freie Wohlfahrtspflege vor allem „einen entscheidenden Beitrag dazu zu leisten, daß die Heraufziehung der [industriellen] Entwicklung nicht die kalten Züge einer rein technischen Zivilisation, sondern daß sie menschliche Züge erhält".[207] Der DPW hielt sich in dieser Frage bislang eher bedeckt.[208] Und der einzige deutliche Widerspruch zu Klein bereits im Arbeitskreis kam ausgerechnet von Otto Ohl von der evangelischen Diakonie, der bereits an der Weimarer Wohlfahrtsgesetzgebung maßgeblich beteiligt gewesen war und zu gleicher Zeit bereits mit einem anderen DCV-Funktionär in einer anderen Angelegenheit der Arbeitsgemeinschaft der Spitzenverbände eine Kontroverse führte.[209] Ohl betrachtete es als große Errungenschaft, daß die Einbeziehung der freien Wohlfahrtspflege in die Erfüllung gesetzlicher Aufgaben damals mit großem Konsens beschlossen worden war.[210] Gerade diesen für die Praxis so notwendigen Konsens sah Ohl durch eine scharfe Trennung zwischen Aufgaben

---

[204] Vermerk Referat V A 4 vom 18.6.1957 über die Sitzung am 13.6.1957, BAK, B 106/9787.
[205] Vgl. Ohl an Münchmeyer, 21.7.1957, ADW, HGSt 2486. Der Generalsekretär des DCV, Msgr. Kuno Joerger, distanzierte sich Anfang August gegenüber Ohl deutlich von Kleins Forderungen, vgl. Ohl an Münchmeyer, 5.8.1957 [Nr.1], ebenda. DCV-Präsident Alois Eckert hatte bislang zwar einen „Vorzug" der christlichen Caritas proklamiert, da ihre Hilfe über das rein Materielle hinausgehe, sonst aber die bestehenden rechtlichen Regelungen ausdrücklich gutgeheißen, vgl. Eckert, Caritas, S. 16f.; ähnlich Caritasdirektor Gustav von Mann, vgl. Fürsorge und Sozialreform, S. 510f. Der Freiburger Caritasdirektor Reisch sprach sogar von *gegenseitiger* Subsidiarität von öffentlicher und freier Wohlfahrtspflege im Sinne beiderseitiger Unterstützung und partnerschaftlicher Hilfe, vgl. Reisch, Caritasverband, S. 222.
[206] Vgl. Eifert, Frauenpolitik, S. 214.
[207] Lotte Lemke auf der AWO-Reichskonferenz vom 17.- 20.10.1957, NDV 38 (1958), S. 78; vgl. auch Eifert, Frauenpolitik, S. 222ff.
[208] Vgl. etwa NDV 35 (1955), S. 419.
[209] Zur Sitzung der Vorbereitungsgruppe vgl. Vermerk Referat V A 4 vom 18.6.1957, BAK, B 106/9787. In der „Ohl-Wopperer-Kontroverse" ging es um wichtige Zuständigkeitsfragen zwischen der Arbeitsgemeinschaft der Spitzenverbände der freien Wohlfahrtspflege und der von Ohl geführten Deutschen Krankenhausgesellschaft; vgl. Hammerschmidt, Wohlfahrtsverbände in der Nachkriegszeit, S. 340ff.
[210] Vgl. die Schreiben Ohls an den Präsidenten von Innerer Mission/Hilfswerk Friedrich Münchmeyer vom 21.7.1957 und 5.8.1957 [Nr.1 und 2] sowie an Wilhelm Engelmann, Direktor der Betheler Geschäftsstelle der Inneren Mission, vom 11.8.1957, ADW, HGSt 2486; ferner Ohl, Wohlfahrtsstaat, S. 162ff.

der „behördlichen" und der „freien" Fürsorge gefährdet; außerdem fürchtete er, wie er intern erklärte, daß gerade mit der Definition von „gesetzlich faßbaren Aufgaben" für die „behördliche" Fürsorge letztlich die freien Verbände beschränkt würden, da „die öffentliche Wohlfahrtspflege uns ganz bestimmte Arbeitsgebiete einfach dann streitig machen kann".[211]

Im Ziel einer günstigen Positionierung der freien Verbände waren die beiden konfessionellen Vertreter also nur graduell voneinander entfernt, sehr viel weiter aber in der Wahl der Mittel: Während der Jurist Klein eine klare gesetzliche Domänensicherung wollte, bevorzugte Ohl, der auch auf positive Erfahrungen im Rheinland zurückgreifen konnte, die bisherige unbestimmte Regelung, die breite Zustimmung ermögliche, die Bewegungsfreiheit der freien Verbände wahre und deren Tätigkeit in allen fürsorgerischen Bereichen zulasse. Ohl wünschte daher auch keine stärkere Aufgabendelegation an die freien Verbände, „weil derjenige, der mir eine Aufgabe delegiert, ja auch die Möglichkeit hat, sie mir wieder zu nehmen." Vielmehr solle die freie Wohlfahrtspflege von sich aus Aufgabengebiete besetzen, und die öffentliche Fürsorge „hat sich damit irgendwie auseinanderzusetzen".[212]

Daß Scheffler und Gottschick, die ebenfalls an der Sitzung teilnahmen, alles andere als glücklich darüber waren, daß nun das heiße Eisen der Stellung der freien Wohlfahrtspflege erneut geschmiedet werden und die Fürsorgereform belasten sollte, ist ebenfalls kolportiert.[213] Scheffler beabsichtigte nämlich keinesfalls eine Änderung der bisherigen Rechtslage.[214] Vielmehr hatten er und Gottschick bislang in ihren Entwürfen § 5 Abs. 3 RFV fast wörtlich übernommen, die Verpflichtung zur Zusammenarbeit noch verstärkt und auf Betreiben der kommunalen Sachverständigen sogar die bislang regional sehr unterschiedlich gehandhabte Möglichkeit einer Aufgabendelegation an die freien Verbände weitgehend abgeschafft.[215] Damit lagen die Reformer der Sozialabteilung ganz auf der Linie, die auch die Fürsorgeexperten der meisten Länder, der Kommunen und nicht zuletzt Theodor Marx und Muthesius favorisierten.[216] Gerade Muthesius, der natürlich die Ausweitung kommunaler Individualfürsorge wünschte und dem als ausge-

---

[211] Ohl an Engelmann, 11. 8. 1957, ADW, HGSt 2486.
[212] Ohl an Münchmeyer, 5. 8. 1957 [Nr. 2], ebenda.
[213] So berichtete Ohl an Münchmeyer am 21. 7. 1957, ebenda, er habe während des Vortrags Scheffler und Gottschick beobachtet, „die verzweifelt die Augen nach oben hin drehten, um auszudrücken, daß ihnen diese Auffassung von Herrn Klein nun wirklich quer durch alle ihre Pläne hindurchging".
[214] So auch Scheffler rückblickend in einem Brief an Collmer vom 30. 1. 1963, ADW, HGSt, SP-S XXXIX 1b: 1-1/1.
[215] Vgl. Scheffler an Bierhoff etc. am 22. 9. 1956 sowie Besprechung mit den Sachverständigen am 9. 10. 1956, BAK, B 106/9789/2; §§ 109f. des BSHG-Entwurfs vom 24. 11. 1956, BAK, B 106/20648. Zur bisherigen Praxis: NDV 37 (1957), S. 309.
[216] Vgl. Besprechung mit den Referenten der Länder am 5./6. 2. 1957 bzw. den Sachverständigen am 9. 10. 1956, BAK, B 106/9789/2; Niederschrift über die Sitzung des DLT-Sozialausschusses am 8. 2. 1957, BAK, B 172/444-01/1; Marx, Die Städte zur Neuordnung, S. 73; Vermerk Referat V A 4 vom 21. 2. 1957, BAK, B 106/29652; Niederschrift über die Sitzung des DST-Sozialausschusses am 6./7. 6. 1957, mit Anlage, LAB, B Rep. 142-9, 1236; Schräder, Neuordnung, S. 340.

sprochenem Pragmatiker weltanschauliche Grundsatzdebatten ohnehin eher fremd gewesen sein dürften, befand sich als Vorsitzender des Deutschen Vereins für öffentliche *und* private Fürsorge in einer Zwickmühle. Er versuchte daher vor allem, den Konflikt nicht eskalieren zu lassen, hielt sich in dieser Frage bedeckt und sorgte dafür, daß der DV keine zusätzliche Plattform für Auseinandersetzungen bot.[217]

Nach den im Studienkreis offensichtlich gewordenen Divergenzen bemühte sich der turnusmäßige Vorsitzende der Arbeitsgemeinschaft der Spitzenverbände der Freien Wohlfahrtspflege, Karl Mailänder vom DPW, einen Konsens der Verbände „in diesen für ihre Zukunft so entscheidenden Fragen" herbeizuführen, um diesen schon auf dem Fürsorgetag „in geschlossener Front vertreten [zu] können".[218] Dies schien umso wichtiger, als nach der Sommerpause und der für die Adenauer-Regierung überaus erfolgreichen Bundestagswahl Scheffler zu einer gemeinsamen Besprechung ins Bundesinnenministerium lud.[219] Wie angesichts der z.T. diametral entgegengesetzten Positionen kaum verwunderlich, kam diese Einigung nicht zustande[220], auch nicht zwischen den konfessionellen Verbänden. Auf evangelischer Seite beurteilte auch Collmer, mittlerweile Vizepräsident des evangelischen Spitzenverbandes, Kleins Forderungen skeptisch und plädierte dafür, mit einer präzisen Stellungnahme bis zum Gesetzentwurf zu warten, da erst aus dessen Gesamtkonzeption die Position der freien Wohlfahrtspflege zu ermitteln sei.[221] Schließlich hatte sich Collmer seit Jahren für eine Reform der öffentlichen Fürsorge stark gemacht und konnte deren Reduktion durch Vorrang-Ansprüche der freien Wohlfahrtspflege von daher kaum billigen. Für diese abwartende Haltung dürften auch interne Gründe eine Rolle gespielt haben: Die Fusion von Hilfswerk und Innerer Mission lag erst einige Monate zurück, und abgesehen von persönlichen Spannungen war auch die Position der Diakonie gegenüber Kirche

---

[217] Muthesius wandte sich dagegen, zu diesem Thema einen eigenen DV-Ausschuß einzurichten, vgl. Bericht über die Sitzung der Gruppe IV des DV-Studienkreises „Soziale Neuordnung" am 2.5.1957, BAK, B 106/9787; vgl. auch seine Schlußworte auf dem Fürsorgetag 1955, Fürsorge und Sozialreform, S. 580, sowie seine skeptischen Äußerungen zur geplanten AGJJ-Tagung über die „Subsidiarität" vor dem DLT-Sozialausschuß am 5.9.1956, Referat, Ms., BAK, B 106/9697.
[218] Mailänder an AWO etc., 16.7.1957, ADW, HGSt 2486.
[219] Vgl. BMI an den DCV etc., 25.9.1957, ADW, ZB 682. Noch vor Kleins Vortrag im Studienkreis hatte sich Scheffler zumindest zur Überprüfung der bisherigen Entwurfsregelungen zugunsten der freien Verbände bereit gezeigt. Leider in den Akten nicht näher bezeichnete Vertreter „der freien Wohlfahrtspflege" hatten ihm gegenüber die Einschränkung der Aufgabenübertragung und jeden Zwang zur Koordinierung abgelehnt, und Scheffler wollte nun nicht nur eine mögliche gesetzliche Regelung zur Finanzierung des laufenden Unterhalts von Einrichtungen prüfen, sondern man überlegte sogar, den qualifizierten Vorrang der freien Träger bei der Schaffung von Einrichtungen zu erweitern. Vgl. Vermerk Referat V A 4 vom 7.6.1957, BAK, B 106/9789/2, wonach der später so umstrittene Passus schon jetzt zur Debatte stand, daß die Sozialhilfeträger eigene Einrichtungen nicht neu schaffen sollten, „wenn geeignete Einrichtungen von der freien Wohlfahrtspflege geschaffen werden".
[220] Vgl. Mailänder an die AWO etc., 4.10.1957, ADW, ZB 682.
[221] Vgl. Engelmann an Collmer, 12.8.1957 (Durchschlag); Collmer an Engelmann, 15.8.1957, ADW, HGSt 2486.

und Staat ursprünglich von beiden Verbänden unterschiedlich bewertet worden, so daß er bestrebt gewesen sein dürfte, erst einmal eine einheitliche Linie innerhalb des neuen Spitzenverbands selbst zu finden.[222]

Im DCV war man da schon weiter: Hier hatte sich im Sommer ein Arbeitskreis „Fürsorgerechtsreform" gebildet[223], der im Oktober erste Ergebnisse veröffentlichte, die alle auf der Linie Kleins lagen. In dieser Situation konnte auch das Gespräch im Innenministerium im Oktober 1957 keine wesentliche Annäherung bringen[224]: Für den DPW wünschte Mailänder die Beibehaltung der bisherigen Regelung und die Garantie eines Wahlrechts, und AWO-Hauptgeschäftsführerin Lemke betonte, daß nur die öffentliche Fürsorge Adressat von Rechtsansprüchen sein könne; DCV-Finanzdirektor Wopperer hingegen referierte ganz im Sinne Kleins, wobei er die freien Verbände als Organe der Selbsthilfe verstand und damit der deutlichen Trendwende der Bundesregierung in der Sozialpolitik Rechnung trug.[225] Ohl wandte sich abermals strikt gegen eine Aufgabentrennung, favorisierte aber ebenfalls eine allgemeine Präambel, in der die freien Verbände als gleichberechtigte „Mitträger" der öffentlichen Fürsorgeaufgaben erschienen.

Die erwähnte vom Caritas-Arbeitskreis noch rechtzeitig vor dem Fürsorgetag vorgelegte Schrift war eine Kampfansage an alle Reformbestrebungen, die auf Ausbau und Verrechtlichung kommunaler Individualhilfen zielten. Zwar gingen nicht alle Verfasser, zu denen neben Klein etwa der Duisburger Stadtdirektor Weinbrenner (CDU) gehörte, so weit wie der mittlerweile ins Familienministerium übergewechselte Ministerialrat Rothe; dieser lehnte einen allgemeinen subjektiven Rechtsanspruch auf Fürsorge und Erziehung generell als Ausdruck staatlich-autoritären Machtmißbrauchs ab.[226] Doch einig war man sich darin, daß die öffentliche Fürsorge auf die bloße Finanzierung der Hilfen zu beschränken und das gesamte Gebiet der personalen Hilfen und insbesondere die Jugendhilfe allein von der freien Wohlfahrtspflege durchzuführen sei. Denn der Rechtsanspruch beziehe sich einzig auf die materiellen Hilfen, und „behördliche Fürsorge" könne dem Gleichheitsgebot gemäß nur „auf einer nivellierenden Ebene"[227] wirken; wahre „Hilfe von Mensch zu Mensch" hingegen sei der „echten Ganzheitshilfe" der freien, besonders der kirchlichen Wohlfahrtspflege vorbehalten[228], „nicht positivierbar" und damit letztlich dem Verwaltungshandeln weitgehend entzogen.[229] Hier nutzte man, wie auch im DST vermerkt wurde, das angeschlagene Image der öffentlichen Fürsorge, um zentrale Aufgaben für die freie Wohlfahrtspflege rekla-

---

[222] Zum grundlegenden Konflikt zwischen individualistisch-karitativem Ansatz in der Inneren Mission und der starken gesellschaftspolitischen Orientierung des Hilfswerks und den daraus resultierenden Spannungen zwischen Vertretern der Inneren Mission wie Ohl und Münchmeyer einerseits sowie Collmer und Gerstenmaier vom Hilfswerk andererseits vgl. Wischnath, Kirche, passim; ferner Brenner, Diakonie, S. 32ff.
[223] Vgl. Klein an Collmer, 25. 6. 1957, ADW, ZB 682.
[224] Vgl. Vermerk Referat V A 4 vom 29.10.1957, mit Anlagen, BAK, B 106/9697.
[225] So auch Wopperer an Gottschick, 31.10.1957, ebenda.
[226] Vgl. Rothe, Rechtsstellung, S. 7.
[227] Franz Klein, Träger, S. 27.
[228] Vgl. Kessels, Arten, S. 17ff. (Zitat S. 17).
[229] Weinbrenner, Hilfsbedürftiger, S. 9.

mieren zu können.²³⁰ Ob die Verfasser der Denkschrift nach dem Wahlsieg der CDU/CSU tatsächlich auf eine Umsetzung dieser extremen Forderungen hofften – zumal mit einem nun auch für Jugendfragen zuständigen Familienminister Wuermeling –, oder ob es hier mehr darum ging, für künftige Auseinandersetzungen eine taktische Maximalposition zu formulieren, ist nicht mit Sicherheit zu klären. Daß man sich gegenwärtig gegenüber den Kommunen in der Defensive glaubte, war jedenfalls nicht zu übersehen.²³¹

Auf dem Fürsorgetag vom 21.–23. November 1957 kam es dann zur öffentlichen Auseinandersetzung: Zwar erwähnte Scheffler die Subsidiaritätsfrage mit keinem Wort; und auch Achinger als zweiter Hauptredner, für den immerhin ein „großer Teil der neuen Aufgaben [...] vorläufig nur in der freien Arbeit vorgestellt werden" konnte, so daß sich das Verhältnis zwischen öffentlicher und freier Wohlfahrtspflege möglicherweise „wesentlich verändern" würde, ließ dessen konkrete gesetzliche Ausgestaltung offen.²³² In der von Muthesius geleiteten Arbeitsgruppe G jedoch stießen die Positionen unversöhnlich aufeinander.²³³ Zwar wies einer der Referenten, der Direktor des Stuttgarter Sozialamts Felix Mayer, Wege zum Kompromiß und schlug u.a. eine stärkere Verpflichtung der kommunalen Träger zur Subventionierung der Einrichtungen der freien Verbände vor.²³⁴ Doch wenn auch Auerbachs Einwand, die freien Verbände müßten, „um ihre Autonomie zu sichern, darauf verzichten, sich in irgendeinem Gesetz als Erfüllungsgehilfen der kommunalen Wohlfahrt einzuschleichen", eher die Ausnahme gewesen sein dürfte – konkrete Vorschläge für das neue Gesetz konnte die Arbeitsgruppe nicht vorlegen.²³⁵ Anders als andere Fragen hinterließen so die Beratungen des Reform-Fürsorgetages zur Stellung der freien Wohlfahrtspflege in dem aktualisierten Gesetzentwurf des Bundesinnenministeriums kaum Spuren.²³⁶

Gegenüber den zwanziger Jahren hatte sich die Situation für die katholischen Verbandsvertreter also grundlegend geändert, denn jetzt fehlte für den Bereich der Fürsorge der damals so entscheidende Rückhalt in der federführenden Ministerialbürokratie. Umso wichtiger war die Mobilisierung der Regierungsparteien: Nachdem der profilierte katholische CDU-Politiker und ehemalige rheinlandpfälzische Staatsminister Adolf Süsterhenn auf der Feier des 60järigen DCV-Jubiläums im November einen Vortrag gehalten hatte, der sich mit der juristischen Argumentation Kleins weitgehend deckte²³⁷, sicherte sich Ernst Weinbrenner Anfang Januar 1958 die Unterstützung des zuständigen Fachausschusses der

---

²³⁰ Vgl. Heisig, Armenpolitik, 1995, S. 143.
²³¹ Kessels, Arten, S. 20, wertete etwa die Entschließung des Arbeitskreises II der DST-Hauptversammlung 1956 als „kommunalen Totalitätsanspruch auf die gesamte neuzeitliche Jugendhilfe".
²³² Achinger, Neuordnung des Fürsorgerechts, S. 45.
²³³ Vgl. Neuordnung des Fürsorgerechts, S. 358ff.
²³⁴ Vgl. Mayer, Träger, S. 398, 400ff., sowie dessen Leitsätze in: Neuordnung des Fürsorgerechts, S. 362f.
²³⁵ Vgl. Neuordnung des Fürsorgerechts, S. 410ff. (Zitat S. 412), sowie Muthesius ebenda, S. 439.
²³⁶ Vgl. §§ 132f., 135 des BSHG-Entwurfs vom 29.11.1957, BAK, B 106/20643.
²³⁷ Vgl. Süsterhenn, Liebestätigkeit.

christdemokratischen KPV Nordrhein-Westfalen. In diesem Bundesland war das Mitwirkungsrecht der Kirchen und freien Wohlfahrtsverbände an der „Familienpflege und der Jugendfürsorge" ohnehin durch die Verfassung vorgegeben.[238] Obwohl es diesem Fachverband der CDU naturgemäß um die Wahrung kommunaler Interessen ging, hatte er sich unter Berufung auf christliche Grundsätze von Anfang an programmatisch auf den Vorrang der freien Wohlfahrtspflege festgelegt; und nun hieß es dort, daß die Fürsorgereform „nicht in erster Linie ein sozial-technisches Problem, sondern vor allem und vordringlich gerade für den Christen eine *sozial-ethische Forderung*" sei.[239] Interessant war die Unterstützung von dieser Seite auch deshalb, weil die KPV mit ihrem Generalsekretär Wilhelm Willeke den Vorsitzenden des für die Fürsorgereform zuständigen Bundestagsausschusses stellte. Auch andernorts fiel die Stilisierung der Fürsorgereform zu einer Weltanschauungsfrage parallel zur Jugendhilfe in der Union auf fruchtbaren Boden: Am 25. Juli 1958 verkündete der nordrhein-westfälische Ministerpräsident Meyers (CDU), seine Regierung sei bereit, der freien Wohlfahrtspflege „Vorrang vor eigener staatlicher oder kommunaler Betätigung einzuräumen und damit dem Grundsatz der Subsidiarität öffentlicher Funktionen, wie er christlicher Weltanschauung entspringt, Rechnung zu tragen".[240] Und Außenminister von Brentano würdigte anläßlich einer Rede zur Europapolitik in Brüssel im August das Subsidiaritätsprinzip als „gesellschaftliches und staatliches Strukturgesetz".[241] Vorerst allerdings schlugen sich diese Tendenzen in dem von einem evangelischen CDU-Minister geführten Bundesinnenministerium noch nicht nieder.

Im Laufe des Frühlings 1958 hatten auch die anderen Reform-Gremien Stellung bezogen: Anfang März forderte der DST die Beibehaltung der bisherigen Regelungen.[242] Der Fürsorgeausschuß des Beirats, in dem die freien Verbände durch Collmer und Zillken vertreten waren, behandelte dieses Thema erst Ende April: Berichterstatter Collmer wünschte nur gewisse zusätzliche Sicherungen für eine partnerschaftliche Zusammenarbeit durch ein Wahlrecht im Bereich der persönlichen Hilfe, gemeinsame Anstaltsplanung und ausreichende Pflegesätze. Gottschick und Marx erklärten demgegenüber, daß ein Gesetz über *öffentliche Fürsorge* nicht einmal so weit gehen könne.[243] Vor einer endgültigen Stellungnahme wollte der Ausschuß allerdings abwarten, ob die Spitzenverbände der

---

[238] Vgl. Art. 6 Abs. 3 der Verfassung des Landes Nordrhein-Westfalen vom 28. 6. 1950.
[239] KommBl 10 (1958), S. 72 (Hervorhebung im Original); vgl. ferner ebenda, S. 105; Weinbrenner, Grundfragen; Schirpenbach, Reform, S. 19; Rupieper, Gedanke. Ende Februar 1959 bemühte sich umgekehrt Duntze, den nordrhein-westfälischen Fachausschuß von der (bereits revidierten) Linie des BMI zu überzeugen, vgl. KommBl 11 (1959), S. 186ff.; zu den politischen Leitvorstellungen der KPV vgl. Wilbers, Vereinigung, S. 153ff., 173.
[240] Regierungserklärung vom 25. 7. 1958, Sitzungsberichte des Landes Nordrhein-Westfalen, Bd. 1, S. 13.
[241] Vgl. Brentano, Welt, S. 1538.
[242] Vgl. DST-Stellungnahme zur Neuregelung des Fürsorgerechts vom 1. 3. 1958, LAB, B Rep. 142-9, 1283; Oel, Neuordnung des Fürsorgerechts, S. 152.
[243] Vgl. Niederschrift über die Sitzung des Arbeitsausschusses für Fragen der Fürsorge am 25. 4. 1958, ADW, HGSt 6769. An dieser Sitzung nahm Elisabeth Zillken nicht teil.

freien Wohlfahrtspflege doch noch zu einer einheitlichen Position fänden. Das gelang jedoch nicht. Besonders kontrovers verlief die Diskussion über die Jugendhilfe: Die Vertreter der Caritas sprachen der „behördlichen" Fürsorge bereits die Möglichkeit zur Erziehung ab[244], während die der AWO von einem eigenen weltlichen Erziehungsauftrag zur Humanität ausgingen und die der Inneren Mission immerhin eine „Art natürlicher Ethik" im Vorfeld religiöser Erziehung akzeptieren wollten.[245] Anders als die AWO plädierten die übrigen Verbände allerdings für eine Präzisierung des § 5,4 RFV, damit sich die Fürsorgestellen nicht immer wieder als Mittelpunkt der gesamten Wohlfahrtspflege gerierten.[246] Auch folgende von Mailänder zusammengestellte Forderungen waren am Ende zwar zum Teil mehrheits-, nicht aber konsensfähig[247]: Beibehaltung der Delegation; eine Soll-Vorschrift zur Bildung von Arbeitsgemeinschaften, keine Einwände gegen Fürsorgeausschüsse; Subsidiarität der öffentlichen Träger bereits dann, wenn die Einrichtungen von der freien Wohlfahrtspflege „beschafft werden könnten"[248]; Sicherung eines finanziell vertretbaren Wahlrechts des Hilfeempfängers.

Die Uneinigkeit der Spitzenverbände, die deren Arbeitsgemeinschaft dann auch im weiteren Subsidiaritätsstreit bedeutungslos bleiben ließ[249], lieferte dem Fürsorgeausschuß des Beirats die Möglichkeit, sich seinerseits auf die Empfehlung zu beschränken, die bisherigen Vorschriften in das neue Gesetz zu übernehmen.[250] Noch bevor der erste Referentenentwurf des BSHG in Umlauf gesetzt wurde, einigten sich die beiden christlichen Verbände dann doch in einem vom DCV initiierten Gespräch am 30. Juli 1958 auf folgende Linie: In einer Präambel sollte die Erfüllung mitmenschlicher Hilfepflicht „im freien wie im behördlichen Raum" statuiert sein, „wobei der freien Initiative wesensgemäß ein gewisser Vorrang zukomme"; im Sinne Ohls sollte darin die freie Wohlfahrtspflege als gleichberechtigter Träger der Fürsorge bezeichnet, die Bildung freiwilliger Arbeitsgemeinschaften vorgesehen und außerdem klargestellt werden, daß das Gesetz nur die Aufgaben der „öffentlichen (behördlichen) Fürsorge" betreffe.[251] Unter diesen Voraussetzungen könnten die bisherigen Regelungen der Delegation bestehen

---

[244] Vgl. auch Höffner, Subsidiarität.
[245] Vgl. den Entwurf einer Niederschrift über die Sitzung der Arbeitsgemeinschaft der Spitzenverbände der Freien Wohlfahrtspflege am 29. 4. 1958, ADW, HGSt, SP-S XXV 1: 120-1/1.
[246] Vgl. auch zum Folgenden ebenda und Mailänder an Duntze, 3. 6. 1958, BAK, B 106/9697.
[247] Vgl. Entwurf eines Schreibens der Arbeitsgemeinschaft, Anlage zu Mailänder an Hauptgeschäftsstelle von Innerer Mission und Hilfswerk (Abschrift), 8. 5. 1958, ADW, HGSt, SP-S XXV 1: 120-1/1. Leider gibt der Protokoll-Entwurf hier keine Auskunft über die Positionen der jeweiligen Verbände.
[248] Diese Erweiterung sah bereits Art. 7 des Bayerischen Fürsorgegesetzes in der Fassung vom 19. 1. 1953 vor , GVBl. S. 11. Diese Forderung wurde auch vom DPW nicht unterstützt; vgl. Mailänder an Duntze, 3. 6. 1958, BAK, B 106/9697.
[249] Vgl. Hammerschmidt, Wohlfahrtsverbände in der Nachkriegszeit, S. 338f.
[250] Vgl. NDV 38 (1958), S. 302.
[251] Vgl. das vertrauliche Ergebnisprotokoll des Gesprächs am 30. 7. 1958; Münchmeyer an Ohl u. a., 6. 6. 1958; Joerger an Münchmeyer, 23. 7. 1958, ADW, HGSt 2486.

2. Die Stellung der freien Wohlfahrtspflege

bleiben, sollte die freiwillige Bildung auch von Wohlfahrtsausschüssen vorgesehen werden, vor allem aber ein „Partnerschaftsverhältnis im echten Sinne" bei den Einrichtungen bereits „für die Stufe der Planung" gelten.

Der erste Referentenentwurf vom Juli 1958 blieb hinter diesen Wünschen weit zurück: Weder gab es eine Präambel, noch wurden die freien Verbände als eigene „Träger" der öffentlichen Fürsorge benannt oder ihnen gar ein Vorrang eingeräumt. Immerhin verpflichtete jetzt § 92 Abs. 1 in einer Soll-Bestimmung allein die Sozialhilfeträger etwas präziser zur Zusammenarbeit mit der freien Wohlfahrtspflege, wobei „deren Selbständigkeit in Zielsetzung und Durchführung ihrer Aufgaben" zu achten war.[252] Dabei sollten sich die Maßnahmen beider Seiten „zum Wohle des Hilfesuchenden wirksam und sinnvoll ergänzen", und die Sozialhilfeträger „auf gegenseitige Unterrichtung und Aussprache über allgemeine und einzelne Maßnahmen hinwirken" (Abs. 2). Außerdem war auch weiterhin die Möglichkeit der Übertragung von Aufgaben an die freien Verbände vorgesehen (Abs. 3). Ferner sollten die Sozialhilfeträger, wenn erforderlich, mit allen beteiligten Stellen Arbeitsgemeinschaften initiieren (§ 94 Abs. 1). Bei der Schaffung von Einrichtungen hingegen sollte es bei der bestehenden Regelung bleiben, wobei nun auch anderen Trägern (etwa den Landesversicherungsanstalten) ein gewisser Vorrang eingeräumt wurde (§ 91 Abs. 2).

Falls Duntze und Gottschick überhaupt geglaubt hatten, sich mit diesen kleinen Zugeständnissen aus der Affäre ziehen zu können, hatten sie sich getäuscht. Zwar zeigte man sich auf seiten der öffentlichen Fürsorge bis auf kleinere Änderungswünsche einverstanden.[253] Im DV war dieser zentrale Streitpunkt offensichtlich bewußt aus den Beratungen ausgeklammert worden.[254] Massive Einwände hingegen erhob der DCV und ging damit zum Teil noch über das mit der evangelischen Seite Ende Juli Vereinbarte hinaus; hier hatte sich die Kleinsche Linie mittlerweile durchgesetzt, und man hoffte offensichtlich, parallel zu den nun durch Kabinettsbeschluß forcierten Plänen für eine Jugendhilfereform die eigene Position im BSHG ausbauen zu können: Um die in dem Entwurf liegende Gefahr eines „behördlichen Fürsorgemonopols" zu bannen, sollte nicht nur § 1 im Sinne der von den konfessionellen Verbänden konzipierten Präambel umformuliert, sondern ein genereller Vorrang der freien Wohlfahrtspflege bei der Ausführung aller persönlichen Leistungen statuiert werden. Demgemäß war das Wahlrecht zu sichern, bei aller stationären Fürsorge die Unterbringung in Anstalten des jeweiligen Bekenntnisses zu gewährleisten und vor allem der Vorrang der freien Wohlfahrtspflege bereits bei der Planung von Einrichtungen einzuführen. Anders als bisher favorisierte man im DCV nun statt unverbindlicher Arbeitsgemeinschaften die gesetzli-

---

[252] BSHG-Entwurf 7/1958, BAK, B 106/20643.
[253] Das galt auch für die AWO, die auf keinen der problematischen Punkte in ihrer Stellungnahme vom 14.10.1958, BAK, B 106/9686, überhaupt einging.
[254] § 91 wurde nicht vom zuständigen Fachausschuß I, in dem auch Klein vertreten war, sondern nur vom Fachausschuß V für Gesundheitsfragen behandelt, der auf das Subsidiaritäts-Problem nicht näher einging; vgl. Bericht über die Sitzung des Fachausschusses I am 8.10.1958, ADW, HGSt 2486, sowie Äußerungen aus den DV-Fachgremien [5.11.1958], BAK, B 106/9686.

che Einführung von weisungsbefugten Wohlfahrtsausschüssen, was den freien Verbänden – und den Kirchen – wie bei der Jugendhilfe mehr direkte Einflußmöglichkeiten gesichert hätte.[255]

Die konkreten Wünsche von Innerer Mission/Hilfswerk blieben hinter diesem Maximalprogramm deutlich zurück. Dabei äußerten sich Anfang Oktober auch viele Mitglieder der Diakonischen Konferenz, dem von Ohl geleiteten obersten Organ des Spitzenverbands, sehr ähnlich wie der DCV über gesellschaftliche Funktion und Vorrangstellung christlicher Diakonie bei den persönlichen Hilfen und ihren aus ihrem Öffentlichkeitsauftrag abzuleitenden Anspruch auf gleichberechtigte Partnerschaft.[256] Ohnehin vom Alleingang des DCV brüskiert[257], veranschlagte man hier die praktischen Auswirkungen solcher gesetzlicher Regelungen allerdings als weniger hoch, ja wollte im Gegenteil gerade zur Sicherung der eigenen Autonomie nicht zu weitgehende Regelungen. Der Ruf nach stärkerer gesetzlicher Fundierung, so Collmer, mache nur deutlich, „daß wir hier völlig überflüssigerweise an einem Minderwertigkeitskomplex leiden"; ohnehin werde „der Staat nach uns rufen müssen, weil er selbst einfach die aufgeführten Ziele aus eigenen Mitteln gar nicht erreichen" könne.[258] Wenn selbst die gerade von Ohl gewünschte Präambel in der von ihm mit formulierten offiziellen Stellungnahme vom 14. November 1958 nicht auftauchte, dann lag das womöglich an eindeutigen Signalen Duntzes, daß mit einer wie auch immer gearteten Präambel für das BSHG nicht zu rechnen war.[259] Außerdem wurde in der Stellungnahme eingeräumt, daß dafür kaum eine alle Seiten befriedigende Regelung gefunden werden könnte; statt dessen sollte wenigstens in dem Abschnitt über die Zusammenarbeit die besondere Bedeutung der freien Verbände deutlicher herausgestrichen werden.[260] Außerdem schlug auch der evangelische Spitzenverband eine gewisse Verstärkung des Wahlrechts sowie vor allem die bekannte Erweiterung des Einrichtungsvorbehalts vor.[261]

Wenn die Fürsorge-Reformer, die in anderen Fragen ja nur selten auf die Änderungswünsche der freien Verbände eingegangen waren, nun ausgerechnet hier einlenkten, dann lag das vor allem an dem Druck von seiten des Familienministeriums: In einer Ressortbesprechung Ende November kündigten dessen Vertreter

---

[255] Vgl. Stellungnahme des DCV vom 30.8.1958, BAK, B 106/9686.
[256] Vgl. den Vortrag Collmers vor der Diakonischen Konferenz in Korntal am 7.10.1958, Ms., ADW, Allg. Slg. B 93.1 I, und die folgende Aussprache, ADW, HGSt, SP-S XXV 1: 160-1/1.
[257] Vgl. Ohl an die Bundestagsabgeordnete Welter (CDU), 28.10.1958, ADW, HGSt, SP-S XXV 1:427-1/1.
[258] Collmer in der Aussprache zu seinem Referat am 7.10.1958, ADW, HGSt, SP-S XXV 1: 160-1/1.
[259] An der Konferenz, in der Ohl abermals nachdrücklich die Präambel gefordert hatte, nahm auch Duntze teil; vgl. Ohl an Welter, 28.10.1958, ADW, HGSt, SP-S XXV 1: 427-1/1.
[260] Vgl. Stellungnahme von Innerer Mission/Hilfswerk vom 14.11.1958, BAK, B 106/9686.
[261] Selbst der DPW wünschte jetzt, daß zumindest mit den freien Trägern auch über die Errichtung neuer Einrichtungen zu beraten wäre; vgl. Stellungnahme vom 22.12.1958, ebenda.

2. Die Stellung der freien Wohlfahrtspflege

an, Wuermeling werde der „allgemeinen staats- und gesellschaftspolitischen Konzeption" entsprechend eine noch stärkere Herausstellung des „Subsidiaritätsprinzip[s] der Sozialhilfe im Verhältnis zu der Tätigkeit der Verbände der freien Wohlfahrtspflege", vor allem bei der Schaffung von Einrichtungen verlangen.[262] Trotz der Einwände der Kommunalreferate und des kommunalen Arbeitskreises der Länderinnenminister[263] übernahm die Sozialabteilung bereits im Januar 1959 die von Innerer Mission/Hilfswerk vorgeschlagene neue Formulierung, wonach die Sozialhilfeträger eigene Einrichtungen nicht neu schaffen sollten, „soweit geeignete Einrichtungen anderer Träger, vor allem der freien Wohlfahrtspflege, vorhanden sind oder geschaffen werden können".[264] Daß Duntze hier den evangelischen Vorschlag übernahm, war nicht ohne Pikanterie: Schließlich war er der Inneren Mission persönlich eng verbunden und mußte aufpassen, sich gegenüber den Kommunen nicht dem Vorwurf der Parteilichkeit auszusetzen. Inwieweit zu dem Einlenken auch direkte Kontakte zwischen Wuermeling und dem in dieser Frage eher leidenschaftslosen Schröder beitrugen, ist nicht bekannt. Ebensowenig ist zu ermitteln, ob die erwähnte Erhebung über die wirtschaftliche Lage der freien Einrichtungen hier erste Früchte zeigte: Immerhin konnten die gut begründeten finanziellen Forderungen der freien Wohlfahrtspflege an den Bund durch eine stärkere Verpflichtung der Kommunen etwas entschärft werden.

Wichtig war jedenfalls, daß jetzt auch das Katholische Büro in Bonn sowie das Kölner erzbischöfliche Generalvikariat aktiv wurden und damit die Forderungen der Caritas ganz im Sinne der Katholischen Aktion eindeutig zu Forderungen der katholischen Kirche erhoben.[265] Ziel des Katholischen Büros war es dabei zunächst, auch die offiziellen Vertreter der evangelischen Kirche in das gemeinsame Boot zu holen, zumal man es auf ministerieller Seite mit Schröder und Duntze mit durchaus pronounciert evangelischen Verhandlungspartnern zu tun hatte.[266]

---

[262] Vermerk des Referats V A 4 für Minister etc., 28.11.1958, BAK, B 106/20643.
[263] Die Kommunalreferate hätten die freien Verbände gerne auf die freiwilligen Fürsorgeaufgaben beschränkt; vgl. Referate I C 5 und 7 an Referat V 4, 22.12.1958; Vermerk Referat V 4 vom 15.1.1959, BAK, B 106/9686.
[264] § 69 des BSHG-Entwurfs vom Januar 1959, BAK, B 106/20646; Ministervorlage des Abteilungsleiters V vom 2.3.1959, BAK, B 106/20644.
[265] Vgl. Ranke an Collmer, 16.1.1959, ADW, HGSt, SP-S XXV1: 422-1/1. Nach 1945 war es zentrales Anliegen des deutschen Episkopats, den einflußreichen, reichsweit organisierten Verbandskatholizismus der Vorkriegszeit nicht wiedererstehen zu lassen, sondern die Arbeit der Laien entsprechend der noch von Pius XI. propagierten *actio catholica* künftig stärker an die Pfarreien und die kirchliche Hierarchie zu binden und so auch einen bischöflichen Führungsanspruch in Fragen der Laienarbeit zu verwirklichen; vgl. Großmann, Kirche, S.15ff., 24ff., bes. 30ff.; Frie, Amtskirche; ders., Brot, S.141ff. Im Rahmen dieses Konzepts war der Leiter des Katholischen Büros, Prälat Böhler, darum bemüht, die Laienaktivitäten zu bündeln und mit dem kirchlichen Amt zu synchronisieren, um so den katholischen Interessen im politischen Raum Einfluß zu sichern; vgl. Großmann, Kirche, S.92f.
[266] Die in der BMI-Sozialabteilung für die freien Verbände zuständige Regierungsdirektorin Ursula Pietsch unterstützte zwar die katholischen Wünsche, konnte sich aber gegenüber ihrem Abteilungsleiter nicht durchsetzen; vgl. etwa ihr Schreiben Referat V 3 an Referat V 4, 29.5.1959, BAK, B 106/20647.

Immerhin bekannte sich auch der Bevollmächtigte des Rates der EKD bei der Bundesregierung, evangelisches Pendant zum Katholischen Büro, Prälat Hermann Kunst, „aus Überzeugung zur Union".[267] Während so auch der Leiter der Bonner Stelle der Evangelischen Kirchenkanzlei und Sozialreferent der EKD, Oberkirchenrat Hansjürg Ranke, durchaus Einvernehmen signalisierte[268], wurden in einem auf Wunsch des Katholischen Büros vereinbarten informellen Gespräch von Hans-Günther Frey, im Büro u.a. für die Sozialpolitik zuständig[269], und Collmer Ende Januar 1959 wichtige Unterschiede deutlich: Collmer wollte mit Rücksicht auf die Sozialabteilung des Innenministeriums künftige Einflußversuche auf die parlamentarischen Beratungen verschieben, Frey als erfahrener Lobbyist hingegen weitere Vorstöße noch im Stadium des Referentenentwurfs unternehmen.[270] Schließlich würden die Kommunen ihrerseits den Bundesrat einzuschalten versuchen.

Vor allem aber schätzten die katholische Seite und zumindest die Vertreter der evangelischen Diakonie die praktische Wirkung gesetzlicher Vorrang-Regelungen nach wie vor höchst unterschiedlich ein: Frey wünschte klare gesetzliche Schutzgarantien, da sich das Gesetz sonst „überall dort, wo die SPD die Mehrheit habe oder erringen werde, sehr zum Nachteil der Wohlfahrtsverbände auswirken" werde. Für Collmer hingegen fehlten den freien Verbänden die finanziellen Mittel, um einen Vorrang tatsächlich auszufüllen; öffentliche Subventionen aber verstärkten auch unerwünschte Kontrollrechte. Auch könne infolge des kommunalen Selbstverwaltungsrechts weder jemand an der Errichtung eigener Anstalten oder (eigentlich begrüßenswerter) Beratungsstellen gehindert noch die Wohlfahrtsausschüsse durch Bundesgesetz eingeführt werden. Neben unterschiedlichen Auffassungen in der Sache spielten hier möglicherweise auch andere Momente hinein: alte, im Nationalsozialismus keineswegs überwundene Ressentiments; die Furcht, angesichts der kräftigen Töne von der Caritas und aus dem Familienministerium den Eindruck zu erwecken, man lasse sich vor den katholischen Karren spannen; die traditionell größere Staatsnähe der evangelischen Kirche und die Hemmung, mit einem evangelisch geprägten Ministerium derart in Konflikt zu geraten. Allerdings hatten die Vertreter der evangelischen Diakonie im Endeffekt auch nichts dagegen, daß die katholische Seite in dieser Frage zugunsten aller freien Verbände so weit vorpreschte.[271]

---

[267] Tagebuch-Eintrag von Heinrich Krone vom 5.5.1956, in: Krone, Tagebücher, Bd. 1, S. 212.
[268] Vgl. ebenda.
[269] Frey (*1926) war seit Anfang 1958 Mitarbeiter des Katholischen Büros und für die Bereiche Sozial-, Innen- und Gesellschaftspolitik verantwortlich, Auskunft Frey, 23.7.2002.
[270] Vgl., auch zum Folgenden, Brügemann an Collmer, 3.2.1958, mit einem ausführlichen Vermerk über das Gespräch von Collmer und Frey am 30.1.1958, ADW, HGSt, SP-S XXVI: 102-1/1; teilweise bei Foss, Diakonie, S. 21ff.
[271] Münchmeyer hielt die Einführung von Sozialausschüssen zwar für wünschenswert, rechnete aber nicht mit einer entsprechenden ausdrücklichen Forderung der evangelischen Kirche; vgl. Ministervorlage von Abteilungsleiter V, 2.3.1959, BAK, B 106/20644; Collmer an Auerbach, 9.4.1962, ADW, HGSt, SP-SXXV 1: 426-1/1.

Dort drängte man auf ein offizielles Gespräch beider Konfessionen, um dann baldmöglichst dem Bundesinnenministerium eine gemeinsame Wunschliste vorzulegen. Da aber Collmer und der Präsident des Hilfswerks/Innerer Mission Friedrich Münchmeyer erst den neuen Entwurf abwarten wollten, war die evangelische Seite bei dem Treffen neben Oberkirchenrat Ranke nur durch den Leiter der Bonner Verbindungsstelle von Innerer Mission/Hilfswerk, Friedrich-Wilhelm Brügemann, vertreten.[272] Auf katholischer Seite nahmen neben den Mitarbeitern des Katholischen Büros Franz Klein und der Bundesbevollmächtigte des Landes Rheinland-Pfalz Hubert Hermans teil, der auch zu Familienminister Wuermeling Verbindungen hatte. Hermans' oft polemische und nicht immer von Detailkenntnis getragene Kritik an dem ersten Referentenentwurf ging allerdings weit über die Subsidiaritätsfrage hinaus; er lehnte den Rechtsanspruch und die seiner Meinung nach nicht zu finanzierenden großzügigen Leistungen generell ab und kam so mit seiner Warnung vor dem „Wohlfahrtsstaat in Reinkultur" der Haltung gerade vieler Kommunalvertreter eigentlich sehr nahe. Ranke schwenkte weitgehend auf diese Linie ein, was ihn allerdings nicht daran hinderte, Duntze wenig später „streng vertraulich" über den Inhalt des Gesprächs zu informieren.[273] Gegenüber den katholischen Vertretern jedenfalls erklärte es auch Ranke für notwendig, den Entwurf noch auf Referentenebene zu beeinflussen und vor allem eine gemeinsame Position beider Kirchen zu erreichen; es wäre „doch sehr wenig erfreulich, wenn z.B. evangelische und katholische CDU-Abgeordnete verschieden votieren würden".[274] Man verabredete daher, Kontakt mit beteiligten Ministern aufzunehmen, würde sich aber, so Hermans, „den Weg auf die höchste Ebene" bis hin zum Bundeskanzler vorbehalten.[275]

Doch noch bevor diese Ankündigung in Form eines Briefes des Kölner Erzbischofs Frings an Adenauer erste praktische Folgen zeitigte, waren die Reformer im Bundesinnenministerium den Forderungen der konfessionellen Verbände im zweiten Referentenentwurf vom 23. März 1959 deutlich entgegengekommen: Der Vorbehalt bezüglich der Einrichtungen – wie im Entwurf vom Januar – wurde zugunsten der freien Wohlfahrtspflege erheblich ausgeweitet (§ 69); das Wahlrecht wurde ausgebaut (§ 3); der Passus, wonach die Sozialhilfeträger bei der Zusammenarbeit mit den freien Verbänden auf gegenseitige Aussprache und Unterrichtung hinwirken sollten, gestrichen (§ 70) und bei den Arbeitsgemeinschaften die Mitgliedschaft der freien Verbände ausdrücklich genannt (§ 72).[276]

---

[272] Vgl. Vermerk Collmer vom 1.2.1958, ADW, HGSt, SP-S XXV 1: 423-1/1; Collmer an Ranke, 4.2.1959, ADW, HGSt 3930; Niederschrift über die Besprechung am 25.2.1959, Anlage zu Brügemann an Collmer am 7.3.1959, ADW, HGSt, SP-S XXV 1: 102-1/1.
[273] Vgl. Ranke an Collmer, 23.3.1959, ADW, HGSt SP-S XXV 1: 422-1/1; auf die internen Differenzen auf evangelischer Seite verwies Collmer auch gegenüber Auerbach, Schreiben vom 15.3.1960, ADW, HGSt, SP-S XXV 1: 426-1/1; rückblickende leise Kritik Collmers an dem Vorgehen Rankes in: Collmer an Auerbach, 9.4.1962, ebenda.
[274] Niederschrift über die Besprechung am 25.2.1959, ADW, HGSt, SP-S XXV 1: 102-1/1.
[275] Ebenda.
[276] Vgl. BSHG-Entwurf 3/1959, BAK, B 106/20646.

Außerdem gab es deutliche Änderungen auf einem anderen ebenfalls die Stellung der freien Verbände tangierenden Feld: § 75 des ersten Referentenentwurfs hatte die Beratung Hilfesuchender „in Fragen ihrer sozialen Lebenslage" als eigenständige Hilfe eingeführt. Gegebenenfalls sollte der Betroffene an kompetentere Stellen weiter vermittelt und so die Nachrangigkeit der öffentlichen Fürsorge gewährleistet werden.[277] Doch vor allem der DCV, hierin vom DV-Fachausschuß I sogar unterstützt, befürchtete nun die Einrichtung eigener behördlicher Beratungsstellen in großem Maßstab, so daß „durch diese behördlichen Berater in noch stärkerem Maße als bisher die Durchführung der sozialen Hilfen auf den behördlichen Raum hin zum Nachteil der freien Wohlfahrtspflege gesteuert" würde.[278] Da auch die Länderreferenten, allerdings aus Furcht vor möglichen Haftungsfolgen, Bedenken gegen eine derartig ausgebaute Beratungshilfe erhoben[279], entschlossen sich die Reformer in der Sozialabteilung, den so problematischen § 75 zu streichen und statt dessen die Beratung im allgemeinen Teil nur mehr als besondere Form der persönlichen Hilfe aufzuführen, „soweit sie nicht von anderen Stellen oder Personen wahrgenommen werden" könne.[280]

Damit verankerten Duntze und Gottschick die Subsidiarität der öffentlichen gegenüber der freien Wohlfahrtspflege im zweiten Referentenentwurf deutlich stärker, als sie ursprünglich beabsichtigt hatten und es ihrer Ansicht nach mit dem kommunalen Selbstverwaltungsrecht vereinbar war. Wenn dann der überarbeitete Entwurf noch mit den Länderexperten und den anderen Ressorts abgeglichen wäre, könne er, so hoffte Duntze, doch noch vor der Sommerpause im Kabinett verabschiedet und dem Bundesrat zugeleitet werden.[281] Tatsächlich aber war der Streit um die Subsidiarität alles andere als beigelegt.

---

[277] So Gottschick, Referentenentwurf, S. 20; vgl. § 75 Abs. 1 des BSHG-Entwurfs 7/1958, BAK, B 106/20643. Obwohl die Beratung des Hilfesuchenden eigentlich bislang schon zu den Pflichten der Fürsorgeämter gehörte, wollte die Sozialabteilung damit dem vielfach geäußerten Wunsch nach Ausbau und Professionalisierung gerade der individuellen Beratung Rechnung tragen, ohne das seit dem Fürsorgetag 1955 so heikle Thema kommunaler Beratungsstellen anzuschneiden. Entsprechende Überlegungen waren von Anfang an Bestandteil des Reformkonzepts von Gottschick; vgl. Abteilungsleitervorlage vom 29.12.1955, sowie S. 30 eines Anfang 1956 aktualisierten Konzepts für die „Sozialhilfe", BAK, B 106/9689.
[278] DCV-Stellungnahme vom 30.8.1958; vgl. Äußerungen aus den DV-Fachgremien [5.11.1958], BAK, B 106/9686.
[279] Am 29.6.1957 hatte nämlich der Bundesgerichtshof geurteilt, es gehöre zu den Amtspflichten eines „mit der Betreuung der sozial schwachen Volkskreise betrauten Beamten", diese in Fragen des Sozialrechts kompetent zu beraten; vgl. ausführlich Seibert, Bundesgerichtshof. Kritisch zu § 75 des ersten Referentenentwurfs: Pluskat, Gedanken, S. 311; Ergebnisniederschrift über die Besprechung der leitenden Fürsorgereferenten der Länder am 6./7.10.1958, LAS Abt. 761 Nr. 11084, sowie Niederschrift über die Besprechung mit den Vertretern der obersten Landessozialbehörden am 21./22.10.1958, LAS Abt. 761 Nr. 8874.
[280] § 9 Abs. 2 des BSHG-Entwurfs 3/1959, BAK, B 106/20646.
[281] Vgl. Ministervorlage Abteilungsleiter V vom 23.3.1959, BAK, B 106/20647.

V. Vom Entwurf zum Gesetz

1. Die kabinettsreife Reform

Am 23. März 1959 unterrichtete Duntze seinen Minister, daß sich der neue Referentenentwurf vor allem in drei Punkten vom vorhergehenden unterscheide: Erstens sei das materielle Leistungsrecht „erheblich gestrafft worden"; zweitens ein Rechtsanspruch „im allgemeinen nur noch dort vorgesehen, wo er auch bereits im geltenden Fürsorgerecht gegeben ist"; und drittens sei durch die Änderung der Einkommensgrenzen der Kreis der potentiellen Empfänger der Hilfe in besonderen Lebenslagen „eingeschränkt worden".[1] Tatsächlich war der zweite Referentenentwurf nicht nur um etwa ein Viertel kürzer als sein Vorläufer, sondern auch sein innovativer Gehalt mehr als nur „etwas redressiert"[2] worden: Neben der deutlichen Senkung der Einkommensgrenzen waren die Rechtsansprüche auf vorbeugende Gesundheitshilfe, Hilfe für Gefährdete und Eingliederungshilfe für geistig/psychisch Behinderte zu Soll- oder Kann-Bestimmungen abgeschwächt und bei fast allen Hilfen der Leistungsrahmen eingeschränkt worden. Auch bei der Hilfe zum Lebensunterhalt hatten die Reformer einen Teil der Verbesserungen – Regelsätze als Mindestsätze, kulturelles Existenzminimum – zurückgenommen und die Arbeits- und Unterhaltspflicht wieder etwas verschärft. Die Vorgaben über die personelle Ausstattung der Sozialhilfebehörden und ihre Kooperation mit anderen Leistungsträgern waren wieder unverbindlicher. Von Schefflers Ziel, die Sozialhilfeträger stärker als bisher zu bestimmten Hilfeleistungen zu verpflichten und auch den „Kreis der Minderbemittelten" in den Genuß dieser Hilfen kommen zu lassen, hatten sich die Gesetzesmacher wieder deutlich entfernt. Das lag vor allem an dem Widerstand der Ländervertreter, der kommunalen Spitzenverbände und des Bundesfinanzministeriums gegen eine zu großzügige Ausgestaltung der neuen Sozialhilfe.[3] Demgegenüber hatten Forderungen der vor allem im DV angesiedelten Fachgremien nach einem noch weiteren Ausbau der von ihnen jeweils vertretenen Spezialgebiete keine Chance.

---

[1] Ministervorlage Abteilung V vom 23.3.1959, BAK, B 106/20647. Mit dem „geltenden Fürsorgerecht" bezog sich Duntze auf die Konsequenzen der verwaltungsgerichtlichen Rechtsprechung sowie auf die Regelungen des KBG und des THG; vgl. Duntze, Hilfesuchender, S. 74f.

[2] So Gottschick zu Leonore Wolff von der Hauptgeschäftsstelle des DLT, Vermerk Wolff vom 16.4.1959, BAK, B 172/444-02/2.

[3] Für die Genese des BSHG-Regierungsentwurfs selbst gilt die Einschätzung von Münch, Sozialpolitik, S. 234, „daß den Kommunen [im Gesetz] kaum Möglichkeiten eingeräumt wurden, sich an der sozialpolitisch relevanten Willensbildung zu beteiligen", daher nicht; vgl. auch Jaedicke u.a., Politik, S. 51. Die Auffassung, ebenda, die „kommunalen Stellungnahmen zum BSHG waren sozialpolitisch, nicht finanzpolitisch motiviert", trifft vor allem für den DLT allerdings kaum zu.

Auf die Wünsche der vorerst durch ihre Fürsorgespezialisten vertretenen Länder war schon deshalb Rücksicht zu nehmen, als sie an der weiteren Umsetzung und Finanzierung der Sozialhilfe maßgeblich beteiligt waren. Außerdem hofften die Beamten der Sozialabteilung – nicht immer zu Recht –, mögliche Widerstände des Bundesrates bereits im Vorfeld aus dem Weg räumen zu können. Das Nachgeben gegenüber dem Finanzministerium war, abgesehen von dessen Schlüsselposition für die Kabinettsreife zumal sozialpolitischer Gesetzentwürfe, zum einen der mittelbaren Bundesbeteiligung an den Fürsorgekosten in der Kriegsfolgenhilfe geschuldet. Vermutlich fürchtete man im Bundesinnenministerium aber auch eine grundsätzliche Konfrontation mit dem Finanzminister am Kabinettstisch in einer Zeit, in der die Kommunen den Bund mit Forderungen nach einer Finanzreform bombardierten und der Ausbau des bundesdeutschen Sozialstaats innerhalb der Union als im wesentlichen abgeschlossen galt.

Die Zustimmung der Kommunen zum geplanten Gesetz war schon deshalb wichtig, als ja von ihrer weisungsunabhängigen Durchführung der Erfolg der Fürsorgereform entscheidend abhing. Hinzu kamen die besonderen Konstellationen im Bundesrat: Dort war nach wie vor der Innenausschuß für die Fürsorge zuständig; dieser wurde aber nicht von den meist den Arbeits- und Sozialministerien entstammenden Länderfürsorgereferenten beschickt, sondern von den Innenministerien, zu denen die kommunalen Spitzenverbände traditionell gute Verbindungen pflegten.[4] Daß die Einflußmöglichkeiten der kommunalen Spitzenverbände auf die Gestaltung des BSHG-Entwurfs so groß waren, lag nicht zuletzt daran, daß weder die politische Linie der Regierungspartei, noch massive (finanzielle) Interessen des Bundes und der Länder dem entgegenstanden.[5] Der DLT-Sozialausschuß zeigte sich daher insgesamt erfreut, „daß man seinen Einwänden, vor allem soweit es sich um die Berücksichtigung der besonderen Situation auf dem Lande handelt, in so weitgehendem Umfang Rechnung getragen" habe.[6] Auch Anton Oel vom DST vermerkte: „Unsere Vorschläge sind zum größten Teil berücksichtigt."[7] Das galt allerdings nicht für die Bereiche, wo eine „Redressierung" des Entwurfs zu Problemen mit dem Bundestag geführt hätte: bei der Blindenhilfe, z.T. der Ausbildungshilfe oder auch in der Frage der Rückzahlungspflicht. Auch hatten Duntze und Gottschick entgegen den Vorstellungen der Länder und der Kommunen auf Wunsch des Familienministeriums die Hilfe für Minderjährige aus dem Entwurf gestrichen. Vor allem aber hatten sie auf den sich formierenden kirchlichen Druck

---

[4] Bereits mit einem Rundschreiben vom 9.6.1959 forderte daher die DLT-Geschäftsführung die Mitgliedsverbände zu entsprechender Rücksprache mit den Kommunalreferaten der Länderinnenministerien auf, BAK, B 172/444-02/2; vgl. allgemein Bertram, Staatspolitik, S. 116ff.

[5] Die Einflußchancen der kommunalen Spitzenverbände auf die weitere Ausgestaltung der Sozialhilfe nach 1961 veranschlagen insgesamt gering Jaedicke u.a., Politik, S. 149ff.; zumindest unter den Verbänden für den einflußreichsten Akteur der Sozialhilfepolitik hält sie hingegen Winter, Interessen, S. 416ff.

[6] Wormit an BMI, 18.7.1959, BAK, B 106/20644. Auch die Kommunalunterabteilung des BMI wertete den Entwurf als „entscheidende Verbesserung", Unterabteilung I C an Abteilung V, 23.4.1959, ebenda.

[7] Notizen Oels vom 28.6.[1959], LAB, B Rep. 142-9, 1284.

hin entgegen ihren eigenen kommunalpolitischen Überzeugungen die Position der freien Wohlfahrtspflege deutlich gestärkt. Auch dieses politisch bedingte antikommunale Vorgehen der Sozialabteilung dürfte die Bereitschaft zu Zugeständnissen an die Kommunen an anderer Stelle deutlich erhöht haben, nicht nur, um deren Zustimmung zum Gesetz zu erkaufen, sondern auch, um durch Abbau der Leistungspflichten die Subsidiaritätsregelungen in der Praxis zu entschärfen.

Die wiederholt geäußerte Einschätzung, „der" DV habe anders als in den zwanziger Jahren in der Fürsorgereform der fünfziger Jahre endlich „seine seit 1919 angestrebte Mittelpunktfunktion erreicht"[8], läßt sich in dieser Zuspitzung also kaum halten: Weder bei der Formulierung des offiziellen ersten Referentenentwurfs vom Juli 1958 noch weniger in der zu gravierenden Änderungen führenden Überarbeitungsphase bis März 1959 hatten die verschiedenen Expertengremien des DV dominierenden Einfluß auf die Entwurfsgestaltung. Vielmehr war es auch hier zunächst die Ministerialbürokratie, die – in ihrer Konzeption natürlich durch die Diskussionen im DV beeinflußt – die Reformrichtung vorgab, dafür die Unterstützung eines breiten Konsenses der Experten suchte, vor allem im Sozialausschuß des DST sowie im Fürsorgeausschuß des Beirats auch fand und schließlich einen politisch tragfähigen Interessenausgleich mit den verschiedenen künftigen Trägern und Finanziers der Sozialhilfe sowie den konfessionellen Wohlfahrtsverbänden und einzelnen gut organisierten Betroffenengruppen (Blinde, Kriegsopfer) herbeiführen mußte. Von einem „Sieg der sachbezogenen Fachlichkeit"[9] läßt sich also spätestens seit dem zweiten Referentenentwurf vom März 1959 nicht mehr sprechen.

Duntzes weitere Zeitplanung erwies sich als zu optimistisch, denn er unterschätzte die Widerstände auf katholischer Seite. Dort hatte jetzt das Katholische Büro endgültig die Verhandlungsführung und Mobilisierung einflußreicher kirchlicher Stimmen übernommen. Am 18. März schrieb Kardinal Frings dem Bundeskanzler, noch in bezug auf den ersten Referentenentwurf, dieser komme dem „Gesellschaftsbild eines sozialistischen Versorgungsstaates bedenklich nahe", denn es werde „praktisch das behördliche Fürsorgemonopol statuiert".[10] Anstatt im zentralen Bereich der persönlichen Hilfe „das Mitsorgerecht der Kirche für die Armen und Hilfsbedürftigen in besonderer Weise heraus[zu]stellen", werde die Kirche im Entwurf überhaupt nicht erwähnt. Dabei wäre es „vornehmste Pflicht einer christlichen Regierung, [...] umgekehrt die freien Träger vorrangig heranzuziehen". In seiner jetzigen Fassung könne der Entwurf „die in Jahrzehnten bewährte freie Liebestätigkeit praktisch zum Erliegen bringen" und greife in Rechte der Kirche ein. Frings bat daher um eine Änderung des Entwurfs und verwies für die Einzelverhandlungen auf das Katholische Büro.[11] Eine Abschrift des Briefes

---

[8] So unter dem Vorbehalt weiterer Forschung seinerzeit Tennstedt, Fürsorgegeschichte, S. 100; ähnlich Jaedicke u.a., Politik, S. 150; Eifert, Frauenpolitik, S. 199f.; Orthbandt, Deutscher Verein, S. 314.
[9] Tennstedt, Fürsorgegeschichte, S. 100.
[10] Vgl. Frings an Adenauer, 18. 3. 1959, BAK, B 136/902.
[11] Ranke vermutete, daß auch der rheinland-pfälzische Bevollmächtigte Hermans an der Konzeption des Briefes beteiligt gewesen war; vgl. Ranke an Collmer, 8. 4. 1959, ADW, HGSt, SP-S XXV 1: 422-1/1.

erhielt auch der einflußreiche und um Ausgleich mit den Kirchen bemühte Vorsitzende der CDU/CSU-Bundestagsfraktion Heinrich Krone, der sich seinerseits in dieser Angelegenheit beim Bundesinnenminister einschalten wollte.[12] Diese frühzeitige Lobbyarbeit in der Bundestagsfraktion der CDU/CSU war sicher einer der entscheidenden Hebel für den Erfolg des Katholischen Büros: Krone wurde nun laufend über die Position des Katholischen Büros und der Caritas zu den jeweils aktuellen Fassungen des BSHG-Entwurfs informiert, und außerdem wurde Kontakt zu den in diesen Fragen besonders wichtigen Mitgliedern der Fraktion – Peter Horn, Vorsitzender des Sozialpolitischen Arbeitskreises der Fraktion, Maria Niggemeyer, Willeke und Josef Stingl – gehalten.[13]

Anfang April 1959 richtete der Freiburger Erzbischof Hermann Schäufele einen ähnlichen, wenn auch im Ton gemäßigteren Brief an den baden-württembergischen Ministerpräsidenten Kurt Georg Kiesinger, mit der Bitte, „im Rahmen Ihrer Möglichkeiten sich in den Gang der Gesetzesarbeiten ein[zu]schalten".[14] Angesichts zunehmender badischer Kritik am angeblich mangelnden Katholizismus der Stuttgarter CDU-Führung, die schließlich in die Gründung einer eigenen christlichen badischen Konkurrenzpartei mündete, zeigte sich der CDU-Ministerpräsident dazu bereit und sandte Mitte April Auszüge des erzbischöflichen Briefes an Minister Schröder mit der Anmerkung, daß er sich dem Gewicht der darin geäußerten Bedenken „nicht verschliessen" könne.[15]

Ob diese Intervention des katholischen Episkopats Erfolg haben würde, hing keineswegs nur oder auch nur primär von der Bewertung in der Sache ab. Entscheidend war, für wie opportun man im Bundeskanzleramt und an der Spitze des Innenministeriums ein derartig weitgehendes Entgegenkommen gegenüber der katholischen Kirche hielt, das nicht nur den Widerstand vieler – nicht allein sozialdemokratisch geführter – Kommunen provozieren würde. Die ehemals enge Bindung zwischen CDU, katholischer Kirche und katholischer Wählerschaft zeigte nämlich erste Risse: Während die CDU ihren Erdrutschsieg 1957 nicht zuletzt mit einer stärkeren Liberalisierung erkaufte und sich damit kirchlicherseits den Vorwurf zunehmender weltanschaulicher Indifferenz einhandelte, machte umgekehrt die allgemeine Säkularisierung auch vor dem katholischen Kirchenvolk nicht halt und begünstigte mit der einsetzenden Auflösung traditioneller katholischer Milieus eine lange undenkbare Annäherung an die Sozialdemokratie.[16]

---

[12] Vgl. Krone, Tagebücher, Bd. 1, S. 347, Tagebucheintrag vom 2.4.1959.
[13] Auskunft Frey, 23.7.2002; vgl. ferner Voßheinrich im Auftrag von Krone an Wissing, 30.4.1959, Durchschlag und Exemplare der katholischen Stellungnahmen vom 26.4. und 2.7.1959, ACDP, CDU/CSU-Fraktion AK IV, VIII-005-106/1.
[14] Erzbischof Schäufele an Kiesinger, 3.4.1959, Abschrift von Abschrift, ADW, HGSt, SP-S XXV 1: 422-1/1. Inhalt und Diktion dieses Briefes lassen vermuten, daß Franz Klein von der Freiburger DCV-Zentrale an dessen Konzeption maßgeblich beteiligt war.
[15] Kiesinger an Schröder, 22.4.1959, BAK, B 106/20647.
[16] Vgl., auch zum Folgenden, Doering-Manteuffel, Kirche, S. 127ff.; Schwarz, Die Ära Adenauer 1949-1957, S. 163ff.; ders., Adenauer, Bd. 2, S. 602ff.; Buchhaas, Volkspartei, S. 235ff.; Buchstab, Adenauer, Einleitung, S. XIXff.; Großmann, Kirche, S. 281ff.; Bösch, Adenauer-CDU, S. 322f.

Erstes Signal war eine Tagung führender SPD-Politiker mit katholischen Sozialethikern und Politikern in der Katholischen Akademie in Bayern zum Thema „Christentum und demokratischer Sozialismus" im Januar 1958.[17] Zwar blieb das „Ereignis von München"[18] vorerst ein von den meisten Bischöfen und Adenauer mit Entrüstung zu Kenntnis genommener Ausnahmefall, und auch die im Godesberger Programm vom November 1959 deutlichen Öffnungsbestrebungen der SPD gegenüber den Kirchen wurden auf offizieller katholischer Seite mit großer Skepsis bedacht.[19] Nichtsdestoweniger zeigte sich hier ein Trend, der es gerade aus Sicht des christdemokratischen Kanzlers ratsam erscheinen lassen konnte, katholischen Wünschen zu entsprechen, zumindest dann, wenn die politischen Kosten vergleichsweise gering schienen. Bei den zeitlich parallelen Auseinandersetzungen um ein kommerzielles Bundesfernsehen nämlich, für Adenauer eine Frage von wahlentscheidender Bedeutung, zeigte er sich unnachgiebig gegenüber den heftigen Protesten von Kardinal Frings. Demgegenüber schien ein Entgegenkommen beim Sozialhilfegesetz unproblematisch, zumal hier – anders als beim Fernsehstreit – kaum mit einer Fronde der christdemokratischen Ministerpräsidenten zu rechnen war. Wichtig war dabei allerdings die Einschätzung, inwieweit es sich um ein spezifisch katholisches Anliegen handelte, oder ob auch die evangelische Kirche diese Forderungen unterstützte. Schließlich lag eine der wesentlichen Stärken der CDU in ihrer Interkonfessionalität, für die nicht zuletzt der federführende Innenminister Schröder als Vorsitzender des Evangelischen Arbeitskreises der CDU bürgte.

Vorläufig nämlich gingen die Vertreter der beiden Kirchen in der Subsidiaritätsfrage weiterhin nicht völlig konform. Das zeigte auch deren Reaktion auf den März-Entwurf. Getreu ihrer Überzeugung, daß die entscheidende Einflußnahme noch auf Referentenebene geschehen müsse, überredeten Frey und Amtsgerichtsrat Panzer vom Kölner Generalvikariat Duntze, ihnen mit Einverständnis Schröders den neuen Entwurf abermals zur Stellungnahme zuzusenden; dementsprechend sollte ihn auch die evangelische Seite erhalten.[20] Das Katholische Büro hatte unter Leitung Freys einen eigenen Arbeitskreis „Bundessozialhilfegesetz" gebildet, dem u.a. Rothe, Elisabeth Zillken und Caritas-Direktor Kessels angehörten und der die weiteren Stellungnahmen vorbereitete.[21] Unter dem 26. April, kurz vor der Besprechung der Beamten der Sozialabteilung mit den Ländervertretern, nahm jetzt der neue Direktor des Katholischen Büros, Prälat Wilhelm

---

[17] Vgl. Großmann, Kirche, S. 299ff.; Brehm, SPD, S. 61ff.; Klotzbach, SPD, S. XLIff.
[18] Gerstenmaier auf der Sitzung des CDU-Bundesvorstands am 17.1.1958; Buchstab, Adenauer, S. 73.
[19] Im Godesberger Programm vom 13.-15.11.1959 erklärte die SPD auch offiziell ihre Bereitschaft zur „Zusammenarbeit mit den Kirchen und Religionsgemeinschaften im Sinne einer freien Partnerschaft" und betonte, die „Sozialdemokratische Partei achtet die Kirchen und die Religionsgemeinschaften, ihren besonderen Auftrag und ihre Eigenständigkeit. Sie bejaht ihren öffentlich-rechtlichen Schutz", Flechtheim, Dokumente, Bd. 3, S. 221f.; vgl. Brehm, SPD, S. 89ff.
[20] Vgl. Ranke an Collmer, 24.3.1959; Kirchenkanzlei an Collmer, 6.4.1959, ADW, HGSt, SP-S XXV 1: 422-1/1.
[21] Auskunft Frey, 23.7.2002.

Wissing, Stellung: Die katholische Seite war noch keineswegs zufrieden und monierte, daß die besondere Stellung der Kirchen im „sozialen Raum" weiterhin nicht berücksichtigt werde. Der Rechtsanspruch müsse auf die Gewährung des Existenzminimums beschränkt werden, denn bei den personalen Hilfen sei er aufgrund der individuellen Freiheitsrechte nicht möglich, damit „der Anspruchberechtigte nicht erneut in eine Objektstellung" zum öffentlichen Sozialhilfeträger gerate: „Kein Hilfsbedürftiger darf zur Entgegennahme von Dienstleistungen weder unmittelbar noch mittelbar gezwungen werden."[22] Damit war das Katholische Büro auf die Linie Friedrich Rothes und anderer Autoren der Caritas-Denkschrift vom Herbst 1957 eingeschwenkt, die bereits damals den möglichen Widerspruch zwischen einem gesetzlichen Rechtsanspruch und des von ihnen geforderten Leistungsvorrangs der freien Verbände erkannt hatten.[23] Sozialhilfe solle daher nur auf Antrag gewährt und das Wahlrecht des Hilfeempfängers stärker ausgebaut werden. Außerdem müsse bei stationären Maßnahmen eine bekenntnisgleiche Unterbringung und die seelsorgerische Betreuung gewährleistet sein.

Auch mit der weitreichenden Formulierung des § 69 war das Katholische Büro noch nicht einverstanden: Die öffentlichen Träger sollten bereits dann auf eigene neue Einrichtungen verzichten, wenn solche anderer Träger „ausgebaut" werden könnten. Außerdem sei eine generelle Förderpflicht gegenüber der freien Wohlfahrtspflege analog zu § 6 RJWG zu statuieren.[24] Zusammenfassend, so das Schreiben, „dürfen wir feststellen, daß der Gesamteindruck des Entwurfes vom Standpunkt der katholischen Staats- und Soziallehre zu Besorgnissen Anlaß gibt. Seine Grundkonzeption kommt den Ordnungsvorstellungen eines Versorgungsstaates bedenklich nahe, dem die Befähigung zugesprochen wird, menschliche Lebensverhältnisse bis ins letzte objektiv zu durchschauen und im Sinne einer Nivellierung auf den jeweils gegebenen Lebensstandard auszugleichen".[25]

Eine solche Bewertung des Entwurfs war Öl auf das Feuer all jener (Unions-) Politiker, die wie Gerstenmaier die Bundesrepublik sozialpolitisch am Rande des „Versorgungsstaates hochsozialistischer Prägung" balancieren sahen. Hier begab sich das Katholische Büro in erstaunliche Nähe zu gerade den neoliberalen Argumentationsmustern, die viele Kirchenvertreter der CDU in jüngster Zeit ankrei-

---

[22] Katholisches Büro an Duntze, 26.4.1959, Durchschlag, ADW, HGSt, SP-S XXV 1: 160-1/1. Diese und weitere Passagen der Stellungnahme finden sich bereits wörtlich in einem Referat von Franz Klein vor dem Wohlfahrtsausschuß der KPV Nordrhein-Westfalen am 26.2.1959; vgl. Franz Klein, Bundessozialhilfegesetz, S. 202.

[23] Vgl. auch Ranke an Collmer am 16.1.1959, ADW, HGSt, SP-S XXV 1: 422-1/1. Ein Widerspruch bestand eigentlich auch zwischen einem Vorrang der freien Verbände und dem Wahlrecht, wonach ein Hilfesuchender auch die Unterbringung in einer kommunalen Einrichtung wünschen könnte; vgl. Nell-Breuning, Beitrag, S. 118.

[24] Die vorgeschlagene Formulierung für § 70 lautete: „Die Zusammenarbeit soll vor allem darauf gerichtet sein, die Träger der freien Wohlfahrtspflege in Stand zu setzen, ihren Aufgaben gerecht zu werden und ihre Leistungen zum Wohl der Hilfesuchenden wirksam und sinnvoll zu ergänzen." Für die Beteiligung der freien Verbände an Sozialhilfeaufgaben wurde statt einer Kann- eine Soll-Bestimmung gefordert; vgl. Katholisches Büro an Duntze, 26.4.1959, Durchschlag, ADW, HGSt, SP-S XXV 1: 160-1/1.

[25] Ebenda.

deten und die keineswegs, wie Nell-Breuning klargemacht hatte, aus dem katholischen Subsidiaritätsprinzip zwangsläufig abzuleiten waren. Vor allem mit der weitgehenden Absage an den Rechtsanspruch lief die offizielle Bonner Vertretung der katholischen Bischöfe Gefahr, im Namen der Kirche gesetzliche Verbesserungen für unterprivilegierte Bevölkerungsgruppen, die auch aus den eigenen Reihen gefordert worden waren, zu unterlaufen und sich an die Seite hartnäckiger Reformgegner zu stellen.[26]

Auf evangelischer Seite war man vor allem über den Brief von Frings empört: „Die Unbekümmertheit, in der überzeugt evangelische hohe Beamte des Innenministeriums [...] einer materialistischen und etatistischen Auffassung geziehen" würden, so Ranke, mache ihn besorgt. Es sei daher dringend notwendig, „nun einmal vom evangelischen Standpunkt die Berechtigung und Nichtberechtigung des Gedankens der Subsidiarität in recht scharfer Kritik vorzunehmen."[27] Tatsächlich setzten sich verschiedene evangelische Theologen auch öffentlich kritisch mit einer derartigen Exegese des Subsidiaritätsprinzips auseinander und befürworteten statt einer Rangfolge der Leistungsrechte die „Partnerschaft" von Staat und freien Verbänden. Gerade in der für viele protestantische Industrieländer typischen Ausbildung des „Wohlfahrtsstaates" wurde nicht ein „Zug zur Totalisierung", sondern, im Gegenteil, ein Freiheitsgewinn für dessen Bürger durch Verrechtlichung der sozialen Hilfen gesehen.[28] In einem derartigen Wohlfahrtsstaat werde die verbandlich organisierte christliche „Liebestätigkeit" allerdings nicht überflüssig, sondern notwendiges Komplement öffentlicher Hilfe.[29]

Ranke befürchtete, die „Angelegenheit scheint sich ja zu einer prinzipiell verschiedenartigen Haltung der beiden Kirchen auszuwachsen. Einer derartigen Sache aber müssen wir hier mit allen möglichen Mitteln zu Leibe gehen [...]".[30] Da auch Duntze an einer einvernehmlichen Lösung mit beiden Kirchen interessiert war, hatte Rankes Drängen gegenüber den führenden Vertretern der evange-

---

[26] Das Katholische Büro führte gegen einen weitergehenden Rechtsanspruch auch ins Feld, daß sonst „die wirtschaftlichen Kräfte des Staates, gerade in wirtschaftlichen Krisen und Notzeiten durch Art und Ausmaß der Ansprüche überfordert" würden, ebenda. Franz Klein beklagte ganz ähnlich wie der DLT eine im (ersten Referenten-)Entwurf liegende „Perfektionierung der Sozialhilfe" und zu großzügige Einkommensgrenzen; daher bestehe die Gefahr, „daß der Lebenswille unseres Volkes geschwächt wird; sie führt vor allem zur Uniformität der Lebensansprüche", Klein, Bundessozialhilfegesetz, S. 204. Von der führenden Rolle, die Wohlfahrtsverbände und Kirchen heute unter den „armutspolitischen Advokaten" einnehmen, war das Katholische Büro Ende der fünfziger Jahre also noch deutlich entfernt; zu dieser Funktionsbeschreibung vgl. Winter, Interessen, S. 267ff . (Zitat S. 266).
[27] Ranke an Collmer, 8.4.1959; vgl. ferner Vermerk Collmer vom 21.5.1959, ADW, HGSt, SP-S XXV 1: 422-1/1.
[28] Janssen, Subsidiaritätsproblem; vgl. ferner Ohl, Wohlfahrtsstaat; kritisch zur naturrechtlichen Fundierung des Subsidiaritätsprinzips Superintendent Cordes auf der Tagung des Sozialausschusses der Evangelischen Kirche von Westfalen am 30.10.1959, Protokoll, ADW, HGSt 1827; vgl. allgemein Matthes, Konzeptionen, S. 17ff.
[29] Zu den unterschiedlichen Positionen auch innerhalb der Diakonie selbst vgl. auch Hammerschmidt, Wohlfahrtsverbände in der Nachkriegszeit, S. 359ff.
[30] Ranke an Collmer, 8.4.1959, ADW, HGSt, SP-S XXV 1: 422-1/1.

lischen Diakonie Erfolg.[31] Um aber eine unmittelbare offizielle Konfrontation mit dem Bundesinnenministerium zu vermeiden, sandte Präsident Münchmeyer keine eigene neue Stellungnahme an die Sozialabteilung, sondern bewertete in einem Schreiben an Prälat Wissing die Stellungnahme des Katholischen Büros und setzte Duntze und ebenfalls Krone darüber ins Bild.[32] Tatsächlich waren die Stuttgarter Diakonie-Vertreter von ihrem Ziel, „zu einer möglichst einheitlichen Meinung der Kirchen zu gelangen"[33], gar nicht so weit entfernt, sondern stimmten in wesentlichen, vor allem für die künftige Praxis relevanten Punkten den katholischen Forderungen zu: einer besseren Gewährleistung des Wahlrechts und einer weiteren Verschärfung des Vorrangs bei den Einrichtungen in § 69. Einen generellen gesetzlichen Leistungsvorrang der freien Verbände bzw. der Kirchen bei der personalen Hilfe aber lehnte die evangelische Seite ab: Dadurch werde die Diakonie in ihrer „um der Liebesübung willen notwendige[n] Freiheit" beeinträchtigt und laufe Gefahr, „in doppelter Weise, sowohl von staatlichen Instanzen und Gerichten wie auch von anspruchsberechtigten Einzelnen rechtlich abhängig gemacht" zu werden. Denn einen Verzicht auf den Rechtsanspruch hielt man hier für rechtlich nicht möglich „und auch nicht wünschenswert". Statt dessen plädierte auch Münchmeyer für eine Präzisierung der Zusammenarbeit, allerdings als „echte Partnerschaft zwischen freier Wohlfahrtspflege und öffentlicher Fürsorge". Die von katholischer Seite gewünschte Einführung von Sozialausschüssen allerdings hielt Münchmeyer für einen politisch nicht durchsetzbaren Eingriff in die Verwaltungshoheit der Länder und bezweifelte, daß solche Ausschüsse „über eine relativ einflusslose Consultativstellung zu den Gemeindeorganen hinauskommen" könnten.[34]

Weiterhin also war auch die Diakonie-Führung ebenso wie der Leiter des Bonner EKD-Büros an einer Begünstigung der freien Wohlfahrtspflege im BSHG interessiert.[35] Anders als den katholischen Vertretern, die mittlerweile auch das künftige Sozialhilfegesetz zum „Weltanschauungsgesetz"[36] stilisierten, ging es den auf evangelischer Seite Agierenden allerdings pragmatisch um die Absicherung ihrer Einrichtungen und Maßnahmen; die auf katholischer Seite betriebene grundsätzliche und auf das Verhältnis von Staat und Kirche zielende Verankerung einer

---

[31] Vgl. Ranke an Collmer, 17.4.1959, ebenda; Collmer an Auerbach, 4.9.1959, ADW, HGSt, SP-S XXV 1: 426-1/1.
[32] Vgl. Münchmeyer an Wissing, 30.4.1959, Abschriften in: ADW, HGSt, SP-S XXV 1: 422-1/1, sowie in: ACDP, CDU/CSU-Fraktion AK IV, VIII-005-106/1.
[33] Ebenda.
[34] Ebenda. Tatsächlich waren auch die Jugendwohlfahrtsausschüsse, wo sie überhaupt eingerichtet worden waren, oft offensichtlich wenig effektiv; vgl. Mitteilungen der AGJJ 1956, H. 19, S. 15ff.; Martin Rudolf Vogel, Apparatur, S. 64f.
[35] Um die evangelischen Landeskirchen für mögliche Anfragen der Landesregierungen zu präparieren und die eigene Verhandlungsposition abzusichern, schickte Ranke ihnen im Mai Abschriften dieser Stellungnahme und der Briefe von Frings und Schäufele; vgl. Kirchenkanzlei der EKD an die Kirchenleitungen der evangelischen Landeskirchen in Westdeutschland, 13.5.1959, mit Anlagen; Evangelischer Oberkirchenrat Stuttgart an Kirchenkanzlei, 4.6.1959, ADW, HGSt, SP-S XXV 1: 422-1/1.
[36] Informationen des DCV 10 (1959), Nr. 8, S. 2.

1. Die kabinettsreife Reform 435

bestimmten Interpretation des Subsidiaritätsprinzips hingegen lehnten sie ab. Für diese evangelische Position gab es aber noch einen weiteren Grund: Während auf katholischer Seite die einfache Mehrheit der CDU/CSU-Stimmen für das künftige Gesetz als ausreichend galt, wünschte die evangelische Seite eine möglichst breite Zustimmung im Bundestag auch aus den Reihen der Opposition, da eine nur knappe Mehrheit „die Handhabung des Gesetzes auf das äußerste erschweren würde".[37] Schließlich verfügte die evangelische Diakonie über geringere parteipolitische Sicherheiten als die Caritas in katholisch und christdemokratisch geprägten Kommunen oder die AWO in sozialdemokratischen Städten.[38]

Bei den Beratungen mit den Fürsorgereferenten der Länder und den beteiligten Bundesministerien Ende April/Anfang Mai 1959 wurden die Regelungen zur freien Wohlfahrtspflege nicht nachhaltig in Frage gestellt, auch nicht vom Familienministerium.[39] Anfang Juni führte Duntze Sondierungsgespräche mit einigen Fürsorgeexperten der CDU-Fraktion, darunter Willeke, Frau Niggemeyer und Peter Horn; diese waren mit der Grundkonzeption des neuen Entwurfs einverstanden, wünschten aber eine „noch entgegenkommendere[n] Formulierung" gegenüber der freien Wohlfahrtspflege.[40] Die kirchlichen Interventionen in der Mehrheitsfraktion zeigten also Wirkung. Tatsächlich hatte Duntze – vermutlich auf Weisung seines Ministers – bereits Vorschläge erarbeitet, die auf der evangelischen Linie lagen, und stellte sie auf der Konferenz der für das Wohlfahrtswesen zuständigen Minister am 22. Mai zur Diskussion. Die Konferenz verabschiedete zwar eine von Niedersachsen eingebrachte Resolution, daß am besten die Regelungen aus dem bisherigen Fürsorgerecht übernommen und keine Vorschriften eingeführt werden sollten, „die geeignet wären, die Selbständigkeit der freien Wohlfahrtspflege in ihrer Zielsetzung und Durchführung ihrer Aufgaben zu beeinträchtigen [...]".[41] Doch als Duntze die neuen Formulierungen über eine bessere Gewährleistung des Wahlrechts und der Zusammenarbeit mit den freien Verbänden vorstellte, wurde Zustimmung signalisiert.[42]

Das Katholische Büro allerdings ließ sich mit einer offiziellen Stellungnahme zu diesen Vorschlägen Zeit.[43] Vermutlich geschah dies aus Rücksicht auf die geänderte Strategie des wichtigsten Verbündeten, des Familienministeriums. Dort war man angesichts des zügigen Tempos der Sozialabteilung unter erheblichen Zeitdruck geraten und legte schließlich am 5. Juni den schon länger angekündigten, von Rothe in großer Eile erstellten „Vor-Entwurf eines Jugendhilfegesetzes

---

[37] Vermerk Ranke vom 27.10.1959, ADW, HGSt, SP-S XXV 1: 423-1/1.
[38] Vgl. auch Vermerk Collmer, Anlage zu Collmer an Ranke, 17.11.1959, ADW, HGSt 3930.
[39] Vgl. Änderungsvorschläge der Länder zum BSHG-Entwurf vom 28./29.4.1959 und der Bundesressorts vom 6./8.5.1959, BAK, B 106/20647.
[40] Vermerk Abteilungsleiter V vom 1.7.1959, ebenda.
[41] Niederschrift über die Konferenz der für das Wohlfahrtswesen zuständigen Minister am 22.5.1959, BAK, B 106/20644.
[42] Vgl. die vom BMI vorgelegten neuen §§ 3, 9a, ebenda.
[43] Vgl. Referat V 4 an Katholisches Büro, 26.5.1959, BAK, B 106/20647; Ranke an Collmer, 23.6.1959, ADW, HGSt, SP-S XXV 1: 422-1/1.

(JHG)" vor.⁴⁴ Dieses sollte vor allem den freien Verbänden und Kirchen bei der Durchführung aller Aufgaben der Jugendhilfe den Vorrang sichern und die Kommunen zu Zuschüssen verpflichten.⁴⁵ Begründet wurde dies mit dem Konzept des verfassungsmäßigen „weltanschaulichen Pluralismus" und der Garantie des Elternrechts, die „Grundrichtung der Erziehung" zu bestimmen – dem Parallelfall zur „persönlichen Hilfe" der Sozialhilfe; dadurch wurde wie schon bei· Klein und Utz dieses gesellschaftspolitische Ziel aus seinen theologisch-dogmatischen Zusammenhängen gelöst, statt dessen durch das Grundgesetz legitimiert und so der Versuch unternommen, dem Vorwurf konfessionell motivierter Interessenpolitik den Boden zu entziehen.⁴⁶ Die „Tendenz des Entwurfes [...], die freien Kräfte zu stärken", wurde auch von der evangelischen Jugendhilfe ausdrücklich begrüßt⁴⁷ und eindeutig „die Reihenfolge Familie, freie Erziehungsträger, Staat" favorisiert.⁴⁸ Den im JHG-Entwurf postulierten Vorrang der freien Verbände auch bei den fürsorgerischen Einzelhilfen jedoch lehnte die evangelische Stellungnahme aus praktischen Erwägungen ab.⁴⁹

Das Familienministerium wollte wie der von ihm eingesetzte Aktionsausschuß des Bundeskuratoriums für Jugendfragen unbedingt, daß die Entwürfe des JHG und des BSHG nicht nur inhaltlich aufeinander abgestimmt, sondern auch im Kabinett gleichzeitig beraten würden, und drängte Ende Juni gegenüber den anderen Ressorts und im Bundeskanzleramt auf eine entsprechende Terminierung.⁵⁰ Auf diese Weise, so hörte Bangert aus dem Bundesinnenministerium, habe Wuermeling erreicht, „dass das Sozialhilfegesetz zunächst einmal gestoppt worden sei".⁵¹ Die ohnehin schon in Verzug geratene Zeitplanung Duntzes war damit endgültig obsolet.

Das lag aber nicht nur an der Subsidiaritätsfrage und der Auseinandersetzung mit dem Familienminister. Trotz insgesamt positiver Resonanz zum zweiten Referentenentwurf auf seiten der Länder und der übrigen Ressorts sorgten auch andere Bundesminister für Verzögerungen: Neben dem bereits dargestellten Konflikt zwischen Arbeits- und Justizministerium über die Einarbeitung des THG,

---

⁴⁴ BAK, B 106/20098. Als Wuermeling Mitte März seine Pläne für das JHG dem Sozialpolitischen Arbeitskreis der CDU/CSU-Fraktion vorstellte, war seine knappe Zeitplanung auf große Skepsis gestoßen. Die Abgeordneten plädierten für gründlichere Vorbereitung, auch wenn der Entwurf dann möglicherweise erst im Herbst kabinettsreif wäre; vgl. Ministervorlage Referat V 1 vom 20.3.1959, ebenda. Kritisch auch BldW 106 (1959), S.233. Vgl. insgesamt Hasenclever, Jugendhilfe, S.198ff.
⁴⁵ Vgl. §§ 6f. des JHG-Vorentwurfs vom 5.6.1959, BAK, B 106/20098; Rothe, Jugendgesetz, und ders., Jugendpflege im künftigen „Jugendhilfegesetz"; Mann, Jugendhilfegesetz.
⁴⁶ Vgl. auch Matthes, Konzeptionen, S.43ff., 57ff.
⁴⁷ Zitat aus der Stellungnahme der Hauptgeschäftsstelle von Innerer Mission/Hilfswerk und der Arbeitsgemeinschaft der Evangelischen Jugend Deutschland in einer Darstellung der Hauptgeschäftsstelle über „Die Mitwirkung der Hauptgeschäftsstelle [...] bei der Reform des Jugendwohlfahrtsrechts" vom 19.10.1961, ADW, HGSt, SP-S XXV 1: 463-1/1.
⁴⁸ So bereits Anfang Januar 1959, vgl. ebenda.
⁴⁹ Vgl. ebenda.
⁵⁰ Vgl. Ministervorlage Abteilung V vom 30.6.1959; Wuermeling an Bundeskanzleramt, 29.6.1959, Abschrift, BAK, B 106/20098; Pense, Übersicht, S.182.
⁵¹ Vermerk Bangert vom 13.7.1959, BAK, B 172/444-02/2.

der im Oktober 1959 durch einen Kompromiß beigelegt wurde, und dem Problem der Freiheitsentziehung war die künftige Behandlung der Kriegsopferfürsorge zwischen verschiedenen Ministerien heftig umstritten.

Die traditionell diese Hilfen kennzeichnende „eigentümliche Zwitterstellung zwischen Versorgung und Fürsorge"[52] war auch nach dem Zweiten Weltkrieg nicht aufgegeben worden. Vielmehr wurde weiterhin neben den z.T. bedarfsabhängigen Versorgungsrenten die „soziale Fürsorge" für Kriegsbeschädigte und Hinterbliebene zwar grundsätzlich im Bundesversorgungsgesetz verankert, deren materielle Ausgestaltung aber in den §§ 19-32 RGr. und zahlreichen Ausführungsvorschriften nach dem Individualprinzip geregelt.[53] Während die Renten durch die Versorgungsämter ausgezahlt wurden, waren eigene kommunale Fürsorgestellen für die soziale Fürsorge zuständig. Finanziert wurden diese Hilfen zum großen Teil durch den Bund, der auch nach der Neuordnung der Kriegsfolgenhilfe 1955 u.a. die besonders teure Erziehungshilfe mittels Einzelabrechnung zu 100% erstattete; ein kleinerer Teil der sozialen Fürsorge war in die Pauschalierung einbezogen oder von den Kommunen ohnehin selbst zu tragen.[54] Im Gegensatz zum generellen Trend in der öffentlichen Fürsorge nahm die Zahl der Empfänger sozialer Fürsorge vor allem wegen der erweiterten Erziehungshilfen noch zu und umfaßte Ende März 1959 knapp 170 000 Personen, fast ein Fünftel aller laufend Unterstützten.[55] Kontinuierlich wuchsen auch die Kosten und machten zum selben Zeitpunkt mit 142 Mio. DM rund ein Zehntel aller öffentlichen Fürsorgeausgaben aus.[56]

Ziel des Bundesinnenministeriums war es nun, zur „Beseitigung von Zweifeln über die Rechtsnatur der sozialen Fürsorge als einer mit Rechtsanspruch ausgestatteten Versorgungsleistung"[57], diese endgültig aus dem Fürsorgerecht herauszulösen und nur noch im Bundesversorgungsgesetz zu regeln, ohne an der praktischen Durchführung durch die Fürsorgestellen etwas zu ändern.[58] Ebenso sollte der Charakter als Individualfürsorge und damit auch die Ermessensfreiheit der Behörde erhalten bleiben und künftig am besten in einer Rechtsverordnung zum BVG geregelt werden.[59] Das entsprach nicht nur den Wünschen der Fürsorge-

---

52 Sachße/Tennstedt, Geschichte, Bd. 2, S. 90.
53 Die „soziale Fürsorge" nach §§ 25ff. BVG, die sich der Kriegsopfer „in allen Lebenslagen anzunehmen" hatte, umfaßte neben der „Sonderfürsorge" für Schwerbeschädigte auch Arbeits- und Berufsförderung sowie Erziehungshilfen. Seit Inkrafttreten des FÄG vom 20.8.1953 galten die §§ 19-32 RGr. wieder als gesetzliche Vorschriften; vgl. NDV 33 (1953), S. 255.
54 Vgl. § 1 Abs. 1 Nr. 1 Erstes Überleitungsgesetz in der Fassung vom 28.4.1955, BGBl. I S. 193, sowie §§ 8, 9 Erste DVO zum Ersten Überleitungsgesetz vom 27.2.1955, BGBl. I S. 88.
55 Nur offene Fürsorge, ohne Saarland und Berlin; vgl. Wirtschaft und Statistik 1960, S. 674ff.
56 Einschließlich Tuberkulosehilfe; vgl. ebenda.
57 BMI an die Innen- bzw. Arbeits- und Sozialminister (Senatoren), 11.2.1959, LAS Abt. 761 Nr. 8875.
58 Vgl. Gerhard Scheffler, Neuordnung, S. 26; Niederschrift über die Sitzung des Arbeitsausschusses für Fragen der Fürsorge am 10./11.4.1958, ADW, HGSt 6967.
59 Vgl. Begründung zum BSHG-Regierungsentwurf, S. 62, BT, 3.Wp. 1957, Anlagen, Bd. 67, Drs. 1799.

träger[60], sondern vor allem der Kriegsopferverbände, denen die am Bedürftigkeitsprinzip orientierten Elemente der Kriegsopferversorgung ein Dorn im Auge waren.[61]

Letzten Endes waren auch hier finanzielle Gründe entscheidend, wünschten doch Kommunen und Beirat, daß die soziale Fürsorge künftig ausschließlich vom Bund finanziert werden solle. Umgekehrt befürchtete man auf kommunaler Seite, daß eine erneute fürsorgerechtliche Verankerung der sozialen Fürsorge für Kriegsopfer über kurz oder lang auch deren vollständige kommunale Finanzierung bringen würde.[62] Das Finanzministerium, das geradezu reflexartig bei den bisherigen Ressortverhandlungen zum BSHG alle auch nur indirekt möglichen Mehrbelastungen des Bundes zu verhindern suchte, leistete gegen diese Pläne anhaltenden Widerstand, konnte sich aber gegen die von der Mehrheit der betroffenen Ressorts angeführten „rechtssystematischen wie politisch-optischen Gesichtspunkte(n)" nicht durchsetzen.[63] Ein Sonderabschnitt des BSHG-Regierungsentwurfs änderte die einschlägigen Bestimmungen des Bundesversorgungsgesetzes auf der Basis der §§ 19 RGr. und baute gleichzeitig die Leistungen der „Kriegsopferfürsorge", wie es jetzt hieß, aus.[64] Da aber mittlerweile die schon länger im Bundestag anhängige Neuordnung des Versorgungsrechts doch zügig abgeschlossen werden sollte, übernahm der Bundestag auf Empfehlung des Bundesrates den Sonderabschnitt aus dem BSHG-Entwurf mit leichten Änderungen in das Neuordnungsgesetz, das Mitte Mai 1960 verabschiedet wurde.[65] Damit war die Fürsorge für Kriegsbeschädigte und Hinterbliebene, im Ersten Weltkrieg der Nukleus moderner Fürsorgegestaltung, endgültig aus dem Fürsorgerecht gelöst.[66]

Dem Familienministerium kamen die Verzögerungen bei der Fertigstellung des BSHG-Entwurfs natürlich entgegen. Denn der eigene Vorentwurf für das Jugendhilfegesetz stieß auf vielfache Kritik und mußte überarbeitet werden.[67] Umso wichtiger war es aus Sicht der Sozialabteilung, das Junktim zu verhindern. Wuer-

---

[60] Vgl. Stellungnahme des DST zur Neuregelung des Fürsorgerechts (II. Teil) vom 20.8. 1958, LAB, B Rep. 142-9, 1283; NDV 38 (1958), S. 313f.; Abschrift eines Vermerks des BMI vom 24.3.1959 über eine Besprechung mit den Vertretern der Länder am 24.2. 1959, LAS Abt. 761 Nr. 8875.
[61] Vgl. Stellungnahmen des VdK vom 17.10.1958 sowie des Reichsbunds [5.11.1958], BAK, B 106/9686.
[62] Vgl. Niederschrift über die Sitzung des DST-Arbeitskreises „Fürsorgerecht" am 21.4. 1958; Schreiben des Hauptgeschäftsführers des Städteverbands Baden-Württemberg an die baden-württembergischen Mitglieder des DST-Präsidiums vom 15.10.1958, LAB, B Rep. 142-9, 1283.
[63] Vermerk Referat V 4, 22.10.1959; ferner vgl. Vermerk Abteilung V, 14.12.1959, BAK, B 106/20647; BMF an BMI, 2.5.1959, BAK, B 106/20644.
[64] Vgl. Abschnitt 14 des BSHG-Regierungsentwurfs, BT, 3. Wp. 1957, Anlagen, Bd. 67, Drs. 1799.
[65] Gesetz zu Änderung und Ergänzung des Kriegsopferrechts (Erstes Neuordnungsgesetz) vom 27.6.1960, BGBl I S. 453. Zu den Einzelheiten vgl. Schaudienst, Kriegsopferfürsorge, 1960, und ders., Kriegsopferfürsorge, 1961.
[66] Vgl. Kaminski, BSHG, S. 62f.
[67] Vgl. etwa Oel, Neuordnung des Jugendhilferechts; Mann, Jugendhilfegesetz, S. 319.

1. Die kabinettsreife Reform 439

meling hatte dem Bundeskanzleramt gegenüber geltend gemacht, daß die wichtigen Grundsatzfragen des Rechtsanspruchs und der Stellung der freien Wohlfahrtspflege und der Kirchen in beiden Gesetzen gleich geregelt werden müßten. Anders als der aktuelle BSHG-Entwurf sehe der JHG-Entwurf nämlich keinen klaren Rechtsanspruch vor und versuche, „das Ordnungsprinzip der Subsidiarität auf dem Gebiete des außerschulischen Erziehungswesens im Gesetz zu verankern".[68] Duntze mutmaßte, daß Wuermeling durch das Junktim die keineswegs als gesichert geltende Verabschiedung auch eines neuen JHG in der laufenden Legislaturperiode erreichen und dabei eine Präjudizierung durch das BSHG in der Subsidiaritätsfrage verhindern wollte.[69] Umgekehrt wollte Duntze auf keinen Fall derart weitreichende Vorrangbestimmungen wie das Familienministerium, das einen Hilfesuchenden etwa generell zuerst an die freien Träger verwies; einen Verzicht auf den Rechtsanspruch im BSHG hielt er wegen des BVG-Urteils von 1954 ohnehin für nicht möglich.[70] Möglich war seiner Ansicht nach aber, daß beide Entwürfe in diesen Fragen verschiedene Wege gingen.[71] Da der BSHG-Entwurf fast kabinettsreif sei, der JHG-Entwurf aber „noch tiefgehender Erörterung" durch zahlreiche Stellen bedürfe, empfahl er seinem Minister, „etwaigen Anregungen des Herrn Bundesministers für Familien- und Jugendfragen, eine gleichzeitige Verabschiedung der beiden Gesetze im Kabinett zu vereinbaren und damit die Einbringung des BSHG auf nicht absehbare Zeit zu verschieben", entgegenzutreten.[72]

Zum JHG-Entwurf selbst sandte der Innenminister seinem Kabinettskollegen Anfang August eine in der Sozialabteilung erarbeitete Stellungnahme. Sie war vernichtend: Der Entwurf gebe „anscheinend erst ein gewisses Stadium der Vorbereitung wieder und wird wohl auch von Ihnen als noch nicht ausgereift angesehen werden".[73] Eine ausführliche Liste verwies auf begriffliche Ungenauigkeiten und Widersprüche, es sei unklar, ob ein Rechtsanspruch auf Leistungen der Jugendhilfe bestehe; die Bestimmungen über die Einrichtungen freier Träger oder die postulierte Allzuständigkeit des Jugendamtes mit seinem extensiven Aufgabenkatalog und einer Altersgrenze von 25 und mehr Jahren kollidierten mit anderen Gesetzen. Gegen die vorgesehene weitgehende Förderungsverpflichtung der Kommunen gegenüber der freien Jugendhilfe wurden „erhebliche" verfassungsrechtliche Bedenken geltend gemacht, zumal auch offen bleibe, ob die freien Träger umgekehrt zu bestimmten Leistungen an die Jugendlichen verpflichtet werden sollten. Immerhin benannte der Entwurf die freien Verbände noch vor der öffentlichen Jugendhilfe ausdrücklich als „Träger der Jugendhilfe".[74] Außerdem wurde bemängelt, daß sich das Familienministerium etwa bei der Erholungsfürsorge

---

[68] Wuermeling an BKA, 29.6.1959, Abschrift, BAK, B 106/20098.
[69] Vgl. Ministervorlage Abteilung V, 30.6.1959, ebenda.
[70] Vgl. Vorlage der Abteilung V für Staatssekretär II, 6.7.1959, ebenda.
[71] Vgl. ebenda.
[72] Ministervorlage Abteilung V, 30.6.1959, ebenda. Allein im BMI hatten 17 Referate zum JHG-Entwurf Stellung zu nehmen.
[73] BMI an BMFuJ, 1.8.1959, ebenda.
[74] Vgl. § 5 des Vor-Entwurfs eines JHG vom 5.6.1959, ebenda.

nicht an getroffene Absprachen über die Verteilung einzelner Aufgabengebiete auf BSHG bzw. JHG gehalten habe und die Bestimmungen über die „Wirtschaftliche Hilfe für junge Menschen" denen des BSHG-Entwurfs zuwiderliefen.[75] Zehn Tage später spielte das Familienministerium den Ball zurück: Ohne auf die fachlichen Einwände im einzelnen einzugehen, forderte es das Innenministerium zu einer ausführlichen Begründung seiner verfassungsrechtlichen Bedenken auf.[76] Eine solche Stellungnahme aber war für das Innenministerium nicht ungefährlich: Anders als bisher hätte es sich jetzt in der Subsidiaritätsfrage eindeutig festlegen müssen und damit den eigenen Spielraum beim BSHG-Entwurf massiv eingeengt. Statt dessen verwies das federführende Referat des Innenministeriums abermals auf die grundsätzlichen Unterschiede im Verständnis der Subsidiarität bei der Frage der Erziehung und materiellen Leistungspflichten.[77]

Um dem Innenminister am Kabinettstisch die Argumentation zu erleichtern, ermunterte das Bundesinnenministerium den DST und den DLT zur offiziellen Ablehnung eines Junktims.[78] Bei den kommunalen Spitzenverbänden war man zu solcher Argumentationshilfe nur allzu gern bereit.[79] Überraschende Pointe des Vorgehens des Familienministeriums war dabei, daß selbst der DLT-Sozialausschuß nun Bedenken gegen den BSHG-Entwurf zurückstellen und sich für dessen baldige Verabschiedung stark machen wollte: „Nachdem wir", so Bangert zu einem Beamten der Kommunalunterabteilung des Innenministeriums, „den Jugendhilfe-Entwurf kennengelernt hätten und wüssten, was man daraus an geradezu unerträglichen Vorstellungen noch ins Sozialhilfegesetz übernehmen könnte [...], sei es auch unser Anliegen, dass das Sozialhilfegesetz in etwa der vorliegenden Fassung baldigst verabschiedet würde, weil nur daraus auch eine bremsende Wirkung auf die Tendenzen des Jugendhilfe-Entwurfs zu erwarten sei".[80] Tatsächlich plädierte nun auch DLT-Hauptgeschäftsführer Wormit öffentlich dafür, sich den Realitäten einer gewissen Angleichung der Lebensverhältnisse in Stadt und Land zu stellen, und bewertete die BSHG-Pläne vorsichtig positiv.[81]

---

[75] Vgl. Referat V 4 an Referat V 1, 19.6.1959, ebenda.
[76] Vgl. BMFuJ an BMI, 11.8.1959, ebenda.
[77] Vgl. die Stellungnahme des BMI (Referat V 1) zum zweiten JHG-Vorentwurf vom 10.11.1959, ebenda.
[78] Vgl. Vermerk Bangert vom 13.7.1959, BAK, B 172/444-02/2.
[79] Vgl. Niederschrift über die Sitzung des DLT-Sozialausschusses am 2./3.7.1959, ebenda, Beiheft; DLT an BMI, 18.7.1959 (Durchschlag) und DLT-Rundschreiben an die Landesverbände des DLT vom 20.7.1959, ebenda; DST an BMI, Abteilung V, 11.8.1959, BAK, B 106/20098; auch Pense, Übersicht, S. 181.
[80] Vermerk Bangert vom 13.7.1959, BAK, B 172/444-02/2. Für diese Haltung, die auch in einer offiziellen, insgesamt positiven Einschätzung des zweiten BSHG-Referentenentwurfs gegenüber dem BMI zum Ausdruck kam, wurde die DLT-Hauptgeschäftsstelle allerdings von DLT-Präsident Seebich heftig kritisiert, da damit auf grundsätzliche Bedenken verzichtet würde (Rückzahlungspflicht, Blinden-, Ausbildungshilfe u.a.); vgl. Wormit an BMI, 18.7.1959, BAK, B 106/20644; Seebich an Wormit, 6.8.1959; Vermerke Bangert, 11.8. und 21.10.1959; Wormit an Seebich 17.8.1959, Durchschlag, BAK, B 172/444-02/2, Beiheft; Niederschrift über die Sitzung des DLT-Sozialausschusses am 2./3.11.1959, BAK, B 172/444-02/2.
[81] Vgl. Wormit, Aufgaben.

1. Die kabinettsreife Reform

Parallel zu den Auseinandersetzungen mit dem Familienministerium führte Duntze weitere Verhandlungen mit den Vertretern der katholischen Kirche. Denn wie die am 2. Juli 1959 schließlich fertiggestellte Stellungnahme des DCV zeigte, war man dort mit den Vorschlägen des Ministeriums für das BSHG alles andere als zufrieden.[82] Die Lage der Sozialabteilung wurde immer unkomfortabler. Einerseits meldeten die kommunalen Spitzenverbände – von Duntze nun doch über den zweiten Referentenentwurf vertraulich ins Bild gesetzt[83] – entschiedenen Widerstand gegen die katholischen Forderungen an.[84] Diese zielten laut Bangert auf eine „Blanko-Vollmacht für [die] Durchführung von Aufgaben der öffentlichen Fürsorge auf Kosten der Stadt- und Landkreise".[85] Selbst der sonst in dieser Frage zurückhaltende Muthesius plädierte auf dem Kommunalen Weltkongreß in Berlin im Juni 1959 dafür, daß die letzte planende und koordinierende Verantwortung für die örtlichen sozialen Aufgaben bei den Kommunen liegen müsse.[86] Schließlich drohte der seinerzeit gerade von der Sozialabteilung und Muthesius mit der Sozialreform betriebene kommunale Kompetenzgewinn jetzt zumindest gegenüber den freien Verbänden in sein Gegenteil umzuschlagen. Andererseits wuchs der politische Druck auf die Sozialabteilung, den katholischen Wünschen noch weiter entgegenzukommen. Auerbach wußte Collmer vertraulich zu berichten, daß das Bundesinnenministerium „auf direkte Anweisung des Herrn Bundeskanzlers [...] noch einmal Beratungen mit dem Bonner Büro der Fuldaer Bischofskonferenz aufgenommen" und auch ein Gespräch zwischen Krone und Schröder stattgefunden habe.[87] In dieser Situation waren Drohungen des Hamburger Ersten Bürgermeisters Max Brauer (SPD), den ohnehin geringen Anteil der freien Wohlfahrtsverbände an den Hamburger Lottomitteln weiter zu kürzen, wenig dazu angetan, die Forderung nach einer gesetzlichen Besserstellung der Verbände zu entkräften.[88]

Die neuen Vorschläge des Katholischen Büros machten deutlich, daß es ihm jenseits allen staatstheoretischen Prinzipienstreits um genau diese Finanzfragen ging: Ausdrücklich müsse festgelegt werden, die Zusammenarbeit solle „vor allem darauf gerichtet sein, die Träger der freien Wohlfahrtspflege instand zu setzen, ihren Aufgaben gerecht zu werden".[89] Außerdem sollte ein umfassender Primat der freien Verbände bei sämtlichen Hilfen in besonderen Lebenslagen und dessen Absicherung durch Vereinbarungen über die jeweilige Kostenerstat-

---

[82] Vgl. Stellungnahme des DCV vom 2.7.1959, ADW, HGSt, SP-S XXV 1: 423-1/1.
[83] Vgl. Vermerk Referat V 4 vom 6.6.1959, BAK, 106-20644; Duntze an DST und DLT, 6.6.1959, LAB, B Rep. 142-9, 1284.
[84] Vgl. Vermerk Oel über eine Besprechung im BMI vom 30.6.1959; Oel an Bohmann, 16.7.1959, mit Anlage, LAB, B Rep. 142-9, 1284; Oel, Fürsorge, S.147.
[85] Niederschrift über die Sitzung des DLT-Sozialausschusses am 2./3.7.1959, BAK, B 172/444-02/2, Beiheft.
[86] Vgl. KommBl 11 (1959), S.505; auch Schrapper, Hans Muthesius, S.208f.
[87] Auerbach an Collmer, 2.9.1959, ADW, HGSt, SP-S XXV 1: 426-1/1.
[88] Vgl. Pressedienst der Katholischen Nachrichtenagentur Nr.159 vom 10.7.1959; KommBl 11 (1959), S.392.
[89] Vgl. § 9b Abs.2 der Vorschläge des Katholischen Büros, Anlage zu Ranke an Collmer, 9.9.1959, ADW, HGSt, SP-S XXV 1: 422-1/1.

tung durch den öffentlichen Träger vorgesehen werden.[90] Nach wochenlangen Verhandlungen mit dem Katholischen Büro[91] kamen Duntze und Staatssekretär Anders schließlich in einem dritten Referentenentwurf vom 20. August 1959 den katholischen Wünschen noch weiter entgegen: Bereits im einleitenden Allgemeinen Teil regelte ein umfangreicher § 10 das „Verhältnis zur freien Wohlfahrtspflege" und bezog nun die Kirchen und Religionsgesellschaften des öffentlichen Rechts ausdrücklich mit ein: Einerseits wurde deren Autonomie „als Träger eigener sozialer Aufgaben" betont und damit die Anwendung des kirchlichen Dienst- und Arbeitsrechts in den kirchlichen Wohlfahrtseinrichtungen ausdrücklich bestätigt; andererseits die Förderungspflicht der Kommunen noch verstärkt, allerdings nicht im Sinne einer generellen Subventionierung, sondern nur insoweit, als die freien Verbände auf dem Gebiet der Sozialhilfe tätig wurden.[92] Vor allem aber wurde bei den nicht rein finanziellen Hilfen für den Einzelfall doch ein Vorrang der freien Wohlfahrtspflege festgeschrieben, wenn auch ohne die gewünschte Finanzierungsverpflichtung für die öffentlichen Träger.[93] Der Vorbehalt bei der Errichtung von Einrichtungen wurde zugunsten der freien Wohlfahrtspflege erheblich verstärkt und hier auch der Abschluß von entsprechenden Vereinbarungen zur Kostenübernahme im Einzelfall vorgesehen.[94] Nicht verändert wurde hingegen der Rechtsanspruch, das Wahlrecht und ebensowenig – wie vom Katholischen Büro gefordert – eine eigene Trägerschaft der Kirchen und freien Verbände konstituiert.

Nun, hoffte Duntze, könne der BSHG-Entwurf Ende September kabinettsreif sein und vor Weihnachten an den Bundesrat gehen.[95] Mittlerweile drängte auch Globke auf baldige Vorlage des BSHG-Entwurfs im Kabinett, damit die Zeitplanung des Gesetzgebungsprogramms vom Juni 1958 eingehalten und das Gesetz noch in dieser Legislaturperiode verabschiedet werden könne: Insbesondere bäte Adenauer den Innenminister, mit dem Familienminister die „noch offene Frage einer gegenseitigen Anpassung gewisser Vorschriften des Bundessozialhilfegesetzes und des Bundesjugendhilfegesetzes baldigst zu klären".[96] Das von Wuermeling gewünschte zeitliche Junktim war also gefährdet. Denn auch eine überarbeitete Version des JHG-Entwurfs von Anfang September stieß wieder auf harsche Kritik der beteiligten Ressorts, so daß eine Vorlage im Kabinett noch längst nicht

---

[90] Vgl. § 9b Abs. 3, ebenda.
[91] Vgl. Collmer an Ranke, 31. 8. 1959, ebenda.
[92] Vgl. die entsprechende Anlage mit den Paragraphen aus dem BSHG-Entwurf zu Ranke an Collmer, 9. 11. 1959, ADW, HGSt 3930, sowie gleichlautend § 9b vom 3. 8. 1959 in der Anlage zu Ranke an Collmer, 9. 9. 1959, ADW, HGSt, SP-S XXV 1: 422-1/1.
[93] Vgl. § 10 Abs. 4, Anlage zu Ranke an Collmer, 9. 11. 1959, ADW, HGSt 3930.
[94] Laut § 86 Abs. 1, ebenda, sollten die Sozialhilfeträger darauf hinwirken, daß die notwendigen Einrichtungen „ausreichend" zur Verfügung stünden, und bereits dann auf die Schaffung eigener Einrichtungen verzichten, wenn solche anderer Träger „ausgebaut" werden konnten.
[95] Vgl. BMI an BMJ, 27. 8. 1959, BAK, B 106/20653; Abteilung V an Referat I A 1 etc., 27. 8. 1959, BAK, B 106/20647; Brügemann an Sozialpolitische Abteilung der Hauptgeschäftsstelle von Innerer Mission/Hilfswerk, 28. 8. 1959, ADW, HGSt 3930.
[96] Globke an Schröder, 10. 9. 1959, Abschrift, BAK, B 106/20647.

abzusehen war.[97] Das Arbeitsministerium kritisierte „die offensichtliche Eile, mit der die Verhandlungen über den [JHG-] Entwurf geführt werden, [als] weder mit Rücksicht auf den Umfang und die Bedeutung des Rechtsgebietes noch im Hinblick auf die Auswirkungen der angestrebten Regelungen vertretbar".[98]

Während Wuermeling zunehmend in die Defensive geriet, blieb das Innenministerium bei seiner Linie, daß eine inhaltliche Übereinstimmung von JHG und BSHG nicht zwingend sei.[99] Das Ministerium versuchte jetzt, das Kabinett auch öffentlich auf die baldige Verabschiedung des eigenen Entwurfs festzulegen und dabei die Befürchtungen vor einer Expansion kommunaler Hilfstätigkeit zu Lasten der freien Verbände zu beschwichtigen. Einen Tag vor Beginn des Fürsorgetages vom 15.–17. Oktober erläuterte Schröder das geplante BSHG im Süddeutschen Rundfunk und betonte, die jetzt stärker in den Mittelpunkt gestellte persönliche Hilfe werde „in der Regel in der bewährten Hand der freien Wohlfahrtspflege bleiben. [...] Das Feld der freien Wohlfahrtspflege soll nicht nur erhalten bleiben, sondern sich vergrößern."[100] Staatssekretär Anders erklärte auf dem Fürsorgetag in Berlin, „in wenigen Wochen" werde hoffentlich der BSHG-Entwurf dem Kabinett vorgelegt; dieser lege „besonderen Wert darauf, die Zusammenarbeit der öffentlichen und freien Wohlfahrtspflege im Sinne echter Partnerschaft zu sichern".[101]

In eine ähnliche Richtung wies Collmer, der einen der beiden Hauptvorträge hielt: Auch er betonte die große Bedeutung der freien Verbände für die personale Hilfe, distanzierte sich aber von der katholischen Linie, wenn er auch den Sozialarbeitern der öffentlichen Fürsorge entsprechende, ethisch verankerte Kompetenz zuerkannte und umgekehrt bei der freien Wohlfahrtspflege die Gefahr eines aus der jeweiligen idealistischen Zielsetzung folgenden Realitätsverlusts konsta-

---

[97] Im BMI zeigte man sich sehr verärgert, daß angeblich aus Zeitmangel seine Einwände kaum berücksichtigt worden seien, zahlreiche Unklarheiten fortbestünden und wieder eine Begründung zum Entwurf fehle; vgl. BMI an BMFuJ, 10.11.1959, sowie Referat V 4 an Referat V 1, 6.10.1959, BAK, B 106/20098. Das BMF, das vor allem gegen mögliche Bundeszuschüsse zur Jugendhilfe opponierte und erst nach mehreren Monaten überhaupt antwortete, wünschte zuvor eine Grundverständigung im Ministerausschuß für die Sozialreform; damit wären Wuermelings Pläne, noch in der laufenden Legislaturperiode das JHG zu verabschieden, praktisch unmöglich gemacht worden; vgl. BMF an BMFuJ, 1.2.1960, Durchschrift, BAK, B 106/20099. Zur Kritik des DST siehe Soziale Arbeit 9 (1960), S. 382.
[98] BMA an BMFuJ, 2.10.1959, Abschrift, BAK, B 106/20098. Das BMA wandte sich damit wie das BMI gegen die immense Zahl von Ermächtigungen zum Erlaß von Durchführungsbestimmungen, die viele wichtige Fragen aus dem Entwurf ausklammerten. Hauptkonfliktpunkt zwischen BMA und BMFuJ waren aber die Berufsausbildungsbeihilfen, die bislang den Arbeitsämtern oblagen und nun für die Jugendämter beansprucht wurden. Das BMI lehnte jetzt zwar eine Regelung von Ausbildungshilfen auch im JHG nicht mehr ab, wünschte aber eine klare Abgrenzung zu den Bestimmungen des BSHG; vgl. Referat V 4 an Referat V 1, 6.10.1959, ebenda.
[99] Vgl. BMI an BMFuJ, 10.11.1959, ebenda.
[100] Schröder am 14.10.1959 im Süddeutschen Rundfunk, abgedruckt in: Bulletin Nr. 191 vom 15.10.1959, S. 1929f. (Zitat S. 1930).
[101] Fürsorge in der gewandelten Welt, S. 14f.

tierte.[102] Ausdrücklich wandte er sich gegen ein generelles „Ordnungsverhältnis zwischen der gesetzlich geregelten und der freien Fürsorgearbeit" und betonte vielmehr die Autonomie der freien Träger, die zwar „eine gesellschaftliche und öffentliche Funktion" erfüllten, aber „keiner staatlichen Legitimierung" bedürften und bei ihrer Entscheidung über die Zusammenarbeit mit den öffentlichen Trägern völlig frei agieren könnten.[103] Die beiden Kirchen bzw. Caritas und Diakonie gingen bei der Subsidiaritätsfrage also weiterhin unterschiedliche Wege zu einem gemeinsamen Ziel.

Ansonsten wurden in Berlin die konkreten Fragen der Fürsorge- und Jugendhilfereform weitgehend ausgeklammert. Statt dessen ging es um eine umfassende Analyse der Bereiche Jugend, Alter, Familie und Wohnung, Gefährdung und Psychiatrie und fürsorgerische Lösungsmodelle. Dies entsprach sicher dem Bedürfnis vieler Praktiker nach Orientierung und Selbstvergewisserung über die „Fürsorge in der gewandelten Welt von heute"[104], das sich auch in einem Besucherrekord von fast 2 500 Teilnehmern widerspiegelte. Außerdem wollte man im DV-Vorstand nach den Erfahrungen der vergangenen Fürsorgetage nicht wieder öffentliche Auseinandersetzungen zwischen Kommunen und freien Verbänden riskieren.[105] Und nicht zuletzt hatten wohl auch die Organisatoren mit einer schnelleren Fertigstellung des BSHG-Entwurfs gerechnet.[106]

Der allerdings lag auch eine Woche nach dem Fürsorgetag im Bundesjustizministerium noch auf Eis. Neben der Kriegsopferfürsorge und der Tuberkulosehilfe sorgte auch hier die Subsidiaritätsfrage für Verzögerungen, zumal Frey und Rothe dort vorstellig geworden waren und das Junktim durchzusetzen versuchten. Offensichtlich nannte der Vertreter des Justizministeriums dabei das Kind beim Namen und erklärte Frey die „Schwierigkeiten [...], die einer gesetzlichen Sicherstellung der weitgehenden finanziellen Forderungen der freien Wohlfahrtsverbände entgegenstehen" würden.[107] Laut Gottschick lag jetzt auch ein Schreiben Globkes vor, wonach über die Einwände des Familienministeriums gegen den BSHG-Entwurf im Kabinett entschieden werden solle, das „Bundeskanzleramt verlange daher kein zeitliches Junktim".[108]

Doch konnte die Sozialabteilung diesen Punktsieg nicht für sich nutzen; denn das Katholische Büro war mit dem August-Entwurf noch immer nicht zufrieden, und Bundesinnenminister Schröder legte sich bislang auf keine eindeutige Haltung in dieser Streitfrage fest.[109] Seine Hamburger Parteifreunde gingen da weiter:

---

[102] Vgl. Collmer, Fürsorge, S. 41.
[103] Ebenda, S. 42.
[104] So auch das Gesamtthema des Berliner Fürsorgetages, der laut Achinger, Ergebnisse, S. 228, „seit 1930 [...] der systematischste, der durchdachteste und thematisch am umfassendsten geplante" gewesen sei.
[105] Vgl. Achinger, Ergebnisse, S. 235f. Auch die Teilnehmer der mit der Jugend befaßten Arbeitsgruppe hielten sich trotz Drängen Rothes, über das geplante JHG zu sprechen, an diese Linie; vgl. Fürsorge in der gewandelten Welt, S. 70.
[106] Vgl. BldW 106 (1959), S. 385.
[107] Vermerk Referat V 4 vom 3. 10. 1959, BAK, B 106/20653.
[108] Vermerk Referat V 4 vom 22. 10. 1959, BAK, B 106/20647.
[109] Vgl. Vermerk Referat V 4 vom 10. 11. 1959, ebenda.

1. Die kabinettsreife Reform

Der CDU-Landesparteitag vom 22.-24. Oktober beschloß ein Arbeitsprogramm, in dem in der Sozial-, Jugend- und Gesundheitshilfe der Vorrang der freien Verbände und deren materielle Förderung durch die öffentliche Hand postuliert wurden.[110] Nachdem allerdings Prälat Wissing Anfang November 1959 Schröder mit dem Caritasverband abgesprochene Forderungen übersandt hatte, wies der Minister die Sozialabteilung an, „im Rahmen des möglichen der katholischen Kirche entgegen[zu]kommen".[111] In der Sozialabteilung war man aber schon mit den bisherigen Regelungen auf die Kritik der eigenen Kommunalexperten im Hause gestoßen und fürchtete, angesichts des Widerstands der Länder und Kommunen bereits gegen den ausgehandelten Kompromiß dann den gesamten Entwurf zu gefährden.[112] Auch das Justizministerium hielt schon die bisherigen Formulierungen für verfassungsrechtlich bedenklich.[113]

Entscheidend für Schröders weitere Positionierung war einerseits, inwieweit sich auch die evangelischen Vertreter die katholischen Wünsche zu eigen machten. Schließlich konnte sich der Vorsitzende des Evangelischen Arbeitskreises der CDU, der ohnehin mit dem Ruf mangelnder Kirchenbindung zu kämpfen hatte[114], nicht im ausschließlich katholischen Sinne exponieren. Außerdem war die evangelische Zustimmung zu den einschlägigen BSHG-Regelungen eine unerläßliche Argumentationshilfe gegenüber Wuermeling und dem auf einen konfessionellen Interessenausgleich bedachten Kanzler. Umgekehrt war für den ambitionierten Innenminister die Möglichkeit durchaus verlockend, sich auch als Freund der katholischen Kirche zu profilieren: Schröders Interesse an einer späteren Kanzlerkandidatur war auch nach Beendigung der Präsidentschaftskrise des Sommers keineswegs erloschen[115], und ein Entgegenkommen gegenüber der katholischen Kirche könnte die dort vorherrschenden starken Vorbehalte gegen einen evangelischen Kandidaten abmildern helfen.

Jedenfalls drängte das Katholische Büro seit Herbst verstärkt auf ein Gespräch mit Münchmeyer, Collmer und Ohl, wurde von evangelischer Seite aber sehr zurückhaltend beschieden.[116] Denn hier war die Einschätzung der Subsidiaritätsfrage nach wie vor ambivalent und innerhalb des evangelischen Bereichs auch keineswegs einheitlich[117]: Einerseits äußerte Ranke Ende Oktober gegenüber Frey, es komme auch der evangelischen Seite darauf an, „die Gedanken der

---

[110] Vgl. KommBl 11 (1959), S. 944; 12 (1960), S. 120, 148.
[111] Vgl. Wissing an Schröder, 5.11.1959, Abschrift, ADW, HGSt, SP-S XXV 1: 423-1/1; Ranke an Collmer, 9.11.1959, ADW, HGSt, SP-S XXV 1: 422-1/1.
[112] Vgl. Referat I C 5 an Referat V 4, 18.9.1959, und Vermerk Referat V 4 vom 10.11.1959, BAK, B 106/20647.
[113] Vgl. die beiden Vermerke Referat V 4 vom 10.11.1959, BAK, B 106/20647 bzw. -20653.
[114] Vgl. Bösch, Adenauer-CDU, S. 332f.
[115] Vgl. allgemein Schwarz, Adenauer, Bd. 2, S. 357f.
[116] Vgl. Ranke an Collmer, 10.10.1959, ADW, HGSt, SP-S XXV 1: 422-1/1.
[117] So schrieb Collmer an Auerbach am 15.3.1960, ADW, HGSt, SP-S XXV 1: 426-1/1: „Und wie es immer für den evangelischen Bereich kennzeichnend ist, es bestehen derart differente Auffassungen, dass eine einheitliche evangelische Stellungnahme sehr schwer oder nicht zustande zu bringen ist. Daraus erklärt sich auch die Passivität der evangelischen Seite."

Partnerschaft zwischen Kirche und Staat im Zusammenhang des Bundessozialhilfegesetzes auf die Gemeindeebene durchzuziehen"[118], und zeigte sich über das Ergebnis der katholischen Verhandlungen durchaus erfreut.[119] Andererseits befürchtete vor allem Collmer, gerade durch die Vorrangbestimmung von § 10 Abs. 4 könnte das Gegenteil des Gewünschten erreicht werden, denn aus dieser Bestimmung entnähmen „die fiskalisch eingestellten Träger der Sozialhilfe (und mit solchen hat man es in der Regel zu tun), dass die Verbände für ihre Tätigkeit bei Einzelfällen keinen Anspruch auf Kostenersatz geltend machen können".[120] Tatsächlich hatten die freien Verbände auch bisher schon bei ambulanten Hilfen oft keine Kostenerstattung erhalten.[121] Zudem suchte Ranke den Konflikt mit dem evangelisch geprägten Ministerium zu vermeiden und war wie Collmer skeptisch hinsichtlich der Chancen des Entwurfs im Bundesrat bei einer „Überspannung des § 10".[122]

Diese Skepsis wurde auch von ganz anderer Seite genährt: Seit längerem schon versuchte Staatssekretär Auerbach vom niedersächsischen Sozialministerium über direkte Kontakte zur EKD und Landesbischof Hanns Lilje in Hannover und zu dem ihm aus dem DV und der Arbeit im Beirat bekannten Collmer, einen katholisch-evangelischen Konsens in der Subsidiaritätsfrage zu verhindern. Durch die Forderungen der „Aktionsgruppe Dr. Klein-Wuermeling-Kessels"[123] werde die Autonomie der freien Verbände gefährdet oder aber der Rechtsanspruch auf Fürsorge obsolet. Da bislang von seiten der Diakonie keine offizielle Erklärung abgegeben worden sei, werde im Bundesrat und im Parlament möglicherweise der Eindruck entstehen, diese Wünsche seien als „die christliche Auffassung" repräsentativ. Außerdem könne sich „im Bereich der Inneren Mission" die Auffassung verbreiten, „daß bei einer Kodifizierung der Auffassungen Dr. Kleins [...] unter Umständen ein Goldregen sich auch auf die Innere Mission ergießen würde".[124] Wenn auch Auerbach damit durchaus Collmers eigene Bedenken stützte, so war doch die Einschätzung aus dem Hannoveraner Landesverband der Inneren Mission kaum von der Hand zu weisen, „dass die evangelische Seite für die Gedanken von Herrn Auerbach gegen die Caritas eingespannt werden sollte".[125] Eine öffentliche Auseinandersetzung mit der Caritas oder anderen katholischen Kirchenvertretern wollte aber auch der unionsnahe Collmer auf jeden Fall vermeiden[126], zumal die bisher im CDU-Ministerium erreichten Regelungen für die freien Ver-

---

[118] Vermerk Ranke vom 27.10.1959, ADW, HGSt, SP-S XXV 1: 423-1/1.
[119] Vgl. Ranke an Collmer am 9.11.1959, Abschrift, ADW, HGSt 3930, und am 11.11.1959, ADW, HGSt, SP-S XXV 1: 422-1/1.
[120] Vermerk Collmer, Anlage zu Collmer an Ranke, 17.11.1959, ADW, HGSt 3930.
[121] Vgl. Collmer, Äußerung, S. 36; Traub, Bestimmungen, S. 246.
[122] Vermerk Ranke vom 27.10.1959, ADW, HGSt, SP-S XXV 1: 423-1/1.
[123] Auerbach an Collmer, 2.9.1959, ADW, HGSt, SP-S XXV 1: 426-1/1. Gemeint war der Bochumer Caritas-Direktor und Jugendhilfefachmann Johannes Kessels, einer der Autoren der Caritas-Broschüre von 1957.
[124] Ebenda.
[125] So der Geschäftsführer des Landesverbands, Pastor Götz Maltusch, an Innere Mission/Hilfswerk, 3.9.1959, ADW, HGSt, SP-S XXV 1: 103-1/1.
[126] Vgl. Collmer an Auerbach, 4.9.1959, ADW, HGSt, SP-S XXV 1: 426-1/1.

bände ungleich vorteilhafter waren, als das, was die SPD etwa in ihrem aktuellen Godesberger Programm verhieß.[127] Und so blieben Auerbachs wiederholte Anfragen letztlich ohne Erfolg.[128]

Statt dessen kam es nun doch zu einer katholisch-evangelischen Annäherung: Am 10. November besprachen auf Initiative Horns einige katholische und evangelische CDU-Bundestagsabgeordnete mit Vertretern der Sozialabteilung und der Kirchen die einschlägigen BSHG-Bestimmungen.[129] Während die Regelung des Wahlrechts nun allgemeine Zustimmung fand und das Innenministerium konzedierte, auch die seelsorgerische Betreuung in nicht öffentlichen Anstalten festzuschreiben, stießen die weitergehenden Forderungen Freys auf breiten Widerstand. Ausgerechnet der auch von der Diakonie begrüßte Passus über den Vorbehalt bei den Einrichtungen wurde dabei von katholischen und evangelischen Abgeordneten gleichermaßen als zu weitgehend kritisiert, doch Duntze berief sich jetzt auf einmal getroffene Zusagen.

Im Innenministerium zeigte man sich über den Gesprächsverlauf „hoch befriedigt"[130], anders im Katholischen Büro: Hier wünschte man zumindest noch klarere Vorgaben für die materielle Förderung der freien Verbände.[131] In dieser Situation fanden sich nun doch die Vertreter der evangelischen Diakonie zu einem gemeinsamen Gespräch mit den Vertretern des Katholischen Büros und der Caritas am 11. Dezember bereit.[132] Bei diesem Gespräch wurde auf der Basis der Ergebnisse des Gesprächs mit den CDU-Abgeordneten weitgehende Einigkeit erreicht: Das Katholische Büro ließ die Forderung nach Beschränkung des Rechtsanspruchs auf Geldleistungen und einer eigenen Trägerschaft für die freien Verbände fallen, so daß einzig die Frage der Sozialausschüsse umstritten blieb. Einig war man sich hingegen darin, daß die Wahlfreiheit als Muß-Bestimmung zu formulieren und gemäß Collmers Bedenken die Kostenerstattung im Einzelfall besser abzusichern sei.[133]

---

[127] Im Godesberger Programm vom 13.-15. 11. 1959 hieß es über die künftige „Sozialhilfe": „Sie arbeitet mit den Freien Wohlfahrtsverbänden und den Einrichtungen der Nächsten- und Selbsthilfe zusammen. Die Eigenständigkeit der freien Wohlfahrtspflege ist zu schützen", Flechtheim, Dokumente, Bd. 3, S. 220.

[128] Vgl. den Briefwechsel von Auerbach und Collmer zwischen dem 10. 11. und 7. 12. 1959, ADW, HGSt, SP-S XXV 1: 426-1/1. Vgl. auch Auerbach an Duntze, 19. 12. 1959; Duntze an Auerbach, 21. 12. 1959, BAK, B 106/20647.

[129] Vgl. Horn an Niggemeyer u.a., 9. 11. 1959, Durchschlag, ACDP, CDU/CSU-Fraktion AK IV, VIII-005-106/1; ferner Rankes ausführlicher Bericht für Collmer vom 11. 11. 1959, Abschrift, ADW, HGSt 3930. Teilnehmer der Besprechung waren die katholischen Abgeordneten Horn, Willeke, Niggemeyer und Josef Stingl, die evangelischen Abgeordneten Julie Rösch und Emmi Welter, vom BMI Duntze, Gottschick und Frau Pietsch sowie Ranke und Frey.

[130] Gottschick an Rösch, 11. 11. 1959, BAK, B 106/20647.

[131] Vgl. Ranke an Collmer, 30. 11. 1959, ADW, HGSt, SP-S XXV 1: 422-1/1.

[132] Vgl. Ranke an Münchmeyer, Collmer und Ohl am 7. 12. 1959, ADW, HGSt, SP-S XXV 1: 160-1/1.

[133] Vgl. eine von Frey verfaßte Niederschrift der Besprechung vom 17. 12. 1959 (Abschrift), Anlage zu Ranke an Collmer und Ohl, 23. 12. 1959, ADW, HGSt, SP-S XXV 1: 422-1/1; auch Collmer an Maltusch, 24. 5. 1960, ADW, HGSt, SP-S XXV 1: 103-1/1.

Damit geriet die Zeitplanung des Innenministeriums wieder in Verzug, und die für den 22. Dezember geplante Vorlage im Kabinett wurde auf Mitte Januar verschoben.[134] Statt dessen trafen sich Duntze und Gottschick an diesem Tag abermals mit den Bonner Vertretern der beiden Kirchen. Da sich sein Minister jetzt „in diesen bis zuletzt umstrittenen Bestimmungen auf ein Einverständnis der evangelischen und katholischen Sachverständigen stützen" könne, neigte Gottschick dazu, wie er Ranke einen Tag später sagte, „sämtliche Anregungen aus unserer Besprechung von gestern in Bausch und Bogen zu übernehmen".[135] Tatsächlich geschah das nicht ganz im Sinne der Kirchenvertreter, vor allem bei der Formulierung des Wahlrechts, doch eine Erkrankung Rankes verhinderte eine weitere Intervention im Innenministerium.[136]

Mitte Januar informierte die Sozialabteilung die kommunalen Spitzenverbände, „daß ein den Gemeinden nicht genehmer Passus über das Verhältnis zu den freien Verbänden in dem Regierungsentwurf eines Bundessozialhilfegesetzes enthalten sei", und entschuldigte dies als „im wesentlichen [...] ein taktisches Vorgehen zur Erfüllung einer konfessionellen Forderung".[137] Tatsächlich drängte die Zeit, denn das Familienministerium arbeitete immer noch fieberhaft an der Verwirklichung des Junktims und präsentierte Anfang Februar abermals einen überarbeiteten Entwurf für das JHG, wieder ohne Entwurfsbegründung.[138] Dieser Entwurf betonte den Vorrang der freien Jugendhilfe noch stärker als die vorhergehenden und konnte u.a. aufgrund zahlreicher formaler Mängel kaum auf absehbare Zeit Kabinettsreife erlangen; Gottschick bezeichnete es intern als „Zumutung [...], zum dritten Mal zu einem Entwurf Stellung zu nehmen, der jedenfalls hinsichtlich der Punkte, an denen das Referat V 4 interessiert ist, noch keinesfalls ausgereift ist".[139]

Was die Subsidiaritäts-Bestimmungen im künftigen BSHG betraf, hofften Duntze und Gottschick auf massiven Widerstand des Bundesrats und der kommunalen Spitzenverbände und informierten die Verbände über den Wortlaut von § 10, damit diese, so Bangert, in der Zwischenzeit ihre „Landesverbände unterrichten und sie für die Verhandlungen im Bundesrat entsprechend ‚anspitzen'" würden.[140] „Seitens des BMI", erklärte dessen Vertreter, „sei man bereit, die entsprechende Formulierung auf Grund der zu erwartenden Stellungnahme des

---

[134] Vgl. Vermerk Oel vom 21.12.1959, LAB, B Rep. 142-9, 1284; Duntze an Auerbach, 21.12.1959, BAK, B 106/20647.
[135] Ranke an Collmer, 23.12.1959; zum Verlauf des Gesprächs selbst vgl. einen Brief Rankes an Collmer vom Morgen des gleichen Tages, ADW, HGSt, SP-S XXV 1: 422-1/1.
[136] Vgl. BMI an Katholisches Büro/Kirchenkanzlei der EKD, 4.1.1960; Ranke an Collmer und Ohl, 16.2.1960, ebenda.
[137] Vermerk Kelm von der DST-Hauptgeschäftsstelle, 12.1.1960, LAB, B Rep. 142-9, 1284.
[138] Vgl. Niederschrift über die Sitzung des DV-Vorstands am 15.1.1960, LAB, B Rep. 142-9, 1261; BMFuJ an BMI, 6.2.1960, BAK, B 106/20099.
[139] Referat V 4 an Referat V 1, 24.2.1960, BAK, B 106/20099.
[140] Vermerk Bangert vom 20.1.1960, BAK, B 172/444-02/2. Entsprechende Aktivitäten des nordrhein-westfälischen Landkreistags belegt dessen Schreiben an den dortigen Städtetag vom 10.2.1960, LAB, B Rep. 142-9, 1284. Das DLT-Präsidium hatte bereits am 30.11.1959 eine entsprechende Entschließung gegen einen gesetzlichen Vorrang der freien Wohlfahrtspflege verabschiedet; vgl. Anlage A zur Niederschrift über die Sitzung des DLT-Präsidiums am 30.11.1959, Auszug, BAK, B 172/444-02/2.

1. Die kabinettsreife Reform 449

Bundesrates und der kommunalen Spitzenverbände zu ändern."[141] Was der Ministerialbeamte den Kommunalfunktionären gegenüber allerdings verschwieg, war, daß nach den bisherigen Erfahrungen keineswegs sicher war, daß auch Minister Schröder ein solches Vorgehen seiner Sozialabteilung unterstützen würde.

Am 17. Februar 1960 wurde der BSHG-Entwurf nun endlich vom Bundeskabinett verabschiedet, ohne daß eine breitere Öffentlichkeit von diesem „weiteren Meilenstein im Rahmen der Großen Sozialreform" nachdrücklich Kenntnis genommen hätte.[142] Wuermelings zeitliches Junktim war damit gescheitert. Allerdings konnten er und die anderen Verfechter eines Vorrangs der freien Verbände mit dem Erreichten durchaus zufrieden sein: Der Regierungsentwurf des BSHG garantierte dem Hilfesuchenden eine gewisse Rücksichtnahme auf seine Wünsche in Hinblick auf die Auswahl eines Heims oder einer Pflegeperson (§ 3)[143], würdigte ausdrücklich die karitative Arbeit der Kirchen und freien Verbände und räumte diesen bei der persönlichen Einzelfallhilfe (§ 10)[144], der Beratung (§ 8 Abs. 2)[145] und bei der Schaffung von Einrichtungen einen klaren Vorrang ein

---

[141] Vermerk Kelm vom 12.1.1960, LAB, B Rep. 142-9, 1284.
[142] Die Welt vom 18.2.1960 (dort Zitat) veröffentlichte immerhin auf Seite 1 einen kleinen Einspalter, die Frankfurter Allgemeine Zeitung (18.2.1960, S.4) etwa nur eine kurze Notiz. Zur Kabinettssitzung siehe Kabinettsprotokolle, Bd. 13, S. 112f.
[143] Die das Wahlrecht regelnden Absätze des § 3 des Regierungsentwurfs lauteten:
„(2) Wünschen des Hilfempfängers, die sich auf die Gestaltung der Hilfe richten, soll entsprochen werden, soweit sie angemessen sind und keine unvertretbaren Mehrkosten verursachen.
(3) Auf seinen Wunsch darf der Hilfempfänger nur in einer solchen Einrichtung untergebracht werden, in der er durch Geistliche seines Bekenntnisses betreut werden kann."
BSHG-Entwurf vom Februar 1960; BT, 3. Wp. 1957, Anlagen, Bd. 67, Drs. 1799.
[144] § 10, ebenda, lautete:
§ 10
„Verhältnis zur freien Wohlfahrtspflege
(1) Die Stellung der Kirchen und Religionsgesellschaften des öffentlichen Rechts sowie der Verbände der freien Wohlfahrtspflege als Träger eigener sozialer Aufgaben und ihre Tätigkeit zur Erfüllung dieser Aufgaben werden durch dieses Gesetz nicht berührt.
(2) Die Träger der Sozialhilfe sollen bei der Durchführung dieses Gesetzes mit den Kirchen und Religionsgesellschaften des öffentlichen Rechts sowie den Verbänden der freien Wohlfahrtspflege zusammenarbeiten. Deren Selbständigkeit in Zielsetzung und Durchführung ihrer Aufgaben ist zu achten.
(3) Die Zusammenarbeit soll darauf gerichtet sein, daß sich die Sozialhilfe und die Tätigkeit der freien Wohlfahrtspflege zum Wohle des Hilfesuchenden wirksam ergänzen. Die Träger der Sozialhilfe sollen die Verbände der freien Wohlfahrtspflege in ihrer Tätigkeit auf dem Gebiet der Sozialhilfe angemessen unterstützen.
(4) Wird die Hilfe im Einzelfalle durch die freie Wohlfahrtspflege gewährleistet, sollen die Träger der Sozialhilfe von der Durchführung eigener Maßnahmen absehen.
(5) Die Träger der Sozialhilfe können allgemein an der Durchführung ihrer Aufgaben nach diesem Gesetz die Verbände der freien Wohlfahrtspflege beteiligen oder ihnen die Durchführung solcher Aufgaben übertragen, wenn die Verbände mit der Beteiligung oder Übertragung einverstanden sind. Die Träger der Sozialhilfe bleiben dem Hilfesuchenden gegenüber verantwortlich."
[145] In § 8 Abs. 2, ebenda, hieß es: „Zur persönlichen Hilfe gehören auch die Beratung in Fragen der Sozialhilfe sowie die Beratung in sonstigen sozialen Angelegenheiten, soweit diese nicht von anderen Stellen oder Personen wahrzunehmen ist und auch von den Verbänden der freien Wohlfahrtspflege nicht wahrgenommen wird."

(§ 86).¹⁴⁶ Für die zuvor so umstrittenen Bereiche der Hilfe zur Erziehung und die Ausbildungshilfe enthielt der Entwurf für erstere nur eine Übergangsbestimmung bis zum Inkrafttreten des Jugendhilfegesetzes.¹⁴⁷ Die Ausbildungshilfe blieb weiterhin eine Hilfe in besonderen Lebenslagen, ohne daß damit eine entsprechende Hilfe *auch* im geplanten JHG ausgeschlossen gewesen wäre, da das BSHG stets anderen Gesetzen gegenüber nachrangig blieb und hier als „eine Art ‚Ausfallbürgschaft'" fungierte.¹⁴⁸

Noch in einer weiteren Hinsicht war der Entwurf, ohne daß sich hier sein Wortlaut auch nur mit einer Silbe geändert hätte, modifiziert worden: Am 2. Dezember 1959 hatte das Bundesverfassungsgericht geurteilt, daß Soll-Vorschriften für die Verwaltung prinzipiell ebenso verbindlich seien wie Muß-Vorschriften, zumindest solange die Verwaltung nicht besondere Umstände darlegen und beweisen könne, die ein Abweichen von der Regel zuließen.¹⁴⁹ Die Entscheidung hierüber blieb freilich eine Ermessensentscheidung des Sozialhilfeträgers.¹⁵⁰ Am 22. Februar 1960 wurde der Regierungsentwurf des BSHG an den Bundesrat übersandt.¹⁵¹

2. Der Regierungsentwurf im Bundesrat und im Bundestagsausschuß für Kommunalpolitik und öffentliche Fürsorge

Im Bundesrat verfügte die CDU/CSU bis zu den Landtagswahlen in Baden-Württemberg im Mai 1960 über eine knappe relative Mehrheit von 18 sicheren der insgesamt 41 Bundesratsstimmen (ohne die vier beratenden Stimmen Berlins): Diese stammten aus den unionsregierten Ländern Nordrhein-Westfalen, Bayern, Schleswig-Holstein und Rheinland-Pfalz; die 15 Stimmen für die SPD stellten die

---

¹⁴⁶ § 86, ebenda, bestimmte:

§ 86
„Einrichtungen
(1) Die Träger der Sozialhilfe sollen darauf hinwirken, daß die zur Gewährung der Sozialhilfe geeigneten Einrichtungen ausreichend zur Verfügung stehen. Sie sollen eigene Einrichtungen nicht neu schaffen, soweit geeignete Einrichtungen anderer Träger, vor allem der freien Wohlfahrtspflege, vorhanden sind, ausgebaut oder geschaffen werden können.
(2) Werden im Einzelfall Einrichtungen anderer Träger in Anspruch genommen, sind Vereinbarungen über die von den Trägern der Sozialhilfe zu erstattenden Kosten anzustreben, soweit darüber keine landesrechtlichen Vorschriften bestehen.
(3) Die Bundesregierung kann im Falle des Absatzes 2 durch Rechtsverordnung mit Zustimmung des Bundesrates bestimmen, welche Kostenbestandteile bei den zu erstattenden Kosten zu berücksichtigen sind."
¹⁴⁷ Vgl. § 145 Abs. 3, ebenda.
¹⁴⁸ Vgl. §§ 29ff., ebenda; Zitat: Mutheius, in: NDV 40 (1960), S. 178.
¹⁴⁹ Vgl. Deutsches Verwaltungsblatt 1960, S. 252.
¹⁵⁰ Vgl. Gottschick, Bundessozialhilfegesetz, 1962, S. 86.
¹⁵¹ Vgl. Bundesjustizminister Fritz Schäffer für den Bundeskanzler an den Präsidenten des Bundesrates, 22. 2. 1960, BR 1960, Drs. 53/60.

Länder Niedersachsen, Hessen, Hamburg und Bremen. Ebenfalls für die CDU verbucht wurden in der Regel das Saarland (3 Stimmen) und Baden-Württemberg (5 Stimmen), denn dort regierten Ministerpräsidenten der CDU, allerdings in Koalition mit der SPD. Sowohl diese parteipolitischen Konstellationen, ebenso das gerade für den Fürsorgebereich typische Auseinanderfallen von Gesetzgebungskompetenz und Finanz- und Verwaltungsverantwortung und nicht zuletzt die konfessionspolitische Komponente bargen für den BSHG-Regierungsentwurf im Bundesrat eine Reihe von Unwägbarkeiten. Wie gesehen, hoffte die Sozialabteilung in der Subsidiaritätsfrage sogar darauf.

Erst recht bauten die Kommunen auf Korrekturen durch die Länder und setzten den Hebel beim federführenden Innenausschuß des Bundesrates an – wie es zunächst schien, mit Erfolg. Die Zeit drängte, denn der Bundesrat hatte nach Art. 76 Abs. 2 GG nur drei Wochen Zeit für eine Stellungnahme. Bereits einen Tag nach Verabschiedung des Entwurfs im Bundeskabinett beauftragte der DST-Sozialausschuß seinen Arbeitskreis „Fürsorgerecht", kurzfristig eine vorläufige Stellungnahme für den Bundesrat zu erarbeiten.[152] Wie zu erwarten, protestierten die städtischen Fürsorgeexperten vor allem gegen die Bestimmungen zugunsten der freien Wohlfahrtspflege: Sie plädierten dafür, die Förderungsverpflichtung für die Sozialhilfeträger in § 10 Abs. 3 Satz 2 zu streichen, da sie gegen den Grundsatz der finanziellen Verantwortlichkeit der Kommunen verstoße und zwangsläufig zu einer Kontrolle der freien Verbände führen müsse. Bisher leisteten die Kommunen „auf freiwilliger Basis erhebliche finanzielle Hilfen und materielle Unterstützungen"[153], und zwar meist ohne Zweckbindung und damit verbundene Beaufsichtigung. Daneben stießen sich die Kommunalvertreter vor allem an dem Vorbehalt zugunsten von Einrichtungen der freien Wohlfahrtspflege und forderten ebenfalls dessen Streichung; § 86 Abs. 1 Satz 2 des Regierungsentwurfs schränke die Betätigungsfreiheit der Sozialhilfeträger „in nicht zumutbarer Form ein". Er widerspreche ihrer gesetzlichen Verantwortung für die Erfüllung der Sozialhilfeaufgaben, dem Grundsatz der partnerschaftlichen Zusammenarbeit zwischen öffentlichen und freien Trägern sowie der Wahlfreiheit des Hilfesuchenden: „Der Regierungsentwurf läßt außer Acht, daß die Einrichtungen der freien Träger, entsprechen[d] ihrer religiösen oder weltanschaulichen Grundhaltung, nur Teile der Bevölkerung ansprechen, während andere Personenkreise es vorziehen, die Einrichtung des ‚neutralen' öffentlichen Sozialhilfeträgers in Anspruch zu nehmen." Das gleiche gelte für den Vorrang der freien Träger bei der Beratung (§ 8 Abs. 2). Auch die Streichung der Gewährleistung der gewünschten geistlichen Betreuung bei Anstaltsunterbringung (§ 3 Abs. 3) wurde gefordert, da sonst bei religiösen Minderheiten u.U. eine Betreuung unmöglich würde. Daneben forderte der DST u.a., die Kommunen an der Festsetzung der Regelsätze zu beteiligen und die wirtschaftliche Hilfe für Jugendliche wieder in das Gesetz aufzunehmen, und wiederholte

---

[152] Vgl. die Niederschriften der Sitzungen des DST-Sozialausschusses am 18./19. 2. 1960 (Auszug) und des Arbeitskreises „Fürsorgerecht" am 23. 2. 1960, LAB, B Rep. 142-9, 1284.

[153] Vgl., auch für das Folgende, Vorläufige Stellungnahme des DST zum BSHG-Regierungsentwurf vom 2. 3. 1960, ebenda.

seine grundsätzlichen Bedenken gegen die „versorgungsähnliche" Leistung der Blindenhilfe.[154]

Um den kommunalen Bedenken mehr Gewicht zu verleihen, wollten die Spitzenverbände dem Innenausschuß des Bundesrates zu dessen Sitzung am 11. März eine gemeinsame Stellungnahme ihrer Bundesvereinigung vorlegen.[155] Als Oel jedoch erfuhr, daß der Innenausschuß einen Unterausschuß „Bundessozialhilfegesetz" eingesetzt hatte, der bereits am 2. März zusammentreten sollte, ließ er ihm nach Rücksprache mit den anderen Spitzenverbänden die vom Arbeitskreis erarbeitete Stellungnahme per Eilboten in die Sitzung bringen.[156] Dem Unterausschuß gehörten im wesentlichen die Fürsorgereferenten der Länder an, die auch bisher schon an der Beratung des Gesetzentwurfs beteiligt gewesen waren. Insofern war ihrem alten Anliegen, im Bundesrat Fürsorgefragen durch die zuständigen Experten zu beraten, doch noch Genüge getan. Dies war aus Sicht der Fürsorgespezialisten umso wichtiger, als schon aufgrund der kurzen Beratungsfrist der Vorarbeit in den Ausschüssen große Bedeutung zukam, wenn auch die Abstimmung im Plenum dann aufgrund der Beschlußlage in den jeweiligen Landeskabinetten erfolgte. Im Unterausschuß wie im Innenausschuß selbst waren die Stimmen nicht nach Ländergröße gewichtet, sondern ihrer beratenden Funktion entsprechend hatte jedes Land eine Stimme, so daß sich auch die parteipolitischen Proportionen veränderten: Vier Stimmen von unionsregierten Ländern standen vier sozialdemokratische Stimmen gegenüber; dazu zwei Stimmen der Länder mit einer von der CDU geführten Großen Koalition sowie die Stimme des hier ebenfalls abstimmungsberechtigten Berlin mit seiner SPD-geführten Großen Koalition. Wie sich zeigen sollte, spielten auf der Ebene der Fürsorgereferenten die parteipolitischen ebenso wie die konfessionellen Aspekte ohnehin nur eine begrenzte Rolle; hier dominierten – wie auch sonst in den Bundesratsausschüssen[157] – die Verwaltungsgesichtspunkte.

Auf der Sitzung am 2./3. März, bei der auch zahlreiche Beamte der Bundesministerien zugegen waren, exponierte sich der Vertreter des CDU-regierten und überwiegend katholischen Rheinland-Pfalz, der politischen Heimat von Familienminister Wuermeling, zugunsten der Anliegen des Katholischen Büros; sein Gegenspieler war der Vertreter des sozialdemokratisch regierten und protestantisch geprägten Niedersachsen, der in der Subsidiaritätsfrage den kommunalen Standpunkt verteidigte und darin unter anderem von den Vertretern der Länder Schleswig-Holstein, Bayern und insbesondere Baden-Württemberg, das ja immerhin die Zentralen beider christlicher Wohlfahrtsverbände in Stuttgart und Freiburg beheimatete, unterstützt wurde.[158]

---

[154] Ebenda.
[155] Vgl. Vermerk Kelm vom 12.1.1960, LAB, B Rep. 142-9, 1284.
[156] Vgl. Oel an Ministerialrat Müller, Bundesrat, 2.3.1960; Oel an DLT/DGT/DGB, 2.3.1960; Vermerk L[ehmann]-G[rube], 4.3.1960, ebenda. Die offizielle vorläufige Stellungnahme der Bundesvereinigung der Kommunalen Spitzenverbände vom 5.3.1960, ebenda, für die beteiligten Bundesratsausschüsse entsprach derjenigen des Arbeitskreises bis auf geringe Abweichungen.
[157] Vgl. Ellwein, Entscheidungsprozeß, S. 229f.
[158] Vgl. Niederschrift über die Sitzung des Unterausschusses „Bundessozialhilfegesetz" des Ausschusses für Innere Angelegenheiten am 2./3.3.1960, BAK, B 106/20653a.

Das niedersächsische Sozialministerium hatte unter Staatssekretär Auerbach zur Stellung der freien Verbände einen Antrag vorbereitet, der inhaltlich und argumentativ weitgehend den Forderungen der kommunalen Spitzenverbände entsprach.[159] Ein Vertreter Niedersachsens berief sich im Ausschuß auch auf die niedersächsischen Landesverbände der freien Wohlfahrtspflege, die mit Ausnahme der Caritas Einverständnis signalisiert hätten.[160] Tatsächlich war die Haltung des Landesgeschäftsführers der Inneren Mission, Götz Maltusch, auf einer Besprechung im niedersächsischen Sozialministerium eher unklar gewesen, keineswegs jedoch eindeutig im Sinne Auerbachs.[161] Im Unterausschuß jedenfalls wurde der Antrag Niedersachsens von einer klaren Mehrheit angenommen, dagegen stimmten nur die Vertreter der überwiegend katholischen Länder Nordrhein-Westfalen, Rheinland-Pfalz und Saarland. Einzig die Streichung von § 3 Abs. 3 konnte Niedersachsen nicht durchsetzen, doch wurde diese Bestimmung auf Antrag Bayerns wieder etwas abgeschwächt.[162]

Von den weiteren Änderungsvorschlägen des Unterausschusses waren vor allem diejenigen zu den Einkommensgrenzen wichtig: Anders als in ihren Gesprächen mit Gottschick im Herbst 1958 forderten die Ländervertreter jetzt eine Erhöhung der allgemeinen Einkommensgrenze auf den zweifachen Regelsatz (plus Beibehaltung des Familienzuschlags von 60 DM je Angehörigen), denn, so die Begründung lapidar, ein „Grundbetrag in Höhe des Eineinhalbfachen des Regelsatzes eines Haushaltsvorstands reicht nicht aus".[163] Im Bundesdurchschnitt bedeutete das für eine vierköpfige Familie eine Erhöhung des Grenzbetrags von 335 DM auf 371 DM.[164] Die erhöhte allgemeine Einkommensgrenze (Familienzuschlag 80 DM) sollte wegen ihrer „besonderen Bedeutung" auch für die Ausbildungshilfe, die Hilfe zur Pflege und die Familien- und Hauspflege gelten. Wie schon auf der Wohlfahrtsministerkonferenz vom Mai 1959 wurde außerdem eine weitere Einschränkung der Kostenersatzpflicht sowie die Wiederaufnahme der „Hilfe für junge Menschen" gefordert, da nicht abzusehen sei, wann ein Bundesjugendhilfegesetz in Kraft trete. Neben gewissen Verbesserungen bei der Ausbildungs- und der Eingliederungshilfe sowie der Möglichkeit der Freiheitsentziehung bei der Gefährdetenhilfe empfahl der Unterausschuß mit knapper Mehrheit auch die Streichung der Bestimmung über die Fachkräfte als unzulässigen Eingriff in die Verwaltungshoheit der Länder.

Die Empfehlungen des Unterausschusses deckten sich so weitgehend mit den Änderungswünschen der kommunalen Spitzenverbände, daß diese auf eine Anhörung vor dem Bundesratsausschuß für Innere Angelegenheiten verzichteten.[165]

---

[159] Vgl. ebenda; ferner die Veröffentlichung des niedersächsischen Fürsorgereferenten Willi Hoppe, Verhältnis.
[160] Vgl. Vermerk Ranke vom 8.3.1960, ADW, HGSt, SP-S XXV 1: 100-1/2.
[161] Vgl. Collmer an Ranke, 11.3.1960, ADW, HGSt, SP-S XXV 1: 422-1/1.
[162] Vgl. Niederschrift über die Sitzung des Unterausschusses „Bundessozialhilfegesetz" am 2./3.3.1960, BAK, B 106/20653a.
[163] Vgl. ebenda.
[164] Vgl. Gottschick, Entwurf, S. 143.
[165] Vgl. die zwischen dem niedersächsischen Sozialministerium und dem DST am 7.3.1960 gewechselten Fernschreiben, LAB, B Rep. 142-9, 1284.

Tatsächlich übernahm der Innenausschuß am 11. März die Empfehlungen fast ohne Ausnahme: Dazu zählte neben der nun doch aufgenommenen Verpflichtung, im Rahmen der Hilfe zum Lebensunterhalt den besonderen Bedarf von Kindern und Jugendlichen zu berücksichtigen, die Erhöhung der Einkommensgrenze für die Blindenhilfe auf 1 000 DM.[166] Im Innenausschuß allerdings hatte sich nun auch der Vertreter Bayerns auf die katholische Seite geschlagen und – vergeblich – gegen die Änderungen bei den Regelungen zur Subsidiaritätsfrage gestimmt.[167]

Um den Erfolg im Innenausschuß zu sichern und zu verhindern, daß die unionsgeführten und mehr oder weniger protestantisch geprägten Länder Schleswig-Holstein und Baden-Württemberg auf Druck aus Bonn hin im Plenum des Bundesrates ebenfalls ihre Haltung zur Subsidiaritätsfrage noch änderten, drängte Auerbach noch am gleichen Tag seine Kontaktleute Collmer und Maltusch, die dortigen Ministerpräsidenten und zuständigen Minister von evangelischer Seite entsprechend zu beeinflussen.[168] Genau das Gegenteil schlug ebenfalls am 11. März Caritas-Präsident Stehlin vor: Die Spitzenvertreter der beiden christlichen Wohlfahrtsverbände sollten bei Kiesinger anrufen, um „ihn auf die Wichtigkeit der Aufrechterhaltung der Vorlage der Bundesregierung hinzuweisen und ihn zu bitten, in entsprechender Weise einen Beschluss im Kabinett Baden/Württemberg herbeizuführen".[169] In dieser Situation wurde deutlicher denn je, daß auch bei den unmittelbar Beteiligten auf evangelischer Seite die Subsidiaritätsfrage sehr unterschiedlich eingeschätzt wurde: Die eher wohlfahrtspolitisch orientierten Vertreter der Diakonie, auch der CDU-nahe Collmer, bewerteten § 10 des Regierungsentwurfs kritisch und wollten sich für diese Regelung nicht offiziell einsetzen.[170] Umgekehrt waren sie auch nicht bereit, öffentlich „gegen den Caritasverband, mit dem wir viel zusammenarbeiten, Schützenhilfe für die von der Arbeiterwohlfahrt beeinflussten Regierungen zu gewähren".[171] Dies umso weniger, als sie auch der Konzeption Auerbachs nicht zustimmten.[172] Die ganze Diskussion, so Collmer intern im März 1960, sei „deshalb so unerfreulich, weil sowohl die katholische wie die sozialistische Seite ihr Gesellschaftsverständnis für das Sozialhilfegesetz als Norm ansieht. Dabei kann es nach dem Grundgesetz im heutigen Staat nur darum gehen, dass [...] jeder Gruppe eine entsprechende Entfaltungs- und Gestaltungsmöglichkeit gegeben wird".[173] Da die kommunale Verwaltung

---

[166] Vgl. Empfehlungen des federführenden Ausschusses für Innere Angelegenheiten, des Ausschusses für Arbeit und Sozialpolitik, des Finanzausschusses, des Rechtsausschusses vom 11. 3. 1960, BR 1960 Drucksachen, Drs. 53/1/60.
[167] Vgl. Auerbach an Collmer, 11. 3. 1960, ADW, HGSt, SP-S XXV 1: 426-1/1.
[168] Vgl. ebenda; Maltusch an Ranke, 15. 3. 1960, ADW, HGSt, SP-S XXV 1: 103-1/1.
[169] Vermerk Collmer vom 11. 3. 1960, ADW, HGSt, SP-S XXV 1: 100-1/2.
[170] Vgl. Vermerk Ranke vom 8. 3. 1960, ebenda; Maltusch an Ranke, 15. 3. 1960, ADW, HGSt, SP-S XXV 1: 103-1/1; Heun an Bonner Verbindungsstelle von Innerer Mission/Hilfswerk, 4. 4. 1960, ADW, HGSt, SP-S XXV 1: 102-1/1.
[171] Maltusch an Ranke, 15. 3. 1960, ADW, HGSt, SP-S XXV 1: 103-1/1.
[172] Vgl. Collmer an Auerbach, 15. 3. 1960, ADW, HGSt, SP-S XXV 1: 426-1/1, sowie eine vertrauliche Stellungnahme von Maltusch zu den §§ 10, 86 des Regierungsentwurfs, Anlage zu Maltusch an Collmer, 15. 3. 1960, ADW, HGSt, SP-S XXV 1: 103-1/1.
[173] Collmer an Maltusch, 21. 3. 1960, ADW, HGSt, SP-S XXV 1: 103-1/1.

noch immer zur „Untertanenbehandlung" neige, müßten sich die freien Verbände vor allem in ihrem Arbeitsstil davon unterscheiden; damit werde „keine Vorrangigkeit der Verbände vertreten, wohl aber die Wahrnehmung einer ihnen gemäßen Verpflichtung, die sie besser erfüllen können [...] als die kommunalen Verwaltungen".[174]

Die primär kirchenpolitisch agierende Bonner Kirchenkanzlei unter dem unionsnahen EKD-Bevollmächtigten Kunst hingegen unterstützte die katholische Linie mittlerweile eindeutig. Der Ausweg aus dem Dilemma bestand schließlich darin, daß Bischof Kunst persönlich bei Kiesinger und von Hassel um Unterstützung für den Regierungsentwurf warb, Collmer vertraulich gegenüber Auerbach seine Kritik deutlich formulierte und seinen Osterurlaub antrat, und Maltusch, der es weder mit dem niedersächsischen Sozialministerium noch der niedersächsischen Caritas verderben wollte, einen zurückhaltenden Brief an den schleswig-holsteinischen Kultusminister und Kirchenrat Edo Osterloh schrieb.[175]

Die kirchlichen Interventionen in Kiel und Stuttgart zeigten Wirkung: Schleswig-Holstein distanzierte sich von den Empfehlungen des Innenausschusses des Bundesrats, indem es für die Beratung des Plenums den Antrag stellte, nur mehr § 10 Abs. 4 des Regierungsentwurfs zu streichen.[176] Ministerpräsident Kiesinger, der ja immerhin ein Jahr zuvor den katholischen Freiburger Bischof in dieser Frage unterstützt hatte, teilte am 16. März, zwei Tage vor der Bundesratssitzung, dem Bundesinnenminister mit, seine Regierung sei unter einer Bedingung zur Zustimmung zu den Subsidiaritätsbestimmungen bereit: Daß die Bundesregierung erkläre, § 86 sei so zu verstehen, daß die öffentlichen Träger zurückstehen sollten, „wenn geeignete Einrichtungen anderer Träger, vor allem der freien Wohlfahrtspflege, vorhanden sind, ausgebaut oder *überwiegend aus eigener Kraft* geschaffen werden können".[177] Tatsächlich gab Staatssekretär Anders bei der Beratung des Regierungsentwurfs im Bundesrat am 18. März eine entsprechende Erklärung ab.[178] Daraufhin passierten mit den entscheidenden Stimmen Baden-Württembergs und Schleswig-Holsteins die §§ 8, 10 und 86 des Regierungsentwurfs doch den Bundesrat; auf Antrag von Rheinland-Pfalz wurden sie sogar im Sinne des Katholischen Büros noch etwas modifiziert.[179] Die Hoffnungen Duntzes und der kommunalen Spitzenverbände, bereits der Bundesrat werde diese Regelungen in ihrem Sinne „korrigieren", hatten sich nicht erfüllt.

---

[174] Ebenda; ähnlich Collmer, Hilfe, S. 88ff.
[175] Vgl. Collmer an Ranke, 11.3.1960; Kunst an Kiesinger, 12.3.1960, Abschrift; Arnade an Heun, 12.3.1960, ADW, HGSt, SP-S XXV 1: 422-1/1; Maltusch an Osterloh, 15.3.1960; Maltusch an Keller, 15.3.1960, ADW, HGSt, SP-S XXV 1: 103-1/1; Collmer an Ohl, 6.6.1960, ADW, HGSt, SP-S XXV 1: 427-1/1.
[176] Vgl. Antrag des Landes Schleswig-Holstein vom 16.3.1960, BR 1960 Drucksachen, Drs. 53/5/60.
[177] Kiesinger an Schröder, 16.3.1960, BAK, B 106/20647.
[178] Vgl. BR 1960 Sten. Ber., S. 338.
[179] Vgl. ebenda, S. 339f. BldW 107 (1960), S. 102. In § 10 Abs. 5 wurde noch klarer herausgestellt, daß die Zusammenarbeit im Einzelfall wie für allgemeine Aufgaben gelten solle, und in § 86 verdeutlicht, daß der Begriff der „Einrichtungen" auch halboffene Einrichtungen und ambulante Maßnahmen etwa der Haus- und Familienpflege umfaßte; vgl. Antrag des Landes Rheinland-Pfalz vom 16.3.1960, BR 1960 Drucksachen, Drs. 53/7/60.

Andere wichtige Vorschläge seiner beteiligten Ausschüsse hingegen übernahm der Bundesrat: Die Erhöhung der Einkommensgrenzen, auch bei der Blindenhilfe, die weitere Einschränkung der Kostenersatzpflicht, Verbesserungen bei der Ausbildungshilfe, die Einschränkung der vorbeugenden Gesundheitsfürsorge auf eine Kann-Bestimmung und – eifersüchtig um die Wahrung der Länderkompetenzen bemüht – die Streichung der Bestimmungen über das Fachpersonal, die Finanzierung und die Festschreibung der Städte und Kreise als örtliche Träger.[180] Dementsprechend forderte der Bundesrat die Reduzierung der Gefährdetenfürsorge auf eine nicht näher geregelte Kann-Bestimmung, womit die Ministerpräsidenten den Vorschlägen der Fürsorgereferenten diametral widersprachen, aber den verfassungspolitischen Einwänden des Rechtsausschusses folgten.[181] Die Hilfe für junge Menschen hingegen sollte zwar nicht als eigenständige Hilfe geregelt, aber im Rahmen der Hilfe zum Lebensunterhalt eine Vorschrift über den besonderen Bedarf von Minderjährigen aufgenommen werden.[182]

In der Subsidiaritätsfrage hatten sich damit parteipolitische Loyalität und kirchenpolitische Erwägungen bei den CDU-geführten Landesregierungen als stärker als kommunalpolitische Interessen erwiesen und zugunsten der Bundesregierung ausgewirkt. Wo aber vermeintliche oder tatsächliche Beschränkungen der eigenen Finanz- und Verwaltungshoheit oder Gesetzgebungskompetenz zu befürchten waren, standen auch diese Landesregierungen in Opposition zum Bund. Daß auch jenseits des Subsidiaritätsproblems die kommunalen Belange hier nicht vorrangig interessierten, mag die Tatsache belegen, daß der Bundesrat entgegen den Wünschen seines Finanzausschusses eine Reihe von Leistungsverbesserungen zu Lasten der Sozialhilfeträger beschlossen hatte. Abgesehen von den genannten und weiteren meist rechtstechnischen oder redaktionellen, insgesamt dann 68 Änderungswünschen erhob der Bundesrat gegen den Entwurf als ganzen keine Einwendungen.[183] Das bedeutete nichts anderes, als daß die Länder trotz aller Rück-

---

[180] Vgl. BR 1960 Sten. Ber., S. 339ff.; Stellungnahme des Bundesrates zum Entwurf eines BSHG, BT, 3. Wp. 1957, Anlagen, Bd. 67, Drs. 1799.
[181] Der Rechtsausschuß argumentierte, daß eine Hilfe ohne jede Rücksicht auf die materielle Lage des Betroffenen und die vorgesehenen Zwangsmaßnahmen nicht durch den Fürsorgebegriff von Art. 74 Nr. 7 GG abgedeckt seien und dem Bund damit die Gesetzgebungskompetenz fehle; vgl. Empfehlungen des federführenden Ausschusses für Innere Angelegenheiten, des Ausschusses für Arbeit und Sozialpolitik, des Finanzausschusses und des Rechtsausschusses vom 11. 3. 1960, BR 1960 Drs. 53/1/60.
[182] § 12 (Notwendiger Lebensunterhalt) sollte um einen zweiten Absatz ergänzt werden, wonach bei Kindern und Jugendlichen der notwendige Lebensunterhalt „auch den besonderen, vor allem den durch das Wachstum bedingten Bedarf" umfasse; begründet wurde dies mit den Erfordernissen einer einheitlichen Familienfürsorge; vgl. Stellungnahme des Bundesrates zum BSHG-Entwurf, S. 69, BT, 3. Wp. 1957, Anlagen, Bd. 67, Drs. 1799.
[183] Vgl. Schreiben des saarländischen Ministerpräsidenten und amtierenden Bundesratspräsidenten Franz Josef Röder an den Bundeskanzler vom 18. 3. 1960, Abschrift, BR 1960 Drucksachen, Drs. 53/60, Beschluß. Der ursprünglich eher für eine allgemeine politische Stellungnahme gedachte erste Durchgang im Bundesrat diente Ende der fünfziger Jahre längst dazu, zahlreiche fachliche und formalrechtliche Änderungswünsche geltend zu machen, wofür die Drei-Wochen-Frist kaum hinreichte; vgl. Katzenstein, Erscheinungsformen, S. 598.

2. Der Regierungsentwurf im Bundesrat

zugsgefechte auf dem Gebiet der Verwaltungshoheit grundsätzlich bereit waren, dem mit dem BSHG verfolgten Ziel einer größeren Rechtseinheit und stärkeren Leistungsangleichung auf dem Gebiet des Fürsorgerechts zuzustimmen.

Die Bundesregierung stimmte rund zwei Dritteln der Änderungsvorschläge des Bundesrates zu. Abgelehnt wurde die weitgehende Streichung der Gefährdetenfürsorge, da es auch andere als wirtschaftliche Notlagen gebe; die Abschwächung der vorbeugenden Gesundheitsfürsorge, da Prophylaxe billiger als Heilung sei; die erhöhte Einkommensgrenze für die Ausbildungshilfe wegen der Abstimmung mit den Leistungen nach anderen Gesetzen; die Streichung der Bestimmungen über die örtlichen Träger und die Fachkräfte wegen der zentralen Bedeutung für die erfolgreiche Durchführung des Gesetzes; nicht zuletzt die Modifikationen in den §§ 10 und 86 sowie die stärkere Beschränkung der Kostenersatzpflicht, wobei formaljuristische Gründe geltend gemacht wurden, tatsächlich aber die so mühsam ausgehandelten Kompromisse in zwei zentralen Fragen nicht wieder gefährdet werden sollten.[184] Am 20. April 1960 ging der Regierungsentwurf mit den Änderungsvorschlägen und der Auffassung der Bundesregierung dazu an den Bundestag.[185]

Damit war die Zuständigkeit für den BSHG-Entwurf endlich dort, wo sie nach der klassischen Lehre von der Gewaltenteilung eigentlich hingehört: im Parlament. Tatsächlich war die bisherige Genese der Reform abermals ein treffender Beleg für die Beobachtung von der Dominanz der Bundesregierung und ihres bürokratischen Apparates im Gesetzgebungsprozeß, von der auch die Sozialpolitik keine Ausnahme machte.[186] Bisher hatten sich nur einzelne Bundestagsabgeordnete wie Maria Niggemeyer, Peter Horn, Friedrich-Wilhelm Willeke, Helene Weber, Ernst von Bodelschwingh und Emmi Welter (alle CDU), ferner Helene Wessel, Willy Könen und Lisa Korspeter (alle SPD) vor allem über den DV, im Falle der Sozialdemokraten auch im Rahmen der AWO, schon zuvor mit einigen Reformbereichen näher befaßt.[187] Doch selbst die Aufforderung des Bundestages vom Januar 1957 an die Regierung, den Entwurf für ein neues Bundesfürsorgegesetz vorzu-

---

[184] Vgl. Auffassung der Bundesregierung zu den Änderungsvorschlägen des Bundesrates, S. 82ff., BT, 3. Wp. 1957, Anlagen, Bd. 67, Drs. 1799; Gottschick, Entwurf.

[185] Vgl. Erhard in Stellvertretung des Bundeskanzlers an den Präsidenten des Bundestages, 20. 4. 1960, BT, 3. Wp. 1957, Anlagen, Bd. 67, Drs. 1799, S. 1.

[186] Vgl. ausführlich Hockerts, Entscheidungen, S. 124ff., der dies aufgrund der engen „Interessen- und Aktionseinheit" (S. 128) von Regierung und Parlamentsmehrheit als Funktionswandel, nicht aber Funktionsverlust des Parlaments begreift.

[187] Für die gesamten sozialpolitischen Arbeitskreise der großen Fraktionen hingegen ist eine Erörterung der BSHG-Referentenentwürfe nicht belegt: Die Protokolle des Sozialpolitischen Arbeitskreises der CDU/CSU sind in den einschlägigen Beständen für 1959 und 1960 ohnehin nicht überliefert, doch gibt es auch in den Unterlagen des Arbeitskreises zum BSHG, ACDP, CDU/CSU-Fraktion AK IV, VIII-005-106/1, keine entsprechenden Hinweise. Einzig zwei Gespräche von Fürsorgespezialisten und des Vorsitzenden des Arbeitskreises Horn mit Duntze Anfang Juni 1959 sowie Anfang November 1959 über die Subsidiaritätsfrage sind belegt; vgl. Vermerk Abteilungsleiter V vom 1.7. 1959, BAK, B 106/20647; Ranke an Collmer, 11.11.1959, Abschrift, ADW, HGSt 3930. Für die SPD vgl. die Protokolle und Unterlagen des Arbeitskreises Sozialpolitik 1958 und 1959 in: AdsD, SPD-BTF 3. Wp., 85 und 86.

legen, war nur die nachträgliche offizielle Autorisierung von Reformarbeiten, die im Innenministerium seit mehr als einem Jahr ohnehin im Gange waren. Auch bei den Ausschußberatungen wollten und konnten die zuständigen Parlamentarier nicht auf die Kooperation mit dem Bundesinnenministerium verzichten und stimmten mit Gottschick bereits Anfang April das weitere Procedere ab.[188] Für den federführenden Ausschuß für Kommunalpolitik und öffentliche Fürsorge rechneten dessen Vorsitzender Willeke und Maria Niggemeyer mit einer langwierigen Beratung und hofften daher, daß bis auf den ohnehin zu beteiligenden Haushaltsausschuß keine weiteren Ausschüsse hinzugezogen würden. Ziel der christdemokratischen Bundestagsfraktion war es, das lange vorbereitete BSHG auf jeden Fall noch in der laufenden Legislaturperiode zu verabschieden, und zwar möglichst mit den Stimmen der SPD.[189] Angesichts der im Bundesrat nun ganz eindeutig parteipolitischen Divergenzen in der Subsidiaritätsfrage würde das allerdings nicht einfach sein: Nachdem Franz Klein Ende März in der Zeitschrift der KPV der CDU den BSHG-Entwurf als Verwirklichung der katholischen Forderungen gewürdigt[190] und Kardinal Frings Anfang April im Kölner Dom verkündet hatte, die „sozialistischen Staaten im Bundesrat [hätten] die Paragraphen, die besonders zum Schutz der freien Wohlfahrtspflege [...] eingefügt waren, herausschiessen wollen"[191], suchte Auerbach den Schulterschluß mit dem DST und bemühte sich abermals, die beteiligten Vertreter der evangelischen Kirche gegen die katholischen Vorstellungen zu mobilisieren.[192] Klein hatte in seinem Artikel erklärt, beide Kirchen hätten durch ihre Bonner Vertretungen dem Regierungsentwurf grundsätzlich zugestimmt.[193] Das hielt Auerbach angesichts der kritischen Äußerungen Collmers für fraglich und forderte Collmer, Ohl und die Kirchenkanzlei auf, gegebenenfalls Klein zu einer Richtigstellung zu veranlassen, damit bei der geplanten baldigen Anhörung der freien Verbände vor dem Bundestagsausschuß diese Unterschiede zwischen katholischer und evangelischer Auffassung deutlich werden könnten.[194] Auch unter den evangelischen Unionsabge-

---

188 Vgl., auch zum Folgenden, Vermerk Gottschick vom 7.4.1960 über ein Gespräch mit Willeke und Niggemeyer, BAK, B 106/20653a.
189 Vgl. ebenda; ferner Vermerk Gottschick vom 3.5.1960 über die Sitzung des Arbeitskreises IV der CDU/CSU, ebenda.
190 Vgl. Franz Klein, Regierungsentwurf.
191 Vgl. Meldung der Katholischen Nachrichten-Agentur (KNA) Nr. 81 vom 5.4.1960, Abschrift von Abschrift in: ADW, HGSt, SP-S XXV 1: 426-1/1.
192 Vgl. den Briefwechsel zwischen Auerbach und Oel zwischen dem 13. und 31.5.1960, LAB, B Rep. 142-9, 1284. In einem ausführlichen Brief an Frings vom 29.4.1960 rechtfertigte Auerbach außerdem das Vorgehen Niedersachsens im Bundesrat als gerade der Eigenständigkeit und Freiheit der Wohlfahrtspflege wie der Kirchen selbst geschuldet; in „Erinnerung an die Erfahrungen der Kirchenverfolgung durch totalitäre Regierungen" solle erst gar nicht der Eindruck erweckt werden, ein Sozialgesetz dürfe überhaupt die Stellung der Kirchen berühren, wie es die derzeitige Fassung von § 10 Abs. 1 u. 2. suggeriere, Abschrift, ADW, HGSt, SP-S XXV 1: 426-1/1.
193 Vgl. Franz Klein, Regierungsentwurf, S. 166.
194 Auerbach an Collmer, 3.5.1960 und 13.5.1960, ADW, HGSt, SP-S XXV 1: 426-1/1; Auerbach an Ohl, 13.5.1960, Abschrift, ADW, HGSt, SP-S XXV 1:427-1/1; Auerbach an Maltusch, 13.5.1960, Abschrift; Maltusch an Collmer, 14.5.1960, ADW, HGSt, SP-S XXV 1:103-1/1; Ohl an Ranke, 26.5.1960, ADW, HGSt, SP-S XXV 1: 427-1/1.

ordneten bestand hier Klärungsbedarf, und Bodelschwingh beschwerte sich bei Ranke und der Bonner Verbindungsstelle, daß kein evangelischer Sachverständiger der Einladung zur ersten Beratung des Entwurfs im Sozialpolitischen Arbeitskreis seiner Fraktion gefolgt sei.[195]

Tatsächlich bestanden auf evangelischer Seite nach wie vor gewisse Unterschiede bei der Bewertung dieser Frage zwischen Kirchenkanzlei und Diakonie, die jedoch nicht nach außen getragen und keineswegs zugunsten der SPD-Linie umgemünzt werden sollten. Die daraus resultierende Zurückhaltung und dilatorische Behandlung der Frage durch die Diakonie-Vertreter führte allerdings dazu, daß Rankes Vorgehen von außen als repräsentativ für die evangelische Kirche wahrgenommen und daher eine breite Übereinstimmung beider Kirchen konstatiert werden konnte, so daß auch Kleins Äußerung ihre Berechtigung hatte.[196]

Trotz der immer stärkeren konfessions- und kirchenpolitischen Akzentuierung der Fürsorgereform blieb diese auch weiterhin in den Fraktionen und Arbeitskreisen der großen Parteien ein Thema für den kleinen Kreis interessierter Spezialisten. Auf den Sitzungen der Gesamtfraktion sowie des Vorstands der CDU/CSU unmittelbar vor der ersten Lesung des Entwurfs war das BSHG jedenfalls nicht von Belang[197]; auch bei der SPD ging es nur um die Festsetzung des Abgeordneten (Könen), der dazu sprechen sollte.[198] Ähnliches galt für die einschlägigen Arbeitskreise der Bundesparteien, denen bei der CDU Collmer, bei der SPD Auerbach, also zwei ausgewiesene Fürsorgepolitiker angehörten.[199] Immerhin beriet bei den Christdemokraten jetzt der Sozialpolitische Arbeitskreis der Fraktion (Arbeitskreis IV) den Regierungsentwurf und benannte Maria Niggemeyer als Berichterstatterin.[200] Aufgrund der lückenhaften Quellenlage ist die weitere Einflußnahme des Arbeitskreises auf die Arbeit des zuständigen Bundestagsausschusses nicht unmittelbar zu belegen; vieles deutet aber darauf hin, daß die Fraktionsvertreter im Bundestagsausschuß nicht, wie für die heutige parla-

---

[195] Vgl. Horn an Ranke, 31.3.1960, ACDP, CDU/CSU-Fraktion AK IV, VIII-005-106/1; Vermerk Brügemann vom 5.4.1960; Brügemann an Münchmeyer, 12.4.1960; Vermerk Münchmeyer vom 14.4.1960; Brügemann an Collmer, 29.4.1960, mit Anlage, ADW, HGSt, SP-S XXV 1: 160-1/2.
[196] Vgl. Vermerk Heun vom 4.4.1960, ADW, HGSt, SP-S XXV 1: 102-1/1; Ohl an Collmer, 26.5.1960; Ranke an Ohl, 1.6.1960, ADW, HGSt, SP-S XXV 1: 427-1/1. Collmer maß mittlerweile dem § 10 ohnehin vor allem deklaratorische Bedeutung bei und hielt die Bedenken Auerbachs für stark übertrieben; vgl. Collmer an Maltusch, 24.5.1960, ADW, HGSt, SP-S XXV 1: 103-1/1; Collmer an Ohl, 6.6.1960, ADW, HGSt, SP-S XXV 1: 427-1/1.
[197] Vgl. etwa die Protokolle der Sitzungen des Fraktionsvorstands am 2.5.1960 und der Fraktion am 3.5.1960, in: CDU/CSU-Fraktion 1957–1961, S. 600ff.
[198] Vgl. Fraktionssitzung am 3.5.1960, in: SPD-Fraktion 1957–1961, S. 432.
[199] Vgl. die damaligen Sitzungsunterlagen und Protokolle der Sozialpolitischen Ausschüsse der CDU, ACDP, Bundesgeschäftsstelle, VII-004-090/2, und beim SPD-Parteivorstand, AdsD, SPD-Parteivorstand, 01987 bis 10990 sowie 01582.
[200] Vgl. Protokoll der Sitzung des Sozialpolitischen Arbeitskreises am 3.5.1960, ACDP, CDU/CSU-Fraktion AK IV, VIII-005-106/1; Vermerk Gottschick über die Sitzung [o.D., vermutlich 4.5.1960], BAK, B 106/20653a; zur Sitzung des Arbeitskreises am 5.4. 1960 die Vermerke Heun, 4.4.1960, ADW, HGSt, SP-S XXV 1:102-1/1, und Brügemann, 5.4.1960, ADW, HGSt, SP-S XXV 1:160-1/2.

mentarische Praxis als Modellfall beschrieben, dort vor allem eine von der Fraktion vorgegebene Linie umzusetzen suchten, sondern daß bei der politisch eher marginalen und komplizierten Frage der Fürsorgereform der Gang der Entscheidung umgekehrt verlief und die Fürsorgespezialisten dem Arbeitskreis und der Gesamtfraktion die Vorgaben für deren offizielle Beschlüsse lieferten.[201] Das zeigte sich insbesondere bei der Frage der Einkommensgrenzen und dem Pflegegeld.[202]

Bei der SPD lagen die Dinge im Prinzip ähnlich: Allerdings war es hier der Spezialisten-Pool der parteinahen AWO, der zusammen mit den entsprechenden Bundestagsabgeordneten und weiteren SPD-Fachleuten die Positionen im wesentlichen bestimmte. Ein von dem SPD-Fürsorgeexperten und Geschäftsführer der AWO im Regierungsbezirk Düsseldorf Willy Könen geleiteter Arbeitskreis beim AWO-Hauptausschuß aus führenden AWO-Vertreterinnen und den Expertinnen der Fraktion, dem auch Auerbach und Anton Oel vom DST angehörten, beriet parallel zum Bundestagsausschuß den Gesetzentwurf und bereitete die Änderungsanträge der SPD-Vertreter dort vor.[203] Auch hier segnete der sozialpolitische Arbeitskreis der Bundestagsfraktion diese Positionen dann erst am Ende der Ausschußberatungen seinerseits ab.[204]

Am 4. Mai 1960 fand die erste Lesung des BSHG-Entwurfs im Bundestag statt. Innenminister Schröder deutete ihn als endgültigen Abschied von der Armenfürsorge: Ein sozialer Rechtsstaat wie die Bundesrepublik, „der jedem seiner Bürger das Recht auf freie Entfaltung der Persönlichkeit sichert, muß alles daransetzen, dem Notleidenden aus seiner Unfreiheit herauszuhelfen." Dabei genüge es nicht mehr, Menschen ohne eigenes Einkommen „nur die notwendigsten Dinge des Lebensunterhalts" zukommen zu lassen, sondern es gehöre „zu den Aufgaben der Allgemeinheit, sich auch der Menschen anzunehmen, die zwar ihr tägliches Brot haben mögen, sich aber in einer sozialen Notlage anderer Art befinden, die ihnen verwehrt, ein Leben in der Gemeinschaft zu führen, wie es den Anschauungen unseres Volkes entspräche". Etwaigen Befürchtungen aus den eigenen Fraktionsreihen kam Schröder dabei mit dem Hinweis zuvor, es werde „der Gedanke der

---

[201] Zu den Einflußmöglichkeiten der Experten auf die Meinungsbildung der Gesamtfraktion bei diffizilen und nicht auf wenige politische Vorgaben reduzierbaren Materien vgl. Melzer, Vorbereitung, S. 1137ff.; Zeh, Ausschußsystem, S. 1100.
[202] Vgl. etwa Niggemeyer an Krone, 29.1.1961; Protokoll der Sitzung des Sozialpolitischen Arbeitskreises am 28.2.1961, mit Anlage Willeke vom 24.2.1961, ACDP, CDU/CSU-Fraktion AK IV, VIII-005-160/1.
[203] Vgl. die Protokolle der Sitzungen des Arbeitskreises für Fragen der Neuordnung des Sozialhilferechts der AWO am 28.4.1960 und des Fachausschusses „Wohlfahrtspflege und Sozialpolitik" beim AWO-Hauptausschuß am 29.10.1960, AdsD, SPD-BTF 3. Wp., 133, sowie am 9.12.1960 und 21.1.1961, AdsD, SPD-BTF 3. Wp., 136. Leider sind auch für die SPD-Fraktion die Protokolle des Arbeitskreises Sozialpolitik von 1960 nicht im Bestand der Bundestagsfraktion im AdsD überliefert. Könen, Weg, S. 407, berichtet, daß der BSHG-Entwurf in „enger Zusammenarbeit" von Fraktionsarbeitskreis und den Fachausschüssen der Partei und der AWO beraten worden sei.
[204] Vgl. die handschriftlichen Notizen vermutlich von Konrad Schayer, Assistent des Arbeitskreises Sozialpolitik, über dessen Sitzungen am 7.3. und 17.4.1961, sowie die Protokolle der Sitzungen am 28.4. und 2.5.1961, AdsD, SPD-BTF 3. Wp., 136.

Eingliederung oder Wiedereingliederung des Hilfeempfängers in Gesellschaft und Arbeit mit an die Spitze des Entwurfs gestellt und gleichzeitig jedem versorgungsstaatlichen Denken eine Absage erteilt". Das heikle Thema der Subsidiaritätsfrage versuchte der Minister zu entschärfen, indem er die vorgesehenen Regelungen als Versuch interpretierte, das „partnerschaftliche Verhältnis zwischen den Trägern der Sozialhilfe und der freien Wohlfahrtspflege zu sichern und dazu beizutragen, daß auch in Zukunft die freie Wohlfahrtspflege in der Lage bleibt, ihre so bedeutsame Tätigkeit durchzuführen".[205]

Auch Maria Niggemeyer wies für die Unionsfraktion Befürchtungen vor einer „Konfessionalisierung" der sozialen Arbeit zurück, da sämtliche freien Verbände beteiligt werden sollten.[206] In ihrer erwartungsgemäß positiven Bewertung des Entwurfs bezog sie sich auf das Verfassungsgebot, „*die soziale Stellung des hilfsbedürftigen Menschen*" seiner Würde gemäß zu sichern, dem allerdings die individuelle Pflicht zur Selbsthilfe korreliere.[207] Könen, der für die SPD sprach, tat sich mit der Oppositionsrolle insofern etwas schwer, als er viele der neuartigen Regelungen des Entwurfs auf das Konto des SPD-Sozialplans verbuchte und für die Ausschußverhandlungen weniger prinzipielle als Kritik an Einzelpunkten anmelden konnte: etwa bei den Regelsätzen oder der Blindenhilfe und natürlich der Stellung der freien Wohlfahrtspflege.[208] Sehr viel grundsätzlicher war demgegenüber die Gegenrede des FDP-Abgeordneten Rutschke, der wie Niggemeyer und Könen dem Kommunalpolitischen Ausschuß angehörte und im Bundestag ganz im Sinne des DLT zu sprechen schien. Es sei zwar „eine schöne Sache, sehr warmherzig über die Not von Menschen zu reden und zu sagen, man wolle ihnen unbedingt helfen", man solle aber „dabei nicht die Realität vergessen": Heute sei persönliche Not vielfach individuell verschuldet, man dürfe daher weder grundsätzlich auf die Rückzahlungspflicht verzichten noch eine Nivellierung der Leistungen betreiben. Mit dem Rechtsanspruch werde „die Mildtätigkeit des Bürgers nunmehr verstaatlicht". Vor allem solle die Bundesregierung nicht im Blick auf die Bundestagswahl Leistungen in einem Maße vorsehen, das bei schlechter Konjunktur „zu einer finanziellen Notlage der Gemeinden führen" müsse.[209] Nach dieser unspektakulären ersten Lesung wurde der Entwurf federführend an den Ausschuß für Kommunalpolitik und öffentliche Fürsorge sowie geschäftsordnungsmäßig an den Haushaltsausschuß und auf Antrag Könens mitberatend an den Ausschuß für Gesundheitsfragen überwiesen.[210]

Eine Woche später begann der Kommunalpolitische Ausschuß die Beratung.[211] Von dessen 29 ordentlichen Mitgliedern waren entsprechend der Sitzverteilung im Bundestag 17 Abgeordnete der Regierungskoalition (13 CDU, 3 CSU, 1 DP) und

---

[205] BT, 3. Wp. 1957, Sten. Ber., Bd. 45, S. 6254.
[206] Ebenda, S. 6259.
[207] Ebenda, S. 6257 (Hervorhebung im Original).
[208] Vgl. ebenda, S. 6259ff.
[209] Ebenda, S. 6261.
[210] Vgl. ebenda, S. 6262.
[211] Zu Zusammensetzung, Aufgabe und Rolle der Bundestagsausschüsse im Gesetzgebungsverfahren vgl. allgemein Zeh, Ausschußsystem; Dach, Ausschußverfahren.

12 der Opposition (10 SPD, 2 FDP).[212] Hinzu kam die gleiche Zahl von stellvertretenden Mitgliedern, die ebenfalls an den Sitzungen teilnehmen konnten, aber nur stimmberechtigt waren, wenn nicht genügend ordentliche Mitglieder der eigenen Fraktion anwesend waren. Wie erwähnt, war der Ausschuß 1957 aus zwei Bundestagsausschüssen hervorgegangen. War dem politisch eher bedeutungslosen Kommunalausschuß bis dato vorgeworfen worden, zu eng mit den kommunalen Spitzenverbänden zu kooperieren[213], hatte der Fürsorgeausschuß als sozialpolitischer Fachausschuß gearbeitet, wenn auch stets über deren Vorsitzende Niggemeyer und den DV ein fachlicher Kontakt zu den kommunalen Spitzenverbänden gewährleistet war. Diese zum Teil divergierenden Interessen waren nun unter dem Dach eines neuen Ausschusses vereinigt. Insgesamt dominierten im neuen Ausschuß unter den ordentlichen Mitgliedern die genuinen Kommunalvertreter: Zwanzig Abgeordneten aus allen Fraktionen mit kommunaler Orientierung – Bürgermeister, Kreistagsabgeordnete, Stadträte – standen nur sieben ausgesprochene Fürsorgespezialisten gegenüber.[214] Doch bei der Beratung des BSHG-Entwurfs überließen die Kommunalvertreter das Feld im wesentlichen den Fürsorgeexperten ihrer Fraktion: von der CDU Maria Niggemeyer, Helene Weber und Emmi Welter und als zunächst stellvertretendes Mitglied Ernst von Bodelschwingh, von der SPD Könen, Elfriede Eilers, Franziska Bennemann sowie Helene Wessel und Hans Lautenschlager (beide stellvertretend) mit teilweise engen Bindungen zu den christlichen Wohlfahrtsverbänden auf christdemokratischer und zur AWO auf sozialdemokratischer Seite.[215] Mit Niggemeyer und Könen fungierten auch jeweils führende Fürsorgespezialisten als Berichterstatter des Ausschusses und Obleute und konnten die Linie der eigenen Fraktion dort entscheidend prägen.[216]

Diese Konstellation war einer Berücksichtigung von Forderungen nach einer weiteren Leistungsreduktion, wie sie vor allem von den ländlichen Kommunen nach wie vor erhoben wurden, nicht unbedingt förderlich; umgekehrt hatte Maria

---

[212] Vgl. Handbuch des Deutschen Bundestages 1958, S. 186. Mit Auflösung der Fraktion der DP schied der stellvertretende Ausschußvorsitzende Helmuth Schranz (DP) Anfang November 1960 als ordentliches Mitglied aus, den stellvertretenden Vorsitz übernahm jetzt Könen, Nachfolger für Schranz wurde der CDU-Abgeordnete Etzenbach; vgl. Kurzprotokolle des Ausschusses für Kommunalpolitik und öffentliche Fürsorge – im Folgenden kurz „Kommunalpolitischer Ausschuß" –, 9. und 10.11.1960, PA, Gesetzesmaterialien III/349 A1.

[213] Vgl. Bertram, Staatspolitik, S. 176ff.

[214] Ermittelt anhand der Kurzbiographien der Abgeordneten, in: Handbuch des Deutschen Bundestages 1958. Acht Abgeordnete hatten bereits zuvor dem Kommunalausschuß, vier dem Fürsorgeausschuß und drei beiden Ausschüssen angehört.

[215] Die evangelischen Abgeordneten Emmi Welter und Bodelschwingh besprachen das weitere Vorgehen außerdem mehrmals mit Collmer; vgl. das Memorandum der Hauptgeschäftsstelle von Innerer Mission/Hilfswerk über deren Mitwirkung bei der Fürsorgerechtsreform, o.D., Anlage zu Rundschreiben der Hauptgeschäftsstelle vom 19.10.1961, ADW, HGSt, SP-S XXV 1: 463-1/1.

[216] Vgl. Kurzprotokoll Kommunalpolitischer Ausschuß, 11.5.1960, PA, Gesetzesmaterialien III/349 A1. Zu Könen vgl. auch Wolfgang Hölscher, Einleitung, in: SPD-Fraktion, S. XXV; zu den Einflußmöglichkeiten der Obleute vgl. Dach, Ausschußverfahren, S. 1112f., 1118f.

2. Der Regierungsentwurf im Bundesrat

Niggemeyer aber bereits bei der ersten Lesung im Bundestag versichert, daß man deren Belange nicht aus den Augen verlieren werde.[217] Schließlich war die Union in den Landkreisen vielfach stark vertreten, so daß auch aus parteipolitischen Erwägungen hier gewisse Rücksichten zu üben waren. Vehementer Fürsprecher traditioneller Fürsorgeinteressen, wie sie vor allem in den bayerischen kommunalen Spitzenverbänden beheimatet waren, war im Ausschuß der ehemalige Landrat und Kaufbeurener Kreistagsabgeordnete Josef Spies (CSU), zum Teil unterstützt durch Kurt Spitzmüller, ehemals Mitglied im Kreistag im badischen Wolfach von der FDP. Der Vorsitzende des Ausschusses Willeke war als Generalsekretär der KPV sogar hauptamtlicher Interessenvertreter der Kommunen. In der vor allem strittigen Subsidiaritätsfrage aber sollte dies nur von untergeordneter Bedeutung sein: Willeke war katholisch und hatte Heimat und Wahlkreis in Nordrhein-Westfalen, einem Bundesland also, wo die konfessionellen Träger seit jeher stark verankert waren. Vor allem aber hatte die KPV von Anfang an den Vorrang der freien Träger in allen Wohlfahrtsangelegenheiten befürwortet, so daß Willeke hier kaum Interessenkonflikte drohten und er eng mit dem Katholischen Büro kooperieren konnte.[218]

Für eine Rückkoppelung an kommunale Belange sorgten nicht zuletzt die wichtigen Querverbindungen zum DV: Niggemeyer und Könen waren nicht nur Mitglied im Hauptausschuß des DV, sondern auch im Fachausschuß I, in dem neben exponierten Fürsorgeexperten der Länder führende Vertreter des DLT, vor allem aber des DST sowie der Spitzenverbände der freien Wohlfahrtspflege versammelt waren und der unter dem Vorsitz von Muthesius für den DV die Stellungnahme für den Bundestagsausschuß erarbeiten sollte.[219] Helene Weber schließlich gehörte dem Vorstand des DV an. Die aus der bisherigen Reformarbeit wohlvertraute Vernetzung von Fürsorgeexperten des Bundestages, der Länder, Kommunen, freien Wohlfahrtspflege und des Bundesinnenministeriums wurde also auch während der parlamentarischen Beratungsphase weitergeführt.

Nachdem Duntze in der ersten Sitzung des Bundestagsausschusses am 11. Mai 1960 den Entwurf ausführlich erläutert hatte, konnten im Juni Vertreter der vier kommunalen Spitzenverbände, der beiden christlichen Wohlfahrtsverbände sowie der AWO ihre Stellungnahmen vor dem Ausschuß abgeben.[220] Anders als zunächst von Willeke und Niggemeyer beabsichtigt, war Muthesius nicht ebenfalls darunter: Vermutlich sollten erst die Beratungen in den Fachausschüssen und im DV-Hauptausschuß im November abgewartet werden, ehe er im Namen des DV offiziell Position bezog, zumal nicht nur Maria Niggemeyer die Hoffnung hegte, auf der parteipolitisch neutralen Ebene des DV könne man eher Kompromisse finden.[221]

---

[217] Vgl. BT, 3. Wp. 1957, Sten. Ber., Bd. 45, S. 6258.
[218] Mündliche Auskunft Frey, 23.7.2002.
[219] Weitere Mitglieder im Fachausschuß I waren u.a. Bangert, Collmer, Flamm, Hoppe, Jellinghaus, Keese, Klein, Kobus, Lotte Lemke, Oel, Else Opp, Käthe Petersen, Käte Pluskat, Scheffler und Wehlitz; vgl. Bericht über die Sitzung des Fachausschusses I am 17./18.5.1960, ADW, HGSt, SP-S XXV 1: 110-1/2.
[220] Vgl. Kurzprotokolle Kommunalpolitischer Ausschuß, 11.5. und 23.6.1960, PA, Gesetzesmaterialien III/349 A1.
[221] Vgl. NDV (1961), S. 11; Wehlitz, Entwurf, S. 2.

Die kommunalen Verbände hatten sich auf der Basis ihres Votums für den Bundesrat unter Federführung des DST auf eine gemeinsame Stellungnahme geeinigt, an der auch Ministerialrat Weller von der Sozialabteilung mitgewirkt hatte[222]: Von den Kommunen wurde der Regierungsentwurf zwar „grundsätzlich begrüßt", in wesentlichen Punkten aber weiterhin deutlicher Protest geltend gemacht: gegen die Regelung des Verhältnisses zur freien Wohlfahrtspflege, die Blindenhilfe und die unzureichend gesicherte Finanzierung.[223] Angesichts der erfolglosen Bemühungen um eine Änderung der Finanzverfassung hielten die Kommunen jetzt auch Bundeszuschüsse für wünschenswert. Wie stets im Bundesfinanzministerium befürchtet, befürworten DLT und bayerische Verbände außerdem eine Verlängerung der Zahlungen für die Kriegsfolgenhilfe.[224] Ferner forderten die Kommunen u.a., bei der Festsetzung der Regelsätze beteiligt zu werden. Uneins war man nach wie vor bei der Kostenersatzpflicht und der Aufgabenverteilung auf örtliche und überörtliche Träger.

Vor allem aber war die prinzipielle Bewertung des Entwurfs sehr unterschiedlich geblieben: Während Oel für den DST eigentlich nur die Regelungen über die freie Wohlfahrtspflege für im Kern verfehlt hielt[225], erhob Bangert entsprechend den Vorgaben des DLT-Präsidiums die bekannten Vorbehalte gegen ein Gesetz, das den zwischenmenschlichen Zusammenhalt auf dem Lande gefährde und die „Niederlegung gewisser sozial-ethischer Schranken" betreibe. Dabei machte er den Kompromißvorschlag, bei der Gewährung der Hilfe zum Lebensunterhalt, die mittlerweile „in der überwiegenden Zahl der Fälle auf ein Verschulden des in Not Geratenen, oft auch auf eine gemeinschaftswidrige Grundeinstellung" zurückzuführen sei, diese Schranken durch Kostenersatz, rigide Bedürftigkeitsprüfung und Heranziehung Unterhaltspflichtiger aufrechtzuerhalten; die Hilfen in besonderen Lebenslagen hingegen, „die mit einem Schuldigwerden am eigenen Notstand gar nichts oder nur sehr wenig zu tun haben", sollten von diesen Beschränkungen sogar noch weiter befreit werden.[226] Dieser Vorschlag dürfte eher der innerverbandlichen Stimmungslage geschuldet sein als der Hoffnung auf massive finanzielle Einsparungen, wurde doch allgemein mit weiter sinkender Bedeu-

---

[222] Vgl. Niederschrift über die Sitzung des DST-Arbeitskreises „Fürsorgerecht" am 30.3. 1960, mit Anlage; die Briefwechsel zwischen der DST-Geschäftsstelle und den Mitgliedern des DST-Sozialausschusses bzw. den Landesverbände zwischen dem 27.4. und 10.5.1960; DST, Abteilung 9 an Abteilung 4, 27.4.1960; die Briefwechsel zwischen Bundesvereinigung der Kommunalen Spitzenverbände und den einzelnen Spitzenverbänden zwischen dem 28.4. und 16.5.1960; Vermerk Kelm vom 9.5.1960; Vermerke Lehmann-Grube vom 11. und 30.5.1960; Niederschrift über die Sitzung des DST-Sozialausschusses am 12./13.5.1960, Auszug, LAB, B Rep. 142-9, 1284. Weller hatte erfolgreich darauf gedrängt, die Forderung nach Wiederaufnahme der wirtschaftlichen Jugendhilfe in das BSHG fallenzulassen.
[223] Bundesvereinigung der Kommunalen Spitzenverbände an die Mitglieder des Ausschusses für Kommunalpolitik und öffentliche Fürsorge [...], 30.5.1960, mit Anlage „Stellungnahme zum Regierungsentwurf eines Bundessozialhilfegesetzes" vom 31.5.1960, PA, Gesetzesmaterialien III/349 A3.
[224] Vgl. Referat Bangert zu dem Entwurf eines BSHG [23.6.1960], ebenda.
[225] Vgl. Referat Oel zu dem Entwurf eines BSHG [23.6.1960], ebenda.
[226] Referat Bangert [23.6.1960], ebenda.

tung der laufenden Unterstützungen gerechnet. Auch die beiden Verbände der kreisangehörigen Städte bzw. Gemeinden machten sich die grundsätzliche Haltung des DLT zu eigen.[227] Damit blieb auch weiterhin die pikante Situation bestehen, daß der sozialdemokratisch dominierte Städtetag dem Entwurf der CDU/CSU-Regierung deutlich positiver gegenüberstand als der unionsnahe DLT.

In der Ablehnung der Regelungen zur freien Wohlfahrtspflege waren sich die Kommunalvertreter aber über alle Parteigrenzen hinweg völlig einig: Sie zeigten sich dabei bemüht, das gegenwärtige Verhältnis zu den freien Verbänden als „echte partnerschaftliche Zusammenarbeit"[228] und die geplante Reglementierung als für diese Partnerschaft gefährlich darzustellen. Statt dessen wurde einhellig versichert, „daß kein öffentlicher Träger daran denkt, unsere freien Kräfte [...] an die Wand zu spielen, sondern daß die öffentlichen Träger im Gegenteil alles daran setzen werden, die freien Kräfte zu stützen" (Oel).[229] Und Bangert versicherte durchaus glaubhaft, „die Landkreise denken gar nicht daran, [...] sich nunmehr auf Aufgabenbereiche zu stürzen, die bisher zum Wohle des der Hilfe Bedürftigen und zu beiderseitiger Zufriedenheit von der freien Wohlfahrtspflege betreut wurden."[230] Angesichts des Regierungsentwurfs fürchteten die kommunalen Spitzenverbände aber, aus eigenen Tätigkeitsfeldern verdrängt, zur möglicherweise unwirtschaftlichen Subventionierung der freien Träger ohne jedes Mitspracherecht verpflichtet und damit zur bloßen „Verwaltungsstelle" degradiert zu werden.[231]

Collmer versuchte seinerseits, die kommunalen Bedenken zu zerstreuen, indem er den umstrittenen § 86 als Empfehlung an die Kommunen interpretierte, nicht aber als Funktionssperre zur Errichtung eigener kommunaler Einrichtungen. Im Mittelpunkt des BSHG stehe der hilfsbedürftige Mensch, es sei „kein Gesetz, das den Institutionen Ansprüche gibt, sondern ihnen Pflichten der Hilfe auferlegt".[232] Nicht das Gesetz statuiere einen Vorrang in der Gestaltung der Hilfe, sondern der Hilfesuchende selbst entscheide über das Tätigwerden des öffentlichen oder des freien Trägers. So zumindest deutete Collmer das seiner Ansicht nach zentrale Wahlrecht, das er als notwendige Konsequenz der grundgesetzlich garantierten Personenwürde des Hilfesuchenden begriffen wissen wollte. Grundvoraussetzung für ein derartiges Funktionieren der Hilfeleistungen sei die Partnerschaft von öffentlichen und freien Trägern, die sich gegenseitig als gleichwertig und autonom anerkennen müßten. Allerdings hielt nun auch Collmer die freien Verbände für mehr als bisher gesetzlich schutzbedürftig, um ihre fürsorgerischen Aufgaben und damit „öffentliche Funktionen" auch künftig wahrnehmen zu können, und recht-

---

[227] Vgl. die Referate Possehl (DSB) bzw. Blumentrath (DGT) zu dem Entwurf eines BSHG [23.6.1960], ebenda.
[228] Referat Oel [23.6.1960], ebenda.
[229] Ders., ebenda.
[230] Referat Bangert [23.6.1960], ebenda.
[231] Johann Bangert, Subsidiarität, S. 386; vgl. auch Bericht über die Sitzung des Fachausschusses I am 17./18.5.1960, ADW, HGSt, SP-S XXV 1: 110-1/2; Hoppe, Entwurf, S. 355f.; ders., Verhältnis; Johann Bangert, Bundessozialhilfegesetz, S. 201ff.; Osterburg, Bundessozialhilfegesetz, S. 78f.
[232] Referat Collmer [23.6.1960], PA, Gesetzesmaterialien III/349 A3; entsprechend in NDV 40 (1960), S. 372ff.

fertigte die von den Kommunen besonders heftig bekämpfte „Empfehlung an die Kommunalverwaltungen" (Collmer) zur „angemessenen" allgemeinen Förderung der freien Verbände in § 10 Abs. 3. Diese sei zwar in vielen Großstädten üblich, „aber weit seltener ist die Unterstützung der Verbände in den Landkreisen".[233] Nur sehr vorsichtig machte Collmer daher auf seine praktischen Bedenken etwa hinsichtlich der rechtlichen Folgen für Klage oder Haftung bei der Aufgabenübertragung an einen freien Träger aufmerksam.

Selbst wenn es Collmer gelungen wäre, die kommunalen Bedenken zu entkräften – die Stellungnahme Kleins für den DCV gab ihnen wieder neue Nahrung: Das Gesetz gewährleiste nicht „das so oft mißverstandene partnerschaftliche Verhältnis [...] in der Weise, daß behördlicher und freier Raum in gleicher Weise zu sozialer Funktion berufen sind", sondern den Vorrang der freien Wohlfahrtspflege, die allein zur Erfüllung der gesetzlichen Individualhilfe befähigt sei.[234] Mehr denn je war Klein dabei bemüht, diesen Vorrang primär aus dem Grundgesetz zu begründen, das der Gesellschaftsfunktion (der freien Verbände) einen Vorrang vor der Staatsfunktion (der Kommunen) einräume und allen, also auch den nichtkonfessionellen Verbänden zugute komme. Der Caritas-Justitiar würdigte daher den Gesetzentwurf als „bedeutsame Konkretisierung unseres Sozialstaates"[235], meldete jedoch noch weitere Änderungswünsche an: Eine Verstärkung des Wahlrechts zur Muß-Bestimmung, Hilfe nur auf Antrag, am liebsten schließlich die Beschränkung der öffentlichen Hilfe überhaupt auf Geldleistungen.

Demgegenüber stellte sich die Fürsorgeexpertin der AWO Margot Paazig in dieser Frage eindeutig auf die Seite der Kommunen und interpretierte die geplanten Paragraphen als Gefährdung von Rechtsanspruch und Wahlfreiheit. Die Regelung der Stellung der freien Wohlfahrtspflege war das herausragende Monitum der AWO-Vertreterin, denn wenn sie auch dem Entwurf insgesamt nur „eine Reihe fortschrittlicher Bestimmungen" bescheinigte, blieb ihre weitere Kritik insgesamt zurückhaltend.[236]

Ende Juni befaßte sich auch der Sozialpolitische Ausschuß der CDU mit dem BSHG-Entwurf – es war das erste Mal seit mehr als fünf Jahren, daß im sozialpolitischen Fachgremium der Bundespartei die Fürsorgereform überhaupt in den Sitzungsprotokollen greifbar wurde.[237] Hauptthema war auch hier die Stellung der freien Wohlfahrtspflege, deren Wirkungsbereich „vor allem gegenüber Bestrebungen in den Städten mit sozialdemokratischer Mehrheit gesichert werden"

---

[233] Ebenda.
[234] Referat Klein [23. 6. 1960], PA, Gesetzesmaterialien III/349 A3.
[235] Ebenda.
[236] Referat Paazig [23. 6. 1960], ebenda. Paazig bedauerte zwar grundsätzlich, daß die Gewährung laufender Leistungen Aufgabe der Sozialhilfe bleibe, machte aber nur wenige substantielle Änderungsvorschläge: Regelung der Freiheitsentziehung im Strafrecht; Festlegung der Familienzuschläge bei den Einkommensgrenzen im Verhältnis zum Regelsatz; Aufrechterhaltung der Bestimmung über Fachkräfte.
[237] Vgl. Protokoll der Sitzung des Sozialpolitischen Ausschusses am 27./28. 6. 1960; Lünendonk an Adenauer, 12. 7. 1960, ACDP, Bundesgeschäftsstelle, VII-004-559/2; zur vorhergehenden und weiteren Tätigkeit vgl. die Protokolle und Unterlagen der Sitzungen des Ausschusses in: ACDP, Bundesgeschäftsstelle, VII-004-090/2 und -564/2.

müsse.²³⁸ Ein kleiner „Unterausschuß Bundessozialhilfegesetz" sollte unter Leitung Collmers den Entwurf überprüfen. Tatsächlich aber waren neue Impulse hier kaum mehr zu erwarten, sondern vor allem eine Abgleichung mit der Linie der Bundestagsfraktion zu erreichen, wofür schon die Mitglieder des Unterausschusses – u.a. Niggemeyer, Willeke und der Geschäftsführer des Arbeitskreises IV der Fraktion, Friedrich Kühn – garantierten, und so stellte der Ausschuß seine Arbeit nach einer Sitzung Anfang November bereits wieder ein.²³⁹

Nach der parlamentarischen Sommerpause begann der Bundestagsausschuß für Kommunalpolitik und öffentliche Fürsorge am 6. Oktober 1960 endlich mit der ersten Beratung des Entwurfs.²⁴⁰ In dieser ersten Phase von insgesamt zwölf Sitzungen bis Mitte Dezember wurden noch keine wesentlichen Änderungsanträge der Opposition gestellt; sie war gekennzeichnet durch eine im großen und ganzen parteiübergreifend positive Einschätzung des Regierungsentwurfs und der Vorschläge des Bundesrates, soweit sie die Stellung des Hilfsbedürftigen verbesserten. Das galt insbesondere für die Erhöhung der allgemeinen Einkommensgrenze sowie für die Hilfe für Blinde, deren Verbandsvertreter zu den wenigen überhaupt geladenen Sachverständigen gehörte.²⁴¹ Im Gegensatz zum Bundesrat hielten es die Ausschußmitglieder allerdings für unerläßlich, die Gefährdetenhilfe im Gesetz wirksam, d.h. einschließlich der Möglichkeit zur Freiheitsentziehung zu regeln.²⁴² Bei der letzten Sitzung im Dezember beschloß der Ausschuß, mit der zweiten Lesung des Entwurfs erst im Februar 1961 zu beginnen, um genügend Zeit für die Beratung in den zuständigen Gremien der Fraktionen und Parteien zur Verfügung zu haben; außerdem sollte die Sozialabteilung eine genaue Aufstellung über die Mehrkosten bei Erhöhung der Einkommensgrenzen und deren Auswirkung auf einzelne Berufsgruppen erarbeiten.²⁴³ Duntze fürchtete allerdings, daß diese großzügige Terminplanung die Verabschiedung in der laufenden Legislaturperiode doch noch verhindern könnte, zumal er mit der Anrufung des Vermittlungsausschusses rechnete; er drängte daher Willeke, mit der zweiten Lesung bereits im Januar zu beginnen, und fand auch die Zustimmung Maria Niggemeyers.²⁴⁴

Abgesehen von den leidvollen Erfahrungen Duntzes mit den Verzögerungen infolge der Jugendhilfereform war auch das Interesse der gesamten Regierung an einer Verabschiedung dieses großen Sozialgesetzes vor den Bundestagswahlen Grund für die Ungeduld.²⁴⁵ Zwar waren mit der Reform des Rentenrechts für

---

[238] Vermerk Gottschick, 27.6.1960, BAK, B 106/29653a.
[239] Vgl. Collmer an Kühn, 5.10.1960 und 2.11.1960, ACDP, Bundesgeschäftsstelle, VII-004-106/1.
[240] Vgl. Kurzprotokoll Kommunalpolitischer Ausschuß, 6.10.1960, PA, Gesetzesmaterialien III/349 A 1.
[241] Vgl. Kurzprotokolle Kommunalpolitischer Ausschuß, 27.10. und 1.12.1960, ebenda.
[242] Vgl. Kurzprotokoll Kommunalpolitischer Ausschuß, 1.12.1960, ebenda.
[243] Vgl. Kurzprotokolle Kommunalpolitischer Ausschuß, 15.12.1960 und 19.1.1961, PA, Gesetzesmaterialien III/349 A1 bzw. A2.
[244] Vgl. Duntze an Willeke, 27.12.1960; Niggemeyer an Duntze, 31.12.1960, mit Glosse Duntzes vom 3.1.1961, BAK, B 106/20654.
[245] Vgl. BldW 107 (1960), S. 305.

Flüchtlinge und Vertriebene, dem Handwerkerversicherungsgesetz und der Neuordnung des Kriegsopferrechts auch 1960 wichtige sozialpolitische Neuerungen eingeführt worden, doch die groß angelegte Reform der Krankenversicherung drohte zu scheitern und die geplante umfassende Neuregelung der Jugendhilfe war bereits im Herbst zur Novelle des RJWG geschrumpft. Auf ihrem Parteitag Ende November 1960 in Hannover hatte die SPD daher auch die Bundesregierung der sozialpolitischen Tatenlosigkeit geziehen und erklärt, anders als von der CDU verkündet, seien die „Grenzen des sozialen Rechtsstaates [...] nicht erreicht".[246] Adenauer mahnte daraufhin die Fraktion zu größtmöglicher Kraftanstrengung und disziplinierter Ausschußarbeit, zur Not müsse man eben „in der Zeit, die uns noch verbleibt, rücksichtslos von unserer Mehrheit Gebrauch machen".[247] Tatsächlich einigte man sich im Bundestagsausschuß nach anfänglichen Protesten von seiten der SPD und FDP darauf, bereits Mitte Januar mit der zweiten Lesung, und zwar der unproblematischen Bestimmungen, fortzufahren.[248]

Auf dieser Sitzung berichtete Gottschick über die Ergebnisse eines Verwaltungsplanspiels, mit dem der Regierungsentwurf in Nordrhein-Westfalen und Hamburg getestet worden war. Zum ersten Mal nämlich war ein derart umfassendes Gesetz im Stadium des Regierungsentwurfs in der Praxis „durchgespielt" worden.[249] Die Idee, ein noch nicht verabschiedetes Gesetz wie bei der „Erprobung einer neuen Flugzeugkonstruktion im Windkanal"[250] in der Verwaltung vorab zu testen, stammte von dem Düsseldorfer Verwaltungsfachmann Udo Klausa.[251] Auf diese Weise sollten erst in der Praxis erkennbare unerwünschte Effekte oder Gesetzeslücken ermittelt und entsprechende Verbesserungsvorschläge erarbeitet werden, um aufwendige Gesetzesänderungen, komplizierte Durchführungsbestimmungen oder teure Gerichtsverfahren bereits im Vorfeld zu verhindern. Im Frühling 1959 konnte Klausa und mit ihm das nordrhein-westfälische Sozialministerium zunächst den zuständigen Arbeitskreis der Länderinnenminister, dann auch die kommunalen Spitzenverbände und schließlich die Sozialabteilung für dieses Vorhaben gewinnen.[252] Nach gründlicher Vorbereitung begann die

---

[246] Entschließung zur Sozialpolitik des SPD-Parteitags am 21.-25.11.1960, in: Richter, Sozialreform, Bd. 6 G II.
[247] Protokoll der Fraktionssitzung am 10.1.1961, in: CDU/CSU-Fraktion 1957-1961, S. 739.
[248] Vgl. Kurzprotokoll Kommunalpolitischer Ausschuß, 19.1.1960, PA, Gesetzesmaterialien III/349 A2. Könen wollte vermutlich erst die abschließenden Beratungen im AWO-Fachausschuß am 20.1.1961 abwarten; vgl. Protokolle der Sitzungen des Fachausschusses „Wohlfahrtspflege und Sozialpolitik" am 9.12.1960 und 20.1.1961, AdsD, SPD-BTF 3. Wp., 136.
[249] Vgl. ausführlich, auch zum folgenden, Nelles, Bundessozialhilfegesetz.
[250] Udo Klausa, zitiert nach ebenda, S. 73.
[251] Vgl. u.a. Klausa, Verwaltungsplanspiel. Klausa war Direktor des Landschaftsverbands Rheinland.
[252] Vgl. auch Unterabteilung I C an Abteilung V, 23.5.1959, BAK, B 106/20644; Klausa an den Nordrhein-Westfälischen Städtetag etc., 21.7.1959; Vermerk Oel, 24.8.1959, LAB, B Rep. 142-9, 1284, Beiheft „Verwaltungsplanspiel"; dort auch die weiteren einschlägigen Unterlagen des DST.

eigentliche Spielphase dann mit Verabschiedung des Regierungsentwurfs[253]: Dabei war für den Erfolg des Experiments von entscheidender Bedeutung, daß der Bundestagsausschuß sich bereit erklärte, etwaige Ergebnisse bei der zweiten Lesung des BSHG-Entwurfs einzubeziehen. Nachdem in Nordrhein-Westfalen 14 kreisfreie Städte, 10 Landkreise und die beiden Landschaftsverbände 48 konstruierte Fälle bearbeitet und auch in Hamburg zwei Sozialämter die Bestimmungen getestet hatten, lagen die Ergebnisse kurz vor Weihnachten 1960 vor.[254] Hamburg hatte 20, Nordrhein-Westfalen 36 z.T. ähnliche, vielfach nur formale Änderungsvorschläge erarbeitet – die lange Vorbereitungszeit des Entwurfs machte sich also bezahlt. Der Bundestagsausschuß übernahm neben zahlreichen technischen Details vor allem solche Vorschläge, die das Zusammentreffen mehrerer Voraussetzungstatbestände zugunsten der Hilfsbedürftigen klarer regelten, weitere aus der Praxis begründete Wünsche nach Leistungsverbesserungen, etwa nach Einbeziehung aller geistig Behinderten in die Eingliederungshilfe, hingegen nicht.[255] Die auf manchen Seiten befürchtete Präjudizierung der politischen Entscheidung[256] durch das Verwaltungsplanspiel war also nicht eingetreten.

In der folgenden Sitzung Ende Januar äußerte sich endlich auch Muthesius als Sachverständiger und Vertreter des DV, nachdem die intensiven Beratungen der einzelnen Fachausschüsse abgeschlossen und auch mit Gottschick abgestimmt worden waren.[257] Anders als beim ersten Referentenentwurf im Herbst 1958 hatte jetzt der Fachausschuß I, dem auch Niggemeyer und Könen angehörten, die Federführung übernommen mit dem Ergebnis, daß weiterreichende Wünsche der übrigen Fachausschüsse für ihr jeweiliges Spezialgebiet, etwa bei der Hauspflege, zum Teil deutlich zurückgeschraubt worden waren. In anderen lange strittigen Fragen hingegen fiel die offizielle DV-Position aufgrund der Mehrheitsverhältnisse im Fachausschuß überraschend eindeutig, und zwar zuungunsten gerade der Wünsche aus den Landkreisen aus: Die Kostenersatzpflicht sollte weiter gemil-

---

[253] Vgl. Vermerk Referat V 1, 28.3.1960, BAK, B 106/20031; Niederschrift über die Sitzung des Unterausschusses „Verwaltungsvereinfachung" des Ausschusses für Innere Angelegenheiten des Bundesrats am 29.3.1960, BAK, B 106/20024.
[254] Vgl. Sozialbehörde Hamburg: Ergebnis eines Verwaltungsplanspiels, 28.11.1960; Arbeits- und Sozialminister von Nordrhein-Westfalen: Bemerkungen und Vorschläge [...] auf Grund der Ergebnisse des Verwaltungsplanspiels, 20.1./2.2.1961, PA, Gesetzesmaterialien III/349 A4; Vermerke Referat V 4 vom 27.12.1960, BAK, B 106/20031, und 9.1.1960, BAK, B 106/20024, betr. Ergebnisse eines vom Land Nordrhein-Westfalen durchgeführten Verwaltungsplanspiels.
[255] Vgl. Kurzprotokoll Kommunalpolitischer Ausschuß, 23.2.1960, PA, Gesetzesmaterialien III/349 A2; Nelles, Bundessozialhilfegesetz, S.78.
[256] Vgl. Niederschrift über die Sitzung des Unterausschusses „Verwaltungsvereinfachung" des Ausschusses für Innere Angelegenheiten des Bundesrats am 29.3.1960, BAK, B 106/20024.
[257] Vgl. Kurzprotokoll Kommunalpolitischer Ausschuß, 25.1.1960, PA, Gesetzesmaterialien III/349 A2; Vorschläge des DV zum Entwurf eines Bundessozialhilfegesetzes o.D., ebenda A3. Zu den Beratungen des Fachausschusses I vgl. die Berichte über dessen Sitzungen am 17./18.5., 6./7.7. und 27.9.1960, mit Anlagen, ADW, HGSt, SP-S XXV 1: 110-1/2; ferner Hoppe, Entwurf; Wehlitz, Rangfolge; Kobus, Träger; NDV 40 (1960), S.290ff.; 41 (1961), S.32; Gottschick an DV, 7.11.1960, BAK, B 106/9787; Pense an Abteilung V, 25.11.1960, BAK, B 106/9687.

dert[258], die Altenhilfe noch ausgebaut und die vorbeugende Gesundheitshilfe nicht zur Kann-Bestimmung reduziert werden. Muthesius selbst sprach sich abweichend von der offiziellen DV-Vorlage außerdem für ein festes Pflegegeld für Schwerbeschädigte aus.[259] Bei der Blindenhilfe allerdings, vor allem aber in der Subsidiaritätsfrage war kein Konsens erzielt worden. Im Gegenteil: Auf der Tagung des DV-Hauptausschusses am 3. November 1960 wurden die unter dem Dach des DV versammelten Gegensätze wieder öffentlich deutlich.[260] Die Hoffnung, über den DV diesen Konflikt aus dem Bundestagsausschuß heraushalten zu können, hatte sich damit nicht erfüllt. Statt dessen beschloß der Bundestagsausschuß, dieses Problem bis zum Abschluß der übrigen Beratungen zu vertagen.[261]

Doch die Subsidiaritätsfrage war nicht die einzige, die im Ausschuß für Konflikte sorgte und das Ende der Beratungen weiter verzögerte. Die Phase der zweiten Lesung mit insgesamt 11 Sitzungen war gekennzeichnet durch das Bestreben der SPD-Mitglieder, weitere Verbesserungen für die künftigen Sozialhilfeempfänger durchzusetzen, während die christdemokratischen Abgeordneten ebenso wie der FDP-Vertreter meist bremsend wirkten. Neben Willekes grundsätzlich starker kommunaler Affinität zeigte auch Maria Niggemeyer – mit Ausnahme der Subsidiaritätsfrage – immer wieder Verständnis für die finanziellen Bedenken der kommunalen Träger. Dabei spielte die Rücksichtnahme auf die bayerische Schwesterpartei eine entscheidende Rolle: Die CSU-Vertreter im Ausschuß exponierten sich nämlich zunehmend im Interesse der bekanntermaßen reformfeindlichen kommunalen Spitzenverbände Bayerns. Sollte nicht ausgerechnet bei diesem eigentlich so wenig strittigen Gesetzentwurf die Fraktionsgemeinschaft der Union Schaden nehmen, durfte der begrenzte Reformwille der süddeutschen Kommunen nicht überstrapaziert werden.[262]

Das zeigte sich bereits bei den Beratungen über die Hilfe zum Lebensunterhalt: Nachdem der Allgemeine Teil des BSHG (ohne die Paragraphen zur freien Wohlfahrtspflege) noch am 19. Januar 1961 mit kleineren Änderungen zügig und einvernehmlich vom Ausschuß verabschiedet worden war[263], kam es bei den Bestimmungen über die vorgesehene Regelsatzverordnung zu keinem Konsens zwischen den Parteien. Laut § 20 Abs. 2 des Regierungsentwurfs sollte die mit der Zustim-

---

[258] An der diesbezüglich entscheidenden Sitzung hatte Bangert gar nicht teilgenommen; vgl. Bericht über die Sitzung des Fachausschusses I am 6./7.7.1960, Anlage 1, ADW, HGSt, SP-S XXV 1: 110-1/2.
[259] Vgl. Kurzprotokoll Kommunalpolitischer Ausschuß, 25.1.1961, PA, Gesetzesmaterialien III/349 A2.
[260] Vgl. NDV 41 (1961), S. 1ff.
[261] Vgl. Kurzprotokolle Kommunalpolitischer Ausschuß, 19.1. und 3.3.1961, PA, Gesetzesmaterialien III/349 A2.
[262] Die bayerischen Verbände wünschten die Beibehaltung des anderthalbfachen Regelsatzes als allgemeine Einkommensgrenze, die Streichung der Gefährdetenhilfe und der Vorschriften über Fachkräfte, die vorbeugende Gesundheitshilfe nur als Kann-Leistung und keine Änderung der geplanten Regelung zur Rückerstattungspflicht; vgl. Bayerischer Städteverband und Landkreisverband Bayern an DST und DLT, 20.6.1960, LAB, B Rep. 142-9, 1285; Osterburg, Bundessozialhilfegesetz.
[263] Vgl. Kurzprotokoll Kommunalpolitischer Ausschuß, 19.1.1961, PA, Gesetzesmaterialien III/349 A2.

mung des Bundesrates zu erlassende Verordnung neben Inhalt und Aufbau der Regelsätze auch deren Verhältnis zum Arbeitseinkommen regeln. Die zentrale, zumindest von seiten des DGB nach wie vor thematisierte Frage der Bemessungsgrundlage für die Regelsätze und deren mögliche Dynamisierung wurde von den SPD-Vertretern im Ausschuß nicht mehr angeschnitten[264]; ebensowenig wurde nach Wegen für eine stärkere Standardisierung der Hilfe zum Lebensunterhalt gesucht, sondern die Möglichkeit einer Festsetzung der Regelsätze durch die Kommunen selbst auch weiterhin ermöglicht.[265] Diese Zurückhaltung der SPD lag neben grundsätzlichen Vorbehalten auch sozialdemokratischer Fürsorgefachleute wie Heinz Keese möglicherweise auch daran, daß seit Mai 1960 im DV-Arbeitskreis abermals das Warenkorb-Modell überarbeitet wurde und dabei auch auf den gestiegenen allgemeinen Lebensstandard Bezug genommen werden sollte.[266] Die sozialdemokratischen Ausschußmitglieder befürchteten allerdings, daß über den Passus zum Arbeitseinkommen die unrühmliche, 1953/1955 verabschiedete Auffanggrenze durch die Hintertür Eingang in die neue Sozialhilfe finden könne.[267] Duntze und Gottschick argumentierten allerdings, daß mit dieser Bestimmung wie bisher nur allgemein bei der Festsetzung der Regelsätze das Arbeitseinkommen zu berücksichtigen sei, nicht aber im konkreten Einzelfall wieder die volle Bedarfsdeckung versagt werden könne, bloß weil sie über örtlichen Niedriglöhnen lag.[268] Die Berücksichtigung des Arbeitseinkommens entsprach vor allem auch Wünschen von seiten des Bundesarbeitsministeriums, wo man sonst unerwünschte Rückwirkungen auf die Arbeitslosenhilfe befürchtete.[269] Nachdem der Ausschuß noch in der ersten Lesung auf Antrag Könens den Passus gestrichen

---

[264] Der DGB hatte in seiner Stellungnahme zum BSHG-Entwurf vom 4.5.1960, PA, Gesetzesmaterialien III/349 A3, gefordert, bei der Festsetzung der Regelsätze auch die jeweilige Rentenbemessungsgrundlage heranzuziehen, die anhand der durchschnittlichen Arbeitnehmereinkommen berechnete wurde; außerdem sollten im BSHG bestimmte prozentuale Mindestsätze vorgeschrieben werden; vgl. auch Soziale Sicherheit 9 (1960), S. 182.
[265] Vgl. Schriftlicher Bericht des Ausschusses für Kommunalpolitik und öffentliche Fürsorge, S. 5, BT, 3. Wp. 1957, Anlagen, Bd. 74, Drs. 2673.
[266] Vgl. Niederschriften über die Tagungen der leitenden Fürsorgereferenten der Länder am 4./5.5.1960, ADW, ZB 7052, und 27./28.4.1961, BAK, B 106/9697; Bericht über die Sitzung des Arbeitskreises „Aufbau der Richtsätze" am 16.5.1960, ADW, HGSt 7025; NDV 40 (1960), S. 290; 41 (1961), S. 66.
[267] Vgl. Kurzprotokoll Kommunalpolitischer Ausschuß, 20.10.1960, PA, Gesetzesmaterialien III/349 A1.
[268] Vgl. ebenda sowie 9.2.1961, ebenda, A2. So auch die Mehrheitsmeinung bei den Länderfürsorgereferenten, vgl. Niederschrift über deren Besprechung am 27./28.4.1961 sowie Vermerk Referat V4 vom 2.5.1961, BAK, B 106/9697, und im Fachausschuß I des DV, vgl. Niederschrift über dessen Sitzung am 17./18.5.1960, Anlage 4, ADW, HGSt, SP-S XXV 1: 110-1/2. Selbst Bangert hatte vor dem Bundestagsausschuß erklärt, auch die Landkreise wollten keine örtliche Auffanggrenze. „Trotzdem wird man es uns nicht verwehren dürfen, daß wir dann warnend unsere Stimme erheben, wenn durch unberechtigte, oft nur politisch bedingte Richtsatzerhöhungen die ganze Sozialstruktur meist überwiegend ländlicher Gebiete gestört wird"; Referat Bangert [23.6.1960], PA, Gesetzesmaterialien III/349 A3.
[269] Vgl. Kurzprotokoll Kommunalpolitischer Ausschuß, 20.10.1960, PA, Gesetzesmaterialien III/349 A1.

hatte, wurde er mit der Ausschußmehrheit der Union und der Stimme der FDP bei fünf Gegenstimmen in der zweiten Lesung wieder eingefügt.[270] Gottschick rechnete – wie sich zeigen sollte, zu Recht – damit, daß die SPD die Frage noch vor das Bundestagsplenum bringen werde.[271] Ansonsten sorgte der Ausschuß – stets einstimmig – bei der Hilfe zum Lebensunterhalt vor allem für formalrechtliche Klarstellungen und einzelne kleinere Verbesserungen[272], verpflichtete die Sozialhilfeträger auf das Ziel, Nichtseßhafte seßhaft zu machen, und übernahm die vom Bundesrat vorgeschlagene Ergänzung über den besonderen Bedarf von Kindern und Jugendlichen.[273]

Abgesehen von diesen Akzentverschiebungen war der Ausschuß also nicht gewillt, bei der traditionellen Hilfe zum Lebensunterhalt neue Wege einzuschlagen. Das bewies auch die Behandlung der Rückzahlungspflicht. Der Bundesrat hatte, wie ein Jahr zuvor die für das Wohlfahrtswesen zuständigen Minister der Länder, empfohlen, auch hier nur in „offensichtlich unbilligen" Fällen oder bei vorsätzlich oder grob fahrlässig herbeigeführter Hilfsbedürftigkeit Kostenersatz zu verlangen. Weder „der materielle noch der psychologische Erfolg der bisherigen Bestimmungen" rechtfertigten die darüber hinausgehenden Vorschriften des Entwurfs (§ 85), wonach eine Familie mit einem Kind ersatzpflichtig war, wenn ihr später ein monatliches Nettoeinkommen von mehr als 660 DM oder ein Vermögen von 6000 DM, dem Anschaffungspreis für ein Auto, zur Verfügung stand, sofern dieses Vermögen nicht ohnehin geschützt war. Für ebenso wenig effektiv hielt der Bundesrat die Ersatzpflicht des Erben aus dem Nachlaß und daß der Anspruch auf Erstattung erst nach vier Jahren erlöschen sollte.[274] Die Bundesregierung lehnte diese Änderung ab mit der formalen Begründung, daß sie nicht justitiabel sei.[275] Tatsächlich waren die alten Fronten unverändert: Der Fachausschuß I des DV stimmte ebenso wie die AWO der Linie des Bundesrates zu; der DST unterstützte weitgehend den Regierungsentwurf.[276] Demgegenüber wünschten der

---

[270] Vgl. ebenda; Kurzprotokoll Kommunalpolitischer Ausschuß, 9.2.1961, ebenda A2.
[271] Vgl. Ministervorlage Referat V 4 vom 29.4.1961, BAK, B 106/20653b.
[272] Der Ausschuß beschloß u.a., daß der Mehrbedarf nicht nur für Mütter, sondern alle Personen gelten sollte, die für mindestens zwei jüngere Kinder sorgten, daß der Sozialhilfeträger gegebenenfalls auch Beiträge für eine Sterbegeldversicherung sowie für Rentenantragsteller zur Krankenversicherung übernehmen sollte und die Zahlung eines Taschengeldes in Anstalten großzügiger gehandhabt werden sollte; vgl. Kurzprotokoll Kommunalpolitischer Ausschuß, 9.2.1961, PA, Gesetzesmaterialien III/349 A2.
[273] Vgl. Kurzprotokolle Kommunalpolitischer Ausschuß, 19.10.1960, PA, Gesetzesmaterialien III/349 A1, sowie 19.1.1961, ebenda, A2. Die bei der Verabschiedung des FÄG einst so heftig umkämpfte Frage des Mehrbedarfs für Kriegsopfer wurde jetzt im Bundesversorgungsgesetz geregelt.
[274] Vgl. Stellungnahme des Bundesrates zum BSHG-Regierungsentwurf, S. 75f.; Zitat S. 76, BT, 3. Wp. 1957, Anlagen, Bd. 67, Drs. 1799. Laut § 81 Abs. 2 des Entwurfs grundsätzlich nicht einzusetzen war allerdings Vermögen zum Aufbau oder zur Sicherung einer Lebensgrundlage, zur Gründung eines Hausstandes, ein kleines Hausgrundstück, angemessener Hausrat oder ein Teil von Familien- und Erbstücken u.ä.
[275] Vgl. Auffassung der Bundesregierung zur Stellungnahme des Bundesrates, S. 86, ebenda.
[276] Bericht über die Sitzung des DV-Fachausschusses I am 6./7.7.1960, ADW, HGSt, SP-S XXV 1: 110-1/2; Vorschläge des DV zum Regierungsentwurf [o.D.]; Referate Paazig und Oel vor dem Bundestagsausschuß [23.6.1960], PA, Gesetzesmaterialien III/349 A3.

DLT, der bayerische Städteverband und die beiden Spitzenverbände der kreisangehörigen Städte und Gemeinden nach wie vor den umgekehrten Weg: Beibehaltung des Ersatzes „als sozialethische Schranke" mit den vorgesehenen Ausnahmen; bemerkenswerterweise sahen aber auch diese Kommunalvertreter genau das durch den Regierungsentwurf gewährleistet.[277]

Auch im Bundestagsausschuß verliefen die Grenzen zunächst quer zu den Parteien: Während Maria Niggemeyer und selbst Willeke von der Union zunächst mit dem Bundesratsvorschlag sympathisierten, machte sich der Sozialdemokrat und ehemalige Kreisdirektor Kurt Schröder für die Ersatzpflicht stark.[278] Insgesamt dominierte im Ausschuß parteiübergreifend die Tendenz, die Regelungen des Regierungsentwurfs beizubehalten. Das schloß Modifikationen im einzelnen aber nicht aus: So waren sich die Ausschußmitglieder aller Fraktionen einig, daß auch Unterhaltspflichtige, die Hilfeleistungen für ihre Angehörigen verschuldeten, ersatzpflichtig sein sollten.[279] Eine weitere Verschärfung allerdings kam nur gegen die Stimmen der SPD zustande: Spitzmüller forderte, „aus psychologischen Gründen" den Vermögensfreibetrag zu halbieren und so zu stärkerer Selbsthilfe zu animieren[280]; die Mehrheit aus Union und FDP stimmte diesem Antrag schließlich zu, zumal, so Niggemeyer, die Höhe der Vermögensgrenze ohnehin „nach den tatsächlichen Verhältnissen [...] in den meisten Fällen unerheblich sein werde".[281] Ein wesentlicher Grund für die Zustimmung der CDU-Abgeordneten dürfte auch hier die Rücksichtnahme auf die CSU – wie die süddeutschen Länder überhaupt – und die von ihr repräsentierten ländlichen Interessen gewesen sein, hatte doch der CSU-Abgeordnete Spies sogar beantragt, die Regelung des Vermögensschutzes und der Ersatzpflicht ganz den Ländern zu überlassen.[282]

Könen bezweifelte, ob überhaupt noch – wie in der Begründung des Regierungsentwurfs – von einer grundsätzlichen Abschaffung der Kostenersatzpflicht gesprochen werden könne.[283] Tatsächlich aber war die unmittelbare materielle Bedeutung der Ersatzpflicht auch nach diesen Verschärfungen nur gering, und die Rückflüsse nach § 92 BSHG, wie er dann unverändert lautete, blieben prozentual

---

[277] Vgl. die Referate Bangert, Possehl und Blumentrath vor dem Bundestagsausschuß [23.6.1960], ebenda, Zitat: Bangert; Bayerischer Städteverband an DST, 9.5.1960, LAB, B Rep. 142-9, 1284; Osterburg, Bundessozialhilfegesetz, S. 79.
[278] Vgl. Kurzprotokoll Kommunalpolitischer Ausschuß, 2.12.1960, PA, Gesetzesmaterialien III/349 A1.
[279] Vgl. ebenda, sowie Kurzprotokoll, 12.4.1961, ebenda, A2.
[280] Kurzprotokoll Kommunalpolitischer Ausschuß, 3.3.1961, ebenda.
[281] Kurzprotokoll Kommunalpolitischer Ausschuß, 12.4.1961, ebenda; vgl. ferner Kurzprotokoll, 13.4.1961, ebenda.
[282] Vgl. Kurzprotokoll Kommunalpolitischer Ausschuß, 12.4.1961, ebenda. Die Länderreferenten der „süddeutschen Länder" (neben Bayern und Baden-Württemberg vermutlich Rheinland-Pfalz) sprachen sich gegen einen Verzicht auf die Kostenerstattung aus, die die Mehrheit der Ländervertreter favorisierte; vgl. Niederschrift über die Dienstbesprechung der Leitenden Fürsorgereferenten am 27./28.4.1961; Vermerk Referat V 4, 2.5.1961, BAK, B 106/9697.
[283] Vgl. ebenda; Begründung zum BSHG-Entwurf, S. 35, BT, 3.Wp. 1957, Anlagen, Bd. 67, Drs. 1799.

im einstelligen Bereich.[284] Entscheidender war, daß die Unionsmehrheit im Bundestagsausschuß, die etwa beim Pflegegeld für Schwerbehinderte eine Verteuerung der Sozialhilfe nicht scheute, aus parteiinternen Gründen in der ideologischen Frage der Rückerstattungspflicht nicht den letzten Schritt wagte und dafür selbst Gründe der Verwaltungspragmatik nicht gelten ließ.

Nicht konzessionsbereit hingegen war die Mehrheit der Unionsvertreter im Bundestagsausschuß bei der allgemeinen Einkommensgrenze für die Hilfe in besonderen Lebenslagen. Die Bundesregierung, so Duntze vor dem Bundestagsausschuß, habe der vom Bundesrat gewünschten Erhöhung auf den doppelten Regelsatz „mit Freuden zugestimmt".[285] Demgegenüber stellte sich die CSU-Landesgruppe auf die Seite der bayerischen kommunalen Spitzenverbände und des DLT, die die Rückkehr zum anderthalbfachen Regelsatz mit der vertrauten Begründung forderten, auf dem Lande würde sonst in einen Bevölkerungsteil vorgedrungen, „der bisher gar nicht daran gedacht hat, die Hilfe der Öffentlichkeit in Anspruch zu nehmen".[286] Diese Meinung erhielt Auftrieb auch durch die Tatsache, daß seit Herbst 1959/Winter 1960 in allen Bundesländern die Richtsätze um 3 bis 8 DM angehoben worden waren.[287] Vor allem aber entsprachen die CSU-Forderungen offenbar auch der dominierenden Meinung im Arbeitskreis IV der Bundestagsfraktion[288], was die Position der Befürworter des zweifachen Richtsatzes wie Maria Niggemeyer nicht gerade erleichterte.

Demgegenüber übte Heinz Keese vor dem wieder aktivierten DV-Arbeitskreis „Aufbau der Richtsätze" heftige Kritik am anderthalbfachen Regelsatz: Allein der genuine Lebensunterhalt umfasse sehr viel mehr, als durch die Richtsätze derzeit abgedeckt werde, etwa Kleidung, Heizung, Mehrbedarfe, Winterbeihilfen oder Pflegezulagen. Der Regelsatz und diese Bedürfnisse nur für den reinen Lebensbedarf gerieten zusammengenommen „schon so sehr in die Nähe des eineinhalbfachen Regelsatzes, daß von dem Ziel, einen erweiterten Hilfsbedürftigkeitsbegriff zu schaffen, nicht mehr viel übrig bliebe".[289] Zwar bestünde in der Praxis die Möglichkeit, dies durch eine niedrig angesetzte Beitragspflicht aus dem überschießenden Einkommen auszugleichen, doch eine „niedrige, eine schlechte Grenze wird nicht dadurch besser, daß man an die Großzügigkeit der ausführenden Stellen appelliert".[290] Ausführliche Berechnungen, die Duntze

---

[284] Vgl. für die (vermutlich relativ großzügige) Praxis in Hannover Reinhold, Entwicklung.
[285] Kurzprotokoll Kommunalpolitischer Ausschuß, 11.5.1960, PA, Gesetzesmaterialien III/349 A1.
[286] Referat Bangert [23.6.1960], ebenda, A3; vgl. ferner Osterburg, Bundessozialhilfegesetz, S.79f.; die Vermerke Referat V 4 o.D. [23.2.1961], BAK, B 106/20654, sowie vom 2.5.1961, BAK, B 106/9697.
[287] Vgl. die Aufstellung bei Heisig, Armenpolitik, 1990, S.721f.; ferner allgemein Heisig, Armenpolitik, 1995, S.171ff.
[288] Vgl. Protokoll der Sitzung des Arbeitskreises IV am 28.2.1961, ACDP, CDU/CSU-Fraktion AK IV, VIII-005-106/1.
[289] Vgl. Bericht über die Sitzung des Arbeitskreises „Aufbau der Richtsätze" am 16.5.1960, ADW, HGSt 7025; Keeses Referat wurde veröffentlicht in: NDV 40 (1960), S.276-280 (Zitat: S.276).
[290] NDV 40 (1960), S.276.

2. Der Regierungsentwurf im Bundesrat 475

Mitte Dezember 1960 dem Bundestagsausschuß vorstellte, ergaben ohnehin, daß mit dem doppelten Regelsatz der Grundbetrag nur um durchschnittlich 37 DM erhöht und nicht in neue Einkommensgruppen vorgestoßen wurde, sondern nur Familien von Geringverdienern mit Kindern etwas eher in den Genuß der Hilfe in besonderen Lebenslagen kommen konnten; selbst einfache Beamte (Postschaffner, Amtsgehilfen) lagen mit ihren Netto-Gehältern in der Regel über der allgemeinen Einkommensgrenze und konnten allenfalls Tuberkulose-, Blinden- oder stationäre Eingliederungshilfe erwarten.[291] Die Behauptung der Leitartiklerin der „Frankfurter Allgemeinen Zeitung", Heddy Neumeister, sämtliche Hilfen in besonderen Lebenslagen würden künftig Personen mit einem Bruttoeinkommen zwischen 600 und 800 DM zugute kommen, es werde also „nicht mehr und nicht weniger versucht, als das gesamte Kleinbürgertum bis hoch hinauf in den Mittelstand in die Fürsorge einzubeziehen"[292], entbehrten damit ebenso der Grundlage wie die Befürchtung der CDU-Abgeordneten Margot Kalinke, künftig seien monatliche Sozialhilfeleistungen von 1 000 DM nicht unwahrscheinlich.[293]

Die Mehrbelastungen durch die Erhöhung auf den doppelten Regelsatz veranschlagte das Bundesinnenministerium auf insgesamt 16,2 Mio. DM im Jahr.[294] Hinzu kamen allerdings weitere mögliche jährliche Mehrkosten infolge anderer Verbesserungsvorschläge des Bundesrates[295] (15,9 Mio. DM) und des Ausschusses selbst[296] (14,6 Mio. DM), so daß die Sozialhilfeträger gegenüber dem Regierungsentwurf insgesamt mit weiteren rund 47 Mio. DM jährlich zu rechnen hätten bei einem derzeitigen Gesamtvolumen der Fürsorge von 1,5 Mrd. DM pro Jahr.[297] Mehr als die Hälfte dieser Mehrbelastungen würde allerdings auf die überörtlichen Träger entfallen. Als der CSU-Abgeordnete Spies daher wieder den anderthalbfachen Regelsatz als Grundbetrag für die allgemeine Einkommensgrenze forderte, wurde er mit den Stimmen auch aus den Reihen der Union abgewiesen, obwohl das der kurz zuvor bekräftigten Beschlußlage im Sozialpolitischen Ar-

---

[291] Bei einem Grundbetrag in Höhe des doppelten Regelsatzes hatte jetzt z.B. ein Hilfsarbeiter in der Schuhindustrie (Netto-Monatslohn 285,50 DM) mit Ehefrau bereits ab dem ersten Kind Anspruch auf Hilfe, ein einfacher Angestellter ohne Berufsausbildung (Leistungsgruppe V: 379,47 monatliches Nettogehalt) ab dem zweiten und nicht – wie beim anderthalbfachen Regelsatz – erst ab dem vierten Kind; berechnet nach den Angaben des BMI betr. finanzielle Auswirkungen des BSHG, 2.1.1961, PA, Gesetzesmaterialien III/349 A3; vgl. ferner Kurzprotokoll Kommunalpolitischer Ausschuß, 15.12.1960, ebenda, A1; Gottschick an Niggemeyer, 8.3.1961, mit Anlage, BAK, B 106/9687.
[292] Frankfurter Allgemeine Zeitung vom 30.1.1961.
[293] Vgl. Gottschick an Kalinke, 6.3.1961, BAK, B 106/9687.
[294] Vgl. Zusammenstellung des BMI betr. finanzielle Auswirkungen des BSHG, 2.1.1961, PA, Gesetzesmaterialien III/349 A3.
[295] Einbeziehung der Hilfe zur Pflege und der Hilfe zur Familien- und Hauspflege in die höhere allgemeine Einkommensgrenze nach § 76, Erhöhung der Einkommensgrenze für Blinde auf 1 000 DM.
[296] Erhöhung der Blindenhilfe; noch ohne festes Pflegegeld.
[297] Vgl. Zusammenstellung des BMI betr. finanzielle Auswirkungen des BSHG, 2.1.1961, PA, Gesetzesmaterialien III/349 A3.

beitskreis der CDU/CSU widersprach.[298] Da immerhin der Bundesrat als Länderorgan selbst deren Erhöhung vorgeschlagen und die Bundesregierung dem auch zugestimmt hatte, schien eine erneute Verminderung durch die Regierungspartei schon aus politischen Gründen wenig opportun.[299] Wie sich zeigen sollte, war die Frage der Einkommensgrenzen für die bayerische Schwesterpartei damit aber noch nicht vom Tisch.

Nachdem der BSHG-Entwurf damit im wesentlichen parteiübergreifend beschlossen bzw. einhellig geändert worden war, beschäftigte der Ausschuß sich am 13. und 14. April abschließend mit den Regelungen zur freien Wohlfahrtspflege. Bereits Anfang Dezember hatte Gottschick vermutet, daß es in dieser Frage im Ausschuß zu keiner Einigung und im Plenum des Bundestages zu einer Kampfabstimmung kommen werde.[300] Dabei gab es im Rahmen des DV durchaus Bemühungen um einen Kompromiß: Im Novemberheft des NDV hatte jede Seite noch einmal ausführlich ihren Standpunkt dargelegt und dabei Franz Klein sich eindeutiger als bisher auf den Boden des Regierungsentwurfs gestellt und betont, daß der umstrittene § 10 Abs. 3 eben nicht den von den Kommunen gefürchteten erzwingbaren Leistungsanspruch der freien Verbände, sondern nur eine allgemeine Unterstützungspflicht der Sozialhilfeträger begründe.[301] Auch der DPW suchte den Konflikt zu entschärfen und erklärte, selbst § 86 entspreche materiellrechtlich „weitgehend, vielleicht sogar völlig, dem geltenden Recht [...]. Denn es ist in der Geltungszeit der Reichsfürsorgepflichtverordnung den caritativen Organisationen jederzeit möglich gewesen, den Zustand des ‚Vorhandenseins' einer Einrichtung herbeizuführen, ohne daß die öffentliche Fürsorge, auch wenn sie es gewollt hätte, dies hätte verhindern können, vom ‚Ausbauen' ganz abgesehen".[302]

Vor allem aber hatte Senatsdirektor Kurt Wehlitz (CDU) von der Berliner Sozialverwaltung auf der Hauptausschußsitzung des DV mit gut 500 Teilnehmern am 3./4. November 1960 eine für alle Seiten annehmbare Interpretation des Regierungsentwurfs versucht: Nach wiederholter Rücksprache mit dem ihm aus seiner ehemaligen Tätigkeit für die Innere Mission bekannten Collmer übernahm Wehlitz wesentliche Punkte von dessen Argumentation, indem er die Regelungen der §§ 8 und 10 als notwendige Konsequenz der Wahlfreiheit des Hilfesuchenden deutete, ansonsten aber den appellativen Charakter von § 10 Abs. 3 betonte und den Vorrang der freien Träger bei Einzelmaßnahmen nach § 10 Abs. 4 im Sinne

---

[298] Vgl. Kurzprotokoll Kommunalpolitischer Ausschuß, 2.3.1961, PA, Gesetzesmaterialien III/349 A2; Protokoll der Sitzung des Arbeitskreises IV am 28.2.1961, ACDP, CDU/CSU-Fraktion AK IV, VIII-005-106/1; Ministervorlage Abteilungsleiter V vom 27.4.1961, BAK, B 106/9687; die Angaben über die Abstimmungsergebnisse stimmen allerdings nicht ganz überein. Vgl. ferner den Schriftlichen Bericht des Ausschusses für Kommunalpolitik und öffentliche Fürsorge, S. 8, 41f., BT, 3. Wp. 1957, Anlagen, Bd. 74, Drs. 2673. Zur Haltung des DLT in dieser Frage vgl. Schröder an Krone, 28.4.1961, BAK, B 106/9687; Vermerk Referat V 4 vom 2.5.1961, BAK, B 106/9697.
[299] Vgl. Ministervorlage Abteilungsleiter V vom 27.4.1961, BAK, B 106/9687.
[300] Vgl. Gottschick an Wehlitz, 9.12.1960, ebenda.
[301] Vgl. Franz Klein, Organisationsprinzip, S. 380; ferner Collmer, Wohlfahrtspflege; NDV 40 (1960), S. 376ff., 383f.; Johann Bangert, Subsidiarität.
[302] NDV 40 (1960), S. 385.

einer eingeschränkten Leistungspflicht des Sozialhilfeträgers vor allem bei der persönlichen Hilfe interpretierte, aus der kein Wohlfahrtsverband etwa nachträglich Erstattungsansprüche für nicht gesetzlich vorgesehene Maßnahmen ableiten könne.[303] Den Einrichtungsvorbehalt nach § 86 allerdings hielt auch Wehlitz für zu weitgehend und forderte eine Streichung des Wortes „können".[304] Zwar dankten Gottschick und Collmer später dem Berliner Fürsorgefachmann für seine Bemühungen um eine Annäherung, doch schon die Stellungnahmen Niggemeyers und Könens und die Aussprache im Hauptausschuß machten deutlich, daß mit einem Kompromiß kaum zu rechnen war.[305] Für zusätzliche Verwirrung sorgte, daß Pastor Ohl aus seiner Skepsis gegenüber den geplanten Bestimmungen keinen Hehl machte, woraufhin Collmer nicht nur die anwesenden Caritas-Vertreter, sondern auch evangelische Teilnehmer beruhigen und der Unterstützung der evangelischen Kirche für den Regierungsentwurf versichern mußte.[306] Im DV-Vorstand gab es zwar Anfang 1961 noch Überlegungen für die Wiederbelebung von „Religionsgesprächen", wie sie bereits in den zwanziger Jahren im DV von Polligkeit initiiert worden waren[307], doch letztendlich fand der DV hier offiziell zu keiner einheitlichen Stellungnahme.[308] Muthesius selbst blieb zwar bei seiner Auffassung, daß die Gemeinde planende Entscheidungsinstanz bleiben müsse, ging aber davon aus, daß sich auf örtlicher Ebene die Dinge ohnehin einvernehmlich regeln ließen und die allseitige „Dramatisierung die Frage des Zusammenwirkens erschwere".[309]

Tatsächlich war für einen Kompromiß zwischen den Bundestagsparteien politisch zu dieser Zeit kaum noch Raum: Das lag am mittlerweile angelaufenen Bundestagswahlkampf und am engen sachlichen Zusammenhang mit der geplanten Novellierung des RJWG. Die SPD stand dabei vor dem Dilemma, daß sie einerseits die Annäherung an die katholische Wählerschaft suchte und laut Umfragen bis Ende 1960 auch zunehmend fand[310], andererseits aber ihre starke Position vor allem in den städtischen Kommunen nicht gefährden wollte. Für diese erfolg-

---

[303] Vgl. Wehlitz, Rangfolge, S. 2ff.
[304] Ebenda, S. 5; ferner Wehlitz an Gottschick, 5.12.1960, BAK, B 106/9687.
[305] Vgl. NDV 40 (1960), S. 10ff.; KommBl 12 (1960), S. 1010ff.; Collmer an Wehlitz, 4.11. 1960, ADW, HGSt, SP-S XXV 1: 400-1/1; Gottschick an Wehlitz, 9.12.1960, BAK, B 106/9687.
[306] Vgl. die Tonband-Protokolle der Beiträge von Ohl u.a., Anlage zu Muthesius an Münchmeyer, 21.11.1960, ADW, HGSt, SP-S XXXIX 1b: 1-1/1; Collmer an Nopitsch, ADW, HGSt, SP-S XXV 1: 420-1/1; Collmer an Ranke, 14.11.1960, ADW, HGSt, SP-S XXV 1: 480-1/2.
[307] Vgl. Hong, Welfare, S. 189ff.
[308] Vgl. Vorschläge des DV zum Entwurf eines Bundessozialhilfegesetzes o.D., PA, Gesetzesmaterialien III/349 A3; Niederschrift über die Sitzung des DV-Vorstands am 26.1. 1961, LAB, B Rep. 142-9, 1261.
[309] Muthesius auf der Sitzung des Bundestagsausschusses für Kommunalpolitik und öffentliche Fürsorge am 25.1.1961, Kurzprotokoll, PA, Gesetzesmaterialien III/349 A2; Niederschrift über die Sitzung des DV-Vorstands am 26.1.1961, LAB, B Rep. 142-9, 1261; ähnlich auch Gerhard Scheffler, Bemerkungen, S. 64. Über ein Zustandekommen dieser Religionsgespräche ist nichts bekannt.
[310] Vgl. Schwarz, Die Ära Adenauer 1957-1963, S. 216; Brehm, SPD, S. 119.

reiche Kommunalpolitik stand vor allem Willy Brandt, der nicht nur im August 1960 offiziell zum Kanzlerkandidaten der SPD nominiert worden, sondern bereits seit 1959 auch Präsident des DST war.[311] Auf ihrem Parteitag Ende November 1960 positionierte sich die SPD in dieser Frage ganz eindeutig: Auf Antrag Könens wurde dort eine Entschließung gegen die in den Wohlfahrtsgesetzen vorgesehenen Regelungen zur freien Wohlfahrtspflege an die Bundestagsfraktion überwiesen.[312] Und auf der Kommunalpolitischen Konferenz der SPD Mitte Januar 1961 bezeichnete Hamburgs Erster Bürgermeister Nevermann die Gesetzentwürfe zur Sozial- bzw. Jugendhilfe als „Anschläge der Bundesregierung auf die kommunale Selbstverwaltung" und die geplanten Subsidiaritätsregelungen als „staatspolitisch verderblich"; die Städte und Gemeinden, selbst primär zur Verwirklichung des Allgemeinwohls berufen, würden sich gegen den Versuch wehren, „ihnen in der Sozial- und Jugendarbeit privilegierte Partner aufzuzwingen".[313] Im Zweifelsfalle also wog die Behauptung politischer und gesellschaftlicher Machtpositionen in den Kommunen schwerer als das Bemühen um katholische Wählerstimmen.[314]

Bei der Union verlief die Entwicklung umgekehrt: Besorgt über die mögliche Abwanderung katholischer Wählerschichten und nach dem Fernsehstreit um ein besseres Verhältnis zur katholischen Kirche bemüht, wuchs hier die Bereitschaft, deren Wünschen politisch entgegenzukommen, auch auf Kosten christdemokratischer Landkreisvertreter.[315] Allerdings war vor allem Adenauer peinlich darauf bedacht, nicht neue konfessionelle Gräben aufzureißen und den für die Union fatalen Eindruck zu erwecken, hier handele es sich um „katholische" Politik.[316] Bereits auf dem CDU-Bundesparteitag Ende April 1960 hatte Heinrich Krone den Liberalismus-Vorwurf zurückgewiesen und eine angemessene Grenzziehung zwischen Individuum, Staat und Gesellschaft gefordert; ohne auf die geplanten Wohlfahrtsgesetze dabei ausdrücklich einzugehen, erklärte er, ähnlich wie Arbeitsmini-

---

[311] Vgl. Schwarz, Die Ära Adenauer 1957-1963, S. 192ff.
[312] In der Entschließung hieß es u.a., der BSHG-Entwurf „macht die Gemeinden und Kreise lediglich zu Kostenträgern und gibt der freien Wohlfahrtspflege einen Öffentlichkeitscharakter, der ihr nicht zukommt und auch ihrem Wesen nicht entspricht". Diese werde vielmehr „zum subventionierten Erfüllungsgehilfen für gesetzlich festgelegte Maßnahmen"; in: Protokoll der Verhandlungen, S. 736, auch S. 632f.
[313] Frankfurter Allgemeine Zeitung, 12.1.1961; ähnlich der Tenor bereits auf der Kommunalpolitischen Bundeskonferenz der SPD am 24./25.6.1960 in Mülheim/Ruhr; vgl. KommBl 12 (1960), S. 554f.
[314] Vgl. Brehm, SPD, S. 115ff. Bemerkenswerterweise war der DGB in seiner offiziellen Stellungnahme für den Bundestagsausschuß vom 4.5.1960 auf die §§ 3, 8 und 10 überhaupt nicht eingegangen und hatte für § 86 sogar eine Muß-Verpflichtung für die kommunalen Träger zur Gewährleistung ausreichender Einrichtungen gefordert, PA, Gesetzesmaterialien III/349 A3.
[315] Ein Mann wie Heinrich Krone wandte sich dabei aber entschieden gegen eine Haltung, die kirchliche bzw. klerikale Forderungen unmittelbar in politische Entscheidung ummünzen wollte, wie er sie etwa bei Politikern wie Wuermeling und Süsterhenn, aber auch bei Helene Weber vermutete; vgl. Protokoll der Sitzung des CDU-Bundesvorstands am 23.8.1960, in: Buchstab, Adenauer, S. 774.
[316] Vgl. Sitzung des engeren CDU-Parteivorstands am 6.7.1960, in: Buchstab, Adenauer, S. 713; allgemein Bösch, Adenauer-CDU, S. 324f.; Schwarz, Adenauer, Bd. 2, S. 606ff.

ster Blank, der Staat dürfe „nicht in Gebiete übergreifen, die Sache der Eigenständigkeit der Person, der Kirchen, natürlicher wie kultureller und sozialer Gliederungen sind".[317] Die keineswegs automatisch linientreuen christdemokratischen Kommunalfunktionäre[318] wurden in der KPV-Zeitschrift über Fälle von Benachteiligung konfessioneller Träger durch sozialdemokratische Stadträte und Senatoren unterrichtet[319] und plädierten auf ihrer Bundesversammlung im September 1960 im Beisein des Kanzlers und des Innenministers nach einem Referat Maria Niggemeyers klar für einen Vorrang der freien Verbände im BSHG-Entwurf, zumal durch die Eigenmittel und den hohen Anteil ehrenamtlicher Arbeit bei der freien Wohlfahrtspflege „eine erhebliche finanzielle Entlastung des Gemeindeetats" bewirkt werde.[320] Vor allem aber wollte die Unionsführung noch einige Gesetzesvorhaben „ausgeprägt weltanschaulichen Charakters"[321] in der laufenden Legislaturperiode durchsetzen und damit auch von der Vertretung der katholischen Laien offiziell erhobenen Wünschen entgegenkommen[322]; dazu gehörten die Erschwernis der Ehescheidung gegen den Willen des schuldlosen Teils, der Einstieg in das Kindergeld für das zweite Kind und – gegen den heftigen Widerstand der Industrie – die Ausweitung der Sonntagsruhe in der Eisen- und Stahlindustrie sowie eben das Sozialhilfegesetz und die Reform des RJWG.[323]

Diese Reform war mittlerweile zur Novelle geschrumpft: Ausschlaggebend für den Rückzug des Familienministers waren einerseits die heftigen Proteste insbesondere der CDU-regierten Länder, die die Einbeziehung der Jugendpflege als Eingriff in die eigene Kulturhoheit ebenso wie organisatorische und finanzielle Vorgaben ablehnten, nicht zuletzt aber die Kosten des erheblich erweiterten Aufgabenkatalogs der geplanten Jugendhilfe fürchteten.[324] Andererseits gab es aber auch massive Einwände von seiten der Nachbarressorts: Bundesinnen- und Bundesfinanzministerium fällten ein vernichtendes Urteil auch über den dritten

---

[317] Heinrich Krone, „Der Mensch in Familie, Staat und Gesellschaft", in: Christlich Demokratische Union Deutschlands, 9. Bundesparteitag, S. 98-110, hier S. 103; Blank, ebenda, S. 129, erklärte: „Persönliches und, folgend, gesellschaftliches Handeln aber haben vor dem staatlichen Eingriff unbedingten Vorrang."
[318] Vgl. Niederschrift über die Sitzung des Wohlfahrtsausschusses der KPV der CDU am 21.12.1959, ACDP, KPV der CDU, IV-002-043/4.
[319] Vgl. KommBl 12 (1960), S. 875.
[320] Vgl. ebenda, S. 850ff. (Zitat S. 904).
[321] Schwarz, Die Ära Adenauer 1957-1963, S. 165.
[322] Vgl. etwa Hinweise bei Krone, Tagebücher, Bd. 1, S. 452, Eintrag vom 14.10.1960, über entsprechende Äußerungen Adenauers vor katholischen Verbandsvertretern am 13.10.1960; ferner die sog. „Hildesheimer Erklärung" des Zentralkomitees der Katholiken vom 23.11.1960, in: Herder-Korrespondenz 15 (1960/61), S. 147-149, bes. 148f.; dazu auch Großmann, Kirche, S. 340ff.
[323] Vgl. Schwarz, Adenauer, Bd. 2, S. 608f. Zum Familienrechtsänderungsgesetz vom 11.8.1961 sowie zum Kindergeldkassengesetz vom 18.7.1961 vgl. Rölli-Alkemper, Familie, S. 513ff., 594ff.; Großmann, Kirche, S. 429f., 436f.; zur Verordnung zur Sonntagsruhe auch die Eintragungen Krones vom 26.10.1960, 7.11.1960, 8.1.1961 und 1.5.1961 über Verhandlungen mit Vertretern der Industrie und der katholischen Kirche, in: Krone, Tagebücher, Bd. 1, S. 454, 456, 466, 487.
[324] Vgl. Hasenclever, Jugendhilfe, S. 199f.; Darius, Stellungnahme, S. 72; dagegen argumentierend Rothe, Jugendpflege.

Vorentwurf, der nach wie vor zahlreiche formale Mängel aufweise, sich von anderen Rechtsgebieten, insbesondere dem BSHG-Entwurf, entgegen getroffener Abmachungen nur unklar abgrenze, in der Subsidiaritätsfrage verfassungsrechtlich höchst bedenklich und – wie das Finanzministerium ergänzte – auch nicht finanzierbar sei, zumal die vorgesehene Bundesbeteiligung mit der derzeitigen Finanzverfassung nicht zu vereinbaren sei; das Bundesarbeitsministerium opponierte vor allem gegen die vorgesehene Ausbildungshilfe, da es im März einen eigenen Entwurf über Berufsausbildungsbeihilfen auf den Weg gebracht hatte.[325]

Angesichts dieser heftigen Widerstände war die Verabschiedung eines umfassenden Reformgesetzes zur Jugendhilfe in der laufenden Legislaturperiode kaum mehr realistisch.[326] Statt dessen beschloß das Bundeskabinett am 5. Oktober 1960 den im Familienministerium schließlich auf eine bloße Novelle des RJWG reduzierten Entwurf, der noch bis zum Sommer verabschiedet werden könnte.[327] Materiellrechtlich brachte die Novelle nur wenige, dem allgemeinen fachlichen Konsens entsprechende Neuerungen und klammerte die Ausbildungshilfen nun ganz aus.[328] Auf organisatorischem Gebiet aber barg der Entwurf auch weiter „kulturpolitischen Sprengstoff"[329]. Sein erklärtes Hauptziel nämlich wollte der streitbare und zum Leidwesen seines ebenfalls überzeugt katholischen Fraktionsvorsitzenden politisch wenig kompromißbereite Familienminister[330] nicht aufgeben: den weitgehenden – und in diesem Ausmaß auch von Bundesinnenminister Schröder nicht gestützten[331] – Vorrang der konfessionellen Jugendhilfe gegenüber den

---

[325] Vgl. BMI an BMFuJ, 25.5.1960; Vermerk Referat V 1 vom 10.6.1960; BMF an BMFuJ, 3.7.1960, Abschrift, BAK, B 106/20099.
[326] Vgl. BldW 107 (1960), S. 233.
[327] Vgl. Kabinettsprotokolle 1960, S. 346f.
[328] Vgl. Entwurf eines Gesetzes zur Änderung und Ergänzung des Reichsjugendwohlfahrtsgesetzes, BT, 3. Wp. 1957, Anlagen, Bd. 71, Drs. 2226. Vorgesehen war u.a.: Erhöhung des Schutzalters von Pflegekindern auf 16 Jahre, Ausbau der Heimaufsicht, Abschaffung der Anstaltsvormundschaft, Ausbau der Freiwilligen Erziehungshilfe, Erweiterung des Empfängerkreises erzieherischer Hilfen im Einzelfall durch Übernahme der Einkommensgrenzen aus dem BSHG-Entwurf. Im Interesse der Länder wurde auf den umfassenden, auch Aufgaben der Jugendpflege einbeziehenden Aufgabenkatalog des Jugendamtes verzichtet und die Regelung dieser Frage in einer Rechtsverordnung vorgesehen; vgl. BldW 107 (1960), S. 337f.; auch Rothe, Neuordnung des Jugendwohlfahrtsrechts; zur Kritik siehe Neues Beginnen 1960, S. 173.
[329] So die Bundestagsabgeordnete Marta Schanzenbach (SPD) vor dem DV-Hauptausschuß am 27./28. Januar 1961; NDV 41 (1961), S. 83.
[330] Vgl. Krone, Tagebücher, Bd. 1, Tagebuch-Eintrag vom 11.3.1960, S. 410f., über ein Gespräch mit dem Münsteraner Weihbischof Tenhumberg: „Wuermelings Radikalismus wird in seiner Gefährlichkeit erkannt. Daß Wuermeling grundsätzlich denkt und grundsätzlich gehandelt wissen will, wer widerspräche dem; doch übersieht er, daß wir heute in Deutschland ein religiös und weltanschaulich gespaltenes Volk sind und nicht alles nach unserem Denken aufbauen können, und weiter, daß es auch eine falsche Grundsätzlichkeit gibt, die dem Politiker den Weg verantwortungsbewußten Handelns sperrt."; Eintrag vom 19.5.1961 S. 498: „Es sind nicht alles Christen, die uns wählen. [...] Diese ‚liberalen' Wähler dürfen wir vor der Wahl nicht vor den Kopf stoßen. Wuermeling und einige andere Rigoristen sehen das nicht."
[331] Schröder hatte sich bei der Abstimmung zu diesem Punkt im Kabinett der Stimme enthalten; vgl. Kabinettsprotokolle 1960, S. 347.

kommunalen Trägern.³³² War dieser Wunsch im sensiblen Erziehungsbereich ohnehin ideologisch noch brisanter als bei der Sozialhilfe, so kam hier persönliche Betroffenheit der Kontrahenten noch ungleich stärker zum Tragen: Der Streit um Recht und – vor allem – Kompetenz der öffentlichen Jugendfürsorge zur wertgebundenen Erziehung förderte die Emotionalisierung der Debatte und nicht die Kompromißbereitschaft der Beteiligten, fühlte sich doch eine Bundestagsabgeordnete wie etwa Marta Schanzenbach (SPD) als Jugendfürsorgerin auch persönlich in ihrer Berufsehre angegriffen.³³³

Im Bundesrat waren die Konstellationen ähnlich wie beim BSHG: Der Innenausschuß empfahl, die vorgesehenen Regelungen zur Stärkung des Elternrechts, die „Grundrichtung der Erziehung" – nicht zuletzt im Interesse weltanschaulicher Träger – zu bestimmen (§ 2a)³³⁴, ebenso zu streichen wie die Verpflichtung der öffentlichen Träger, die freien Verbände und deren Einrichtungen finanziell zu fördern (§ 4 Abs. 3–5 und § 4a).³³⁵ Doch im Plenum am 28. Oktober wurde die von Niedersachsen eingebrachte Empfehlung, die Gesetzesmaterie vorerst nicht weiterzuverfolgen, von der Mehrheit der unionsgeführten Länder abgelehnt und der Entwurf im ersten Durchgang ohne Änderung in der Subsidiaritätsfrage verabschiedet.³³⁶

Bei der ersten Lesung im Bundestag am 9. Dezember 1960 kam es zu heftigen Auseinandersetzungen zwischen Wuermeling und den Vertretern der SPD. Während sich Wuermeling und der zuständige Unionsvertreter Emil Kemmer (CSU) in der Subsidiaritätsfrage auf entsprechende Intentionen der Gesetzgeber von 1922 und 1953 beriefen und der Opposition Obstruktion attestierten, warf Irma Keilhack (SPD) dem Minister vor, nur um diese Bestimmungen zu retten, habe er alle übrigen Neuerungen fallengelassen und damit die jahrelangen Reformarbeiten auch seines eigenen Hauses für eine grundlegende Neugestaltung der Jugendhilfe

---

³³² Vgl. Wuermeling im Bundestag am 9.12.1960, BT, 3. Wp. 1957, Sten. Ber., Bd. 47, S. 7724f.
³³³ Vgl. die Beiträge auf der Tagung des DV-Hauptausschusses am 27./28.1.1961, NDV 41 (1961), S. 69, bes. 83ff.; ferner Oel, Jugendhilferecht; ders., Neuordnung des Jugendhilferechts; Rothe, Neuordnung des Jugendhilferechts; die Antwort Oels in: Der Städtetag 13 (1960), S. 221f.; Soziale Arbeit 9 (1960), S. 382; Hasenclever, Reform.
³³⁴ Vgl. Art. I des Regierungsentwurfs, BT, 3. Wp. 1957, Anlagen, Bd. 71, Drs. 2226.
³³⁵ Vgl. Berichterstatter Goppel (Bayern) auf der Sitzung des Bundesrates am 28.10.1960, BR 1960 Sten. Ber., S. 499ff. § 4 Abs. 3 Satz 2 lautete: „Soweit geeignete Einrichtungen und Veranstaltungen der Träger der freien Jugendhilfe vorhanden sind, erweitert oder geschaffen werden, ist von eigenen Einrichtungen und Veranstaltungen des Jugendamts abzusehen." § 4a bestimmte: „Einrichtungen und Veranstaltungen der Träger der freien Jugendhilfe sind unter Berücksichtigung der Eigenleistung nach den Grundsätzen zu fördern, die für die Finanzierung gleichartiger Einrichtungen und Veranstaltungen der Träger der öffentlichen Jugendhilfe gelten."
³³⁶ Vgl. Sitzung des Bundesrates am 28.10.1960, BR 1960 Sten. Ber., S. 503ff.; Stellungnahme des Bundesrates zum Regierungsentwurf, S. 36, BT, 3. Wp. 1957, Anlagen, Bd. 71, Drs. 2226. Der in dieser Frage nach wie vor lavierende Kiesinger begründete sein Votum allerdings damit, daß sich die baden-württembergische Landesregierung wegen der Kürze der Zeit noch keine abschließende Meinung habe bilden können und daher nur die unveränderte Weiterleitung des Regierungsentwurfs an den Bundestag empfehle, vgl. ebenda, S. 502. In seiner Regierungserklärung am 7.7.1960 hatte Kiesinger zuvor den Verbänden der freien Wohlfahrtspflege „weitgehende staatliche Unterstützung" zugesichert; vgl. BldW 107 (1960), S. 233.

mißachtet.³³⁷ Nach einer teilweise „etwas tumultuarischen"³³⁸ Debatte wurde schließlich der Antrag der SPD- und FDP-Fraktionen, den Entwurf wegen der Subsidiaritätsfrage mitberatend an den Rechtsausschuß zu überweisen, von der Regierungsmehrheit abgelehnt.³³⁹

In den Beratungen des federführenden Bundestagsausschusses für Familien- und Jugendfragen seit Mitte Januar 1961 blieben die unterschiedlichen Auffassungen ebenso bestehen wie auf einer Tagung des DV-Hauptausschusses Ende des Monats.³⁴⁰ Neben den inhaltlichen Parallelen zu den Beratungen über den BSHG-Entwurf gab es auch personelle Querverbindungen: So war der kommunalpolitische Ausschuß nicht nur mitberatend auch für die RJWG-Novelle zuständig, sondern einige seiner Mitglieder, darunter Maria Niggemeyer, gehörten selbst auch dem Jugendausschuß an.³⁴¹ Nachdem sozialdemokratische Mitglieder des Jugendausschusses dazu aufgefordert hatten, Material über tatsächliche Benachteiligungen freier durch öffentliche Träger zusammenstellen zu lassen³⁴², richtete das Familienministerium Mitte Februar eine entsprechende Bitte an die freien Verbände.³⁴³ Wie möglicherweise zu erwarten, wurde in den Rückmeldungen etwa bei der Diakonie sowohl von Fällen solcher Benachteiligung, ebenso aber von Beispielen gelungener Zusammenarbeit berichtet³⁴⁴, die Frage blieb damit auch weiterhin in erster Linie „politisch" zu entscheiden.³⁴⁵

Aus Sicht der Unionsführung war es hier wie bei dem BSHG und den anderen „weltanschaulichen" Gesetzen für die Bundestagswahl von entscheidender Bedeutung, daß diese auch von evangelischer Seite unterstützt wurden.³⁴⁶ Während aber die offiziellen katholischen Vertreter auch die einschlägigen Bestimmungen der RJWG-Novelle guthießen³⁴⁷, waren auf evangelischer Seite die Stimmen

---

³³⁷ Vgl. Bundestagssitzung am 9.12.1960, BT, 3.Wp. 1957, Sten. Ber., Bd.47, S.7724f., 7728ff., 7739.
³³⁸ NDV 41 (1961), S.74.
³³⁹ Vgl. Bundestagssitzung am 9.12.1960, BT, 3.Wp. 1957, Sten. Ber., Bd.47, S.7744.
³⁴⁰ Die Sitzungsprotokolle des Ausschusses für Familien- und Jugendfragen sind veröffentlicht in: Materialien, S.203ff.; zur Sitzung des DV-Hauptausschusses am 27./28.1.1961 siehe NDV 41 (1960), S.69ff.
³⁴¹ Neben Niggemeyer Emmi Welter (CDU), Helene Wessel und Kurt Schröder (SPD) sowie Kurt Spitzmüller (FDP).
³⁴² Vgl. Kurzprotokoll der gemeinsamen Sitzung des Ausschusses für Familien- und Jugendfragen und des Ausschusses für Kommunalpolitik und öffentliche Fürsorge am 11.1.1961, in: Materialien, S.208f.
³⁴³ Vgl. BMFuJ an Mordhorst, 16.2.1961; Rundschreiben der Hauptgeschäftsstelle von Innerer Mission/Hilfswerk an die Landes- und Fachverbände etc., 24.2.1961; Suhr an BMFuJ, 10.3.1961, ADW, HGSt, SP-S XXXIX 1b: 1-1/1. Vgl. ferner die Abg. Keilhack (SPD) auf der Sitzung des Bundestages am 28.6.1961, BT, 3.Wp. 1957, Sten. Ber., Bd.49, S.9505f.
³⁴⁴ Vgl. die Antworten aus den Landesverbänden der Inneren Mission in: ADW, HGSt, SP-S XXXIX 1b:1-1/1.
³⁴⁵ Vgl. Frey, Gedanken, S.1069.
³⁴⁶ Vgl. Krone, Tagebücher, Bd.1, Eintrag vom 7.1.1961, S.466; für die RJWG-Novelle und die Eherechtsänderung Eintrag vom 25.6.1961 [offensichtlich falsche Datierung, die beiden Gesetze wurden erst am 28.6. verabschiedet], S.510f.
³⁴⁷ Vgl. die Stellungnahme des DCV-Jugendreferenten Schmidle vor den beiden Bundestagsausschüssen am 12.1.1961, Kurzprotokoll, in: Materialien, S.219ff.; Frey, Gedanken.

2. Der Regierungsentwurf im Bundesrat

weiterhin sehr viel unterschiedlicher: Niedersächsische Kirchen- bzw. Diakonievertreter äußerten sich teilweise gegenüber SPD-Vertretern kritisch zu den ihrer Ansicht nach rein dem katholischen Subsidiaritätsprinzip verpflichteten Entwürfen.[348] Währenddessen hatten sich die zuständigen Gremien der Diakonie und deren Sachverständiger im Bundestagsausschuß, hatte sich vor allem auch Bischof Kunst nach entsprechendem Vortrag im Rat der EKD eindeutig für die RJWG-Novelle ausgesprochen.[349] Collmer unterstützte nach den Diskussionen im DV-Hauptausschuß im November 1960[350] noch sehr viel eindeutiger die im BSHG vorgesehenen Regelungen und teilte die Befürchtungen des aufgeschreckten Gottschick, daß „die SPD mit ihrem Einvernehmen auf der evangelischen Seite operieren würde".[351] Hinzu kam, daß gerade auch wegen des Konnexes mit der Jugendhilfe die FDP, sonst der Neigung zur Ausweitung kommunaler oder staatlicher Aufgaben eher unverdächtig, mit der SPD in der Subsidiaritätsfrage wie seinerzeit in den Auseinandersetzungen um die Konfessionsschule zu einer „weltanschaulichen und grundsätzlichen Koalition"[352] fand und versuchte, genau diese Gesetze als spezifisch katholische zu etikettieren.[353]

---

[348] Vgl. Evangelischer Pressedienst (epd) vom 2.3.1961 (Abschrift); Vermerk Heun vom 17.4.1961, ADW, HGSt, SP-S XXV 1: 401-1/1; sowie Äußerungen des Hannoveraner Stadtkämmerers und stellvertretenden Mitglieds der Generalsynode der Vereinigten Evangelisch-Lutherischen Kirche Deutschlands Heinke, Freiheit.
[349] Vgl. allgemein die Darstellung der Hauptgeschäftsstelle „Die Mitwirkung der Hauptgeschäftsstelle Innere Mission und Hilfswerk bei der Reform des Jugendwohlfahrtsrechtes", o.D. Anlage zu Rundschreiben der Hauptgeschäftsstelle vom 19.10.1961, ADW, HGSt, SP-S XXV 1: 463-1/1; Pastor Georg Suhr von der Hauptgeschäftsstelle vor den Bundestagsausschüssen am 12.1.1961, in: Materialien, S. 212f.; Kunst an Collmer, 28.2. 1961, ADW, HGSt, SP-S XXVI: 422-1/1; Vermerke Collmer vom 17. und 19.4.1961, ADW, HGSt, SP-S XXV 1: 401-1/1. Zu den unterschiedlichen Auffassungen in der evangelischen Kirche Matthes, Konzeptionen, S. 92ff., bes. 103f.
[350] In einem Brief an Antonie Nopitsch, 7.11.1960, klagte Collmer: „Die von den kommunalen Vertretern [auf der Hauptausschuß-Sitzung] vorgebrachten Argumente waren ja so niveaulos, wie sie selten in dieser Plumpheit und Unwahrhaftigkeit vorgetragen wurden.", ADW, HGSt, SP-S XXV 1: 420-1/1.
[351] Collmer an Mordhorst, 5.4.1961, ADW, HGSt 2486. Und zu Otto Ohl: „Meine Bedenken [...] bestanden vor allem in der Frage nach einer praktikablen Handhabung. Aber die von den Kommunen überhaupt gegen die Rechtsstellung der Verbände geltend gemachten Bestimmungen muß ich immer mehr erkennen lassen, dass sie vor allem gegen eine Schmälerung ihrer Kompetenzen angehen.", Collmer an Ohl, 4.3.1961, ADW, HGSt, SP-S XXV 1: 427-1/1. Gottschicks Befürchtungen bezogen sich auf ein Gespräch zwischen SPD-Bundestagsabgeordneten und Vertretern der evangelischen Kirche Ende Februar 1961, bei dem u.a. der evangelische Theologe und Jugendhilfefachmann Karl Janssen in Anwesenheit Collmers über das Subsidiaritätsprinzip referierte; vgl. Schellenberg an die Mitglieder der Bundestagsfraktion der SPD, 17.2.1961, AdSD, SPD-BTF 3.Wp., 135; Evangelischer Pressedienst (epd) vom 2.3.1961 (Abschrift), ADW, HGSt, SP-S XXV 1: 401-1/1.
[352] So Rainer Barzel (CDU) bei der zweiten Lesung des BSHG im Bundestag am 3.5.1961, BT, 3.Wp. 1957, Sten. Ber., Bd. 49, S. 9038.
[353] Unter Anspielung auf die zeitgenössische katholische Soziallehre sah der FDP-Pressedienst das BSHG etwa als „Wegmarke zum Ständestaat"; vgl. Evangelischer Pressedienst (epd) vom 12.5.1961, ADW, HGSt, SP-S XXV 1: 480-1/2.

In dieser Atmosphäre zunehmender Polarisierung beriet der Ausschuß für Kommunalpolitik und öffentliche Fürsorge am 13./14. April 1961 in Berlin abschließend die einschlägigen Paragraphen des BSHG-Entwurfs. An den Beratungen nahmen von der Union elf Abgeordnete teil, von der SPD acht und der FDP zwei, die Abstimmungsverhältnisse waren also denkbar knapp.[354] Am 13. April waren ungewöhnlich viele Ländervertreter zur Ausschußsitzung gekommen, darunter Senatsdirektor Wehlitz und Niedersachsens Staatssekretär Auerbach. Dieser wohl entschiedenste Gegner der geplanten Subsidiaritätsregelungen wollte das verfassungsmäßig garantierte, aber eher selten genutzte Anhörungsrecht für Bundesratsmitglieder in den Bundestagsausschüssen nutzen, um bei letzter Gelegenheit noch das Ruder herumzureißen.[355] Bisher hatte der Ausschuß in der ersten Beratung nämlich immerhin – und auf seiten der Unionsabgeordneten möglicherweise auch in Verkennung der Bedeutung dieser Frage – den Vorrang der freien Verbände bei der Beratung in § 8 Abs. 2 auf die „Beratung in sonstigen sozialen Angelegenheiten" beschränkt, so daß bei der „Beratung in Fragen der Sozialhilfe", also gerade zentralen Bereichen wie Pflege, Eingliederungshilfe, Gefährdetenhilfe etc., das Sozialamt nicht mehr zuerst auf die freien Verbände zu verweisen hatte.[356] Außerdem hatte er die Verpflichtung zur Betreuung durch bekenntnisgleiche Geistliche in Einrichtungen etwas abgemildert[357]; für den Vorrang der freien Verbände im Einzelfall (§ 10 Abs. 4) hatte er in deren Interesse Geldleistungen eindeutig ausgenommen.[358] In den übrigen strittigen Bestimmungen aber war es noch zu keiner Annäherung gekommen. In einem ausführlichen Referat konstatierte Auerbach eine „Aushöhlung des sozialpolitischen Wirkungsbereichs der Gemeinden" und damit letztlich einen massiven staatspolitischen Funktionsverlust der Kommunen, wenn die vorgesehene „Funktionssperre" bei der Sozialhilfe verwirklicht würde.[359] Zudem – und das war stets der zweite Strang der Auerbachschen Argumentation – würde durch diese Subventionierung die Autonomie der Wohlfahrtsverbände empfindlich eingeschränkt. Er machte daher den Vorschlag, den Vorrang im Einzelfall deutlich zu begrenzen und bei den Einrichtungen zur alten Regelung des § 5 RFV zurückzukehren.[360] Der Bundestag könne diese Regelung ja nach zwei Jahren auf ihre Effektivität hin überprüfen.[361]

---

[354] Vgl. Kurzprotokoll Kommunalpolitischer Ausschuß, 13.4.1961, PA, Gesetzesmaterialien III/349 A2.
[355] Nach Art. 43 Abs. 2 GG haben Bundesregierung und Bundesrat sowie ihre Beauftragten Zutritt zu allen Ausschußsitzungen und müssen dort jederzeit gehört werden. In der Regel allerdings nehmen die Ländervertreter (oftmals vom Bundesrat entsandte Fachbeamte der Länder) nur beobachtend teil; vgl. Zeh, Ausschußsystem, S. 1098f., 1121.
[356] Vgl. Kurzprotokoll Kommunalpolitischer Ausschuß, 19.1., 9.2.1961, PA, Gesetzesmaterialien III/349 A2.
[357] Vgl. Kurzprotokoll Kommunalpolitischer Ausschuß, 6.10.1960, ebenda, A1.
[358] Vgl. Kurzprotokolle Kommunalpolitischer Ausschuß, 7. und 19.10.1960, ebenda.
[359] Referat Auerbach, Anlage zur Sitzung des Ausschusses für Kommunalpolitik und öffentliche Fürsorge [13.4.1961], ebenda, A4.
[360] Vgl. ebenda sowie Kurzprotokoll Kommunalpolitischer Ausschuß, 13.4.1961, ebenda, A2; allgemein Auerbach, Miteinander.
[361] Vgl. auch Auerbach an den DST-Referenten Lehmann-Grube, 26.4.1961, LAB, B Rep. 142-9, 1285.

Für die RJWG-Novelle lag nämlich mittlerweile ein Gutachten des renommierten Verfassungsrechtlers Arnold Köttgen vor, das der DST in Auftrag gegeben hatte und das die dort vorgesehenen Subsidiaritätsbestimmungen für nicht mit dem Grundgesetz vereinbar erklärte, woraufhin der Jugendausschuß nun doch den Rechtsausschuß um ein Gutachten gebeten hatte.[362] Für das BSHG versicherten die anwesenden Beamten des Innen- und des Justizministeriums jedoch, daß die einschlägigen Paragraphen nach gründlicher Prüfung für verfassungskonform befunden worden seien. Als Abgeordnete der SPD und FDP daraufhin ebenfalls den Rechtsausschuß einschalten wollten, wurde das mit der einen Stimme Mehrheit der Union abgelehnt – weitere Verzögerungen sollten für das BSHG nicht mehr in Kauf genommen werden.[363] So wurden die Subsidiaritätsregelungen nach zahlreichen Änderungsanträgen der SPD- und FDP-Abgeordneten nur mit der knappen Mehrheit der Unionsvertreter im Ausschuß angenommen.[364] Um zu verhindern, daß auch kommerziellen Trägern ein Vorrang eingeräumt wurde, beschränkte der Ausschuß diesen auf „Einrichtungen der Verbände der freien Wohlfahrtspflege oder öffentlich-rechtlicher Träger"; bei letzterem hatten zwar alle Beteiligten primär an Einrichtungen etwa der Landesversicherungsanstalten gedacht, doch galten, wie man im Katholischen Büro besorgt vermerkte, auch die Kommunen oder kommunale Stiftungen als öffentlich-rechtliche Träger, und war damit der Vorrang der freien Verbände leicht zu unterlaufen.[365] Mit Stimmen aus den Reihen der Opposition wurde außerdem der Vorrang der freien Wohlfahrtsverbände eindeutiger auf die Einzelfälle begrenzt, in denen die nötige Hilfe von diesen tatsächlich bereits „eingeleitet und gewährleistet" war.[366] Die bisher beschlossenen Änderungen zum Wahlrecht und zur Beratung behielt der Ausschuß einstimmig bei.

Alles in allem hatte damit der BSHG-Entwurf den Ausschuß für Kommunalpolitik und öffentliche Fürsorge ganz im Sinne der Bundesregierung passiert: Die meisten Verbesserungen – außer dem festen Pflegegeld – waren bereits vom Bundesrat empfohlen und von der Bundesregierung zustimmend bewertet worden, die Gefährdetenhilfe war im Gesetz geblieben, ebenso die organisatorischen Vorgaben und auch die Regelung der Kostenersatzpflicht – all dies im Einvernehmen mit der Opposition. Wünsche nach Leistungsreduzierungen und unverbindlicheren Regelungen von kommunaler Seite, insbesondere des DLT, hatte der Ausschuß nicht übernommen; das in der Phase der Referentenentwürfe vor allem

---

[362] Vgl. Rechtsgutachten von Arnold Köttgen, Februar 1961, PA, Gesetzesmaterialien III/349 A4.
[363] Vgl. auch zum Folgenden Kurzprotokolle Kommunalpolitischer Ausschuß, 13. und 14.4.1961, ebenda, A2.
[364] Den Absätzen 1, 2 und 4 (entsprach ursprünglich Absatz 5) von § 10 stimmten auch die Abgeordneten der SPD und der FDP zu; bei § 10 Abs. 3 hatte sich die Mehrheit der Oppositionsvertreter enthalten.
[365] Vgl. auch Wissing an Krone, 29.4.1961, Anlage 2, ACDP, NL Krone, I-028-062/3.
[366] § 10 Abs. 5 sollte jetzt lauten: „Sind die erforderlichen Hilfemaßnahmen im Einzelfalle von der freien Wohlfahrtspflege eingeleitet und gewährleistet, sollen die Träger der Sozialhilfe von eigenen Maßnahmen absehen; dies gilt nicht für die Gewährung von Geldleistungen." Dieser Fassung stimmte der Ausschuß mit 14:3:3 Stimmen zu.

durch die Länder und das Bundesfinanzministerium getragene Einflußpotential der kommunalen Spitzenverbände war bei den Beratungen des Bundestagsausschusses nur noch unerheblich. Der Wunsch nach einem modernen Sozialgesetz vor der Bundestagswahl sowie das generell in den Bundestagsausschüssen zu beobachtende Interesse der Abgeordneten der Regierungspartei, einen Regierungsentwurf möglichst unversehrt durch den Ausschuß zu bringen[367], dominierte gegenüber dem Bestreben, kommunalpolitische Interessen, für die der Ausschuß ja auch zuständig war, zu berücksichtigen. Das galt vor allem für die Frage der Stellung der freien Wohlfahrtspflege. Denn hier bot selbst die Tatsache, daß ein ausgewiesener Kommunalfunktionär den Ausschuß leitete, keine Gewähr für die Berücksichtigung kommunaler Belange. Gerade in der Subsidiaritätsfrage erwies sich damit der Bundestagsausschuß tatsächlich „als ziemlich stumpfes Instrument der kommunalen Einflußnahme".[368]

3. Streit trotz prinzipieller Übereinstimmung: der Regierungsentwurf im Bundestagsplenum

Knapp zwei Wochen nach dem Ende der Ausschußberatungen lag der im wesentlichen in der Sozialabteilung formulierte offizielle schriftliche Bericht des Ausschusses vor, in dem – parlamentarischem Usus gemäß – auch die Mindermeinung zur Subsidiaritätsfrage ausführlich dargelegt wurde.[369] Die vom Ausschuß bzw. Bundesrat empfohlenen Leistungsverbesserungen gegenüber dem Regierungsentwurf würden einschließlich des festen Pflegegeldes jährliche Mehrkosten von insgesamt rund 70 Mio. DM verursachen; ein gutes Drittel dieser Mehrkosten (26,3 Mio. DM) entfiel – etwa im Rahmen des nicht pauschalierten Teils der Kriegsfolgenhilfe und der Tuberkulosehilfe – auf den Bund.[370] Da der Haushaltsausschuß keine Einwände dagegen erhoben hatte[371], wurde die zweite und dritte Lesung des BSHG-Entwurfs auf den nächstmöglichen Termin, den 3./4. Mai 1961, angesetzt.[372]

---

[367] Vgl. Melzer, Vorbereitung, S. 1132f.
[368] Jaedicke u.a., Politik, S. 41.
[369] Vgl. Schriftlicher Bericht des Ausschusses für Kommunalpolitik und öffentliche Fürsorge vom 25.4.1960, insbesondere S. 3f., 10, BT, 3.Wp. 1957, Anlagen, Bd. 74, Drs. 2673. Zur Abfassung durch die Sozialabteilung vgl. die Schreiben Gottschicks an Niggemeyer bzw. Könen vom 17.3. und 20.4.1961, BAK, B 106/20654.
Der mitberatende Gesundheitsausschuß hatte bereits im September 1960 dem Regierungsentwurf einschließlich der von der Regierung übernommenen Bundesratsempfehlungen zugestimmt; vgl. Kurzprotokoll der Sitzung des Ausschusses für Gesundheitswesen am 21.9.1960, PA, Gesetzesmaterialien III/349 A1.
[370] Vgl. Kurzprotokoll der Sitzung des Haushaltsausschusses am 27.4.1961, ebenda.
[371] Vgl. Bericht des Haushaltsausschusses [...] über den Entwurf eines Bundessozialhilfegesetzes vom 27.4.1961, BT, 3.Wp. 1957, Anlagen, Bd. 74, Drs. 2707.
[372] Laut § 80 der Geschäftsordnung des Bundestages durfte die zweite Lesung frühestens zwei Tage nach Verteilung des Ausschußberichts als Bundestagsdrucksache stattfinden; vgl. Lechner-Hülshoff, Parlament, S. 200.

3. Streit trotz prinzipieller Übereinstimmung

In den Oppositionsparteien wurden daraufhin Anträge ausgearbeitet, die im Ausschuß nicht verwirklichten Forderungen im Plenum durchzubringen: Neben einzelnen materiellen Verbesserungen bei der SPD[373] und Zugeständnissen an die Ärzteschaft bei der FDP[374] verfolgten beide Fraktionen das Hauptziel, die §§ 10 und 86 zu revidieren.[375] Strategisches Mittel sollte ein Antrag der FDP zur Geschäftsordnung sein, wegen der verfassungsrechtlichen Problematik dieser Bestimmungen den Entwurf an den Rechtsausschuß zurückzuverweisen und dadurch das weitere Verfahren möglicherweise so zu verzögern, daß eine Verabschiedung des Gesetzes in der laufenden Wahlperiode nicht mehr möglich wäre.

Trotz der klaren Mehrheitsverhältnisse im Bundestag standen die Chancen dieser Oppositionspläne keineswegs schlecht: Innerhalb der Unionsfraktion hatte die CSU-Gruppe um den Abgeordneten Spies ihr Ziel nämlich noch keineswegs aufgegeben, die geplante Erhöhung der allgemeinen Einkommensgrenze für die Hilfe in besonderen Lebenslagen (§ 75) doch noch zu verhindern. Auf der Sitzung des Arbeitskreises IV der Fraktion am 25. April kündete Spies an, die CSU-Landesgruppe wolle einen Antrag auf Wiederherstellung des anderthalbfachen Regelsatzes stellen. Falls die Gesamtfraktion dies nicht unterstütze, werde die Landesgruppe möglicherweise dem Antrag der FDP auf Rückverweisung an den Rechtsausschuß zustimmen und ihm so die notwendige Mehrheit verschaffen.[376] Ein tags darauf anberaumtes Gespräch von Horn, Niggemeyer, Willeke und Spies bei dem Vorsitzenden der CSU-Landesgruppe Höcherl brachte keine Einigung: Höcherl hielt das Gesetz für politisch wenig relevant und zeigte sich geneigt, den Wünschen der bayerischen Abgeordneten zu folgen.[377] Daraufhin mobilisierte Willeke u.a. den Parlamentarischen Geschäftsführer der Fraktion, Will Rasner, mit dem Ergebnis, daß am Rande der nächsten Sitzung des Fraktionsvorstandes

---

[373] Die SPD forderte u.a. die Erhöhung der besonderen Einkommensgrenze auf 660 DM (statt 500 DM), die Gewährung von Blindengeld bereits ab dem dritten (statt dem sechsten) Lebensjahr, eine gewisse Stärkung der Schutzvorschriften bei der Freiheitsentziehung sowie eine Streichung der Bezugnahme auf das Arbeitseinkommen bei der Festsetzung der Regelsätze (§ 20 Abs. 2) und die alte Vermögensgrenze bei der Rückerstattungspflicht (zwölffache Einkommensgrenze); vgl. Änderungsantrag der SPD-Fraktion vom 2.5.1961, BT, 3.Wp. 1957, Umdruck 872, PA, Gesetzesmaterialien III/349 A2.

[374] Die FDP beantragte eine bessere Sicherung der freien Arztwahl bei nahezu allen gesundheitlichen Hilfen einschließlich der medizinischen Rehabilitation; außerdem sollte u.a. die Krankenhilfe auf den Standard der gesetzlichen Krankenversicherung beschränkt und der Bund an der Finanzierung des gesetzlichen Pflegegeldes für Schwerbehinderte beteiligt werden; vgl. Änderungsantrag der FDP-Fraktion vom 2.5.1961, BT, 3.Wp. 1957, Umdruck 888, PA, Gesetzesmaterialien III/349 A2.

[375] Vor allem sollte die Förderungsverpflichtung in § 10 Abs. 3 Satz 2 gestrichen und der Vorrang bei den Einrichtungen (§ 86 Abs. 1 Satz 2) auf bereits vorhandene beschränkt werden; vgl. die Änderungsanträge der SPD-Fraktion vom 2.5.1961, BT, 3.Wp. 1957, Umdruck 872, PA, Gesetzesmaterialien III/349 A2, sowie der FDP-Fraktion vom 2.5.1961, Umdrucke 887 und 888, ebenda.

[376] Vgl. Ministervorlage Abteilungsleiter V, 27.4.1961, BAK, B 106/9687. Leider ist das Protokoll dieser Sitzung in den einschlägigen Beständen des ACDP nicht überliefert.

[377] Vgl. ebenda.

am 2. Mai, also einen Tag vor der Plenardebatte, die Frage in einer Besprechung unter Leitung Krones geklärt werden sollte.[378]

Angesichts dieser beunruhigenden Entwicklung ausgerechnet in den Reihen der Regierungsfraktion drängte der von Willeke ins Bild gesetzte Duntze seinen Minister, unbedingt an dieser Unterredung teilzunehmen und den CSU-Antrag zu verhindern: Zwar sei der anderthalbfache Regelsatz aus Sicht der Sozialabteilung sachlich vertretbar. „Indessen käme die CDU/CSU in ein sonderbares Licht, wenn sie eine Verbesserung, die der Bundesrat ausschliesslich auf Kosten der Länder vorgeschlagen und der die Bundesregierung zugestimmt hat, rückgängig machen würde."[379] Wäre der CSU-Antrag aber nicht zu verhindern, dürfe er erst in der dritten, auf keinen Fall bereits in der zweiten Lesung gestellt werden. Sonst werde die SPD mit Sicherheit Aussetzung der dritten Lesung beantragen, so daß für den Fall einer Anrufung des Vermittlungsausschusses die Verabschiedung nicht mehr gesichert sei. Wegen der noch erheblicheren zeitlichen Verzögerung dürfe außerdem die Zurückverweisung an den Rechtsausschuß auf keinen Fall von den CSU-Abgeordneten unterstützt werden. Auch die Fürsorgereferenten aller Länder mit Ausnahme Bayerns lehnten eine Wiederherstellung der alten Einkommensgrenze ab.[380] Schröder schrieb daraufhin an Krone und Höcherl in Duntzes Sinne: Den Antrag auf Zurückverweisung stelle die FDP überdies ja nur, „weil sie die von unserer gesamten Fraktion bejahte Regelung der Subsidiarität der Sozialhilfeträger gegenüber der freien Wohlfahrtspflege zu Fall bringen möchte. Dass ihr dabei ausgerechnet von Teilen der Regierungspartei Hilfestellung [sic] geleistet würde, müsste besonders eigenartig wirken".[381]

Doch nicht nur die bayerische Schwesterpartei versuchte, den Fraktionsvorsitzenden unter Druck zu setzen: Im Katholischen Büro und bei der Bonner Verbindungsstelle von Innerer Mission und Hilfswerk war man über die Änderungen der Subsidiaritäts-Bestimmungen durch den Bundestagsausschuß alles andere als glücklich und intervenierte noch vor der entscheidenden Fraktionssitzung am 2. Mai schriftlich bei Krone. Die von Collmers nicht völlig korrekt informiertem Mitarbeiter Heun verfaßte Stellungnahme der Diakonie wandte sich nur gegen die Ergänzung in § 10 Abs. 5, da der besondere Nachweis der Einleitung der Hilfe für die freien Träger „unzumutbar" sei und „unnötigen Arbeitsaufwand" erfordere, sowie gegen eine Beschränkung des Vorrangs bei der Beratung.[382] Prälat Wissing

---

[378] Vgl. ebenda.
[379] Vgl. ebenda.
[380] Vgl. Niederschrift über die Dienstbesprechung der Leitenden Fürsorgereferenten der Länder am 27./28. 4. 1961; Vermerk Referat V 4 vom 2. 5. 1961, BAK, B 106/9697.
[381] Schröder an Höcherl, 28. 4. 1961 (Durchschrift), BAK, B 106/9687; vgl. ferner Schröder an Krone, 28. 4. 1961, ACDP, NL Krone, I-028-056/3.
[382] Vgl. Mordhorst an Krone (Abschrift), am 2. 5. 1961, mit einer Durchschrift der an die Mitglieder des Ausschusses für Kommunalpolitik und öffentliche Fürsorge gerichteten Stellungnahme der Verbindungsstelle vom 2. 5. 1961 (Zitat), ADW, HGSt, SP-S XXV 1: 102-1/1; zur Verfassenschaft vgl. Heun an Mordhorst, 1. 5. 1961, ebenda. Irrtümlicherweise ging Heun dabei davon aus, daß den freien Verbänden in § 8 Abs. 2 nur bei der Beratung in „sonstigen Angelegenheiten" ein Vorrang eingeräumt werden sollte; tatsächlich sollte dieser aber für sonstige *soziale* Angelegenheiten gelten.

vom Katholischen Büro sah in sämtlichen Änderungen des Ausschusses eine „wesentliche Verschlechterung" und wünschte die Wiederherstellung der Regierungsfassung, die „nur aufgrund zäher und langer Verhandlungen zwischen den Kirchen, den caritativen Verbänden und dem Bundesinnenministerium zustande gekommen" sei.[383]

In der Fraktionssitzung behauptete Willeke, Caritas und Diakonie wünschten die Wiederherstellung der Regierungsvorlage, und Krone beschwor die Fraktion, zumal „es um dieses Gesetz einen harten Kampf geben werde", in dieser „Grundsatzfrage" einig zu sein.[384] Daraufhin beschloß die Fraktion ganz im Sinne des Katholischen Büros einen Änderungsantrag, wonach die ursprüngliche Fassung des § 10 Abs. 4 und 5 und des § 86 Abs. 1 weitgehend wiederhergestellt werden sollte, letzteres mit einer noch günstigeren Formulierung insbesondere für die kirchlichen Träger.[385] Die vom Bundestagsausschuß vorgeschlagene Regelung des Wahlrechts und der Beratung allerdings wollte auch die Unionsfraktion nicht mehr ändern.

Am gleichen Tag beschloß die Fraktion der SPD den Beschlüssen ihres Arbeitskreises Sozialpolitik entsprechend, den FDP-Antrag auf Überweisung an den Rechtsausschuß zu unterstützen; sollte die Ausschußfassung der §§ 10 und 86 nicht geändert werden, würde die SPD-Fraktion das gesamte Gesetz ablehnen.[386]

Am 3. Mai 1960 begann im Bundestag die zweite Lesung. Kurz zuvor hatte Krone die Fraktion zu einer nur zehnminütigen Sitzung zusammengerufen und dabei noch einmal mit deutlichen Worten vor Alleingängen einzelner Abgeordneter gewarnt.[387] Dies war auch an den Abgeordneten Spies gerichtet, der, nachdem die Frage der Einkommensgrenzen offensichtlich zugunsten des zweifachen Richtsatzes entschieden war[388], nun seine Zustimmung zum Gesetz von einer stärkeren Verankerung der freien Arztwahl abhängig machen wollte.

Gleich zu Beginn der Plenardebatte wurde von der FDP die Zurückverweisung an den Rechtsausschuß beantragt; doch die CSU-Abgeordneten wahrten die Fraktionsdisziplin, und der Antrag wurde mit der Mehrheit der Union abgelehnt.[389] Die nun folgende Debatte belegte, daß aus dem sozialpolitischen Fach-

---

383 Wissing an Krone, 29. 4. 1961, mit Anlagen, ACDP, NL Krone, I-028-062/3.
384 Protokoll der Fraktionssitzung am 2. 5. 1961, in: CDU/CSU-Fraktion 1957-1961, S. 822.
385 In § 86 Abs. 1 sollte der Vorrang bei den Einrichtungen auf die Kirchen, Religionsgesellschaften und freien Wohlfahrtsverbände beschränkt, damit also der Vorrang gewerblicher, aber auch anderer öffentlich-rechtlicher Träger ausgeschlossen werden; vgl. Änderungsantrag der Fraktion der CDU/CSU vom 2. 5. 1961, BT, 3. Wp. 1957, Umdruck 857, PA, Gesetzesmaterialien III/349 A2.
386 Vgl. die Protokolle der Sitzungen des Arbeitskreises Sozialpolitik am 17. 4. 1961, AdsD, SPD-BTF 3. Wp., 135, sowie der Fraktionssitzung am 2. 5. 1961, in: SPD-Fraktion 1957-1961, S. 548.
387 Vgl. Protokoll der Fraktionssitzung am 3. 5. 1961, in: CDU/CSU-Fraktion 1957-1961, S. 826.
388 Leider ist das für den 2. 5. 1961 zur Frage der Einkommensgrenzen geplante Gespräch nicht aktenkundig geworden; es ist aber davon auszugehen, daß die Argumentation des BMI Krone und vermutlich auch Höcherl überzeugte.
389 Vgl. Bundestagssitzung am 3. 5. 1961, S. 9022ff., BT, 3. Wp. 1957, Sten. Ber., Bd. 49.

gesetz, das bislang vor allem eingeweihte Experten interessiert hatte, auch in der Wahrnehmung der Abgeordneten längst ein „Weltanschauungsgesetz" geworden war. Die eigentlich angesetzte Beratung der einzelnen Paragraphen mutierte schnell zur Grundsatzdiskussion über die bundesrepublikanische Staats- und Gesellschaftsordnung, die von Bundestagspräsident Gerstenmaier schließlich abends gegen 21.30 Uhr abgebrochen und am nächsten Morgen fortgesetzt wurde.[390] Auf Unionsseite wurde angeführt, daß die in den Wohlfahrtsverbänden und Kirchen manifesten „freien Volkskräfte" verkümmern müßten, würde ihnen nicht ein „gewisses Vorrecht" im BSHG eingeräumt.[391] Die Union wolle das, „was nicht unbedingt vom Staat erledigt werden muß, was der Mensch in eigener Verantwortung zu übernehmen bereit ist, ihm freudig überlassen", kurz, es gehe im Gesetz „um das Ordnungsbild des freiheitlichen Menschen".[392] Im übrigen bleibe die Erstverantwortung beim demokratisch legitimierten Kreistag, Stadtrat etc., der autonom über die Verwendung seiner Haushaltsmittel entscheiden müsse, und man solle nicht so tun, „als ob mit dieser Formulierung der §§ 10 und 86 die ganze Gemeindeordnung, die freiheitliche Verfassung zusammenfalle".[393] Tatsächlich, so Rainer Barzel von der CDU, gehe es nicht um eine verfassungsrechtliche Kontroverse, sondern „um einen gesellschaftspolitischen, einen ordnungspolitischen Streit im Rahmen der Normen des Grundgesetzes. Der eine will ein bißchen mehr Kommunalisierung, der andere will ein bißchen mehr freie Entfaltung. Beides ist sicher nach dem Grundgesetz zulässig".[394]

Genau das aber wurde von den Abgeordneten der SPD und FDP bestritten und bereits im Laufe der Debatte wiederholt damit gedroht, gegebenenfalls das Bundesverfassungsgericht anzurufen: Das BSHG schränke in einem verfassungsrechtlich nicht mehr vertretbaren Maße die Entscheidungsfreiheit der Gemeinden ein, und dies auf einem Gebiet, das zum grundgesetzlich garantierten „Wesenskern" gemeindlicher Arbeit gehöre.[395] Beklagt wurde eine „Kommunalfeindlichkeit" der Bestimmungen, obwohl doch gerade die Gemeinden mit ihrer demokratischen Selbstverwaltung vorrangiges Betätigungsfeld staatsbürgerlicher Freiheit seien.[396] Mit dem Entwurf werde eine „nicht zu vertretende Entmündigung der Gemeinde als Träger der sozialen Fürsorge" und eine „Konfessionalisierung durch die Hintertür" betrieben.[397] Die Bundesregierung wolle so ein in der katholischen Kirche entwickeltes hierarchisches Gesellschaftsbild, also die „Auffassung einer bestimmten Schicht unseres Volkes dem gesamten Volk aufzwingen".[398] Vor allem Könen brachte im Laufe der Debatte dabei auch Innen-

---

[390] Vgl. ebenda, S. 9025ff.
[391] Bodelschwingh, ebenda, S. 9026.
[392] Abg. Maucher (CDU), ebenda, S. 9034.
[393] ders., ebenda.
[394] Abg. Barzel (CDU), ebenda, S. 9024.
[395] Vgl. Gerhard Jahn (SPD), ebenda, S. 9048, 9084; vgl. etwa auch den Abg. Bucher (FDP), ebenda, S. 9022.
[396] Vgl. Abg. Metzger (SPD), ebenda, S. 9027f.; Nellen (SPD), ebenda, S. 9034f.
[397] Abg. von Mühlen (FDP), ebenda, S. 9032f.
[398] Abg. Metzger (SPD), ebenda, S. 9028.

3. Streit trotz prinzipieller Übereinstimmung

minister Schröder in eine wenig komfortable Lage, konnte er sich doch bei den Änderungsanträgen der SPD auf ältere Formulierungen in den Referentenentwürfen des Bundesinnenministeriums berufen und so versuchen, die eigenen Fachleute gegen ihren Minister auszuspielen und die Änderungen auf den Einfluß durch fachfremde „andere Kräfte" zurückführen.[399] Wie in der Union befürchtet, spielten die Abgeordneten der SPD und gerade auch die um Profilierung im bürgerlichen Lager bemühte FDP also die konfessionelle Karte und verwiesen auf die Kritik aus den Reihen der evangelischen Kirche am naturrechtlich begründeten Subsidiaritätsprinzip und deren Bedeutung für die CDU/CSU, „die den konfessionellen Spannungsbogen ja sehr viel mehr im eigenen Hause hat als wir von den Freien Demokraten oder die Sozialdemokratische Partei".[400] Im Grunde, meinte der SPD-Abgeordnete Ludwig Metzger, gehe es aber gar nicht um das Subsidiaritätsprinzip, sondern „darum, daß gewisse Verbände das gerne möchten, was sie dem Staat und den Gemeinden vorwerfen: sie möchten möglichst viel Macht bekommen und von dieser Macht möglichst viel Gebrauch machen".[401]

Angesichts des zunehmenden Zeitdrucks verzichteten die Unionsabgeordneten am 4. Mai auf weitere Beiträge in der Subsidiaritätsfrage und handelten sich damit von der Opposition den Vorwurf des „Schweigeboykotts" ein.[402] Und nachdem so in der Subsidiaritätsfrage noch einmal alle bekannten Argumente ausgetauscht worden waren, wurden die einschlägigen Paragraphen gegen die Stimmen der SPD und FDP entsprechend dem Änderungsantrag der CDU/CSU-Fraktion im wesentlichen wieder in der ursprünglichen Fassung des Regierungsentwurfs beschlossen.[403] Bis auf die von der FDP-Fraktion beantragte zusätzliche formale Sicherung der freien Arztwahl und eine Entschärfung der Meldepflicht bei Behinderung[404] sowie einen interfraktionellen Antrag mit gewissen Verbesserungen bei der Eingliederungshilfe[405] wurden auch alle sonstigen Änderungsanträge der Opposition von der Unionsmehrheit abgelehnt und im übrigen die Ausschußempfehlungen in der Regel auch mit Stimmen der Opposition angenommen.[406]

Als schließlich nach gut siebenstündiger und zunehmend hitziger Debatte am Mittag des 4. Mai der Entwurf zur endgültigen Abstimmung stand, war die Zahl der anwesenden Abgeordneten bereits beträchtlich geschrumpft. Nach

---

[399] Vgl. Könen und Schröder, ebenda, S. 9043ff. (Zitat Könen: S. 9043).
[400] Abg. von Mühlen (FDP), ebenda, S. 9033.
[401] Abg. Metzger (SPD), ebenda, S. 9029.
[402] Frankfurter Allgemeine Zeitung vom 5.5.1961, S. 1; vgl. Bundestagssitzung am 4.5. 1961, S. 9061ff., BT, 3. Wp. 1957, Sten. Ber., Bd. 49.
[403] Vgl. Bundestagssitzung am 4.5.1961, ebenda, S. 9069.
[404] Vgl. ebenda, S. 9073, 9082.
[405] Im interfraktionellen Änderungsantrag vom 3.5.1961 wurde die besondere Einkommensgrenze auch auf aufwendige ambulante Hilfen der Eingliederungshilfe ausgedehnt, BT, 3. Wp. 1957, Umdruck 894, PA, Gesetzesmaterialien III/349 A2.
[406] Bei der Regelung der Rückzahlungspflicht gab es in den Reihen der Union allerdings zahlreiche Gegenstimmen; vgl. Bundestagssitzung am 4.5.1961, S. 9079, BT, 3. Wp. 1957, Sten. Ber., Bd. 49.

zwei unklaren Durchgängen erfolgte die Schlußabstimmung im Hammelsprung: Für das BSHG stimmten 193 Abgeordnete der Union, dagegen 150 der Opposition, 3 Abgeordnete enthielten sich.[407] Wie vom FDP-Abgeordneten von Mühlen prophezeit, war das BSHG, „das wirklich ein Volksgesetz hätte sein können, mit der kleinen Gerade-noch-Mehrheit der CDU/CSU über die Bühne" gegangen.[408]

Nach Einschätzung des stellvertretenden Chefs des Bundespräsidialamtes allerdings wäre „das Problem der Subsidiarität beim BSHG bei weitem nicht in dem Maße hochgespielt worden [...], wenn die Parteien nicht befürchtet hätten, bei einer nachgiebigeren Haltung ihre Position für die zu erwartende Auseinandersetzung und [sic] die Novelle des Reichsjugendwohlfahrtsgesetzes zu schwächen".[409] Ähnlich wurde in einer renommierten Fachzeitschrift geurteilt: „Wieder einmal ist offenbar manchem Beteiligten der erhebliche Unterschied zwischen einem Nachrang der öffentlichen Erziehungsaufgabe gegenüber dem Erziehungsrecht der Eltern und sonstiger Erziehungsberechtigter und dem Verhältnis der zumeist materiellen Leistungen der öffentlichen Fürsorge gegenüber der freien Wohlfahrtspflege nicht genügend deutlich geworden. Man kann wohl mit gutem Recht sagen, daß die Angriffe, die hier gegen den Entwurf des BSHG gerichtet wurden, eigentlich der geplanten Neuordnung der Jugendhilfe zugedacht waren."[410]

„Wir standen allein", notierte Heinrich Krone in sein Tagebuch, „SPD und FDP gegen uns. Hoch ging es her. [...] Auch hier war die Fraktion einig. Die evangelischen Kollegen gingen mit; hätte die evangelische Seite nicht auch den Standpunkt der katholischen eingenommen, wäre das Gesetz in dieser Form nicht zustande gekommen."[411] Angesichts dieser Probleme hielt es Krone daher auch für besser, die RJWG-Novelle nicht auch noch in der laufenden Periode zu verabschieden: „Hier wird der Kampf noch härter; hier zieht die evangelische Seite nicht so mit. Wuermeling, der einseitigste Interessent, wenn es um Prinzipien geht, tobt und will schon wieder [ein]mal demissionieren und das katholische Volk aufwiegeln. Ich hatte schweren Krach mit ihm. Ob der Bundesrat das Sozialhilfegesetz annimmt, steht dahin; ebenso, ob die Linke [nicht] auch in dieser Frage wieder einmal nach Karlsruhe geht. Das alles sieht der Herr Minister nicht, dem man empfehlen sollte, einmal in Italien oder Spanien sich die Zustände anzusehen."[412]

Tatsächlich war keineswegs sicher, ob der Bundesrat nicht den Vermittlungsausschuß anrufen würde; das zumindest empfahlen sowohl sein Innen- als auch

---

[407] Vgl. ebenda, S. 9089. Oel kolportierte später, daß sich auch Gerstenmaier der Stimme enthalten habe, ohne dies jedoch verifizieren zu können; vgl. Oel an Ostendorf, 15.5. 1961, LAB, B Rep. 142-9, 1285.
[408] Bundestagssitzung am 4.5.1961, S. 9089, BT, 3. Wp. 1957, Sten. Ber., Bd. 49.
[409] Vermerk Referat V 1 über einen Anruf von Albert Einsiedler vom 6.5.1961, BAK, B 106/20653b.
[410] BldW 108 (1961), S. 161.
[411] Tagebuch-Eintrag Krone vom 4.5.1961, in: Krone, Tagebücher, Bd. 1, S. 489.
[412] Ebenda.

3. Streit trotz prinzipieller Übereinstimmung 493

sein Rechtsausschuß.[413] Neben den bekannten verfassungspolitischen Einwänden gegen die Gefährdetenhilfe und die Vorschrift zum Fachpersonal sowie der abermaligen Forderung nach stärkerer Begrenzung der Rückerstattungspflicht und nach Erhöhung des Familienzuschlags war es auch hier die Subsidiaritätsfrage, die auf Widerspruch stieß: Vor allem sollte der Einrichtungsvorbehalt in § 93 (zuvor § 86) wieder wie in der RFV beschränkt werden auf die Fälle, in denen Einrichtungen der freien Wohlfahrtspflege bereits vorhanden waren, da sonst eine „*Funktionssperre* [...] von jedem bestehenden oder ad hoc gebildeten Träger der freien Wohlfahrtspflege ausgelöst werden" könne.[414] In § 10 Abs. 4 sollte zumindest die Fassung des Bundestagsausschusses wiederhergestellt werden. Das entsprach auch den abermals formulierten gemeinsamen Forderungen der kommunalen Spitzenverbände, die außerdem die Ministerpräsidenten mit den Ergebnissen einer jüngst fertiggestellten Umfrage über freiwillige Förderleistungen der Städte an die freien Wohlfahrtsverbände überzeugen wollten.[415]

Am 26. Mai tagte der Bundesrat im Plenum. Hessen und Niedersachsen brachten jeweils einen Antrag ein, wonach auch die allgemeine Vorschrift zur Unterstützung der freien Verbände in § 10 Abs. 3 gestrichen oder zumindest deutlich gemildert werden sollte.[416] Doch da sich die parteipolitische Zusammensetzung des Bundesrates gegenüber dem ersten Durchgang 1960 noch zugunsten der Union verbessert hatte[417] und wohl auch keiner der Ministerpräsidenten der CDU/CSU vor der Bundestagswahl einen erneuten parteiinternen Konflikt heraufbeschwören wollte, wurde die Anrufung des Vermittlungsausschusses mit der Mehrheit der unionsregierten Länder abgelehnt, obwohl auch bei diesen z.T. erhebliche Bedenken etwa gegen die Regelung der Gefährdetenfürsorge bestanden.[418] Gegen die Stimmen Hessens, Niedersachsens und der drei Stadtstaaten

---

[413] Vgl. die Empfehlung des federführenden Ausschusses für Innere Angelegenheiten und des Rechtsausschusses vom 19. 5. 1961, BR 1961, Drucksachen, Drs. 167/1/61.
[414] Ebenda (Hervorhebung im Original). Vgl. ferner die Niederschriften über die Sitzung des Ausschusses für Innere Angelegenheiten am 17. 5. 1961 und des Rechtsausschusses am 18. 5. 1961, BAK, B 106/20563a.
[415] Vgl. Bundesvereinigung der Kommunalen Spitzenverbände an den Bundesrat, 12. 5. 1961; Weinberger an die Ministerpräsidenten und jeweils zuständigen Minister/Senatoren der Länder (mit Verteilerliste) sowie an die Landesverbände des DST, 12. 5. 1961, LAB, B Rep. 142-9, 1285; ferner „Ergebnis der Erhebung über die Förderung freier Verbände, Organisationen und Vereine durch die Gemeinden", Stand: 19. 12. 1960, vom 10. 5. 1961, mit Erläuterungen, ebenda. Danach hatten 130 der 136 befragten kreisfreien Städte (ohne Stadtstaaten) im Rechnungsjahr 1959 an die freien Verbände etc. 33,4 Mio. DM für Fürsorge und Jugendfürsorge, weitere 35,9 Mio. DM für Gesundheitspflege und Jugendpflege (ohne Sport), zusammen 69,3 Mio. DM an freiwilligen Förderleistungen angesetzt (Rechnungssoll); für das Haushaltsjahr 1961 waren zusammen 91,8 Mio. DM veranschlagt.
[416] Vgl. die Anträge des Landes Niedersachsen vom 25. 5. 1961, BR 1961, Drucksachen, Drs. 167/3/61, und des Landes Hessen vom 25. 5. 1961, ebenda, Drs. 167/4/61.
[417] In Baden-Württemberg und im Saarland regierte jetzt die CDU mit jeweils kleinen Koalitionspartnern.
[418] Vgl. BldW 108 (1961), S. 193.

stimmte der Bundesrat dem Gesetz schließlich zu.[419] Damit war das Bundessozialhilfegesetz, das in denkbar breiter Kooperation über Länder- und Parteigrenzen hinweg erarbeitet worden war, im Gegensatz zu den meisten anderen großen Sozialgesetzen schließlich nur mit den Stimmen der Regierungspartei beschlossen.[420] Nach Ausfertigung durch Bundespräsident Lübke mit Datum vom 30. Juni 1961 am 5. Juli 1961 im Bundesgesetzblatt verkündet[421], sollte das BSHG am 1. Juni 1962 in Kraft treten.

Angesichts vielfach kritischer erster Presseberichte über die „Redeschlacht um die Sozialhilfe"[422] wuchs innerhalb der CDU/CSU-Fraktion, nicht zuletzt bei Krone und Peter Horn, die Skepsis gegenüber Wuermelings Plan, auch die RJWG-Novelle noch zu verabschieden.[423] Weltanschaulich brisanter und hinsichtlich des Vorrangs der freien Verbände weitergehend stieß dieser Entwurf auf größere Vorbehalte auch innerhalb der evangelischen Kirche; doch die Furcht vor einer Blamage, möglicherweise auch das starke Interesse des Familienministers, nach achtjähriger Amtszeit wenigstens einen Gesetzentwurf unter eigener Federführung durch den Bundestag zu bringen, überwogen schließlich solche Bedenken: Am 28. Juni, wenige Tage vor der Sommerpause, wurde schließlich nach langer und abermals heftiger Debatte die Novelle zum RJWG in namentlicher Abstimmung nur mit den Stimmen der Union verabschiedet.[424] Gut zwei Wochen später stimmte auch die knappe Mehrheit der unionsregierten Länder im Bundesrat der Novelle zu; auch hier hatten sie die Bedenken gegen die eigene Länderhoheit tangierende Bestimmungen aus Parteiloyalität schließlich zurückgestellt.[425] Durch eine Ermächtigung des Bundestages wurde die Novelle doch noch als „Gesetz für Jugendwohlfahrt" (JWG) mit geänderter Paragraphenfolge unter dem 11. August 1961 verkündet und trat am 1. Juli des folgenden Jahres, also einen Monat nach dem BSHG, in Kraft.[426]

Die Reaktionen auf die Verabschiedung des BSHG und des JWG waren erwartungsgemäß sehr unterschiedlich, sie ähnelten sich nur insofern, als fast immer die

---

[419] Vgl. Sitzung des Bundesrates am 26.5.1961, S.124, BR 1961, Sten. Ber. Am gleichen Tag rief der Bundesrat wegen insgesamt sechs anderer Gesetze (u.a. wegen der Finanzierung von Maßnahmen im Rahmen des geplanten Wohnungsbaugesetzes) den Vermittlungsausschuß an; vgl. ebenda, S.125ff.; Die Welt vom 27.5.1961, S.2.
[420] Vgl. SF 10 (1961), S.168.
[421] BGBl. I S.815.
[422] So der Titel eines Artikels in: Welt der Arbeit vom 12.5.1961; kritisch vor allem Frankfurter Allgemeine Zeitung, 5.5.1961, S.1; sowie Frankfurter Rundschau, 5.5.1961, S.1; Der Spiegel, 17.5.1961, S.24. Positiv hingegen: Die Welt, 5.5.1961, S.2.
[423] Vgl. Krone, Tagebücher, Bd. 1, Eintrag vom 19.5.1961, S.498; Protokoll der Sitzung des Fraktionsvorstands am 29.5.1961, in: CDU/CSU-Fraktion 1957-1961, S.829f.
[424] Vgl. BT, 3.Wp. 1957, Sten. Ber., Bd.49, S.9504ff.; Die Welt, 29.6.1961; Hasenclever, Jugendhilfe, S.200ff.
[425] Vgl. Sitzung des Bundesrats am 14.7.1961, BR 1961, Sten. Ber., S.185ff.
[426] BGBl. I S. 1205, 1875. Den alten Streitpunkt um die Zuordnung der Hilfe zum Lebensunterhalt für Minderjährige in ihrer Familie beseitigte das JWG nicht, ebensowenig eindeutig war das Verhältnis zu der Hilfe in besonderen Lebenslagen des BSHG (etwa Eingliederungshilfe); diese Rechtsunsicherheit und mangelhafte Zusammenarbeit vieler Sozial- und Jugendämter milderten erst Mitte der sechziger Jahre verschiedene Länder-

3. Streit trotz prinzipieller Übereinstimmung

Subsidiaritätsfrage dominierte und alle anderen Neuerungen – zumindest in der breiteren öffentlichen Wahrnehmung[427] – in den Hintergrund traten. Am 6. Juli übermittelte Prälat Wissing Krone den offiziellen Dank des Vorsitzenden der Bischofskonferenz, Kardinal Frings, für die Arbeit der CDU/CSU-Fraktion in dieser Legislaturperiode.[428] Im September befanden die Bischöfe, die „neuen Gesetze ermöglichen [...] die volle Entfaltung der kirchlichen Liebestätigkeit", und forderten die katholischen Priester auf, die Gläubigen zur Wahl katholischer Einrichtungen zu ermuntern.[429] Auch auf evangelischer Seite überwog die positive Einschätzung der Gesetze: Zwar hatte Heinemann in der Bundestagsdebatte über die RJWG-Novelle darauf verwiesen, daß es sich angesichts der Besonderheiten der Kirchenverfassung verbiete, eine Zustimmung „der" evangelischen Kirche zu den Gesetzen zu behaupten, und sich u. a. auf abweichende Auffassungen Ohls berufen[430]; nichtsdestoweniger erklärte Präsident Münchmeyer für die Diakonie, das BSHG „komme der evangelischen Auffassung vom Wesen der Fürsorge soweit entgegen, wie das ein Gesetz nur könne", und hoffte für die Praxis auf ein „auch weiterhin [...] ersprießliches Zusammenwirken von öffentlicher und privater Initiative".[431] Auch ein offizielles Rundschreiben der Hauptgeschäftsstelle von Innerer Mission/Hilfswerk an sämtliche einschlägigen evangelischen Stellen und Verbände rechtfertigte die Position der evangelischen Verhandlungspartner bei der Erarbeitung der Vorrang-Regelungen und bejahte beide Gesetze in ihrer Gesamtheit.[432] Auf diese Weise sollte auch dem bei vielen Mitarbeitern vorherrschenden Eindruck entgegengetreten werden, hier handele es sich um spezifisch „katholische" Gesetze.[433] Tatsächlich war innerhalb der Caritas die Einschätzung keineswegs so einhellig zustimmend, wie anhand der Genese der Gesetze zu vermuten: Der ehemalige DCV-Präsident Eckert (1952–1959) und selbst Elisabeth Zillken fürchteten, daß die Ressourcen der freien Verbände für die neuen gesetzlichen Möglichkeiten gar nicht groß genug seien, und

---

erlasse und Gutachten des DV; zu den Einzelheiten vgl. Friedeberg-Polligkeit-Giese, Gesetz, S. 67ff.; ferner die Beiträge von Otto Fichtner und Franz Flamm auf dem Fürsorgetag 1965, in: Vier Jahre Bundessozialhilfegesetz, S. 161ff.
[427] Neben den bereits genannten Presseberichten vgl. auch Stuttgarter Zeitung vom 9. sowie 11.10.1961.
[428] Vgl. Krone, Tagebücher, Bd. 1, Eintrag vom 6.7.1961, S. 513.
[429] Die neuen Sozialgesetze. Ein Wort der deutschen Bischöfe an den Klerus, in: Amtsblatt für die Erzdiözese München und Freising, 21.9.1961; ähnlich positiv dann ein offizielles Hirtenwort der Bischöfe am 1.7.1962 anläßlich des Inkrafttretens der Gesetze, abgedruckt in: Herder-Korrespondenz 16 (1961/62), S. 483. Auch in der Geschäftsführung des Zentralkomitees der deutschen Katholiken bewertete man BSHG und JWG sehr positiv; vgl. Großmann, Kirche, S. 343, 420f.
[430] Vgl. Bundestagssitzung am 28.6.1961, BT, 3. Wp. 1957, Sten. Ber., Bd. 49, S. 9543; kritisch dazu Kunst an Collmer, 22.7.1961, ADW, HGSt, SP-S XXV 1: 422-1/1; siehe auch Foss, Diakonie, S. 53f.
[431] Evangelische Information, September 1961, S. 3 (Abschrift), ADW, HGSt, SP-S XXV 1: 480-1/2.
[432] Vgl. Rundschreiben der Hauptgeschäftsstelle von Innerer Mission/Hilfswerk vom 19.10.1961, mit Anlagen, ADW, HGSt, SP-S XXV 1: 463-1/1.
[433] Vgl. Vermerk Suhr vom 9.6.1961, ADW, HGSt, SP-S XXV 1: 480-1/2; Vermerk Collmer vom 9.10.1961, ADW, HGSt, SP-S XXV 1: 420-1/1.

verwiesen auf die ebenso in vielen Kommunen und kommunalen Einrichtungen engagiert tätigen Christen, die es zu unterstützen gelte.[434]

In der SPD setzte man angesichts der parlamentarischen Niederlage auf die schon seit längerem von einzelnen sozialdemokratisch regierten Städten angestellten Überlegungen für eine Klage vor dem Bundesverfassungsgericht.[435] Diese Pläne wurden vom sozialdemokratisch dominierten DST unterstützt, und dementsprechend kritisch fiel auch eine erste Würdigung des BSHG durch Anton Oel aus, obwohl gerade er jahrelang an der Erarbeitung des Gesetzes beteiligt und dabei im Sinne der Städte erfolgreich gewesen war.[436] Auf seiten des DLT hingegen standen die altbekannten Monita der zu großzügigen Einkommensgrenzen, Blindenhilfe etc. im Vordergrund; zwar erhob auch Bangert „schwere Bedenken"[437] gegen die Regelungen der Subsidiaritätsfrage, doch ging man im DLT davon aus, daß die Vorrangregelungen die Landkreise kaum betrafen, da dort die im Gesetz nicht genannten kreisangehörigen Städte und Gemeinden meist die kommunalen Einrichtungen unterhielten.[438] Hans Muthesius, der das BSHG als „das vollendetste Fürsorgegesetz, das die deutsche Sozialgesetzgebung kennt", lobte, machte aus seiner Skepsis gegenüber den Subsidiaritäts-Regelungen auch öffentlich keinen Hehl und forderte die letzte Planungsverantwortung für die Kommunen; der DV als „ein Platz des Sichzusammenfindens" wolle jedenfalls gerne in dieser zentralen Frage vermitteln.[439]

Im Wahlkampf um ideologische Abgrenzung von der Union bemüht, hatten Vertreter der FDP bereits bei der zweiten Lesung der RJWG-Novelle deren Revision für den Fall angekündigt, daß die Union bei der Bundestagswahl ihre absolute Mehrheit verliere.[440] Als die CDU/CSU im September diese Mehrheit tatsächlich knapp verfehlte und wieder eine Koalition mit der FDP einging, las sich diese Ankündigung in der Koalitionsvereinbarung allerdings etwas anders: Danach sollte vorerst keines der im letzten Bundestag beschlossenen sozialen und kulturellen Gesetze aufgehoben, sondern deren Wirkung bis zum Ende des Jahres 1963

---

[434] Vgl. Krone, Tagebücher, Bd. 1, Eintrag vom 29.7.1961, S. 519.
[435] Vgl. etwa Mitteilung der Pressestelle der SPD-Bundestagsfraktion vom 5.5.1961, AdsD, SPD-BTF 3. Wp., 136; ferner allgemein den von Auerbach am 9.6.1961 in München gehaltenen Vortrag „Kommunale Verantwortung im sozialen Bereich", abgedruckt in: Auerbach, Beiträge, S. 159-182.
[436] Vgl. Oel, Bundessozialhilfegesetz.
[437] Niederschrift über die Sitzung des DV-Vorstands am 7.7.1961, ADW, HGSt, SP-S XXIIIa 2/1.
[438] Vgl. Johann Bangert, Verabschiedung; Deutscher Landkreistag, S. 37ff.
[439] Muthesius, Deutscher Verein, S. 454, 458. Tatsächlich erwies es sich jedoch abermals als unmöglich, diese Gegensätze im Rahmen des DV auszugleichen, und so sorgte Muthesius dafür, daß der DV statt dessen pragmatisch die Umsetzung des BSHG (Vorschläge für Länderausführungsgesetze etc.) und die breite Information über das neue Gesetz in den Mittelpunkt seiner Facharbeit stellte; vgl. den Briefwechsel zwischen Oel und Muthesius, 18.5.-11.7.1961; Bericht über die Sitzung des Fachausschusses I am 19.5.1961, LAB, B Rep. 142-9, 1256; Niederschrift über die Sitzung des DV-Vorstands am 7.7. 1961, ADW, HGSt, SP-S XXIIIa 2/1.
[440] Vgl. Freiherr von Mühlen (FDP) am 28.6.1961, BT, 3. Wp. 1957, Sten. Ber., Bd. 49, S. 9512.

abgewartet und erst dann möglicherweise novelliert werden.⁴⁴¹ „Die Kirchen" notierte Krone in sein Tagebuch, „sind damit sehr zufrieden", und gegenüber Vertretern des Zentralkomitees der Katholiken versicherte er, seine Partei werde „an dem Bestand der Kultur- und Sozialgesetze in der Koalition festhalten".⁴⁴²

---

⁴⁴¹ Vgl. Krone, Tagebücher, Bd. 1, S. 541, Tagebuch-Eintrag vom 9.10.1961; Die Welt, 6.11. 1961; Vermerk Collmer vom 6.11.1961, ADW, HGSt, SP-S XXVl: 400-1/1; ferner Schwarz, Adenauer, Bd. 2, S. 688. Auf der gemeinsamen Sitzung von Bundesvorstand und Bundestagsfraktion hatte der FDP-Vorsitzende Mende zwar die einschlägigen Gesetze vom Ende der letzten Legislaturperiode kritisiert und verkündet, dank der neuen Mehrheitsverhältnisse werde es „keinen Weitermarsch auf dem Weg der Konfessionalisierung des öffentlichen Lebens geben"; entsprechende Wünsche des seinerzeit engagierten Abgeordneten Rutschke, das BSHG und das JWG „gleich vorab zurück[zu]drehen", behandelte er allerdings schon jetzt nur dilatorisch, und seit Ende September war das Thema in der FDP-Führung offensichtlich vom Tisch; vgl. Sitzungen des Bundesvorstands und der Bundestagsfraktion am 19.9.1961 sowie am 29.9.1961, in: FDP-Bundesvorstand, S. 85f., 125, 164.
⁴⁴² Krone, Tagebücher, Bd. 1, S. 541f., Eintrag vom 9.10.1961.

VI. Nachspiel: Rechtliche Konkretisierung und verfassungsgerichtliche Überprüfung des BSHG 1962–1967

Wichtiges Ziel der Fürsorgereformer war die bundesweite Vereinheitlichung des Fürsorgerechts, nicht zuletzt im verfassungsmäßig begründeten Interesse „der Einheitlichkeit der Lebensverhältnisse über das Gebiet eines Landes hinaus" (Art. 72 Abs. 2 GG).[1] Dementsprechend ließ das BSHG den Ländern sehr viel geringere Spielräume zur eigenen Rechtssetzung als seine Weimarer Vorgänger.[2] Die 1962/63 erlassenen neuen Ausführungsgesetze der Länder regelten fast ausschließlich organisatorische und finanzielle Fragen wie die Heranziehung kreisangehöriger Gemeinden, Zuständigkeit von Behörden und überörtlichen Trägern, Kostenverteilung, Antragsverfahren etc.[3] Nur zum Teil griffen sie dabei auf einen von einer Arbeitsgruppe der Länderreferenten 1961 mit dem Bundesinnenministerium erstellten Musterentwurf zurück[4], so daß Besonderheiten der Landesverfassung, aber auch unterschiedliche politische Ziele des Landesgesetzgebers, etwa bei der institutionalisierten Zusammenarbeit mit der freien Wohlfahrtspflege[5]

---

[1] Vgl. auch Wehlitz, Bundessozialhilfegesetz, S. 64.
[2] Mit Inkrafttreten des BSHG am 1.6.1962 wurden die bisherigen Ausführungsgesetze der Länder gegenstandslos.
[3] Für die Fundstellen der Länderausführungsgesetze (in Hamburg erging nur eine Anordnung zur Durchführung des BSHG) in ihrer zeitgenössischen Fassung siehe Gottschick, Bundessozialhilfegesetz, 1966, S. 9f.
[4] Bereits vor der Zustimmung des Bundesrates hatte diese Gruppe ihre Arbeit aufgenommen und unter dem 31.8.1961 einen Musterentwurf vorgelegt; vgl. Vermerk Referat V 4 vom 2.5.1961; die Ergebnisniederschriften über die Sitzungen des Unterausschusses der Leitenden Fürsorgereferenten der Länder [...] am 24./25.5., 15./16.6., 13./14.7. und 30./31.8.1961; Musterentwurf eines Landesausführungsgesetzes zum Bundessozialhilfegesetz, 31.8.1961; Auszug aus dem Kurzprotokoll über die Tagung der Leitenden Fürsorgereferenten am 20./21.9.1961, BAK, B 106-9697. Deutlich anders als der Musterentwurf waren vor allem die Regelungen von Bayern, Berlin und Hamburg.
[5] Die Arbeitsgruppe der Länderreferenten hatte es für grundsätzlich „nicht tunlich" gehalten, weitere landesrechtliche Bestimmungen über die Beteiligung der freien Verbände vorzusehen, „da diese geeignet sein können, die Praxis zu erschweren", Ergebnisniederschrift über die Sitzung des Unterausschusses der Leitenden Fürsorgereferenten am 24./25.5.1961, BAK, B 106-9697. Ausnahmen seien nur dort zu erwägen, wo schon bisher gesetzliche Regelungen über die Zusammenarbeit bestanden. Entsprechend sah Bayern auch weiterhin eine Beteiligung der freien Wohlfahrtspflege und der Kirchen in den landesüblichen Sozialausschüssen und Arbeitsgemeinschaften, vgl. Art. 2ff., 6, 14 Gesetz zur Ausführung des Bundessozialhilfegesetzes vom 26.10.1962, Bayerisches GVBl. S. 272, Baden-Württemberg ebenfalls Arbeitsgemeinschaften, vgl. § 7 Gesetz zur Ausführung des Bundessozialhilfegesetzes vom 23.4.1963, Gesetzblatt für Baden-Württemberg S. 33, Hessen eine Mitwirkung der freien Verbände im dortigen Landesbeirat für Sozialhilfe, vgl. § 18 Hessisches Ausführungsgesetz zum Bundessozialhilfegesetz vom 28.5.1962, GVBl. für das Land Hessen Teil I S. 273, vor. Einzig Rheinland-Pfalz regelte

oder der Zuständigkeit für die Festsetzung der Regelsätze[6], weiterhin zum Tragen kamen.

Diese Beschränkung auf formalrechtliche Regelungen bedeutete jedoch nicht, daß die Länder keinen Einfluß auf die weitere materielle Ausgestaltung des BSHG besaßen und besitzen. Vielmehr ermächtigt das BSHG (bzw. das neue SGB XII) zu einer Reihe von Durchführungsverordnungen, die nur mit Zustimmung des Bundesrates erlassen werden können und die z.T. ganz erhebliche Auswirkungen auf die reale Höhe der Leistungen und den Empfängerkreis haben: Das galt zunächst etwa für die Verordnungen zur Eingliederungshilfe für Behinderte[7], zur Definition des Einkommensbegriffs für die Einkommensgrenzen[8] oder zur Festlegung der zu schonenden kleineren Vermögensbarbeträge[9], vor allem aber für die konkrete Ausgestaltung der Regelsätze. Diese, so prophezeite Kurt Wehlitz bereits 1961, werde „für eine nicht geringe Anzahl von Hilfeempfängern möglicherweise weitergehende finanzielle Auswirkungen haben als die in den gesetzlichen Leistungstatbeständen des BSHG vom Gesetzgeber normierten Leistungsverbesserungen".[10]

Wie Mitte der fünfziger Jahre war es das noch unangefochtene Expertengremium des DV, das wichtige Vorarbeiten leistete.[11] Bereits seit Mai 1960 beschäftigte sich der personell fast unveränderte Arbeitskreis „Aufbau der Richtsätze" mit der Aktualisierung des ersten Warenkorbs, der sich als unrealistisch knapp kalkuliert erwiesen hatte, den mittlerweile geänderten Verbrauchergewohnheiten nicht mehr entsprach und nun an der Meßlatte des „menschenwürdigen Lebens" zu messen war. Tatsächlich erweiterte der Arbeitskreis den Warenkorb um neue Elemente vor allem bei Ernährung und den sogenannten sonstigen persönlichen Bedürfnissen des täglichen Lebens, kalkulierte auch die Zuschläge etwas günstiger und definierte die Relationen der Regelsätze für Haushaltsangehörige zum Eck-Regelsatz neu.[12] Die Bedeutung dieses erneuerten Warenkorbes war gar nicht zu

---

 darüber hinaus in Anlehnung an das JWG auch die Unterstützung von Einrichtungen der freien Wohlfahrtspflege noch genauer, vgl. § 9 Landesgesetz zur Ausführung des Bundessozialhilfegesetzes vom 8. 3. 1963, GVBl. für Rheinland-Pfalz S. 79.

[6] In den meisten Ländern wurden seitdem die Regelsätze von den obersten Landesbehörden festgesetzt; in Nordrhein-Westfalen und Rheinland-Pfalz jedoch gab die oberste Landesbehörde Rahmensätze, in Bayern Mindestsätze vor.

[7] Vgl. VO nach § 47 des Bundessozialhilfegesetzes (Eingliederungshilfe-Verordnung) vom 27. 5. 1964, BGBl. I S. 339, die den Kreis der Hilfeberechtigten sowie die gesetzlichen Hilfsmaßnahmen ausführlich definierte; ferner VO zur Durchführung des § 81 Abs. 1 Nr. 1 des Bundessozialhilfegesetzes vom 20. 7. 1962, BGBl. I S. 513, die bestimmte, welche ambulanten Leistungen der stationären Eingliederungshilfe gleichzusetzen und daher mit der besonderen Einkommensgrenze zu veranschlagen waren; VO zur Durchführung des § 81 Abs. 1 Nr. 3 vom 27. 5. 1964, BGBl. I S. 343, wo die ebenfalls unter die besondere Einkommensgrenze fallenden „größeren" Hilfsmittel definiert wurden.

[8] VO zur Durchführung des § 76 des Bundessozialhilfegesetzes vom 28. 11. 1962, BGBl. I S. 692.

[9] VO zur Durchführung des § 88 Abs. 2 Nr. 8 des Bundessozialhilfegesetzes vom 20. 7. 1962, BGBl. I S. 514.

[10] Wehlitz, Bundessozialhilfegesetz, S. 64.

[11] Vgl. Heisig, Armenpolitik, 1995, S. 175ff.; Giese, Regelsatzsystem, S. 521ff.

[12] Vgl. den Bericht von Käthe Petersen vom Arbeitskreis vor den Leitenden Fürsorgereferenten der Länder am 20./21. 9. 1961, Auszug aus Kurzprotokoll, BAK, B 106-9697; NDV 42 (1962), S. 59ff., 367ff.; Giese, Regelsatzsystem, S. 521.

überschätzen: Schließlich würden die auf der Basis des Warenkorbes definierten Regelsätze nicht nur Empfängerkreis und Leistungshöhe bei der Hilfe zum Lebensunterhalt bestimmen, sondern über die an den Regelsatz gekoppelten Einkommensgrenzen auch den Kreis der Empfänger der Hilfe in besonderen Lebenslagen festlegen.[13] Entsprechend heftig waren die Proteste von seiten der Landkreise gegen den neuen Warenkorb, der viele auf dem Land völlig untypische Bedarfselemente enthalte und zudem die Relation zu niedrigen Arbeitseinkommen nicht berücksichtige.[14] Tatsächlich sollte die Umsetzung des Warenkorbs den Eck-Regelsatz drastisch von rund 65 DM auf rund 104 DM erhöhen.[15] Doch die schließlich nach Stellungnahme der kommunalen Spitzenverbände unter Zustimmung des Bundesrates am 20. Juli 1962 erlassene sogenannte Regelsatzverordnung[16] übernahm zwar die Vorgaben des Arbeitskreises und hatte im Gegensatz zu den Verwaltungsvorschriften von 1955 Gesetzeskraft; sie ließ aber den für die Festsetzung der Regelsätze zuständigen Landesbehörden bzw. kommunalen Trägern noch Spielräume. Laut dieser Verordnung umfaßte der Regelsatz die laufenden Leistungen für Ernährung und Kochfeuerung, für die Beschaffung von kleineren Wäschestücken und Haushaltsgegenständen, für geringe Instandhaltungskosten von Wäsche, Kleidung und Schuhen, sowie für Körperpflege, Beleuchtung, Reinigung und persönliche Bedürfnisse des täglichen Lebens. Der etwas umstrukturierte Eck-Regelsatz galt jetzt auch für Alleinstehende, daneben gab es nun vier Altersgruppen von Haushaltsangehörigen. Bei der generellen Festsetzung der Regelsätze war zwar das ortsübliche Arbeitseinkommen unterer Lohngruppen zu berücksichtigen (Abstandsgebot), im Einzelfall aber der notwendige Lebensunterhalt zu sichern und damit eine Auffanggrenze nicht erlaubt.[17]

Tatsächlich wurde der Warenkorb aber nie flächendeckend in allen Ländern der Bundesrepublik umgesetzt[18]; nichtsdestoweniger bewirkte er zusammen mit der Pflicht zur Anpassung an die Preisentwicklung (§ 22 Abs. 3 BSHG), daß der Eck-Regelsatz von 93 DM im Jahre 1961 im Bundesdurchschnitt auf 107 DM ein Jahr später und bis 1970 auf 155 DM stieg.[19] In der Literatur wird die Regelsatzverordnung in Verbindung mit dem BSHG daher als „Kumulations- und Schlußpunkt einer fürsorgerechtlichen Entwicklung hin zu Standardisierung und Verrechtlichung", als Statuierung eines erstmals national verbindlichen und bedarfsorientierten Existenzminimums gewürdigt[20], aber auch als problematische Statuierung von

---

[13] Nicht zu reden von der Bedeutung der Regelsätze als Vergleichsmaßstab etwa im Recht der Jugendhilfe, der Kriegsopferversorgung, der Ausbildungsförderung oder im Steuerrecht.
[14] Vgl. Heisig, Armenpolitik, 1995, S. 176f.
[15] Vgl. Giese, Regelsatzsystem, S. 522.
[16] Verordnung zur Durchführung des § 22 des Bundessozialhilfegesetzes vom 20.7.1961, BGBl. I S. 515.
[17] Zur weiteren Entwicklung und Verschärfung des „Abstandsgebots", das 1982 schließlich in § 22 Abs. 3 inkorporiert wurde, vgl. Peter Klein, Regelsatzentwicklung.
[18] Vgl. Heisig, Armenpolitik, 1995, S. 184f., 199; auch Giese, Regelsatzsystem, S. 522.
[19] Vgl. die Tabelle bei Curtze, Fürsorgeunterstützung, S. 129.
[20] Heisig, Armenpolitik, 1995, S. 199; vgl. ferner Leibfried/Hansen/Heisig, Sozialpolitik, S. 64; Rudloff, Fürsorge, S. 198; auch Galperin, Sozialhilfe; Giese, Regelsatzsystem, S. 520.

einer „Art Mindestlohn" gewertet.[21] Zunehmend in die Kritik gerieten allerdings die unzureichende Fortschreibung der Preise und Bedarfselemente[22], in jüngerer Zeit auch die ihr zugrundeliegende Vorstellungen von Normalfamilien und Normalerwerbsformen, nicht zuletzt schließlich die nicht nur von Zeitgenossen durchaus positiv bewertete „Entpolitisierung" der Festsetzung des Warenkorbs[23], die dem demokratisch nicht legitimierten DV lange Zeit dominierenden Einfluß auf diese zentrale Bemessungsgröße deutscher Sozialstaatlichkeit zuwies, zumal auch die vermeintliche Wertfreiheit seiner Expertenurteile einer genaueren Prüfung nicht standhielt.[24] Nichtsdestoweniger konnte das Warenkorb-Modell, das 1970 abermals überarbeitet wurde, knapp zwanzig Jahre lang *cum grano salis* dem Anspruch zur materiellen Gewährleistung eines „menschenwürdigen Lebens" genügen. Seitdem allerdings Anfang der achtziger Jahre aufgrund zunehmender Finanzierungsprobleme vor allem kommunaler Protest eine erneute Aktualisierung des Warenkorbs verhinderte, wurde unter Sparvorgaben erst mit verschiedenen neuen Bemessungs-Modellen (Deckelung des Warenkorbs, Statistikmodell u.ä.) experimentiert, seit 1998 dann auf der Basis einer alle fünf Jahre durchgeführten Einkommens- und Verbrauchsstichprobe gearbeitet[25]; seither blieben die Regelsätze hinter der allgemeinen Entwicklung des Lebensstandards zurück.[26]

Während so seit Herbst 1961 die Umstellung auf die neuen Wohlfahrtsgesetze in den Sozialverwaltungen der Länder einsetzte und auf dem Fürsorgetag von 1965 eine erste umfassende Bilanz dieser Gesetzesimplementierung gezogen werden konnte, blieb ein Bereich gleichsam im Wartestand[27]: die künftige Gestaltung des Verhältnisses von kommunalen Sozialhilfeträgern und den freien Wohlfahrtsverbänden. Während sämtliche Bundestagsparteien nach den weltanschaulichen Gefechten des Wahlkampfes wieder zur politischen Tagesordnung übergingen[28],

---

[21] Manfred G. Schmidt, Sozialpolitik, S. 87, deutet diese Neuerung des BSHG neben der Dynamisierung der Renten als „zweite gefährliche Zeitbombe" für Wirtschaft und Staatshaushalt, die ihre Wirkung dann in konjunkturell ungünstigen Zeiten entfaltete.
[22] Vgl. Giese, Regelsatzsystem, S. 520ff.
[23] Die negativen Folgen einer stärkeren „Politisierung" der Festsetzungsmechanismen des Regelsatzes seit Anfang der achtziger Jahre, die nicht mit „Parlamentarisierung" gleichzusetzen ist, beschreiben Jaedicke u.a., Politik, S. 81ff.
[24] Vgl. Hofmann/Leibfried, Regelmäßigkeiten, S. 262ff.; Stolleis, Rechtsgrundlagen, insbesondere S. 102f.
[25] Vgl. Jaedicke u.a., Politik, S. 81ff., 151ff.
[26] Vgl. Schellhorn, Einordnung, S. 170; Rudloff, Fürsorge, S. 199; zur Problematik der Gegenüberstellung von Regelsätzen mit Netto-Löhnen und Eckrenten siehe Peter Klein, Regelsatzentwicklung, S. 91f.
[27] Vgl. Matthes, Konzeptionen, S. 126f.
[28] Anders als zunächst überlegt, verzichtete auch die SPD-Fraktion darauf, die seinerzeitigen Änderungsanträge der FDP nun selbst einzubringen und dadurch die Liberalen in Zugzwang zu bringen; statt dessen sprach sich Willy Brandt anläßlich der Debatte über die Regierungserklärung der neuen Bundesregierung im Bundestag am 6.12.1961 nur allgemein dafür aus, „einige gemeindefeindliche Tendenzen, die in einer Anzahl von Bundesgesetzen Eingang gefunden haben, durch eine sorgfältige Neuberatung zu beseitigen", BT, 4.Wp. 1961, Sten. Ber., Bd. 50, S. 61. Bei der ersten Novellierung des BSHG 1965 spielte die Frage der Stellung der freien Verbände aber keine Rolle mehr; vgl. Sitzung des Bundestags am 23.6.1965, BT, 4.Wp. 1961, Sten. Ber., Bd. 59, S. 3596f.

erhoben die sozialdemokratisch regierten Städte Dortmund, Darmstadt, Frankfurt am Main und Herne im Februar 1962 in Karlsruhe Verfassungsbeschwerde gegen die einschlägigen Regelungen des BSHG und des JWG.[29] Fünf Monate später folgte das ebenfalls sozialdemokratisch regierte Land Hessen mit einer noch weitergehenden Normenkontrollklage, die von Bremen, Hamburg und Niedersachsen unterstützt wurde.[30]

Daraufhin bildete die Subsidiaritätsfrage noch auf Jahre in den betroffenen Ministerien sowie in den kommunalen Spitzenverbänden und den freien Wohlfahrtsverbänden, in den Kirchen und bei Juristen ein mit erheblichem publizistischen Aufwand beackertes Feld der Auseinandersetzung: In umfangreichen Rechtsgutachten, Materialsammlungen und Memoranden, in ersten juristischen Dissertationen und soziologischen Monographien, in zahllosen Abhandlungen in Fachzeitschriften und offiziellen Stellungnahmen wurden auf allen Seiten die bekannten Argumente ausgetauscht, und allenfalls die nun noch stärker offensichtliche innerkirchliche Differenzierung auf evangelischer Seite gab der Debatte neue Akzente.[31]

Nach mehr als fünf Jahren, am 18. Juli 1967, erklärte der Zweite Senat des Bundesverfassungsgerichts mit 4:3 Stimmen die angefochtenen Bestimmungen zur freien Wohlfahrtspflege im BSHG und JWG für mit dem Grundgesetz vereinbar[32]: Aus dem Sozialstaatsgebot folge keineswegs, daß der Gesetzgeber für die Verwirklichung des Verfassungsziels einer „gerechten Sozialordnung" nur behördliche Maßnahmen vorsehen dürfe, sondern er könne dafür auch die Mithilfe privater Wohlfahrtsorganisationen festlegen. Mit der Voraussetzung dieser prinzi-

---

[29] Vgl. BVerfGE 22, S. 184ff.; die Verfassungsbeschwerden der Stadt Dortmund gegen die §§ 10 und 93 BSHG sowie gegen das JWG, jeweils vom 21.2.1962, sind abgedruckt in: NDV 42 (1962), S. 120-126. Als Prozeßbevollmächtigte fungierten führende Politiker der Bundestagsparteien: Adolf Arndt (SPD), Thomas Dehler (FDP) und bemerkenswerterweise auch Kurt Sieveking (CDU).

[30] Vgl. BVerfGE 22, S. 184ff.; die Anträge der Regierung des Landes Hessen auf Feststellung der Nichtigkeit von Vorschriften des BSHG bzw. des JWG vom 10.7.1962 sind ebenfalls abgedruckt in: NDV 42 (1962), S. 325-337. Die Normenkontrollklagen richteten sich auch gegen die Zulassung der Freiheitsentziehung für Gefährdete sowie gegen eine bundesrechtliche Festlegung der örtlichen Träger und die Einbeziehung der Jugendpflege.

[31] Vgl. – mit zahlreichen weiterführenden Literaturangaben zur zeitgenössischen Auseinandersetzung – Emmelius, Rangverhältnis; Matthes, Konzeptionen, S. 14ff.; Desch, Subsidiaritätsprinzip, insbesondere S. 182ff.; Brenner, Diakonie, S. 78ff.; Referat V 4 an Referat I A 3, 23.8.1962, BAK, B 106-20024; DCV und Innere Mission/Hilfswerk an Bundeskanzler Ludwig Erhard, 17.3.1965, Durchschrift, ADW, Allg. Slg. B93.1 II. Ferner Stellungnahmen der Bundesvereinigung der Kommunalen Spitzenverbände zur Verfassungsbeschwerde der Städte Dortmund u.a. zum JWG bzw. BSHG, abgedruckt in: NDV 43 (1963), S. 114-124; Oel, Hilfe; Hasenclever, Grundlagen; Stellungnahme des DPW zur Verfassungsbeschwerde gegen das BSHG, in: DPWV-Nachrichten 1963, S. 58-60; Caritas (1962); Franz Klein, Staat. Für die evangelische Seite insbesondere Georg Suhr, Hg. Stimmen; Rendtorff, Subsidiaritätsprinzip; Collmer, Hg., Beiträge, einschließlich einer Übersicht über die Interpretationen in einschlägigen damaligen Rechtskommentaren, S. 267ff.; Süddeutsche Zeitung vom 5./7.1.1962; Collmer an Ohl, 20.6.1962, ADW, HGSt, SP-S XXV 1: 427-1/1; Philippi, Subsidiaritätsprinzip.

[32] Vgl. BVerfGE 22, S. 180ff.; BGBl. I S. 896.

piellen Offenheit des Grundgesetzes widersprach das Gericht sowohl der Interpretation der Antragsteller, aber auch der Kleinschen Auslegung. Ansonsten argumentierte das Gericht vor allem historisch: Wie ihre Weimarer Vorläufer gingen BSHG und JWG davon aus, daß Sozial- und Jugendhilfe zwar eine Aufgabe des Staates seien, dieser aber weder organisatorisch noch finanziell diese Aufgabe allein bewältigen könne; dazu bedürfe es vielmehr der gemeinsamen Bemühung von Staat und freien Verbänden: „Diese hergebrachte und durch Jahrzehnte bewährte Zusammenarbeit von Staat und freien Verbänden soll durch die Vorschriften [des BSHG und JWG] gefördert und gefestigt werden."[33] Das Gericht stellte dabei klar, die Bestimmungen verfolgten „nicht den Zweck, der freien Wohlfahrtspflege schlechthin einen Vorrang vor der öffentlichen Sozialhilfe einzuräumen, sondern sie wollen die längst auch im Fürsorgewesen übliche und bewährte Zusammenarbeit [...] gewährleisten, um mit dem koordinierten Einsatz öffentlicher und privater Mittel den größtmöglichen Erfolg zu erzielen".[34] Mit dieser pragmatischen Argumentation, die auf die Frage der konkreten Ausgestaltung des Verhältnisses von kommunalen Trägern und freien Verbänden nicht näher einging, konnten letztlich alle Seiten leben.[35] Ohnehin hatte das Urteil zum Zeitpunkt seiner Verkündung schon manches an Brisanz verloren, denn die Zusammenarbeit von öffentlichen Trägern und freien Verbänden funktionierte offensichtlich vielerorts[36], wenn auch der DV-Vorstand sich noch zu einer Mahnung zur Kooperation veranlaßt sah.[37]

Auf die Frage nach den Konsequenzen der Regelungen für die Entwicklung der freien Wohlfahrtsverbände in der Bundesrepublik gibt es eine Reihe von Antworten: Zweifellos bildeten diese Regelungen durch die rechtliche Absicherung des Status der freien Verbände eine wichtige Voraussetzung für die beispiellose Expansion der freien, insbesondere der konfessionellen Wohlfahrtspflege seit den sechziger Jahren. So stieg allein die Zahl der Betriebe der Caritas von gut 7 000 im Jahre 1960 auf fast 18 700 im Jahre 2000, die Zahl der dort Vollbeschäftigten in der gleichen Zeit von knapp 100 000 auf mehr als 500 000.[38] Allerdings ging dieser Zuwachs anders, als es das Schlagwort von der „Funktionssperre" nahelegt, nicht nur auf Kosten der öffentlichen Träger, wie selbst Kritiker vermerken. So stieg der Anteil der Einrichtungen in öffentlicher Trägerschaft an allen Einrichtungen in den ersten zwanzig Jahren nach Inkrafttreten der beiden Wohlfahrtsgesetze von gut 19% (1961) auf mehr als 27% (1982), der Anteil an verfügbaren Plätzen im

---

[33] BVerfGE 22, S. 200.
[34] Ebenda, S. 202. Für nichtig erklärte das Verfassungsgericht hingegen einen Teil der in der Normenkontrollklage der Länder angefochtenen Organisationsvorschriften (u.a. § 96 Abs. 1 Satz 2 BSHG) sowie u.a. die Bestimmungen zur Freiheitsentziehung Gefährdeter (§ 73 Abs. 2 u. 3 BSHG); vgl. ebenda, S. 211, 220.
[35] So einhellig im Rückblick die einstigen Kontrahenten Könen, Weg, S. 411, und Franz Klein, Beitrag, S. 226; aus Sicht der AWO auch Hasenclever, Jugendhilfe, S. 204.
[36] Vgl. Hasenclever, Jugendhilfe, ebenda; Schellhorn, Wohlfahrtspflege, S. 78; Osten, Jugend- und Gefährdetenfürsorge, 2002, S. 131 ff.
[37] Vgl. eine Erklärung des DV-Vorstands vom 12.10.1967 zum Urteil des Bundesverfassungsgerichts, auszugsweise abgedruckt in: Orthbandt, Deutscher Verein, S. 410 ff.
[38] 2000 einschließlich neue Bundesländer; vgl. Schmitz-Elsen, Gesetzgebung, S. 163.

selben Zeitraum sogar von rund 19% auf 30%.[39] Überdies profitiert die öffentliche Hand nicht unerheblich von den Ressourcen der freien Verbände, die sonst von öffentlichen Trägern zu übernehmende Leistungen nach wie vor häufig kostengünstiger erbringen und eigene Mittel zuschießen.[40] Damit wird deutlich, daß sich die Expansion der freien Wohlfahrtsverbände nicht allein den Subsidiaritäts-Regelungen verdankt, sondern gleichfalls der Ausweitung der öffentlichen Wohlfahrtsaufgaben und deren finanzieller Sicherung durch das BSHG und das JWG sowie, vor allem, der enormen Expansion des Gesundheitswesens mit dem bedeutenden Segment der Krankenhäuser in konfessioneller Trägerschaft. Insofern ist die freie Wohlfahrtspflege mehr denn je integraler Bestandteil des bundesrepublikanischen Sozialstaats und ist es auch nach der Wiedervereinigung geblieben: Mitte der neunziger Jahre wurden in Deutschland über zwei Drittel aller Jugendhilfeeinrichtungen, fast 55% aller Alten- und Behindertenheime sowie jedes dritte Krankenhaus von freien Verbänden getragen.[41]

Die Konsequenzen dieser Einbindung in die sozialstaatliche Aufgabenerfüllung sind dabei vielfach so, wie von den Gegnern der damaligen Regelungen für die freien Verbände prognostiziert: starke finanzielle Abhängigkeit von öffentlichen Mitteln; öffentliche Kontrolle durch Anerkennungs- und Eignungskriterien als Vorbedingung für finanzielle Förderung und damit ein Verlust an Gestaltungsspielräumen; damit verbundene zunehmende Standardisierung des Angebots der freien Verbände, Bürokratisierung ihrer Strukturen und somit die unterschiedlich eingeschätzte Gefahr eines Verlusts an eigenem Profil der freien Träger, das ja gerade eine der Hauptbegründungen für die Subsidiaritäts-Regelungen gewesen war.[42] Mit den einst so entscheidenden Größen des „Vorrangs" bzw. „Nachrangs" jedenfalls läßt sich das Verhältnis von öffentlicher Sozialhilfe und freier Wohlfahrtspflege kaum mehr charakterisieren, an ihre Stelle trat zumindest bis in die achtziger Jahre hinein eine funktionierende Zusammenarbeit, die – je nach Perspektive – zu beschreiben wäre als neo-korporatistischer „komplexer Gesamtverbund"[43] und „Kooperationszusammenhang, der durch gegenseitige Abhängigkeiten und Verflechtungen zusammengehalten wird"[44], als „enge Verflechtung"[45],

---

[39] Vgl. Sachße, Bedeutung, S. 37.
[40] So insbesondere die Argumentation von Batkiewicz/Speckert, Finanzen; nach einer Berechnung von Spiegelhalter, Wohlfahrtspflege, entlastete die Tätigkeit allein der Caritas die öffentliche Hand 1990 um 11 Mrd. DM.
[41] Vgl. Backhaus-Maul/Olk, Subsidiarität, S. 112.
[42] Entsprechend kritisch die Einschätzung der Entwicklung seit 1961 bei Sachße, Bedeutung, S. 37f.; Foss, Diakonie, S. 87ff.; Manderscheid, Verflechtung; Backhaus-Maul/Olk, Subsidiarität; Zacher, Grundlagen, S. 515f.; vgl. auch die einschlägigen Beiträge in den Sammelbänden von Sachße, Hg., Wohlfahrtsverbände, sowie Rauschenbach/Sachße/Olk, Hg., Wertgemeinschaft; die gängige These von der geradlinigen Entwicklung speziell der Spitzenverbände der freien Wohlfahrtspflege zu „Großkonzernen" des Sozialsystems durch die örtliche Perspektive relativierend dort Manderscheid, Wohlfahrtspflege, S. 230ff.; deutlich positiver schließlich die Einschätzung der Gesamtentwicklung bei Schellhorn, Wohlfahrtspflege; Kuper, 25 Jahre.
[43] Sachße, Bedeutung, S. 38; Sachße, Subsidiarität, 1994, S. 732.
[44] Backhaus-Maul/Olk, Subsidiarität, S. 108.
[45] Vgl. Manderscheid, Verflechtung, S. 64.

problematisches „Mischregime"[46], „undurchsichtige, informelle Politikverflechtung" der freien Verbände[47], „latente Verstaatlichung der Tätigkeit freier Träger"[48] oder aber als „partnerschaftliche Zusammenarbeit"[49], „vernünftige(n) Partnerschaft"[50] oder „Funktionsteilung"[51]. Vor allem in jüngerer Zeit führen die knappen öffentlichen Mittel sogar zu einer überraschenden historischen Pointe, wenn die freien Träger gar nicht mehr alle ihnen angebotenen Aufgaben übernehmen können und selbst das notorisch im öffentlichen sozialen Sektor engagierte Berlin die Hälfte der städtischen Kindertagesstätten in freie Trägerschaft überführen wollte.[52] Nicht die Vorrang-Regelungen des BSHG, sondern vor allem der öffentliche Spardruck führt nun immer häufiger dazu, daß nach gegenseitiger Absprache der Verbände untereinander und mit den öffentlichen Trägern die einst gefürchteten regionalen Angebotsmonopole tatsächlich entstehen und das diese Regelungen begründende Wahlrecht des Hilfeempfängers untergraben.[53] Neben diesen finanziellen Problemen und daraus resultierenden Effizienzvorgaben für die öffentlichen Verwaltungen sind es die verstärkte Förderung von verbandsunabhängiger Selbsthilfe (etwa im Kinder- und Jugendhilfegesetz von 1990)[54], vor allem aber die Öffnung ganzer sozialer Dienstleistungsbereiche für privatgewerbliche Anbieter – insbesondere nach Einführung der Pflegeversicherung und einer entsprechenden Neufassung von § 93 BSHG 1993/94 und 1996[55] –, die „eine (relative) De-Privilegierung der freien Wohlfahrtspflege"[56] beinhaltet, nicht zuletzt der europäische Einigungsprozeß (der eine Rücksichtnahme auf die rechtliche Sonderstellung der deutschen Spitzenverbände der freien Wohlfahrtspflege kaum erwarten läßt), die eine Ökonomisierung des Wohlfahrtssystems vorantreiben[57], den traditionellen Dualismus des deutschen Wohlfahrtsstaates aufbrechen und die freien Verbände „im Übergang vom Subsidiaritätsprinzip zum Wettbewerbsprinzip"[58] vor ganz neue Herausforderungen stellen.[59]

---

[46] Zacher, Grundlagen, S. 515.
[47] Manderscheid, Wohlfahrtspflege, S. 236.
[48] Seeber, Caritas, S. 192.
[49] Schmitz-Elsen, Gesetzgebung, S. 58; ähnlich Orthbandt, Deutscher Verein, S. 412; Franz Klein, Beitrag, S. 227; Schellhorn, Wohlfahrtspflege.
[50] Könen, Weg, S. 410; so auch Honecker, Sozialethik, S. 631; Kuper, 25 Jahre, S. 60.
[51] So, unter Berufung auf Collmer, Brenner, Diakonie, S. 87.
[52] Vgl. den damaligen Berliner Stadtentwicklungssenator und Landesvorsitzenden der SPD, Peter Strieder, in einem Interview des Tagesspiegels vom 2.11.2002; für entsprechende Entwicklungen in der Stadt Frankfurt/M. in den neunziger Jahren vgl. Manderscheid, Wohlfahrtspflege, S. 246; allgemein Seeber, Caritas, S. 189; Kuper, 25 Jahre, S. 61.
[53] Vgl. Manderscheid, Wohlfahrtspflege, S. 242ff.
[54] Vgl. Backhaus-Maul/Olk, Subsidiarität, S. 123ff.
[55] Vgl. ebenda, S. 126ff.; Schellhorn, Bundessozialhilfegesetz, 2002, S. 12, 711ff.
[56] Hammerschmidt/Uhlendorff, Hg., Wohlfahrtsverbände, Einleitung, S. 9.
[57] Vgl. Rudloff, Fürsorge, S. 226f.
[58] Hammerschmidt/Uhlendorff, Hg., Wohlfahrtsverbände, Einleitung, S. 9.
[59] Vgl. Olk, Korporatismus; Manderscheid, Wohlfahrtspflege, S. 243ff., sowie insgesamt den Sammelband von Hammerschmidt/Uhlendorff, Hg., Wohlfahrtsverbände.

Schluß

"Mit dem Bundessozialhilfegesetz vom 30.Juni 1961 [...] haben Bundestag und Bundesrat ein bedeutsames sozialpolitisches Werk geschaffen. Die Neuordnung der öffentlichen Fürsorge, des ältesten Zweiges öffentlicher Hilfeleistung, hat durch dieses Gesetz eine moderne, der Gesamtentwicklung unseres sozialen Rechtsstaates entsprechende einheitliche Gestalt erhalten".[1]

Mit diesem eigentlich *pro domo* geäußerten Lob für das neue Gesetz setzte Bundesinnenminister Schröder kurz vor Ende der dritten Wahlperiode gleichsam den Schlußpunkt unter die „Sozialreform"-Bestrebungen der Ära Adenauer. Nach dem vorläufigen Scheitern der Reform der Krankenversicherung waren als letzter wichtiger Bereich des bundesdeutschen sozialen Sicherungssystems schließlich die Rechtsgrundlagen der Fürsorge reformiert worden. Abgesehen von der eigentlich sekundären, jedoch lautstark geführten Auseinandersetzung um die rechtliche Stellung der freien Wohlfahrtspflege in der Schlußphase war diese Reformarbeit eine von führenden Politikern und der Öffentlichkeit gleichermaßen unbeachtete Angelegenheit der Experten in der Ministerialbürokratie, den Spitzenverbänden der Kommunen und der freien Wohlfahrtspflege, der Fachverbände sowie einiger weniger Fachleute der Bundestagsfraktionen geblieben.

Bei Kriegsende und in der unmittelbaren Nachkriegszeit jedoch hatte die öffentliche Fürsorge vorübergehend in den Westzonen als der nahezu einzige funktionierende Bereich öffentlicher Sozialleistung erhebliche Bedeutung erlangt. Das stellte deren Träger, die Kommunen, z.T. vor große finanzielle Probleme, so daß sie eine rasche Entlastung durch andere Sozialleistungsträger bzw. die Länder forderten und das ohnehin auf Rahmenvorgaben beschränkte bisherige Reichsfürsorgerecht immer unterschiedlicher handhaben. In dieser Situation reihten sich auch die kommunalen Verbandsfunktionäre und der DV-Vorsitzende Polligkeit in die Phalanx der westdeutschen Sozialpolitiker ein, die gegen alliierte Reformpläne die Beibehaltung des traditionellen dreigliedrigen Systems sozialer Sicherung unterstützten. Hauptziel des von breitem Konsens in den einschlägigen Ländergremien gestützten Polligkeit war es dabei, die alten, für gut befundenen und während des Nationalsozialismus nicht kompromittierten Rechtsgrundlagen der Fürsorge – mit Ausnahme der von den Amerikanern und Briten ohnehin sistierten „Gruppenfürsorge" – weitestmöglich aufrechtzuerhalten, dadurch die fürsorgepolitische Prärogative auf deutscher Seite zu behalten, die durch Ländergesetzgebung einsetzende Rechtszersplitterung zu verhindern und so die Voraussetzungen für einen länder- und zonenübergreifenden Ausgleich der Fürsorgelasten zu schaffen. Tatsächlich wurden mit der Restituierung der traditionellen Sozialversicherungsbereiche und dem Ausbau der kriegsbedingten Versorgungssysteme die Fürsorgeträger seit 1947/48 zunehmend entlastet, korrelierten die zentralen fürsorgerechtlichen Axiome der Nachrangigkeit und des Individualprinzips dementsprechend wieder mit

---

[1] BldW 108 (1961), S.225.

den übrigen Sicherungsbereichen und wurde mit den Regelungen der Kriegsfolgenhilfe und der Fürsorgerechtsvereinbarung von 1947/49 eine mit dem bisherigen Fürsorgerecht kompatible Lösung des Fürsorgelastenausgleichs gefunden.

Parallel zu dieser Sicherung des rechtlichen Status quo vollzog sich ebenfalls in den Weimarer Bahnen der organisatorische Wiederaufbau im Bereich der Fürsorge mit seiner typischen Verflechtung von Personen und Interessen in Exekutive, Legislative, Spitzenverbänden der freien Wohlfahrtspflege und Wissenschaft mit der gemeinsamen Plattform des wieder gegründeten DV. Wichtiger Unterschied zu den zwanziger Jahren war allerdings, daß die Fürsorge auf Bundesebene nun im Innenministerium ressortierte.

Die fünfziger Jahre waren für die öffentliche Fürsorge eine Zeit der Marginalisierung: Das zeigte sich zum einen in der stark schrumpfenden Zahl der Fürsorgeempfänger und der geringen Bedeutung der absolut zwar ansteigenden Fürsorgekosten im Rahmen des gesamten Sozialbudgets; zum anderen in den nun einsetzenden Debatten um die „Sozialreform". Von den wenigen, die sich in diesem Zusammenhang überhaupt mit der Fürsorge befaßten, propagierte vor allem Hans Achinger statt unproduktiver Rentengewährung eine Ausweitung des individualisierenden Fürsorgeansatzes, was ursprünglich eine Aufgabenerweiterung der kommunalen Fürsorge beinhaltete; auch Paul Collmer wollte fürsorgerische Systeme verstärkt gegen die „Rentenpsychose" einsetzen. Die von führenden SPD-Sozialpolitikern vorgelegten „Grundgedanken eines Sozialplans" von 1952 favorisierten den umgekehrten Weg: Nicht Ausweitung des Fürsorgeprinzips, sondern Beschränkung der Fürsorge auf die individuelle persönliche Hilfeleistung, während die klassische laufende Fürsorgeunterstützung für den Lebensunterhalt durch eine staatliche Grundsicherung überflüssig werden sollte. In eine ähnliche Richtung wies der neue DV-Vorsitzende Hans Muthesius, der diese staatliche Grundsicherung allerdings den Kommunen zur Durchführung überlassen und ihnen über den massiven Ausbau der individuellen Fürsorge neue prestigeträchtigere Aufgaben erschließen wollte.

Eine zentrale Rolle in den Diskussionen um die „Sozialreform" spielte hingegen das Fürsorgeprinzip als solches, das dem Sozialleistungsträger weite Ermessensräume ließ und vom Bundesfinanzministerium argumentativ gegen den im Arbeitsministerium favorisierten Ausbau versicherungs- und versorgungsförmiger Leistungen mit klaren Rechtsansprüchen ins Feld geführt wurde. In den kabinettsinternen Auseinandersetzungen um die sozialpolitische Gestaltungsmacht stützte das Bundesinnenministerium bis Mitte der fünfziger Jahre diese Linie des Finanzministeriums und behandelte vor allem von Muthesius forcierte Wünsche nach einer grundlegenden Reform der Fürsorge selbst eher dilatorisch.

Denn tatsächlich gab es unter Fürsorgepraktikern vor allem städtischer Provenienz schon länger Wünsche nach einer Gesamtreform der Fürsorge, wenn auch kaum einer so weit ging wie Muthesius: Diese wollten den quantitativen Bedeutungsverlust der Fürsorge dazu nutzen, schon aus den zwanziger Jahren stammende Konzepte der personalen Hilfe zur Bewältigung individueller, auch nicht primär materieller Notlagen endlich umzusetzen. Gleichzeitig sollte durch eine rechtliche Besserstellung des Hilfeempfängers der Rechtsprechung seit 1949 Rechnung getragen und das ramponierte Image der Fürsorge verbessert werden.

Dies schien umso notwendiger, als infolge des Krieges viele Angehörige ehemals bürgerlicher Schichten zur Fürsorgeklientel gestoßen waren, denen man die traditionelle Bittsteller-Position nicht mehr zumuten wollte.

Diese Konzepte zielten jedoch nicht nur auf eine Aufwertung der kommunalen Fürsorge, sondern auch auf eine Aufwertung der Kommunen selbst, empfanden doch viele Kommunalvertreter deren Stellung im föderalen Staat und insbesondere in der Finanzverfassung alles andere als zufriedenstellend. Dieser mögliche Kompetenzgewinn machte eine Fürsorgereform nun selbst für die konservativen Kommunalfunktionäre im DLT oder das Bundesfinanzministerium attraktiv. Auch der zuständige Abteilungsleiter im Innenministerium, Wilhelm Kitz, verfolgte diese Doppelstrategie, wobei er sich allerdings zunehmend von der fiskalisch motivierten Reformlinie des Finanzministeriums distanzierte. Doch spätestens mit der durch Adenauer vorangetriebenen Verengung auf die Rentenreform auf der Grundlage des bestehenden Organisationsgefüges des Sicherungssystems erwiesen sich die Bemühungen um einen kommunalen Kompetenzgewinn durch eine Fürsorgereform als obsolet.

Statt dessen forcierte nun auch das Innenministerium mit seinem neuen Abteilungsleiter Scheffler die Arbeit an einer Neuordnung der Fürsorge im Rahmen des bisherigen Systems, um bei etwaigen Reformwünschen des Kanzlers ein fertiges Konzept zur Hand zu haben. Hinzu kam, daß bereits weitere fürsorgerische Sondergesetze für die Körperbehinderten und die Tuberkulosekranken auf dem Wege waren und die Länder zusätzliche Sonderregelungen trafen, so daß die Praxis immer lauter eine Zusammenfassung und Vereinheitlichung des Fürsorgerechts forderte. Zudem galt zahlreichen Fürsorgereformern die in den Weimarer Regelungen noch deutliche paternalistische Helferattitüde als veraltet und weder mit dem sich wandelnden Selbstverständnis der Fürsorgerinnen noch mit den neuen, aus dem Ausland bekannten Methoden vereinbar.

Ungeachtet der bisherigen Zurückhaltung des Innenministeriums waren schon seit Anfang der fünfziger Jahre auf äußeren Druck hin wichtige Modernisierungsschritte des Fürsorgerechts unternommen worden: 1951 wurde die Pflicht zur Rückzahlung der Fürsorgekosten erheblich eingeschränkt, mit dem Fürsorgeänderungsgesetz 1953 die traditionelle „gehobene Fürsorge" endgültig abgeschafft und statt dessen ein System fester Zuschläge für bestimmte Bedarfsfälle eingeführt und schließlich 1955 mit dem Warenkorb-Modell zur Berechnung des Richtsatzes diese Standardisierung der laufenden Fürsorgeleistungen vorangetrieben. Alle diese Änderungen verdankten sich parlamentarischen Forderungen, die allerdings nicht auf eine grundlegende Reform der Fürsorge zielten, sondern auf eine Besserstellung wahlpolitisch wichtiger Einzelgruppen (Sozialrentner, Flüchtlinge, Kriegsopfer) der Fürsorgeklientel. Ein weiterer entscheidender Modernisierungsanstoß kam schließlich von gerichtlicher Seite, indem das Bundesverwaltungsgericht 1954 erstmals allgemeinverbindlich einen subjektiven Rechtsanspruch auf Fürsorge aus dem Grundgesetz ableitete.

Die Ende 1955 von Scheffler und dem federführenden Referenten Gottschick begonnene Ausarbeitung von Gesetzentwürfen für ein Bundesfürsorgegesetz bewegte sich einerseits in traditionellen Bahnen: Weder wurden das Nachrang- und das Individualprinzip aufgegeben, noch gravierende organisatorische Neuerungen vorgesehen oder die von Muthesius betriebene Herauslösung der laufenden Hilfen zum Lebensunterhalt übernommen. Andererseits war aber Scheffler – nicht immer konsequent – bestrebt, die weiten Ermessensräume der Fürsorgeverwaltung durch eindeutige Rechtsansprüche der Hilfesuchenden und klare, oft recht großzügige Leistungsvorgaben zu beschneiden und mit den Hilfeangeboten deutlich über die traditionellen Armutsschichten hinauszugehen.

Anknüpfend an bisher schon rechtlich verankerte, in der Praxis bereits erprobte oder aber von dieser schon lange geforderte Hilfearten sollte nun neben den ohnehin an Bedeutung verlierenden laufenden Unterstützungen zum Lebensunterhalt ein breites – und im Laufe der Vorarbeiten noch erweitertes – System von Individualhilfen installiert und so der besonderen materiellen Belastung durch persönliche Notlagen und dem Bedarf nach sozialer Dienstleistung (Behinderung, Pflegebedürftigkeit etc.) oder auch immateriellen Notlagen (Einsamkeit, Gefährdung etc.) Rechnung getragen und dabei u.U. von der Einkommenssituation des Betroffenen ganz abgesehen werden. Das bereits für das Körperbehinderten- wie das Tuberkulosehilfegesetz entwickelte Konzept eines erweiterten Hilfsbedürftigkeitsbegriffs jenseits der Richtsatzgrenze wurde dabei auf diese „Hilfe in besonderen Lebenslagen" übertragen. Gleichzeitig sollte dieses Hilfsystem auch für weitere Sondertatbestände offen sein und so fürsorgerische Einzelgesetze künftig verhindern.

Bis zum ersten offiziellen Referentenentwurf vom Juli 1958 wurde jedoch ein Teil dieser Vorgaben im Interesse der kommunalen Träger wieder zurückgenommen. Das lag vor allem an der Art, in der sich diese Ausarbeitung der Entwürfe vollzog: Da der Bund für die Fürsorge nur die Kompetenz der Rahmengesetzgebung besitzt, für den Effekt des Gesetzes also die Durchführung durch Länder und Kommunen entscheidend ist, versuchten die ohnehin über eine starke kommunale Affinität verfügenden Reformer im Bundesinnenministerium von Anfang an, die Fürsorgeexperten der Länder und kommunalen Spitzenverbände einschließlich des DV-Vorsitzenden Muthesius in die Reformarbeit einzubinden. Motiviert war dies sicher auch durch die Erfahrungen mit der Reformarbeit des Arbeitsministeriums, die Adenauer schließlich zum persönlichen konzeptionellen Eingreifen veranlaßt hatte.

Diese überschaubare Gruppe von Spezialisten war auch in den verschiedenen Fachausschüssen der kommunalen Spitzenverbände, des DV und auf den Fürsorgetagen tonangebend, z. T. auch in dem 1956 beim Beirat zur Neuordnung der sozialen Leistungen eingerichteten Arbeitskreis zur Fürsorge vertreten, so daß in der Rückschau der Eindruck entstanden ist, als sei die entscheidende Reformarbeit im DV und dem genannten Fürsorgeausschuß oder aber im DST geleistet und dann vom Bundesinnenministerium übernommen worden. Tatsächlich dienten der DV und die Fürsorgetage ebenso wie der Beirats-Ausschuß vor allem der fachlich-neutralen Bestätigung und Überprüfung der im Ministerium bereits erarbeiteten Entwürfe, während die Länderreferenten und Reformer im Sozialausschuß des DST, einschließlich der zu vertraulichen Gesprächen geladenen Spezialisten Muthesius und Marx, auch inhaltlich weitergehende Änderungen durchsetzen konnten. Das galt vor allem für die bereits unter Schefflers Nachfolger durchgesetzte Herabsetzung der Einkommensgrenzen für die Hilfe in besonderen Lebenslagen, wodurch deren potentieller Empfängerkreis nachhaltig beschnitten wurde.

In dem Bemühen um eine breite fachliche Absicherung wurde der erste offizielle Referentenentwurf ungewöhnlich vielen betroffenen Stellen, Verbänden und Fürsorgeexperten zur Begutachtung zugesandt. Während bei der anschließenden Überarbeitung dabei Forderungen aus den einzelnen fürsorgerischen Fachgebieten nach Leistungsverbesserungen in der Sozialabteilung kaum Gehör fanden, konnten sich Forderungen nach Leistungsminderungen und Ausdehnung der Ermessensgrenzen weitgehend durchsetzen. Das lag vor allem daran, daß mit den Ländervertretern und dem Bundesfinanzministerium hier gewichtige Partner im Gesetzgebungsprozeß diese Forderungen erhoben, und neben dem ohnehin kritischen DLT nun auch der DST zurückruderte. Solche Forderungen waren nun umso erfolgversprechender, als innerhalb der regierenden CDU die Skepsis gegenüber einem weiteren Ausbau des Sozialstaates deutlich wuchs.

Anders als von den Reformern im Innenministerium geplant, war der von den Länderexperten und kommunalen Spitzenverbänden mitgetragene zweite Referentenentwurf vom März 1959 noch lange nicht kabinettsreif: Neben Einwänden des Finanzministeriums gegen die Einbeziehung der Kriegsopferfürsorge und der Gesundheitsabteilung gegen die Übernahme der Tbc-Hilfe war es vor allem der andauernde Konflikt um die Stellung der freien Wohlfahrtspflege, der für erhebliche Verzögerungen sorgte. Während der Entwurf vom Juli 1958 diese Frage prinzipiell wie in der RFV regelte, hatte das Innenministerium im März-Entwurf bereits eine Begünstigung von Einrichtungen freier Träger vorgesehen. Forderungen nach einer besseren rechtlichen Absicherung der freien Wohlfahrtsverbände waren schon seit längerem vor allem im DCV sowie – im Rahmen der geplanten Reform der Jugendhilfe – im Familienministerium erhoben worden. Spätestens seit Anfang 1959 machte sich das Katholische Büro der Bischofskonferenz diese, mit dem der katholischen Soziallehre entstammenden Subsidiaritätsprinzip begründeten Forderungen offiziell zu eigen und konnte dafür die weitgehende Unterstützung auch der Bonner Vertreter der evangelischen Kirche gewinnen, während die Diakonie hier keine klare Linie verfolgte.

Das Familienministerium wollte im geplanten neuen Jugendhilfegesetz ebenfalls eine rechtliche Privilegierung vor allem der konfessionellen Wohlfahrtspflege erreichen und zielte auf ein Junktim mit dem BSHG. Nachdem es seinem Ministerium jedoch nicht gelungen war, zügig einen tragfähigen Gesetzentwurf vorzulegen, mußte der Familienminister seine Junktims-Forderung aufgeben. Da aber die kirchlichen Interventionen innerhalb der CDU-Führung in einer Zeit drohender Entfremdung von der christlichen, zumal katholischen Stammwählerschaft auf offene Ohren stießen, gaben die Fürsorgereformer des Bundesinnenministeriums schließlich Ende 1959 den kirchlichen Forderungen nach und statuierten im BSHG-Regierungsentwurf vom Februar 1960 einen Vorrang der freien Wohlfahrtsverbände bei der stationären und der persönlichen Einzelfallhilfe.[2]

---

[2] Der politische Erfolg der konfessionellen Wohlfahrtsverbände stützt damit auch die These von Josef Schmid, wonach eine starke Stellung der freien Wohlfahrtsverbände im gesamten Wohlfahrtssystem eines Staates entscheidend auf einer verfassungsrechtlichen Privilegierung der Kirchen und einer konfessionell gemischten oder überwiegend katholischen Bevölkerungsstruktur beruht; vgl. Schmid, Wohlfahrtsverbände, S. 54ff., 250f., 280ff., 290ff., 305ff., 317.

Im ersten Durchgang ließ der Bundesrat mit der knappen Mehrheit der unionsgeführten Länder diese von den Kommunen wie der SPD heftig kritisierten Regelungen aus parteipolitischen Erwägungen zwar passieren, machte aber ansonsten eine große Zahl zum Teil erheblicher Änderungsvorschläge. Insbesondere forderte er eine Erhöhung der Einkommensgrenzen, lehnte die Ausgestaltung der Gefährdetenhilfe weitgehend ab und wandte sich gegen Beschränkungen der Verwaltungshoheit der Länder.

Im Bundestag beriet der Ausschuß für Kommunalpolitik und öffentliche Fürsorge federführend den Entwurf. Da hier vor allem die Fürsorge-, nicht so sehr die Kommunalexperten der Fraktionen den Ton angaben, empfahl der Ausschuß weitgehend einmütig und oft in Übereinstimmung mit den Empfehlungen des Bundesrates eine Anzahl von Leistungsverbesserungen, insbesondere ein festes Pflegegeld für Schwerstbehinderte. Bei der Subsidiaritätsfrage hingegen kam es im Ausschuß zu keiner Einigung zwischen Union auf der einen, SPD und FDP auf der anderen Seite. Bestrebungen aus der CSU-Landesgruppe, die Erhöhung der Einkommensgrenzen zu verhindern, wurden schließlich kurz vor der zweiten Lesung im Bundestag durch den Fraktionsvorsitzenden Krone unterbunden.

In den Plenardebatten im anlaufenden Bundestagswahlkampf im Mai 1961 dominierte der Streit um das Subsidiaritätsprinzip und führte schließlich zur Ablehnung des von ihnen eigentlich mitgetragenen BSHG durch SPD und FDP. Wesentlicher Grund für die Heftigkeit der Auseinandersetzungen war, daß die Rolle der freien Träger in der zur RJWG-Novelle geschrumpften Jugendhilfereform noch größere Brisanz besaß und das BSHG dafür den Präzedenzfall bildete. Die von allen Seiten im Wahlkampf betriebene Stilisierung zum „Weltanschauungsgesetz" ließ so die eigentlichen Neuerungen des BSHG in der öffentlichen Wahrnehmung in den Hintergrund treten. Nachdem die unionsregierten Länder im Bundesrat gegen die Anrufung des Vermittlungsausschusses gestimmt hatten, konnte das BSHG am 30. Juni 1961 verkündet werden. Das Bundesverfassungsgericht bestätigte schließlich sechs Jahre später die umstrittenen Subsidiaritätsbestimmungen des BSHG wie des JWG.

Das BSHG basierte in vielen Hilfebereichen auf Konzepten, die bereits in den zwanziger Jahren entwickelt, aber nur kurzfristig oder vereinzelt umgesetzt worden waren. Dieser Rückgriff ging sogar so weit, daß im Falle der „Hilfe für Gefährdete" ungeachtet des Mißbrauchs in der NS-Zeit die problematische Zwangsbewahrung in das neue Gesetz übernommen wurde. Andererseits verrechtlichte das BSHG mit der Einführung des Rechtsanspruchs auf Sozialhilfe deren Verpflichtung auf die Gewährleistung einer Hilfe, „die Führung eines Lebens zu ermöglichen, das der Würde des Menschen entspricht" (§ 1 Abs. 2 BSHG), mit der Definition des Regelsatzes, einem deutlich erweiterten Verständnis von Hilfsbedürftigkeit und dem breiten Katalog der Hilfe in besonderen Lebenslagen die traditionell wenig reglementierte Fürsorge beträchtlich und forcierte deren bundesweite Standardisierung; mit der Statuierung der „persönlichen" als eigene gesetzliche Hilfeform förderte es einen armutspolitischen Paradigmenwechsel bei der Definition und Bekämpfung von Armut von der Einkommensstrategie zur Dienstleistungsstrategie.[3] Das BSHG

---

[3] Vgl. Buhr u.a., Armutspolitik, S. 513.

stellte insofern die deutsche Fürsorgegesetzgebung auf eine qualitativ neue Stufe und erwies sich als wichtiger Modernisierungsschritt in der Geschichte der deutschen Sozialpolitik, der die Sozialhilfe zum im internationalen Vergleich umfassendsten Instrument zur generellen Armutsbekämpfung machte.[4]

Dies war freilich ein „evolutionärer", kein „revolutionärer" Schritt, der das System organisatorisch weitgehend unangetastet ließ und inhaltlich bereits beschrittene Wege weiterverfolgte, insofern also die These von der „Pfadabhängigkeit" gerade der Sozialpolitik bestätigt. Daß dieser Schritt nicht größer ausfiel, lag maßgeblich an dem Einfluß der oft unterschätzten kommunalen Spitzenverbände[5], von denen zwar der DST zusammen mit dem DV-Vorsitzenden Muthesius die Reform weitgehend mittrug, die aber alle dafür sorgten, daß die kommunalen Ermessensräume nicht zu stark beschränkt wurden. Ihr Widerstand konnte vor allem dadurch wirksam werden, daß das Bundesfinanzministerium in einem sich wandelnden sozialpolitischen Klima innerhalb der Union seine retardierende Position wirksam vertreten konnte und die Fürsorgespezialisten der Länder ungeachtet der parteipolitischen Richtung ihrer Regierungen in der Regel die Verwaltungshoheit der Länder ebenso wie fiskalische Gesichtspunkte nie aus den Augen verloren. Viele der im BSHG angelegten „Modernisierungsmöglichkeiten" wurden so erst mit dem Aufschwung der Sozialpädagogik Ende der sechziger Jahre tatsächlich ausgefüllt.

Die Bereitschaft zur Modernisierung der Fürsorge verdankte sich zum einem der realen und prognostizierten Entwicklung der Fürsorgeklientel: Die traditionelle Einkommensarmut schien seit Ende der 1950er Jahre weitgehend überwunden, so daß Ressourcen für eine intensivierte und großzügigere Hilfestellung bei individuellen Notlagen frei wurden, die nicht durch andere Sicherungssysteme aufgefangen wurden. Sie gründete zum anderen in dem Wunsch, mit der Fürsorge auch die Position ihrer kommunalen Träger aufzuwerten, und diente gleichzeitig der inhaltlichen Absicherung von Forderungen nach einer finanziellen Besserstellung der Kommunen gegenüber Bund und Ländern. Nicht zuletzt aber wurde sie gefördert durch die Dynamik der „Sozialreform"-Auseinandersetzungen im Kabinett, bei der sich die Sozialabteilung des Innenministeriums nicht ihrerseits dem Vorwurf mangelnder Professionalität und Innovationskraft aussetzen wollte, so daß schon lange vor dem Parlamentsauftrag dort Gesetzentwürfe für ein neues Fürsorgegesetz bereit lagen. Insofern bildete die Fürsorgereform, wo schlagkräftige Klientelorganisationen weitgehend fehlten, tatsächlich ein Beispiel „mittelbarer Interessentransformation"[6], allerdings nicht über eigentlich anderen Zielen verpflichtete Nachbarorganisationen, sondern über die Ministerialbürokratie und die Träger des Systems selbst. Damit waren Instanzen des Wohlfahrtsstaats zwar nicht die alleinigen, wohl aber die entscheidenden Akteure für die „Konstituierung eines sozialen Problems".[7] Anders als bei den meisten anderen großen So-

---

[4] Vgl. ebenda, S. 509ff., 530; Hockerts, Sozialpolitik, S. 369.
[5] So Bertram, Staatspolitik, S. 188ff.; Münch, Sozialpolitik, S. 232ff.; stärker differenzierend Jaedicke u.a., Politik, S. 149ff.
[6] Vgl. Winter, Interessen.
[7] Zum „Sonderfall" des Staates als „Definierer" sozialer Probleme vgl. Schetsche, Karriere, S. 152ff. (Zitat S. 153); für den konkreten Fall der politischen Bearbeitung der Jugend-

zialgesetzen der Ära Adenauer gaben bei der Fürsorge nicht in erster Linie offensichtliche und von einer breiteren Öffentlichkeit auch wahrgenommene soziale Schieflagen und gravierende organisatorische Mängel den Anstoß zur Reform. Die sozialpolitische Bearbeitung dieser Probleme war Anfang der sechziger Jahre bereits weitgehend behoben.

Die Reform der Fürsorge verdankte sich vielmehr zu einem wesentlichen Teil den ganz unterschiedlich motivierten Bestrebungen von Beamten des Bundesinnenministeriums, von Funktionären der Spitzenverbände der Kommunen und der freien Wohlfahrtspflege sowie einzelnen Fürsorgefachleuten, die Daseinsberechtigung der Fürsorge durch ihre Modernisierung im Sinne von stärkerer Verrechtlichung und/oder eines Ausbaus der Leistungen zu untermauern. Der Wunsch, die Institution der Fürsorge zu rechtfertigen, mischte sich hier mit einem sozialpädagogischen und ökonomischen Optimismus, der bereits 1966 konstatierte, die Sozialhilfe sei auf dem besten Wege, „mittelstandsfähig" zu werden[8], und einen „sozialhilfepolitische[n] Konsens" aller beteiligten föderalen Ebenen bestätigte, der bis in die siebziger Jahre Bestand haben sollte.[9]

Untrennbar verbunden allerdings waren diese Bestrebungen mit der Erkenntnis der zeitgenössischen Fürsorgepraxis, daß eine Vielzahl sozialer Problemlagen – von denen nach der Zeit der materiellen Not viele erst als solche überhaupt perzipiert wurden – nicht oder nicht allein auf monetärem Wege zu beheben sei, sondern professionelle soziale Dienstleistung erforderte. Nachdem im Sinne der sozialrechtlichen Systematik Hans F. Zachers die Bereiche der sozialen Vorsorge (Sozialversicherung etc.) und der sozialen Entschädigung (Kriegsopfer usw.) bis zum Ende der fünfziger Jahre grundlegend geregelt waren, erwies sich damit das BSHG als wesentlicher Motor für den forcierten Ausbau der sozialen Dienste, jenes dritten großen Bereichs des sozialen Sicherungssystems der Bundesrepublik. Beratungsstellen für Migranten ebenso wie für Familienfragen oder Suchtprobleme, Tages- und Wohnheime für Alte, Behinderte oder Obdachlose, ambulante Pflegedienste, Behindertenwerkstätten usw. sind zwar nicht mit dem BSHG erfunden, in dem heute vorhandenen Umfang aber zu einem wesentlichen Teil erst mit den im BSHG vorgesehenen Hilfeformen ermöglicht worden.

Mehr als vierzig Jahre lang ist das BSHG im Kern unverändert bestehen geblieben.[10] Dies mag umso mehr verwundern, als sich die Rahmenbedingungen für seine Umsetzung gegenüber seiner Entstehungszeit teilweise grundlegend verändert haben und viele der von seinen Urhebern verfolgten Ziele nicht verwirklicht wurden.[11] Aus der Hilfe für den Sonderfall, die bis Ende der siebziger Jahre noch deutlich ausgebaut worden war[12], wurde die Sozialhilfe längst zu einem System zur

---

arbeitslosigkeit in den 1950er Jahren und des Drogenproblems in den frühen 1970er Jahren in Bayern vgl. Rudloff, Schatten, S. 375ff., 448ff., 463.
[8] Schäfer, Rolle, S. 267.
[9] Jaedicke u.a., Politik, S. 150f.
[10] Vgl. die Einführung in: Schellhorn, Bundessozialhilfegesetz, 2002, S. 15ff.
[11] Zur Entwicklung der Jugendhilfe seither vgl. den knappen Überblick bei Frerich/Frey, Handbuch, Bd. 3, S. 122f.; ferner im umfassenderen Vergleich zum Nationalsozialismus sowie zur Entwicklung in der DDR Rudloff, Fürsorge, S. 207ff.
[12] Vgl. Oestreicher, Weiterentwicklung; Frerich/Frey, Handbuch, Bd. 3, S. 126f., 358.

Grundsicherung für Millionen auf der Basis des Existenzminimums: Im Jahr 2000 bezogen rund 4,15 Mio. Menschen Sozialhilfe in Deutschland (einschließlich neue Bundesländer), wobei die rund 350 000 Empfänger von Hilfen nach dem Asylbewerberleistungsgesetz nicht mehr einbezogen sind.[13] Im Jahre 1963, dem ersten vollständigen Jahr nach Inkrafttreten des BSHG, waren es rund 1,4 Mio. Menschen gewesen.[14] 1963 und 1970 lag die Sozialhilfequote (nur Hilfe zum Lebensunterhalt) bei 1%, 1997 bei 3,5%.[15] Entsprechend niedrig waren noch die Ausgaben der Sozialhilfe: Sie lagen 1963 bei 1, 86 Mrd. DM, davon allein 1 Mrd. DM für Hilfen in besonderen Lebenslagen, waren damit allerdings etwas höher als die ursprünglichen Schätzungen der Bundesregierung.[16] Mag sich auch die Tatsache, daß „Sozialhilfe – Ihr gutes Recht" sei[17], im Bewußtsein der breiten Bevölkerung durchgesetzt haben – der Gang zum Sozialamt blieb für viele so desavouierend, daß sie lieber darauf verzichteten. In Armutsuntersuchungen wird davon ausgegangen, daß auf jeden Sozialhilfeempfänger mindestens ein verdeckt Armer entfällt.[18] Der Auftrag zur vorbeugenden Hilfe in § 6 BSHG blieb damit in der Regel Programm und war nicht Anlaß zum aktiven Aufspüren von Notlagen, das Übergewicht von administrativer Reaktion auf den antragstellenden Hilfebedürftigen gegenüber aktiver Prävention erweist sich somit bereits als „Geburtsfehler"[19] des Gesetzes selbst.

Vor allem aber hat sich die seinerzeitige Annahme, die Hilfe zum Lebensunterhalt werde nur noch eine geringe Rolle innerhalb des Systems Sozialhilfe spielen, infolge von wirtschaftlicher Rezession, Massenarbeitslosigkeit, demographischer Entwicklung, Zuwanderung und dann auch den Folgen der Wiedervereinigung längst in ihr Gegenteil verkehrt: 1964 waren die Zahlen der Fälle von Hilfe zum Lebensunterhalt und Hilfe in besonderen Lebenslagen annähernd gleich[20], bereits Mitte der achtziger Jahre war die Zahl der Fälle von Hilfe zum Lebensunterhalt doppelt so hoch wie die der Hilfe in besonderen Lebenslagen und ist es geblieben.[21] Statt individueller Notlagen bearbeitete die Sozialhilfe vor allem typische

---

[13] Davon alte Bundesländer: 3,5 Mio. Sozialhilfeempfänger; teilweise Mehrfachzählungen möglich. Vgl. Statistisches Bundesamt, Fachserie 13, Reihe 2, 2000, S. 130ff.
[14] Vgl. Lebenslagen in Deutschland, S. 124.
[15] Vgl. ebenda, S. 126.
[16] Vgl. ebenda, S. 131. Die Bundesregierung hatte Anfang 1960 (noch vor den Leistungsverbesserungen durch Bundesrat und Bundestag) mit einem Mehraufwand gegenüber den Ausgaben von 1958 (1,5 Mrd. DM) von rund 155 Mio. DM gerechnet; vgl. Begründung zum Regierungsentwurf, S. 67, BT, 3. Wp. 1957, Anlagen, Bd. 67, Drs. 1799.
[17] So der Titel einer 1989 vom Bundesministerium für Jugend, Familie, Frauen und Gesundheit herausgegebenen Broschüre.
[18] Vgl. Richard Hauser/Hübinger, Arme, S. 52ff.; Alber, Sozialstaat, S. 168ff.; ders., Developments, S. 15.
[19] Buhr u.a., Armutspolitik, S. 530.
[20] Allerdings unterschritt die Zahl der HLU-Empfänger, wie seinerzeit u.a. von Heinz Keese prognostiziert, nie einen bestimmten „Sockel" von rund 750 000 Personen, unter denen nach wie vor die Sozialrentner die relativ größte Gruppe bildeten; vgl. Buhr u.a., Armutspolitik, S. 512.
[21] HLU ohne einmalige Leistungen. Bei der Zahl der betroffenen Personen fällt der Unterschied nicht ganz so stark aus, da ca. ein Viertel bis ein Drittel der HBL-Empfänger gleichzeitig HLU erhielt; vgl. Richard Hauser, Aspekte, S. 24f.; Statistisches Bundesamt, Fachserie 13, Reihe 2, 2000, S. 130, 133.

oder zunehmend typische Lebensrisiken wie Dauerarbeitslosigkeit, geringe Erwerbseinkommen, ungenügende Qualifikation, bis 1995 langfristige Pflegebedürftigkeit oder auch Flüchtlings- und Zuwanderungsprobleme, wobei die traditionelle Armutsgefährdung alter Menschen mittlerweile durch eine zunehmende Armut von Kindern und Jugendlichen in Familien, insbesondere unter Migranten, abgelöst wurde.[22]

Die Folge war eine zunehmende Überlastung der kommunalen Haushalte, in Reaktion darauf bereits seit Mitte der siebziger Jahre eine Spargesetzgebung mit dem Ziel der Leistungsreduzierung und verstärkten Leistungskontrolle[23] sowie die Installierung der Pflegeversicherung seit 1995 und die Einführung einer bedarfsorientierten Grundsicherung bei Alter und Erwerbsminderung 2003.[24] Trotz deutlicher finanzieller Entlastungen durch die Pflegeversicherung beliefen sich die reinen Ausgaben der Sozialhilfe in den alten Bundesländern im Jahr 2000 auf rund 43,5 Mrd. DM (Bundesrepublik insgesamt: 50,3 Mrd. DM)[25]; gegenüber 1965 haben sich die Ausgaben damit mehr als verzwanzigfacht, und die Sozialhilfe hat sich zur bedeutendsten Aufgabe der kommunalen Selbstverwaltung entwickelt.[26] In den letzten Jahren haben vor allem die wachsenden Kosten für die Eingliederungshilfe für Behinderte diese Ausgabensteigerung verursacht.[27] Auch weiterhin blieb die Sozialhilfe damit Ausfallbürge für das übrige Sozialleistungssystem (ausgesteuerte Langzeitarbeitslose, ungenügende Renten vor allem bei Frauen, fehlende Kinderbetreuungsmöglichkeiten für Alleinerziehende).[28]

---

[22] Vgl. Richard Hauser/Hübinger, Arme, S. 403; Sozialbericht 2001, S. 214ff.; Alber, Developments, S. 14f.

[23] Auf die Wende der Armutspolitik bereits 1975 verweisen Buhr u.a., Armutspolitik, S. 518f. Zu den Sparmaßnahmen insbesondere seit 1981 (Deckelung der Regelsätze, der Pflegesätze und der Blindenhilfe, Absenkung der Mehrbedarfszuschläge und Schongrenzen bei Einkommen und Vermögen, Streichung der Ausbildungshilfe, Möglichkeit der Darlehensgewährung bei vorübergehenden Notlagen u.a.m.) vgl. die Einführung in: Oestreicher/Schelter/Kunz/Decker, Bundessozialhilfegesetz, S. 14ff.; Schellhorn, Bundessozialhilfegesetz, 2002, S. 15ff.; Frerich/Frey, Handbuch, Bd. 3, S. 359ff.

[24] Gesetz über eine bedarfsorientierte Grundsicherung im Alter und bei Erwerbsminderung (GSiG; Art. 12 des Altersvermögensgesetzes) vom 26.6.2001, BGBl. I S. 1310. Diese steuerfinanzierte Grundsicherung für über 65jährige und medizinisch dauerhaft Erwerbsgeminderte wurde ab 2005 ebenfalls in das neue SGB XII überführt. Sie ist abhängig von Bedürftigkeit und sieht der Hilfe zum Lebensunterhalt entsprechende Leistungen, aber deutlich geminderte Unterhaltspflichten von Kindern bzw. Eltern vor; dadurch soll die verschämte Altersarmut bekämpft werden. Träger sind die Kreise und kreisfreien Städte, die Mehrausgaben werden durch den Bund gegenüber den Ländern jedoch ausgeglichen. Damit wäre die alte Forderung von Muthesius wie des SPD-Sozialplans von 1952/57 nun doch zu einem gewissen Teil erfüllt. Zur Grundsicherung vgl. Sozialbericht 2001, S. 118f., 454, sowie zur Einordnung in das SGB XII Schellhorn, Einordnung, S. 171f.

[25] Vorläufige Angaben; einschließlich Leistungen nach dem Asylbewerberleistungsgesetz sowie Landesblinden- und Pflegegelder und Hilfen für Strafgefangene; vgl. Sozialbericht 2001, Materialband, S. 23ff.

[26] Vgl. Bötticher-Meyners, Sozialhilfekostenbelastung; Münch, Sozialpolitik, S. 234.

[27] Vgl. Sozialbericht 2001, S. 453f.

[28] Vgl. Münch, Sozialpolitik, S. 237ff., sowie allgemein die etwas älteren einschlägigen Beiträge über „Defizite der Sozialhilfe" in: Münder, Hg., Zukunft.

Doch nicht alle Probleme der Sozialhilfe scheinen extern verursacht: Gerade die von den zeitgenössischen Fürsorgereformern gern beschworene „Elastizität" vieler Bestimmungen ermöglichte zwar viele Jahre lang eine Anhebung der Sozialhilfestandards und eine Reaktion auf neue Hilfeanforderungen, etwa durch die 1961 nicht abzusehenden Folgen der Anwerbung von Gastarbeitern[29]; sie machte aber die Sozialhilfe gleichzeitig in höchstem Maße anfällig für konjunkturelle Entwicklungen bereits auf lokaler Ebene, indem sie gerade viele erst mittelfristig effektive Hilfsmöglichkeiten wie intensive Beratung oder Prävention nur als freiwillige Leistung des Sozialhilfeträgers vorsah und dadurch einer Beschränkung auf monetäre Pflichtleistungen Vorschub leistete. So scheint es, daß viele Sozialverwaltungen mit dem Postulat der persönlichen Hilfestellung jenseits der Zahlungsanweisung überfordert gewesen waren und vorhandene Hilfemöglichkeiten, aber auch Sanktions- wie Kooperationsmöglichkeiten des BSHG nicht hinreichend genutzt worden sind.[30]

Ohnehin steht eine breit angelegte Untersuchung zur Wirksamkeit des BSHG seit seinem Inkrafttreten noch aus, was u.a. auf das lange Fehlen einer seriösen Armutsberichterstattung in der Bundesrepublik zurückzuführen sein dürfte. Ebenso fehlt eine fundierte Sozialgeschichte der Armut in der Bundesrepublik. Umso wichtiger sind Modellprojekte wie die Bremer Langzeitstudie, die „Sozialhilfekarrieren" 1983 bis 1989 in der Hansestadt untersuchte und dabei das dominierende Bild vom ewigen Sozialhilfeempfänger stärker differenzierte: Danach bezog ein beträchtlicher Teil der Hilfeempfänger Sozialhilfe weniger als ein Jahr lang und konnte danach selbst seinen Lebensunterhalt verdienen oder bezog Leistungen aus anderen Systemen.[31] Für eine zentrale Gruppe von Hilfebedürftigen, für Menschen mit Behinderungen, läßt sich darüber hinaus resümierend feststellen, daß sich für sie die Sozialhilfe tatsächlich zur zentralen Rechtsgrundlage entwickelt hat, um das grundgesetzlich verbürgte Recht auf Teilhabe zu ermöglichen.[32]

Doch trotz solch positiver Befunde blieb das zentrale Problem der massiven Belastungen der kommunalen Haushalte durch die mittel- und unmittelbaren Fol-

---

[29] Abgesehen von den zwischenstaatlichen Abkommen, etwa dem Europäischen Fürsorgeabkommen von 1953, räumte § 120 BSHG in der Fassung vom 30.6.1961 auch Ausländern und Staatenlosen einen Rechtsanspruch auf HLU, Krankenhilfe, Hilfe für werdende Mütter und Wöchnerinnen, Tbc-Hilfe und Hilfe zur Pflege ein; darüber hinaus konnte Hilfe gewährt werden, soweit sie im Einzelfall gerechtfertigt war.
[30] Vgl. etwa die in den Fachausschüssen des DV formulierten „Anforderungen an eine Reform der Sozialhilfe", in denen auch eine entsprechende stärkere gesetzliche Verpflichtung zur Kooperation von Sozialhilfeträgern und -empfängern vorgeschlagen wird, in: NDV 82 (2002), S. 238ff.
[31] Vgl. Buhr, Dynamik; Leibfried/Leisering u.a., Zeit; Ludwig, Armutskarrieren; Katja Schulte u.a., Sozialhilfeverläufe.
[32] Dazu jetzt auch SGB IX vom 19.6.2001, das z.B. für die Kostenbeteiligung des Behinderten und seiner Angehörigen weitgehend den Nachrang aufgibt; vgl. Schellhorn, Bundessozialhilfegesetz, 2002, S. 18., sowie ebenda, S. 357ff. zu weiteren Leistungsverbesserungen der letzten Jahre; ferner Lachwitz, Betrachtungen, S. 119. Zu den Problemen infolge der Einführung der Pflegeversicherung und zur Frage der Verankerung der Eingliederungshilfe für behinderte Kinder und Jugendliche im Jugendhilferecht vgl. auch die übrigen Beiträge zum Thema „Menschen mit Behinderungen", in: caritas '98, S. 111ff.

gen der Massenarbeitslosigkeit bestehen. Das Bestreben, die Arbeitslosigkeit durch neue arbeitsmarktpolitische Instrumente, eine effektivere Struktur der Arbeitsvermittlung und individuellere Betreuung von Arbeitslosen wie auch durch eine rigidere Leistungsgewährung zu bekämpfen, bildeten den Anlaß für die bisher umfangreichste Reform der Sozialhilfe seit Einführung des BSHG: Durch das unter dem Schlagwort „Hartz IV" bekannt gewordene „Vierte Gesetz für moderne Dienstleistungen am Arbeitsmarkt" vom 24. Dezember 2003 (BGBl. I S. 2954) wurden ab 2005 die bisherige Arbeitslosenhilfe und die bisherige Hilfe zum Lebensunterhalt für alle erwerbsfähigen Sozialhilfeempfänger (16 bis 65 Jahre) und ihre unmittelbaren Angehörigen zusammengeführt zum Arbeitslosengeld II/Sozialgeld, die im Zweiten Buch des Sozialgesetzbuches geregelt sind. Damit wurde die größte Gruppe der bisherigen Empfänger der Hilfe zum Lebensunterhalt aus der Sozialhilfe herausgelöst. Deren wesentliche Bestimmungen wurden aus dem BSHG übernommen und auf alle Arbeitslosen (nach Ende des Bezugs von Arbeitslosengeld) und ihre Familien ausgedehnt. Finanziert wird dieser Lebensunterhalt nun für alle Arbeitslosen aus Mitteln der umbenannten „Bundesagentur für Arbeit", also aus Mitteln des Bundes, während die Kommunen die tatsächlichen Kosten für Heizung und Wohnung tragen. Damit ist doch noch ein Teil der von Muthesius seinerzeit geforderten Finanzierung der „schematischen Hilfen" aus Bundesmitteln verwirklicht worden. Noch ist allerdings nicht klar, ob die damit beabsichtigte erhebliche finanzielle Entlastung der Kommunen auch tatsächlich erreicht werden konnte.

Die Hilfe für die verbleibende kleine Gruppe der zeitweilig nicht erwerbsfähigen Empfänger der Hilfe zum Lebensunterhalt des BSHG[33] und der Grundsicherung für Alte und dauerhaft Erwerbsgeminderte, vor allem aber der ganze Bereich der Hilfe in besonderen Lebenslagen wurde als neues Zwölftes Buch in das Sozialgesetzbuch eingeordnet.[34] Dabei wurde der Gehalt des BSHG weitgehend unverändert übernommen, die alte Unterscheidung von „Hilfe zum Lebensunterhalt" und „Hilfe in besonderen Lebenslagen" aber durch einen Katalog von sieben gleichrangigen Hilfearten ersetzt. Seit 1. Januar 2005 ist das Bundessozialhilfegesetz damit aufgehoben. Ob mit der „Hartz IV"-Gesetzgebung und den durch sie bedingten weiteren Reformen des Sozialrechts der Sprung von der „schematischen" hin zur „individuellen" Betreuung der Leistungsberechtigten mittelfristig gelingt, ob durch die teilweise Herauslösung standardisierter Hilfen aus der Sozialhilfe doch der alte Traum der Fürsorgereformer aus den fünfziger und frühen sechziger Jahren einer „echten Hilfe von Mensch zu Mensch" verwirklicht werden kann, erscheint angesichts der nach wie vor prekären Lage der öffentlichen Finanzen und auch der gravierenden organisatorischen Startschwierigkeiten von „Hartz IV" zumindest vorerst fraglich.

---

[33] Dabei handelt es sich im wesentlichen um Bezieher einer Zeitrente wegen Erwerbsminderung, längerfristig Erkrankte sowie in Einrichtungen betreute Menschen.
[34] Gesetz zur Einordnung des Sozialhilferechts in das Sozialgesetzbuch vom 27. Dezember 2003, BGBl. I S. 3022.

Abkürzungen

Abt.	Abteilung
ACDP	Archiv für Christlich-Demokratische Politik, St. Augustin
AdsD	Archiv der sozialen Demokratie, Bonn
ADW	Archiv des Diakonischen Werks der Evangelischen Kirche in Deutschland, Berlin
AFET	Allgemeiner Fürsorgeerziehungstag
AG der LFV	Arbeitsgemeinschaft der Deutschen Landesfürsorgeverbände
AGJJ	Arbeitsgemeinschaft für Jugendpflege und Jugendfürsorge
AK	Arbeitskreis
AVAVG	Gesetz über Arbeitsvermittlung und Arbeitslosenversicherung
AWO	Arbeiterwohlfahrt
BABl.	Bundesarbeitsblatt
BAG	Bundesarbeitsgemeinschaft
BAK	Bundesarchiv, Koblenz
BayVerf.	Bayerische Verfassung
BFV	Bezirksfürsorgeverband (-verbände)
BGBl.	Bundesgesetzblatt
BKA	Bundeskanzleramt
BldW	Blätter der Wohlfahrtspflege
BMA	Bundesministerium für Arbeit
BMF	Bundesministerium der Finanzen
BMFuJ	Bundesministerium für Familien- und Jugendfragen
BMI	Bundesministerium des Innern
BMJ	Bundesministerium der Justiz
BMW	Bundesministerium für Wirtschaft
BR	Verhandlungen des Bundesrates
BSHG	Bundessozialhilfegesetz in der Fassung vom 30.6.1961
BT, 2. (3.,4.) Wp.	Verhandlungen des Deutschen Bundestages. 2. (3.,4.) Wahlperiode
BTF	Bundestagsfraktion
BVerfGE	Entscheidungen des Bundesverfassungsgerichts
BVerwGE	Entscheidungen des Bundesverwaltungsgerichts
BVG	Bundesversorgungsgesetz
CDU	Christlich-Demokratische Union
CSU	Christlich-Soziale Union
DBV	Deutscher Blindenverband
DCV	Deutscher Caritasverband
DGB	Deutscher Gewerkschaftsbund
DGT	Deutscher Gemeindetag
DLT	Deutscher Landkreistag
DM	Deutsche Mark
DP	Displaced Person bzw. Deutsche Partei
DPW	Deutscher Paritätischer Wohlfahrtsverband
DRK	Deutsches Rotes Kreuz
Drs.	Drucksache
DSB	Deutscher Städtebund
DST	Deutscher Städtetag
DV	Deutscher Verein für öffentliche und private Fürsorge
DVAS	Deutsche Verwaltung für Arbeit und Sozialfürsorge

DVO	Durchführungsverordnung
EKD	Evangelische Kirche in Deutschland
epd	Evangelischer Pressedienst
FÄG	Fürsorgeänderungsgesetz
FDP	Freie Demokratische Partei
FRV	Fürsorgerechtsvereinbarung
GBG	Gesetz zur Bekämpfung der Geschlechtskrankheiten
GG	Grundgesetz für die Bundesrepublik Deutschland
GGO	Gemeinsame Geschäftsordnung der Bundesministerien
GMBl.	Gemeinsames Ministerialblatt
GVBl.	Gesetz- und Verordnungsblatt
GVG	Gesetz zur Vereinheitlichung des Gesundheitswesens
GVPL	Geschäftsverteilungsplan
HBL	Hilfe in besonderen Lebenslagen
HLU	Hilfe zum Lebensunterhalt
JHG	Jugendhilfegesetz [Entwurf]
JWG	Jugendwohlfahrtsgesetz
KBG	Körperbehindertengesetz
KFV	Katholischer Fürsorgeverein für Mädchen, Frauen und Kinder
KNA	Katholische Nachrichten-Agentur
KommBl	Kommunalpolitische Blätter
KPD	Kommunistische Partei Deutschlands
KPV	Kommunalpolitische Vereinigung der CDU/CSU
LAB	Landesarchiv Berlin
LAG	Lastenausgleichsgesetz
LAS	Landesarchiv Schleswig-Holstein, Schleswig
LFV	Landesfürsorgeverband (-verbände)
Ms.	Manuskript
NDV	Nachrichtendienst des Deutschen Vereins für öffentliche und private Fürsorge
NL	Nachlaß
NSDAP	Nationalsozialistische Partei Deutschlands
NSV	Nationalsozialistische Volkswohlfahrt
PA	Parlamentsarchiv des Deutschen Bundestages
RABl.	Reichsarbeitsblatt
RdSchr.	Rundschreiben
RFV	Reichsverordnung über die Fürsorgepflicht
RGBl.	Reichsgesetzblatt
RGr.	Reichsgrundsätze über Voraussetzung, Art und Maß der öffentlichen Fürsorge
Rj.	Rechnungsjahr
RJWG	Reichsgesetz für Jugendwohlfahrt
RM	Reichsmark
RMBliV.	Reichsministerialblatt der inneren Verwaltung
RVO	Reichsversicherungsordnung

Abkürzungen

SBZ	Sowjetische Besatzungszone Deutschlands
SF	Sozialer Fortschritt
SGB	Sozialgesetzbuch
SHG	Soforthilfegesetz
SMAD	Sowjetische Militäradministration
SPD	Sozialdemokratische Partei Deutschlands
SS	Schutzstaffel
Sten. Ber.	Stenographische Berichte
StGB	Strafgesetzbuch
SVAG	Sozialversicherungs-Anpassungsgesetz
THG	Gesetz über die Tuberkulosehilfe
VdK	Verband der Kriegsbeschädigten, Kriegshinterbliebenen, Sozialrentner e.V.
VO	Verordnung
VV	Verwaltungsvorschriften
WiGBl.	Gesetzblatt der Verwaltung des Vereinigten Wirtschaftsgebietes
Wp.	Wahlperiode
ZfF	Zeitschrift für das Fürsorgewesen
ZVAK	Zentralverband Deutscher Arbeiterkolonien
ZVOBl.	Zentralverordnungsblatt

Quellen und Literatur

1. Ungedruckte Quellen

Archiv der sozialen Demokratie, Bonn (AdsD)

SPD-BTF 3. Wp.	SPD-Fraktion im Bundestag, 3. Wahlperiode
SPD-PV	SPD-Parteivorstand (Alter Bestand)

Archiv für Christlich-Demokratische Politik, St. Augustin (ACDP)

I-028	Nachlaß Krone
IV-002	Kommunalpolitische Vereinigung der CDU
VII-004	Bundesgeschäftsstelle
VIII-001	Büro des Fraktionsvorstands
VIII-005	CDU/CSU-Fraktion Arbeitskreis IV (AK IV)

Archiv des Diakonischen Werkes der Evangelischen Kirche in Deutschland, Berlin (ADW)

CAW	Central-Ausschuß für die Innere Mission der deutschen evangelischen Kirche, Geschäftsstelle Bethel
HGSt	Hauptgeschäftsstelle von Innerer Mission und Hilfswerk der EKD
darin auch:	
Allg. Slg.	Allgemeine Sammlung
SP-S	Sozialpolitische Sammlung
ZB	Zentralbüro des Hilfswerks der EKD

Bundesarchiv Koblenz (BAK)

B 106	Bundesministerium des Innern
B 136	Bundeskanzleramt
B 172	Deutscher Landkreistag

Landesarchiv Berlin (LAB)

B Rep. 142-9	Deutscher Städtetag (nach 1945)

Landesarchiv Schleswig-Holstein, Schleswig (LAS)

Abt. 761	Sozialministerium

Parlamentsarchiv des Deutschen Bundestages, ehemals Bonn (PA), jetzt Berlin

Gesetzesmaterialien III/349   Bundessozialhilfegesetz

Interview mit Dr. Hans-Günther Frey am 23. 7. 2002

2. Gedruckte Quellen und Literatur

Amtliche Druckschriften, Statistiken, Gesetze

Amtliches Handbuch des Deutschen Bundestages. 3. Wahlperiode. Hg. vom Deutschen Bundestag. Bearbeitet von der Bundestagsverwaltung, Darmstadt [Juli] ²1958.
Amtsblatt der Militärregierung Deutschland. Britisches Kontrollgebiet, Bielefeld 1945ff.
Amtsblatt des Kontrollrats in Deutschland, Berlin 1945ff.
Amtsblatt des Saarlandes, Saarbrücken 1945ff.
Amtsblatt für die Erzdiözese München und Freising. Hg. vom Erzbischöflichen Ordinariat München und Freising, München/Freising 1880ff.
Arbeitsblatt für die britische Zone. Hg. vom Zentralamt für Arbeit, Lemgo 1947ff.
Bulletin des Presse- und Informationsamtes der Bundesregierung, Bonn 1951ff.
Bundesarbeitsblatt. Hg. vom Bundesministerium für Arbeit und Sozialordnung, Stuttgart 1950ff.
Bundesgesetzblatt. Hg. vom Bundesministerium der Justiz. Teil 1, Bonn 1949ff.
Bundesministerium des Innern (Hg.): Die öffentliche Fürsorge, Köln 1956.
dass. (Hg.): Die Freie Wohlfahrtspflege, Köln 1956.
Deutschland im Wiederaufbau. Tätigkeitsbericht der Bundesregierung für das Jahr 1955. Hg. vom Presse- und Informationsamt der Bundesregierung, Bonn o.J.
Entscheidungen des Bundesverfassungsgerichts. Hg. von den Mitgliedern des Bundesverfassungsgerichts, Tübingen 1953ff.
Entscheidungen des Bundesverwaltungsgerichts. Hg. von den Mitgliedern des Gerichts, Berlin 1955ff.
Friedeberg-Polligkeit: Das Reichsgesetz für Jugendwohlfahrt. Kommentar. Hg. von W[ilhelm] Polligkeit in Verbindung mit P. Blumenthal, H. Eiserhardt, G. Fr. Storck. 2. Auflage 1930. Unveränderter Nachdruck mit Nachtrag, Berlin u.a. 1955.
Friedeberg-Polligkeit-Giese: Das Gesetz für Jugendwohlfahrt. Kommentar. Begründet von Wilhelm Polligkeit. 3. völlig überarbeitete Auflage von Dieter Giese, Köln u.a. 1972.
Fürsorgerechtsvereinbarung in der Fassung vom 3. Mai 1949. Erläutert von Hans Muthesius und Heinz Keese. 3., vermehrte und verbesserte Auflage, Hannover 1951.
Gemeinsames Ministerialblatt des Bundesministeriums des Innern usw. [später: des Auswärtigen Amtes usw.], Bonn u.a. 1950ff.
Gesetzblatt der Verwaltung des Vereinigten Wirtschaftsgebietes. Hg. vom Büro des Wirtschaftsrates, Frankfurt a.M. 1948f.
Gottschick, Hermann: Das Bundessozialhilfegesetz, Köln u.a. 1962.
ders.: Das Bundessozialhilfegesetz. 3., neubearbeitete und erweiterte Auflage, Köln u.a. 1966.
ders./Keese, Heinz: Fürsorgeänderungsgesetz mit den wichtigsten Bestimmungen der Fürsorgepflichtverordnung sowie den Bestimmungen der Reichsgrundsätze über Voraussetzung, Art und Maß der öffentlichen Fürsorge. 2., wesentlich erweiterte Auflage, Hannover 1955.
Handbuch für die Bundesrepublik Deutschland 1954. Hg. vom Bundesministerium des Innern, Köln/Berlin o.J.
Internationale Arbeitskonferenz: Übereinkommen und Empfehlungen 1919-1952. Hg. vom Internationalen Arbeitsamt, Genf 1954.
Jehle, Otto: Fürsorgerecht. Kommentar zur Reichsverordnung über die Fürsorgepflicht vom 13. Februar 1924 [...] mit ihren Änderungen, einschlägigen Nebengesetzen, Fürsorgerechtsvereinbarung, Hamburger Vereinbarung und bayerischen Vollzugsvorschriften. 3., wesentlich erweiterte Auflage, Augsburg 1958.
Lebenslagen in Deutschland. Daten und Fakten. Materialband zum Ersten Armuts- und Reichtumsbericht der Bundesregierung. Drucksache 14/6628 vom 5. Juli 2001, Berlin 2001.
Lechner, Hans/Hülshoff, Klaus: Parlament und Regierung. Textsammlung des Verfassungs-, Verfahrens- und Geschäftsordnungsrechts der obersten Bundesorgane. 2. völlig neubearbeitete Auflage, München/Berlin 1958.

Maunz-Dürig: Grundgesetz. Kommentar. Loseblatt-Ausgabe. Bd. V, München 1958ff.
Monthly Statistical Bulletin of the Control Commission for Germany (British Element), Berlin 1947ff.
Muthesius, Hans: Reichsrechtliche Grundlagen der öffentlichen Fürsorgepflicht, Berlin/München ²1947.
ders. u.a.: Recht der Tuberkulosehilfe. Kommentar zum Tuberkulosehilfegesetz mit den sozialversicherungsrechtlichen und versorgungsrechtlichen Vorschriften, Köln u.a. 1961.
Die öffentliche Fürsorge in Niedersachsen in den Jahren 1947–1950. Methoden und Ergebnisse der Fürsorgestatistik. Hg. vom Niedersächsischen Amt für Landesplanung und Statistik, Hannover 1952.
Oestreicher, Ernst/Schelter, Kurt/Kunz, Eduard/Decker, Andreas: Bundessozialhilfegesetz mit Recht der Kriegsopferfürsorge und Asylbewerberleistungsgesetz. Kommentar, München ⁵2000.
Reichsarbeitsblatt. Amtsblatt des Reichsarbeitsministeriums usw. Hg. vom Reichsarbeitsministerium und vom Generalbevollmächtigten für den Arbeitseinsatz. 1. Teil, Berlin 1903ff.
Reichsgesetzblatt. Hg. vom Reichsministerium des Innern. Teil 1, Berlin 1922ff.
Reichsministerialblatt. Zentralblatt für das Deutsche Reich. Hg. vom Reichsministerium des Innern, Berlin 1923ff.
Riedel, Hermann: Jugendwohlfahrtsgesetz. Erläutert für den Bereich der Deutschen Bundesrepublik und Westberlin. 2., zum Teil völlig neubearbeitete Auflage, Berlin 1955.
Schellhorn, Walter: Das Bundessozialhilfegesetz. Ein Kommentar für Ausbildung, Praxis und Wissenschaft. Begründet von demselben, Hans Jirasek, Paul Seipp. Weitergeführt von demselben unter Mitarbeit von Helmut Schellhorn. 15., völlig überarbeitete Auflage, Neuwied/Berlin 1997.
ders.: Das Bundessozialhilfegesetz. Ein Kommentar für Ausbildung, Praxis und Wissenschaft. Begründet von demselben, Hans Jirasek, Paul Seipp. Weitergeführt von demselben und Helmut Schellhorn unter Mitarbeit von Karl-Heinz Hohm. 16., völlig überarbeitete Auflage, Neuwied u.a. 2002.
Schewe, Dieter/Nordhorn, Karlhugo: Übersicht über die soziale Sicherung in der Bundesrepublik Deutschland. Stand: Januar 1964. Hg. vom Bundesministerium für Arbeit und Sozialordnung, Bonn 1964.
Sozialbericht 2001. Mit Materialband. Hg. vom Bundesministerium für Arbeit und Sozialordnung, Bonn März 2002.
Die sozialen Verhältnisse der Renten- und Unterstützungsempfänger. Statistik der Bundesrepublik Deutschland. Bd. 137/I-II, Stuttgart/Köln 1955, 1957.
Sozialhilfe – Ihr gutes Recht. Hg. vom Bundesministerium für Jugend, Familie, Frauen und Gesundheit, Bonn 1989.
Statistische Monatshefte Württemberg-Baden. Hg. von den Statistischen Landesämtern in Stuttgart und Karlsruhe, Stuttgart 1947ff.
Statistisches Bundesamt (Hg.): Fachserie 13: Sozialleistungen. Reihe 2: Sozialhilfe, Wiesbaden 2000.
Statistisches Handbuch für Hessen. Hg. vom Hessischen Statistischen Landesamt, Wiesbaden 1948ff.
Statistisches Jahrbuch für Bayern. Hg. vom Bayerischen Statistischen Landesamt. Jg. 23ff., München 1948ff.
Statistisches Jahrbuch für die Bundesrepublik Deutschland. Hg. vom Statistischen Bundesamt, Stuttgart 1952ff.
Statistisches Jahrbuch Deutscher Gemeinden. Hg. vom Deutschen Städtetag. Bearbeitet vom Verband Deutscher Städtestatistiker. Jg. 37f., Braunschweig 1949f.
Taschenbuch der Evangelischen Kirchen in Deutschland 1955. Bd. I: Zentrale Stellen der Evangelischen Kirche und ihre Werke mit Landesstellen, Stuttgart 1955.
Tillmann, Wilhelm: Jugendwohlfahrtsrecht und Fürsorgerecht mit besonderer Berücksichtigung des in der britischen Zone geltenden Rechts. Teil 1, Münster 1950.
Verhandlungen des Bundesrates 1950ff. Stenographische Berichte und Drucksachen, Bonn 1950ff.

Verhandlungen des Deutschen Bundestages. 1.-4. Wahlperiode. Stenographische Berichte und Anlagen, Bonn 1950ff.
Wirtschaft und Statistik. Hg. vom Statistischen Bundesamt, Wiesbaden, N.F. 1ff., Stuttgart u.a. 1949ff.
Zentralverordnungsblatt 1947. Hg. namens aller Zentralverwaltungen von der Deutschen Justizverwaltung der sowjetischen Besatzungszone in Deutschland, Berlin 1947.

Zeitungen und Zeitschriften

Archiv für katholisches Kirchenrecht, mit besonderer Rücksicht auf die Länder deutscher Zunge. Hg. im kanonischen Institut der Universität München. Begründet von Ernst Frh. v. Moys de Sons, Paderborn 1875ff.
Ausländische Sozialprobleme. Deutscher Landesausschuß der Internationalen Konferenz für Sozialarbeit, Köln 1951ff.
Bild am Sonntag, Hamburg 1956ff.
Blätter der Wohlfahrtspflege. Monatsschrift der öffentlichen und freien Wohlfahrtspflege und Jugendhilfe. Hg. vom Landeswohlfahrtswerk Baden-Württemberg, 101ff., Baden-Baden 1954ff.
Die Blindenwelt. Hg. vom Deutschen Blindenverband e.V., Bonn 1957ff.
Caritas. Zeitschrift für Caritaswissenschaft und Caritasarbeit. Hg. vom Deutschen Caritasverband, Freiburg 1896ff.
caritas. Jahrbuch des Deutschen Caritasverbandes, Freiburg 1969ff.
Die Deutsche Zeitung. Organ der deutschen Zeitung. Organ der deutschen Presse, Bielefeld 1947ff.
Deutsches Verwaltungsblatt. Hg. von Kurt Blaum u.a., Köln/Berlin 1950ff.
DPWV-Nachrichten. Hg. vom Vorstand des Deutschen Paritätischen Wohlfahrtsverbandes, Frankfurt a.M. 1951ff.
Frankfurter Allgemeine Zeitung. Zeitung für Deutschland, Frankfurt a.M. 1949ff.
Frankfurter Rundschau. Unabhängige Tageszeitung, Frankfurt a.M. 1947ff.
Herder-Korrespondenz. Monatshefte für Gesellschaft und Religion, Freiburg i.Br. 1946ff.
Informationen des Deutschen Caritasverbandes. Pressedienst, Freiburg i.Br. 1956ff.
Kommunalpolitische Blätter. Organ der Kommunalpolitischen Vereinigung der CDU/CSU Deutschlands, Düsseldorf 1949ff.
Der Landkreis siehe: Die Selbstverwaltung.
Mitteilungen der Arbeitsgemeinschaft für Jugendpflege und Jugendfürsorge. Mitglied der Internationalen Vereinigung für Jugendhilfe, Genf, Bonn 1952ff.
Münchner Neueste Nachrichten aus Politik, Kultur, Wissenschaft und Sport, München 1945ff.
Nachrichtendienst des Deutschen Vereins für öffentliche und private Fürsorge, Frankfurt a.M., April 1947ff.
Neues Beginnen. Zeitschrift der Arbeiterwohlfahrt. Hg. von der Arbeiterwohlfahrt, Hauptausschuß, Bonn 1947ff.
Die Öffentliche Verwaltung. Zeitschrift für öffentliches Recht und Verwaltungswissenschaft, Stuttgart u.a. 1948ff.
Pressedienst der Katholischen Nachrichtenagentur [Bonn], München 1953ff.
Rundschreiben an die Mitglieder und Förderer des Deutschen Vereins für öffentliche und private Fürsorge. Nachrichtendienst, Frankfurt a.M. August 1946 – Februar 1947.
Die Selbstverwaltung [ab 1959: Der Landkreis]. Monatsschrift. Organ des Deutschen Landkreistages, Köln 1947ff.
Soziale Arbeit. Zeitschrift für soziale und sozialverwandte Gebiete. Hg. von dem Senator für Sozialwesen und dem Zentralinstitut für soziale Fragen, Berlin 1951ff.
Soziale Sicherheit. Zeitschrift für Arbeitsmarkt- und Sozialpolitik. Die sozialpolitische Monatszeitschrift der Gewerkschaften. Hg. vom Deutschen Gewerkschaftsbund, Frankfurt a.M. 1952ff.
Sozialer Fortschritt. Unabhängige Zeitschrift für Sozialpolitik. Hg. von der Gesellschaft für Sozialen Fortschritt e.V. Bonn, Berlin/München 1952ff.

Der Spiegel. Das deutsche Nachrichten-Magazin, Hannover bzw. Hamburg 1946ff.
Der Städtetag. Zeitschrift für kommunale Praxis und Wissenschaft. Hg. vom Präsidium des Deutschen Städtetages, Köln 1948ff.
Stuttgarter Zeitung, Stuttgart 1945ff.
Süddeutsche Zeitung, 1957ff.
Der Tagesspiegel. Zeitung für Berlin und Deutschland, Berlin 1945ff.
Die Welt. Unabhängige Tageszeitung für Deutschland, Hamburg 1946ff.
Welt der Arbeit. Wochenzeitung des Deutschen Gewerkschaftsbundes, Köln 1949ff.
Wirtschafts- und Sozialpolitik. Wirtschafts- und Informationsdienst Bonn, Bonn 1949ff.
Die Zeit. Wochenzeitung für Politik, Wirtschaft und Kultur, Hamburg 1946ff.
Zeitschrift für das Fürsorgewesen. Hg. vom Sozialamt der Landeshauptstadt Hannover, Hannover 1946ff.

online

www.seh-netz.info/hilfen_soziales/soziales/blindenhilfe/4.htm

Zeitgenössische und Forschungsliteratur

Achinger, Hans: Wirtschaftskraft und Soziallast. Die künftigen Aufgaben sozialer Hilfe und ihre Träger, Berlin/München 1948.
ders.: Fürsorgepolitik im Rahmen umfassender Sozialpolitik, in: NDV 29 (1949), S. 182f.
ders.: Die Rolle der Sozialen Arbeit bei der Hebung des Lebensstandards. Vorbericht des Deutschen Landesausschusses [...] für die VI. Internationale Konferenz für Sozialarbeit in Madras vom 14.–19. Dezember 1952, in: NDV 32 (1952), S. 335–348.
ders.: Zur Neuordnung der sozialen Hilfe. Konzept für einen Deutschen Sozialplan, Stuttgart 1954.
ders.: Die Neuordnung des Fürsorgerechts als Teil einer Sozialreform, in: Neuordnung des Fürsorgerechts (1958), S. 38–48.
ders.: Die Ergebnisse des Deutschen Fürsorgetages, in: Fürsorge in der gewandelten Welt (1960), S. 227–237.
ders./Höffner, Joseph/Muthesius, Hans/Neundörfer, Ludwig: Neuordnung der sozialen Leistungen. Denkschrift auf Anregung des Herrn Bundeskanzlers erstattet, Köln 1955.
ders./Ohl, Otto/Prestel, Rudolf/Schmerbeck, Franz X./Pense, Rudolf (Hg.): Neue Wege der Fürsorge. Rechtsgrundlagen, Arbeitsformen und Lebensbilder. Eine Festgabe für Herrn Professor Dr. Hans Muthesius zum 75. Geburtstag, Köln u.a. 1960.
Akten zur Vorgeschichte der Bundesrepublik Deutschland 1945–1949. Hg. vom Bundesarchiv und Institut für Zeitgeschichte. München/Wien. Bd. 1, bearbeitet von Walter Vogel und Christoph Weisz. 1976; Bd. 5, bearbeitet von Hans-Dieter Kreikamp. 1981.
Alber, Jens: Vom Armenhaus zum Wohlfahrtsstaat. Analysen zur Entwicklung der Sozialversicherung in Westeuropa, Frankfurt a.M. 1982.
ders.: Der Sozialstaat in der Bundesrepublik 1950–1989, Frankfurt a.M./New York 1989.
ders.: Recent Developments of the German Welfare State: Basic Continuity or Paradigm Shift? Bremen. ZeS-Arbeitspapier Nr. 6/2001.
Albers, Hermine: Die Ausbildung für die soziale Arbeit, in: NDV 31 (1951), S. 168–170.
Albrecht, Günter: Wohlfahrtsverbände und Nichtseßhaftenhilfe – ein ungeliebtes Entsorgungsmonopol im Bereich der sozialen Dienste, in: Thränhardt u.a. (Hg.), Wohlfahrtsverbände zwischen Selbsthilfe, S. 37–53.
André, Günter: SozialAmt. Eine historisch-systematische Einführung in seine Entwicklung, Weinheim/Basel 1994.
Antoni, Franz: Zur Zwischenbilanz des Beirats für die Neuordnung der sozialen Leistungen, in: BABl. 6 (1955), S. 552–561.
Aschoff, Hans-Georg: Überlebenshilfe: Flüchtlinge, Vertriebene, Suchdienste, Kriegsgefangene und Internierte, in: Gatz (Hg.), Geschichte, S. 255–279.
Asemann, Karl H.: Landkreise in Finanznot, in: Finanzarchiv N.F. 11 (1949), S. 576–589.

Auerbach, Walter: Der Standort der öffentlichen Fürsorge bei einer Neuordnung der Sozialleistungen in der Bundesrepublik, in: BldW 101 (1954), S. 333-336.
ders.: „Öffentliche Einkommenshilfen und Richtsatzpolitik", in: SF 4 (1955), S. 220-223.
ders.: Aufgaben im örtlichen Bereich nach der sozialen Neuordnung, in: Fürsorge und Sozialreform, S. 448-466.
ders.: Zeitgemäßere Fürsorgerichtsätze, in: SF 5 (1956), S. 38-41.
ders.: Über das Miteinander von Sozialhilfe und freier Wohlfahrtspflege heute, in: Achinger u.a. (Hg.), Neue Wege, S. 93-107.
ders.: Beiträge zur Sozialpolitik, Neuwied/Berlin 1971.
Aufgaben der Fürsorge zur Überwindung der deutschen Volksnot. Bericht über den deutschen Fürsorgetag in Frankfurt/Main des Deutschen Vereins für öffentliche und private Fürsorge am 13. Mai 1946, München/Wien 1947.
Ayaß, Wolfgang: Die Verfolgung der Nichtseßhaften im Dritten Reich, in: Ein Jahrhundert Arbeiterkolonien, S. 87-101.
ders.: Das Arbeitshaus Breitenau. Bettler, Landstreicher, Prostituierte, Zuhälter und Fürsorgeempfänger in der Korrektions- und Landarmenanstalt Breitenau (1874-1949), Kassel 1992.
ders.: „Asoziale" im Nationalsozialismus, Stuttgart 1995.

Backhaus-Maul, Holger/Olk, Thomas: Von Subsidiarität zu „outcontracting": Zum Wandel der Beziehungen von Staat und Wohlfahrtsverbänden in der Sozialpolitik, in: Wolfgang Streeck (Hg.), Staat und Verbände, Opladen 1994, S. 100-135.
Bamberger, Elisabeth: Kampf gegen Verwahrlosung und Straffälligkeit unserer Jugend, in: Aufgaben der Fürsorge, S. 45-69.
Bangert, Johann: Für und wider die Ersatzpflicht des Unterstützten, in: BldW 103 (1956), S. 283-285.
ders.: Die Landkreise in der Auseinandersetzung um die Neuordnung des Fürsorgerechts, in: Der Landkreis 29 (1959), S. 2-6.
ders.: Das Bundessozialhilfegesetz – Gedanken zum Regierungsentwurf, in: Der Landkreis 30 (1960), S. 200-205.
ders.: Die Subsidiarität der öffentlichen Fürsorge und die Zusammenarbeit ihrer Träger mit den Verbänden der freien Wohlfahrtspflege, in: NDV 40 (1960), S. 386f.
ders.: Die Verabschiedung des Bundessozialhilfegesetzes, in: Der Landkreis 31 (1961), S. 173-177.
Bangert, Willi: Das Bundessozialhilfegesetz in seinen finanziellen Auswirkungen, in: BldW 107 (1960), S. 348-350.
Barabas, Friedrich/Sachße, Christoph: Bundessozialhilfegesetz: Sozialstaatliche Versorgung oder Armenpolizei?, in: Kritische Justiz 9 (1976), S. 359-376.
Bartholomäi, Reinhart u.a. (Hg.): Sozialpolitik nach 1945. Geschichte und Analysen, Bonn-Bad Godesberg 1977.
Batkiewicz, Robert/Speckert, Manfred: Die Finanzen der Caritas, in: Gatz (Hg.), Geschichte, S. 456-483.
Bauer, Rudolph: Wohlfahrtsverbände in der Bundesrepublik. Materialien und Analysen zu Organisation, Programmatik und Praxis. Ein Handbuch, Weinheim/Basel 1978.
Baum, Marie: Familienfürsorge, in: NDV (31) 1951, S. 167f.
Baumeister, W.: Zum Gesetz über das richterliche Verfahren bei Freiheitsentziehung, in: BldW 104 (1957), S. 58f.
Becker, Carl: Anstalten und Einrichtungen des Deutschen Caritasverbandes. Nach dem Stande vom 1. Januar 1960, in: Caritas 61 (1960), S. 227-233.
Behn, Hans-Ulrich: Die Regierungserklärungen der Bundesrepublik Deutschland, München/Wien 1971.
Beiträge zur Entwicklung der Deutschen Fürsorge. 75 Jahre Deutscher Verein, Köln/Berlin 1955.
Benz, Wolfgang (Hg.): Die Geschichte der Bundesrepublik Deutschland. Aktualisierte und erweiterte Neuausgabe. Bd. 2: Wirtschaft; Bd. 3: Gesellschaft, Frankfurt a.M. 1989.
Berlepsch, Hans-Jörg von: „Sozialistische Sozialpolitik"? Zur sozialpolitischen Konzep-

tion und Strategie der SPD in den Jahren 1949 bis 1966, in: Tenfelde (Hg.), Arbeiter, S. 461-482.
Bertram, Jürgen: Staatspolitik und Kommunalpolitik. Notwendigkeit und Grenzen ihrer Koordinierung, Stuttgart u.a. 1967.
Biehl, Dieter: Die Entwicklung des Finanzausgleichs in ausgewählten Bundesstaaten. a) Bundesrepublik Deutschland, in: Handbuch der Finanzwissenschaft. 3., gänzlich neubearbeitete Auflage, unter Mitwirkung von Norbert Andel und Heinz Haller hg. von Fritz Neumark. Bd. IV, Tübingen 1983, S. 69-122.
Bierfelder, Wilhelm/Sweede, Ingeborg: Zusammenfassender Überblick [zur Rehabilitation], in: NDV 35 (1955), S. 269-288.
Blandow, Jürgen: „Fürsorgliche Bewahrung" – Kontinuitäten und Diskontinuitäten in der Bewahrung „Asozialer", in: Renate Cogoy/Irene Kluge/Brigitte Meckler (Hg.), Erinnerung einer Profession. Erziehungsberatung, Jugendhilfe und Nationalsozialismus, Münster 1989, S. 125-143.
Blaum, K[urt]: Geldneuordnung und Fürsorgefinanzen, in: NDV 28 (1948), S. 93f.
Blüm, Norbert/Zacher, Hans F. (Hg.): 40 Jahre Sozialstaat Bundesrepublik Deutschland, Baden-Baden 1989.
Blumenwitz, Dieter u.a. (Hg.): Konrad Adenauer und seine Zeit. Politik und Persönlichkeit des ersten Bundeskanzlers. Bd. II: Beiträge der Wissenschaft, Stuttgart 1976.
Bösch, Frank: Die Adenauer-CDU. Gründung, Aufstieg und Krise einer Erfolgspartei 1945-1969, Stuttgart/München 2001.
Bötticher-Meyners, Susanne: Die Sozialhilfekostenbelastung kommunaler Haushalte in ausgewählten Bundesländern, in: Kitterer (Hg.), Sozialhilfe, S. 101-118.
Bogs, Walter: Grundfragen des Rechts der sozialen Sicherheit und seiner Reform, Berlin 1955.
ders.: Die sozialrechtliche Gesetzgebung der letzten Jahre und die in Vorbereitung befindlichen Reformgesetze, in: Fürsorge in der gewandelten Welt, S. 249-273.
Boldorf, Marcel: Sozialfürsorge in der SBZ/DDR 1945-1953. Ursachen, Ausmaß und Bewältigung der Nachkriegsarmut, Stuttgart 1998.
ders.: Sozialfürsorge in der SBZ, in: Geschichte der Sozialpolitik in Deutschland, Bd. 2/1, S. 621-642.
Brackmann, Paul/Drilling, Philipp: Wohlfahrtspflege, Detmold/Herford [1950].
Brehm, Thomas: SPD und Katholizismus – 1957 bis 1966. Jahre der Annäherung, Frankfurt a.M. 1989.
Brenner, Tobias: Diakonie im Sozialstaat. Staatskirchenrecht und Evangelische Kirche, Tübingen 1994.
Brentano, Heinrich von: Für eine menschlichere Welt. Bekenntnis zum Wert und zur Würde des Menschen und zu seiner Eigenverantwortung. Rede [...] vom 14.8.1958, in: Bulletin des Presse- und Informationsamtes der Bundesregierung Nr. 149, 16.8.1958, S. 1537-1539.
Bruch, Rüdiger vom (Hg.): „Weder Kommunismus noch Kapitalismus". Bürgerliche Sozialreform in Deutschland vom Vormärz bis zur Ära Adenauer, München 1985.
Brüse, Fritz: Ausbildungs- und Erziehungsbeihilfen in der Gesetzgebung des Bundes, in: KommBl 11 (1959), S. 15f.
Buchhaas, Dorothee: Die Volkspartei. Programmatische Entwicklung der CDU 1950-1973, Düsseldorf 1981.
Buchstab, Günter (Bearb.): Adenauer: „... um den Frieden zu gewinnen". Die Protokolle des CDU-Bundesvorstands 1957-1961, Düsseldorf 1994.
Buck, Gerhard: Die Entwicklung der Freien Wohlfahrtspflege von den ersten Zusammenschlüssen der freien Verbände im 19. Jahrhundert bis zur Durchsetzung des Subsidiaritätsprinzips in der Weimarer Fürsorgegesetzgebung, in: Landwehr/Baron (Hg.), Geschichte, S. 139-172.
ders.: Aspekte der historischen Herausbildung des Subsidiaritätsprinzips seit dem 19. Jahrhundert, in: Rudolph Bauer (Hg.), Die liebe Not. Zur historischen Kontinuität der Freien Wohlfahrtspflege, Weinheim/Basel 1984, S. 52-71.
Buhr, Petra: Dynamik von Armut. Dauer und biographische Bedeutung von Sozialhilfebezug, Opladen 1995.

dies. u.a.: Armutspolitik und Sozialhilfe in vier Jahrzehnten, in: Bernhard Blanke/Hellmut Wollmann (Hg.), Die alte Bundesrepublik. Kontinuität und Wandel, Opladen 1991, S. 502–546.

Bundesrat (Hg.), Der Bundesrat als Verfassungsorgan und politische Kraft. Beiträge zum fünfundzwanzigjährigen Bestehen des Bundesrates der Bundesrepublik Deutschland. Wissenschaftliche Redaktion Dieter H. Scheuing, Bad Honnef/Darmstadt 1974.

Das Bundessozialhilfegesetz – seine Grundgedanken, dargestellt und erläutert von Experten im Bundesministerium des Innern und anderen besonderen Sachkennern, Stuttgart 1961 [BldW 108, H. 8/9].

Caesar, Rolf/Hansmeyer, Karl-Heinrich: Die finanzwirtschaftliche Entwicklung seit 1949, in: Jeserich u.a. (Hg.), Verwaltungsgeschichte, Bd. 5, S. 919–954.

Caritas und kommunale Wohlfahrtspflege. Materialien zum Verfassungsstreit. Hg. vom Deutschen Caritasverband, Freiburg i.Br. 1962.

Die CDU/CSU-Fraktion im Deutschen Bundestag. Sitzungsprotokolle 1957–1961. Bearbeitet von Reinhard Schiffers. Zweiter Halbband: September 1959 bis August 1961, Düsseldorf 2004.

Certain, Friedrich: Fürsorge und Jugendhilfe als Aufgaben des sozialen Rechtsstaates, in: BldW 105 (1958), S. 177–181.

Christlich Demokratische Union Deutschlands. 8. Bundesparteitag der CDU. Kiel 18.–21. 9. 1958, Hamburg o.J.

Christlich Demokratische Union Deutschlands. 9. Bundesparteitag der CDU. Karlsruhe 26.–29. 4. 1960, Hamburg o.J.

Clément, Hans: Träger, Formen und Methoden der Rehabilitation, in: Fürsorge und Sozialreform, S. 369–388.

Collmer, Paul: Die Professorendenkschrift zur Sozialreform, in: BldW 102 (1955), S. 315–320.

ders.: Die Bedeutung der neuen Rentenversicherungsgesetze für die Fürsorge, in: NDV 37 (1957), S. 249–252.

ders.: Die Fürsorge in der gewandelten Welt von heute. Neue Aufgaben – neue Wege, in: Fürsorge in der gewandelten Welt, S. 29–43.

ders.: Die persönliche Hilfe, in: Achinger u.a. (Hg.), Neue Wege, S. 79–91.

ders.: Die freie Wohlfahrtspflege im Sozialhilfegesetz, in: NDV 40 (1960), S. 372–376.

ders.: Äußerung der Hauptgeschäftsstelle Innere Mission und Hilfswerk der Evangelischen Kirche in Deutschland zu den Verfassungsbeschwerden und Normenkontrollklagen über das Bundessozialhilfegesetz und Jugendwohlfahrtsgesetz, in: ders. (Hg.), Beiträge, S. 7–44.

ders.: Sozialhilfe, Diakonie, Sozialpolitik. Gesammelte Aufsätze, Stuttgart 1969.

ders. (Hg.): Beiträge zum Verfassungsstreit über das Bundessozialhilfegesetz und das Jugendwohlfahrtsgesetz, Stuttgart 1963.

Conrad, Christoph: Wohlfahrtsstaaten im Vergleich: Historische und sozialwissenschaftliche Ansätze, in: Heinz-Gerhard Haupt/Jürgen Kocka (Hg.), Geschichte und Vergleich, Frankfurt a.M./New York 1996, S. 155–180.

ders.: Alterssicherung, in: Hockerts (Hg.), Wege, S. 101–116.

Conze, Werner/Rainer M. Lepsius (Hg.): Sozialgeschichte der Bundesrepublik Deutschland. Beiträge zum Kontinuitätsproblem, Stuttgart 1983.

Cornides, Wilhelm/Volle, Hermann: Um den Frieden in Deutschland. Dokumente zum Problem der deutschen Friedensordnung 1941–1948 [...], Oberursel/Taunus 1948.

Crew, David F.: Germans on Welfare. From Weimar to Hitler, New York u.a. 1998.

Curtze, Georg: Von der Fürsorgeunterstützung zur Hilfe zum Lebensunterhalt, in: ZfF 24 (1972), S. 128–131.

Dach, R. Peter: Das Ausschußverfahren nach der Geschäftsordnung und in der Praxis, in: Schneider/Zeh (Hg.), Parlamentsrecht, S. 1103–1130.

Darius, K[atja]: Die Stellungnahme der Länder und des Deutschen Städtetages zu den Vorentwürfen zu einem Jugendhilfegesetz, in: Neues Beginnen 1960, S. 72f.

Degen, Johannes: Diakonie und Restauration. Kritik am sozialen Protestantismus in der BRD, Neuwied/Darmstadt 1975.
Depuhl, Alfred: Altersfürsorge in einer alternden Gesellschaft, in: NDV 34 (1954), S. 93f.
ders.: Sinnvolle Beschäftigung und Wohnraum für den alten Menschen, in: Fürsorge und Sozialreform, S. 260-274.
Desch, Volker: Subsidiaritätsprinzip und Sozialhilferecht. Diss. jur., Würzburg 1965.
Deutscher Landkreistag Bonn: Geschäftsbericht für das Jahr 1961, Bonn 1962.
Deutschland-Jahrbuch 1949/1953. Hg. von Klaus Mehnert u. Heinrich Schulte, Essen 1949/1953.
Diebold, Alfred: Der Gemeindeanteil an den Fürsorgekosten, in: BldW 105 (1958), S. 217-219.
Dipper, Christof: Sozialreform. Geschichte eines umstrittenen Begriffs, in: Archiv für Sozialgeschichte 32 (1992), S. 323-351.
Döhring, Clara: Drei Jahre Einsatz für die Einführung eines gesetzlichen Pflegegeldes für Zivilblinde, in: Bartholomäi u.a. (Hg.), Sozialpolitik, S. 207-210.
Doering-Manteuffel, Anselm: Kirche und Katholizismus in der Bundesrepublik der fünfziger Jahre, in: Historisches Jahrbuch 102 (1982), S. 113-134.
Dörrie, Klaus: Wilhelm Polligkeit, in: Hugo Maier (Hg.), Who is who der sozialen Arbeit, Freiburg i.Br. 1998, S. 475-479.
Dorendorf, Annelies: Der Zonenbeirat der britisch besetzten Zone. Ein Rückblick auf seine Tätigkeit. Auf Beschluß des Zonenbeirats hg. und eingeleitet von seinem ehemaligen Generalsekretär Gerhard Weisser, Göttingen 1953.
Dornbusch, Hans-Ludwig: Sozialhilfe im Sozialbudget bis 1990, in: Zentralblatt für Sozialversicherung, Sozialhilfe und Versorgung 41 (1987), S. 299-301.
Duntze, Johannes: Das Menschenbild in der sozialen Hilfe der Gegenwart, in: BldW 105 (1958), S. 3f.
ders.: Der Referentenentwurf eines Bundessozialhilfegesetzes, in: NDV 39 (1959), S. 14f.
ders.: Der Hilfesuchende als Rechtssubjekt. Ein Wesenszug der Neugestaltung des Fürsorgerechts, in: Achinger u.a. (Hg.), Neue Wege, S. 67-77.
Dyckerhoff, Kristin: Die Fürsorge in der Nachkriegszeit, in: Landwehr/Baron (Hg.), Geschichte, S. 219-249.

Ebbinghaus, Angelika: Helene Wessel und die Verwahrung, in: dies. (Hg.), Opfer, S. 152-173.
dies. (Hg.): Opfer und Täterinnen. Frauenbiographien des Nationalsozialismus, Nördlingen 1987.
Ebertz, Michael N./Schmid, Josef: Zum Stand der Wohlfahrtsverbände-Forschung. Sozialwissenschaftliche Fragestellungen, Erkenntnisfortschritte und Defizite, in: Caritas 88 (1987), S. 289-313.
Eckert, Alois: Kirchliche Caritas und Staatliche Wohlfahrtspflege, in: Caritas 56 (1955), S. 15-18.
Edelmann, Editha: Die Zahl der von Geburt oder Kindheit an Erwerbsbeschränkten und Erwerbsunfähigen, in: NDV 40 (1960), S. 92f.
Eder, Manfred: Wiederaufbau und Neuorientierung, in: Gatz (Hg.), Geschichte, S. 280-294.
Ehmer, Josef: Sozialgeschichte des Alters, Frankfurt a.M. 1990.
Eifert, Christiane: Frauenpolitik und Wohlfahrtspflege. Zur Geschichte der sozialdemokratischen „Arbeiterwohlfahrt", Frankfurt a.M./New York 1993.
Eiserhardt, Hilde: Ziele eines Bewahrungsgesetzes, Frankfurt a.M. 1929.
Ellwein, Thomas: Der Entscheidungsprozeß im Bundesrat, in: Bundesrat (Hg.), Bundesrat, S. 213-233.
Elsholz, Konrad: Die soziale Entwicklung in der Bundesrepublik. Ergebnisse – Ursachen – Erfordernisse, in: Deutsche Versicherungszeitschrift 7 (1953), S. 75-80, 103-107.
ders.: Die Sozialreform im staatspolitischen Zusammenhang, in: SF 4 (1955), S. 243-252.
ders.: Noch einmal: Die Sozialreform im staatspolitischen Zusammenhang, in: SF (1956), S. 77-79.
ders.: Sozialaufwendungen und soziale Kriegsfolgelasten in der Bundesrepublik, in: Finanzielle Liquidation, S. 31-64.

Elsner, Ilse/Proske, Rüdiger: Der Fünfte Stand. Eine Untersuchung über die Armut in Westdeutschland, in: Frankfurter Hefte 8 (1953), S. 101-111.

Emmelius, Hans Hermann: Das Rangverhältnis von Staat, Gemeinde und freier Gesellschaft bei der Wahrnehmung wohlfahrtsfördernder Aufgaben, insbesondere dargetan an den Beispielen des Bundessozialhilfegesetzes und des Änderungs- und Ergänzungsgesetzes zum Reichsjugendwohlfahrtsgesetz. Diss. jur., Bonn 1964.

Engeli, Christian: Neuanfänge der Selbstverwaltung nach 1945, in: Püttner (Hg.), Handbuch, Bd. 1, S. 114-132.

Engels [Peter]: Amtliche oder freie Fürsorge? Unterschiede, aber keine Gegensätze, in: Die Selbstverwaltung 4 (1950), S. 38-40.

Eschenburg, Theodor: Jahre der Besatzung 1945-1949, Stuttgart/Wiesbaden 1983 (Geschichte der Bundesrepublik Deutschland in fünf Bänden. Hg. von Karl Dietrich Bracher u.a., Bd. 1).

Essig, Hartmut: Kommunalfinanzen 1950 bis 1980, in: Wirtschaft und Statistik 1982, S. 29-37.

Etzel, Franz: Haushaltsreden 1957 bis 1961. Dokumente – Hintergründe – Erläuterungen. Bearbeitet von Kurt-Dieter Wagner u.a., Bonn 1994.

Falk-Lutz-Bachmann, Gudrun: Familienpflege – Ein Aufgabenfeld mit Zukunft?, in: caritas '96. Jahrbuch des Deutschen Caritasverbandes, Freiburg i.Br. 1995, S. 94-97.

Falkenberg, Erdmuthe: Welche Forderungen stellen die Träger der öffentlichen und freien Fürsorge an die Ausbildung ihrer hauptberuflichen Mitarbeiter? Aus dem Blickfeld der öffentlichen Fürsorge, in: NDV 33 (1953), S. 170-177.

dies.: Die Stärkung der Familie als Aufgabe der sozialen Hilfen, in: Fürsorge und Sozialreform, S. 57-71.

Faude, Alfred/Fritz, Kurt: Das Bundesministerium des Innern, Frankfurt a.M./Bonn 1966.

FDP-Bundesvorstand. Die Liberalen unter dem Vorsitz von Erich Mende. Sitzungsprotokolle 1960-1967. Bearbeitet von Reinhard Schiffers, Düsseldorf 1993.

Fehrs, Detlef: Die öffentlichen Sozialleistungen in der Bundesrepublik einschließlich Berlin (West) von 1949 bis 1958, in: BABl. 10 (1959), S. 762-772.

Die finanzielle Liquidation des Krieges, Bonn o.J. [1962].

Fitzek, Alfons (Hg.): Katholische Kirche im demokratischen Staat. Hirtenworte der deutschen Bischöfe zu wichtigen Fragen der Zeit und zu den Bundestagswahlen 1945 bis 1980, Würzburg 1981.

Flamm, Franz: Bundessozialhilfegesetz und Nichtseßhaftenfürsorge, in: Der Wanderer (1959), S. 18-23.

ders.: Die Verwaltung der behördlichen Sozialarbeit. Ein Leitfaden für den Unterricht an Wohlfahrtsschulen und zur Einführung in die Verwaltungspraxis, Freiburg i.Br. 1959.

ders.: Verwaltung und behördliche Sozialarbeit im Blick auf die Neuordnung der sozialen Berufsausbildung, in: NDV 39 (1959), S. 275-277.

Flechtheim, Ossip K. (Hg.): Dokumente zur parteipolitischen Entwicklung in Deutschland seit 1945. Bd. 3: Programmatik der deutschen Parteien. Zweiter Teil, Berlin 1963.

Flierl, Hans: Freie und öffentliche Wohlfahrtspflege. Aufbau – Finanzierung – Geschichte – Verbände. 2., überarbeitete Auflage, München 1992.

Flora, Peter/Heidenheimer, Arnold J. (eds.): The Development of Welfare States in Europe and America, New Brunswick 1981.

Forschungsschwerpunkt „Reproduktionsrisiken, soziale Bewegungen und Sozialpolitik". Universität Bremen (Hg.), Sozialpolitik und Sozialstaat, Bremen 1985.

Forster, Karl: Deutscher Katholizismus in der Ära Adenauer, in: Blumenwitz u.a. (Hg.), Adenauer, S. 488-520.

ders.: Der deutsche Katholizismus in der Bundesrepublik Deutschland, in: Anton Rauscher (Hg.), Der soziale und politische Katholizismus. Entwicklungslinien in Deutschland 1803-1963. Bd. 1, München 1981, S. 209-264.

Foss, Öyvind: Die Diakonie der Evangelischen Kirche und die Sozialgesetzgebung der Bundesrepublik Deutschland 1960/61. Texte und Materialien der Forschungsstätte der Evangelischen Studiengemeinschaft. Reihe B, Nr. 5, Heidelberg 1985.

Frandsen, Dorothea: Die Eingliederungshilfe nach dem Bundessozialhilfegesetz als Möglichkeit einer zeitgemäßen Rehabilitation, in: Bundessozialhilfegesetz, S. 20–25.
Frank, H.E.: Die städtischen Finanzen. Gegenwart und Zukunft, in: Die Selbstverwaltung 1 (1947), S. 73f.
Frerich, Johannes/Frey, Martin: Handbuch der Geschichte der Sozialpolitik in Deutschland. Bd. 2: Sozialpolitik in der Deutschen Demokratischen Republik; Bd. 3: Sozialpolitik in der Bundesrepublik Deutschland bis zur Herstellung der Deutschen Einheit, München/Wien 1993.
Frey, Hans-Günther: Gedanken zum Entwurf eines Gesetzes zur Änderung und Ergänzung des Reichsjugendwohlfahrtsgesetzes, in: KommBl 12 (1960), S. 1068–1072.
Frick, Eugen: Finanzausgleich und Neuordnung des Fürsorgerechts, in: BldW 107 (1960), S. 67–69.
Frie, Ewald: Zwischen Amtskirche und Verbandswesen – der Deutsche Caritasverband 1945-1949, in: Caritas 96 (1995), S. 547–556.
ders.: Brot und Sinn. Katholizismus und Caritasarbeit in der Zusammenbruchsgesellschaft 1945, in: Historisches Jahrbuch 117 (1997), S. 129–146.
Fritzen, Hugo: Bericht des Ausschusses für sachliche Verwaltungsreform im kommunalen Fürsorgeamt in Nordrhein-Westfalen [Teil 1], in: NDV 36 (1956), S. 39–43.
Fürsorge im Dienst der wirtschaftlichen und sozialen Sicherung der Bevölkerung. Verhandlungen und Ergebnisse des deutschen Fürsorgetages 1949 in Bielefeld. Hg. von Wilhelm Polligkeit, München/Düsseldorf 1950.
Fürsorge und Sozialreform. Gesamtbericht über den Deutschen Fürsorgetag 1955, Köln/Berlin 1956.
Die Fürsorge im Spannungsfeld der Generationen. Gesamtbericht über den 62. Deutschen Fürsorgetag 1961 in Mannheim, Köln u.a. 1962.
Die Fürsorge in der gewandelten Welt von heute. Neue Aufgaben – Neue Wege. Gesamtbericht über den 61. Deutschen Fürsorgetag 1959 in Berlin, Köln/Berlin 1960.

Gabriel, Karl: Die Katholiken in den 50er Jahren: Restauration, Modernisierung und beginnende Auflösung eines konfessionellen Milieus, in: Schildt/Sywottek (Hg.), Modernisierung, S. 418–430.
Galperin, Peter: Sozialhilfe und Bedarfsprinzip. Zum Streit um die Konkretisierung der Bedarfsdeckung, in: Leibfried/Tennstedt (Hg.), Politik, S. 153–168.
Gatz, Erwin (Hg.): Geschichte des kirchlichen Lebens in den deutschsprachigen Ländern seit dem Ende des 18. Jahrhunderts: Die katholische Kirche. Bd. V: Caritas und soziale Dienste, Freiburg i.Br. u.a. 1997.
Geschichte der Sozialpolitik in Deutschland. Hg. vom Bundesministerium für Arbeit und Sozialordnung und Bundesarchiv, Baden-Baden 2001
Bd. 1: Grundlagen des Sozialpolitik;
Bd. 2/1: 1945-1949. Die Zeit der Besatzungszonen. Sozialpolitik zwischen Kriegsende und Gründung zweier deutscher Staaten. Bandverantwortlicher: Udo Wengst.
Giese, Dieter: 25 Jahre Bundessozialhilfegesetz. Entstehung – Ziele – Entwicklung, in: Zeitschrift für Sozialhilfe und Sozialgesetzbuch 25 (1986), S. 249–258, 305–314, 374–382.
ders.: Das Regelsatzsystem des Sozialhilferechts, in: Zeitschrift für Sozialhilfe und Sozialgesetzbuch 26 (1987), S. 505–528.
Glombig, Eugen: Zur notwendigen bundesgesetzlichen Regelung der Körperbehinderten-Fürsorge, in: SF 2 (1953), S. 83–85.
ders.: Kritik am Körperbehindertengesetz, in: SF 6 (1957), S. 147f.
ders.: Die Rehabilitation in der deutschen Nachkriegsgeschichte, in: Bartholomäi u.a. (Hg.), Sozialpolitik, S. 211–227.
Göb, Josef: 50 Jahre Deutsche Kommunalpolitik, Köln 1966.
Gotto, Klaus: Wandlungen des politischen Katholizismus seit 1945, in: Dieter Oberndorfer u.a. (Hg.), Wirtschaftlicher Wandel, religiöser Wandel und Wertwandel, Berlin 1985, S. 221–235.
Gottschick, Hermann: Neue Verwaltungsvorschriften über den Aufbau der Fürsorgerichtsätze und ihr Verhältnis zum Arbeitseinkommen, in: BldW 103 (1956), S. 35–39.

ders.: Referentenentwurf eines Bundessozialhilfegesetzes, in: NDV 39 (1959), S. 15-23.
ders.: Der Entwurf des Bundessozialhilfegesetzes nach dem ersten Durchgang im Bundesrat, in: NDV 40 (1960), S. 142-145.
Gottwald, Alfons: Die sozialpolitische Situation der Blinden in der Bundesrepublik, in: SF 6 (1957), S. 116f.
Groeben, Klaus von der/Heide, Hans-Jürgen von der: Geschichte des Deutschen Landkreistages, Köln/Berlin 1981.
Gross, Werner: Die Rechtsstellung des Empfängers der Hilfe, in: Neuordnung des Fürsorgerechts, S. 364-378.
Große-Schönepauck[, Helene]: Haus- und Familienpflege, in: Bulletin des Presse- und Informationsamtes der Bundesregierung Nr. 52 vom 16.3.1957, S. 445f.
Großmann, Thomas: Zwischen Kirche und Gesellschaft. Das Zentralkomitee der deutschen Katholiken 1945-1970, Mainz 1991.
Groth, Sepp: Soziologischer Überblick [zu: Die Familie und die Alten], in: NDV 34 (1954), S. 26-33.
Grundfragen der Fürsorge. Beiträge zu einem Bundesfürsorgegesetz von Maria Bornitz u.a., Freiburg i.Br. 1957.
Grunow, Dieter: [Soziale Infrastruktur und soziale Dienste] Westzonen, in: Geschichte der Sozialpolitik, Bd. 2/1, S. 843-855.
Gülden, Hermann: Jugend und Jugendwohlfahrtsarbeit, in: KommBl 11 (1959), S. 634f.
Gutberlet, Gabi/Hauser, Richard: Armut im Alter – ein lösbares Problem, in: caritas '92. Jahrbuch des Deutschen Caritasverbandes, Freiburg i.Br. 1991, S. 23-30.

Habermehl, Peter: Der Finanzausgleich, in: Finanzarchiv N.F. 11 (1949), S. 707-732.
Härtel, Lia: Der Länderrat des amerikanischen Besatzungsgebietes. Hg. im Auftrag der Ministerpräsidenten von Bayern, Hessen, Württemberg-Baden und des Präsidenten des Senats der Freien und Hansestadt Bremen vom Direktorium des Länderrats, Stuttgart/Köln 1951.
Hagen, Wilhelm: Die Gesundheitsfürsorge und die Neuordnung der sozialen Leistungen, in: NDV 35 (1955), S. 239-246.
ders.: Was folgt daraus im Besonderen für die Jugendgesundheit?, in: Fürsorge und Sozialreform, S. 149-165.
Hamm, Erwin: Wohlfahrtsleistungen und Lastenausgleich, in: KommBl 1 (1949), H. 5, S. 2-5.
Hammerschmidt, Peter: Die Wohlfahrtsverbände im NS-Staat. Die NSV und die konfessionellen Verbände Caritas und Innere Mission im Gefüge der Wohlfahrtspflege des Nationalsozialismus, Opladen 1999.
ders.: Wohlfahrtsverbände in der Nachkriegszeit. Reorganisation und Finanzierung der Spitzenverbände der freien Wohlfahrtspflege 1945 bis 1961, Weinheim/München 2005.
ders./Uhlendorff, Uwe (Hg.): Wohlfahrtsverbände zwischen Subsidiaritätsprinzip und EU-Wettbewerbsrecht. Veröffentlichungen aus dem Forschungsschwerpunkt Historische Sozialpolitik. Bd. 5, Kassel 2003.
Hansen, Eckhard: Wohlfahrtspolitik im NS-Staat. Motivationen, Konflikte und Machtstrukturen im „Sozialismus der Tat" des Dritten Reiches, Augsburg 1991.
Hardach, Gerd: Krise und Reform der Sozialen Marktwirtschaft. Grundzüge der wirtschaftlichen Entwicklung in der Bundesrepublik der 50er und 60er Jahre, in: Axel Schildt/Detlef Siegfried/Karl Christian Laumers (Hg.), Dynamische Zeiten. Die 60er Jahre in den beiden deutschen Gesellschaften, Hamburg 2000, S. 197-217.
Hasenclever, Christa: Das Ende großer Erwartungen – nur eine Novelle zum Jugendwohlfahrtsgesetz?, in: Neues Beginnen (1960), S. 145-147.
dies.: Reform des Jugendhilferechts, in: Neues Beginnen (1960), S. 102f.
dies.: Die veränderten Grundlagen der Zusammenarbeit zwischen öffentlicher und freier Wohlfahrtspflege, in: Neues Beginnen 1961, S. 184-187.
dies.: Jugendhilfe und Jugendgesetzgebung seit 1900, Göttingen 1978.
Hauser, Richard: Sozioökonomische Aspekte der Sozialhilfe, in: Kitterer (Hg.), Sozialhilfe, S. 23-41.

ders./Cremer-Schäfer, Helga/Nouvertné, Udo: Armut, Niedrigeinkommen und Unterversorgung in der Bundesrepublik Deutschland. Bestandsaufnahme und sozialpolitische Perspektiven, Frankfurt a.M./New York 1981.
ders./Hübinger, Werner: Arme unter uns. Teil 1: Ergebnisse und Konsequenzen der Caritas-Armutsuntersuchung. Unter Mitarbeit von Udo Neumann, Hans-Joachim Kinstler und mit einem Beitrag von Michael Wiedenbeck. Hg. vom Deutschen Caritasverband e.V., Freiburg i.Br. ²1993.
Hauser, Susanne: Die Geschichte der Fürsorgegesetzgebung in Bayern. Diss. jur., München 1986.
Heidemeyer, Helge: Flucht und Zuwanderung aus der SBZ/DDR 1945/49 – 1961. Die Flüchtlingspolitik der Bundesrepublik Deutschland bis zum Bau der Berliner Mauer, Düsseldorf 1994.
Heinke, Siegfried: Die Freiheit des Menschen in der Sozialordnung unserer Zeit, in: SF 10 (1961), S. 75–80.
Heinze, Rolf G./Olk, Thomas: Die Wohlfahrtsverbände im System sozialer Dienstleistungsproduktion. Zur Entstehung und Struktur der bundesrepublikanischen Verbändewohlfahrt, in: Kölner Zeitschrift für Soziologie und Sozialpsychologie 33 (1981), S. 94–114.
Heisig, Michael: Armenpolitik im Nachkriegsdeutschland (1945–1964). Die Entwicklung der Fürsorgeunterstützungssätze im Kontext allgemeiner Sozial- und Fürsorgereform. Diss. phil., Bremen 1990 (Ms.).
ders.: Armenpolitik im Nachkriegsdeutschland (1945–1964). Die Entwicklung der Fürsorgeunterstützungssätze im Kontext allgemeiner Sozial- und Fürsorgereform. Diss., Frankfurt a.M. 1995.
Henkelmann, W[alter]: Ist die öffentliche Fürsorge reformbedürftig? Gedanken über Rechtsanspruch, Existenzminimum und Auffanggrenzen, in: Soziale Sicherheit 2 (1953), S. 87f.
Henle, Wilhelm: Die Ordnung der Finanzbeziehungen zwischen Bund und Ländern. 25 Jahre Bundesfinanzgeschichte, in: Blumenwitz u.a. (Hg.), Adenauer, S. 383–401.
Henneke, Hans-Günter: Belastungsausgleich für übertragene Aufgaben und Sozialhilfelasten im kommunalen Finanzausgleich 2001, in: Der Landkreis 71 (2001), S. 220–227.
Hentschel, Volker: Das System der sozialen Sicherung in historischer Sicht 1880 bis 1975, in: Archiv für Sozialgeschichte 18 (1978), S. 307–352.
ders.: Geschichte der deutschen Sozialpolitik 1880–1980. Soziale Sicherung und kollektives Arbeitsrecht, Frankfurt a.M. 1983.
Herbig, Lothar: Zur Problematik der Körperbehindertenfürsorge im Bundessozialhilfegesetz, in: Gesundheitsfürsorge 15 (1965), S. 57–60.
Hering, Sabine/Münchmeier, Richard: Geschichte der Sozialen Arbeit. Eine Einführung, Weinheim 2000.
Herrmann, Hedwig: Werdegang und Aufgaben der Sozialarbeiterinnen/Fürsorgerinnen, in: NDV 39 (1959), S. 229–234.
Herrmann, Kurt A.: Die Ausgaben der Kreise, in: Die Landkreise (1955), S. 205–213.
Heun, Gerhard: Darstellung der Tätigkeit des Diakonischen Werkes der Evangelischen Kirche, in: Collmer (Hg.), Beiträge, S. 45–104.
Hielscher, Erwin: Gemeindefinanzen seit 1945, in: Die Öffentliche Verwaltung (1959), S. 414–418.
Hilpert, Werner: Das Bedürfnis nach wirtschaftlicher und sozialer Sicherung, seine Berechtigung und die Möglichkeiten seiner Verwirklichung, in: Fürsorge im Dienst, S. 9–23.
Hockerts, Hans Günter: Sozialpolitische Entscheidungen im Nachkriegsdeutschland. Alliierte und deutsche Sozialversicherungspolitik 1945 bis 1957, Stuttgart 1980.
ders.: Ausblick: Bürgerliche Sozialreform nach 1945, in: vom Bruch (Hg.), „Weder Kommunismus noch Kapitalismus", S. 245–273.
ders.: Integration der Gesellschaft: Gründungskrise und Sozialpolitik in der frühen Bundesrepublik, in: Zeitschrift für Sozialreform 32 (1986), S. 25–41.
ders.: Einleitung und Auswertung [zum Abschnitt „Arbeit und soziale Sicherheit seit 1918"], in: Tenfelde (Hg.), Arbeiter, S. 395–405.

ders.: Sozialpolitik in der Bundesrepublik Deutschland, in: Hans Pohl (Hg.), Staatliche, städtische, betriebliche und kirchliche Sozialpolitik vom Mittelalter bis zur Gegenwart, Stuttgart 1991, S. 359-379.

ders.: Vorsorge und Fürsorge: Kontinuität und Wandel der sozialen Sicherung, in: Schildt/Sywottek (Hg.), Modernisierung, S. 223-241.

ders.: Einführung, in: ders. (Hg.), Wege, S. 7-25.

ders. (Hg.): Drei Wege deutscher Sozialstaatlichkeit. NS-Diktatur, Bundesrepublik und DDR im Vergleich, München 1998.

Höffner, Joseph: Die Subsidiarität in der Jugendhilfe, in: NDV 38 (1958), S. 217-278.

Hoffmann, Dierk: Sozialpolitische Neuordnung in der SBZ/DDR. Der Umbau der Sozialversicherung 1945-1956, München 1996.

Hofmann, Albert/Leibfried, Stephan: Historische Regelmäßigkeiten bei Regelsätzen – 100 Jahre Tradition des Deutschen Vereins?, in: Neue Praxis 10 (1980), S. 253-285.

Holler, Albert: Die Entwicklung der sozialen Krankenversicherung in den Jahren 1945 bis 1975, in: Bartholomäi u.a. (Hg.), Sozialpolitik, S. 303-314.

Holtmannspötter, Heinrich: Wanderarmenhilfe und Arbeiterkolonien zwischen 1913 und 1933, in: Ein Jahrhundert Arbeiterkolonien, S. 48-86.

Holz, Gerda: Alten(hilfe)politik in der Bundesrepublik Deutschland 1945-1985. Eine politikwissenschaftliche Analyse am Beispiel des Bundesverbandes der Arbeiterwohlfahrt, Berlin 1987.

Honecker, Martin: [Evangelische Sozialethik]. Der Sozialstaat in der Sicht evangelischer Sozialethik, in: Blüm/Zacher (Hg.), 40 Jahre, S. 629-640.

Hong, Young-Sun: Welfare, Modernity, and the Weimar State, 1919-1933, Princeton/N.J. 1998.

Hoppe, Willi: Die im Entwurf eines Bundessozialhilfegesetzes vorgesehenen Leistungen, in: NDV 40 (1960), S. 353-359.

ders.: Das Verhältnis der öffentlichen Fürsorge zur freien Wohlfahrtspflege im Entwurf eines Bundessozialhilfegesetzes, in: ZfF 12 (1960), S. 258-260.

Hudemann, Rainer: Sozialpolitik im deutschen Südwesten zwischen Tradition und Neuordnung 1945-1953. Sozialversicherung und Kriegsopferversorgung im Rahmen französischer Besatzungspolitik, Mainz 1988.

Hübner, Ingolf/Kaiser, Jochen-Christoph (Hg.): Diakonie im geteilten Deutschland. Zur diakonischen Arbeit unter den Bedingungen der DDR und der Teilung Deutschlands, Stuttgart 1999.

Hüppe, Barbara: Die Gründung des DPWV in Nordrhein-Westfalen „...als Kontingentträger für nicht angeschlossene Anstalten", in: dies./Schrapper, Christian (Hg.), Freie Wohlfahrt und Sozialstaat. Der Deutsche Paritätische Wohlfahrtsverband in Nordrhein-Westfalen 1949-1989, Weinheim/München 1989, S. 21-101.

Jaedicke, Wolfgang u.a.: Lokale Politik im Wohlfahrtsstaat. Zur Sozialpolitik der Gemeinden und ihrer Verbände in der Beschäftigungskrise, Opladen 1991.

Vier Jahre Bundessozialhilfegesetz und Jugendwohlfahrtsgesetz. Wege in die Zukunft. Gesamtbericht über den 64. Deutschen Fürsorgetag 1965 in Köln, Frankfurt a.M. 1966.

60 Jahre Gesetz für Jugendwohlfahrt 1922-1982. Dokumentation einer Tagung am 15. Oktober 1982 in Berlin. Hg. von der Arbeitsgemeinschaft für Jugendhilfe und der Fachhochschule für Sozialarbeit und Sozialpädagogik Berlin, Bonn 1983.

Ein Jahrhundert Arbeiterkolonien. „Arbeit statt Almosen" – Hilfe für Obdachlose Wanderarme 1884-1984. Hg. vom Zentralverband Deutscher Arbeiterkolonien, Bielefeld 1984.

Janssen, Karl: Zum Subsidiaritätsproblem, in: Die Innere Mission 49 (1959), S. 139-146.

Jellinghaus, Karl: Betrachtungen zur Anwendbarkeit des Teiles B (gehobene Fürsorge) der Reichsgrundsätze über Voraussetzung, Art und Maß der öffentlichen Fürsorge für die Einheitsfürsorge. Ein Diskussionsbeitrag. Als Vortrag gehalten in der 10. Sitzung des Sozialausschusses des Deutschen Städtetages in Trier am 6. Mai 1950 (Ms.).

ders.: Betrachtungen und Forderungen der Fürsorgepraxis a) zur Neuregelung des Fürsorgegesetzes für Körperbehinderte (früher Krüppelfürsorgegesetz) [...]. Zwei Diskussions-

beiträge. Aus Vorträgen in der 12. Sitzung des Sozialausschusses des Deutschen Städtetages in Berlin am 9.9.1950 (Ms.).
ders.: Zehn Jahre Zusammenarbeit öffentlicher und privater Fürsorge in Hagen. Ein Rechenschaftsbericht [Hagen 1956].
Jeserich, Kurt G.A./Pohl, Hans/Unruh, Georg-Christoph von (Hg.): Deutsche Verwaltungsgeschichte. Stuttgart. Bd. 4: Das Reich als Republik und in der Zeit des Nationalsozialismus, 1985; Bd. 5: Die Bundesrepublik Deutschland, 1987.
Jochheim, Kurt-Alphons u.a.: Rehabilitation und Hilfen für Behinderte, in: Geschichte der Sozialpolitik. Bd. 2/1 (2001), S. 559-586.
Jörissen, Luise: Das heutige Erscheinungsbild der Gefährdeten. Zweiter Bericht, in: Fürsorge in der gewandelten Welt, S. 167-180.
Jonas, Carmen: Hauspflege, in: NDV 35 (1954), S. 249-254.
dies.: Fragen der Kostenübernahme für Hauspflege durch Versicherungsträger, in: NDV 35 (1955), S. 237-239.
dies.: Über den Stand der Hauspflege im Bundesgebiet, in: NDV 35 (1955), S. 122-124.
dies.: Hauspflege, in: NDV 36 (1956), S. 325f.
dies.: Hauspflege, in: NDV 40 (1960), S. 340f.
Junk, Margarete: Zur Frage der Fachkräfte in einem kommenden Sozialhilfegesetz, in: BldW 106 (1959), S. 73f.

Die Kabinettsprotokolle der Bundesregierung. Hg. für das Bundesarchiv von Hans Booms/Friedrich P. Kahlenberg/Hartmut Weber.
Bd. 5: 1952. Bearbeitet von Kai v. Jena, Boppard 1989.
Bd. 6: 1953. Bearbeitet von Ulrich Enders und Konrad Reiser, Boppard 1989.
Bd. 7: 1954. Bearbeitet von Ursula Hüllbüsch und Thomas Trumpp, Boppard 1993.
Ministerausschuß für die Sozialreform 1955-1960. Bearbeitet von Bettina Martin-Weber, München 1999.
Bd. 11: 1958. Bearbeitet von Ulrich Enders und Christoph Schawe unter Mitwirkung von Ralf Behrendt, Josef Henke und Uta Rössel, München 2002.
Bd. 13: 1960. Bearbeitet von Ralf Behrendt und Christoph Seemann unter Mitwirkung von Ulrich Enders, Josef Henke und Uta Rössel, München 2003.
Kaiser, Jochen-Christoph: Sozialer Protestantismus im 20. Jahrhundert. Beiträge zur Geschichte der Inneren Mission 1914-1945, München 1989.
ders./Doering-Manteuffel, Anselm von (Hg.): Christentum und politische Verantwortung. Kirchen im Nachkriegsdeutschland, Stuttgart u.a. 1990.
Kaminski, Kurt: BSHG und Kriegsfolgenhilfe, in: Bundessozialhilfegesetz, S. 59-63.
Katzenstein, Dietrich: Rechtliche Erscheinungsformen der Machtverschiebung zwischen Bund und Ländern seit 1949, in: Die Öffentliche Verwaltung 11 (1958), S. 593-604.
Kaufmann, Franz-Xaver: Der deutsche Sozialstaat im internationalen Vergleich, in: Geschichte der Sozialpolitik, Bd. 1, S. 799-989.
Keese, Heinz: Unterhaltspflicht und Unterhaltsleistung in der Familie, in: NDV 34 (1954), S. 58-65.
ders.: Betrachtungen zur Richtsatzreform, besonders in Niedersachsen, in: ZfF 8 (1956), S. 114f.
ders.: Lebensunterhalt und Fürsorgerechtsreform, in: ZfF 9 (1957), S. 242-244.
ders.: Richtsatzreform?, in: ZfF 9 (1957), S. 244-247.
ders.: Zum Entwurf eines Bundessozialhilfegesetzes (BSHG), in: ZfF 12 (1960), S. 162-165.
ders.: Kostenausgleich zwischen den Trägern der Sozialhilfe, in: ZfF 12 (1960), S. 244-246.
ders.: 25 Jahre Fürsorgerechtsvereinbarung, in: ZfF 25 (1973), S. 74-76.
Kerber, Walter: Katholische Soziallehre. Der Beitrag der Katholischen Soziallehre zum Sozialstaat Bundesrepublik Deutschland, in: Blüm/Zacher (Hg.), 40 Jahre, S. 641-650.
Kessels, Johannes: Arten fürsorgerischer Hilfen, in: Grundfragen der Fürsorge, S. 16-23.
Keßler [Erich]: Das Bundesinnenministerium[,] Freund und Helfer der Gemeinden, in: KommBl 2 (1950), H. 16, S. 2f.
Kiebel, Hannes: Notvolle Jahre am Ende des II. Weltkrieges, in: Ein Jahrhundert Arbeiterkolonien, S. 102-104.

Kitterer, Wolfgang (Hg.): Sozialhilfe und Finanzausgleich, Heidelberg 1990.
Kitz, [Wilhelm]: Die Aufgaben des Bundesministeriums des Innern auf dem Gebiet der sozialen Fürsorge, in: NDV 39 (1950), S. 244-247.
ders.: Versicherung, Versorgung, Fürsorge und Entschädigungsanspruch auf Grund des Lastenausgleichs im Rahmen des sozialen Gefüges, in: NDV 31 (1951), S. 132-134.
ders.: Das Fürsorgeprinzip bei der Sozialreform, in: Der Städtetag 7 (1954), S. 518-525.
ders.: Gegenwartsfragen der öffentlichen Fürsorge, in: BldW 101 (1954), S. 329-333.
ders.: Koordinierung, Supervision und Teamarbeit als Probleme der Sozialreform, in: NDV 34 (1954), S. 389-392.
ders.: Das Zusammenwirken der Selbstverwaltung der Gemeinden u. Gemeindeverbände mit der Selbstverwaltung der Sozialversicherungsträger, in: NDV 35 (1955), S. 296-300.
Klausa, Udo: Verwaltungsplanspiel, in: KommBl 11 (1959), S. 4-6.
Klein, Franz: Christ und Kirche in der sozialen Welt. Zur Stellung der Caritas im Spannungsfeld von Liebe und Recht, Freiburg i.Br. 1956.
ders.: Zur Neuordnung der sozialen Leistungen, in: Caritas 57 (1956), S. 69-76.
ders.: Die Stellung der christlichen Liebestätigkeit nach dem Bonner Grundgesetz. Nach einem Referat, gehalten im Arbeitskreis „Caritas" des Zentralkomitees der deutschen Katholiken, Köln, 28./29. August 1956, in: Caritas 57 (1956), S. 263-267.
ders.: Die Träger der Fürsorge, in: Grundfragen der Fürsorge (1957), S. 23-29.
ders.: Die Freie Wohlfahrtspflege in einem Bundesfürsorgegesetz, in: Caritas 58 (1957), S. 170-178.
ders.: Die Freie Wohlfahrtspflege (WP) in einem Bundesfürsorgegesetz, in: NDV 37 (1957), S. 313-317.
ders.: Das Bundessozialhilfegesetz – eine Grundaussage über den sozialen Rechtsstaat, in: KommBl 11 (1959), S. 201-204.
ders.: Das Organisationsprinzip der Sozialhilfe nach dem Entwurf des Sozialhilfegesetzes (SHG), in: NDV 40 (1960), S. 378-383.
ders.: Der Regierungsentwurf zum Bundessozialhilfegesetz. Grundsätzliche Zustimmung beider christlicher Kirchen, in: KommBl 12 (1960), S. 164-166.
ders.: Staat und Gemeinden – Kirche und Caritas in den Sozialgesetzen von 1961, in: Jahrbuch der Caritaswissenschaft 6 (1964), S. 35-65.
ders.: Der Beitrag der Caritas zur Entwicklung der deutschen Sozialordnung nach 1945, in: Caritas 83 (1982), S. 221-236.
Klein, Peter: Regelsatzentwicklung und Wandel der Lebensformen, in: NDV 74 (1994), S. 88-93.
Kleinhenz, Gerhard/Lampert, Heinz: Zwei Jahrzehnte Sozialpolitik in der Bundesrepublik Deutschland. Eine kritische Analyse, in: Ordo 22 (1971), S. 103-158.
Kleßmann, Christoph: Die doppelte Staatsgründung. Deutsche Geschichte 1945-1955. 3., ergänzte Auflage, Bonn 1984.
ders.: Zwei Staaten, eine Nation. Deutsche Geschichte 1955-1970, Bonn 1988.
Klotzbach, Kurt: SPD und Katholische Kirche nach 1945 – Belastungen, Mißverständnisse und Neuanfänge, in: Archiv für Sozialgeschichte 29 (1989), S. XXXVII-XLVII.
Knoll, Ernst: Die Auswirkungen der Grundsatzentscheidung über das Recht auf Fürsorge, in: NDV 34 (1954), S. 357-361.
Kobus, Wyneken: Die Vorschläge der Gefährdetenfürsorge, in: Neuordnung des Fürsorgerechts (1958), S. 106-114.
ders.: Die Träger der Sozialhilfe im Entwurf eines Bundessozialhilfegesetzes, in: NDV (1960), S. 370-372.
Köhler, Peter A./Zacher, Hans F. (Hg.): Ein Jahrhundert Sozialversicherung in der Bundesrepublik Deutschland, Frankreich, Großbritannien, Österreich und der Schweiz, Berlin 1981.
Könen, Willy: Der Weg zur Sozialhilfe, in: Bartholomäi u.a. (Hg.), Sozialpolitik, S. 401-411.
Köster, Markus: Jugend, Wohlfahrtsstaat und Gesellschaft im Wandel. Westfalen zwischen Kaiserreich und Bundesrepublik, Paderborn 1999.
Kösters, Christoph (Hg.): Caritas in der SBZ/DDR 1945-1989. Erinnerungen, Berichte, Forschungen, Paderborn 2001.

Köttgen, Arnold: Die Gemeinde und der Bundesgesetzgeber, Stuttgart 1957.
Kolb, Rudolf: Rehabilitationsrecht, in: Maydell/Ruland (Hg.), Sozialrechtshandbuch, S. 1387-1420.
Korte, Hermann: Bevölkerungsstruktur und -entwicklung, in: Benz (Hg.), Geschichte, Bd. 3, S. 11-34.
Kramer, David: Das Fürsorgesystem im Dritten Reich, in: Landwehr/Baron (Hg.), Geschichte, S. 173-217.
Krause, Michael: Flucht vor dem Bombenkrieg. „Umquartierungen" im Zweiten Weltkrieg und die Wiedereingliederung der Evakuierten in Deutschland 1943-1963, Düsseldorf 1997.
Kraut, Heinrich: Die Sicherung des Nahrungsbedarfes durch den Fürsorgerichtsatz, in: BldW 104 (1957), S. 6-10.
Krauthausen, Udo: Verwaltungsprobleme im örtlichen Bereich nach der sozialen Neuordnung, in: Fürsorge und Sozialreform, S. 467-487.
Kriegsfolgenhilfe. Bericht über den deutschen Fürsorgetag in Rothenburg ob der Tauber des Deutschen Vereins für öffentliche und private Fürsorge vom 16. bis 18. Juni 1947, Berlin/München 1947.
Krinner, Alfred: Die öffentliche Fürsorge in Bayern 1955 bis 1962, in: Die öffentliche Hilfstätigkeit (1963), S. 57-112.
Krone, Heinrich: Tagebücher. Bd. 1: 1945-1961. Bearbeitet von Hans-Otto Kleinmann, Düsseldorf 1995.
Krug von Nidda, Carl Ludwig: Wilhelm Polligkeit. Wegbereiter einer neuzeitlichen Fürsorge, Köln/Berlin 1961.
Krumwiede, Kurt: Hauspflege und Pflege im neuen Fürsorgerecht, in: Neuordnung des Fürsorgerechts, S. 271-299.
ders.: Hauspflege in Schleswig-Holstein, in: Informationsdienst der Landesregierung Schleswig-Holstein 6 (1958), S. 77-79.
Kühn, Dietrich: Jugendamt – Sozialamt – Gesundheitsamt- Entwicklungslinien der Sozialverwaltung im 20. Jahrhundert, Neuwied u.a. 1994.
Kuper, Bernd-Otto: 25 Jahre Bundessozialhilfegesetz. Gedanken zur Stellung der freien Wohlfahrtspflege im System der sozialen Sicherung, in: Caritas 88 (1987), S. 58-68.
Kursawe, Karl-Heinz: Kostenerstattung zwischen den Trägern der Sozialhilfe, in: Bundessozialhilfegesetz (1961), S. 51-53.
ders.: Das Bundessozialhilfegesetz 1962-1980. „Nichtseßhafte" im BSHG, in: Ein Jahrhundert Arbeiterkolonien, S. 115-123.
Kurth, Reinhold: Die Arbeitsfürsorge im künftigen Fürsorgerecht, in: NDV 37 (1957), S. 317-321.
ders.: Das Recht der Arbeitsfürsorge, in: NDV 37 (1957), S. 198-203.
Kurzwelly, Friedrich-Wilhelm: Die Kriegsfolgenhilfe. 2 Bde., Köln/Berlin 1955/1957.

Laarmann, Maria: Der kooperative Gedanke in der Wohlfahrtspflege, in: NDV 31 (1951), S. 136f.
Labisch, Alfons: Entwicklungslinien des öffentlichen Gesundheitsdienstes in Deutschland. Vorüberlegungen zur historischen Soziologie öffentlicher Gesundheitsvorsorge, in: Das öffentliche Gesundheitswesen 44 (1982), S. 745-761.
ders./Tennstedt, Florian: Der Weg zum „Gesetz über die Vereinheitlichung des Gesundheitswesens" vom 3. Juli 1934. Entwicklungslinien und -momente des staatlichen und kommunalen Gesundheitswesens in Deutschland. 2 Teile, Düsseldorf 1985.
dies.: Prävention und Prophylaxe als Handlungsfelder der Gesundheitspolitik in der Frühgeschichte der Bundesrepublik Deutschland (1949 – ca. 1965), in: Thomas Elkeles u.a. (Hg.), Prävention und Prophylaxe. Theorie und Praxis eines gesundheitspolitischen Grundmotivs in zwei deutschen Staaten 1949-1990, Berlin 1991, S. 129-158.
Lachwitz, Klaus: Rechtliche Betrachtung der Eingliederungshilfe für Menschen mit Behinderung im Verhältnis zur sozialen Pflegeversicherung, in: caritas '98. Jahrbuch des Deutschen Caritasverbandes, Freiburg i.Br. 1997, S. 118-126.
Die Landkreise in der Bundesrepublik Deutschland. 10 Jahre Aufbauarbeit. Hg. vom Verein für Geschichte der deutschen Landkreise e.V., Stuttgart 1955.

Landwehr, Rolf/Baron, Rüdeger (Hg.): Geschichte der Sozialarbeit. Hauptlinien ihrer Entwicklung im 19. und 20. Jahrhundert, Weinheim/Basel 1983.
Lehmann, Helmut: Die Sozialversicherung in der sowjetischen Besatzungszone Deutschlands, Berlin (Ost) 1949.
Leibfried, Stephan: Existenzminimum und Fürsorge-Richtsätze in der Weimarer Republik, in: Christoph Sachße/Florian Tennstedt (Hg.): Jahrbuch der Sozialarbeit 4, Reinbek 1981, S. 469-523.
ders. u.a.: Armutspolitik und die Entstehung des Sozialstaats. Entwicklungslinien sozialpolitischer Existenzsicherung im historischen und internationalen Vergleich. Forschungsschwerpunkt Reproduktionsrisiken, soziale Bewegungen und Sozialpolitik. Grundrisse sozialpolitischer Forschung Nr. 3, Bremen Universität 1985.
ders./Hansen, Eckhard/Heisig, Michael: Geteilte Erde? Bedarfsprinzip und Existenzminimum unter dem NS-Regime: Zu Aufstieg und Fall der Regelsätze in der Fürsorge, zuerst in: Neue Praxis (1984), S. 3-20, hier zitiert nach: Leibfried u.a., Armutspolitik, S. 168-185.
dies.: Politik mit der Armut. Notizen zu Weimarer Perspektiven anläßlich bundesrepublikanischer Wirklichkeiten, in: Prokla, H. 56 (1984), S. 105-126, hier zitiert nach: Leibfried u.a., Armutspolitik, S. 146-167.
dies.: Vom Ende einer bedarfsfundierten Armenpolitik? Anmerkungen zu einem Regime sozialer Grundsicherung und seinen Gefährdungen, in: Leibfried/Tennstedt (Hg.), Politik, S. 125-151.
dies.: Sozialpolitik und kommunale soziale Grundsicherung: Zur Verrechtlichung des Existenzminimums nach dem Zweiten Weltkrieg und der Entstehung des Warenkorbs 1955, in: Franz-Xaver Kaufmann (Hg.), Staat, intermediäre Instanzen und Selbsthilfe. Bedingungsanalysen sozialpolitischer Intervention, München 1987, S. 41-66.
Leibfried, Stephan/Leisering, Lutz u.a.: Zeit der Armut. Lebensläufe im Sozialstaat, Frankfurt a.M. 1995.
Leibfried, Stephan/Tennstedt, Florian (Hg.): Politik der Armut und die Spaltung des Sozialstaats, Frankfurt a.M. 1985.
Lemke, Lotte: Der Gruß der Arbeiterwohlfahrt, in: NDV 35 (1955), S. 223-225.
Lenthe, Rudolf: Das heutige Erscheinungsbild der Gefährdeten. Erster Bericht, in: Fürsorge in der gewandelten Welt, S. 155-167.
Liefmann-Keil, Elisabeth: Sozialpolitische Entwicklungstendenzen, in: NDV 31 (1951), S. 139-141.
Linke, Charlotte: Die Geschichte der Familienfürsorge, in: Archiv für Wissenschaft und Praxis der sozialen Arbeit 7 (1976), S. 320-333.
Ludwig, Monika: Armutskarrieren. Zwischen Aufstieg und Abstieg im Sozialstaat, Opladen 1996.
Lücke, Hans: Kostenersatz im Entwurf eines Bundessozialhilfegesetzes (BSHG), in: ZfF 12 (1960), S. 290-294.
ders.: Krankenhilfe im Entwurf eines Bundessozialhilfegesetzes und im Hinblick auf die geplante Neuregelung der gesetzlichen Krankenversicherung, in: ZfF 12 (1960), S. 370-372.
Lünendonk, Heinrich: Soziale Sicherung in England (2. Teil), in: SF 2 (1953), S. 85-88.
ders.: Der CDU-Parteitag 1956 und die Sozialreform, in: SF 5 (1956), S. 127-130.
Luhmann, Niklas: Politische Theorie im Wohlfahrtsstaat, München/Wien 1981.

Mackenroth, Gerhard: Die Reform der Sozialpolitik durch einen deutschen Sozialplan, in: Schriften des Vereins für Socialpolitik N.F. 4 (1952), S. 39-89.
Maier, Angelika: Familienhilfe der Caritas für Familien in Not- und besonderen Bedarfslagen, in: caritas '98. Jahrbuch des Deutschen Caritasverbandes, Freiburg i.Br. 1997, S. 83-91.
Maier, Hans: Die Kirchen, in: Richard Löwenthal/Hans-Peter Schwarz (Hg.), Die zweite Republik. 25 Jahre Bundesrepublik Deutschland, Stuttgart 1974, S. 494-515.
Maier, Herbert: Die Entwicklung der kommunalen Politik und Organisation in den drei westlichen Besatzungszonen, in: Josef Becker/Theo Stammen/Peter Waldmann (Hg.), Vorgeschichte der Bundesrepublik Deutschland. Zwischen Kapitulation und Grundgesetz, München 1979, S. 341-355.

Mailänder, Karl: Planung im Anstaltswesen, in: NDV 31 (1951), S. 158-160.
Manderscheid, Hejo: Verflechtung zwischen kirchlicher Sozialarbeit und staatlicher Sozialpolitik, in: caritas '91. Jahrbuch des Deutschen Caritasverbandes, Freiburg i.Br. 1990, S. 59-68.
ders.: Freie Wohlfahrtspflege vor Ort. Vom Wertepluralismus zur fachlichen Differenzierung, in: Rauschenbach u.a. (Hg.), Wertgemeinschaft, S. 228-252.
Manderschied, L.[udwig]: Der Rechtsanspruch auf öffentliche Fürsorge, in: Soziale Sicherheit 2 (1953), S. 211-213.
ders.: Die Neuordnung der Fürsorgerichtsätze, in: Soziale Sicherheit 5 (1956), S. 115-118.
ders.: Der Deutsche Städtetag zum Entwurf einer Novelle zum AVAVG, in: ZfF 8 (1956), S. 38f.
Manger-König, Ludwig von: Der öffentliche Gesundheitsdienst zwischen gestern und morgen, in: Das öffentliche Gesundheitswesen 37 (1975), S. 433-448.
Mann, Gustav von: Das zu erwartende Jugendhilfegesetz, in: Soziale Arbeit 8 (1959), S. 318-322.
Martini, Paul: Über die gesundheitliche Lage in Deutschland, in: Die soziale und gesundheitliche Lage, S. 28ff.
Marx, [Karl] Theodor: Ernährungshilfe für unsere Jugend, in: Kriegsfolgenhilfe, S. 53-74.
ders.: Aufgabenabgrenzung und Zusammenarbeit zwischen Arbeitsverwaltung und Fürsorge für Menschen im Lebensalter der Arbeitsfähigkeit – aus dem Blickfeld der Fürsorge –, in: NDV 32 (1952), S. 376-384.
ders.: Der Auftrag der Fürsorge für die Entwicklung, Pflege und Erhaltung der menschlichen Arbeitskraft, in: NDV 32 (1952), S. 370-376.
ders.: Arbeitsfürsorge im Valka-Lager, in: NDV 34 (1954), S. 370-372.
ders.: Die Städte und die Neuordnung der sozialen Hilfe. Vortrag in der IX. Hauptversammlung des Deutschen Städtetages, in: Der Städtetag 9 (1956), S. 334-338.
ders.: Die Städte zur Neuordnung der sozialen Leistungen. Der IX. Hauptversammlung des Deutschen Städtetages vorgelegt, Stuttgart/Köln 1956.
Materialien zum Gesetz zur Änderung und Ergänzung des Reichsjugendwohlfahrtsgesetzes vom 11. August 1961 (BGBl. I, S. 1093). Hg. vom Deutschen Jugendinstitut e.V. München, München 1963.
Matthes, Joachim: Gesellschaftspolitische Konzeptionen im Sozialhilferecht. Zur soziologischen Kritik der neuen deutschen Sozialhilfegesetzgebung 1961, Stuttgart 1964.
Matzerath, Horst: Nationalsozialismus und kommunale Selbstverwaltung, Stuttgart u.a. 1970.
Maydell, Bernd von/Ruland, Franz (Hg.): Sozialrechtshandbuch, Neuwied u.a. ²1996.
Mayer, Felix: Träger und ihre Leistungsfähigkeit, in: Neuordnung des Fürsorgerechts, S. 389-409.
Mehl, Hans Peter: Die rechtliche Neuordnung der Jugendhilfe – ihr Prüfstein: die Berufsausbildungsbeihilfe, in: BldW 105 (1958), S. 184-188.
Melzer, Michael: Vorbereitung und Gestaltung der Ausschußarbeit durch die Fraktionen, in: Schneider/Zeh (Hg.), Parlamentsrecht, S. 1131-1143.
Memelsdorff, E.: Träger der Fürsorge, in: Handwörterbuch der Wohlfahrtspflege. 2., völlig überarbeitete Auflage, Berlin 1929, S. 684ff.
Metzger, Emil: „Fürsorge-Eintopf", ein Nachwort zum Fürsorgetag 1957, in: BldW 105 (1958), S. 36.
Meyer, Bernd/Meyer-Woeller, Ulrike: 100 Jahre Deutscher Städtetag, in: Deutscher Städtetag (Hg.), 100 Jahre Deutscher Städtetag. Die Zukunft liegt in den Städten, Baden-Baden 2005.
Milbradt, Georg H.: Die kommunalen Sozialhilfeausgaben – Das Für und Wider verschiedener Finanzausgleichskonzepte aus kommunaler Sicht, in: Kitterer (Hg.), Sozialhilfe, S. 153-163.
Mockenhaupt, Hubert: Elisabeth Zillken (1888-1980), in: Jürgen Aretz u.a. (Hg.), Zeitgeschichte in Lebensbildern. Aus dem deutschen Katholizismus des 19. und 20. Jahrhunderts. Bd. 6, Mainz 1984, S. 214-230.
Mombauer, Peter Michael: Der Deutsche Städte- und Gemeindebund, in: Püttner (Hg.), Handbuch, Bd. 2, S. 491-502.

Morsey, Rudolf: Personal- und Beamtenpolitik im Übergang von der Bizonen- zur Bundesverwaltung (1947–1950). Kontinuität oder Neubeginn?, in: ders. (Hg.), Verwaltungsgeschichte. Aufgaben, Zielsetzungen, Beispiele, Berlin 1977, S. 191–238.
Müller, Albert: Sozialprogramme der Parteien, in: Gewerkschaftliche Monatshefte 4 (1953), S. 480–489.
Müller, C. Wolfgang: Wie Helfen zum Beruf wurde. Bd. 2: Eine Methodengeschichte der Sozialarbeit 1945–1990. 2., erweiterte Auflage, Weinheim/Basel 1992.
Müller, Martin: Fürsorge als Teil der Rehabilitation für Männer, in: Fürsorge und Sozialreform, S. 412–420.
Müller-Caroli, Egon: Die Prüfung der Hilfsbedürftigkeit, in: BldW 105 (1958), S. 5–10.
ders.: Die Einordnung der Fürsorge und Jugendhilfe in die Staats- und Selbstverwaltungsaufgaben, in: BldW 107 (1960), S. 34–40.
Münch, Ursula: Sozialpolitik und Föderalismus. Zur Dynamik der Aufgabenverteilung im sozialen Bundesstaat, Opladen 1997.
Münchmeier, Richard: Jugendhilfe im Sozialstaat – Hauptlinien der Entwicklung der Jugendhilfe seit 1945, in: Arbeitsgemeinschaft für Jugendhilfe/Deutsches Jugendinstitut (Hg.), Der Jugend eine Zukunft sichern. Jugendhilfe im Nachkriegsdeutschland – Zwischen Anpassung und Parteilichkeit, Münster 1991, S. 21–41.
Münder, Johannes: Mängellagen und die verschiedenen Defizite, in: ders. (Hg.), Zukunft, S. 56–64.
ders. (Hg.): Zukunft der Sozialhilfe. Sozialpolitische Perspektiven nach 25 Jahren BSHG, Münster 1988.
ders./Kreft, Dieter (Hg.): Subsidiarität heute, Münster 1990.
Münke, Stephanie u. Mitarbeiter: Die Armut in der heutigen Gesellschaft. Ergebnisse einer Untersuchung in Westberlin, Berlin 1956.
Muthesius, Hans: Sparmaßnahmen unter möglichster Aufrechterhaltung des Gesamtstandes der Fürsorge unter städtischen Verhältnissen, in: Sparmaßnahmen unter möglichster Aufrechterhaltung des Gesamtstandes der Fürsorge. Vorbericht für die Tagung des Hauptausschusses [des DV] zu Hildesheim 1926, Karlsruhe 1926.
ders.: Kollektivverantwortung und Einzelverantwortung in der Wohlfahrtspflege, in: Die Stellung der Wohlfahrtspflege, S. 43–55.
ders.: Die kommunale Fürsorge im System der sozialen Sicherungen. Vortrag vor der 4. Hauptversammlung des Deutschen Städtetages, München, 6. Juli 1951, in: Der Städtetag 4 (1951), S. 250–253.
ders.: Möglichkeiten und Grenzen der Fürsorge heute: Kritik und Selbstkritik, in: NDV 31 (1951), S. 327–330.
ders.: Die Gemeinden in einem System der Sozialen Sicherung, in: SF 1 (1952), S. 27f.
ders.: Die Frage der Stellung der Fürsorge bei der Neuordnung der sozialen Hilfe. Referat auf der Beiratssitzung des Archivs für Wohlfahrtspflege am 1. Oktober 1954 in Berlin, in: Soziale Arbeit 3 (1954), S. 483–493.
ders.: Subsidiarität?, in: NDV 35 (1955), S. 89–91.
ders.: Die Zukunft der städtischen Fürsorge, in: Der Städtetag 8 (1955), S. 256f.
ders.: Das Bundesfürsorgegesetz, in: NDV 36 (1956), S. 353f.
ders.: Die Fürsorge und die Neuordnung der sozialen Hilfen, in: Fürsorge und Sozialreform, S. 19–30.
ders.: Sozialreform 1956?, in: NDV 36 (1956), S. 37.
ders.: Fürsorgeprinzip und Einkommenshilfe, in: Sozialreform und Sozialrecht. Beiträge zum Arbeits- und Sozialversicherungsrecht und zur Sozialpolitik. Festschrift für Walter Bogs. Hg. von Kurt Jantz u.a., Berlin 1959, S. 247–251.
ders.: Der Deutsche Verein, das Bundessozialhilfegesetz und das Gesetz für Jugendwohlfahrt, in: Fürsorge im Spannungsfeld, S. 452–460.
Mutius, Albert von: Kommunalverwaltung und Kommunalpolitik, in: Jeserich u.a. (Hg.), Verwaltungsgeschichte, Bd. 4, S. 1055–1081.
ders.: Kommunalverwaltung und Kommunalpolitik, in: Jeserich u.a. (Hg.), Verwaltungsgeschichte, Bd. 5, S. 312–348.

Nahm, Peter Paul: Die erschütterten Grundlagen der praktischen Fürsorge, in: NDV 30 (1950), S. 241-244.
Nell-Breuning, Oswald von: Zur Sozialreform. Erwägungen zum Subsidiaritätsprinzip, in: Stimmen der Zeit 157 (1955/56), S. 1-11.
ders.: Bedürftigkeitsprüfung oder Bedürfnis? Eine Systemfrage der Sozialversicherung, in: SF 5 (1956), S. 8-10.
ders.: Der Beitrag des Katholizismus zur Sozialpolitik der Nachkriegszeit, in: Albrecht Langner (Hg.), Katholizismus, Wirtschaftsordnung und Sozialpolitik 1945-1963, Paderborn u.a. 1980, S. 109-121.
Nelles, Paul Arnold: Das Bundessozialhilfegesetz im Verwaltungsplanspiel. Erfahrungen und Ergebnisse aus einem Experiment, in: Bundessozialhilfegesetz, S. 72-78.
Neumann, Volker: Die Zusammenarbeit der öffentlichen und freien Träger der sozialen Arbeit in der Bundesrepublik Deutschland und anderen Ländern Europas. 2. Vortrag, in: Die soziale Arbeit in den 90er Jahren. Neue Herausforderungen bei offenen Grenzen in Europa. Gesamtbericht über den 72. Deutschen Fürsorgetag 1990 in Hannover. 19. bis 21. September 1990, Frankfurt a.M. 1991, S. 238-248.
Die Neuordnung des Fürsorgerechts als Teil einer Sozialreform. Gesamtbericht über den Deutschen Fürsorgetag 1957 in Essen, Köln/Berlin 1958.
Nootbaar, Hans: Sozialarbeit und Sozialpädagogik in der Bundesrepublik 1949-1962, in: Landwehr/Baron (Hg.), Geschichte, S. 251-299.
Nowak, Kurt: Eugenik, Zwangssterilisation und „Euthanasie", in: Röper/Jüllig (Hg.), Macht, S. 236-247.

Oberbracht, Dirk: Die Parlamentarisierung des sozialhilferechtlichen Regelsatzes, Baden-Baden 1993.
Öffentliche Einkommenshilfe und Richtsatzpolitik, Köln/Berlin 1955.
Die öffentliche Hilfstätigkeit in Bayern im Wandel der Zeiten. Hg. vom Bayerischen Statistischen Landesamt, München 1963.
Oel, Anton: Die Beteiligung der Hilfsbedürftigen bei der Aufstellung von Richtlinien und Richtsätzen, in: Soziale Sicherheit 2 (1953), S. 375f.
ders.: Das Fürsorge-Änderungsgesetz, in: Soziale Sicherheit 2 (1953), S. 280f.
ders.: Die Auffanggrenze in der öffentlichen Fürsorge, in: Soziale Sicherheit 4 (1955), S. 363f.
ders.: Das Recht auf Fürsorge, in: Soziale Sicherheit 4 (1955), S. 119f.
ders.: Die Richtsätze in der öffentlichen Fürsorge, in: Soziale Sicherheit 4 (1955), S. 323-326.
ders.: Die Neuordnung der Fürsorgerichtsätze, in: Soziale Sicherheit 5 (1956), S. 213-216.
ders.: Die Städte und die soziale Neuordnung, in: SF 5 (1956), S. 194f.
ders.: Die Neuordnung des Fürsorgerechts, in: Der Städtetag 11 (1958), S. 148-153.
ders.: Fürsorge und Soziale Sicherung, in: SF 8 (1959), S. 145-147.
ders.: Die Neuordnung des Fürsorgerechts, in: Soziale Arbeit 8 (1959), S. 145-150.
ders.: Rückerstattungspflicht in der Fürsorge, in: BldW 106 (1959), S. 170f.
ders.: Bemerkungen zur Finanzierung der Jugend- und Sozialhilfe, in: Neues Beginnen 1960, S. 17-19.
ders.: Ein neues Jugendhilferecht, in: SF 9 (1960), S. 181-183.
ders.: Um die Neuordnung des Jugendhilferechts, in: Der Städtetag 13 (1960), S. 57-60.
ders.: Das Bundessozialhilfegesetz nun auch vom Bundesrat verabschiedet, in: Soziale Sicherheit 10 (1961), S. 175f.
ders.: Die Hilfe der Gemeinden für die Betätigung der freien Wohlfahrtspflege, in: Die demokratische Gemeinde 1962, S. 295-298.
Oelhoff, Heinz: Wiederaufbau - nach altbewährtem Muster. Die Zeit von 1945-1960, in: Ein Jahrhundert Arbeiterkolonien, S. 105-110.
Oestreicher, Ernst: Entwicklung von der Armenpflege zum Sozialhilferecht in der höchstrichterlichen Rechtsprechung, in: Zeitschrift für Sozialhilfe 11 (1972), S. 1-9, 65-70, 97-101.
ders.: Weiterentwicklung des Sozialhilferechts seit Erlaß des BSHG 1961 bis zur Novelle 1974, in: Zeitschrift für Sozialhilfe 13 (1974), S. 129-134.

Ohl, Otto: Wohlfahrtsstaat in der Sicht eines Landesverbandes der Inneren Mission, in: Die Innere Mission 49 (1959), S. 162-168.
Olk, Thomas: Zwischen Korporatismus und Pluralismus. Zur Zukunft der Freien Wohlfahrtspflege im bundesdeutschen Sozialstaat, in: Rauschenbach u.a. (Hg.), Wertgemeinschaft, S. 98-122.
Opp, Else: Welche Forderungen ergeben sich aus der Altenpflege und Altenfürsorge heute an ein neues Bundesfürsorgegesetz? Erster Bericht, in: Neuordnung des Fürsorgerechts, S. 153-163.
dies.: Bundessozialhilfegesetz und Fürsorgerechtsvereinbarung, in: Bundessozialhilfegesetz, S. 69-72.
Oppelland, Torsten: Gerhard Schröder (1910-1989). Politik zwischen Staat, Partei und Konfession, Düsseldorf 2002.
Orthbandt, Eberhard: Der Deutsche Verein in der Geschichte der deutschen Fürsorge. 1880-1980, Frankfurt a.M. 1980.
ders.: Hans Muthesius. Sein Lebenswerk in der sozialen Arbeit. Eine Auswahl aus seinen Schriften mit eingearbeiteter Darstellung der biographischen und zeitgeschichtlichen Zusammenhänge, Frankfurt a.M. 1985.
Osten, Petra von der: Katholische Jugend- und Gefährdetenfürsorge im Sozialstaat: Vom KFV zum SkF (1945-1968), in: caritas '98. Jahrbuch des Deutschen Caritasverbandes, Freiburg i.Br. 1997, S. 417-424.
dies.: Jugend- und Gefährdetenfürsorge im Sozialstaat. Der Katholische Fürsorgeverein für Mädchen, Frauen und Kinder auf dem Weg zum Sozialdienst katholischer Frauen 1945-1968, Paderborn 2002.
Ostendorf, Edwin: Grenzbeziehungen zwischen Sozialhilfe und Jugendhilfe, in: BldW 106 (1959), S. 138-141.
Osterburg, [Walter]: Das Bundessozialhilfegesetz aus kommunaler Sicht, in: Bayerischer Wohlfahrtsdienst 12 (1960), S. 77-80.
Otto, Ernst: Öffentliche Fürsorge, Jugend- und Gesundheitsfürsorge/Kister, Willy: Sozialversicherung, Göttingen 1950.

Pense, Rudolf: Übersicht über die Bestrebungen zur Neugestaltung des Jugendwohlfahrtsrechts, in: NDV 39 (1959), S. 176-182.
ders.: Bericht über die Tätigkeit des Deutschen Vereins seit dem Berliner Fürsorgetag, in: Fürsorge im Spannungsfeld, S. 429-451.
Peschlow, Martin: Die soziologische Struktur der Landkreise in der Statistik, in: Die Landkreise (1955), S. 49-57.
Petersen, Käthe: Unterbringung Gefährdeter in Anstalten oder Heimen, in: NDV 32 (1952), S. 110-113.
dies.: Arbeitsfürsorge als Gemeinschaftsarbeit von Arbeitsverwaltung und Gemeinden, in: Fürsorge und Sozialreform, S. 406-411.
dies.: Die Bedeutung des § 20 RFV (Arbeitszwang) für die Fürsorgepraxis, insbesondere für die Gefährdetenfürsorge, in: NDV 37 (1957), S. 167-170.
dies.: Die Rechtsstellung Drittversicherter [i.e. Drittverpflichteter], in: Neuordnung des Fürsorgerechts, S. 378-389.
dies.: Stellungnahme zu dem Entwurf eines Bundessozialhilfegesetzes (BSHG) aus der Sicht der Gefährdetenhilfe, in: NDV 40 (1960), S. 362-366.
dies.: Hilfe für Gefährdete und Nichtseßhafte, in: Bundessozialhilfegesetz, S. 35-40.
Petzina, Dietmar: Veränderte Staatlichkeit und kommunale Handlungsspielräume – historische Erfahrungen in Deutschland im Bereich der Finanzpolitik, in: Dieter Grimm (Hg.), unter Mitarbeit von Evelyn Hagenah, Staatsaufgaben, Baden-Baden 1994, S. 233-260.
Peukert, Detlev J.K.: Grenzen der Sozialdisziplinierung. Aufstieg und Krise der deutschen Jugendfürsorge von 1878 bis 1932, Köln 1986.
Pfitzer, Albert: Die Organisation des Bundesrates, in: Bundesrat (Hg.), Bundesrat, S. 173-191.
Philippi, Paul: Das Subsidiaritätsprinzip als Problem evangelischer Diakonie, in: Die Innere Mission 54 (1964), S. 149-161.

Pierson, Paul: The New Politics of the Welfare State. Zentrum für Sozialpolitik. Universität Bremen, Bremen 1995.
Pluskat, Käte: Gedanken zum Entwurf eines Bundessozialhilfegesetzes, in: BldW 105 (1958), S. 308-313.
Polligkeit, [Wilhelm]: Die Bedeutung der Persönlichkeit in der Wohlfahrtspflege, in: Die Stellung der Wohlfahrtspflege, S. 55-73.
ders.: Die soziale und gesundheitliche Lage in Deutschland, in: Die soziale und gesundheitliche Lage, S. 9-27.
ders.: Stand und Entwicklung des deutschen Fürsorgewesens, in: Aufgaben der Fürsorge, S. 17-30.
ders.: Wie erhalten und schaffen wir ein einheitliches deutsches Fürsorgerecht?, in: Kriegsfolgenhilfe, S. 14-28.
Polligkeit-Eiserhardt, Hilde: Zur Frage der Bewahrung, in: NDV 32 (1952), S. 113-115.
dies./Pense, Rudolf: Ziele und Aufgaben des Deutschen Vereins in alter und neuer Zeit, in: Beiträge zur Entwicklung, S. 440-489.
Preller, Ludwig: Sozialpolitik in der US-Zone, in: Arbeitsblatt für die britische Zone 1 (1947), S. 75-78.
ders.: Wohlfahrtsstaat – ja und nein, in: NDV 31 (1951), S. 321-326.
ders.: Weg und Ziel einer Sozialreform, in: SF 4 (1955), S. 82-88.
ders.: Konfessionalisierte Sozialreform?, in: SF 5 (1956), S. 10-15.
ders.: Subsidiarität, ein Prüfstein der Demokratie, in: Mitteilungen der AGJJ 1956, H. 19, S. 7-13.
Prestel, Rudolf: Genügt auf dem Gebiet der wirtschaftlichen Fürsorge in den Städten unser geltendes Fürsorgerecht den Anforderungen der Nachkriegszeit?, in: Fürsorge im Dienst, S. 25-47.
Prinz, Aloys: Die Finanzierung der Sozialhilfe im Finanzverbund zwischen Bund, Ländern und Gemeinden, in: Finanzarchiv N.F. 41 (1983), S. 431-451.
Prinz, Michael: Demokratische Stabilisierung, Problemlagen von Modernisierung im Selbstbezug und historische Kontinuität – Leitbegriffe einer Zeitsozialgeschichte, in: Westfälische Forschungen 43 (1993), S. 655-675.
Protokoll der Verhandlungen und Anträge vom Parteitag der Sozialdemokratischen Partei Deutschlands in Hannover. 21.-25. November 1960, Hannover/Bonn o.J.
Püttner, Günter (Hg.), unter Mitarbeit von Michael Borchmann: Handbuch der kommunalen Wissenschaft und Praxis. 2., völlig neubearbeitete Auflage. 6 Bde., Berlin/Heidelberg 1981ff.

Raacke, Günter: Das gemeindliche Finanzsystem. Geschichtliche Entwicklung, gegenwärtige Ausgestaltung und Reform, Mühlheim/Main 1962.
Rainer, Alfred: Gesundheitsfürsorge im neuen Fürsorgerecht, in: Neuordnung der Fürsorge, S. 248-259.
Rauschenbach, Thomas/Sachße, Christoph/Olk, Thomas (Hg.): Von der Wertgemeinschaft zum Dienstleistungsunternehmen. Jugend- und Wohlfahrtsverbände im Umbruch, Frankfurt a.M. 1995.
Reinhold, Anna: Die Entwicklung der Bestimmungen über den Kostenersatz, in: ZfF 24 (1972), S. 131f.
Reisch, Erich: Deutscher Caritasverband und Deutscher Verein, in: NDV 35 (1955), S. 217-222.
Rendtorff, Trutz: Subsidiaritätsprinzip und Rechtsgemeinschaft. Zur Auseinandersetzung mit einem Prinzip der Soziallehre und seinen sozialpolitischen Konsequenzen, in: Lutherische Monatshefte 2 (1963), S. 340-344, 349.
Renzsch, Wolfgang: Finanzverfassung und Finanzausgleich. Die Auseinandersetzungen um ihre politische Gestaltung in der Bundesrepublik Deutschland zwischen Währungsreform und deutscher Vereinigung 1948 bis 1990, Bonn 1991.
Reucher, Ursula: Reformen und Reformversuche in der gesetzlichen Krankenversicherung (1956-1965). Ein Beitrag zur Geschichte bundesdeutscher Sozialpolitik, Düsseldorf 1999.
Richter, Max (Hg.): Die Sozialreform. Dokumente und Stellungnahmen. 11 Bde. Loseblattsammlung, Bad Godesberg 1955-1968.

Ritter, Gerhard A.: Der Sozialstaat. Entstehung und Entwicklung im internationalen Vergleich. 2., überarbeitete und erheblich erweiterte Auflage, München 1991.
ders.: Über Deutschland. Die Bundesrepublik in der deutschen Geschichte, München 1998.
ders./Niehuss, Merith: Wahlen in Deutschland 1946-1991. Ein Handbuch, München 1991.
Rodens, Franz: Die Ausbildungsbeihilfen. Im Jugendausschuß des Bundestages wird eine neue Vorlage diskutiert, in: KommBl 11 (1959), S. 112-114.
Rölli-Alkemper, Lukas: Familie im Wiederaufbau. Katholizismus und bürgerliches Familienideal in der Bundesrepublik Deutschland 1945-1965, Paderborn u.a. 2000.
Röper, Ursula/Jüllig, Carola (Hg.): Die Macht der Nächstenliebe. Einhundertfünfzig Jahre Innere Mission und Diakonie 1848-1998. Im Auftrag des Deutschen Historischen Museums und des Diakonischen Werkes der Evangelischen Kirche in Deutschland herausgeben, Berlin 1998.
Roth, Günter: Die Institution der kommunalen Sozialverwaltung. Die Entwicklung von Aufgaben, Organisation, Leitgedanken und Mythen von der Weimarer Republik bis Mitte der neunziger Jahre, Berlin 1999.
Rothe, Friedrich [Fritz]: Gedanken zu einem Jugendhilfsgesetz, in: Jugendwohl 35 (1954), S. 249-254.
ders.: Der Anspruch der Jugend auf soziale Sicherheit in einer künftigen Sozialreform, in: BldW 103 (1956), S. 354-362.
ders.: Die Rechtsstellung des Hilfsbedürftigen auf Grund der Verfassung, in: Grundfragen der Fürsorge (1957), S. 3-7.
ders.: Die anstehenden Aufgaben des Bundes auf dem Gebiete der Jugendgesetzgebung, in: Unsere Jugend 10 (1958), S. 5-13.
ders.: Brauchen wir ein neues Jugendgesetz?, in: KommBl 11 (1959), S. 629-633.
ders.: Die Jugendpflege im künftigen „Jugendhilfegesetz", in: BldW 106 (1959), S. 234-237.
ders.: Die „Jugendpflege" gehört zur Gesetzgebungszuständigkeit des Bundes. Schon nach Meinung des Parlamentarischen Rates, in: KommBl 12 (1960), S. 302-304.
ders.: Worum geht es bei der Neuordnung des Jugendhilferechts?, in: Der Städtetag 13 (1960), S. 219-221.
ders.: Die Neuordnung des Jugendwohlfahrtsrechts, in: NDV 40 (1960), S. 336f.
Rothmaler, Christiane: Die Sozialpolitikerin Käthe Petersen zwischen Auslese und Ausmerze, in: Ebbinghaus (Hg.), Opfer, S. 75-90.
Rudloff, Wilfried: Konkurrenz, Kooperation, Korporatismus. Wohlfahrtsvereine und Wohlfahrtsverbände in München 1900-1933, in: Andreas Wollasch (Hg.), Wohlfahrtspflege in der Region. Westfalen-Lippe während des 19. und 20. Jahrhunderts im historischen Vergleich, Paderborn 1997, S. 165-190.
ders.: Öffentliche Fürsorge, in: Hockerts (Hg.), Wege, S. 191-229.
ders.: Im Schatten des Wirtschaftswunders. Soziale Probleme, Randgruppen und Subkulturen 1949 bis 1973, in: Bayern im Bund. Bd. 2: Gesellschaft im Wandel 1949 bis 1973. Hg. von Thomas Schlemmer und Hans Woller, München 2002, S. 347-467.
ders.: Im Souterrain des Sozialstaates: Neuere Forschung zur Geschichte von Fürsorge und Wohlfahrtspflege im 20. Jahrhundert, in: Archiv für Sozialgeschichte 42 (2002), S. 474-520.
Rudolph, Andrea: Die Kooperation von Strafrecht und Sozialhilferecht bei der Disziplinierung von Armen mittels Arbeit. Vom Arbeitshaus zur gemeinnützigen Arbeit, Frankfurt a.M. u.a. 1995.
Rupieper, Heinrich: Der soziale und karitative Gedanke, in: KommBl 10 (1958), S. 581f.
Rytlewski, Ralf/Opp de Hipt, Manfred: Die Bundesrepublik Deutschland in Zahlen 1945/49-1980. Ein sozialgeschichtliches Arbeitsbuch, München 1987.

Sachße, Christoph: Zur aktuellen Bedeutung des Subsidiaritätsstreits der 60er Jahre, in: Münder/Kreft (Hg.), Subsidiarität, S. 32-43.
ders.: Subsidiarität, in: Soziale Arbeit 39 (1990), Sonderheft, S. 20-24.
ders.: Subsidiarität: Zur Karriere eines sozialpolitischen Ordnungsbegriffes, in: Zeitschrift für Sozialreform 40 (1994), S. 717-738.
ders. (Hg.): Wohlfahrtsverbände im Wohlfahrtsstaat. Historische und theoretische Beiträge zur Funktion von Verbänden im modernen Wohlfahrtsstaat, Kassel 1994.

ders./Tennstedt, Florian: Geschichte der Armenfürsorge in Deutschland.
Bd. 2 : Fürsorge und Wohlfahrtspflege 1871-1929, Stuttgart u.a. 1988;
Bd. 3: Der Wohlfahrtsstaat im Nationalsozialismus, Stuttgart u.a. 1992.
dies. (Hg.): Soziale Sicherheit und soziale Disziplinierung. Beiträge zu einer historischen Theorie der Sozialpolitik, Frankfurt a.M. 1986.
Sauer, Thomas (Hg.): Katholiken und Protestanten in den Aufbaujahren der Bundesrepublik, Stuttgart 2000.
Schäfer, Dieter: Die Rolle der Fürsorge im System sozialer Sicherung. Ein Beitrag zur Entwicklung und Begründung eines gegliederten Sozialleistungssystems, Frankfurt a.M. 1966.
Schäfers, Bernhard: Zum öffentlichen Stellenwert von Armut im sozialen Wandel der Bundesrepublik Deutschland, in: Stephan Leibfried/Wolfgang Voges (Hg.), Armut im modernen Wohlfahrtsstaat, Opladen 1992, S. 104-123.
Schallock, Hans Joachim: Das Recht auf Fürsorge, in: NDV 31 (1951), S. 164-167.
Schaudienst, Reimar: Die Subsidiarität nach § 8 des Körperbehindertengesetzes, in: NDV 39 (1959), S. 277-279.
ders.: Die Kriegsopferfürsorge nach dem Ersten Neuordnungsgesetz, in: NDV 40 (1960), S. 387-389.
ders.: Die Kriegsopferfürsorge nach dem ersten Neuordnungsgesetz und ihre Verflechtung mit der Sozialhilfe, in: Bundessozialhilfegesetz, S. 55-59.
Scheffler, Gerhard: Die Neuordnung des Fürsorgerechts als Teil einer Sozialreform, in: Neuordnung des Fürsorgerechts, S. 20-38.
ders.: Einige Bemerkungen zu einem Bundessozialhilfegesetz, in: Achinger u.a. (Hg.), Neue Wege, S. 57-66.
Scheffler, Jürgen: „Die wandernde Bevölkerung", in: Röper/Jüllig (Hg.), Macht, S. 174-181.
Schellenberg, Ernst: Unser Weg zur Sozialreform, in: Die Neuordnung Deutschlands. Sozialdemokratische Vorschläge und Forderungen zu innenpolitischen Gegenwartsaufgaben, vorgetragen auf dem SPD-Kongreß in Köln am 14./15. Januar 1956. Hg. vom Vorstand der SPD, o.O. o.J., S. 15-36.
Schellhorn, Walter: Was wird aus der Sozialhilfe? Überlegungen zum 25jährigen Jubiläum des Bundessozialhilfegesetzes, in: NDV 67 (1987), S. 241-244.
ders.: Kommunale und freie Wohlfahrtspflege, in: Caritas 89 (1988), S. 77-80.
ders.: Einordnung des Sozialhilferechts in das Sozialgesetzbuch – das neue SGB XII, in: NDV 84 (2004), S. 167-176.
Scherer, Georg: Die politische Situation der Gegenwart und das christliche Menschenbild, in: KommBl 10 (1958), S. 325f.
Scherer, Klaus: „Asozial" im Dritten Reich. Die vergessenen Verfolgten, Münster 1990.
Scherpenberg, Jens van: Öffentliche Finanzwirtschaft in Westdeutschland 1944-1948. Steuer- und Haushaltswesen in der Schlußphase des Krieges und den unmittelbaren Nachkriegsjahren dargestellt unter besonderer Berücksichtigung der Entwicklung in der britischen Zone, Frankfurt a.M. 1984.
Schetsche, Michael: Die Karriere sozialer Probleme. Soziologische Einführung, München/Wien 1996.
Schewe, Dieter: Die Bedeutung der Neuordnung der Tuberkulosehilfe für die Sozialpolitik, in: SF 8 (1959), S. 147-149.
Schickenberg, Ilsemarie: Welche Bestimmungen über Hilfen für Kinder und Jugendliche sind in das Bundesfürsorgegesetz einzubeziehen? Zweiter Bericht, in: Neuordnung des Fürsorgerechts, S. 67-77.
Schildt, Axel/Sywottek, Arnold (Hg.): Modernisierung im Wiederaufbau. Die westdeutsche Gesellschaft der 50er Jahre, Bonn 1993.
Schillinger; Reinhold: Der Entscheidungsprozeß beim Lastenausgleich 1945-1952, St. Katharinen 1985.
Schindler, Peter: Datenhandbuch zur Geschichte des Deutschen Bundestages 1949 bis 1999. Gesamtausgabe in 3 Bänden, Bonn 1999.
Schirpenbach, Josef: Zur Reform des Fürsorgerechts, in: KommBl 10 (1958), S. 18f.
Schlüsche, Helmut: Die Grundsatzbestimmungen des Bundessozialhilfegesetzes, in: ZfF 24 (1972), S. 123-127.

Schmerbeck, Franz-Xaver: Möglichkeiten und Grenzen der Fürsorge heute: Kritik und Selbstkritik, in: NDV 31 (1951), S. 330-332.
ders.: Die ländlichen Bezirksfürsorgeverbände in der Auseinandersetzung um die Neuordnung der sozialen Hilfe, in: BldW 102 (1955), S. 321-324.
ders.: Die öffentliche Fürsorge in den Landkreisen, in: Die Landkreise, S. 79-85.
ders.: Die Landkreise und das kommende Sozialhilfegesetz, in: BldW 107 (1960), S. 69-72.
Schmid, Josef: Wohlfahrtsverbände in modernen Wohlfahrtsstaaten. Soziale Dienste in historisch-vergleichender Perspektive, Opladen 1996.
Schmidt, Eduard: Armenpflege – Fürsorge – Sozialhilfe in Bayern. Eine historisch-statistische Betrachtung einer mehr als hundert Jahre dauernden öffentlichen Hilfstätigkeit, in: Die öffentliche Hilfstätigkeit, S. 5-56.
Schmidt, Manfred G.: Sozialpolitik in Deutschland. Historische Entwicklung und internationaler Vergleich. 2., vollständig überarbeitete und erweiterte Auflage, Opladen 1998.
Schmiedeberg, Viktor von: Geschichte und Entwicklung der Haushaltspolitik des Vereinigten Wirtschaftsgebiets und der Bundesrepublik Deutschland von 1945 bis 1954, Bonn [1963].
Schmitt, Jochem: Arbeits- und Sozialverwaltung einschließlich Sozialversicherung und Sozialversorgung, in: Jeserich u.a. (Hg.), Verwaltungsgeschichte, S. 564-585.
Schmitz-Elsen, Josef: Die soziale Gesetzgebung in den 60er Jahren, in: Caritas 89 (1988), S. 56-60.
ders.: 40 Jahre Bundessozialhilfegesetz, in: Caritas 2002. Jahrbuch des Deutschen Caritasverbandes, Freiburg i.Br. 2001, S. 160-164.
Schneider, Hans-Peter/Zeh, Wolfgang (Hg.): Parlamentsrecht und Parlamentspraxis in der Bundesrepublik Deutschland. Ein Handbuch, Berlin/New York 1989.
Scholz, Hans-Heinrich: Organisations- und finanzrechtliche Probleme des Bundessozialhilfegesetzes – am Beispiel des Landes Niedersachsen, in: ZfF 53 (2001), S. 10-14.
[Schräder, Hildegard:] Die Städte und die Neuordnung der sozialen Hilfe, in: Der Städtetag 8 (1955), S. 45-48.
dies.: Um die Neuordnung der Fürsorge, in: Der Städtetag 10 (1957), S. 339-343.
dies.: Ein Weg aus dem Dschungel? Die Anfänge der Sozialreform, kommunal gesehen, in: Der Städtetag 10 (1957), S. 50-54.
Schrapper, Christian: Hans Muthesius (1885-1977). Ein deutscher Fürsorgejurist und Sozialpolitiker zwischen Kaiserreich und Bundesrepublik, Münster 1993.
ders.: Hans Karl Muthesius, in: Hugo Maier (Hg.), Who is who der sozialen Arbeit, Freiburg i.Br. 1998, S. 417-422.
Schulin, Bertram: Solidarität und Subsidiarität, in: Bernd von Maydell/Walter Kannengießer (Hg.), Handbuch Sozialpolitik, Pfullingen 1988, S. 85-93.
Schulte, Bernd: Perspektiven der Sozialhilfe, in: Münder (Hg.), Zukunft, S. 73-90.
ders.: Das Verhältnis zwischen öffentlichen und freien Trägern in internationaler Perspektive, in: Münder/Kreft (Hg.), Subsidiarität, S. 44-60.
Schulte, Katja u.a.: Sozialhilfeverläufe im lokalen Kontext. Strukturelle und institutionelle Rahmenbedingungen in Bremen und Halle/Saale. Zentrum für Sozialpolitik. Universität Bremen, Bremen 1999.
Schulz, Joachim: Armut und Sozialhilfe, Stuttgart u.a. 1989.
Schulze, Emma: Arbeiterwohlfahrt und Kommunalarbeit, in: Neues Beginnen 1953, H. 11, S. 2f.
Schwarz, Hans-Peter: Die Ära Adenauer 1949-1957. Gründerjahre der Republik, Stuttgart 1981 (Geschichte der Bundesrepublik Deutschland. Hg. von Karl Dietrich Bracher u.a., Bd. 2).
ders.: Die Ära Adenauer 1957-1963. Stuttgart 1983 (Geschichte der Bundesrepublik Deutschland. Hg. von Karl Dietrich Bracher u.a., Bd. 3).
ders.: Adenauer. Bd. 2: Der Staatsmann. 1952-1967, München 1994.
Schweigert, Eberhart: Die Finanzverwaltung Westdeutschlands in der Zeit vom Ende des 2. Weltkriegs bis zur Neuordnung durch das Grundgesetz, Bonn 1970.
Seeber, David: Caritas in Staat und Gesellschaft, in: Hellmut Puschmann (Hg.), Not sehen und handeln. Caritas. Aufgaben, Herausforderungen, Perspektiven, Freiburg i.Br. 1996, S. 187-199.

Seibert, Wolfgang G.: Der Bundesgerichtshof zur Amtspflicht der Bediensteten von Wohlfahrtsämtern, in: NDV 38 (1958), S. 104f.
Sieverts, Rudolf: Inwieweit sind die bisherigen Bestimmungen des Strafgesetzbuches für Gemeinlästige (Landstreicher, Bettler usw.) von der Fürsorge her gesehen entbehrlich oder reformbedürftig?, in: Neuordnung des Fürsorgerechts, S. 115-126.
Sons, Hans-Ulrich: Das öffentliche Gesundheitswesen in Nordrhein-Westfalen nach dem Zweiten Weltkrieg bis zur Gründung der Bundesrepublik Deutschland. Diss. phil., Düsseldorf 1981.
Sorg, Fritz: Aufgaben der Landesfürsorgeverbände bei den neuen Entwicklungstendenzen im Fürsorgerecht, in: Die Selbstverwaltung 1 (1947), S. 50-52.
Soziale Arbeit heute. Berichte und Empfehlungen der Gilde Soziale Arbeit zur Fürsorge und Rentenreform, Frankfurt a.M. o.D. [1951].
Die soziale und gesundheitliche Lage in Deutschland. Vorträge und Entschließung auf der Tagung des Hauptausschusses des Deutschen Städtetages zu Goslar am 18. Juli 1947, Berlin/München 1947.
Sozialplan für Deutschland. Auf Anregung des Vorstandes der Sozialdemokratischen Partei Deutschlands vorgelegt von Walter Auerbach u.a., Berlin/Hannover 1957.
Spahn, Karl Peter: Zum Tuberkulosehilfegesetz, in: BldW 106 (1959), S. 248-251, 324-329.
ders: Sozialhilfe für Deutsche im Ausland und für Ausländer in Deutschland, in: Bundessozialhilfegesetz, S. 53-55.
ders.: Vom Tuberkulosehilfegesetz zum Bundessozialhilfegesetz, in: Bundessozialhilfegesetz, S. 26-31.
Die SPD-Fraktion im Deutschen Bundestag. Sitzungsprotokolle 1957-1961. Bearbeitet von Wolfgang Hölscher, Düsseldorf 1993.
Speckert, Manfred: Statistische Entwicklung im Einrichtungsbereich der Caritas von 1924 bis 1990 und Detailauswertungen 1996, in: caritas '98. Jahrbuch des Deutschen Caritasverbandes, Freiburg i.Br. 1997, S. 434-443.
Spiegelhalter, F.: Was die Freie Wohlfahrtspflege dem Staat erspart, in: Caritas 91 (1990), S. 245-250.
Staudacher, Lorenz: Gemeindliche Arbeitsfürsorge – ihre Möglichkeiten und Grenzen, in: NDV 37 (1957), S. 7-11.
Steigerthal, Georg: Die gemeinlästigen Leute – Asoziale, Sozialschwierige, Gefährdete, in: Monatsschrift für Kriminologie und Strafrechtsreform 38 (1955), S. 1-26.
ders.: Jahrestagung 1958 des Zentralverbandes deutscher Arbeiterkolonien, in: NDV 39 (1959), S. 107f.
Die Stellung der Wohlfahrtspflege zur Wirtschaft, zum Staat und zum Menschen. Bericht über den 41. Deutschen Fürsorgetag in Berlin am 26. und 27. November 1930 anläßlich der 50-Jahr-Feier des Deutschen Vereins für öffentliche und private Fürsorge, Karlsruhe 1931.
Stetter, Luise: Die offene Fürsorge für Gefährdete, in: NDV 32 (1952), S. 105-109.
dies.: Fürsorge als Teil der Rehabilitation für Frauen, in: Fürsorge und Sozialreform, S. 421-433.
Stolleis, Michael: Quellen zur Geschichte des Sozialrechts, Göttingen u.a. 1976.
ders.: Die Rechtsgrundlagen der Regelsätze unter besonderer Berücksichtigung verfassungsrechtlicher und sozialhilferechtlicher Grundsätze, in: NDV 61 (1981), S. 99-103.
Süß, Winfried: Gesundheitspolitik, in: Hockerts (Hg.), Wege, S. 55-100.
Süsterhenn, Adolf: Die kirchliche Liebestätigkeit im sozialen Rechtsstaat der Gegenwart, in: Caritas 58 (1957), S. 317-328.
Suhr, Georg (Hg.): Evangelische Stimmen zum Bundessozialhilfegesetz und Jugendwohlfahrtsgesetz, Stuttgart 1962.
Suhr, Otto: Die Städte und die Neuordnung der sozialen Hilfe. Vortrag in der IX. Hauptversammlung des Deutschen Städtetages, in: Der Städtetag 9 (1956), S. 338-340.
Sund, Olaf: Die Entwicklung des Rechtsanspruchs in der sozialpolitischen Nachkriegsgeschichte, in: Bartholomäi u.a. (Hg.), Sozialpolitik, S. 151-160.

Tenfelde, Klaus (Hg.): Arbeiter im 20. Jahrhundert, Stuttgart 1991.
Tennstedt, Florian: Fürsorgegeschichte und Vereinsgeschichte. 100 Jahre Deutscher Verein

in der Geschichte der deutschen Fürsorge, in: Zeitschrift für Sozialreform 27 (1981), S. 72–100.
ders.: Die Spitzenverbände der Freien Wohlfahrtspflege im dualen Wohlfahrtsstaat. Ein historischer Rückblick auf die Entwicklung in Deutschland, in: Soziale Arbeit 41 (1992), S. 342–356.
ders.: Geschichte des Sozialrechts, in: Maydell/Ruland (Hg.), Sozialrechtshandbuch, S. 25–71.
Thieding, Friedrich: Das Bundessozialhilfegesetz, in: Der deutsche Arzt 11 (1961), S. 19–29.
Thieme, Werner: Die Gliederung der deutschen Verwaltung, in: Püttner (Hg.), Handbuch, Bd. 1, S. 135–153.
Thierfelder, Jörg: Zwischen Anpassung und Selbstbehauptung, in: Röper/Jüllig (Hg.), Macht, S. 224–235.
Thränhardt, Dietrich u.a.: Wohlfahrtsverbände und Sozialwissenschaften, in: ders. u.a. (Hg.), Wohlfahrtsverbände zwischen Selbsthilfe, S. 9–36.
ders. u.a. (Hg.): Wohlfahrtsverbände zwischen Selbsthilfe und Sozialstaat, Freiburg i.Br. 1986.
Traub, Isolde: Umstrittene Bestimmungen im Bundessozialhilfe- und Jugendwohlfahrtsgesetz, in: Collmer (Hg.), Beiträge, S. 244–287.
Treibert, Heinrich: Aufgaben der öffentlichen und privaten Wohlfahrtspflege im Flüchtlingsdienst, in: Aufgaben der Fürsorge, S. 31–44.
ders.: Genügt auf dem Gebiet der wirtschaftlichen Fürsorge in den Landkreisen unser geltendes Fürsorgerecht den Anforderungen der Nachkriegszeit?, in: Fürsorge im Dienst, S. 47–61.
Trenk-Hinterberger, Peter: Sozialhilferecht, in: Maydell/Ruland (Hg.), Sozialrechtshandbuch, S. 1177–1219.
Treuberg, Eberhard von: Mythos Nichtseßhaftigkeit. Zur Geschichte des wissenschaftlichen, staatlichen und privatwohltätigen Umgangs mit einem diskriminierten Phänomen, Bielefeld 1990.

Unruh, Georg-Christoph von: Die Lage der deutschen Verwaltung zwischen 1945 und 1949, in: Jeserich u.a. (Hg.), Verwaltungsgeschichte, Bd. 5, S. 70–86.
ders.: Verwaltungsgerichtsbarkeit, in: Jeserich u.a. (Hg.), Verwaltungsgeschichte, Bd. 5, S. 1178–1196.
Utz, Arthur-Fridolin: Subsidiarität – ein Prüfstein der Demokratie. Die subsidiäre Haltung des demokratischen Staates in der Jugendhilfe, in: Mitteilungen der AGJJ (1956), H. 19, S. 2–7.

Vischer, A. L.: Das Alter als sozialmedizinisches Problem, in: NDV 32 (1952), S. 391–395.
Vogel, Martin Rudolf: Das Jugendamt im gesellschaftlichen Wirkungszusammenhang. Ein Forschungsbericht, Köln u.a. 1960.
ders.: Die kommunale Apparatur der öffentlichen Hilfe. Eine Studie über Grundprobleme des gegenwärtigen Systems, Stuttgart 1966.
Vogel, Walter: Westdeutschland 1945–1950. Der Aufbau von Verfassungs- und Verwaltungseinrichtungen über den Ländern der drei westlichen Besatzungszonen. Teil III: Einzelne Verwaltungszweige: Finanzen; Post und Verkehr; Arbeit und Soziales; Flüchtlinge, Suchdienst und Kriegsgefangene; Justiz; Inneres, Boppard 1983.
Voigt, Rüdiger: Die Auswirkungen des Finanzausgleichs zwischen Staat und Gemeinden auf die kommunale Selbstverwaltung von 1919 bis zur Gegenwart, Berlin 1975.
ders.: Kommunale Partizipation am staatlichen Entscheidungsprozeß, Würzburg 1976.
Vossen, Johannes: Gesundheitsämter im Nationalsozialismus. Rassenhygiene und offene Gesundheitsfürsorge in Westfalen 1900–1950, Essen 2001.

Waldeck, Erich: Die Leistungen des Lastenausgleichs und ihre Finanzierung, in: Finanzielle Liquidation, S. 73–81.
Wasem, Jürgen u.a.: Gesundheitswesen und Sicherung bei Krankheit und im Pflegefall, in: Geschichte der Sozialpolitik, Bd. 2/1, S. 461–528.
Wehlitz, Kurt: Die Rangfolge der Leistungen in dem Entwurf eines Bundessozialhilfegesetzes, in: NDV 40 (1960), S. 359–362.

ders.: Das Bundessozialhilfegesetz und die Länder, in: Bundessozialhilfegesetz, S. 63-67.
ders.: Der Entwurf des Bundessozialhilfegesetzes, in: NDV 41 (1961), S. 2-10.
Weinberger, Bruno: Der Deutsche Städtetag in der zweiten Hälfte des Jahrhunderts, in: Deutscher Städtetag [Hg.], Im Dienst deutscher Städte 1905-1980. Ein kommunales Sachbuch zum 75jährigen Jubiläum, Stuttgart 1980, S. 13-72.
Weinbrenner, Ernst: Die Mitwirkung ehrenamtlicher Kräfte in der öffentlichen Fürsorge – Gegenwart und Zukunft, in: NDV 33 (1953), S. 163-169.
ders.: Der Hilfsbedürftige als Objekt und Subjekt der Fürsorge, in: Grundfragen der Fürsorge, S. 8-16.
ders.: Welche Bestimmungen über Hilfen für Kinder und Jugendliche sind in das Bundesfürsorgegesetz einzubeziehen? Erster Bericht, in: Neuordnung des Fürsorgerechts, S. 51-66.
ders.: Grundfragen einer Reform des Fürsorgerechts, in: KommBl 10 (1958), S. 147-151.
ders.: Persönliche Hilfe in der gesetzlichen Fürsorge und in der kommenden Sozialhilfe, in: Caritas 60 (1959), S. 217-230.
ders.: Familienverantwortung in Fürsorge und Sozialhilfe, in: Achinger u.a. (Hg.), Neue Wege, S. 109-132.
ders./Gross, Werner: Die Rechtsstellung des Leistungsempfängers in einem künftigen Bundesfürsorgegesetz, in: NDV 37 (1957), S. 306-308.
Weller, Arnold: Die Förderung der Berufsausbildung in der öffentlichen Fürsorge, in: BldW 104 (1957), S. 10-14.
ders.: Die Altenhilfe und das Bundessozialhilfegesetz, in: Bundessozialhilfegesetz, S. 40-43.
ders.: Hilfe zum Lebensunterhalt nach dem Bundessozialhilfegesetz, in: Bundessozialhilfegesetz, S. 7-11.
Wendt, Wolf Rainer: Geschichte der Sozialen Arbeit. 4., neubearbeitete Auflage, Stuttgart 1995.
Wengst, Udo: Rahmenbedingungen, in: Geschichte der Sozialpolitik, Bd. 2/1, S. 1-76.
Wientgen, Erwin: Ziele, Arbeitsformen und Arbeitsweise der Familienfürsorge, in: Fürsorge im Dienst, S. 111-126.
Wilbers, Joachim: Die Kommunalpolitische Vereinigung der CDU und der CSU Deutschlands. Ein Beitrag zur Untersuchung des Vereinigungssystems der Unionsparteien, Frankfurt a.M. u.a. 1986.
Willing, Matthias: Vorgeschichte; Fürsorge/Sozialhilfe in den Westzonen, in: Geschichte der Sozialpolitik in Deutschland, Bd. 2/1, S. 589-621.
ders.: Das Bewahrungsgesetz (1918-1967). Eine rechtshistorische Studie zur Geschichte der deutschen Fürsorge, Tübingen 2003.
Winter, Thomas von: Sozialpolitische Interessen. Konstituierung, politische Repräsentation und Beteiligung an Entscheidungsprozessen, Baden-Baden 1997.
Wischnath, Johannes Michael: Kirche in Aktion. Das Evangelische Hilfswerk 1945-1957 und sein Verhältnis zu Kirche und Innerer Mission, Göttingen 1986.
Wittelshöfer, Fritz: Parallelen und Verschiedenheiten in der Entwicklung englischen und deutschen Fürsorgerechts, in: NDV 31 (1951), S. 143-145.
ders.: Fürsorgedämmerung, in: SF 1 (1952), S. 122f.
Wöhrmann, Bernhard: Gemeindliche Arbeitsfürsorge – ihre Möglichkeiten und Grenzen, in: NDV 37 (1957), S. 11-14.
Wohltmann, Matthias: Fiskalische Entwicklungen und Trends der Kreisfinanzen 2000/2001, in: Der Landkreis 71 (2001), S. 76-118.
Wolfrum, Liselotte: Die Rechtsstellung des Hilfsbedürftigen im deutschen sowie im west- und nordeuropäischen Sozialhilferecht. Diss. jur., Freiburg i.Br. 1962.
Wollasch, Andreas: Der Katholische Fürsorgeverein für Mädchen, Frauen und Kinder (1899-1945). Ein Beitrag zur Geschichte der Jugend- und Gefährdetenfürsorge in Deutschland, Freiburg i.Br. 1991.
ders.: Tendenzen und Probleme gegenwärtiger historischer Wohlfahrtsforschung in Deutschland, in: Westfälische Forschungen 43 (1993), S. 1-25.
Wollasch, Hans-Josef: 1945: Die „Stunde Null" als Stunde der Caritas, in: Hansmartin Schwarzmaier (Hg.), Landesgeschichte und Zeitgeschichte: Kriegsende 1945 und demokratischer Neubeginn am Oberrhein, Karlsruhe 1980, S. 367-381.

Wopperer, Anton: Die Einrichtungen der Freien Wohlfahrtspflege. Kriegsschäden, Wiederaufbau und öffentliche Förderung in zehn Nachkriegsjahren, in: Caritas 61 (1960), S. 117–125.
Wormit, Hans-Georg: Aufgaben der Landkreise in Gegenwart und naher Zukunft, in: KommBl 11 (1959), S. 921–924.

Zabel, Gert E.: Unterstützungspflicht der Fürsorgebehörde gegenüber dem Hilfsbedürftigen trotz erkennbarer Arbeitsscheu, in: NDV 40 (1960), S. 248–250.
Zacher, Hans F.: Sozialpolitik und Verfassung im ersten Jahrzehnt der Bundesrepublik Deutschland, Berlin 1980.
ders.: Grundlagen der Sozialpolitik in der Bundesrepublik Deutschland, in: Geschichte der Sozialpolitik, Bd. 1, S. 333–684.
Zeh, Wolfgang: Das Ausschußsystem im Bundestag, in: Schneider/Zeh (Hg.), Parlamentsrecht, S. 1087–1102.
Ziebill, Otto: Geschichte des Deutschen Städtetages. Fünfzig Jahre deutsche Kommunalpolitik, Stuttgart/Köln 1955.
Zillken, Elisabeth: Der Eigenwert der kirchlichen Liebestätigkeit in der öffentlichen Wohlfahrtspflege. Ein Referat, gehalten im Arbeitskreis „Caritas" des Zentralkomitees der Deutschen Katholiken, Köln, 28. bis 29. August 1956, in: Caritas 57 (1956), S. 268–275.
Zöllner, Detlev: Ein Jahrhundert Sozialversicherung in Deutschland, Berlin 1981.
ders.: Sozialpolitik, in: Benz (Hg.), Geschichte, Bd. 2, S. 362–392.

Personenregister

Nicht aufgenommen sind die Autoren von Sekundärliteratur. Wenn der Name nur in den Anmerkungen erscheint, ist die entsprechende Seite mit einem Sternchen gekennzeichnet.

Achinger, Hans   27, 42, 95, 97–102, 103*, 104–106, 108–111, 115f., 118*, 122, 125, 128*, 129, 132f., 173, 186*, 204, 207, 226, 261, 271, 312, 406, 408, 418, 444*, 508
Adenauer, Konrad   39, 68, 94*, 98, 99*, 110, 115, 118, 120, 122, 127, 175, 179, 187, 189*, 196*, 273, 290, 399, 406, 425, 429, 431, 441f., 445, 468, 478f., 509f.
Albertz, Heinrich   43*
Althaus, Hermann   342*
Anders, Georg   92, 190, 318, 442f., 455
Arndt, Adolf   503*
Auerbach, Walter   97, 103*, 104, 109f., 119*, 120, 128f., 134, 164, 178, 193*, 213, 218, 222*, 236, 242*, 260, 263, 312, 369*, 407f., 418, 425*, 441, 445*, 446f., 453–455, 548–460, 484

Bamberger, Elisabeth   273
Bangert, Johann   131, 164*, 166, 177, 179–182, 185, 192, 199*, 228, 231, 279, 313, 388, 436, 440f., 448, 463*, 464f., 470*, 471*, 496
Barzel, Rainer   490
Bennemann, Franziska   462
Bertram, Jürgen   378*
Beveridge, William   95, 103, 105
Bierhoff, Eduard   177f.
Blank, Theodor   193*, 479
Blaum, Kurt   42, 124*, 140, 146, 343*
Bleek, Karl Theodor   92, 118*, 119, 405*
Bodelschwingh, Ernst von   457f., 462
Bodelschwingh, Friedrich von   338, 359
Bodelschwingh, Friedrich von (Enkel)   354*, 359
Böhler, Wilhelm   399, 423*
Bogs, Walter   107*, 236
Bornitz, Maria   303
Brandt, Willy   478, 502*
Brauer, Max   441
Brauns, Heinrich   396
Brentano, Heinrich von   419
Brügemann, Friedrich-Wilhelm   425
Brüse, Fritz   277*

Collmer, Paul   37, 67, 101f., 109f., 115–117, 128*, 178, 186*, 200, 210, 215, 220, 223, 279, 387, 403, 416f., 419, 422, 424f., 441, 443–447, 454f., 458f., 462*, 463*, 465–467, 476f., 483, 488, 508
Conti, Leonardo   293
Cordes, Cord   433*

Dehler, Thomas   503*
Dibelius, Otto   399, 411
Diefenbach, Friedrich   158
Duntze, Johannes   178, 191, 193–197, 199, 201f., 205*, 207, 219f., 223, 226, 233f., 244f., 252, 264, 267, 268*, 269*, 305, 390, 419*, 421–423, 425–429, 431, 433–436, 439, 441f., 447f., 455, 457*, 463, 467, 471, 474, 488, 510

Eckert, Alois   414*, 495f.
Ehlers, Hermann   400
Eilers, Elfried   462
Einsiedler, Albert   492
Eiserhardt, Hilde   32, 42, 338, 343*, 344f., 349*, 351, 354, 356
Elsholz, Konrad   101*, 114f., 118f., 122, 125, 126*, 128–130, 132–135, 147, 200, 213f., 217, 236, 245, 267, 367, 388, 406*
Engel, Ludwig   197, 220*
Engelmann, Wilhelm   414*
Etzel, Franz   94, 388f.
Etzenbach, Peter   462*

Falkenberg, Erdmuthe   104*, 412
Fischer, Willy   145
Fischer-Menshausen, Herbert   55*, 115, 126*, 147
Flamm, Franz   177f., 463*
Forsthoff, Ernst   329
Frank, Peter   365*
Frey, Hans-Günther   223, 424, 431, 444f., 447
Frings, Joseph   399*, 425, 429, 431, 433, 434*, 458, 495

Gerstenmaier, Eugen   34, 174, 196, 198, 399f., 417*, 432, 490, 492*
Globke, Hans   68*, 442, 444
Glombig, Eugen   310
Göring, Hermann   344

Gottschick, Hermann 116, 121, 131, 146f., 163, 164*, 176–179, 182–186, 188, 190f., 194f., 197, 199, 201f., 205, 208, 210f., 216f., 220, 223, 226, 233–235, 238, 242, 244f., 246*, 252, 256*, 258–260, 263f., 267, 272, 275, 278–280, 286, 290*, 297, 302f., 316, 319, 334, 356, 362–364, 366, 371, 373*, 384f., 388, 415, 419, 421, 426, 428, 444, 447*, 448, 453, 458, 468f., 471f., 476f., 483, 509
Gottwald, Alfons 325–328
Gross, Werner 217, 219
Große-Schönepauck, Helene 303*

Hagen, Wilhelm 285f., 288
Hartmann, Alfred 151*
Hartmann, Regierungsdirektor im Bundesinnenministerium 1957 217
Hasenclever, Christa 412
Hassel, Kai-Uwe von 188, 455
Heinemann, Gustav 68, 92, 400, 495
Heinke, Siegfried 483*
Henkelmann, Walter 153, 178, 249
Hensel, Walther 389
Hermans, Hubert 227*, 425, 429*
Heukelum, Gerhard van 139
Heun, Gerhard 488
Heuss, Theodor 290
Heussler, Heinz 177f.
Hilpert, Werner 97f.
Himmler, Heinrich 347f.
Höcherl, Hermann 195, 336, 487f., 489*
Höffner, Joseph 120*, 406–408
Hoppe, Willi 186*, 263, 463*
Horn, Peter 430, 435, 447, 457, 487, 494

Ilk, Herta 139

Janssen, Karl 483*
Jantz, Kurt 119, 236
Jehle, Otto 252*
Jellinghaus, Karl 463*
Joerger, Kuno 414*
Jörissen, Luise 359*, 366*
Jonas, Carmen 303
Jongh, Jan Floris de 204*

Kaiser, Jakob 151*
Kalinke, Margot 475
Katzenstein, Dietrich 378*
Keese, Heinz 164*, 169*, 186*, 232f., 239*, 241, 261*, 263f., 319, 463*, 471, 474, 515*
Keilhack, Irma 481
Kemmer, Emil 481
Kessels, Johannes 418*, 431, 446

Keßler, Erich 68*
Kiesinger, Kurt Georg 430, 454f., 481*
Kitz, Wilhelm 54*, 68*, 98, 116f., 118*, 119, 121*, 124–126, 128–130, 132–134, 136, 147, 178, 181, 208, 213, 216, 235*, 244*, 256, 279, 285, 355, 381, 405, 407, 509
Klausa, Udo 468
Klein, Franz 186*, 218, 222, 407–410, 413–418, 421, 425, 430*, 432*, 433*, 436, 446, 458f., 463*, 466, 476, 504
Knopp, Oberregierungsrat im Bundesministerium der Justiz 371
Kobus, Wyneken 178, 186*, 364, 366*, 369, 374, 463*
Könen, Willy 195, 245, 315, 457, 459–463, 468*, 469, 471, 473, 477f., 490f., 504*
König, Mechtild 304
Köttgen, Arnold 485
Korspeter, Lisa 153, 356, 457
Kranz, Heinrich Wilhelm 342*
Kraus, Hertha 165
Kraut, Heinrich 164*, 169f.
Krauthausen, Udo 133*, 134, 407
Krohn, Johannes 115*
Krone, Heinrich 430, 434, 441, 478, 488f., 492, 494f., 497, 512
Krug von Nidda, Carl Ludwig 68*, 164*, 344
Krumwiede, Kurt 301, 303f.
Kühn, Friedrich 467
Kunst, Hermann 424, 455, 483
Kurth, Reinhold 252*
Kurzwelly, Friedrich-Wilhelm 77*

Lang, Direktor der Landesversicherungsanstalt Oberbayern 178
Lautenschlager, Hans 462
Lehr, Robert 92, 151*, 155, 356
Lemke, Lotte 417, 463*
Liefmann-Keil, Elisabeth 115*
Lilje, Hanns 446
Lübke, Heinrich 494
Lücke, Paul 41, 389*

Mackenroth, Gerhard 103*
Mailänder, Karl 343*, 360, 416f., 420
Maltusch, Götz 446*, 453–455
Marx, Theodor 115*, 128*, 133, 136, 150*, 163, 178, 180f., 184–186, 189f., 193, 204, 207, 211*, 224*, 242*, 246, 248f., 261, 271f., 274*, 286–288, 290, 364, 410, 415, 419, 510
Mayer, Felix 238*, 418
Mellies, Wilhelm 41
Mende, Erich 497*
Merton, Wilhelm 42*

Personenregister

Metzger, Ludwig 491
Mevissen, Annemarie 385*
Meyers, Franz 419
Mühlen, Klaus Freiherr von 492
Müller, Albert 203
Müller, Manfred 411
Müller, Martin 344, 360f.
Müller-Caroli, Egon 379*
Münchmeyer, Friedrich 414*, 417*, 424*, 425, 434, 445, 495
Muthesius, Hans 52, 54*, 68*, 100, 101*, 102*, 105–110, 113*, 115, 118*, 119f., 124*, 125–129, 132f., 140, 143, 147f., 159f., 164*, 165, 166*, 168*, 175f., 177*, 178–182, 184–186, 189f., 193, 206, 211*, 212f., 215, 217, 224*, 226, 231, 235–239, 242, 261, 265, 271f., 288, 297, 299f., 305, 321, 331, 336, 344f., 348f., 351, 354–357, 364, 379, 382f., 391, 401, 406–408, 415f., 418, 441, 463, 469, 477, 496, 508, 510, 513, 516*, 518

Nahm, Peter Paul 123f.
Nell-Breuning, Oswald von 225, 394, 406, 433
Neuhaus, Agnes 340, 342*, 345
Neumeister, Heddy 475
Neundörfer, Ludwig 406, 408
Nevermann, Paul 478
Niggemeyer, Maria 133*, 139, 154, 195, 371f., 430, 435, 447*, 457–459, 461–463, 467, 469f., 473f., 477, 479, 482, 487
Nopitsch, Antonie 290*

Oel, Anton 156, 186, 188, 192, 229, 261, 264, 266, 303f., 305*, 367*, 389, 428, 452, 460, 463*, 464f., 492*, 496
Ohl, Otto 34, 101*, 128*, 186*, 332f., 414f., 417, 420, 422, 445, 458, 477, 495
Opp, Else 463*
Ostendorf, Edwin 275*
Osterloh, Edo 455

Paazig, Margot 466
Panzer, Amtsgerichtsrat, Kölner Generalvikariat 431
Pense, Rudolf 124*, 133*, 164*, 304
Petersen, Käthe 178, 185, 186*, 208, 233, 251*, 265, 346f., 353*, 358, 373*, 463*
Pietsch, Ursula 423*, 447*
Pius XI. Papst 405, 423*
Pluskat, Käte 195, 197, 234, 386, 463*
Polligkeit, Wilhelm 19, 32, 36, 42, 48, 50, 53–55, 58*, 60f., 63, 96f., 106, 124f., 138, 145f., 201, 207, 277, 286, 343f., 349*, 353*, 354, 477, 507

Polligkeit-Eiserhardt, Hilde s. Hilde Eiserhardt
Possehl, Beigeordneter des DSB 199*
Preller, Ludwig 103f., 110, 120, 126, 159, 226, 411f.
Prestel, Rudolf 96*, 115*, 122, 150, 159, 178, 244, 274*
Pünder, Hermann 39, 40*, 92

Rainer, Albrecht 178
Ranke, Hansjürg 282, 424f., 429*, 433f., 445f., 447*, 448, 459
Rasner, Will 487
Reisch, Erich 414*
Richter, Willi 43*
Ritter, Erwin 207*
Rösch, Julie 447*
Rothe, Friedrich 218, 273, 275f., 279, 282, 404f., 417, 431f., 435, 444
Rutschke, Wolfgang 461, 497*

Schäfer, Dieter 307*
Schäffer, Fritz 99, 116*, 117, 146, 155, 164, 406*
Schäufele, Hermann 430, 434*, 455
Schanzenbach, Marta 480*, 481
Scheffler, Gerhard 68*, 116, 121, 132, 134–136, 173, 175–180, 182–186, 188–193, 196, 202, 204–208, 210, 212*, 216–218, 225, 227, 233, 235, 237f., 240, 242–244, 252, 255–258, 260–264, 268, 272, 279f., 280, 286f., 297, 317, 326, 334, 384, 386, 415f., 418, 427, 463*, 509f.
Schellenberg, Ernst 120
Schewe, Dieter 297
Schlegelberger, Hartwig 178, 186*, 227, 229
Schlüter, Georg 68*, 140
Schmerbeck, Franz-Xaver 126f., 133*, 153*, 164*, 166*
Schneider, Heinrich 205*
Schräder, Hildegard 130*, 131f., 133*, 164*, 165*, 181, 227, 257*, 313
Schranz, Helmuth 462*
Schröder, Gerhard 117, 120f., 174f., 190, 195, 231, 235, 258, 273, 402, 407, 419, 423, 427, 430f., 435, 439–445, 449, 455, 460f., 479f., 488, 491, 506
Schröder, Kurt 473, 482*
Schroeder, Louise 43*
Schulze, Emma 355f.
Schwander, Rudolf 158*
Seebich, Gustav 440*
Seidler, Alarich 353*
Siebrecht, Valentin 178
Sieveking, Kurt 503*

Sieverts, Rudolf 253*, 343*, 365, 366*
Spies, Josef 463, 473, 475, 487, 489
Spitzmüller, Kurt 463, 473, 482*
Stehlin, Albert 454
Steigerthal, Georg 346, 353*, 359f.
Steinhoff, Fritz 218
Stetter, Luise 361, 362*
Stingl, Josef 430, 447*
Storch, Anton 67*, 117–120, 236, 313, 406*
Stutte, Hermann 352
Süsterhenn, Adolf 418, 478*
Suhr, Otto 215, 377

Tenhumberg, Heinrich 480*
Treibert, Heinrich 40, 123, 125, 159

Utz, Arthur-Fridolin 411f., 436

Villinger, Werner 343*

Weber, Helene 43*, 128*, 457, 462f., 478*
Weber, Max 4*
Wehlitz, Kurt 241*, 410*, 463*, 476f., 484, 500
Weinbrenner, Ernst 164*, 186*, 218, 221f., 274*, 417f.

Weller, Arnold 191, 234, 276*, 278, 464
Welter, Emmi 447*, 457, 462, 482*
Wessel, Helene 345, 354, 356, 457, 462, 482*
Wientgen, Ewald 128, 131, 134, 225
Willeke, Friedrich Wilhelm 92, 187, 195, 419, 430, 435, 447*, 457f., 463, 467, 470, 473, 487–489
Wissing, Wilhelm 431f., 434, 445, 488f., 495
Wittelshöfer, Fritz 107*, 126
Wöhrmann, Bernhard 248*
Wollasch, Hans 115*, 120*
Wopperer, Anton 403, 414*, 417
Wormit, Hans-Georg 198, 231, 390, 440
Wuermeling, Franz Josef 273, 275, 281f., 418, 423, 425, 436, 438f., 442f., 445f., 449, 452, 478*, 479–481, 492, 494, 511
Wurm, Theophil 34

Zabel, Gert E. 252*
Ziebill, Otto 40*, 198
Zillken, Elisabeth 178, 219, 276, 342*, 345, 354*, 356, 403f., 419, 431, 495f.
Zöllner, Detlev 192, 229